AN

INDEX

TO THE REVISED BAUER-ARNDT-GINGRICH

GREEK LEXICON

SECOND EDITION

AN

INDEX

TO THE REVISED
BAUER-ARNDT-GINGRICH

GREEK LEXICON

SECOND EDITION
BY F. WILBUR GINGRICH
& FREDERICK W. DANKER

EDITED BY
JOHN R. ALSOP

Regency
Reference Library
Zondervan Publishing House
Grand Rapids, Michigan

Regency Reference Library is an imprint of Zondervan Publishing House, 1415 Lake Drive, S.E., Grand Rapids, Michigan 49506

AN INDEX TO THE REVISED
BAUER-ARNDT-GINGRICH
GREEK LEXICON,
SECOND EDITION

Library of Congress Cataloging in Publication Data

Alsop, John R.
An index to the revised Bauer-Arndt-Gingrich Greek lexicon, second edition, by F. Wilbur Gingrich and Frederick W. Danker.

1. Arndt, William, 1880–1957. Greek-English lexicon of the New Testament and other early Christian literature — Indexes. 2. Greek language, Biblical — Dictionaries — English — Indexes. I. Arndt, William, 1880–1957. Greek-English lexicon of the New Testament and other early Christian literature. II. Title.

PA881.A72A45 1981 487'.4 81-1360
ISBN 0-310-44031-9 AACR2

Printed in the United States of America

85 86 87 88 — 20 19 18 17 16 15 14

PREFACE

The first edition of *An Index to the Bauer-Arndt-Gingrich Greek Lexicon* was published by Wycliffe Bible Translators to provide for its translators quicker and easier access to the wealth of information in Arndt and Gingrich's *Greek-English Lexicon of the New Testament and Other Early Christian Literature* (BAG), a translation and adaptation of the fourth revised and augmented edition of Walter Bauer's lexicon. I was pleased that the *Index* not only met this purpose, but that Zondervan Publishing House later published it for the general public.

The appearance of the second edition of BAG, revised and augmented by F. Wilbur Gingrich and Frederick W. Danker from Walter Bauer's fifth edition, 1958, made necessary this new edition of the *Index*. We have taken this opportunity to completely redo this work, hoping to reduce the number of errors and lacunae that existed in the first edition. I appreciated the corrections and comments received from users of that edition, and look forward to similar cooperation for this one. It would be naïve to think that a work of this nature would be without errors; we trust, however, that they are now fewer.

The *Index* is a timesaver for all users of BAG, from those who know little Greek to those who are proficient in Greek studies. Experiments performed showed that for a proficient Greek student the amount of time spent in locating the specific references in BAG was cut by more than half. The time saved is even greater for those who know little Greek.

There are other reasons for using the *Index*. When the user needs to know how the lexicographer classifies an instance of some frequently used word, he often can find it only after a diligent and time-consuming search for the verse reference through three, four, or more columns of closely packed entries; that is, if the particular reference is included at all as an example. If he fails to find the reference after such a search, he still cannot be sure that the reference has not been overlooked when scanning through the columns. With the *Index* the user can immediately ascertain whether or not the word is cited and turn directly to the correct section in BAG.

The advantage for the user who knows little Greek is obvious. He can find entries in BAG readily without having to struggle parsing the forms in the text to identify them. Experience shows that those whose Greek is wobbly rarely bother to go through the steps needed to use any lexicon. By consulting the *Index,* these people can begin using a lexicon once again.

Use of the Index

Use of the *Index* is straightforward. The entries are listed in the order in which they appear in the New Testament, beginning with chapter one of Matthew, and proceeding verse by verse to the end of Revelation. Each new chapter is clearly marked; verse numbers are indicated at the left-hand margin of each column. A letter (a, b, c) with the verse number indicates the first, second, or third occurrence of the same Greek word in that verse.

Sections under Greek word

The authors of BAG have divided their discussion of many Greek words into sections and subsections. Such sectioning is indicated in the *Index,* immediately following the Greek word. Primary sectioning is usually indicated by Arabic numbers (1, 2, 3, etc.), subsectioning is indicated by lower-case letters (a, b, c, etc.), and further subsectioning is indicated by lower-case letters of the Greek alphabet.

In some cases the authors have incorporated higher-level divisions, starting with Roman numerals (I, II, etc.), before dividing into the standard sections indicated by the Arabic numbers. In a few places they have begun major sections with upper-case letters (A, B, etc.) before subdividing into Roman numerals, etc. All of these are marked in the *Index:* for example, under Acts 3.16 the word ἐπί appears followed by II 1 b γ .

Page numbers and quadrants

On the right side of each column the page number and quadrant where the entry will be found appears. Quadrant *a* indicates the upper half of the left-hand column, quadrant *b* indicates the lower half of the same column, quadrant *c* indicates the upper half of the right-hand column, and quadrant *d* indicates the lower half of the same. It is never necessary to search more than half a column to find a particular verse reference.

English glosses

Next to the page number on the right side of each column is an English gloss representing the Greek word. We have included them so that those who know little or no Greek may also benefit from BAG. By referring to the English gloss and then to BAG, they can easily find the discussion that interests them. Care was taken to choose fairly representative glosses, but it would have been impossible to give an adequate gloss for each entry in the *Index*. The user of the *Index* should not rely on the English glosses to convey adequately the meaning of the Greek word, but should refer to BAG.

In some cases grammatical descriptors are indicated in lieu of an English gloss. Such descriptors are written within parentheses; for example, *(particle)*.

Variant readings

The user may be surprised to find a large number of entries for Greek words that do not occur in his version of the Greek New Testament. There are two reasons for this. Frequently it is because the word is a variant reading; sometimes it is because the authors refer to a verse because it gives supporting information to their discussion of the Greek entry, although the Greek word does not occur in the verse.

Multiple entries

The *Index* frequently supplies multiple occurrences for one occurrence of a Greek word. These represent possible alternate-meaning discriminations. There are also several cases where the first such entry does not indicate a corresponding section division. This is because said entry refers to the introductory grammatical information and not to a meaning discrimination.

I wish to express my appreciation to the many people who gave assistance in the preparation of this second edition. Ruth Bishop provided the major assistance through marking verse numbers in BAG, teletyping the data for the computer, and proofreading the Greek words produced by the computer through the phototypesetter. Lucia Tedesco assisted in marking the verse numbers in BAG. Ann Church also proofread the Greek words, as did Dr. Ben Chapman of Zondervan Publishing House. Ramona Millar assisted in teletyping the data for the computer. Mae Toedter and Arlene Sanford proofread computer displays. Jean Alsop, my wife, in addition to proofreading, compared this edition with the previous one.

I also wish to thank the personnel of the computer department and of the publications department of the Summer Institute of Linguistics in Mexico for their patience and assistance during the time when this material was being processed through the computer and the phototypesetting equipment respectively.

John R. Alsop
Mexico City
January 28, 1981

AN

INDEX

TO THE REVISED

BAUER-ARNDT-GINGRICH

GREEK LEXICON

SECOND EDITION

Matthew 1

1	Ἀβραάμ	Abraham	1d
	βίβλος 1	book	141c
	γένεσις 3	existence	154d
	Ἰησοῦς 3	Jesus Christ	374a
	Χριστός 2	Christ	887b
1a	υἱός 2 a	son	834b
2	Ἀβραάμ	Abraham	1d
	ἀδελφός 1	brother	16a
	Ἰακώβ 1	Jacob	367b
	Ἰσαάκ	Isaac	380d
2-16	δέ 1 c	but, and	171c
2a	υἱός 1 b α	son	833d
2f	Ἰούδας 1 a	Judah	379d
2ff	γεννάω 1 a	beget	155b
3	γεννάω 1 a	beget	155c
	ἐκ 3 a	from	234d
	Ἑσρώμ	Hezron	313c
	Ζάρα	Zerah	335d
	Θαμάρ	Tamar	350c
3a	Φαρές	Perez	853c
3b	Φαρές	Perez	853c
3f	Ἀράμ	Aram	104b
4	Ἀμιναδάβ	Amminadab	46b
4a	Ναασσών	Nahshon	532a
4b	Ναασσών	Nahshon	532a
4f	Σαλμών	Salmon	740d
5	Βόες	Boaz	144c
	ἐκ 3 a	from	234d
	Ἰωβήδ	Obed	385b
	Ῥαχάβ	Rahab	734d
	Ῥούθ	Ruth	737b
5f	γεννάω 1 a	beget	155c
	Ἰεσσαί	Jesse	373d
6	βασιλεύς 1	king	136a
	Δαυίδ	David	171b
	ὁ, ἡ, τό II 7	the	552a
	Οὐρίας	Uriah	595c
	Σολομών	Solomon	759b
6f	Σολομών	Solomon	759b
7a	Ἀβιά 1	Abijah	1c
	Ῥοβοάμ	Rehoboam	736d
7b	Ἀβιά 1	Abijah	1c
	Ῥοβοάμ	Rehoboam	736d
7f	Ἀσάφ	Asa(ph)	114b
8	Ἀμασίας	Amaziah	44c
	Ἰωάς	Joash	385a
	Ἰωράμ	Joram	385c
	Ἰωσαφάτ	Jehoshaphat	385c
	Ὀχοζίας	Ahaziah	601a
8f	Ὀζίας	Uzziah	555b
9	Ἀχάζ	Ahaz	128a
	Ἰωαθάμ	Jotham	384c
9f	Ἑζεκίας	Hezekiah	218a
10	Ἀμών	Amon	48a
	Ἀμώς 2	Amos	48a
	Μανασσῆς 2	Manasseh	490b
10f	Ἰωσίας	Josiah	386a
11	ἀδελφός 1	brother	16a
	ἐπί I 2	under	286d
	Ἰωακίμ	Jehoiakim	384c
	μετοικεσία	deportation	514b
11f	Βαβυλών	Babylon	129d
	Ἰεχονίας	Jechoniah	373d
12	Ἰεχονίας	Jechoniah	373d
	μετά B II 2	after	510b
	μετοικεσία	deportation	514b
	Σαλαθιήλ	Shealtiel	740b
12f	Ζοροβαβέλ	Zerubbabel	339d
13	Ἐλιακίμ	Eliakim	251b
13a	Ἀβιούδ	Abiud	1d
13b	Ἀβιούδ	Abiud	1d
13f	Ἀζώρ	Azor	20a
14	Ἀχίμ	Achim	128b
14a	Σαδώκ	Zadok	739d
14b	Σαδώκ	Zadok	739d
14f	Ἐλιούδ	Eliud	251b
15	Ἐλεάζαρ	Eleazar	249a
	Ματθάν	Matthan	496a
15f	Ἰακώβ 2	Jacob	367d
16	ἀνήρ 1	man	66c
	Ἰωσήφ 4	Joseph	385d
	λέγω II 3	call	470a
	Μαρία 1	Mary	491d
	μνηστεύω	become engaged	525c
17	Ἀβραάμ	Abraham	1d
	ἀπό II 3 b	from	87b
	Βαβυλών	Babylon	129d
	γενεά 3 a	age	154b
	Δαυίδ	David	171b

17	δεκατέσσαρες	fourteen	174a
	μετοικεσία	deportation	514b
	οὖν 1 a	therefore	593a
	πᾶς, πᾶσα, πᾶν 1 d α	all	632a
17a	ἕως II 1 a	until	334d
17b	ἕως II 1 a	until	334d
18	γαστήρ 2	womb	152d
	γένεσις 1	birth	154d
	γέννησις	birth	156a
	δέ 2	but, and	171c
	ἐκ 3 a	from	234d
	εὑρίσκω 2	find	325d
	ἔχω I 2 j	have	333b
	ἤ 2 d α	before	343a
	Μαρία 1	Mary	491d
	μήτηρ 1	mother	520a
	μνηστεύω	become engaged	525c
	οὕτω 5	thus	598a
	πνεῦμα 5 c β	spirit	676d
	πρίν 1 b	before	701b
	συνέρχομαι 1 b	assemble	788b
	Χριστός 2	Christ	887b
18-20	Ἰωσήφ 4	Joseph	385d
19	ἀνήρ 1	man	66c
	ἀπολύω 2 a	send away	96c
	βούλομαι 2 a β	desire	146b
	δειγματίζω	expose	172c
	δίκαιος 1 a	upright	195c
	λάθρᾳ 1	secretly	462d
	παραδειγματίζω	expose	614a
20	ἄγγελος 2 a	angel	7c
	γεννάω 1 a	beget	155c
	γυνή 3	bride	168d
	Δαυίδ	David	171b
	εἰμί III 3	to be	225b
	ἐνθυμέομαι	consider	266b
	ἰδού 1 b α	behold	371a
	κατά II 2 a	during	406c
	κύριος 2 a	lord	459b
	λέγω I 8 a	say	469a
	Μαρία 1	Mary	491d
	Μαρία 1	Mary	491d
	μή A III 5 a	not	517a
	ὄναρ	dream	569d
	παραλαμβάνω 1	take	619c
	πνεῦμα 5 c β	spirit	676d
	σύ 3	you	772c
	υἱός 1 b α	son	833d
	φαίνω 2 c	appear	852a
	φοβέω 1 a	be afraid	863a
21	αὐτός 2	they	123b
	αὐτός 3 f β	(oblique case)	123c
	Ἰησοῦς 3	Jesus Christ	374a
	καί I 2 b	and	392b
	καλέω 1 a γ	call	399b
	ὁ, ἡ, τό II 1 d	the	550c
	ὄνομα I 2 a	name	571a
	σῴζω 2 a α	save	798c
	τίκτω 1	give birth	816d
	υἱός 1 a α	son	833c
22	γίνομαι I 3 a	take place	158d
22	διά A III 2 a	by	180c
	εἶπον 4	say	226d
	ἵνα I 1 b	in order that	377a
	ἵνα II 2	in order that	378b
	ὅλος 3	whole	565a
	πληρόω 4 a	make full	671c
	προφήτης 1	prophet	723c
	ὑπό 1 a α	by	843a
23	γαστήρ 2	womb	152d
	Ἐμμανουήλ	Emmanuel	255a
	ἔχω I 2 j	have	333b
	θεός 3 a	God	357b
	καί I 2 a	and	392a
	καλέω 1 a γ	call	399b
	μεθερμηνεύω	translate	498d
	μετά A II 1 c β	with	509a
	ὄνομα I 2 a	name	571a
	ὅς, ἥ, ὅ I 7 a	(rel pron)	584c
	παρθένος 1	virgin	627a
	τίκτω 1	give birth	816d
	υἱός 1 a α	son	833c
24	γυνή 3	bride	168d
	δέ 2	but, and	171c
	διεγείρω	arouse	194a
	ἐγείρω 2 a	awaken	215a
	Ἰωσήφ 4	Joseph	385d
	κύριος 2 a	lord	459b
	παραλαμβάνω 1	take	619c
	ποιέω I 2 a α	do	682c
	προστάσσω	command	718c
	ὕπνος	sleep	843a
	ὡς I 2 b	as	897b
25	γινώσκω 5	know	161b
	ἕως II 1 b α	until	335a
	Ἰησοῦς 3	Jesus Christ	374a
	καλέω 1 a γ	call	399b
	ὁ, ἡ, τό II 1 d	the	550c
	ὄνομα I 2 a	name	571a
	ὅς, ἥ, ὅ I 11 f	(rel pron)	585b
	οὐ 4 a	no	590c
	πρωτότοκος 1	firstborn	726d
	τίκτω 1	give birth	816d
	υἱός 1 a α	son	833c

Matthew 2

1	ἀνατολή 2 b	east	62c
	βασιλεύς 1	king	136a
	Βηθλέεμ	Bethlehem	140a
	γεννάω 2	bear	155d
	ἐν I 1 a	in	258b
	ἐν II 1 b	while	260b
	ἡμέρα 4 b	time	347c
	ἰδού 1 b α	behold	371a
	Ἰουδαία 1	Judaea	379a
	παραγίνομαι 1	come	613c
1-22	Ἡρῴδης 1	Herod I	348c
1b	μαγός 1	Magi	484d
2	ἀνατολή 1	rising	62b
	βασιλεύς 2 a	king	136b

2	γάρ 1 e	for	152a
	εἶδον 1 a	see	220c
	ἔρχομαι I 1 a ε	come	310d
	Ἰουδαῖος 2 c	Jewish	379c
	ποῦ 1 a	where	696a
	προσκυνέω 5	do reverence	717a
	τίκτω 1	give birth	816d
3	βασιλεύς 1	king	136a
	Ἱεροσόλυμα	Jerusalem	373a
	Ἱεροσόλυμα 1 b	Jerusalem	373b
	μετά A II 2	with	509b
	πᾶς, πᾶσα, πᾶν 1 a ε	all	631c
	ταράσσω 2	stir up	805b
4	ἀρχιερεύς 1 b	high priest	112d
	γεννάω 2	bear	155d
	γραμματεύς 2	scribes	165d
	λαός 3 a	people	466d
	ὁ, ἡ, τό II 10 a	the	552c
	παρά I 3 c	from	610a
	πᾶς, πᾶσα, πᾶν 1 d α	all	632a
	ποῦ 1 b	where	696b
	πυνθάνομαι 1	inquire	729d
	συνάγω 2	gather	782b
	Χριστός 1	Anointed One	887a
5	Ἰουδαία 1	Judaea	379a
	οὕτω 2	thus	598a
	προφήτης 1	prophet	723c
5f	Βηθλέεμ	Bethlehem	140a
6	γῆ 4	land	157c
	ἐγώ	I	217c
	ἐλάχιστος 2 a	smallest	248d
	ἐν I 4 a	in	259a
	ἐξέρχομαι 1 b α	go out	275a
	ἡγεμών 1	prince	343b
	ἡγέομαι 1	lead	343c
	Ἰσραήλ 2	Israel	381c
	λαός 3 a	people	467a
	ὅστις 2 a	whoever	587a
	οὐδαμῶς	by no means	591c
	ποιμαίνω 2 a β	tend	683d
	σύ 1 b	you	772b
6a	Ἰούδας 1 c	Judah	379d
6b	Ἰούδας 1 c	Judah	379d
7	ἀκριβόω	ascertain	33b
	καλέω 1 d	call	399c
	λάθρᾳ 1	secretly	462d
	μαγός 1	Magi	484d
	ὁ, ἡ, τό II 1 a α	the	550a
	παρά I 3 c	from	610a
	τότε 2	at that time	823d
	φαίνω 2 a	shine	851c
	χρόνος	time	888a
8	ἀκριβῶς	accurately	33b
	ἀπαγγέλλω 1	report	79b
	Βηθλέεμ	Bethlehem	140a
	ἐγώ	I	217c
	εἶπον 2 b	say	226c
	ἐξετάζω 1	scrutinize	275c
	ἐπάν	when	282c
	ἔρχομαι I 1 a ζ	come	310d
	εὑρίσκω 1 a	find	324d
8	κἀγώ 3 a	I also	386b
	ὅπως 2 a α	in order that	577a
	παιδίον 1	infant	604b
	πέμπω 1	send	641d
	προσκυνέω 5	do reverence	717a
9	εἰμί II 9 a	to be	224d
	ἐπάνω 2 a	on	283b
	ἕως I 1 a	until	334b
	ἰδού 1 b β	behold	371a
	ἵστημι II 1 a	stand	382b
	ὁ, ἡ, τό I 3	the	550a
	ὅς, ἥ, ὅ I 1	(rel pron)	583b
	οὗ 1 a β	where	589d
	παιδίον 1	infant	604b
	πορεύω 1	proceed	692c
	προάγω 2 a	lead	702a
9f	εἶδον 1 a	see	220d
10	εἶδον 1 a	see	220d
	μέγας 2 a γ	great	497d
	σφόδρα	greatly	796a
	χαίρω 1	rejoice	873b
	χαίρω 1	rejoice	873d
	χαρά 1	joy	875c
11	ἀνοίγω 1 c	open	71b
	δῶρον 1	gift	210d
	εἶδον 1 a	see	220d
	ἔρχομαι I 1 a β	come	310c
	θησαυρός 1 a α	treasure box	361c
	καί I 1 a	and	391d
	Λίβανος	Frankincense	473c
	Μαρία 1	Mary	491d
	μετά A II 4	with	509c
	μήτηρ 1	mother	520a
	οἰκία 1 a	house	557b
	παιδίον 1	infant	604b
	πίπτω 1 b α	fall	659c
	προσκυνέω 5	do reverence	717a
	προσφέρω 2 a	bring (to)	719d
	σμύρνα	myrrh	758d
	χρυσός	gold	888d
12	ἄλλος 1 b α	other	40a
	ἀνακάμπτω 1 a	return	55d
	ἀναχωρέω 2 a	return	63c
	κατά II 2 a	during	406c
	μή A II 1 b β	not	516b
	ὁδός 1 a	way	553d
	χρηματίζω 1 b α	impart a warning	885d
	χώρα 1 b	country	889b
12f	ὄναρ	dream	570a
13	ἄγγελος 2 a	angel	7c
	ἄν 3 d	(particle)	49a
	ἀναχωρέω 1	go away	63c
	ἀπόλλυμι 1 a α	ruin	95a
	εἰμί I 3	to be	223b
	ἐκεῖ 1	there	239b
	ἕως I 1 b	until	334b
	ζητέω 1 a β	seek	338d
	ἰδού 1 b α	behold	371a
	Ἰωσήφ 4	Joseph	385d

13	κύριος 2 a	lord	459b
	λέγω I 8 a	say	469a
	μέλλω 1 c γ	intend	501b
	ὁ, ἡ, τό II 4 b ζ	the	551d
	φαίνω 2 c	appear	852a
	φεύγω 1	flee	855d
13f	Αἴγυπτος	Egypt	22a
	ἐγείρω 2 b	rise	215a
	μήτηρ 1	mother	520a
	παιδίον 1	infant	604b
	παραλαμβάνω 1	take	619c
14	ἀναχωρέω 2 b	withdraw	63c
	νύξ 1 b	night	546c
	ὁ, ἡ, τό I 3	the	550a
15	Αἴγυπτος	Egypt	22a
	διά A III 2 a	by	180c
	εἰμί I 3	to be	223b
	ἐκ 1 a	away from	234b
	ἐκεῖ 1	there	239b
	ἕως II 1 a	until	334d
	ἵνα II 2	in order that	378b
	καλέω 1 d	call	399c
	πληρόω 4 a	make full	671c
	προφήτης 1	prophet	723c
	τελευτή	end	810d
	υἱός 2 b	son	834c
	ὑπό 1 a α	by	843a
16	ἀκριβόω	ascertain	33b
	ἀναιρέω 1 a	do away with	55a
	ἀπό II 3 a	from	87b
	ἀποστέλλω 1 d	send away	99a
	Βηθλέεμ	Bethlehem	140a
	διετής	two years old	194d
	ἐμπαίζω 2	deceive	255d
	θυμόω	make angry	365c
	κατά II 5 a γ	according to	407b
	κάτω 1	below	425a
	κατωτέρω	below	425b
	λίαν 1	very	473b
	ὅριον	boundary	581b
	παῖς 1 a α	child	604d
	παρά I 3 c	from	610a
	πᾶς, πᾶσα, πᾶν 1 d α	all	632a
	τότε 2	at that time	824a
	ὑπό 1 a α	by	843a
	χρόνος	time	888a
16a	μαγός 1	Magi	484d
16b	μαγός 1	Magi	484d
17	εἶπον 4	say	226d
	Ἰερεμίας	Jeremiah	371d
	πληρόω 4 a	make full	671c
	προφήτης 1	prophet	723b
	τότε 1 a	at that time	823d
18	ἀκούω 1 b α	hear	32a
	εἰμί I 2	to be	223b
	θέλω 2	wish	355b
	θρῆνος	dirge	363b
	κλαίω 2	weep	433b
	κλαυθμός	weeping	433c
	κλαυθμός	weeping	433c
	ὀδυρμός	lamentation	555b
18	ὅτι 3 a	that	589c
	παρακαλέω 4	implore	617d
	πολύς I 1 b β	many	688a
	Ῥαμά	Rama	734a
	Ῥαχήλ	Rachel	734d
	τέκνον 1 b	child	808c
	φωνή 1	sound	870d
19	ἄγγελος 2 a	angel	7c
	Αἴγυπτος	Egypt	22a
	δέ 2	but, and	171c
	Ἰωσήφ 4	Joseph	385d
	κύριος 2 a	lord	459b
	ὄναρ	dream	570a
	τελευτάω	die	810c
	φαίνω 2 c	appear	852a
20	ζητέω 2 b δ	seek	339a
	θνήσκω 1	die	362c
	πορεύω 1	proceed	692b
	ψυχή 1 a β	soul, life	893b
20f	γῆ 4	land	157c
	ἐγείρω 2 b	rise	215a
	Ἰσραήλ 2	Israel	381c
	μήτηρ 1	mother	520a
	παιδίον 1	infant	604b
	παραλαμβάνω 1	take	619c
22	ἀκούω 3 e	learn	32d
	ἀναχωρέω 2 b	withdraw	63c
	ἀντί 1	opposite	73c
	Ἀρχέλαος	Archelaus	111d
	βασιλεύω 1 a	rule	136c
	Γαλιλαία	Galilee	150b
	ἐκεῖ 2	there	239b
	Ἰουδαία 1	Judaea	379a
	μέρος 1 b γ	part	506a
	ὄναρ	dream	570a
	πατήρ 1 a	father	635a
	φοβέω 1 a	be afraid	863a
	χρηματίζω 1 b α	impart a warning	885c
23	διά A III 2 a	by	180c
	εἶπον 4	say	226d
	εἰς 9 a	in	230c
	καλέω 1 a δ	call	399b
	κατοικέω 1 a	live	424b
	λέγω II 3	call	470a
	Ναζαρά	Nazareth	532a
	Ναζωραῖος	Nazarene	532b
	Ναζωραῖος	Nazarene	532c
	Ναζωραῖος	Nazarene	532c
	ὅπως 2 a α	in order that	577a
	ὅτι 2	that	589c
	πληρόω 4 a	make full	671c
	πόλις 1	city	685d
	προφήτης 1	prophet	723c

Matthew 3

1	βαπτιστής	baptist	132d
	δέ 2	but, and	171c
	ἐκεῖνος 2 b α	that	239d
	ἐν I 1 a	in	258b

1	ἐν II 1 b	while	260b
	ἔρημος 2	desert	309a
	ἡμέρα 4 b	time	347c
	Ἰουδαία 1	Judaea	379a
	Ἰωάν(ν)ης 1	John	384d
	παραγίνομαι 2	come	613d
1f	κηρύσσω 2 b β	announce	431d
2	βασιλεία 3 a	kingdom	135b
	βασιλεία 3 g	kingdom	135c
	ἐγγίζω 5 b	approach	213d
	μετανοέω	change ones mind	512a
	οὐρανός 1 e	heaven	594c
	οὐρανός 3	heaven	595b
2f	γάρ 1 c	for	152a
3	βοάω 2	shout	144b
	εἶπον 1	say	226b
	ἑτοιμάζω 1	prepare	316b
	εὐθύς 1	straight	321a
	Ἠσαΐας	Isaiah	348d
	κύριος 2 c α	lord	459c
	ὁδός 1 a	way	554a
	οὗτος 1 a β	this	596c
	ποιέω I 1 b ι	do	682a
	προφήτης 1	prophet	723b
	τρίβος	beaten path	826b
	φωνή 2 e	voice	871c
4	ἄγριος 1	wild	13c
	ἀκρίς	grasshopper	33c
	ἀπό IV 1 b	from	87c
	αὐτός 1 h	even	123a
	δέ 3	but, and	171d
	δερμάτινος (made of) leather		175c
	ἔνδυμα 1	garment	263c
	ἔχω I 1 b	have	331d
	ζώνη	belt	341b
	θρίξ 1	hair	364a
	Ἰωάν(ν)ης 1	John	384d
	κάμηλος	camel	401d
	μέλι	honey	500c
	ὀσφῦς 1	waist	587d
	περί 2 a β	about	645a
	τροφή 1	food	827d
5	ἐκπορεύομαι 1 c	go out	244c
	Ἱεροσόλυμα 1 b	Jerusalem	373b
	Ἰουδαία 1	Judaea	379a
	ὁ, ἡ, τό II 2 b	the	551a
	πᾶς, πᾶσα, πᾶν 1 c α	all	631d
	περίχωρος	neighboring	653c
	τότε 1 a	at that time	823d
5f	Ἰορδάνης	Jordan	378d
6	ἁμαρτία 1	sin	43b
	βαπτίζω 2 a	baptize	131c
	ἐξομολογέω 2 a	confess	277a
	ποταμός 1	river	694d
	ὑπό 1 a α	by	843a
7	βάπτισμα 1	baptism	132c
	γέννημα	child	156a
	εἶδον 1 b	see	220d
	ἐπί III 1 b	on	289b
	ἔρχομαι I 1 a β	come	310c

7	ἔχιδνα	viper	331d
	μέλλω 2	is destined	501c
	ὀργή 2 b	anger	579b
	πολύς I 2 a α	many	688b
	Σαδδουκαῖος	Sadducee	739d
	τίς, τί 1 a α	which	819a
	ὑποδείκνυμι 2	show	844b
	Φαρισαῖος	Pharisee	853d
	φεύγω 2	flee	855d
8	ἄξιος 1 b	worthy	78a
	κάρπος 2 a	result	405a
	μετάνοια	repentance	512c
	οὖν 1 b	therefore	593a
	οὖν 3	therefore	593b
	ποιέω I 1 b	do	681d
9	Ἀβραάμ	Abraham	1d
	δοκέω 1 a	think	201d
	ἐγείρω 1 a ε	raise up	214d
	ἐκ 3 a	from	234d
	ἐν I 5 b	in	259c
	ἔχω I 2 b α	have	332b
	θεός 3 a	God	357b
	λέγω I 6	say	468d
	λίθος 1 a	stone	474b
	μή A III 5 a	not	517a
	οὗτος 2 b	this	597b
	πατήρ 1 b	forefather	635b
	τέκνον 2 d	child	808d
10	ἀξίνη	ax	77d
	βάλλω 1 b	throw	131a
	δέ 4 a	but, and	171d
	δένδρον	tree	174c
	ἐκκόπτω 1	cut down	241d
	ἤδη 1 a	already	344a
	καλός 2 a	good	400b
	κάρπος 1 a	fruit	404d
	κεῖμαι 1 b	lie	426d
	μή A II 2 b	not	516c
	οὖν 3	therefore	593b
	πᾶς, πᾶσα, πᾶν 1 a α every each		631b
	ποιέω I 1 b	do	681d
	πῦρ 1 b	fire	730b
	ῥίζα 1 a	root	736a
11	βαστάζω 3 a	remove	137c
	εἰς 6 a	because of	230a
	ἔρχομαι I 1 a	come	311a
	ἱκανός 2	appropriate	374d
	ἰσχυρός 1 a	strong	383b
	μέν 1 a α	(particle)	502d
	μετάνοια	repentance	512c
	ὀπίσω 2 b	after	575b
	πνεῦμα 5 c β	spirit	676d
	πῦρ 1 b	fire	730b
	ὕδωρ 1	water	833a
	ὑπόδημα	sandal	844c
11a	βαπτίζω 2 a	baptize	131c
11b	βαπτίζω 3 b	baptize	132b
12	ἅλων 2	what was threshed	41d
	ἀποθήκη	storehouse	91b

12	ἄσβεστος 1	inextinguishable	114b
	αὐτός 3 d	(oblique case)	123c
	ἄχυρον	chaff	129a
	διακαθαρίζω	clean out	183d
	καί I 2 a	and	392b
	κατακαίω	consume	411a
	ὅς, ἥ, ὅ I 3 a	(rel pron)	583d
	πτύον	winnowing shovel	727d
	πῦρ 1 b	fire	730b
	σῖτος	wheat	752b
	συνάγω 1	gather	782b
	χείρ 1	hand	880b
13	ἀπό IV 1 a β	from	87c
	ἐπί III 1 a γ	on	288b
	Ἰορδάνης	Jordan	378d
	Ἰωάν(ν)ης 1	John	384d
	ὁ, ἡ, τό II 4 b ζ	the	551d
	παραγίνομαι 1	come	613d
	τότε 2	at that time	824a
	ὑπό 1 a α	by	843a
13f	βαπτίζω 2 a	baptize	131c
14	βαπτίζω 2 a	baptize	131d
	διακωλύω	prevent	185c
	ἐγώ	I	217c
	ἔρχομαι I 1 a β	come	310c
	ἔχω I 2 i	have	333a
	καί I 2 g	and	392d
	σύ 1 a	you	772a
	χρεία 1	need	885a
15	ἀποκρίνομαι 1	answer	93c
	ἄρτι 2	now	110b
	ἀφίημι 4	tolerate	126c
	δικαιοσύνη 2 a	righteousness	196c
	εἰμί II 4 d	to be	224b
	οὕτω	thus	597c
	πληρόω 4 b	make full	671d
	πρέπω	be fitting	699b
	τότε 2	at that time	824a
16	ἀναβαίνω 1 a α	go up	50b
	ἀνοίγω 1 b	open	71b
	βαπτίζω 2 a	baptize	131c
	εἶδον 1 a	see	220d
	ἐπί III 1 a β	on	288a
	ἔρχομαι I 2 c	come	311d
	εὐθύς	immediately	321b
	ἰδού 1 b β	behold	371a
	καταβαίνω 1 b	come down	408c
	οὐρανός 2 a	heaven	594d
	περιστερά	pigeon	652a
	πνεῦμα 5 a	spirit	676b
	ὕδωρ 1	water	833a
	ὡσεί 1	as	899b
17	ἀγαπητός 1	beloved	6c
	εὐδοκέω 2 a	well pleased	319b
	ἰδού 2	there is	371a
	οὐρανός 2 a	heaven	594d
	οὗτος 1 a α	this	596b
	υἱός 2 b	son	834c
	φωνή 2 d	voice	871b

Matthew 4

1	ἀνάγω 1	lead	53a
	διάβολος 2	the slanderer	182a
	πειράζω 2 d	try	640c
	πνεῦμα 5 d α	spirit	676d
	τότε 2	at that time	824a
2	ἡμέρα 1 a	day	346a
	νηστεύω	to fast	538b
	νύξ 1 d	night	546d
	πεινάω 1	hunger	640a
	ὕστερος 2 a	later	849d
2a	τεσσαράκοντα	forty	813a
2b	τεσσαράκοντα	forty	813a
3	ἄρτος 1 a	bread	110c
	γίνομαι I 4 a	become	159c
	εἰ I 1 a	if	219a
	εἶπον 3 c	say	226d
	ἵνα II 1 a δ	in order that	377d
	λίθος 1 a	stone	474b
	ὁ, ἡ, τό II 3 a	the	551b
	πειράζω 2 d	try	640c
	προσέρχομαι 1	approach	713a
	υἱός 2 b	son	834d
4	ἄνθρωπος 3 b	man	69b
	ἀποκρίνομαι 1	answer	93b
	ἄρτος 1 a	bread	110c
	γράφω 2 c	write	166d
	διά A I 1	through	179c
	ἐκπορεύομαι 2	go out	244c
	ἐπί II 1 b γ	on	287b
	ζάω 1 c	live	336c
	μόνος 1 a γ	only	527d
	ὁ, ἡ, τό I 3	the	550a
	πᾶς, πᾶσα, πᾶν 1 a γ	every each	631c
	ῥῆμα 1	word	735c
	στόμα 1 b	mouth	770a
5	ἅγιος 1 a α	dedicated to God	9b
	διάβολος 2	the slanderer	182a
	ἱερόν 2	temple	372c
	ἵστημι I 1 a α	put	382a
	πάλιν 2	again	606d
	παραλαμβάνω 1	take	619c
	πόλις 1	city	685c
	πτερύγιον	end edge	727b
	τότε 2	at that time	824a
6	αἴρω 2	lift up	24c
	βάλλω 1 b	lie	131a
	ἐντέλλω	command	268c
	ἐπί I 1 a α	on	286a
	κάτω 2	downwards	425a
	λίθος 1 a	stone	474b
	μήποτε 2 b α	(neg particle)	519b
	πούς 1 a	foot	696c
	προσκόπτω 1 a	strike against	716b
	σεαυτοῦ 3	yourself	745c
	σύ 3	you	772c
	υἱός 2 b	son	834d

6	χείρ 1	hand	880b
	χείρ 1	hand	880b
6f	γράφω 2 c	write	166d
7	ἐκπειράζω	put to the test	243c
	θεός 3 c	God	357c
	κύριος 2 a	lord	459c
	πάλιν 4	again	607a
	φημί 1 b α	say	856b
8	βασιλεία 2	kingdom	135a
	δείκνυμι 1 a	show	172d
	διάβολος 2	the slanderer	182a
	δόξα 2	magnificence	204a
	κόσμος 4 a	world	446a
	λίαν 2 a	very	473b
	ὄρος	mountain	582c
	πάλιν 2	again	606d
	παραλαμβάνω 1	take	619c
	πᾶς, πᾶσα, πᾶν 1 d α	all	632a
	ὑψηλός 1	high	849d
9	δίδωμι 1 a	give	192d
	πᾶς, πᾶσα, πᾶν 1 e β	all	632c
	πίπτω 1 b α	fall	659c
	προσκυνέω 3	do reverence	717a
10	γράφω 2 c	write	166d
	κύριος 2 a	lord	459c
	λατρεύω	serve	467c
	λέγω II 1 b	answer	469c
	μόνος 1 a β	only	527d
	ὀπίσω 2 a α	behind	575b
	προσκυνέω 2 a	do reverence	717a
	σατάν	Adversary	744d
	ὑπάγω 1	go away	836c
10f	τότε 2	at that time	824a
11	ἄγγελος 2 a	angel	7d
	ἀφίημι 3 a	leave	126a
	διάβολος 2	the slanderer	182a
	διακονέω 2	serve	184a
	ἰδού 1 b β	behold	371a
	προσέρχομαι 1	approach	713a
12	ἀκούω 3 e	learn	32d
	ἀναχωρέω 2 b	withdraw	63c
	Ἰωάν(ν)ης 1	John	384d
	παραδίδωμι 1 b	give over	614d
13	εἰς 9 a	in	230c
	Ζαβουλών	Zebulun	335b
	καταλείπω 2 b	leave behind	413d
	κατοικέω 1 a	live	424b
	Καφαρναούμ	Capernaum	426b
	Ναζαρά	Nazareth	532a
	Νεφθαλίμ	Naphtali	537a
	ὅριον	boundary	581b
	παραθαλάσσιος	by the sea	616a
14	διά A III 2 a	by	180c
	εἶπον 4	say	226d
	Ἠσαΐας	Isaiah	348d
	ἵνα II 2	in order that	378b
	πληρόω 4 a	make full	671c
	προφήτης 1	prophet	723b
15	Γαλιλαία	Galilee	150b
	Ζαβουλών	Zebulun	335b

15	Ἰορδάνης	Jordan	378d
	Νεφθαλίμ	Naphtali	537a
	ὁδός 1 a	way	554a
	πέραν 2 c	on the other side	644a
16	ἀνατέλλω 2	rise	62a
	αὐτός 3 c	(oblique case)	123c
	εἶδον 1 a	see	220d
	θάνατος 2 a	death	351c
	μέγας 2 a γ	great	497d
	σκιά 1 a	shade	755d
	σκοτία 2	darkness	757c
	σκότος 2 b	darkness	758a
	χώρα 5	country	889c
16a	φῶς 3	light	872b
16b	φῶς 3 a	light	872b
17	ἄρχω 2 a α	begin	113c
	ἄρχω 2 c	begin	113d
	βασιλεία 3 a	kingdom	135b
	βασιλεία 3 g	kingdom	135c
	ἐγγίζω 5 b	approach	213d
	κηρύσσω 2 b β	announce	431d
	μετανοέω	change ones mind	512a
	οὐρανός 3	heaven	595b
	τότε 1 a	at that time	823d
18	ἀδελφός 1	brother	16a
	ἁλιεύς	fisherman	37c
	ἀμφίβληστρον	casting net	47b
	Ἀνδρέας	Andrew	63d
	βάλλω 1 b	throw	131a
	Γαλιλαία	Galilee	150b
	γάρ 2	for	152b
	δύο 4	two	209b
	εἶδον 1 a	see	220d
	θάλασσα 2	lake	350b
	παρά III 1 a	along	611a
	περιπατέω 1 c	go about	649a
	Πέτρος	Peter	655b
	Σίμων 1	Simon	751a
19	ἁλιεύς	fisherman	37c
	ἄνθρωπος 1 a β	man	68b
	δεῦτε 2	come	176d
	καί I 2 f	and	392c
	ὀπίσω 2 a β	after	575b
	ποιέω I 1 b ι	do	681d
20	ἀφίημι 3 a	leave	126a
	εὐθέως	immediately	320c
20f	δίκτυον	net	198c
21	ἀδελφός 1	brother	16a
	ἄλλος 2	more	40b
	δύο 4	two	209b
	εἶδον 1 a	see	220d
	ἐκεῖθεν	from there	239b
	Ζεβεδαῖος	Zebedee	337b
	Ἰάκωβος 1	James	367d
	Ἰωάν(ν)ης 2	John	385a
	καλέω 1 e	call	399c
	καταρτίζω 1 a	restore	417d
	προβαίνω 1	go on	702d
21f	πατήρ 1 a	father	635a
	πλοῖον 2	ship	673b
22	εὐθέως	immediately	320c

23	αὐτός 3 b	(oblique case)	123b
	βασιλεία 3 g	kingdom	135c
	διδάσκω 1	teach	192a
	εὐαγγέλιον 1 c	gospel	318a
	εὐαγγέλιον 2 b α	gospel	318a
	θεραπεύω 2	heal	359a
	καί I 5	and	393b
	κηρύσσω 2 b β	announce	431c
	λαός 1 b	people	466d
	μαλακία 1	sickness	488c
	νόσος 1	disease	543c
	πᾶς, πᾶσα, πᾶν 1 a β	every each	631c
	περιάγω 2	lead around	645c
	συναγωγή 2 a	place of assembly	782d
24	ἀκοή 2 a	report	31a
	ἀπέρχομαι 3	go	84d
	βάσανος 2	torment	134d
	δαιμονίζομαι	be possessed by a demon	169a
	ἔχω II 1	be	334a
	θεραπεύω 2	heal	359a
	κακῶς 1	badly	398c
	νόσος 1	disease	543c
	παραλυτικός	paralytic	620b
	πᾶς, πᾶσα, πᾶν 1 d β	all	632b
	ποικίλος 1	diversified	683c
	ποικίλος 1	diversified	683c
	προσφέρω 1 a	bring (to)	719d
	σεληνιάζομαι	be moon struck	746d
	συνέχω 5	distress	789b
	συνορία	neighboring country	791d
	Συρία	Syria	794a
25	ἀκολουθέω 2	accompany	31b
	ἀπό IV 1 b	from	87c
	Γαλιλαία	Galilee	150b
	Δεκάπολις	Decapolis	174a
	Ἰορδάνης	Jordan	378d
	Ἰουδαία 1	Judaea	379a
	ὄχλος 1	crowd	601a
	πέραν 2 c	on the other side	644a
	πολύς I 1 a β	many	687d

Matthew 5

1	ἀναβαίνω 1 a α	go up	50a
	εἶδον 1 a	see	220d
	καθίζω 2 a α	sit down	390a
	ὁ, ἡ, τό II 1 a α	the	550b
	ὄρος	mountain	582b
	ὄχλος 1	crowd	600d
	προσέρχομαι 1	approach	713a
2	ἀνοίγω 1 e α	open	71b
	διδάσκω 2 a	teach	192a
	στόμα 1 a	mouth	769d
3	βασιλεία 3 a	kingdom	135b
	εἰμί IV 1	to be	225d
3	κληρονομέω 2	acquire	434d
	οὐρανός 3	heaven	595b
	πνεῦμα 3 b	spirit	675c
	πτωχός 1 c	begging poor	728c
3ff	μακάριος 1 b	blessed	486d
	ὅτι 3 a	that	589c
4	αὐτός 2	they	123a
	ὁ, ἡ, τό II 3 b	the	551c
	παρακαλέω 4	implore	617d
	πενθέω 1	be sad	642d
5	γῆ 4	land	157d
	κληρονομέω 2	acquire	434d
	πενθέω 1	be sad	642d
	πραῧς	humble	699a
5ff	αὐτός 2	they	123a
6	δικαιοσύνη 2 b	righteousness	196c
	διψάω 3	thirst	200d
	ὁ, ἡ, τό II 3 b	the	551c
	πεινάω 2	hunger	640a
	χορτάζω 2 b	feed	884a
7	ἐλεέω	have mercy	249d
	ἐλεήμων	merciful	250a
8	θεός 3 a	God	357b
	καθαρός 3 a	clean	388a
	καρδία 1 b δ	heart	404a
	ὁράω 1 a γ	see	578b
9	εἰρηνοποιός	the peace maker	228a
	καλέω 1 a δ	call	399b
	υἱός 1 c γ	son	834a
10	βασιλεία 3 a	kingdom	135b
	δικαιοσύνη 4	righteousness	197b
	διώκω 2	persecute	201b
	εἰμί IV 1	to be	225d
	ὁ, ἡ, τό II 3 b	the	551c
	οὐρανός 3	heaven	595b
10f	ἕνεκα	because of	264d
11	εἶπον 1	say	226b
	κατά I 2 b β	down	405d
	μακάριος 1 b	blessed	486d
	ὀνειδίζω 1	reproach	570a
	ὅταν 1 b	when	588a
	πονηρός 1 b β	wicked	691a
	πονηρός 2 c	wicked	691b
	ψεύδομαι 1	lie	891d
11f	διώκω 2	persecute	201b
12	ἀγαλλιάω	be glad	4a
	μισθός 2 a	reward	523c
	οὐρανός 2 d	heaven	595b
	πολύς I 1 b α	many	688a
	πρό 2	before	702a
	προφήτης 1	prophet	723c
	χαίρω 1	rejoice	873b
13	ἅλας 2	salt	35a
	ἁλίζω	to salt	37d
	ἄνθρωπος 1 a δ	people	68c
	βάλλω 1 b	throw	130d
	γῆ 5 b	earth	157d
	εἰ VI 8 a	if not	220a
	εἰς 5	for	230a

13	ἐν III 1 a	by	260c
	ἔξω 1 b	outside	279c
	ἔτι 1 b β	still	315d
	ἰσχύω 2 a	be strong	383d
	καταπατέω 1 a	trample	415d
	μή A I 1	not	516a
	μωραίνω 2	become tasteless	531b
	οὐδείς 2 b α	nothing	592a
	τίς, τί 1 b α	which	819b
13a	ἅλας 2	salt	35a
13b	ἅλας 1	salt	35a
13f	σύ 1 d	you	772b
14	ἐπάνω 2 a	on	283b
	κεῖμαι 1 b	lie	426d
	κόσμος 5 a	world	446c
	κρύπτω 1 a	hide	454b
	ὄρος	mountain	582c
	πόλις 1	city	685b
	φῶς 3 b	light	872c
15	ἐπί III 1 a β	on	288b
	καί I 2 f	and	392c
	καίω 1 a	light	396b
	λάμπω 1 a	shine	466a
	λυχνία	lampstand	483b
	λύχνος 1	lamp	483b
	μόδιος	a peck measure	525d
	ὁ, ἡ, τό II 5	the	552a
	οἰκία 1 a	house	557c
	οὐδέ 1	and not	591c
	πᾶς, πᾶσα, πᾶν 1 d γ	all	632b
	τίθημι I 1 a β	put	816a
	ὑπό 2 a α	under	843c
16	ἄνθρωπος 1 a δ	people	68c
	δοξάζω 1	praise	204c
	ἔμπροσθεν 2 c	in front	257b
	ἔργον 1 c β	deed	308b
	καλός 2 b	good	400c
	λάμπω 2	shine	466b
	ὅπως 2 a α	in order that	577a
	οὐρανός 2 a	heaven	594d
	οὕτω 1 b	thus	597d
	πατήρ 3 c α	father	636a
	φῶς 3 b	light	872c
17	ἀλλά 1 a	but, yet	38a
	ἔρχομαι I 1 a	come	311a
	ἤ 1 a β	or	342a
	μή A III 5 a	not	517a
	νομίζω 2	think	541b
	νόμος 4 a	law	543a
	πληρόω 4 b	make full	671d
	προφήτης 1	prophet	723c
17a	καταλύω 1 c	annul	414c
17b	καταλύω 1 c	annul	414c
18	ἀμήν 2	amen	45d
	γῆ 5 a	earth	157d
	γίνομαι I 3 a	take place	158d
	εἷς 1 c	one	231a
	ἕως I 1 b	until	334b
	ἤ 1 c	nor	342b
	ἰῶτα	iota	386c
	κεραία	hook	428d
18	μή D 1 a	not	517c
	νόμος 3	law	542d
	νόμος 4 b	law	543a
	οὐρανός 1 a α	heaven	593d
18a	παρέρχομαι 1 b α	pass away	626a
18b	παρέρχομαι 1 b α	pass away	626a
19	ἄν 2 a	(particle)	48c
	βασιλεία 3 g	kingdom	135c
	ἐάν II	if	211d
	εἷς 1 a β	one	230d
	ἐντολή 2 a β	command	269a
	λύω 4	destroy	484a
	μέγας 2 b α	great	498a
	οὖν 5	therefore	593c
	οὗτος 1 a ε	this	596d
	οὗτος 2 b	this	597b
	οὕτω 1 b	thus	597d
	ποιέω I 1 c α	do	682a
19a	ἐλάχιστος 2 a	smallest	248d
	καλέω 1 a δ	call	399b
19b	ἐλάχιστος 2 a	smallest	248d
	καλέω 1 a δ	call	399b
19f	βασιλεία 3 a	kingdom	135b
	οὐρανός 3	heaven	595b
20	βασιλεία 3 g	kingdom	135b
	βασιλεία 3 g	kingdom	135c
	γραμματεύς 2	scribes	165d
	δικαιοσύνη 2 a	righteousness	196c
	ἐάν I 3 b	if	211c
	εἰσέρχομαι 2 a	come	233a
	λέγω II 1 e	declare	469d
	μή A I 1	not	515d
	μή D 1 a	not	517c
	περισσεύω 1 a β	be left over	650d
	πολύς II 2 c	many	689c
21	ἀρχαῖος 2	ancient	111c
	ἔνοχος 2 a	subject to	267d
	οὐ 4 b	no	590c
21a	φονεύω	murder	864c
21f	ἀνθρωποκτόνος	murderer	68a
	κρίσις 2	court	453a
22	γέεννα	hell	153b
	εἰκῇ 1	without cause	221d
	εἶπον 1	say	226b
	εἰς 7	to	230b
	ἔνοχος 2 c	guilty	268a
	ἔνοχος 2 c	guilty	268a
	λέγω II 1 e	declare	469d
	μωρός 1	foolish	531c
	μωρός 3	foolish	531c
	ὁ, ἡ, τό II 3 b	the	551c
	ὀργίζω	be angry	579c
	πᾶς, πᾶσα, πᾶν 1 c γ	whoever	632a
	πῦρ 1 b	fire	730b
	ῥακά	fool	733d
	συνέδριον 2	Sanhedrin	786b
22a	ἔνοχος 2 a	subject to	267d

22b	ἔνοχος 2 a	subject to	267d
22ff	ἀδελφός 4	neighbor	16c
	ἐγώ	I	217a
23	ἔχω I 7 a	have	333d
	κακεῖ 1	and there	396d
	κατά I 2 b γ	down	406a
	μιμνῄσκομαι 1 a δ	remember	522b
	οὖν 5	therefore	593c
	τὶς, τὶ 1 b α	any one	820b
23f	δῶρον 2	gift	211a
	θυσιαστήριον 1 a	altar	366d
	προσφέρω 2 a	bring (to)	719d
24	ἀφίημι 3 a	leave	126b
	διαλλάσσομαι	become reconciled	186a
	δῶρον 2	gift	211a
	ἐκεῖ 1	there	239b
	ἔμπροσθεν 2 a	in front	257b
	πρῶτος 2 a	first	726b
	τότε 2	at that time	824a
	ὑπάγω 2	go away	836d
25	ἀντίδικος	opponent	74b
	ἐν I 1 b	in	258b
	εὐνοέω	be well disposed	323b
	ἕως II 1 b γ	until	335a
	καί I 2 e	and	392c
	κριτής 1 a α	judge	453c
	μετά A II 1 c α	with	508d
	μήποτε 2 b α	(neg particle)	519b
	ὁδός 1 b	way	554b
	παραδίδωμι 1 b	give over	614d
	ταχύς 2 b	quick	807b
	ὑπηρέτης	servant	842c
26	ἀμήν 2	amen	45d
	ἄν 3 d	(particle)	49a
	ἀποδίδωμι 2	give back	90b
	δίδωμι	give	192d
	ἐκεῖθεν	from there	239b
	ἐξέρχομαι 1 a	go out	274d
	ἔσχατος 3 b	last	314a
	ἕως I 1 b	until	334b
	κοδράντης	penny	437b
	λέγω II 1 d	assure	469d
	μή D 1 a	not	517c
27	ἀρχαῖος 2	ancient	111c
	μοιχεύω 1	commit adultery	526b
	οὐ 4 b	no	590c
28	βλέπω 3	see	143d
	γυνή 2	wife	168c
	ἐν I 1 e	in	258c
	ἐπιθυμέω	desire	293a
	ἤδη 2	already	344a
	ἤδη 2	already	344a
	καρδία 1 b ε	heart	404a
	λέγω II 1 e	declare	469d
	μοιχεύω 2 b	commit adultery	526c
	πᾶς, πᾶσα, πᾶν 1 c γ	whoever	632a
	πρός III 3 b	toward	710b
29	βάλλω 1 b	throw	131a
	γέεννα	hell	153b
	δεξιός 1	right	174d
	ἐξαιρέω 1	take out	271d
	ὀφθαλμός 1	eye	599c
29f	ἀπόλλυμι 2 b	be lost	95c
	βάλλω 1 b	throw	130d
	εἰ I 1 a	if	219a
	ἵνα II 1 b	in order that	377d
	μέλος 1	member	501d
	μή A I 2	not	516a
	ὅλος 2 a	whole	564d
	σκανδαλίζω 1 a	cause to fall	752d
	συμφέρω 2 a	help	780b
	σῶμα 1 b	body	799a
30	γέεννα	hell	153b
	δεξιός 1	right	174c
	ἐκκόπτω 1	cut off	241d
	χείρ 1	hand	880a
31	ἀποστάσιον	certificate of divorce	98b
	δέ 1 c	but, and	171c
	δίδωμι 2	give	193b
31f	ἀπολύω 2 a	send away	96c
	γυνή 2	wife	168c
32	γαμέω 1 a	marry	150d
	ἐάν II 1	if	211d
	λέγω II 1 e	declare	469d
	λόγος 1 a ε	matter	477d
	λόγος 2 d	reason	478d
	μοιχεύω 2 b	commit adultery	526c
	παρεκτός 2	outside	625a
	πᾶς, πᾶσα, πᾶν 1 c γ	whoever	632a
	ποιέω I 1 b θ	do	681d
	πορνεία 1	prostitution	693b
32a	μοιχάω 1	commit adultery	526a
32b	μοιχάω 2	commit adultery	526a
33	ἀποδίδωμι 1	give away	90b
	ἀρχαῖος 2	ancient	111c
	διό	therefore	198d
	ἐπιορκέω 2	break ones oath	296d
	κύριος 2 a	lord	459b
	ὅρκος	oath	581c
	οὐ 4 b	no	590c
	πάλιν 3	again	607a
34	θεός 3 a	God	357b
	θρόνος 1 b	throne	364b
	λέγω II 1 c	order	469c
	μή A II 1 b β	not	516b
	ὅλως	generally speaking	565b
34f	μήτε	and not	520a
	ὀμνύω	take an oath	566a
	οὐρανός 1 a β	heaven	593d
34ff	ἐν IV 5	in	261b
35	βασιλεύς 2 b	king	136c
	γῆ 5 a	earth	157d
	εἰς 6 b	swear by	230a
	ὀμνύω	take an oath	566b
	πόλις 1	city	685d

35	πούς 1 b	foot	696d
	ὑποπόδιον	footstool	847a
36	εἷς 1 c	one	231a
	ἤ 1 a α	or	342a
	θρίξ 2	hair	364a
	κεφαλή 1 a	head	430a
	λευκός 2	white	472c
	μέλας	black	499d
	ὀμνύω	take an oath	566a
	ποιέω I 1 b ι	do	682a
37	ἐκ 3 c	from	235a
	λόγος 1 a β	word	477b
	ναί 5	yes	533b
	ναί 5	yes	533b
	οὐ 1	no	590a
	περισσός 3	extraordinary	651c
	πονηρός 2 b	wicked	691b
38	ἀντί 2	for	73d
	ὀδούς	tooth	555a
	ὀφθαλμός 1	eye	599c
39	ἄλλος 3	the other	40c
	ἀνθίστημι 1	set against	67b
	δεξιός 1	right	174d
	εἰς 1 c	in	228c
	καί II 1	also	393b
	λέγω II 1 c	order	469c
	μή A II 1 b β	not	516b
	ὅστις 1 a	whoever	586d
	πονηρός 2 a	wicked	691b
	ῥαπίζω	strike with a club	734c
	σιαγών	cheek	749c
	στρέφω 1 a α	turn	771a
40	αὐτός 3 c	(oblique case)	123c
	ἀφίημι 3 a	leave	126b
	θέλω 1	wish	354d
	ἱμάτιον 2	garment	376c
	καί II 1	also	393b
	κρίνω 4 a β	judge	451d
	λαμβάνω 1 c	take	464c
	χιτών	shirt	882b
41	ἀγγαρεύω	requisition	6d
	εἷς 1 a α	one	230d
	μετά A II 1 a	with	508d
	μίλιον	mile	521d
	ὅστις 1 c	whoever	586d
	ὑπάγω 2	go away	836d
42	αἰτέω	ask	25d
	ἀπό IV 2 a	from	87d
	ἀποστρέφω 3 a	turn away	100c
	δαν(ε)ίζω 2	borrow	170d
	μή A III 5 a	not	517a
43	ἀγαπάω 1 a α	love	4c
	μισέω 1	hate	522d
	ὁ, ἡ, τό II 6	the	552a
	πλησίον 1 b	near	672d
43f	ἐχθρός 2 b β	the enemy	331c
44	ἀγαπάω 1 a α	love	4c
	διώκω 2	persecute	201b
	ἐπηρεάζω	mistreat	285d
	καλῶς 3	well	401b
	λέγω II 1 c	order	469c
44	ποιέω I 2 a β	do	682d
	προσεύχομαι	pray	714a
	προσέχω 1 a γ	pay attention to	714c
45	ἀγαθός 1 b α	good	3a
	ἄδικος 1	unjust	18b
	ἀνατέλλω 1	cause to spring up	62a
	βρέχω 2 a	send rain	147c
	γίνομαι I 4 a	become	159c
	δίκαιος 1 b	upright	195d
	ἐπί III 1 a β	on	288b
	ἥλιος	the sun	345c
	ὁ, ἡ, τό II 1 d	the	550c
	ὅπως 2 a α	in order that	576d
	οὐρανός 2 a	heaven	594d
	πατήρ 3 c α	father	636a
	πονηρός 2 a	wicked	691b
	υἱός 1 c γ	son	834a
46	ἀγαπάω 1 a α	love	4c
	ἁμαρτωλός 2	sinner	44b
	αὐτός 4 b	the same	123d
	ἐάν I 1 b	if	211b
	μισθός 2 a	reward	523b
	οὐχί 3	not	598b
	ποιέω I 1 b ε	do	681c
	τελώνης	tax collector	812c
	τίς, τί 2	which	819c
46f	καί II 2	even	393b
47	ἁμαρτωλός 2	sinner	44b
	ἀσπάζομαι 1 a	greet	116d
	ἐάν I 1 b	if	211b
	ἐθνικός	gentile	218b
	μόνος 2 b	only	528a
	οὐχί 3	not	598b
	περισσός 1	extraordinary	651b
	τίς, τί 2	which	819c
47a	ποιέω I 1 b ε	do	681c
47b	ποιέω I 1 b ε	do	681c
48	οὖν 1 b	therefore	593a
	οὐράνιος	heavenly	593d
	πατήρ 3 c α	father	636a
	σύ 1 a	you	772b
	ὡς II 4 a	so	897d
48a	τέλειος 2 d	perfect	809c
48b	τέλειος 2 e	perfect	809c

Matthew 6

1	γέ 3 b α	otherwise	153a
	δέ 1 a	but, and	171c
	δόσις 2	giving	204d
	ἔμπροσθεν 2 c	in front	257b
	θεάομαι 1 c β	see	353b
	μή A I 1	not	516a
	μή A II 1 a	not	516b
	μισθός 2 a	reward	523b
	οὐρανός 2 a	heaven	594d
	παρά II 1 b γ	beside	610c
	πατήρ 3 c α	father	636a
	ποιέω I 1 c β	do	682a

1	πρός III 3 a	toward	710b
	προσέχω 1 b	pay attention to	714d
1f	ἄνθρωπος 1 a δ	people	68c
	δικαιοσύνη 2 a	righteousness	196c
2	ἀμήν 2	amen	45d
	ἀπέχω 1	receive in full	84d
	ἔμπροσθεν 2 e	in front	257b
	λέγω II 1 d	assure	469d
	μισθός 2 a	reward	523b
	ὅπως 2 a α	in order that	576d
	ὅταν 1 a	when	588a
	οὖν 5	therefore	593c
	ῥύμη	lane	737c
	σαλπίζω	sound the trumpet	741b
	συναγωγή 2 a	place of assembly	782d
	ὑποκριτής	hypocrite	845b
	ὥσπερ 2	(just) as	899d
2a	ποιέω I 1 c β	do	682a
2b	ποιέω I 2 a α	do	682c
2f	ἐλεημοσύνη	charitable giving	249d
3	ἀριστερός	weapons	106d
	δεξιός 2 a	right	174d
	μή A III 4	not	517a
	ὁ, ἡ, τό II 2 b	the	551a
3a	ποιέω I 1 c β	do	682a
4	ἀποδίδωμι 3	recompense	90b
	αὐτός 2	they	123b
	βλέπω 1 c	see	143c
	ἐλεημοσύνη	charitable giving	249d
	ὁ, ἡ, τό II 2 a	the	551a
	ὅπως 2 a α	in order that	577a
	πατήρ 1 a	father	635b
	πατήρ 3 c α	father	636a
	φανερός 2	clear	852c
4a	κρυπτός 2 b	hidden	454b
4b	κρυπτός 2 b	hidden	454b
5	ἀμήν 2	amen	45d
	ἄνθρωπος 1 a δ	people	68c
	ἀπέχω 1	receive in full	84d
	γωνία	corner	168d
	εἰμί II 9 b	to be	225a
	ἐν I 1 b	in	258b
	λέγω II 1 f	declare	469d
	μισθός 2 a	reward	523b
	ὅπως 2 a α	in order that	576d
	ὅπως 2 a β	in order that	577a
	οὐ 4 b	no	590c
	πλατεῖα	wide road	666d
	συναγωγή 2 a	place of assembly	782d
	ὑποκριτής	hypocrite	845b
	φαίνω 2 c	appear	852a
	φιλέω 1 b	love like	859c
5-7	προσεύχομαι	pray	713d
5f	ὅταν 1 a	when	588a
6	ἀποδίδωμι 3	recompense	90b

6	βλέπω 1 c	see	143c
	δέ 1 a	but, and	171c
	εἰσέρχομαι 1 a β	come	232d
	θύρα 1 a	door	365d
	κλείω 1	shut	434a
	σύ 1 a	you	772b
	ταμεῖον 2	storeroom	803d
	φανερός 2	clear	852c
6a	κρυπτός 2 b	hidden	454b
	πατήρ 3 c α	father	636a
6b	κρυπτός 2 b	hidden	454b
	πατήρ 3 c α	father	636a
	προσεύχομαι	pray	714a
7	βατταλογέω	babble	137d
	δοκέω 1 d	think	202a
	ἐθνικός	gentile	218b
	εἰσακούω 2 a	listen to	232c
	ἐν III 3 a	because of	261a
	πολυλογία	wordiness	687b
	ὥσπερ 2	(just) as	899d
8	αἰτέω	ask	25d
	ἀνοίγω 1 e α	open	71b
	ἔχω I 2 i	have	333a
	οἶδα 1 g	know	556b
	ὁμοιόω 1	make like	567b
	οὖν 1 b	therefore	593a
	πρό 2	before	702a
	χρεία 1	need	885a
9	ἁγιάζω 3	to reverence	9a
	ὁ, ἡ, τό II 5	the	552a
	ὄνομα I 4 b	name	571d
	οὖν 1 b	therefore	593a
	οὐρανός 2 a	heaven	594d
	οὕτω 2	thus	598a
	πατήρ 3 c α	father	636a
	σύ 1 a	you	772b
10	βασιλεία 3 g	kingdom	135c
	γῆ 5 a	earth	157d
	γίνομαι I 2 a	created	158c
	ἐπί I 1 a α	on	286a
	ἔρχομαι I 2 b	come	311c
	θέλημα 1 a	will	354b
	καί II 3	also	393c
	οὐρανός 1 a β	heaven	593d
	ὡς II 1	so	897c
10-12	ὁ, ἡ, τό II 1 d	the	550c
11	ἄρτος 2	food	111a
	ἐπιούσιος	continual	297a
	σήμερον	today	749a
12	καθά	just as	386b
	ὀφειλέτης 2 c α	debtor	598c
	ὀφείλημα 2	debt	598d
	ὡς II 4 a	so	897d
	ὡς III 1 b	so	898b
12a	ἀφίημι 2	cancel	125d
12b	ἀφίημι 2	cancel	125d
13	αἰών 1 b	time	27c
	ἀμήν 1	amen	45d
	δόξα 1 a	glory	203d
	δύναμις 1	power	207c
	εἰς 4 a	into	229a

13	εἰσφέρω 2	bring in	233d
	πειρασμός 2 b	test	640d
	πονηρία	wickedness	690c
	πονηρός 2 b	wicked	691b
	ῥύομαι	save	737c
	ῥύομαι	save	737c
14	ἄνθρωπος 1 a δ	people	68c
	ἐάν I 1 b	if	211b
	οὐράνιος	heavenly	593d
	παράπτωμα 1	transgression	621d
	πατήρ 3 c α	father	636a
14f	ἀφίημι 2	forgive	126a
15	δέ 1 a	but, and	171c
	ἐάν I 3 b	if	211c
	μή A I 1	not	515d
	οὐδέ 2	and not	591c
	πατήρ 3 c α	father	636a
15a	παράπτωμα 1	transgression	621d
15b	παράπτωμα 2 b	transgression	621d
16	ἀμήν 2	amen	45d
	ἀπέχω 1	receive in full	84d
	ἀφανίζω	render invisible	124c
	γίνομαι II 1	be	160b
	δέ 1 c	but, and	171c
	μή A III 3 a	not	516d
	μισθός 2 a	reward	523b
	ὅταν 1 a	when	588a
	σκυθρωπός	sullen look	758b
	ὑποκριτής	hypocrite	845b
	φαίνω 2 c	appear	852a
16-18	νηστεύω	to fast	538c
16f	πρόσωπον 1 a	face	720d
17	ἀλείφω 1	anoint	35b
	δέ 1 a	but, and	171c
	κεφαλή 1 a	head	430a
	νίπτω 2 b	wash	540b
	σύ 1 a	you	772b
18	ἄνθρωπος 1 a δ	people	68c
	ἀποδίδωμι 3	recompense	90b
	βλέπω 1 c	see	143c
	κρυπτός 2 b	hidden	454b
	κρύφιος	hidden	455a
	μή A I 2	not	516a
	ὅπως 2 a α	in order that	577a
	φαίνω 2 c	appear	852a
	φανερός 2	clear	852c
18a	κρυφαῖος	hidden	454d
	πατήρ 3 c α	father	636a
18b	κρυφαῖος	hidden	454d
	πατήρ 3 c α	father	636a
19	γῆ 5 a	earth	157d
	ἐπί I 1 a α	on	286a
	θησαυρίζω 1	store up	361c
	θησαυρός 2 a	treasure	361d
	μή A III 3 a	not	516d
19-21	θησαυρός 2 b α	treasure	361d
19f	ἀφανίζω	render invisible	124c
	βρῶσις 2	corrosion	148b

19f	διορύσσω	digs through	199b
	κλέπτης	thief	434b
	κλέπτω	steal	434c
	ὅπου 1 a α	where	576a
	σής	moth	749b
20	θησαυρίζω 2 a	store up	361c
	θησαυρός 2 b α	treasure	361d
	οὐδέ 1	and not	591c
	οὐρανός 2 d	heaven	595b
	οὔτε	not	596a
21	ἐκεῖ 1	there	239b
	θησαυρός 2	treasure	361d
	καί II 1	also	393b
	καρδία 1 b ε	heart	404a
	ὅπου 1 a α	where	576a
22	ἁπλοῦς	sincere	86a
	λύχνος 2	lamp	483b
	ὀφθαλμός 1	eye	599c
	φωτεινός	shining	872d
22f	ὅλος 2 a	whole	564d
	σῶμα 1 b	body	799a
23	εἰ I 1 a	if	219a
	εἰ VI 10	if	220b
	ὀφθαλμός 1	eye	599c
	πονηρός 1 a α	sick	690d
	πόσος 1	how great	694b
	σκοτεινός	dark	757b
	σύ 2	you	772c
	φῶς 1 b α	light	872a
23a	σκότος 2 b	darkness	758a
23b	σκότος 2 b	darkness	758a
24	ἀγαπάω 1 a α	love	4c
	ἀντέχω 1	cling to	73b
	δουλεύω 2 a	serve	205a
	δουλεύω 2 b	serve	205a
	δύναμαι 1 a	able	207a
	δύο 3	two	209b
	εἷς 5 d	one	232a
	ἕτερος 1 a	other	315a
	θεός 3 b	God	357b
	καταφρονέω 1	scorn	420b
	κύριος 1 a β	lord	459b
	μαμωνᾶς	mammon	490a
	μισέω 1	hate	522d
	οὐ 4 a	no	590c
	οὐδείς 2 a	no one	591d
25	διά B II 2	therefore	181b
	ἔνδυμα 1	garment	263c
	ἐνδύω 2 a	dress	264a
	ἐσθίω 1 a	eat	312c
	λέγω II 1 c	order	469c
	μεριμνάω 1	have anxiety	505a
	μή A III 3 a	not	516d
	μηδέ 1 a	and not	517d
	οὐχί 3	not	598b
	πίνω 1	drink	658c
	πολύς II 2 c	many	689c
	τροφή 1	food	827d
25a	σῶμα 1 b	body	799b
	ψυχή 1 a β	soul, life	893b
25b	σῶμα 1 b	body	799b

25b	ψυχή 1 a β	soul, life	893b
26	ἀποθήκη	storehouse	91b
	αὐτός 3 a	(oblique case)	123b
	διαφέρω 2 b	be superior	190b
	ἐμβλέπω 1	look at	254c
	ἐμβλέπω 2	look at	254c
	θερίζω 1	reap	359b
	καί I 2 g	and	392d
	μᾶλλον 1	more	489b
	οὐ 4 c	no	590c
	οὐδέ 1	and not	591c
	οὐράνιος	heavenly	593d
	οὐρανός 1 d	heaven	594b
	πατήρ 3 c α	father	636a
	πετεινόν	bird	654a
	σπείρω 1 a α	sow	761b
	συνάγω 1	gather	782b
	τρέφω 1	feed	825c
26b	σύ 1 a	you	772b
27	ἐκ 4 a β	from	235d
	ἐπί III 1 b β	to	289a
	ἡλικία 1 a	age	345a
	ἡλικία 2	bodily stature	345c
	μεριμνάω 1	have anxiety	505a
	πῆχυς	forearm	657a
	προστίθημι 1 a	add	719a
	τίς, τί 1 a α	which	819a
28	ἀγρός 1	field	13d
	αὐξάνω 3	grow	121d
	ἔνδυμα 1	garment	263c
	καταμανθάνω	observe	414d
	κοπιάω 2	become weary	443c
	κρίνον	lily	451a
	μεριμνάω 1	have anxiety	505a
	νήθω	spin	537c
	ξαίνω	comb	547b
	ξαίνω	comb	547b
	οὐδέ 1	and not	591c
	πῶς 2 a	how	732c
	τίς, τί 3 a	which	819d
29	δόξα 2	magnificence	204a
	εἷς 1 a β	one	230d
	ἐν I 4 b	in	259a
	οὐδέ 3	not even	591c
	περιβάλλω 1 b ε throw around		646b
	Σολομών	Solomon	759b
30	ἀγρός 1	field	13d
	ἀμφιέννυμι	clothe	47c
	αὔριον 2	soon	122b
	βάλλω 1 b	throw	131a
	εἰ III	if	219c
	κλίβανος	oven	436b
	μᾶλλον 2 b	more	489c
	ὀλιγόπιστος	of little faith	563c
	οὐ 4 c	no	590c
	οὕτω 1 b	thus	597d
	πολύς I 2 c α	many	688d
	σήμερον	today	749a
	χόρτος	grass	884a
31	ἐσθίω 1 a	eat	312c
	μεριμνάω 1	have anxiety	505a
	οὖν 1 b	therefore	593a
	περιβάλλω 1 b α throw around		646a
	πίνω 1	drink	658c
32	ἅπας 2	all	81d
	ἔθνος 2	gentiles	218d
	ἐπιζητέω 2 a	strive for	292d
	οἶδα 1 e	know	556a
	οὐράνιος	heavenly	593d
	πᾶς, πᾶσα, πᾶν 1 e β	all	632c
	πατήρ 3 c α	father	636a
	χρῄζω	need	885b
33	βασιλεία 3 b	kingdom	135b
	βασιλεία 3 g	kingdom	135c
	δέ 1 d	but, and	171c
	δικαιοσύνη 2 b righteousness		196c
	ζητέω 2 a	seek	339a
	πᾶς, πᾶσα, πᾶν 1 e β	all	632c
	προστίθημι 2	add	719b
	πρῶτος 2 c	first	726c
34	ἀρκετός	sufficient	107a
	εἰς 2 a β	for	228c
	ἡμέρα 2	day	346b
	κακία 2	trouble	397a
34a	αὔριον 1	tomorrow	122a
	μεριμνάω 1	have anxiety	505a
34b	αὔριον 1	tomorrow	122a
	μεριμνάω 2 be concerned about		505a
36	ἑαυτοῦ 1	oneself	212a

Matthew 7

1	ἵνα I 1 c	in order that	377a
	μή A I 2	not	516a
	μή A III 3 a	not	516d
1a	κρίνω 6 a	judge	452b
1b	κρίνω 4 b α	judge	452a
2	κρίμα 6	judgment	451a
	μετρέω 2	give out	514d
	μέτρον 1 a	measure	515a
2a	κρίνω 6 a	judge	452b
	ὅς, ἥ, ὅ I 5 b	(rel pron)	584b
2b	κρίνω 4 b α	judge	452a
	ὅς, ἥ, ὅ I 5 b	(rel pron)	584b
3	βλέπω 1 a	see	143b
	κατανοέω 1	notice	415a
	σός, σή, σόν 1	yours	759b
	τίς, τί 3 a	which	819d
3ff	ἀδελφός 4	neighbor	16c
	δοκός	beam	203a
	κάρφος	speck	405c
	ὀφθαλμός 1	eye	599c
4	ἀπό I 2	from	86c
	ἀφίημι 4	tolerate	126c
	ἤ 1 d δ		342c

4	ἰδού 1 b β	behold	371a
	πῶς 1 c	how	732b
4f	ἐκβάλλω 3	take out	237d
5	διαβλέπω 2	see clearly	181d
	πρῶτος 2 a	first	726b
	τότε 2	at that time	824a
	ὑποκριτής	hypocrite	845b
6	ἅγιος 2 a α	what is holy	9d
	βάλλω 1 b	throw	130d
	δίδωμι 1 a	give	192d
	ἔμπροσθεν 2 a	in front	257b
	ἐν III 1 a	by	260d
	καί I 2 e	and	392c
	καταπατέω 1 a	trample	415d
	κύων 1	dog	461b
	μαργαρίτης 1	pearl	491c
	μηδέ 1 b	and not	517d
	μήποτε 2 b γ	(neg particle)	519b
	ὁ, ἡ, τό II 2 a	the	551a
	πούς 1 a	foot	696c
	ῥήγνυμι 1	tear	735b
	στρέφω 2 a α	turn	771b
	χοῖρος	swine	883b
7	καί I 2 f	and	392d
7f	αἰτέω	ask	26b
	ἀνοίγω 1 a	open	71a
	εὑρίσκω 1 a	find	324d
	ζητέω 1 a β	seek	338d
	κρούω	strike	454a
8	γάρ 1 d	for	152a
	λαμβάνω 2	receive	465a
	πᾶς, πᾶσα, πᾶν 1 c γ	whoever	632a
9	αἰτέω	ask	26a
	ἄνθρωπος 3 a ζ	man	69b
	ἄρτος 1 a	bread	110c
	ἐπιδίδωμι 1	give	292b
	ἤ 1 d δ		342c
	λίθος 1 a	stone	474b
	υἱός 1 a α	son	833c
9f	μή C 1	not	517b
10	αἰτέω	ask	25d
	ἐπιδίδωμι 1	give	292b
	ἤ 1 d β	or	342b
	ἰχθύς	fish	384b
	ὄφις 1	snake	600a
11	ἀγαθός 1 a β	good	2d
	αἰτέω	ask	25d
	δίδωμι 1 a	give	192d
	δόμα	gift	203c
	εἰ III	if	219c
	εἰμί II 8	to be	224d
	μᾶλλον 2 b	more	489c
	οἶδα 3	know	556c
	οὐρανός 2 a	heaven	594d
	πατήρ 3 c α	father	636a
	πονηρός 1 b α	wicked	691a
	πόσος 1	how great	694c
	σύ 1 c	you	772b
	τέκνον 1 a α	child	808b
12	ἄνθρωπος 1 a δ	people	68c
	θέλω 1	wish	355a
	ἵνα II 1 a α	in order that	377c
	νόμος 4 a	law	543a
	ὅσος 2	how great	586c
	οὗτος 1 a	this	596d
	πᾶς, πᾶσα, πᾶν 1 e γ	all	632c
	προφήτης 1	prophet	723c
	σύ 1 c	you	772b
12a	ποιέω I 1 d β	do	682b
13	ἀπάγω 3	lead away	79d
	ἀπώλεια 2	destruction	103c
	εἰσέρχομαι 1 f	come	233a
	εἰσέρχομαι 2 a	come	233b
	εὐρύχωρος	broad	326a
	ὁδός 2 a	way	554b
	ὅτι 3 b	that	589d
	πλατύς	broad	667a
	πολύς I 1 a α	many	687d
13a	διά A I 1	through	179c
	πύλη 2	gate	729b
13b	διά A I 1	through	179c
	πύλη 2	gate	729b
13f	στενός	narrow	766b
14	ἀπάγω 3	lead away	79d
	εὑρίσκω 1 a	find	324d
	ζωή 2 b β	life	341a
	θλίβω 2 b	become narrow	362a
	ὁδός 2 a	way	554c
	ὀλίγος 1 b	few	563c
	πύλη 2	gate	729b
	στενός	narrow	766b
	τίς, τί 3 b	which	819d
15	ἅρπαξ 1	rapacious	109b
	ἐν I 4 b	in	259a
	ἔνδυμα 2	garment	263c
	ἔρχομαι I 1 a β	come	310c
	ἔσωθεν 2	inside	314b
	λύκος 2	wolf	481c
	ὅστις 2 b	whoever	587a
	πρόβατον 1	sheep	703b
	προσέχω 1 b	pay attention to	714c
	ψευδοπροφήτης	false prophet	892a
16	ἄκανθα	thorn plant	29c
	ἀπό IV 2 b	from	87d
	ἐπιγινώσκω 2 a	know	291a
	ἤ 1 c	nor	342b
	καρπός 2 a	result	405a
	μήτι	(interrog particle)	520b
	σταφυλή	bunch of grapes	765c
	σῦκον	ripe fig	776b
	συλλέγω	collect	777a
	τρίβολος	thistle	826a
17	οὕτω	thus	597c
17a	ποιέω I 1 b	do	681d
17b	ποιέω I 1 b	do	681d
17f	ἀγαθός 1 a β	good	2d
	πονηρός 1 a γ	sick	690d

17f	σαπρός 1	decayed	742b
17ff	δένδρον	tree	174c
	καλός 2 a	good	400b
	κάρπος 1 a	fruit	404d
18	κάρπος 1 a	fruit	404d
	οὐδέ 1	and not	591c
	ποιέω I 1 b	do	681d
18a	φέρω 2	bear	855a
18b	φέρω 2	bear	855a
19	ἐκκόπτω 1	cut down	241d
	μή A II 2 b	not	516c
	ποιέω I 1 b	do	681d
	πῦρ 1 b	fire	730b
20	ἀπό IV 2 b	from	87d
	ἄρα 4	then	104a
	ἐπιγινώσκω 2 a	know	291a
	κάρπος 2 a	result	405a
21	ἀλλά 1 a	but, yet	38a
	βασιλεία 3 g	kingdom	135b
	εἰσέρχομαι 2 a	come	233a
	θέλημα 1 c γ	will	354c
	οὐ 2 a	no	590a
	οὐρανός 3	heaven	595b
	πατήρ 3 d α	father	636b
	ποιέω I 1 c α	do	682a
21b	οὐρανός 2 a	heaven	594d
21f	κύριος 2 c β	lord	459d
22	δαιμόνιον 2	demon	169b
	δύναμις 4	miracle	208a
	ἐκβάλλω 1	drive out	237c
	ἐκεῖνος 2 b β	that	239d
	ἐν II 2	while	260b
	ἡμέρα 3 b β	day	347b
	ὁ, ἡ, τό II 1 h	the	551a
	ποιέω I 1 b β	do	681b
	πολύς I 2 a α	many	688b
	προφητεύω 1	prophesy	723a
22a	σός, σή, σόν 1	yours	759b
22b	πολύς I 1 a α	many	687c
	σός, σή, σόν 1	yours	759b
22c	σός, σή, σόν 1	yours	759b
23	ἀνομία 2	lawlessness	72a
	ἀποχωρέω	leave	102b
	γινώσκω 7	acknowledge	161d
	ἐργάζομαι 2 a	work	307b
	ὁ, ἡ, τό II 1 i	the	551a
	ὁμολογέω 4	confess	568c
	ὅτι 2	that	589c
	οὐδέποτε	never	592b
	τότε 2	at that time	824a
24	ἀνήρ 4	man	66d
	λόγος 1 a δ	word	477d
	οἰκοδομέω 1 a	build	558b
	ὁμοιόω 1	make like	567b
	ὁμοιόω 2	compare	567c
	ὅστις 1 a	whoever	586d
	οὖν 1 a	therefore	593a
	πᾶς, πᾶσα, πᾶν 1 c γ	whoever	632a
	ποιέω I 1 c α	do	682a
	φρόνιμος	thoughtful	866d

24-7	οἰκία 1 a	house	557b
24f	πέτρα 1 a	rock	654b
25	ἄνεμος 1 a	wind	64d
	βροχή	rain	147d
	ἐκεῖνος 2 a	that	239d
	ἔρχομαι I 1 c α	come	311b
	θεμελιόω 1	lay the foundation of	356a
	καταβαίνω 1 b	come down	408c
	ὁ, ἡ, τό II 1 h	the	551a
	πίπτω 1 b β	fall	659d
	πνέω 1 a	blow	679c
	ποταμός 1	river	694d
	προσπαίω	strike	718a
	προσπίπτω 2	fall down before	718a
26	ἄμμος	sand	46b
	ἀνήρ 4	man	66d
	λόγος 1 a δ	word	477d
	μή A II 2 a	not	516c
	μωρός 1	foolish	531c
	οἰκοδομέω 1 a	build	558b
	ὁμοιόω 1	make like	567b
	πᾶς, πᾶσα, πᾶν 1 c γ	whoever	632a
	ποιέω I 1 c α	do	682a
27	ἄνεμος 1 a	wind	64d
	βροντή	thunder	147d
	ἐκεῖνος 2 a	that	239d
	ἔρχομαι I 1 c α	come	311b
	καταβαίνω 1 b	come down	408c
	ὁ, ἡ, τό II 1 h	the	551a
	πίπτω 1 b β	fall	659d
	πνέω 1 a	blow	679c
	ποταμός 1	river	694d
	προσκόπτω 1 b	strike against	716c
	προσρήσσω 2	burst upon	718c
	πτῶσις	collapse	728a
28	γίνομαι I 3 f	take place	159b
	διδαχή 3	teaching	192c
	ἐκπλήσσω 2	be amazed	244b
	ἐπί II 1 b γ	on	287c
	λόγος 1 a δ	word	477d
	ὅτε 1 b	when	588b
	ὄχλος 1	crowd	600d
	συντελέω 1	complete	792a
	τελέω 1	finish	810d
29	ἐξουσία 2	ability	278a

Matthew 8

1	ἀκολουθέω 2	accompany	31b
	αὐτός 3 a	(oblique case)	123b
	καταβαίνω 1 a α	come down	408b
	ὁ, ἡ, τό II 1 a α	the	550b
	ὄρος	mountain	582c
	ὄχλος 1	crowd	601a
	πολύς I 1 a β	many	687d

2	ἐάν I 1 a	if	211a
	θέλω 2	wish	355b
	ἰδού 1 b β	behold	371a
	καθαρίζω 1 b α	cleanse	387b
	κύριος 2 c β	lord	459d
	λέγω I 8 a	say	469a
	λεπρός	leper	472a
	προσέρχομαι 1	approach	713a
	προσκυνέω 5	do reverence	717a
3	ἅπτω 2 b	touch	103a
	ἐκτείνω 1	stretch out	245b
	εὐθέως	immediately	320c
	λέγω I 8 a	say	469b
	λέπρα	leprosy	471d
3a	καθαρίζω 1 b α	cleanse	387b
3b	καθαρίζω 1 b β	cleanse	387b
4	δείκνυμι 1 a	show	172d
	δῶρον 2	gift	211a
	εἰς 4 f	(purpose)	229c
	ἱερεύς 1 b α	priest	372a
	λέγω II 1 c	order	469c
	μαρτύριον 1 a	testimony	493d
	μηδείς 2 a	no	518a
	Μωϋσῆς	Moses	531d
	ὁράω 2 b	see	578d
	προστάσσω	command	718c
	προσφέρω 2 a	bring (to)	719d
	σεαυτοῦ 3	yourself	745c
	ὑπάγω 2	go away	836d
5	εἰσέρχομαι 1 a α	come	232c
	ἑκατοντάρχης	centurion	237a
	Καφαρναούμ	Capernaum	426b
	παρακαλέω 3	implore	617c
	προσέρχομαι 1	approach	713a
6	βάλλω 1 b	lie	131a
	βασανίζω 2 a	torment	134c
	δεινῶς	terribly	173b
	κύριος 2 c β	lord	459d
	οἰκία 1 a	house	557c
	παῖς 1 a β	child	604d
	παραλυτικός	paralytic	620b
7	ἔρχομαι I 1 a ζ	come	310d
	θεραπεύω 2	heal	359a
	λέγω I 3	say	468c
8	ἀποκρίνομαι 1	answer	93c
	εἶπον 2 a	say	226c
	εἰσέρχομαι 1 g	come	233a
	ἑκατοντάρχης	centurion	237a
	ἰάομαι 1	heal	368b
	ἱκανός 2	appropriate	374d
	ἵνα II 1 c β	in order that	377d
	καί I 2 f	and	392d
	κύριος 2 c β	lord	459d
	λόγος 1 a α	word	477b
	παῖς 1 a β	child	604d
	στέγη	roof	765d
	ὑπό 2 a α	under	843b
	φημί 1 b α	say	856b
9	γάρ 1 b	for	151d
	δοῦλος 1 a	slave	205d
	ἐμαυτοῦ 3	myself	254a
9	ἐξουσία 4 a	authority	278c
	ἔρχομαι I 1 a α	come	310c
	λέγω II 1 c	order	469c
	πορεύω 1	proceed	692c
	στρατιώτης 1	soldier	770d
	τάσσω 1 b	place	806a
9a	ὑπό 2 b	under	843c
9b	ὑπό 2 b	under	843c
10	ἀμήν 2	amen	45d
	εἶπον 1	say	226b
	εὑρίσκω 1 b	find	325a
	θαυμάζω 1 a α	wonder	352b
	Ἰσραήλ 2	Israel	381c
	λέγω II 1 d	assure	469d
	οὐδείς 2 a	no one	591d
	παρά II 2 d	beside	610d
	πίστις 2 b α	faith	663a
	τοσοῦτος 1 a β	so great	823c
11	Ἀβραάμ	Abraham	2a
	ἀνακλίνω 2	recline	56a
	ἀνατολή 2 b	east	62c
	ἀπό IV 1 a β	from	87c
	βασιλεία 3 g	kingdom	135c
	δυσμή	west	209d
	ἥκω 1 a	have come	344d
	Ἰακώβ 1	Jacob	367d
	Ἰσαάκ	Isaac	380d
	λέγω II 1 e	declare	469d
	μετά A II 2	with	509b
	οὐρανός 3	heaven	595b
	πολύς I 2 a α	many	688b
12	βασιλεία 3 g	kingdom	135c
	βρυγμός	gnashing	148a
	ἐκβάλλω 1	drive out	237b
	ἐκεῖ 1	there	239b
	ἐξέρχομαι 1 a	go out	274d
	ἐξώτερος 2	farthest	280a
	κλαυθμός	weeping	433c
	ὀδούς	tooth	555a
	σκότος 1	darkness	757d
	υἱός 1 c δ	son	834b
13	γίνομαι I 3 b β	take place	159a
	εἶπον 1	say	226b
	ἑκατοντάρχης	centurion	237a
	ἐν II 2	while	260b
	ἰάομαι 1	heal	368b
	ὁ, ἡ, τό II 1 h	the	551a
	παῖς 1 a β	child	604d
	πιστεύω 2 c	believe	661d
	ὑγιαίνω 1	be healthy	832b
	ὑπάγω 1	go away	836c
	ὥρα 3	time of day	896c
	ὡς I 2 b	as	897b
14	βάλλω 1 b	lie	131a
	εἶδον 1 b	see	220d
	ἔρχομαι I 1 a β	come	310c
	καί I 5	and	393b
	οἰκία 1 a	house	557c
	πενθερά	mother-in-law	642c
	πυρέσσω	suffer with a fever	730d
15	ἅπτω 2 b	touch	103a

15	ἀφίημι 3 a	leave	126a
	διακονέω 2	serve	184a
	ἐγείρω 2 b	rise	215a
	πυρετός	fever	730d
	χείρ 1	hand	880a
16	γίνομαι I 1 b γ	come about	158c
	δαιμονίζομαι	be possessed by a demon	169a
	ἐκβάλλω 1	drive out	237c
	ἔχω II 1	be	334a
	θεραπεύω 2	heal	359a
	κακῶς 1	badly	398c
	λόγος 1 a α	word	477b
	ὄψιος 2	late	601d
	πνεῦμα 4 c	spirit	676a
	πολύς I 1 a α	many	687c
	προσφέρω 1 a	bring (to)	719d
17	ἀσθένεια 1 a	weakness	115a
	βαστάζω 3 a	remove	137c
	εἶπον 4	say	226d
	Ἠσαΐας	Isaiah	348d
	λαμβάνω 1 b	take	464c
	νόσος 1	disease	543d
	ὅπως 2 a α	in order that	577a
	πληρόω 4 a	make full	671c
	προφήτης 1	prophet	723b
18	ἀπέρχομαι 2	go	84d
	κελεύω	command	427b
	ὁ, ἡ, τό II 6	the	552a
	πέραν 1	on the other side	643d
	περί 2 a δ	about	645b
19	ἀκολουθέω 3	follow	31b
	διδάσκαλος	teacher	191d
	ἐάν II 1	if	211d
	εἶπον 1	say	226b
	εἷς 3 b	someone	231d
	ὅπου 1 b β	where	576b
	προσέρχομαι 1	approach	713a
20	ἀλώπηξ 1	fox	41d
	δέ 1 a	but, and	171c
	κατασκήνωσις 2	nest	418d
	κεφαλή 1 a	head	430a
	κλίνω 1 b	lay down	436c
	ὁ, ἡ, τό II 11	the	552d
	οὐρανός 1 d	heaven	594b
	πετεινόν	bird	654a
	ποῦ 1 b	where	696b
	υἱός 2 c	son	835b
	φωλεός	den	870b
21	ἀπέρχομαι 1 a	go away	84c
	εἶπον 1	say	226b
	ἐπιτρέπω 1	allow	303c
	ἕτερος 1 b α	another	315a
	μαθητής 2 b α	disciple	485d
	πατήρ 1 a	father	635a
	πρῶτος 2 a	first	726b
21f	θάπτω	bury	351d
22	ἀφίημι 4	tolerate	126b
	ἑαυτοῦ 4	oneself	212c
	νεκρός 2 b	dead	535b
23	εἰς 1 a α	into	228b
23	ἐμβαίνω	go in	254a
	καί I 5	and	393b
24	αὐτός 1 b	self	122d
	γίνομαι I 1 b α	come about	158b
	θάλασσα 2	lake	350b
	ἰδού 1 b β	behold	371a
	καθεύδω 1	sleep	388d
	καλύπτω 1	cover	401a
	κῦμα	wave	457c
	μέγας 2 a γ	great	497d
	σεισμός	shaking	746b
	ὑπό 1 a β	by	843b
	ὥστε 2 a β	so that	900a
25	ἀπόλλυμι 2 a α	perish	95b
	ἐγείρω 1 a α	wake	214c
	κύριος 2 c β	lord	459d
	σῴζω 1 a	save	798b
26	γαλήνη	calm	150b
	γίνομαι I 1 b α	come about	158b
	δειλός	cowardly	173a
	ἐγείρω 2 b	rise	215a
	ἐπιτιμάω 1	rebuke	303b
	λέγω II 1 b	answer	469c
	μέγας 2 a γ	great	497d
	ὀλιγόπιστος	of little faith	563c
	τότε 2	at that time	824a
26f	ἄνεμος 1 a	wind	64d
27	ἄνθρωπος 1 a δ	people	68c
	θαυμάζω 1 a α	wonder	352b
	ὅτι 1 c	that	589a
	ποταπός	what sort	695a
	ὑπακούω 1	listen to	837c
28	Γαδαρηνός	Gadarene	149a
	Γερασηνός	Gerasene	156d
	Γεργεσηνός	Gergesene	156d
	δαιμονίζομαι	be possessed by a demon	169a
	διά A I 1	through	179c
	δύο 1 a	two	209a
	ἐξέρχομαι 1 a α	go out	274c
	ἔρχομαι I 1 a β	come	310c
	ἰσχύω 2 b	be strong	383d
	καί I 5	and	393b
	λίαν 2 a	very	473b
	μή A I 3	not	516a
	μνημεῖον 2	tomb	524d
	ὁ, ἡ, τό II 6	the	552a
	ὁδός 1 a	way	553d
	παρέρχομαι 1 a α	go by	625d
	πέραν 1	on the other side	643d
	τὶς, τὶ 1 a γ	any one	820b
	ὑπαντάω	go to meet	837d
	χαλεπός	hard	874c
	χώρα 1 b	country	889b
	ὥστε 2 a β	so that	900a
29	βασανίζω 2 a	torment	134c
	ἐγώ	I	217c
	ἔρχομαι I 1 a γ	come	310d
	ἰδού 1 b β	behold	371a
	καιρός 4	time	395c
	κράζω 2 a	call	447d

29	πρό 2	before	701d
	τίς, τί 1 b ε	which	819c
	υἱός 2 b	son	834d
	ὧδε 1	here	895b
30	βόσκω 2	feed	145b
	δέ 2	but, and	171c
	μακράν 1 a α	far	487c
	πολύς I 1 a α	many	687c
30-2	ἀγέλη	herd	8c
	χοῖρος	swine	883b
31	δαίμων	demon	169d
	εἰ I 1 a	if	219a
	παρακαλέω 3	implore	617c
32	ἀπέρχομαι 2	go	84c
	ἀποθνῄσκω 1 a β	die	91c
	ἰδού 1 b β	behold	371a
	κατά I 1 a	down	405c
	κρημνός	bank	450b
	ὁρμάω	rush down	581d
	πᾶς, πᾶσα, πᾶν 1 c α	all	631d
	ὕδωρ 1	water	833a
	ὑπάγω 2	go away	836d
33	ἀπαγγέλλω 1	report	79b
	ἀπέρχομαι 2	go	84c
	βόσκω 1	feed	145b
	δαιμονίζομαι	be possessed by a demon	169a
	καί I 3	and	393a
	ὁ, ἡ, τό II 7	the	552b
	πόλις 1	city	685b
	φεύγω 1	flee	855d
34	εἶδον 1 a	see	220d
	εἰς 4 f	(purpose)	229c
	ἐξέρχομαι 1 a ε	go out	274d
	ἰδού 1 b β	behold	371a
	μεταβαίνω 1 a α	pass over	510c
	ὅπως 2 b	in order that	577a
	ὅριον	boundary	581b
	παρακαλέω 3	implore	617c
	πᾶς, πᾶσα, πᾶν 1 c α	all	631d
	πόλις 3	city	686a
	συνάντησις	meeting	784c
	ὑπάντησις	coming to meet	837d

Matthew 9

1	διαπεράω	cross	187c
	ἐμβαίνω	go in	254a
	ἔρχομαι I 1 a β	come	310c
	ἴδιος 2 c	ones own	370a
	καί I 5	and	393b
	πλοῖον 2	ship	673b
	πόλις 1	city	685c
2	ἁμαρτία 1	sin	43b
	ἀφίημι 2	forgive	126a
	βάλλω 1 b	lie	131a
	εἶδον 3	notice	221a
	ἐπί I 1 a α	on	286a
	θαρσέω	be cheerful	352a
	ἰδού 1 b β	behold	371a
2	κλίνη	couch	436c
	πίστις 2 b α	faith	663a
	προσφέρω 1 a	bring (to)	719d
	τέκνον 2 a	child	808c
2a	παραλυτικός	paralytic	620b
2b	παραλυτικός	paralytic	620b
3	βλασφημέω 2 b α	blaspheme	142d
	εἶπον 5	say	226d
	ἰδού 1 b β	behold	371a
	τὶς, τὶ 1 a α	any one	820a
4	εἶπον 3 b	say	226c
	ἐνθυμέομαι	consider	266b
	ἐνθύμησις	thought	266b
	ἱνατί	why	378c
	καρδία 1 b β	heart	403d
	οἶδα 1 b	know	555d
	πονηρός 2 c	wicked	691c
5	ἀφίημι 2	forgive	126a
	γάρ 1 f	what	152b
	εὔκοπος	easy	321d
	περιπατέω 1 c	go about	649b
	τίς, τί 1 b γ	which	819b
5f	ἁμαρτία 1	sin	43b
	ἐγείρω 1 b	raise up	214d
6	αἴρω 1 a	lift up	24b
	ἀφίημι 2	forgive	126a
	ἐξουσία 3	authority	278b
	ἐπί I 1 a α	on	286a
	κλίνη	couch	436c
	οἶδα 1 e	know	556a
	οἶκος 1 a α	house	560b
	παραλυτικός	paralytic	620b
	σύ 3	you	772c
	υἱός 2 c	son	835b
	ὑπάγω 2	go away	836d
7	ἀπέρχομαι 2	go	84c
	ἐγείρω 2 b	rise	215a
	εἰς 1 a α	into	228b
	οἶκος 1 a α	house	560b
8	δίδωμι 1 b β	give	193b
	δοξάζω 1	praise	204c
	εἶδον 1 a	see	220d
	ἐξουσία 2	ability	278a
	ὄχλος 1	crowd	600d
	τοιοῦτος 2 a β	such a kind	821b
	φοβέω 1 a	be afraid	862c
9	ἀκολουθέω 3	follow	31b
	ἄνθρωπος 3 a β	man	69a
	ἀνίστημι 2 d	rise	70c
	εἶδον 1 b	see	220d
	ἐκεῖθεν	from there	239b
	ἐπί III 1 a ζ	on	288d
	κάθημαι 1 a α	sit	389c
	καί I 5	and	393b
	λέγω II 3	call	470a
	Λευί 4	Levi	472b
	Ματθαῖος	Matthew	496a
	παράγω 2 b	bring in	614a
	τελώνιον	tax office	812c
10	ἀνάκειμαι 2	be at table	55d

Verse	Word	Gloss	Page
10	γίνομαι I 3 f	take place	159b
	ἔρχομαι I 1 a ζ	come	310d
	καί I 2 b	and	392b
	οἰκία 1 a	house	557c
	πολύς I 1 a α	many	687c
	σύγκειμαι	recline together	773d
	συνανάκειμαι	eat with	784b
10f	ἁμαρτωλός 2	sinner	44b
	τελώνης	tax collector	812c
11	διά B II 2	why	181b
	διδάσκαλος	teacher	191d
	εἶδον 1 a	see	220d
	ἐσθίω 1 c	eat	312d
	μετά A II 2	with	509b
	Φαρισαῖος	Pharisee	853d
12	ἰατρός 1	physician	368d
	ἰσχύω 1	be strong	383d
	κακῶς 1	badly	398c
	χρεία 1	need	885a
12a	ἔχω I 2 i	have	333a
12b	ἔχω II 1	be	334a
13	ἀλλά 1 b	but, yet	38b
	ἁμαρτωλός 2	sinner	44b
	γάρ 1 b	for	152a
	γάρ 1 e	for	152a
	δίκαιος 1 b	upright	195d
	εἰμί II 3	to be	224a
	ἔλεος 1	mercy	250b
	θέλω 4 b	wish	355c
	θυσία 2 a	sacrifice	366b
	καλέω 2	call	399d
	μανθάνω 1	learn	490c
	μετάνοια	repentance	512c
	πορεύω 1	proceed	692c
14	διά B II 2	why	181b
	λέγω II 1 a	ask	469c
	νηστεύω	to fast	538c
	προσέρχομαι 1	approach	713a
	πυκνός	frequent	729a
	Φαρισαῖος	Pharisee	853d
14a	μαθητής 2 a	disciple	485d
	πολύς I 2 b β	many	688d
15	ἀπαίρω	take away	79d
	δύναμαι 1 a	able	207a
	ἐπί III 2 b	on	289c
	ἔρχομαι I 1 b α	come	311b
	ἡμέρα 4 b	time	347d
	μή C 1	not	517b
	νηστεύω	to fast	538b
	νυμφών 2	bridal chamber	545c
	ὅσος 1	how great	586b
	ὅταν 1 b	when	588a
	πενθέω 1	be sad	642d
	υἱός 1 c δ	son	834b
15a	νυμφίος	bridegroom	545b
15b	νυμφίος	bridegroom	545b
15c	νυμφίος	bridegroom	545b
16	ἄγναφος	unshrunken	10d
	αἴρω 4	take away	24d
	γίνομαι I 1 b β	come about	158b
	ἐπί II 1 a β	on	287a

Verse	Word	Gloss	Page
16	ἐπιβάλλω 1 b	lay on	290a
	ἐπίβλημα	a patch	290c
	ἱμάτιον 1	garment	376b
	οὐδείς 2 a	no one	591d
	παλαιός 1	old	605d
	πλήρωμα 1 b	that which fills	672b
	ῥάκος 2	patch	734a
	σχίσμα 1	split	797c
	χείρων	worse	881b
17	ἀμφότεροι 1	both	47c
	ἀπόλλυμι 2 a β	pass away	95c
	ἀσκός	wineskin	116c
	βάλλω 2 b	put	131b
	γέ 3 b β	otherwise	153a
	δέ 1 a	but, and	171c
	ἐκχέω 1	pour out	247b
	καινός 1	new	394a
	μή A I 1	not	516a
	νέος 1 a α	new	536a
	οἶνος 1	wine	562b
	οὐδέ 1	and not	591c
	παλαιός 1	old	605d
	ῥήγνυμι 1	tear	735a
	ῥήγνυμι	tear	735a
	ῥήγνυμι 1	tear	735b
	συντηρέω 1	protect	792d
18	ἀλλά 6	now	38d
	ἄρτι 1	now	110b
	ἄρχων 2 a	authorities	113d
	ἐπιτίθημι 1 a α	put upon	303a
	ἔρχομαι I 1 a ζ	come	310d
	ζάω 1 a β	live	336a
	θυγάτηρ 1	daughter	364d
	ἰδού 1 b α	behold	371a
	λέγω I 1 b α	say	468b
	λέγω I 8 a	say	469a
	προσέρχομαι 1	approach	713a
	προσκυνέω 5	do reverence	717a
	τελευτάω	die	810c
19	ἀκολουθέω 1	follow	31b
	ἐγείρω 2 b	rise	215a
20	αἱμορροέω	hemorrhage	23c
	ἅπτω 2 b	touch	103b
	γυνή 1	woman	168b
	δώδεκα	twelve	210a
	ἔτος	year	317a
	ἔχω I 2 f	have	332d
	ἰδού 1 b β	behold	371a
	κράσπεδον 1	edge	448b
	ὄπισθεν 1 a	from behind	574d
20f	ἱμάτιον 2	garment	376c
21	ἅπτω 2 b	touch	103b
	ἐάν I 1 b	if	211b
	ἐν I 5 b	in	259c
	λέγω I 6	say	468d
	μόνος 2 a	only	528a
	σῴζω 1 c	save	798b
22	ἀπό II 2 a	from	87a
	εἶπον 2 b	say	226c
	θαρσέω	be cheerful	352a

22	θυγάτηρ 2 a	daughter	364d
	ὁ, ἡ, τό II 1 h	the	551a
	πίστις 2 b α	faith	663a
	στρέφω 2 a α	turn	771b
	ὥρα 3	time of day	896c
22a	σῴζω 1 c	save	798b
22b	σῴζω 1 c	save	798b
23	ἄρχων 2 a	authorities	113d
	αὐλητής	flute player	121b
	θορυβέω 2	be troubled	363a
	οἰκία 1 a	house	557c
	ὄχλος 1	crowd	600c
24	ἀναχωρέω 1	go away	63c
	ἀποθνῄσκω 1 a α	die	91b
	καθεύδω 1	sleep	388d
	καταγελάω	ridicule	409c
24f	κοράσιον	girl	444b
25	ἐγείρω 2 b	rise	215a
	εἰσέρχομαι 1 a δ	come	232d
	ἐκβάλλω 1	drive out	237b
	κρατέω 1 b	seize	448c
	ὅτε 1 b	when	588b
	ὄχλος 1	crowd	600c
26	ἐξέρχομαι 2 b α	go out	275a
	ὁ, ἡ, τό II 1 h	the	551a
	φήμη	report	856b
27	Δαυίδ	David	171b
	δύο 1 a	two	209a
	ἐκεῖθεν	from there	239b
	ἐλεέω	have mercy	249d
	καί I 5	and	393b
	κράζω 2 a	call	447d
	παράγω 2 b	bring in	614a
	υἱός 2 a	son	834b
27f	τυφλός 1 b	blind	830d
28	αὐτός 3 c	(oblique case)	123c
	κύριος 2 c β	lord	459d
	ναί 1 a	yes	533a
	οἰκία 1 a	house	557c
	πιστεύω 2 c	believe	662a
28a	λέγω II 1 a	ask	469c
28b	λέγω II 1 b	answer	469c
29	ἅπτω 2 b	touch	103a
	γίνομαι I 3 b β	take place	159a
	κατά II 5 a γ	according to	407b
	λέγω I 8 a	say	469b
	πίστις 2 b α	faith	663a
30	ἀνοίγω 1 e β	open	71c
	γινώσκω 2 c	find out	161a
	ἐμβριμάομαι	scold	254d
	μηδείς 2 a	no	518a
	ὁράω 2 b	see	578d
31	διαφημίζω	make known	190c
	ὁ, ἡ, τό I 3	the	550a
	ὁ, ἡ, τό II 1 h	the	551a
31f	ἐξέρχομαι 1 a β	go out	274c
32	δαιμονίζομαι	be possessed by a demon	169a
	κωφός 1	mute	462a
	προσφέρω 1 a	bring (to)	719d
33	δαιμόνιον 2	demon	169b

33	θαυμάζω 1 a α	wonder	352b
	Ἰσραήλ 2	Israel	381c
	κωφός 1	mute	462a
	λαλέω 2 a α	speak	463b
	οὐδέποτε	never	592b
	οὕτω 5	thus	598a
	ὄχλος 1	crowd	600d
	φαίνω 2 b	appear	851d
34	ἄρχων 3	authorities	114a
	δαιμόνιον 2	demon	169b
	ἐκβάλλω 1	drive out	237c
	ἐκβάλλω 1	drive out	237c
	ἐν III 1 b	by	260d
	λέγω I 1 b α	say	468b
	Φαρισαῖος	Pharisee	853d
35	βασιλεία 3 g	kingdom	135c
	εὐαγγέλιον 1 c	gospel	318a
	εὐαγγέλιον 2 b α	gospel	318a
	θεραπεύω 2	heal	359a
	καί I 5	and	393b
	κηρύσσω 2 b β	announce	431c
	κώμη 1	village	461d
	μαλακία 1	sickness	488c
	νόσος 1	disease	543c
	πᾶς, πᾶσα, πᾶν 1 d α	all	632b
	περιάγω 2	lead around	645d
	πόλις 1	city	685c
	πόλις 1	city	685c
	συναγωγή 2 a	place of assembly	782d
36	ἔχω I 2 b β	have	332b
	μή A II 2 b	not	516c
	ὄχλος 1	crowd	600d
	ποιμήν 1	shepherd	684a
	πρόβατον 1	sheep	703b
	ῥίπτω 2	throw	736d
	σκύλλω 1	weary	758b
	σπλαγχνίζομαι	have pity	762d
	ὡσεί 1	as	899b
37	μέν 1 a α	(particle)	502d
	ὀλίγος 1 a	few	563c
	πολύς I 1 b α	many	688a
37f	ἐργάτης 1 a	workman	307d
	θερισμός 2 a	harvest	359c
38	δέομαι 4	ask	175b
	ἐκβάλλω 2	send out	237c
	κύριος 1 a α	lord	459a
	ὅπως 2 b	in order that	577a
	οὖν 1 b	therefore	593a

Matthew 10

1	ἀκάθαρτος 2	impure	29b
	δίδωμι 1 b β	give	193b
	ἐκβάλλω 1	drive out	237c
	ἐξουσία 3	authority	278b
	θεραπεύω 2	heal	359a
	καί I 5	and	393b
	μαθητής 2 b α	disciple	485d
	μαλακία 1	sickness	488c

1	νόσος 1	disease	543c
	πνεῦμα 4 c	spirit	676a
	προσκαλέω 1 a	summon	715c
	ὥστε 2 b	in order that	900a
1f	δώδεκα	twelve	210a
2	Ἀνδρέας	Andrew	63d
	ἀπόστολος 3	apostles	99d
	εἰμί II 6 a	to be	224c
	Ζεβεδαῖος	Zebedee	337b
	Ἰάκωβος 1	James	367d
	Ἰωάν(ν)ης 2	John	385a
	λέγω II 3	call	470a
	ὁ, ἡ, τό II 7	the	552a
	ὄνομα I 1	name	570d
	Πέτρος	Peter	654d
	Πέτρος	Peter	655b
	πρῶτος 1 c β	first	726a
3	Ἁλφαῖος 2	Alphaeus	41d
	Βαρθολομαῖος	Bartholomew	133d
	Θαδδαῖος	Thaddaeus	350a
	Θωμᾶς	Thomas	367c
	Ἰάκωβος 2	James	367d
	Ματθαῖος	Matthew	496a
	τελώνης	tax collector	812c
	Φίλιππος 3	Philip	860b
4	Ἰούδας 6	Judas	380a
	Ἰσκαριώθ	Iscariot	381a
	Κανά	Cana	402d
	Καναναῖος	Cananaean	402d
	Κανανίτης	Cananite	402d
	παραδίδωμι 1 b	give over	614d
	Σίμων 2	Simon	751a
	Σκαριώθης		753c
5	ἀποστέλλω 1 c	send away	98d
	δώδεκα	twelve	210a
	εἰς 1 a α	into	228b
	ὁδός 1 a	way	554a
	ὁδός 2 a	way	554b
	παραγγέλλω	give orders	613b
	πόλις 1	city	685c
	Σαμαρίτης	Samaritan	741d
6	ἀπόλλυμι 2 b	be lost	95c
	δέ 1 d	but, and	171c
	Ἰσραήλ 1	Israel	381c
	μᾶλλον 3 a α	rather	489c
	οἶκος 3	nation	561a
	πρόβατον 2	sheep	703b
7	βασιλεία 3 g	kingdom	135c
	ἐγγίζω 5 b	approach	213d
	κηρύσσω 2 b β	announce	431d
	οὐρανός 3	heaven	595b
8	ἀσθενέω 1 a	be sick	115c
	δαιμόνιον 2	demon	169b
	δωρεάν 1	gratis	210c
	ἐγείρω 1 a β	raise	214c
	ἐκβάλλω 1	drive out	237c
	θεραπεύω 2	heal	359a
	καθαρίζω 1 b α	cleanse	387b
	λαμβάνω 2	receive	465a
	λεπρός	leper	472a
8	νεκρός 2 a	dead	535b
9	ἄργυρος 1	silver	105a
	εἰς 7	to	230b
	ζεύγνυμι	connect	337b
	ζώνη	belt	341c
	κτάομαι 1	get	455a
	μή A III 5 a	not	517a
	χαλκός 2	copper	875a
	χρυσός	gold	888d
9f	μηδέ 1 a	and not	517d
10	ἄξιος 2 a	worthy	78b
	δύο 4	two	209b
	εἰς 1 a α	into	228b
	ἐργάτης 1 a	workman	307c
	ὁδός 1 b	way	554a
	πήρα	knapsack	656c
	ῥάβδος	rod	733b
	τροφή 1	food	827d
	ὑπόδημα	sandal	844c
	χιτών	shirt	882b
11	ἄν 2 a	(particle)	48c
	ἄν 3 d	(particle)	49a
	ἄξιος 2 a	worthy	78c
	δέ 4 b	but, and	171d
	εἰσέρχομαι 1 a β	come	232d
	ἐξετάζω 1	scrutinize	275c
	ἤ 1 a β	or	342a
	κἀκεῖ 1	and there	396d
	κώμη 1	village	461d
	μένω 1 a α	remain	503d
	μένω 1 a α	remain	503d
	πόλις 1	city	685c
12	ἀσπάζομαι 1 a	greet	116c
	εἰρήνη 2	peace	227c
	εἰσέρχομαι 1 a β	come	232c
	ἐκεῖνος 2 b β	that	239d
12f	οἰκία 3	household	557d
13	ἄξιος 2 a	worthy	78c
	ἐάν I 3 b	if	211c
	εἰρήνη 2	peace	227c
	ἐπί III 1 b γ	on	289a
	ἐπιστρέφω 2 a β	turn	301c
	ἔρχομαι I 2 c	come	311d
	μέν 1 a α	(particle)	502d
	μή A I 1	not	515d
14	ἀκούω 1 b α	hear	32a
	δέχομαι 1	receive	177c
	ἐκτινάσσω 1	shake off	246a
	ἐξέρχομαι 1 a α	go out	274c
	ἔξω 2 b	outside	279d
	ἤ 1 a β	or	342a
	κονιορτός	dust	443b
	λόγος 1 a δ	word	477d
	μή A I 1	not	515d
	μηδέ 1 b	and not	517d
14f	πόλις 1	city	685c
15	ἀνεκτός	bearable	64c
	γῆ 4	land	157d
	Γόμορρα	Gomorrah	164d
	ἐκεῖνος 2 a	that	239d
	ἤ 2 a	than	342c

15	ἡμέρα 3 b β	day	347b
	κρίσις 1 a α	judging	452c
	Σόδομα	Sodom	759a
16	ἀκέραιος	pure	30c
	ἁπλοῦς	sincere	86b
	ἀποστέλλω 1 b β	send away	98c
	γίνομαι II 1	be	160a
	ἐν I 6	in	260b
	ἰδού 1 c	remember	371a
	λύκος 1	wolf	481b
	μέσος 2	the middle	507d
	ὄφις 1	snake	600a
	περιστερά	pigeon	652a
	πρόβατον 1	sheep	703a
	φρόνιμος	thoughtful	866d
16b	ὡς II 2	so	897c
17	ἄνθρωπος 1 b	man	68c
	μαστιγόω 1	whip	495a
	παραδίδωμι 1 b	give over	615a
	προσέχω 1 b	pay attention to	714c
	συναγωγή 2 a	place of assembly	782d
	συνέδριον 3	Sanhedrin	786b
18	ἄγω 2	lead away	14c
	βασιλεύς 1	king	136a
	δέ 4 b	but, and	171d
	δέ 4 b	but, and	171d
	ἔθνος 2	gentiles	218c
	εἰς 4 f	(purpose)	229c
	ἕνεκα	because of	264d
	ἐπί III 1 a γ	on	288c
	ἡγεμών 2	governors	343b
	ἵστημι II 1 b	stand	382b
	μαρτύριον 1 a	testimony	493d
19	ἐν II 2	while	260b
	ἤ 1 c	nor	342b
	λαλέω 2 b	speak	463d
	μεριμνάω 1	have anxiety	505a
	ὁ, ἡ, τό II 1 h	the	551a
	παραδίδωμι 1 b	give over	614d
	πῶς 2 b	how	732d
	ὥρα 3	time of day	896c
19f	γάρ 1 c	for	152a
20	γάρ 1 b	for	152a
	λαλέω 2 a γ	speak	463b
	πατήρ 3 c α	father	636a
	πνεῦμα 5 a	spirit	676b
21	γονεύς	parents	165a
	ἐπανίστημι	rise up	283a
	ἐπί III 1 a ε	against	288c
	θάνατος 1 b α	death	351a
	θανατόω 1	put to death	351c
	παραδίδωμι 1 b	give over	615a
	πατήρ 1 a	father	635a
21a	τέκνον 1 a α	child	808b
21b	τέκνον 1 a α	child	808b
22	διά B II 1	because of	181a
	εἰς 2 a α	until	228c
	μισέω 3	hate	523a
	ὄνομα I 4 c α	name	572b
22	οὗτος 1 a ε	this	596d
	πᾶς, πᾶσα, πᾶν 2 a γ	all	632d
	σῴζω 2 b	save	798c
	τέλος 1 d γ	finally	812a
	ὑπομένω 2	remain	845d
23	διώκω 2	persecute	201b
	διώκω 3	drive away	201b
	ἔρχομαι I 1 a	come	311a
	ἕτερος 1 b γ	another	315b
	ἕως I 1 b	until	334c
	Ἰσραήλ 2	Israel	381c
	κἄν 1	and if	402c
	ὅταν 1 a	when	588a
	τελέω 1	finish	810d
	υἱός 2 c	son	835b
	φεύγω 1	flee	855d
23a	πόλις 1	city	685c
23b	πόλις 1	city	685c
24	οὐδέ 1	and not	591c
24a	ὑπέρ 2	beyond	839c
24b	ὑπέρ 2	beyond	839c
24f	διδάσκαλος	teacher	191d
	δοῦλος 1 a	slave	205d
	κύριος 1 a β	lord	459a
	μαθητής 1	pupil	485c
25	ἀρκετός	sufficient	107a
	Βεεζεβούλ	Beelzebub	139a
	γίνομαι II 1	be	160b
	ἐπικαλέω 1 b α	name	294a
	ἵνα II 1 b	in order that	377d
	μᾶλλον 2 b	more	489c
	οἰκιακός	member of a household	557d
	οἰκοδεσπότης	master of the house	558a
	πόσος 1	how great	694c
26	ἀποκαλύπτω 1	reveal	92a
	γινώσκω 2 a	find out	161a
	καλύπτω 2 b	hide	401a
	κρυπτός 1	hidden	454a
	μή A III 5 a	not	517a
	οὐδείς 2 b α	nothing	592a
	φοβέω 1 b α	be afraid	863a
27	δῶμα	roof	210b
	ἐπί I 1 a α	on	286a
	κηρύσσω 2 b β	announce	431c
	λέγω I 1 a	say	468b
	ὅς, ἥ, ὅ I 2 a	(rel pron)	583b
	οὖς 1	ear	595c
	σκοτία 1	darkness	757c
	φῶς 1 a	light	871d
28	ἀπό V 3	with	88a
	ἀποκτείνω 1 b	kill	94a
	ἀπόλλυμι 1 a α	ruin	95a
	γέεννα	hell	153b
	δέ 1 d	but, and	171c
	καί I 6	and	393b
	μᾶλλον 3 a α	rather	489c
28a	σῶμα 1 b	body	799b
	φοβέω 1 a	be afraid	863a
	ψυχή 1 c	soul, life	893d

28b	μή A II 2 a	not	516c
	σῶμα 1 b	body	799b
	φοβέω 1 b α	be afraid	863a
	ψυχή 1 c	soul, life	893d
29	ἄνευ 1	without	65c
	ἀσσάριον	assarion	117b
	γῆ 2	ground	157c
	δύο 4	two	209b
	εἷς 1 c	one	231a
	ἐκ 4 a α	from	235d
	καί I 2 g	and	392d
	οὐχί 3	not	598b
	παγίς 1	trap	602b
	πατήρ 3 c α	father	636a
	πίπτω 1 a	fall	659b
	πωλέω	sell	731d
	στρουθίον	sparrow	771c
30	ἀριθμέω	count	106b
	δέ 4 a	but, and	171d
	θρίξ 2	hair	364a
	καί II 2	even	393b
	κεφαλή 1 a	head	430a
31	διαφέρω 2 b	be superior	190b
	μή A III 3 a	not	516d
	οὖν 1 b	therefore	593a
	στρουθίον	sparrow	771c
	φοβέω 1 a	be afraid	862d
	φοβέω 1 a	be afraid	862d
32	ἐν IV 5	in	261c
	ὅστις 1 d	whoever	586d
	πᾶς, πᾶσα, πᾶν 1 c γ whoever		632a
	πατήρ 3 d α	father	636b
32a	ὁμολογέω 4	confess	568d
32b	ὁμολογέω 4	confess	568d
32f	ἄνθρωπος 1 a β	man	68b
	ἔμπροσθεν 2 b	in front	257b
	κἀγώ 3 b	I	386b
33	ἀρνέομαι 3 a	deny	107d
	ἀρνέομαι 3 c	deny	108a
	ὅστις 1 d	whoever	586d
	ὅστις 1 e β	whoever	586d
	οὐρανός 2 a	heaven	594d
	πατήρ 3 d α	father	636b
34	βάλλω 2 b	put	131b
	γῆ 5 b	earth	157d
	εἰρήνη 1 b	peace	227b
	μάχαιρα 2	sword	496c
	νομίζω 2	think	541b
34f	ἔρχομαι I 1 a	come	311a
35	ἄνθρωπος 2 b γ	man	68d
	διχάζω	separate	200b
	θυγάτηρ 1	daughter	364d
	κατά I 2 b α	down	405d
	νύμφη 2	daughter-in-law	545b
	πενθερά	mother-in-law	642c
36	ἐχθρός 2 b β	the enemy	331c
	οἰκιακός member of a household		557d
37	ἐγώ	I	217b

37	ἤ 1 a β	or	342a
	θυγάτηρ 1	daughter	364d
	μήτηρ 1	mother	520a
	υἱός 1 a α	son	833c
37a	ὑπέρ 2	beyond	839c
	φιλέω 1 a	love, like	859b
37b	ὑπέρ 2	beyond	839c
	φιλέω 1 a	love, like	859b
37f	ἄξιος 2 a	worthy	78b
38	ἀκολουθέω 2	accompany	31b
	καί I 2 e	and	392c
	λαμβάνω 1 a	take	464b
	ὀπίσω 2 a β	after	575b
	ὅς, ἥ, ὅ I 2 a	(rel pron)	583b
	οὐ 5 a	no	590d
	σταυρός 2	the cross	765a
39	ἀπόλλυμι 1 b	lose	95b
	ἕνεκα	because of	264d
	εὑρίσκω 3	find	325d
	ψυχή 1 d	soul, life	894a
39a	ψυχή 1 d	soul, life	894a
39b	ψυχή 1 d	soul, life	894a
40	ὁ, ἡ, τό II 3 b	the	551b
40f	δέχομαι 1	receive	177c
41	δίκαιος 1 b	upright	195d
	προφήτης 4	prophet	724a
41a	λαμβάνω 2	receive	465a
	μισθός 2 a	reward	523b
	ὄνομα II	title	573c
41b	λαμβάνω 2	receive	465a
	μισθός 2 a	reward	523b
	ὄνομα II	title	573c
41f	εἰς 5	for	230a
42	ἀπόλλυμι 1 b	lose	95a
	μικρός 1 c	small	521b
	μισθός 2 a	reward	523c
	μόνος 2 b	only	528a
	ὄνομα II	title	573c
	ποτήριον 1	cup	695b
	ποτίζω 1	give to drink	695d
	ψυχρός 1 a	cold	894c
	ψυχρός 1 b	cold	894c

Matthew 11

1	αὐτός 3 b	(oblique case)	123c
	γίνομαι I 3 f	take place	159b
	διατάσσω	order	189c
	διδάσκω 2 f	teach	192b
	δώδεκα	twelve	210a
	ἐκεῖθεν	from there	239b
	κηρύσσω 2 b β	announce	431d
	μαθητής 2 b α	disciple	485d
	μεταβαίνω 1 a α	pass over	510c
	ὁ, ἡ, τό II 4 b ζ	the	551d
	ὅτε 1 b	when	588b
	τελέω 1	finish	810d
2	ἀκούω 3 b	learn	32c
	δεσμωτήριον	prison	176b
	ἔργον 1 c α	deed	308a

2	μαθητής 2 a	disciple	485d
	πέμπω 1	send	642a
	Χριστός 1	Anointed One	887b
2f	διά A III 2 a	by	180d
3	ἔρχομαι I 1 a	come	311a
	ἕτερος 1 b α	another	315a
	ὁ, ἡ, τό II 1 a α	the	550b
	προσδοκάω 1	expect	712c
	σύ 1 a	you	772b
4	ἀκούω 1 b α	hear	32a
	ἀπαγγέλλω 1	report	79b
	ἀποκρίνομαι 1	answer	93b
	βλέπω 1 a	see	143b
	πορεύω 1	proceed	692c
5	ἀκούω 1 a	hear	31d
	ἀναβλέπω 2 a α	gain sight	51a
	ἐγείρω 2 c	rise	215a
	εὐαγγελίζω 2 b β	preach	317d
	καθαρίζω 1 b α	cleanse	387b
	κωφός 2	deaf	462c
	λεπρός	leper	472a
	νεκρός 2 a	dead	535b
	περιπατέω 1 c	go about	649b
	πτωχός 1 b	poor	728c
	τυφλός 1 b	blind	830d
	χωλός	lame	889a
6	μακάριος 1 b	blessed	486d
	μή A I 1	not	515d
	σκανδαλίζω 1 b	cause to fall	752d
7	ἄνεμος 1 a	wind	64c
	ἄρχω 2 a α	begin	113c
	ἐξέρχομαι 1 a ε	go out	274d
	θεάομαι 1 a	see	353a
	κάλαμος 1	reed	398d
	λέγω I 4	say	468d
	ὁ, ἡ, τό II 2 b	the	551b
	σαλεύω 1	shake	740c
	ὑπό 1 a β	by	843b
7f	ἀλλά 3	but, yet	38c
8	ἀμφιέννυμι	clothe	47c
	ἄνθρωπος 2 b α	man	68d
	ἐν I 4 b	in	259a
	ἐξέρχομαι 1 a ζ	go out	274d
	ἰδού 1 c	remember	371a
	οἶκος 1 a β	house	560c
	φορέω 1	wear	865a
8a	μαλακός 1	soft	488d
8b	μαλακός 1	soft	488d
9	καί II 2	even	393c
	ναί 1 b	yes	533a
	περισσότερος 2	greater	651c
	προφήτης 2	prophet	723c
	προφήτης 4	prophet	723d
10	ἄγγελος 1 b	messenger	7b
	ἀποστέλλω 1 b β	send away	98d
	ἔμπροσθεν 2 e	in front	257b
	κατασκευάζω 1	make ready	418b
	ὁδός 1 a	way	554a
	ὅς, ἥ, ὅ I 8	(rel pron)	584d
	πρό 1	before	701c
10	πρόσωπον 1 c ζ	face	721c
11	γεννητός	begotten	156a
	ἐγείρω 2 e	appear	215a
	μέγας 2 b α	great	498b
	μικρός 1 c	small	521b
11f	βαπτιστής	baptist	132d
	οὐρανός 3	heaven	595b
12	ἀπό II 2 a	from	87a
	ἁρπάζω 2 b	snatch	109b
	ἄρτι 3	now	110b
	βιάζω 2 d	apply force	140d
	βιαστής	violent	141a
	ἕως II 1 c	until	335a
	ἡμέρα 4 b	time	347c
13	ἕως II 1 a	until	334d
	νόμος 4 a	law	543a
	πᾶς, πᾶσα, πᾶν 1 d α	all	632a
	προφητεύω 3	prophesy	723a
	προφήτης 1	prophet	723c
14	δέχομαι 3 b	accept	177c
	ἔρχομαι I 1 a θ	come	311a
	Ἠλίας	Elijah	345a
	θέλω 2	wish	355b
	μέλλω 1 c β	be about to	501b
15	ἀκούω 1 a	hear	31d
	ἔχω I 2 c α	have	332c
	οὖς 2	ear	595d
16	ἀγορά	market place	12c
	γενεά 2	generation	154a
	ἑταῖρος	companion	314c
	ἕτερος 1 b β	another	315b
	κάθημαι 1 a α	sit	389b
	ὅμοιος 1	like	566d
	ὁμοιόω 2	compare	567c
	παιδάριον 1 a	child	603b
	παιδίον 2 a	child	604b
	προσφωνέω 1	call out	720c
17	αὐλέω	play the flute	121b
	θρηνέω 1 b	mourn	363b
	κόπτω 2	beat	444b
	ὀρχέομαι	dance	583b
18	δαιμόνιον 2	demon	169b
	ἔρχομαι I 1 a θ	come	311b
	ἐσθίω 1 e γ	eat	313a
	ἔχω I 2 e α	have	332c
	μήτε	and not	519d
18f	πίνω 1	drink	658d
19	ἁμαρτωλός 2	sinner	44b
	ἄνθρωπος 3 a ε	man	69b
	δικαιόω 2	justify	197c
	ἔρχομαι I 1 a	come	311a
	ἐσθίω 1 e γ	eat	313b
	ἰδού 2	there is	371b
	οἰνοπότης	wine drinker	562a
	σοφία 4	wisdom	760a
	τέκνον 2 f β	child	808d
	τελώνης	tax collector	812c
	υἱός 2 c	son	835b
	φάγος	glutton	851a
	φίλος 2 a α	loving	861a

20	ἄρχω 2 a α	begin	113c
	μετανοέω	change one's mind	512a
	ὀνειδίζω 2	reproach	570b
	πόλις 1	city	685b
	πολύς III 1 a	many	689d
20f	γίνομαι I 2 a	created	158c
	δύναμις 4	miracle	208a
21	ἄν 1 b β	(particle)	48c
	Βηθσαϊδά 1	Bethsaida	140a
	εἰ I 1 b	if	219b
	ἐν I 4 b	in	259a
	μετανοέω	change one's mind	512a
	οὐαί 1 a	woe	591a
	πάλαι 1	long ago	605c
	σάκκος	sack	740b
	σποδός	ashes	763b
	Χοραζίν	Chorazin	883c
21f	Σιδών	Sidon	750a
	Τύρος	Tyre	830d
22	ἀνεκτός	bearable	64c
	ἐν II 2	while	260b
	ἤ 2 a	than	342c
	ἡμέρα 3 b β	day	347b
	κρίσις 1 a α	judging	452c
	λέγω II 1 d	assure	469d
	πλήν 1 b	but	669c
23	ᾅδης 1	hades	17a
	γίνομαι I 2 a	created	158c
	δύναμις 4	miracle	208a
	ἕως II 2 a	as far as	335a
	καταβαίνω 2	come down	408d
	καταβιβάζω	drive down	409a
	Καφαρναούμ	Capernaum	426b
	μένω 1 c β	remain	504b
	μέχρι 1 b	until	515c
	οὐρανός 1 b	heaven	594a
	σήμερον	today	749a
	ὑψόω 1	lift up	851a
23f	Σόδομα	Sodom	759a
24	ἀνεκτός	bearable	64c
	γῆ 4	land	157d
	ἤ 2 a	than	342c
	ἡμέρα 3 b β	day	347b
	κρίσις 1 a α	judging	452c
	πλήν 1 b	but	669c
25	ἀποκαλύπτω 2	reveal	92a
	ἀποκρίνομαι 2	continue	93c
	αὐτός 3 a	(oblique case)	123b
	ἐξομολογέω 2 c	confess	277b
	καιρός 1	time	394d
	κρύπτω 2 a	hide	454c
	κύριος 2 a	lord	459c
	νήπιος 1 b β	childlike	537d
	ὁ, ἡ, τό II 1 h	the	551a
	οὐρανός 1 a α	heaven	593d
	πατήρ 3 d α	father	636b
	σοφός 2	learned	760c
	συνετός	intelligent	788d
26	ἔμπροσθεν 2 d	in front	257b
	εὐδοκία 2	favor	319d
	ναί 3	certainly	533a
26	ὁ, ἡ, τό II 1 i	the	551a
	οὐά	aha	591a
	οὕτω 1 b	thus	597d
	πατήρ	father	635a
	πατήρ 3 d α	father	636b
27	ἀποκαλύπτω 2	reveal	92a
	βούλομαι 2 b	desire	146c
	εἰ VI 8 a	if not	220a
	ἐπιγινώσκω 2 a	know	291a
	μή A I 1	not	516a
	οὐδέ 1	and not	591c
	οὐδείς 2 a	no one	592a
	παραδίδωμι 3	give over	615d
	πᾶς, πᾶσα, πᾶν 2 a δ	everything	632d
	τὶς, τὶ 1 a γ	any one	820b
	υἱός 2 b	son	834d
27a	πατήρ 3 d α	father	636b
27b	πατήρ 3 d α	father	636b
27c	πατήρ 3 d α	father	636b
28	ἀναπαύω 1	cause to rest	59a
	δεῦτε 2	come	176d
	ἐγώ	I	217c
	κἀγώ 1	and I	386a
	κοπιάω 1	become weary	443c
	πᾶς, πᾶσα, πᾶν 1 d β	all	632b
	φορτίζω	cause to carry	865a
29	αἴρω 2	lift up	24c
	ἀνάπαυσις 2	rest	58d
	εἰμί II 1	to be	223d
	καρδία 1 b	heart	404b
	μανθάνω 1	learn	490b
	ὅτι 3 b	that	589d
	πραΰς	humble	699a
	ταπεινός 2 b	low	804b
	ψυχή 1 c	soul, life	893d
	ψυχή 1 f	soul, life	894a
29f	ζυγός 1	yoke	339d
30	ἐλαφρός 1	light	248c
	φορτίον 2	load	865b
	χρηστός 1 a α	useful	886b

Matthew 12

1	ἄρχω 2 a α	begin	113c
	ἐσθίω 1 d	eat	313a
	καιρός 1	time	394d
	μαθητής 2 b α	disciple	485d
	ὁ, ἡ, τό II 1 h	the	551a
	πεινάω 1	hunger	640a
	πορεύω 1	proceed	692c
	σάββατον	Sabbath	739a
	σάββατον 1 b β	Sabbath	739b
	σπόριμος	sown	763b
	στάχυς 1	ear (of grain)	765d
	τίλλω	pluck	817a
2	αὐτός 3 b	(oblique case)	123c
	ἐν II 2	while	260b
	ἔξεστι 1	it is possible	275b
	οὐ 5 a	no	590d
	ποιέω I 1 c γ	do	682b

2	σάββατον 1 a	Sabbath	739a
	Φαρισαῖος	Pharisee	853d
3	ἀναγινώσκω 1	read	51c
	Δαυίδ	David	171b
	ὁ, ἡ, τό II 5	the	552a
	πεινάω 1	hunger	640a
3f	μετά A II 1 c α	with	509a
4	ἄρτος 1 b	bread	110d
	εἰ VI 8 b	but	220a
	ἔξεστι 4	it is possible	275b
	ἐσθίω 1 a	eat	312c
	μή A I 1	not	516a
	μόνος 1 a β	only	527c
	μόνος 1 a γ	only	527d
	οἶκος 1 a β	house	560c
	πρόθεσις 1	setting forth	706b
	πρόσθεσις		715b
	πῶς 2 a	how	732d
4f	ἱερεύς 1 b α	priest	372a
5	ἀναγινώσκω 1	read	51c
	ἀναίτιος	innocent	55b
	βεβηλόω	desecrate	138d
	ἤ 1 d β	or	342b
	ἱερόν 2	temple	372c
	νόμος 4 a	law	543a
	σάββατον 1 b β	Sabbath	739b
5b	σάββατον 1 a	Sabbath	739a
6	ἱερόν 2	temple	372c
	μέγας 2 b α	great	498b
	ὧδε 2 a	here	895b
7	ἄν 1 b β	(particle)	48c
	ἀναίτιος	innocent	55b
	γινώσκω 1 c	know	161a
	εἰμί II 3	to be	224a
	ἔλεος 1	mercy	250b
	θέλω 4 b	wish	355c
	θυσία 2 a	sacrifice	366b
	καταδικάζω	condemn	410b
8	κύριος 1 a α	lord	459a
	σάββατον 1 a	Sabbath	739a
	υἱός 2 c	son	835b
9	αὐτός 3 b	(oblique case)	123c
	ἐκεῖθεν	from there	239b
	μεταβαίνω 1 a α	pass over	510c
	συναγωγή 2 a	place of assembly	782d
10	εἰ V 1	if	219d
	ἔξεστι 1	it is possible	275b
	ἐπερωτάω 1 a	ask	285b
	θεραπεύω 2	heal	359a
	ἰδού 2	there is	371b
	κατηγορέω 1 a	bring charges	423b
	ξηρός 2	dry	548d
	χείρ 1	hand	880a
10-12	σάββατον 1 b β	Sabbath	739b
11	βόθυνος	pit	144d
	ἐάν I 1 b	if	211b
	ἐγείρω 1 a β	raise	214c
	εἰμί I 1	to be	223b
	ἐμπίπτω 1	fall	256b
11	κρατέω 1 b	seize	448c
11f	πρόβατον 1	sheep	703a
12	ἄνθρωπος 1 a β	man	68b
	διαφέρω 2 b	be superior	190b
	καλῶς 3	well	401b
	οὖν 1 c γ	therefore	593b
	ποιέω I 2 a α	do	682c
	πόσος 1	how great	694b
	σάββατον	Sabbath	739a
	ὥστε 1 a	therefore	899d
13	ἄλλος 3	the other	40b
	ἄνθρωπος 4 a	man	69c
	ἀποκαθίστημι 1	restore	92a
	ἐκτείνω 1	stretch out	245b
	ὑγιής 1 a	healthy	832c
14	ἀπόλλυμι 1 a α	ruin	95a
	ἐξέρχομαι 1 a β	go out	274c
	λαμβάνω 1 h	take	465a
	ὅπως 2 b	in order that	577b
	συμβούλιον 1	plan	778a
	Φαρισαῖος	Pharisee	853d
15	ἀκολουθέω 2	accompany	31b
	ἀναχωρέω 2 b	withdraw	63c
	ἐκεῖθεν	from there	239b
	πᾶς, πᾶσα, πᾶν 1 e α	all	632b
	πολύς I 2 a α	many	688b
15f	ἐπιπλήσσω	rebuke	297d
16	ἐπιτιμάω 1	rebuke	303b
	ποιέω I 1 b ι	do	682a
	φανερός 1	clear	852c
17	εἶπον 4	say	226d
	Ἠσαΐας	Isaiah	348d
	ἵνα II 2	in order that	378b
	ὅπως 2 a α	in order that	577a
	πληρόω 4 a	make full	671c
18	ἀγαπητός 2	beloved	6c
	αἱρετίζω	choose	24a
	ἀπαγγέλλω 2	proclaim	79b
	ἐπί III 1 b γ	on	289a
	εὐδοκέω 2 a	well pleased	319b
	κρίσις 3	right	453b
	παῖς 1 b γ	servant	604d
	πνεῦμα 5 a	spirit	676b
	τίθημι I 1 a β	put	816a
	ψυχή 1 b γ	soul, life	893c
19	ἀκούω 1 b α	hear	32a
	ἐρίζω	quarrel	309b
	κραυγάζω 2 a	cry	449b
	πλατεῖα	wide road	666d
	τὶς, τὶ 1 a γ	any one	820b
	φωνή 2 a	voice	871a
20	ἐκβάλλω 3	take out	237d
	κάλαμος 1	reed	398d
	κατάγνυμι	break	409d
	κατάγνυμι	break	409d
	κρίσις 3	right	453b
	λίνον 1	lamp wick	475b
	νῖκος 1	victory	540a
	σβέννυμι 1	extinguish	745b
	συντρίβω 1 a	shatter	793b
	τύφω	smoke	831c

21	ἐλπίζω 3	hope	252d
	ἐλπίς 2 b	hope	253b
	ὄνομα I 4 b	name	571d
22	βλέπω 2	see	143c
	δαιμονίζομαι	be possessed by a demon	169a
	λαλέω 2 a α	speak	463b
	προσφέρω 1 a	bring (to)	719d
	τότε 2	at that time	824a
	ὥστε 2 a β	so that	900a
22a	κωφός 1	mute	462a
22b	κωφός 1	mute	462a
23	Δαυίδ	David	171b
	ἐξίστημι 2 b	be amazed	276c
	μήτι	perhaps	520b
	ὄχλος 1	crowd	601a
	υἱός 2 a	son	834b
24	ἄρχων 3	authorities	114a
	δαιμόνιον 2	demon	169b
	εἰ VI 8 a	if not	220a
	εἶπον 2 b	say	226c
	ἐκβάλλω 1	drive out	237c
	μή A I 1	not	516a
	Φαρισαῖος	Pharisee	853d
24ff	Βεεζεβούλ	Beelzebub	139a
25	ἑαυτοῦ 1 f	oneself	212b
	ἐνθύμησις	thought	266b
	ἐρημόω	lay waste	309b
	κατά I 2 b γ	down	406a
	μερίζω 1 a	divide	504c
	οἶδα 4	know	556c
	οἰκία 2	household	557d
	πόλις 3	city	686a
25f	βασιλεία 2	kingdom	135a
	ἵστημι II 1 d	stand	382c
26	ἐκβάλλω 1	drive out	237c
	ἐπί III 1 a ε	against	288c
	μερίζω 1 a	divide	504c
	οὖν 1 c γ	therefore	593b
	πῶς 1 a	how	732b
	πῶς 1 d	how	732b
	σατάν	Adversary	745a
27	δαιμόνιον 2	demon	169b
	διά B II 2	therefore	181b
	ἐκβάλλω 1	drive out	237c
	καί I 5	and	393b
	κριτής 1 b	judge	453d
	τίς, τί 1 b α	which	819b
	υἱός 1 c α	son	833d
28	ἄρα 3	then	103d
	βασιλεία 3 b	kingdom	135b
	βασιλεία 3 g	kingdom	135c
	ἐπί III 1 b γ	on	289a
	πνεῦμα 5 a	spirit	676b
	φθάνω 2	come	856d
29	ἁρπάζω 1	steal	109a
	δέω 1 b	bind	177d
	διαρπάζω	plunder	188a
	ἐάν I 3 b	if	211c
	εἰσέρχομαι 1 a β	come	232c
	ἤ 1 d δ		342c
29	ἰσχυρός 1 a	strong	383b
	μή A I 1	not	515d
	πρῶτος 2 a	first	726b
	πῶς 1 d	how	732c
	σκεῦος 1 a	thing	754a
	τὶς, τὶ 1 a α	any one	819d
	τότε 2	at that time	824a
30	εἰμί III 6 a	to be	225c
	εἰμί III 7	to be	225c
	κατά I 2 b γ	down	406a
	σκορπίζω 1	scatter	757a
	συνάγω 1	gather	782b
30a	μετά A II 1 c δ	with	509b
	μή A II 2 a	not	516c
30b	μετά A II 2	with	509b
	μή A II 2 a	not	516c
31	διά B II 2	therefore	181b
	λέγω II 1 d	assure	469d
	πᾶς, πᾶσα, πᾶν 1 a γ	every each	631c
	πνεῦμα 5 d α	spirit	676d
31a	βλασφημία 1	slander	143a
31b	βλασφημία 2 b	slander	143a
31f	ἀφίημι 2	forgive	126a
32	αἰών 2 a	age	27c
	αἰών 2 b	age	27d
	εἶπον 1	say	226b
	λόγος 1 a γ	word	477c
	μέλλω 2	is destined	501c
	οὔτε	not	596a
	οὗτος 2 a	this	597b
	πνεῦμα 5 c α	spirit	676c
	υἱός 2 c	son	835b
33	γινώσκω 1 a	know	160d
	δένδρον	tree	174c
	ἐκ 3 g β	by	235c
	καλός 2 a	good	400b
	κάρπος 1 a	fruit	404c
33a	ποιέω I 1 e β	do	682c
	σαπρός 1	decayed	742b
33b	ποιέω I 1 e β	do	682c
	σαπρός 1	decayed	742b
34	γέννημα	child	156a
	δύναμαι 1 a	able	207a
	εἰμί II 8	to be	224d
	ἐκ 3 g α	by	235c
	ἔχιδνα	viper	331d
	καρδία 1 b ε	heart	404a
	λαλέω 2 a ε	speak	463c
	περίσσευμα 1	abundance	650c
	πονηρός 1 b α	wicked	691a
	πῶς 1 d	how	732c
	στόμα 1 a	mouth	770a
35	ἀγαθός 1 b α	good	3a
	ἀγαθός 1 b β	good	3b
	ἄνθρωπος 3 b	man	69b
	ἐκβάλλω 3	take out	237d
	θησαυρός 1 b	storehouse	361c
	ὁ, ἡ, τό II 1 a β	the	550b
35a	πονηρός 1 b α	wicked	690d
35b	πονηρός 1 b β	wicked	691a

35c	πονηρός 2 c	wicked	691c
36	ἀποδίδωμι 1	give away	90b
	ἀργός 3	useless	104d
	ἡμέρα 3 b β	day	347b
	κρίσις 1 a α	judging	452c
	λαλέω 2 b	speak	463c
	λόγος 2 a	account	478c
	ῥῆμα 1	word	735b
37	δικαιόω 3 a	justify	197d
	ἐκ 3 i	by	235d
	καταδικάζω	condemn	410b
37a	λόγος 1 a δ	word	477c
37b	λόγος 1 a δ	word	477c
38	ἀπό V 4	from	88a
	ἀποκρίνομαι 2	continue	93c
	γραμματεύς 2	scribes	165d
	διδάσκαλος	teacher	191d
	θέλω 1	wish	354d
	τὶς, τὶ 1 a α	any one	820a
38f	σημεῖον 2 a	sign	748b
39	ἀποκρίνομαι 1	answer	93b
	γενεά 2	generation	154a
	ἐπιζητέω 2 b	strive for	292d
	μοιχαλίς 2 a	adulterous	526a
	πονηρός 1 b α	wicked	691a
	προφήτης 1	prophet	723c
39-41	Ἰωνᾶς 1	Jonah	385b
40	γάρ 2	for	152b
	ἡμέρα 1 a	day	346a
	καρδία 2	heart	404b
	κῆτος	sea monster	431d
	κοιλία 1	belly	437b
	οὕτω 1 a	thus	597d
	τρεῖς	three	825b
	υἱός 2 c	son	835b
	ὥσπερ 1	(just) as	899c
40a	νύξ 1 d	night	546d
40b	νύξ 1 d	night	546d
41	ἀνίστημι 2 c	rise	70b
	εἰς 6 a	because of	230a
	κήρυγμα 2	proclamation	431a
	μετανοέω	change one's mind	512a
	μετανοέω	change one's mind	512a
	Νινευίτης	men of Nineveh	540a
	ὁ, ἡ, τό II 1 a α	the	550b
	πολύς II 2 c	many	689c
41f	γενεά 2	generation	154a
	κατακρίνω	condemn	412b
	κρίσις 1 a α	judging	452d
	ὧδε 2 a	here	895b
42	βασίλισσα	queen	137a
	ἐγείρω 2 e	appear	215a
	ἔρχομαι I 1 a ε	come	310d
	νότος 3	south	544a
	πέρας 1	end	644a
	πολύς II 2 c	many	689c
	σοφία 2	wisdom	759d
42a	Σολομών	Solomon	759b
42b	Σολομών	Solomon	759b
43	ἀκάθαρτος 2	impure	29b
	ἀνάπαυσις 3	a resting place	58d
43	ἄνυδρος	waterless	76c
	διά A I 1	through	179c
	διέρχομαι 1 b α	go through	194c
	ἐξέρχομαι 1 a δ	go out	274d
	εὑρίσκω 1 a	find	324d
	ζητέω 1 a β	seek	338d
	καί I 2 g	and	392d
	ὅταν 1 b	when	588a
	πνεῦμα 4 c	spirit	676a
	τόπος 1 d	place	822d
44	ἐξέρχομαι 1 a α	go out	274c
	ἐπιστρέφω 1 b α	turn	301b
	ἔρχομαι I 1 a ζ	come	310d
	εὑρίσκω 1 c α	find	325b
	κοσμέω 1	put in order	445a
	κοσμέω 2 a β	decorate	445a
	λέγω I 1 b α	say	468b
	ὅθεν 1	from which	555c
	οἶκος 1 b β	house	560d
	σαρόω	sweep	744d
	σχολάζω 2	stand empty	798a
45	ἑαυτοῦ 1 f	oneself	212b
	ἐκεῖ 1	there	239b
	ἑπτά	seven	306b
	ἔσχατος 3 a	last	314a
	ἕτερος 1 b β	another	315b
	καί II 1	also	393b
	κατοικέω 1 b	live	424b
	μετά A II 1 b	with	508d
	οὕτω 1 b	thus	597d
	παραλαμβάνω 1	take	619c
	πνεῦμα 4 c	spirit	676a
	πονηρός	sick	690d
	πρῶτος 1 a	first	725c
	χείρων	worse	881b
45b	πονηρός 1 b α	wicked	691a
46	ἔτι 1 a β	still	315d
	ζητέω 2 b γ	seek	339a
	ἰδού 1 b α	behold	371a
	μήτηρ 1	mother	520a
46a	λαλέω 2 a δ	speak	463b
46b	λαλέω 2 a δ	speak	463b
46f	ἀδελφός 1	brother	16a
	ἀδελφός 1	brother	16b
	ἔξω 1 a α	outside	279b
	ἵστημι II 2 b α	being	382c
47	λαλέω 2 a δ	speak	463b
	τὶς, τὶ 1 a α	any one	819d
48	ἀποκρίνομαι 1	answer	93c
49	εἶπον 2 b	say	226c
	ἐκτείνω 1	stretch out	245c
	ἐπί III 1 a δ	on	288c
	ὁ, ἡ, τό II 1 d	the	550c
49f	μήτηρ 3	mother	520a
50	ἀδελφή 1	sister	15d
	ἀδελφός 2	brother	16b
	γάρ 2	for	152b
	θέλημα 1 c γ	will	354c
	ὅστις 1 e β	whoever	586d
	οὐρανός 2 a	heaven	594d
	πατήρ 3 d α	father	636b

50	ποιέω I 1 c α	do	682a

Matthew 13

1	ἐκεῖνος 2 b γ	that	239d
	ἐξέρχομαι 1 a α	go out	274c
	θάλασσα 2	lake	350b
	κάθημαι 2	sit down	389d
	ὁ, ἡ, τό II 1 h	the	551a
	παρά III 1 b α	along	611a
2	αἰγιαλός	shore	21d
	ἐμβαίνω	go in	254a
	ἐπί III 1 a ζ	on	288c
	ἵστημι II 2 b β	being	382c
	κάθημαι 2	sit down	389d
	πᾶς, πᾶσα, πᾶν 1 c α	all	631d
	πλοῖον 2	ship	673b
	πολύς I 1 a β	many	687d
	συνάγω 2	gather	782c
	ὥστε 2 a β	so that	900a
2a	ὄχλος 1	crowd	601a
2b	ὄχλος 1	crowd	600d
3	ἐξέρχομαι 1 a ζ	go out	274d
	ἰδού 1 b γ	behold	371a
	λαλέω 2 b	speak	463d
	λαλέω 3	speak	464a
	ὁ, ἡ, τό II 3 a	the	551b
	ὁ, ἡ, τό II 4 b ζ	the	551d
	παραβολή 2	parable	612d
	πολύς I 2 b α	many	688c
3a	σπείρω 1 a α	sow	761b
3b	σπείρω 1 a α	sow	761b
4	ἐν II 3	while	260c
	ἔρχομαι I 1 c α	come	311b
	κατεσθίω 1	eat up	422a
	ὁ, ἡ, τό II 1 h	the	551a
	ὁδός 1 a	way	554a
	παρά III 1 d	along	611a
	πετεινόν	bird	654a
	πίπτω 1 a	fall	659c
	σπείρω 1 a α	sow	761b
4-8a	ὅς, ἥ, ὅ II 2	this (one)	585b
4ff	μέν 1 c	(particle)	503a
5	ἄλλος 1 b α	other	40a
	βάθος 1	depth	130a
	γῆ 1	earth	157c
	ἐξανατέλλω	spring up	272d
	ἐπί III 1 a β	on	288a
	εὐθέως	immediately	320c
	ὅπου 1 a α	where	576a
	πετρώδης	rocky	655c
	πίπτω 1 a	fall	659c
	πολύς I 1 b α	many	688a
5a	ἔχω I 2 g	have	333a
5b	ἔχω I 2 g	have	333a
5f	διά B II 3	because	181b
	μή A II 1 e	not	516c
6	ἀνατέλλω 2	rise	62a
	ἔχω I 2 c β	have	332c
	ἥλιος	the sun	345c
6	καυματίζω	burn	425b
	καυματόω	be scorched	425b
	ξηραίνω 2 a	dry up	548c
	ῥίζα 1 a	root	736a
7	ἄκανθα	thorn plant	29c
	ἀναβαίνω 1 b	go up	50c
	ἀποπνίγω	choke	97c
	ἐπί III 1 a γ	on	288c
	πίπτω 1 a	fall	659c
	πνίγω 1 c	choke	679d
7f	ἄλλος 1 b α	other	40a
8	γῆ 1	earth	157c
	δίδωμι 4	give	193c
	ἑκατόν	one hundred	236d
	ἑξήκοντα	sixty	276a
	καλός 2 a	good	400b
	κάρπος 1 a	fruit	404d
	μέν 1 c	(particle)	503a
	πίπτω 1 a	fall	659c
	τριάκοντα	thirty	826a
8b	ὅς, ἥ, ὅ II 2	this (one)	585b
9	ἀκούω 1 a	hear	31d
	οὖς 2	ear	595d
10	διά B II 2	therefore	181b
	εἶπον 3 b	say	226c
	λαλέω 2 a δ	speak	463b
	λαλέω 2 a ε	speak	463c
	μαθητής 2 b α	disciple	485d
	παραβολή 2	parable	612c
	προσέρχομαι 1	approach	713a
11	ἀποκρίνομαι 1	answer	93b
	βασιλεία 3 g	kingdom	135c
	γινώσκω 1 a	know	160d
	δίδωμι 1 b β	give	193b
	ἐκεῖνος 1 a	that	239b
	μυστήριον 1	mystery	530b
	οὐρανός 3	heaven	595b
12	γάρ 1 d	for	152a
	ὅς, ἥ, ὅ I 2 b α	(rel pron)	583c
	περισσεύω 2 a	be left over	651a
12a	ἔχω I 2 a	have	332a
	ὅστις 1 a	whoever	586d
12b	ἔχω I 2 a	have	332a
	ὅστις 1 a	whoever	586d
13	ἀκούω 1 a	hear	31d
	ἀκούω 7	understand	32d
	βλέπω 1 d	see	143c
	διά B II 2	therefore	181b
	λαλέω 2 a ε	speak	463c
	παραβολή 2	parable	612c
	συνίημι	understand	790a
13f	συνίημι	understand	790b
14	ἀκοή 1 b	hearing	30d
	ἀκούω 1 a	hear	31d
	ἀναπληρόω 2	make complete	59d
	βλέπω 1 d	see	143c
	Ἠσαΐας	Isaiah	348d
	προφητεία 3 a	prophecy	722d
15	ἀκούω 1 a	hear	31d

15	βαρέως	with difficulty	133d
	εἶδον 1 a	see	220d
	ἐπιστρέφω 1 b β	turn	301b
	ἰάομαι 2	heal	368c
	καί I 2 e	and	392c
	καμμύω	close	402a
	μήποτε 2 b α	(neg particle)	519b
	παχύνω 2	make dull	638c
	συνίημι	understand	790b
15a	καρδία 1 b β	heart	403d
	οὖς 2	ear	595d
15b	καρδία 1 b β	heart	403d
	οὖς 2	ear	595d
	ὀφθαλμός 2	eye	599d
16	ἀκούω 1 a	hear	31d
	μακάριος 3 a	blessed	487a
	ὅτι 3 a	that	589c
	οὖς 1	ear	595d
	ὀφθαλμός 2	eye	599d
16f	βλέπω 1 a	see	143b
17	ἀκούω 1 b α	hear	32a
	δίκαιος 1 b	upright	195d
	εἶδον	see	220c
	ἐπιθυμέω	desire	293a
	καί I 2 g	and	392d
	οὖς 1	ear	595d
	πολύς I 1 a α	many	687c
	προφήτης 4	prophet	724a
17ff	ἀκούω 1 b α	hear	32a
18	παραβολή 2	parable	612c
	παραβολή 2	parable	612c
	σπείρω 1 a α	sow	761b
19	ἁρπάζω 2 a	snatch	109a
	ἐν I 1 e	in	258c
	ἔρχομαι I 1 a ζ	come	310d
	λόγος 1 b β	word	478b
	μή A II 2 b	not	516c
	ὁδός 1 a	way	554a
	παρά III 1 d	along	611a
	πᾶς, πᾶσα, πᾶν 1 a α	every each	631b
	πονηρός 2 b	wicked	691b
	συνίημι	understand	790a
	συνίημι	understand	790b
19a	σπείρω 1 b β	sow	761c
19b	σπείρω 1 a γ	sow	761b
19f	εἰμί II 3	to be	224a
20	λαμβάνω 1 e β	receive	464d
	οὗτος 1 a ε	this	596d
	πετρώδης	rocky	655c
	σπείρω 1 a γ	sow	761b
	χαρά 1	joy	875c
20-3	λόγος 1 b β	word	478b
20ff	ἀκούω 1 b α	hear	32a
	εὐθύς	immediately	321b
21	γίνομαι I 1 b β	come about	158b
	διά B II 1	because of	181a
	διωγμός	persecution	201b
	θλῖψις 1	tribulation	362b
	πρόσκαιρος	temporary	715c
21	ῥίζα 1 b	root	736a
	σκανδαλίζω 1 a	cause to fall	752d
22	αἰών 2 a	age	27c
	ἄκανθα	thorn plant	29c
	ἄκαρπος 2	unfruitful	29d
	ἀπάτη 1	deception	82a
	γίνομαι II 1	be	160b
	μέριμνα	anxiety	504d
	οὗτος 1 a ε	this	596d
	πλοῦτος 1	wealth	674b
	σπείρω 1 a γ	sow	761b
	συμπνίγω 1	choke	779d
22f	εἰμί II 3	to be	224a
23	γῆ 1	earth	157c
	δή 1	indeed	178b
	ἑκατόν	one hundred	236d
	ἑξήκοντα	sixty	276a
	καλός 2 a	good	400b
	καρποφορέω 2	bear fruit	405b
	μέν 1 c	(particle)	503a
	ὅς, ἥ, ὅ II 2	this (one)	585b
	σπείρω 1 a γ	sow	761b
	συνίημι	understand	790a
	συνίημι	understand	790b
	συνίημι	understand	790b
24	ἀγρός 1	field	13d
	ἄλλος 1 b α	other	40a
	ἄνθρωπος 3 a ε	man	69b
	καλός 2 a	good	400b
	ὁμοιόω 1	make like	567b
	οὐρανός 3	heaven	595b
	παραβολή 2	parable	612c
	παρατίθημι 1 b	place beside	623a
	σπείρω 1 a β	sow	761b
	σπείρω 1 a γ	sow	761b
	σπέρμα 1 a	seed	761d
24ff	βασιλεία 3 g	kingdom	135c
	βοτάνη 1	plant	145b
25	ἀνά 1 a	among	49d
	ἀπέρχομαι 1 a	go away	84c
	ἐν II 3	while	260c
	ἐπισπείρω	sow afterward	300a
	ἔρχομαι I 1 a ζ	come	310d
	ἐχθρός 2 b β	the enemy	331c
	καθεύδω 1	sleep	388d
	μέσος 2	the middle	507b
	σῖτος	wheat	752b
25ff	ζιζάνιον	darnel	339c
26	βλαστάνω 2	sprout	142c
	κάρπος 1 a	fruit	404d
	ὅτε 1 b	when	588b
	ποιέω I 1 b	do	681d
	τότε 2	at that time	824a
	φαίνω 2 b	appear	851d
	χόρτος	grass	884a
27	ἀγρός 1	field	13d
	εἶπον 3 b	say	226c
	καλός 2 a	good	400b
	κύριος 1 a β	lord	459b

27	οἰκοδεσπότης	master of the house	558a
	οὖν 1 c α	therefore	593a
	πόθεν 2	from where	680c
	σός, σή, σόν 1	yours	759b
	σπείρω 1 a β	sow	761b
	σπέρμα 1 a	seed	761d
27f	δοῦλος 1 a	slave	205d
28	ἀπέρχομαι 1 a	go away	84c
	ἐχθρός 2 a	hostile	331c
	θέλω 1	wish	355a
	οὖν 1 c α	therefore	593a
	ποιέω I 1 b ε	do	681c
	φημί 1 b α	say	856b
28-30	συλλέγω	collect	777a
29	ἅμα 2	together	42a
	ἐκριζόω 1	uproot	244d
	μήποτε 2 b α	(neg particle)	519b
	οὐ 1	no	590a
	σῖτος	wheat	752b
	φημί 1 b α	say	856b
29f	ζιζάνιον	darnel	339c
30	ἀμφότεροι 1	both	47d
	ἀποθήκη	storehouse	91b
	ἀφίημι 4	tolerate	126b
	ἄχρι 1 a	until	128d
	δέσμη	bundle	176a
	δέω 1 a	bind	177d
	θεριστής	reaper	359c
	καιρός 3	time	395b
	κατακαίω	consume	411a
	μέχρι 1 b	until	515c
	πρός III 3 a	toward	710b
	πρῶτος 2 a	first	726b
	σῖτος	wheat	752b
	συνάγω 1	gather	782b
	συναυξάνω	grow together	785b
30a	θερισμός 1	harvest	359c
31	ἀγρός 1	field	13d
	ἄλλος 1 b α	other	40a
	ἄν 3 d	(particle)	49a
	ἄνθρωπος 3 a β	man	69a
	κόκκος 1	seed	440c
	λαμβάνω 1 a	take	464b
	ὅμοιος 1	like	566d
	οὐρανός 3	heaven	595b
	παραβολή 2	parable	612c
	παρατίθημι 1 b	place beside	623a
	σίναπι	mustard	751c
	σπείρω 1 a γ	sow	761b
32	αὐξάνω 2	grow	121d
	δένδρον	tree	174c
	ἔρχομαι I 1 c α	come	311b
	κατασκηνόω 2	live	418c
	κλάδος	branch	433a
	λάχανον	vegetable	467d
	μέγας 2 b β	great	498b
	μικρός 2 a	small	521b
	ὅταν 1 b	when	588a
	οὐρανός 1 d	heaven	594b
	πετεινόν	bird	654a
33	σπέρμα 1 a	seed	761d
	ὥστε 2 a β	so that	900a
	ἄλευρον	wheat flour	35d
	ἄλλος 1 b α	other	40a
	γυνή 1	woman	168b
	ἐγκρύπτω	hide	216d
	ἕως II 1 b α	until	335a
	ζύμη 1	leaven	340a
	ζυμόω	ferment	340a
	λαλέω 2 b	speak	463d
	λαμβάνω 1 a	take	464b
	ὅλος 2 c	whole	565a
	ὅμοιος 1	like	566d
	ὅς, ἥ, ὅ I 11 f	(rel pron)	585b
	οὐρανός 3	heaven	595b
	παραβολή 2	parable	612c
	σάτον	measure	745b
33f	οὐρανός 3	heaven	595b
34	λαλέω 2 b	speak	463d
	πᾶς, πᾶσα, πᾶν 1 e β	all	632c
	χωρίς 2 b β	apart	890d
34a	παραβολή 2	parable	612d
34b	παραβολή 2	parable	612c
35	ἀνοίγω 1 e α	open	71b
	εἶπον 4	say	226d
	ἐρεύγομαι	utter	308d
	Ἠσαΐας	Isaiah	348d
	καταβολή 1	foundation	409a
	κόσμος 2	world	445d
	κρύπτω 2 a	hide	454d
	ὅπως 2 a α	in order that	577a
	παραβολή 2	parable	612d
	πληρόω 4 a	make full	671c
	στόμα 1 a	mouth	769d
36	ἀγρός 1	field	13d
	ἀφίημι 1 a α	send away	125d
	διασαφέω 1	explain	188b
	ζιζάνιον	darnel	339c
	οἰκία 1 a	house	557c
	παραβολή 2	parable	612c
	παραβολή 2	parable	612c
	φράζω	explain	865c
36ff	βασιλεία 3 g	kingdom	135c
37	ἀποκρίνομαι 1	answer	93b
	σπείρω 1 a β	sow	761b
	υἱός 2 c	son	835b
37f	καλός 2 a	good	400b
	σπέρμα 1 a	seed	761d
38	ἀγρός 1	field	13d
	βασιλεία 3 g	kingdom	135c
	εἰμί II 3	to be	224a
	ζιζάνιον	darnel	339c
	κόσμος 4 a	world	446a
	οὗτος 1 a	this	596d
	πονηρός 2 b	wicked	691b
38a	υἱός 1 c δ	son	834b
38b	υἱός 1 c γ	son	834a
39	διάβολος 2	the slanderer	182a
	ἐχθρός 2 b α	the enemy	331c
	θερισμός 1	harvest	359c
	θεριστής	reaper	359c

39	σπείρω 1 a β	sow	761b
39f	αἰών 2 a	age	27d
	συντέλεια	close	792a
40	εἰμί II 9 b	to be	225a
	ζιζάνιον	darnel	339c
	κατακαίω	consume	411a
	οὖν 5	therefore	593c
	οὕτω 1 a	thus	597d
	πῦρ 1 a	fire	729d
	συλλέγω	collect	777a
	συντέλεια	close	792a
	ὥσπερ 1	(just) as	899c
41	ἄγγελος 2 a	angel	7d
	ἀνομία 2	lawlessness	72a
	ἀποστέλλω 1 a	send away	98c
	βασιλεία 3 d	kingdom	135b
	ἐκ 1 b	away from	234b
	ποιέω I 1 c γ	do	682b
	σκάνδαλον 3	trap	753b
	συλλέγω	collect	777a
	υἱός 2 c	son	835b
42	βάλλω 1 b	throw	131a
	βρυγμός	gnashing	148a
	κάμινος	furnace	402a
	κλαυθμός	weeping	433c
	ὀδούς	tooth	555a
	πῦρ 1 b	fire	730b
43	βασιλεία 3 c	kingdom	135b
	δίκαιος 1 b	upright	195d
	ἐκλάμπω	shine	242a
	ἥλιος	the sun	345c
	οὖς 2	ear	595d
	πατήρ 3 c α	father	636a
	τότε 1 b	at that time	823d
	ὡς II 2	so	897c
44	ἀγοράζω 1	buy	12d
	ἀγρός 1	field	14a
	ἀπό V 3	with	88a
	εὑρίσκω 1 b	find	325a
	ἔχω I 2 a	have	332a
	θησαυρός 2 a	treasure	361d
	ὁ, ἡ, τό II 1 h	the	551a
	πωλέω	sell	731c
	ὑπάγω 2	go away	836d
	χαρά 1	joy	875c
44a	κρύπτω 1 b	hide	454c
44b	κρύπτω 1 a	hide	454b
44f	βασιλεία 3 g	kingdom	135b
	ὅμοιος 1	like	566d
	οὐρανός 3	heaven	595b
45	ἄνθρωπος 3 a ε	man	69b
	ἔμπορος	merchant	257a
	ζητέω 1 a β	seek	338d
	καλός 2 a	good	400b
	μαργαρίτης 1	pearl	491c
	πάλιν 3	again	607a
46	ἀγοράζω 1	buy	12d
	ἀπέρχομαι 1 a	go away	84c
	εὑρίσκω 1 a	find	324d
	ἔχω I 2 a	have	332a
	μαργαρίτης 1	pearl	491c

46	ὅσος 2	how great	586b
	πᾶς, πᾶσα, πᾶν 1 e γ	all	632c
	πιπράσκω	sell	659a
	πολύτιμος	valuable	690a
47	βάλλω 1 b	throw	131a
	γένος 4	class	156c
	ἐκ 1 b	away from	234b
	ὅμοιος 1	like	566d
	οὐρανός 3	heaven	595b
	πάλιν 3	again	607a
	σαγήνη	dragnet	739d
	συνάγω 1	gather	782b
47ff	βασιλεία 3 g	kingdom	135c
48	ἀγγεῖον	container	6d
	ἄγγος	container	8b
	αἰγιαλός	shore	21d
	ἀναβιβάζω	bring up	50d
	βάλλω 1 b	throw	130d
	ἔξω 1 b	outside	279c
	καθίζω 2 a α	sit down	390a
	καλός 2 a	good	400b
	καλός 3 c	good	400d
	ὅτε 1 b	when	588b
	πληρόω 1 a	make full	670d
	σαπρός 1	decayed	742b
	συλλέγω	collect	777a
49	αἰών 2 a	age	27d
	ἀφορίζω 1	separate	127b
	δίκαιος 1 b	upright	195d
	ἐκ 1 b	away from	234b
	ἐξέρχομαι 1 a	go out	274d
	μέσος 2	the middle	507d
	οὕτω 1 b	thus	597d
	πονηρός 2 a	wicked	691b
	συντέλεια	close	792a
	συντέλεια	close	792a
50	βάλλω 1 b	throw	131a
	βρυγμός	gnashing	148a
	κάμινος	furnace	402a
	κλαυθμός	weeping	433c
	ὀδούς	tooth	555a
	πῦρ 1 b	fire	730b
51	ναί 1 a	yes	533a
	πᾶς, πᾶσα, πᾶν 1 e β	all	632c
	συνίημι	understand	790b
52	ἄνθρωπος 3 a ε	man	69b
	βασιλεία 3 g	kingdom	135c
	γραμματεύς 3	scribes	166a
	διά B II 2	therefore	181b
	ἐκβάλλω 3	take out	237d
	θησαυρός 1 a β	storehouse	361c
	καινός 1	new	394a
	μαθητεύω 2	become a disciple	485c
	οἰκοδεσπότης	master of the house	558a
	ὅμοιος 1	like	566d
	οὐρανός 3	heaven	595b
	παλαιός 1	old	605d
53	γίνομαι I 3 f	take place	159b
	ἐκεῖθεν	from there	239b

53	μεταίρω	go away	511a
	ὅτε 1 b	when	588b
	παραβολή 2	parable	612c
	τελέω 1	finish	810d
54	Ἀντιπατρίς	Antipatris	75d
	δύναμις 4	miracle	208a
	ἐκπλήσσω 2	be amazed	244b
	πατρίς 2	fatherland	637a
	πόθεν 2	from where	680c
	σοφία 3 a	wisdom	760a
	συναγωγή 2 a	place of assembly	782d
	ὥστε 2 a β	so that	900a
55	ἀδελφός 1	brother	16a
	Ἰάκωβος 3	James	368a
	Ἰούδας 8	Judas	380b
	Ἰωσῆς 1	Joses	385c
	Ἰωσήφ 5	Joseph	385d
	καί I 1 a	and	391d
	λέγω II 3	call	470a
	Μαρία 1	Mary	491d
	μήτηρ 1	mother	520a
	Σίμων 3	Simon	751a
	τέκτων	carpenter	809a
55f	οὗτος 1 a α	this	596c
56	ἀδελφή 1	sister	15d
	εἰμί III 9	to be	225d
	οὖν 1 c α	therefore	593a
	πόθεν 2	from where	680c
	πρός III 7	by	711a
57	ἄτιμος 1	dishonored	120b
	οἰκία 2	household	557d
	πατρίς 2	fatherland	637a
	προφήτης 3	prophet	723c
	προφήτης 4	prophet	723d
	σκανδαλίζω 1 b	cause to fall	752d
58	ἀπιστία 2 a	unbelief	85c
	διά B II 1	because of	181a
	δύναμις 4	miracle	208a
	ποιέω I 1 b β	do	681b

Matthew 14

1	ἀκοή 2 a	report	31a
	Ἡρῴδης 2	Herod	348c
	καιρός 1	time	394d
	ὁ, ἡ, τό II 1 h	the	551a
	τετράρχης	tetrarch	814a
2	ἀπό IV 1 a β	from	87c
	βαπτιστής	baptist	132d
	διά B II 2	therefore	181b
	δύναμις 1	power	207d
	ἐγείρω 2 c	rise	215a
	ἐν I 5 a	in	259c
	ἐνεργέω 1 a	work	265b
	νεκρός 2 a	dead	535b
	παῖς 1 a γ	servant	604d
3	ἀποτίθημι 2	put away	101b
	γυνή 2	wife	168c
	δέω 1 b	bind	177d
	Ἡρῴδης 2	Herod	348c
3	Ἡρῳδιάς	Herodias	348d
	Ἡρῳδιάς	Herodias	348d
	κρατέω 1 a	arrest	448c
	τίθημι II 1 b	put	816c
	Φίλιππος 1	Philip	860b
	Φίλιππος 2	Philip	860b
	φυλακή 3	guard	867d
	φυλακή 3	guard	867d
4	ἔξεστι 1	it is possible	275b
	ἔχω I 2 b α	have	332b
5	ἀποκτείνω 1 a	kill	94a
	ἔχω I 5	consider	333b
	ὄχλος 2	crowd	601a
	προφήτης 2	prophet	723c
	φοβέω 1 b α	be afraid	863a
6	ἄγω 4	spend	14d
	ἀρέσκω 2 a	be pleasing	105c
	γενέσια	birthday celebration	154c
	Ἡρῴδης 2	Herod	348c
	Ἡρῳδιάς	Herodias	348d
	θυγάτηρ 1	daughter	364d
	μέσος 2	the middle	507c
	ὀρχέομαι	dance	583b
7	δίδωμι 1 a	give	192d
	ὅθεν 3	from which	555c
	ὁμολογέω 1	promise	568b
	ὅρκος	oath	581c
8	βαπτιστής	baptist	132d
	ἐπί II 1 a α	on	286d
	κεφαλή 1 a	head	430a
	μήτηρ 1	mother	520a
	πίναξ	platter	658c
	προβιβάζω	bring forward	703c
	φημί 1 b β	say	856b
9	βασιλεύς 1	king	136a
	Ἡρῴδης 2	Herod	348c
	κελεύω	command	427b
	λυπέω 2 a	grieve	481d
	ὅρκος	oath	581c
	συνανάκειμαι	eat with	784b
9ff	καί I 2 b	and	392b
02	αὐτός 2	they	123b
10	ἀποκεφαλίζω	behead	93a
	πέμπω 1	send	642a
	φυλακή 3	guard	867d
11	ἐπί II 1 a α	on	286d
	κεφαλή 1 a	head	430a
	κοράσιον	girl	444b
	μήτηρ 1	mother	520a
	πίναξ	platter	658c
11a	φέρω 4 a α	bear	855b
11b	φέρω 4 a α	bear	855b
12	αἴρω 3	carry	24c
	ἀπαγγέλλω 1	report	79b
	ἔρχομαι I 1 a ζ	come	310d
	θάπτω	bury	351d
	μαθητής 2 a	disciple	485d
	πτῶμα	corpse	728a
	πτῶμα	corpse	728a
	σῶμα 1 a	body	799a
13	ἀκολουθέω 2	accompany	31b

13	ἀκούω 3 a	learn	32c
	ἀναχωρέω 2 b	withdraw	63c
	ἐκεῖθεν	from there	239b
	ἔρημος 1 a	abandoned	309a
	ἴδιος 4	privately	370c
	πεζῇ	by land	638d
	πεζός	going by land	638d
	πόλις 1	city	685c
	τόπος 1 c	place	822c
14	ἀρρωστέω	sick	109d
	ἄρρωστος	sick	109d
	αὐτός 3 f β	(oblique case)	123c
	ἐξέρχομαι 1 a β	go out	274c
	ἐπί II 1 b γ	on	287c
	ὄχλος 1	crowd	600d
	πολύς I 1 b α	many	687d
	σπλαγχνίζομαι	have pity	762d
	σπλαγχνίζομαι	have pity	762d
15	ἀγοράζω 1	buy	12d
	ἀπέρχομαι 2	go	84c
	ἀπολύω 2 b	send away	96d
	βρῶμα 1	food	148a
	γίνομαι I 1 b γ	come about	158c
	ἑαυτοῦ 1	oneself	212a
	ἑαυτοῦ 1	oneself	212a
	ἔρημος 1 a	abandoned	309a
	ἤδη 1 b	already	344a
	ἵνα I 1 c	in order that	377a
	κώμη 1	village	461d
	ὄψιος 2	late	601d
	παρέρχομαι 1 a β	go by	626a
	τόπος 1 c	place	822c
	ὥρα 1	time of day	896a
16	δίδωμι 2	give	193c
	ἐσθίω 1 d	eat	313a
	ἔχω I 2 i	have	333a
	σύ 1 c	you	772b
	χρεία 1	need	885a
17	ἄρτος 1 a	bread	110c
	δύο 4	two	209b
	ἔχω I 2 d	have	332c
	ἰχθύς	fish	384b
	λέγω II 1 b	answer	469c
	ὀψάριον	fish	601b
	πέντε	five	643a
	ὧδε 2 a	here	895b
18	εἶπον 3 a	say	226c
	φέρω 4 a α	bear	855b
	ὧδε 1	here	895b
19	ἀναβλέπω 1	look up	50d
	ἀνακλίνω 2	recline	56a
	ἄρτος 1 a	bread	110c
	ἄρτος 1 a	bread	110c
	δίδωμι 2	give	193b
	εὐλογέω 1	speak well	322b
	εὐλογέω 2 b	bless	322c
	ἰχθύς	fish	384b
	κελεύω	command	427b
	κλάω	break	433d
	μαθητής 2 b α	disciple	485d
	οὐρανός 2 a	heaven	594d

19	ὀψάριον	fish	601b
	πέντε	five	643a
	χόρτος	grass	884a
20	αἴρω 3	carry	24c
	ἐσθίω 1 d	eat	313a
	κλάσμα	fragment	433b
	κόφινος	basket	447c
	πᾶς, πᾶσα, πᾶν 2 a γ	all	632d
	περισσεύω 1 a α	be left over	650d
	πλήρης 1 a β	full	669d
	χορτάζω 2 a	feed	884a
21	ἀνήρ 1	man	66c
	ἐσθίω 1 d	eat	313a
	παιδίον 2 a	child	604b
	πεντακισχίλιοι	five thousand	643a
	χωρίς 2 a γ	apart	890d
	ὡσεί 2	as	899c
22	ἀναγκάζω 2	invite	52a
	ἀπολύω 2 b	send away	96d
	ἐμβαίνω	go in	254a
	ἕως II 1 b γ	until	335a
	ὅς, ἥ, ὅ I 11 f	(rel pron)	585b
	πέραν 1	on the other side	643d
	πλοῖον 2	ship	673b
	προάγω 2 b	lead	702b
23	ἀναβαίνω 1 a α	go up	50a
	γίνομαι I 1 b γ	come about	158c
	ἴδιος 4	privately	370c
	μόνος 1 a α	only	527c
	ὁ, ἡ, τό II 1 a α	the	550b
	ὄρος	mountain	582c
	ὄψιος 2	late	601d
	προσεύχομαι	pray	713d
24	ἄνεμος 1 a	wind	64c
	ἀπέχω 2	be distant	85a
	βασανίζω 3	torment	134c
	ἐναντίος 1	opposite	262a
	ἤδη 1 b	already	344a
	κῦμα	wave	457c
	μέσος 3 b	the middle	508a
	στάδιον 1	stade	764a
	ὑπό 1 a β	by	843b
24ff	θάλασσα 2	lake	350b
25	ἐπί III 1 a α	across	288a
	νύξ 1 a	night	546c
	περιπατέω 1 c	go about	649a
	τέταρτος	fourth	813c
	φυλακή 4	guard	868a
26	ἀπό V 3	with	88a
	ἐπί I 1 a α	on	286a
	κράζω 1	cry out	447d
	περιπατέω 1 c	go about	649a
	ταράσσω 2	stir up	805b
	φάντασμα	apparition	853c
	φόβος 2 a α	fear	863d
27	ἐγώ	I	217a
	εἰμί II 5	to be	224c
	εὐθύς	immediately	321b
	θαρσέω	be cheerful	352a
	λαλέω 3	speak	464a

27	μή A III 3 b	not	517a
	φοβέω 1 a	be afraid	862d
28	ἀποκρίνομαι 1	answer	93c
	ἔρχομαι I 1 a β	come	310c
	κελεύω	command	427b
	κύριος 2 c β	lord	459d
	σύ 2	you	772c
28f	ἐπί III 1 a α	across	288a
	ὕδωρ 1	water	833a
29	εἶπον 2 b	say	226c
	καταβαίνω 1 a α	come down	408b
30	ἄνεμος 1 a	wind	64d
	ἄρχω 2 a α	begin	113c
	βλέπω 7 a	see	143d
	ἰσχυρός 2	strong	383b
	καταποντίζω	be sunk	417a
	κράζω 2 a	call	447d
	κύριος 2 c β	lord	459d
	σφόδρα	greatly	796a
	σῴζω 1 a	save	798a
	φοβέω 1 a	be afraid	862c
31	διστάζω 1	doubt	200a
	εἰς 4 f	(purpose)	229d
	ἐκτείνω 1	stretch out	245b
	ἐπιλαμβάνομαι 1	grasp	295a
	εὐθέως	immediately	320c
	ὀλιγόπιστος	of little faith	563c
32	ἀναβαίνω 1 a α	go up	50b
	ἄνεμος 1 a	wind	64d
	κοπάζω	abate	443b
	πλοῖον 2	ship	673b
33	ἀληθῶς 1	truly	37c
	λέγω I 8 a	say	469a
	προσκυνέω 5	do reverence	717a
	υἱός 2 b	son	834d
34	Γεννησαρέτ	Gennesaret	156a
	γῆ 4	land	157c
	διαπεράω	cross	187c
35	ἀνήρ 4	man	67a
	ἀποστέλλω 1 b β	send away	98c
	κακῶς 1	badly	398c
	ὅλος 2 a	whole	564d
	περίχωρος	neighboring	653c
	προσφέρω 1 a	bring (to)	719d
	τόπος 1 a	place	822b
36	ἅπτω 2 b	touch	103b
	διασῴζω	save	189b
	ἵνα II 1 a γ	in order that	377c
	κράσπεδον 1	edge	448b
	μόνος 2 a	only	528a
	ὅσος 2	how great	586c
	παρακαλέω 3	implore	617c

Matthew 15

1	γραμματεύς 2	scribes	165d
	λέγω II 1 a	ask	469c
2	ἄν 3 a	(particle)	48d
	ἐσθίω 1 a	eat	312c
	μαθητής 2 b α	disciple	485d
2	νίπτω 2 b	wash	540b
	παραβαίνω 2 a	go aside	611c
	παράδοσις 2	tradition	615d
	πρεσβύτερος 1 b	older	699d
2f	διά B II 2	why	181b
3	διά B II 1	because of	181a
	παραβαίνω 2 a	go aside	611c
	παράδοσις 2	tradition	615d
	σύ 1 c	you	772b
4	ἐντέλλω	command	268c
	θάνατος 1 b α	death	351a
	κακολογέω	insult	397b
	τελευτάω	die	810c
	τιμάω 2	honor	817b
4a	μήτηρ 1	mother	520a
4b	μήτηρ 1	mother	520a
5	δῶρον 2	gift	211c
	ἐκ 3 e α	by	235b
	ὠφελέω 1 a	help	900c
6	ἀκυρόω	make void	34b
	λόγος 1 b α	command	478a
	μή D 2	not	517c
	νόμος 3	law	542c
	παράδοσις 2	tradition	615d
	τιμάω 2	honor	817b
7	Ἠσαΐας	Isaiah	348d
	καλῶς 4 b	well	401c
	προφητεύω 3	prophesy	723a
	ὑποκριτής	hypocrite	845b
8	ἀπέχω 2	be distant	85a
	ἐγγίζω 1	approach	213c
	καρδία 1 b α	heart	403c
	λαός 3 a	people	466d
	ὁ, ἡ, τό II 1 h	the	551a
	πόρρω 1	far away	693d
	τιμάω 2	honor	817b
	χεῖλος 1	lip	879c
9	ἄνθρωπος 1 a β	man	68b
	διδασκαλία 2	teaching	191c
	διδάσκω 2 b	teach	192a
	ἔνταλμα	commandment	268b
	μάτην	in vain	495d
	σέβω 2 a	worship	746a
10	ἀκούω 1 c	hear	32b
	ὄχλος 2	crowd	601a
	προσκαλέω 1 a	summon	715c
	συνίημι	understand	790b
	συνίημι	understand	790b
11	ἄνθρωπος 3 b	man	69b
	εἰσέρχομαι 2 b	come	233b
	ἐκπορεύομαι 2	go out	244c
	κοινόω 1 a	defile	438c
	κοινωνέω 3	share	438d
	ὁ, ἡ, τό II 1 a β	the	550b
11a	στόμα 1 a	mouth	769d
11b	στόμα 1 a	mouth	769d
12	λόγος 1 a γ	word	477c
	οἶδα 1 e	know	556a
	προσέρχομαι 1	approach	713a
	σκανδαλίζω 2	cause to fall	753a
	Φαρισαῖος	Pharisee	853d

13	ἐκριζόω 1	uproot	244d
	οὐράνιος	heavenly	593d
	πᾶς, πᾶσα, πᾶν 1 a α	every each	631b
	πατήρ 3 d α	father	636b
	φυτεία	the plant	870a
	φυτεύω	plant	870a
14	ἀμφότεροι 1	both	47c
	ἀφίημι 4	tolerate	126b
	βόθρος	pit	144d
	βόθυνος	pit	144d
	ἐάν I 1 a	if	211b
	ὁδηγέω 1	lead	553c
	ὁδηγός 2	leader	553c
	πίπτω 1 a	fall	659c
	σφάλλω	stumble	796a
	τυφλός 1 b	blind	830d
	τυφλός 2 a α	blind	831a
15	ἀποκρίνομαι 2	continue	93c
	παραβολή 2	parable	612c
	φράζω	explain	865c
16	ἀκμήν	still	30d
	ἀσύνετος 1	foolish	118c
	εἶπον 2 b	say	226c
	σύ 1 c	you	772b
17	ἀφεδρών	latrine	124d
	εἰσπορεύομαι 1	go	233c
	ἐκβάλλω 3	take out	237d
	κοιλία 1	belly	437b
	νοέω 1 b	understand	540c
	πᾶς, πᾶσα, πᾶν 1 c γ	whoever	632a
	στόμα 1 a	mouth	769d
	χωρέω 1 a	go	889c
18	ἄνθρωπος 3 b	man	69b
	ἐκπορεύομαι 2	go out	244c
	ἐξέρχομαι 2 b β	go out	275b
	κἀκεῖνος 2 a	and he	396d
	καρδία 1 b α	heart	403c
	κοινόω 1 a	defile	438c
	κοινωνέω 3	share	438d
	στόμα 1 a	mouth	769d
19	βλασφημία 1	slander	143a
	διαλογισμός 1	thought	186a
	ἐξέρχομαι 2 b β	go out	275b
	καρδία 1 b β	heart	403d
	κλοπή	theft	436d
	μοιχεία	adultery	526b
	πονηρός 1 b β	wicked	691a
	πορνεία 1	prostitution	693b
	φόνος	murder	864d
	ψευδομαρτυρία	false witness	892a
20	ἄνιπτος	unwashed	69d
	ἐσθίω 1 d	eat	313a
	κοινόω 1 a	defile	438c
	κοινωνέω 3	share	438d
	ὁ, ἡ, τό II 4 a	the	551c
21	ἀναχωρέω 2 b	withdraw	63c
	ἐξέρχομαι 1 a α	go out	274c
	μέρος 1 b γ	part	506a

21	Σιδών	Sidon	750b
	Τύρος	Tyre	830d
22	δαιμονίζομαι	be possessed by a demon	169a
	Δαυίδ	David	171b
	ἐλεέω	have mercy	249d
	θυγάτηρ 1	daughter	364d
	κακῶς 1	badly	398c
	κράζω 2 a	call	447d
	κύριος 2 c β	lord	459d
	ὅριον	boundary	581b
	ὅριον	boundary	581b
	υἱός 2 a	son	834b
	Χαναναῖος	Canaanite	875b
23	ἀποκρίνομαι 1	answer	93c
	ἀπολύω 2 b	send away	96d
	ἐρωτάω 2	ask	312a
	κράζω 2 a	call	447d
	λόγος 1 a α	word	477b
	ὄπισθεν 2 a	from behind	574d
24	ἀποκρίνομαι 1	answer	93c
	ἀπόλλυμι 2 b	be lost	95c
	ἀποστέλλω 1 b α	send away	98c
	ἀποστέλλω 1 c	send away	98d
	Ἰσραήλ 1	Israel	381c
	οἶκος 3	nation	561a
	πρόβατον 2	sheep	703b
25	βοηθέω 2	aid	144c
	κύριος 2 c β	lord	459d
	προσκυνέω 5	do reverence	717a
26	ἄρτος 1 a	bread	110c
	βάλλω 1 b	throw	130d
	ἔξεστι 1	it is possible	275b
	καλός 3 b	good	400d
	καλός 3 c	good	400d
	λαμβάνω 1 a	take	464b
26f	κυνάριον	dog	457d
27	ἀπό I 6	from	86d
	ἀπό IV 1 a α	from	87c
	γάρ 1 e	for	152a
	εἶπον 3 a	say	226c
	ἐσθίω 1 b α	eat	312d
	κύριος 2 c β	lord	459d
	ναί 2	certainly	533a
	πίπτω 1 a	fall	659b
	τράπεζα 2	table	824b
	ψίξ	bit	893a
	ψιχίον	crumb	893a
28	ἀποκρίνομαι 1	answer	93c
	γίνομαι I 3 b β	take place	159a
	γυνή 1	woman	168c
	θυγάτηρ 1	daughter	364d
	ἰάομαι 1	heal	368b
	μέγας 2 a γ	great	498a
	πίστις 2 b α	faith	663a
	ὦ 1	(interjection)	895a
	ὥρα 3	time of day	896c
	ὡς I 2 b	as	897b
29	ἀναβαίνω 1 a α	go up	50a
	Γαλιλαία	Galilee	150b
	εἰς 1 a α	into	228b

29	ἔρχομαι I 1 a β	come	310c
	θάλασσα 2	lake	350b
	κάθημαι 2	sit down	389d
	μεταβαίνω 1 a α	pass over	510c
	ὄρος	mountain	582c
	παρά III 1 b β	along	611a
30	ἕτερος 1 b β	another	315a
	ἔχω I 3	have	333b
	μετά A II 1 b	with	508d
	ὄχλος 1	crowd	601a
	παρά III 1 c	along	611a
	ῥίπτω 2	throw	736d
	χωλός	lame	889a
30a	πολύς I 1 a β	many	687d
30f	κυλλός	crippled	457c
	κωφός 1	mute	462a
31	βλέπω 1 a	see	143c
	βλέπω 2	see	143c
	δοξάζω 1	praise	204c
	θαυμάζω 1 a α	wonder	352b
	θεός 3 c	God	357c
	Ἰσραήλ 2	Israel	381c
	λαλέω 2 a α	speak	463b
	περιπατέω 1 c	go about	649b
	ὑγιής 1 a	healthy	832c
	χωλός	lame	889a
	ὥστε 2 a β	so that	900a
32	ἀπολύω 2 b	send away	96d
	εἶπον 2 b	say	226c
	ἐκλύω	become weary	243b
	ἐπί III 1 b ε	toward	289b
	ἐσθίω 1 a	eat	312c
	ἔχω I 2 d	have	332c
	ἤδη 1 a	already	344a
	ἡμέρα 2	day	346b
	ἡμέρα 2	day	346d
	θέλω 2	wish	355c
	μήποτε 2 b α	(neg particle)	519b
	νῆστις	hungry	538d
	ὁδός 1 b	way	554b
	προσμένω 1 a α	remain	717c
	σπλαγχνίζομαι	have pity	762d
	τίς, τί 1 b ζ	which	819c
33	ἐρημία	desert	309a
	λέγω II 1 b	answer	469c
	ὄχλος 1	crowd	600d
	πόθεν 1	from where	680b
	τοσοῦτος 1 b	so great	823c
	χορτάζω 2 a	feed	884a
	ὥστε 2 a β	so that	900a
33f	ἄρτος 1 a	bread	110c
34	εἶπον 3 a	say	226c
	ἑπτά	seven	306b
	ἔχω I 2 d	have	332c
	ἰχθύδιον	little fish	384b
	λέγω II 1 a	ask	469c
	ὀλίγος 1 a	few	563c
	πόσος 2 a	how great	694c
35	ἀναπίπτω 1	recline	59c
	γῆ 2	ground	157c
	ἐπί III 1 a β	on	288b
35	κελεύω	command	427c
	ὄχλος 1	crowd	600c
	παραγγέλλω	give orders	613b
36	ἄρτος 1 a	bread	110c
	δίδωμι 2	give	193c
	εὐχαριστέω 2	give thanks	328b
	ἰχθύς	fish	384b
	κλάω	break	433d
36f	ἑπτά	seven	306b
37	αἴρω 3	carry	24c
	κλάσμα	fragment	433b
	πᾶς, πᾶσα, πᾶν 2 a γ	all	632d
	περισσεύω 1 a α	be left over	650d
	πλήρης 1 a β	full	669d
	σπυρίς	basket	764a
	χορτάζω 2 a	feed	884a
38	ἀνήρ 1	man	66c
	ἐσθίω 1 d	eat	313a
	παιδίον 2 a	child	604b
	τετρακισχίλιοι	four thousand	813d
	χωρίς 2 a γ	apart	890d
39	ἀπολύω 2 b	send away	96d
	ἐμβαίνω	go in	254a
	Μαγαδάν	Magadan	484b
	ὅριον	boundary	581b
	πλοῖον 2	ship	673b

Matthew 16

1	ἐπερωτάω 2	ask	285c
	ἐπιδείκνυμι 1	show	291d
	οὐρανός 2 a	heaven	594d
	πειράζω 2 c	try	640c
	Σαδδουκαῖος	Sadducee	739d
	σημεῖον 2 a	sign	748b
	Φαρισαῖος	Pharisee	853d
2	γίνομαι I 1 b γ	come about	158c
	εὐδία 1	fair weather	319a
	οὐρανός 1 d	heaven	594b
	ὄψιος 2	late	601d
2f	πυρράζω	be (fiery) red	731b
3	διακρίνω 1 c β	judge	185b
	δύναμαι 2	able	207b
	καιρός 4	time	395c
	οὐρανός 1 d	heaven	594b
	πρόσωπον 1 d	face	721c
	πρωΐ	early	724d
	σημεῖον 1	sign	747d
	σήμερον	today	749a
	στυγνάζω 2 b	become gloomy	771d
	ὑποκριτής	hypocrite	845b
	χειμών 1	stormy weather	879d
4	ἀπέρχομαι 1 a	go away	84c
	γενεά 2	generation	154a
	εἰ VI 8 a	if not	220a
	ἐπιζητέω 2 b	strive for	292d
	Ἰωνᾶς 1	Jonah	385b
	καταλείπω 1 a	leave behind	413c
	μοιχαλίς 2 a	adulterous	526a

4	πονηρός 1 b α	wicked	691a
	σημεῖον 2 a	sign	748b
5	ἄρτος 1 a	bread	110c
	ἐπιλανθάνομαι 1	forget	295c
	ἔρχομαι I 1 a β	come	310c
	μαθητής 2 b α	disciple	485d
	πέραν 1	on the other side	643d
6	ζύμη 2	leaven	340a
	ὁράω 2 b	see	578d
	προσέχω 1 b	pay attention to	714c
	Σαδδουκαῖος	Sadducee	739d
	Φαρισαῖος	Pharisee	853d
7	ἄρτος 1 a	bread	110c
7f	διαλογίζομαι 1	consider	186a
8	γινώσκω 4 b	perceive	161b
	ὀλιγόπιστος	of little faith	563c
	ὅτι 1 c	that	589a
8ff	ἄρτος 1 a	bread	110c
9	κόφινος	basket	447c
	μνημονεύω 1 b	remember	525b
	νοέω 1 e	understand	540d
	οὐδέ 1	and not	591c
	οὔπω	not yet	593c
	πεντακισχίλιοι	five thousand	643a
	πέντε	five	643a
	πόσος 2 a	how great	694c
10	ἑπτά	seven	306b
	πόσος 2 a	how great	694c
	σπυρίς	basket	764a
	τετρακισχίλιοι	four thousand	813d
11	ζύμη 2	leaven	340a
	νοέω 1 b	understand	540c
	πῶς 1 b	how	732b
11f	προσέχω 1 b	pay attention to	714c
	Σαδδουκαῖος	Sadducee	739d
	Φαρισαῖος	Pharisee	853d
12	διδαχή 2	teaching	192b
	ζύμη 1	leaven	340a
	συνίημι	understand	790b
13	ἐρωτάω 1	ask	312a
	Καισάρεια 1	Caesarea	396a
	λέγω I 1 b β	say	468b
	μέρος 1 b γ	part	506a
	τίς, τί 1 a α	which	819a
	υἱός 2 c	son	835b
	Φίλιππος 1	Philip	860b
14	βαπτιστής	baptist	132d
	εἶπον 3 a	say	226c
	εἷς 3 a	someone	231d
	ἕτερος 1 b δ	another	315b
	Ἠλίας	Elijah	345a
	Ἰερεμίας	Jeremiah	372a
	μέν 1 c	(particle)	503a
	ὁ, ἡ, τό I 2	the	549d
	προφήτης 1	prophet	723c
	προφήτης 3	prophet	723c
15	εἰμί II 6 c	to be	224c
15	λέγω I 1 b β	say	468b
	λέγω II 1 a	ask	469c
16	ἀποκρίνομαι 2	begin	93c
	ζάω 1 a ε	live	336b
	Πέτρος	Peter	655b
	σύ 1 c	you	772b
	σῴζω 2 a α	save	798c
	υἱός 2 b	son	834d
	Χριστός 1	Anointed One	887a
17	αἷμα 1 a	blood	22c
	ἀποκαλύπτω 2	reveal	92a
	Βαριωνᾶ	Bar-Jona	133d
	Ἰωνᾶς 2	Jonah	385b
	μακάριος 1 b	blessed	486d
	οὐρανός 2 a	heaven	594d
	πατήρ 3 d α	father	636b
	σάρξ 3	body	743d
17-19	Πέτρος	Peter	655a
	Πέτρος	Peter	655a
18	ᾅδης 1	hades	17a
	δέ 4 b	but, and	171d
	ἐκκλησία 4 d	church	241a
	ἐπί II 1 a β	on	287a
	κἀγώ 3 b	I	386b
	κατισχύω 2	win a victory over	424a
	οἰκοδομέω 2	build	558c
	οὗτος 2 a	this	597b
	πέτρα 1 b	rock	654c
	Πέτρος	Peter	654d
	πύλη 1	gate	729b
19	βασιλεία 3 g	kingdom	135c
	γῆ 5 a	earth	157d
	δέω 4	bind	178a
	δίδωμι 3	give	193c
	κλείς	key	433d
	κλείς 1	key	434a
	λύω 5	abolish	484c
	οὐρανός 3	heaven	595b
20	διαστέλλω	order	188d
	ἐπιτιμάω 1	rebuke	303b
	ἵνα II 1 a δ	in order that	377d
	ἵνα II 1 a δ	in order that	377d
	μηδείς 2 a	no	518a
	Χριστός 1	Anointed One	887a
21	ἀπό V 6	by	88c
	ἀποκτείνω 1 a	kill	94a
	ἀρχιερεύς 1 b	high priest	112d
	ἄρχω 2 c	begin	113d
	γραμματεύς 2	scribes	165d
	δείκνυμι 2	explain	172d
	ἐγείρω 2 c	rise	215a
	ἡμέρα 2	day	346b
	ὁ, ἡ, τό II 10 a	the	552c
	πάσχω 3 b	endure	634c
	πολύς I 2 b α	many	688c
	πρεσβύτερος 2 a β	older	700a
	τότε 1 a	at that time	823d
	τρίτος 1	third	826c
22	εἰμί I 4	to be	223b
	ἐπιτιμάω 1	rebuke	303b

22	ἵλεως	merciful	376a
	κύριος 2 c β	lord	459d
	μή D 2	not	517c
	προσλαμβάνω 2 a	take	717b
23	θεός 3 f γ	God	357d
	ὁ, ἡ, τό II 7	the	552b
	ὀπίσω 2 a α	behind	575b
	σατάν	Adversary	745a
	σκάνδαλον 2	trap	753a
	στρέφω 2 a α	turn	771b
	ὑπάγω 1	go away	836c
	φρονέω 2	think	866c
24	αἴρω 2	lift up	24c
	ἀπαρνέομαι	deny	81a
	ἑαυτοῦ 1	oneself	211d
	εἰ VII	whoever, whatever	220b
	ἔρχομαι II	go	311d
	ὀπίσω 2 a β	after	575b
	σταυρός 2	the cross	765a
25	ἀπόλλυμι 1 b	lose	95b
	ἕνεκα	because of	264d
	εὑρίσκω 3	find	325d
	θέλω 1	wish	354d
	σῴζω 1 a	save	798b
	ψυχή 1 d	soul, life	894a
25-7	γάρ 1 c	for	152a
25a	ψυχή 1 d	soul, life	894a
25b	ψυχή 1 d	soul, life	894a
26	ἄνθρωπος 3 a γ	man	69a
	ἀντάλλαγμα given in exchange		72d
	γάρ 1 f	what	152b
	δίδωμι 4	give	193c
	ζημιόω 1	suffer damage	338c
	ἤ 1 d δ		342c
	κερδαίνω 1 a	to gain	429c
	κόσμος 6	world	446c
	ὅλος 2 b	whole	564d
	ὄφελος	benefit	599b
	ὠφελέω 1 a	help	900c
26a	ψυχή 1 c	soul, life	893d
26b	ψυχή 1 c	soul, life	893d
27	ἄγγελος 2 a	angel	7d
	ἀποδίδωμι 3	recompense	90b
	ἕκαστος 2	each	236c
	ἐν I 4 b	in	259a
	ἔρχομαι I 1 a	come	311a
	κατά II 5 a β	according to	407b
	μέλλω 1 c δ	is destined	501b
	μετά A II 1 a	with	508d
	πατήρ 3 d α	father	636b
	πρᾶξις 1	acting	697d
	τότε 2	at that time	824a
27f	υἱός 2 c	son	835b
28	γεύομαι 2 come to know something		157a
	εἶδον 1 b	see	220d
	εἰμί I 1	to be	223b
	ἐν I 4 c β	in	259b
	ἔρχομαι I 1 a	come	311a
	θάνατος 1 a	death	350d
28	ἵστημι II 2 b α	being	382c
	μή D 1 a	not	517c
	ὅστις 2 a	whoever	587a
	ὧδε 2 a	here	895b

Matthew 17

1	ἀνάγω 1	lead	53a
	ἀναφέρω 1	bring	63a
	ἕξ	six	271b
	ἡμέρα 2	day	346d
	Ἰάκωβος 1	James	367d
	ἴδιος 4	privately	370c
	Ἰωάν(ν)ης 2	John	385a
	μετά B II 1	after	510a
	ὄρος	mountain	582c
	παραλαμβάνω 1	take	619c
	ὑψηλός 1	high	849d
2	ἔμπροσθεν 2 c	in front	257b
	ἥλιος	the sun	345c
	ἱμάτιον 1	garment	376c
	λάμπω 1 b	shine out	466b
	λευκός 1	shining	472b
	μεταμορφόω 1	transform	511d
	πρόσωπον 1 a	face	720d
	φῶς 1 a	light	871d
3	μετά A II 3 b	with	509c
	ὁράω 1 a δ	see	578b
	συλλαλέω	talk	776d
3f	Ἠλίας	Elijah	345a
	Μωϋσῆς	Moses	532c
4	εἰμί II 9 a	to be	224d
	εἷς 5 b	one	232a
	καλός 3 a	good	400d
	καλός 3 c	good	400d
	ποιέω I 1 a α	do	680d
	σκηνή	tent	754c
4a	ὧδε 2 a	here	895b
4b	ὧδε 2 a	here	895b
5	ἀγαπητός 1	beloved	6c
	ἀκούω 4	listen	32d
	ἐκλέγομαι 4	choose	242c
	ἐπισκιάζω 2	cover	298d
	ἔτι 1 a β	still	315d
	εὐδοκέω 2 a	well pleased	319b
	ἰδού 1 b α	behold	371a
	λαλέω 2 a γ	speak	463b
	νεφέλη	cloud	536d
	οὗτος 1 a α	this	596b
	υἱός 2 b	son	834c
	φωνή 2 d	voice	871b
	φῶς 1 a	light	871d
	φωτεινός	shining	872d
6	ἐπί III 1 a β	on	288b
	πίπτω 1 b α	fall	659d
	πρόσωπον 1 a	face	721a
	σφόδρα	greatly	796a
	φοβέω 1 a	be afraid	862c
7	ἅπτω 2 b	touch	103a
	μή A III 3 b	not	517a

7	φοβέω 1 a	be afraid	862d
8	ἐπαίρω 1	look up	281d
	μόνος 1 a γ	only	527d
	οὐδείς 2 a	no one	592a
9	ἀνίστημι 2 a	rise	70b
	ἐκ 2	away from	234c
	ἐντέλλω	command	268c
	ἕως II 1 b α	until	335a
	καταβαίνω 1 a α	come down	408b
	μηδείς 2 a	no	518a
	νεκρός 2 a	dead	535a
	ὅραμα 1	vision	577b
	ὅς, ἥ, ὅ I 11 f	(rel pron)	585b
	υἱός 2 c	son	835b
10	δεῖ 1	it is necessary	172a
	ἐπερωτάω 1 a	ask	285b
	ἔρχομαι I 1 a θ	come	311a
	οὖν 1 c α	therefore	593a
	πρῶτος 2 a	first	726b
10ff	Ἠλίας	Elijah	345a
11	ἀποκαθίστημι 1	restore	91d
	ἔρχομαι I 1 a θ	come	311a
	ἔρχομαι I 2 c	come	311d
	πρῶτος 2 a	first	726b
12	ἐν I 2	in	258c
	ἐπιγινώσκω 1 c	acknowledge	291a
	ἔρχομαι I 1 a θ	come	311a
	ἤδη 1 b	already	344a
	θέλω 1	wish	355a
	μέλλω 1 c δ	is destined	501b
	ὅσος 2	how great	586c
	οὕτω 1 b	thus	597d
	πάσχω 3 a β	suffer	634b
	ποιέω I 1 d γ	do	682b
	υἱός 2 c	son	835b
	ὑπό 1 b	by	843b
13	βαπτιστής	baptist	132d
	εἶπον 1	say	226b
	συνίημι	understand	790b
14	γονυπετέω	kneel down	165b
15	ἐλεέω	have mercy	249d
	ἐνίοτε	sometimes	266d
	ἔχω II 1	be	334a
	κακῶς 1	badly	398c
	κακῶς 1	badly	398c
	πάσχω 2	be badly off	634a
	πίπτω 1 b α	fall	659c
	πολλάκις	often	686d
	πῦρ 1 a	fire	729d
	σεληνιάζομαι	be moon struck	746d
	ὕδωρ 1	water	833a
16	προσφέρω 1 a	bring (to)	719d
17	ἀνέχω 1 a	endure	65d
	ἄπιστος 2	faithless	85d
	γενεά 2	generation	154a
	γενεά 2	generation	154a
	διαστρέφω 1 b	pervert	189a
	εἰμί III 7	to be	225c

17	εἶπον 2 b	say	226c
	φέρω 4 b β	bear	855c
	ὦ 1	(interjection)	895a
	ὧδε 1	here	895b
17a	ἕως II 1 c	until	335a
	πότε	when	695a
17b	ἕως II 1 c	until	335a
	πότε	when	695a
18	δαιμόνιον 2	demon	169b
	ἐξέρχομαι 1 a δ	go out	274d
	ἐπιτιμάω 1	rebuke	303b
	παῖς 1 a α	child	604c
	ὥρα 3	time of day	896c
19	διά B II 2	why	181b
	εἶπον 3 b	say	226c
	ἐκβάλλω 1	drive out	237c
	ἴδιος 4	privately	370c
20	ἀδυνατέω	be powerless	19a
	ἀπιστία 2 b	unbelief	85c
	ἐκεῖ 2	there	239b
	ἔνθεν 1	from	266a
	ἔχω I 2 e β	have	332d
	κόκκος 1	seed	440c
	μεταβαίνω 1 a β	pass over	510c
	ὀλιγοπιστία	poverty of faith	563b
	ὄρος	mountain	582d
	οὐδείς 2 b α	nothing	592a
	πίστις 2 a	faith	663a
	πίστις 2 d ζ	faith	664a
	σίναπι	mustard	751c
	ὡς II 3 b	so	897d
21	γένος 4	class	156c
	ἐκπορεύομαι 1 a	go out	244c
	νηστεία 2 b	fasting	538b
	προσευχή 1	prayer	713c
22	ἀναστρέφω 2 a	live	61b
	μέλλω 1 c δ	is destined	501b
	παραδίδωμι 1 b	give over	614d
	συστρέφω 2	bring together	795c
	υἱός 2 c	son	835b
	χείρ 2 b	hand	880c
23	ἀποκτείνω 1 a	kill	94a
	ἐγείρω 2 c	rise	215a
	ἡμέρα 2	day	346b
	λυπέω 2 a	grieve	481d
	σφόδρα	greatly	796b
	τρίτος 1	third	826c
24	διδάσκαλος	teacher	191d
	δίδραχμον	double drachma	192c
	εἶπον 3 b	say	226c
	Καφαρναούμ	Capernaum	426b
	λαμβάνω 1 d	receive	464d
	οὐ 4 c	no	590c
	Πέτρος	Peter	655a
	τελέω 3	pay	811b
25	βασιλεύς 1	king	136a
	δοκέω 3 a	seem	202b
	ἤ 1 a β	or	342a
	κῆνσος	poll tax	430d
	λαμβάνω 1 d	receive	464d
	λέγω II 1 b	answer	469c

25	ναί 1 a	yes	533a
	οἰκία 1 a	house	557c
	προφθάνω 1	anticipate	724b
	τέλος 3	tax	812b
25a	τίς, τί 1 b α	which	819b
25f	ἀλλότριος 1 b β	the stranger	40d
	ἀπό IV 2 a	from	87d
26	ἄρα 4	then	104a
	ἐλεύθερος 2	free	250d
27	ἄγκιστρον 1	fishhook	10c
	αἴρω 1 a	lift up	24b
	ἀναβαίνω 1 a β	go up	50c
	ἀνοίγω 1 e α	open	71b
	ἀντί 3	for	73d
	βάλλω 1 b	throw	131a
	εἰς 1 b	near	228c
	ἐκεῖνος 1 b	that	239c
	εὑρίσκω 1 b	find	325a
	ἵνα I 1 c	in order that	377a
	ἰχθύς	fish	384b
	μή A I 2	not	516a
	πορεύω 1	proceed	692b
	πρῶτος 1 b	first	725d
	σκανδαλίζω 2	cause to fall	753a
	στατήρ	the stater	764c
	στόμα 1 c	mouth	770a

Matthew 18

1	ἄρα 2	then	103d
	βασιλεία 3 g	kingdom	135c
	λέγω II 1 a	ask	469c
	μέγας 2 b α	great	498b
	ὁ, ἡ, τό II 1 h	the	551a
	οὐρανός 3	heaven	595b
	ὥρα 3	time of day	896c
2	ἵστημι I 1 a α	put	382a
	μέσος 2	the middle	507d
	παιδίον 2 a	child	604b
3	βασιλεία 3 g	kingdom	135b
	γίνομαι II 1	be	160b
	ἐάν I 3 b	if	211c
	μή A I 1	not	515d
	παιδίον 3 a	child	604b
	στρέφω 2 b	turn	771b
	ὡς II 3 b	so	897d
3f	βασιλεία 3 g	kingdom	135c
	οὐρανός 3	heaven	595b
4	βασιλεία 3 g	kingdom	135c
	ἑαυτοῦ 1	oneself	211d
	μέγας 2 b α	great	498b
	ὅστις 1 c	whoever	586d
	οὗτος 1 a ε	this	596d
	ταπεινόω 2 b	lower	804d
4f	παιδίον 2 a	child	604b
5	δέχομαι 1	receive	177c
	ἐπί II 3	on	288a
	ὄνομα I 4 c ε	name	573b
	ὄνομα II	title	573c
	τοιοῦτος 2 a β	such a kind	821b
6	εἰς 4 c β	(goal)	229b
6	εἷς 1 a β	one	230d
	θάλασσα 1 a	sea	350b
	ἵνα II 1 b	in order that	377d
	καταποντίζω	be sunk	417a
	κρεμάννυμι 1	hang	450a
	μικρός 1 b	small	521b
	μύλος 2	millstone	529c
	ὀνικός	pertaining to a donkey	570c
	πέλαγος 1	the open sea	641c
	περί 2 a β	about	645a
	πιστεύω 2 a β	believe	661c
	σκανδαλίζω 1 a	cause to fall	752d
	συμφέρω 2 a	better	780b
	τράχηλος	neck	825a
7	ἀνάγκη 1	necessity	52c
	ἀπό V 1	because of	87d
	ἔρχομαι I 2 b	come	311c
	κόσμος 5 a	world	446c
	πλήν 1 b	but	669c
7a	οὐαί 1 a	woe	591b
	σκάνδαλον 2	trap	753a
7b	οὐαί 1 a	woe	591b
	σκάνδαλον 2	trap	753a
7c	σκάνδαλον 2	trap	753a
8	αἰώνιος 3	eternal	28c
	ἄσβεστος 1	inextinguishable	114b
	δύο 4	two	209b
	ἐκκόπτω 1	cut off	241d
	ἤ 2 b β	than	342d
	κυλλός	crippled	457b
	πῦρ 1 b	fire	730b
	χωλός	lame	889a
8a	πούς 1 a	foot	696c
	χείρ 1	hand	880a
8b	πούς 1 a	foot	696c
	χείρ 1	hand	880a
8f	βάλλω 1 b	throw	130d
	εἰσέρχομαι 2 a	come	233a
	ἔχω I 2 c α	have	332c
	ζωή 2 b β	life	341a
	καλός 3 a	good	400d
	καλός 3 c	good	400d
	καλός 3 c	good	400d
	σκανδαλίζω 1 a	cause to fall	752d
9	αὐτός 4 b	the same	123d
	γέεννα	hell	153b
	γέεννα	hell	153b
	ἐξαιρέω 1	take out	272a
	ἤ 2 b β	than	342d
	μονόφθαλμος	one eyed	528b
	πῦρ 1 b	fire	730b
9b	βάλλω 1 b	throw	131a
10	ἄγγελος 2 a	angel	7d
	βλέπω 1 a	see	143b
	διά A II 1 a	through	179d
	καταφρονέω 1	scorn	420b
	μή B 1 b	not	517b
	μικρός 1 b	small	521b
	ὁράω 2 b	see	578d

10	πατήρ 3 d α	father	636b
	πρόσωπον 1 b	face	721a
10a	οὐρανός 2 c	heaven	595a
10b	οὐρανός 2 a	heaven	594d
11	ἀπόλλυμι 2 a α	perish	95b
	σῴζω 2 a α	save	798c
	υἱός 2 c	son	835b
12	ἄνθρωπος 3 a α	man	69a
	ἀφίημι 3 a	leave	126b
	γίνομαι I 3 b γ	take place	159a
	δοκέω 3 a	seem	202b
	εἷς 1 a β	one	230d
	ἐκ 4 a α	from	235d
	ἑκατόν	one hundred	236d
	ζητέω 1 a α	seek	338d
	ὄρος	mountain	582d
	πορεύω 1	proceed	692c
	πρόβατον 1	sheep	703a
	τίς, τί 1 b α	which	819b
	τὶς, τὶ 2 a α	any one	820c
12a	πλανάω 2 a	deceive	665c
12b	πλανάω 2 a	deceive	665c
12f	ἐνενήκοντα	ninety	265a
	ἐννέα	nine	267a
	ὁ, ἡ, τό II 2 d	the	551b
13	γίνομαι I 3 e	take place	159b
	ἐπί II 1 b γ	on	287c
	εὑρίσκω 1 a	find	324d
	ἤ 2 a	than	342c
	μᾶλλον 1	more	489a
	πλανάω 2 a	deceive	665c
	χαίρω 1	rejoice	873b
14	ἔμπροσθεν 2 d	in front	257b
	θέλημα 1 a	will	354b
	ἵνα II 1 c α	in order that	377d
	μικρός 1 b	small	521b
	οὐρανός 2 a	heaven	594d
	οὕτω 1 b	thus	597d
15	ἀδελφός 4	neighbor	16c
	ἀκούω 4	listen	32d
	ἁμαρτάνω 1	sin	42c
	ἐλέγχω 3	expose	249c
	κερδαίνω 1 b	to gain	429c
	μεταξύ 2 b	between	513a
	μόνος 1 a β	only	527d
	ὑπάγω 2	go away	836d
15ff	ἐάν I 1 b	if	211b
16	ἀκούω 4	listen	32d
	δύο 2	two	209b
	ἐπί I 1 b β	on	286c
	ἔτι 2 b	still	316a
	ἵστημι II 1 d	stand	382c
	καί I 1 b	and	391d
	μάρτυς 1	witness	494b
	μετά A II 1 b	with	508d
	μή A I 1	not	515d
	παραλαμβάνω 1	take	619c
	ῥῆμα 2	word	735d
	σεαυτοῦ 1	yourself	745c
	στόμα 1 a	mouth	770a
17	δέ 4 a	but, and	171d
17	ἐάν I 3 a	if	211c
	ἐθνικός	gentile	218b
	εἰμί II 9 b	to be	225a
	ἐκκλησία 4 b	church	241a
	ὁ, ἡ, τό II 1 a β	the	550b
	τελώνης	tax collector	812c
	ὥσπερ 2	(just) as	899d
17a	παρακούω 3	disobey	619b
17b	παρακούω 3	disobey	619b
18	δέω 4	bind	178a
	λύω 5	abolish	484c
18a	ὅσος 2	how great	586c
18b	ὅσος 2	how great	586c
19	αἰτέω	ask	25d
	ἀμήν 2	amen	45d
	δύο 1 b	two	209a
	ὅς, ἥ, ὅ I 4 a	(rel pron)	584a
	οὐρανός 2 a	heaven	594d
	πάλιν 3	again	607a
	παρά I 3 b	from	610a
	πᾶς, πᾶσα, πᾶν 1 a γ	every each	631c
	πατήρ 3 d α	father	636b
	περί 1 a	about	644c
	πρᾶγμα 4	deed	697a
	συμφωνέω 2 a	match	781a
20	δύο 1 c	two	209b
	ἐκεῖ 1	there	239b
	ἐμός 1 a α	my	255c
	μέσος 2	the middle	507d
	ὁ, ἡ, τό II 1 e	the	550d
	ὄνομα I 4 c β	name	572c
	συνάγω 2	gather	782c
21	ἀδελφός 4	neighbor	16c
	ἁμαρτάνω 4 b	sin	42d
	ἀφίημι 2	forgive	126a
	εἶπον 3 b	say	226c
	Πέτρος	Peter	655a
	ποσάκις	how often	694b
	προσέρχομαι 1	approach	713a
21f	ἑπτάκις	seven times	306c
	ἕως II 4	as many as	335c
22	ἑβδομηκοντάκις	seventy times	213a
	ἑπτά	seven	306b
	ἕως II 4	as many as	335c
	λέγω II 1 b	answer	469c
23	ἄνθρωπος 3 a ε	man	69b
	διά B II 2	therefore	181b
	δοῦλος 2	slave	205d
	λόγος 2 b	settlement	478d
	μετά A II 3 b	with	509c
	ὁμοιόω 1	make like	567b
	οὐρανός 3	heaven	595b
	συναίρω	settle accounts	783c
24	εἷς 3 a	someone	231d
	μύριοι	ten thousand	529d
	ὀφειλέτης 1	debtor	598b
	προσάγω 1 a	bring	711b
	προσφέρω 1 a	bring (to)	719d
	συναίρω	settle accounts	783c

24	τάλαντον	talent	803c
25	γυνή 2	wife	168c
	δέ 4 b	but, and	171d
	ἔχω I 2 a	have	332a
	κελεύω	command	427b
	μή A II 2 b	not	516c
	ὅσος 2	how great	586b
	πᾶς, πᾶσα, πᾶν 1 e γ	all	632c
	πιπράσκω	sell	659a
	τέκνον 1 a α	child	808b
25a	ἔχω I 6 a	can	333c
25ff	ἀποδίδωμι 2	give back	90b
26	ἐπί II 1 b γ	on	287c
	μακροθυμέω 2	have patience	488a
	πᾶς, πᾶσα, πᾶν 2 a δ	everything	632d
	πίπτω 1 b α	fall	659c
	προσκυνέω 1	do reverence	716d
26ff	δοῦλος 2	slave	205d
27	ἀπολύω 1	set free	96c
	ἀφίημι 2	cancel	125d
	δάν(ε)ιον	loan	170d
	σπλαγχνίζομαι	have pity	762d
	σπλαγχνίζομαι	have pity	762d
28	δηνάριον	denarius	179b
	εἰ VII	whoever, whatever	220b
	εἷς 3 a	someone	231d
	ἑκατόν	one hundred	236d
	ἐξέρχομαι 1 a β	go out	274c
	εὑρίσκω 1 b	find	325a
	κρατέω 1 b	seize	448c
	πνίγω 1 a	choke	679d
28a	ὀφείλω 1	owe	598d
28b	ὀφείλω 1	owe	598d
28f	σύνδουλος 1	fellow slave	785d
29	ἐπί II 1 b γ	on	287c
	μακροθυμέω 2	have patience	488a
	παρακαλέω 3	implore	617c
	πίπτω 1 b α	fall	659c
	πίπτω 1 b α	fall	659d
	πούς 1 a	foot	696c
30	ἀπέρχομαι 1 a	go away	84c
	βάλλω 1 b	throw	131a
	ἕως I 1 b	until	334c
	θέλω 2	wish	355c
	ὁ, ἡ, τό II 3 a	the	551b
	ὀφείλω 1	owe	598d
	φυλακή 3	guard	867d
31	γίνομαι I 3 a	take place	158d
	διασαφέω 2	report	188b
	ἔρχομαι I 1 a ζ	come	310d
	λυπέω 2 a	grieve	481d
	πᾶς, πᾶσα, πᾶν 1 d β	all	632b
	σύνδουλος 1	fellow slave	785d
	σφόδρα	greatly	796b
31f	κύριος 1 a β	lord	459a
32	ἀφίημι 2	cancel	125d
	ἐκεῖνος 2 a	that	239d
32	ἐπεί 2	because	284a
	ὀφειλή 1	debt	598c
	παρακαλέω 3	implore	617c
	πᾶς, πᾶσα, πᾶν 1 c α	all	631d
	πονηρός 1 b α	wicked	690d
	προσκαλέω 1 b	summon	715c
33	δεῖ 2	it is necessary	172a
	δεῖ 6 b	it is necessary	172c
	ἐλεέω	have mercy	249c
	κἀγώ 3 b	I	386b
	σύνδουλος 1	fellow slave	785d
34	ἀποδίδωμι 2	give back	90b
	βασανιστής	jailer	134d
	ἕως II 1 b α	until	335a
	ὁ, ἡ, τό II 3 a	the	551b
	ὀργίζω	be angry	579c
	ὀφείλω 1	owe	598d
	παραδίδωμι 1 b	give over	614d
	πᾶς, πᾶσα, πᾶν 1 c γ	whoever	632a
35	ἀδελφός 4	neighbor	16c
	ἀπό VI 1	from	88c
	ἀφίημι 2	forgive	126a
	ἕκαστος 2	each	236d
	ἐπουράνιος 1 a α	heavenly	306a
	καρδία 1 b α	heart	403c
	μή A I 1	not	515d
	οὐράνιος	heavenly	593d
	οὕτω 1 b	thus	597d
	παράπτωμα 1	transgression	621d
	πατήρ 3 d α	father	636b
	ποιέω I 2 a β	do	682d

Matthew 19

1	γίνομαι I 3 f	take place	159b
	Ἰορδάνης	Jordan	378d
	Ἰουδαία 2	Judaea	379a
	μεταίρω	go away	511a
	ὅριον	boundary	581b
	ὅτε 1 b	when	588b
	πέραν 2 b	on the other side	643d
	τελέω 1	finish	810d
2	ὄχλος 1	crowd	601a
	πολύς I 1 a β	many	687d
3	αἰτία 1	cause	26c
	ἀπολύω 2 a	send away	96c
	εἰ V 1	if	219d
	ἔξεστι 1	it is possible	275b
	κατά II 5 a δ	according to	407b
	πᾶς, πᾶσα, πᾶν 1 a γ	every each	631c
	πειράζω 2 c	try	640c
4	ἀναγινώσκω 1	read	51c
	ἀποκρίνομαι 1	answer	93b
	ἄρσην	male	109d
	ἀρχή 1 c	beginning	112b
	θῆλυς	female	360c
	κτίζω	create	455c

4a	ποιέω I 1 a β	do	681a
4b	ποιέω I 1 a β	do	681a
5	ἄνθρωπος 2 b α	man	68d
	δύο 1 d	two	209b
	εἰμί III 2	to be	225a
	εἰς 8 a β	(indicates pred nom)	230b
	εἷς 1 b	one	230d
	ἕνεκα	because of	264d
	ἕνεκα	because of	264d
	καταλείπω 1 a	leave behind	413c
	κολλάω 2 b α	unite	441d
	μήτηρ 1	mother	520a
	προσκολλάω	adhere closely to	716a
5f	σάρξ 2	body	743d
6	ἄνθρωπος 1 a β	man	68b
	ἀποχωρίζω	separate	102b
	μή A III 3 a	not	516d
	οὐκέτι 1	no longer	592c
	συζεύγνυμι	yoke together	775d
	χωρίζω 1	divide	890a
	ὥστε 1 a	therefore	899d
7	ἀποστάσιον	certificate of divorce	98b
	βιβλίον 2	document	141b
	δίδωμι 2	give	193c
	ἐντέλλω	command	268c
	λέγω II 1 b	answer	469c
	οὖν 1 c α	therefore	593a
7-9	ἀπολύω 2 a	send away	96c
	Μωϋσῆς	Moses	532a
8	ἀρχή 1 c	beginning	112b
	ἐπιτρέπω 1	allow	303c
	λέγω II 1 b	answer	469c
	πρός III 5 a	toward	710c
	σκληροκαρδία	obstinacy	756a
9	γαμέω 1 a	marry	150d
	ἐπί II 1 b γ	on	287b
	μή A I 1	not	515d
	μοιχάω 2	commit adultery	526a
	μοιχάω 2	commit adultery	526a
	μοιχεύω 2 b	commit adultery	526c
	παρεκτός 2	outside	625a
	πορνεία 1	prostitution	693b
10	αἰτία 1	cause	26c
	ἄνθρωπος 2 b β	man	68d
	γαμέω 1 b	marry	150d
	οὕτω 5	thus	598a
	συμφέρω 2 a	better	780b
11	δίδωμι 1 b β	give	193b
	λόγος 1 a γ	word	477c
	ὅς, ἥ, ὅ I 2 b α	(rel pron)	583c
	οὐ 2 a	no	590a
	πᾶς, πᾶσα, πᾶν 2 a γ	all	632d
	χωρέω 3 b β	grasp	890a
12	γεννάω 2	bear	155d
	δύναμαι 1 a	able	207a
	ἑαυτοῦ 1	oneself	212a

12	εἰμί I 1	to be	223b
	ἐκ 5 a	from	236a
	κοιλία 2	belly	437b
	ὁ, ἡ, τό II 11	the	552d
	οὐρανός 3	heaven	595b
12a	εὐνοῦχος 2	eunuch	323d
	ὅστις 2 a	whoever	587a
	χωρέω 3 b β	grasp	890a
12b	εὐνουχίζω	emasculate	323c
	εὐνοῦχος 1	eunuch	323c
	ὅστις 2 a	whoever	587a
	χωρέω 3 b β	grasp	890a
12c	εὐνοῦχος 3	eunuch	323d
	ὅστις 2 a	whoever	587a
13	ἐπιτίθημι 1 a α	put upon	303a
	ἐπιτιμάω 1	rebuke	303b
	ἵνα I 1 e	in order that	377a
	προσφέρω 1 a	bring (to)	719d
13f	παιδίον 2 a	child	604b
14	ἀφίημι 4	tolerate	126b
	βασιλεία 3 g	kingdom	135c
	εἰμί IV 1	to be	225d
	κωλύω 1	hinder	461c
	οὐρανός 3	heaven	595b
	τοιοῦτος 3 a α	such a kind	821c
15	ἐπιτίθημι 1 a α	put upon	303a
	πορεύω 1	proceed	692b
16	αἰώνιος 3	eternal	28d
	διδάσκαλος	teacher	191d
	εἷς 3 a	someone	231d
	ποιέω I 1 b ε	do	681c
	τίς, τί 2	which	819c
16f	ζωή 2 b β	life	341a
17	εἷς 2 b	one	231b
	εἰσέρχομαι 2 a	come	233a
	ἐντολή 2 a β	command	269a
	ἐρωτάω 1	ask	312a
	θέλω 1	wish	354d
	τηρέω 5	keep	815b
	τίς, τί 3 a	which	819d
17a	ἀγαθός 2 a α	good	3c
17b	ἀγαθός 1 b α	good	3a
18	κλέπτω	steal	434c
	μοιχεύω 1	commit adultery	526b
	ὁ, ἡ, τό II 8 a	the	552b
	οὐ 4 b	no	590c
	ποῖος 2 b α	of what kind	684d
	φημί 1 b β	say	856b
	φονεύω	murder	864c
	ψευδομαρτυρέω	bear false witness	892a
19	ἀγαπάω 1 a α	love	4c
	μήτηρ 1	mother	520a
	πλησίον 1 b	near	672d
	σεαυτοῦ 3	yourself	745c
	τιμάω 2	honor	817b
20	ἔτι 2 a	still	316a
	λέγω II 1 b	answer	469c
	νεανίσκος 1	youth	534c
	νεότης	youth	536c

20	νεότης	youth	536c
	ὑστερέω 1 c	to miss	849b
	φυλάσσω 1 f	watch	868c
	φυλάσσω 2 b	watch	868d
21	ἀκολουθέω 3	follow	31b
	δεῦρο 1	come	176c
	δίδωμι 1 a	give	192d
	ἔχω I 2 a	have	332a
	θέλω 1	wish	354d
	θησαυρός 2 b α	treasure	361d
	πτωχός 1 a	begging poor	728b
	πωλέω	sell	731c
	τέλειος 2 d	perfect	809c
	ὑπάγω 1	go away	836c
	ὑπάγω 2	go away	836d
	ὑπάρχω 1	be	838a
22	εἰμί II 4 f	to be	224c
	ἔχω I 2 a	have	332a
	κτῆμα 1	property	455b
	λόγος 1 a γ	word	477c
	λυπέω 2 b	be grieved	481d
	νεανίσκος 1	youth	534c
	πολύς I 1 a β	many	687d
23	βασιλεία 3 g	kingdom	135b
	δυσκόλως	with difficulty	209d
	οὐρανός 3	heaven	595b
23f	βασιλεία 3	kingdom	135a
	βασιλεία 3 g	kingdom	135c
	πλούσιος 1	rich	673c
24	διέρχομαι 1 b α	go through	194c
	εἰσέρχομαι 1 a δ	come	232d
	εἰσέρχομαι 1 f	come	233a
	εἰσέρχομαι 2 a	come	233a
	εὔκοπος	easy	321d
	ἤ 2 a	than	342c
	κάμηλος	camel	401d
	κάμιλος	rope	401d
	λέγω II 1 d	assure	469d
	πάλιν 3	again	607a
	ῥαφίς	needle	734c
	τρῆμα	opening	826a
	τρυμαλιά	hole	828b
	τρύπημα	hole	828c
25	ἄρα 2	then	103d
	ἐκπλήσσω 2	be amazed	244b
	σφόδρα	greatly	796b
	σῴζω 2 b	save	798c
26	ἀδύνατος 2 a	impossible	19a
	ἄνθρωπος 1 a β	man	68b
	δυνατός 2 c	possible	209a
	ἐμβλέπω 1	look at	254c
	θεός 3 b	God	357c
26a	παρά II 2 c	beside	610d
26b	παρά II 2 c	beside	610d
27	ἄρα 2	then	103d
	ἀφίημι 3 a	abandon	126a
	ἰδού 1 b ε	behold	371a
27f	ἀκολουθέω 3	follow	31b
28	δόξα 1 a	glory	203d
	ἐν II 2	while	260b
	ἐπί I 1 a β	on	286a
28	Ἰσραήλ 2	Israel	381c
	κάθημαι	sit	389b
	κάθημαι 1 a α	sit	389c
	κρίνω 4 b β	judge	452b
	παλιγγενεσία 1 b	rebirth	606b
	υἱός 2 c	son	835b
	φυλή 1	tribe	868d
28a	θρόνος 1 c	throne	364b
	καθίζω 2 a α	sit down	390a
28b	θρόνος 1 d	throne	364b
	καθίζω 2 b	sit down	390b
29	ἀγρός 1	field	14a
	ἀδελφή 1	sister	15d
	αἰώνιος 3	eternal	28d
	ἀφίημι 3 a	abandon	126a
	ἑκατονταπλασίων	a hundred fold	237a
	ἕνεκα	because of	264d
	ζωή 2 b β	life	341a
	κληρονομέω 2	acquire	434d
	μήτηρ 1	mother	520a
	οἰκία 1 a	house	557c
	ὄνομα I 4 c δ	name	573a
	ὅστις 1 b	whoever	586d
	πᾶς, πᾶσα, πᾶν 1 c γ	whoever	632a
	πολλαπλασίων	manifold	687a
	τέκνον 1 a α	child	808b
30	ἔσχατος 2	last	313d
	πνεῦμα 2	spirit	674d
	πρῶτος 1 c β	first	726a

Matthew 20

1	ἅμα 2	together	42a
	εἰς 7	to	230b
	ἐξέρχομαι 1 a ζ	go out	274d
	μισθόω	hire	523d
	οἰκοδεσπότης	master of the house	558a
	οἰκοδεσπότης	master of the house	558a
	ὅμοιος 1	like	566d
	ὅστις 3	whoever	587b
	οὐρανός 3	heaven	595b
	πρωΐ	early	724d
1f	ἐργάτης 1 a	workman	307d
1ff	ἀμπελών	vineyard	47a
2	ἀποστέλλω 1 b β	send away	98c
	δηνάριον	denarius	179b
	ἐκ 4 b	from	236a
	ἡμέρα 1 a	day	346a
	μετά A II 4	with	509c
	συμφωνέω 2 a	match	781a
3	ἀγορά	market place	12c
	ἄλλος 1 b α	other	40a
	ἀργός 1	idle	104c
	ἐν I 1 a	in	258b
	ἵστημι II 2 b β	being	382c

3	πάλιν 2	again	606d
	περί 2 b	about	645b
	ὥρα 2 b	time of day	896b
4	δίδωμι 4	give	193c
	δίκαιος 5	righteous	196b
	καί II 1	also	393b
	ὑπάγω 2	go away	836d
5	ἕκτος	sixth	246a
	ἔνατος	ninth	262b
	πάλιν 2	again	606d
	ποιέω I 2 a α	do	682c
	ὥρα 2 b	time of day	896b
	ὥρα 2 b	time of day	896c
	ὡσαύτως	similarly	899b
5f	περί 2 b	about	645b
6	ἄλλος 1 b α	other	40a
	ἀργός 1	idle	104c
	ἑνδέκατος	eleventh	262d
	εὑρίσκω 1 c α	find	325b
	ἡμέρα 1 a	day	346a
	λέγω II 1 a	ask	469c
	ὅλος 2 a	whole	564d
	ὧδε 2 a	here	895b
6a	ἵστημι II 2 b γ	being	382d
6b	ἵστημι II 2 b α	being	382c
	ἵστημι II 2 b γ	being	382d
7	καί II 1	also	393b
	μισθόω	hire	523d
	ὑπάγω 2	go away	836d
8	ἀποδίδωμι 1	give away	90b
	ἄρχω 2 c	begin	113d
	ἐργάτης 1 a	workman	307d
	ἔσχατος 3 a	last	314a
	ἕως II 3	as far as	335c
	καλέω 1 c	call	399c
	κύριος 1 a α	owner	459a
	μισθός 1	wages	523b
	ὄψιος 2	late	601d
	πρῶτος 1 a	first	725c
9	ἑνδέκατος	eleventh	262d
	περί 2 b	about	645b
	ὥρα 2 b	time of day	896c
9f	ἀνά 3	each	49d
	δηνάριον	denarius	179b
	λαμβάνω 2	receive	465a
10	δηνάριον	denarius	179b
	νομίζω 2	think	541b
	πολύς II 2 b	many	689c
	πολύς II 2 c	many	689c
	πρῶτος 1 a	first	725c
11	γογγύζω 1	murmur	164c
	κατά I 2 b β	down	406a
	οἰκοδεσπότης	master of the house	558a
12	βάρος 1	weight	134a
	βαστάζω 2 b β	endure	137b
	εἷς 1 a α	one	230d
	ἔσχατος 3 a	last	314a
	ἴσος	equal	381a
	καυσών	heat	425c
	οὗτος 2 a	this	597b
12	ὥρα 2 a α	time of day	896a
12a	ποιέω I 2 c	do	682d
12b	ποιέω I 1 b ι	do	682a
13	ἀδικέω 2 a	do wrong	17c
	δηνάριον	denarius	179b
	ἑταῖρος	companion	314c
	συμφωνέω 2 a	match	781a
14	αἴρω 3	carry	24c
	ἔσχατος 3 a	last	314a
	θέλω 2	wish	355b
	σός, σή, σόν 2 b	yours	759c
	ὑπάγω 1	go away	836c
15	ἀγαθός 1 b α	good	3b
	ἁπλοῦς	sincere	86a
	ἐμός 2	my	255c
	ἔξεστι 2	it is possible	275b
	ἤ 1 d β	or	342b
	ὁ, ἡ, τό II 7	the	552b
	ὀφθαλμός 1	eye	599c
	πονηρός 1 b β	wicked	691a
16	ἐκλεκτός 1 b	chosen	242d
	ἔσχατος 2	last	313d
	κλητός	called	436a
	ὀλίγος 1 b	few	563c
	οὕτω 1 b	thus	597d
	πολύς I 2 a α	many	688b
	πρῶτος 1 c β	first	726a
17	δώδεκα	twelve	210a
	ἴδιος 4	privately	370c
	ὁδός 1 b	way	554b
	παραλαμβάνω 1	take	619c
17f	ἀναβαίνω 1 a α	go up	50a
	Ἱεροσόλυμα 1 a	Jerusalem	373b
18	ἀρχιερεύς 1 b	high priest	112d
	γραμματεύς 2	scribes	165d
	θάνατος 1 b α	death	351a
	ἰδού 1 b ε	behold	371a
	κατακρίνω	condemn	412b
	παραδίδωμι 1 b	give over	614d
	υἱός 2 c	son	835b
19	ἀνίστημι 2 a	rise	70b
	εἰς 4 f	(purpose)	229d
	ἐμπαίζω 1	ridicule	255d
	μαστιγόω 1	whip	495a
	παραδίδωμι 1 b	give over	615a
	σταυρόω 1	crucify	765c
	τρίτος 1	third	826c
20	αἰτέω	ask	26a
	Ζεβεδαῖος	Zebedee	337b
	μετά A II 1 a	with	508d
	μήτηρ 1	mother	520a
	παρά I 3 a	from	609d
	προσκυνέω 5	do reverence	717a
	τὶς, τὶ 1 b α	any one	820b
20f	υἱός 1 a α	son	833c
21	δεξιός 2 b	right	175a
	εἷς 5 a	one	232a
	ἐκ 2	away from	234d
	εὐώνυμος	left	330a
	θέλω 1	wish	354d
	ἵνα II 1 a δ	in order that	377d

21	καθίζω 2 a α	sit down	390a
22	αἰτέω	ask	25d
	βαπτίζω 3 c	baptize	132b
	μέλλω 1 c δ	is destined	501b
	οἶδα 1 f	know	556a
	ποτήριον 2	cup	695c
22b	δύναμαι 2	able	207b
22f	βάπτισμα 3	baptism	132d
	πίνω 2 b α	drink	658d
23	ἀλλά 1 b	but, yet	38b
	δεξιός 2 b	right	175a
	ἐκ 2	away from	234d
	ἐμός 1 b	my	255c
	ἑτοιμάζω 3	prepare	316c
	εὐώνυμος	left	330a
	καθίζω 2 a α	sit down	390a
	μέν 1 a α	(particle)	502d
	ὁ, ἡ, τό II 4 a	the	551c
	ὅς, ἥ, ὅ I 2 a	(rel pron)	583b
	πατήρ 3 d α	father	636b
	ποτήριον 2	cup	695c
24	ἀγανακτέω	be aroused	4b
	δέκα	ten	173d
	ὁ, ἡ, τό II 2 d	the	551b
25	ἄρχων 1	ruler	113d
	ἔθνος 1	nation	218c
	κατακυριεύω 2	rule	412c
	κατεξουσιάζω	exercise authority	421c
	μέγας 2 b α	great	498a
	οἶδα 1 e	know	556a
26	διάκονος 1 a	servant	184c
	μέγας 2 b α	great	498a
	οὕτω 1 b	thus	597d
27	δοῦλος 3	slave	205d
	πρῶτος 1 c β	first	726a
28	ἀνακλίνω 2	recline	56a
	ἀναπίπτω 1	recline	59c
	ἀντί 3	for	73d
	δειπνέω	eat	173b
	δειπνοκλήτωρ	host	173b
	διακονέω 2	serve	184a
	δίδωμι 6	give	193d
	ἐλάσσων	smaller	248b
	ἔνδοξος 1	honored	263b
	ἐξέχω	stand out	275d
	ἐπέρχομαι 1 a	come	285a
	ἔτι 2 b	still	316a
	ἥσσων	lesser	349a
	ἥσσων	lesser	349a
	καταισχύνω 2	dishonor	410d
	κάτω 2	downwards	425a
	λύτρον	ransom	482c
	μικρός 3 c	being small	521c
	παρακαλέω 1 b	invite	617a
	πολύς I 2 a α	many	688b
	συνάγω 6	gather	782d
	υἱός 2 c	son	835b
	χρήσιμος	useful	885d
	χωρέω 1 a	go	889c
	ψυχή 1 a β	soul, life	893b
28	ὥσπερ 2	(just) as	899d
29	ἐκπορεύομαι 1 b	go out	244c
	Ἰεριχώ	Jericho	372b
	ὄχλος 1	crowd	600d
	πολύς I 1 b α	many	687d
30	δύο 1 a	two	209a
	κάθημαι 1 a α	sit	389c
	ὁδός 1 a	way	554a
	παρά III 1 b α	along	611a
	παρά III 1 d	along	611a
	παράγω 2 a α	bring in	613d
	τυφλός 1 b	blind	830d
30f	Δαυίδ	David	171b
	ἐλεέω	have mercy	249d
	κράζω 2 a	call	447d
	υἱός 2 a	son	834b
31	ἐπιτιμάω 1	rebuke	303b
	ἵνα II 1 a δ	in order that	377d
	μέγας 2 a γ	great	497d
	σιωπάω 2 a	be silent	752c
32	εἶπον 3 b	say	226c
	θέλω 1	wish	355a
	ἵστημι II 1 a	stand	382b
	ποιέω I 1 d β	do	682b
	φωνέω 2 b	call	870c
33	ἀνοίγω 1 e β	open	71c
	ἵνα III 2	in order that	378b
34	ἀναβλέπω 2 a α	gain sight	51a
	ἅπτω 2 b	touch	103a
	ὄμμα 1	eye	565d
	σπλαγχνίζομαι	have pity	762d

Matthew 21

1	Βηθφαγή	Bethphage	140b
	ἐγγίζω 2	approach	213c
	εἰς 1 b	near	228c
	ἐλαία 1	olive tree	247d
	ὄρος	mountain	582c
	ὅτε 1 b	when	588b
	τότε 2	at that time	824a
2	ἄγω 1 a	lead	14b
	δέω 2	bind	178a
	εὑρίσκω 1 c α	find	325b
	κατέναντι 2 a	opposite	421b
	κώμη 1	village	461d
	λύω 2 a	loose	483d
	ὄνος	donkey	574a
	πῶλος	colt	731d
2f	εὐθύς	immediately	321b
3	ἀποστέλλω 2	put in	99a
	κύριος 2 c β	lord	459d
	χρεία 1	need	885a
3a	τὶς, τὶ 1 a γ	any one	820a
4	ἵνα I 1 b	in order that	377a
	ἵνα II 2	in order that	378b
	ὅλος 3	whole	565a
	πληρόω 4 a	make full	671c
	προφήτης 1	prophet	723c
5	βασιλεύς 2 a	king	136b
	ἐπί III 1 a β	on	288b

5	ἐπιβαίνω 1	go up	289d
	ἔρχομαι I 1 a δ	come	310d
	θυγάτηρ 2 e	daughter	365a
	καί I 3	and	393a
	ὄνος	donkey	574a
	πραΰς	humble	699a
	πῶλος	colt	731d
	Σιών 2 a	Zion	752c
	υἱός 1 a β	son	833c
	ὑποζύγιον	pack animal	844d
6	καθώς 1	just as	391b
	ποιέω I 2 a α	do	682c
	πορεύω 1	proceed	692c
	προστάσσω	command	718c
	συντάσσω	order	792a
7	ἄγω 1 a	lead	14b
	ἐπάνω 2 a	on	283b
	ἐπικαθίζω	sit	293d
	ἐπιτίθημι 1 a α	put upon	303a
	ὄνος	donkey	574a
	πῶλος	colt	731d
7f	ἱμάτιον 1	garment	376b
8	ἄλλος 1 c	other	40a
	ἑαυτοῦ 4	oneself	212c
	κλάδος	branch	433a
	κόπτω 1	cut	444a
	ὄχλος 1	crowd	600d
	πολύς III 1 b β	many	689d
8a	ὁδός 1 a	way	553d
	στρωννύω	spread	771c
8b	ὁδός 1 a	way	553d
	στρωννύω	spread	771c
9	ἀκολουθέω 1	follow	31b
	Δαυίδ	David	171b
	ἔρχομαι I 1 a	come	311a
	εὐλογέω 2 a	bless	322b
	κράζω 2 a	call	447d
	κύριος 2 a	lord	459b
	ὄνομα I 4 c γ	name	573a
	προάγω 2 a	lead	702a
	προάγω 2 a	lead	702a
	υἱός 2 a	son	834b
	ὕψιστος 1	highest	850b
9a	ὡσαννά	hosanna	899b
9b	ὡσαννά	hosanna	899b
10	εἰμί II 6 c	to be	224c
	εἰσέρχομαι 1 a α	come	232c
	οὗτος 1 a α	this	596c
	πᾶς, πᾶσα, πᾶν 1 c α	all	631d
	πόλις 3	city	686a
	σείω 2	shake	746c
11	ἀπό IV 1 b	from	87c
	Γαλιλαία	Galilee	150b
	Ναζαρά	Nazareth	532a
	προφήτης 3	prophet	723c
12	ἀγοράζω 1	buy	12d
	ἐκβάλλω 1	drive out	237b
	ἱερόν 2	temple	372c
	καθέδρα	chair	388c
	καταστρέφω 1	upset	419a
12	κολλυβιστής	money changer	442a
	πᾶς, πᾶσα, πᾶν 1 d β	all	632b
	περιστερά	pigeon	651d
	τράπεζα 4	table	824c
12a	ἱερόν 2	temple	372c
	πωλέω	sell	731d
12b	πωλέω	sell	731c
13	γράφω 2 c	write	166d
	καλέω 1 a β	call	399a
	λῃστής 1	robber	473b
	οἶκος 1 a β	house	560c
	οἶκος 1 a β	house	560c
	ποιέω I 1 b ι	do	681d
	προσευχή 1	prayer	713c
	σπήλαιον	cave	762c
	σύ 1 c	you	772b
14	χωλός	lame	889a
15	ἀγανακτέω	be aroused	4b
	ἀρχιερεύς 1 b	high priest	112d
	γραμματεύς 2	scribes	165d
	Δαυίδ	David	171b
	θαυμάσιος 1	wonderful	352d
	κράζω 2 a	call	447d
	παῖς 1 a α	child	604d
	ποιέω I 1 b β	do	681b
	υἱός 2 a	son	834b
	ὡσαννά	hosanna	899b
16	αἶνος	praise	23d
	ἀναγινώσκω 1	read	51c
	θηλάζω 2	suck	360c
	καταρτίζω 2 b	prepare	418a
	λέγω I 1 a	say	468a
	ναί 1 a	yes	533a
	νήπιος 1 a	children	537c
	ὅτι 2	that	589c
	οὐδέποτε	never	592b
	στόμα 1 a	mouth	769d
17	αὐλίζομαι 1	spend the night	121c
	Βηθανία 1	Bethany	139d
	ἐξέρχομαι 1 a α	go out	274c
	ἔξω 2 b	outside	279d
	καταλείπω 1 a	leave behind	413c
17f	πόλις 1	city	685c
18	ἐπανάγω 2	return	282d
	πεινάω 1	hunger	640a
	πρωΐ	early	724d
	πρωΐα	(early) morning	725a
19	αἰών 1 b	time	27b
	γίνομαι I 1 a	be born	158b
	εἰς 2 b	for	229a
	εἷς 3 b	someone	231d
	ἐπί I 1 a γ	on	286b
	ἔρχομαι II	go	311d
	κάρπος 1 a	fruit	404c
	μηκέτι 6 a	no longer	518c
	ὁδός 1 a	way	553d
	οὐ 6 a	no	590d
	οὐδείς 2 b α	nothing	592a
	φύλλον	foliage	869a
19-21	συκῆ	fig tree	776b

19f	ξηραίνω 2 a	dry up	548c
	παραχρῆμα	at once	623d
20	εἶδον 1 a	see	220d
	θαυμάζω 1 a α	wonder	352b
	πῶς 1 b	how	732b
21	αἴρω 1 a	lift up	24c
	βάλλω 1 b	throw	131a
	γίνομαι I 3 a	take place	158d
	διακρίνω 2 b	waver	185b
	ἐάν I 1 c	if	211b
	ἐάν I 3 b	if	211c
	ἔχω I 2 e β	have	332d
	κἄν 2	even if	402c
	μόνος 2 c α	only	528a
	ὁ, ἡ, τό II 7	the	552b
	ὄρος	mountain	582d
	πίστις 2 a	faith	663a
	πίστις 2 d ζ	faith	664a
22	αἰτέω	ask	26a
	ἐν II 3	while	260c
	ὅσος 2	how great	586c
	πᾶς, πᾶσα, πᾶν 1 e γ	all	632c
	πιστεύω 2 c	believe	662a
	προσευχή 1	prayer	713c
23	ἀρχιερεύς 1 b	high priest	112d
	ἐξουσία 3	authority	278b
	ἱερόν 2	temple	372c
	καί I 2 a	and	392b
	ποιέω I 1 b ε	do	681c
	ποῖος 2 a γ	of what kind	684d
	πρεσβύτερος 2 a β	older	700a
24	εἷς 2 b	one	231a
	ἐξουσία 3	authority	278b
	ἐρωτάω 1	ask	311d
	κἀγώ 3 b	I	386b
	λόγος 1 a β	word	477b
	ποῖος 2 a γ	of what kind	684d
25	ἄνθρωπος 1 a β	man	68b
	βάπτισμα 1	baptism	132c
	διά B II 2	why	181b
	διαλογίζομαι 1	consider	186a
	διαλογίζομαι 1	consider	186a
	εἰμί III 3	to be	225b
	ἐκ 3 b	from	235a
	ἤ 1 a α	or	342a
	οὖν 1 c α	therefore	593a
	οὐρανός 3	heaven	595b
	παρά II 2 e	beside	610d
	πιστεύω 1 b	believe	661a
	πόθεν 2	from where	680c
26	ἔχω I 5	consider	333b
	ὄχλος 2	crowd	601a
	πᾶς, πᾶσα, πᾶν 2 a γ	all	632d
	προφήτης 2	prophet	723c
	φοβέω 1 b α	be afraid	863a
	ὡς III 1 c	so	898b
27	ἐγώ	I	217a
	ἐξουσία 3	authority	278b
	λέγω I 1 b β	say	468b
	οἶδα 1 i	know	556b
	οὐδέ 2	and not	591c
27	ποῖος 2 a γ	of what kind	684d
	φημί 1 b α	say	856b
28	δοκέω 3 a	seem	202b
	ἐργάζομαι 1	work	307a
	ἔχω I 2 b α	have	332b
	πρῶτος 1 b	first	725d
	σήμερον	today	749a
	τίς, τί 1 b α	which	819b
	ὑπάγω 2	go away	836d
28a	τέκνον 1 a β	child	808c
28b	τέκνον 1 a β	child	808c
28ff	ἀμπελών	vineyard	47a
29	ἐγώ	I	217b
	κύριος 1 b	lord	459b
30	εἶπον 2 a	say	226c
	ἕτερος 1 a	other	315a
	θέλω 2	wish	355c
	μεταμέλομαι	repent	511c
	ὕστερος 2 a	later	849d
	ὡσαύτως	similarly	899b
31	βασιλεία 3 b	kingdom	135b
	ἐκ 4 a β	from	235d
	ἔσχατος 3 a	last	314a
	θέλημα 1 c α	will	354b
	ποιέω I 1 c α	do	682a
	προάγω 2 b	lead	702b
	τίς, τί 1 a α	which	819a
	ὕστερος 1 a	the latter	849c
31f	πόρνη 1	prostitute	693c
	τελώνης	tax collector	812c
32	δικαιοσύνη 2 b	righteousness	196c
	μεταμέλομαι	repent	511c
	ὁ, ἡ, τό II 4 b	the	551d
	ὁδός 2 b	way	554c
	ὕστερος 2 a	later	849d
32a	πιστεύω 1 b	believe	661a
32b	πιστεύω 1 b	believe	661a
32c	πιστεύω 1 b	believe	661a
33	ἄλλος 1 b α	other	40a
	ἄνθρωπος 3 a ε	man	69b
	ἀποδημέω 1	go on a journey	90a
	ἐκδίδωμι	lease	238c
	ληνός	wine press	473a
	οἰκοδεσπότης	master of the house	558a
	οἰκοδεσπότης	master of the house	558a
	οἰκοδομέω 1 a	build	558a
	ὀρύσσω 2	dig	583a
	ὅστις 3	whoever	587b
	παραβολή 2	parable	612c
	περιτίθημι 1	place around	652c
	πύργος 1	tower	730d
	φραγμός 1	fence	865c
	φυτεύω	plant	870a
33ff	γεωργός 2	farmer	157b
34	ἀποστέλλω 1 b α	send away	98c
	ἐγγίζω 5 b	approach	213d
	καιρός 3	time	395b

34	κάρπος 1 a	fruit	404c
	λαμβάνω 1 d	receive	464d
	ὅτε 1 b	when	588b
	πάλιν 2	again	606d
34ff	δοῦλος 1 a	slave	205d
35	ἀποκτείνω 1 a	kill	94a
	δέρω	beat	175d
	λαμβάνω 1 c	take	464c
	λιθοβολέω 1	throw stones	474a
	μέν 1 c	(particle)	503a
	ὅς, ἥ, ὅ II 2	this (one)	585b
36	πάλιν 2	again	606d
	ποιέω I 2 a β	do	682d
	πολύς II 1 a	many	689a
	πρῶτος 1 a	first	725c
	ὡσαύτως	similarly	899b
37	ἀποστέλλω 1 b α	send away	98c
	ἐντρέπω 2 b	respect	269d
	ὕστερος 2 b	finally	849d
37a	υἱός 1 a α	son	833c
37b	υἱός 1 a α	son	833c
37f	υἱός 2 b	son	834d
38	ἀποκτείνω 1 a	kill	94a
	γεωργός 2	farmer	157b
	δεῦτε 1	come	176d
	κατέχω 1 b γ	keep	423a
	κληρονομία 1	inheritance	435a
	κληρονόμος 1	heir	435b
39	ἀποκτείνω 1 a	kill	94a
	ἐκβάλλω 1	drive out	237b
	ἔξω 2 b	outside	279d
	λαμβάνω 1 c	take	464c
40	ἄν 3 a	(particle)	48d
	κύριος 1 a α	owner	459a
	οὖν 5	therefore	593c
	ποιέω I 1 d γ	do	682b
	τίς, τί 1 b α	which	819b
40f	γεωργός 2	farmer	157b
41	ἀποδίδωμι 1	give away	90b
	ἀπόλλυμι 1 a α	ruin	95a
	ἐκδίδωμι	lease	238c
	καιρός 3	time	395b
	κακός 1 a	bad	397d
	κακῶς 1	badly	398c
	κάρπος 1 a	fruit	404d
	ὅστις 2 a	whoever	587a
42	ἀναγινώσκω 1	read	51c
	ἀποδοκιμάζω 1	declare useless	90d
	γίνομαι I 4 a	become	159c
	γραφή 2 b	scripture	166b
	γωνία	corner	168d
	εἰς 8 a α	(indicates pred nom)	230b
	ἐν I 3	in	258d
	θαυμαστός 2	wonderful	352d
	κεφαλή 2 b	head	430c
	κύριος 2 a	lord	459c
	λίθος 2	stone	474d
	οἰκοδομέω 1 b β	build	558b
	ὅς, ἥ, ὅ I 4 d	(rel pron)	584b
42	οὐδέποτε	never	592b
	ὀφθαλμός 2	eye	599d
	παρά I 2	from	609d
43	αἴρω 4	take away	24d
	βασιλεία 3 b	kingdom	135b
	βασιλεία 3 g	kingdom	135c
	διά B II 2	therefore	181b
	κάρπος 2 a	result	405a
	ποιέω I 1 b	do	681d
44	λίθος 2	stone	474d
	λικμάω	winnow	474d
	συνθλάω	crush	790a
44a	πίπτω 1 a	fall	659c
44b	πίπτω 1 a	fall	659c
45	γινώσκω 3 c	understand	161b
	λέγω I 2 a	say	468b
	παραβολή 2	parable	612c
46	εἰς 8 b	(indicates pred nom)	230b
	ἐπεί 2	because	284a
	ἔχω I 5	consider	333b
	ἔχω I 5	consider	333b
	ζητέω 2 b γ	seek	339a
	κρατέω 1 a	arrest	448c
	ὄχλος 2	crowd	601a
	προφήτης 3	prophet	723c
	φοβέω 1 b α	be afraid	863a

Matthew 22

1	ἀποκρίνομαι 2	continue	93c
	εἶπον 2 a	say	226c
	λέγω I 8 a	say	469a
	παραβολή 2	parable	612d
2	ἄνθρωπος 3 a ε	man	69b
	γάμος 1 a	wedding	151c
	ὁμοιόω 1	make like	567b
	οὐρανός 3	heaven	595b
	ποιέω I 1 b ζ	do	681c
2ff	βασιλεία 3 g	kingdom	135c
3	ἀποστέλλω 1 b γ	send away	98d
	γάμος 1 a	wedding	151c
	ἔρχομαι I 1 a α	come	310c
	θέλω 2	wish	355c
	καλέω 1 b	invite	399c
3a	καλέω 1 c	call	399c
3b	καλέω 1 b	invite	399c
3f	δοῦλος 2	slave	205d
4	ἄριστον 2	noon meal	106d
	γάμος 1 a	wedding	151c
	δεῦτε 2	come	176d
	ἑτοιμάζω 1	prepare	316b
	ἕτοιμος 1	ready	316c
	θύω 2	sacrifice	367a
	ἰδού 1 c	remember	371a
	καλέω 1 b	invite	399c
	πᾶς, πᾶσα, πᾶν 2 a δ	everything	632d
	σιτιστός	fattened	752a
	ταῦρος	bull	806b
5	ἀμελέω	to neglect	45a

5	ἐμπορία	business	256d
	ἐπί III 1 b	on	289b
	ἴδιος 2 c	ones own	370a
	ὅς, ἥ, ὅ II 2	this (one)	585b
6	δοῦλος 2	slave	205d
	κρατέω 1 b	seize	448c
	λοιπός 2 b α	the others	480a
	ὑβρίζω	mistreat	831d
7	ἀπόλλυμι 1 a α	ruin	95a
	ἐμπί(μ)πρημι	burn	256b
	ὀργίζω	be angry	579c
	πέμπω 1	send	642a
	πόλις 1	city	685c
	στράτευμα	army	770b
	φονεύς	murderer	864c
8	ἄξιος 2 a	worthy	78c
	γάμος 1 a	wedding	151c
	δοῦλος 2	slave	205d
	καλέω 1 b	invite	399c
	μέν 1 a α	(particle)	502d
9	γάμος 1 a	wedding	151c
	διέξοδος	outlet	194a
	ἐπί III 1 a β	on	288b
	καλέω 1 b	invite	399c
	ὁδός 1 a	way	554a
	ὅσος 2	how great	586c
	πορεύω 1	proceed	692c
10	ἀγαθός 1 b α	good	3a
	γάμος 1 c	wedding	151c
	δοῦλος 2	slave	205d
	ἐξέρχομαι 1 a ε	go out	274d
	ὁδός 1 a	way	554a
	πίμπλημι 1 a α	fill	658a
	πονηρός 2 a	wicked	691b
	συνάγω 2	gather	782b
	τέ 3 a	and	807d
10f	ἀνάκειμαι 2	be at table	55d
11	ἐνδύω 2 a	dress	264a
	θεάομαι 1 b	see	353b
	οὐ 3 b	no	590b
11f	γάμος 1 a	wedding	151c
	ἔνδυμα 1	garment	263c
12	εἰσέρχομαι 1 h	come	233a
	ἑταῖρος	companion	314c
	ἔχω I 1 b	have	331d
	πῶς 1 c	how	732b
	φιμόω 2	tie shut	862a
	ὧδε 1	here	895b
13	βρυγμός	gnashing	148a
	δέω 1 b	bind	177d
	διάκονος 1 a	servant	184c
	ἐκβάλλω 1	drive out	237b
	ἐξώτερος 2	farthest	280a
	κλαυθμός	weeping	433c
	ὀδούς	tooth	555a
	πούς 1 a	foot	696c
	σκότος 1	darkness	757d
	χείρ 1	hand	880a
14	γάρ 1 d	for	152a
	ἐκλεκτός 1 b	chosen	242d
	κλητός	called	436a
14	ὀλίγος 1 b	few	563c
	πολύς I 2 a α	many	688b
15	λαμβάνω 1 h	take	465a
	λόγος 1 a γ	word	477c
	ὅπως 2 b	in order that	577b
	παγιδεύω	set a snare	602a
	πορεύω 1	proceed	692c
	συμβούλιον 1	plan	778a
	Φαρισαῖος	Pharisee	853d
16	ἀλήθεια 3	reality	36c
	ἀληθής 1	true	36d
	ἀποστέλλω 1 b α	send away	98c
	βλέπω 5	see	143d
	διδάσκαλος	teacher	191d
	διδάσκω 2 b	teach	192a
	Ἡρῳδιανοί	Herodians	348d
	λέγω I 8 c	say	469b
	λέγω I 8 c	say	469b
	μαθητής 2 a	disciple	485d
	μέλει 2	it is a concern	500b
	μετά A II 4	with	509c
	ὁδός 2 b	way	554d
	οἶδα 1 e	know	556a
	οὐ 6 a	no	590d
	οὐδείς 2 a	no one	592a
	πρόσωπον 1 c β	face	721b
17	δίδωμι 4	give	193c
	δοκέω 3 a	seem	202b
	ἔξεστι 1	it is possible	275b
	ἤ 1 a α	or	342a
	Καῖσαρ	Emperor	395d
	κῆνσος	poll tax	430d
18	γινώσκω 4 a	perceive	161b
	πειράζω 2 c	try	640c
	πονηρία	wickedness	690c
	ὑποκριτής	hypocrite	845b
19	δηνάριον	denarius	179b
	ἐπιδείκνυμι 1	show	291d
	κῆνσος	poll tax	430d
	νόμισμα	coin	541d
	προσφέρω 1 b	bring (to)	719d
20	εἰκών 1 a	image	222b
	ἐπιγραφή	inscription	291c
21	ἀποδίδωμι 1	give away	90b
	θεός 3 f γ	God	357d
	ὁ, ἡ, τό II 7	the	552b
21a	Καῖσαρ	Emperor	395d
21b	Καῖσαρ	Emperor	395d
22	ἀφίημι 3 a	leave	126a
	θαυμάζω 1 a α	wonder	352b
23	ἀνάστασις 2 b	resurrection	60d
	εἰμί I 1	to be	223b
	ἐπερωτάω 1 a	ask	285b
	λέγω II 1 e	declare	469d
	μή A II 1 b α	not	516b
	Σαδδουκαῖος	Sadducee	739d
24	ἀνίστημι 1 b	raise	70a
	ἀποθνῄσκω 1 a α	die	91b
	διδάσκαλος	teacher	191d
	ἐπιγαμβρεύω	marry as next of kin	290c

24	ἔχω I 2 b α	have	332b
	Μωϋσῆς	Moses	531d
	σπέρμα 2 b	seed	761d
	τέκνον 1 a α	child	808b
25	ἀφίημι 3 a	leave	126b
	γαμέω 1 b	marry	150d
	εἰμί III 8 b	to be	225d
	ἔχω I 2 b α	have	332b
	παρά II 1 b β	beside	610c
	πρῶτος 1 b	first	725d
	σπέρμα 2 b	seed	762a
	τελευτάω	die	810c
25f	ἑπτά	seven	306b
26	δεύτερος 1	second	177a
	ἕως II 3	as far as	335c
	ὁμοίως	likewise	567d
	τρίτος 1	third	826d
27	ἀποθνῄσκω 1 a α	die	91b
	πᾶς, πᾶσα, πᾶν 2 a γ	all	632d
	ὕστερος 2 b	finally	849d
28	ἀνάστασις 2 b	resurrection	60d
	ἐν II 2	while	260c
	ἑπτά	seven	306b
	τίς, τί 1 a α	which	819a
29	γραφή 2 b α	scripture	166b
	δύναμις 1	power	207c
	μηδέ 1 a	and not	517d
	πλανάω 2 c γ	deceive	665c
30	ἄγγελος 2 a	angel	7c
	γαμέω 1 b	marry	150d
	γαμίζω 2	give in marriage	151b
	ἐκγαμίζω	marry	238a
	οὐρανός 2 c	heaven	595a
	οὔτε	not	596a
	ὡς II 3 b	so	897d
30f	ἀνάστασις 2 b	resurrection	60d
31	ἀναγινώσκω 1	read	51c
	ἀνάστασις 2 b	resurrection	60c
	εἶπον 4	say	226d
	νεκρός 2 a	dead	535b
	ὁ, ἡ, τό II 11	the	552d
	περί 1 h	about	645a
32	Ἀβραάμ	Abraham	2a
	ἀλλά 1 a	but, yet	38a
	ζάω 1 a α	live	336a
	θεός 3 c	God	357c
	Ἰακώβ 1	Jacob	367d
	Ἰσαάκ	Issac	380d
	νεκρός 2 a	dead	535a
33	διδαχή 3	teaching	192c
	ἐκπλήσσω 2	be amazed	244b
34	αὐτός 4 b	the same	123d
	ἐπί III 1 a ζ	on	288d
	Σαδδουκαῖος	Sadducee	739d
	συνάγω 2	gather	782c
	Φαρισαῖος	Pharisee	853d
	φιμόω 2	tie shut	861d
35	εἷς 1 a β	one	230d
	ἐκ 4 a α	from	235d
	νομικός 2	lawyer	541c
	πειράζω 2 c	try	640c
36	διδάσκαλος	teacher	191d
	ἐντολή 2 a γ	command	269a
	μέγας 2 b β	great	498b
	νόμος 3	law	542c
	ποῖος 2 a α	of what kind	684d
37	ἀγαπάω 1 a β	love	4d
	διάνοια 1	understanding	187a
	θεός 3 c	God	357c
	καρδία 1 b ζ	heart	404b
	κύριος 2 a	lord	459c
	ψυχή 1 b γ	soul, life	893c
38	ἐντολή 2 a γ	command	269a
	μέγας 2 b β	great	498b
	πρῶτος 1 c α	first	726a
39	ἀγαπάω 1 a α	love	4c
	δεύτερος 3	second	177b
	ὅμοιος 1	like	567a
	πλησίον 1 b	near	672d
	σεαυτοῦ 3	yourself	745c
40	ἐν I 5 c	in	259c
	ἐντολή 2 a γ	command	269a
	κρεμάννυμι 2 b	hang	450b
	νόμος 4 a	law	543a
	προφήτης 1	prophet	723c
41	συνάγω 2	gather	782c
	Φαρισαῖος	Pharisee	853d
42	Δαυίδ	David	171b
	δοκέω 3 a	seem	202b
	περί 1 a	about	644c
	Χριστός 1	Anointed One	887a
42-5	υἱός 2 a	son	834b
42b	τίς, τί 1 a α	which	819a
43	Δαυίδ	David	171b
	ἐν I 5 d	in	260a
	καλέω 1 a β	call	399a
	οὖν 1 c α	therefore	593a
	πνεῦμα 5 d β	spirit	677a
	πνεῦμα 6 c	spirit	677c
	πῶς 1 a	how	732b
44	δεξιός 2 b	right	175a
	ἐκ 2	away from	234d
	ἐχθρός 2 b β	the enemy	331c
	ἕως I 1 b	until	334b
	κάθημαι 2	sit down	389d
	κύριος 2 c α	lord	459c
	πούς 1 b	foot	696d
	τίθημι I 1 a β	put	816a
	τίθημι I 2 a α	make	816c
	ὑποκάτω	under	844d
	ὑποπόδιον	footstool	847a
45	καλέω 1 a β	call	399a
	πῶς 1 a	how	732b
46	ἀπό II 2 a	from	87a
	ἀποκρίνομαι 1	answer	93c
	ἐκεῖνος 2 b γ	that	239d
	ἐπερωτάω 1 a	ask	285b
	ἡμέρα 2	day	346c
	λόγος 1 a α	word	477b
	ὁ, ἡ, τό II 1 h	the	551a
	οὐδέ 1	and not	591c
	οὐκέτι 1	no longer	592c

46	τολμάω 1 a	dare	821d

Matthew 23

1	λαλέω 3	speak	464a
2	γραμματεύς 2	scribes	165d
	ἐπί I 1 a β	on	286a
	καθέδρα	chair	388c
	καθίζω 2 a α	sit down	390a
3	γάρ 2	for	152b
	κατά II 5 b α	according to	407c
	ὅσος 2	how great	586c
	τηρέω 5	keep	815b
3b	ποιέω I 2 b α	do	682d
3c	ποιέω I 2 c	do	682d
4	αὐτός 1 c	self	122d
	βαρύς 1	heavy	134b
	δάκτυλος	finger	170a
	δεσμεύω 2	tie up	175d
	δυσβάστακτος	hard to bear	209b
	ἐπί III 1 a β	on	288b
	ἐπιτίθημι 1 a α	put upon	302d
	θέλω 1	wish	355a
	κινέω 1	move	432c
	φορτίον 2	load	865b
	ὦμος	shoulder	895d
5	ἄνθρωπος 1 a δ	people	68c
	ἔργον 1 c β	deed	308a
	θεάομαι 1 c β	see	353b
	κράσπεδον 2	tassel	448b
	μεγαλύνω 1	make large	497a
	πλατύνω 1	enlarge	667a
	πρός III 3 a	toward	710b
	φυλακτήριον	safeguard	868a
6	δεῖπνον 2	dinner	173c
	πρωτοκαθεδρία	place of honor	725b
	πρωτοκλισία	place of honor	725b
	φιλέω 1 b	love like	859b
6f	φιλέω 1 b	love like	859c
7	ἀγορά	market place	12c
	ἀσπασμός 1	greeting	117a
	καλέω 1 a β	call	399a
7f	ῥαββί	rabbi	733a
8	εἷς 2 b	one	231b
	καθηγητής 2 b	teacher	389a
	καλέω 1 a β	call	399a
	πᾶς, πᾶσα, πᾶν 1 e α	all	632b
	Χριστός 1	Anointed One	887a
9	εἷς 2 b	one	231b
	ἐπί I 1 a α	on	286a
	καλέω 1 a β	call	399a
	οὐράνιος	heavenly	593d
9a	πατήρ 2 b	father	635c
9b	πατήρ 3 c α	father	636a
	πατήρ 3 c α	father	636a
9f	μηδέ 1 b	and not	517d
10	εἷς 2 c	one	231c
	καθηγητής	teacher	389a
	καλέω 1 a β	call	399a
	Χριστός 1	Anointed One	887a
11	διάκονος 1 a	servant	184c
	μέγας 2 b α	great	498b
12	ἑαυτοῦ 1	oneself	211d
12a	ὅστις 1 c	whoever	586d
	ταπεινόω 2 a	lower	804d
	ὑψόω 2	lift up	851c
12b	ὅστις 1 c	whoever	586d
	ταπεινόω 2 a	lower	804d
	ταπεινόω 2 b	lower	804d
	ὑψόω 2	lift up	851a
13	ἀφίημι 4	tolerate	126b
	βασιλεία 3 g	kingdom	135c
	διά B II 2	therefore	181b
	εἰσέρχομαι 2 a	come	233b
	ἔμπροσθεν 2 c	in front	257b
	κατεσθίω 2	destroy	422b
	κλείω 2	shut	434b
	κρίμα 4 b	verdict	450d
	οὐρανός 3	heaven	595b
	περισσότερος 1	greater	651c
13-15	ὑποκριτής	hypocrite	845b
13-16	οὐαί 1 a	woe	591b
13ff	γραμματεύς 2	scribes	165d
14	λαμβάνω 2	receive	465b
	μακρός 1	long	488c
	οἰκία 1 a	house	557c
	πρόφασις 2	actual motive	722c
	χήρα 1	the widow	881c
15	γέεννα	hell	153b
	διπλοῦς	double	199d
	εἷς 2 b	one	231b
	θάλασσα 1 a	sea	350a
	ξηρός 1	dry	548d
	ὁ, ἡ, τό II 2 b	the	551a
	ὅταν 1 b	when	588a
	περιάγω 2	lead around	645d
	προσήλυτος	proselyte	715a
	υἱός 1 c δ	son	834b
15b	ποιέω I 1 b ι	do	681d
16	ἐν IV 5	in	261b
	ναός 1 a	temple	533c
	ὁδηγός 2	leader	553c
	ὀμνύω	take an oath	566a
	οὐδείς 2 b β	worthless	592b
	ὀφείλω 2 b α	owe	599a
	τυφλός 2 a α	blind	831a
16f	χρυσός	gold	888d
17	ἁγιάζω 1	consecrate	8d
	γάρ 1 f	what	152b
	μωρός 1	foolish	531c
	ναός 1 a	temple	533c
	τυφλός 2 b	blind	831a
18	δῶρον 2	gift	211c
	ἐπάνω 2 a	on	283b
	ὀμνύω	take an oath	566a
	οὐδείς 2 b β	worthless	592b
	ὀφείλω 2 b α	owe	599a
18-20	θυσιαστήριον 1 a	altar	366d
18ff	ἐν IV 5	in	261c
19	ἁγιάζω 1	consecrate	8d
	γάρ 1 f	what	152b

19	δῶρον 2	gift	211c
	μωρός 1	foolish	531c
	τίς, τί 1 b γ	which	819b
	τυφλός 2 b	blind	831a
20	ἐπάνω 2 a	on	283b
	ὀμνύω	take an oath	566a
21	κατοικέω 2	live	424c
	ναός 1 a	temple	533c
	ὀμνύω	take an oath	566a
22	ἐπάνω 2 a	on	283b
	θρόνος 1 b	throne	364b
	κάθημαι 1 a α	sit	389b
	ὀμνύω	take an oath	566a
	οὐρανός 2 a	heaven	594d
23	ἄνηθον	dill	66b
	ἀποδεκατόω 1	tithe	89d
	ἀφίημι 3 b	abandon	126b
	βαρύς 2 b	important	134b
	δεῖ 3	it is necessary	172b
	δεῖ 6	it is necessary	172b
	δεῖ 6 b	it is necessary	172c
	ἔλεος 1	mercy	250b
	ἡδύοσμον	mint	344b
	κἀκεῖνος 1 a	and he	396d
	κρίσις 3	right	453b
	κύμινον	cumin	457c
	νόμος 3	law	542c
	οὐαί 1 a	woe	591b
	πίστις 1 a	faith	662c
	ποιέω I 1 b ε	do	681c
	ὑποκριτής	hypocrite	845b
24	διϋλίζω	filter out	200b
	κάμηλος	camel	401d
	καταπίνω 1 a	swallow	416c
	κώνωψ	gnat	462a
	ὁδηγός 2	leader	553c
	τυφλός 2 a α	blind	831a
25	ἀκρασία	self indulgence	33a
	ἁρπαγή 2	plunder	108c
	γέμω 2	be full	153d
	δέ 1 a	but, and	171c
	ἐκ 4 a ζ	from	236a
	ἔξωθεν 1 b β	outside	279d
	ἔσωθεν 2	inside	314b
	ὁ, ἡ, τό II 6	the	552a
	οὐαί 1 a	woe	591b
	παροψίς	dish	630c
	ὑποκριτής	hypocrite	845b
25f	καθαρίζω 1 a	cleanse	387b
	ποτήριον 1	cup	695b
26	ἐκτός 1	outside	246a
	ἐντός	inside	269c
	ἵνα I 1 c	in order that	377a
	καθαρίζω 2 b α	cleanse	387c
	καθαρός 1	clean	388a
	παροψίς	dish	630c
	τυφλός 2 a α	blind	831a
27	ἀκαθαρσία 1	impurity	28d
	γέμω 1	be full	153d
	κονιάω	whitewash	443a
	νεκρός 2 a	dead	535b

27	ὁμοιάζω	be like	566c
	ὀστέον	bone	586d
	οὐαί 1 a	woe	591b
	παρομοιάζω	be like	629b
	πᾶς, πᾶσα, πᾶν 1 a β	every each	631c
	τάφος 1	grave	806c
	ὑποκριτής	hypocrite	845b
	φαίνω 2 d	appear	852a
	ὡραῖος 2	beautiful	897a
27f	ἔξωθεν 1 b α	outside	279d
	ἔσωθεν 2	inside	314b
28	ἀνομία 1	lawlessness	71d
	δίκαιος 1 b	upright	195d
	μεστός 2 a	full	508b
	ὑπόκρισις	hypocrisy	845a
	φαίνω 2 d	appear	852a
29	δίκαιος 1 b	upright	195d
	κοσμέω 2 a β	decorate	445a
	μνημεῖον 2	tomb	524c
	οἰκοδομέω 1 a	build	558b
	οὐαί 1 a	woe	591b
	τάφος 1	grave	806c
	ὑποκριτής	hypocrite	845b
30	αἷμα 2 a	blood	22d
	εἰ I 1 b	if	219b
	εἰμί I 2	to be	223b
	ἡμέρα 4 b	time	347c
	κοινωνός 1 c	companion	440a
	πατήρ 1 b	forefathers	635b
	προφήτης 4	prophet	724a
31	ἑαυτοῦ 2	oneself	212c
	μαρτυρέω 1 a	bear witness	492d
	υἱός 1 c γ	son	834a
	φονεύω	murder	864d
	ὥστε 1 a	therefore	899d
32	καί I 2 f	and	392c
	μέτρον 1 a	measure	515a
	πατήρ 1 b	forefathers	635b
	πληρόω 1 a	make full	670d
33	γέεννα	hell	153b
	γέννημα	child	156a
	ἔχιδνα	viper	331d
	κρίσις 1 a β	judging	452d
	ὄφις 2	snake	600a
	πῶς 1 e	how	732c
	φεύγω 2	flee	855d
34	ἀπό II 1	from	87a
	ἀποστέλλω 1 b α	send away	98c
	γραμματεύς 3	scribes	166a
	διώκω 3	drive away	201b
	ἐγώ	I	217b
	ἐκ 4 a γ	from	235d
	ἰδού 1 b δ	behold	371a
	μαστιγόω 1	whip	495a
	πόλις 1	city	685d
	προφήτης 4	prophet	724a
	σοφός 3	learned	760c
	σταυρόω 1	crucify	765c
	συναγωγή 2 a	place of assembly	782d

35	Ἄβελ	Abel	1c
	αἷμα 2 a	blood	22d
	αἷμα 2 a	blood	23a
	ἀπό II 3 b	from	87b
	Βαραχίας	Barachiah	133a
	Βαραχίας	Barachiah	133b
	δίκαιος 1 b	upright	195d
	δίκαιος 4	righteous	196a
	ἐκχέω 1	pour out	247b
	ἐπί III 1 b γ	on	289a
	ἔρχομαι I 2 c	come	311c
	Ζαχαρίας 2	Zechariah	335d
	θυσιαστήριον 1 a	altar	366d
	μεταξύ 2 a	between	513a
	ναός 1 a	temple	533c
	ὅπως 2 a α	in order that	577a
	πᾶς, πᾶσα, πᾶν 1 a α	every each	631b
	φονεύω	murder	864d
36	γενεά 1	clan	154a
	γενεά 2	generation	154a
	ἥκω 2	have come	344d
37	ἀποστέλλω 1 b α	send away	98c
	θέλω 2	wish	355b
	Ἱεροσόλυμα	Jerusalem	373a
	Ἱεροσόλυμα 1 b	Jerusalem	373b
	λιθοβολέω 2	stone	474b
	νοσσίον	young	543d
	ὄρνις	cock	582a
	ποσάκις	how often	694b
	προφήτης 4	prophet	724a
	πτέρυξ	wing	727b
	τέκνον 2 f α	child	808d
	τρόπος 1	manner	827c
	ὑπό 2 a α	under	843c
37a	ἐπισυνάγω	gather	301d
37b	ἐπισυνάγω	gather	301d
38	ἀφίημι 3 a	abandon	126a
	ἔρημος 1 a	abandoned	309a
	ἰδού 1 b ε	behold	371a
	οἶκος 1 a γ	house	560d
39	ἄρτι 3	now	110b
	ἔρχομαι I 1 a	come	311a
	εὐλογέω 2 a	bless	322b
	λέγω II 1 d	assure	469d
	ὄνομα I 4 c γ	name	573a

Matthew 24

1	ἀπό IV 1 a β	from	87c
	ἐξέρχομαι 1 a α	go out	274c
	ἐπιδείκνυμι 1	show	291d
	οἰκοδομή 2 a	building	559a
	προσέρχομαι 1	approach	713a
1a	ἱερόν 2	temple	372c
1b	ἱερόν 2	temple	372c
2	ἀφίημι 3 a	leave	126b
	βλέπω 1 a	see	143b
	ἐπί III 1 a ζ	on	288c
2	καταλύω 1 a	throw down	414b
	λίθος 1 b	stone	474b
	μή D 1 a	not	517c
3	αἰών 2 a	age	27d
	εἰμί I 4	to be	223b
	ἐλαία 1	olive tree	247d
	ἐπί I 1 a α	on	286a
	ἴδιος 4	privately	370c
	κάθημαι 1 a α	sit	389c
	παρουσία 2 b α	coming	630a
	πότε	when	695a
	σημεῖον 1	sign	747d
	συντέλεια	close	792a
4	βλέπω 6	see	143d
	μή B 1 b	not	517b
	τὶς, τὶ 1 a γ	any one	820b
4f	πλανάω 1 b	deceive	665c
5	ἐπί II 3	on	288a
	ἔρχομαι I 1 a θ	come	311b
	ὄνομα I 4 c ε	name	573b
	Χριστός 1	Anointed One	887a
5a	πολύς I 2 a α	many	688b
5b	πολύς I 2 a α	many	688b
6	ἀκοή 2 a	report	31a
	ἀκούω 1 b α	hear	32a
	ἀλλά 2	but, yet	38c
	γίνομαι I 3 a	take place	158d
	δεῖ 1	it is necessary	172a
	θροέω	be disturbed	364a
	ὁράω 2 b	see	578d
	οὔπω	not yet	593c
	πόλεμος 1 a	armed conflict	685a
	τέλος 1 b	end	811c
7	βασιλεία 2	kingdom	135a
	ἐγείρω 2 d	rise	215a
	ἔθνος 1	nation	218c
	εἰμί I 4	to be	223b
	ἐπί III 1 a ε	against	288c
	κατά II 1 a	along	406a
	λιμός 2	famine	475b
	λιμός 2	famine	475b
	λοιμός I	pestilence	479d
	σεισμός	shaking	746c
	τόπος 1 d	place	822d
8	ἀρχή 1 b	beginning	111d
	ὀδύνη	pain	555b
	πᾶς, πᾶσα, πᾶν 1 e β	all	632c
	ὠδίν 2 b	birth pain	895d
9	εἰμί II 4 b γ	to be	224b
	εἰς 4 a	into	229a
	θλῖψις 1	tribulation	362c
	μισέω 3	hate	523a
	ὄνομα I 4 c α	name	572b
	παραδίδωμι 1 b	give over	615a
10	ἀλλήλων	each other	39c
	μισέω 1	hate	522d
	παραδίδωμι 1 b	give over	614d
	σκανδαλίζω 1 a	cause to fall	752d
	τότε 2	at that time	824a
11	ἐγείρω 2 e	appear	215a
	πλανάω 1 b	deceive	665c

11	πολύς I 1 a α	many	687c
	ψευδοπροφήτης	false prophet	892a
12	ἀγάπη I 1 a	love	5c
	ἀνομία 1	lawlessness	72a
	διά B II 3	because	181c
	πληθύνω 1 b	increase	669a
	πολύς I 2 a β	many	688c
	ψύχω	make cool	894d
13	εἰς 2 a α	until	228c
	οὗτος 1 a ε	this	596d
	σῴζω 2 b	save	798c
	τέλος 1 d γ	finally	812a
	ὑπομένω 2	remain	845d
14	βασιλεία 3 g	kingdom	135c
	ἔθνος 1	nation	218c
	εἰς 4 f	(purpose)	229c
	εὐαγγέλιον 1 c	gospel	318a
	εὐαγγέλιον 2 b α	gospel	318a
	ἥκω 2	have come	344d
	κηρύσσω 2 b β	announce	431c
	μαρτύριον 1 a	testimony	494a
	οἰκουμένη 1 a	the world	561b
	τέλος 1 b	end	811c
	τότε 2	at that time	824a
15	ἅγιος 1 a α	dedicated to god	9b
	ἀναγινώσκω 1	read	51d
	βδέλυγμα 3	abomination	138a
	Δανιήλ	Daniel	170d
	εἶπον 4	say	226d
	ἐρήμωσις	devastation	309b
	ἵστημι II 2 b β	being	382c
	νοέω 2	consider	540d
	οὖν 5	therefore	593c
	προφήτης 1	prophet	723c
	τόπος 1 b	place	822c
15f	ὅταν 1 b	when	588a
16	Ἰουδαία 1	Judaea	379a
	ὄρος	mountain	582d
	τότε 2	at that time	824a
	φεύγω 1	flee	855d
	φεύγω 1	flee	855d
17	αἴρω 3	carry	24c
	δῶμα	roof	210b
	ἐκ 6 a	from	236b
	ἐπί I 1 a α	on	286a
	καταβαίνω 1 a α	come down	408b
	μή A III 4	not	517a
18	ἀγρός 1	field	13d
	ἐπιστρέφω 1 b α	turn	301b
	ἱμάτιον 2	garment	376c
	μή A III 4	not	517a
	ὀπίσω 1 a	behind	575a
19	γαστήρ 2	womb	152d
	ἐκεῖνος 2 b β	that	239d
	ἔχω I 2 j	have	333b
	ἡμέρα 4 b	time	347c
	θηλάζω 1	give suck	360c
	οὐαί 1 a	woe	591b
20	γίνομαι I 3 a	take place	158d

20	ἵνα II 1 a γ	in order that	377c
	προσεύχομαι	pray	714a
	σάββατον 1 a	Sabbath	739b
	φυγή	flight	867c
	χειμών 2	winter	879d
21	ἀρχή 1 c	beginning	112b
	γίνομαι I 1 b β	come about	158b
	ἕως II 1 a	until	334d
	θλῖψις 1	tribulation	362b
	θλῖψις 1	tribulation	362c
	κόσμος 2	world	445d
	μέγας 2 a γ	great	497d
	μή D 1 a	not	517c
	νῦν 3 b	now	546a
	οἷος	of what sort	562d
	οὐ 6 d	no	591a
22	εἰ I 1 a	if	219b
	μή A I 1	not	515d
	πᾶς, πᾶσα, πᾶν 1 a α	every each	631b
	σάρξ 3	body	743d
	σῴζω 1 a	save	798a
22a	κολοβόω 2	shorten	442a
22b	κολοβόω 2	shorten	442a
23	πιστεύω 1 d	believe	661a
	τὶς, τὶ 1 a γ	any one	820a
	Χριστός 1	Anointed One	887a
	ὧδε 2 a	here	895b
24	δυνατός 2 a	possible	208d
	ἐγείρω 2 e	appear	215a
	μέγας 2 a γ	great	497d
	πλανάω 1 b	deceive	665c
	πλανάω 2 c δ	deceive	665c
	σημεῖον 2 b	sign	748c
	ψευδοπροφήτης	false prophet	892a
	ψευδόχριστος	false messiah	892b
	ὥστε 2 a β	so that	900a
	ὥστε 2 a β	so that	900a
25	προεῖπον 1	foretell	704d
26	ἐάν I 1 b	if	211b
	εἰμί III 4	to be	225b
	ἔρημος 2	desert	309a
	οὖν 5	therefore	593c
	πιστεύω 1 d	believe	661a
	ταμεῖον 2	storeroom	803d
	ταμιεῖον	secret room	803d
27	ἀνατολή 2 b	east	62c
	ἀστραπή	lightning	118b
	δυσμή	west	209d
	εἰμί II 9 b	to be	225a
	ἐξέρχομαι 2 b β	go out	275a
	ἕως II 2 a	as far as	335a
	παρουσία 2 b α	coming	630b
	υἱός 2 c	son	835b
	φαίνω 2 a	shine	851c
	ὥσπερ 1	(just) as	899c
28	ἀετός	eagle	19d
	ἐκεῖ 2	there	239b
	ὅπου 1 a δ	where	576b

28	πτῶμα	corpse	728a
	συνάγω 2	gather	782c
29	ἀστήρ	star	117d
	δίδωμι 1 b γ	give	193b
	δύναμις 5	resources	208a
	ἥλιος	the sun	345d
	θλῖψις 1	tribulation	362c
	μετά B II 3	after	510b
	πίπτω 1 a	fall	659b
	σαλεύω 1	shake	740c
	σελήνη	moon	746d
	σκοτίζω 1	become dark	757c
	φέγγος	light	854d
29a	οὐρανός 1 c	heaven	594b
29b	οὐρανός 1 c	heaven	594b
30	δόξα 1 a	glory	203d
	ἐπί I 1 a α	on	286a
	ἔρχομαι I 1 a	come	311a
	κόπτω 2	beat	444b
	μετά A III 2	with	509d
	νεφέλη	cloud	536d
	ὁράω 1 a α	see	577d
	οὐρανός 2 b	heaven	595a
	πολύς I 1 b β	many	688a
	σημεῖον 1	sign	747d
	υἱός 2 c	son	835b
	φαίνω 2 b	appear	851d
	φυλή 2	nation	869a
30a	τότε 2	at that time	824a
30b	οὐρανός 1 d	heaven	594b
	τότε 2	at that time	824a
31	ἄγγελος 2 a	angel	7d
	ἄκρον	top	34a
	ἄνεμος 1 b	wind	64d
	ἀπό II 1	from	87a
	ἐπισυνάγω	gather	301d
	ἕως II 2 a	as far as	335a
	μέγας 2 a γ	great	497d
	μετά A III 2	with	510a
	σάλπιγξ 1	trumpet	741a
	σάλπιγξ 2	trumpet	741a
	τέσσαρες	four	813b
	φωνή 1	sound	870d
32	ἁπαλός	tender	80b
	ἀπό IV 2 b	from	87d
	γίνομαι I 4 b	become	159d
	γινώσκω 3 c	understand	161b
	ἐγγύς 2 a	near	214b
	ἐκφύω	put forth	247b
	θέρος	summer	359d
	κλάδος	branch	433a
	μανθάνω 1	learn	490c
	παραβολή 2	parable	612c
	συκῆ	fig tree	776b
	φύλλον	foliage	869a
32f	ὅταν 1 b	when	588a
33	γινώσκω 6 c	know	161c
	ἐγγύς 3	near	214c
	εἰμί III 5 b	to be	225c
	ἐπί II 1 a δ	at	287a
	θύρα 2 a	door	365d
33	οὕτω 1 b	thus	597d
34	γενεά 2	generation	154a
	γίνομαι I 3 a	take place	158d
	μή D 1 a	not	517c
	παρέρχομαι 1 b α	pass away	626a
35	λόγος 1 a δ	word	477c
	οὐρανός 1 a α	heaven	593d
35a	παρέρχομαι 1 b α	pass away	626a
35b	παρέρχομαι 1 b α	pass away	626a
36	ἄγγελος 2 a	angel	7c
	μόνος 1 a γ	only	527d
	οἶδα 1 h	know	556b
	οὐδέ 3	not even	591c
	οὐρανός 2 c	heaven	595a
	πατήρ 3 d α	father	636b
	περί 1 h	about	645a
	ὥρα 1	time of day	896a
37	εἰμί II 9 b	to be	225a
	Νῶε	Noah	547c
	παρουσία 2 b α	coming	630b
	υἱός 2 c	son	835b
	ὥσπερ 1	(just) as	899c
38	ἄχρι 1 a	until	128d
	γαμέω 1 b	marry	150d
	γαμίζω 1	give in marriage	151a
	γαμίσκω	give in marriage	151b
	γάρ 2	for	152b
	εἰσέρχομαι 1 a β	come	232d
	ἐκγαμίζω	marry	238a
	ἐκεῖνος 2 b α	that	239d
	ἡμέρα 4 b	time	347c
	κιβωτός 1	box	431d
	Νῶε	Noah	547c
	ὅς, ἥ, ὅ I 5 c	(rel pron)	584c
	πίνω 1	drink	658d
	πρό 2	before	701d
	τρώγω	gnaw	829b
38b	ἡμέρα 2	day	346c
38f	κατακλυσμός	flood	411d
39	αἴρω 4	take away	24d
	ἅπας 2	all	81d
	γινώσκω 3 b	understand	161b
	εἰμί II 9 b	to be	225a
	ἕως I 1 a	until	334b
	παρουσία 2 b α	coming	630b
	υἱός 2 c	son	835b
40	ἀγρός 1	field	14a
	παραλαμβάνω 1	take	619c
40f	εἷς 5 a	one	232a
41	ἀλήθω	grind	37b
	μύλος 1	mill	529b
	μυλών	mill house	529c
	παραλαμβάνω 1	take	619c
42	γρηγορέω 2	be awake	167c
	ὥρα 1	time of day	896a
42f	οἶδα 1 f	know	556a
	ποῖος 2 a β	of what kind	684d
43	γινώσκω 6 c	know	161c

43	γρηγορέω 1	be awake	167c
	διορύσσω	digs through	199b
	ἐάω 1	let	212d
	εἰ I 1 b	if	219b
	ἐκεῖνος 1 d	that	239d
	κλέπτης	thief	434b
	ὁ, ἡ, τό II 1 a β	the	550b
	οἰκία 1 a	house	557b
	οἰκοδεσπότης	master of the house	558a
	φυλακή 4	guard	868a
44	διά B II 2	therefore	181b
	δοκέω 1 f	think	202a
	ἕτοιμος 2	ready	316d
	ὅς, ἥ, ὅ I 5 a	(rel pron)	584b
	υἱός 2 c	son	835b
	ὥρα 1	time of day	896a
45	ἄρα 2	then	103d
	ἄρα 4	would you say	104a
	ἐπί I 1 b α	over	286c
	θεραπεία 2	serving	359a
	καθίστημι 2 a	appoint	390b
	καιρός 2	time	395a
	ὁ, ἡ, τό II 4 b ζ	the	551d
	οἰκετεία	slaves in a household	557a
	πιστός 1 a α	trustworthy	664c
	τροφή 1	food	827d
	φρόνιμος	thoughtful	866d
45f	δοῦλος 1 a	slave	205d
46	εὑρίσκω 1 c α	find	325b
	μακάριος 1 b	blessed	486d
	ποιέω I 2 a α	do	682c
47	ἐπί II 1 b α	over	287a
	καθίστημι 2 a	appoint	390c
	πᾶς, πᾶσα, πᾶν 1 d β	all	632b
	ὑπάρχω 1	be	838a
48	δοῦλος 1 a	slave	205d
	ἐάν I 1 b	if	211b
	κακός 1 a	bad	397d
	καρδία 1 b β	heart	403d
	κύριος 1 a β	lord	459a
	χρονίζω 1	take time	887d
	χρονίζω 2	take time	887d
49	ἄρχω 2 a α	begin	113c
	ἐσθίω 1 c	eat	312d
	ἐσθίω 1 e ε	eat	313b
	μεθύω 1	be drunk	499c
	μετά A II 2	with	509b
	πίνω 1	drink	658d
	σύνδουλος 1	fellow slave	785d
	τύπτω 1	strike	830b
50	γινώσκω 6 a α	know	161c
	δοῦλος 1 a	slave	205d
	ἐάν I 1 b	if	211b
	ἥκω 1 c	have come	344d
	ἡμέρα 2	day	346c
	προσδοκάω 3	expect	712c
	ὥρα 1	time of day	896a
50b	ὅς, ἥ, ὅ I 4 a	(rel pron)	584a
51	βρυγμός	gnashing	148a
51	διχοτομέω	cut in two	200c
	κλαυθμός	weeping	433c
	μέρος 2	share	506c
	μετά A I	with	508c
	ὀδούς	tooth	555a
	τίθημι I 1 b ε	make up (your) minds	816b
	ὑποκριτής	hypocrite	845b

Matthew 25

1	δέκα	ten	173d
	ἑαυτοῦ 4	oneself	212c
	εἰς 4 f	(purpose)	229c
	ἐξέρχομαι 1 a ε	go out	274d
	λαμβάνω 1 a	take	464b
	λαμπάς 2	lamp	465d
	νύμφη 1	bride	545b
	νυμφίος	bridegroom	545b
	ὁμοιόω 1	make like	567b
	ὅστις 2 a	whoever	587a
	οὐρανός 3	heaven	595b
	παρθένος 1	virgin	627a
	ὑπάντησις	coming to meet	837d
2	ἐκ 4 a α	from	235d
	φρόνιμος	thoughtful	866d
2f	μωρός 1	foolish	531c
3	ἑαυτοῦ 1 f	oneself	212b
	λαμβάνω 1 a	take	464b
3f	ἔλαιον 1	olive oil	247d
	λαμπάς 2	lamp	465d
4	ἀγγεῖον	container	6d
	φρόνιμος	thoughtful	866d
5	καθεύδω 1	sleep	388d
	νυστάζω 1	become drowsy	547a
	χρονίζω 1	take time	887d
5f	νυμφίος	bridegroom	545b
6	ἀπάντησις	meeting	80c
	γίνομαι I 1 b β	come about	158b
	ἔρχομαι I 1 a α	come	310c
	ἰδού 2	there is	371b
	κραυγή 1 b	shout	449c
	μέσος 1	midnight	507b
	νύξ 1 b	night	546d
7	ἐγείρω 2 a	awaken	215a
	κοσμέω 1	put in order	445a
	παρθένος 1	virgin	627a
	πᾶς, πᾶσα, πᾶν 1 d α	all	632a
7f	λαμπάς 2	lamp	465d
8	δίδωμι 1 a	give	192d
	ἐκ 4 a ε	from	236a
	ἔλαιον 1	olive oil	247d
	μωρός 1	foolish	531c
	σβέννυμι 1	extinguish	745c
8f	φρόνιμος	thoughtful	866d
9	ἀγοράζω 1	buy	12d
	ἀρκέω 1	be enough	107a
	μᾶλλον 3 a β	rather	489c
	μήποτε 4	perhaps	519c
	πορεύω 1	proceed	692c
	πωλέω	sell	731d

10	ἀγοράζω 1	buy	12d
	γάμος 1 b	wedding	151c
	ἕτοιμος	ready	316c
	ἕτοιμος 2	ready	316c
	θύρα 1 a	door	365d
	κλείω 1	shut	434a
	νυμφίος	bridegroom	545b
11	ἀνοίγω 1 a	open	71a
	κύριος 1 b	lord	459b
	λοιπός 2 a	other	479d
	παρθένος 1	virgin	627a
	ὕστερος 2 a	later	849d
12	οἶδα 2	know	556b
13	γρηγορέω 2	be awake	167c
	ἡμέρα 2	day	346b
	οἶδα 1 b	know	555d
	οὐδέ 1	and not	591c
	υἱός 2 c	son	835b
	ὥρα 1	time of day	896a
14	ἀποδημέω 1	go on a journey	90a
	δοῦλος 1 a	slave	205d
	ἴδιος 2 c	ones own	370a
	καλέω 1 c	call	399c
	παραδίδωμι 1 a	give over	614c
	ὑπάρχω 1	be	838a
	ὥσπερ 1	(just) as	899c
15	ἀποδημέω 1	go on a journey	90a
	δίδωμι 3	give	193c
	δύναμις 2	power	208a
	εἷς 1 a α	one	230d
	ἕκαστος 2	each	236c
	ἴδιος 1 a β	ones own	369d
	κατά II 5 a γ	according to	407b
	μέν 1 c	(particle)	503a
	ὅς, ἥ, ὅ II 2	this (one)	585b
15-28	τάλαντον	talent	803c
16	ἐργάζομαι 1	work	307a
	ποιέω I 1 b	do	681d
	πορεύω 1	proceed	692c
16f	κερδαίνω 1 a	to gain	429c
17	ὁ, ἡ, τό II 9 a	the	552c
	ὡσαύτως	similarly	899b
18	ἀπέρχομαι 1 a	go away	84c
	ἀποκρύπτω	conceal	93d
	ἀργύριον 2 b	money	104d
	γῆ 2	ground	157c
	κρύπτω 1 a	hide	454b
	ὀρύσσω 1	dig	583a
	ὀρύσσω 3	dig	583a
19	δοῦλος 1 a	slave	205d
	λόγος 2 b	settlement	478d
	μετά A II 3 b	with	509c
	μετά B II 1	after	510a
	πολύς I 1 b α	many	688a
	συναίρω	settle accounts	783c
	χρόνος	time	887d
20	ἄλλος 2	more	40b
	ἐπικερδαίνω	gain in addition	294d

20	ἴδε 3	see	369b
	κερδαίνω 1 a	to gain	429c
	κύριος 1 a β	lord	459b
	παραδίδωμι 1 a	give over	614c
	προσέρχομαι 1	approach	713a
	προσφέρω 1 b	bring (to)	719d
21	ἀγαθός 1 a α	good	2d
	δοῦλος 1 a	slave	205d
	εἰσέρχομαι 2 a	come	233a
	ἐπί III 1 b α	over	289a
	εὖ	well	317b
	καθίστημι 2 a	appoint	390b
	ὀλίγος 1 b	few	563d
	πολύς I 2 b α	many	688c
	χαρά 2 b	joy	875d
	χαρά 2 c	festive dinner	875d
21a	πιστός 1 a α	trustworthy	664c
21b	πιστός 1 a α	trustworthy	664d
22	ἐπικερδαίνω	gain in addition	294d
	ἴδε 3	see	369b
	κερδαίνω 1 a	to gain	429c
	κύριος 1 a β	lord	459b
	ὁ, ἡ, τό II 9 a	the	552c
	παραδίδωμι 1 a	give over	614c
	προσέρχομαι 1	approach	713a
23	ἀγαθός 1 a α	good	2d
	δοῦλος 1 a	slave	205d
	εἰσέρχομαι 2 a	come	233a
	ἐπί III 1 b α	over	289a
	εὖ	well	317b
	καθίστημι 2 a	appoint	390b
	ὀλίγος 1 b	few	563d
	πολύς I 2 b α	many	688c
	χαρά 2 b	joy	875d
	χαρά 2 c	festive dinner	875d
23a	πιστός 1 a α	trustworthy	664c
23b	πιστός 1 a α	trustworthy	664d
24	ἄνθρωπος 2 b α	man	68d
	γινώσκω 1 c	know	161a
	διασκορπίζω	scatter	188b
	εἷς 1 a α	one	230d
	θερίζω 2 a	reap	359b
	κύριος 1 a β	lord	459b
	ὅθεν 1	from which	555c
	ὅπου 1 a α	where	576a
	ὅτι 1 b ζ	that	589a
	προσέρχομαι 1	approach	713a
	σκληρός 2	hard	756a
	σπείρω 1 b α	sow	761b
	συνάγω 1	gather	782b
25	ἀπέρχομαι 1 a	go away	84c
	γῆ 2	ground	157c
	ἔχω I 7 b	have	333d
	ἴδε 5	see	369c
	κρύπτω 1 b	hide	454c
	σός, σή, σόν 2 b	yours	759c
	φοβέω 1 a	be afraid	862c
26	διασκορπίζω	scatter	188b
	δοῦλος 1 a	slave	205d
	θερίζω 2 a	reap	359b

26	ὅθεν 1	from which	555c
	ὀκνηρός 1	idle	563a
	ὅπου 1 a α	where	576a
	πονηρός 1 b α	wicked	690d
	σπείρω 1 b α	sow	761b
	συνάγω 1	gather	782b
27	ἄν 1 b β	(particle)	48c
	ἀργύριον 2 b	money	104d
	βάλλω 2 b	put	131b
	ἐμός 2	my	255c
	κομίζω 2 b	bring	443a
	σύν 4 a	with	782a
	τόκος	interest	821d
	τραπεζίτης	banker	824d
28	δέκα	ten	173d
29	ὅς, ἥ, ὅ I 2 b α	(rel pron)	583c
	περισσεύω 2 a	be left over	651a
29a	ἔχω I 2 a	have	332a
29b	ἔχω I 2 a	have	332a
30	ἀχρεῖος	useless	128c
	βρυγμός	gnashing	148a
	δοῦλος 1 a	slave	205d
	ἐκβάλλω 1	drive out	237b
	ἐξώτερος 2	farthest	280a
	κλαυθμός	weeping	433c
	ὀδούς	tooth	555a
	σκότος 1	darkness	757d
31	δόξα 1 a	glory	203d
	ἐν I 4 b	in	259a
	ἐπί I 1 a β	on	286a
	ἔρχομαι I 1 a	come	311a
	θρόνος 1 c	throne	364b
	καθίζω	sit down	389d
	καθίζω 2 a α	sit down	390a
	μετά A II 1 a	with	508d
	ὅταν 1 b	when	588a
	τότε 2	at that time	824a
	υἱός 2 c	son	835b
32	ἀλλήλων	each other	39c
	ἀφορίζω 1	separate	127b
	ἔμπροσθεν 2 b	in front	257b
	ἔριφος	kid	309d
	ποιμήν 1	shepherd	684a
	συνάγω 2	gather	782c
	ὥσπερ 2	(just) as	899d
32f	πρόβατον 2	sheep	703b
33	ἐκ 2	away from	234d
	ἐρίφιον	kid	309d
	εὐώνυμος	left	330a
	ἵστημι I 1 a α	put	382a
33f	δεξιός 2 b	right	175a
34	βασιλεία 3 g	kingdom	135b
	βασιλεία 3 g	kingdom	135c
	βασιλεύς 2 a	king	136b
	δεῦτε 2	come	176d
	ἑτοιμάζω 3	prepare	316c
	εὐλογέω 3	bless	322c
	καταβολή 1	foundation	409a
	κληρονομέω 2	acquire	434d
	κόσμος 2	world	445d
	πατήρ 3 d α	father	636b

34-45	τότε 2	at that time	824a
35	δίδωμι 2	give	193c
	διψάω 1	thirst	200c
	ἐσθίω 1 d	eat	313a
	ξένος 2 a	the stranger	548b
	πεινάω 1	hunger	640a
	ποτίζω 1	give to drink	695d
	συνάγω 5	gather	782d
36	ἀσθενέω 1 a	be sick	115c
	γυμνός 3	poorly dressed	168a
	ἐπισκέπτομαι 2	visit	298c
	περιβάλλω 1 b ε	throw around	646b
	φυλακή 3	guard	867d
37	ἀποκρίνομαι 2	begin	93c
	δίκαιος 1 b	upright	195d
	διψάω 1	thirst	200c
	πεινάω 1	hunger	640a
	ποτίζω 1	give to drink	695d
	τρέφω 1	feed	825c
37-9	πότε	when	695a
38	γυμνός 3	poorly dressed	168a
	ξένος 2 a	the stranger	548b
	περιβάλλω 1 b ε	throw around	646b
	συνάγω 5	gather	782d
39	ἀσθενέω 1 a	be sick	115b
	φυλακή 3	guard	867d
40	ἀδελφός 2	brother	16b
	βασιλεύς 2 a	king	136b
	ἐλάχιστος 2 a	smallest	248d
	ἐπί III 3	on	289c
	ποιέω I 1 d β	do	682b
41	ἄγγελος 2 c	angel	8a
	αἰώνιος 3	eternal	28c
	ἄσβεστος 1	inextinguishable	114b
	διάβολος 2	the slanderer	182a
	ἑτοιμάζω 3	prepare	316c
	εὐώνυμος	left	330a
	καταράομαι	curse	417b
	ὁ, ἡ, τό II 1 f	the	550d
	ὁ, ἡ, τό II 5	the	552a
	πορεύω 1	proceed	692b
	πῦρ 1 b	fire	730b
42	δίδωμι 2	give	193c
	διψάω 1	thirst	200c
	πεινάω 1	hunger	640a
	ποτίζω 1	give to drink	695d
43	ἐπισκέπτομαι 2	visit	298c
	περιβάλλω 1 b ε	throw around	646b
	συνάγω 5	gather	782d
43f	ἀσθενής 1 a	sick	115c
	γυμνός 3	poorly dressed	168a
	ξένος 2 a	the stranger	548b
	φυλακή 3	guard	867d
44	διακονέω 4	help	184b
	διψάω 1	thirst	200c
	ἤ 1 a β	or	342b
	πεινάω 1	hunger	640a

44	πότε	when	695a
45	ἐλάχιστος 2 a	smallest	248d
	ἐπί III 3	on	289c
	οὐδέ 2	and not	591c
	ποιέω I 1 d β	do	682b
46	αἰώνιος 3	eternal	28c
	αἰώνιος 3	eternal	28d
	δίκαιος 1 b	upright	195d
	εἰς 4 a	into	229a
	ζωή 2 b β	life	341a
	κόλασις 2	punishment	441a

Matthew 26

1	γίνομαι I 3 f	take place	159b
	ὅτε 1 b	when	588b
	πᾶς, πᾶσα, πᾶν 1 d α	all	632a
	τελέω 1	finish	810d
2	γίνομαι I 3 a	take place	159a
	εἰς 4 f	(purpose)	229d
	ἡμέρα 2	day	346d
	μετά B II 1	after	510a
	παραδίδωμι 1 b	give over	615a
	πάσχα 1	the passover	633c
	σταυρόω 1	crucify	765c
	υἱός 2 c	son	835b
3	ἀρχιερεύς 1 b	high priest	112d
	αὐλή 4	court	121b
	Καϊάφας	Caiaphas	393d
	λέγω II 3	call	470a
	πρεσβύτερος 2 a β	older	700a
	πρεσβύτερος 2 a β	older	700a
	συνάγω 2	gather	782c
4	δόλος	deceit	203b
	ἵνα II 1 a α	in order that	377c
	κρατέω 1 a	arrest	448c
	συμβουλεύω 2 a	advise	778a
5	γίνομαι I 1 b β	come about	158b
	ἑορτή	festival	280b
	ἑορτή	festival	280b
	θόρυβος 3 b	noise	363a
	λαός 1 c α	people	466d
	μή A III 6	not	517a
6	Βηθανία 1	Bethany	139d
	γίνομαι II 4 a	be	160c
	λεπρός	leper	472a
	οἰκία 1 a	house	557c
	Σίμων 6	Simon	751b
7	ἀλάβαστρος	alabaster	34c
	ἀνάκειμαι 2	be at table	55d
	βαρύτιμος	expensive	134b
	ἔχω I 1 a	have	331d
	καταχέω	pour out	420d
	κεφαλή 1 a	head	430a
	μύρον	ointment	530a
	πολύτιμος	valuable	690a
8	ἀγανακτέω	be aroused	4b
	ἀπώλεια 1	destruction	103c
9	δύναμαι 1 b	able	207b
	πιπράσκω	sell	659a
	πολύς I 2 c α	many	688d
9	πτωχός 1 a	poor	728b
10	γινώσκω 4 b	perceive	161b
	ἐργάζομαι 2 a	work	307a
	ἔργον 1 c β	deed	308b
	καλός 2 b	good	400c
	κόπος 1	trouble	443d
	παρέχω 1 c	cause	626c
11	ἔχω I 3	have	333b
	μετά A II 1 b	with	508d
	πτωχός 1 a	poor	728b
11a	πάντοτε	always	609b
11b	πάντοτε	always	609b
12	βάλλω 2 b	put	131b
	ἐνταφιάζω	prepare for burial	268b
	μύρον	ointment	529d
	πρός III 3 a	toward	710b
	σῶμα 1 b	body	799a
13	εἰς 4 f	(purpose)	229d
	εὐαγγέλιον 1 c	gospel	318a
	κηρύσσω 2 b β	announce	431c
	κόσμος 4 a	world	446a
	λαλέω 2 b	speak	463d
	μνημόσυνον 2	memory	525b
	ὅπου 1 a δ	where	576b
	ὅς, ἥ, ὅ I 2 b α	(rel pron)	583c
	ποιέω I 1 b ε	do	681c
14	δώδεκα	twelve	210a
	Ἰούδας 6	Judas	380a
	Ἰσκαριώθ	Iscariot	381a
	λέγω II 3	call	470a
	πορεύω 1	proceed	692c
	Σκαριώθης		753c
15	ἀργύριον 2 c	silver	105a
	δίδωμι 4	give	193c
	εἶπον 3 b	say	226c
	θέλω 2	wish	355b
	ἵστημι I 1 b γ	put	382a
	παραδίδωμι 1 b	give over	614d
	στατήρ	the stater	764c
16	εὐκαιρία	favorable opportunity	321c
	ζητέω 2 a	seek	339a
	παραδίδωμι 1 b	give over	614d
	τότε 1 a	at that time	823d
17	ἄζυμος 1 b	unleavened bread	20a
	ἐσθίω 1 a	eat	312c
	ἑτοιμάζω 1	prepare	316b
	θέλω 1	wish	355a
	πάσχα 2	the paschal lamb	633c
	ποῦ 1 a	where	696a
	πρῶτος 1 a	first	725d
18	δεῖνα	somebody	173a
	διδάσκαλος	teacher	191d
	ἐγγύς 2 a	near	214b
	εἰμί II 9 a	to be	224d
	εἶπον 3 a	say	226c
	εἰς 1 a α	into	228b
	καιρός 3	time	395b
	μετά A II 2	with	509b

18	πάσχα 3	passover meal	633c
	ποιέω I 1 b ζ	do	681d
	πόλις 1	city	685c
	ὑπάγω 2	go away	836d
18b	πρός III 7	by	711a
19	ἑτοιμάζω 1	prepare	316b
	πάσχα 3	passover meal	633c
	ποιέω I 2 a α	do	682c
	ὡς I 2 b	as	897b
20	ἀνάκειμαι 2	be at table	55d
	γίνομαι I 1 b γ	come about	158c
	μετά A II 2	with	509b
	ὄψιος 2	late	601d
21	εἷς 1 a β	one	230d
	ἐσθίω 1 d	eat	313a
	παραδίδωμι 1 b	give over	614d
22	ἄρχω 2 a α	begin	113c
	εἰμί II 5	to be	224c
	ἕκαστος 2	each	236c
	λυπέω 2 b	be grieved	481d
	μήτι	(interrog particle)	520b
	σφόδρα	greatly	796b
23	ἐμβάπτω	dip	254b
	οὗτος 1 a ε	this	596d
	παραδίδωμι 1 b	give over	614d
	τρύβλιον	bowl	828b
24	γεννάω 2	bear	155d
	γράφω 2 c	write	167a
	καθώς 1	just as	391b
	καλός 3 c	good	400d
	καλός 3 c	good	400d
	οὐ 5 b	no	590d
	οὐαί 1 a	woe	591b
	παραδίδωμι 1 b	give over	614d
	ὑπάγω 3	go away	837a
24a	υἱός 2 c	son	835b
24b	υἱός 2 c	son	835b
25	ἀποκρίνομαι 2	continue	93c
	εἰμί II 5	to be	224c
	εἶπον 1	say	226b
	Ἰούδας 6	Judas	380a
	λέγω II 1 e	declare	469d
	μήτι	(interrog particle)	520b
	παραδίδωμι 1 b	give over	614d
	ῥαββί	rabbi	733a
26	ἄρτος 1 c	bread	110d
	εἰμί II 3	to be	224a
	ἐσθίω 1 d	eat	313a
	εὐλογέω 1	speak well	322b
	εὐλογέω 2 b	bless	322c
	κλάω	break	433d
	οὗτος 1 a α	this	596b
	σῶμα 1 b	body	799d
26a	λαμβάνω 1 a	take	464b
26b	ἐσθίω 1 d	eat	313a
	λαμβάνω 1 a	take	464b
26f	δίδωμι 2	give	193c
27	ἐκ 1 a	away from	234b
	εὐχαριστέω 2	give thanks	328b
	πᾶς, πᾶσα, πᾶν 2 a γ	all	632d
	πίνω 1	drink	658d
27	ποτήριον 1	cup	695b
28	αἷμα 2 b	blood	23a
	ἁμαρτία 1	sin	43b
	ἄφεσις 2	pardon	125a
	διαθήκη 2	covenant	183b
	εἰς 4 f	(purpose)	229d
	ἐκχέω 1	pour out	247b
	καινός 3 b	new	394b
	οὗτος 1 a α	this	596b
	περί 1 f	about	644d
	πολύς I 2 a α	many	688b
29	ἄμπελος 1	vine	46d
	ἀπαρτί	exactly	81a
	ἄρτι 3	now	110b
	βασιλεία 3 c	kingdom	135b
	βασιλεία 3 g	kingdom	135c
	γένημα	produce	155a
	ἐκ 4 a ε	from	236a
	ἕως II 1 a	until	334d
	καινός 3 b	new	394b
	μετά A II 2	with	509b
	μή D 1 a	not	517c
	ὅταν 1 a	when	588a
	πατήρ 3 d α	father	636b
29a	πίνω 1	drink	658d
29b	πίνω 1	drink	658c
30	ἐλαία 1	olive tree	247d
	ἐξέρχομαι 1 a ε	go out	274d
	ὄρος	mountain	582c
	ὑμνέω 2	sing the praise of	836b
31	διασκορπίζω	scatter	188b
	νύξ 1 c	night	546d
	πᾶς, πᾶσα, πᾶν 1 e α	all	632b
	πατάσσω 1 c	strike down	634d
	ποιμήν 1	shepherd	684a
	ποίμνη	flock	684c
	πρόβατον 1	sheep	703b
	σκανδαλίζω 1 b	cause to fall	752d
32	ἐγείρω 2 c	rise	215a
	μετά B II 4 a	after	510c
	προάγω 2 b	lead	702b
33	εἰ I 1 a	if	219a
	οὐδέποτε	never	592b
	σκανδαλίζω 1 b	cause to fall	752d
34	ἀλέκτωρ	cock	35c
	νύξ 1 c	night	546d
	πρίν 1 b	before	701b
	πρίν 2	before	701b
	τρίς	thrice	826b
	φωνέω 1 a	produce a sound	870c
34f	ἀπαρνέομαι	deny	81a
35	ἀποθνῄσκω 1 a α	die	91b
	δεῖ 4	it is necessary	172b
	εἶπον 2 a	say	226c
	κἄν 2	even if	402c
	μή D 2	not	517c
	ὁμοίως	likewise	567d
	σύ 2	you	772c
	σύν 2 b	with	781d
36	αὐτοῦ	here	124a
	Γεθσημανί	Gethsemane	153b

Verse	Greek	Gloss	Page
36	ἐκεῖ 2	there	239b
	ἕως II 1 b γ	until	335a
	καθίζω 2 a α	sit down	390a
	λέγω II 3	call	470a
	προσεύχομαι	pray	713d
	χωρίον 1	place	890b
37	ἀδημονέω	troubled	16d
	ἄρχω 2 a β	begin	113c
	Ζεβεδαῖος	Zebedee	337b
	λυπέω 2 b	be grieved	481d
	παραλαμβάνω 1	take	619c
38	γρηγορέω 1	be awake	167c
	ἕως II 4	as many as	335c
	θάνατος 1 a	death	350d
	μένω 1 a α	remain	503d
	μετά A II 2	with	509b
	περίλυπος	very sad	648c
	ψυχή 1 b γ	soul, life	893c
	ψυχή 1 f	soul, life	894a
39	δυνατός 2 a	possible	208d
	ἐπί III 1 a β	on	288b
	μικρός 3 d	short	521c
	παρέρχομαι	go by	625d
	παρέρχομαι 1 b γ	pass away	626b
	πατήρ 3 d α	father	636b
	πίπτω 1 b α	fall	659d
	πλήν 1 b	but	669c
	ποτήριον 2	cup	695c
	προέρχομαι 1	go forward	705c
	προσέρχομαι 1	approach	713a
	προσεύχομαι	pray	713d
	πρόσωπον 1 a	face	721a
	σύ 1 a	you	772a
39a	ὡς I 2 b	as	897b
40	γρηγορέω 1	be awake	167c
	εὑρίσκω 1 c α	find	325b
	ἰσχύω 2 b	be strong	383d
	καθεύδω 1	sleep	388d
	μετά A II 2	with	509b
	οὕτω 1 b	thus	597d
	ὥρα 2 a α	time of day	896b
41	ἀσθενής 1 b	sick	115d
	γρηγορέω 2	be awake	167c
	εἰσέρχομαι 2 a	come	233a
	ἵνα II 1 a γ	in order that	377c
	πειρασμός 2 b	test	641a
	πνεῦμα 3 b	spirit	675c
	πρόθυμος	ready	706c
	προσεύχομαι	pray	714a
	σάρξ 7	body	744b
42	γίνομαι I 2 a	created	158c
	δεύτερος 4	second	177b
	εἰ I 1 a	if	219a
	θέλημα 1 a	will	354b
	μή A I 1	not	515d
	πάλιν 2	again	606d
	πάλιν 2	again	606d
	παρέρχομαι 1 b γ	pass away	626b
	πατήρ 3 d α	father	636b
42	πίνω 2 b α	drink	658d
	ποτήριον 2	cup	695c
	προσεύχομαι	pray	713d
43	βαρέω	burden	133c
	εὑρίσκω 1 c α	find	325b
	καθεύδω 1	sleep	388d
	πάλιν 1 a	back	606c
43f	αὐτός 3 a	(oblique case)	123b
44	αὐτός 4 a	the same	123c
	ἀφίημι 3 a	leave	126a
	εἶπον 1	say	226b
	ἐκ 5 b β	from	236b
	λόγος 1 a β	word	477b
	πάλιν 2	again	606d
	τρίτος 3	third	826d
45	ἁμαρτωλός 2	sinner	44b
	ἀναπαύω 2	rest	59a
	ἐγγίζω 5 b	approach	213d
	καθεύδω 1	sleep	388d
	καί I 2 c	and	392c
	λοιπός 3 a α	the rest	480a
	παραδίδωμι 1 b	give over	614d
	υἱός 2 c	son	835b
	χείρ 2 b	hand	880c
	ὥρα 3	time of day	896d
46	ἄγω 5	go	14d
	ἐγγίζω 5 a	approach	213d
	ἐγείρω 2 f	appear	215b
	παραδίδωμι 1 b	give over	614d
47	ἀρχιερεύς 1 b	high priest	112d
	ἔτι 1 a β	still	315d
	ἰδού 1 b α	behold	371a
	Ἰούδας 6	Judas	380a
	λαλέω 2 a γ	speak	463b
	λαος 3 a	people	466d
	μάχαιρα 1	sword	496b
	μετά A III 3	with	510a
	ξύλον 2 b	the pole	549a
	πολύς I 1 b α	many	687d
	πρεσβύτερος 2 a β	older	700a
48	δίδωμι 1 b α	give	193a
	κρατέω 1 a	arrest	448c
	παραδίδωμι 1 b	give over	614d
	σημεῖον 1	sign	747d
	φιλέω 2	love, like	859c
49	καταφιλέω	kiss	420b
	ῥαββί	rabbi	733a
	χαίρω 2 a	rejoice	874a
50	ἐπί III 1 a β	on	288b
	ἐπί III 1 b	on	289b
	ἐπιβάλλω 1 b	lay on	289d
	ἑταῖρος	companion	314c
	κρατέω 1 a	arrest	448c
	ὅς, ἥ, ὅ I 2 a	(rel pron)	583c
	ὅς, ἥ, ὅ I 2 b β	(rel pron)	583c
	ὅς, ἥ, ὅ I 9 b	(rel pron)	585a
	πάρειμι 1 a	be present	624b
51	ἀποσπάω 1	draw	98a
	ἀφαιρέω 1	cut off	124b
	δοῦλος 1 a	slave	205d
	ἐκτείνω 1	stretch out	245b

51	μάχαιρα 1	sword	496b
	μετά A II 1 c α	with	509a
	πατάσσω 1 b	strike	634d
	ὠτίον	the ear	900b
52	ἀπόλλυμι 2 a α	perish	95b
	ἀποστρέφω 1 b	return	100c
	ἐν III 1 a	by	260d
	λαμβάνω 1 a	take	464b
	λέγω II 1 c	order	469c
	πᾶς, πᾶσα, πᾶν 1 d β	all	632b
	τόπος 1 f	place	822d
52a	μάχαιρα 1	sword	496b
52b	μάχαιρα 1	sword	496b
53	ἄγγελος 2 a	angel	7d
	ἄρτι 2	now	110b
	δοκέω 1 d	think	202a
	ἤ 1 d α	or	342b
	λεγιών	legion	468a
	παρακαλέω 1 c	invite	617a
	παρίστημι 1 a	place beside	627d
	πατήρ 3 d α	father	636b
	πολύς II 2 c	many	689d
54	γίνομαι I 3 a	take place	158d
	γραφή 2 b α	scripture	166b
	δεῖ 1	it is necessary	172a
	δεῖ 6	it is necessary	172b
	ὅτι 1 b α	that	588d
	οὖν 1 c γ	therefore	593b
	πληρόω 4 a	make full	671c
	πῶς 1 e	how	732c
55	ἐξέρχομαι 1 a ε	go out	274d
	ἐπί III 1 a δ	to	288c
	ἡμέρα 2	day	346d
	ἱερόν 2	temple	372c
	καθέζομαι 1	sit	388c
	κατά II 2 c	every	406d
	κρατέω 1 a	arrest	448c
	λῃστής 2	revolutionary	473b
	μάχαιρα 1	sword	496b
	μετά A III 3	with	510a
	ξύλον 2 b	the pole	549a
	ὁ, ἡ, τό II 1 h	the	551a
	συλλαμβάνω 1 a α	seize	776d
	ὥρα 3	time of day	896c
	ὡς II 2	so	897c
56	ἀφίημι 3 a	abandon	126a
	γίνομαι I 3 a	take place	158d
	γραφή 2 b α	scripture	166b
	ἵνα II 2	in order that	378b
	ὅλος 3	whole	565a
	πᾶς, πᾶσα, πᾶν 1 d α	all	632b
	πληρόω 4 a	make full	671c
	φεύγω 1	flee	855d
57	ἀπάγω 2 a	lead away	79c
	ἀρχιερεύς 1 b	high priest	112d
	Καϊάφας	Caiaphas	393d
	κρατέω 1 a	arrest	448c
	ὅπου 1 a α	where	576a
	πρεσβύτερος 2 a β	older	700a
	συνάγω 2	gather	782c
58	ἀκολουθέω 1	follow	31b

58	αὐλή 1	courtyard	121b
	εἰσέρχομαι 1 h	come	233a
	ἔσω 1	in	314b
	ἕως II 2 a	as far as	335a
	κάθημαι 2	sit down	389d
	μακρόθεν	from far away	488a
	τέλος 1 c	end	811d
	ὑπηρέτης	servant	842d
59	ἀρχιερεύς 1 b	high priest	112d
	ζητέω 2 a	seek	339a
	θανατόω 1	put to death	351d
	καί I 1 c	and	392a
	κατά I 2 b β	down	406a
	ὅλος 2 b	whole	564d
	πρεσβύτερος 2 a β	older	700a
	συνέδριον 2	Sanhedrin	786b
	ψευδομαρτυρία	false witness	892a
60	δύο 1 a	two	209a
	εὑρίσκω 1 a	find	324d
	καί I 2 g	and	392d
	ὕστερος 2 b	finally	849d
	ψευδόμαρτυς	a false witness	892a
61	διά A II 1 b	during	180a
	ἡμέρα 2	day	346c
	καταλύω 1 b α	destroy	414b
	ναός 1 a	temple	533c
	οἰκοδομέω 1 c	build	558b
	φημί 1 b α	say	856b
62	ἀνίστημι 2 a	rise	70a
	ἀποκρίνομαι 1	answer	93c
	καταμαρτυρέω	testify against	414d
	οὐδείς 2 b α	nothing	592a
62f	ἀρχιερεύς 1 b	high priest	112d
63	ἀποκρίνομαι 2	begin	93c
	εἰ V 2 a	whether	219d
	ἐξορκίζω	adjure	277b
	ζάω 1 a ε	live	336b
	ἵνα II 1 a δ	in order that	377d
	κατά I 2 a	down	405d
	ὁρκίζω	adjure	581b
	σιωπάω 1	be silent	752c
	υἱός 2 b	son	834d
	Χριστός 1	Anointed One	887a
64	ἀπαρτί	exactly	81a
	ἄρτι 3	now	110b
	δεξιός 2 b	right	175a
	δύναμις 1	power	207c
	εἶπον 1	say	226b
	ἐπί I 1 a α	on	286a
	κάθημαι 1 a α	sit	389b
	νεφέλη	cloud	536d
	οὐρανός 1 d	heaven	594b
	πλήν 1 b	but	669c
	υἱός 2 c	son	835b
65	ἀκούω 1 b α	hear	32a
	ἀκούω 1 b γ	hear	32a
	ἀρχιερεύς 1 b	high priest	112d

65	βλασφημέω 2 b α	blaspheme	142d
	βλασφημία 2 b	slander	143a
	δια(ρ)ρήγνυμι 1	tear	188a
	ἔτι 1 b β	still	316a
	ἴδε 4	see	369c
	ἱμάτιον 3	garment	376d
	μάρτυς 1	witness	494b
	νῦν 1 b	now	545d
	τότε 2	at that time	824a
	χρεία 1	need	885a
66	δοκέω 3 a	seem	202b
	ἔνοχος 2 b α	subject to	267d
	θάνατος 1 b α	death	351a
67	ἐμπτύω	spit on	257c
	κολαφίζω 1	strike	441b
	ὁ, ἡ, τό I 2	the	549d
	πρόσωπον 1 a	face	720d
	ῥαπίζω	strike with a club	734b
68	παίω 1	strike	605b
	προφητεύω 2	prophesy	723a
	τίς, τί 1 a α	which	819a
69	αὐλή 1	courtyard	121b
	Γαλιλαῖος	Galilean	150c
	εἷς 3 b	someone	231d
	ἔξω 1 a α	outside	279b
	κάθημαι 1 a α	sit	389b
	μετά A II 1 c α	with	508d
	Ναζωραῖος	Nazarene	532b
	Ναζωραῖος	Nazarene	532c
	ὁ, ἡ, τό II 1 b	the	550c
	παιδίσκη	maid	604b
	σύ 1 c	you	772b
70	ἀρνέομαι 3 a	deny	108a
	ἔμπροσθεν 2 b	in front	257b
	λέγω I 2 b	say	468c
	οἶδα 4	know	556c
71	αὐτός 3 c	(oblique case)	123c
	ἐκεῖ 1	there	239b
	ἐξέρχομαι 1 a ε	go out	274d
	μετά A II 1 c α	with	508d
	Ναζωραῖος	Nazarene	532c
	ὁ, ἡ, τό II 1 b	the	550c
	πυλών 3	gate	729c
72	ἄνθρωπος 4 b	man	69c
	ἀρνέομαι 3 a	deny	108a
	οἶδα 2	know	556b
	ὅρκος	oath	581c
	πάλιν 2	again	606d
72-5	ὅτι 2	that	589c
73	ἀληθῶς 1	truly	37c
	δῆλος	clear	178b
	εἰμί III 3	to be	225a
	ἐκ 4 a δ	from	236a
	ἵστημι II 2 b γ	being	382d
	καί II 1	also	393b
	λαλιά 2 a	speech	464a
	μετά B II 3	after	510b
	μικρός 3 e	a little while	521c
	ὁμοιάζω	be like	566c
	ποιέω I 1 b ι	do	682a
73	σύ 1 c	you	772b
74	ἄνθρωπος 4 b	man	69c
	ἄρχω 2 a β	begin	113c
	εὐθύς	immediately	321b
	καταθεματίζω	curse	410d
	καταναθεματίζω	curse	414d
	οἶδα 2	know	556b
	ὀμνύω	take an oath	566b
74f	ἀλέκτωρ	cock	35c
	φωνέω 1 a	produce a sound	870c
75	ἀπαρνέομαι	deny	81a
	ἐξέρχομαι 1 a β	go out	274c
	ἔξω 1 b	outside	279c
	κλαίω 1	weep	433a
	μιμνῄσκομαι 1 a α	remember	522b
	πικρῶς	bitterly	657d
	πρίν 1 b	before	701b
	ῥῆμα 1	word	735c
	τρίς	thrice	826b

Matthew 27

1	ἀρχιερεύς 1 b	high priest	112d
	γίνομαι I 1 b γ	come about	158c
	θανατόω 1	put to death	351d
	κατά I 2 b β	down	406a
	λαμβάνω 1 h	take	465a
	λαός 3 a	people	466d
	πρεσβύτερος 2 a β	older	700a
	πρωΐα	(early) morning	725a
	συμβούλιον 1	plan	778a
	ὥστε 2 b	in order that	900a
2	ἀπάγω 2 a	lead away	79c
	δέω 1 b	bind	177d
	ἡγεμών 2	governors	343c
	παραδίδωμι 1 b	give over	614d
	Πόντιος	Pontius	691d
2ff	Πιλᾶτος	Pilate	657d
3	ἀποστρέφω 1 b	return	100c
	ἀργύριον 2 c	silver	105a
	ἀρχιερεύς 1 b	high priest	112d
	εἶδον 3	notice	221a
	Ἰούδας 6	Judas	380a
	κατακρίνω	condemn	412b
	μεταμέλομαι	repent	511c
	παραδίδωμι 1 b	give over	614d
	πρεσβύτερος 2 a β	older	700a
	στρέφω 1 a γ	turn	771b
4	ἀθῷος	innocent	21d
	αἷμα 2 a	blood	22d
	ἁμαρτάνω 2	sin	42c
	δίκαιος 4	righteous	196a
	ὁράω 2 b	see	578c
	παραδίδωμι 1 b	give over	614d
	πρός III 5 c	(elliptically)	710d
5	ἀναχωρέω 1	go away	63c
	ἀπάγχω	hang oneself	79c
	ναός 1 a	temple	533c
	ῥίπτω 1	throw	736c
5f	ἀργύριον 2 c	silver	105a

6	αἷμα 2 a	blood	23a
	ἔξεστι 1	it is possible	275b
	ἐπεί 2	because	284a
	κορβανᾶς	temple treasury	444c
	λαμβάνω 1 b	take	464c
	τιμή 1	value	817c
7	ἀγοράζω 1	buy	12d
	ἐκ 4 b	from	236a
	κεραμεύς	potter	428d
	λαμβάνω 1 h	take	465a
	ξένος 2 a	the stranger	548b
	συμβούλιον 1	plan	778a
	ταφή 2	burial place	806b
7f	ἀγρός 1	field	14a
8	αἷμα 2 a	blood	23a
	διό	therefore	198d
	ἕως II 1 a	until	334d
	καλέω 1 a γ	call	399a
	σήμερον	today	749a
9	ἀργύριον 2 c	silver	105a
	Ζαχαρίας 3	Zechariah	335d
	Ἰερεμίας	Jeremiah	371d
	Ἰσραήλ 1	Israel	381c
	πληρόω 4 a	make full	671c
	προφήτης 1	prophet	723b
	τιμή 1	value	817b
	τότε 1 a	at that time	823d
	υἱός 1 b α	son	833d
9a	τιμάω 1	estimate	817a
9b	τιμάω 1	estimate	817a
10	ἀγρός 2	field	14a
	δίδωμι 4	give	193c
	εἰς 4 d	for	229c
	καθά	just as	386b
	κεραμεύς	potter	428d
	κύριος 2 a	lord	459b
11	βασιλεύς 2 a	king	136b
	ἔμπροσθεν 2 b	in front	257b
	ἐπερωτάω 1 b	ask	285b
	ἡγεμών 2	governors	343c
	Ἰουδαῖος 2 c	Jewish	379c
	ἵστημι II 1 b	stand	382b
	λέγω II 1 e	declare	469d
	σύ 1 a	you	772b
	σύ 1 c	you	772b
	φημί 1 b α	say	856b
12	ἀποκρίνομαι 1	answer	93c
	ἀρχιερεύς 1 b	high priest	112d
	ἐν II 3	while	260c
	κατηγορέω 1 a	bring charges	423b
	οὐδείς 2 b α	nothing	592a
	πρεσβύτερος 2 a β	older	700a
13	καταμαρτυρέω	testify against	414d
	οὐ 4 c	no	590c
	πόσος 2 b α	how great	694c
14	ἀποκρίνομαι 1	answer	93c
	εἷς 2 b	one	231c
	θαυμάζω 1 a α	wonder	352b
	λίαν 1	very	473b

14	οὐδέ 3	not even	591d
	πρός III 5 a	toward	710c
	ῥῆμα 1	word	735b
	ὥστε 2 a β	so that	900a
14f	ἡγεμών 2	governors	343c
15	εἴωθα	accustomed	234a
	ἑορτή	festival	280b
	θέλω 1	wish	355a
	κατά II 2 c	every	406d
15-26	ἀπολύω 1	set free	96c
15f	δέσμιος	prisoner	176a
16	ἐπίσημος 2	notorious	298b
	λέγω II 3	call	470a
	τότε 1 a	at that time	823d
16f	Βαραββᾶς 1	Barabbas	133a
	Βαραββᾶς 1	Barabbas	133a
17	ἤ 1 d γ	or	342c
	θέλω 1	wish	355a
	λέγω II 3	call	470a
	ὁ, ἡ, τό II 1 b	the	550c
	συνάγω 2	gather	782c
	τίς, τί 1 a γ	which	819a
	Χριστός 1	Anointed One	887a
18	διά B II 1	because of	181b
	παραδίδωμι 1 b	give over	614d
	φθόνος	envy	857d
19	ἀποστέλλω 1 b α	send away	98c
	βῆμα 2	tribunal	140b
	δίκαιος 3	righteous	196a
	ἐπί I 1 a α	on	286a
	κάθημαι 1 a α	sit	389c
	λέγω I 8 c	say	469b
	ὄναρ	dream	570a
	πάσχω 3 b	endure	634b
	σήμερον	today	749a
20	αἰτέω	ask	25d
	ἀπόλλυμι 1 a α	ruin	95a
	ἀρχιερεύς 1 b	high priest	112d
	ἵνα II 1 a ε	in order that	377d
	πείθω 1 b	convince	639c
	πρεσβύτερος 2 a β	older	700a
20f	Βαραββᾶς 1	Barabbas	133a
21	ἀπό I 6	from	86d
	ἡγεμών 2	governors	343c
	θέλω 1	wish	355a
	τίς, τί 1 a α	which	819a
22	ὁ, ἡ, τό II 1 b	the	550c
	οὖν 1 c α	therefore	593a
	ποιέω I 1 d α	do	682b
	Χριστός 1	Anointed One	887a
22f	σταυρόω 1	crucify	765c
23	γάρ 1 f	what	152b
	κακός 1 c	evil	397d
	κράζω 2 a	call	447d
	περισσῶς	more	651d
	ποιέω I 1 b ε	do	681c
	τίς, τί 2	which	819c
	φημί 1 b α	say	856b
24	ἀθῷος	innocent	21d
	αἷμα 2 a	blood	22d
	ἀπέναντι 1 a	opposite	84a

24	ἀπό I 2	from	86c
	ἀπονίζω	wash off	97b
	γίνομαι I 1 b β	come about	158b
	δίκαιος 3	righteous	196a
	εἶδον 3	notice	221a
	θόρυβος 3 b	noise	363a
	κατέναντι 2 a	opposite	421b
	μᾶλλον 3 a α	rather	489c
	ὁράω 2 b	see	578c
	ὕδωρ 1	water	832d
	ὠφελέω 2 a	help	900d
	ὠφελέω 2 b	help	900d
25	αἷμα 2 a	blood	23a
	ἐπί III 1 b γ	on	289a
	λαός 1 a	people	466c
	πᾶς, πᾶσα, πᾶν 1 c α	all	631d
	τέκνον 1 b	child	808c
26	Βαραββᾶς 1	Barabbas	133a
	παραδίδωμι 1 b	give over	615a
	σταυρόω 1	crucify	765c
	φραγελλόω	scourge	865c
27	ἐπί III 1 a γ	on	288c
	ἡγεμών 2	governors	343c
	παραλαμβάνω 1	take	619c
	πραιτώριον	the praetorium	697c
	σπεῖρα	cohort	761a
	στρατιώτης 1	soldier	770d
	συνάγω 2	gather	782b
28	ἐκδύω 1	strip	239a
	ἐνδύω 1	dress	264a
	κόκκινος	scarlet	440b
	περιτίθημι 1	place around	652c
	χλαμύς	cloak	882c
29	ἄκανθα	thorn plant	29c
	βασιλεύς 2 a	king	136b
	γονυπετέω	kneel down	165b
	δεξιός 2 a	right	174d
	ἐκ 3 h	by	235d
	ἐμπαίζω 1	ridicule	255d
	ἔμπροσθεν 2 a	in front	257b
	ἐπιτίθημι 1 a α	put upon	303a
	Ἰουδαῖος 2 c	Jewish	379c
	ὁ, ἡ, τό II 1 i	the	551a
	πλέκω	weave	667b
	στέφανος 1	wreath	767b
	χαίρω 2 a	rejoice	874a
29f	κάλαμος 2	stalk	398d
	κεφαλή 1 a	head	430a
30	εἰς 1 c	in	228c
	λαμβάνω 1 a	take	464b
	τύπτω 1	strike	830b
31	ἀπάγω 2 c	lead away	79c
	εἰς 4 f	(purpose)	229d
	ἐκδύω 1	strip	239a
	ἐμπαίζω 1	ridicule	255d
	ἐνδύω 1	dress	264a
	σταυρόω 1	crucify	765c
	χλαμύς	cloak	882c
32	ἀγγαρεύω	requisition	6d
	αἴρω 2	lift up	24c
	ἄνθρωπος 3 a ε	man	69b
32	ἀπάντησις	meeting	80c
	εὑρίσκω 1 b	find	325a
	ἵνα II 1 a ε	in order that	377d
	Κυρηναῖος	Cyrenian	458a
	ὄνομα I 1	name	571a
	Σίμων 4	Simon	751b
	σταυρός 1	the cross	765a
33	Γολγοθᾶ	Golgotha	164d
	κρανίον	skull	448a
	ὅς, ἥ, ὅ I 7 a	(rel pron)	584c
33a	τόπος 1 c	place	822c
33b	λέγω II 3	call	470b
	τόπος 1 c	place	822c
34	γεύομαι 1	taste	157a
	δίδωμι 2	give	193c
	μείγνυμι 1	mix	499c
	μετά A II 5	with	509c
	οἶνος 1	wine	562b
	χολή 1	gall	883c
34a	πίνω 1	drink	658d
34b	πίνω 1	drink	658d
35	βάλλω 1 a	throw	130d
	διαμερίζω 1 b	divide	186d
	ἱμάτιον 1	garment	376b
	κλῆρος 1	lot	435b
	σταυρόω 1	crucify	765c
36	κάθημαι 1 a γ	sit	389c
	τηρέω 1	guard	814d
37	αἰτία 2 a	charge	26c
	βασιλεύς 2 a	king	136b
	ἐπάνω 2 a	on	283b
	ἐπί II 1 a α	on	287a
	ἐπιτίθημι 1 a α	put upon	303a
	κεφαλή 1 a	head	430b
38	δεξιός 2 b	right	175a
	δύο 1 a	two	209a
	εἷς 5 a	one	232a
	εὐώνυμος	left	330a
	λῃστής 1	robber	473b
	σταυρόω 1	crucify	765c
	σύν 2 b	with	781d
39	βλασφημέω 2 b δ	blaspheme	142d
	κεφαλή 1 a	head	430b
	κινέω 2 a	move	432c
	παραπορεύομαι 1	pass by	621d
40	ἐν II 1 a	while	260b
	ἡμέρα 2	day	346c
	καταβαίνω 1 a α	come down	408b
	καταλύω 1 b α	destroy	414b
	ναός 1 a	temple	533c
	οἰκοδομέω 1 c	build	558b
	σταυρός 1	the cross	764d
	σῴζω 1 a	save	798a
	υἱός 2 b	son	834d
41	ἀρχιερεύς 1 b	high priest	112d
	γραμματεύς 2	scribes	165d
	ἐμπαίζω 1	ridicule	255d
	λέγω I 8 d	say	469b
	μετά A II 2	with	509b

41	ὁμοίως	likewise	568a
	πρεσβύτερος 2 a β	older	700a
42	ἄλλος 1 a	other	39d
	βασιλεύς 2 a	king	136b
	ἑαυτοῦ 1	oneself	212a
	Ἰσραήλ 2	Israel	381c
	καταβαίνω 1 a α	come down	408b
	νῦν 1 a δ	now	545d
	πιστεύω 1 b	believe	661a
	πιστεύω 2 a α	believe	661b
	πιστεύω 2 a γ	believe	661c
	πιστεύω 2 a δ	believe	661c
	σταυρός 1	the cross	764d
	σῴζω 1 a	save	798a
43	ἐπί III 1 b ε	toward	289a
	θέλω 4 b	wish	355c
	νῦν 1 a δ	now	545d
	ὅτι 2	that	589c
	πείθω 2 a	convince	639c
	πείθω 2 a	convince	639c
	ῥύομαι	save	737c
	ῥύομαι	save	737d
	υἱός 2 b	son	834d
44	αὐτός 4 b	the same	123d
	λῃστής 1	robber	473b
	ὀνειδίζω 1	reproach	570a
	σύν 2 b	with	781d
	συσταυρόω 1	crucify with	795a
45	ἀπό II 2 b	from	87a
	γῆ 4	land	157d
	γίνομαι I 1 b α	come about	158b
	ἕκτος	sixth	246a
	ἐπί III 1 a α	across	288a
	ἕως II 1 a	until	334d
	πᾶς, πᾶσα, πᾶν 1 c α	all	631d
	σκότος 1	darkness	757d
45a	ὥρα 2 b	time of day	896b
45f	ἔνατος	ninth	262b
	ὥρα 2 b	time of day	896c
46	ἀναβοάω	cry out	51a
	βοάω 3	shout	144b
	ἐγκαταλείπω 2	forsake	215d
	εἰμί II 3	to be	224a
	εἰμί II 3	to be	224a
	ἐλωΐ	my god	253d
	ζαφθάνι		335d
	ἠλί	my God	345a
	θεός 1	god	356d
	ἱνατί	why	378c
	λαμά	why	464a
	λεμά		471c
	μέγας 2 a γ	great	497d
	οὗτος 1 b ε	this	597b
	περί 2 b	about	645b
	σαβαχθάνι	forsake	738d
	φωνή 2 a	voice	870d
47	Ἠλίας	Elijah	345a
	ἵστημι II 2 a	stand	382c
	φωνέω 2 b	call	870c
48	ἐκ 4 a α	from	235d
	κάλαμος 2	stalk	398d
	ὄξος	wine vinegar	574b
	περιτίθημι 1	place around	652c
	πίμπλημι 1 a α	fill	658a
	ποτίζω 1	give to drink	695d
	σπόγγος	sponge	763b
	τέ 1 b	and	807c
	τρέχω 1	run	825d
49	ἀφίημι 4	tolerate	126c
	εἰ V 2 a	whether	219d
	ἔρχομαι I 1 a ε	come	310d
	Ἠλίας	Elijah	345a
	λόγχη	spear	479c
	λοιπός 2 b α	the others	480a
	νύσσω	stab	547a
	πλευρά	side	668a
	σῴζω 1 a	save	798a
50	ἀφίημι 1 a β	give up	125d
	κράζω 1	cry out	447d
	μέγας 2 a γ	great	497d
	πάλιν 2	again	606d
	πνεῦμα 2	spirit	674d
	φωνή 2 a	voice	870d
51	ἄνωθεν 1	from above	77b
	ἀπό II 1	from	87a
	εἰς 4 e	so that	229c
	ἕως II 2 b	as far as	335c
	καταπέτασμα	curtain	416b
	κάτω 2	downwards	425a
	ναός 1 a	temple	533c
	πέτρα 1 a	rock	654b
	σείω 1	shake	746c
51a	δύο 5	two	209b
	σχίζω 1 b	split	797c
51b	σχίζω 1 b	split	797b
52	ἅγιος 2 d γ	dedicated to God	10b
	ἀνοίγω 1 b	open	71b
	ἐγείρω 2 c	rise	215a
	κοιμάω 2 b	sleep	437d
	πολύς I 1 a α	many	687c
	σῶμα 1 a	body	799a
52f	μνημεῖον 2	tomb	524c
53	ἅγιος 1 a α	dedicated to God	9b
	ἔγερσις	resurrection	215b
	εἰσέρχομαι 1 a β	come	232d
	ἐμφανίζω 1 a	make visible	257d
	ἐξέρχομαι 1 a α	go out	274c
	μετά B II 3	after	510b
	πόλις 1	city	685d
54	ἀληθῶς 1	truly	37c
	γίνομαι I 3 a	take place	158d
	εἶδον 2	feel	221a
	ἑκατοντάρχης	centurion	237a
	σεισμός	shaking	746c
	σφόδρα	greatly	796a
	τηρέω 1	guard	814d
	υἱός 2 b	son	834d
	φοβέω 1 a	be afraid	862c
55	γυνή 1	woman	168b
	διακονέω 2	serve	184a
	θεωρέω 1	observe	360a

55	μακρόθεν	from far away	488a
	ὅστις 3	whoever	587b
	πολύς I 1 a α	many	687c
56	εἰμί III 4	to be	225c
	Ζεβεδαῖος	Zebedee	337b
	Ἰάκωβος 3	James	368a
	Ἰωσῆς 2	Joses	385c
	Ἰωσήφ 9	Joseph	385d
	Μαγδαληνή	Magdalene	484b
	Μαρία 2	Mary	492a
	Μαρία 2	Mary	492a
	Μαρία 3	Mary	492a
	Σαλώμη	Salome	741b
57	Ἁριμαθαία	Arimathaea	106c
	γίνομαι I 1 b γ	come about	158c
	Ἰωσήφ 6	Joseph	385d
	μαθητεύω 1	become a disciple	485c
	μαθητεύω 2	become a disciple	485c
	ὄνομα I 1	name	571a
	ὄψιος 2	late	601d
	πλουσίος 1	rich	673c
58	αἰτέω	ask	25d
	ἀποδίδωμι 1	give away	90b
	κελεύω	command	427b
	σῶμα 1 a	body	799a
59	ἐντυλίσσω 1	wrap	270b
	Ἰωσήφ 6	Joseph	385d
	καθαρός 1	clean	388a
	σινδών 1	linen	751d
	σινδών 1	linen	751d
	σῶμα 1 a	body	799a
60	θύρα 1 b	entrance	365d
	καινός 1	new	394a
	λατομέω 1	hew	467b
	λίθος 1 e	stone	474c
	μέγας 1 a	large	497c
	πέτρα 1 a	rock	654b
	προσκυλίω	roll (up to)	716c
	τίθημι I 1 a β	put	816a
60a	μνημεῖον 2	tomb	524d
	μνημεῖον 2	tomb	524d
60b	μνημεῖον 2	tomb	524d
61	ἄλλος 3	the other	40b
	ἀπέναντι 1 a	opposite	84a
	κάθημαι 1 a α	sit	389b
	Μαγδαληνή	Magdalene	484b
	Μαρία 2	Mary	492a
	Μαρία 3	Mary	492a
	τάφος 1	grave	806b
62	ἐπαύριον	next day	283d
	ὅστις 3	whoever	587b
	παρασκευή	preparation	622b
	συνάγω 2	gather	782c
63	ἔτι 1 a β	still	315d
	ζάω 1 a α	live	336a
	ἡμέρα 2	day	346d
	κύριος 1 b	lord	459b
	μετά B II 1	after	510a
63	μιμνῄσκομαι 1 a δ	remember	522b
	ὁ, ἡ, τό II 1 h	the	551a
	πλάνος 2	deceitful	666a
64	ἐγείρω 2 c	rise	215a
	ἔρχομαι I 1 a ζ	come	310d
	ἔσχατος 3 a	last	314a
	ἕως II 1 a	until	334d
	ἡμέρα 2	day	346c
	καί I 2 e	and	392c
	κελεύω	command	427b
	κλέπτω	steal	434c
	λαός 1 b	people	466d
	μήποτε 2 b α	(neg particle)	519b
	νεκρός 2 a	dead	535b
	πλανή	wandering	665c
	πρῶτος 1 a	first	725c
	τάφος 1	grave	806b
	τρίτος 1	third	826c
	χείρων	worse	881b
64ff	ἀσφαλίζω 1	guard	119a
65	ἔχω I 7 b	have	333d
	κουστωδία	guard	447b
	οἶδα 3	know	556c
	ὑπάγω 2	go away	836d
	φύλαξ	guard	868b
	ὡς I 1	as	897a
66	κουστωδία	guard	447b
	λίθος 1 e	stone	474c
	μετά A III 2	with	510a
	πορεύω 1	proceed	692c
	σφραγίζω 1	seal	796b
	τάφος 1	grave	806b

Matthew 28

1	ἄλλος 3	the other	40b
	εἷς 4	one	232a
	ἐπιφώσκω	shine forth	304d
	θεωρέω 1	observe	360b
	Μαγδαληνή	Magdalene	484b
	Μαρία 2	Mary	492a
	Μαρία 2	Mary	492a
	Μαρία 3	Mary	492a
	ὀψέ 3	late in the day	601c
	τάφος 1	grave	806b
1a	σάββατον 1 b β	Sabbath	739b
1b	σάββατον 2 b	week	739c
2	ἄγγελος 2 a	angel	7c
	ἀποκυλίω	roll away	94b
	γίνομαι I 1 b α	come about	158b
	ἐπάνω 2 a	on	283b
	κάθημαι 2	sit down	389d
	καταβαίνω 1 a γ	come down	408c
	κύριος 2 a	lord	459b
	λίθος 1 e	stone	474c
	μέγας 2 a γ	great	497d
	οὐρανός 2 c	heaven	595a
	σεισμός	shaking	746c
2ff	ἄγγελος 2 a	angel	7d

Verse	Word	Gloss	Ref
3	ἄγγελος 2 a	angel	7c
	ἀστραπή	lightning	118b
	εἰδέα	appearance	220c
	εἰμί II 9 b	to be	225a
	ἔνδυμα 1	garment	263c
	λευκός 2	white	472c
	χιών	snow	882b
	ὡσεί 1	as	899c
4	γίνομαι II 1	be	160b
	νεκρός 1 a α	dead	534d
	σείω 2	shake	746c
	τηρέω 1	guard	814d
	φόβος 2 a α	fear	863d
	ὡσεί 1	as	899b
5	ζητέω 1 a α	seek	338d
	σταυρόω 1	crucify	765c
	σύ 1 d	you	772b
6	δεῦτε 1	come	176d
	ἐγείρω 2 c	rise	215a
	εἶπον 3 e	foretell	226d
	καθώς 1	just as	391b
	κεῖμαι 1 a	lie	426d
	ὅπου 1 a α	where	576a
	τόπος 1 c	place	822c
7	ἐγείρω 2 c	rise	215a
	εἶπον 2 c	say	226c
	νεκρός 2 a	dead	535b
	ὁράω 1 a α	see	577d
	πορεύω 1	proceed	692c
	προάγω 2 b	lead	702b
	ταχύς 2 b	quick	807b
8	ἀπαγγέλλω 1	report	79b
	μέγας 2 a γ	great	497d
	μετά A III 1	with	509d
	μνημεῖον 2	tomb	524d
	ταχύς 2 a	quick	807b
	τρέχω 1	run	825d
	φόβος 2 a α	fear	863d
	χαρά 1	joy	875c
	χαρά 1	joy	875c
9	ἀπαντάω	meet	80c
	κρατέω 1 b	seize	448c
	προσκυνέω 5	do reverence	717a
	ὑπαντάω	go to meet	837d
	χαίρω 2 a	rejoice	874a
	ὡς IV 1 b	when	898c
10	ἀδελφός 2	brother	16b
	ἀπαγγέλλω 2	proclaim	79c
	ἀπέρχομαι 2	go	84c
	ἵνα II 1 a δ	in order that	377c
	κακεῖ 1	and there	396d
	ὁράω 1 a α	see	577d
	ὑπάγω 2	go away	836d
11	ἀναγγέλλω 2	disclose	51b
	ἀπαγγέλλω 1	report	79b
	ἅπας 1	whole	81d
	γίνομαι I 3 a	take place	158d
	ἰδού 1 b α	behold	371a
	κουστωδία	guard	447b
	τὶς, τὶ 1 a α	any one	820a
12	ἀργύριον 2 b	money	104d
12	δίδωμι 4	give	193c
	ἱκανός 1 a	sufficient	374b
	λαμβάνω 1 h	take	465a
	μετά A II 3 b	with	509c
	πρεσβύτερος 2 a β	older	700a
	στρατιώτης 1	soldier	770d
	συμβούλιον 1	plan	778a
	συνάγω 2	gather	782c
	τέ 1 b	and	807c
13	εἶπον 2 c	say	226c
	ἔρχομαι I 1 a ζ	come	310d
	κλέπτω	steal	434c
	κοιμάω 1	sleep	437c
	νύξ 1 b	night	546c
14	ἀκούω 3 b	learn	32c
	ἀμέριμνος 1	free from care	45b
	ἐάν I 1 b	if	211b
	ἐπί I 1 a δ	before	286b
	ἡγεμών 2	governors	343c
	πείθω 1 d	convince	639c
	ποιέω I 1 b ι	do	682a
15	ἀργύριον 2 b	money	105a
	διαφημίζω	make known	190c
	διδάσκω 1	teach	192a
	ἡμέρα 2	day	346c
	λαμβάνω 2	receive	465a
	λόγος 1 a β	word	477b
	μέχρι 1 b	until	515c
	παρά II 1 b γ	beside	610c
	σήμερον	today	749a
	σήμερον	today	749a
	φημίζω	spread	856c
	ὡς I 2 b	as	897b
16	ἕνδεκα	eleven	262d
	μαθητής 2 b α	disciple	485d
	ὄρος	mountain	582c
	οὗ 2	where	589d
	τάσσω 2 b	place	806a
17	διστάζω 1	doubt	200a
	ὁ, ἡ, τό I 2	the	549d
	προσκυνέω 5	do reverence	717a
18	δίδωμι 1 b β	give	193b
	ἐξουσία 3	authority	278b
	λαλέω 3	speak	464a
	οὐρανός 1 a β	heaven	593d
	πᾶς, πᾶσα, πᾶν 1 a β	every each	631c
19	αὐτός 3 f β	(oblique case)	123c
	βαπτίζω 2 b β	baptize	131d
	ἔθνος 1	nation	218c
	μαθητεύω 3	make a disciple of	485c
	ὄνομα I 4 c β	name	572c
	πατήρ 3 d α	father	636b
	πνεῦμα 5 c α	spirit	676c
	πνεῦμα 8	spirit	678a
	υἱός 2 b	son	834d
	υἱός 2 b	son	835a
20	αἰών 2 a	age	27d
	ἀμήν 1	amen	45d
	διδάσκω 2 e	teach	192a

20	ἐγώ	I	217b
	ἐντέλλω	command	268c
	ἡμέρα 4 b	time	347c
	ἰδού 1 b ε	behold	371a
	μετά A II 1 c β	with	509a
	ὅσος 2	how great	586b
	συντέλεια	close	792a
	τηρέω 5	keep	815b

Mark 1

1	ἀρχή 1 b	beginning	111d
	εὐαγγέλιον 1 b	gospel	318a
	εὐαγγέλιον 3	gospel	318b
	υἱός 2 b	son	834d
	Χριστός 2	Christ	887b
2	ἄγγελος 1 b	messenger	7b
	ἀποστέλλω 1 b β	send away	98d
	γράφω 2 c	write	167a
	ἐγώ	I	217b
	Ἠσαΐας	Isaiah	348d
	καθώς 1	just as	391b
	κατασκευάζω 1	make ready	418b
	ὁδός 1 a	way	554a
	πρό 1	before	701c
	πρόσωπον 1 c ζ	face	721c
	προφήτης 1	prophet	723c
	ὡς II 4 a	so	897d
3	βοάω 2	shout	144b
	ἔρημος 2	desert	309a
	ἑτοιμάζω 1	prepare	316b
	εὐθύς 1	straight	321a
	κύριος 2 c α	lord	459c
	ὁδός 1 a	way	554a
	ποιέω I 1 b ι	do	682a
	τρίβος	beaten path	826b
	φωνή 2 e	voice	871c
4	ἁμαρτία 1	sin	43b
	ἄφεσις 2	pardon	125a
	βαπτίζω 2 a	baptize	131c
	βάπτισμα 1	baptism	132c
	γίνομαι II 5	appear	160c
	εἰς 4 f	(purpose)	229d
	ἔρημος 2	desert	309a
	Ἰωάν(ν)ης 1	John	384d
	κηρύσσω 2 b β	announce	431c
	μετάνοια	repentance	512c
5	ἁμαρτία 1	sin	43b
	βαπτίζω 2 a	baptize	131c
	ἐκπορεύομαι 1 c	go out	244c
	ἐξομολογέω 2 a	confess	277a
	Ἱεροσολυμίτης inhabitant of Jerusalem		373b
	Ἰορδάνης	Jordan	378d
	Ἰουδαῖος 1	Jewish	379c
	πᾶς, πᾶσα, πᾶν 1 d α	all	632b
	ποταμός 1	river	694d
	ὑπό 1 a α	by	843a
	χώρα 1 b	country	889b
6	ἄγριος 1	wild	13c
	ἀκρίς	grasshopper	33c
6	δερμάτινος (made of) leather		175c
	δέρρις	skin	175d
	ἐνδύω 2 a	dress	264a
	ἐσθίω	eat	312c
	ἐσθίω 1 a	eat	312c
	ζώνη	belt	341b
	θρίξ 1	hair	364a
	Ἰωάν(ν)ης 1	John	384d
	κάμηλος	camel	401d
	μέλι	honey	500c
	ὀσφῦς 1	waist	587d
	περί 2 a β	about	645a
7	αὐτός 3 d	(oblique case)	123c
	ἔρχομαι I 1 a	come	311a
	ἱκανός 2	appropriate	374d
	ἱμάς	strap	376b
	ἰσχυρός 1 a	strong	383b
	κηρύσσω 2 b β	announce	431d
	κύπτω	bend	458a
	λύω 1 a	loose	483c
	ὀπίσω 2 b	after	575b
	ὅς, ἥ, ὅ I 3 a	(rel pron)	583d
	ὑπόδημα	sandal	844c
8	αὐτός 2	they	123b
	βαπτίζω 3 b	baptize	132b
	πνεῦμα 5 c β	spirit	676d
	πνεῦμα 5 c β	spirit	676d
	πνεῦμα 5 d α	spirit	676d
	ὕδωρ 1	water	833a
8a	βαπτίζω 2 a	baptize	131c
9	βαπτίζω 2 a	baptize	131c
	Γαλιλαία	Galilee	150b
	γίνομαι I 3 f	take place	159b
	εἰς 1 d γ	in	228c
	ἐκεῖνος 2 b α	that	239d
	ἡμέρα 4 b	time	347c
	Ἰορδάνης	Jordan	378d
	Ἰωάν(ν)ης 1	John	384d
	Ναζαρά	Nazareth	532a
	ὑπό 1 a α	by	843a
10	ἀναβαίνω 1 a α	go up	50b
	αὐτός 3 a	(oblique case)	123b
	εὐθύς	immediately	321b
	καταβαίνω 1 b	come down	408c
	οὐρανός 2 a	heaven	594d
	περιστερά	pigeon	652a
	πνεῦμα 5 d α	spirit	676d
	σχίζω 1 b	split	797c
	ὕδωρ 1	water	833a
	ὡσεί 1	as	899b
11	ἀγαπητός 1	beloved	6c
	γίνομαι I 4 c α	come, go	159d
	εὐδοκέω 2 a	well pleased	319b
	οὐρανός 2 a	heaven	594d
	υἱός 2 b	son	834c
	φωνή 2 d	voice	871b
12	ἐκβάλλω 2	send out	237d
	εὐθύς	immediately	321b
	πνεῦμα 5 d α	spirit	676d
12ff	καί I 2 b	and	392b

13	διακονέω 2	serve	184a
	θηρίον 1 a β	beast	361a
	μετά A I	with	508c
	πειράζω 2 d	try	640c
	σατάν	Adversary	745a
	τεσσαράκοντα	forty	813a
	ὑπό 1 a α	by	843a
14	εὐαγγέλιον 1 c	gospel	318a
	εὐαγγέλιον 2 b α	gospel	318a
	Ἰωάν(ν)ης 1	John	384d
	κηρύσσω 2 b β	announce	431c
	κηρύσσω 2 b β	announce	431d
	μετά B II 4 a	after	510c
	παραδίδωμι 1 b	give over	614d
15	βασιλεία 3 b	kingdom	135b
	βασιλεία 3 g	kingdom	135c
	βασιλεία 3 g	kingdom	135c
	ἐγγίζω 5 b	approach	213d
	εὐαγγέλιον 1 a	gospel	318a
	καιρός 3	time	395b
	λέγω I 1 b α	say	468b
	μετανοέω	change one's mind	512a
	πιστεύω 1 a ε	believe	660d
	πιστεύω 2 a ε	believe	661c
	πληρόω 2	make full	671b
16	ἁλιεύς	fisherman	37c
	ἀμφιβάλλω	cast	47b
	ἀμφίβληστρον	casting net	47b
	Ἀνδρέας	Andrew	63d
	Γαλιλαία	Galilee	150b
	γάρ 2	for	152b
	θάλασσα 2	lake	350b
	παρά III 1 a	along	611a
	παράγω 2 a α	bring in	613d
	Πέτρος	Peter	654d
	Σίμων 1	Simon	751a
17	ἁλιεύς	fisherman	37c
	ἄνθρωπος 1 a β	man	68b
	γίνομαι I 4 a	become	159c
	δεῦτε 2	come	176d
	ὀπίσω 2 a β	after	575b
	ποιέω I 1 b θ	do	681d
18	ἀκολουθέω 3	follow	31b
	ἀφίημι 3 a	leave	126a
	Πέτρος	Peter	654d
18f	δίκτυον	net	198c
19	Ἰάκωβος 1	James	367d
	Ἰωάν(ν)ης 2	John	385a
	καταρτίζω 1 a	restore	417d
	ὀλίγος 3 a	little	563d
	προβαίνω 1	go on	702d
19f	Ζεβεδαῖος	Zebedee	337b
	πλοῖον 2	ship	673b
20	ἀπέρχομαι 4	go after	84d
	ἀφίημι 3 a	leave	126a
	καλέω 1 e	call	399c
	μισθωτός	hired man	523d
	ὀπίσω 2 a β	after	575b
21	διδάσκω 1	teach	192a
	εἰσέρχομαι 1 a β	come	232d
	εἰσπορεύομαι 1	go	233c
21	εὐθύς	immediately	321b
	Καφαρναούμ	Capernaum	426b
	Πέτρος	Peter	654d
	σάββατον 1 b β	Sabbath	739b
	συναγωγή 2 a	place of assembly	783a
22	γάρ 1 a	for	151c
	διδαχή 3	teaching	192c
	εἰμί II 4 e	to be	224b
	ἐκπλήσσω 2	be amazed	244b
	ἐξουσία 2	ability	278a
	ἐπί II 1 b γ	on	287c
23	ἀκάθαρτος 2	impure	29b
	ἀνακράζω	cry out	56b
	ἄνθρωπος 3 a β	man	69a
	ἐν I 5 d	in	260a
	εὐθύς	immediately	321b
	πνεῦμα 4 c	spirit	676a
24	ἅγιος 2 c β	the holy one	10a
	ἀπόλλυμι 1 a α	ruin	95a
	ἔα	ah	211a
	ἐγώ	I	217c
	εἰμί II 6 c	to be	224c
	Ναζαρηνός	the Nazarene	532b
	οἶδα 1 c	know	556a
24a	τίς, τί 1 b ε	which	819c
25	ἐπιτιμάω 1	rebuke	303b
	φιμόω 2	tie shut	862a
25f	ἐξέρχομαι 1 a δ	go out	274c
26	μέγας 2 a γ	great	497d
	πνεῦμα 4 c	spirit	676a
	σπαράσσω	tear	760d
	φωνέω 1 b	cry out	870c
	φωνή 2 a	voice	870d
26f	ἀκάθαρτος 2	impure	29b
27	διδαχή 2	teaching	192b
	εἰμί II 3	to be	224a
	ἐξουσία 2	ability	278b
	ἐπιτάσσω	command	302b
	θαμβέω 2	astound	350c
	καί II 2	even	393b
	καινός 2	new	394a
	κατά II 5 b β	according to	407c
	πνεῦμα 4 c	spirit	676a
	συζητέω 1	discuss	775d
	τίς, τί 1 b β	which	819b
	ὑπακούω 1	listen to	837c
28	ἀκοή 2 a	report	31a
	Γαλιλαία	Galilee	150c
	ἐξέρχομαι 2 b α	go out	275a
	πανταχοῦ 2	everywhere	608c
	περίχωρος	neighboring	653c
29	Ἀνδρέας	Andrew	63d
	ἔρχομαι I 1 a β	come	310c
	εὐθύς	immediately	321b
	Ἰάκωβος 1	James	367d
	Ἰωάν(ν)ης 2	John	385a
	μετά A II 1 a	with	508d
	οἰκία 1 a	house	557c
	Πέτρος	Peter	654d
30	κατάκειμαι 1	lie down	411c

30	λέγω II 2	speak	470a
	πενθερά	mother in law	642c
	Πέτρος	Peter	654d
	πυρέσσω	suffer with a fever	730d
31	ἀφίημι 3 a	leave	126a
	διακονέω 2	serve	184a
	ἐγείρω 1 a β	raise	214c
	κρατέω 1 b	seize	448c
	πυρετός	fever	730d
32	γίνομαι I 1 b γ	come about	158c
	δαιμονίζομαι	be possessed by a demon	169a
	δύνω	set	209a
	ἥλιος	the sun	345c
	κακῶς 1	badly	398c
	ὅτε 1 b	when	588b
	ὄψιος 2	late	601d
	φέρω 4 b β	bear	855c
33	ἐπισυνάγω	gather	301d
	θύρα 1 a	door	365d
	ὅλος 2 a	whole	564d
	πόλις 3	city	686a
	πρός III 1 a	toward	709d
34	ἀφίημι 4	tolerate	126b
	δαιμόνιον 2	demon	169b
	ἐκβάλλω 1	drive out	237c
	θεραπεύω 2	heal	359a
	κακῶς 1	badly	398c
	λαλέω 2 a β	speak	463b
	νόσος 1	disease	543d
	οἶδα 1 a	know	555d
	ὅτι 3 a	that	589c
	οὐ 4 a	no	590c
	ποικίλος 1	diversified	683c
	Χριστός 1	Anointed One	887a
35	ἀνίστημι 2 d	rise	70c
	ἀπέρχομαι 2	go	84c
	ἔννυχος	at night	267b
	ἐξέρχομαι 1 a β	go out	274c
	ἔρημος 1 a	abandoned	309a
	κακεῖ 1	and there	396d
	λίαν 3	very	473c
	προσεύχομαι	pray	713d
	πρωΐ	early	724d
	τόπος 1 c	place	822c
36	καταδιώκω	hunt	410c
	μετά A II 1 c α	with	509a
37	εὑρίσκω 1 a	find	324d
	ζητέω 1 a α	seek	338d
	ὅτι 2	that	589c
	πᾶς, πᾶσα, πᾶν 2 a γ	all	632d
38	ἄγω 5	go	14d
	ἀλλαχοῦ	elsewhere	39b
	ἐγγύς 1 c	near	214b
	εἰς 4 f	(purpose)	229d
	ἔχω III 2	hold fast	334b
	ἵνα I 1 c	in order that	377a
	καί II 1	also	393b
	κακεῖ 2	there also	396d
	κηρύσσω 2 b β	announce	431d
	κωμόπολις	market town	461d
39	δαιμόνιον 2	demon	169b
	ἐκβάλλω 1	drive out	237c
	κηρύσσω 2 b β	announce	431c
	συναγωγή 2 a	place of assembly	782d
40	γονυπετέω	kneel down	165b
	ἐάν I 1 a	if	211a
	καθαρίζω 1 b α	cleanse	387b
	λεπρός	leper	472a
	παρακαλέω 3	implore	617c
41	ἅπτω 2 b	touch	103a
	ἐκτείνω 1	stretch out	245b
	καθαρίζω 1 b α	cleanse	387b
	ὀργίζω	be angry	579c
	σπλαγχνίζομαι	have pity	762d
42	ἀπέρχομαι 1 b	go away	84c
	καθαρίζω 1 b α	cleanse	387b
	λέπρα	leprosy	471d
43	ἐκβάλλω 1	drive out	237c
	ἐμβριμάομαι	scold	254d
44	δείκνυμι 1 a	show	172d
	ἱερεύς 1 b α	priest	372a
	καθαρισμός 1	purification	387d
	μαρτύριον 1 a	testimony	493d
	μηδείς 2 b α	nothing	518b
	Μωϋσῆς	Moses	531d
	Μυϋσῆς	Moses	532a
	ὁράω 2 b	see	578d
	προστάσσω	command	718c
	προσφέρω 2 a	bring (to)	720a
	σεαυτοῦ 3	yourself	745c
	ὑπάγω 2	go away	836d
45	διαφημίζω	make known	190c
	δύναμαι 1 b	able	207b
	εἰμί I 3	to be	223b
	εἰσέρχομαι 1 a β	come	232d
	ἐξέρχομαι 1 a β	go out	274c
	ἔξω 1 a α	outside	279b
	ἔρημος 1 a	abandoned	309a
	κηρύσσω 2 a	announce	431b
	λόγος 1 a β	word	477b
	μηκέτι 2	no longer	518c
	πανταχόθεν	from every direction	608b
	πάντοθεν	from all directions	608d
	πόλις 1	city	685c
	πολύς I 2 b β	many	688d
	τόπος 1 c	place	822c
	φανερῶς	openly	853a
	ὥστε 2 a β	so that	900a

Mark 2

1	ἀκούω 3 e	learn	32d
	διά A II 2	after	180a
	εἰσέρχομαι 1 a α	come	232c
	ἡμέρα 2	day	346c
	Καφαρναούμ	Capernaum	426b
	οἶκος 1 a α	house	560c
	πάλιν 1 a	back	606c

2	θύρα 1 a	door	365d
	λαλέω 2 b	speak	463d
	λόγος 1 b β	word	478b
	μηδέ 2	not even	518a
	μηκέτι 2	no longer	518c
	πολύς I 2 a α	many	688b
	πρός III 7	by	711a
	συνάγω 2	gather	782c
	χωρέω 3 a	have room for	890a
	ὥστε 2 a β	so that	900a
3	αἴρω 2	lift up	24c
	τέσσαρες	four	813b
	φέρω 4 b β	bear	855c
3-5	παραλυτικός	paralytic	620b
4	ἀπό V 1	because of	87d
	ἀποστεγάζω	unroof	98c
	δύναμαι 1 b	able	207b
	εἰμί II 9 a	to be	224d
	ἐξορύσσω	tear out	277c
	κατάκειμαι 1	lie down	411c
	κράβαττος	mattress	447c
	ὄχλος 1	crowd	600c
	προσεγγίζω	approach	712d
	προσφέρω 1 a	bring (to)	719d
	στέγη	roof	765d
	χαλάω	let down	874b
4a	ὅπου 1 a α	where	576a
4b	ὅπου 1 a α	where	576a
5	ἁμαρτία 1	sin	43b
	ἀφίημι 2	forgive	126a
	πίστις 2 b α	faith	663a
	τέκνον 2 a	child	808c
6	διαλογίζομαι 1	consider	186a
	κάθημαι 1 a β	sit	389c
	καρδία 1 b β	heart	403d
7	ἁμαρτία 1	sin	43b
	ἀφίημι 2	forgive	126a
	βλασφημέω 2 b α	blaspheme	142d
	βλασφημία 2 b	slander	143a
	δύναμαι 1 a	able	207a
	εἷς 2 c	one	231c
	οὕτω	thus	597c
	τίς, τί 1 a α	which	819a
7a	τίς, τί 3 a	which	819d
8	ἀναστενάζω	sigh deeply	61b
	διαλογίζομαι 1	consider	186a
	διαλογίζομαι 1	consider	186a
	ἐν I 5 b	in	259c
	ἐπιγινώσκω 2 c	know	291b
	καρδία 1 b β	heart	403d
	λέγω I 3	say	468c
	πνεῦμα 3 b	spirit	675b
	τίς, τί 3 a	which	819d
9	αἴρω 1 a	lift up	24b
	ἀφίημι 2	forgive	126a
	ἐγείρω 1 b	raise up	214d
	ἐγείρω 2 f	appear	215b
	εὔκοπος	easy	321d
	κράβαττος	mattress	447c
	παράλυτος	the paralytic	620b

9	περιπατέω 1 c	go about	649b
	τίς, τί 1 b γ	which	819b
	ὑπάγω 1	go away	836c
9f	ἁμαρτία 1	sin	43b
	παραλυτικός	paralytic	620b
10	ἀφίημι 2	forgive	126a
	ἐξουσία 3	authority	278b
	ἵνα I 6	in order that	377b
	ἵνα III 2	in order that	378c
	υἱός 2 c	son	835b
11	αἴρω 1 a	lift up	24b
	ἐγείρω 1 b	raise up	214d
	οἶκος 1 a α	house	560b
	ὑπάγω 2	go away	836d
11f	κράβαττος	mattress	447c
12	δοξάζω 1	praise	204c
	εἶδον	see	220c
	ἔμπροσθεν 2 c	in front	257b
	ἐναντίον 1 a	before	261d
	ἐξίστημι 2 b	be amazed	276c
	θεός 3 a	God	357b
	λέγω I 1 b α	say	468b
	οὐδέποτε	never	592b
	οὕτω 5	thus	598a
	ὥστε 2 a β	so that	900a
13	θάλασσα 2	lake	350b
	ὄχλος 1	crowd	600d
	πάλιν 2	again	606d
	παρά III 1 b β	along	611a
	πᾶς, πᾶσα, πᾶν 1 c α	all	631d
14	ἀκολουθέω 3	follow	31c
	Ἁλφαῖος 1	Alphaeus	41d
	ἀνίστημι 2 d	rise	70c
	ἐπί III 1 a ζ	on	288d
	Ἰάκωβος 2	James	367d
	Ἰάκωβος 6	James	368a
	κάθημαι 1 a α	sit	389c
	Λευί 4	Levi	472a
	παράγω 2 a α	bring in	613d
	τελώνιον	tax office	812c
15	γάρ 2	for	152b
	γίνομαι I 3 f	take place	159b
	καί I 2 b	and	392b
	κατάκειμαι 3	lie down	411c
	οἰκία 1 a	house	557c
	συνανάκειμαι	eat with	784b
	τελώνης	tax collector	812c
15a	πολύς I 1 a α	many	687c
15f	ἁμαρτωλός 2	sinner	44b
16	γραμματεύς 2	scribes	165d
	εἶδον 1 d	see	220d
	ἐσθίω 1 c	eat	312d
	ὅστις 4 b	(interrogative)	587b
	ὅτι 1 c	that	589a
	ὅτι 2	that	589c
	πίνω 1	drink	658d
	τίς, τί 1 b ε	which	819c
	Φαρισαῖος	Pharisee	853d
16a	μετά A II 2	with	509b
	τελώνης	tax collector	812c
16b	μετά A II 2	with	509b

16b	τελώνης	tax collector	812c
17	ἁμαρτωλός 2	sinner	44b
	δίκαιος 1 b	upright	195d
	ἰατρός 1	physician	368d
	ἰσχύω 1	be strong	383d
	κακῶς 1	badly	398c
	καλέω 2	call	399d
	μετάνοια	repentance	512d
	χρεία 1	need	885a
17f	λέγω I 3	say	468c
18	διά B II 2	why	181b
	εἰμί II 4 e	to be	224b
	ἔρχομαι I 1 a ζ	come	310d
	Ἰωάν(ν)ης 1	John	384d
	νηστεύω	to fast	538c
	σός, σή, σόν 1	yours	759b
	Φαρισαῖος	Pharisee	853d
18a	μαθητής 2 a	disciple	485d
18b	μαθητής 2 a	disciple	485d
18c	μαθητής 2 a	disciple	485d
19	δύναμαι 1 a	able	207a
	ἐν IV 6 b	in	261c
	ἔχω I 3	have	333b
	μή C 1	not	517b
	νυμφών 2	bridal chamber	545c
	ὅσος 1	how great	586b
	υἱός 1 c δ	son	834b
	χρόνος	time	888a
19b	μετά A II 1 b	with	508d
19f	νηστεύω	to fast	538b
	νυμφίος	bridegroom	545b
20	ἀπαίρω	take away	79d
	ἔρχομαι I 1 b α	come	311b
	ὅταν 1 b	when	588a
20a	ἡμέρα 4 b	time	347d
20b	ἡμέρα 4 a	time	347c
21	ἄγναφος	unshrunken	10d
	αἴρω 4	take away	24d
	γίνομαι I 1 b β	come about	158b
	ἐπίβλημα	a patch	290c
	ἐπι(ρ)ράπτω 2	sew	298a
	ἱμάτιον 1	garment	376b
	καινός 1	new	394a
	πλήρωμα 1 b	that which fills	672b
	ῥάκος 2	patch	734a
	σχίσμα 1	split	797c
	χείρων	worse	881b
21a	παλαιός 1	old	605d
21b	παλαιός 1	old	605d
21f	εἰ VI 3 b	if not	220a
	οὐδείς 2 a	no one	591d
22	ἀπόλλυμι 2 a β	pass away	95c
	ἀσκός	wineskin	116c
	βλητέος	must be put	144a
	καινός 1	new	394a
	νέος 1 a α	new	536a
	οἶνος 1	wine	562b
	παλαιός 1	old	605d
	ῥήγνυμι 1	tear	735b
23	γίνομαι I 3 e	take place	159b
23	διά A I 1	through	179c
	διαπορεύομαι	go through	187d
	ὁδοποιέω	make a way	553d
	ὁδός 1 b	way	554b
	παραπορεύομαι 2	pass by	621d
	ποιέω I 1 b δ	do	681b
	σάββατον 1 b β	Sabbath	739b
	σπόριμος	sown	763b
	στάχυς 1	ear (of grain)	765d
	τίλλω	pluck	817a
24	ἔξεστι 1	it is possible	275b
	ἴδε 1	see	369b
	ποιέω I 1 c γ	do	682b
	σάββατον 1 b β	Sabbath	739b
25	ἀναγινώσκω 1	read	51c
	αὐτός 1 c	self	122d
	Δαυίδ	David	171b
	μετά A II 1 c α	with	509a
	οὐδέποτε	never	592b
	πεινάω 1	hunger	640a
	χρεία 2	need	885a
26	Ἀβιαθάρ	Abiathar	1d
	ἄρτος 1 b	bread	110d
	δίδωμι 1 a	give	192d
	ἔξεστι 3	it is possible	275b
	ἐπί I 2	under	286d
	ἐσθίω 1 a	eat	312c
	ἱερεύς 1 b α	priest	372a
	καί II 1	also	393b
	οἶκος 1 a β	house	560c
	πρόθεσις 1	setting forth	706b
	πρόσθεσις		715b
	πῶς 2 a	how	732d
	σύν 1 c	with	781d
27	ἄνθρωπος 3 b	man	69b
	γίνομαι I 2 a	created	158c
	διά B II 1	because of	181a
27f	σάββατον 1 a	Sabbath	739a
28	κύριος 1 a α	lord	459a
	υἱός 2 c	son	835b
	ὥστε 1 a	therefore	899d

Mark 3

1	ἄνθρωπος 3 a β	man	69a
	εἰσέρχομαι 1 a β	come	232d
	ξηραίνω 2 b	dry up	548c
	πάλιν 2	again	606d
	συναγωγή 2 a	place of assembly	782d
	χείρ 1	hand	880a
2	εἰ V 2 a	whether	219d
	θεραπεύω 2	heal	359a
	ἵνα I 1 e	in order that	377a
	κατηγορέω 1 a	bring charges	423b
	παρατηρέω 1 a α	watch	622c
	σάββατον 1 b β	Sabbath	739b
3	ἐγείρω 1 b	raise up	214d
	εἰς 1 a α	into	228b
	λέγω II 1 c	order	469c

3	μέσος 2	the middle	507c
	ξηραίνω 2 b	dry up	548c
	ξηρός 2	dry	548d
	ὁ, ἡ, τό II 2 a	the	551a
4	ἀγαθοποιέω 1	do good	2c
	ἀποκτείνω 1 a	kill	94a
	ἔξεστι 1	it is possible	275b
	ἤ 1 a α	or	342a
	κακοποιέω 1	do wrong	397c
	ποιέω I 1 b ε	do	681b
	σάββατον 1 b β	Sabbath	739b
	σιωπάω 1	be silent	752c
	σῴζω 1 a	save	798b
	ψυχή 2	soul, life	894b
5	ἄνθρωπος 4 a	man	69c
	ἀποκαθίστημι 1	restore	92a
	ἐκτείνω 1	stretch out	245b
	ἐπί II 1 b γ	on	287c
	καρδία 1 b β	heart	403d
	λέγω II 1 c	order	469c
	μετά A III 1	with	509d
	νέκρωσις 2 b	death	535d
	ὀργή 1	anger	579a
	περιβλέπω 1	look around	646b
	πήρωσις	disabling	656d
	πῶρωσις	hardening	732a
	συλλυπέω	hurt	777a
	ὑγιής 1 a	healthy	832c
6	ἀπόλλυμι 1 a α	ruin	95a
	δίδωμι 5	give	193d
	Ἡρῳδιανοί	Herodians	348d
	κατά I 2 b β	down	406a
	μετά A II 3 b	with	509c
	ὅπως 2 b	in order that	577b
	ποιέω I 1 b δ	do	681b
	συμβούλιον 1	plan	778a
	Φαρισαῖος	Pharisee	853d
7	ἀναχωρέω 2 b	withdraw	63c
	εἰς 1 b	near	228c
	θάλασσα 2	lake	350b
	Ἰουδαία 1	Judaea	379a
	μετά A II 1 a	with	508d
7f	Ἰουδαία 1	Judaea	379a
	πλῆθος 2 b α	quantity	668c
	πολύς I 1 b α	many	688a
8	Ἰδουμαία	Idumaea	371b
	Ἱεροσόλυμα 1 a	Jerusalem	373a
	Ἰορδάνης	Jordan	378d
	ὅσος 2	how great	586c
	πέραν 2 c	on the other side	644a
	περί 2 a γ	about	645b
	ποιέω I 1 b β	do	681b
	Σιδών	Sidon	750a
	Τύρος	Tyre	830d
9	θλίβω 1	press upon	362a
	ἵνα II 1 a δ	in order that	377d
	μή A I 2	not	516a
	ὄχλος 1	crowd	600c
	πλοιάριον	boat	673b
	προσκαρτερέω 1	adhere to	715c
10	ἅπτω 2 b	touch	103a
10	ἐπιπίπτω 1 b	fall upon	297c
	ἔχω I 2 e α	have	332c
	θεραπεύω 2	heal	359a
	μάστιξ 2	torment	495b
	ὅσος 2	how great	586c
	πολύς I 2 a α	many	688b
	ὥστε 2 a β	so that	900a
11	ἀκάθαρτος 2	impure	29b
	εἰμί II 1	to be	223d
	θεωρέω 1	observe	360b
	κράζω 2 a	call	447d
	ὅταν 2 c	when	588b
	πνεῦμα 4 c	spirit	676a
	προσπίπτω 1	fall down before	718a
	υἱός 2 b	son	834d
12	ἐπιτιμάω 1	rebuke	303b
	ποιέω I 1 b ι	do	682a
	πολύς I 2 b β	many	688c
	φανερός 1	clear	852c
13	ἀναβαίνω 1 a α	go up	50a
	ἀπέρχομαι 2	go	84d
	εἰς 1 a α	into	228b
	θέλω 2	wish	355b
	ὁ, ἡ, τό II 1 a α	the	550b
	ὄρος	mountain	582c
	ὅς, ἥ, ὅ I 2 a	(rel pron)	583b
	προσκαλέω 1 a	summon	715c
14	ἀποστέλλω 1 b γ	send away	98d
	ἀποστέλλω 1 c	send away	98d
	ἀπόστολος 3	apostles	99d
	εἰμί III 7	to be	225c
	ἵνα I 1 e	in order that	377a
	κηρύσσω 2 b β	announce	431d
	μετά A II 1 c α	with	508d
	ὀνομάζω 1	name	573d
15	ἐκβάλλω 1	drive out	237c
	ἐξουσία 2	ability	278a
16	Πέτρος	Peter	654d
16f	ἐπιτίθημι 1 a β	give a surname	303a
	ὄνομα I 2 a	name	571b
17	Βοανηργές	Boanerges	144a
	βροντή	thunder	147d
	εἰμί II 3	to be	224a
	Ζεβεδαῖος	Zebedee	337b
	Ἰάκωβος 1	James	367d
	Ἰωάν(ν)ης 2	John	385a
	κοινῶς	dialect	440a
	ὅς, ἥ, ὅ I 7 a	(rel pron)	584c
	υἱός 1 c δ	son	834b
18	Ἀλφαῖος 2	Alphaeus	41d
	Ἀνδρέας	Andrew	63d
	Βαρθολομαῖος	Bartholomew	133d
	Θαδδαῖος	Thaddaeus	350a
	Θωμᾶς	Thomas	367c
	Ἰάκωβος 2	James	367d
	Καναναῖος	Cananaean	402d
	Κανανίτης	Cananite	402d
	Λεββαῖος	Lebbaeus	467d

18	Ματθαῖος	Matthew	496a
	Σίμων 2	Simon	751a
	Φίλιππος 3	Philip	860b
19	Ἰούδας 6	Judas	380a
	Ἰσκαριώθ	Iscariot	380d
	ὅς, ἥ, ὅ I 10 d	(rel pron)	585a
	παραδίδωμι 1 b	give over	614d
	Σκαριώθ		753c
20	ἄρτος 2	food	110d
	ἐσθίω 1 a	eat	312c
	μή A I 3	not	516a
	μηδέ 2	not even	518a
	μήτε	and not	519d
	οἶκος 1 a α	house	560c
	συνέρχομαι 1 a	assemble	788a
	ὥστε 2 a β	so that	900a
21	ἀκούω 3 a	learn	32c
	ἐξαρτάω 2	be attached	273c
	ἐξέρχομαι 1 a ζ	go out	274d
	ἐξίστημι 2 a	lose ones mind	276c
	κρατέω 1 a	arrest	448c
	ὁ, ἡ, τό II 5	the	552a
	παρά I 4 b β	from	610b
21f	λέγω I 1 b α	say	468b
22	ἄρχων 3	authorities	114a
	Βεεζεβούλ	Beelzebub	139a
	ἐκβάλλω 1	drive out	237c
	ἔχω I 2 e α	have	332c
	Ἱεροσόλυμα 1 a	Jerusalem	373b
	καταβαίνω 1 a β	come down	408b
23	δύναμαι 1 a	able	207b
	ἐκβάλλω 1	drive out	237c
	παραβολή 2	parable	612d
	προσκαλέω 1 a	summon	715c
	πῶς 1 d	how	732c
	σατάν	Adversary	744d
	σατάν	Adversary	745a
24	βασιλεία 2	kingdom	135a
	ἐάν I 1 b	if	211b
24-6	μερίζω 1 a	divide	504c
24f	ἐκεῖνος 2 a	that	239d
	ἐπί III 1 a ε	against	288c
	ἵστημι II 1 d	stand	382c
25	οἰκία 2	household	557d
26	ἀνίστημι 2 c	rise	70b
	εἰ I 1 a	if	219b
	ἐπί III 1 a ε	against	288c
	ἔχω I 2 f	have	333a
	ἵστημι II 1 d	stand	382c
	σατάν	Adversary	745a
	τέλος 1 a	end	811b
27	δέω 1 b	bind	177d
	ἐάν I 3 b	if	211c
	ἰσχυρός 1 a	strong	383b
	μή A I 1	not	515d
	οὐδείς 2 a	no one	592a
	πρῶτος 2 a	first	726b
	σκεῦος 1 a	thing	754a
	τότε 2	at that time	824a
27a	διαρπάζω	plunder	188a
27b	διαρπάζω	plunder	188a
28	ἁμάρτημα	sin	42d
	ἀμήν 2	amen	45d
	ἄνθρωπος 1 a δ	people	68c
	ἀφίημι 2	forgive	126a
	βλασφημέω 2 b α	blaspheme	142d
	βλασφημία 2 b	slander	143a
	λέγω II 1 d	assure	469d
	υἱός 1 c β	son	833d
29	αἰών 1 b	time	27b
	αἰώνιος 3	eternal	28d
	ἁμάρτημα	sin	42d
	ἄφεσις 2	pardon	125a
	βλασφημέω 2 b γ	blaspheme	142d
	εἰς 2 b	for	229a
	εἰς 4 c α	against	229b
	ἔνοχος 2 b β	guilty	268a
	ὁ, ἡ, τό II 1 f	the	550d
	πνεῦμα 5 c α	spirit	676c
30	ἀκάθαρτος 2	impure	29b
	ἔχω I 2 e α	have	332c
	λέγω I 1 b α	say	468b
	πνεῦμα 4 c	spirit	676a
31	ἀδελφός 1	brother	16b
	ἀποστέλλω 1 b α	send away	98c
	ἔξω 1 a α	outside	279b
	καλέω 1 d	call	399c
	στήκω 1	stand	768a
	φωνέω 2 b	call	870c
31-3	μήτηρ 1	mother	520a
31f	ἀδελφός 1	brother	16a
	Μαρία 1	Mary	491d
32	ἀδελφή 1	sister	15d
	ἔξω 1 a α	outside	279b
	ζητέω 1 b	seek	338d
	κάθημαι 1 a α	sit	389c
	περί 2 a δ	about	645b
34	ἴδε 3	see	369b
	κάθημαι 1 a α	sit	389c
	κύκλῳ 1 a	around	457a
	περί 2 a δ	about	645b
	περιβλέπω 1	look around	646b
34f	μήτηρ 3	mother	520a
35	ἀδελφή 1	sister	15d
	ἀδελφός 2	brother	16b
	θέλημα 1 c γ	will	354c
	θέλημα 1 c γ	will	354c
	οὗτος 1 a ε	this	596d
	ποιέω I 1 c α	do	682a
	ποιέω I 1 c α	do	682a

Mark 4

1	γῆ 4	land	157c
	εἰμί III 9	to be	225d
	ἐμβαίνω	go in	254a
	κάθημαι 2	sit down	389d
	πάλιν 2	again	606d

1	παρά III 1 b α	along	611a
	πᾶς, πᾶσα, πᾶν 1 c α	all	631d
	πλοιάριον	boat	673b
	πλοῖον 2	ship	673b
	πολύς III 1 b β	many	689d
	συνάγω 2	gather	782c
1a	ὄχλος 1	crowd	600d
1b	ὄχλος 1	crowd	600d
	πρός III 7	by	711a
2	διδάσκω 2 c	teach	192a
	διδαχή 1	teaching	192b
	ἐν II 3	while	260c
	παραβολή 2	parable	612d
	πολύς I 2 b α	many	688c
3	ἀκούω 1 c	hear	32b
	ἐξέρχομαι 1 a ζ	go out	274d
3a	σπείρω 1 a α	sow	761b
3b	σπείρω 1 a α	sow	761b
4	γίνομαι I 3 f	take place	159b
	ἐν II 3	while	260c
	ἔρχομαι I 1 c α	come	311b
	κατεσθίω 1	eat up	422a
	ὁδός 1 a	way	554a
	ὅς, ἥ, ὅ II 2	this (one)	585b
	παρά III 1 d	along	611a
	πετεινόν	bird	654a
	πίπτω 1 a	fall	659c
	σπείρω 1 a α	sow	761b
4ff	μέν 2 d	(particle)	503b
5	βάθος 1	depth	130a
	γῆ 1	earth	157c
	ἐκβλαστάνω	sprout up	238a
	ἐξανατέλλω	spring up	272d
	ὅπου 1 a α	where	576a
	πετρώδης	rocky	655c
	πίπτω 1 a	fall	659c
	πολύς I 1 b α	many	688a
5a	ἔχω I 2 g	have	333a
5b	ἔχω I 2 g	have	333a
5f	διά B II 3	because	181b
	μή A II 1 e	not	516c
6	ἀνατέλλω 2	rise	62a
	ἔχω I 2 c β	have	332c
	ἥλιος	the sun	345c
	καυματίζω	burn	425b
	ξηραίνω 2 a	dry up	548c
	ῥίζα 1 a	root	736a
7	ἄκανθα	thorn plant	29c
	ἀναβαίνω 1 b	go up	50c
	εἰς 1 a β	into	228b
	πίπτω 1 a	fall	659c
	συμπνίγω 1	choke	779d
7f	δίδωμι 4	give	193c
	κάρπος 1 a	fruit	404d
8	ἀναβαίνω 1 b	go up	50c
	αὐξάνω 2	grow	121d
	γῆ 1	earth	157c
	εἰς 6 c	(distributive)	230a
	εἷς 4	one	232a
	ἑκατόν	one hundred	236d
	ἑξήκοντα	sixty	276a

8	καλός 2 a	good	400b
	πίπτω 1 a	fall	659c
	τριάκοντα	thirty	826a
	φέρω 2	bear	855a
9	οὖς 2	ear	595d
	συνίημι	understand	790b
	συνίημι	understand	790b
9b	συνίημι	understand	790b
10	γίνομαι II 4 b	be	160c
	ἐρωτάω 1	ask	311d
	κατά II 1 c	by	406c
	μόνος 3	be alone	528b
	ὁ, ἡ, τό II 5	the	552a
	ὅτε 1 b	when	588b
	παραβολή 2	parable	612c
	περί 2 a δ	about	645b
11	βασιλεία 3 b	kingdom	135b
	βασιλεία 3 g	kingdom	135c
	γίνομαι I 3 b γ	take place	159a
	γινώσκω 1 a	know	160d
	ἐκεῖνος 1 a	that	239b
	ἔξω 1 a β	outside	279c
	ἔξωθεν 1 b β	outside	279d
	μυστήριον 1	mystery	530b
	παραβολή 2	parable	612d
	πᾶς, πᾶσα, πᾶν 2 b β	all things	633b
12	ἐπιστρέφω 1 b β	turn	301b
	ἵνα II 2	in order that	378b
	μή A I 2	not	516a
	μήποτε 2 b α	(neg particle)	519b
	συνίημι	understand	790b
	συνίημι	understand	790b
13	γινώσκω 3 a	understand	161b
	οἶδα 4	know	556c
	πᾶς, πᾶσα, πᾶν 1 d α	all	632a
	πῶς 1 d	how	732c
13b	παραβολή 2	parable	612c
14	σπείρω 1 b β	sow	761c
14-20	λόγος 1 b β	word	478b
15	ἀκούω 1 b α	hear	32a
	ἔρχομαι I 1 a ζ	come	310d
	ὁδός 1 a	way	554a
	ὅπου 1 a α	where	576a
	οὗτος 1 a δ	this	596c
	παρά III 1 d	along	611a
	σατάν	Adversary	745a
15a	σπείρω 1 b β	sow	761c
15b	σπείρω 1 b β	sow	761c
15f	εἰμί II 3	to be	224a
	ὅταν 1 b	when	588a
16	λαμβάνω 1 e β	receive	464d
	ὁμοίως	likewise	567d
	οὗτος 1 a δ	this	596c
	πετρώδης	rocky	655c
	σπείρω 1 a γ	sow	761b
	χαρά 1	joy	875c
17	γίνομαι I 1 b β	come about	158b
	διωγμός	persecution	201b
	εἶτα 1	then	233d
	ἤ 1 a β	or	342a

17	θλῖψις 1	tribulation	362b
	πρόσκαιρος	temporary	715c
	ῥίζα 1 b	root	736a
	σκανδαλίζω 1 a	cause to fall	752d
18	ἄκανθα	thorn plant	29c
	εἰμί II 3	to be	224a
	οὗτος 1 a δ	this	596c
	σπείρω 1 a γ	sow	761b
	σπείρω 1 a γ	sow	761b
19	αἰών 2 a	age	27c
	ἄκαρπος 2	unfruitful	29d
	ἀπάτη 1	deception	82a
	ἀπάτη 2	pleasure	82b
	γίνομαι II 1	be	160b
	εἰσπορεύομαι 2	go	233d
	ἐπιθυμία 1	desire	293b
	λοιπός 2 b β	the rest	480a
	μέριμνα	anxiety	504d
	περί 2 d	about	645c
	πλοῦτος 1	wealth	674b
	συμπνίγω 1	choke	779d
20	γῆ 1	earth	157c
	εἰμί II 3	to be	224a
	εἷς 4	one	232a
	ἑκατόν	one hundred	236d
	ἑξήκοντα	sixty	276a
	καλός 2 a	good	400b
	καρποφορέω 2	bear fruit	405b
	ὅστις 1 a	whoever	586d
	παραδέχομαι 1	accept	614b
	σπείρω 1 a γ	sow	761b
21	ἅπτω 1	kindle	102d
	ἔρχομαι I 1 c β	come	311c
	ἵνα I 1 a	in order that	376d
	καίω 1 a	light	396b
	κλίνη	couch	436c
	λέγω I 1 b α	say	468b
	λυχνία	lampstand	483b
	λύχνος 1	lamp	483b
	μήτι	(interrog particle)	520b
	μόδιος	a peck measure	525d
	τίθημι I 1 a β	put	816a
21a	ὑπό 2 a α	under	843c
21b	τίθημι I 1 a β	put	816a
	ὑπό 2 a α	under	843c
22	ἀλλά 1 a	but, yet	38b
	ἀπόκρυφος	hidden	93d
	γάρ 1 b	for	152a
	γάρ 1 d	for	152a
	γίνομαι II 1	be	160b
	ἐάν I 3 b	if	211d
	ἔρχομαι I 2 c	come	311c
	ἵνα III 1	in order that	378b
	κρυπτός 1	hidden	454a
	οὐδέ 1	and not	591c
	φανερός 2	clear	852c
	φανερόω 1 b	reveal	852d
23	ἀκούω 1 a	hear	31d
	εἰ VII	whoever, whatever	220b
	οὖς 2	ear	595d
24	βλέπω 4 c	see	143d

24	λέγω I 1 b α	say	468b
	μετρέω 2	give out	514d
	μέτρον 1 a	measure	515a
	ὅς, ἥ, ὅ I 5 b	(rel pron)	584c
	περίχωρος	neighboring	653c
	προστίθημι 1 a	add	719a
	τίς, τί 1 b ζ	which	819c
25	αἴρω 4	take away	24d
	γάρ 1 d	for	152a
	οὐ 5 a	no	590d
25a	ἔχω I 2 a	have	332a
25b	ἔχω I 2 a	have	332a
26	ἄνθρωπος 3 a β	man	69a
	βάλλω 1 a	throw	130d
	βασιλεία 3 b	kingdom	135b
	γῆ 1	earth	157c
	εἰμί II 9 b	to be	225a
	ἐπί I 1 a β	on	286a
	λέγω I 1 b α	say	468b
	οὕτω 2	thus	598a
	σπόρος 2	seed	763c
	ὡς II 4 c	so	897d
27	βλαστάνω 2	sprout	142c
	ἐγείρω 2 a	awaken	215a
	ἡμέρα 1 a	day	346a
	καθεύδω 1	sleep	388d
	μηκύνω	grow	518d
	νύξ 1 d	night	546d
	οἶδα 1 i	know	556b
	σπόρος 2	seed	763c
	ὡς I 1	as	897a
28	αὐτόματος	by itself	122c
	γῆ 1	earth	157c
	εἶτα 2	then	234a
	καρποφορέω 1	bear fruit	405a
	πλήρης 2	full	670a
	πρῶτος 2 a	first	726b
	σῖτος	wheat	752b
	χόρτος	grass	884a
28a	στάχυς 1	ear (of grain)	765d
28b	στάχυς 1	ear (of grain)	765d
29	ἀποστέλλω 2	put in	99a
	δρέπανον	sickle	206d
	θερισμός 1	harvest	359c
	κάρπος 1 a	fruit	404d
	παραδίδωμι	give over	614c
	παραδίδωμι 4	permit	615d
	παρίστημι 2 b β	be here	628c
30	βασιλεία 3 b	kingdom	135b
	λέγω I 1 b α	say	468b
	ὁμοιόω	compare	567b
	ὁμοιόω 2	compare	567c
	ὁμοίωμα 1	likeness	567d
	παραβάλλω 1 c	compare	611d
	παραβολή 2	parable	612c
	πῶς 1 e	how	732c
	τίθημι I 1 b ε	make up (your) minds	816b
31	γῆ 1	earth	157c
	ἐπί I 1 a β	on	286a
	κόκκος 1	seed	440c

Verse	Word	Gloss	Ref.
31	μικρός 2 a	small	521b
	σίναπι	mustard	751c
	σπείρω 1 a γ	sow	761b
	σπέρμα 1 a	seed	761d
31f	ὅταν 1 b	when	588a
	πᾶς, πᾶσα, πᾶν 1 d α	all	632a
32	ἀναβαίνω 1 b	go up	50c
	κατασκηνόω	live	418c
	κατασκηνόω 2	live	418c
	κλάδος	branch	433a
	λάχανον	vegetable	467d
	μέγας 1 a	large	497c
	οὐρανός 1 d	heaven	594b
	πετεινόν	bird	654a
	ποιέω I 1 b	do	681d
	σκιά 1 a	shade	755d
	σπείρω 1 a β	sow	761b
	ὑπό 2 a β	under	843c
	ὥστε 2 a β	so that	900a
33	ἀκούω 5	listen	32d
	ἀκούω 7	understand	32d
	δύναμαι 1 a	able	207a
	καθώς 2	as	391c
	λαλέω 2 b	speak	463d
	λόγος 1 b β	word	478b
	παραβολή 2	parable	612c
	τοιοῦτος 2 a β	such a kind	821b
33ff	αὐτός 3 a	(oblique case)	123b
34	δέ 4 b	but, and	171d
	ἐπιλύω 1	explain	296a
	λαλέω 2 a ε	speak	463c
	παραβολή 2	parable	612c
	πᾶς, πᾶσα, πᾶν 2 a δ	everything	632d
	χωρίς 2 b β	apart	890d
34a	ἴδιος 4	privately	370c
34b	ἴδιος 2 c	ones own	370a
35	διέρχομαι 2	come	194c
	ἐκεῖνος 2 b γ	that	239d
	ὄψιος 2	late	601d
	πέραν 1	on the other side	643d
36	ἀφίημι 1 a α	send away	125d
	μετά A II 1 c α	with	509a
	παραλαμβάνω 1	take	619c
	πλοιάριον	boat	673b
	ὡς II 4 b	so	897d
37	ἄνεμος 1 a	wind	64d
	γεμίζω 3	fill	153d
	γίνομαι I 1 b α	come about	158b
	ἐπιβάλλω 2 a	beat upon	290a
	ἤδη 1 a	already	344a
	κῦμα	wave	457c
	λαῖλαψ	hurricane	463a
	μέγας 2 a γ	great	497d
	ὥστε 2 a β	so that	900a
38	ἀπόλλυμι 2 a α	perish	95b
	διδάσκαλος	teacher	191d
	διεγείρω	arouse	194a
	εἰμί II 4 b β	to be	224b
	ἐπί III 1 a ζ	on	288c
	καθεύδω 1	sleep	388d

Verse	Word	Gloss	Ref.
38	μέλει 3	it is a concern	500b
	οὐ 4 c	no	590c
	προσκεφάλαιον	pillow	715d
	πρύμνα	stern of a ship	724d
39	ἄνεμος 1 a	wind	64d
	γαλήνη	calm	150b
	γίνομαι I 1 b α	come about	158b
	διεγείρω	arouse	194a
	ἐπιτιμάω 1	rebuke	303b
	κοπάζω	abate	443b
	μέγας 2 a γ	great	497d
	σιωπάω 2 b	be silent	752c
	φιμόω 2	tie shut	862a
40	δειλός	cowardly	173a
	οὔπω	not yet	593c
	πίστις 2 b α	faith	663a
	πῶς 1 b	how	732b
	τίς, τί 3 a	which	819d
41	ἀλλήλων	each other	39c
	ἄνεμος 1 a	wind	64d
	ἄρα 2	then	103d
	ἆρα 4	conceivably	104a
	εἰμί II 6 c	to be	224c
	λέγω I 3	say	468c
	μέγας 2 a γ	great	497d
	ὅτι 1 c	that	589a
	ὑπακούω 1	listen to	837c
	φοβέω 1 a	be afraid	862d
	φόβος 2 a α	fear	863d

Mark 5

Verse	Word	Gloss	Ref.
1	Γαδαρηνός	Gadarene	149a
	Γερασηνός	Gerasene	156d
	Γεργεσηνός	Gergesene	156d
	καί I 5	and	393b
	πέραν 2 b	on the other side	643d
	χώρα 1 b	country	889b
2	ἀκάθαρτος 2	impure	29b
	ἄνθρωπος 3 a β	man	69a
	ἀπαντάω	meet	80c
	ἐξέρχομαι 1 a α	go out	274c
	μνημεῖον 2	tomb	524d
	πνεῦμα 4 c	spirit	676a
	ὑπαντάω	go to meet	837d
3	ἅλυσις 1	chain	41c
	δύναμαι 1 b	able	207b
	κατοίκησις	dwelling	424c
	μνῆμα	tomb	524c
	οὐδέ 3	not even	591d
	οὐδείς 2 a	no one	592a
	οὐκέτι 1	no longer	592c
3f	δέω 1 b	bind	177d
4	ἅλυσις 1	chain	41c
	δαμάζω 1	subdue	170b
	διασπάω	tear apart	188c
	ἰσχύω 2 b	be strong	383d
	οὐδείς 2 a	no one	591d
	πολλάκις	often	686d
	συντρίβω 1 a	shatter	793b

4a	πέδη	fetter	638c
4b	πέδη	fetter	638c
5	διά A II 1 a	through	179d
	ἑαυτοῦ 1	oneself	212a
	ἡμέρα 1 a	day	346a
	κατακόπτω 1	beat	412a
	κράζω 1	cry out	447d
	λίθος 1 a	stone	474b
	μνῆμα	tomb	524c
	νύξ 1 b	night	546c
	ὄρος	mountain	582d
6	μακρόθεν	from far away	488a
	προσκυνέω 5	do reverence	717a
	τρέχω 1	run	825d
7	βασανίζω 2 a	torment	134c
	ἐγώ	I	217c
	κράζω 2 a	call	447d
	λέγω I 8 d	say	469b
	μέγας 2 a γ	great	497d
	ὁρκίζω	adjure	581c
	υἱός 2 b	son	834d
	ὕψιστος 2	highest	850c
	φωνή 2 a	voice	870d
8	ἀκάθαρτος 2	impure	29b
	ἄνθρωπος 4 a	man	69c
	ἐξέρχομαι 1 a δ	go out	274c
	λέγω II 1 c	order	469c
	πνεῦμα 4 c	spirit	676a
9	ἐπερωτάω 1 a	ask	285b
	λεγιών	legion	468a
	ὅτι 3 a	that	589c
	πολύς I 1 a α	many	687d
9a	ὄνομα I 1	name	570d
9b	ὄνομα I 1	name	570d
10	ἀποστέλλω 1 b β	send away	98d
	ἔξω 2 b	outside	279d
	παρακαλέω 3	implore	617c
	πολύς I 2 b β	many	688d
	χώρα 1 a	country	889b
11	ἀγέλη	herd	8c
	βόσκω 2	feed	145b
	δέ 2	but, and	171c
	ἐκεῖ 1	there	239b
	μέγας 1 c	large	497c
	ὄρος	mountain	582d
	πρός II 1	near	709d
11-13	χοῖρος	swine	883b
12	δαίμων	demon	169d
	παρακαλέω 3	implore	617c
	πέμπω 1	send	642b
12f	εἰσέρχομαι 1 b β	come	232d
13	ἀγέλη	herd	8c
	ἀκάθαρτος 2	impure	29b
	δισχίλιοι	two thousand	200a
	ἐξέρχομαι 1 a δ	go out	274d
	ἐπιτρέπω 1	allow	303c
	κατά I 1 a	down	405c
	κρημνός	bank	450b
	ὁρμάω	rush down	581d
	πνεῦμα 4 c	spirit	676a
	πνίγω 1 d	choke	679d
13	ὡς IV 5	when	899a
14	ἀγρός 3	farm	14a
	ἀπαγγέλλω 1	report	79b
	βόσκω 1	feed	145b
	γίνομαι I 3 a	take place	158d
	εἶδον 1 c	see	220d
	εἰς 1 d β	in	228c
	πόλις 1	city	685c
	πόλις 1	city	685c
	φεύγω 1	flee	855d
15	ἔχω I 2 e α	have	332d
	θεωρέω 1	observe	360a
	ἱματίζω	dress	376b
	κάθημαι 1 a ε	sit	389c
	λεγιών	legion	468a
	σωφρονέω 1	sound mind	802a
15f	δαιμονίζομαι	be possessed by a demon	169a
16	γίνομαι I 3 b β	take place	159a
	διηγέομαι	tell	195a
	πῶς 2 a	how	732c
	χοῖρος	swine	883b
17	ἀπέρχομαι 1 a	go away	84c
	ὅριον	boundary	581b
	παρακαλέω 3	implore	617c
18	εἰμί III 7	to be	225c
	ἐμβαίνω	go in	254a
	ἵνα II 1 a γ	in order that	377c
	παρακαλέω 3	implore	617c
	πλοῖον 2	ship	673b
19	ἀφίημι 4	tolerate	126b
	διαγγέλλω 1	proclaim far and wide	182b
	ἐλεέω	have mercy	249d
	κύριος 2 a	lord	459b
	οἶκος 1 a α	house	560b
	σός, σή, σόν 2 a	yours	759c
	ὑπάγω 2	go away	836d
19f	ὅσος 2	how great	586c
	ποιέω I 1 d β	do	682b
20	ἄρχω 2 a α	begin	113c
	Δεκάπολις	Decapolis	174a
	θαυμάζω 1 a α	wonder	352b
	καί I 2 g	and	392d
	κηρύσσω 2 a	announce	431b
	πᾶς, πᾶσα, πᾶν 2 a γ	all	632d
21	διαπεράω	cross	187c
	εἰμί I 3	to be	223b
	εἰμί III 8 c	to be	225d
	ἐπί III 1 a γ	on	288c
	καί I 5	and	393b
	ὄχλος 1	crowd	600d
	πάλιν 1 a	back	606c
	παρά III 1 b α	along	611a
	πέραν 1	on the other side	643d
	πολύς I 1 b α	many	687d
	συνάγω 2	gather	782c
22	ἀρχισυνάγωγος	president of a synagogue	113b
	εἶδον 1 a	see	220d
	Ἰάϊρος	Jairus	367b

22	ὄνομα I 1	name	571a
	πίπτω 1 b α	fall	659d
	πούς 1 a	foot	696c
23	ἅπτω 2 b	touch	103a
	ἐπιτίθημι 1 a α	put upon	303a
	ἐσχάτως	finally	314b
	ἔχω II 1	be	334a
	ζάω 1 a γ	live	336b
	θυγάτριον	little daughter	365a
	ἵνα III 2	in order that	378b
	παρακαλέω 3	implore	617c
	πολύς I 2 b β	many	688d
	σῴζω 1 c	save	798b
24	ἀκολουθέω 2	accompany	31b
	μετά A II 1 a	with	508d
	ὄχλος 1	crowd	600d
	πολύς I 1 b α	many	687d
	συνθλίβω	press together	790a
25	αἷμα 1 a	blood	22c
	δώδεκα	twelve	210a
	εἰμί III 4	to be	225b
	ἔτος	year	317a
	ῥύσις	flow	738b
26	δαπανάω 1	spend	171a
	ἔρχομαι I 2 c	come	311c
	ἰατρός 1	physician	369a
	μᾶλλον 3 a α	rather	489c
	μηδείς 2 b β	nothing	518b
	παρά I 4 b α	from	610b
	πάσχω 3 b	endure	634c
	ὑπό 1 b	by	843b
	χείρων	worse	881b
	ὠφελέω 1 a	help	900c
26a	πολύς I 2 b α	many	688c
27	ἅπτω 2 b	touch	103b
	ἔρχομαι I 1 a γ	come	310d
	ἱμάτιον 1	garment	376b
	ὄπισθεν 1 a	from behind	574d
	περί 1 i	about	645a
28	ἅπτω 2 b	touch	103b
	ἱμάτιον 1	garment	376b
	κἄν 3	at least	402c
	λέγω I 1 b α	say	468b
	ὅτι 2	that	589c
	σῴζω 1 c	save	798b
29	αἷμα 1 a	blood	22c
	γινώσκω 4 c	perceive	161b
	ἰάομαι 1	heal	368b
	μάστιξ 2	torment	495b
	ξηραίνω 2 a	dry up	548c
	πηγή 1	fountain	655d
	σῶμα 1 b	body	799a
30	ἐν I 4 a	in	259a
	ἐξέρχομαι 2 b γ	go out	275b
	ἐπιγινώσκω 2 c	know	291b
	ἐπιστρέφω 2 a α	turn	301c
	ἱμάτιον 1	garment	376b
30f	ἅπτω 2 b	touch	103b
	λέγω II 1 a	ask	469c
31	βλέπω 1 a	see	143c
	ἐγώ	I	217c
31	μαθητής 2 b α	disciple	485d
	συνθλίβω	press together	790a
32	περιβλέπω 1	look around	646b
	ποιέω I 1 b ε	do	681c
33	ἀλήθεια 2 a	truth	35d
	γίνομαι I 3 d	take place	159b
	ἔρχομαι I 1 a ζ	come	310d
	λάθρᾳ 1	secretly	462d
	οἶδα 1 g	know	556b
	πᾶς, πᾶσα, πᾶν 1 c α	all	631d
	προσπίπτω 1	fall down before	718a
	τρέμω	tremble	825c
	φοβέω 1 a	be afraid	862c
34	εἰρήνη 2	peace	227c
	εἰς 9 b	(instrumental)	230d
	θυγάτηρ 2 a	daughter	364d
	μάστιξ 2	torment	495b
	πίστις 2 b α	faith	663a
	σῴζω 1 c	save	798b
	ὑγιής 1 a	healthy	832c
	ὑπάγω 1	go away	836c
35	ἀποθνῄσκω 1 a α	die	91b
	διδάσκαλος	teacher	191d
	ἔρχομαι I 1 a β	come	310c
	θυγάτηρ 1	daughter	364d
	λαλέω 2 a γ	speak	463b
	λέγω I 8 a	say	469b
	σκύλλω 2	weary	758b
35a	ἔτι 1 a β	still	315d
35b	ἔτι 1 b β	still	315d
35f	ἀρχισυνάγωγος	president of a synagogue	113b
36	λόγος 1 a γ	word	477c
	μόνος 2 a	only	528a
	ὁ, ἡ, τό II 1 f	the	550d
	παρακούω 1	overhear	619a
	πιστεύω 2 c	believe	662a
	φοβέω 1 a	be afraid	862d
37	Ἰάκωβος 1	James	367d
	Ἰωάν(ν)ης 2	John	385a
	μετά A II 1 a	with	508d
	οὐ 6 a	no	590d
	οὐδείς 2 a	no one	592a
	Πέτρος	Peter	654d
	συνακολουθέω	follow	783d
	συνακολουθέω	follow	783d
38	ἀρχισυνάγωγος	president of a synagogue	113b
	ἔρχομαι I 1 a β	come	310c
	θεωρέω 1	observe	360b
	θόρυβος 3 a	noise	363a
	οἶκος 1 a α	house	560b
	πολύς I 2 b β	many	688c
38f	κλαίω 1	weep	433a
39	ἀλλά 1 a	but, yet	38a
	ἀποθνῄσκω 1 a α	die	91b
	θορυβέω 2	be troubled	363a
	καθεύδω 1	sleep	388d
39-41	παιδίον 2 a	child	604b
40	ἀνάκειμαι 1	lie	55d

40	εἰμί II 9 a	to be	224d
	εἰσπορεύομαι 1	go	233c
	καταγελάω	ridicule	409c
	κατάκειμαι 1	lie down	411c
	μήτηρ 1	mother	520a
	ὅπου 1 a α	where	576a
	παραλαμβάνω 1	take	619c
	πατήρ 1 a	father	635a
41	αὐτός 3 f β	(oblique case)	123c
	ἐγείρω 1 b	raise up	214d
	θάβιτα		350a
	κοράσιον	girl	444b
	κοῦμ	stand up	447b
	κρατέω 1 b	seize	448c
	μεθερμηνεύω	translate	498d
	ὁ, ἡ, τό II 1 i	the	551a
	ὅς, ἥ, ὅ I 7 a	(rel pron)	584c
	Ταβιθά	Tabitha	802d
	ταλιθά	girl	803c
42	ἀνίστημι 2 a	rise	70b
	γάρ 2	for	152b
	δώδεκα	twelve	210a
	εἰμί IV 6	to be	225d
	ἔκστασις 1	distraction	245a
	ἐξίστημι 2 b	be amazed	276c
	ἔτος	year	316d
	κοράσιον	girl	444b
	μέγας 2 a γ	great	498a
	περιπατέω 1 c	go about	649b
43	γινώσκω 2 a	find out	161a
	διαστέλλω	order	188d
	δίδωμι 2	give	193c
	εἶπον 3 c	say	226d
	ἐσθίω 1 d	eat	313a
	ἵνα II 1 a δ	in order that	377d
	μηδείς 2 a	no	518a
	πολύς I 2 b β	many	688c

Mark 6

1	ἐξέρχομαι 1 a α	go out	274c
	μαθητής 2 b α	disciple	485d
	πατρίς 2	fatherland	637a
2	γίνομαι I 2 a	created	158c
	γίνομαι I 3 a	take place	159a
	διά A III 1 a	by means of	180a
	ἐκπλήσσω 2	be amazed	244b
	πόθεν 2	from where	680c
	πολύς I 2 a β	many	688b
	σάββατον 1 a	Sabbath	739a
	σοφία 3 a	wisdom	760a
	συναγωγή 2 a	place of assembly	782d
	τοιοῦτος 2 a α	such a kind	821b
	χείρ 1	hand	880b
2f	οὗτος 1 a α	this	596c
3	ἀδελφή 1	sister	15d
	εἰμί III 9	to be	225d
	Ἰάκωβος 3	James	368a
	Ἰούδας 8	Judas	380b
	Ἰωσῆς 1	Joses	385c
	Μαρία 1	Mary	491d
	οὐ 4 c	no	590c
	πρός III 7	by	711a
	Σίμων 3	Simon	751b
	σκανδαλίζω 1 b	cause to fall	752d
	τέκτων	carpenter	809a
	υἱός 1 a α	son	833c
	ὧδε 2 a	here	895b
4	ἄτιμος 1	dishonored	120b
	ἴδιος 2 c	ones own	370a
	οἰκία 2	household	557d
	πατρίς 2	fatherland	637a
	προφήτης 3	prophet	723c
	συγγενής	related	772c
	συγγενής	related	772d
5	ἄρρωστος	sick	109d
	δύναμις 4	miracle	208a
	εἰ VI 8 a	if not	220a
	ἐπιτίθημι 1 a α	put upon	303a
	θεραπεύω 2	heal	359a
	ὀλίγος 1 a	few	563c
	οὐδείς 1	no	591d
	ποιέω I 1 b β	do	681b
6	ἀπιστία 2 a	unbelief	85c
	θαυμάζω 1 a β	wonder	352b
	κύκλῳ 1 a	around	457a
	κώμη 1	village	461d
	περιάγω 2	lead around	645d
7	ἀκάθαρτος 2	impure	29b
	ἀποστέλλω 1 c	send away	98d
	ἄρχω 2 a α	begin	113c
	δίδωμι 1 b β	give	193b
	δύο 5	two	209b
	ἐξουσία 3	authority	278b
	ἰβ	twelve	369b
	πνεῦμα 4 c	spirit	676a
	προσκαλέω 1 a	summon	715c
8	αἴρω 2	lift up	24c
	ἄρτος 1 a	bread	110c
	εἰς 1 a α	into	228b
	εἰς 4 f	(purpose)	229d
	εἰς 7	to	230b
	ζώνη	belt	341c
	ἵνα II 1 a δ	in order that	377c
	μηδείς 2 b α	nothing	518a
	ὁδός 1 b	way	554a
	παραγγέλλω	give orders	613c
	πήρα	knapsack	656c
	ῥάβδος	rod	733b
	χαλκός 2	copper	875a
9	ἐνδύω 2 a	dress	264a
	σανδάλιον	sandal	742a
	ὑποδέω	tie	844b
	χιτών	shirt	882b
10	ἐκεῖ 1	there	239b
	ἐξέρχομαι 1 a α	go out	274c
	ἕως I 1 b	until	334b
	λέγω II 1 c	order	469c
	μένω 1 a α	remain	503d
	οἰκία 1 a	house	557c
	ὅπου 1 a δ	where	576b

11	ἀκούω 5	listen	32d
	ἀνεκτός	bearable	64c
	Γόμορρα	Gomorrah	164d
	δέχομαι 1	receive	177c
	ἐκπορεύομαι 1 b	go out	244c
	ἐκτινάσσω 1	shake off	246a
	μαρτύριον 1 a	testimony	493d
	μή A I 1	not	515d
	μηδέ 1 b	and not	517d
	Σόδομα	Sodom	759a
	τόπος 1 a	place	822b
	ὑποκάτω	under	844d
	χοῦς	soil	884b
12	ἵνα II 1 a δ	in order that	377d
	κηρύσσω 2 b β	announce	431c
	μετανοέω	change ones mind	512a
13	ἀλείφω 1	anoint	35b
	ἄρρωστος	sick	109d
	ἐκβάλλω 1	drive out	237c
	ἔλαιον 1	olive oil	247d
	πολύς I 1 a α	many	687c
14	ἀκούω 3 a	learn	32c
	βαπτίζω 2 a	baptize	131c
	βασιλεύς 1	king	136a
	γίνομαι I 4 b	become	159d
	δύναμις 1	power	207d
	ἐγείρω 2 c	rise	215a
	ἐν I 5 a	in	259c
	ἐνεργέω 1 a	work	265b
	Ἡρῴδης 2	Herod	348c
	Ἰωάν(ν)ης 1	John	384d
	καί I 2 b	and	392b
	νεκρός 2 a	dead	535a
	ὁ, ἡ, τό II 3 a	the	551b
	ὄνομα IV	fame	573d
	φανερός 1	clear	852c
14-22	Ἡρῴδης 2	Herod	348c
14f	λέγω I 1 b α	say	468b
15	ἄλλος 1 c	other	40a
	Ἠλίας	Elijah	345a
	ὡς II 3 b	so	897d
15a	προφήτης 3	prophet	723c
15b	προφήτης 1	prophet	723c
16	ἀποκεφαλίζω	behead	93a
	ἐγείρω 2 c	rise	215a
	ὅς, ἥ, ὅ I 5 c β	(rel pron)	584c
	οὗτος 1 a ε	this	596d
16ff	Ἰωάν(ν)ης 1	John	384d
17	ἀποστέλλω 1 d	send away	99a
	γαμέω 1 a	marry	150d
	δέω 1 b	bind	177d
	διά B II 1	because of	181a
	Ἡρῳδιάς	Herodias	348d
	Ἡρῳδιάς	Herodias	348d
	κρατέω 1 a	arrest	448c
	Φίλιππος 1	Philip	860b
	Φίλιππος 2	Philip	860b
	φυλακή 3	guard	867d
18	ἔξεστι 2	it is possible	275b
	ἔχω I 1 c β	keep	332a
	ἔχω I 2 b α	have	332b
19	ἀποκτείνω 1 a	kill	94a
	δύναμαι 2	able	207b
	ἐνέχω 1	have a grudge	265d
	Ἡρῳδιάς	Herodias	348d
20	ἅγιος 1 b α	dedicated to God	9c
	ἀνήρ 4	man	66d
	ἀπορέω	uncertain	97c
	δίκαιος 1 b	upright	195d
	ἡδέως	gladly	343d
	οἶδα 1 c	know	556a
	πολύς I 2 b α	many	688c
	πολύς I 2 b β	many	688c
	συντηρέω 1	protect	792c
	φοβέω 1 b α	be afraid	863a
21	γενέθλιος	birthday	154c
	γενέσια	birthday celebration	154c
	γίνομαι I 1 b γ	come about	158b
	δεῖπνον 2	dinner	173c
	εὔκαιρος	well timed	321c
	ἡμέρα 2	day	346b
	μεγιστάν	great man	498d
	ποιέω I 1 b ζ	do	681c
	πρῶτος 1 c β	first	726a
	χιλίαρχος	tribune	882a
22	ἀρέσκω 2 a	be pleasing	105c
	Ἡρῳδιάς	Herodias	348d
	θέλω 2	wish	355b
	θυγάτηρ 1	daughter	364d
	καί I 2 f	and	392d
	κοράσιον	girl	444b
	ὀρχέομαι	dance	583b
	συνανάκειμαι	eat with	784b
22f	αἰτέω	ask	26a
23	βασιλεία 2	kingdom	135a
	ἕως II 4	as many as	335c
	ἥμισυς	half	348a
	ἥμισυς 2	half	348a
	ὀμνύω	take an oath	566b
24	αἰτέω	ask	25d
	βαπτίζω 2 a	baptize	131c
	βαπτιστής	baptist	132d
	ἤ 1 b	or	342b
	μήτηρ 1	mother	520a
24f	κεφαλή 1 a	head	430a
25	αἰτέω	ask	26b
	βαπτιστής	baptist	132d
	ἐξαυτῆς	at once	273d
	ἐπί II 1 a α	on	286d
	θέλω 1	wish	355a
	μετά A III 1	with	509d
	πίναξ	platter	658c
	σπουδή 1	haste	763d
26	ἀθετέω 1 b	reject	21a
	ἀνάκειμαι 2	be at table	55d
	θέλω 2	wish	355c
	ὅρκος	oath	581c
	περίλυπος	very sad	648c
	συνανάκειμαι	eat with	784b
27	ἀπέρχομαι 1 a	go away	84c
	ἀποκεφαλίζω	behead	93a
	ἐπιτάσσω	command	302b

27	σπεκουλάτωρ	executioner	761c
	φέρω 4 a α	bear	855b
	φυλακή 3	guard	867d
27f	κεφαλή 1 a	head	430a
28	ἐπί II 1 a α	on	286d
	κοράσιον	girl	444b
	μήτηρ 1	mother	520a
	πίναξ	platter	658c
	φέρω 4 a α	bear	855b
29	αἴρω 3	carry	24c
	ἔρχομαι I 1 a ζ	come	310d
	κηδεύω	bury	430d
	μαθητής 2 a	disciple	485d
	μνημεῖον 2	tomb	524d
	πτῶμα	corpse	728a
	τίθημι I 1 a β	put	816a
30	ἀπαγγέλλω 1	report	79b
	ποιέω I 1 b β	do	681b
	συνάγω 2	gather	782c
30a	ὅσος 2	how great	586b
31	ἀναπαύω 2	rest	59a
	αὐτός 1 f	of himself	123a
	δεῦτε 2	come	176d
	ἔρχομαι I 1 a α	come	310c
	ἐσθίω 1 d	eat	313a
	εὐκαιρέω	opportunity	321b
	εὐκαιρέω	opportunity	321b
	εὐκαίρως	conveniently	321c
	ὀλίγος 3 a	little	563d
	οὐδέ 3	not even	591d
	πολύς I 1 a α	many	687d
	ὑπάγω 1	go away	836d
31f	ἔρημος 1 a	abandoned	309a
	ἴδιος 4	privately	370c
	τόπος 1 c	place	822c
32	ἀπέρχομαι 2	go	84d
33	αὐτοῦ	here	124a
	εἶδον	see	220c
	ἐκεῖ 2	there	239b
	ἐπιγινώσκω 2 b	know	291a
	ὄχλος 1	crowd	600d
	πᾶς, πᾶσα, πᾶν 1 d α	all	632a
	πεζῇ	by land	638d
	πόλις 1	city	685c
	προέρχομαι 3	go forward	705c
	συνεισέρχομαι	enter with	787a
	συνέρχομαι 1 a	assemble	788a
	συνέρχομαι 1 a	assemble	788a
	συντρέχω 1	run together	793a
	ὑπάγω 1	go away	836c
34	ὄχλος 1	crowd	600d
	πάλιν 2	again	606d
	ποιμήν 1	shepherd	684a
	πρόβατον 1	sheep	703b
	σπλαγχνίζομαι	have pity	762d
	σπλαγχνίζομαι	have pity	762d
	ὡς II 3 b	so	897d
34a	πολύς I 1 b α	many	687d
34b	πολύς I 2 b α	many	688c
35	γίνομαι I 1 b γ	come about	158c
	ἔρημος 1 a	abandoned	309a
35	ἤδη 1 b	already	344a
	λέγω I 1 b α	say	468b
	μαθητής 2 b α	disciple	485d
	προσέρχομαι 1	approach	713a
	τόπος 1 c	place	822c
35a	πολύς I 1 b α	many	688a
	ὥρα 1	time of day	896a
35b	πολύς I 1 b α	many	688a
	ὥρα 1	time of day	896a
36	ἀγοράζω 1	buy	12d
	ἀγρός 3	farm	14a
	ἀπέρχομαι 2	go	84c
	ἀπολύω 2 b	send away	96d
	ἑαυτοῦ 1	oneself	212a
	ἐγγύς 1 c	near	214b
	ἐσθίω 1 a	eat	312c
	κύκλῳ 1 b	around	457a
	κώμη 1	village	461d
37	ἀγοράζω 1	buy	12d
	ἀπέρχομαι 1 a	go away	84c
	ἄρτος 1 a	bread	110c
	δηνάριον	denarius	179b
	διακόσιοι	two hundred	185a
	δίδωμι	give	192c
	δίδωμι 2	give	193c
	ἐσθίω 1 d	eat	313a
38	ἄρτος 1 a	bread	110c
	γινώσκω 1 a	know	160d
	εἶδον 1 e	see	221a
	ἰχθύς	fish	384b
	ὀψάριον	fish	601b
	πόσος 2 a	how great	694c
	ὑπάγω 2	go away	836d
39	ἀνακλίνω 1 b	lay	56a
	ἀνακλίνω 2	recline	56a
	ἐπί II 1 a α	on	286d
	ἐπιτάσσω	command	302b
	συμποσία	common meal	780a
	συμπόσιον	group	780a
	χλωρός 1	yellowish green	882d
	χόρτος	grass	884a
40	ἀναπίπτω 1	recline	59c
	ἑκατόν	one hundred	236d
	κατά II 3 a	(distributive)	406d
	πεντήκοντα	fifty	643a
	πρασιά	group by group	698b
41	ἀναβλέπω 1	look up	50d
	ἄρτος 1 a	bread	110c
	δίδωμι 2	give	193c
	εἰς 1 d α	toward	228c
	εὐλογέω 1	speak well	322b
	εὐλογέω 2 b	bless	322c
	ἵνα I 1 e	in order that	377a
	ἰχθύς	fish	384b
	κατακλάω	break in pieces	411c
	κατέναντι 2 a	opposite	421b
	μερίζω 2 a	distribute	504d
	οὐρανός 2 a	heaven	594d
	ὀψάριον	fish	601b
	παρατίθημι 1 a	place beside	622d
42	χορτάζω 2 a	feed	884a

43	αἴρω 3	carry	24c
	ἀπό I 6	from	86d
	ἰχθύς	fish	384b
	κλάσμα	fragment	433b
	κόφινος	basket	447c
	πλήρης 1 a α	full	669d
	πλήρωμα 1 a	that which fills	672a
44	ἀνήρ 1	man	66c
	ἄρτος 1 a	bread	110c
	εἰμί II 7	to be	224d
	πεντακισχίλιοι	five thousand	643a
45	ἀναγκάζω 2	invite	52a
	ἀπολύω 2 b	send away	96d
	Βηθσαϊδά 1	Bethsaida	140a
	Βηθσαϊδά 1	Bethsaida	140b
	ἐμβαίνω	go in	254a
	ἐξεγείρω 1	awaken	273d
	ἕως I 2 a	until	334c
	μαθητής 2 b α	disciple	485d
	πέραν 1	on the other side	643d
	προάγω 2 b	lead	702b
45f	αὐτός 3 f β	(oblique case)	123c
46	ἀπέρχομαι 2	go	84c
	ἀποτάσσω 1	say farewell	100d
	ὁ, ἡ, τό II 1 a α	the	550b
	ὄρος	mountain	582c
	προσεύχομαι	pray	713d
47	αὐτός 1 c	self	122d
	γῆ 4	land	157c
	γίνομαι I 1 b γ	come about	158c
	ἐπί I 1 a α	on	286a
	μέσος 2	the middle	507d
	μόνος 1 a β	only	527d
	ὄψιος 2	late	601d
	πάλαι 2 a	long ago	605c
	πάλαι 2 b	long ago	605d
48	ἄνεμος 1 a	wind	64c
	βασανίζω 3	torment	134c
	ἐλαύνω	drive	248c
	ἐν III 1 b	by	261a
	ἐναντίος 1	opposite	262a
	θέλω 2	wish	355b
	νύξ 1 a	night	546c
	παρέρχομαι 1 a α	go by	625d
	περί 2 b	about	645b
	τέταρτος	fourth	813c
	φυλακή 4	guard	868a
48f	ἐπί I 1 a α	on	286a
	περιπατέω 1 c	go about	649a
49	ἀνακράζω	cry out	56b
	δοκέω 1 d	think	202a
	φάντασμα	apparition	853c
50	εἰμί II 5	to be	224c
	θαρσέω	be cheerful	352a
	λαλέω 2 a δ	speak	463c
	μετά A II 3 b	with	509c
	ταράσσω 2	stir up	805b
51	ἀναβαίνω 1 a α	go up	50b
	ἄνεμος 1 a	wind	64d

51	ἐκ 6 c	from	236b
	ἐξίστημι 2 b	be amazed	276c
	κοπάζω	abate	443b
	λίαν 1	very	473b
	περισσός 3	extraordinary	651c
	πλοῖον 2	ship	673b
52	ἄρτος 1 a	bread	110c
	γάρ 1 b	for	152a
	εἰμί II 4 a	to be	224a
	ἐπί II 1 b γ	on	287b
	καρδία 1 b β	heart	403d
	πωρόω	harden	732a
	συνίημι	understand	790b
53	Γεννησαρέτ	Gennesaret	156a
	διαπεράω	cross	187c
	προσορμίζω	come to anchor	717d
54	ἐπιγινώσκω 2 a	know	291a
	πλοῖον 2	ship	673b
55	ἐπί II 1 a α	on	286d
	κακῶς 1	badly	398c
	κράβαττος	mattress	447c
	ὅλος 2 a	whole	564d
	ὅπου 1 a α	where	576a
	ὅπου 1 a α	where	576a
	περιτρέχω 2	run about	653b
	περιφέρω 1	carry about	653b
	περίχωρος	neighboring	653c
	χώρα 1 a	country	889b
56	ἀγορά	market place	12c
	ἀγρός 3	farm	14a
	ἄν 1 a α	(particle)	48b
	ἄν 1 a α	(particle)	48b
	ἅπτω 2 b	touch	103a
	ἅπτω 2 b	touch	103b
	ἀσθενέω 1 a	be sick	115c
	εἰσπορεύομαι 1	go	233c
	ἵνα II 1 a γ	in order that	377c
	κἄν 3	at least	402c
	κράσπεδον 1	edge	448b
	κώμη 1	village	461d
	ὅπου 1 a β	where	576a
	ὅσος 2	how great	586c
	παρακαλέω 3	implore	617c
	πλατεῖα	wide road	666d
	πόλις 1	city	685c
	σῴζω 1 c	save	798b
	τίθημι	put	815d
	τίθημι I 1 a β	put	816a

Mark 7

1	γραμματεύς 2	scribes	165d
	ἔρχομαι I 1 a β	come	310c
	συνάγω 2	gather	782c
	Φαρισαῖος	Pharisee	853d
1-23	βαπτίζω 1	dip	131c
1f	τὶς, τὶ 1 a α	any one	820a
2	ἄνιπτος	unwashed	69d
	ἄρτος 2	food	110d
	εἰμί II 3	to be	224a

2	ἐσθίω 1 a	eat	312c
	καταγινώσκω	condemn	409d
	κοινός 2	common	438b
	μέμφομαι	find fault with	502b
	οὗτος 1 b ε	this	597b
3	γάρ 2	for	152b
	Ἰουδαῖος 2 c	Jewish	379c
	κρατέω 2 e β	hold	448d
	νίπτω 2 b	wash	540b
	παράδοσις 2	tradition	615d
	πρεσβύτερος 1 b	older	699d
	πυγμή 1	fist	728c
	πυκνός	frequent	729a
3f	ἐσθίω 1 d	eat	313a
	μή A I 1	not	515d
4	ἀγορά	market place	12c
	βαπτίζω 1	dip	131c
	βαπτισμός	washing	132d
	κλίνη	couch	436c
	κρατέω 2 e β	hold	448d
	ξέστης	pitcher	548c
	παραλαμβάνω 2 b γ	take	619d
	ποτήριον 1	cup	695b
	ῥαντίζω 2 a	cleanse	734b
	χαλκίον	kettle	874d
5	ἄνιπτος	unwashed	69d
	ἄρτος 2	food	110d
	γραμματεύς 2	scribes	165d
	ἐπερωτάω 1 a	ask	285b
	ἐσθίω 1 a	eat	312c
	κατά II 5 a α	according to	407a
	κοινός 2	common	438b
	ὁ, ἡ, τό II 1 f	the	550d
	παράδοσις 2	tradition	615d
	περιπατέω 2 a δ	go about	649c
	πρεσβύτερος 1 b	older	699d
	Φαρισαῖος	Pharisee	853d
6	ἀπέχω 2	be distant	85a
	γράφω 2 c	write	166d
	Ἠσαΐας	Isaiah	348d
	καλῶς 4 b	well	401c
	καλῶς 6	well	401c
	καρδία 1 b α	heart	403c
	λαός 3 a	people	466d
	ὁ, ἡ, τό II 1 h	the	551a
	πόρρω 1	far away	693d
	προφητεύω 3	prophesy	723a
	τιμάω 2	honor	817b
	ὑποκριτής	hypocrite	845b
	χεῖλος 1	lip	879c
	ὡς II 4 a	so	897d
7	ἄνθρωπος 1 a β	man	68b
	διδασκαλία 2	teaching	191c
	ἔνταλμα	commandment	268b
	μάτην	in vain	495d
	σέβω 2 a	worship	746a
8	ἀφίημι 3 b	abandon	126b
	βαπτισμός	washing	132d
	κρατέω 2 e β	hold	448d
	ξέστης	pitcher	548c
	παράδοσις 2	tradition	615d

8	παρόμοιος	like	629c
	ποτήριον 1	cup	695b
9	ἀθετέω 1 a	set aside	21a
	ἵνα I 1 a	in order that	376d
	καλῶς 6	well	401c
	παράδοσις 2	tradition	615d
	τηρέω 5	keep	815b
10	γάρ 1 d	for	152a
	θάνατος 1 b α	death	351a
	κακολογέω	insult	397b
	Μωϋσῆς	Moses	531d
	τελευτάω	die	810c
	τιμάω 2	honor	817b
11	ἄνθρωπος 3 a β	man	69a
	δῶρον 2	gift	211c
	εἰμί II 3	to be	224a
	ἐκ 3 e α	by	235b
	κορβᾶν	gift	444c
	ὅς, ἥ, ὅ I 7 a	(rel pron)	584c
	ὠφελέω 1 a	help	900c
12	ἀφίημι 4	tolerate	126b
	ἐναφίημι	permit	262c
	ἤ 1 c	nor	342b
	οὐδείς 2 b α	nothing	592b
	οὐκέτι 1	no longer	592c
	ποιέω I 1 d β	do	682b
13	ἀκυρόω	make void	34b
	λόγος 1 b α	command	478a
	μωρός 2	foolish	531c
	ὅς, ἥ, ὅ I 4 a	(rel pron)	584a
	παραδίδωμι 3	give over	615c
	παράδοσις 2	tradition	615d
	παρόμοιος	like	629c
14	ἀκούω 1 c	hear	32b
	προσκαλέω 1 a	summon	715c
	συνίημι	understand	790b
15	ἄνθρωπος 3 b	man	69b
	εἰσπορεύομαι 1	go	233c
	ἐκπορεύομαι 2	go out	244c
	ἔξωθεν 2 a	outside	279d
	κοινόω 1 a	defile	438c
	οὐδείς 2 b α	nothing	592a
16	ἔχω I 2 c α	have	332c
	οὖς 2	ear	595d
17	εἰσέρχομαι 1 a β	come	232c
	ἐπερωτάω 1 a	ask	285b
	οἶκος 1 a α	house	560c
	ὄχλος 1	crowd	600c
	παραβολή 2	parable	612c
	παραβολή 2	parable	612c
18	ἀσύνετος 1	foolish	118c
	ἔξωθεν 1 a	outside	279d
	κοινόω 1 a	defile	438c
	νοέω 1 b	understand	540c
	οὐ 4 c	no	590c
	οὕτω 1 b	thus	597d
	πᾶς, πᾶσα, πᾶν 1 c γ whoever		632a
18f	εἰσπορεύομαι 1	go	233c
19	ἀφεδρών	latrine	124d
	βρῶμα 1	food	148a

19	ἐκπορεύομαι 1 c	go out	244c
	καθαρίζω 1 a	cleanse	387b
	καθαρίζω 2 a	cleanse	387c
	κοιλία 1	belly	437b
	ὀχετός	canal	600c
20	ἄνθρωπος 3 b	man	69b
	ἐκεῖνος 1 b	that	239c
	ἐκπορεύομαι 2	go out	244c
	κοινόω 1 a	defile	438c
	λέγω I 1 b α	say	468b
21	διαλογισμός 1	thought	186a
	ἐκπορεύομαι 2	go out	244c
	ἔσωθεν 1	from inside	314b
	κακός 1 b	bad	397d
	καρδία 1 b β	heart	403d
	κλοπή	theft	436d
	πορνεία 1	prostitution	693b
	φόνος	murder	864d
22	ἁπλοῦς	sincere	86a
	ἀσέλγεια	licentiousness	114d
	ἀφροσύνη	foolishness	127d
	βλασφημία 1	slander	143a
	δόλος	deceit	203b
	κλέμμα	theft	434b
	μοιχεία	adultery	526b
	ὀφθαλμός 1	eye	599c
	πλεονεξία	greediness	667d
	πονηρία	wickedness	690c
	πονηρός 1 b β	wicked	691a
	ὑπερηφανία	pride	841b
23	ἐκπορεύομαι 2	go out	244c
	ἔσωθεν 1	from inside	314b
	κοινόω 1 a	defile	438c
	πονηρός 2 c	wicked	691c
24	ἀνίστημι 2 d	rise	70c
	ἀπέρχομαι 2	go	84c
	βάλλω 1 b	throw	130d
	γινώσκω 4 b	perceive	161b
	δέ 2	but, and	171c
	θέλω 1	wish	355a
	λανθάνω	escape notice	466b
	μεθόριον	region	499b
	οἰκία 1 a	house	557c
	ὅριον	boundary	581b
	οὐδείς 2 a	no one	591d
	Σιδών	Sidon	750b
	Τύρος	Tyre	830d
25	ἀκάθαρτος 2	impure	29b
	αὐτός 3 d	(oblique case)	123c
	ἔρχομαι I 1 a ζ	come	310d
	ἔχω I 2 e α	have	332d
	θυγάτριον	little daughter	365a
	ὅς, ἥ, ὅ I 3 a	(rel pron)	583d
	πνεῦμα 4 c	spirit	676a
	πούς 1 a	foot	696c
	προσπίπτω 1	fall down before	718a
26	γένος 3	nation	156c
	ἐκβάλλω 1	drive out	237c
	Ἑλληνίς 2	Gentile	252b
	ἐρωτάω 2	ask	312a
26	θυγάτηρ 1	daughter	364d
	ἵνα II 1 a γ	in order that	377c
	Σύρα	Syrian woman	794a
	Συροφοινίκισσα	Syrophoenician woman	794b
	Χαναναῖος	Canaanite	875c
27	ἄρτος 1 a	bread	110c
	ἀφίημι 4	tolerate	126b
	καλός 3 b	good	400d
	καλός 3 c	good	400d
	λαμβάνω 1 a	take	464b
	πρῶτος 2 a	first	726b
	χορτάζω 2 a	feed	884a
27f	κυνάριον	dog	457d
28	ἀπό I 6	from	86d
	ἀποκρίνομαι 1	answer	93c
	ἀποκρίνομαι 2	begin	93c
	ἐσθίω 1 b α	eat	312d
	κύριος 2 c β	lord	459d
	ναί 2	certainly	533a
	παιδίον 2 a	child	604b
	τράπεζα 2	table	824b
	ὑποκάτω	under	844d
	ψιχίον	crumb	893a
29	ἐξέρχομαι 1 a δ	go out	274c
	θυγάτηρ 1	daughter	364d
	λόγος 1 a γ	word	477c
	ὑπάγω 1	go away	836c
29f	δαιμόνιον 2	demon	169b
30	ἀπέρχομαι 2	go	84c
	βάλλω 1 b	lie	131a
	ἐξέρχομαι 1 a δ	go out	274d
	κλίνη	couch	436c
	οἶκος 1 a α	house	560b
	παιδίον 2 a	child	604b
31	ἀνά 1 a	among	49d
	Γαλιλαία	Galilee	150b
	Δεκάπολις	Decapolis	174a
	εἰς 1 b	near	228c
	ἐξέρχομαι 1 a α	go out	274c
	ἔρχομαι I 1 a β	come	310c
	θάλασσα 2	lake	350b
	μέσος 2	the middle	507b
	πάλιν 1 a	back	606c
	Σιδών	Sidon	750b
	Τύρος	Tyre	830d
31a	ὅριον	boundary	581b
31b	ὅριον	boundary	581b
32	ἐπιτίθημι 1 a α	put upon	303a
	ἵνα II 1 a γ	in order that	377c
	κωφός 2	deaf	462c
	μογγιλάλος	speaking hoarsely	525d
	μογιλάλος 1	speaking with difficulty	525d
	μογιλάλος 2	mute	525d
	παρακαλέω 3	implore	617c
	φέρω 4 b β	bear	855c
33	ἀπολαμβάνω 3	take aside	94c
	ἅπτω 2 b	touch	103a
	βάλλω 2 b	put	131b

33	γλῶσσα 1 a	tongue	162b
	δάκτυλος	finger	170a
	ἴδιος 4	privately	370c
	μογιλάλος 2	mute	525d
	οὖς 1	ear	595c
	ὄχλος 1	crowd	600c
	πτύσμα	saliva	727d
	πτύω	spit	727d
34	ἀναβλέπω 1	look up	50d
	εἰμί II 3	to be	224a
	ἐφφαθά	opened	331b
	ὅς, ἥ, ὅ I 7 a	(rel pron)	584c
	οὐρανός 2 a	heaven	594d
	στενάζω	sigh	766b
34f	διανοίγω 1 b	open	187b
35	ἀκοή 1 c	hearing	31a
	ἀνοίγω 1 e γ	open	71c
	γλῶσσα 1 a	tongue	162b
	δεσμός 1	fetter	176a
	λαλέω 2 a α	speak	463b
	λύω 1 b	loose	483c
	ὀρθῶς	rightly	580d
36	ἵνα II 1 a δ	in order that	377d
	κηρύσσω 2 a	announce	431b
	λέγω II 2	speak	469d
	μᾶλλον 1	more	489b
	μηδείς 2 a	no	518a
	ὅσος 3	how great	586c
	περισσότερος 3	greater	651d
36a	διαστέλλω	order	188d
36b	διαστέλλω	order	188d
37	ἀκούω 1 a	hear	31d
	ἄλαλος	mute	35a
	ἐκπλήσσω 2	be amazed	244b
	καλῶς 1	well	401b
	κωφός 2	deaf	462c
	λαλέω 2 a α	speak	463b
	ὑπερεκπερισσῶς	beyond all measure	840c
	ὑπερπερισσῶς	beyond all measure	842a
37b	ποιέω I 1 b θ	do	681d

Mark 8

1	εἰμί I 6	to be	223d
	ἐκεῖνος 2 b α	that	239d
	ἔχω I 2 d	have	332c
	μαθητής 2 b α	disciple	485d
	πάλιν 2	again	606d
	πάμπολυς	very great	607b
	πολύς I 1 b α	many	687d
1f	ἐσθίω 1 a	eat	312c
2	ἐπί III 1 b ε	toward	289b
	ἤδη 1 a	already	344a
	ἡμέρα 2	day	346d
	πότε	when	695a
	προσμένω 1 a α	remain	717c
	σπλαγχνίζομαι	have pity	762d
	τίς, τί 1 b ζ	which	819c
	τρεῖς	three	825b
3	ἀπολύω 2 b	send away	96d
	ἐάν I 1 b	if	211b
	ἐκλύω	become weary	243b
	ἥκω	have come	344c
	ἥκω 1 a	have come	344d
	μακρόθεν	from far away	488a
	νῆστις	hungry	538d
	ὁδός 1 b	way	554b
	οἶκος 1 a α	house	560b
4	ἀποκρίνομαι 1	answer	93c
	ἐρημία	desert	309a
	πόθεν 1	from where	680b
	τὶς, τὶ 1 a α	any one	819d
	χορτάζω 2 a	feed	884a
	ὧδε 2 a	here	895b
4f	ἄρτος 1 a	bread	110c
5	ἐρωτάω 1	ask	312a
	πόσος 2 a	how great	694c
5f	ἑπτά	seven	306b
6	ἀναπίπτω 1	recline	59c
	γῆ 2	ground	157c
	δίδωμι 2	give	193c
	εὐχαριστέω 2	give thanks	328b
	ἵνα I 1 e	in order that	377a
	κλάω	break	433d
	παραγγέλλω	give orders	613b
6a	παρατίθημι 1 a	place beside	622d
6b	παρατίθημι 1 a	place beside	622d
7	εἶπον 3 c	say	226d
	εὐλογέω 2 b	bless	322c
	εὐχαριστέω 2	give thanks	328b
	ἔχω	have	331d
	ἰχθύδιον	little fish	384b
	καί II 1	also	393b
	ὀλίγος 1 a	few	563c
	παρατίθημι	place beside	622d
	παρατίθημι 1 a	place beside	622d
8	αἴρω 3	carry	24c
	ἑπτά	seven	306b
	κλάσμα	fragment	433b
	περίσσευμα 2	abundance	650c
	σπυρίς	basket	764a
	χορτάζω 2 a	feed	884a
9	ἀπολύω 2 b	send away	96d
	τετρακισχίλιοι	four thousand	813d
	ὡς IV 5	when	899a
10	Δαλμανουθά	Dalmanutha	170b
	ἐμβαίνω	go in	254a
	Μαγαδάν	Magadan	484b
	μέρος 1 b γ	part	506a
	πλοῖον 2	ship	673b
11	ἀπό II 1	from	87a
	ἐξέρχομαι 1 a	go out	275a
	ζητέω 2 c	seek	339b
	οὐρανός 2 a	heaven	594d
	παρά I 3 a	from	609d
	πειράζω 2 c	try	640c
	σημεῖον 2 a	sign	748b
	συζητέω 2	discuss	775d
	Φαρισαῖος	Pharisee	853d

12	ἀμήν 2	amen	45d
	ἀναστενάζω	sigh deeply	61b
	εἰ IV	if	219d
	ζητέω 2 c	seek	339b
	πνεῦμα 3 b	spirit	675b
	σημεῖον 2 a	sign	748b
13	ἀπέρχομαι 2	go	84d
	ἀφίημι 1 a α	send away	125d
	ἐμβαίνω	go in	254a
	πέραν 1	on the other side	643d
14	ἄρτος 1 a	bread	110c
	ἄρτος 1 a	bread	110c
	εἷς 1 c	one	231a
	εἷς 2 b	one	231a
	ἐπιλανθάνομαι 1	forget	295c
	μετά A II 1 b	with	508d
15	βλέπω 6	see	143d
	διαστέλλω	order	188d
	ζύμη 2	leaven	340a
	Ἡρῴδης 2	Herod	348c
	Ἡρῳδιανοί	Herodians	348d
	ὁράω 2 b	see	578d
	Φαρισαῖος	Pharisee	853d
	Φαρισαῖος	Pharisee	853d
16	ἀλλήλων	each other	39c
	διαλογίζομαι 2	argue	186a
	πρός III 1 e	toward	710a
16f	ἄρτος 1 a	bread	110c
17	γινώσκω 4 b	perceive	161b
	διαλογίζομαι 2	argue	186a
	καρδία 1 b β	heart	403d
	νοέω 1 e	understand	540d
	ὅτι 1 c	that	589a
	οὐδέ 1	and not	591c
	οὔπω	not yet	593c
	πηρόω	disable	656d
	πωρόω	harden	732a
	συνίημι	understand	790b
	συνίημι	understand	790b
18	ἀκούω 1 a	hear	31d
	μνημονεύω 1 c	remember	525b
	οὖς 2	ear	595d
	ὀφθαλμός 2	eye	599d
19	ἄρτος 1 a	bread	110c
	κλάω	break	433d
	κόφινος	basket	447c
	πεντακισχίλιοι	five thousand	643a
	πλήρης 1 a α	full	669d
	πλήρης 2	full	670a
	πόσος 2 a	how great	694c
19f	αἴρω 3	carry	24c
	εἰς 4 g	for	229d
	κλάσμα	fragment	433b
20	ἑπτά	seven	306b
	πλήρωμα 1 a	that which fills	672a
	πόσος 2 a	how great	694c
	σπυρίς	basket	764a
	τετρακισχίλιοι	four thousand	813d

21	οὔπω	not yet	593c
	πῶς 1 b	how	732b
	πῶς 1 b	how	732b
	συνίημι	understand	790b
	συνίημι	understand	790b
22	ἅπτω 2 b	touch	103a
	αὐτός 3 a	(oblique case)	123b
	Βηθσαϊδά 1	Bethsaida	140a
	ἵνα II 1 a γ	in order that	377c
	παρακαλέω 3	implore	617c
	φέρω 4 b β	bear	855c
22f	τυφλός 1 b	blind	830d
23	εἰς 1 c	in	228c
	ἐκφέρω 2	lead	246d
	ἐξάγω 1	lead out	271d
	ἔξω 1 b	outside	279c
	ἔξω 2 b	outside	279d
	ἐπερωτάω 1 a	ask	285b
	ἐπιλαμβάνομαι 1	grasp	295a
	ἐπιτίθημι 1 a α	put upon	303a
	κώμη 1	village	461d
	ὄμμα 1	eye	565d
	πτύω	spit	727d
	τὶς, τὶ 1 b α	any one	820b
23f	βλέπω 1 a	see	143b
24	ἀναβλέπω 1	look up	50d
	δένδρον	tree	174c
	λέγω II 1 b	answer	469c
	περιπατέω 1 c	go about	649b
25	ἅπας 2	all	81d
	ἀποκαθίστημι 1	restore	92a
	δηλαυγῶς	shining clearly	178b
	διαβλέπω 1	look intently	181d
	εἶτα 1	then	233d
	ἐμβλέπω 1	look at	254c
	ἐπί III 1 a β	on	288b
	ἐπί III 1 a β	on	288b
	ἐπιτίθημι 1 a α	put upon	303a
	πάλιν 2	again	606d
	τηλαυγῶς	clearly	814c
	τίθημι I 1 a β	put	816a
26	ἀποστέλλω 1 b β	send away	98c
	εἰσέρχομαι 1 a β	come	232d
	κώμη 1	village	461d
	μηδέ 2	not even	518a
	οἶκος 1 a α	house	560b
27	ἄνθρωπος 1 a δ	people	68c
	εἰμί II 6 c	to be	224c
	Καισάρεια 1	Caesarea	396a
	κώμη 1	village	461d
	μαθητής 2 b α	disciple	485d
	ὁ, ἡ, τό II 7	the	552b
	ὁδός 1 b	way	554b
	Φίλιππος 1	Philip	860b
27ff	Πέτρος	Peter	655a
28	ἄλλος 1 c	other	40a
	βαπτιστής	baptist	132d
	Ἠλίας	Elijah	345a
	Ἰωάν(ν)ης 1	John	384d
	προφήτης 3	prophet	723c
29	αὐτός 1 b	self	122d

29	εἰμί II 6 c	to be	224c
	Χριστός 1	Anointed One	887a
29b	λέγω I 8 d	say	469b
30	ἐπιτιμάω 1	rebuke	303b
	ἵνα II 1 a δ	in order that	377d
	λέγω II 2	speak	470a
31	ἀνίστημι 2 a	rise	70b
	ἀποδοκιμάζω 2	declare useless	91a
	ἀρχιερεύς 1 b	high priest	112d
	ἄρχω 2 a α	begin	113c
	γραμματεύς 2	scribes	165d
	διδάσκω 2 e	teach	192b
	ἡμέρα 2	day	346d
	μετά B II 1	after	510a
	πάσχω 3 b	endure	634b
	πρεσβύτερος 2 a β	older	700a
	υἱός 2 c	son	835b
32	λαλέω 2 b	speak	463c
	λόγος 1 a ε	matter	477d
	λόγος 1 b β	word	478b
	παρρησία 1	plainness	630c
	προσλαμβάνω 2 a	take	717b
32f	ἐπιτιμάω 1	rebuke	303b
33	εἶδον 1 a	see	220d
	ἐπιστρέφω 2 a α	turn	301c
	θεός 3 f γ	God	357d
	ὁ, ἡ, τό II 7	the	552b
	ὀπίσω 2 a α	behind	575b
	σατάν	Adversary	745a
	ὑπάγω 1	go away	836c
	φρονέω 2	think	866c
34	αἴρω 2	lift up	24c
	ἀκολουθέω 2	accompany	31b
	ἀκολουθέω 3	follow	31c
	ἀπαρνέομαι	deny	81a
	ἑαυτοῦ 1	oneself	211d
	ἔρχομαι II	go	311d
	ὀπίσω 2 a β	after	575b
	ὀπίσω 2 a β	after	575b
	ὅστις 1 a	whoever	586d
	σταυρός 2	the cross	765a
35	ἀπόλλυμι 1 b	lose	95b
	γάρ 1 e	for	152a
	ἕνεκα	because of	264d
	εὐαγγέλιον 1 a	gospel	318a
	σῴζω 3	save	798d
	ψυχή 1 d	soul, life	894a
35-8	γάρ 1 c	for	152a
35a	σῴζω 1 a	save	798b
	σῴζω 2 a β	save	798c
	ψυχή 1 d	soul, life	894a
35b	σῴζω 2 a β	save	798c
	σῴζω 2 a β	save	798c
	ψυχή 1 d	soul, life	894a
36	ζημιόω 1	suffer damage	338c
	κερδαίνω 1 a	to gain	429c
	κόσμος 6	world	446c
	ψυχή 1 c	soul, life	893d
	ὠφελέω 1 a	help	900c
37	ἀντάλλαγμα	given in exchange	72d
	δίδωμι	give	192d
	δίδωμι 4	give	193c
	ψυχή 1 c	soul, life	893d
38	ἄγγελος 2 a	angel	7c
	ἅγιος 1 b β	holy	9d
	ἁμαρτωλός 1	sinner	44a
	ἄν 3 a	(particle)	48d
	γάρ 1 e	for	152a
	γενεά 2	generation	154a
	ἐν I 4 a	in	258d
	ἐν I 4 b	in	259a
	ἐπαισχύνομαι 1	be ashamed	282a
	ἐπαισχύνομαι 1	be ashamed	282a
	ἔρχομαι I 1 a	come	311a
	λόγος 1 b β	word	478b
	μετά A II 1 a	with	508d
	μοιχαλίς 2 a	adulterous	526a
	ὁ, ἡ, τό II 1 e	the	550d
	πατήρ 3 d α	father	636b
	υἱός 2 c	son	835b

Mark 9

1	ἀμήν 2	amen	45d
	βασιλεία 3 g	kingdom	135c
	γεύομαι 2	come to know something	157a
	δύναμις 1	power	207d
	εἰμί I 1	to be	223b
	ἐν III 2	by	261a
	ἕως I 1 b	until	334b
	θάνατος 1 a	death	350d
	μή D 1 a	not	517c
	ὅστις 2 a	whoever	587a
	τὶς, τὶ 1 a α	any one	820a
	ὧδε 2 a	here	895b
2	ἀναφέρω 1	bring	63a
	ἔμπροσθεν 2 c	in front	257b
	ἕξ	six	271b
	Ἰάκωβος 1	James	367d
	ἴδιος 4	privately	370c
	μετά B II 1	after	510a
	μεταμορφόω 1	transform	511d
	μόνος 1 a β	only	527d
	ὄρος	mountain	582c
	παραλαμβάνω 1	take	619c
	Πέτρος	Peter	654d
	ὑψηλός 1	high	849d
3	ἀνατέλλω 2	rise	62a
	γναφεύς	bleacher	162d
	ἱμάτιον 1	garment	376b
	λευκαίνω 1	make white	472b
	λευκός 2	white	472c
	λευκός 2	white	472c
	λίαν 2 b	very	473c
	οἷος	of what sort	562d
	στίλβω	shine	768d
	χιών	snow	882b
4	εἰμί II 4 e	to be	224b

4	ὁράω 1 a δ	see	578b
	συλλαλέω	talk	776d
4f	Ἠλίας	Elijah	345a
	Μυϋσῆς	Moses	532c
5	ἀποκρίνομαι 2	begin	93c
	εἰμί II 9 a	to be	224d
	καί I 2 b	and	392b
	καλός 3 a	good	400d
	καλός 3 c	good	400d
	λέγω I 8 d	say	469b
	Πέτρος	Peter	655a
	ποιέω I 1 a α	do	680d
	ῥαββί	rabbi	733a
	σκηνή	tent	754c
	ὧδε 2 a	here	895b
6	ἀποκρίνομαι 1	answer	93c
	γάρ 1 e	for	152a
	ἔκφοβος	terrified	247a
	οἶδα 1 f	know	556a
7	ἀγαπητός 1	beloved	6c
	ἐκλέγομαι 4	choose	242c
	ἐπισκιάζω 2	cover	298d
	νεφέλη	cloud	536d
	οὗτος 1 a α	this	596b
	υἱός 2 b	son	834c
	φωνή 2 d	voice	871b
8	ἀλλά 1 a	but, yet	38a
	ἐξάπινα	suddenly	273a
	μόνος 1 a γ	only	527d
	οὐδείς 2 a	no one	592a
	οὐκέτι 1	no longer	592c
	περιβλέπω 1	look around	646b
9	διαστέλλω	order	188d
	διηγέομαι	tell	195a
	ἵνα II 1 a δ	in order that	377d
	καταβαίνω 1 a α	come down	408b
	καταβαίνω 1 a α	come down	408b
	υἱός 2 c	son	835b
9f	ἀνίστημι 2 a	rise	70b
	νεκρός 2 a	dead	535a
10	ἀνίστημι 2 a	rise	70b
	εἰμί II 3	to be	224a
	κρατέω 2 e δ	hold	448d
	λόγος 1 a ε	matter	477d
	ὁ, ἡ, τό II 4 a	the	551c
	πρός III 7	by	711a
	συζητέω 1	discuss	775d
11	δεῖ 1	it is necessary	172a
	ἐπερωτάω 1 a	ask	285b
	ἔρχομαι I 1 a θ	come	311a
	ὅστις 4 b	(interrogative)	587b
	ὅτι 1 c	that	589a
11f	πρῶτος 2 a	first	726b
11ff	Ἠλίας	Elijah	345a
12	ἀποκαθίστημι 1	restore	91d
	ἐξουδενέω	treat with contempt	277c
	ἐξουθενέω 3	reject	277d
	ἔρχομαι I 1 a θ	come	311a
12	ἵνα II 1 a δ	in order that	377d
	μέν 1 a β	(particle)	502d
	πάσχω 3 b	endure	634b
	πολύς I 2 b α	many	688c
	πῶς 1 a	how	732b
	υἱός 2 c	son	835b
	φημί 1 b α	say	856b
12f	γράφω 2 c	write	167a
	ἐπί III 1 b ζ	on	289b
13	ἔρχομαι I 1 a θ	come	311a
	θέλω 1	wish	355a
	καθώς 1	just as	391b
	καί I 6	and	393b
	ὅσος 2	how great	586c
	ποιέω I 1 d γ	do	682b
14	ἔρχομαι I 1 a β	come	310c
	μαθητής 2 b α	disciple	485d
	ὄχλος 1	crowd	600d
	περί 2 a δ	about	645b
	πολύς I 1 b α	many	687d
	συζητέω 2	discuss	775d
	συζητέω 2	discuss	775d
15	ἀσπάζομαι 1 a	greet	116c
	ἐκθαμβέω	be amazed	240b
	ὄχλος 1	crowd	600d
	προστρέχω	run up (to)	719c
	προσχαίρω	be glad	720c
16	ἐπερωτάω 1 a	ask	285b
	συζητέω 2	discuss	775d
17	ἄλαλος	mute	35a
	ἀποκρίνομαι 1	answer	93c
	διδάσκαλος	teacher	191d
	ἐκ 4 a α	from	235d
	ἔχω I 2 e α	have	332d
	ὁ, ἡ, τό II 1 d	the	550d
	πνεῦμα 4 c	spirit	676a
	υἱός 1 a α	son	833c
	φέρω 4 b β	bear	855c
18	ἄν 2 b	(particle)	48d
	ἀφρίζω	foam at the mouth	127c
	εἶπον 3 c	say	226d
	ἐκβάλλω 1	drive out	237c
	ἵνα II 1 a δ	in order that	377d
	ἰσχύω 2 b	be strong	383d
	καταλαμβάνω 1 b	seize	413a
	ξηραίνω 2 b	dry up	548c
	ὀδούς	tooth	555a
	ὅπου 1 a δ	where	576b
	ῥάσσω	strike	734c
	ῥήσσω	throw down	735d
	τρίζω	gnash	826b
19	ἀνέχω 1 a	endure	65d
	ἄπιστος 2	faithless	85d
	γενεά 2	generation	154a
	λέγω I 8 d	say	469b
	ὦ 1	(interjection)	895a
19a	ἕως II 1 c	until	335a
	πότε	when	695a
	πρός III 7	by	711a
19b	ἕως II 1 c	until	335a
	πότε	when	695a

19f	φέρω 4 b β	bear	855c
20	ἀφρίζω	foam at the mouth	127c
	γῆ 2	ground	157c
	εἶδον 1 a	see	220d
	ἐπί I 1 a β	on	286a
	κυλίω 2	roll	457b
	πίπτω 1 b α	fall	659c
	πνεῦμα 4 c	spirit	676a
	σπαράσσω	tear	760d
	συσπαράσσω	convulse	794c
21	γίνομαι I 3 b γ	take place	159a
	εἰμί II 6 c	to be	224d
	ἐκ 5 a	from	236b
	παιδιόθεν	from childhood	604a
	παιδόθεν	from childhood	604c
	παῖς 1 a α	child	604d
	πόσος 1	how great	694b
	χρόνος	time	888a
	ὡς IV 1 b	when	898d
22	ἀλλά 6	now	38d
	βάλλω 1 b	throw	131a
	βοηθέω 2	aid	144c
	δύναμαι 3	able	207b
	ἐπί III 1 b ε	toward	289b
	καί I 6	and	393b
	πολλάκις	often	686d
	πῦρ 1 a	fire	729d
	σπλαγχνίζομαι	have pity	762d
	τὶς, τὶ 1 b α	any one	820b
	ὕδωρ 1	water	833a
23	δυνατός 2 b	possible	209a
	ὁ, ἡ, τό II 8 a	the	552b
23f	πιστεύω 2 c	believe	662a
24	ἀπιστία 2 a	unbelief	85c
	βοηθέω 2	aid	144c
	δάκρυον	tear	170a
	κράζω 2 a	call	447d
	λέγω I 8 d	say	469b
	μετά A III 1	with	509d
	παιδίον 2 b	child	604b
25	ἀκάθαρτος 2	impure	29b
	ἄλαλος	mute	35a
	ἐγώ	I	217a
	εἶδον 1 d	see	220d
	εἰσέρχομαι 1 b β	come	232d
	ἐξέρχομαι 1 a δ	go out	274c
	ἐπισυντρέχω	run together	301d
	ἐπιτάσσω	command	302b
	ἐπιτιμάω 1	rebuke	303b
	κωφός 2	deaf	462c
	μηκέτι 6 a	no longer	518c
25a	πνεῦμα 4 c	spirit	676a
25b	πνεῦμα 4 c	spirit	676a
26	ἀποθνῄσκω 1 a α	die	91b
	ἐξέρχομαι 1 a δ	go out	274d
	κράζω 1	cry out	447d
	νεκρός 1 a α	dead	534d
	σπαράσσω	tear	760d
	ὡσεί 1	as	899c
	ὥστε 2 a β	so that	900a
26a	πολύς I 2 b β	many	688d
26b	πολύς I 2 a β	many	688b
27	ἀνίστημι 2 a	rise	70b
	ἐγείρω 1 a β	raise	214c
	κρατέω 1 b	seize	448c
	κρατέω 1 b	seize	448c
28	ἐκβάλλω 1	drive out	237c
	ἐπερωτάω 1 a	ask	285b
	ἴδιος 4	privately	370c
	οἶκος 1 a α	house	560c
	ὅστις 4 b	(interrogative)	587b
	ὅτι 1 c	that	589a
29	γένος 4	class	156c
	ἐξέρχομαι 1 a δ	go out	274d
	νηστεία 2 b	fasting	538b
	οὐδείς 2 b α	nothing	592a
	οὗτος 2 a	this	597b
	προσευχή 1	prayer	713b
	προσευχή 1	prayer	713c
	προσευχή 1	prayer	713c
30	γινώσκω 2 c	find out	161a
	διά A I 1	through	179c
	θέλω 1	wish	355a
	ἵνα II 1 a α	in order that	377c
	κἀκεῖθεν 1	and from there	396d
	παραπορεύομαι 2	pass by	621d
	πορεύω 1	proceed	692c
	τὶς, τὶ 1 a α	any one	819d
31	ἄνθρωπος 1 a α	man	68b
	ἀνίστημι 2 a	rise	70b
	διδάσκω 2 a	teach	192a
	παραδίδωμι 1 b	give over	614d
	υἱός 2 c	son	835b
	χείρ 2 b	hand	880c
31a	ἀποκτείνω 1 a	kill	94a
31b	ἀποκτείνω 1 a	kill	94a
32	ἀγνοέω 3	be ignorant	11c
	ἐπερωτάω 1 a	ask	285b
	ῥῆμα 1	word	735c
	φοβέω 1 a	be afraid	863a
33	γίνομαι II 4 a	be	160c
	διαλογίζομαι 2	argue	186a
	Καφαρναούμ	Capernaum	426b
	οἰκία 1 a	house	557c
	τίς, τί 1 b α	which	819b
33f	ὁδός 1 b	way	554b
34	διαλέγομαι 1	discuss	185c
	μέγας 2 b α	great	498b
	πρός III 1 e	toward	710a
	σιωπάω 1	be silent	752c
35	διάκονος 1 a	servant	184c
	εἰ VII	whoever, whatever	220b
	ἔσχατος 2	last	313d
	καθίζω 2 a α	sit down	390a
	πρῶτος 1 c β	first	726a
	πρῶτος 1 c β	first	726a
	φωνέω 2 b	call	870c
36	ἀγκάλη	arm	10c
	ἐναγκαλίζομαι	take in one's arms	261d
	ἵστημι I 1 a α	put	382a
	λαμβάνω 1 a	take	464b

36	μέσος 2	the middle	507d
36f	παιδίον 2 a	child	604b
37	ἀλλά 1 b	but, yet	38b
	ἀποστέλλω 1 c	send away	99a
	δέχομαι 1	receive	177c
	ἐπί II 3	on	288a
	ὄνομα I 4 c ε	name	573b
	ὄνομα II	title	573c
	τοιοῦτος 2 a α	such a kind	821b
38	διδάσκαλος	teacher	191d
	ἐκβάλλω 1	drive out	237c
	ὄνομα I 4 c γ	name	572d
38f	κωλύω 1	hinder	461c
39	εἰμί I 1	to be	223b
	εἶπον 3 a	say	226c
	ἐπί II 3	on	288a
	κακολογέω	insult	397b
	μή A III 3 b	not	517a
	ὄνομα I 4 c ε	name	573b
	ποιέω I 1 b β	do	681b
	ταχύς 2 c	quick	807b
40	εἰμί III 6 a	to be	225c
	εἰμί III 11 a	to be	225d
	κατά I 2 b γ	down	406a
	ὅς, ἥ, ὅ I 2 a	(rel pron)	583b
	ὑπέρ 1 a δ	in behalf of	838c
41	ἀμήν 2	amen	45d
	ἀπόλλυμι 1 b	lose	95a
	λέγω II 1 d	assure	469d
	μισθός 2 a	reward	523c
	ὄνομα II	title	573c
	ποτήριον 1	cup	695b
	ποτίζω 1	give to drink	695d
	ὕδωρ 1	water	832d
	Χριστός 2	Christ	887b
42	βάλλω 1 b	throw	131a
	εἰ I 1 b	if	219b
	εἰς 4 c β	(goal)	229b
	εἷς 1 a β	one	230d
	θάλασσα 1 a	sea	350a
	καλός 3 c	good	400d
	καλός 3 c	good	400d
	μᾶλλον 1	more	489b
	μικρός 1 c	small	521b
	μυλικός	millstone	529b
	μύλος 2	millstone	529c
	μυλωνικός	millstone	529c
	ὀνικός pertaining to a donkey		570c
	περί 2 a β	about	645a
	περίκειμαι 1 a	lie	648a
	πιστεύω 2 a β	believe	661c
	τράχηλος	neck	825a
42f	σκανδαλίζω 1 a	cause to fall	752d
43	ἀποκόπτω 1	cut off	93a
	ἄσβεστος 1 inextinguishable		114b
	γέεννα	hell	153b
	εἰσέρχομαι 2 a	come	233a
	ἔχω I 2 c α	have	332c
	ζωή 2 b β	life	341a
43	ἤ 2 b β	than	342d
	καλός 3 c	good	400d
	καλός 3 c	good	400d
	κυλλός	crippled	457b
	πῦρ 1 b	fire	730b
44	σβέννυμι 1	extinguish	745c
	σκώληξ	worm	758c
45	ἀποκόπτω 1	cut off	93a
	ἄσβεστος 1 inextinguishable		114b
	γέεννα	hell	153b
	ἐάν I 1 a	if	211b
	εἰσέρχομαι 2 a	come	233a
	ἔχω I 2 c α	have	332c
	ζωή 2 b β	life	341a
	ἤ 2 b β	than	342d
	καλός 3 c	good	400d
	καλός 3 c	good	400d
	πῦρ 1 b	fire	730b
	σκανδαλίζω 1 a	cause to fall	752d
	χωλός	lame	889a
45a	πούς 1 a	foot	696c
45b	πούς 1 a	foot	696c
46	σβέννυμι 1	extinguish	745c
	σκώληξ	worm	758c
47	γέεννα	hell	153b
	ἐάν I 1 a	if	211b
	εἰσέρχομαι 2 a	come	233a
	ἐκβάλλω 3	take out	237d
	ἔχω I 2 c α	have	332c
	ἤ 2 b β	than	342d
	καλός 3 c	good	400d
	καλός 3 c	good	400d
	μονόφθαλμος	one eyed	528b
	ὀφθαλμός 1	eye	599c
	πῦρ 1 b	fire	730b
	σκανδαλίζω 1 a	cause to fall	752d
48	ὅπου 1 a α	where	576a
	πῦρ 1 b	fire	730b
	σβέννυμι 1	extinguish	745c
	σκώληξ	worm	758c
	τελευτάω	die	810c
49	ἁλίζω	to salt	37d
	ἅλς, ἁλός	salt	41b
	γάρ 1 a	for	151c
	θυσία 2 a	sacrifice	366b
	πῦρ 2	fire	730c
50	ἀλλήλων	each other	39c
	ἄναλος	without salt	57b
	ἀρτύω	season	111a
	γίνομαι II 1	be	160b
	εἰρηνεύω 2 b	keep in peace	227a
	ἐν III 1 a	by	260c
	καλός 2 a	good	400b
	τίς, τί 1 b α	which	819b
50a	ἅλας 1	salt	35a
50b	ἅλας 1	salt	35a
50c	ἅλας 2	salt	35a

Mark 10

1	ἀνίστημι 2 d	rise	70c
	εἴωθα	accustomed	234a
	Ἰορδάνης	Jordan	378d
	Ἰουδαία 2	Judaea	379a
	ὅριον	boundary	581b
	ὄχλος 1	crowd	601a
	πάλιν 2	again	606d
	πέραν 2 c	on the other side	644a
	συμπορεύομαι 2	go with	780a
	ὡς II 4 b	so	897d
2	ἀνήρ 1	man	66c
	ἀπολύω 2 a	send away	96c
	εἰ V 1	if	219d
	ἔξεστι 2	it is possible	275b
	ἐπερωτάω 1 a	ask	285b
	πειράζω 2 c	try	640c
	Φαρισαῖος	Pharisee	853d
3	ἐντέλλω	command	268c
	τίς, τί 1 b α	which	819b
3f	Μωϋσῆς	Moses	531d
4	ἀπολύω 2 a	send away	96c
	ἀποστάσιον	certificate of divorce	98c
	βιβλίον 2	document	141b
	γράφω 4	write	167b
	ἐπιτρέπω 1	allow	303c
5	γράφω 4	write	167b
	ἐντολή 2 a γ	command	269a
	πρός III 5 a	toward	710c
	σκληροκαρδία	obstinacy	756a
6	ἄρσην	male	109d
	ἀρχή 1 c	beginning	112b
	θῆλυς	female	360c
	κτίσις 1 b β	creation	456a
	ποιέω I 1 a β	do	681a
7	ἄνθρωπος 3 a β	man	69a
	ἕνεκα	because of	264d
	καταλείπω 1 a	leave behind	413c
	προσκολλάω	adhere closely to	716a
8	δύο 1 d	two	209b
	εἰμί III 2	to be	225a
	οὐκέτι 1	no longer	592c
	ὥστε 1 a	therefore	899d
8a	σάρξ 2	body	743d
8b	σάρξ 2	body	743d
9	ἄνθρωπος 1 a β	man	68b
	οὖν 1 b	therefore	593a
	συζεύγνυμι	yoke together	775d
	χωρίζω 1	divide	890a
10	εἰς 9 a	(predicate nominative)	230c
	ἐπερωτάω 1 a	ask	285b
	οἰκία 1 a	house	557c
11	ἀπολύω 2 a	send away	96c
	γαμέω 1 a	marry	150d
	ἐπί III 1 b ε	toward	289b

11	μοιχάω 2	commit adultery	526b
12	ἀνήρ 1	man	66c
	ἀπολύω 2 a	send away	96c
	γαμέω 3 a α	marry	150d
	γαμέω 3 c	marry	151a
	ἐάν I 1 b	if	211b
	ἐξέρχομαι 1 a α	go out	274c
	μοιχάω 1	commit adultery	526a
13	ἅπτω 2 b	touch	103a
	ἐπιτιμάω 1	rebuke	303b
13a	προσφέρω 1 a	bring (to)	719d
13b	προσφέρω 1 a	bring (to)	719d
13f	παιδίον 2 a	child	604b
14	ἀγανακτέω	be aroused	4b
	ἀφίημι 4	tolerate	126b
	εἶδον 1 a	see	220d
	κωλύω 1	hinder	461c
	παιδίον 2 a	child	604b
	τοιοῦτος 3 a α	such a kind	821c
14f	βασιλεία 3 g	kingdom	135c
15	βασιλεία 3 g	kingdom	135b
	δέχομαι 3 b	accept	177c
	εἰσέρχομαι 2 a	come	233a
	λέγω II 1 d	assure	469d
	μή A I 1	not	515d
	παιδίον 2 a	child	604b
	ὡς I 2 a	as	897b
16	ἐναγκαλίζομαι	take in ones arms	261d
	κατευλογέω	bless	422c
	τίθημι I 1 a β	put	816a
17	ἀγαθός 1 b α	good	3a
	αἰώνιος 3	eternal	28d
	γονυπετέω	kneel down	165b
	διδάσκαλος	teacher	191d
	εἰς 1 a α	into	228b
	εἷς 3 a	someone	231d
	ἐκπορεύομαι 1 c	go out	244c
	ζωή 2 b β	life	341a
	κληρονομέω 2	acquire	434d
	ὁδός 1 b	way	554a
	ποιέω I 1 b ε	do	681c
	προστρέχω	run up (to)	719c
	τίς, τί 1 b α	which	819b
17f	ἀγαθός 1 b α	good	3b
18	λέγω II 3	call	470a
	οὐδείς 2 a	no one	592a
18a	ἀγαθός 1 b α	good	3a
18b	ἀγαθός 1 b α	good	3a
19	ἀποστερέω	steal	99b
	ἐντολή 2 a β	command	269a
	κλέπτω	steal	434c
	μοιχεύω 1	commit adultery	526b
	οἶδα 1 b	know	555d
	πορνεύω 1	to prostitute	693c
	τιμάω 2	honor	817b
	φονεύω	murder	864c
	ψευδομαρτυρέω	bear false witness	892a
20	διδάσκαλος	teacher	191d
	ἐκ 5 a	from	236a

20	νεότης	youth	536c
	φυλάσσω 2 b	watch	868d
21	ἀγαπάω 1 b α	love	4d
	δεῦρο 1	come	176c
	εἷς 2 b	one	231c
	ἐμβλέπω 1	look at	254c
	ἔχω I 2 a	have	332a
	θησαυρός 2 b α	treasure	361d
	ὅσος 2	how great	586c
	πτωχός 1 a	begging poor	728b
	πωλέω	sell	731c
	σταυρός 2	the cross	765a
	ὑπάγω 2	go away	836d
	ὑστερέω 1 d	to miss	849b
21b	ἔχω I 2 a	have	332a
22	εἰμί II 4 f	to be	224c
	ἐπί II 1 b γ	on	287c
	ἔχω I 2 a	have	332a
	κτῆμα 1	property	455b
	λόγος 1 a γ	word	477c
	λυπέω 2 b	be grieved	481d
	πολύς I 1 a β	many	687d
	στυγνάζω 1	be shocked	771d
	στυγνάζω 2 a	become gloomy	771d
23	δυσκόλως	with difficulty	209d
	περιβλέπω 1	look around	646b
	πῶς 3	how	732d
	χρῆμα 1	wealth	885c
23-5	βασιλεία 3 g	kingdom	135c
23ff	βασιλεία 3 g	kingdom	135b
	εἰσέρχομαι 2 a	come	233a
24	ἀποκρίνομαι 2	continue	93c
	δύσκολος	difficult	209c
	ἐπί II 1 b γ	on	287c
	θαμβέω 2	astound	350c
	λέγω I 8 d	say	469b
	λόγος 1 a δ	word	477d
	μαθητής 2 b α	disciple	485d
	πάλιν 2	again	606d
	πείθω 2 a	convince	639c
	πῶς 3	how	732d
	τέκνον 2 b	child	808c
	χρῆμα 1	wealth	885c
25	διέρχομαι 1 b α	go through	194c
	εὔκοπος	easy	321d
	ἤ 2 a	than	342c
	κάμηλος	camel	401d
	κάμιλος	rope	401d
	πλουσίος 1	rich	673c
	ῥαφίς	needle	734c
	τρυμαλιά	hole	828b
26	ἑαυτοῦ 3	oneself	212c
	ἐκπλήσσω 2	be amazed	244b
	καί I 2 h	and	392d
	περισσῶς	more	651d
	πρός III 1 e	toward	710a
	σῴζω 2 b	save	798c
27	ἀδύνατος 2 a	impossible	19a
	δυνατός 2 c	possible	209a
	ἐμβλέπω 1	look at	254c

27a	παρά II 2 c	beside	610d
27b	παρά II 2 c	beside	610d
27c	παρά II 2 c	beside	610d
28	ἰδού 1 b ε	behold	371a
	Πέτρος	Peter	654d
28f	ἀφίημι 3 a	abandon	126a
29	εἰμί I 1	to be	223b
	ἕνεκα	because of	264d
	εὐαγγέλιον 1 a	gospel	318a
	ἤ 1 a β	or	342b
	φημί 1 b α	say	856b
29f	ἀγρός 1	field	14a
	ἀδελφή 1	sister	15d
	οἰκία 1 a	house	557b
30	αἰών 2 b	age	27d
	αἰώνιος 3	eternal	28d
	ἑκατονταπλασίων	a hundred fold	237a
	ἔρχομαι I 1 b β	come	311b
	ζωή 2 b β	life	341a
	καιρός 4	time	395d
	λαμβάνω 2	receive	465a
	μετά A III 2	with	509d
	μή A I 1	not	515d
	νῦν 1 a γ	now	545c
31	διωγμός	persecution	201a
	ἔσχατος 2	last	313d
	πρῶτος 1 c β	first	726a
32	εἰμί II 4 b β	to be	224b
	εἰμί III 4	to be	225b
	θαμβέω 2	astound	350c
	μέλλω 1 c δ	is destined	501c
	ὁδός 1 b	way	554b
	πάλιν 1 a	back	606c
	παραλαμβάνω 1	take	619c
	προάγω 2 a	lead	702a
	συμβαίνω	meet	777b
32f	ἀναβαίνω 1 a α	go up	50a
	Ἱεροσόλυμα 1 a	Jerusalem	373b
33	ἀρχιερεύς 1 b	high priest	112d
	γραμματεύς 2	scribes	165d
	κατακρίνω	condemn	412b
	υἱός 2 c	son	835b
33a	παραδίδωμι 1 b	give over	614d
33b	παραδίδωμι 1 b	give over	614d
34	ἀνίστημι 2 a	rise	70b
	ἐμπαίζω 1	ridicule	255d
	μαστιγόω 1	whip	495a
	μετά B II 1	after	510a
35	αἰτέω	ask	26a
	διδάσκαλος	teacher	191d
	Ζεβεδαῖος	Zebedee	337b
	θέλω 1	wish	355a
	Ἰάκωβος 1	James	367d
	ἵνα II 1 a α	in order that	377c
	προσπορεύομαι	approach	718b
35f	ποιέω I 1 d β	do	682b
36	θέλω 1	wish	355a
37	ἀριστερός	weapons	106d
	δεξιός 2 b	right	175a
	δίδωμι 1 b β	give	193a

37	δόξα 1 a	glory	203d
	ἵνα II 1 a ζ	in order that	377d
	καθίζω 2 a α	sit down	390a
38	αἰτέω	ask	25d
	βαπτίζω 3 c	baptize	132b
	οἶδα 1 f	know	556a
	ποτήριον 2	cup	695c
38f	βάπτισμα 3	baptism	132d
	πίνω 2 b α	drink	658d
39	βαπτίζω 3 c	baptize	132b
	δύναμαι 2	able	207b
	ποτήριον 2	cup	695c
40	ἀλλά 1 b	but, yet	38b
	δεξιός 2 b	right	175a
	εἰμί II 6 e	to be	224d
	ἐμός 1 b	my	255c
	ἑτοιμάζω 3	prepare	316c
	εὐώνυμος	left	330a
	ἤ 1 a β	or	342a
	καθίζω 2 a α	sit down	390a
41	ἀγανακτέω	be aroused	4b
	δέκα	ten	173d
	Ἰάκωβος 1	James	367d
	ὁ, ἡ, τό II 2 d	the	551b
42	ἄρχω 1	rule	113c
	δοκέω 2 b	seem	202b
	ἔθνος 1	nation	218c
	κατακυριεύω 2	rule	412c
	κατεξουσιάζω		421c
	exercise authority		
	μέγας 2 b α	great	498a
	οἶδα 1 e	know	556a
43	διάκονος 1 a	servant	184c
	θέλω 1	wish	354d
	μέγας 2 b α	great	498a
	οὕτω 1 b	thus	597d
44	δοῦλος 3	slave	205d
	πρῶτος 1 c β	first	726a
45	ἀντί 3	for	73d
	γάρ 1 b	for	151d
	διακονέω 2	serve	184a
	δίδωμι 6	give	193d
	λύτρον	ransom	482c
	πολύς I 2 a α	many	688b
	πολύς I 2 a α	many	688b
	υἱός 2 c	son	835b
	ψυχή 1 a β	soul, life	893b
	ψυχή 1 f	soul, life	894a
46	Βαρτιμαῖος	Bartimaeus	134a
	ἐκπορεύομαι 1 b	go out	244c
	ἐπαιτέω	beg	282b
	Ἰεριχώ	Jericho	372b
	ἱκανός 1 a	sufficient	374b
	κάθημαι 1 a α	sit	389c
	ὁδός 1 a	way	554a
	ὄχλος 1	crowd	600d
	παρά III 1 b α	along	611a
	παρά III 1 d	along	611a
	προσαιτέω	beg	711c
	προσαίτης	beggar	711c
	Τιμαῖος	Timaeus	817a

46	τυφλός 1 a α	blind	830d
47	κράζω 2 a	call	447d
	Ναζαρηνός	the Nazarene	532b
47f	Δαυίδ	David	171b
	ἐλεέω	have mercy	249d
	υἱός 2 a	son	834b
48	ἐπιτιμάω 1	rebuke	303b
	ἵνα II 1 a δ	in order that	377d
	κράζω 2 a	call	447d
	μᾶλλον 1	more	489a
	σιωπάω 2 a	be silent	752c
48b	πολύς I 2 c α	many	688d
49	ἐγείρω 1 b	raise up	214d
	θαρσέω	be cheerful	352a
	ἵστημι II 1 a	stand	382b
	τυφλός 1 b	blind	830d
49a	φωνέω 2 b	call	870c
49b	φωνέω 2 b	call	870c
49c	φωνέω 2 b	call	870c
50	ἀναπηδάω	jump up	59c
	ἐπιβάλλω 1 b	lay on	289d
51	ἀναβλέπω 2 a α	gain sight	51a
	ἀποκρίνομαι 2	begin	93c
	θέλω 1	wish	355a
	ἵνα III 2	in order that	378b
	ποιέω I 1 d β	do	682b
	ῥαββί	rabbi	733a
	ῥαββί	rabbi	733a
	ῥαββουνί	my Lord	733a
	τυφλός 1 b	blind	830d
52	ἀναβλέπω 2 a α	gain sight	51a
	ὁδός 1 b	way	554b
	πίστις 2 b α	faith	663a
	σῴζω 1 c	save	798b
	ὑπάγω 1	go away	836c

Mark 11

1	ἀποστέλλω 1 a	send away	98c
	Βηθανία 1	Bethany	139d
	Βηθφαγή	Bethphage	140b
	ἐγγίζω 2	approach	213c
	εἰς 1 b	near	228c
	ἐλαία 1	olive tree	247d
	ὅτε 1 d	when	588b
2	ἄνθρωπος 3 a ζ	man	69b
	δέω 2	bind	178a
	εἰσπορεύομαι 1	go	233c
	εὑρίσκω 1 c α	find	325b
	καθίζω 2 a α	sit down	390a
	κατέναντι 2 a	opposite	421b
	κώμη 1	village	461d
	λύω 2 a	loose	483d
	οὐδείς 2 a	no one	592a
	οὐδείς 2 a	no one	592a
	οὔπω	not yet	593c
	πῶλος	colt	731d
	ὑπάγω 2	go away	836d
	φέρω 4 b α	bear	855c
3	ἀποστέλλω 1 b β	send away	98d
	ἔχω I 2 i	have	333a

3	κύριος 2 c β	lord	459d
	πάλιν 1 a	back	606c
	ποιέω I 1 b ε	do	681c
	τίς, τί 3 a	which	819d
	τὶς, τὶ 1 a γ	any one	820a
	χρεία 1	need	885a
	ὧδε 1	here	895b
4	ἄμφοδον	street	47c
	δέω 2	bind	178a
	ἔξω 1 a α	outside	279b
	θύρα 1 a	door	365d
	πρός III 7	by	711a
4f	λύω 2 a	loose	483d
	πῶλος	colt	731d
5	ἵστημι II 2 b α	being	382c
	ποιέω I 1 b ε	do	681c
6	ἀφίημι 4	tolerate	126b
7	ἐπιβάλλω 1 b	lay on	289d
	καθίζω 2 a α	sit down	390a
	πῶλος	colt	731d
	φέρω 4 b α	bear	855c
7f	ἱμάτιον 1	garment	376b
8	εἰς 1 c	in	228c
	κόπτω 1	cut	444a
	ὁδός 1 a	way	553d
	πολύς I 2 a α	many	688b
	στιβάς	leaves	768c
	στρωννύω	spread	771c
9	ἀκολουθέω 1	follow	31b
	ἔρχομαι I 1 a	come	311a
	εὐλογέω 2 a	bless	322b
	κράζω 2 a	call	447d
	ὄνομα I 4 c γ	name	573a
	προάγω 2 a	lead	702a
	ὡσαννά	hosanna	899b
10	βασιλεία 3 e	kingdom	135b
	βασιλεία 3 g	kingdom	135c
	Δαυίδ	David	171b
	εὐλογέω 2 a	bless	322b
	πατήρ 1 b	forefather	635b
	ὕψιστος 1	highest	850b
	ὡσαννά	hosanna	899b
11	εἰσέρχομαι 1 a α	come	232c
	ἤδη 1 a	already	344a
	ἱερόν 2	temple	372c
	μετά A II 1 a	with	508d
	ὀψέ 2	late in the day	601c
	ὄψιος 1	late	601c
	περιβλέπω 1	look around	646b
	ὥρα 1	time of day	896a
	ὥρα 1	time of day	896a
11f	Βηθανία 1	Bethany	139d
12	ἐξέρχομαι 1 a α	go out	274c
	ἐπαύριον	next day	283d
	πεινάω 1	hunger	640a
13	ἄρα 2	then	103d
	ἔχω I 1 b	have	331d
	καιρός 3	time	395b
	μακρόθεν	from far away	488a
	οὐδείς 2 b α	nothing	592a
	συκῆ	fig tree	776b

13	σῦκον	ripe fig	776b
13a	ἔρχομαι II	go	311d
	φύλλον	foliage	869a
13b	ἔρχομαι I 1 a β	come	310c
	φύλλον	foliage	869a
14	αἰών 1 b	time	27b
	ἀποκρίνομαι 2	begin	93c
	εἰς 2 b	for	229a
	ἐσθίω 1 b β	eat	312d
	κάρπος 1 a	fruit	404c
	μηδείς 2 a	no	518a
	μηκέτι 6 b	no longer	518c
15	ἀγοράζω 1	buy	12d
	ἐκβάλλω 1	drive out	237b
	καθέδρα	chair	388c
	καταστρέφω 1	upset	419a
	κολλυβιστής	money changer	442a
	περιστερά	pigeon	651d
	τράπεζα 4	table	824c
15a	ἱερόν 2	temple	372c
	πωλέω	sell	731d
15b	πωλέω	sell	731c
15f	ἱερόν 2	temple	372c
16	ἀφίημι 4	tolerate	126c
	διαφέρω 1 a	carry through	190b
	ἵνα II 1 a ζ	in order that	377d
	σκεῦος 1 a	thing	754a
	τὶς, τὶ 1 a α	any one	819d
17	γράφω 2 c	write	166d
	ἔθνος 1	nation	218c
	καλέω 1 a β	call	399a
	λῃστής 1	robber	473b
	οἶκος 1 a β	house	560c
	οἶκος 1 a β	house	560c
	ποιέω I 1 b ι	do	681d
	προσευχή 1	prayer	713c
	σπήλαιον	cave	762c
18	ἀπόλλυμι 1 a α	ruin	95a
	ἀρχιερεύς 1 b	high priest	112d
	γραμματεύς 2	scribes	165d
	διδαχή 3	teaching	192c
	ἐκπλήσσω 2	be amazed	244b
	ζητέω 1 c	investigate	339a
	ὄχλος 2	crowd	601a
	πῶς 2 b	how	732d
19	γίνομαι I 1 b γ	come about	158c
	ἐκπορεύομαι 1 b	go out	244c
	ἔξω 2 b	outside	279d
	ὅταν 2 d	when	588b
	ὀψέ 2	late in the day	601c
	πόλις 1	city	685c
20	ἐκ 2	away from	234d
	παραπορεύομαι 1	pass by	621d
	πρωΐ	early	724d
	ῥίζα 1 a	root	736a
20f	ξηραίνω 2 a	dry up	548c
	συκῆ	fig tree	776b
21	ἀναμιμνήσκω	remind	57d
	ἴδε 3	see	369b
	καταράομαι	curse	417b

21	ῥαββί	rabbi	733a
22	θεός 3 f β	God	357d
	λέγω I 8 d	say	469b
	πίστις 2 a	faith	662d
23	αἴρω 1 a	lift up	24c
	βάλλω 1 b	throw	131a
	διακρίνω 2 b	waver	185b
	θάλασσα 1 a	sea	350a
	καρδία 1 b β	heart	403d
	λαλέω 2 b	speak	463d
	μή A I 1	not	515d
	ὄρος	mountain	582d
	ὅς, ἥ, ὅ I 2 b α	(rel pron)	583c
	πιστεύω 1 a β	believe	660c
	πιστεύω 2 c	believe	662a
24	αἰτέω	ask	26a
	διά B II 2	therefore	181b
	εἰμί I 4	to be	223b
	λέγω II 1 d	assure	469d
	ὅσος 2	how great	586b
	πᾶς, πᾶσα, πᾶν 1 e γ	all	632c
	πιστεύω 1 a β	believe	660c
	προσεύχομαι	pray	714a
25	ἀφίημι 2	forgive	126a
	ἔχω I 7 a	have	333d
	ἵνα I 1 c	in order that	377a
	κατά I 2 b γ	down	406a
	ὅταν 2 b	when	588b
	παράπτωμα 2 b	transgression	621d
	πατήρ 3 c α	father	636a
	στήκω 1	stand	768a
25f	οὐρανός 2 a	heaven	594d
26	ἀφίημι 2	forgive	126a
	εἰ I 1 a	if	219a
	οὐ 5 b	no	590d
	παράπτωμα 2 b	transgression	621d
27	ἀρχιερεύς 1 b	high priest	112d
	γραμματεύς 2	scribes	165d
	πάλιν 1 a	back	606c
	περιπατέω 1 a	go about	649a
	πρεσβύτερος 2 a β	older	700a
28	ἐξουσία 3	authority	278b
	ἤ 1 d δ		342c
	ἵνα I 1 e	in order that	377a
	ἵνα II 1 e	in order that	377d
	ποῖος 2 a γ	of what kind	684d
	τίς, τί 1 a α	which	819a
29	ἐξουσία 3	authority	278b
	ἐπερωτάω 1 a	ask	285b
	λόγος 1 a β	word	477b
	ποῖος 2 a γ	of what kind	684d
30	ἄνθρωπος 1 a β	man	68b
	βάπτισμα 1	baptism	132c
	εἰμί III 3	to be	225b
	ἐκ 3 b	from	235a
	Ἰωάν(ν)ης 1	John	384d
30f	οὐρανός 3	heaven	595b
31	διά B II 2	why	181b
	διαλογίζομαι 1	consider	186a
31	οὖν 1 c α	therefore	593a
	πιστεύω 1 b	believe	661a
32	ἀληθῶς 1	truly	37c
	ἔχω I 5	consider	333b
	Ἰωάν(ν)ης 1	John	384d
	λαός 1 c α	people	466d
	ὄντως 1	really	574b
	ὅτι 1 b δ	that	588d
	προφήτης 2	prophet	723c
	φοβέω 1 b α	be afraid	863a
33	ἐξουσία 3	authority	278b
	ποῖος 2 a γ	of what kind	684d
33c	λέγω I 1 b β	say	468b

Mark 12

1	ἀποδημέω 1	go on a journey	90a
	ἐκδίδωμι	lease	238c
	οἰκοδομέω 1 a	build	558a
	ὀρύσσω 2	dig	583a
	παραβολή 2	parable	612c
	περιτίθημι 1	place around	652c
	πύργος 1	tower	730d
	ὑπολήνιον	vat	845c
	φραγμός 1	fence	865c
	φυτεύω	plant	870b
1f	γεωργός 2	farmer	157b
1ff	ἀμπελών	vineyard	47a
2	ἀπό I 6	from	86d
	ἀποστέλλω 1 b γ	send away	98d
	δοῦλος 1 a	slave	205d
	ἵνα I 4	in order that	377b
	καιρός 2	time	395a
	κάρπος 1 a	fruit	404c
	λαμβάνω 1 d	receive	464d
	παρά I 3 b	from	609d
3	δέρω	beat	175d
	κενός 1	empty	427d
	λαμβάνω 1 c	take	464c
4	ἀποστέλλω 1 b α	send away	98c
	ἀτιμάζω	dishonor	120a
	ἀτιμάω		120a
	ἀτιμόω	disgraced	120b
	δοῦλος 1 a	slave	205d
	κεφαλαιόω	sum up	430a
	κεφαλιόω	strike on the head	430c
	λιθοβολέω 1	throw stones	474a
4f	κἀκεῖνος 2 b	he also	396d
5	ἀποστέλλω 1 a	send away	98c
	δέρω	beat	175d
6	ἀγαπητός 1	beloved	6c
	ἀποστέλλω 1 b α	send away	98c
	εἷς 2 b	one	231b
	ἐντρέπω 2 b	respect	269d
	ἔσχατος 3 a	last	314a
	ἔτι 2 a	still	316a
	υἱός 2 b	son	834d
6a	υἱός 1 a α	son	833c
7	γεωργός 2	farmer	157b
	δεῦτε 1	come	176d

7	εἰμί IV 1	to be	225d
	εἶπον 1	say	226c
	κληρονομία 1	inheritance	435a
	κληρονόμος 1	heir	435b
	πρός III 1 e	toward	710a
8	ἐκβάλλω 1	drive out	237b
	ἔξω 2 b	outisde	279d
	λαμβάνω 1 c	take	464c
9	ἀπόλλυμι 1 a α	ruin	95a
	γεωργός 2	farmer	157b
	ἔρχομαι I 1 a ζ	come	310d
	κύριος 1 a α	owner	459a
10	ἀναγινώσκω 1	read	51c
	ἀποδοκιμάζω 1 declare useless		90d
	γίνομαι I 4 a	become	159c
	γραφή 2 a	scripture	166b
	γωνία	corner	168d
	κεφαλή 2 b	head	430c
	λίθος 2	stone	474d
	οἰκοδομέω 1 b β	build	558b
	ὅς, ἥ, ὅ I 4 d	(rel pron)	584b
	οὐδέ 3	not even	591d
11	θαυμαστός 2	wonderful	352d
	κύριος 2 a	lord	459c
	ὀφθαλμός 2	eye	599d
	παρά I 2	from	609d
12	ἀφίημι 3 a	leave	126a
	γινώσκω 3 c	understand	161b
	εἶπον 1	say	226b
	ζητέω 2 b γ	seek	339a
	καί I 2 g	and	392d
	κρατέω 1 a	arrest	448c
	ὄχλος 2	crowd	601a
	παραβολή 2	parable	612c
	πρός III 5 a	toward	710c
	φοβέω 1 b α	be afraid	863a
13	ἀγρεύω	catch	13b
	ἀποστέλλω 1 b γ	send away	98d
	Ἡρῳδιανοί	Herodians	348d
	λόγος 1 a γ	word	477c
	τὶς, τὶ 1 a α	any one	820a
	Φαρισαῖος	Pharisee	853d
	Φαρισαῖος	Pharisee	853d
14	ἀλήθεια 3	reality	36c
	ἀληθής 1	true	36d
	βλέπω 5	see	143d
	διδάσκαλος	teacher	191d
	δίδωμι 4	give	193c
	δόλος	deceit	203b
	ἔξεστι 1	it is possible	275b
	ἐπί I 1 b β	on	286c
	ἐπικεφάλαιον	poll tax	294d
	ἔρχομαι I 1 a ζ	come	310d
	ἤ 1 a α	or	342a
	Καῖσαρ	Emperor	395d
	κῆνσος	poll tax	430d
	μέλει 2	it is a concern	500b
	μή A I 4	not	516a
	ὁδός 2 b	way	554d
	οὐδείς 2 a	no one	592a
14	πρόσωπον 1 c β	face	721b
15	δηνάριον	denarius	179b
	οἶδα 4	know	556c
	πειράζω 2 c	try	640c
	ὑπόκρισις	hypocrisy	845a
	φέρω 4 a α	bear	855b
16	εἰκών 1 a	image	222b
	ἐπιγραφή	inscription	291c
	Καῖσαρ	Emperor	395d
	οὗτος 2 b	this	597b
	τίς, τί 1 a α	which	819a
	φέρω 4 a α	bear	855b
17	ἀποδίδωμι 1	give away	90b
	ἐκθαυμάζω	wonder greatly	240b
	ἐπί II 1 b γ	on	287c
	θεός 3 f γ	God	357d
	Καῖσαρ	Emperor	395d
18	ἀνάστασις 2 b	resurrection	60d
	ἐπερωτάω 1 a	ask	285b
	λέγω II 1 e	declare	469d
	μή A II 1 b α	not	516b
	Σαδδουκαῖος	Sadducee	739d
19	αὐτός 3 a	(oblique case)	123b
	γράφω 2 c	write	167a
	διδάσκαλος	teacher	191d
	ἐξανίστημι 1	raise up	272d
	ἵνα II 1 a δ	in order that	377d
	καταλείπω 1 b	leave behind	413c
	μή A I 1	not	515d
	Μωϋσῆς	Moses	531d
	ὅτι 2	that	589c
	σπέρμα 2 b	seed	762a
19-21	λαμβάνω 1 c	take	464c
19ff	ἀφίημι 3 a	leave	126b
20	ἑπτά	seven	306b
	πρῶτος 1 b	first	725d
	σπέρμα 2 b	seed	762a
21	καταλείπω 1 b	leave behind	413c
	σπέρμα 2 b	seed	762a
	τρίτος 1	third	826d
	ὡσαύτως	similarly	899b
22	ἔσχατος 3 b	last	314b
	πᾶς, πᾶσα, πᾶν 2 a γ	all	632d
	σπέρμα 2 b	seed	762a
22f	ἑπτά	seven	306b
23	ἀνάστασις 2 b	resurrection	60d
	ἐν II 2	while	260c
	τίς, τί 1 a α	which	819a
24	γραφή 2 b α	scripture	166b
	διά B II 2	therefore	181b
	μηδέ 1 a	and not	517d
	οὐ 4 c	no	590c
	πλανάω 2 c γ	deceive	665c
25	ἄγγελος 2 a	angel	7c
	ἀνίστημι 2 a	rise	70b
	γαμέω 1 b	marry	150d
	γαμίζω 1	give in marriage	151a
	γαμίζω 2	give in marriage	151b
	γαμίσκω	give in marriage	151b
	νεκρός 2 a	dead	535a
	οὐρανός 2 c	heaven	595a

25	οὔτε	not	596a
	ὡς II 3 b	so	897d
26	Ἀβραάμ	Abraham	2a
	ἀναγινώσκω 1	read	51c
	βάτος	thorn bush	137c
	βίβλος 1	book	141c
	ἐγείρω 2 c	rise	215a
	ἐγώ	I	217b
	ἐπί I 1 a γ	on	286b
	θεός 3 c	God	357c
	Ἰακώβ 1	Jacob	367d
	Ἰσαάκ	Isaac	380d
	περί 1 h	about	645a
	ὡς I 2 d	as	897b
	ὡς IV 4	when	899a
27	ἀλλά 1 a	but, yet	38a
	ζάω 1 a α	live	336a
	νεκρός 2 a	dead	535a
	πλανάω 2 c γ	deceive	665c
	πολύς I 2 c β	many	689a
28	ἀποκρίνομαι 1	answer	93b
	ἐντολή 2 a γ	command	269a
	καλῶς 4 b	well	401b
	πᾶς, πᾶσα, πᾶν 2 a γ	all	632d
	ποῖος 2 a α	of what kind	684d
	πρῶτος 1 c α	first	726a
	συζητέω 2	discuss	775d
29	ἀκούω 1 c	hear	32b
	θεός 3 c	God	357c
	Ἰσραήλ 2	Israel	381c
	ὅτι 2	that	589c
	πρῶτος 1 c α	first	726a
29f	κύριος 2 a	lord	459c
30	ἀγαπάω 1 a β	love	4d
	διάνοια 1	understanding	187a
	ἐκ 3 g γ	by	235c
	ἰσχύς	strength	383c
	καρδία 1 b ζ	heart	404b
	ψυχή 1 b γ	soul, life	893c
31	ἀγαπάω 1 a α	love	4c
	δεύτερος 3	second	177b
	ἐντολή 2 a γ	command	269a
	ὅμοιος 1	like	567a
	πλησίον 1 b	near	672d
	σεαυτοῦ 3	yourself	745c
32	ἀλήθεια 3	reality	36c
	ἄλλος 1 e β	another	40b
	διδάσκαλος	teacher	191d
	εἷς 2 b	one	231b
	ἐπί I 1 b β	on	286c
	καλῶς 4 c	well	401c
	πλήν 2	except	669c
33	ἀγαπάω 1 a α	love	4c
	ἀγαπάω 1 a β	love	4d
	θυσία 2 a	sacrifice	366b
	ἰσχύς	strength	383c
	καρδία 1 b ζ	heart	404b
	ὁ, ἡ, τό II 4 a	the	551c
	ὁλοκαύτωμα 1	whole burnt offering	564b
	περισσότερος 2	greater	651c

33	πλησίον 1 b	near	672d
	σύνεσις 1	intelligence	788c
	ψυχή 1 b γ	soul, life	893c
34	ἀποκρίνομαι 1	answer	93b
	εἰμί II 9 a	to be	224d
	ἐπερωτάω 1 a	ask	285b
	μακράν 1 a β	far	487d
	νουνεχῶς	wisely	544b
	ὅτι 1 b ζ	that	589a
	οὐδείς 2 a	no one	592a
	οὐκέτι 1	no longer	592c
	τολμάω 1 a	dare	821d
35	ἀποκρίνομαι 2	begin	93c
	Δαυίδ	David	171b
	πῶς 1 a	how	732b
	Χριστός 1	Anointed One	887a
35-7	υἱός 2 a	son	834b
35b	λέγω II 1 e	declare	469d
36	Δαυίδ	David	171b
	δεξιός 2 b	right	175a
	ἐν I 5 d	in	260a
	ἐχθρός 2 b β	the enemy	331c
	ἕως I 1 b	until	334b
	κάθημαι 2	sit down	389d
	καθίζω	sit down	389d
	κύριος 2 c α	lord	459c
	πνεῦμα 5 c α	spirit	676c
	πνεῦμα 6 c	spirit	677c
	πούς 1 b	foot	696d
	τίθημι I 1 a β	put	816a
	ὑποκάτω	under	844d
	ὑποπόδιον	footstool	847a
36f	αὐτός 1 a α	self	122d
	Δαυίδ	David	171b
37	ἡδέως	gladly	343d
	κύριος 2 c α	lord	459c
	λέγω II 3	call	470a
	ὄχλος 1	crowd	600d
	πόθεν 3	from where	680c
	πολύς I 1 b α	many	687d
38	ἀγορά	market place	12c
	ἀσπασμός 1	greeting	117a
	βλέπω 6	see	143d
	διδαχή 1	teaching	192b
	ἐν I 4 b	in	259a
	ἐν II 3	while	260c
	θέλω 4 a	wish	355c
	περιπατέω 1 b	go about	649a
	στολή	robe	769c
39	δεῖπνον 2	dinner	173c
	πρωτοκαθεδρία	place of honor	725b
	πρωτοκλισία	place of honor	725b
40	κατεσθίω 2	destroy	422b
	κρίμα 4 b	verdict	450d
	λαμβάνω 2	receive	465b
	μακρός 1	long	488c
	οἰκία 1 a	house	557c
	ὀρφανός 1	orphaned	583a
	ὀρφανός 1	orphaned	583a
	οὗτος 1 a ε	this	596d

40	περισσότερος 1	greater	651c
	προσεύχομαι	pray	714a
	πρόφασις 2	actual motive	722c
	χήρα 1	the widow	881c
41	ἀπέναντι 1 a	opposite	84a
	γαζοφυλακεῖον	treasury	149c
	θεωρέω 1	observe	360a
	καθίζω 2 a α	sit down	390a
	κατέναντι 2 a	opposite	421b
	πλουσίος 1	rich	673d
	πολύς I 1 a α	many	687c
	πῶς 2 a	how	732c
	χαλκός 2	copper	875a
41ff	βάλλω 2 b	put	131b
42	εἷς 3 b	someone	231d
	ἔρχομαι I 1 a ζ	come	310d
	κοδράντης	penny	437b
	λεπτός 2	small copper coin	472a
	ὅς, ἥ, ὅ I 7 a	(rel pron)	584d
	πτωχός 1 a	poor	728b
42f	χήρα 1	the widow	881c
43	γαζοφυλακεῖον	treasury	149c
	πᾶς, πᾶσα, πᾶν 2 a γ	all	632d
	πολύς II 2 c	many	689c
	πτωχός 1 a	poor	728b
44	βάλλω 2 b	put	131b
	βίος 3	life	142a
	ἔχω I 2 a	have	332a
	ὅσος 2	how great	586b
	περισσεύω 1 a β	be left over	650d
	ὑστέρησις	need	849c
44b	πᾶς, πᾶσα, πᾶν 1 e γ	all	632c
45	γενεά 2	generation	154a

Mark 13

1	διδάσκαλος	teacher	191d
	ἐκπορεύομαι 1 b	go out	244c
	ἴδε 1	see	369b
	ἱερόν 2	temple	372c
1a	ποταπός	what sort	695a
1b	ποταπός	what sort	695a
1f	λίθος 1 b	stone	474b
	οἰκοδομή 2 a	building	559a
2	ἄνευ 2	without	65c
	ἀνίστημι 2 e	rise	70c
	ἀφίημι 3 a	leave	126b
	βλέπω 1 a	see	143b
	καταλύω 1 a	throw down	414b
	μέγας 1 a	large	497c
	μή D 1 a	not	517c
3	Ἀνδρέας	Andrew	63d
	εἰς 9 a	in	230c
	ἐλαία 1	olive tree	247d
	Ἰάκωβος 1	James	367d
	ἴδιος 4	privately	370c
	ἱερόν 2	temple	372c
	κάθημαι 1 a α	sit	389b
	κατέναντι 2 a	opposite	421b
4	μέλλω 1 c α	be about to	501a
4	πότε	when	695a
	σημεῖον 1	sign	747d
	συντελέω 1	complete	792a
	συντελέω 2	complete	792b
5	βλέπω 6	see	143d
	μή B 1 b	not	517b
	τὶς, τὶ 1 a γ	any one	820b
5f	πλανάω 1 b	deceive	665c
6	ἐγώ	I	217a
	εἰμί II 5	to be	224c
	ἐπί II 3	on	288a
	ἔρχομαι I 1 a θ	come	311b
	ὄνομα I 4 c ε	name	573b
	ὅτι 2	that	589c
7	ἀκοή 2 a	report	31a
	δεῖ 1	it is necessary	172a
	θορυβέω 2	be troubled	362d
	θροέω	be disturbed	364a
	οὔπω	not yet	593c
	πόλεμος 1 a	armed conflict	685b
	τέλος 1 b	end	811c
8	ἀρχή 1 b	beginning	111d
	βασιλεία 2	kingdom	135a
	ἐγείρω 2 d	rise	215a
	ἔθνος 1	nation	218c
	ἐπί III 1 a ε	against	288c
	κατά II 1 a	along	406a
	λιμός 2	famine	475b
	σεισμός	shaking	746c
	ταραχή 2 b	disturbance	805c
	τόπος 1 d	place	822d
	ὠδίν 2 d	birth pain	895d
9	βασιλεύς 1	king	136a
	βλέπω 6	see	143d
	δέρω	beat	175d
	εἰς 9 a	in	230c
	ἕνεκα	because of	264d
	ἕνεκα	because of	264d
	ἐπί I 1 a δ	before	286b
	ἡγεμών 2	governors	343b
	ἵστημι II 1 b	stand	382b
	μαρτύριον 1 a	testimony	493d
	παραδίδωμι 1 b	give over	615a
	συναγωγή 2 a	place of assembly	782d
	συνέδριον 3	Sanhedrin	786b
10	δεῖ 1	it is necessary	172a
	ἔθνος 1	nation	218c
	εἰς 1 d β	in	228c
	εὐαγγέλιον 1 c	gospel	318a
	κηρύσσω 2 b β	announce	431c
	πρῶτος 2 a	first	726b
11	ἄγω 2	lead away	14c
	λαλέω 2 b	speak	463d
	μελετάω 3	meditate upon	500c
	ὅταν 1 a	when	588a
	παραδίδωμι 1 b	give over	614d
	πνεῦμα 5 c α	spirit	676c
	προμεριμνάω	concern oneself	708c
	ὥρα 3	time of day	896c

12	γονεύς	parents	165a
	ἐπανίστημι	rise up	283a
	ἐπί III 1 a ε	against	288c
	θάνατος 1 b α	death	351a
	θανατόω 1	put to death	351d
	παραδίδωμι 1 b	give over	615a
12a	τέκνον 1 a α	child	808b
12b	τέκνον 1 a α	child	808b
13	εἰμί II 4 b γ	to be	224b
	εἰς 2 a α	until	228c
	μισέω 3	hate	523a
	ὄνομα I 4 c α	name	572b
	σῴζω 2 b	save	798c
	τέλος 1 d γ	finally	812a
	ὑπομένω 2	remain	845d
14	ἀναγινώσκω 1	read	51d
	βδέλυγμα 3	abomination	138a
	Δανιήλ	Daniel	170d
	εἰς 1 a α	into	228b
	ἐρήμωσις	devastation	309b
	Ἰουδαία 1	Judaea	379a
	ἵστημι II 2 b α	being	382c
	νοέω 2	consider	540d
	ὅπου 1 a α	where	576a
	ὄρος	mountain	582d
	ὅταν 1 b	when	588a
	τότε 2	at that time	824a
	φεύγω 1	flee	855d
15	αἴρω 3	carry	24c
	δῶμα	roof	210b
	εἰσέρχομαι 1 a δ	come	232d
	καταβαίνω 1 a α	come down	408b
	καταβαίνω 1 a δ	come down	408c
	μή A III 4	not	517a
	μηδέ 1 b	and not	517d
	τὶς, τὶ 1 b α	any one	820b
16	ἀγρός 1	field	13d
	εἰς 9 a	in	230c
	ἐπιστρέφω 1 b α	turn	301b
	ὁ, ἡ, τό II 6	the	552a
	ὀπίσω 1 a	behind	575a
17	γαστήρ 2	womb	152d
	ἔχω I 2 j	have	333b
	θηλάζω 1	give suck	360c
	οὐαί 1 a	woe	591b
18	προσεύχομαι	pray	714a
	φυγή	flight	867c
	χειμών 2	winter	879d
19	ἀρχή 1 c	beginning	112b
	γίνομαι I 1 b β	come about	158b
	ἕως II 1 a	until	334d
	θεός 3 a	God	357b
	θλῖψις 1	tribulation	362c
	κτίζω	create	455c
	κτίσις 1 b β	creation	456a
	νῦν 3 b	now	546a
	οἷος	of what sort	562d
	ὅς, ἥ, ὅ I 4 e	(rel pron)	584b
	τοιοῦτος 2 b	such a kind	821c
20	εἰ I 1 a	if	219b
	ἐκλέγομαι 2 a	choose	242b
	ἐκλεκτός 1 b	chosen	242d
	κύριος 2 a	lord	459b
	μή A I 1	not	515d
	πᾶς, πᾶσα, πᾶν 1 a α	every each	631b
	σάρξ 3	body	743d
	σῴζω 1 a	save	798b
20a	κολοβόω 2	shorten	442a
20b	κολοβόω 2	shorten	442a
21	ἴδε 3	see	369b
	πιστεύω 1 d	believe	661a
	τότε 2	at that time	824a
	Χριστός 1	Anointed One	887a
	ὧδε 2 a	here	895b
22	δυνατός 2 a	possible	208d
	ἐγείρω 2 e	appear	215a
	ἐκλεκτός 1 b	chosen	242d
	πρός III 3 a	toward	710b
	πρός III 5 e	in order to	710d
	σημεῖον 2 b	sign	748c
	ψευδοπροφήτης	false prophet	892a
	ψευδόχριστος	false messiah	892b
23	προεῖπον 1	foretell	704d
24	δίδωμι 1 b γ	give	193b
	ἥλιος	the sun	345d
	θλῖψις 1	tribulation	362c
	μετά B II 3	after	510b
	σελήνη	moon	746d
	σκοτίζω 1	become dark	757c
	φέγγος	light	854d
25	ἀστήρ	star	117d
	δύναμις 5	resources	208a
	πίπτω 1 a	fall	659b
	σαλεύω 1	shake	740c
25a	οὐρανός 1 c	heaven	594b
25b	οὐρανός 1 c	heaven	594b
26	δόξα 1 a	glory	203d
	ἔρχομαι I 1 a	come	311a
	μετά A III 2	with	509d
	νεφέλη	cloud	536d
	ὁράω 1 a α	see	577d
	πολύς I 1 b β	many	688a
	υἱός 2 c	son	835b
26f	τότε 2	at that time	824a
27	ἄκρον	top	34a
	ἄνεμος 1 b	wind	64d
	ἀπό II 1	from	87a
	ἐκλεκτός 1 b	chosen	242d
	ἐπισυνάγω	gather	301d
	ἕως II 2 a	as far as	335a
	οὐρανός 1 a β	heaven	594a
	τέσσαρες	four	813b
28	ἁπαλός	tender	80b
	ἀπό IV 2 b	from	87d
	γίνομαι I 4 b	become	159d
	ἐγγύς 2 a	near	214b
	εἰμί II 9 a	to be	224d

28	ἐκφύω	put forth	247b
	ἤδη 1 b	already	344a
	θέρος	summer	359d
	κλάδος	branch	433a
	μανθάνω 1	learn	490c
	ὅταν 1 b	when	588a
	παραβολή 2	parable	612c
	συκῆ	fig tree	776b
	φύλλον	foliage	869a
28f	γινώσκω 3 c	understand	161b
	γινώσκω 6 c	know	161c
29	ἐγγύς 3	near	214c
	εἰμί III 5 b	to be	225c
	ἐπί II 1 a δ	at	287a
	θύρα 2 a	door	365d
	οὕτω 1 b	thus	597d
30	γενεά 2	generation	154a
	μέχρι 2	until	515d
	ὅς, ἥ, ὅ I 11 f	(rel pron)	585b
	παρέρχομαι 1 b α	pass away	626a
31	λόγος 1 a δ	word	477c
	οὐρανός 1 a α	heaven	593d
31a	παρέρχομαι 1 b α	pass away	626a
31b	παρέρχομαι 1 b α	pass away	626a
32	ἄγγελος 2 a	angel	7c
	οἶδα 1 h	know	556b
	οὐδέ 3	not even	591c
	οὐρανός 2 c	heaven	595a
	πατήρ 3 d α	father	636b
	περί 1 h	about	645a
	υἱός 2 b	son	834d
	ὥρα 1	time of day	896a
33	ἀγρυπνέω 1	be awake	14a
	βλέπω 4 a	see	143d
	καιρός 4	time	395c
	οἶδα 1 f	know	556b
	πότε	when	695a
34	ἀπόδημος	a man on a journey	90b
	ἀφίημι 3 a	abandon	126a
	γρηγορέω 1	be awake	167c
	δοῦλος 1 a	slave	205d
	ἐντέλλω	command	268c
	ἐξουσία 3	authority	278b
	ἔργον 2	work	308b
	θυρωρός	doorkeeper	366a
	ἵνα II 1 a δ	in order that	377c
	οἰκία 1 a	house	557b
35	ἀλεκτοροφωνία	crowing	35b
	γρηγορέω 2	be awake	167c
	ἤ 1 d γ	or	342c
	κύριος 1 a α	owner	459a
	μεσονύκτιον	midnight	507a
	οἶδα 1 f	know	556b
	οἰκία 1 a	house	557c
	οὖν 1 b	therefore	593a
	ὀψέ 2	late in the day	601c
	πότε	when	695a
35	πρωΐ	early	724d
36	ἐξαίφνης	suddenly	272b
	εὑρίσκω 1 c α	find	325b
	καθεύδω 1	sleep	388d
37	γρηγορέω 2	be awake	167c
	λέγω II 1 c	order	469c

Mark 14

1	ἄζυμος 1 b	unleavened bread	20a
	ἀρχιερεύς 1 b	high priest	112d
	γραμματεύς 2	scribes	165d
	δόλος	deceit	203b
	ζητέω 1 c	investigate	339a
	κρατέω 1 a	arrest	448c
	μετά B II 1	after	510a
	πάσχα 1	the passover	633c
	πῶς 2 b	how	732d
2	εἰμί I 4	to be	223b
	ἑορτή	festival	280b
	θόρυβος 3 b	noise	363a
	λαός 1 c α	people	466d
	μή A III 6	not	517a
	μήποτε 2 b γ	(neg particle)	519b
3	ἀλάβαστρος	alabaster	34c
	Βηθανία 1	Bethany	139d
	ἔχω I 1 a	have	331d
	θραύω 1	break	363b
	κατάκειμαι 3	lie down	411c
	καταχέω	pour out	420d
	κεφαλή 1 a	head	430a
	λεπρός	leper	472a
	μύρον	ointment	530a
	νάρδος 2	perfume of nard	534a
	οἰκία 1 a	house	557c
	πιστικός	faithful	662b
	πολυτελής	costly	690a
	Σίμων 6	Simon	751b
	συντρίβω 1 a	shatter	793b
4	ἀγανακτέω	be aroused	4b
	ἀπώλεια 1	destruction	103c
	διαπονέομαι	be disturbed	187d
	εἰς 4 f	(purpose)	229d
4f	μύρον	ointment	529d
5	δηνάριον	denarius	179b
	ἐμβριμάομαι	scold	254d
	ἐμβριμάομαι	scold	254d
	ἐπάνω 1 b	more than	283b
	πιπράσκω	sell	659a
	πτωχός 1 a	poor	728b
	τριακόσιοι	three hundred	826a
6	ἀφίημι 4	tolerate	126b
	ἐν I 2	in	258c
	ἐργάζομαι 2 a	work	307a
	ἔργον 1 c β	deed	308b
	καλός 2 b	good	400c
	κόπος 1	trouble	443d
	παρέχω 1 c	cause	626c
7	εὖ	well	317b

7	ἔχω I 3	have	333b
	μετά A II 1 b	with	508d
	ὅταν 1 a	when	588a
	ποιέω I 2 a β	do	682d
	πτωχός 1 a	poor	728b
7a	πάντοτε	always	609b
7b	πάντοτε	always	609b
8	ἐνταφιασμός	preparation for burial	268b
	ἔχω I 6 a	can	333c
	μυρίζω	anoint	529d
	προλαμβάνω 1 a	anticipate	708b
	σῶμα 1 b	body	799a
9	εἰς 1 d β	in	228c
	εἰς 4 f	(purpose)	229d
	εὐαγγέλιον 1 c	gospel	318a
	κηρύσσω 2 b β	announce	431c
	κόσμος 4 a	world	446a
	λαλέω 2 b	speak	463d
	μνημόσυνον 2	memory	525b
	ὅπου 1 a δ	where	576b
	ποιέω I 1 b ε	do	681c
10	εἷς 1 a β	one	230d
	ἵνα I 1 e	in order that	377a
	Ἰούδας 6	Judas	380a
	Ἰσκαριώθ	Iscariot	381a
	παραδίδωμι	give over	614c
	παραδίδωμι 1 b	give over	614d
	προδίδωμι 2	give in advance	704c
	Σκαριώθης		753c
11	ἀργύριον 2 b	money	104d
	δίδωμι 4	give	193c
	ἐπαγγέλλομαι 1 a	announce	280d
	εὐκαίρως	conveniently	321c
	ζητέω 1 c	investigate	339a
	παραδίδωμι	give over	614c
	παραδίδωμι 1 b	give over	614d
	πῶς 2 b	how	732d
	χαίρω 1	rejoice	873d
12	ἄζυμος 1 b	unleavened bread	20a
	ἐσθίω 1 a	eat	312c
	ἑτοιμάζω 1	prepare	316b
	θέλω 1	wish	355a
	θύω 2	sacrifice	367b
	θύω 4	celebrate	367c
	ὅτε 1 a	when	588b
	πάσχα 1	the passover	633c
	ποῦ 1 a	where	696a
12a	πάσχα 2	the paschal lamb	633c
12b	πάσχα 2	the paschal lamb	633c
13	ἀκολουθέω 1	follow	31b
	ἀπαντάω	meet	80c
	βαστάζω 2 a	carry	137b
	κεράμιον	jar	428d
	πόλις 1	city	685c
	ὕδωρ 1	water	832d
	ὑπάγω 2	go away	836d
14	διδάσκαλος	teacher	191d
	εἰσέρχομαι 1 h	come	233a
14	ἐσθίω 1 a	eat	312c
	κατάλυμα	guest room	414b
	λέγω II 1 a	ask	469c
	μετά A II 2	with	509b
	οἰκοδεσπότης	master of the house	558a
	πάσχα 2	the paschal lamb	633c
	ποῦ 1 a	where	696a
14a	ὅπου 1 a δ	where	576b
14b	ὅπου 1 a γ	where	576b
15	ἀνάγαιον	room upstairs	51b
	αὐτός 2	they	123b
	δείκνυμι 1 a	show	172d
	ἑτοιμάζω 1	prepare	316b
	ἕτοιμος 1	ready	316c
	κἀκεῖ 1	and there	396d
	μέγας 1 b	large	497c
	στρωννύω	spread	771d
16	εἶπον 3 e	foretell	226d
	ἑτοιμάζω 1	prepare	316b
	εὑρίσκω 1 c γ	find	325b
	πάσχα 3	passover meal	633c
	πόλις 1	city	685c
17	γίνομαι I 1 b γ	come about	158c
	μετά A II 1 a	with	508d
	ὄψιος 2	late	601d
18	ἀνάκειμαι 2	be at table	55d
	εἷς 1 a β	one	230d
	ἐσθίω 1 c	eat	312d
	μετά A II 2	with	509b
	παραδίδωμι 1 b	give over	614d
18a	ἐσθίω 1 d	eat	313a
19	εἷς 5 e	one	232b
	κατά II 3 a	(distributive)	406d
	λυπέω 2 b	be grieved	481d
	μήτι	(interrog particle)	520b
20	ἐμβαπτίζω	dip	254b
	ἐμβάπτω	dip	254b
	τρύβλιον	bowl	828b
21	γεννάω 2	bear	155d
	γράφω 2 c	write	167a
	καθώς 1	just as	391b
	καλός 3 c	good	400d
	μέν 1 a α	(particle)	502d
	οὐ 5 b	no	590d
	οὐαί 1 a	woe	591b
	παραδίδωμι 1 b	give over	614d
	ὑπάγω 3	go away	837a
21a	υἱός 2 c	son	835b
21b	υἱός 2 c	son	835b
22	ἄρτος 1 c	bread	110d
	εἰμί II 3	to be	224a
	ἐσθίω 1 d	eat	313a
	εὐλογέω 1	speak well	322b
	εὐλογέω 2 b	bless	322c
	κλάω	break	433d
	οὗτος 1 a α	this	596b
	σῶμα 1 b	body	799d
22a	λαμβάνω 1 a	take	464b
22b	λαμβάνω 1 a	take	464b
22f	δίδωμι 2	give	193c

23	ἐκ 1 a	away from	234b
	εὐχαριστέω 2	give thanks	328b
	πίνω 1	drink	658d
	ποτήριον 1	cup	695b
24	αἷμα 2 b	blood	23a
	διαθήκη 2	covenant	183b
	ἐκχέω 1	pour out	247b
	καινός 3 b	new	394b
	οὗτος 1 a α	this	596b
	ὑπέρ 1 a ε	in behalf of	838d
25	ἄμπελος 1	vine	46d
	βασιλεία 3 g	kingdom	135c
	γένημα	product	155a
	ἐκ 4 a ε	from	236a
	ἕως II 1 a	until	334d
	καινός 3 b	new	394b
	ὅταν 1 a	when	588a
	οὐκέτι 1	no longer	592c
	προστίθημι 1 c	add	719b
25a	πίνω 1	drink	658d
26	ἐλαία 1	olive tree	247d
	ἐξέρχομαι 1 a ε	go out	274d
	ὄρος	mountain	582c
	ὑμνέω 2	sing the praise of	836b
27	γράφω 2 c	write	166d
	διασκορπίζω	scatter	188b
	πατάσσω 1 c	strike down	634d
	ποιμήν 1	shepherd	684a
	πρόβατον 1	sheep	703b
	σκανδαλίζω 1 a	cause to fall	752d
28	ἐγείρω 2 c	rise	215a
	μετά B II 4 a	after	510c
	προάγω 2 b	lead	702b
29	ἀλλά 4	but, yet	38d
	εἰ I 1 a	if	219a
	σκανδαλίζω 1 a	cause to fall	752d
	φημί 1 b α	say	856b
30	ἀλέκτωρ	cock	35c
	δίς	twice	199d
	ἤ 2 d α	before	343a
	νύξ 1 c	night	546d
	οὗτος 2 b	this	597b
	πρίν 1 b	before	701b
	σήμερον	today	749a
	σύ 1 c	you	772b
	τρίς	thrice	826b
	φωνέω 1 a	produce a sound	870c
30f	ἀπαρνέομαι	deny	81a
31	δέ 4 a	but, and	171d
	δεῖ 4	it is necessary	172b
	ἐκπερισσῶς	excessively	243d
	λέγω I 5	say	468d
	συναποθνῄσκω	die with	785a
	ὡσαύτως	similarly	899b
32	Γεθσημανί	Gethsemane	153b
	ἕως I 1 b	until	334c
	ἕως I 2 b	until	334c
	καθίζω 2 a α	sit down	390a
	ὄνομα I 1	name	570d
	χωρίον 1	place	890b
	ὧδε 2 a	here	895b

33	ἀδημονέω	troubled	16d
	ἐκθαμβέω	be amazed	240b
	Ἰάκωβος 1	James	367d
	μετά A II 1 b	with	508d
	παραλαμβάνω 1	take	619c
	Πέτρος	Peter	654d
34	γρηγορέω 1	be awake	167c
	ἕως II 4	as many as	335c
	θάνατος 1 a	death	350d
	μένω 1 a α	remain	503d
	περίλυπος	very sad	648c
	ψυχή 1 b γ	soul, life	893c
	ψυχή 1 f	soul, life	894a
35	γῆ 2	ground	157c
	δυνατός 2 a	possible	208d
	ἐπί I 1 a β	on	286a
	ἵνα II 1 a γ	in order that	377c
	μικρός 3 d	short	521c
	παρέρχομαι 1 b γ	pass away	626b
	πίπτω 1 b α	fall	659d
	προέρχομαι 1	go forward	705c
	προσέρχομαι 1	approach	713a
	ὥρα 3	time of day	896d
36	ἀββά	father	1b
	ἀλλά 1 b	but, yet	38b
	ἀλλά 2	but, yet	38c
	δυνατός 2 b	possible	209a
	θέλω 1	wish	354d
	παραφέρω 2 c	take away	623b
	πατήρ	father	635a
	πατήρ 3 d α	father	636b
	ποτήριον 2	cup	695c
	σύ 1 a	you	772a
	τίς, τί 1 b ζ	which	819c
37	γρηγορέω 1	be awake	167c
	ἔρχομαι I 1 a ζ	come	310d
	εὑρίσκω 1 c α	find	325b
	ἰσχύω 2 b	be strong	383d
	καθεύδω 1	sleep	388d
	ὥρα 2 a α	time of day	896b
38	ἀσθενής 1 b	sick	115d
	γρηγορέω 2	be awake	167c
	ἔρχομαι I 2 c	come	311c
	πειρασμός 2 b	test	641a
	πνεῦμα 3 b	spirit	675c
	πρόθυμος	ready	706c
	προσεύχομαι	pray	714a
	σάρξ 7	body	744b
39	αὐτός 4 a	the same	123c
	λόγος 1 a β	word	477b
	πάλιν 1 a	back	606c
40	ἀποκρίνομαι 1	answer	93c
	βαρέω	burden	133c
	εὑρίσκω 1 c α	find	325b
	καταβαρύνω	fell shut	408d
	οἶδα 1 f	know	556a
	ὑποστρέφω	return	847c
40f	καθεύδω 1	sleep	388d
41	ἁμαρτωλός 2	sinner	44b
	ἀναπαύω 2	rest	59a

41	ἀπέχω 1	receive in full	85a
	ἰδού 1 c	remember	371a
	λοιπός 3 a α	the rest	480a
	παραδίδωμι 1 b	give over	614d
	τρίτος 3	third	826d
	υἱός 2 c	son	835b
	ὥρα 3	time of day	896d
41b	ἔρχομαι I 1 b α	come	311b
42	ἄγω 5	go	14d
	ἐγγίζω 5 a	approach	213d
	ἐγείρω 2 f	appear	215b
	παραδίδωμι 1 b	give over	614d
43	ἀρχιερεύς 1 b	high priest	112d
	γραμματεύς 2	scribes	165d
	ἔτι 1 a β	still	315d
	Ἰούδας 6	Judas	380a
	Ἰσκαριώθ	Iscariot	381a
	λαλέω 2 a γ	speak	463b
	μάχαιρα 1	sword	496b
	μετά A III 3	with	510a
	ξύλον 2 b	the pole	549a
	παρά I 1	from	609d
	παραγίνομαι 1	come	613d
	πρεσβύτερος 2 a β	older	700a
44	ἀπάγω 2 b	bring before	79c
	ἀσφαλῶς 1	securely	119a
	δίδωμι	give	192d
	κρατέω 1 a	arrest	448c
	παραδίδωμι 1 b	give over	614d
	σύσσημον	signal	794d
	φιλέω 2	love like	859c
45	ἔρχομαι I 1 a ζ	come	310d
	καταφιλέω	kiss	420b
	λέγω I 8 d	say	469b
	προσέρχομαι 1	approach	713a
	ῥαββί	rabbi	733a
46	ἐπιβάλλω 1 b	lay on	289d
	κρατέω 1 a	arrest	448c
47	ἀφαιρέω 1	cut off	124b
	δοῦλος 1 a	slave	205d
	εἷς 3 c	someone	231d
	μάχαιρα 1	sword	496b
	παίω 1	strike	605c
	παρίστημι 2 b α	be present	628c
	σπάω	draw	761a
	ὠτάριον	the ear	900b
	ὠτίον	the ear	900b
48	ἐξέρχομαι 1 a ε	go out	274d
	ἐπί III 1 a δ	to	288c
	λῃστής 2	revolutionary	473b
	μάχαιρα 1	sword	496b
	μετά A III 3	with	510a
	ξύλον 2 b	the pole	549a
	συλλαμβάνω 1 a α	seize	776d
49	γραφή 2 b α	scripture	166b
	ἡμέρα 2	day	346d
	ἱερόν 2	temple	372c
	ἵνα III 1	in order that	378b
	κατά II 2 c	every	406d
	κρατέω 1 a	arrest	448c
	πληρόω 4 a	make full	671c

49	πρός III 7	by	711a
50	ἀφίημι 3 a	abandon	126a
	φεύγω 1	flee	855d
51	γυμνός 1	naked	167d
	εἷς 3 c	someone	231d
	ἐπί I 1 a α	on	286a
	κρατέω 1 a	arrest	448c
	νεανίσκος 1	youth	534c
	περιβάλλω 1 b α	throw around	646a
	συνακολουθέω	follow	783d
51b	νεανίσκος 2	servant	534c
51f	σινδών 2	linen	751d
52	γυμνός 1	naked	167d
	καταλείπω 2 d	leave behind	413d
	φεύγω 1	flee	855d
	φεύγω 2	flee	855d
53	ἀπάγω 2 a	lead away	79c
	ἀρχιερεύς 1 b	high priest	112d
	γραμματεύς 2	scribes	165d
	πρεσβύτερος 2 a β	older	700a
	συνέρχομαι 1 a	assemble	788a
	συνέρχομαι 1 a	assemble	788a
54	αὐλή 1	courtyard	121b
	ἔσω 1	in	314b
	ἕως II 2 b	as far as	335c
	θερμαίνω	warm oneself	359c
	μακρόθεν	from far away	488a
	μετά A I	with	508c
	πρός III 7	by	711a
	συγκάθημαι	sit with	773a
	ὑπηρέτης	servant	842d
	φῶς 1 b α	light	872a
55	ἀρχιερεύς 1 b	high priest	112d
	εἰς 4 f	(purpose)	229d
	εὑρίσκω 1 a	find	324d
	ζητέω 2 a	seek	339a
	θανατόω 1	put to death	351d
	κατά I 2 b β	down	406a
	μαρτυρία 2 a	testimony	493c
	συνέδριον 2	Sanhedrin	786b
56	ἴσος	equal	381a
	μαρτυρία 2 a	testimony	493c
56f	κατά I 2 b β	down	406a
	ψευδομαρτυρέω	bear false witness	892a
57	ἀνίστημι 2 a	rise	70a
	ἀνίστημι 2 c	rise	70b
58	ἀκούω 1 c	hear	32b
	ἀνίστημι 1 c	raise	70a
	ἀχειροποίητος	not made by hand	128b
	διά A II 1 b	during	180a
	ἐγώ	I	217a
	ἡμέρα 2	day	346c
	καταλύω 1 b α	destroy	414b
	ναός 1 a	temple	533c
	οἰκοδομέω 1 a	build	558b
	χειροποίητος	made by human hands	880d
59	ἴσος	equal	381a

59	μαρτυρία 2 a	testimony	493c
	οὕτω 1 b	thus	597d
60	ἀνίστημι 2 a	rise	70a
	ἀνίστημι 2 a	rise	70b
	εἰς 1 a α	into	228b
	καταμαρτυρέω	testify against	414d
	μέσος 2	the middle	507c
60f	ἀρχιερεύς 1 b	high priest	112d
	ἐπερωτάω 1 b	ask	285b
	οὐδείς 2 b α	nothing	592a
61	ἀποκρίνομαι 1	answer	93c
	εὐλογητός	blessed	322d
	σιγάω 1 a	be silent	749c
	σιωπάω 1	be silent	752c
	Χριστός 1	Anointed One	887a
62	δεξιός 2 b	right	175a
	δύναμις 1	power	207c
	εἰμί II 5	to be	224c
	κάθημαι 1 a α	sit	389b
	νεφέλη	cloud	536d
	ὁράω 1 a α	see	577d
	οὐρανός 1 d	heaven	594b
	υἱός 2 c	son	835b
63	ἀρχιερεύς 1 b	high priest	112d
	δια(ρ)ρήγνυμι 1	tear	188a
	ἔτι 1 b β	still	316a
	λέγω I 8 d	say	469b
	μάρτυς 1	witness	494b
	χιτών	shirt	882b
	χρεία 1	need	885a
64	ἀκούω 1 b γ	hear	32a
	βλασφημία 2 b	slander	143a
	ἔνοχος 2 b α	subject to	267d
	θάνατος 1 b α	death	351a
	κατακρίνω	condemn	412b
	πᾶς, πᾶσα, πᾶν 2 b α	in all respects	633a
	φαίνω 2 g	appear	852b
65	κολαφίζω 1	strike	441b
	λαμβάνω 1 e α	receive	464d
	περικαλύπτω	cover	647d
	πρόσωπον 1 a	face	720d
	προφητεύω 2	prophesy	723a
	ῥάπισμα	blow with a club	734c
	τὶς, τὶ 1 a α	any one	819d
	ὑπηρέτης	servant	842d
66	αὐλή 1	courtyard	121b
	κάτω 1	below	425a
	παιδίσκη	maid	604b
67	ἐμβλέπω 1	look at	254c
	θερμαίνω	warm oneself	359c
	λέγω I 8 d	say	469b
	μετά A II 1 c α	with	508d
	Ναζαρηνός	the Nazarene	532b
68	ἀρνέομαι 3 a	deny	108a
	ἐξέρχομαι 1 a α	go out	274c
	ἐξέρχομαι 1 a ε	go out	274d
	ἔξω 1 b	outside	279c
	ἐπίσταμαι 1	understand	300a
	λέγω I 2 b	say	468c
68	οὔτε	not	596a
	προαύλιον	forecourt	702d
	σύ 1 d	you	772b
	φωνέω 1 a	produce a sound	870c
69	παιδίσκη	maid	604b
69f	εἰμί III 3	to be	225a
	ἐκ 4 a δ	from	236a
	παρίστημι 2 b α	be present	628c
70	ἀληθῶς 1	truly	37c
	ἀρνέομαι 3 a	deny	108a
	Γαλιλαῖος	Galilean	150c
	μετά B II 3	after	510b
	μικρός 3 e	a little while	521c
	ὁμοιάζω	be like	566c
71	ἀναθεματίζω 2	curse	54c
	ἄνθρωπος 4 b	man	69c
	λέγω I 2 b	say	468c
	ὁ, ἡ, τό II 1 h	the	551a
	οἶδα 2	know	556b
	ὀμνύω	take an oath	565d
	ὀμνύω	take an oath	566b
72	ἀλέκτωρ	cock	35c
	ἀναμιμνήσκω	remind	57d
	ἀπαρνέομαι	deny	81a
	δεύτερος 4	second	177b
	δίς	twice	199d
	ἐπιβάλλω 2 b	beat upon	290a
	ἐπιλαμβάνομαι 2 c	grasp	295b
	κλαίω 1	weep	433a
	πρίν 1 b	before	701b
	ῥῆμα 1	word	735c
	τρίς	thrice	826b
	ὡς I 2 b	as	897b
72a	φωνέω 1 a	produce a sound	870c
72b	φωνέω 1 a	produce a sound	870c

Mark 15

1	ἀποφέρω 1 a β	take away	101d
	ἀρχιερεύς 1 b	high priest	112d
	γραμματεύς 2	scribes	165d
	δέω 1 b	bind	177d
	ἑτοιμάζω 1	prepare	316b
	ὁ, ἡ, τό II 10 a	the	552c
	παραδίδωμι 1 b	give over	614d
	ποιέω I 1 b δ	do	681b
	πρεσβύτερος 2 a β	older	700a
	πρωΐ	early	724d
	πρωΐ	early	724d
	συμβούλιον 1	plan	778a
	συνέδριον 2	Sanhedrin	786b
1ff	Πιλᾶτος	Pilate	657d
2	βασιλεύς 2 a	king	136b
	ἐπερωτάω 1 b	aks	285b
	Ἰουδαῖος 2 c	Jewish	379c
	λέγω II 1 e	declare	469d
	σύ 1 a	you	772b
3	κατηγορέω 1 a	bring charges	423b
	πολύς I 2 b β	many	688d

4	ἐπερωτάω 1 b	ask	285b
	ἴδε 4	see	369c
	κατηγορέω 1 a	bring charges	423b
	οὐδείς 2 b α	nothing	592a
	πόσος 2 b α	how great	694c
5	θαυμάζω 1 a α	wonder	352b
	οὐδείς 2 b α	nothing	592b
	οὐκέτι 1	no longer	592c
	ὥστε 2 a β	so that	900a
6	δέσμιος	prisoner	176a
	ἑορτή	festival	280b
	κατά II 2 c	every	406d
	ὅς, ἥ, ὅ I 10 e	(rel pron)	585a
	παραιτέομαι 1	intercede for	616c
6-15	ἀπολύω 1	set free	96c
7	Βαραββᾶς 1	Barabbas	133a
	δέω 1 b	bind	177d
	ἐν II 3	while	260c
	λέγω II 3	call	470a
	ὅστις 3	whoever	587b
	ποιέω	do	680d
	ποιέω I 1 b δ	do	681b
	στασιαστής	rebel	764b
	στάσις 2	uprising	764c
	συστασιαστής	fellow insurrectionist	794d
	φόνος	murder	864d
8	ἀεί 3	always	19c
	αἰτέω	ask	26a
	ἀναβοάω	cry out	51a
	καθώς 1	just as	391c
	ποιέω I 2 a β	do	682d
9	βασιλεύς 2 a	king	136b
	θέλω 1	wish	355a
10	γινώσκω 4 c	perceive	161b
	παραδίδωμι	give over	614c
	φθόνος	envy	857d
11	ἀνασείω	incite	60a
	Βαραββᾶς 1	Barabbas	133a
	μᾶλλον 3 a β	rather	489c
12	βασιλεύς 2 a	king	136b
	θέλω 1	wish	355a
	ὅς, ἥ, ὅ I 2 a	(rel pron)	583b
	οὖν 1 c α	therefore	593a
	ποιέω I 1 d α	do	682b
13	πάλιν 5	again	607a
13ff	σταυρόω 1	crucify	765c
14	γάρ 1 f	what	152b
	κακός 1 c	evil	397d
	κράζω 2 a	call	447d
	περισσοτέρως 1	more	651d
	περισσῶς	more	651d
	ποιέω I 1 b ε	do	681c
15	Βαραββᾶς 1	Barabbas	133a
	βούλομαι 2 a β	desire	146b
	ἱκανός 1 c	sufficient	374c
	ὄχλος 1	crowd	601a
	παραδίδωμι 1 b	give over	615a
	φλαγελλόω		862a
	φραγελλόω	scourge	865c
16	ἀπάγω 2 b	bring before	79c
	αὐλή 4	court	121b
	ἔσω 1	in	314b
	ὅς, ἥ, ὅ I 7 a	(rel pron)	584c
	πραιτώριον	the praetorium	697c
	σπεῖρα	cohort	761a
	στρατιώτης 1	soldier	770d
	συγκαλέω 1	call together	773b
17	ἀκάνθινος	thorny	29c
	ἐνδιδύσκω	dress	263a
	περιτίθημι 1	place around	652c
	πλέκω	weave	667b
	πορφύρα	purple	694a
	στέφανος 1	wreath	767b
18	ἀσπάζομαι 1 a	greet	117a
	βασιλεύς 2 a	king	136b
	χαίρω 2 a	rejoice	874a
19	γόνυ	knee	165a
	ἔμπροσθεν 2 f	in front	257c
	κάλαμος 2	stalk	398d
	κεφαλή 1 a	head	430a
	προσκυνέω 5	do reverence	717a
	τίθημι I 1 b α	put	816a
	τύπτω 1	strike	830b
20	ἐκδύω 1	strip	239a
	ἐμπαίζω 1	ridicule	255d
	ἐνδύω 1	dress	264a
	ἐξάγω 1	lead out	271d
	ἵνα I 2	in order that	377a
	πορφύρα	purple	694a
	σταυρόω 1	crucify	765c
21	ἀγγαρεύω	requisition	6d
	ἀγρός 2	the country	14a
	αἴρω 2	lift up	24c
	Ἀλέξανδρος 1	Alexander	35c
	ἔρχομαι I 1 a β	come	310c
	ἵνα II 1 a ε	in order that	377d
	Κυρηναῖος	Cyrenian	458a
	παράγω 2 a α	bring in	613d
	πατήρ 1 a	father	635a
	Ῥοῦφος 1	Rufus	737c
	Σίμων 4	Simon	751b
	σταυρός 1	the cross	765a
	τὶς, τὶ 2 a β	any one	820c
22	Γολγοθᾶ	Golgotha	164d
	κρανίον	skull	448a
	μεθερμηνεύω	translate	498d
	ὅς, ἥ, ὅ I 7 a	(rel pron)	584c
	φέρω 4 b β	bear	855c
22a	τόπος 1 c	place	822c
22b	τόπος 1 c	place	822c
23	δίδωμι 2	give	193c
	λαμβάνω 1 a	take	464c
	οἶνος 1	wine	562b
	ὅς, ἥ, ὅ II 1	this (one)	585b
	πίνω 1	drink	658d
	σμυρνίζω	treat with myrrh	759a
24	βάλλω 1 a	throw	130d
	διαμερίζω 1 b	divide	186d
	ἐπί III 1 b ζ	on	289b
	ἱμάτιον 1	garment	376b

24	κλῆρος 1	lot	435b
	τίς, τί 1 c	which	819c
24f	σταυρόω 1	crucify	765c
25	εἰμί I 5	to be	223b
	καί I 2 c	and	392c
	τρίτος 1	third	826d
	φυλάσσω 1 b	watch	868b
	ὥρα 2 b	time of day	896b
26	αἰτία 2 a	charge	26c
	βασιλεύς 2 a	king	136b
	ἐπιγραφή	inscription	291c
	ἐπιγράφω 1	write on	291c
27	δεξιός 2 b	right	175a
	εὐώνυμος	left	330a
	λῃστής 1	robber	473b
	σταυρόω 1	crucify	765c
	σύν 2 c	with	781d
28	ἄνομος 3	lawless	72b
	γραφή 2 a	scripture	166b
	λογίζομαι 1 b	consider	476b
	μετά A I	with	508c
	πληρόω 4 a	make full	671c
29	βλασφημέω 2 b δ	blaspheme	142d
	ἡμέρα 2	day	346c
	καταλύω 1 b α	destroy	414b
	κεφαλή 1 a	head	430b
	κινέω 2 a	move	432c
	ναός 1 a	temple	533c
	οἰκοδομέω 1 c	build	558b
	οὐά	aha	591a
	παραπορεύομαι 1	pass by	621d
30	καταβαίνω 1 a α	come down	408b
	καταβαίνω 1 a α	come down	408b
	σταυρός 1	the cross	764d
30f	σῴζω 1 a	save	798a
31	ἄλλος 1 a	other	39d
	ἀρχιερεύς 1 b	high priest	112d
	γραμματεύς 2	scribes	165d
	ἐμπαίζω 1	ridicule	255d
	ὁμοίως	likewise	567d
32	βασιλεύς 2 a	king	136b
	Ἰσραήλ 2	Israel	381c
	καταβαίνω 1 a α	come down	408b
	νῦν 1 a δ	now	545d
	ὀνειδίζω 1	reproach	570a
	πιστεύω 2 b	believe	661d
	σταυρός 1	the cross	764d
	συσταυρόω 1	crucify with	795a
33	γῆ 4	land	157d
	γίνομαι I 1 b α	come about	158b
	γίνομαι I 1 b γ	come about	158c
	ἕκτος	sixth	246a
	ἕως II 1 a	until	334d
	σκότος 1	darkness	757d
33a	ὥρα 2 b	time of day	896b
33b	ὥρα 2 b	time of day	896c
33f	ἔνατος	ninth	262b
34	βοάω 3	shout	144b
	ἐγκαταλείπω 2	forsake	215d
	εἰς 4 f	(purpose)	229d
	ἐλωΐ	my god	253d
	ζαφθάνι		335d
	θεός 3 h	God	358a
	λαμά	why	464a
	μέγας 2 a γ	great	497d
	μεθερμηνεύω	translate	498d
	ὀνειδίζω 1	reproach	570a
	σαβαχθάνι	forsake	738d
	φωνή 2 a	voice	870d
	ὥρα 2 b	time of day	896c
35	ἴδε 4	see	369c
	λέγω I 8 d	say	469b
	παρίστημι 2 b α	be present	628c
	φωνέω 2 b	call	870c
35f	Ἠλίας	Elijah	345a
36	ἀφίημι 4	tolerate	126c
	γεμίζω 1	fill	153c
	εἰ V 2 a	whether	219d
	εἶδον 1 c	see	220d
	ἔρχομαι I 1 a ε	come	310d
	καθαιρέω 1	lower	386c
	κάλαμος 2	stalk	398d
	ὄξος	wine vinegar	574b
	περιτίθημι 1	place around	652c
	πίμπλημι 1 a α	fill	658a
	ποτίζω 1	give to drink	695d
	σπόγγος	sponge	763b
	τρέχω 1	run	825d
37	ἀφίημι 1 a β	give up	125d
	ἐκπνέω	breathe out	244b
	μέγας 2 a γ	great	497d
	φωνή 2 c	voice	871a
38	ἄνωθεν 1	from above	77b
	δύο 5	two	209b
	εἰς 4 e	so that	229c
	ἕως II 2 b	as far as	335c
	καταπέτασμα	curtain	416b
	κάτω 2	downwards	425a
	ναός 1 a	temple	533c
	σχίζω 1 b	split	797c
39	ἀληθῶς 1	truly	37c
	ἐκ 2	away from	234d
	ἐκπνέω	breathe out	244b
	ἐναντίος 3 a	opposed	262b
	κεντυρίων	centurion	428c
	κράζω 1	cry out	447d
	παρίστημι 2 b α	be present	628b
	υἱός 2 b	son	834d
40	εἰμί III 4	to be	225c
	θεωρέω 1	observe	360a
	Ἰάκωβος 3	James	368a
	Ἰωσῆς 2	Joses	385c
	Μαγδαληνή	Magdalene	484b
	μακρόθεν	from far away	488a
	Μαρία 2	Mary	492a
	Μαρία 2	Mary	492a
	Μαρία 3	Mary	492a
	μικρός 1 a	small	521b

40	Σαλώμη	Salome	741b
	Σαλώμη	Salome	741b
41	διακονέω 2	serve	184a
	ὅτε 1 a	when	588b
	πολύς I 1 a α	many	687d
	συναναβαίνω	go up with	784b
42	γίνομαι I 1 b γ	come about	158c
	εἰμί I 5	to be	223b
	ἐπεί 2	because	284a
	ἤδη 1 b	already	344a
	ὅς, ἥ, ὅ I 7 a	(rel pron)	584c
	ὄψιος 2	late	601d
	παρασκευή	preparation	622b
	πρίν 2	before	701b
	προσάββατον	friday	711a
	σάββατον 1 a	Sabbath	739a
43	αἰτέω	ask	25d
	Ἁριμαθαία	Arimathaea	106c
	βασιλεία 3 g	kingdom	135c
	βουλευτής	member of council	145c
	εἰμί II 4 e	to be	224b
	εἰσέρχομαι 1 c	come	233a
	εὐσχήμων 2	prominent	327b
	Ἰωσήφ 6	Joseph	385d
	προσδέχομαι 2 b	receive	712b
	σῶμα 1 a	body	799a
	τολμάω 2	dare	822a
44	ἐπερωτάω 1 a	ask	285b
	ἤδη 1 b	already	344a
	θαυμάζω 1 a γ	wonder	352c
	θνήσκω 1	die	362c
	πάλαι 2 b	long ago	605d
	προσκαλέω 1 a	summon	715c
44a	εἰ II	if	219c
44b	εἰ V 2 a	whether	219d
44f	κεντυρίων	centurion	428c
45	ἀπό V 4	from	88a
	γινώσκω 2 d	find out	161a
	δωρέομαι	give	210d
	Ἰωσήφ 6	Joseph	385d
	πτῶμα	corpse	728a
	πτῶμα	corpse	728a
	σῶμα 1 a	body	799a
46	ἀγοράζω 1	buy	12d
	ἐνειλέω	confine	264c
	θύρα 1 b	entrance	365d
	καθαιρέω 1	lower	386c
	κατατίθημι 1	place	419c
	λατομέω 1	hew	467b
	λίθος 1 e	stone	474c
	μνῆμα	tomb	524c
	μνημεῖον 2	tomb	524d
	πέτρα 1 a	rock	654b
	προσκυλίω	roll (up to)	716c
	σινδών 1	linen	751d
	τίθημι I 1 a β	put	816a
47	θεωρέω 1	observe	360a
	Ἰωσῆς 2	Joses	385c
	Μαγδαληνή	Magdalene	484b
	Μαρία 2	Mary	492a
47	Μαρία 3	Mary	492a
	ποῦ 1 b	where	696b
	τίθημι I 1 a α	put	815d

Mark 16

1	ἀγοράζω 1	buy	12d
	ἀλείφω 1	anoint	35b
	ἄρωμα	spices	114b
	διαγίνομαι	pass	182b
	ἔρχομαι I 1 a ζ	come	310d
	Ἰάκωβος 3	James	368a
	Μαγδαληνή	Magdalene	484b
	Μαρία 2	Mary	492a
	Μαρία 3	Mary	492a
	σάββατον 1 a	Sabbath	739a
	Σαλώμη	Salome	741b
2	ἀνατέλλω 2	rise	62a
	εἷς 4	one	232a
	ἐπί III 1 a γ	on	288b
	ἥλιος	the sun	345c
	λίαν 3	very	473c
	μνῆμα	tomb	524c
	μνημεῖον 2	tomb	524d
	πρωΐ	early	724d
	σάββατον 2 a	week	739c
	σάββατον 2 b	week	739c
3	ἀποκυλίω	roll away	94b
	ἐκ 1 a	away from	234b
	θύρα 1 b	entrance	365d
	λέγω I 3	say	468c
	μνημεῖον 2	tomb	524d
	πρός III 1 e	toward	710a
	τίς, τί 1 a α	which	819a
3f	λίθος 1 e	stone	474c
4	ἀναβλέπω 1	look up	50d
	ἀνακυλίω	roll away	56c
	ἀποκυλίω	roll away	94b
	γάρ 2	for	152b
	γενεά 2	generation	154a
	θεωρέω 1	observe	360b
	μέγας 1 a	large	497c
	σφόδρα	greatly	796a
5	δεξιός 2 b	right	175a
	εἰσέρχομαι 1 a β	come	232d
	κάθημαι 1 a α	sit	389b
	λευκός 2	white	472c
	μνημεῖον 2	tomb	524d
	νεανίσκος 1	youth	534c
	περιβάλλω 1 b α	throw around	646a
	στολή	robe	769c
5f	ἐκθαμβέω	be amazed	240b
6	ἴδε 3	see	369b
	Ναζαρηνός	the Nazarene	532b
	ὅπου 1 a α	where	576a
	σταυρόω 1	crucify	765c
	τίθημι I 1 a α	put	815d
	τόπος 1 c	place	822c
	ὧδε 2 a	here	895b
7	καθώς 1	just as	391b

7	καί I 1 c	and	392a
	ὁράω 1 a α	see	577d
	Πέτρος	Peter	655a
	προάγω 2 b	lead	702b
	ὑπάγω 2	go away	836d
8	γάρ 1 a	for	151d
	ἔκστασις 1	distraction	245a
	ἔχω I 1 d	hold	332a
	μνημεῖον 2	tomb	524d
	οὐδείς 2 a	no one	592a
	ταχύς 2 a	quick	807b
	τρόμος	trembling	827a
	φεύγω 1	flee	855d
	φοβέω 1 a	be afraid	862c
	φοβέω 2 a	be afraid	863b
9	ἀνίστημι 2 a	rise	70b
	δέ 2	but, and	171c
	ἐκβάλλω 1	drive out	237c
	Μαγδαληνή	Magdalene	484b
	Μαρία 2	Mary	492a
	πρωΐ	early	724d
	πρῶτος 1 a	first	725d
	πρῶτος 2 a	first	726b
	σάββατον 2 a	week	739c
	φαίνω 2 c	appear	852a
10	ἀπαγγέλλω 1	report	79b
	γίνομαι II 4 a	be	160c
	κλαίω 1	weep	433b
	μετά A II 1 a	with	508d
	πενθέω 1	be sad	642d
	πορεύω 1	proceed	692c
10f	ἐκεῖνος 1 b	that	239c
11	ἀπιστέω 1 a	disbelieve	85b
	ζάω 1 a β	live	336b
	θεάομαι 1 c α	see	353b
	κἀκεῖνος 2 a	and he	396d
12	ἀγρός 2	the country	14a
	δύο 3	two	209b
	εἰς 1 a α	into	228b
	ἐκ 4 a α	from	235d
	ἕτερος 2	another	315c
	μετά B II 3	after	510b
	μορφή	form	528b
	περιπατέω 1 c	go about	649b
	πορεύω 1	proceed	692b
	πρῶτος 2 a	first	726b
	φανερόω 2 b β	reveal	853a
13	ἀπαγγέλλω 1	report	79b
	κἀκεῖνος 2 b	he also	396d
	λοιπός 2 b α	the others	480a
	οὐδέ 2	and not	591c
	πιστεύω 1 b	believe	661a
14	ἀνάκειμαι 2	be at table	55d
	ἕνδεκα	eleven	262d
	θεάομαι 1 a	see	353b
	ὀνειδίζω 2	reproach	570b
	πιστεύω 1 b	believe	660d
	σκληροκαρδία	obstinacy	756a
	ὕστερος 2 a	later	849d
	φανερόω 2 b β	reveal	853a
15	εὐαγγέλιον 1 c	gospel	318a
15	κηρύσσω 2 b β	announce	431c
	κόσμος 4 a	world	446a
	κτίσις 1 b β	creation	456a
	πᾶς, πᾶσα, πᾶν 1 c α	all	631d
16	ἀπιστέω 1 b	disbelieve	85c
	κατακρίνω	condemn	412b
	σῴζω 2 b	save	798c
16f	πιστεύω 2 b	believe	661d
17	γλῶσσα 3	tongue	162c
	δαιμόνιον 2	demon	169b
	ἐκβάλλω 1	drive out	237c
	καινός 2	new	394b
	ὄνομα I 4 c γ	name	572d
	παρακολουθέω 1	follow	619a
	σημεῖον 2 a	sign	748b
18	αἴρω 1 a	lift up	24b
	ἄρρωστος	sick	109d
	βλάπτω	harm	142b
	ἐπιτίθημι 1 a α	put upon	303a
	ἔχω II 1	be	334a
	θανάσιμος	deadly poison	350d
	καλῶς 3	well	401b
	κἄν 1	and if	402c
	ὄφις 1	snake	600a
	πίνω 1	drink	658c
19	ἀναλαμβάνω 1	take up	56d
	δεξιός 2 b	right	175a
	καθίζω 2 a α	sit down	390a
	κύριος 2 c β	lord	459d
	λαλέω 2 a δ	speak	463b
	μετά B II 4 b	after	510c
	οὐρανός 2 b	heaven	595a
19f	ἐκεῖνος 1 a	that	239b
	οὖν 5	therefore	593c
20	ἀμήν 1	amen	45d
	βεβαιόω 1	establish	138c
	ἐπακολουθέω 2	follow	282b
	κηρύσσω 2 b β	announce	431d
	κύριος 2 c β	lord	459d
	λόγος 1 b β	word	478b
	πανταχοῦ 1	everywhere	608b
	σημεῖον 2 a	sign	748b
	συνεργέω	work with	787c

Luke 1

1	ἀνατάσσομαι	repeat in proper order	61d
	διήγησις	narrative	195a
	ἐπειδήπερ	since	284b
	ἐπιχειρέω	attempt	305a
	Λουκᾶς	Luke	480b
	πληροφορέω 1 a	fill	670b
	πολύς I 2 a α	many	688b
	πρᾶγμα 1	deed	697a
2	ἀρχή 1 b	beginning	112a
	αὐτόπτης	eyewitness	122c
	γίνομαι II 1	be	160b
	καθά	just as	386b
	καθώς 1	just as	391b

2	λόγος 1 b β	word	478b
	παραδίδωμι	give over	614c
	παραδίδωμι 3	give over	615c
	ὑπηρέτης	servant	842d
3	ἀκριβῶς	accurately	33b
	ἄνωθεν 2 a	from the beginning	77b
	δοκέω 3 b	seem	202c
	Θεόφιλος	Theophilus	358d
	κἀγώ 3 a	I also	386b
	καθεξῆς	in order	388d
	κράτιστος 2	most noble	449a
	λόγος 1 a ζ	matter	478a
	παρακολουθέω 3	follow	619a
	πᾶς, πᾶσα, πᾶν 2 a δ	everything	632d
4	ἐπιγινώσκω 1 a	know	291a
	κατηχέω 2 a	teach	423d
	λόγος 1 b β	word	478c
	ὅς, ἥ, ὅ I 5 d	(rel pron)	584c
5	Ἀαρών	Aaron	1a
	Ἀβιά 2	Abijah	1c
	βασιλεύς 1	king	136a
	γίνομαι II 5	exist	160c
	γυνή 2	wife	168c
	Ἐλισάβετ	Elizabeth	251b
	ἐφημερία	class	330c
	Ζαχαρίας 1	Zechariah	335d
	ἡμέρα 4 b	time	347c
	Ἡρῴδης 1	Herod I	348c
	θυγάτηρ 2 b α	daughter	364d
	ἱερεύς 1 b α	priest	372a
	Ἰουδαία 2	Judaea	379a
	τὶς, τὶ 2 a α	any one	820c
5a	ὄνομα I 1	name	571a
5b	ὄνομα I 1	name	570d
6	ἄμεμπτος	blameless	45a
	ἀμφότεροι 1	both	47d
	δίκαιος 1 b	upright	195c
	δικαίωμα 1	regulation	198a
	ἐναντίον 1 b	before	262a
	ἐνώπιον 3	before	270d
	κύριος 2 a	lord	459b
	ὁ, ἡ, τό II 10 a	the	552c
	πᾶς, πᾶσα, πᾶν 1 d α	all	632a
	πορεύω 2 c	proceed	692d
7	ἀμφότεροι 1	both	47d
	Ἐλισάβετ	Elizabeth	251b
	ἡμέρα 4 b	time	347d
	καθότι 2	because	391b
	οὐ 4 a	no	590c
	προβαίνω 2	go on	702d
	στεῖρα	barren	766a
	τέκνον 1 a α	child	808b
8	γίνομαι I 3 f	take place	159b
	ἔναντι 1	before	261d
	θεός 3 a	God	357b
	ἱερατεύω	perform duty of a priest	371d
	τάξις 1	fixed order	803d
9	ἔθος 2	custom	218d
	εἰσέρχομαι 1 a β	come	232c
	θυμιάω	make an incense offering	365b
	ἱερατεία	priestly office	371d
	κατά II 5 a α	according to	407a
	κύριος 2 a	lord	459b
	λαγχάνω 2	be appointed	462b
	ναός 1 a	temple	533c
	ὁ, ἡ, τό II 4 b α	the	551c
10	ἔξω 1 a α	outside	279b
	θυμίαμα 2	incense	365b
	λαός 1 a	people	466c
	πᾶς, πᾶσα, πᾶν 1 c α	all	631d
	πλῆθος 2 b δ	quantity	668d
	προσεύχομαι	pray	713d
	ὥρα 3	time of day	896d
11	ἄγγελος 2 a	angel	7c
	δεξιός 2 b	right	175a
	ἐκ 2	away from	234d
	θυμίαμα 2	incense	365b
	θυσιαστήριον 1 b α	altar	366d
	ἵστημι II 2 b β	being	382c
	κύριος 2 a	lord	459b
	ὁράω 1 a δ	see	578b
11f	ἄγγελος 2 a	angel	7d
12	εἶδον 1 a	see	220d
	ἐπί III 1 b γ	on	289a
	ἐπιπίπτω 2	fall upon	297d
	ταράσσω 2	stir up	805b
	φόβος 2 a α	fear	863d
12f	Ζαχαρίας 1	Zechariah	335d
13	ἄγγελος 2 a	angel	7c
	γεννάω 2	bear	155d
	γυνή 2	wife	168c
	δέησις	prayer	171d
	διότι 3	for	199c
	εἶπον 1	say	226c
	εἰσακούω 2 b	listen to	232c
	Ἐλισάβετ	Elizabeth	251b
	Ἰωάν(ν)ης 1	John	384d
	καλέω 1 a γ	call	399b
	μή A III 3 b	not	517a
	ὄνομα I 2 a	name	571a
	υἱός 1 a α	son	833c
	φοβέω 1 a	be afraid	862d
14	ἀγαλλίασις	exultation	3d
	γένεσις 1	birth	154d
	γέννησις	birth	156a
	ἐπί II 1 b γ	on	287c
	πολύς I 2 a α	many	688b
	χαίρω 1	rejoice	873b
	χαρά 1	joy	875c
	χαρά 1	joy	875d
15	γάρ 1 a	for	151c
	ἐνώπιον 3	before	270d
	ἔτι 1 a γ	still	315d
	κοιλία 2	belly	437b
	κύριος 2 a	lord	459c
	μέγας 2 b α	great	498a
	μή D 1 a	not	517c

15	οἶνος 1	wine	562b
	πίμπλημι 1 a β	fill	658b
	πίνω 1	drink	658c
	πνεῦμα 5 c β	spirit	676d
	σίκερα	strong drink	750c
16	ἐπιστρέφω 1 a	turn	301b
	θεός 3 c	God	357c
	Ἰσραήλ 1	Israel	381c
	κύριος 2 a	lord	459c
	πολύς I 2 a α	many	688b
	υἱός 1 b α	son	833d
17	ἀπειθής 2	disobedient	82d
	δίκαιος 1 b	upright	195d
	ἐν I 4 c β	in	259b
	ἐν I 6	in	260b
	ἐνώπιον 1	before	270c
	ἐπί III 1 b δ	toward	289a
	ἐπιστρέφω 1 a	turn	301b
	ἑτοιμάζω 2	prepare	316b
	Ἠλίας	Elijah	345a
	κατασκευάζω 1	make ready	418b
	κύριος 2 a	lord	459b
	λαός 3 b	people	467a
	πατήρ 1 a	father	635a
	πνεῦμα 6 a	spirit	677c
	προέρχομαι 2	go forward	705c
	τέκνον 1 a α	child	808b
	φρόνησις 1	way of thinking	866c
18	ἄγγελος 2 a	angel	7c
	γινώσκω 1 a	know	160d
	γυνή 2	wife	168c
	Ζαχαρίας 1	Zechariah	335d
	ἡμέρα 4 b	time	347d
	κατά II 5 a δ	according to	407b
	πρεσβύτης	old man	700d
	προβαίνω 2	go on	702d
19	ἀποκρίνομαι 2	begin	93c
	ἀποστέλλω 1 b γ	send away	98d
	Γαβριήλ	Gabriel	149a
	εἰμί II 1	to be	223d
	ἐνώπιον 1	before	270c
	εὐαγγελίζω 1 announce good news		317c
	λαλέω 2 a δ	speak	463c
	παρίστημι 2 b α	be present	628b
20	ἀντί 3	for	74a
	ἄχρι 1 a	until	128d
	εἰμί II 4 b γ	to be	224b
	εἰς 2 a γ	until	228c
	ἡμέρα 2	day	346c
	ἰδού 1 b β	behold	371a
	καιρός 3	time	395b
	λαλέω 2 a α	speak	463b
	λόγος 1 a δ	word	477d
	ὅς, ἥ, ὅ I 5 c α	(rel pron)	584c
	ὅς, ἥ, ὅ I 11 a	(rel pron)	585a
	πίμπλημι 1 b α	fill	658b
	πιστεύω 1 a δ	believe	660c
	πληρόω 4 a	make full	671c
	σιωπάω 2 a	be silent	752c
21	ἐν III 1 b	by	261a

21	Ζαχαρίας 1	Zechariah	335d
	θαυμάζω 1 a β	wonder	352b
	λαός 1 a	people	466c
	προσδέχομαι 2 a	receive	712b
	προσδοκάω 1	expect	712c
	χρονίζω 3	take time	887d
21f	ναός 1 a	temple	533c
22	αὐτός 3 a	(oblique case)	123b
	διαμένω	remain	186c
	διανεύω	nod	187a
	εἰμί II 4 b β	to be	224b
	ἐπιγινώσκω 2 c	know	291b
	κωφός 1	mute	462a
	λαλέω 2 a δ	speak	463b
	ὀπτασία 1	a vision	576c
	ὁράω 1 a β	see	578a
23	ἀπέρχομαι 2	go	84c
	γίνομαι I 3 f	take place	159b
	ἡμέρα 2	day	347a
	λειτουργία 1	service	471a
	οἶκος 1 a α	house	560b
	πίμπλημι 1 b β	fill	658b
	ὡς IV 1 a	when	898c
24	γυνή 2	wife	168c
	Ἐλισάβετ	Elizabeth	251b
	ἡμέρα 2	day	346d
	λέγω I 1 b α	say	468b
	μήν 1	month	518d
	περικρύβω	hide	648b
	συλλαμβάνω 1 b	seize	776d
25	ἀφαιρέω 1	cut off	124b
	ἐπεῖδον	reproach	284c
	ὄνειδος	disgrace	570c
	ὅτι 2	that	589c
	οὕτω 5	thus	598a
	ποιέω I 2 a β	do	682d
26	ἀποστέλλω 1 b β	send away	98c
	ἀποστέλλω 1 b δ	send away	98d
	Γαβριήλ	Gabriel	149a
	ἕκτος	sixth	246a
	μήν 1	month	518d
	Ναζαρά	Nazareth	532a
	ὄνομα I 1	name	570d
	πόλις 1	city	685c
27	Δαυίδ	David	171b
	ἐκ 3 b	from	235a
	Ἰωσήφ 4	Joseph	385d
	Μαρία 1	Mary	491d
	μνάομαι	betrothed	524b
	μνηστεύω	become engaged	525c
	οἶκος 3	nation	561a
27a	ὄνομα I 1	name	570d
	παρθένος 1	virgin	627a
27b	ὄνομα I 1	name	571a
	παρθένος 1	virgin	627a
28	εὐαγγελίζω 2 a γ	preach	317d
	εὐλογέω 3	bless	322c
	κύριος 2 a	lord	459b
	μετά A II 1 c β	with	509a
	σύ 2	you	772c

28	χαίρω 2 a	rejoice	874a
	χαίρω 2 a	rejoice	874a
	χαριτόω	favor highly	879a
29	ἀσπασμός 1	greeting	117a
	διαλογίζομαι 1	consider	186a
	διαταράσσω	confuse	189c
	εἰμί II 6 c	to be	224d
	ἐπί II 1 b γ	on	287c
	λόγος 1 a γ	word	477c
	ποταπός	what sort	695a
30	εὑρίσκω 3	find	325d
	Μαρία 1	Mary	491d
	μή A III 3 b	not	517a
	παρά II 2 b	beside	610d
	φοβέω 1 a	be afraid	862d
	χάρις 2 b	favor	877c
31	γαστήρ 2	womb	152d
	ἰδού 1 b β	behold	371a
	καλέω 1 a γ	call	399b
	ὄνομα I 2 a	name	571a
	συλλαμβάνω 1 b	seize	776d
	τίκτω 1	give birth	816d
	υἱός 1 a α	son	833c
32	θρόνος 1 a	throne	364b
	καλέω 1 a δ	call	399b
	κύριος 2 a	lord	459c
	μέγας 2 b α	great	498a
	μέγας 2 b α	great	498a
	οὗτος 1 a β	this	596c
	πατήρ 1 b	forefather	635b
	υἱός 2 b	son	834c
	ὕψιστος 2	highest	850c
33	αἰών 1 b	time	27c
	βασιλεία 1	kingdom	134d
	βασιλεύω 1 b β	rule	136c
	εἰς 2 b	for	229a
	ἐπί III 1 b α	over	288d
	Ἰακώβ 1	Jacob	367d
	οἶκος 3	nation	561a
	τέλος 1 a	end	811b
34	ἀνήρ 1	man	66c
	γινώσκω 5	know	161b
	εἰμί I 4	to be	223b
	εἶπον 1	say	226c
	ἐπεί 2	because	284a
	Μαρία 1	Mary	491d
	μετέχω	share	514a
	οὐ 5 b	no	590d
	πῶς 1 a	how	732b
35	ἅγιος 1 b γ	holy	9d
	γεννάω 1 a	beget	155c
	γεννάω 2	bear	155d
	διό	therefore	198d
	ἐπέρχομαι 2 c	come	285b
	ἐπί III 1 b γ	on	289a
	ἐπισκιάζω 3	cover	298d
	καί II 4	also	393c
	καλέω 1 a δ	call	399b
	πνεῦμα 5 c β	spirit	676d
	σύ 2	you	772c
	υἱός 2 b	son	834c

35	ὕψιστος 2	highest	850c
36	αὐτός 3 a	(oblique case)	123b
	γῆρας	old age	157d
	ἕκτος	sixth	246a
	Ἐλισάβετ	Elizabeth	251b
	ἰδού 1 b β	behold	371a
	καλέω 1 a δ	call	399b
	μήν 1	month	518d
	οὗτος 2 c	this	597c
	στεῖρα	barren	766a
	συγγενής	related	772c
	συγγενίς	kinswoman	772d
	συλλαμβάνω 1 b	seize	776d
37	ἀδυνατέω	be powerless	19a
	παρά I 2	from	609d
	παρά II 2 c	beside	610d
	πᾶς, πᾶσα, πᾶν 1 a α	every, each	631b
	ῥῆμα 2	word	735d
38	ἄγγελος 2 a	angel	7c
	ἀπέρχομαι 1 a	go away	84c
	ἀφίστημι 2 a	withdraw	126d
	γίνομαι I 3 b β	take place	159a
	δούλη	bondmaid	205c
	εἶπον 3 a	say	226c
	κατά II 5 a γ	according to	407b
	κύριος 2 a	lord	459b
	ῥῆμα 1	word	735c
38f	Μαρία 1	Mary	491d
39	ἀνίστημι 2 d	rise	70c
	ἡμέρα 4 b	time	347c
	Ἰούδας 1 c	Judah	379d
	μετά A III 1	with	509d
	ὀρεινός	hilly	580a
	πόλις 1	city	685c
	πορεύω 1	proceed	692b
	σπουδή 1	haste	763d
40	ἀσπάζομαι 1 a	greet	116c
	εἰσέρχομαι 1 a β	come	232c
	Ζαχαρίας 1	Zechariah	335d
	οἶκος 1 a α	house	560b
40f	Ἐλισάβετ	Elizabeth	251b
41	ἀκούω 1 b α	hear	32a
	ἀσπασμός 1	greeting	117a
	βρέφος 1	unborn child	147b
	γίνομαι I 3 f	take place	159b
	κοιλία 2	belly	437b
	Μαρία 1	Mary	491d
	πίμπλημι 1 a β	fill	658b
	πνεῦμα 5 c β	spirit	676d
	σκιρτάω	leap	756a
	ὡς IV 1 a	when	898c
42	ἀναβοάω	cry out	51a
	ἀναφωνέω	cry out loudly	63c
	γυνή 1	woman	168b
	καρπός 1 b	fruit	404d
	κοιλία 2	belly	437b
	κραυγή 1 b	shout	449c
	μέγας 2 a γ	great	497d
	σύ 1 c	you	772b
42a	εὐλογέω 3	bless	322c

42b	εὐλογέω 3	bless	322c
43	ἔρχομαι I 1 a β	come	310c
	ἵνα II 1 e	in order that	378a
	καί I 2 h	and	392d
	οὗτος 1 b β	this	597a
	πόθεν 3	from where	680c
44	ἀγαλλίασις	exultation	3d
	ἀσπασμός 1	greeting	117a
	βρέφος 1	unborn child	147b
	γάρ 1 b	for	151d
	γίνομαι I 4 c α	come, go	159d
	ἰδού 1 c	remember	371a
	κοιλία 2	belly	437b
	οὖς 1	ear	595d
	σκιρτάω	leap	756a
	φωνή 1	sound	870d
	ὡς IV 1 a	when	898c
45	αὐτός 3 f α	(oblique case)	123c
	λαλέω 2 a ζ	speak	463c
	μακάριος 1 b	blessed	486d
	παρά I 2	from	609d
	πιστεύω 1 a β	believe	660c
	τελείωσις 2	fulfillment	810b
46	Ἐλισάβετ	Elizabeth	251b
	κύριος 2 a	lord	459b
	Μαρία 1	Mary	491d
	μεγαλύνω 2	exalt	497b
	ψυχή 1 b γ	soul, life	893c
47	ἀγαλλιάω	be glad	4a
	ἐπί II 1 b γ	on	287c
	θεός 3 a	God	357b
	πνεῦμα 3 b	spirit	675b
	σωτήρ 1	savior	801a
48	γάρ 1 b	for	151d
	γενεά 3 a	age	154b
	δούλη	bondmaid	205c
	ἐπιβλέπω	look at	290c
	ἰδού 1 c	remember	371a
	μακαρίζω	consider blessed	486c
	νῦν 3 b	now	546a
	πᾶς, πᾶσα, πᾶν 1 d α	all	632a
	ταπείνωσις 2	humiliation	805b
49	ἅγιος 1 b δ	holy	9d
	δυνατός 1 a α	powerful	208d
	μεγαλεῖος	magnificent	496d
	μέγας 2 b β	great	498c
	ὄνομα I 4 a	name	571c
	ποιέω I 1 d β	do	682b
50	γενεά 3 b	age	154b
	γενεά 3 b	age	154b
	εἰς 2 b	for	229a
	ἔλεος 2 a	mercy	250b
	φοβέω 2 a	be afraid	863b
51	βραχίων	arm	147b
	διάνοια 2	mind	187b
	διασκορπίζω	scatter	188b
	ἐν III 1 a	by	260d
	κράτος 2	power	449b
	ὑπερήφανος	proud	841b
52	ἀπό IV 1 a α	from	87c
	δυνάστης 1 b	ruler	208c

52	θρόνος 1 a	throne	364b
	καθαιρέω 1	lower	386c
	ταπεινός 1	low	804b
	ὑψόω 2	lift up	851a
53	ἀγαθός 2 b β	good	3c
	ἐμπί(μ)πλημι 1	fill	256a
	ἐξαποστέλλω 2	send out	273b
	κενός 1	empty	427d
	πεινάω 1	hunger	640a
	πλουτέω 1	be rich	673d
54	ἀντιλαμβάνω 1	help	74c
	ἔλεος 2 a	mercy	250b
	Ἰσραήλ 2	Israel	381c
	μιμνήσκομαι 1 c	remember	522c
	παῖς 1 b α	servant	604d
55	αἰών 1 b	time	27b
	καθώς 1	just as	391b
	λαλέω 2 a δ	speak	463c
	πατήρ 1 b	forefathers	635b
	σπέρμα 2 b	seed	761d
56	Μαρία 1	Mary	491d
	μένω 1 a α	remain	503d
	μένω 1 a α	remain	503d
	μήν 1	month	518d
	οἶκος 1 a α	house	560b
	σύν 1 a	with	781c
	τρεῖς	three	825b
	ὑποστρέφω	return	847c
	ὡς IV 5	when	899a
	ὡσεί 2	as	899c
57	γεννάω 2	bear	155d
	Ἐλισάβετ	Elizabeth	251b
	ὁ, ἡ, τό II 4 b β	the	551c
	πίμπλημι 1 b β	fill	658b
	τίκτω 1	give birth	816d
	υἱός 1 a α	son	833c
	χρόνος	time	888a
58	ἔλεος 2 a	mercy	250b
	κύριος 2 a	lord	459b
	μεγαλύνω 1	make large	497a
	μετά A II 1 c γ	with	509b
	περίοικος	living around	648d
	συγγενής	related	772d
	συγχαίρω 1	rejoice with	775a
	συγχαίρω 2	rejoice with	775a
59	γίνομαι I 3 f	take place	159b
	ἐπί II 3	on	288a
	ἔρχομαι I 1 a ε	come	310d
	Ζαχαρίας 1	Zechariah	335d
	ἡμέρα 2	day	346c
	καλέω 1 a γ	call	399a
	ὄγδοος	the eighth	552d
	ὄνομα I 1	name	570d
	ὄνομα I 2 b	name	571b
	παιδίον 1	infant	604b
	περιτέμνω 1	cut around	652b
60	ἀλλά 1 a	but, yet	38a
	Ἰωάν(ν)ης 1	John	384d
	καλέω 1 a γ	call	399a
	οὐχί 2	not	598b
61	εἰμί I 1	to be	223b

61	εἶπον 1	say	226c
	καλέω 1 a γ	call	399a
	ὄνομα I 2 b	name	571b
	ὅτι 2	that	589c
	οὐδείς 2 a	no one	592a
	συγγένεια	relationship	772c
62	ἄν 5	(particle)	49b
	ἐννεύω	nod	267a
	θέλω 1	wish	355a
	καλέω 1 a γ	call	399a
	ὁ, ἡ, τό II 8 a	the	552c
63	αἰτέω	ask	25d
	γράφω 2 a	write	166c
	θαυμάζω 1 a α	wonder	352b
	Ἰωάν(ν)ης 1	John	384d
	λέγω I 8 b	say	469b
	λύω 1 b	loose	483c
	πᾶς, πᾶσα, πᾶν 2 a γ	all	632d
	πινακίδιον	little tablet	658c
	πινακίς	little	658c
64	ἀνοίγω 1 e α	open	71b
	γλῶσσα 1 a	tongue	162b
	διαρθρόω	render capable of speech	188a
	εὐλογέω 1	speak well	322b
	λαλέω 2 a α	speak	463b
	παραχρῆμα	at once	623d
	στόμα 1 a	mouth	769d
65	γίνομαι I 4 c γ	come, go	160a
	διαλαλέω	discuss	185c
	ἐπί III 1 b γ	on	289a
	Ἰουδαία 1	Judaea	379a
	ὀρεινός	hilly	580a
	πᾶς, πᾶσα, πᾶν 1 d α	all	632a
	περιοικέω	live around	648d
	ῥῆμα 2	word	735d
	φόβος 2 a α	fear	863d
66	ἄρα 2	then	103d
	εἰμί III 7	to be	225c
	κύριος 2 a	lord	459c
	λέγω I 8 a	say	469b
	μετά A II 1 c β	with	509a
	παιδίον 1	infant	604b
	πᾶς, πᾶσα, πᾶν 1 d β	all	632b
	τίθημι II 1 c	put	816c
	χείρ 2 a β	hand	880c
67	Ζαχαρίας 1	Zechariah	335d
	πίμπλημι 1 a β	fill	658b
	πνεῦμα 5 c β	spirit	676d
	προφητεύω 3	prophesy	723b
68	ἐπισκέπτομαι 3	visit	298c
	εὐλογητός	blessed	322d
	θεός 3 c	God	357c
	Ἰσραήλ 2	Israel	381c
	κύριος 2 a	lord	459c
	λαός 3 a	people	466d
	λύτρωσις 1	redemption	483a
	ποιέω I 1 b δ	do	681b
69	ἐγείρω 1 a δ	erect	214d
	κέρας 3	horn	429b
	οἶκος 3	nation	561a
69	παῖς 1 b α	servant	604d
	σωτηρία 2	deliverance	801c
70	ἅγιος 1 b α	dedicated to God	9c
	αἰών 1 a	time	27b
	καθώς 1	just as	391b
	λαλέω 2 a ε	speak	463c
	προφήτης 1	prophet	723c
	στόμα 1 a	mouth	770a
71	ἐκ 1 a	away from	234b
	ἐχθρός 2 b β	the enemy	331c
	μισέω 1	hate	522d
	σωτηρία 1	deliverance	801b
	χείρ 2 b	hand	880c
72	ἅγιος 1 a α	dedicated to God	9c
	διαθήκη 2	covenant	183a
	ἔλεος 2 b	mercy	250b
	μετά A II 1 c γ	with	509b
	μιμνῄσκομαι 1 c	remember	522c
	ποιέω I 1 c β	do	682a
73	Ἀβραάμ	Abraham	1d
	ὀμνύω	take an oath	566b
	ὅρκος	oath	581c
	ὅς, ἥ, ὅ I 4 d	(rel pron)	584b
	πατήρ 1 b	forefather	635b
	πρός III 1 e	toward	710a
74	ἀφόβως 1	fearlessly	127a
	ἐκ 1 a	away from	234b
	ἐχθρός 2 b α	the enemy	331c
	λατρεύω	serve	467c
	ῥύομαι	save	737d
	χείρ 2 b	hand	880c
75	δικαιοσύνη 2 b	righteousness	196d
	ἐνώπιον 3	before	270d
	ἡμέρα 4 b	time	347d
	ὁσιότης	devoutness	585d
76	ἐνώπιον 1	before	270c
	ἑτοιμάζω 1	prepare	316b
	καλέω 1 a δ	call	399b
	ὁδός 1 a	way	554a
	παιδίον 1	infant	604b
	πρό 1	before	701d
	προπορεύομαι	go on before	709c
	πρόσωπον 1 c ζ	face	721c
	προφήτης 2	prophet	723c
	σύ 1 b	you	772b
	ὕψιστος 2	highest	850c
77	ἁμαρτία 1	sin	43b
	ἄφεσις 2	pardon	125a
	γνῶσις 2	knowledge	163d
	ὁ, ἡ, τό II 4 b ζ	the	551d
	σωτηρία 2	deliverance	801c
78	ἀνατολή 3	rising	62c
	διά B II 1	because of	181b
	ἔλεος 2 b	mercy	250b
	ἐπισκέπτομαι 3	visit	298c
	σπλάγχνον 1 b	inward parts	763a
	ὕψος 1 b	height	850c
79	εἰρήνη 1 b	peace	227b
	ἐπιφαίνω 1 b	appear	304a
	θάνατος 2 a	death	351c

79	κάθημαι 1 b	reside	389c
	κατευθύνω	lead	422b
	ὁ, ἡ, τό II 4 b ζ	the	551d
	ὁδός 2 a	way	554c
	πούς 1 b	foot	696d
	σκιά 1 a	shade	755d
	σκότος 2 b	darkness	758a
80	ἀνάδειξις	commissioning	53c
	αὐξάνω 3	grow	121d
	ἔρημος 2	desert	309a
	ἕως II 1 a	until	334d
	ἡμέρα 2	day	347a
	Ἰσραήλ 2	Israel	381c
	κραταιόω	strengthen	448c
	παιδίον 1	infant	604b
	πνεῦμα 3 b	spirit	675b

Luke 2

1	ἀπογράφω 1	register	89c
	Αὐγοῦστος	Augustus	120d
	γίνομαι I 3 f	take place	159b
	δόγμα 1	decree	201c
	ἐκεῖνος 2 b α	that	239d
	ἐξέρχομαι 2 b α	go out	275a
	Καῖσαρ	Emperor	396a
	οἰκουμένη 1 b	the world	561b
	παρά I 1	from	609d
	πᾶς, πᾶσα, πᾶν 1 c α	all	631d
2	ἀπογραφή	census	89b
	γίνομαι II 1	be	160b
	ἡγεμονεύω	be leader	343a
	Κυρεῖνος		458a
	Κυρήνιος	Quirinius	458b
	οὗτος 2 c	this	597c
	πρῶτος 1 b	first	725d
	Συρία	Syria	794a
3	ἀπογράφω	register	89c
	ἕκαστος 2	each	236d
	πατρίς 2	fatherland	637a
	πόλις 1	city	685c
	πορεύω 1	proceed	692c
4	ἀναβαίνω 1 a α	go up	50b
	Βηθλέεμ	Bethlehem	140a
	Δαυίδ	David	171b
	Δαυίδ	David	171b
	διά B II 3	because	181c
	ἐκ 3 b	from	235a
	Ἰουδαία 1	Judaea	379a
	Ἰούδας 1 c	Judah	379d
	Ἰωσήφ 4	Joseph	385d
	καλέω 1 a γ	call	399a
	Ναζαρά	Nazareth	532a
	οἶκος 3	nation	561a
	ὅστις 3	whoever	587b
	πατριά 1	family	636d
4a	πόλις 1	city	685d
4b	πόλις 1	city	685c
5	ἀπογράφω 1	register	89c
	γυνή 3	bride	168d
5	ἔγκυος	pregnant	217a
	Μαρία 1	Mary	491d
	μνηστεύω	become engaged	525c
6	γίνομαι I 3 f	take place	159b
	ὁ, ἡ, τό II 4 b β	the	551c
	πίμπλημι 1 b β	fill	658b
	τελέω 1	finish	810d
	τίκτω 1	give birth	816d
7	ἀνακλίνω 1 a	lay	56a
	διότι 1	because	199b
	κατάλυμα	inn	414b
	πρωτότοκος 1	firstborn	726d
	σπαργανόω	wrap (up) in cloths	761a
	τίκτω 1	give birth	816d
	τόπος 1 e	place	822d
	υἱός 1 a α	son	833c
	φάτνη	manger	854c
8	ἀγραυλέω	live out of doors	13b
	ἐπί III 1 b α	over	288d
	νύξ 1 b	night	546c
	ποιμήν 1	shepherd	684a
	ποίμνη	flock	684c
	φυλακή 1	guard	867d
	φυλάσσω 1 a	watch	868b
	χώρα 1 a	country	889b
9	ἄγγελος 2 a	angel	7c
	ἄγγελος 2 a	angel	7c
	δόξα 1 a	brightness	203c
	ἐφίστημι 1 a	stand by	330d
	μέγας 2 a γ	great	497d
	περιλάμπω	shine around	648c
	φοβέω 1 a	be afraid	862d
	φόβος 2 a α	fear	863d
9a	κύριος 2 a	lord	459b
9b	κύριος 2 a	lord	459b
10	ἄγγελος 2 a	angel	7c
	γάρ 1 b	for	151d
	εἰμί I 4	to be	223b
	εὐαγγελίζω 1	announce good news	317c
	ἰδού 1 c	remember	371a
	λαός 3 a	people	466d
	μέγας 2 a γ	great	497d
	μή A III 3 b	not	517a
	πᾶς, πᾶσα, πᾶν 1 c α	all	631d
	φοβέω 1 a	be afraid	862d
	χαρά 2 a	joy	875d
11	Δαυίδ	David	171b
	κύριος 2 c γ	lord	460a
	πόλις 1	city	685c
	σήμερον	today	749a
	σωτήρ 2	savior	801a
	τίκτω 1	give birth	816d
12	βρέφος 2	infant	147c
	εὑρίσκω 1 c α	find	325b
	κεῖμαι 1 a	lie	426c
	οὗτος 1 a	this	596d
	σημεῖον	sign	747d
	σπαργανόω	wrap (up) in cloths	761a

12	φάτνη	manger	854c
13	ἄγγελος 2 a	angel	7c
	αἰνέω	to praise	23c
	γίνομαι I 4 c ζ	come, go	160a
	ἐξαίφνης	suddenly	272b
	οὐράνιος	heavenly	593d
	πλῆθος 2 b α	quantity	668c
	στρατιά 1	army	770d
	σύν 1 d	with	781d
14	ἄνθρωπος 2 a	man	68c
	γῆ 5 a	earth	157d
	δόξα 3	fame	204a
	εἰρήνη 3	peace	227d
	ἐν I 4 a	in	259a
	ἐν IV 4 a	in	261b
	εὐδοκία 1	good will	319c
	θεός 3 b	God	357b
	ὕψιστος 1	highest	850b
15	ἄγγελος 2 a	angel	7c
	ἄγγελος 2 a	angel	7c
	ἀπέρχομαι 1 a	go away	84c
	Βηθλέεμ	Bethlehem	140a
	γίνομαι I 3 a	take place	158d
	γίνομαι I 3 f	take place	159b
	γνωρίζω 1	make known	163c
	δή 2	now	178b
	διέρχομαι 2	come	194c
	εἰς 1 a α	into	228b
	ἕως II 2 a	as far as	335a
	κύριος 2 a	lord	459b
	οὐρανός 2 c	heaven	595a
	ποιμήν 1	shepherd	684a
	ῥῆμα 2	word	735d
	ὡς IV 1 a	when	898c
16	ἀνευρίσκω	look	65d
	βρέφος 2	infant	147c
	Ἰωσήφ 4	Joseph	385d
	κεῖμαι 1 a	lie	426c
	Μαρία 1	Mary	491d
	σπεύδω 1 a	hurry	762b
	τέ 3 a	and	807d
	φάτνη	manger	854c
17	γνωρίζω 1	make known	163c
	διαγνωρίζω	give an exact report	182b
	εἶδον 1 a	see	220d
	παιδίον 1	infant	604b
	ῥῆμα 1	word	735b
18	θαυμάζω 1 a β	wonder	352c
	ποιμήν 1	shepherd	684a
	ὑπό 1 a α	by	843a
19	καρδία 1 b β	heart	403d
	Μαρία 1	Mary	491d
	Μαρία 1	Mary	491d
	οὗτος 2 b	this	597b
	πᾶς, πᾶσα, πᾶν 1 d α	all	632a
	ῥῆμα 2	word	735d
	συμβάλλω 1 a β	converse	777c
	συντηρέω 3	protect	792d
20	αἰνέω	to praise	23c
	δοξάζω 1	praise	204c
20	ἐπί II 1 b γ	on	287c
	ὅς, ἥ, ὅ I 4 a	(rel pron)	584a
	ποιμήν 1	shepherd	684a
	ὑποστρέφω	return	847c
21	ἄγγελος 2 a	angel	7c
	ἡμέρα 2	day	347a
	καί I 2 d	and	392c
	καλέω 1 a γ	call	399b
	κοιλία 2	belly	437b
	ὁ, ἡ, τό II 4 b γ	the	551d
	ὀκτώ	eight	563a
	ὄνομα I 2 a	name	571a
	ὀνομάζω 1	name	573d
	ὅτε 1 b	when	588b
	παιδίον 1	infant	604a
	περιτέμνω 1	cut around	652b
	πίμπλημι 1 b β	fill	658b
	πρό 2	before	702a
	συλλαμβάνω 1 b	seize	776d
	συντελέω 1	complete	792a
22	ἀνάγω 1	lead	53a
	αὐτός 3 b	(oblique case)	123c
	ἡμέρα 2	day	347a
	καθαρίσμος 1	purification	387d
	κατά II 5 a α	according to	407a
	κύριος 2 a	lord	459b
	νόμος 3	law	542c
	παρίστημι 1 b α	present	627d
	πίμπλημι 1 b β	fill	658b
23	ἅγιος 1 b α	dedicated to God	9d
	ἄρσην	male	110a
	διανοίγω 1 a	open	187b
	καθώς 1	just as	391b
	καλέω 1 a δ	call	399b
	μήτρα	womb	520b
	νόμος 4 a	law	543a
	ὅτι 2	that	589c
	πᾶς, πᾶσα, πᾶν 1 a α	every, each	631b
23f	κύριος 2 a	lord	459b
24	δίδωμι 1 a	give	192d
	εἶπον 4	say	226d
	ζεῦγος 2	pair	337b
	ἤ 1 a α	or	342a
	θυσία 2 a	sacrifice	366b
	κατά II 5 a α	according to	407a
	νοσσός	the young	543d
	ὁ, ἡ, τό II 4 b ζ	the	551d
	περιστερά	pigeon	651d
	τρυγών	turtle dove	828b
25	ἄνθρωπος 3 a β	man	69a
	δίκαιος 1 b	upright	195c
	εἰμί III 5 c	to be	225c
	ἐπί III 1 b γ	on	289a
	εὐλαβής	devout	322a
	ἰδού 1 b β	behold	371a
	Ἱεροσόλυμα 1 a	Jerusalem	373a
	ὁ, ἡ, τό II 1 h	the	551a
	ὄνομα I 1	name	570d
	παράκλησις 3	comfort	618b
	πνεῦμα 5 c β	spirit	676d

25	προσδέχομαι 2 b	receive	712b
	Συμεών 3	Symeon	778b
26	ἄν 3 d	(particle)	49a
	εἶδον 5	see	221a
	ἤ 2 d β	before	343a
	θάνατος 1 a	death	350d
	θεωρέω 2 c	observe	360b
	κύριος 2 a	lord	459c
	μή A II 1 b α	not	516b
	πνεῦμα 5 c α	spirit	676c
	πρίν 1 a	before	701a
	χρηματίζω 1 b α	impart a warning	885d
	χρηματίζω 1 b β	impart a warning	885d
	Χριστός 1	Anointed One	887a
27	γονεύς	parents	165a
	ἐθίζω	the law	218b
	εἰσάγω	bring	232b
	ἐν I 5 d	in	260a
	ἔρχομαι I 1 a β	come	310c
	ἱερόν 2	temple	372c
	κατά II 5 a α	according to	407a
	νόμος 3	law	542c
	ὁ, ἡ, τό II 4 b ζ	the	551d
	παιδίον 1	infant	604b
	πνεῦμα 5 d α	spirit	677a
	ποιέω I 2 b α	do	682d
28	ἀγκάλη	arm	10c
	δέχομαι 1	take	177b
	εἰς 1 a γ	into	228c
	εὐλογέω 1	speak well	322b
29	ἀπολύω 2 b	send away	96d
	δεσπότης	master	176c
	δοῦλος 4	slave	206a
	δοῦλος 4	slave	206a
	εἰρήνη 3	peace	227d
	κατά II 5 a γ	according to	407b
	νῦν 1 b	now	545d
	ῥῆμα 1	word	735c
30	ὀφθαλμός 1	eye	599c
	σωτήριος 2	saving	802a
31	ἑτοιμάζω 3	prepare	316c
	κατά II 1 b	to	406b
	λαός 2	people	466d
	πρόσωπον 1 c δ	face	721c
32	ἀποκάλυψις 1	revelation	92b
	εἰς 4 d	for	229c
	Ἰσραήλ 2	Israel	381c
	λαός 3 a	people	467a
	φῶς 2	light	872b
33	θαυμάζω 1 a β	wonder	352c
	Ἰωσήφ 4	Joseph	385d
34	ἀνάστασις 1	rise	60b
	ἀντιλέγω 2	oppose	75a
	εὐλογέω 2 a	bless	322b
	ἰδού 1 b ε	behold	371a
	Ἰσραήλ 2	Israel	381c
	κεῖμαι 2 a	set	426d
	Μαρία 1	Mary	491d
	πτῶσις	collapse	728a
34	σημεῖον 1	sign	748a
	Συμεών 3	Symeon	778b
35	ἄν 4	(particle)	49b
	ἀποκαλύπτω 1	reveal	92a
	διαλογισμός 1	thought	186a
	διέρχομαι 1 a	go through	194c
	καρδία 1 b β	heart	403d
	ὅπως 2 a β	in order that	577a
	ῥομφαία	sword	737b
	σύ 2	you	772b
	ψυχή 1 b γ	soul, life	893c
36	ἀνήρ 1	man	66c
	Ἅννα	Anna	70c
	ἀπό II 2 a	from	87a
	Ἀσήρ	Asher	115a
	ἐκ 3 b	from	235a
	ἔτος	year	317a
	ζάω 3 a	live	337a
	ἡμέρα 4 b	time	347d
	θυγάτηρ 1	daughter	364d
	μετά A II 1 a	with	508d
	παρθενία	virginity	626d
	προβαίνω 2	go on	702d
	προφῆτις	prophetess	724b
	Φανουήλ	Phanuel	853b
	φυλή 1	tribe	868d
37	ἀφίστημι 2 a	withdraw	126d
	δέησις	prayer	171d
	ἔτος	year	317a
	ἕως II 1 a	until	334d
	ἡμέρα 1 a	day	346a
	ἱερόν 2	temple	372c
	λατρεύω	serve	467c
	νηστεία 2 b	fasting	538b
	νύξ 1 d	night	546d
	ὀγδοήκοντα	eighty	552d
	τέσσαρες	four	813b
	χήρα 1	the widow	881c
38	ἀνθομολογέομαι	praise	67c
	αὐτός 1 h	even	123a
	ἐφίστημι 1 a	stand by	330d
	Ἱεροσόλυμα 1 b	Jerusalem	373b
	λαλέω 2 a δ	speak	463c
	λύτρωσις 1	redemption	483a
	προσδέχομαι 2 b	receive	712b
	ὥρα 2 b	time of day	896c
39	ἅπας 2	all	81d
	ἑαυτοῦ 4	oneself	212c
	ἐπιστρέφω 1 b α	turn	301b
	κατά II 5 a α	according to	407a
	κύριος 2 a	lord	459b
	Ναζαρά	Nazareth	532a
	νόμος 3	law	542c
	ὁ, ἡ, τό II 5	the	552a
	πόλις 1	city	685c
	πόλις 1	city	685d
	τελέω 1	finish	810d
	ὡς IV 1 a	when	898c
40	αὐξάνω 3	grow	121d
	εἰμί III 5 c	to be	225c
	ἐπί III 1 b γ	on	289a

40	κραταιόω	strengthen	448c
	παιδίον 1	infant	604b
	πληρόω 1 b	make full	671a
	πληρόω 1 b	make full	671a
	πνεῦμα 3 b	spirit	675b
	σοφία 3 a	wisdom	760a
	χάρις 2 a	favor	877b
41	γονεύς	parents	165a
	ἑορτή	festival	280b
	ἔτος	year	317a
	Ἱεροσόλυμα 1 a	Jerusalem	373a
	κατά II 2 c	every	406d
	πάσχα 1	the passover	633c
42	ἄζυμος 1 b	unleavened bread	20a
	γίνομαι II 2 b	be	160b
	δώδεκα	twelve	210a
	ἔθος 2	custom	218d
	ἑορτή	festival	280b
	ἑορτή	festival	280b
	ἔτος	year	316d
	ἔχω I 3	have	333b
	ἔχω I 3	have	333b
	κατά II 5 a α	according to	407a
	ὅτε 1 b	when	588b
43	ἀπομένω	remain behind	97a
	γινώσκω 6 f	know	161d
	γονεύς	parents	165a
	παῖς 1 a α	child	604d
	τελειόω 1	complete	809d
	ὑπομένω 1	remain	845d
	ὑποστρέφω	return	847c
44	ἀναζητέω	look	53d
	γνωστός 1 b	acquaintance	164b
	ἔρχομαι II	go	311d
	ἡμέρα 1 a	day	346a
	νομίζω 2	think	541b
	ὁδός 1 b	way	554b
	συγγενής	related	772c
	συγγενής	related	772d
	συνοδία	caravan	791a
45	ἀναζητέω	look	53d
	εὑρίσκω 1 a	find	324d
	ὑποστρέφω	return	847c
46	ἀκούω 1 c	hear	32b
	γίνομαι I 3 f	take place	159b
	διδάσκαλος	teacher	191d
	ἐπερωτάω 1 a	ask	285b
	καθέζομαι 1	sit	388c
	μέσος 2	the middle	507d
	μετά B II 1	after	510a
47	ἀκούω 1 c	hear	32b
	ἀπόκρισις	answer	93d
	ἐξίστημι 2 b	be amazed	276c
	ἐπί II 1 b γ	on	287c
	καί I 1 d	and	392a
	πᾶς, πᾶσα, πᾶν 1 d β	all	632b
	σύνεσις 1	intelligence	788c
48	εἶδον 1 a	see	220d
	ἐκπλήσσω 2	be amazed	244b
	ἰδού 1 c	remember	371a
48	κἀγώ 1	and I	386a
	ὀδυνάω 2	cause pain	555a
	οὕτω 5	thus	598a
	ποιέω I 2 a β	do	682d
	τέκνον 1 a β	child	808c
	τίς, τί 3 a	which	819d
48f	ζητέω 1 a α	seek	338d
49	δεῖ 2	it is necessary	172a
	εἰμί III 4	to be	225b
	ἐν I 1 a	in	258b
	ὁ, ἡ, τό II 7	the	552b
	οἶδα 1 e	know	556a
	ὅτι 1 c	that	589a
	πατήρ 3 d α	father	636b
	τίς, τί 1 b ε	which	819c
50	λαλέω 2 b	speak	463d
	ῥῆμα 1	word	735b
	συνίημι	understand	790b
51	διατηρέω	keep	189d
	εἰμί II 4 f	to be	224c
	καρδία 1 b β	heart	403d
	καταβαίνω 1 a β	come down	408b
	μετά A II 1 a	with	508d
	Ναζαρά	Nazareth	532a
	οὗτος 2 b	this	597b
	πᾶς, πᾶσα, πᾶν 1 d α	all	632a
	ῥῆμα 2	word	735d
	ὑποτάσσω 1 b β	subject	848a
52	ἡλικία 1 b	age	345b
	ἡλικία 2	bodily stature	345c
	θεός 3 b	God	357c
	παρά II 2 b	beside	610d
	προκόπτω 2	go forward	708a
	προκόπτω 2	go forward	708a
	σοφία 3 a	wisdom	760a
	χάρις 2 b	favor	877c

Luke 3

1	Ἀβιληνή	Abilene	1d
	ἐπιτροπεύω	be procurator	303d
	ἔτος	year	317a
	ἡγεμονεύω	be leader	343a
	ἡγεμονία 1	chief command	343b
	Ἡρῴδης 2	Herod	348c
	Ἰουδαία 1	Judaea	379a
	Ἰτουραῖος	Ituraea	384b
	Καῖσαρ	Emperor	396a
	Λυσανίας	Lysanias	482b
	πεντεκαιδέκατος	fifteenth	643a
	Πιλᾶτος	Pilate	657d
	Πόντιος	Pontius	691d
	τετραρχέω	be tetrarch	814a
	Τιβέριος	Tiberius	815c
	Τραχωνῖτις	Trachonitis	825b
	Φίλιππος 1	Philip	860b
	χώρα 1 b	country	889b
2	ἀνάδειξις	commissioning	53c
	Ἄννας	Annas	70c
	γίνομαι I 4 c γ	come, go	160a

2	ἐπί I 2	under	286d
	ἐπί III 1 b γ	on	289a
	ἔρημος 2	desert	309a
	Ζαχαρίας 1	Zechariah	335d
	Ἰωάν(ν)ης 1	John	384d
	Καϊάφας	Caiaphas	393d
	ῥῆμα 1	word	735c
	υἱός 1 a α	son	833c
3	ἁμαρτία 1	sin	43b
	ἄφεσις 2	pardon	125a
	βάπτισμα 1	baptism	132c
	εἰς 4 f	(purpose)	229d
	Ἰορδάνης	Jordan	378d
	κηρύσσω 2 b β	announce	431c
	μετάνοια	repentance	512c
	περίχωρος	neighboring	653c
4	βίβλος 1	book	141c
	βοάω 2	shout	144b
	ἑτοιμάζω 1	prepare	316b
	εὐθύς 1	straight	321a
	Ἠσαΐας	Isaiah	348d
	κύριος 2 c α	lord	459c
	λόγος 1 a ζ	matter	478a
	ὁδός 1 a	way	554a
	ποιέω I 1 b ι	do	682a
	προφήτης 1	prophet	723b
	τρίβος	beaten path	826b
	φωνή 2 e	voice	871c
	ὡς II 4 a	so	897d
5	βουνός	hill	146c
	εἰμί III 2	to be	225a
	εἰς 8 a β (indicates pred nom)		230b
	εὐθύς 1	straight	321a
	λεῖος	smooth	470b
	ὁδός 1 a	way	553d
	ὄρος	mountain	582b
	πᾶς, πᾶσα, πᾶν 1 a α every, each		631b
	πληρόω 1 a	make full	670d
	σκολιός 1	crooked	756b
	ταπεινόω 1	lower	804d
	τραχύς	rough	825a
	φάραγξ	ravine	853c
6	ὁράω 1 b	see	578b
	πᾶς, πᾶσα, πᾶν 1 a α every, each		631b
	σάρξ 3	body	743d
	σωτήριος 2	saving	802a
7	βαπτίζω 2 a	baptize	131c
	γέννημα	child	156a
	ἐκπορεύομαι 1 a	go out	244c
	ἐνώπιον 2 a	before	270d
	ἐνώπιον 5 c	before	271a
	ἔχιδνα	viper	331d
	λέγω I 3	say	468c
	ὀργή 2 b	anger	579b
	οὖν 2 a	therefore	593b
	ὄχλος 1	crowd	600d
	τίς, τί 1 a α	which	819a
	ὑποδείκνυμι 2	show	844b
7	φεύγω 2	flee	855d
8	Ἀβραάμ	Abraham	1d
	ἄξιος 1 b	worthy	78a
	ἄρχω 2 a α	begin	113c
	ἐγείρω 1 a ε	raise up	214d
	ἐκ 3 a	from	234d
	κάρπος 2 a	result	405a
	λέγω I 6	say	468d
	λίθος 1 a	stone	474b
	μετάνοια	repentance	512c
	ποιέω I 1 b	do	681d
	τέκνον 2 d	child	808d
9	ἀξίνη	ax	77d
	βάλλω 1 b	throw	131a
	ἐκκόπτω 1	cut down	241d
	ἤδη 1 a	already	344a
	καλός 2 a	good	400b
	κάρπος 1 a	fruit	404d
	κεῖμαι 1 b	lie	426d
	οὖν 1 a	therefore	593a
	πᾶς, πᾶσα, πᾶν 1 a α every, each		631b
	ποιέω I 1 b	do	681d
	πῦρ 1 b	fire	730b
	ῥίζα 1 a	root	736a
10	ἐπερωτάω 1 a	ask	285b
	οὖν 1 c α	therefore	593a
	ὄχλος 1	crowd	600d
11	ἀποκρίνομαι 1	answer	93b
	βρῶμα 1	food	148a
	λέγω I 8 d	say	469b
	μεταδίδωμι	share	511a
	ὁμοίως	likewise	567d
	ποιέω I 2 a α	do	682c
	χιτών	shirt	882b
12	βαπτίζω 2 a	baptize	131c
	διδάσκαλος	teacher	191d
	ἔρχομαι I 1 a ε	come	310d
	τελώνης	tax collector	812c
13	διατάσσω	order	189c
	παρά III 3	in comparison	611b
	πολύς II 2 c	many	689c
	πράσσω 1 b	do	698d
14	ἀρκέω 2	be satisfied	107b
	διασείω	extort	188b
	καί I 2 e	and	392c
	μηδέ 1 b	and not	518a
	μηδείς 2 a	no	518a
	ὀψώνιον 1 a	wages	602c
	στρατεύω 1 do military service		770c
	συκοφαντέω 1	slander	776c
15	διαλογίζομαι 1	consider	186a
	καρδία 1 b β	heart	403d
	λαός 1 a	people	466c
	μήποτε 3 b α whether perhaps		519c
	περί 1 b	about	644c
	προσδοκάω 3	expect	712c
	Χριστός 1	Anointed One	887a
15f	Ἰωάν(ν)ης 1	John	384d

16	διανόημα	thought	187a
	ἔρχομαι I 1 a	come	310d
	ἱκανός 2	appropriate	374d
	ἱμάς	strap	376b
	ἰσχυρός 1 a	strong	383b
	λύω 1 a	loose	483c
	ὅς, ἥ, ὅ I 3 a	(rel pron)	583d
	πνεῦμα 5 c β	spirit	676d
	πῦρ 1 b	fire	730b
	ὕδωρ 1	water	833a
	ὑπόδημα	sandal	844c
16a	βαπτίζω 2 a	baptize	131c
16b	βαπτίζω 3 b	baptize	132b
17	ἅλων 2	what was threshed	41d
	ἀποθήκη	storehouse	91b
	ἄσβεστος 1	inextinguishable	114b
	αὐτός 3 d	(oblique case)	123c
	ἄχυρον	chaff	129a
	διακαθαίρω	clean out	183d
	διακαθαρίζω	clean out	183d
	κατακαίω	consume	411a
	ὅς, ἥ, ὅ I 3 a	(rel pron)	583d
	πτύον	winnowing shovel	727d
	πῦρ 1 b	fire	730b
	σῖτος	wheat	752b
	συνάγω	gather	782a
	συνάγω 1	gather	782b
	χείρ 1	hand	880b
18	ἕτερος 1 b β	another	315b
	εὐαγγελίζω 2 a γ	preach	317d
	καί I 4	and	393b
	λαός 1 a	people	466c
	μέν 2 e	(particle)	503b
	παραινέω	advise	616c
	παρακαλέω 2	appeal to	617b
	πολύς I 2 b α	many	688c
18f	οὖν 5	therefore	593c
19	ἐλέγχω 3	expose	249c
	Ἡρῴδης 2	Herod	348c
	Ἡρῳδιάς	Herodias	348d
	ὅς, ἥ, ὅ I 4 a	(rel pron)	584a
	ὅς, ἥ, ὅ I 5 c α	(rel pron)	584c
	πονηρός 2 c	wicked	691c
	τετράρχης	tetrarch	814a
	Φίλιππος 1	Philip	860b
20	ἐγκλείω	enclose	216b
	ἐπί II 1 b β	to	287a
	Ἰωάν(ν)ης 1	John	384d
	κατακλείω	shut up	411c
	φυλακή 3	guard	867d
21	ἀνοίγω 1 b	open	71b
	ἅπας 1	whole	81d
	γίνομαι I 3 e	take place	159b
	δέ 2	but, and	171c
	λαός 1 a	people	466c
	οὐρανός 2 a	heaven	594d
22	ἀγαπητός 1	beloved	6c
	γεννάω 1 b	beget	155d
	γίνομαι I 4 c α	come, go	159d
	εἶδος 1	form	221b
22	ἐπί III 1 b γ	on	289a
	εὐδοκέω 2 a	well pleased	319b
	καταβαίνω 1 b	come down	408c
	οὐρανός 2 a	heaven	594d
	περιστερά	pigeon	652a
	πνεῦμα 5 c α	spirit	676c
	σήμερον	today	749a
	σωματικός 1	bodily	800b
	υἱός 2 b	son	834c
	υἱός 2 b	son	834c
	φωνή 2 d	voice	871b
23	ἄρχω 2 b	begin	113c
	εἰμί IV 6	to be	225d
	ἔτος	year	317a
	Ἠλί	Heli	345a
	Ἰακώβ 2	Jacob	367d
	Ἰωσήφ 4	Joseph	385d
	νομίζω 2	think	541b
	τριάκοντα	thirty	826a
	ὡς II 4 b	so	897d
23ff	Ἀβιούδ	Abiud	1d
	Ἀζώρ	Azor	20a
	Ἀμασίας	Amaziah	44c
	Ἀμώς 2	Amos	48a
	ἀσάλευτος 2	immovable	114b
	Ἀσάφ	Asa(ph)	114b
	Ἀχάζ	Ahaz	128a
	Ἑζεκίας	Hezekiah	218a
	Ἐλεάζαρ	Eleazar	249a
	Ἐλιακίμ	Eliakim	251b
	Ἐλιούδ	Eliud	251b
	Ἰαχίν	Jachin	369a
	Ἰεχονίας	Jechoniah	373d
	Ἰωαθάμ	Jotham	384c
	Ἰωακίμ	Jehoiakim	384c
	Ἰωάς	Joash	385a
	Ἰωράμ	Joram	385c
	Ἰωσαφάτ	Jehoshaphat	385c
	Ἰωσίας	Josiah	386a
	Μανασσῆς 2	Manasseh	490b
	Ματθάν	Matthan	496a
	Ὀζίας	Uzziah	555b
	Ὀχοζίας	Ahaziah	601a
	Ῥοβοάμ	Rehoboam	736d
	Σαδώκ	Zadok	739d
24	Ἰανναί	Jannai	368b
	Ἰωσήφ 3	Joseph	385d
	Λευί 2	Levi	472a
	Ματθάτ 1	Matthat	496a
	Μελχί 1	Melchi	502a
25	Ἀμώς 1	Amos	48a
	Ἑσλί	Esli	313b
	Ματταθίας 1	Mattathias	496b
	Ναγγαί	Naggai	532a
	Ναούμ	Nahum	534a
26	Ἰωδά	Joda	385b
	Ἰωσῆχ	Josech	385d
	Μάαθ	Maath	484b
	Ματταθίας 2	Mattathias	496b
	Σεμεΐν	Semein	746d

27	Ζοροβαβέλ	Zerubbabel	339d
	Ἰωανάν	Joanan	384c
	Νηρί	Neri	538a
	Ῥησά	Rhesa	735d
	Σαλαθιήλ	Shealtiel	740b
28	Ἀδδί	Addi	15d
	Ἐλμαδάμ	Elmadam	252c
	Ἤρ	Er	348b
	Κωσάμ	Cosam	462a
	Μελχί 2	Melchi	502a
29	Ἐλιέζερ	Eliezer	251b
	Ἰησοῦς 2	Jesus	374a
	Ἰωρίμ	Jorim	385c
	Λευί 3	Levi	472a
	Ματθάτ 2	Matthat	496a
30	Ἐλιακίμ	Eliakim	251b
	Ἰούδας 2	Judas	379d
	Ἰωνάμ	Jonam	385b
	Ἰωσήφ 2	Joseph	385d
	Συμεών 2	Symeon	778b
31	Δαυίδ	David	171b
	Ματταθά	Mattatha	496a
	Μελεά	Melea	500a
	Μεννά	Menna	503c
	Ναθάμ	Nathan	532d
	Ναθάμ	Nathan	532d
32	Βόος	Boaz	145a
	Ἰεσσαί	Jesse	373d
	Ἰωβήδ	Obed	385b
	Ναασσών	Nahshon	532a
	Σαλά 1	Shelah	740b
	Σαλμών	Salmon	740d
33	Ἀδμίν	Admin	18c
	Ἀμιναδάβ	Amminadab	46b
	Ἀράμ	Aram	104b
	Ἀρνί	Arni	108b
	Ἑσρώμ	Hezron	313c
	Ἰούδας 1 a	Judah	379d
	Φαρές	Perez	853c
34	Ἀβραάμ	Abraham	1d
	Θάρα	Terah	352a
	Ἰακώβ 1	Jacob	367b
	Ἰσαάκ	Isaac	380d
	Ναχώρ	Nahor	534c
35	Ἔβερ	Eber	213a
	Ῥαγαύ	Reu	733c
	Σαλά 2	Shelah	740b
	Σερούχ	Serug	747c
	Φάλεκ	Peleg	852b
36	Ἀρφαξάδ	Arphaxad	111a
	Καϊνάμ 1	Cainan	394a
	Λάμεχ	Lamech	465c
	Νῶε	Noah	547c
	Σήμ	Shem	747c
37	Ἑνώχ	Enoch	271b
	Ἰάρετ	Jared	368c
	Καϊνάμ 2	Cainan	394a
	Μαθουσάλα	Methuselah	486b
	Μαλελεήλ	Maleleel	488d
38	Ἀδάμ	Adam	15c
38	Ἐνώς	Enos	271a
	Σήθ	Seth	747c

Luke 4

1	ἄγω 3	lead	14c
	δέ 3	but, and	171d
	Ἰορδάνης	Jordan	378d
	πλήρης 1 b	full	669d
	πνεῦμα 5 c β	spirit	676d
	ὑποστρέφω	return	847c
1a	πνεῦμα 5 d α	spirit	676d
1b	πνεῦμα 5 d α	spirit	676d
2	ἐκεῖνος 2 b α	that	239d
	ἐσθίω 1 a	eat	312d
	ἐσθίω 1 e γ	eat	313a
	οὐ 6 a	no	590d
	οὐδείς 2 b α	nothing	592a
	πεινάω 1	hunger	640a
	πειράζω 2 d	try	640c
	συντελέω 1	complete	792a
	τεσσαράκοντα	forty	813a
	ὕστερος 2 a	later	849d
2b	ἡμέρα 4 b	time	347c
2f	διάβολος 2	the slanderer	182a
3	ἄρτος 1 a	bread	110c
	εἶπον 3 c	say	226d
	ἵνα II 1 a δ	in order that	377d
	λίθος 1 a	stone	474b
	υἱός 2 b	son	834d
4	ἀποκρίνομαι 1	answer	93b
	ἄρτος 1 a	bread	110c
	ἐπί II 1 b γ	on	287b
	ζάω 1 c	live	336c
	πᾶς, πᾶσα, πᾶν 1 a γ	every each	631c
5	ἀνάγω 1	lead	53a
	βασιλεία 2	kingdom	135a
	δείκνυμι 1 a	show	172d
	οἰκουμένη 1 a	the world	561b
	στιγμή	point	768d
	ὑψηλός 1	high	849d
	χρόνος	time	888a
6	ἅπας 1	whole	81d
	διάβολος 2	the slanderer	182a
	δόξα 2	magnificence	204a
	ἐξουσία 4 b	authority	278c
	παραδίδωμι	give over	614c
	παραδίδωμι 1 a	give over	614c
7	ἐάν I 1 b	if	211b
	ἐγώ	I	217c
	ἐνώπιον 1	before	270c
	προσκυνέω 3	do reverence	717a
8	γράφω 2 c	write	166d
	θεός 3 c	God	357c
	λατρεύω	serve	467c
	μόνος 1 a β	only	527d
	ὀπίσω 2 a α	behind	575b
	προσκυνέω 2 a	do reverence	717a
	ὑπάγω 1	go away	836c

9	ἄγω 3	lead	14c
	βάλλω 1 b	lie	131a
	ἐντεῦθεν 1	from here	268c
	ἱερόν 2	temple	372c
	ἵστημι I 1 a α	put	382a
	κάτω 2	downwards	425a
	πτερύγιον	end edge	727b
	υἱός 2 b	son	834d
10	ἄγγελος 2 a	angel	7d
	διαφυλάσσω	guard	191a
	ἐντέλλω	command	268c
	ἐντέλλω	command	268c
	ὁ, ἡ, τό II 4 b ε	the	551d
11	αἴρω 2	lift up	24c
	ἐπί I 1 a α	on	286a
	λίθος 1 a	stone	474b
	μήποτε 2 b α	(neg particle)	519b
	προσκόπτω 1 a	strike against	716b
	χείρ 1	hand	880b
	χείρ 1	hand	880b
12	ἐκπειράζω	put to the test	243c
	οὐ 4 b	no	590c
13	ἀφίστημι 2 b	keep away	127a
	ἄχρι 1 a	until	128d
	διάβολος 2	the slanderer	182a
	καιρός 1	time	394d
	πᾶς, πᾶσα, πᾶν 1 a α	every, each	631b
	πειρασμός 2 a	test	640d
	συντελέω 1	complete	792a
14	δύναμις 1	power	207c
	ἐξέρχομαι 2 b α	go out	275a
	κατά I 1 c	down	405d
	περίχωρος	neighboring	653c
	πνεῦμα 5 d α	spirit	676d
	ὑποστρέφω	return	847c
	φήμη	report	856b
15	αὐτός 2	they	123b
	συναγωγή 2 a	place of assembly	782d
16	ἀναγινώσκω 2	read	51d
	ἀνατρέφω 1	bring up	62d
	ἀνίστημι 2 a	rise	70b
	εἰσέρχομαι 1 a β	come	232d
	εἴωθα	accustomed	234a
	ἡμέρα 2	day	346d
	Ναζαρά	Nazareth	532a
	οὗ 1 a β	where	589d
	σάββατον 1 b β	Sabbath	739b
	συναγωγή 2 a	place of assembly	783a
	τρέφω 2	feed	825d
17	ἀναπτύσσω	unroll	60a
	ἀνοίγω 1 c	open	71b
	βιβλίον 1	book	141b
	ἐπιδίδωμι 1	give	292b
	εὑρίσκω 1 b	find	325a
	Ἠσαΐας	Isaiah	348d
	οὗ 1 a β	where	589d
	τόπος 2 a	place	823a

17b	ὁ, ἡ, τό II 1 a α	the	550a
18	αἰχμάλωτος	captive	27b
	ἀνάβλεψις	recovery of sight	51a
	εἵνεκεν	on account of	226a
	ἕνεκα	because of	264d
	εὐαγγελίζω 2 a γ	preach	317d
	θραυματίζω	break	363a
	θραύω 2 b	break	363b
	ἰάομαι 2	heal	368c
	κηρύσσω 2 b β	announce	431c
	κύριος 2 a	lord	459c
	πνεῦμα 5 a	spirit	676b
	πτωχός 1 b	poor	728c
	συντρίβω 2	shatter	793c
	χρίω 1	anoint	887c
18a	ἀποστέλλω 1 b γ	send away	98d
	ἄφεσις 1	release	125a
18b	ἀποστέλλω 1 d	send away	99a
	ἄφεσις 1	release	125a
19	δεκτός	acceptable	174b
	ἐνιαυτός 2	year	266c
	κηρύσσω 2 b β	announce	431c
20	ἀποδίδωμι 2	give back	90b
	ἀτενίζω	look intently at	119c
	βιβλίον 1	book	141b
	καθίζω 2 a α	sit down	390a
	ὁ, ἡ, τό II 1 a α	the	550b
	ὀφθαλμός 1	eye	599c
	πτύσσω	fold up	727d
	ὑπηρέτης	servant	842d
21	ἄρχω 2 a β	begin	113c
	γραφή 2 a	scripture	166b
	ἐν I 3	in	258d
	λέγω I 3	say	468c
	οὖς 1	ear	595d
	πληρόω 4 a	make full	671c
	σήμερον	today	749a
22	ἐκπορεύομαι 2	go out	244c
	θαυμάζω 1 a β	wonder	352c
	Ἰωσήφ 4	Joseph	385d
	λόγος 1 b β	word	478b
	μαρτυρέω 1 c	testify favorably	493a
	στόμα 1 a	mouth	769d
	υἱός 1 a α	son	833c
	χάρις 1	graciousness	877b
23	εἰς 9 a	in	230c
	θεραπεύω 2	heal	359a
	ἰατρός 1	physician	369a
	Καφαρναούμ	Capernaum	426b
	πάντως 1	by all means	609b
	πάντως 3	of course	609b
	παραβολή 2	parable	612c
	ὧδε 2 a	here	895b
24	ἀμήν 2	amen	45d
	δεκτός	acceptable	174b
	ἴδιος 2 c	one's own	370a
	λέγω II 1 d	assure	469d
	οὐδείς 1	no	591d
	πατρίς 2	fatherland	637a

24	προφήτης 3	prophet	723c
25	ἀλήθεια 3	reality	36c
	γῆ 4	land	157d
	γίνομαι I 1 b β	come about	158b
	ἕξ	six	271b
	ἐπί I 1 b β	on	286c
	ἐπί III 2 b	on	289c
	ἔτος	year	317a
	ἡμέρα 4 b	time	347c
	Ἰσραήλ 2	Israel	381c
	κλείω 2	shut	434b
	λέγω II 1 d	assure	469d
	λιμός 2	famine	475b
	μέγας 2 a γ	great	497d
	μήν 1	month	518d
	μήν 1	month	518d
	οὐρανός 1 b	heaven	594a
	πᾶς, πᾶσα, πᾶν 1 c α	all	631d
	πολύς I 1 a α	many	687c
	χήρα 1	the widow	881c
	ὡς IV 1 a	when	898c
25f	Ἠλίας	Elijah	345a
26	γυνή 2	wife	168c
	πέμπω 1	send	642a
	Σάρεπτα	Zarephath	742d
	Σιδών	Sidon	750b
	Σιδώνιος 1	Sidonian	750b
	χήρα 1	the widow	881c
27	Ἐλισαῖος	Elisha	251b
	ἐπί I 2	under	286d
	Ἰσραήλ 2	Israel	381c
	καθαρίζω 1 b α	cleanse	387b
	λεπρός	leper	472a
	Ναιμάν	Naaman	533b
	πολύς I 1 a α	many	687c
	προφήτης 1	prophet	723c
	Σύρος	Syrian	794b
28	θυμός 2	anger	365c
	πίμπλημι 1 a β	fill	658b
29	ἀνίστημι 2 d	rise	70c
	ἐκβάλλω 1	drive out	237b
	ἔξω 2 b	outside	279d
	ἕως II 2 a	as far as	335a
	κατακρημνίζω	throw down	412a
	οἰκοδομέω 1 a	build	558b
	ὀφρῦς	eyebrow	600c
	ὥστε 2 b	in order that	900a
29a	πόλις 1	city	685c
29b	πόλις 1	city	685c
30	διέρχομαι 1 b α	go through	194c
	μέσος 2	the middle	507c
31	διδάσκω 2 a	teach	192a
	εἰμί II 4 e	to be	224b
	Ζαβουλών	Zebulun	335b
	κατέρχομαι 1	come down	422a
	Καφαρναούμ	Capernaum	426b
	Νεφθαλίμ	Naphtali	537a
	παραθαλάσσιος	by the sea	616a
	πόλις 1	city	685c
	σάββατον 1 b β	Sabbath	739b
32	διδαχή 3	teaching	192c

32	εἰμί III 4	to be	225b
	ἐκπλήσσω 2	be amazed	244b
	ἐξουσία 2	ability	278b
	ἐπί II 1 b γ	on	287c
	λόγος 1 a β	word	477c
33	ἀκάθαρτος 2	impure	29b
	ἀνακράζω	cry out	56b
	ἄνθρωπος 3 a β	man	69a
	ἔχω I 2 e α	have	332d
	μέγας 2 a γ	great	497d
	πνεῦμα 4 c	spirit	676a
	συναγωγή 2 a	place of assembly	783a
	φωνή 2 a	voice	870d
34	ἅγιος 2 c β	the Holy One	10a
	ἀπόλλυμι 1 a α	ruin	95a
	ἔα	ah	211a
	ἐάω 2	let	212d
	ἐγώ	I	217c
	εἰμί II 6 c	to be	224c
	Ναζαρηνός	the Nazarene	532b
	Ναζωραῖος	Nazarene	532b
	οἶδα 1 c	know	556a
34a	τίς, τί 1 b ε	which	819c
35	ἀνακραυγάζω	cry out	56b
	βλάπτω	harm	142b
	ἐξέρχομαι 1 a δ	go out	274d
	ἐπιτιμάω 1	rebuke	303b
	μέσος 2	the middle	507c
	μηδείς 2 b β	nothing	518b
	ῥίπτω 1	throw	736c
	φιμόω 2	tie shut	862a
36	ἀκάθαρτος 2	impure	29b
	γίνομαι I 4 c γ	come, go	160a
	ἐξέρχομαι 1 a δ	go out	274d
	ἐξουσία 2	ability	278b
	ἐπί III 1 b γ	on	289a
	ἐπιτάσσω	command	302b
	θάμβος	astonishment	350c
	θάμβος	astonishment	350d
	λόγος 1 a β	word	477b
	ὅτι 1 c	that	589a
	πνεῦμα 4 c	spirit	676a
	συλλαλέω	talk	776d
37	ἐκπορεύομαι 2	go out	244d
	ἦχος 2	report	349d
	πᾶς, πᾶσα, πᾶν 1 a α	every each	631b
	περίχωρος	neighboring	653c
	τόπος 1 a	place	822b
38	ἀνίστημι 2 a	rise	70b
	ἐρωτάω 2	ask	312a
	κατέχω 1 d β	be bound	423a
	μέγας 2 a γ	great	497d
	οἰκία 1 a	house	557c
	πενθερά	mother-in-law	642c
	πυρετός	fever	731a
	Σίμων 1	Simon	751a
	συνέχω 5	distress	789b
39	ἀνίστημι 2 d	rise	70c
	ἀφίημι 3 a	leave	126a

39	ἐπάνω 2 a	on	283b
	ἐπιτιμάω 1	rebuke	303b
	ἐφίστημι 1 a	stand by	330d
	παραχρῆμα	at once	623d
	πυρετός	fever	730d
40	ἄγω 1 a	lead	14b
	ἀσθενέω 1 a	be sick	115c
	δύνω	set	209a
	ἕκαστος 2	each	236d
	ἐπιτίθημι 1 a α	put upon	303a
	ἔχω I 2 b β	have	332b
	ἥλιος	the sun	345d
	θεραπεύω 2	heal	359a
	νόσος 1	disease	543d
	ὅσος 2	how great	586b
	πᾶς, πᾶσα, πᾶν 1 e γ	all	632c
	ποικίλος 1	diversified	683c
41	αὐτός 3 a	(oblique case)	123b
	δαιμόνιον 2	demon	169b
	ἐάω 1	let	212d
	ἐξέρχομαι 1 a δ	go out	274d
	ἐπιτιμάω 1	rebuke	303b
	κράζω 2 a	call	447d
	κραυγάζω 2 a	cry	449b
	λαλέω 2 a β	speak	463b
	λέγω I 1 b α	say	468b
	οἶδα 1 d	know	556a
	υἱός 2 b	son	834d
	Χριστός 1	Anointed One	887a
41a	ὅτι 2	that	589c
41b	ὅτι 3 a	that	589c
42	γίνομαι I 1 b γ	come about	158b
	ἐξέρχομαι 1 a β	go out	274c
	ἐπέχω 1	hold fast	285c
	ἐπιζητέω 1 a	seek after	292d
	ἔρημος 1 a	abandoned	309a
	ἔρχομαι I 1 a γ	come	310d
	ἕως II 2 a	as far as	335c
	ἡμέρα 1 a	day	346a
	κατέχω 1 a α	hinder	422c
	μή A II 1 d α	not	516b
	ὁ, ἡ, τό II 4 b δ	the	551d
	ὄχλος 1	crowd	600d
	τόπος 1 c	place	822c
42a	πορεύω 1	proceed	692b
42b	πορεύω 1	proceed	692b
43	ἀποστέλλω 1 b γ	send away	98d
	βασιλεία 3 b	kingdom	135b
	δεῖ 1	it is necessary	172a
	ἐπί III 1 b	on	289b
	ἕτερος 1 b β	another	315b
	εὐαγγελίζω 2 a α	preach	317c
	ὅτι 2	that	589c
	πόλις 3	city	686a
44	Ἰουδαία 2	Judaea	379a
	κηρύσσω 2 b β	announce	431c

Luke 5

1	Γεννησαρέτ	Gennesaret	156a
1	γίνομαι I 3 f	take place	159b
	εἰμί II 4 a	to be	224b
	ἐπίκειμαι 2 b	be urgent	294c
	καί I 2 b	and	392b
	λίμνη 1	lake	475a
	λόγος 1 b β	word	478b
	ὄχλος 1	crowd	600c
	παρά III 1 b α	along	611a
1f	ἵστημι II 2 b β	being	382c
2	ἁλιεύς	fisherman	37c
	ἀποβαίνω 1	go away	88d
	ἀποπλύνω	wash off	97c
	δίκτυον	net	198c
	εἶδον	see	220c
	λίμνη 1	lake	475a
	παρά III 1 b α	along	611a
	πλοιάριον	boat	673b
	πλύνω 1	wash	674c
2f	πλοῖον 2	ship	673b
3	γῆ 4	land	157c
	ἐκ 2	away from	234c
	ἐμβαίνω	go in	254a
	ἐπανάγω 1	put out	282d
	ἐρωτάω 2	ask	312a
	καθίζω 2 a α	sit down	390a
	ὀλίγος 3 a	little	563d
	ὅσος 1	how great	586b
	ὄχλος 1	crowd	600d
4	ἄγρα 1	catching	13a
	βάθος 1	depth	130b
	εἰς 4 f	(purpose)	229c
	ἐνώπιον 3	before	270d
	ἐπανάγω 1	put out	282d
	λαλέω 2 a γ	speak	463b
	παύω 2	stop	638a
	ὡς IV 1 a	when	898c
4f	χαλάω	let down	874b
4ff	δίκτυον	net	198c
5	διά A II 1 a	through	179d
	ἐπί II 1 b γ	on	287b
	ἐπιστάτης	master	300b
	κοπιάω 2	become weary	443c
	λαμβάνω 1 c	take	464c
	ὅλος 1	whole	564d
	ῥῆμα 1	word	735c
6	δια(ρ)ρήγνυμι 1	break	188a
	ἰχθύς	fish	384b
	οὗτος 1 b α	this	596d
	πλῆθος 2 a	quantity	668c
	ποιέω I 1 b ε	do	681c
	πολύς I 1 b α	many	688a
	ῥήγνυμι	tear	735a
	ῥήγνυμι 1	tear	735b
	συγκλείω 1	enclose	774a
7	ἀμφότεροι 1	both	47d
	βυθίζω 1	sink	148c
	ἕτερος 1 a	other	315a
	κατανεύω	signal	415a
	μέτοχος 2	partner	514c
	ὁ, ἡ, τό II 4 b ε	the	551d
	παρά III 4	almost	611b

7	πίμπλημι 1 a α	fill	658a
	πλοῖον 2	ship	673b
	συλλαμβάνω 2 b	seize	777a
	ὥστε 2 a β	so that	900a
8	ἁμαρτωλός 1	sinner	44a
	ἀνήρ 4	man	67a
	γόνυ	knee	165a
	ἐξέρχομαι 1 a α	go out	274c
	κύριος 2 c β	lord	459d
	λέγω I 8 a	say	469b
	Πέτρος	Peter	655b
	προσπίπτω 1	fall down before	718a
9	ἄγρα 1	catching	13a
	ἐπί II 1 b γ	on	287c
	θάμβος	astonishment	350d
	ἰχθύς	fish	384b
	ὅς, ἥ, ὅ I 4 a	(rel pron)	584a
	πᾶς, πᾶσα, πᾶν 1 d γ	all	632b
	περιέχω 1 b	seize	647a
	συλλαμβάνω 1 a β	seize	776d
	σύν 1 c	with	781d
10	ἄνθρωπος 1 a β	man	68b
	εἰμί II 4 b γ	to be	224b
	Ζεβεδαῖος	Zebedee	337b
	ζωγρέω	capture alive	340a
	'Ιάκωβος 1	James	367d
	'Ιωάν(ν)ης 2	John	385a
	κοινωνός 1 a α	companion	439d
	νῦν 3 b	now	546a
	ὁμοίως	likewise	568a
	φοβέω 1 a	be afraid	862d
11	ἀκολουθέω 3	follow	31c
	ἀφίημι 3 a	abandon	126a
	γῆ 4	land	157c
	κατάγω	lead	410a
	καταλείπω 2 a	leave behind	413d
	πλοῖον 2	ship	673b
12	ἀνήρ 4	man	66d
	γίνομαι I 3 f	take place	159b
	δέομαι 3	ask	175b
	ἐάν I 1 a	if	211a
	εἷς 3 a	someone	231d
	ἐπί III 1 a β	on	288b
	ἰδού 2	there is	371b
	καθαρίζω 1 b α	cleanse	387b
	καί I 2 b	and	392b
	κύριος 2 c β	lord	459d
	πίπτω 1 b α	fall	659d
	πλήρης 1 b	full	669d
	πόλις 1	city	685b
	πρόσωπον 1 a	face	721a
12f	λέπρα	leprosy	471d
13	ἀπέρχομαι 1 b	go away	84c
	ἅπτω 2 b	touch	103a
	ἐκτείνω 1	stretch out	245b
	καθαρίζω 1 b α	cleanse	387b
14	ἀπέρχομαι 1 a	go away	84c
	δείκνυμι 1 a	show	172d
	ἱερεύς 1 b α	priest	372a
	καθαρίσμος 1	purification	387d

14	μαρτύριον 1 a	testimony	493d
	μηδείς 2 a	no	518a
	Μωϋσῆς	Moses	531d
	παραγγέλλω	give orders	613b
	προστάσσω	command	718d
	προσφέρω 2 a	bring (to)	720a
	σεαυτοῦ 3	yourself	745c
15	ἀσθένεια 1 a	weakness	115a
	διέρχομαι 3	go about	194d
	θεραπεύω 2	heal	359a
	λόγος 1 a β	word	477b
	μᾶλλον 1	more	489a
	ὄχλος 1	crowd	601a
	πολύς I 1 a β	many	687d
	συνέρχομαι 1 a	assemble	788a
16	ἔρημος 2	desert	309a
	προσεύχομαι	pray	713d
	ὑποχωρέω 1	retreat	848d
16f	αὐτός 1 b	self	122d
17	Γαλιλαία	Galilee	150b
	γίνομαι I 3 f	take place	159b
	εἰμί II 4 a	to be	224a
	εἰμί II 4 b β	to be	224b
	εἷς 3 a	someone	231d
	ἔρχομαι I 1 a β	come	310c
	ἡμέρα 2	day	346c
	ἰάομαι 1	heal	368b
	'Ιουδαία 1	Judaea	379a
	κάθημαι 1 a γ	sit	389c
	καί I 2 b	and	392b
	κώμη 1	village	461d
	νομοδιδάσκαλος	teacher of the law	541d
	ὁ, ἡ, τό II 10 a	the	552c
18	ἀνήρ 6	man	67a
	ἄνθρωπος 3 a β	man	69a
	εἰσφέρω 1	bring in	233d
	ἐνώπιον 1	before	270c
	ζητέω 2 b γ	seek	339a
	ἰδού 2	there is	371b
	κλίνη	couch	436c
	παραλύω	weaken	620b
	τίθημι I 1 a β	put	816a
	φέρω 4 b β	bear	855c
19	ἀναβαίνω 1 a α	go up	50a
	διά A I 2	through	179d
	διά B II 1	because of	181a
	δῶμα	roof	210b
	εἰσφέρω 1	bring in	233d
	ἔμπροσθεν 2 a	in front	257b
	ἐπί III 1 a β	on	288b
	εὑρίσκω 2	find	325c
	καθίημι	let down	390b
	κέραμος 2	tile	429a
	κλινίδιον	stretcher	436c
	μέσος 2	the middle	507c
	ποῖος 2 b β	of what kind	685a
	σύν 4 a	with	782a
20	ἄνθρωπος 1 a γ	man	68b
	ἀφίημι 2	forgive	126a
	πίστις 2 b α	faith	663a

20ff	ἁμαρτία 1	sin	43b
21	ἄρχω 2 a β	begin	113c
	ἀφίημι 2	forgive	126a
	βλασφημία 2 b	slander	143a
	διαλογίζομαι 1	consider	186a
	εἷς 2 c	one	231c
	λαλέω 2 b	speak	463d
	μόνος 1 a γ	only	527d
	οὗτος 1 a α	this	596c
	οὗτος 1 a δ	this	596c
	Φαρισαῖος	Pharisee	853d
21a	τίς, τί 1 a β	which	819a
21b	τίς, τί 1 a α	which	819a
22	διαλογίζομαι 1	consider	186a
	διαλογισμός 1	thought	186a
	ἐπιγινώσκω 2 c	know	291b
	καρδία 1 b β	heart	403d
23	ἀφίημι 2	forgive	126a
	εὔκοπος	easy	321d
	περιπατέω 1 c	go about	649b
	τίς, τί 1 b γ	which	819b
23f	ἐγείρω 1 b	raise up	214d
24	αἴρω 1 a	lift up	24b
	ἀφίημι 2	forgive	126a
	ἐξουσία 3	authority	278b
	κλινίδιον	stretcher	436c
	λέγω I 3	say	468c
	οἶκος 1 a α	house	560b
	παραλυτικός	paralytic	620b
	παραλύω	weaken	620b
	υἱός 2 c	son	835b
25	ἐνώπιον 2 a	before	270d
	ἐπί III 1 a ζ	on	288c
	κατάκειμαι 1	lie down	411c
	οἶκος 1 a α	house	560b
	ὅς, ἥ, ὅ I 2 b β	(rel pron)	583c
	παραχρῆμα	at once	623d
25f	δοξάζω 1	praise	204c
26	ἅπας 2	all	81d
	ἔκστασις 1	distraction	245a
	λαμβάνω 1 c	take	464c
	ὅτι 2	that	589c
	παράδοξος	wonderful	615d
	πίμπλημι 1 a β	fill	658a
	φόβος 2 a α	fear	863d
27	Ἁλφαῖος 1	Alphaeus	41d
	ἐξέρχομαι 1 a β	go out	274c
	θεάομαι 1 a	see	353b
	κάθημαι 1 a α	sit	389c
	Λευί 4	Levi	472a
	μετά B II 3	after	510b
	ὄνομα I 1	name	571a
	τελώνης	tax collector	812c
	τελώνιον	tax office	812c
27f	ἀκολουθέω 3	follow	31c
28	ἀνίστημι 2 d	rise	70c
	καταλείπω 2 d	leave behind	413d
29	δοχή	banquet	206b
	κατάκειμαι 3	lie down	411c
	Λευί 4	Levi	472a
	μέγας 1 c	large	497c

29	οἰκία 1 a	house	557c
	ὄχλος 3	crowd	601a
	ποιέω I 1 b ζ	do	681c
	πολύς I 1 b α	many	687d
	τελώνης	tax collector	812c
30	ἁμαρτωλός 2	sinner	44b
	γογγύζω 1	murmur	164c
	διά B II 2	why	181b
	ἐσθίω 1 c	eat	312d
	ἐσθίω 1 e β	eat	313a
	μετά A II 2	with	509b
	πίνω 1	drink	658d
	τελώνης	tax collector	812c
	Φαρισαῖος	Pharisee	853d
31	ἰατρός 1	physician	368d
	κακῶς 1	badly	398c
	ὑγιαίνω 1	be healthy	832b
	χρεία 1	need	885a
32	ἀλλά 1 b	but, yet	38b
	ἁμαρτωλός 2	sinner	44b
	δίκαιος 1 b	upright	195d
	ἤ 2 b γ	than	342d
	καλέω 2	call	399d
	καλέω 2	call	399d
	μετάνοια	repentance	512c
33	δέησις	prayer	172a
	ἐσθίω 1 e γ	eat	313b
	μαθητής 2 a	disciple	485d
	νηστεύω	to fast	538c
	ὁμοίως	likewise	567d
	πίνω 1	drink	658d
	ποιέω II 1	do	683a
	πυκνός	frequent	729a
34	ἐν IV 6 b	in	261c
	μή C 1	not	517b
	νυμφών 2	bridal chamber	545c
	ποιέω I 1 b θ	do	681d
	υἱός 1 c δ	son	834b
34f	νηστεύω	to fast	538b
	νυμφίος	bridegroom	545b
35	ἀπαίρω	take away	79d
	ἔρχομαι I 1 b α	come	311b
	ὅταν 1 b	when	588a
	τότε 2	at that time	824a
35a	ἡμέρα 4 b	time	347d
35b	ἡμέρα 4 b	time	347c
36	γέ 3 b β	otherwise	153a
	ἐπιβάλλω 1 b	lay on	290a
	ἐπίβλημα	a patch	290c
	ἱμάτιον 1	garment	376b
	καί I 6	and	393b
	καινός 1	new	394a
	λέγω I 1 a	say	468b
	παραβολή 2	parable	612c
	συμφωνέω 1 a	match	780d
36a	παλαιός 1	old	605d
	σχίζω 1 a	split	797b
36b	σχίζω 1 a	split	797b
36f	δέ 1 a	but, and	171c
	οὐδείς 2 a	no one	591d
37	ἀπόλλυμι 2 a β	pass away	95c

37	ἐκχέω 1	pour out	247b
	παλαιός 1	old	605d
	ῥήγνυμι 1	tear	735b
37f	ἀσκός	wineskin	116c
	βάλλω 2 b	put	131b
	νέος 1 a α	new	536a
	οἶνος 1	wine	562b
38	ἀμφότεροι 1	both	47c
	βλητέος	must be put	144a
	καινός 1	new	394a
	συντηρέω 1	protect	792d
39	θέλω 1	wish	354d
	λέγω I 1 b α	say	468b
	νέος 1 a α	new	536a
	οὐδείς 2 a	no one	591d
	πίνω 1	drink	658c
	χρηστός 1 a α	useful	886a
39a	παλαιός 1	old	605d
39b	παλαιός 1	old	605d

Luke 6

1	γίνομαι I 3 e	take place	159b
	δευτερόπρωτος		177a
		first but one	
	διά A I 1	through	179c
	διαπορεύομαι	go through	187d
	σάββατον 1 a	Sabbath	739a
	σπόριμος	sown	763b
	στάχυς 1	ear (of grain)	765d
	τίλλω	pluck	817a
	χείρ 1	hand	880a
	ψώχω	rub	894d
2	ἔξεστι 1	it is possible	275b
	οὐ 5 a	no	590d
	σάββατον 1 b β	Sabbath	739b
	τὶς, τὶ 1 a α	any one	820a
3	ἀναγινώσκω 1	read	51c
	ἀποκρίνομαι 1	answer	93b
	Δαυίδ	David	171b
	ὁπότε	when	576a
	οὐδέ 3	not even	591d
	πεινάω 1	hunger	640a
3f	μετά A II 1 c α	with	509a
4	ἄρτος 1 b	bread	110d
	δίδωμι 1 a	give	192d
	ἔξεστι 3	it is possible	275b
	ἐσθίω 1 a	eat	312c
	ἱερεύς 1 b α	priest	372a
	μόνος 1 a γ	only	527d
	οἶκος 1 a β	house	560c
	πρόθεσις 1	setting forth	706b
	πρόσθεσις		715b
	ὡς IV 4	when	899a
5	ἐπικατάρατος	cursed	294c
	ἐργάζομαι 1	work	307a
	κύριος 1 a α	lord	459a
	μακάριος 1 b	blessed	486c
	παραβάτης	transgressor	612a
	σάββατον 1 a	Sabbath	739a
	σάββατον 1 a	Sabbath	739a
5	υἱός 2 c	son	835b
6	γίνομαι I 3 e	take place	159b
	δεξιός 1	right	174c
	εἰσέρχομαι 1 a β	come	232d
	ἕτερος 1 b α	another	315a
	καί I 2 b	and	392b
	ξηρός 2	dry	548d
	σάββατον 1 a	Sabbath	739b
	συναγωγή 2 a		782d
		place of assembly	
	χείρ 1	hand	880a
7	εἰ V 2 a	whether	219d
	εὑρίσκω 2	find	325c
	θεραπεύω 2	heal	359a
	ἵνα I 1 e	in order that	377a
	κατηγορέω 1 a		423b
		bring charges	
	κατηγορία	accusation	423c
	παρατηρέω 1 a α	watch	622c
	παρατηρέω 1 a β	watch	622c
	σάββατον 1 a	Sabbath	739a
	Φαρισαῖος	Pharisee	853d
8	ἀνίστημι 2 d	rise	70c
	ἐγείρω 1 b	raise up	214d
	εἰς 1 a α	into	228b
	ἵστημι II 1 b	stand	382b
	μέσος 2	the middle	507c
	ξηρός 2	dry	548d
	οἶδα 4	know	556c
	χείρ 1	hand	880a
8b	ἵστημι II 1 b	stand	382b
9	ἀγαθοποιέω 1	do good	2c
	ἀποκτείνω 1 a	kill	94a
	ἔξεστι 1	it is possible	275b
	ἐπερωτάω 1 a	ask	285b
	κακοποιέω 1	do wrong	397c
	σάββατον 1 a	Sabbath	739b
	σῴζω 1 a	save	798b
	ψυχή 2	soul, life	894b
10	ἀποκαθίστημι 1	restore	92a
	ἐκτείνω 1	stretch out	245b
	περιβλέπω 1	look around	646b
	ὑγιής 1 a	healthy	832c
11	ἄν 5	(particle)	49b
	ἄνοια	folly	70d
	αὐτός 1 c	self	122d
	διαλαλέω	discuss	185c
	ἰάομαι 1	heal	368b
	πίμπλημι 1 a β	fill	658a
	ποιέω I 1 d γ	do	682b
12	γίνομαι I 3 f	take place	159b
	διανυκτερεύω		187b
		spend the whole night	
	ἡμέρα 4 b	time	347c
	θεός 3 f β	God	357d
	καί I 2 b	and	392b
	ὁ, ἡ, τό II 1 a α	the	550b
	ὄρος	mountain	582c
	προσευχή 1	prayer	713c
13	ἀπόστολος 3	apostles	99d
	γίνομαι I 1 b γ	come about	158b

13	ἐκλέγομαι 1	choose	242b
	ἡμέρα 1 a	day	346a
	ὀνομάζω 1	name	573d
	προσφωνέω 1	call out	720c
13f	ὅς, ἥ, ὅ I 10 d	(rel pron)	585a
14	Ἀνδρέας	Andrew	63d
	Βαρθολομαῖος Barthomomew		133d
	Ἰάκωβος 1	James	367d
	Ἰωάν(ν)ης 2	John	385a
	ὀνομάζω 1	name	573d
	Πέτρος	Peter	654d
	Φίλιππος 3	Philip	860b
15	Ἁλφαῖος 2	Alphaeus	41d
	ζηλωτής 2	the Zealot	338b
	Θωμᾶς	Thomas	367c
	Ἰάκωβος 2	James	367d
	καλέω 1 a γ	call	399b
	Ματθαῖος	Matthew	496a
	Σίμων 2	Simon	751a
16	γίνομαι I 4 a	become	159c
	Ἰούδας 5	Judas	380a
	Ἰούδας 6	Judas	380a
	Ἰσκαριώθ	Iscariot	381a
	προδότης	traitor	704c
16a	Ἰάκωβος 5	James	368a
17	Ἰουδαία 1	Judaea	379a
	ἵστημι II 1 a	stand	382b
	καταβαίνω 1 a α	come down	408b
	λαός 1 a	people	466d
	μαθητής 2 b β	disciple	485d
	μετά A II 1 a	with	508d
	ὄχλος 3	crowd	601a
	παράλιος	by the sea	620a
	πεδινός	flat	638c
	πέραν 2 c	on the other side	643d
	πλῆθος 2 b α	quantity	668c
	Σιδών	Sidon	750a
	τόπος 1 c	place	822c
	Τύρος	Tyre	830d
17a	πολύς I 1 b α	many	687d
17f	ὅς, ἥ, ὅ I 3 b β	(rel pron)	583d
	πολύς I 1 b α	many	688a
18	ἀκάθαρτος 2	impure	29b
	ἐνοχλέω	trouble	267d
	θεραπεύω 2	heal	359a
	ἰάομαι 1	heal	368b
	νόσος 1	disease	543d
	ὀχλέω	trouble	600c
	πνεῦμα 4 c	spirit	676a
19	ἅπτω 2 b	touch	103a
	ζητέω 2 b γ	seek	339a
	ἰάομαι 1	heal	368b
	παρά I 1	from	609d
20	βασιλεία 3 b	kingdom	135b
	εἰμί II 5	to be	224c
	εἰμί II 6 e	to be	224d
	εἰς 1 d α	toward	228c
	ἐπαίρω 1	look up	281d

20	λέγω I 8 d	say	469b
	πτωχός 1 a	poor	728b
	ὑμέτερος 1	your	836a
20ff	μακάριος 1 b	blessed	486d
	ὅτι 3 a	that	589c
21	γελάω	laugh	153c
	κλαίω 1	weep	433b
	πεινάω 1	hunger	640a
	χορτάζω 2 a	feed	884a
22	ἄνθρωπος 1 b	man	68c
	ἀφορίζω 1	separate	127b
	ἐκβάλλω 1	drive out	237c
	ἕνεκα	because of	264d
	ἕνεκα	because of	264d
	μισέω 1	hate	522d
	ὀνειδίζω 1	reproach	570a
	ὅταν 1 b	when	588a
	πονηρός 1 b β	wicked	691b
	υἱός 2 c	son	835b
23	γάρ 1 b	for	151d
	ἐκεῖνος 2 b β	that	239d
	ἡμέρα 3 b β	day	347b
	ἰδού 1 b ε	behold	371a
	κατά II 5 b α	according to	407c
	μισθός 2 a	reward	523c
	οὐρανός 2 d	heaven	595b
	πατήρ 1 b	forefathers	635b
	ποιέω I 2 b β	do	682d
	πολύς I 1 b α	many	688a
	προφήτης 1	prophet	723c
	σκιρτάω	leap	755d
	ταὐτά		806b
	χαίρω 1	rejoice	873b
24	ἀπέχω 1	receive in full	84d
	παράκλησις 3	comfort	618b
	πλήν 1 b	but	669c
	πλουσίος 1	rich	673c
24f	οὐαί 1 a	woe	591b
25	γελάω	laugh	153c
	ἐμπί(μ)πλημι 2	fill	256b
	κλαίω 1	weep	433b
	κλαίω 1	weep	433b
	ὁ, ἡ, τό II 3 b	the	551c
	πεινάω 1	hunger	640a
	πενθέω 1	be sad	642d
25a	οὐαί 1 a	woe	591b
25b	οὐαί 1 b	woe	591b
26	ἄνθρωπος 1 b	man	68c
	εἶπον 1	say	226b
	καλῶς 3	well	401b
	κατά II 5 b α	according to	407c
	ὅταν 1 b	when	588a
	οὐαί 1 a	woe	591b
	πᾶς, πᾶσα, πᾶν 1 d α	all	632a
	πατήρ 1 b	forefathers	635b
	ποιέω I 2 b β	do	682d
	ταὐτά		806b
	ψευδοπροφήτης false prophet		892a
27	ἀγαπάω 1 a α	love	4c

27	ἀκούω 1 c	hear	32b
	ἐχθρός 2 b β	the enemy	331c
	καλῶς 3	well	401b
	λέγω II 1 c	order	469c
	μισέω 1	hate	522d
	ὁ, ἡ, τό II 1 d	the	550d
	ποιέω I 2 a β	do	682d
28	ἐπηρεάζω	mistreat	285d
	εὐλογέω 2 a	bless	322b
	καταράομαι	curse	417b
	καταράομαι	curse	417b
	περί 1 f	about	644d
	προσεύχομαι	pray	714a
29	αἴρω 4	take away	24d
	ἄλλος 3	the other	40c
	ἐπί III 1 a β	on	288b
	ἱμάτιον 2	garment	376c
	κωλύω 3	hinder	461d
	ὁ, ἡ, τό II 3 b	the	551b
	παρέχω 1 a	present	626c
	σιαγών	cheek	749c
	τύπτω 1	strike	830b
	χιτών	shirt	882b
30	αἴρω 4	take away	24d
	αἰτέω	ask	25d
	ἀπαιτέω 1	demand	80a
	μή A III 3 a	not	516d
	σός, σή, σόν 2 b	yours	759c
31	θέλω 1	wish	355a
	ἵνα II 1 a α	in order that	377c
	καθώς 1	just as	391b
	καί II 3	also	393c
	ὁμοίως	likewise	568a
31b	ποιέω I 2 a β	do	682d
32	ἀγαπάω 1 a α	love	4c
	ἁμαρτωλός 2	sinner	44b
	ποῖος 1 a β	of what kind	684d
32-4	χάρις 2 b	favor	877c
32f	γάρ 1 b	for	151d
32ff	ἁμαρτωλός 2	sinner	44b
33	ἀγαθοποιέω 1	do good	2c
	αὐτός 4 b	the same	123d
	ἐάν I 1 a	if	211b
	ποῖος 1 a β	of what kind	684d
34	ἀπελπίζω	despair	84a
	ἀπολαμβάνω 2	recover	94c
	ἐλπίζω 2	hope	252c
	ἵνα I 1 a	in order that	376d
	ἴσος	equal	381a
	κἄν 1	and if	402c
	ὅς, ἥ, ὅ I 2 b γ	(rel pron)	583d
	παρά I 3 b	from	609d
	ποῖος 1 a β	of what kind	684d
34a	δαν(ε)ίζω 1	lend	170d
34b	δαν(ε)ίζω 1	lend	170d
35	ἀγαθοποιέω 1	do good	2c
	ἀγαπάω 1 a α	love	4c
	ἀπελπίζω	despair	84a
	ἀχάριστος	ungratefully	128b
	δαν(ε)ίζω 1	lend	170d
35	ἐπί III 1 b ε	toward	289b
	ἐχθρός 2 b β	the enemy	331c
	μηδείς 2 b α	nothing	518a
	μισθός 2 a	reward	523c
	πλήν 1 b	but	669c
	πολύς I 1 b α	many	688a
	πονηρός 2 a	wicked	691b
	υἱός 1 c γ	son	834a
	ὕψιστος 2	highest	850c
	χρηστός 1 b β	useful	886b
36	γίνομαι II 1	be	160b
	οἰκτίρμων	merciful	561d
	πατήρ 3 c α	father	636a
37	ἀπολύω 1	set free	96c
	δικάζω	judge	195c
37a	καταδικάζω	condemn	410b
	κρίνω 6 a	judge	452b
	μή D 1 a	not	517c
37b	καταδικάζω	condemn	410b
	κρίνω 4 b α	judge	452a
	μή D 1 a	not	517c
38	ἀντιμετρέω	measure in return	75b
	καλός 2 c β	good	400c
	κόλπος 2	fold	442c
	μετρέω 2	give out	514d
	μετρέω 2	give out	514d
	πιέζω	press	657b
	σαλεύω 1	shake	740c
	ὑπερεκχύν(ν)ω	overflow	840d
38a	μέτρον 1 a	measure	515a
38b	μέτρον 1 a	measure	515a
39	ἀμφότεροι 1	both	47d
	βόθυνος	pit	144d
	ἐμπίπτω 1	fall	256b
	μήτι	(interrog particle)	520b
	ὁδηγέω 1	lead	553c
	οὐχί 3	not	598b
	παραβολή 2	parable	612c
	τυφλός 1 b	blind	830d
40	διδάσκαλος	teacher	191d
	εἰμί II 9 b	to be	225a
	εἰμί III 11 b	to be	225d
	καταρτίζω 1 b	restore	417d
	μαθητής 1	pupil	485c
	ὑπέρ 2	beyond	839c
41	ἴδιος 2 b	ones own	370a
	κατανοέω 1	notice	415a
41f	ἀδελφός 4	neighbor	16c
	βλέπω 1 a	see	143b
	δοκός	beam	203a
	κάρφος	speck	405c
	ὀφθαλμός 1	eye	599c
42	ἀφίημι 4	tolerate	126c
	διαβλέπω 2	see clearly	181d
	δύναμαι 1 a	able	207b
	ἐκβάλλω 3	take out	237d
	ἰάομαι 1	heal	368b
	οὐ 3 b	no	590b
	πρῶτος 2 a	first	726b

42	πῶς 1 c	how	732b
	τότε 2	at that time	824a
	ὑπόκειμαι 1 b	lie below	845a
	ὑποκριτής	hypocrite	845b
43	γάρ 1 b	for	152a
	καλός 2 a	good	400b
	κάρπος 1 a	fruit	404d
	πάλιν 4	again	607a
43-5	μακροθυμέω 3	have patience	488b
43a	ποιέω I 1 b	do	681d
	σαπρός 1	decayed	742b
43b	ποιέω I 1 b	do	681d
	σαπρός 1	decayed	742b
43f	γάρ 1 e	for	152a
	δένδρον	tree	174c
	οὐδέ 1	and not	591c
44	ἄκανθα	thorn plant	29c
	βάτος	thorn bush	137c
	γινώσκω 1 a	know	160d
	ἐκ 3 g β	by	235c
	ἕκαστος 2	each	236c
	ἐκλέγομαι 5	choose	242c
	ἐπιγινώσκω 2 a	know	291a
	ἴδιος 1 b	ones own	369d
	κάρπος 1 a	fruit	404c
	σταφυλή	bunch of grapes	765c
	σῦκον	ripe fig	776b
	συλλέγω	collect	777a
	τρυγάω	pick (grapes)	828b
45	ἀγαθός 1 b β	good	3b
	θησαυρός 1 b	storehouse	361c
	λαλέω 2 a ε	speak	463c
	περίσσευμα 1	abundance	650c
45a	πονηρός 1 b α	wicked	690d
	προφέρω	produce	722d
45b	πονηρός 1 b β	wicked	691a
	προφέρω	produce	722d
45c	πονηρός 2 c	wicked	691b
46	καλέω 1 a β	call	399a
	κύριος 2 c β	lord	459d
	λέγω II 1 c	order	469c
	ποιέω I 1 c α	do	682a
	τίς, τί 3 a	which	819d
47	ἀκούω 1 b γ	hear	32b
	λόγος 1 a δ	word	477d
	πᾶς, πᾶσα, πᾶν 1 c γ	whoever	632a
	ὑποδείκνυμι 2	show	844b
47-9	ὅμοιος 1	like	566d
48	βαθύνω	make deep	130b
	γίνομαι I 1 b α	come about	158b
	διά B II 3	because	181c
	θεμέλιος 1 b	foundation	355d
	θεμελιόω 1	lay the foundation of	356a
	ἰσχύω 2 b	be strong	383d
	καί I 1 e	and	392a
	καλῶς 1	well	401b
	πλήμμυρα	flood	669b
	προσρήσσω 2	burst upon	718c
48	σαλεύω 1	shake	740c
	σκάπτω 1	dig	753c
	τίθημι I 1 a β	put	816a
48a	οἰκοδομέω 1 a	build	558a
	πέτρα 1 a	rock	654b
48b	πέτρα 1 a	rock	654b
48f	ἄνθρωπος 3 a β	man	69a
	ἐκεῖνος 2 a	that	239d
	οἰκία 1 a	house	557b
	ποταμός 1	river	694d
49	γῆ 2	ground	157c
	γίνομαι I 1 b β	come about	158b
	εὐθύς	immediately	321b
	θεμέλιος 1 b	foundation	355d
	οἰκοδομέω 1 a	build	558b
	πίπτω 1 b β	fall	659d
	προσρήσσω 2	burst upon	718c
	ῥῆγμα	wreck	735a
	συμπίπτω 1	fall together	779c
	συρρήγνυμι	dash (together)	794c
	χωρίς 2 b β	apart	890d

Luke 7

1	ἀκοή 1 c	hearing	31a
	εἰσέρχομαι 1 a α	come	232c
	ἐπεί 1	when	284a
	ἐπειδή 1	when	284b
	Καφαρναούμ	Capernaum	426b
	λαός 1 a	people	466c
	πληρόω 5	finish	672a
	ῥῆμα 1	word	735c
	τελέω 1	finish	810d
2	ἑκατοντάρχης	centurion	237a
	ἔντιμος 2	honored	269a
	κακῶς 1	badly	398c
	μέλλω 1 c α	be about to	501a
	τελευτάω	die	810c
	τὶς, τὶ 2 a α	any one	820c
2f	δοῦλος 1 a	slave	205d
3	ἀκούω 3 c	learn	32c
	διασῴζω	save	189b
	ἐρωτάω 2	ask	312a
	ὅπως 2 b	in order that	577a
	πρεσβύτερος 2 a α	older	700a
4	ἄξιος 2 a	worthy	78b
	ὅς, ἥ, ὅ I 8	(rel pron)	584d
	παραγίνομαι 1	come	613c
	παρακαλέω 3	implore	617c
	παρέχω 2 b	grant	626d
	σπουδαίως 2	diligently	763d
5	ἀγαπάω 1 a α	love	4c
	αὐτός 1 e	of himself	122d
	οἰκοδομέω 1 a	build	558b
	συναγωγή 2 a	place of assembly	783a
6	ἀπέχω 2	be distant	85a
	εἰσέρχομαι 1 g	come	233a
	ἑκατοντάρχης	centurion	237a
	ἤδη 1 a	already	344a
	ἱκανός 2	appropriate	374d

6	ἵνα II 1 c β	in order that	377d
	μακράν 1 a α	far	487c
	μακράν 2	far	487d
	μή A III 3 b	not	517a
	πέμπω 1	send	641d
	πορεύω 1	proceed	692c
	σκύλλω 3	weary	758b
	στέγη	roof	765d
	σύν 1 b	with	781c
	ὑπό 2 a α	under	843c
	φίλος 2 a α	loving	861a
7	ἀξιόω 1 a	consider worthy	78c
	διό	therefore	198d
	εἶπον 2 a	say	226c
	ἐμαυτοῦ 2	myself	253d
	ἰάομαι 1	heal	368b
	καί I 2 f	and	392d
	λόγος 1 a α	word	477b
	παῖς 1 a γ	servant	604d
8	γάρ 1 b	for	151d
	δοῦλος 1 a	slave	205d
	ἐμαυτοῦ 3	myself	254a
	ἐξουσία 4 a	authority	278c
	ἔρχομαι I 1 a α	come	310c
	ἔχω I 2 b β	have	332c
	λέγω II 1 c	order	469c
	πορεύω 1	proceed	692c
	στρατιώτης 1	soldier	770d
	τάσσω 1 b	place	806a
8a	ὑπό 2 b	under	843c
8b	ὑπό 2 b	under	843c
9	ἀκολουθέω 2	accompany	31b
	εὑρίσκω 1 b	find	325a
	θαυμάζω 1 b β	wonder	352c
	λέγω II 1 d	assure	469d
	οὐδέ 3	not even	591c
	πίστις 2 b α	faith	663a
	στρέφω 2 a α	turn	771b
	τοσοῦτος 1 a β	so great	823c
10	ἀσθενέω 1 a	be sick	115b
	δοῦλος 1 a	slave	205d
	εὑρίσκω 1 c α	find	325b
	οἶκος 1 a α	house	560b
	πέμπω 1	send	642b
	ὑγιαίνω 1	be healthy	832b
11	ἐν II 1 b	while	260b
	ἑξῆς 2	next	276a
	ἱκανός 1 c	sufficient	374c
	καλέω 1 a γ	call	399b
	μαθητής 2 b β	disciple	485d
	Ναΐν	Nain	533b
	πόλις 1	city	685d
	συμπορεύομαι 1	go with	780a
12	ἐγγίζω 1	approach	213c
	ἐκκομίζω	carry out	241d
	θνῄσκω 1	die	362c
	ἱκανός 1 a	sufficient	374b
	καί I 2 d	and	392c
	μονογενής	only	527b
	ὄχλος 1	crowd	600d
	πύλη 1	gate	729b

12	σύν 1 c	with	781c
	υἱός 1 a α	son	833c
	χήρα 1	the widow	881c
	ὡς IV 1 a	when	898c
12a	πόλις 1	city	685c
12b	πόλις 1	city	685c
13	ἐπί II 1 b γ	on	287c
	κλαίω 1	weep	433a
	κύριος 2 c β	lord	459d
	μή A III 3 b	not	517a
	σπλαγχνίζομαι	have pity	762d
	σπλαγχνίζομαι	have pity	762d
14	ἅπτω 2 b	touch	103a
	βαστάζω 2 a	carry	137b
	ἐγείρω 2 b	rise	215a
	ἵστημι II 1 a	stand	382b
	νεανίσκος 1	youth	534c
	σορός	coffin	759b
15	ἀνακαθίζω	sit up	55b
	ἄρχω 2 a β	begin	113c
	καθίζω 2 a α	sit down	390a
	νεκρός 2 a	dead	535a
16	ἀγαθός 2 a β	good	3c
	ἅπας 2	all	81d
	δοξάζω 1	praise	204c
	ἐγείρω 2 e	appear	215a
	ἐπισκέπτομαι 3	visit	298c
	λαμβάνω 1 c	take	464c
	λαός 3 a	people	467a
	μέγας 2 b α	great	498a
	προφήτης 3	prophet	723c
	φόβος 2 a α	fear	863d
17	ἐν I 6	in	260b
	ἐξέρχομαι 2 b α	go out	275a
	Ἰουδαία 2	Judaea	379a
	περίχωρος	neighboring	653c
18	ἀπαγγέλλω 1	report	79b
	μαθητής 2 a	disciple	485d
	πᾶς, πᾶσα, πᾶν 1 e β	all	632c
	προσκαλέω 1 a	summon	715c
	τὶς, τὶ 2 b α	any one	820c
19	λέγω I 8 c	say	469b
	ὁ, ἡ, τό II 1 a α	the	550b
	πέμπω 1	send	641d
	πέμπω 1	send	641d
19f	ἔρχομαι I 1 a	come	311a
	προσδοκάω 1	expect	712c
20	βαπτιστής	baptist	132d
	λέγω I 8 c	say	469b
	παραγίνομαι 1	come	613c
21	βλέπω 2	see	143c
	θεραπεύω 2	heal	359a
	μάστιξ 2	torment	495b
	νόσος 1	disease	543d
	πνεῦμα 4 c	spirit	676a
	πονηρός 1 b α	wicked	691a
	χαρίζομαι 1	give freely	876c
	ὥρα 3	time of day	896c
21b	πολύς I 1 a α	many	687c
21f	τυφλός 1 b	blind	830d
22	ἀκούω 1 a	hear	31d

22	ἀκούω 1 b α	hear	32a
	ἀναβλέπω 2 a α	gain sight	51a
	ἀπαγγέλλω 1	report	79b
	ἀποκρίνομαι 1	answer	93b
	εἶδον	see	220c
	εἶδον 1 a	see	220d
	εὐαγγελίζω 2 b β	preach	317d
	καθαρίζω 1 b α	cleanse	387b
	κωφός 2	deaf	462c
	λεπρός	leper	472a
	νεκρός 2 a	dead	535b
	περιπατέω 1 c	go about	649b
	πορεύω 1	proceed	692c
	πτωχός 1 b	poor	728c
	τυφλός 1 b	blind	830d
	χωλός	lame	889a
23	μακάριος 1 b	blessed	486d
	σκανδαλίζω 1 b	cause to fall	752d
24	ἄγγελος 1 a	messenger	7a
	ἄνεμος 1 a	wind	64c
	ἄρχω 2 a β	begin	113c
	θεάομαι 1 a	see	353a
	κάλαμος 1	reed	398d
	λέγω I 4	say	468d
	σαλεύω 1	shake	740c
	ὑπό 1 a β	by	843b
25	ἀμφιέννυμι	clothe	47c
	ἄνθρωπος 2 b α	man	68d
	βασίλειος	royal	136a
	διάγω	spend ones life	182c
	ἔνδοξος 2	glorious	263b
	ἰδού 1 c	remember	371a
	ἱμάτιον 1	garment	376c
	ἱματισμός	clothing	376d
	μαλακός 1	soft	488d
	τρυφή 2	splendor	828d
	ὑπάρχω 2	be	838b
25f	ἐξέρχομαι 1 a ζ	go out	274d
26	ναί 1 b	yes	533a
	περισσότερος 2	greater	651c
	προφήτης 2	prophet	723c
27	ἄγγελος 1 b	messenger	7b
	ἔμπροσθεν 2 e	in front	257b
	κατασκευάζω 1	make ready	418b
	ὁδός 1 a	way	554a
	πρό 1	before	701c
	πρόσωπον 1 c ζ	face	721c
28	βασιλεία 3 b	kingdom	135b
	γεννητός	begotten	156a
	λέγω II 1 d	assure	469d
	μέγας 2 b α	great	498b
	μικρός 1 c	small	521b
29	βαπτίζω 2 a	baptize	131d
	βάπτισμα 1	baptism	132c
	δικαιόω 2	justify	197c
	λαός 1 c β	people	466d
	τελώνης	tax collector	812c
30	ἀθετέω 1 a	set aside	21a
	βουλή 2 b	will	145d
31	γενεά 2	generation	154a
	ὁμοιόω 2	compare	567c
31	οὖν 1 c γ	therefore	593b
31f	ὅμοιος 1	like	566d
32	ἀγορά	market place	12c
	αὐλέω	play the flute	121b
	θρηνέω 1 b	mourn	363b
	κάθημαι 1 a α	sit	389b
	κλαίω 1	weep	433a
	ὁ, ἡ, τό II 3 b	the	551b
	ὀρχέομαι	dance	583b
	παιδίον 2 a	child	604b
	προσφωνέω 1	call out	720c
33	ἄρτος 2	food	111a
	βαπτιστής	baptist	132d
	δαιμόνιον 2	demon	169b
	ἔρχομαι I 1 a θ	come	311b
	ἐσθίω 1 a	eat	312d
	ἐσθίω 1 e γ	eat	313a
	ἔχω I 2 e α	have	332c
	μήτε	and not	519d
	οἶνος 1	wine	562b
33f	ἐσθίω	eat	312c
34	ἁμαρτωλός 2	sinner	44b
	ἄνθρωπος 3 a ε	man	69b
	ἔρχομαι I 1 a	come	311a
	ἐσθίω 1 e γ	eat	313b
	ἰδού 2	there is	371b
	οἰνοπότης	wine drinker	562a
	τελώνης	tax collector	812c
	υἱός 2 c	son	835b
	φάγος	glutton	851a
	φίλος 2 a α	loving	861a
35	δικαιόω 2	justify	197c
	σοφία 4	wisdom	760a
	τέκνον 2 f β	child	808d
36	ἀνακλίνω 2	recline	56a
	ἐρωτάω 2	ask	312a
	ἐσθίω 1 c	eat	312d
	ἵνα II 1 a γ	in order that	377c
	κατακλίνω	recline at table	411d
	μετά A II 2	with	509b
	οἶκος 1 a α	house	560b
	τὶς, τὶ 1 a α	any one	820a
37	ἀλάβαστρος	alabaster	34c
	ἁμαρτωλός 2	sinner	44b
	ἐν I 1 a	in	258b
	ἐπιγινώσκω 2 b	know	291a
	ἰδού 2	there is	371b
	κατάκειμαι 3	lie down	411c
	κομίζω 1	bring	442d
	μύρον	ointment	530a
	οἰκία 1 a	house	557c
38	ἀλείφω 1	anoint	35b
	ἄρχω 2 a β	begin	113c
	βρέχω 1	wet	147c
	δάκρυον	tear	170a
	ἐκμάσσω	wipe	243b
	θρίξ 2	hair	364a
	ἵστημι II 1 b	stand	382b
	καταφιλέω	kiss	420b
	κεφαλή 1 a	head	430a
	κλαίω 1	weep	433a

38	μύρον	ointment	529d
	ὀπίσω 1 b	behind	575a
	παρά III 1 c	along	611a
38c	πούς 1 a	foot	696d
	πούς 1 a	foot	696d
39	ἁμαρτωλός 2	sinner	44b
	ἄν 1 b α	(particle)	48b
	ἅπτω 2 a	touch	102d
	γινώσκω 6 d	know	161c
	εἰ I 1 b	if	219b
	εἶπον 5	say	226d
	ἐν I 5 b	in	259c
	καλέω 1 b	invite	399c
	λέγω I 6	say	468d
	ὅστις 3	whoever	587b
	οὗτος 1 a α	this	596c
	ποταπός	what sort	695a
	προφήτης 3	prophet	723c
	προφήτης 3	prophet	723d
40	διδάσκαλος	teacher	191d
	εἶπον 1	say	226b
	ἔχω I 6 b	must	333c
	Σίμων 7	Simon	751b
	τὶς, τὶ 1 b α	any one	820b
	φημί 1 b β	say	856b
41	δαν(ε)ιστής	money lender	170d
	δηνάριον	denarius	179b
	εἷς 5 d	one	232a
	ἕτερος 1 a	other	315a
	ὀφείλω 1	owe	598d
	πεντακόσιοι	five hundred	643a
	πεντήκοντα	fifty	643a
	τὶς, τὶ 2 a α	any one	820c
	χρεοφειλέτης	debtor	885b
42	ἀγαπάω 1 a α	love	4c
	ἀμφότεροι 1	both	47d
	ἀποδίδωμι 2	give back	90b
	ἔχω I 6 a	can	333c
	οὖν 1 c α	therefore	593a
	πολύς II 2 c	many	689c
42f	χαρίζομαι 1	give freely	876d
43	κρίνω 2	judge	451c
	ὀρθῶς	rightly	580d
	ὅς, ἥ, ὅ I 2 b α	(rel pron)	583c
	πολύς II 2 c	many	689c
	ὑπολαμβάνω 4	take up	845c
43f	Σίμων 7	Simon	751b
44	βλέπω 1 a	see	143b
	βρέχω 1	wet	147c
	δάκρυον	tear	170a
	ἐκμάσσω	wipe	243b
	θρίξ 2	hair	364a
	οἰκία 1 a	house	557c
	οὗτος 2 a	this	597b
	στρέφω 2 a α	turn	771b
	ὕδωρ 1	water	832d
	φημί 1 b α	say	856b
44a	πούς 1 a	foot	696d
44ff	οὗτος 1 a α	this	596b
45	ἀπό II 2 c	since	87a
	διαλείπω	stop	185d
45	δίδωμι 1 b α	give	193a
	καταφιλέω	kiss	420b
	ὅς, ἥ, ὅ I 11 f	(rel pron)	585a
	πούς 1 a	foot	696d
	φίλημα	a kiss	859c
46	ἀλείφω 1	anoint	35b
	ἔλαιον 2	olive oil	247d
	κεφαλή 1 a	head	430a
	μύρον	ointment	529d
	πούς 1 a	foot	696d
47	ἀγαπάω 1 a α	love	4c
	ὅς, ἥ, ὅ I 11 e	(rel pron)	585a
	ὅτι 3 b	that	589d
	χάριν 2	for the sake of	877a
47a	ὀλίγος 2 a	little	563d
	πολύς I 1 a α	many	687c
47b	ἀφίημι 2	forgive	126a
	ὀλίγος 3 a	little	563d
	πολύς I 2 c β	many	689a
47f	ἀφίημι 2	forgive	126a
48	σύ 3	you	772c
49	ἄρχω 2 a β	begin	113c
	ἀφίημι 2	forgive	126a
	ἐν I 5 b	in	259c
	λέγω I 6	say	468d
	ὅς, ἥ, ὅ I 10 d	(rel pron)	585a
	οὗτος 1 a α	this	596c
	συνανάκειμαι	eat with	784b
50	εἰρήνη 2	peace	227c
	εἰς 9 b	(instrumental)	230d
	πίστις 2 b α	faith	663a
	πορεύω 1	proceed	692d
	σῴζω 2 a γ	save	798c

Luke 8

1	βασιλεία 3 b	kingdom	135b
	βασιλεία 3 g	kingdom	135c
	γίνομαι I 3 f	take place	159b
	διοδεύω 2	go	198d
	εὐαγγελίζω 2 a β	preach	317c
	καθεξῆς	in order	388d
	κατά II 1 d	(distributive)	406c
	κηρύσσω 2 b β	announce	431c
	κώμη 1	village	461d
	πόλις 1	city	685c
	πόλις 1	city	685d
2	ἀσθένεια 1 a	weakness	115b
	δαιμόνιον 2	demon	169b
	ἑπτά	seven	306b
	θεραπεύω 2	heal	359a
	καλέω 1 a γ	call	399b
	Μαγδαληνή	Magdalene	484b
	Μαρία 2	Mary	492a
	πνεῦμα 4 c	spirit	676a
	πονηρός 1 b α	wicked	691a
	τὶς, τὶ 2 d	any one	820d
3	διακονέω 4	help	184b
	ἐκ 3 f	by	235c
	ἐπίτροπος 1	manager	303d

3	ἕτερος 1 b β	another	315a
	Ἡρῴδης 2	Herod	348c
	Ἰωάν(ν)α	Joanna	384c
	Σουσάννα	Susanna	759c
	ὑπάρχω 1	be	838a
	Χουζᾶς	Chuza	884b
4	διά A III 1 b	by means of	180b
	εἶπον 2 a	say	226c
	ἐπιπορεύομαι	journey	298a
	κατά II 1 d	(distributive)	406c
	ὄχλος 1	crowd	600d
	παραβολή 2	parable	612c
	πόλις 1	city	685d
	πολύς I 1 b α	many	687d
	σύνειμι II	come together	787a
5	ἐξέρχομαι 1 a ζ	go out	274d
	καταπατέω 1 a	trample	415d
	κατεσθίω 1	eat up	422a
	ὁ, ἡ, τό II 3 a	the	551b
	ὁ, ἡ, τό II 4 b ζ	the	551d
	ὁδός 1 a	way	554a
	ὅς, ἥ, ὅ II 2	this (one)	585b
	οὐρανός 1 d	heaven	594b
	παρά III 1 d	along	611a
	πετεινόν	bird	654a
	πίπτω 1 a	fall	659c
	σπόρος 2	seed	763c
5a	σπείρω 1 a α	sow	761b
5b	σπείρω 1 a β	sow	761b
5c	σπείρω 1 a α	sow	761b
5ff	μέν 2 d	(particle)	503b
6	ἕτερος 1 b δ	another	315b
	ἰκμάς	moisture	375a
	καταπίπτω	fall	416c
	μή A II 1 e	not	516c
	ξηραίνω 2 a	dry up	548c
	πέτρα 1 a	rock	654b
	φύω	grow	870b
7	ἄκανθα	thorn plant	29c
	ἀποπνίγω	choke	97c
	ἐν I 6	in	260b
	ἕτερος 1 b δ	another	315b
	μέσος 2	the middle	507d
	πίπτω 1 a	fall	659b
	συμφύω	grow up with	780d
8	ἀγαθός 1 a β	good	2d
	ἑκατονταπλασίων	a hundred fold	237a
	ἕτερος 1 b δ	another	315b
	ἔχω I 2 c α	have	332c
	κάρπος 1 a	fruit	404d
	οὖς 2	ear	595d
	οὗτος 1 b α	this	597a
	πίπτω 1 a	fall	659c
	ποιέω I 1 b	do	681d
	φύω	grow	870b
	φωνέω 1 b	cry out	870c
9	ἐπερωτάω 1 a	ask	285b
	μαθητής 2 b α	disciple	485d
	παραβολή 2	parable	612c
10	βλέπω 1 d	see	143c

10	γινώσκω 1 a	know	160d
	δίδωμι 1 b β	give	193a
	ἵνα II 2	in order that	378b
	λοιπός 2 b α	the others	480a
	μή A I 2	not	516a
	μυστήριον 1	mystery	530b
	παραβολή 2	parable	612d
	συνίημι	understand	790b
	συνίημι	understand	790b
11	λόγος 1 b β	word	478b
	οὗτος 1 a	this	596d
	παραβολή 2	parable	612c
	σπόρος 2	seed	763c
11ff	εἰμί II 3	to be	224a
12	διάβολος 2	the slanderer	182a
	εἶτα 1	then	233d
	ἔρχομαι I 1 a ζ	come	310d
	μή A I 2	not	516a
	ὁδός 1 a	way	554a
	παρά III 1 d	along	611a
	σῴζω 2 b	save	798c
12f	λόγος 1 b β	word	478b
	πιστεύω 2 b	believe	661d
13	ἀφίστημι 2 a	fall away	126d
	δέχομαι 3 b	accept	177c
	καιρός 1	time	394d
	πειρασμός 2 b	test	641a
	πέτρα 1 a	rock	654b
	πρός III 2 b	toward	710a
	ῥίζα 1 b	root	736a
	χαρά 1	joy	875c
13b	καιρός 3	time	395b
14	ἄκανθα	thorn plant	29c
	βίος 1	life	141d
	ἡδονή 1	pleasure	344b
	μέριμνα	anxiety	504d
	πίπτω 1 a	fall	659c
	πλοῦτος 1	wealth	674b
	πορεύω 2 d	proceed	693a
	συμπνίγω 1	choke	779d
	τελεσφορέω	bear fruit to maturity	810c
	ὑπό 1 a β	by	843b
14f	οὗτος 1 a	this	596d
15	ἀγαθός 1 b β	good	3b
	καλός 2 a	good	400b
	καλός 2 b	good	400c
	καρποφορέω 2	bear fruit	405b
	κατέχω 1 b β	hold fast	423a
	λόγος 1 b β	word	478b
	οὗτος 1 a δ	this	596c
	τελεσφορέω	bear fruit to maturity	810c
	ὑπομονή 1	patience	846c
16	ἅπτω 1	kindle	102d
	βλέπω 1 a	see	143b
	εἰσπορεύομαι 1	go	233c
	ἐπί I 1 a β	on	286a
	ἐπιτίθημι 1 a α	put upon	303a
	ἵνα I 1 a	in order that	376d
	καλύπτω 1	cover	401a

16	κλίνη	couch	436c
	λυχνία	lampstand	483b
	λύχνος 1	lamp	483b
	σκεῦος 1 b	thing	754a
	ὑποκάτω	under	844d
	φῶς 1 a	light	871d
16a	τίθημι I 1 a β	put	816a
16b	τίθημι I 1 a β	put	816a
17	ἀπόκρυφος	hidden	93d
	γινώσκω 2 a	find out	161a
	ἔρχομαι I 2 c	come	311c
	κρυπτός 2 a	hidden	454a
17a	φανερός 1	clear	852c
17b	φανερός 2	clear	852c
18	βλέπω 4 c	see	143d
	δοκέω 1 a	think	201d
	μή A I 1	not	515d
	οὖν 1 b	therefore	593a
18a	ἔχω I 2 a	have	332a
18b	ἔχω I 2 a	have	332a
19	διά B II 1	because of	181a
	δύναμαι 1 b	able	207b
	παραγίνομαι 1	come	613c
	συντυγχάνω	meet	793c
20	εἶδον 6	visit	221a
	ἔξω 1 a α	outside	279b
	θέλω 1	wish	354d
	ἵστημι II 2 b α	being	382c
21	λόγος 1 b β	word	478b
	οὗτος 1 a δ	this	596c
22	ἀνάγω 3	put to sea	53b
	γίνομαι I 3 f	take place	159b
	διέρχομαι 2	come	194c
	ἐμβαίνω	go in	254a
	ἡμέρα 2	day	346c
	πέραν 2 b	on the other side	643d
	πλοῖον 2	ship	673b
22f	λίμνη 1	lake	475a
23	ἄνεμος 1 a	wind	64d
	ἀφυπνόω	fall asleep	128a
	καταβαίνω 1 b	come down	408c
	κινδυνεύω	run a risk	432b
	λαῖλαψ	hurricane	463a
	πλέω	sail	668a
	συμπληρόω 1	fill completely	779d
24	ἄνεμος 1 a	wind	64d
	ἀπόλλυμι 2 a α	perish	95b
	γαλήνη	calm	150b
	γίνομαι I 1 b α	come about	158b
	διεγείρω	arouse	194a
	ἐπιστάτης	master	300b
	ἐπιτιμάω 1	rebuke	303b
	κλύδων	rough water	436d
	παύω 2	stop	638b
	ὕδωρ 1	water	833a
25	ἄνεμος 1 a	wind	64d
	ἄρα 2	then	103d
	ἐπιτάσσω	command	302b
	θαυμάζω 1 a α	wonder	352b
	λέγω I 3	say	468c
25	πίστις 2 b α	faith	663a
	ποῦ 1 a	where	696a
	ὑπακούω 1	listen to	837c
26	ἀντιπέρα	opposite	75d
	Γαδαρηνός	Gadarene	149a
	Γερασηνός	Gerasene	156d
	Γεργεσηνός	Gergesene	156d
	εἰμί II 9 a	to be	224d
	καί I 5	and	393b
	καταπλέω	sail toward	416d
	ὅστις 3	whoever	587b
	πόλις 1	city	685c
	χώρα 1 b	country	889b
27	ἀνήρ 6	man	67a
	δαιμόνιον 2	demon	169b
	ἐνδιδύσκω	dress	263a
	ἐνδύω 2 a	dress	264a
	ἐξέρχομαι 1 a ε	go out	274d
	ἐπί III 1 a β	on	288b
	ἔχω I 2 e α	have	332c
	ἱκανός 1 b	sufficient	374c
	ἱκανός 1 b	sufficient	374c
	ἱμάτιον 1	garment	376b
	μένω 1 a α	remain	503d
	μνῆμα	tomb	524c
	οἰκία 1 a	house	557c
	πόλις 1	city	685c
	ὑπαντάω	go to meet	837d
	χρόνος	time	887d
	χρόνος	time	888a
28	ἀνακράζω	cry out	56b
	βασανίζω 2 a	torment	134c
	δέομαι 3	ask	175b
	ἐγώ	I	217c
	μέγας 2 a γ	great	497d
	προσπίπτω 1	fall down before	718a
	υἱός 2 b	son	834d
	ὕψιστος 2	highest	850c
	φωνή 2 a	voice	870d
29	ἀκάθαρτος 2	impure	29b
	ἅλυσις 1	chain	41c
	ἀπό V 6	by	88c
	γάρ 1 c	for	152a
	δαιμόνιον 2	demon	169b
	δαίμων	demon	169d
	δεσμεύω 1	bind	175d
	δεσμός 1	fetter	176a
	δια(ρ)ρήγνυμι 1	break	188a
	ἐλαύνω	drive	248c
	ἐξέρχομαι 1 a δ	go out	274d
	ἔρημος 2	desert	309a
	παραγγέλλω	give orders	613b
	πέδη	fetter	638c
	πνεῦμα 4 c	spirit	676a
	πολύς I 1 a β	many	687d
	συναρπάζω	seize	785b
	φυλάσσω 1 b	watch	868b
	χρόνος	time	888b
30	δαιμόνιον 2	demon	169b
	εἰσέρχομαι 1 b β	come	232d

30	λεγιών	legion	468a
	ὄνομα I 1	name	570d
	ὅτι 3 a	that	589c
31	Ἄβυσσος 2	Abyss	2b
	εἰς 1 a α	into	228b
	ἐπιτάσσω	command	302b
31f	παρακαλέω 3	implore	617c
32	βόσκω 2	feed	145b
	ἱκανός 1 a	sufficient	374b
	ἵνα II 1 a γ	in order that	377c
	ὄρος	mountain	582d
32a	ἐπιτρέπω 1	allow	303c
32b	ἐπιτρέπω 1	allow	303c
32f	ἀγέλη	herd	8c
	εἰσέρχομαι 1 b β	come	232d
	χοῖρος	swine	883b
33	ἀποπνίγω	choke	97c
	δαιμόνιον 2	demon	169b
	ἐξέρχομαι 1 a δ	go out	274d
	κατά I 1 a	down	405c
	κρημνός	bank	450b
	λίμνη 1	lake	475a
	ὁρμάω	rush down	581d
34	ἀγρός 3	farm	14a
	ἀπαγγέλλω 1	report	79b
	βόσκω 1	feed	145b
	γίνομαι I 3 a	take place	158d
	εἰς 1 d β	in	228c
	πόλις 1	city	685c
	φεύγω 1	flee	855d
35	δαιμονίζομαι be possessed by a demon		169a
	δαιμόνιον 2	demon	169b
	ἐξέρχομαι 1 a δ	go out	274d
	ἐξέρχομαι 1 a ζ	go out	274d
	εὑρίσκω 1 c α	find	325b
	ἱματίζω	dress	376b
	κάθημαι 1 a ε	sit	389c
	παρά III 1 c	along	611a
	πούς 1 a	foot	696c
	σωφρονέω 1	sound mind	802a
36	ἀπαγγέλλω 1	report	79b
	πῶς 2 a	how	732c
	σῴζω 1 c	save	798b
37	ἅπας 1	whole	81d
	ἀπέρχομαι 1 a	go away	84c
	Γαδαρηνός	Gadarene	149a
	Γερασηνός	Gerasene	156d
	Γεργεσηνός	Gergesene	156d
	ἐμβαίνω	go in	254a
	ἐρωτάω 2	ask	312a
	μέγας 2 a γ	great	497d
	περίχωρος	neighboring	653c
	πλῆθος 2 b γ	quantity	668d
	πλοῖον 2	ship	673b
	συνέχω 5	distress	789b
	ὑποστρέφω	return	847c
	φόβος 2 a α	fear	863d
38	ἀπολύω 2 b	send away	96d
	δαιμόνιον 2	demon	169b
	δέομαι 1	ask	175a

38	εἰμί III 10	to be	225d
	ἐξέρχομαι 1 a δ	go out	274d
	λέγω I 8 a	say	469b
	σύν 1 c	with	781c
39	διηγέομαι	tell	195a
	κατά II 1 a	along	406a
	κηρύσσω 2 a	announce	431b
	οἶκος 1 a α	house	560b
	πόλις 1	city	685d
	ὑποστρέφω	return	847c
39a	ὅσος 2	how great	586c
	ποιέω I 1 d β	do	682b
39b	ὅσος 2	how great	586c
	ποιέω I 1 d β	do	682b
40	ἀποδέχομαι 1	welcome	90a
	προσδοκάω 1	expect	712c
	ὑποστρέφω	return	847c
41	ἄρχων 2 a	authorities	113d
	εἰσέρχομαι 1 a β	come	232c
	Ἰάϊρος	Jairus	367b
	οἶκος 1 a α	house	560b
	ὄνομα I 1	name	570d
	παρά III 1 c	along	611a
	παρακαλέω 1 b	invite	617a
	πίπτω 1 b α	fall	659d
	πούς 1 a	foot	696c
	ὑπάρχω 2	be	838a
42	ἀποθνῄσκω 1 a α	die	91b
	ἔτος	year	317a
	θυγάτηρ 1	daughter	364d
	μονογενής	only	527b
	ὄχλος 1	crowd	600d
	συμπνίγω 2	choke	779d
	ὑπάγω 2	go away	836d
	ὡς IV 5	when	899a
43	ἀπό II 2 a	from	87a
	βίος 3	life	142a
	εἰμί III 4	to be	225b
	ἔτος	year	317a
	θεραπεύω 2	heal	359a
	ἰατρός 1	physician	369a
	ἰσχύω 2 b	be strong	383d
	ὅλος 2 a	whole	564d
	ὅστις 3	whoever	587b
	οὐδείς 2 a	no one	592a
	προσαναλίσκω spend lavishly		711d
43b	ἀπό V 6	by	88c
43f	αἷμα 1 a	blood	22c
	ῥύσις	flow	738b
44	ἅπτω 2 b	touch	103b
	ἱμάτιον 2	garment	376c
	ἵστημι II 1 a	stand	382b
	κράσπεδον 1	edge	448b
	ὄπισθεν 1 a	from behind	574d
	παραχρῆμα	at once	623d
45	ἀποθλίβω	press upon	91b
	ἀρνέομαι 2	deny	107d
	ἐπιστάτης	master	300b
	ὄχλος 1	crowd	600d
	σύν 1 c	with	781d

45	συνέχω 3	crowd	789a
45ff	ἅπτω 2 b	touch	103a
46	γινώσκω 4 a	perceive	161b
	ἐπιγινώσκω 2 c	know	291b
	τὶς, τὶ 1 a α	any one	819d
47	αἰτία 1	cause	26b
	ἀπαγγέλλω 1	report	79b
	ἀπαγγέλλω 2	proclaim	79c
	ἔντρομος	trembling	269d
	ἐνώπιον 2 a	before	270d
	ἔρχομαι I 1 a ζ	come	310d
	ἰάομαι 1	heal	368b
	λανθάνω	escape notice	466b
	λαός 1 a	people	466c
	παραχρῆμα	at once	623d
	προσπίπτω 1	fall down before	718a
	τρέμω	tremble	825c
	ὡς I 2 d	as	897b
48	εἰρήνη 2	peace	227c
	εἰς 9 b	(instrumental)	230d
	θυγάτηρ	daughter	364d
	θυγάτηρ 2 a	daughter	364d
	πίστις 2 b α	faith	663a
	πορεύω 1	proceed	692d
	σῴζω 1 c	save	798b
49	ἀρχισυνάγωγος	president of a synagogue	113b
	ἔρχομαι I 1 a β	come	310c
	ἔτι 1 a β	still	315d
	θνῄσκω 1	die	362c
	θυγάτηρ 1	daughter	364d
	λαλέω 2 a γ	speak	463b
	μή A III 3 b	not	517a
	μηκέτι 6 a	no longer	518c
	παρά I 1	from	609d
	σκύλλω 2	weary	758b
50	μόνος 2 a	only	528a
	πιστεύω 2 c	believe	662a
	σῴζω 1 c	save	798b
	φοβέω 1 a	be afraid	862d
51	ἀφίημι 4	tolerate	126b
	Ἰάκωβος 1	James	367d
	Ἰωάν(ν)ης 2	John	385a
	οἰκία 1 a	house	557c
	παῖς 2	servant	605b
	σύν 1 b	with	781c
52	ἀποθνῄσκω 1 a α	die	91b
	καθεύδω 1	sleep	388d
	κλαίω 1	weep	433a
	κλαίω 1	weep	433a
	κόπτω 2	beat	444b
52b	κλαίω 1	weep	433a
53	καταγελάω	ridicule	409c
	οἶδα 1 e	know	556a
54	ἐγείρω 1 b	raise up	214d
	ἐγείρω 2 f	appear	215b
	κρατέω 1 b	seize	448c
	ὁ, ἡ, τό II 1 i	the	551a
	παῖς 2	servant	605b
	φωνέω 1 b	cry out	870c

55	ἀνίστημι 2 a	rise	70b
	διατάσσω	order	189c
	ἐπιστρέφω 1 b α	turn	301b
	ἐσθίω 1 d	eat	313a
	παραχρῆμα	at once	623d
	πνεῦμα 2	spirit	674d
56	γονεύς	parents	165a
	ἐξίστημι 2 b	be amazed	276c
	παραγγέλλω	give orders	613b

Luke 9

1	δύναμις 1	power	207d
	ἐξουσία 3	authority	278b
	ἐπί III 1 b α	over	288d
	θεραπεύω 2	heal	359a
	νόσος 1	disease	543c
	συγκαλέω 2	call together	773b
2	ἀποστέλλω 1 b γ	send away	98d
	ἀποστέλλω 1 c	send away	98d
	ἀσθενέω 1 a	be sick	115c
	βασιλεία 3 g	kingdom	135c
	κηρύσσω 2 b β	announce	431c
3	αἴρω 2	lift up	24c
	ἀνά 3	each	49d
	ἀργύριον 2 b	money	104d
	ἄρτος 1 a	bread	110c
	δύο 5	two	209b
	μηδείς 2 b α	nothing	518a
	μήτε	and not	520a
	ὁδός 1 b	way	554a
	πήρα	knapsack	656c
	ῥάβδος	rod	733b
	χιτών	shirt	882b
4	ἐξέρχομαι 1 a α	go out	274c
	μένω 1 a α	remain	503d
5	ἀποτινάσσω	shake off	101b
	δέχομαι 1	receive	177c
	ἐκτινάσσω 1	shake off	246a
	ἐξέρχομαι 1 a α	go out	274c
	ἐπί III 1 b ε	toward	289b
	κονιορτός	dust	443b
	μαρτύριον 1 a	testimony	493d
	μή A I 1	not	515d
	ὅσος 2	how great	586c
	πόλις 1	city	685c
6	διέρχομαι 3	go about	194d
	εὐαγγελίζω 2 a δ	preach	317d
	θεραπεύω 2	heal	359a
	κατά II 1 a	along	406a
	κώμη 1	village	461d
	πανταχοῦ 1	everywhere	608b
7	γίνομαι I 2 a	created	158c
	διά B II 3	because	181c
	διαπορέω	be perplexed	187d
	ἐγείρω 2 c	rise	215a
	Ἡρῴδης 2	Herod	348c
	νεκρός 2 a	dead	535a
	ὁ, ἡ, τό II 3 a	the	551b
	πᾶς, πᾶσα, πᾶν 1 d β	all	632b
	τετράρχης	tetrarch	814a

7f τὶς, τὶ 1 a ε any one 820b
8 ἀρχαῖος 2 ancient 111c
Ἠλίας Elijah 345a
προφήτης 3 prophet 723c
φαίνω 2 c appear 851d
9 ἀκούω 3 c learn 32c
ἀκούω 7 understand 33a
ἀποκεφαλίζω behead 93a
εἶδον 6 visit 221a
ζητέω 2 b γ seek 339a
Ἡρῴδης 2 Herod 348c
ὅς, ἥ, ὅ I 1 (rel pron) 583b
τίς, τί 1 a α which 819a
τοιοῦτος 3 b such a kind 821c
10 ἀπόστολος 3 apostles 99d
Βηθσαϊδά 1 Bethsaida 140a
διηγέομαι tell 195a
ἴδιος 4 privately 370c
καλέω 1 a γ call 399b
παραλαμβάνω 1 take 619c
ποιέω I 1 b β do 681b
πόλις 1 city 685d
ὑποχωρέω 1 retreat 848c
11 ἀκολουθέω 2 accompany 31b
ἀποδέχομαι 1 welcome 90a
βασιλεία 3 g kingdom 135c
δέχομαι 1 receive 177c
θεραπεία 1 a serving 358d
λαλέω 2 a δ speak 463c
χρεία 1 need 885a
12 ἀγρός 3 farm 14a
ἐπισιτισμός provisions 298c
ἔρημος 1 a abandoned 309a
ἡμέρα 1 a day 346a
καταλύω 2 halt 414c
κλίνω 2 decline 436d
κύκλῳ 1 b around 457a
κώμη 1 village 461d
ὅτι 3 b that 589d
προσέρχομαι 1 approach 713a
τόπος 1 c place 822c
13 ἀγοράζω 1 buy 12d
ἄρτος 1 a bread 110c
βρῶμα 1 food 148a
εἰ VI 9 unless indeed 220b
εἰς 4 g for 229d
ἐσθίω 1 d eat 313a
ἤ 2 a than 342c
ἰχθύς fish 384b
λαός 1 a people 466c
πᾶς, πᾶσα, πᾶν 1 c α all 631d
πολύς II 2 c many 689c
πορεύω 1 proceed 692c
14 ἀνά 3 each 49d
ἀνήρ 1 man 66c
γάρ 2 for 152b
κατακλίνω 411d
cause to lie down
κλισία group 436d
πεντακισχίλιοι 643a
five thousand

14 πεντήκοντα fifty 643a
14a ὡσεί 2 as 899c
14b ὡσεί 2 as 899c
15 ἀνακλίνω 1 b lay 56a
ἅπας 2 all 81d
κατακλίνω 411d
cause to lie down
ποιέω I 2 a α do 682c
16 ἀναβλέπω 1 look up 50d
ἄρτος 1 a bread 110c
εἰς 1 d α toward 228c
εὐλογέω 1 speak well 322b
εὐλογέω 2 b bless 322c
ἰχθύς fish 384b
κατακλάω break in pieces 411c
μαθητής 2 b α disciple 485d
ὁ, ἡ, τό II 1 a α the 550a
οὐρανός 2 a heaven 594d
ὀψάριον fish 601b
παρατίθημι place beside 622d
παρατίθημι 1 a place beside 622d
17 αἴρω 3 carry 24c
κλάσμα fragment 433b
κόφινος basket 447c
περισσεύω 1 a α be left over 650d
χορτάζω 2 a feed 884a
18 κατά II 1 c by 406c
μόνος 3 be alone 528b
συναντάω 1 meet 784c
σύνειμι I be with 787a
τίς, τί 1 a α which 819a
19 ἄλλος 1 c other 40a
ἀρχαῖος 2 ancient 111c
βαπτιστής baptist 132d
Ἠλίας Elijah 345a
προφήτης 3 prophet 723c
20 λέγω I 1 b β say 468b
Χριστός 1 Anointed One 887a
21 ἐπιτιμάω 1 rebuke 303b
λέγω I 1 a say 468b
παραγγέλλω give orders 613b
22 ἀπό V 6 by 88c
ἀποδοκιμάζω 2 91a
declare useless
ἀρχιερεύς 1 b high priest 112d
ἡμέρα 2 day 346b
πάσχω 3 b endure 634b
πάσχω 3 b endure 634c
πολύς I 2 b α many 688c
πρεσβύτερος 2 a β older 700a
τρίτος 1 third 826c
υἱός 2 c son 835b
23 αἴρω 2 lift up 24c
ἀπαρνέομαι deny 81a
ἀρνέομαι 4 deny 108a
εἰ VII whoever, whatever 220b
ἔρχομαι II go 311d
λέγω I 3 say 468c
ὀπίσω 2 a β after 575b
σταυρός 2 the cross 765a

24	ἀπόλλυμι 1 b	lose	95b
	γάρ 1 e	for	152a
	ἕνεκα	because of	264d
	σῴζω 3	save	798d
	ψυχή 1 d	soul, life	894a
24-6	γάρ 1 c	for	152a
24a	σῴζω 1 a	save	798b
	σῴζω 2 a β	save	798c
	ψυχή 1 d	soul, life	894a
24b	οὗτος 1 a ε	this	596d
	σῴζω 2 a β	save	798c
	ψυχή 1 d	soul, life	894a
25	ἀπόλλυμι 1 b	lose	95b
	ζημιόω 1	suffer damage	338c
	κερδαίνω 1 a	to gain	429c
	κόσμος 6	world	446c
	ὅλος 2 b	whole	564d
	ὠφελέω 1 a	help	900c
26	ἄγγελος 2 a	angel	7c
	ἅγιος 1 b β	holy	9d
	δόξα 1 a	glory	203d
	ἐπαισχύνομαι 1	be ashamed	282a
	ἐπαισχύνομαι 1	be ashamed	282a
	ἔρχομαι I 1 a	come	311a
	ὁ, ἡ, τό II 1 e	the	550d
	οὗτος 1 a ε	this	596d
	υἱός 2 c	son	835b
27	ἀληθῶς 1	truly	37b
	ἄν 3 d	(particle)	49a
	αὐτοῦ	here	124a
	βασιλεία 3 g	kingdom	135c
	γεύομαι 2	come to know something	157a
	εἰμί I 1	to be	223b
	θάνατος 1 a	death	350d
	ἵστημι II 2 b α	being	382c
	λέγω II 1 d	assure	469d
28	ἀναβαίνω 1 a α	go up	50a
	ἡμέρα 2	day	346d
	Ἰάκωβος 1	James	367d
	ὁ, ἡ, τό II 1 a α	the	550b
	ὀκτώ	eight	563a
	ὄρος	mountain	582c
	παραλαμβάνω 1	take	619c
	ὡσεί 2	as	899c
29	ἀλλοιόω	change	39d
	εἶδος 1	form	221b
	ἐξαστράπτω	flash	273d
	ἕτερος 2	another	315c
	ἰδέα 1	appearance	369c
	ἱματισμός	clothing	376d
	λευκός 1	shining	472c
	πρόσωπον 1 a	face	720d
30	Ἠλίας	Elijah	345a
	ἰδού 1 b β	behold	371a
	Μωϋσῆς	Moses	532c
	ὅστις 3	whoever	587b
	συλλαλέω	talk	776d
31	δόξα 1 a	brightness	203c
	ἐν I 4 b	in	259a
	ἔξοδος 2	going out	276d
31	λέγω II 2	speak	470a
	μέλλω 1 c δ	is destined	501c
	ὁράω 1 a δ	see	578b
	πληρόω 4 a	make full	671d
32	βαρέω	burden	133c
	βλέπω 2	see	143c
	διαγρηγορέω	keep awake	182c
	δόξα 1 a	brightness	203c
	σύν 1 c	with	781d
	συνίστημι II 1	stand with	790d
	ὕπνος	sleep	843a
33	διαχωρίζω	separate	191a
	εἰμί II 9 a	to be	224d
	ἐπιστάτης	master	300b
	Ἠλίας	Elijah	345a
	καλός 3 a	good	400d
	καλός 3 c	good	400d
	λέγω I 1 a	say	468b
	Μωϋσῆς	Moses	532c
	ποιέω I 1 a α	do	680d
	σκηνή	tent	754c
	ὧδε 2 a	here	895b
34	γίνομαι I 1 b α	come about	158b
	εἰσέρχομαι 1 a β	come	232d
	ἐν II 3	while	260c
	ἐπισκιάζω 2	cover	298d
	λέγω I 1 a	say	468b
34f	νεφέλη	cloud	536d
35	ἀγαπητός 1	beloved	6c
	ἀκούω 4	listen	32d
	γίνομαι I 4 c α	come, go	159d
	ἐκλέγομαι	choose	242b
	ἐκλέγομαι 4	choose	242c
	υἱός 2 b	son	834c
35f	φωνή 2 d	voice	871b
36	γίνομαι I 4 c α	come, go	159d
	ἐκεῖνος 2 b α	that	239d
	ἐν II 3	while	260c
	εὑρίσκω 1 c α	find	325b
	μόνος 1 a α	only	527c
	ὁράω 1 a β	see	578a
	ὅς, ἥ, ὅ I 4 a	(rel pron)	584a
	οὐδείς 2 a	no one	592a
	σιγάω 1 c	be silent	749d
36b	οὐδείς 2 b α	nothing	592a
37	διά A II 1 b	during	180a
	ἑξῆς 2	next	276a
	ἡμέρα 2	day	346c
	κατέρχομαι 1	come down	422a
	συναντάω 1	meet	784c
38	ἀναβοάω	cry out	51a
	ἀνήρ 6	man	67a
	ἀπό I 6	from	86d
	ἀπό IV 1 b	from	87c
	βοάω 3	shout	144b
	δέομαι 1	ask	175a
	διδάσκαλος	teacher	191d
	ἐπιβλέπω	look at	290c
	ἰδού 1 b β	behold	371a
	μονογενής	only	527b

38	ὄχλος 1	crowd	600c
39	ἀποχωρέω	leave	102b
	ἀφρός	foam	127d
	ἐξαίφνης	suddenly	272b
	κράζω 1	cry out	447d
	λαμβάνω 1 c	take	464c
	μόγις	with difficulty	525d
	μόλις 1	with difficulty	526d
	πνεῦμα 4 c	spirit	676a
	σπαράσσω	tear	760d
	συντρίβω 1 b	shatter	793c
40	ἀπαλλάσσω 1	release	80a
	δέομαι 4	ask	175b
	δύναμαι 2	able	207b
	ἐκβάλλω 1	drive out	237c
	ἵνα II 1 a γ	in order that	377c
41	ἀνέχω 1 a	endure	65d
	ἄπιστος 2	faithless	85d
	γενεά 2	generation	154a
	γενεά 2	generation	154a
	διαστρέφω 1 b	pervert	189a
	ἕως II 1 c	until	335a
	πότε	when	695a
	πρός III 7	by	711a
	προσάγω 1 a	bring	711b
	ὦ 1	(interjection)	895a
	ὧδε 1	here	895b
42	ἀκάθαρτος 2	impure	29b
	ἀποδίδωμι 2	give back	90b
	ἀφίημι 3 a	leave	126a
	ἐπιτιμάω 1	rebuke	303b
	ἔτι 1 a β	still	315d
	παῖς 1 a α	child	604c
	πνεῦμα 4 c	spirit	676a
	προσέρχομαι 1	approach	713a
	ῥήσσω	throw down	735d
	συνταράσσω	disturb	791d
	συσπαράσσω	convulse	794c
43	ἐκπλήσσω 2	be amazed	244b
	θαυμάζω 1 a β	wonder	352c
	μεγαλειότης	grandeur	496d
	ὅς, ἥ, ὅ I 4 a	(rel pron)	584a
44	μέλλω 1 c δ	is destined	501b
	οὖς 2	ear	595d
	παραδίδωμι 1 b	give over	614d
	τίθημι II 1 c	put	816d
	υἱός 2 c	son	835b
	χείρ 2 b	hand	880c
45	ἀγνοέω 3	be ignorant	11c
	αἰσθάνομαι 2	understand	25a
	ἐρωτάω 1	ask	312a
	ἵνα II 2	in order that	378a
	παρακαλύπτω	hide	617d
	φοβέω 1 a	be afraid	863a
45a	ῥῆμα 1	word	735c
45b	ῥῆμα 1	word	735c
46	ἄν 5	(particle)	49b
	διαλογισμός 2	doubt	186b
	εἰσέρχομαι 1 b β	come	232d
	εἰσέρχομαι 2 b	come	233b
	ἐν I 6	in	260b

46	μέγας 2 b α	great	498b
	ὁ, ἡ, τό II 8 a	the	552c
47	διαλογισμός 1	thought	186a
	εἶδον 3	notice	221a
	ἐπιλαμβάνομαι 1	grasp	295a
	ἵστημι I 1 a α	put	382a
	καρδία 1 b β	heart	403d
	παρά II 1 a β	beside	610b
47f	παιδίον 2 a	child	604b
48	ἀποστέλλω 1 c	send away	99a
	δέχομαι 1	receive	177c
	ἐπί II 3	on	288a
	μέγας 2 b α	great	498a
	μικρός 1 c	small	521b
	ὄνομα I 4 c ε	name	573b
	ὄνομα II	title	573c
	οὗτος 1 a ε	this	596d
	πᾶς, πᾶσα, πᾶν 1 e α	all	632b
	ὑπάρχω 2	be	838a
49	ἀκολουθέω 2	accompany	31b
	δαιμόνιον 2	demon	169b
	ἐκβάλλω 1	drive out	237c
	ἐπί II 3	on	288a
	ἐπιστάτης	master	300b
	κωλύω 1	hinder	461c
	μετά A II 1 a	with	508d
	ὄνομα I 4 c γ	name	572d
	ὄνομα I 4 c ε	name	573b
	τὶς, τὶ 1 a β	any one	820a
50	εἰμί III 6 a	to be	225c
	εἰμί III 11 a	to be	225d
	κωλύω 1	hinder	461b
	μή A III 3 b	not	517a
	ὑπέρ 1 a δ	in behalf of	838c
51	αὐτός 1 b	self	122d
	ὁ, ἡ, τό II 4 b ε	the	551d
	πρόσωπον 1 b	face	721b
	στηρίζω 1	establish	768b
	συμπληρόω 2	fill completely	779d
52	ἄγγελος 1 a	messenger	7a
	ἀποστέλλω 1 b β	send away	98d
	εἰσέρχομαι 1 a β	come	232d
	ἑτοιμάζω 1	prepare	316b
	κώμη 1	village	461d
	πόλις 1	city	685c
	πρό 1	before	701d
	πρόσωπον 1 c ζ	face	721c
	Σαμαρίτης	Samaritan	741d
	ὡς IV 3 b	when	898d
	ὥστε 2 b	in order that	900a
53	δέχομαι 1	receive	177c
	πρόσωπον 1 b	face	721b
54	ἀναλίσκω	consume	57a
	Ἠλίας	Elijah	345a
	θέλω 1	wish	355a
	Ἰάκωβος 1	James	367d
	καταβαίνω 1 b	come down	408c
	κύριος 2 c β	lord	459d
	οὐρανός 1 b	heaven	594b
	πῦρ 1 b	fire	730a

54	ὡς II 4 a	so	897d
55	ἐπιτιμάω 1	rebuke	303b
	οἷος	of what sort	562d
	πνεῦμα 7	spirit	678a
	ποῖος 1 a γ	of what kind	684d
	στρέφω 2 a α	turn	771b
56	ἕτερος 1 b α	another	315a
	κώμη 1	village	461d
	πορεύω 1	proceed	692b
	σῴζω 3	save	798d
	υἱός 2 c	son	835b
	ψυχή 2	soul, life	894b
57	ὁδός 1 b	way	554b
	ὅπου 1 b β	where	576b
	πορεύω 1	proceed	692c
	τὶς, τὶ 1 a α	any one	819d
58	ἀλώπηξ 1	fox	41d
	κατασκήνωσις 2	nest	418d
	κεφαλή 1 a	head	430a
	κλίνω 1 b	lay down	436c
	οὐρανός 1 d	heaven	594b
	πετεινόν	bird	654a
	ποῦ 1 b	where	696b
	υἱός 2 c	son	835b
	φωλεός	den	870b
59	ἐπιτρέπω 1	allow	303c
	ἕτερος 1 b α	another	315a
	πρῶτος 2 a	first	726b
59f	θάπτω	bury	351d
60	ἀφίημι 4	tolerate	126b
	βασιλεία 3 g	kingdom	135c
	διαγγέλλω 1 proclaim far and wide		182b
	ἑαυτοῦ 4	oneself	212c
	νεκρός 2 b	dead	535b
	σύ 1 c	you	772b
61	ἀποτάσσω 1	say farewell	100d
	εἰς 9 a	in	230c
	ἐπιτρέπω 1	allow	303c
	ἕτερος 1 b α	another	315a
	κύριος 2 c β	lord	459d
	οἶκος 1 a α	house	560b
	πρῶτος 2 a	first	726b
62	ἄροτρον	a plow	108b
	βασιλεία 3 g	kingdom	135b
	βλέπω 3	see	143d
	ἐπιβάλλω 1 b	lay on	289d
	εὔθετος	suitable	320b
	ὀπίσω 1 a	behind	575a

Luke 10

1	ἀνά 3	each	49d
	ἀνά 3	each	50a
	ἀναδείκνυμι 2	appoint	53c
	ἀποστέλλω 1 b β	send away	98c
	ἀποστέλλω 1 b β	send away	98d
	δύο 5	two	209b
	ἑβδομήκοντα	seventy	212d
	ἑβδομήκοντα	seventy	213a
	ἕτερος 1 b β	another	315a
1	κύριος 2 c β	lord	459d
	μέλλω 1 c γ	intend	501b
	μετά B II 3	after	510b
	οὗ 2	where	589d
	πόλις 1	city	685c
	πόλις 1	city	685c
	πρό 1	before	701d
	πρόσωπον 1 c ζ	face	721c
	τόπος 1 a	place	822b
2	δέομαι 4	ask	175b
	ἐκβάλλω 2	send out	237c
	ἐργάτης 1 a	workman	307d
	θερισμός 2 a	harvest	359c
	κύριος 1 a α	lord	459a
	ὀλίγος 1 a	few	563c
	ὅπως 2 b	in order that	577a
	οὖν 1 b	therefore	593a
	πολύς I 1 b α	many	688a
3	ἀποστέλλω 1 b β	send away	98c
	ἀρήν	lamb	106b
	ἐν I 6	in	260b
	λύκος 1	wolf	481b
	μέσος 2	the middle	507d
	ὑπάγω 2	go away	836d
4	ἀσπάζομαι 1 a	greet	116c
	βαλλάντιον	purse	130d
	βαστάζω 2 a	carry	137b
	κατά II 1 a	along	406b
	μή A III 3 a	not	516d
	μηδείς 2 a	no	518a
	ὁδός 1 b	way	554b
	πήρα	knapsack	656c
	ὑπόδημα	sandal	844c
5	εἰρήνη 2	peace	227c
	οἶκος 2	household	560d
6	ἀνακάμπτω 1 b	return	55d
	γέ 3 b α	otherwise	153a
	δέ 1 a	but, and	171c
	ἐάν I 1 a	if	211b
	εἰρήνη 2	peace	227c
	ἐπαναπαύομαι 1	rest	282d
	ἐπί III 1 b γ	on	289a
	ἐπιστρέφω 1 b α	turn	301b
	υἱός 1 c δ	son	834b
7	ἄξιος 2 a	worthy	78b
	αὐτός 1 h	even	123a
	ἐργάτης 1 a	workman	307c
	ἐσθίω	eat	312c
	ἐσθίω 1 a	eat	312d
	μένω 1 a α	remain	503d
	μεταβαίνω 1 b	move	510c
	μή A III 3 a	not	516d
	μισθός 1	wages	523b
	ὁ, ἡ, τό II 1 a β	the	550b
	ὁ, ἡ, τό II 1 d	the	550d
	ὁ, ἡ, τό II 5	the	552a
	παρά I 4 b α	from	610b
	πίνω 1	drink	658c
8	δέχομαι 1	receive	177c
	εἰσέρχομαι 1 a β	come	232d
	ἐσθίω 1 a	eat	312c

8	παρατίθημι 1 a	place beside	623a
	πόλις 1	city	685b
9	ἀσθενής 1 a	sick	115c
	βασιλεία 3 g	kingdom	135c
	ἐγγίζω 3	approach	213c
	ἐγγίζω 5 b	approach	213d
	ἐπί III 1 b γ	on	289a
	θεραπεύω 2	heal	359a
10	δέχομαι 1	receive	177c
	πλατεῖα	wide road	666d
	πόλις 1	city	685b
11	ἀπομάσσω	wipe off	97a
	βασιλεία 3 g	kingdom	135c
	γινώσκω 6 c	know	161c
	ἐγγίζω 5 b	approach	213d
	κολλάω 2 a α	unite	441c
	κονιορτός	dust	443b
	οὗτος 1 b β	this	597a
	πλήν 1 b	but	669c
12	ἀνεκτός	bearable	64c
	εἰμί II 9 b	to be	225a
	ἤ 2 a	than	342c
	ἡμέρα 3 b β	day	347b
	πόλις 1	city	685c
	Σόδομα	Sodom	759a
13	Βηθσαϊδά 1	Bethsaida	140a
	γίνομαι I 2 a	created	158c
	δύναμις 4	miracle	208a
	ἐν I 4 b	in	259a
	κάθημαι 1 a α	sit	389b
	μετανοέω	change ones mind	512a
	ὅτι 3 a	that	589c
	οὐαί 1 a	woe	591a
	πάλαι 1	long ago	605c
	σάκκος	sack	740b
	σποδός	ashes	763b
	Χοραζίν	Chorazin	883c
13f	Σιδών	Sidon	750a
	Τύρος	Tyre	830d
14	ἀνεκτός	bearable	64c
	εἰμί II 9 b	to be	225a
	κρίσις 1 a α	judging	452d
	πλήν 1 b	but	669c
15	ᾅδης 1	hades	17a
	ἕως II 2 a	as far as	335a
	καταβαίνω 2	come down	408d
	καταβιβάζω	drive down	409a
	Καφαρναούμ	Capernaum	426b
	Καφαρναούμ	Capernaum	426b
	οὐρανός 1 b	heaven	594a
	ὑψόω 1	lift up	851a
16	ἀθετέω 1 b	reject	21a
	ἐγώ	I	217a
	ἐγώ	I	217b
17	ἑβδομήκοντα	seventy	212d
	ἑβδομήκοντα	seventy	213a
	καί II 2	even	393b
	κύριος 2 c β	lord	459d
	ὄνομα I 4 c γ	name	572d
	ὑποτάσσω 1 b β	subject	848b
	χαρά 1	joy	875c

18	ἀστραπή	lightning	118b
	εἷς 2 c	one	231c
	θεωρέω 1	observe	360a
	οὐρανός 1 b	heaven	594b
	οὐρανός 1 d	heaven	594b
	πίπτω 1 a	fall	659b
	σατάν	Adversary	745a
19	ἀδικέω 2 b	injure	17d
	δίδωμι 1 b β	give	193b
	ἐξουσία 2	ability	278a
	ἐπάνω 2 a	on	283b
	ἐπί III 1 b α	over	288d
	ἐχθρός 2 b α	the enemy	331c
	ὁ, ἡ, τό II 4 b β	the	551c
	οὐ 6 d	no	591a
	οὐδείς 2 b α	nothing	592b
	ὄφις 1	snake	600a
	σκορπίος 1	the scorpion	757b
20	δέ 1 d	but, and	171c
	ἐγγράφω 1	record	214a
	ὄνομα I 2 a	name	571b
	οὐρανός 2 d	heaven	595b
	οὗτος 1 b β	this	597a
	πλήν 1 b	but	669c
	πνεῦμα 4 c	spirit	676a
	ὑποτάσσω 1 b β	subject	848b
20a	χαίρω 1	rejoice	873d
20b	χαίρω 1	rejoice	873d
21	ἀγαλλιάω	be glad	4a
	ἀποκαλύπτω 2	reveal	92a
	ἀποκρύπτω	conceal	93d
	αὐτός 1 h	even	123a
	ἔμπροσθεν 2 d	in front	257b
	ἐξομολογέω 2 c	confess	277b
	εὐδοκία 2	favor	319d
	κύριος 2 a	lord	459c
	ναί 3	certainly	533a
	νήπιος 1 b β	childlike	537d
	οὐρανός 1 a α	heaven	593d
	πνεῦμα 3 b	spirit	675b
	πνεῦμα 5 c α	spirit	676c
	σοφός 2	learned	760c
	συνετός	intelligent	788d
	ὥρα 3	time of day	896c
21a	πατήρ 3 d α	father	636b
21b	πατήρ	father	635a
	πατήρ 3 d α	father	636b
22	ἀπό V 6	by	88c
	ἀποκαλύπτω 2	reveal	92a
	βούλομαι 2 b	desire	146c
	γινώσκω 6 d	know	161c
	ἐπιγινώσκω 2 a	know	291a
	οὐδείς 2 a	no one	592a
	παραδίδωμι 3	give over	615d
	πᾶς, πᾶσα, πᾶν 2 a δ everything		632d
	στρέφω 2 a α	turn	771b
	υἱός 2 b	son	834d
22a	πατήρ 3 d α	father	636b
22b	πατήρ 3 d α	father	636b
22c	πατήρ 3 d α	father	636b

23	ἴδιος 4	privately	370c
	μακάριος 3 a	blessed	487a
	ὀφθαλμός 1	eye	599c
	στρέφω 2 a α	turn	771b
23f	βλέπω 1 a	see	143b
24	βασιλεύς 1	king	136a
	εἶδον	see	220c
	πολύς I 1 a α	many	687c
	προφήτης 4	prophet	724a
25	αἰώνιος 3	eternal	28d
	ἀνίστημι 2 c	rise	70b
	ἐκπειράζω	put to the test	243c
	ζωή 2 b β	life	341a
	ἰδού 1 b β	behold	371a
	κληρονομέω 2	acquire	434d
	νομικός 2	lawyer	541c
26	ἀναγινώσκω 1	read	51c
	νόμος 4 b	law	543a
	πῶς 1 a	how	732b
	τίς, τί 1 b α	which	819b
27	ἀγαπάω 1 a β	love	4d
	διάνοια 1	understanding	187a
	ἐκ 3 g γ	by	235c
	θεός 3 c	God	357c
	ἰσχύς	strength	383c
	καρδία 1 b ζ	heart	404b
	πλησίον 1 b	near	672d
	σεαυτοῦ 3	yourself	745c
	ψυχή 1 b γ	soul, life	893c
	ψυχή 1 b γ	soul, life	893c
28	ζάω 2 b α	live	336c
	καί I 2 f	and	392d
	ὀρθῶς	rightly	580d
29	δικαιόω 2	justify	197c
	καί I 2 h	and	392d
	πλησίον 1 b	near	672d
30	ἄνθρωπος 3 a α	man	69a
	ἀφίημι 3 a	leave	126b
	ἐκδύω 1	strip	239a
	ἐπιτίθημι 1 a β	inflict blows	303a
	ἡμιθανής	half dead	348a
	Ἰεριχώ	Jericho	372b
	Ἱεροσόλυμα 1 a	Jerusalem	373b
	καί II 6		393d
	καταβαίνω 1 a β	come down	408b
	λῃστής 1	robber	473b
	περιπίπτω 1	fall in with	649d
	πληγή 1	blow	668b
	τυγχάνω 2 a	happen	829c
	ὑπολαμβάνω 3	take up	845b
31	δέ 4 b	but, and	171d
	ἱερεύς 1 b α	priest	372a
	κατά II 5 b β	according to	407c
	καταβαίνω 1 a β	come down	408b
	ὁδός 1 a	way	554a
	συγκυρία	coincidence	775a
	συντυχία	chance	793d
	τὶς, τὶ 2 a α	any one	820c
	τύχη	by chance	831c
31f	ἀντιπαρέρχομαι	pass by	75d
32	γίνομαι I 4 c δ	come, go	160a
	κατά II 1 b	to	406b
	Λευίτης	a Levite	472b
	ὁμοίως	likewise	568a
	τόπος 1 c	place	822d
33	ἔρχομαι I 1 a β	come	310c
	ὁδεύω	go	553b
	Σαμαρίτης	Samaritan	741c
	σπλαγχνίζομαι	have pity	762d
34	ἔλαιον 1	olive oil	247d
	ἐπιβιβάζω	cause to mount	290b
	ἐπιχέω 1	pour over	305a
	ἴδιος 2 c	ones own	370a
	καταδέω	bandage	410b
	κτῆνος	animal	455b
	οἶνος 1	wine	562b
	πανδοχεῖον	inn	607d
	τραῦμα	a wound	824d
34f	ἐπιμελέομαι	care for	296a
35	ἀποδίδωμι 2	give back	90b
	αὔριον 1	tomorrow	122a
	δηνάριον	denarius	179b
	ἐκβάλλω 3	take out	237d
	ἐπανέρχομαι	return	283a
	ἐπί III 2 a	on	289b
	ὅστις 1 e β	whoever	586d
	πανδοχεύς	inn keeper	607d
	προσδαπανάω	spend in addition	712a
36	δοκέω 2 a	seem	202a
	εἰς 1 a β	into	228b
	ἐμπίπτω 2	fall	256b
	λῃστής 1	robber	473b
	πλησίον 1 b	near	672d
	τίς, τί 1 a α	which	819a
37	ἔλεος 1	mercy	250b
	μετά A II 1 c γ	with	509b
	ὁμοίως	likewise	567d
	πορεύω 1	proceed	692c
37a	ποιέω I 1 c β	do	682a
37b	ποιέω I 2 a α	do	682c
38	αὐτός 1 b	self	122d
	κώμη 1	village	461d
	Μάρθα	Martha	491c
	οἰκία 1 a	house	557c
	ὄνομα I 1	name	571a
	πορεύω 1	proceed	692d
	ὑποδέχομαι	receive	844b
39	καλέω 1 a γ	call	399a
	κύριος 2 c β	lord	459d
	λόγος 1 a β	word	477c
	Μαρία 5	Mary	492b
	ὅδε, ἥδε, τόδε 2	this	553a
	παρά III 1 c	along	611a
	παρακαθέζομαι	sit beside	616d
	παρακαθίζω	sit down beside	616d
	πούς 1 a	foot	696c
39f	ἀδελφή 1	sister	15d

40	διακονέω 1	wait on someone	184a
	διακονία 2	service	184b
	ἐφίστημι 1 a	stand by	330d
	ἵνα II 1 a δ	in order that	377d
	καταλείπω 1 d	leave behind	413d
	κύριος 2 c β	lord	459d
	μέλει 3	it is a concern	500b
	μόνος 1 a α	only	527c
	οὖν 1 b	therefore	593a
	περισπάω 2	be distracted	650c
	πολύς I 1 b β	many	688a
	συναντιλαμβάνομαι	help	784d
40f	Μάρθα	Martha	491c
	περί 2 c	about	645b
41	θορυβάζω	cause trouble	362d
	κύριος 2 c β	lord	459d
	μεριμνάω 1	have anxiety	505a
	τυρβάζω	trouble	830d
41f	μεριμνάω 1	have anxiety	505a
42	ἀγαθός 1 b β	good	3b
	ἀφαιρέω 2	be taken away	124c
	εἷς 2 b	one	231c
	ἐκλέγομαι 2 b	choose	242b
	Μαρία 5	Mary	492a
	Μαρία 5	Mary	492a
	Μαρία 5	Mary	492b
	μερίς 2	share	505c
	ὁ, ἡ, τό II 1 f	the	550d
	ὀλίγος 1 b	few	563d
	χρεία 1	need	884d

Luke 11

1	διδάσκω 2 e	teach	192b
	καθώς 1	just as	391b
	κύριος 2 c β	lord	459d
	μαθητής 2 a	disciple	485d
	παύω 2	stop	638b
2	ἁγιάζω 3	to reverence	9a
	βασιλεία 3 g	kingdom	135c
	βατταλογέω	babble	137d
	γίνομαι I 2 a	created	158c
	ἔρχομαι I 2 b	come	311c
	ἔρχομαι I 2 c	come	311d
	ἔρχομαι I 2 c	come	311d
	θέλημα 1 a	will	354b
	καθαρίζω 2 b α	cleanse	387c
	ὄνομα I 4 b	name	571d
	ὅταν 2 b	when	588b
	οὐρανός 1 a β	heaven	593d
	οὐρανός 2 a	heaven	594d
	πατήρ 3 c α	father	636a
	πολυλογία	wordiness	687b
	προσεύχομαι	pray	713d
3	ἄρτος 2	food	111a
	ἐπιούσιος	continual	297a
	ἡμέρα 2	day	346d
	κατά II 2 c	every	406d
	ὁ, ἡ, τό II 6	the	552a
4	ἀφίημι 2	forgive	126a
4	γάρ 1 b	for	151d
	εἰσφέρω 2	bring in	233d
	ὀφείλημα 2	debt	598d
	ὀφείλω 2 b β	owe	599a
	πᾶς, πᾶσα, πᾶν 1 a α	every, each	631b
	πειρασμός 2 b	test	640d
	πονηρός 2 b	wicked	691b
	ῥύομαι	save	737c
5	ἄρτος 1 a	bread	110c
	ἐκ 4 a β	from	235d
	ἔχω I 2 b β	have	332b
	κίχρημι	lend	433a
	μεσονύκτιον	midnight	507a
	πορεύω 1	proceed	692c
	τίς, τί 1 a α	which	819a
5a	φίλος 2 a α	loving	861a
5b	φίλος 2 a α	loving	861a
6	ἀγρός 2	the country	14a
	ἐκ 1 a	away from	234b
	ἐπειδή 2	since	284b
	ἔχω I 2 d	have	332c
	ὁδός 1 b	way	554b
	παραγίνομαι 1	come	613c
	παρατίθημι 1 a	place beside	622d
	πάρειμι 1 a	be present	624b
	φίλος 2 a α	loving	861a
7	ἀνίστημι 2 a	rise	70a
	δύναμαι 1 a	able	207a
	εἰμί III 2	to be	225a
	εἰς 9 a	(indicates pred nom)	230b
	ἐσθίω 1 b α	eat	312d
	ἔσωθεν 1	from inside	314b
	θύρα 1 a	door	365d
	κἀκεῖνος 1 a	and he	396d
	κλείω 1	shut	434a
	κοίτη 1 a	bed	440a
	κόπος 1	trouble	443d
	παιδίον 2 b	child	604b
	παρέχω 1 c	cause	626c
7f	δίδωμι 2	give	193c
8	ἀναίδεια	persistence	54d
	ἀνίστημι 2 a	rise	70b
	γέ 1	(emphasizing particle)	152d
	ἐγείρω 2 b	rise	215a
	εἰ I 1 a	if	219a
	εἰ VI 4	even if	220a
	οὐ 5 b	no	590d
	φίλος 2 a α	loving	861a
	χρήζω	need	885b
	χρήζω	need	885c
9	κἀγώ 3 b	I	386b
9f	αἰτέω	ask	26b
	ἀνοίγω 1 a	open	71a
	εὑρίσκω 1 a	find	324d
	ζητέω 1 a β	seek	338d
	κρούω	strike	454a
10	λαμβάνω 2	receive	465a
	πᾶς, πᾶσα, πᾶν 1 c γ	whoever	632a

11	αἰτέω	ask	26a
	ἀντί 1	opposite	73c
	ἄρτος 1 a	bread	110c
	ἰχθύς	fish	384b
	λίθος 1 a	stone	474b
	μή C 1	not	517b
	ὄφις 1	snake	600a
	υἱός 1 a α	son	833c
12	αἰτέω	ask	26a
	ἐπιδίδωμι 1	give	292b
	ἤ 1 a β	or	342b
	σκορπίος 1	the scorpion	757b
	ᾠόν	egg	896a
13	ἀγαθός 1 a β	good	2d
	ἀγαθός 1 b β	good	3b
	αἰτέω	ask	25d
	δόμα	gift	203c
	εἰ III	if	219c
	ἐκ 6 a	from	236b
	μᾶλλον 2 b	more	489c
	οἶδα 3	know	556c
	οὐρανός 2 a	heaven	594d
	πατήρ 3 c α	father	636a
	πνεῦμα 5 c β	spirit	676d
	πονηρός 1 b α	wicked	691a
	πόσος 1	how great	694c
	ὑπάρχω 2	be	838a
14	εἰμί II 4 b β	to be	224b
	ἐκβάλλω 1	drive out	237c
	θαυμάζω 1 a α	wonder	352b
	λαλέω 2 a α	speak	463b
14a	κωφός 1	mute	462a
14b	κωφός 1	mute	462a
14f	δαιμόνιον 2	demon	169b
15	ἄρχων 3	authorities	114a
	Βεεζεβούλ	Beelzebub	139a
	δαιμόνιον 2	demon	169b
	ἐκ 4 a β	from	235d
	ἐκβάλλω 1	drive out	237c
	τὶς, τὶ 1 a α	any one	820a
16	ἕτερος 1 b δ	another	315b
	ζητέω 2 c	seek	339b
	οὐρανός 2 a	heaven	594d
	παρά I 3 a	from	609d
	πειράζω 2 c	try	640c
	σημεῖον 2 a	sign	748b
17	διανόημα	thought	187a
	ἐρημόω	lay waste	309b
	οἶδα 4	know	556c
	οἶκος 1 a α	house	560b
	πίπτω 1 b β	fall	659d
17f	βασιλεία 2	kingdom	135a
	διαμερίζω 2	divide	186d
	ἐπί III 1 a ε	against	288c
18	δέ 4 a	but, and	171d
	εἰ VI 2	but if	220a
	ἵστημι II 1 d	stand	382c
	λέγω I 1 b β	say	468b
	πῶς 1 d	how	732b
	σατάν	Adversary	745a
18f	Βεεζεβούλ	Beelzebub	139a

18f	δαιμόνιον 2	demon	169b
	ἐκβάλλω 1	drive out	237c
18ff	δαιμόνιον 2	demon	169b
19	διά B II 2	therefore	181b
	ἐκβάλλω 1	drive out	237c
	κριτής 1 b	judge	453d
	τίς, τί 1 b α	which	819b
	υἱός 1 c α	son	833d
20	ἄρα 3	then	103d
	βασιλεία 3 g	kingdom	135c
	βασιλεία 3 g	kingdom	135c
	δάκτυλος	finger	170b
	ἐκβάλλω 1	drive out	237c
	ἐν III 1 a	by	260d
	ἐπί III 1 b γ	on	289a
	φθάνω 2	come	856d
21	αὐλή 2	farm	121b
	ἑαυτοῦ 4	oneself	212c
	εἰμί III 4	to be	225b
	εἰρήνη 1 a	peace	227b
	ἰσχυρός 1 a	strong	383b
	καθοπλίζω 1	equip	391a
	ὑπάρχω 1	be	838a
	φυλάσσω 1 c	watch	868b
22	αἴρω 4	take away	24d
	διαδίδωμι	distribute	182d
	ἐπάν	when	282c
	ἐπέρχομαι 2 b	come	285b
	ἐπί II 1 b γ	on	287b
	ἔρχομαι I 1 a α	come	310c
	ἰσχυρός 1 a	strong	383b
	ἰσχυρός 1 a	strong	383b
	νικάω 2 a	conquer	539b
	πανοπλία 1	full armor	607d
	πείθω	convince	639b
	πείθω 2 a	convince	639c
	σκῦλον	spoils	758b
23	εἰμί III 7	to be	225c
	κατά I 2 b γ	down	406a
	σκορπίζω 1	scatter	757a
	συνάγω 1	gather	782b
23a	μετά A II 1 c δ	with	509b
	μή A II 2 a	not	516c
23b	μετά A II 2	with	509b
	μή A II 2 a	not	516c
24	ἀκάθαρτος 2	impure	29b
	ἀνάπαυσις 3 a	resting place	58d
	ἄνυδρος	waterless	76c
	διά A I 1	through	179c
	διέρχομαι 1 b α	go through	194c
	ἐξέρχομαι 1 a δ	go out	274d
	εὑρίσκω 1 a	find	324d
	ζητέω 1 a β	seek	338d
	μή A II 2 b	not	516c
	ὅθεν 1	from which	555c
	οἶκος 1 b β	house	560d
	πνεῦμα 4 c	spirit	676a
	τόπος 1 d	place	822d
24b	ἐξέρχομαι 1 a α	go out	274c
25	εὑρίσκω 1 c α	find	325b
	κοσμέω 1	put in order	445a

25	κοσμέω 2 a β	decorate	445a
	σαρόω	sweep	744d
	σχολάζω 2	stand empty	798a
26	ἑπτά	seven	306b
	ἔσχατος 3 a	last	314a
	ἕτερος 1 b β	another	315b
	κατοικέω 1 b	live	424b
	παραλαμβάνω 1	take	619c
	πνεῦμα 4 c	spirit	676a
	πονηρός	sick	690d
	πρῶτος 1 a	first	725c
	τότε 2	at that time	824a
	χείρων	worse	881b
27	βαστάζω 2 a	carry	137b
	ἐπαίρω 1	raise up	282a
	θηλάζω 2	suck	360c
	κοιλία 2	belly	437b
	μακάριος 3 a	blessed	487a
	μαστός 2	breast	495b
	οὗτος 1 b α	this	597a
	ὄχλος 1	crowd	600c
	φωνή 2 a	voice	871a
28	γέ 3 e	of course	153a
	λόγος 1 b β	word	478b
	μακάριος 1 b	blessed	486d
	μενοῦνγε	rather	503c
	φυλάσσω 1 f	watch	868c
29	γενεά 2	generation	154a
	ἐπαθροίζω	collect besides	281b
	πονηρός 1 b α	wicked	691a
	σημεῖον 1	sign	748a
	σημεῖον 2 a	sign	748b
29-32	γενεά 2	generation	154a
29f	Ἰωνᾶς 1	Jonah	385b
30	εἰμί II 9 b	to be	225a
	καθώς 1	just as	391b
	Νινευίτης	men of Nineveh	540a
	οὕτω 1 a	thus	597d
	σημεῖον 1	sign	748a
	υἱός 2 c	son	835b
31	βασίλισσα	queen	137a
	ἐγείρω 2 e	appear	215a
	ἰδού 2	there is	371b
	νότος 3	south	544a
	οὗτος 2 b	this	597b
	πέρας 1	end	644a
	σοφία 2	wisdom	759d
31a	Σολομών	Solomon	759b
31b	Σολομών	Solomon	759b
31f	κατακρίνω	condemn	412b
	κρίσις 1 a α	judging	452d
	πολύς II 2 c	many	689c
	ὧδε 2 a	here	895b
32	ἀνίστημι 2 c	rise	70b
	εἰς 6 a	because of	230a
	Ἰωνᾶς 1	Jonah	385b
	κήρυγμα 2	proclamation	431a
	μετανοέω	change one's mind	512a
	μετανοέω	change one's mind	512a
	Νινευή	Nineveh	540a
	Νινευίτης	men of Nineveh	540a
33	ἅπτω 1	kindle	102d
	βλέπω 1 a	see	143b
	εἰσπορεύομαι 1	bo	233c
	ἐπί III 1 a β	on	288b
	κρύπτη dark and hidden place		454a
	κρυπτός 2 b	hidden	454b
	λυχνία	lampstand	483b
	λύχνος 1	lamp	483b
	μόδιος	a peck measure	525d
	τίθημι I 1 a β	put	816a
	ὑπό 2 a α	under	843c
	φέγγος	light	854d
	φῶς 1 a	light	871d
34	ἁπλοῦς	sincere	86a
	ἐπάν	when	282c
	λύχνος 2	lamp	483b
	ὀφθαλμός 1	eye	599c
	πονηρός 1 a α	sick	690d
	σκοτεινός	dark	757b
	φωτεινός	shining	872d
34a	σῶμα 1 b	body	799a
34b	σῶμα 1 b	body	799a
34c	σῶμα 1 b	body	799a
35	μή C 2	not	517c
	οὖν 1 a	therefore	593a
	σκοπέω	notice	756d
	σκότος 2 b	darkness	758a
	φῶς 1 b α	light	872a
36	ἀστραπή	lightning	118b
	εἰ VI 10	if	220b
	λύχνος 1	lamp	483b
	μέλος 1	member	501d
	μέρος 1 a	part	505d
	σκοτεινός	dark	757b
	τὶς, τὶ 2 a γ	any one	820c
	φωτίζω 2 a	shine	873a
36a	ὅλος 2 b	whole	564d
	φωτεινός	shining	872d
36b	ὅλος 2 c	whole	565a
	φωτεινός	shining	872d
37	ἀναπίπτω 1	recline	59c
	ἀριστάω 2	dine	106c
	δέομαι 4	ask	175b
	ἐρωτάω 2	ask	312a
	ὅπως 2 b	in order that	577a
	παρά II 1 b α	beside	610b
38	ἄριστον 2	noon meal	106d
	βαπτίζω 1	dip	131c
	διακρίνω 2 b	waver	185b
	θαυμάζω 1 a γ	wonder	352c
	πρό 2	before	701d
	πρῶτος 2 a	first	726b
39	ἁρπαγή 3	greediness	108c
	γέμω 1	be full	153d
	ἔσωθεν 2	inside	314c
	καθαρίζω 1 a	cleanse	387b
	κύριος 2 c β	lord	459d
	ὁ, ἡ, τό II 1 i	the	551a
	πίναξ	platter	658c
	πονηρία	wickedness	690c

39	ποτήριον 1	cup	695b
	σύ 1 b	you	772b
	ὑποκριτής	hypocrite	845b
39f	ἔξωθεν 1 b β	outside	279d
40	ἄφρων	foolish	127d
	οὐ 4 c	no	590c
	ποιέω I 1 a β	do	681a
41	ἐλεημοσύνη	charitable giving	250a
	ἔνειμι	be in	264c
	καθαρός 4	clean	388b
	πλήν 1 b	but	669c
42	ἀγάπη I 1 b γ	love	5d
	ἄνηθον	dill	66b
	ἀποδεκατόω 1	tithe	89d
	δεῖ 3	it is necessary	172b
	ἡδύοσμον	mint	344b
	θεός 3 f β	God	357d
	κἀκεῖνος 1 a	and he	396d
	κλῆσις 1	call	435d
	κρίσις 3	right	453b
	λάχανον	vegetable	467d
	παρέρχομαι 1 b β	pass away	626a
	παρίημι 1	leave undone	627c
	πήγανον	rue	655d
42-4	οὐαί 1 a	woe	591b
42ff	ὅτι 3 a	that	589c
43	ἀγαπάω 2	love	5a
	ἀγορά	market place	12c
	ἀσπασμός 1	greeting	117a
	δεῖπνον 2	dinner	173c
	πρωτοκαθεδρία	place of honor	725b
44	ἄδηλος 1	unseen	16d
	εἰμί II 9 b	to be	225a
	ἐπάνω 1 a	above	283b
	καί I 2 b	and	392b
	μνημεῖον 2	tomb	524d
	οἶδα 1 i	know	556b
	περιπατέω 1 c	go about	649b
45	λέγω I 8 d	say	469b
	τὶς, τὶ 1 a α	any one	820a
	ὑβρίζω	mistreat	831d
45b	λέγω I 1 a	say	468b
46	αὐτός 1 c	self	122d
	δάκτυλος	finger	170a
	δυσβάστακτος	hard to bear	209b
	εἷς 1 c	one	231a
	οὐαί 1 a	woe	591b
	προσψαύω	touch	720c
	φορτίζω	cause to carry	865a
46a	φορτίον 2	load	865b
46b	φορτίον 2	load	865b
47	ἀποκτείνω 1 a	kill	94a
	μνημεῖον 1	memorial	524c
	οἰκοδομέω 1 a	build	558b
	οὐαί 1 a	woe	591b
47f	πατήρ 1 b	forefathers	635b
48	ἄρα 4	then	104a
	ἔργον 1 c β	deed	308a

48	μαρτυρέω 1 c	testify favorably	493a
	μάρτυς 2 b	witness	494c
	μέν 1 b	(particle)	502d
	οἰκοδομέω 1 b α	build	558b
	συνευδοκέω	agree with	788d
49	ἀποστέλλω 1 b α	send away	98c
	ἀπόστολος 2	messenger	99d
	διώκω 2	persecute	201b
	ἐκ 4 a γ	from	236a
	ἐκδιώκω	persecute severely	239a
	καί II 4	also	393c
	προφήτης 4	prophet	724a
	προφήτης 5	prophet	724a
	σοφία 4	wisdom	760a
50	αἷμα 2 a	blood	22d
	αἷμα 2 a	blood	23a
	ἐκχέω 1	pour out	247b
	ἵνα II 2	in order that	378a
	καταβολή 1	foundation	409a
	κόσμος 2	world	445d
50f	γενεά 2	generation	154a
	ἐκζητέω 4	charge with	240b
51	Ἄβελ	Abel	1c
	αἷμα 2 a	blood	22d
	ἀπό IV 2 a	from	87d
	Βαραχίας	Barachiah	133a
	Ζαχαρίας 2	Zechariah	335d
	θυσιαστήριον 1 a	altar	366d
	μεταξύ 2 a	between	513a
	ναί 3	certainly	533a
	οἶκος 1 a β	house	560d
52	αὐτός 1 c	self	122d
	γνῶσις 1	knowledge	163d
	εἰσέρχομαι 2 a	come	233b
	κλείς	key	433d
	κλείς 2	key	434a
	κρύπτω 1 a	hide	454b
	κωλύω 1	hinder	461c
	οὐαί 1 a	woe	591b
53	ἀποστοματίζω	question closely	100b
	δεινῶς	terribly	173b
	ἐνέχω 1	have a grudge	265d
	ἐνώπιον 2 a	before	270d
	κἀκεῖθεν 1	and from there	396d
	λέγω I 1 a	say	468b
	πολύς II 2 b	many	689c
	συμβάλλω 1 b	converse	777c
	Φαρισαῖος	Pharisee	853d
54	ἀποστοματίζω	question closely	100b
	ἀφορμή	pretext	127c
	ἐνεδρεύω	lie in wait	264c
	εὑρίσκω 2	find	325c
	θηρεύω	hunt	360d
	κατηγορέω 1 a	bring charges	423b
	στόμα 1 a	mouth	769d
	τὶς, τὶ 1 b α	any one	820b

Luke 12

1	ἐπισυνάγω	gather	301d
	ζύμη 2	leaven	340a
	καταπατέω 1 b	trample	415d
	λέγω I 3	say	468c
	μυριάς 2	myriads	529d
	ὅς, ἥ, ὅ I 11 c	(rel pron)	585a
	ὅστις 3	whoever	587b
	ὄχλος 1	crowd	600d
	προσέχω 1 b	pay attention to	714c
	πρῶτος 2 a	first	726b
	συμπεριέχω	surround	779c
	συμπνίγω 2	choke	779d
	ὑπόκρισις	hypocrisy	845a
	ὥστε 2 a β	so that	900a
2	ἀποκαλύπτω 1	reveal	92a
	γινώσκω 2 a	find out	161a
	δέ 2	but, and	171c
	κρυπτός 1	hidden	454a
	συγκαλύπτω	cover	773b
3	ἀντί 3	for	74a
	δῶμα	roof	210b
	εἶπον 1	say	226b
	κηρύσσω 2 b β	announce	431c
	λαλέω 2 b	speak	463d
	ὅς, ἥ, ὅ I 2 b α	(rel pron)	583c
	ὅς, ἥ, ὅ I 11 a	(rel pron)	585a
	οὖς 1	ear	595c
	σκοτία 1	darkness	757c
	ταμεῖον 2	storeroom	803d
	φῶς 1 a	light	871d
4	ἀπό V 3	with	88a
	ἔχω I 6 a	can	333c
	περισσότερος 2	greater	651c
	πτοέω	frighten	727c
	σῶμα 1 b	body	799b
	φίλος 2 a α	loving	861a
	φοβέω 1 a	be afraid	863a
5	γέεννα	hell	153b
	ἐμβάλλω	throw	254a
	ἐξουσία 2	ability	278a
	ἐξουσία 2	ability	278a
	μετά B II 4 b	after	510c
	ναί 3	certainly	533a
	ὑποδείκνυμι 2	show	844b
5a	φοβέω 1 b α	be afraid	863a
5b	φοβέω 1 b α	be afraid	863a
5c	φοβέω 1 b α	be afraid	863a
6	ἀσσάριον	assarion	117b
	δύο 2	two	209b
	εἷς 1 c	one	231a
	ἐνώπιον 5 a	before	271a
	ἐπιλανθάνομαι 2	neglect	295c
	οὐχί 3	not	598b
	πωλέω	sell	731d
6f	στρουθίον	sparrow	771c
7	ἀλλά 3	but, yet	38d
	ἀριθμέω	count	106b

7	διαφέρω 2 b	be superior	190b
	θρίξ 2	hair	364a
	κεφαλή 1 a	head	430a
	φοβέω 1 a	be afraid	862d
8	ἔμπροσθεν 2 b	in front	257b
	ἐν IV 5	in	261c
	πᾶς, πᾶσα, πᾶν 1 c γ	whoever	632a
	υἱός 2 c	son	835b
8a	ὁμολογέω 4	confess	568d
8b	ὁμολογέω 4	confess	568d
8f	ἄγγελος 2 a	angel	7c
9	ἀπαρνέομαι	deny	81a
	ἀρνέομαι 3 a	deny	107d
	ἐνώπιον 2 b	before	270d
9f	δέ 1 a	but, and	171c
10	ἀφίημι 2	forgive	126a
	βλασφημέω 2 b γ	blaspheme	142d
	εἶπον 1	say	226b
	εἰς 4 c α	against	229b
	λόγος 1 a γ	word	477c
	ὁ, ἡ, τό II 1 f	the	550d
	πᾶς, πᾶσα, πᾶν 1 c γ	whoever	632a
	πνεῦμα 5 c α	spirit	676c
	υἱός 2 c	son	835b
11	ἀπολογέομαι	defend oneself	95d
	ἀρχή 3	ruler	112c
	δέ 2	but, and	171c
	εἶπον 1	say	226b
	εἰσφέρω 1	bring in	233d
	ἐξουσία 4 c α	authority	278c
	ἐπί III 1 a γ	on	288c
	μεριμνάω 1	have anxiety	505a
	ὅταν 1 a	when	588a
	προσφέρω 1 a	bring (to)	719d
	πῶς 2 b	how	732d
	συναγωγή 2 a	place of assembly	782d
12	αὐτός 1 h	even	123a
	δεῖ 5	it is necessary	172b
	πνεῦμα 5 c α	spirit	676c
	ὥρα 3	time of day	896c
13	δέ 2	but, and	171c
	κληρονομία 1	inheritance	435a
	μερίζω 1 b	share	504d
	ὄχλος 1	crowd	600c
14	ἄνθρωπος 1 a γ	man	68b
	δικαστής	judge	198c
	ἐπί III 1 b α	over	288d
	καθίστημι 2 b	appoint	390c
	κριτής 1 a α	judge	453c
	μεριστής	arbitrator	505d
15	ἐκ 3 f	by	235c
	ζωή 1 a	life	340b
	ὁράω 2 b	see	578d
	περισσεύω 1 a β	be left over	650d
	πλεονεξία	greediness	667d
	ὑπάρχω 1	be	838a

15	φυλάσσω 2 a	watch	868d
15f	δέ 2	but, and	171c
16	ἄνθρωπος 3 a α	man	69a
	εἶπον 1	say	226b
	εὐφορέω	be fruitful	327c
	λέγω I 8 a	say	469a
	παραβολή 2	parable	612c
	πλουσίος 1	rich	673c
	χώρα 4	country	889c
17	διαλογίζομαι 1	consider	186a
	ἐν I 5 b	in	259c
	ἔχω I 2 d	have	332c
	κάρπος 1 a	fruit	404d
	ποῦ 1 b	where	696b
	συνάγω 1	gather	782b
18	ἀποθήκη	storehouse	91b
	γένημα	product	155a
	καθαιρέω	destroy	386c
	καθαιρέω 2 a α	destroy	386c
	οἰκοδομέω 1 a	build	558b
	σῖτος	wheat	752b
	συνάγω 1	gather	782b
18f	ἀγαθός 2 b β	good	3c
19	ἀναπαύω 2	rest	59a
	εἰς 2 b	for	229a
	ἐσθίω 1 d	eat	313a
	ἐσθίω 1 e ε	eat	313b
	ἔτος	year	317a
	εὐφραίνω 2	gladden	327d
	ἔχω I 2 a	have	332a
	κεῖμαι 1 b	lie	426d
	πίνω 1	drink	658d
	ψυχή 1 b α	soul, life	893c
	ψυχή 1 f	soul, life	894a
19b	πολύς I 1 a α	many	687c
20	ἀπαιτέω 1	demand	80a
	ἀπό IV 2 a	from	87d
	ἄφρων	foolish	127d
	ἑτοιμάζω 1	prepare	316b
	νύξ 1 c	night	546d
	ὅς, ἥ, ὅ I 2 b α	(rel pron)	583c
	ψυχή 1 a α	soul, life	893b
21	θησαυρίζω 1	store up	361c
	οὕτω 1 b	thus	597d
	πλουτέω 2	be rich	674a
22	ἐνδύω 2 a	dress	264a
	ἐσθίω 1 a	eat	312c
	μεριμνάω 1	have anxiety	505a
	μή A III 3 a	not	516d
	μηδέ 1 a	and not	517d
22f	σῶμα 1 b	body	799b
	ψυχή 1 a β	soul, life	893c
23	ἔνδυμα 1	garment	263c
	πολύς II 2 c	many	689c
	τροφή 1	food	827d
24	ἀποθήκη	storehouse	91b
	διαφέρω 2 b	be superior	190b
	θερίζω 1	reap	359b
	κατανοέω 2	notice	415a
	κόραξ	raven	444b
	μᾶλλον 1	more	489b

24	οὐδέ 1	and not	591c
	οὔτε	not	596a
	πετεινόν	bird	654a
	πόσος 1	how great	694c
	σπείρω 1 a α	sow	761b
	ταμεῖον 1	storeroom	803d
	τρέφω 1	feed	825c
25	ἐκ 4 a β	from	235d
	ἐπί III 1 b β	to	289a
	ἡλικία 1 a	age	345a
	ἡλικία 2	bodily stature	345c
	μεριμνάω 1	have anxiety	505a
	πῆχυς	forearm	657a
	προστίθημι 1 a	add	719a
26	ἀπολογέομαι	defend oneself	95d
	δύναμαι 3	able	207b
	εἰ VI 10	if	220b
	ἐλάχιστος 2 a	smallest	248d
	λοιπός 2 b β	the rest	480a
	μεριμνάω 1	have anxiety	505a
	οὐδέ 3	not even	591c
27	αὐξάνω 3	grow	121d
	δόξα 2	magnificence	204a
	εἷς 1 a β	one	230d
	κατανοέω 2	notice	415a
	κοπιάω 2	become weary	443c
	κρίνον	lily	451a
	νήθω	spin	537c
	ξαίνω	comb	547b
	οὐδέ 1	and not	591c
	οὔτε	not	596a
	περιβάλλω 1 b ε	throw around	646b
	πῶς 2 a	how	732c
	Σολομών	Solomon	759b
	ὑφαίνω	weave	849d
	ὡς II 2	so	897c
28	ἀμφιάζω	clothe	47b
	ἀμφιέννυμι	clothe	47c
	αὔριον 2	soon	122b
	βάλλω 1 b	throw	131a
	εἰ III	if	219c
	κλίβανος	oven	436b
	μᾶλλον 2 b	more	489c
	ὀλιγόπιστος	of little faith	563c
	πόσος 1	how great	694c
	σήμερον	today	749a
	χόρτος	grass	884a
29	εἷς 2 c	one	231c
	ζητέω 1 c	investigate	339a
	μετεωρίζομαι	do not be anxious about	514a
	πίνω 1	drink	658c
30	ἔθνος 1	nation	218c
	ἔθνος 2	gentiles	218d
	ἐπιζητέω 2 a	strive for	292d
	κόσμος 4 a	world	446b
	πᾶς, πᾶσα, πᾶν 1 e β	all	632c
	πατήρ 3 c α	father	636a
	χρῄζω	need	885b

31	βασιλεία 3 g	kingdom	135c
	ζητέω 2 a	seek	339a
	προστίθημι 2	add	719b
32	βασιλεία 3 g	kingdom	135b
	εὐδοκέω 1	well pleased	319b
	μικρός 2 b	small	521c
	πατήρ 3 c α	father	636a
	ποίμνιον 2 b	flock	684c
33	ἀνέκλειπτος	unfailing	64c
	βαλλάντιον	purse	130d
	διαφθείρω 1	spoil	190c
	ἐγγίζω 5 a	approach	213d
	ἐλεημοσύνη charitable giving		250a
	θησαυρός 2 b α	treasure	361d
	κλέπτης	thief	434b
	ὅπου 1 a α	where	576a
	οὐρανός 2 d	heaven	595b
	παλαιόω 2	make old	606a
	ποιέω I 1 e α	do	682c
	πωλέω	sell	731c
	σής	moth	749b
	ὑπάρχω 1	be	838a
33f	θησαυρός 2 b α	treasure	361d
34	ἐκεῖ 1	there	239b
	θησαυρός 2	treasure	361d
	καρδία 1 b ε	heart	404a
	ὅπου 1 a α	where	576a
35	καίω 1 a	light	396b
	λύχνος 1	lamp	483b
	ὀσφῦς 1	waist	587d
	περιζώννυμι 1	gird about	647b
36	ἀναλύω 2	depart	57c
	ἄνθρωπος 2 b δ	man	68d
	γάμος 1 b	wedding	151c
	ἑαυτοῦ 4	oneself	212c
	κρούω	strike	454a
	κύριος 1 a β	lord	459a
	ὅμοιος 1	like	566d
	πότε	when	695a
	προσδέχομαι 2 a	receive	712b
37	ἀμήν 2	amen	45d
	ἀνακλίνω 1 b	lay	56a
	γρηγορέω 1	be awake	167c
	διακονέω 1 wait on someone		184a
	δοῦλος 1 a	slave	205d
	εὑρίσκω 1 c α	find	325b
	κύριος 1 a β	lord	459a
	μακάριος 1 b	blessed	486d
	παρέρχομαι 3	come	626b
	περιζώννυμι 2 a	gird about	647b
38	δεύτερος 2	second	177b
	ἑσπερινός	in the evening	313c
	κἄν 1	and if	402c
	μακάριος 1 b	blessed	486d
	τρίτος 1	third	826d
	φυλακή 4	guard	868a
39	ἀφίημι 4	tolerate	126b
	γινώσκω 6 c	know	161c
	γρηγορέω 1	be awake	167c
39	διορύσσω	digs through	199b
	κλέπτης	thief	434b
	οἶδα 1 f	know	556b
	οἰκοδεσπότης master of the house		558a
	οἶκος 1 a α	house	560b
	οὗτος 1 b β	this	597a
	ποῖος 2 a β	of what kind	684d
	ὥρα 1	time of day	896a
40	δοκέω 1 f	think	202a
	ἕτοιμος 2	ready	316d
	ὅς, ἥ, ὅ I 5 a	(rel pron)	584b
	υἱός 2 c	son	835b
	ὥρα 1	time of day	896a
41	ἤ 1 a β	or	342b
	κύριος 2 c β	lord	459d
	λέγω I 2 a	say	468c
	παραβολή 2	parable	612c
	Πέτρος	Peter	655a
	πρός III 5 a	toward	710c
42	ἄρα 2	then	103d
	διαδίδωμι	distribute	182d
	ἐπί I 1 b α	over	286c
	θεραπεία 2	serving	359a
	καθίστημι 2 a	appoint	390b
	καιρός 2	time	395a
	οἰκονόμος 1 a	manager	560a
	πιστός 1 a α	trustworthy	664c
	σιτομέτριον	ration	752a
	φρόνιμος	thoughtful	866d
42a	κύριος 2 c β	lord	459d
42b	κύριος 1 a β	lord	459a
43	δοῦλος 1 a	slave	205d
	εὑρίσκω 1 c α	find	325b
	μακάριος 1 b	blessed	486d
	ποιέω I 2 a α	do	682c
44	ἀληθῶς 1	truly	37c
	ἐπί II 1 b α	over	287a
	καθίστημι 2 a	appoint	390c
	λέγω I 5	say	468d
	πᾶς, πᾶσα, πᾶν 1 d β	all	632b
	ὑπάρχω 1	be	838a
45	εἶπον 5	say	226d
	ἐσθίω 1 e ε	eat	313b
	καρδία 1 b β	heart	403d
	μεθύσκω	get drunk	499b
	παιδίσκη	maid	604c
	παῖς 1 a γ	servant	604d
	πίνω 1	drink	658d
	τέ 3 a	and	807d
	τύπτω 1	strike	830b
	χρονίζω 2	take time	887d
45f	δοῦλος 1 a	slave	205d
46	ἄπιστος 2	faithless	85d
	γινώσκω 6 a α	know	161c
	διχοτομέω	cut in two	200c
	ἥκω 1 c	have come	344d
	κύριος 1 a β	lord	459a
	μέρος 2	share	506c
	μετά A I	with	508c
	προσδοκάω 3	expect	712c

46	τίθημι I 1 b ε	make up (your) minds	816b
	ὥρα 1	time of day	896a
47	ἑτοιμάζω 1	prepare	316b
	θέλημα 1 c α	will	354b
	ποιέω I 2 b α	do	682d
	πρός III 5 d	in accordance with	710d
47f	γινώσκω 1 a	know	160d
	δέρω	beat	175d
48	ἄξιος 2 b	worthy	78c
	δίδωμι 3	give	193c
	ζητέω 2 c	seek	339b
	ὀλίγος 1 b	few	563d
	ὅς, ἥ, ὅ I 4 d	(rel pron)	584b
	παρά I 3 a	from	609d
	παρατίθημι 2 b α	place beside	623a
	πᾶς, πᾶσα, πᾶν 1 c γ	whoever	632a
	περισσότερος 2	greater	651c
	πληγή 1	blow	668a
	πολύς I 2 c α	many	688d
49	ἀνάπτω	kindle	60a
	γῆ 5 b	earth	157d
	ἤδη 1 b	already	344a
	θέλω 1	wish	355b
	πῦρ 2	fire	730c
	τίς, τί 3 b	which	819d
50	βαπτίζω 3 c	baptize	132b
	βάπτισμα 3	baptism	132d
	δέ 2	but, and	171c
	ἔχω I 6 b	must	333c
	πῶς 3	how	732d
	συνέχω 5	distress	789b
	τελέω 2	perform	811b
51	ἀλλά 1 a	but, yet	38a
	γῆ 5 b	earth	157d
	διαμερισμός	dissension	186d
	δοκέω 1 d	think	202a
	εἰρήνη 1 b	peace	227b
	οὐχί 2	not	598b
	παραγίνομαι 2	come	613d
52	γάρ 1 d	for	152a
	εἷς 2 a	one	231a
	νῦν 3 b	now	546a
52f	διαμερίζω 2	divide	186d
	ἐπί II 1 a γ	against	287a
53	διαμερίζω 2	divide	186d
	θυγάτηρ 1	daughter	364d
	νύμφη 2	daughter-in-law	545b
	πενθερά	mother-in-law	642c
54	ἀνατέλλω 2	rise	62a
	δυσμή	west	209d
	ἔρχομαι I 2 c	come	311d
	νεφέλη	cloud	536d
	ὄμβρος	rain storm	565b
55	εἰμί I 5	to be	223b
	καυσών	heat	425c
	νότος 1	southwest wind	544a
	πνέω 1 a	blow	679c
56	δοκιμάζω 1	examine	202c
	καιρός 4	time	395d
	οὐρανός 1 a β	heaven	594a
	πρόσωπον 1 d	face	721c
	πῶς 1 b	how	732b
	ὑποκριτής	hypocrite	845b
56a	οἶδα 3	know	556c
56b	οἶδα 3	know	556c
57	ἀπό V 5	of	88b
	δίκαιος 5	righteous	196b
	ἑαυτοῦ 1 a	oneself	212a
	κρίνω 4 a α	judge	451d
58	ἀντίδικος	opponent	74b
	ἀπαλλάσσω 2 a	release	80a
	ἄρχων 2 a	authorities	114a
	δίδωμι 7	give	193d
	ἐπί III 1 a γ	on	288c
	ἐργασία 5	trade	307c
	καί I 2 e	and	392c
	κατασύρω	drag	419b
	κριτής 1 a α	judge	453c
	μήποτε 2 b β	(neg particle)	519b
	ὁδός 1 b	way	554b
	παραδίδωμι 1 b	give over	614d
	ὑπάγω 2	go away	836d
	φυλακή 3	guard	867d
	ὡς IV 1 b	when	898c
58a	πράκτωρ	bailiff	697d
58b	πράκτωρ	bailiff	697d
59	ἀποδίδωμι 2	give back	90b
	ἐξέρχομαι 1 a	go out	274d
	ἔσχατος 3 b	last	314a
	κοδράντης	penny	437b
	λεπτός 2	small copper coin	472a

Luke 13

1	ἀπαγγέλλω 1	report	79b
	αὐτός 1 h	even	123a
	δέ 2	but, and	171c
	θυσία 2 a	sacrifice	366b
	καιρός 1	time	395a
	μείγνυμι 1	mix	499d
	μετά A II 5	with	509c
	πάρειμι 1 a	be present	624b
	Πιλᾶτος	Pilate	657d
	τὶς, τὶ 1 a α	any one	819d
1f	Γαλιλαῖος	Galilean	150c
2	ἁμαρτωλός 2	sinner	44b
	δοκέω 1 d	think	202a
	παρά III 3	in comparison	611a
	πάσχω 3 b	endure	634c
	τοιοῦτος 3 b	such a kind	821c
2b	ὅτι 3 a	that	589c
3	ἀλλά 1 a	but, yet	38a
	ἐάν I 3 b	if	211c
	μετανοέω	change ones mind	512a
	μή A I 1	not	515d
	ὁμοίως	likewise	567d
	οὐχί 2	not	598b
	ὡσαύτως	similarly	899b

4	ἀποκτείνω 1 a	kill	94a
	δεκαοκτώ (δέκα)	eighteen	174a
	δοκέω 1 d	think	202a
	ἐν I 1 c	in	258c
	ἐνοικέω	live	267b
	ἐπί III 1 a β	on	288a
	ἤ 1 d β	or	342b
	κατοικέω 2	live	424b
	ὀκτώ	eight	563a
	ὀφειλέτης 2 c β	debtor	598c
	παρά III 3	in comparison	611a
	πίπτω 1 b β	fall	659d
	πύργος 1	tower	730d
	Σιλωάμ	Siloam	750d
5	ἀλλά 1 a	but, yet	38a
	μετανοέω	change one's mind	512a
	μή A I 1	not	515d
	ὁμοίως	likewise	567d
	οὐχί 2	not	598b
	ὡσαύτως	similarly	899b
6	ἀμπελών	vineyard	47a
	δέ 2	but, and	171c
	ἔρχομαι I 1 a ε	come	310d
	λέγω I 1 a	say	468a
	παραβολή 2	parable	612c
	τὶς, τὶ 1 a α	any one	819d
	φυτεύω	plant	870a
6f	εὑρίσκω 1 a	find	324d
	ζητέω 1 a β	seek	338d
	κάρπος 1 a	fruit	404c
	συκῆ	fig tree	776b
7	ἀμπελουργός	vine dresser	47a
	ἀξίνη	ax	77d
	ἀπό II 2 c	since	87b
	γῆ 1	earth	157c
	ἐκκόπτω 1	cut down	241d
	ἰδού 1 b ε	behold	371a
	ἱνατί	why	378c
	καί I 2 g	and	392d
	καί II 5	still	393c
	καταργέω 1 a	make ineffective	417b
	φέρω 4 a α	bear	855b
7f	ἔτος	year	317a
8	ἀφίημι 4	tolerate	126b
	βάλλω 2 a	put	131a
	ἕως II 1 b β	until	335a
	κόπριον	manure	444a
	κόπρον	manure	444a
	κόπρος	manure	444a
	κόφινος	basket	447c
	κύριος 1 a β	lord	459b
	λέγω I 8 d	say	469b
	περί 2 a α	about	645a
	σκάπτω 1	dig	753c
9	γέ 3 b α	otherwise	153a
	δέ 1 a	but, and	171c
	εἰς 2 a γ	until	228c
	ἐκκόπτω 1	cut down	241d
	κἄν 1	and if	402c
	κάρπος 1 a	fruit	404d
9	μέλλω 2	is destined	501c
	μέν 1 a α	(particle)	502d
	ποιέω I 1 b	do	681d
10	δέ 2	but, and	171c
	σάββατον 1 b β	Sabbath	739b
11	ἀνακύπτω 1	stand erect	56d
	ἀσθένεια 1 a	weakness	115b
	γυνή 1	woman	168b
	δεκαοκτώ	eighteen	174a
	δύναμαι 1 b	able	207b
	εἰμί II 4 e	to be	224b
	εἰς 3	completely	229a
	ἔτος	year	317a
	ἔχω I 2 e α	have	332d
	ἰδού 2	there is	371b
	ὀκτώ	eight	563a
	παντελής 1	complete	608c
	παντελής 2	complete	608c
	πνεῦμα 4 c	spirit	676a
	συγκύπτω	was bent double	775a
12	ἀπολύω 1	set free	96c
	ἀσθένεια 1 a	weakness	115a
	προσφωνέω 2	call out	720c
13	ἀνορθόω	rebuild	72c
	δοξάζω 1	praise	204c
	ἐπιτίθημι 1 a α	put upon	303a
	παραχρῆμα	at once	623d
14	ἀγανακτέω	be aroused	4b
	ἀποκρίνομαι 2	begin	93c
	ἀρχισυνάγωγος	president of a synagogue	113b
	δεῖ 3	it is necessary	172b
	ἕξ	six	271b
	ἐργάζομαι 1	work	307a
	ἔρχομαι I 1 a ζ	come	310d
	ἡμέρα 2	day	346b
	θεραπεύω 2	heal	359a
14a	σάββατον 1 a	Sabbath	739b
14b	ἡμέρα 2	day	346d
	σάββατον 1 a	Sabbath	739b
15	ἀπάγω 1	lead away	79c
	βοῦς	ox	146c
	ἕκαστος 2	each	236c
	κύριος 2 c β	lord	459d
	λύω 2 a	loose	483d
	ὄνος	donkey	574a
	ποτίζω 2	give to drink	695d
	σάββατον 1 a	Sabbath	739b
	ὑποκριτής	hypocrite	845b
	φάτνη	manger	854c
16	δεῖ 6	it is necessary	172b
	δεσμός 1	fetter	176a
	δέω 1 b	bind	177d
	ἔτος	year	317a
	ἡμέρα 2	day	346d
	θυγάτηρ 2 b α	daughter	364d
	ἰδού 1 b ε	behold	371a
	καί I 1 b	and	391d
	λύω 2 b	release	483d
	ὀκτώ	eight	563a
	σάββατον 1 a	Sabbath	739b

16	σατάν	Adversary	745a
17	ἀντίκειμαι	be opposed	74c
	γίνομαι I 2 a	created	158c
	ἔνδοξος 2	glorious	263b
	ἐπί II 1 b γ	on	287c
	καταισχύνω 2	be humiliated	410d
	λέγω I 1 a	say	468b
	ὄχλος 1	crowd	600d
	πᾶς, πᾶσα, πᾶν 1 d β	all	632b
	ὑπό 1 b	by	843b
	χαίρω 1	rejoice	873b
18	καί I 2 a	and	392b
	ὁμοιόω 2	compare	567c
18a	τίς, τί 1 b α	which	819b
18b	τίς, τί 1 b α	which	819b
18f	ὅμοιος 1	like	566d
19	ἄνθρωπος 3 a β	man	69a
	αὐξάνω 3	grow	121d
	βάλλω 1 a	throw	130d
	γίνομαι I 4 a	become	159c
	δένδρον	tree	174c
	εἰς 8 a α (indicates pred nom)		230b
	κατασκηνόω 2	live	418c
	κῆπος	garden	430d
	κλάδος	branch	433a
	κόκκος 1	seed	440c
	λαμβάνω 1 a	take	464b
	μέγας 1 a	large	497c
	πετεινόν	bird	654a
	σίναπι	mustard	751c
20	ὁμοιόω 2	compare	567c
	πάλιν 3	again	607a
	τίς, τί 1 b α	which	819b
21	ἄλευρον	wheat flour	35d
	ἐγκρύπτω	hide	216d
	ἕως II 1 b α	until	335a
	ζύμη 1	leaven	340a
	ζυμόω	ferment	340a
	κρύπτω 1 d	hide	454c
	λαμβάνω 1 a	take	464b
	ὅλος 2 c	whole	565a
	ὅμοιος 1	like	566d
	ὅς, ἥ, ὅ I 11 f	(rel pron)	585b
	σάτον	measure	745b
22	διαπορεύομαι	go through	187d
	κατά II 1 a	along	406a
	κώμη 1	village	461d
	ποιέω II 1	do	683a
	πόλις 1	city	685c
	πόλις 1	city	685d
	πορεία 1	going	692a
23	εἰ V 1	if	219d
	ὀλίγος 1 b	few	563c
	σῴζω 2 b	save	798d
	τὶς, τὶ 1 a α	any one	819d
24	ἀγωνίζομαι 2 b	struggle	15c
	εἰσέρχομαι 1 f	come	233a
	θύρα 2 b	door	366a
	ἰσχύω 2 b	be strong	383d
	λέγω I 9	say	469b

24	πύλη 2	gate	729b
	στενός	narrow	766b
25	ἄν 3 d	(particle)	49a
	ἀνοίγω 1 a	open	71a
	ἀπό II 2 c	since	87b
	ἀποκλείω	close	93a
	ἐγείρω 2 b	rise	215a
	ἔξω 1 a α	outside	279b
	ἵστημι II 2 b α	being	382c
	κρούω	strike	454a
	οἶδα 1 c	know	556a
	οἰκοδεσπότης	master of the house	558a
	ὅς, ἥ, ὅ I 11 f	(rel pron)	585b
	ὅστις 6		587c
	πόθεν 1	from where	680b
25a	θύρα 1 a	door	365d
25b	θύρα 1 a	door	365d
26	ἐνώπιον 2 a	before	270d
	ἐσθίω 1 c	eat	313a
	πλατεῖα	wide road	666d
27	ἀδικία 2	unrighteousness	18a
	ἀφίστημι 2 a	withdraw	126d
	ἐργάτης 2	a doer	307d
	οἶδα 1 c	know	556a
	πόθεν 1	from where	680b
28	Ἀβραάμ	Abraham	2a
	βρυγμός	gnashing	148a
	ἐκβάλλω 1	drive out	237b
	ἔξω 1 b	outside	279c
	Ἰακώβ 1	Jacob	367d
	Ἰσαάκ	Isaac	380d
	κλαυθμός	weeping	433d
	ὀδούς	tooth	555a
	ὁράω	see	577d
	ὅταν 2 a	when	588a
	προφήτης 1	prophet	723c
28f	βασιλεία 3 g	kingdom	135c
29	ἀνακλίνω 2	recline	56a
	ἀνατολή 2 b	east	62c
	βορρᾶς	north	145b
	δυσμή	west	209d
	ἥκω 1 a	have come	344d
	νότος 2	south	544a
30	ἔσχατος 2	last	313d
	ἰδού 1 b ε	behold	371a
	πρῶτος 1 c β	first	726a
31	ἐντεῦθεν 1	from here	268c
	Ἡρῴδης 2	Herod	348c
	θέλω 2	wish	355b
	ὅτι 3 b	that	589d
	πορεύω 1	proceed	692b
	ὥρα 3	time of day	896c
32	ἀλώπηξ 2	fox	42a
	ἀποτελέω 2	perform	101a
	δαιμόνιον 2	demon	169b
	ἐκβάλλω 1	drive out	237c
	ἴασις 1	healing	368c
	πορεύω 1	proceed	692c
	τελειόω 1	complete	809d
	τελειόω 2 d	perfection	810a

32	τρίτος 1	third	826d
32f	αὔριον 2	soon	122b
	σήμερον	today	749b
33	ἐνδέχομαι	it is possible	263a
	ἔξω 2 a	outside	279c
	ἔχω III 3	hold fast	334b
	πλήν 1 b	but	669c
	πορεύω 1	proceed	692d
	προφήτης 3	prophet	723c
33f	προφήτης 4	prophet	724a
34	ἐπισυνάγω	gather	301d
	Ἱεροσόλυμα 1 b	Jerusalem	373b
	λιθοβολέω 2	stone	474b
	νοσσιά 2	brood	543d
	ὀρνίξ	cock	582a
	ὄρνις	cock	582a
	ποσάκις	how often	694b
	πτέρυξ	wing	727b
	τέκνον 2 f α	child	808d
	τρόπος 1	manner	827c
	ὑπό 2 a α	under	843c
35	ἀφίημι 3 a	abandon	126a
	ἔρχομαι I 1 a	come	311a
	εὐλογέω 2 a	bless	322b
	ἕως I 1 d	until	334c
	ἥκω 2	have come	344d
	μή D 1 a	not	517c
	οἶκος 1 a γ	house	560d
	ὄνομα I 4 c γ	name	573a
	ὅτε 2 b	when	588c

Luke 14

1	ἄρτος 2	food	110d
	ἄρχων 2 a	authorities	114a
	γίνομαι I 3 f	take place	159b
	ἐσθίω 1 a	eat	312c
	καί I 2 b	and	392b
	οἶκος 1 a α	house	560b
	παρατηρέω 1 a β	watch	622c
	σάββατον 1 a	Sabbath	739b
2	ἄνθρωπος 3 a α	man	69a
	εἰμί II 9 a	to be	224d
	ἔμπροσθεν 2 a	in front	257b
	ὑδρωπικός	suffering from dropsy	832d
3	ἀποκρίνομαι 2	begin	93c
	ἔξεστι 1	it is possible	275b
	θεραπεύω 2	heal	359a
	σάββατον 1 a	Sabbath	739b
4	ἀπολύω 2 b	send away	96d
	ἐπιλαμβάνομαι 1	grasp	295a
	ἡσυχάζω 2	rest	349b
	ἰάομαι 1	heal	368b
5	ἀνασπάω	draw	60b
	βοῦς	ox	146c
	ὄνος	donkey	574a
	πίπτω 1 a	fall	659c
	σάββατον 1 a	Sabbath	739b
	σάββατον 1 a	Sabbath	739b
	τίς, τί 1 a α	which	819a
5	ὗς	sow	848d
	φρέαρ	a well	865d
6	ἀνταποκρίνομαι	answer in turn	73b
	ἰσχύω 2 b	be strong	383d
	πρός III 5 a	toward	710c
7	ἐκλέγομαι 2 b	choose	242b
	ἐπέχω 2 a	aim at	285d
	καλέω 1 b	invite	399c
	λέγω I 1 a	say	468b
	παραβολή 2	parable	612c
	πῶς 2 a	how	732c
7f	πρωτοκλισία	place of honor	725b
8	γάμος 1 b	wedding	151c
	ἔντιμος 1 a	honored	268d
	καλέω 1 b	invite	399c
	κατακλίνω	recline at table	411d
	μήποτε 2 b β	(neg particle)	519b
9	ἄφεσις 1	release	125a
	δίδωμι 1 b α	give	193a
	ἔσχατος 2	last	313d
	καλέω 1 b	invite	399c
	κατέχω 1 c	occupy	423a
	μετά A III 1	with	509d
9a	τόπος 1 e	place	822d
9b	τόπος 1 e	place	822d
9f	ἔσχατος 1	last	313d
10	ἀναπίπτω 1	recline	59c
	ἀνώτερος 1	higher	77c
	εἰμί II 9 a	to be	224d
	εἰς 1 c	in	228c
	ἐνώπιον 5 a	before	270d
	ἔσχατος 2	last	313d
	ἵνα I 2	in order that	377a
	πορεύω 1	proceed	692c
	προσαναβαίνω	go up	711c
	συνανάκειμαι	eat with	784b
	τόπος 1 e	place	822d
	φίλος 2 a α	loving	861a
11	πᾶς, πᾶσα, πᾶν 1 c γ	whoever	632a
11a	ταπεινόω 2 a	lower	804d
	ὑψόω 2	lift up	851c
11b	ταπεινόω 2 a	lower	804d
	ταπεινόω 2 b	lower	804d
	ὑψόω 2	lift up	851a
12	ἀνταπόδομα	repayment	73a
	ἀντικαλέω	invite in return	74b
	ἄριστον 1	breakfast	106d
	γείτων	neighbor	153c
	γίνομαι I 3 b γ	take place	159b
	δεῖπνον 1	dinner	173b
	δεῖπνον 2	dinner	173c
	ἤ 1 a β	or	342a
	μηδέ 1 a	and not	517d
	μήποτε 2 b α	(neg particle)	519b
	πλουσίος 1	rich	673c
	ποιέω I 1 b ζ	do	681c
	ποιέω I 1 b ζ	do	681c
	συγγενής	related	772d
	φίλος 2 a α	loving	861a

12	φωνέω 2 c	call	870c
12f	καλέω 1 b	invite	399c
	ὅταν 1 a	when	588a
13	ἀνάπειρος		59b
	ἀνάπηρος	crippled	59c
	δοχή	banquet	206b
	ποιέω I 1 b ζ	do	681c
	πτωχός 1 a	poor	728b
	χωλός	lame	889a
14	ἀνάστασις 2 b	resurrection	60d
	ἀνταποδίδωμι 1	repay	73a
	δίκαιος 1 b	upright	195d
	ἐν II 2	while	260c
	ἔχω I 6 a	can	333c
	μακάριος 1 b	blessed	486d
15	ἄριστον 2	noon meal	106d
	ἄρτος 2	food	111a
	ἐσθίω 1 a	eat	312c
	μακάριος 1 b	blessed	486d
	συνανάκειμαι	eat with	784b
15ff	βασιλεία 3 g	kingdom	135c
16	ἄνθρωπος 3 a α	man	69a
	δεῖπνον 2	dinner	173c
	δεῖπνος	dinner	173c
	μέγας 1 c	large	497c
	ποιέω I 1 b ζ	do	681c
17	ἀποστέλλω 1 b γ	send away	98d
	δεῖπνον 1	dinner	173b
	δεῖπνον 2	dinner	173c
	ἔρχομαι I 1 a α	come	310c
	ἕτοιμος 1	ready	316c
	καλέω 1 b	invite	399c
	ὥρα 3	time of day	896d
18	ἀγοράζω 1	buy	12d
	ἀγρός 1	field	14a
	ἀνάγκη 1	necessity	52c
	ἀπό VI	from	88c
	εἶδον 1 a	see	220d
	ἔχω I 2 i	have	333a
	πρῶτος 1 b	first	725d
18a	παραιτέομαι 1	excuse	616c
18b	ἔχω I 5	consider	333b
	παραιτέομαι 1	excuse	616c
18f	ἐρωτάω 2	ask	312a
19	ἀγοράζω 1	buy	12d
	βοῦς	ox	146c
	δοκιμάζω 1	examine	202c
	ἔχω I 5	consider	333b
	ζεῦγος 1	yoke	337b
	παραιτέομαι 1	excuse	616c
	πορεύω 1	proceed	692c
19f	ἕτερος 1 b δ	another	315b
20	γαμέω 1 a	marry	150d
	δύναμαι 1 b	able	207b
21	ἀνάπειρος		59b
	ἀνάπηρος	crippled	59c
	εἰσάγω	bring	232b
	οἰκοδεσπότης	master of the house	558a
	ὀργίζω	be angry	579d
	παραγίνομαι 1	come	613d
21	πλατεῖα	wide road	666d
	πτωχός 1 a	poor	728b
	ῥύμη	lane	737c
	ταχέως 1 a	quickly	806d
	τότε 2	at that time	824a
	χωλός	lame	889a
	ὧδε 1	here	895b
22	γίνομαι I 2 a	created	158c
	ἐπιτάσσω	command	302b
	κύριος 1 a β	lord	459b
	τόπος 1 e	place	822d
	ὡς I 2 b	as	897b
23	ἀναγκάζω 2	invite	52a
	γεμίζω 3	fill	153d
	εἰς 1 a α	into	228b
	εἰς 1 b	near	228c
	κύριος 1 a β	lord	459a
	ὁ, ἡ, τό II 10 a	the	552c
	ὁδός 1 a	way	554a
	οἶκος 1 a α	house	560b
	φραγμός 1	fence	865c
24	γεύομαι 1	taste	157a
	δεῖπνον 2	dinner	173c
	καλέω 1 b	invite	399c
	οὐδείς 2 a	no one	592a
25	ὄχλος 1	crowd	601a
	πολύς I 1 a β	many	687d
	στρέφω 2 a α	turn	771b
	συμπορεύομαι 1	go with	780a
26	ἀδελφή 1	sister	15d
	δέ 4 a	but, and	171d
	εἰ VII	whoever, whatever	220b
	ἔτι 2 b	still	316a
	μισέω 1	hate	522d
	μισέω 2	hate	522d
	τέκνον 1 a α	child	808b
	ψυχή 1 a β	soul, life	893c
	ψυχή 1 f	soul, life	894a
27	βαστάζω 2 b α	carry	137b
	ἔρχομαι II	go	311d
	ὀπίσω 2 a β	after	575b
	ὅστις 1 a	whoever	586d
	σταυρός 2	the cross	765a
28	ἀπαρτισμός	completion	81b
	δαπάνη	cost	171a
	ἐκ 4 a β	from	235d
	ἔχω I 2 a	have	332a
	καθίζω 2 a α	sit down	390a
	οἰκοδομέω 1 a	build	558a
	πρός III 5 b	as far as	710d
	πρῶτος 2 a	first	726b
	πύργος 1	tower	730d
	πύργος 2	tower	730d
	τίς, τί 1 a α	which	819a
	ψηφίζω	count	892d
29	ἐμπαίζω 1	ridicule	255d
	θεμέλιος 1 b	foundation	355d
	θεωρέω 1	observe	360a
	μήποτε 2 b α	(neg particle)	519b
	τίθημι I 1 a α	put	815d
29f	ἐκτελέω	finish	245c

29f	ἰσχύω 2 b	be strong	383d
30	ὁ, ἡ, τό II 1 h	the	551a
	οἰκοδομέω 1 b α	build	558b
	οὗτος 2 a	this	597b
31	ἀπαντάω	meet	80c
	βουλεύω 1	deliberate	145c
	δυνατός 1 a β	powerful	208d
	εἰ V 2 a	whether	219d
	εἴκοσι	twenty	222a
	ἐν I 4 c α	in	259a
	ἐπί III 1 a ε	against	288c
	ἔρχομαι I 1 a β	come	310c
	ἕτερος 1 a	other	315a
	ἤ 1 d δ		342c
	καθίζω 2 a α	sit down	390a
	μετά A II 1 a	with	508d
	πόλεμος 1 a	armed conflict	685b
	πορεύω 1	proceed	692c
	πρῶτος 2 a	first	726b
	συμβάλλω 1 b	converse	777c
	τίς, τί 2	which	819c
	ὑπαντάω	go to meet	837d
31a	χιλιάς	thousand	882a
31b	χιλιάς	thousand	882a
32	εἰμί II 9 a	to be	224d
	εἰρήνη 1 a	peace	227b
	ἐρωτάω 2	ask	312a
	ἔτι 1 a α	still	315d
	πόρρω 1	far away	693d
	πρεσβεία	ambassador	699b
	πρός III 5 b	as far as	710d
33	ἀποτάσσω 2	renounce	100d
	πᾶς, πᾶσα, πᾶν 1 c γ	whoever	632a
	ὑπάρχω 1	be	838a
34	ἅλας 1	salt	35a
	ἀρτύω	season	111a
	ἐάν I 1 b	if	211b
	ἐν III 1 a	by	260c
	καλός 2 a	good	400b
	μωραίνω 2	become tasteless	531b
	τίς, τί 1 b α	which	819b
35	βάλλω 1 b	throw	130d
	εἰς 5	for	230a
	ἔξω 1 b	outside	279c
	ἐπιγινώσκω 2 a	know	291a
	εὔθετος	suitable	320b
	κοπρία	dung heap	443d
	οὖς 2	ear	595d
	οὔτε	not	596a

Luke 15

1	ἀκούω 1 c	hear	32b
	ἁμαρτωλός 2	sinner	44b
	δέ 2	but, and	171c
	ἐγγίζω 1	approach	213c
	τελώνης	tax collector	812c
2	ἁμαρτωλός 2	sinner	44b
	διαγογγύζω	complain	182c
2	προσδέχομαι 1 a	receive	712b
	συνεσθίω	eat with	788b
	Φαρισαῖος	Pharisee	853d
3	παραβολή 2	parable	612c
4	ἄνθρωπος 3 a ζ	man	69b
	ἀπόλλυμι 2 b	be lost	95c
	ἑκατόν	one hundred	236d
	ἐνενήκοντα	ninety	265a
	ἐννέα	nine	267a
	ἐπί III 1 a δ	to	288c
	ἔρημος 2	desert	309a
	ἔχω I 2 a	have	332a
	ἕως I 1 b	until	334c
	καταλείπω 2 a	leave behind	413d
	ὁ, ἡ, τό II 2 d	the	551b
	πορεύω 1	proceed	692c
	πρόβατον 1	sheep	703a
	τίς, τί 2	which	819c
5	ἐπί III 1 a β	on	288b
	ἐπιτίθημι 1 a α	put upon	302d
	χαίρω 1	rejoice	873b
	ὦμος	shoulder	895d
6	ἀπόλλυμι 2 b	be lost	95c
	γείτων	neighbor	153c
	οἶκος 1 a α	house	560b
	πρόβατον 1	sheep	703a
	συγκαλέω 1	call together	773b
	συγκαλέω 2	call together	773b
	συγχαίρω 1	rejoice with	775a
	φίλος 2 a α	loving	861a
7	ἁμαρτωλός 2	sinner	44b
	δίκαιος 1 b	upright	195d
	ἐνενήκοντα	ninety	265a
	ἐννέα	nine	267a
	ἐπί II 1 b γ	on	287c
	ἤ 2 b α	than	342d
	μετανοέω	change ones mind	512a
	μετάνοια	repentance	512c
	οὕτω 1 b	thus	597d
	χαρά 1	joy	875d
	χρεία 1	need	885a
8	ἅπτω 1	kindle	102d
	δέκα	ten	173d
	ἐάν I 1 b	if	211b
	ἐπιμελῶς	carefully	296a
	ἔχω I 2 a	have	332a
	ἕως II 1 b α	until	335a
	ἕως II 1 b β	until	335a
	ζηλόω 1 a	strive	338a
	λύχνος 1	lamp	483b
	οἰκία 1 a	house	557b
	οὐχί 3	not	598b
	σαρόω	sweep	744d
	τίς, τί 2	which	819c
8f	ἀπόλλυμι 1 b	lose	95a
	δραχμή	drachma	206c
9	γείτων	neighbor	153c
	λέγω I 8 a	say	469b
	συγκαλέω 1	call together	773b
	συγκαλέω 2	call together	773b
	συγχαίρω 1	rejoice with	775a

9	φίλος 2 b	loving	861b
10	ἄγγελος 2 a	angel	7c
	ἄγγελος 2 a	angel	7d
	ἁμαρτωλός 2	sinner	44b
	ἐνώπιον 5 a	before	270d
	ἐπί II 1 b γ	on	287c
	μετανοέω	change ones mind	512a
	οὕτω 1 b	thus	597d
	χαρά 1	joy	875d
11	ἄνθρωπος 3 a α	man	69a
	δέ 2	but, and	171c
	ἔχω I 2 b α	have	332b
	υἱός 1 a α	son	833c
12	βίος 3	life	142a
	διαιρέω	distribute	183d
	δίδωμι 2	give	193b
	ἐπιβάλλω 2 c	belong to	290a
	μέρος 1 a	part	505d
	νέος 1 b β	young	536a
12f	οὐσία	property	596a
13	ἅπας 2	all	81d
	ἀποδημέω 1	go on a journey	90a
	ἀσώτως	dissolutely	119c
	διασκορπίζω	scatter	188b
	ζάω 3 a	live	336d
	μακρός 2	distant	488c
	μετά B II 1	after	510b
	νέος 1 b β	young	536a
	πολύς I 1 a α	many	687d
	συνάγω 1	gather	782b
	χώρα 1 a	country	889b
14	ἄρχω 2 a α	begin	113c
	γίνομαι I 1 b β	come about	158b
	δαπανάω 1	spend	171a
	ἰσχυρός 2	strong	383b
	κατά II 1 a	along	406a
	λιμός 2	famine	475b
	ὑστερέω 2	to miss	849b
14f	χώρα 1 a	country	889b
15	ἀγρός 3	farm	14a
	βόσκω 1	feed	145b
	κολλάω 2 b α	unite	441d
	πέμπω 1	send	641d
	πέμπω 1	send	642a
	πολίτης 1	citizen	686d
15f	χοῖρος	swine	883b
16	ἀπό V 2	with	88a
	γεμίζω 2	fill	153c
	ἐκ 4 a ζ	from	236a
	ἐπιθυμέω	desire	293b
	ἐσθίω 1 a	eat	312d
	κεράτιον	carob	429b
	κοιλία 1	belly	437b
	ὅς, ἥ, ὅ I 4 a	(rel pron)	584a
	χορτάζω 2 a	feed	884a
17	ἀπόλλυμι 2 a α	perish	95b
	ἄρτος 2	food	110d
	ἑαυτοῦ 1 d	oneself	212b
	ἔρχομαι I 2 c	come	311c
	λιμός 1	hunger	475b
17	μίσθιος	hired man	523a
	περισσεύω 1 b α	be left over	651a
	περισσεύω 2 b	be left over	651b
	πόσος 2 a	how great	694c
	ὧδε 2 a	here	895b
18	ἁμαρτάνω 4 b	sin	42d
	ἁμαρτάνω 4 c	sin	42d
	ἀνίστημι 2 d	rise	70c
	εἰς 4 c α	against	229b
	ἐνώπιον 5 b	before	271a
	οὐρανός 3	heaven	595b
	πορεύω 1	proceed	692c
19	ἄξιος 2 a	worthy	78b
	εἷς 3 a	someone	231d
	καλέω 1 a δ	call	399b
	μίσθιος	hired man	523a
	οὐκέτι 1	no longer	592c
	ποιέω I 1 b ι	do	682a
	υἱός 1 a α	son	833c
	ὡς II 3 b	so	897d
20	ἀνίστημι 2 d	rise	70c
	ἀπέχω 2	be distant	85a
	ἐπιπίπτω 1 b	fall upon	297c
	ἔρχομαι II	go	311d
	ἔτι 1 a β	still	315d
	καταφιλέω	kiss	420b
	μακράν 1 a α	far	487c
	σπλαγχνίζομαι	have pity	762d
	τράχηλος	neck	825a
	τρέχω 1	run	825d
21	ἁμαρτάνω 4 b	sin	42d
	ἁμαρτάνω 4 c	sin	42d
	ἄξιος 2 a	worthy	78b
	εἰς 4 c α	against	229b
	ἐνώπιον 5 b	before	271a
	καλέω 1 a δ	call	399b
	μίσθιος	hired man	523a
	οὐκέτι 1	no longer	592c
	οὐρανός 3	heaven	595b
	ποιέω I 1 b ι	do	682a
22	δακτύλιος	ring	170a
	δίδωμι 2	give	193c
	εἰς 1 c	in	228c
	ἐκφέρω 1	carry	246d
	ἐνδύω 1	dress	264a
	πρῶτος 1 c α	first	726a
	στολή	robe	769c
	ταχέως 1 a	quickly	806d
	ταχύς 2 b	quick	807b
	ὑπόδημα	sandal	844c
	φέρω 4 a α	bear	855b
	χείρ 1	hand	880b
23	θύω 2	sacrifice	367a
	μόσχος	calf	528d
	σιτευτός	fattened	752a
	φέρω 4 b α	bear	855c
23f	εὐφραίνω 2	gladden	327d
24	ἀναζάω 2	come to life again	53d
	ἀπόλλυμι 2 b	be lost	95c
	ζάω 1 a α	live	336a
	νεκρός 1 b α	dead	534d

24	ὁ, ἡ, τό II 1 h	the	551a
25	ἀγρός 1	field	14a
	ἀκούω 1 b γ	hear	32b
	ἐγγίζω 1	approach	213c
	εἰμί III 4	to be	225b
	πρεσβύτερος 1 a	older	699d
	συμφωνία	music	781a
	χορός 1	dance	883d
	ὡς IV 1 a	when	898c
26	εἰμί II 3	to be	224a
	εἷς 3 a	someone	231d
	θέλω 3	wish	355c
	παῖς 1 a γ	servant	604d
	προσκαλέω 1 a	summon	715c
	πυνθάνομαι 1	inquire	729d
	τίς, τί 1 b δ	which	819b
27	ἀπολαμβάνω 2	recover	94c
	ἥκω 1 c	have come	344d
	θύω 2	sacrifice	367a
	μόσχος	calf	528d
	σιτευτός	fattened	752a
	ὑγιαίνω 1	be healthy	832b
27a	ὅτι 2	that	589c
27b	ὅτι 3 a	that	589c
28	θέλω 2	wish	355c
	ὀργίζω	be angry	579d
	παρακαλέω 1 b	invite	617a
	παρακαλέω 5	implore	617d
29	αἴξ	goat	23d
	ἀριστάω 2	dine	106c
	δουλεύω 2 a	serve	205a
	ἐντολή 1 b	command	269a
	ἐρίφιον	kid	309d
	ἔριφος	kid	309d
	ἔτος	year	317a
	εὐφραίνω 2	gladden	327d
	ἰδού 1 b ε	behold	371a
	μετά A II 2	with	509b
	παρέρχομαι 1 b β pass away		626a
	τοσοῦτος 1 b	so great	823c
	φίλος 2 a α	loving	861a
29a	οὐδέποτε	never	592b
29b	οὐδέποτε	never	592b
30	βίος 3	life	142a
	θύω 2	sacrifice	367a
	κατεσθίω 2	destroy	422b
	μόσχος	calf	528d
	ὁ, ἡ, τό II 1 h	the	551a
	ὅτε 1 b	when	588b
	οὗτος 2 a	this	597b
	πόρνη 1	prostitute	693c
	σιτευτός	fattened	752a
31	ἐμός 2	my	255c
	πάντοτε	always	609b
	τέκνον 1 a β	child	808c
32	ἀναζάω 2	come to life again	53d
	δεῖ 2	it is necessary	172a
	δεῖ 6 a	it is necessary	172b
	εὐφραίνω 2	gladden	327d
	ζάω 1 a α	live	336a
32	νεκρός 1 b α	dead	534d
	χαίρω 1	rejoice	873b

Luke 16

1	ἄνθρωπος 3 a α	man	69a
	διαβάλλω bring charges hostilely		181d
	διασκορπίζω	scatter	188b
	εἰμί I 1	to be	223b
	ἔχω I 2 b β	have	332b
	λέγω I 3	say	468c
	οἰκονόμος 1 a	manager	560a
	οὗτος 1 a β	this	596c
	πλουσίος 1	rich	673c
	ὑπάρχω 1	be	838a
	ὡς III 1 c	so	898b
2	ἀκούω 3 c	learn	32c
	ἀποδίδωμι 1	give away	90b
	ἔτι 1 b β	still	315d
	λόγος 2 a	account	478c
	οἰκονομέω 1	be manager	559c
	φωνέω 2 b	call	870c
2-4	οἰκονομία 1 a	management	559c
3	αἰσχύνω 1	be ashamed	25d
	ἀφαιρέω 3	take away	124c
	εἶπον 5	say	226d
	ἐπαιτέω	beg	282b
	ἰσχύω 2 b	be strong	383d
	οἰκονόμος 1 a	manager	560a
	ὅτι 1 c	that	589a
	σκάπτω 1	dig	753b
4	δέχομαι 1	receive	177c
	ἵνα I 1 d	in order that	377a
	μεθίστημι 1	be removed	499a
5	ἕκαστος 2	each	236d
	ὀφείλω 1	owe	598d
	πόσος 2 b β	how great	694c
	πρῶτος 1 b	first	725d
	χρεοφειλέτης	debtor	885b
6	βάτος	bath	137d
	ἔλαιον 1	olive oil	247d
	κάβος	measure	386a
	κάδος	jar	386b
	καθίζω 2 a α	sit down	390a
	ὁ, ἡ, τό II 1 d	the	550d
	πεντήκοντα	fifty	643a
	ταχέως 1 a	quickly	806d
6f	γράμμα 2 b	note	165c
	δέχομαι 2	grasp	177c
	ἑκατόν	one hundred	236d
7	ἔπειτα 1	then	284c
	ἕτερος 1 b δ	another	315b
	κόρος	measure	445a
	ὀγδοήκοντα	eighty	552d
	ὀφείλω 1	owe	598d
	πόσος 2 b β	how great	694c
	σῖτος	wheat	752b
8	ἀδικία 2	unrighteousness	18a
	αἰών 2 a	age	27d
	γενεά 1	clan	154a

8	ἐπαινέω	praise	281c
	οἰκονόμος 1 a	manager	560a
	ποιέω I 2 a α	do	682c
	ὑπέρ 2	beyond	839c
	φρόνιμος	thoughtful	866d
	φρονίμως	wisely	866d
	φῶς 3 a	light	872b
8a	υἱός 1 c δ	son	834a
8b	υἱός 1 c δ	son	834b
9	ἀδικία 2	unrighteousness	18a
	ἄδικος 2	unjust	18b
	αἰώνιος 3	eternal	28c
	δέχομαι 1	receive	177c
	ἐκ 3 f	by	235c
	ἐκλείπω	fail	242c
	κἀγώ 3 b	I	386b
	μαμωνᾶς	wealth	490a
	ποιέω I 1 e α	do	682c
	σκηνή	tent	754c
	φίλος 2 a α	loving	861a
10	ἄδικος 1	unjust	18b
	ἐλάχιστος 2 a	smallest	248d
	πιστός 1 a α	trustworthy	664c
10a	πολύς I 2 c α	many	688d
10b	πολύς I 2 c α	many	688d
11	ἀδικία 2	unrighteousness	18a
	ἄδικος 2	unjust	18b
	ἀληθινός 3	genuine	37b
	μαμωνᾶς	wealth	490a
	πιστεύω 3	believe	662a
	πιστός 1 a α	trustworthy	664c
11f	εἰ I 1 a	if	219a
12	ἀλλότριος 1 b α	to another	40d
	ἡμέτερος	our	347d
	οὐ 5 b	no	590d
	πιστός 1 a α	trustworthy	664c
	ὑμέτερος 1	your	836b
13	ἀγαπάω 1 a α	love	4c
	ἀντέχω 1	cling to	73c
	δουλεύω 2 a	serve	205a
	δουλεύω 2 b	serve	205a
	δύναμαι 1 a	able	207a
	δύο 3	two	209b
	εἷς 5 d	one	232a
	ἕτερος 1 a	other	315a
	ἤ 1 b	or	342b
	καταφρονέω 1	scorn	420b
	μαμωνᾶς	mammon	490a
	μισέω 1	hate	522d
	οἰκέτης	house slave	557a
	οὐδείς 1	no	591d
14	ἐκμυκτηρίζω	ridicule	243b
	ὑπάρχω 2	be	838a
	φιλάργυρος	fond of money	859a
15	βδέλυγμα 1	abomination	137d
	γινώσκω 6 a α	know	161b
	δικαιόω 2	justify	197c
	ἐνώπιον 2 b	before	270d
	ἐνώπιον 3	before	270d
	καρδία 1 b α	heart	403c
	ὑψηλός 2	high	850a

16	βασιλεία 3 g	kingdom	135c
	βιάζω 2 d	apply force	140d
	εὐαγγελίζω 2 b α	preach	317d
	μέχρι	until	515b
	μέχρι 1 b	until	515c
	νόμος 4 a	law	543a
	πᾶς, πᾶσα, πᾶν 2 a α	everyone	632c
	προφήτης 1	prophet	723c
	τότε 1 a	at that time	823d
17	εὔκοπος	easy	321d
	κεραία	hook	428d
	νόμος 3	law	542d
	νόμος 4 b	law	543a
	οὐρανός 1 a α	heaven	593d
	παρέρχομαι 1 b α	pass away	626a
	πίπτω 2 b δ	fall	660a
18	ἀπό I 2	from	86c
	ἀπολύω 2 a	send away	96c
	ἕτερος 1 b α	another	315a
	πᾶς, πᾶσα, πᾶν 1 c γ	whoever	632a
18a	γαμέω 1 a	marry	150d
	μοιχεύω 2 a	commit adultery	526c
18b	γαμέω 1 a	marry	150d
	μοιχεύω 2 a	commit adultery	526c
19	ἄνθρωπος 3 a α	man	69a
	βύσσος	linen	148d
	εἰμί I 1	to be	223b
	ἐνδιδύσκω	dress	263a
	εὐφραίνω 2	gladden	327d
	ἡμέρα 2	day	346d
	κατά II 2 c	every	406d
	λαμπρῶς	sumptuously	466a
	Νευης		536c
	παραβολή 2	parable	612c
	πλουσίος 1	rich	673c
	πορφύρα	purple	694a
20	βάλλω 1 b	lie	131a
	ἑλκόω	cause sores	251c
	Λάζαρος 2	Lazarus	462b
	ὄνομα I 1	name	571a
	πτωχός 1 a	poor	728b
	πυλών 1	gate	729c
21	ἀλλά 3	but, yet	38d
	ἀπό I 6	from	86d
	ἀπολείχω	lick	95a
	ἕλκος	sore	251c
	ἐπιθυμέω	desire	293b
	ἐπιλείχω	lick	295d
	ἔρχομαι I 1 a ζ	come	310d
	κύων 1	dog	461b
	λείχω	lick	471c
	περιλείχω	lick off	648c
	πίπτω 1 a	fall	659b
	τράπεζα 2	table	824b
	χορτάζω 2 a	feed	884a
	ψίξ	bit	893a

21	ψιχίον	crumb	893a
21f	πλουσίος 1	rich	673c
22	ἄγγελος 2 a	angel	7d
	ἀποφέρω 1 a α	take away	101d
	γίνομαι I 3 e	take place	159b
	δέ 4 a	but, and	171d
	θάπτω	bury	351d
	κόλπος 1	bosom	442b
	πτωχός 1 a	poor	728b
22ff	Ἀβραάμ	Abraham	2a
23	ᾅδης 1	hades	17a
	ἀνάκειμαι 2	be at table	55d
	ἀναπαύω 2	rest	59a
	βάσανος 1	torment	134d
	ἐν I 4 d	in	259b
	ἐπαίρω 1	look up	281d
	κόλπος 1	bosom	442b
	μακρόθεν	from far away	488a
	ὁράω 1 a α	see	577d
	ὑπάρχω 2	be	838b
23ff	Λάζαρος 2	Lazarus	462b
24	ἄκρον	top	34a
	βάπτω 1	dip	132d
	γλῶσσα 1 a	tongue	162b
	δάκτυλος	finger	170b
	ἐκφωνέω	cry out	247b
	ἐλεέω	have mercy	249d
	καταψύχω	refresh	421a
	ὀδυνάω 1	cause pain	555a
	ὅτι 3 b	that	589d
	πατήρ 1 b	forefather	635b
	πέμπω 1	send	642a
	φλόξ	flame	862b
	φωνέω 1 b	cry out	870c
25	ἀγαθός 2 b α	good	3c
	ἀπολαμβάνω 1	receive	94c
	ζωή 1 a	life	340b
	κακός 2	evil	398a
	μιμνῄσκομαι 1 a δ	remember	522b
	νῦν 1 a α	now	545c
	ὁ, ἡ, τό II 2 a	the	551a
	ὅδε, ἥδε, τόδε 3	this	553b
	ὀδυνάω 1	cause pain	555a
	παρακαλέω 4	implore	617d
	τέκνον 1 b	child	808c
26	διαβαίνω	come over	181d
	διαπεράω	cross	187c
	δύναμαι 2	able	207b
	ἐκεῖθεν	from there	239b
	ἔνθεν 1	from	266a
	ἐπί II 1 b β	to	287b
	μέγας 1 b	large	497c
	μεταξύ 2 a	between	513a
	μή A I 2	not	516a
	μηδέ 1 b	and not	517d
	ὅπως 2 a α	in order that	576d
	πᾶς, πᾶσα, πᾶν 2 a δ	everything	633a
	στηρίζω 1	establish	768b
	χάσμα	chasm	879b
27	ἐρωτάω 2	ask	312a
	ἵνα II 1 a γ	in order that	377c
	πέμπω 1	send	641d
27f	ὅπως 2 a α	in order that	577a
28	βάσανος 1	torment	134d
	διαμαρτύρομαι 1	charge	186c
	ἔχω I 2 b α	have	332b
	μή A I 2	not	516a
	τόπος 1 g	place	823a
29	ἀκούω 4	listen	32d
	ἔχω I 2 d	have	332c
	Μωϋσῆς	Moses	532c
	προφήτης 1	prophet	723c
30	ἀλλά 1 a	but, yet	38a
	ἀνίστημι 2 a	rise	70b
	ἐγείρω 2 c	rise	215a
	μετανοέω	change one's mind	512a
	νεκρός 2 a	dead	535a
	οὐχί 2	not	598b
	πορεύω 1	proceed	692c
	τὶς, τὶ 1 a γ	any one	820a
31	ἀκούω 4	listen	32d
	εἰ I 1 a	if	219a
	Μωϋσῆς	Moses	532c
	νεκρός 2 a	dead	535a
	οὐδέ 2	and not	591c
	πείθω 3 a	believe	639d
	προφήτης 1	prophet	723c

Luke 17

1	ἀνένδεκτος	impossible	65a
	ἔρχομαι I 2 b	come	311c
	μή A II 1 d α	not	516b
	οὐαί 1 a	woe	591b
	πλήν 1 b	but	669c
	σκάνδαλον 2	trap	753a
2	εἰ I 1 b	if	219b
	εἷς 1 a β	one	230d
	ἤ 2 b α	than	342d
	θάλασσα 1 a	sea	350a
	ἵνα II 1 b	in order that	377d
	λίθος 1 d	stone	474c
	λυσιτελέω	it is better	482c
	μικρός 1 c	small	521b
	μυλικός	millstone	529b
	ὀνικός	pertaining to a donkey	570c
	περί 2 a β	about	645a
	περίκειμαι 1 a	lie	648a
	ῥίπτω 1	throw	736c
	σκανδαλίζω 1 a	cause to fall	752d
	τράχηλος	neck	825a
3	ἀδελφός 4	neighbor	16c
	ἁμαρτάνω 1	sin	42c
	ἐάν I 1 b	if	211b
	ἐπιτιμάω 1	rebuke	303b
	προσέχω 1 b	pay attention to	714c
3f	ἀφίημι 2	forgive	126a
	μετανοέω	change one's mind	512b

4	ἁμαρτάνω 4 b	sin	42d
	ἐπιστρέφω 1 b α	turn	301b
	ἡμέρα 2	day	346c
4a	ἑπτάκις	seven times	306c
4b	ἑπτάκις	seven times	306c
5	ἀπόστολος 3	apostles	99d
	πίστις 2 d ζ	faith	664a
	προστίθημι 2	add	719b
5f	κύριος 2 c β	lord	459d
6	ἄν 1 b α	(particle)	48b
	εἰ I 1 b	if	219b
	ἐκριζόω 1	uproot	245a
	θάλασσα 1 a	sea	350a
	κόκκος 1	seed	440c
	μεταφυτεύω	be transplanted	513d
	πίστις 2 d ζ	faith	664a
	σίναπι	mustard	751c
	συκάμινος	mulberry tree	776b
	ὑπακούω 1	listen to	837c
	φυτεύω	plant	870a
	ὡς II 3 b	so	897d
7	ἀγρός 1	field	14a
	ἀναπίπτω 1	recline	59c
	ἀροτριάω	to plow	108b
	εἰσέρχομαι 1 e	come	233a
	ἔχω I 2 b β	have	332b
	παρέρχομαι 3	come	626b
	ποιμαίνω 1	tend	683d
8	δειπνέω	eat	173b
	διακονέω 1 wait on someone		184a
	ἐσθίω	eat	312c
	ἐσθίω 1 e β	eat	313a
	ἑτοιμάζω 1	prepare	316b
	ἕως I 2 b	until	334c
	οὐχί 3	not	598b
	περιζώννυμι 2 a	gird about	647b
	σύ 1 a	you	772b
	τίς, τί 1 b ζ	which	819c
9	διατάσσω	order	189c
	δοκέω 1 e	think	202a
	ἔχω I 2 e β	have	332d
	μή C 1	not	517b
	χάρις 5	favor	878c
10	ἄν 3 a	(particle)	48d
	ἀχρεῖος	useless	128c
	διατάσσω	order	189c
	λέγω I 1 b α	say	468b
	οὕτω 1 b	thus	597d
	ὀφείλω 2 a β	owe	598d
	πᾶς, πᾶσα, πᾶν 1 d β	all	632b
	σύ 1 c	you	772b
11	Γαλιλαία	Galilee	150b
	διά B I	through	181a
	διέρχομαι 1 b α	go through	194c
	καί I 2 b	and	392b
	μέσος 2	the middle	507c
	Σαμάρεια	Samaria	741c
12	ἀπαντάω	meet	80c
	δέκα	ten	173d
	εἰσέρχομαι 1 a β	come	232d
12	ἵστημι II 1 a	stand	382b
	κώμη 1	village	461d
	λεπρός	leprous	472a
	πόρρωθεν	from a distance	694a
	τὶς, τὶ 2 a α	any one	820c
	ὑπαντάω	go to meet	837d
13	αἴρω 1 b	lift up	24c
	ἐλεέω	have mercy	249d
	ἐπιστάτης	master	300b
	φωνή 2 a	voice	871a
14	ἐπιδείκνυμι 1	show	291d
	ἱερεύς 1 b α	priest	372a
	καθαρίζω 1 b α	cleanse	387b
	ὑπάγω 2	go away	836d
15	δοξάζω 1	praise	204c
	ἰάομαι 1	heal	368b
	μέγας 2 a γ	great	497d
	μετά A III 2	with	510a
	φωνή 2 a	voice	870d
16	αὐτός 2	they	123b
	ἐπί III 1 a β	on	288b
	εὐχαριστέω 2	give thanks	328b
	παρά III 1 c	along	611a
	πίπτω 1 b α	fall	659d
	πίπτω 1 b α	fall	659d
	πούς 1 a	foot	696c
	πρόσωπον 1 a	face	721a
	Σαμαρίτης	Samaritan	741c
17	δέκα	ten	173d
	ἐννέα	nine	267a
	καθαρίζω 1 b α	cleanse	387b
	ὁ, ἡ, τό II 2 d	the	551b
	οὐχί 3	not	598b
	ποῦ 1 a	where	696a
18	ἀλλογενής	foreign	39c
	δίδωμι 1 a	give	192d
	δόξα 3	fame	204b
	εὑρίσκω 2	find	325d
	ὑποστρέφω	return	847c
19	πίστις 2 b α	faith	663a
	σῴζω 1 c	save	798b
20	βασιλεία 3 g	kingdom	135c
	ἐπερωτάω 1 a	ask	285b
	ἔρχομαι I 2 b	come	311c
	μετά A III 2	with	509d
	παρατήρησις 1	observation	622d
	πότε	when	695a
20f	βασιλεία 3 g	kingdom	135c
21	γάρ 1 b	for	151d
	εἰμί II 9 a	to be	224d
	εἶπον 2 b	say	226c
	ἐντός	inside	269c
	ὧδε 2 a	here	895b
21a	ἰδού 2	there is	371b
22	εἶδον 5	see	221a
	εἷς 1 a β	one	230d
	ἐπιθυμέω	desire	293b
	ἔρχομαι I 1 b α	come	311b
	ἡμέρα 4 b	time	347d
	ὁράω 1 b	see	578b
	ὅτε 2 a α	when	588c

22	υἱός 2 c	son	835b
23	ἀπέρχομαι 2	go	84d
	διώκω 4 a	pursue	201b
	μηδέ 1 b	and not	517d
	ὧδε 2 a	here	895b
24	ἀστραπή	lightning	118b
	ἀστράπτω	lightning flashing	118b
	ἡμέρα 3 b β	day	347b
	λάμπω 1 a	shine	466a
	οὐρανός 1 b	heaven	594a
	οὕτω 1 a	thus	597d
	υἱός 2 c	son	835b
	ὥσπερ 1	(just) as	899c
24a	ὑπό 2 a β	under	843c
24b	ὑπό 2 a β	under	843c
25	ἀπό V 6	by	88c
	ἀποδοκιμάζω 2	declare useless	91a
	γενεά 2	generation	154a
	πάσχω 3 b	endure	634b
	πολύς I 2 b α	many	688c
26	γίνομαι II 1	be	160b
	εἰμί II 9 b	to be	225a
	καθώς 1	just as	391b
	Νῶε	Noah	547c
	οὕτω 1 a	thus	597d
	υἱός 2 c	son	835b
26a	ἡμέρα 4 b	time	347c
26b	ἡμέρα 4 b	time	347c
27	ἀπόλλυμι 1 a α	ruin	95a
	ἄχρι 1 a	until	128d
	γαμέω 1 b	marry	150d
	γαμίζω 2	give in marriage	151b
	εἰσέρχομαι 1 a β	come	232d
	ἐκγαμίζω	marry	238a
	ἔρχομαι I 1 c α	come	311b
	ἡμέρα 2	day	346c
	κατακλυσμός	flood	411d
	κιβωτός 1	box	431d
	Νῶε	Noah	547c
	ὅς, ἥ, ὅ I 5 c α	(rel pron)	584c
27f	ἐσθίω 1 e δ	eat	313b
28	ἀγοράζω 1	buy	12d
	γίνομαι II 1	be	160b
	οἰκοδομέω 1 b β	build	558b
	ὁμοίως	likewise	568a
	πωλέω	sell	731d
	φυτεύω	plant	870b
28f	Λώτ	Lot	484c
29	ἀπόλλυμι 1 a α	ruin	95a
	βρέχω 2 a	send rain	147c
	ἐξέρχομαι 1 a α	go out	274c
	ἡμέρα 2	day	346b
	θεῖον	sulphur	353d
	ὅς, ἥ, ὅ I 5 a	(rel pron)	584b
	οὐρανός 1 b	heaven	594b
	πῦρ 1 b	fire	730a
	Σόδομα	Sodom	759a
30	ἀποκαλύπτω 4	reveal	92b
	ἡμέρα 2	day	346b

30	ἡμέρα 3 b β	day	347b
	κατά II 5 b α	according to	407c
	ὅς, ἥ, ὅ I 5 a	(rel pron)	584b
	ταὐτά		806b
	υἱός 2 c	son	835b
31	ἀγρός 1	field	13d
	δῶμα	roof	210b
	εἰμί III 5 a	to be	225c
	ἐκεῖνος 2 b β	that	239d
	ἐπί I 1 a α	on	286a
	ἐπιστρέφω 1 b α	turn	301b
	καταβαίνω 1 a α	come down	408b
	ὀπίσω 1 a	behind	575a
	σκεῦος 1 a	thing	754a
31a	μή A III 4	not	517a
31b	μή A III 4	not	517a
32	Λώτ	Lot	484c
	μνημονεύω 1 a	remember	525a
33	ἀπόλλυμι 1 b	lose	95b
	ζητέω 2 b γ	seek	339a
	ζῳογονέω 2	preserve alive	341c
	περιποιέω 1	save	650a
	σῴζω 1 a	save	798b
	ψυχή 1 d	soul, life	894a
	ψυχή 1 d	soul, life	894a
34	ἐπί I 1 a α	on	286a
	κλίνη	couch	436c
	νύξ 1 c	night	546d
34f	εἷς 5 d	one	232a
	ἕτερος 1 a	other	315a
	παραλαμβάνω	take	619b
	παραλαμβάνω 1	take	619c
35	ἀλήθω	grind	37b
	αὐτός 4 b	the same	123d
	ἐπί III 1 a ζ	on	288d
36	ἀγρός 1	field	14a
37	ἀετός	eagle	19d
	ἐπισυνάγω	gather	301d
	ὅπου 1 a α	where	576a
	ποῦ 1 a	where	696a
	συνάγω 2	gather	782c
	σῶμα 1 a	body	799a

Luke 18

1	δεῖ 2	it is necessary	172a
	ἐγκακέω 1	become weary	215c
	ἐκκακέω	lose heart	240c
	λέγω I 1 a	say	468b
	πάντοτε	always	609b
	παραβολή 2	parable	612c
	πρός III 5 a	toward	710c
2	ἐντρέπω 2 b	respect	269d
	κριτής 1 a α	judge	453c
	πόλις 1	city	685c
	τὶς, τὶ 2 a α	any one	820c
	φοβέω 2 a	be afraid	863b
3	ἀντίδικος	opponent	74b
	ἀντίδικος	opponent	74b
	ἐκδικέω 1	avenge someone	238c

3	λέγω I 8 a	say	469b
	πόλις 1	city	685c
	χήρα 1	widow	881c
4	εἰ I 1 a	if	219a
	εἰ VI 4	even if	220a
	εἶπον 5	say	226d
	ἐντρέπω 2 b	respect	269d
	ἐπί III 2 b	on	289c
	θέλω 2	wish	355c
	οὐ 5 b	no	590d
	φοβέω 2 a	be afraid	863b
	χρόνος	time	888a
5	γέ 1	(emphasizing particle)	152d
	εἰς 2 a γ	until	228c
	ἐκδικέω 1	avenge someone	238c
	ἔρχομαι I 1 a ζ	come	310d
	ἵνα I 1 d	in order that	377a
	κόπος 1	trouble	443d
	παρέχω 1 c	cause	626c
	τέλος 1 d γ	finally	812a
	ὑπωπιάζω 1	strike under the eye	848d
	χήρα 1	widow	881c
6	ἀδικία 2	unrighteousness	18a
	κριτής 1 a α	judge	453c
	κύριος 2 c β	lord	459d
	λέγω I 1 a	say	468a
7	βοάω 4	shout	144b
	ἐκλεκτός 1 b	chosen	242d
	ἐπί II 1 b γ	on	287c
	ἡμέρα 1 a	day	346a
	μακροθυμέω 3	have patience	488b
	μακροθυμέω 3	have patience	488b
	μή D 1 a	not	517c
	νύξ 1 b	night	546c
7f	ἐκδίκησις	vengeance	238d
	ποιέω I 1 b δ	do	681b
8	ἄρα	(particle)	104a
	γῆ 5 b	earth	157d
	ἐν III 2	by	261a
	πίστις 2 d α	faith	663b
	πλήν 1 b	but	669c
	τάχος	speed	807a
	υἱός 2 c	son	835b
9	ἐπί II 1 b γ	on	287b
	λοιπός 2 b α	the others	480a
	ὁ, ἡ, τό II 3 b	the	551b
	ὅτι 3 a	that	589c
	παραβολή 2	parable	612c
	πείθω 2 a	convince	639c
	τὶς, τὶ 1 a δ	any one	820b
10	ἀναβαίνω 1 a α	go up	50a
	ἄνθρωπος 3 a ζ	man	69b
	εἷς 5 d	one	232a
	ἕτερος 1 a	other	315a
10f	τελώνης	tax collector	812c
11	ἄδικος 1	unjust	18b
	ἅρπαξ 2	swindler	109b
	ἑαυτοῦ 1 i	oneself	212b
11	εἰμί II 9 b	to be	225a
	εὐχαριστέω 1	be thankful	328a
	εὐχαριστέω 2	give thanks	328b
	ἤ 1 a β	or	342b
	θεός 3 h	God	358a
	ἵστημι II 1 b	stand	382b
	λοιπός 2 b α	the others	480a
	μοιχός 1	adulterer	526c
	ὁ, ἡ, τό II 1 h	the	551a
	ὁ, ἡ, τό II 1 i	the	551a
	οὗτος 2 a	this	597b
	πρός III 7	by	711a
	προσεύχομαι	pray	714a
	ὥσπερ 2	(just) as	899d
12	ἀποδεκατεύω	tithe	89d
	δίς	twice	199d
	κτάομαι 1	get	455a
	νηστεύω	to fast	538c
	ὅσος 2	how great	586b
	πᾶς, πᾶσα, πᾶν 1 e γ	all	632c
	σάββατον 2 a	week	739c
13	ἁμαρτωλός 2	sinner	44b
	ἐπαίρω 1	look up	281d
	ἱλάσκομαι 1	propitiate	375c
	ἵστημι II 2 b α	being	382c
	μακρόθεν	from far away	488a
	ὁ, ἡ, τό II 1 i	the	551a
	οὐδέ 3	not even	591d
	στῆθος	chest	767d
	τελώνης	tax collector	812c
	τύπτω 1	strike	830c
14	δικαιόω	justify	197c
	δικαιόω 2	justify	197c
	ἐκεῖνος 1 a	that	239b
	ἤ 2 b γ	than	342d
	ἤ 2 e β	than	343a
	καταβαίνω 1 a δ	come down	408c
	οἶκος 1 a α	house	560b
	οὗτος	this	596b
	παρά III 3	in comparison	611b
	πᾶς, πᾶσα, πᾶν 1 c γ	whoever	632a
14a	ταπεινόω 2 a	lower	804d
	ὑψόω 2	lift up	851c
14b	ταπεινόω 2 a	lower	804d
	ταπεινόω 2 b	lower	804d
	ὑψόω 2	lift up	851a
15	ἅπτω 2 b	touch	103a
	αὐτός 3 b	(oblique case)	123c
	βρέφος 2	infant	147c
	ἐπιτιμάω 1	rebuke	303b
	ἵνα I 1 e	in order that	377a
	προσφέρω 1 a	bring (to)	719d
16	ἀφίημι 4	tolerate	126b
	εἰμί IV 1	to be	225d
	κωλύω 1	hinder	461c
	παιδίον 2 a	child	604b
	τοιοῦτος 3 a α	such a kind	821c
16f	βασιλεία 3 g	kingdom	135c
17	ἀμήν 2	amen	45d

17	δέχομαι 3 b	accept	177c
	εἰσέρχομαι 2 a	come	233a
	λέγω II 1 d	assure	469d
	μή A I 1	not	515d
	παιδίον 2 a	child	604b
18	ἀγαθός 1 b α	good	3a
	ἀγαθός 1 b α	good	3b
	αἰώνιος 3	eternal	28d
	ἄρχων 2 a	authorities	114a
	ζωή 2 b β	life	341a
	κληρονομέω 2	acquire	434d
19	εἷς 2 c	one	231c
	λέγω II 3	call	470a
	οὐδείς 2 a	no one	592a
19a	ἀγαθός 1 b α	good	3a
19b	ἀγαθός 1 b α	good	3a
20	ἐντολή 2 a β	command	269a
	κλέπτω	steal	434c
	μοιχεύω 1	commit adultery	526c
	οἶδα 1 b	know	555d
	τιμάω 2	honor	817b
	φονεύω	murder	864c
	ψευδομαρτυρέω	bear false witness	892a
21	ἐκ 5 a	from	236a
	νεότης	youth	536c
	νεότης	youth	536c
	φυλάσσω 1 f	watch	868c
	φυλάσσω 2 b	watch	868d
22	δεῦρο 1	come	176c
	διαδίδωμι	distribute	182d
	εἷς 2 b	one	231c
	ἔτι 2 a	still	316a
	θησαυρός 2 b α	treasure	361d
	λείπω 2	lack	470c
	ὅσος 2	how great	586b
	πᾶς, πᾶσα, πᾶν 1 e γ	all	632c
	πτωχός 1 a	poor	728b
	πωλέω	sell	731c
23	περίλυπος	very sad	648c
	πλουσίος 1	rich	673c
	σφόδρα	greatly	796a
24	δυσκόλως	with difficulty	209d
	εἰσπορεύομαι 1	go	233c
	πῶς 3	how	732d
	χρῆμα 1	wealth	885c
24f	βασιλεία 3 g	kingdom	135c
25	βελόνη	needle	139b
	διέρχομαι 1 b α	go through	194c
	εἰσέρχομαι 2 a	come	233a
	εὔκοπος	easy	321d
	κάμηλος	camel	401d
	κάμιλος	rope	401d
	πλουσίος 1	rich	673c
	ῥαφίς	needle	734c
	τρῆμα	opening	826a
	τρυμαλιά	hold	828b
25a	εἰσέρχομαι 1 a δ	come	232d
	εἰσέρχομαι 1 f	come	233a
26	σῴζω 2 b	save	798c
27	ἀδύνατος 2 a	impossible	19b

27	ἄνθρωπος 1 a β	man	68b
	δυνατός 2 c	possible	209a
	ὁ, ἡ, τό II 2 a	the	551a
27a	παρά II 2 c	beside	610d
27b	παρά II 2 c	beside	610d
28	ἴδιος 3 b	one's own	370b
	Πέτρος	Peter	655a
28f	ἀφίημι 3 a	abandon	126a
29	βασιλεία 3 g	kingdom	135c
	γονεύς	parents	165a
	εἰμί I 1	to be	223b
	ἕνεκα	because of	264d
	ἤ 1 a β	or	342b
	λέγω II 1 d	assure	469d
	οἰκία 1 a	house	557b
30	αἰών 2 b	age	27d
	αἰώνιος 3	eternal	28d
	ἀπολαμβάνω 1	receive	94c
	ἑκατονταπλασίων	a hundred fold	237a
	ἑπταπλασίων	sevenfold	306c
	ἔρχομαι I 1 b β	come	311b
	ζωή 2 b β	life	341a
	καιρός 4	time	395d
	μή D 1 a	not	517c
	οὐχί 1	not	598b
	πολλαπλασίων	manifold	687a
31	ἀναβαίνω 1 a α	go up	50a
	γράφω 2 c	write	167a
	διά A III 2 a	by	180c
	Ἱεροσόλυμα 1 a	Jerusalem	373b
	παραλαμβάνω 1	take	619c
	πᾶς, πᾶσα, πᾶν 1 d β	all	632b
	τελέω 2	perform	811a
	υἱός 2 c	son	835b
32	ἐμπαίζω 1	ridicule	255d
	ἐμπτύω	spit on	257c
	παραδίδωμι 1 b	give over	614d
	ὑβρίζω	mistreat	831d
32ff	καί I 2 b	and	392b
33	ἀνίστημι 2 a	rise	70b
	μαστιγόω 1	whip	495a
	τρίτος 1	third	826c
34	γινώσκω 3 a	understand	161b
	κρύπτω 2 a	hide	454c
	λέγω I 10	say	469b
	οὐδείς 2 b α	nothing	592a
	ῥῆμα 1	word	735c
	συνίημι	understand	790b
35	ἐγγίζω 2	approach	213c
	εἰς 1 b	near	228c
	ἐπαιτέω	beg	282b
	Ἰεριχώ	Jericho	372b
	κάθημαι 1 a α	sit	389c
	ὁδός 1 a	way	554a
	παρά III 1 b α	along	611a
	παρά III 1 d	along	611a
	προσαιτέω	beg	711c
36	διαπορεύομαι	go through	187d
	εἰμί II 3	to be	224a
	πυνθάνομαι 1	inquire	729d

37	ἀπαγγέλλω 1	report	79b
	Ναζωραῖος	Nazarene	532b
	Ναζωραῖος	Nazarene	532c
	παρέρχομαι 1 a α	go by	625d
38	βοάω 3	shout	144b
38f	Δαυίδ	David	171b
	ἐλεέω	have mercy	249d
	υἱός 2 a	son	834b
39	ἐπιτιμάω 1	rebuke	303b
	ἵνα II 1 a δ	in order that	377d
	κράζω 2 a	call	447d
	μᾶλλον 1	more	489a
	πολύς I 2 c α	many	688d
	προάγω 2 a	lead	702a
	σιγάω 1 b	be silent	749d
	σιωπάω 2 a	be silent	752c
40	ἄγω 1 a	lead	14b
	ἐγγίζω 5 a	approach	213d
	ἵστημι II 1 a	stand	382b
	κελεύω	command	427b
41	θέλω 1	wish	355a
41ff	ἀναβλέπω 2 a α	gain sight	51a
42	πίστις 2 b α	faith	663a
	σῴζω 1 c	save	798b
43	αἶνος	praise	23d
	δοξάζω 1	praise	204c
	λαός 1 a	people	466c
	παραχρῆμα	at once	623d

Luke 19

1	διέρχομαι 1 a	go through	194c
	εἰσέρχομαι 1 a δ	come	232d
	Ἰεριχώ	Jericho	372b
2	ἀνήρ 6	man	67a
	ἀρχιτελώνης	chief tax collector	113b
	Ζακχαῖος	Zacchaeus	335b
	ἰδού 2	there is	371b
	καλέω 1 a γ	call	399b
	ὄνομα I 2 b	name	571b
	πλουσίος 1	rich	673c
3	ἀπό V 1	because of	87d
	δύναμαι 2	able	207b
	εἶδον 1 c	see	220d
	ἡλικία 2	bodily stature	345c
	μικρός 1 a	small	521b
	ὄχλος 1	crowd	600d
	τίς, τί 1 a β	which	819a
4	ἀναβαίνω 1 a β	go up	50b
	διέρχομαι 1 d	go through	194c
	ἐκεῖνος 3	that	239d
	ἔμπροσθεν 1 a	ahead	257a
	ἵνα I 1 e	in order that	377a
	μέλλω 1 c α	be about to	501a
	ὁ, ἡ, τό II 6	the	552a
	προτρέχω	run ahead	722b
	συκομορέα	sycamore fig	776b
5	ἀναβλέπω 1	look up	50d
	δεῖ 5	it is necessary	172b
5	ἔρχομαι I 1 a β	come	310c
	Ζακχαῖος	Zacchaeus	335b
	μένω 1 a α	remain	503d
	σπεύδω 1 a	hurry	762b
	σπεύδω 1 a	hurry	762b
	τόπος 1 c	place	822d
	ὡς IV 1 a	when	898c
5f	καταβαίνω 1 a α	come down	408b
6	σπεύδω 1 a	hurry	762b
	ὑποδέχομαι	receive	844b
	χαίρω 1	rejoice	873b
7	ἁμαρτωλός 1	sinner	44a
	ἀνήρ 4	man	67a
	διαγογγύζω	complain	182c
	καταλύω 2	halt	414c
	παρά II 1 b α	beside	610b
8	ἀποδίδωμι 2	give back	90b
	Ζακχαῖος	Zacchaeus	335b
	ἥμισυς	half	348a
	ἥμισυς 1	half	348a
	ἰδού 1 b ε	behold	371a
	ἵστημι II 1 b	stand	382b
	κύριος 2 c β	lord	459d
	πτωχός 1 a	poor	728b
	συκοφαντέω 2	slander	776c
	τετραπλοῦς	fourfold	813d
	ὑπάρχω 1	be	838a
9	αὐτός 3 b	(oblique case)	123c
	γίνομαι I 3 b γ	take place	159b
	καθότι 2	because	391b
	οἶκος 2	household	560d
	σωτηρία 2	deliverance	801d
	υἱός 1 b α	son	833d
10	ἀπόλλυμι 2 a α	perish	95b
	ἔρχομαι I 1 a	come	311a
	ζητέω 1 a α	seek	338d
	σῴζω 2 a α	save	798c
	υἱός 2 c	son	835b
11	ἀναφαίνω	light up	63a
	βασιλεία 3 g	kingdom	135c
	ἐγγύς 1 a	near	214b
	εἶπον 1	say	226b
	παραβολή 2	parable	612c
	παραχρῆμα	at once	623d
	προστίθημι 1 c	add	719b
12	ἄνθρωπος 3 a α	man	69a
	βασιλεία 1	kingdom	134d
	εὐγενής 1	well born	319a
	λαμβάνω 1 c	take	464c
	μακρός 2	distant	488c
	οὖν 2 a	therefore	593b
	χώρα 1 a	country	889b
13	δίδωμι 3	give	193c
	ἔρχομαι I 2 c	come	311d
	καλέω 1 c	call	399c
	μνᾶ	mina	524a
	πραγματεύομαι	conduct	697c
14	ἀποστέλλω 1 b β	send away	98d
	βασιλεύω 1 a	rule	136c
	ἐμπέμπω	send	255d

14	ἐπί III 1 b α	over	288d
	θέλω 1	wish	355a
	λέγω I 8 c	say	469b
	μισέω 1	hate	522d
	ὀπίσω 2 a β	after	575b
	πολίτης 2	citizen	686d
	πρεσβεία	ambassador	699b
15	ἀργύριον 2 b	money	104d
	βασιλεία 1	kingdom	134d
	γινώσκω 1 c	know	161a
	διαπραγματεύομαι gain by trading		187d
	δίδωμι	give	192d
	δίδωμι 3	give	193c
	ἐν II 3	while	260c
	ἐπανέρχομαι	return	283a
	ἵνα I 1 e	in order that	377a
	τίς, τί 1 c	which	819c
	φωνέω 2 b	call	870c
16	κύριος 1 a β	lord	459b
	μνᾶ	mina	524a
	παραγίνομαι 1	come	613d
	προσεργάζομαι	make more	713a
	πρῶτος 1 b	first	725d
17	ἀγαθός 1 a α	good	2d
	εἰμί II 4 f	to be	224c
	ἐλάχιστος 2 a	smallest	248d
	ἐξουσία 4 a	authority	278c
	ἐπάνω 2 b	over	283b
	εὖ	well	317b
	εὖγε	excellent	319a
	ὅτι 3 a	that	589c
	πιστός 1 a α	trustworthy	664d
	πόλις 1	city	685b
18	δεύτερος 3	second	177b
	κύριος 1 a β	lord	459b
	λέγω I 8 a	say	469b
	μνᾶ	mina	524a
	ποιέω I 1 b	do	681d
19	πόλις 1	city	685b
	σύ 1 c	you	772b
20	ἀπόκειμαι 1	be put away	92d
	ἕτερος 1 b δ	another	315b
	ἔχω I 1 c α	keep	332a
	ἰδού 2	there is	371b
	κύριος 1 a β	lord	459b
	μνᾶ	mina	524a
	σουδάριον	face cloth	759c
21	τίθημι I 1 b γ	deposit	816b
21f	αἴρω 4	take away	24d
	ἄνθρωπος 2 b α	man	68d
	αὐστηρός	severe	122b
	θερίζω 2 a	reap	359b
	σπείρω 1 b α	sow	761b
22	ἐκ 3 i	by	235d
	κρίνω 4 a α	judge	451d
	πονηρός 1 b α	wicked	690d
	στόμα 1 a	mouth	770a
	τίθημι I 1 b γ	deposit	816b
23	ἄν 1 b β	(particle)	48c
	ἀναπράσσω	demand	60a

23	ἀργύριον 2 b	money	104d
	διά B II 2	why	181b
	δίδωμι 5	give	193d
	πράσσω 1 b	do	698d
	τόκος	interest	821d
	τράπεζα 4	table	824d
24	ἀποφέρω 1 b	take	101d
	παρίστημι 2 b α	be present	628c
24f	μνᾶ	mina	524a
25	κύριος 1 a β	lord	459b
26	πᾶς, πᾶσα, πᾶν 1 c γ whoever		632a
26a	ἔχω I 2 a	have	332a
26b	ἔχω I 2 a	have	332b
27	ἄγω 1 a	lead	14b
	βασιλεύω 1 a	rule	136c
	ἔμπροσθεν 2 c	in front	257b
	ἐπί III 1 b α	over	288d
	ἐχθρός 2 b β	the enemy	331c
	θέλω 1	wish	355a
	κατασφάζω	slaughter	419c
	πλήν 1 b	but	669c
	ὧδε 1	here	895b
28	ἀναβαίνω 1 a α	go up	50a
	ἔμπροσθεν 1 b	ahead	257a
	Ἱεροσόλυμα 1 a	Jerusalem	373b
29	Βηθανία 1	Bethany	139d
	Βηθφαγή	Bethphage	140b
	ἐγγίζω 2	approach	213c
	εἰς 1 b	near	228c
	ἐλαιών	olive grove	248a
	καλέω 1 a γ	call	399b
	ὄρος	mountain	582c
30	ἄνθρωπος 3 a ζ	man	69b
	δέω 2	bind	178a
	εἰσπορεύομαι 1	go	233c
	εὑρίσκω 1 c α	find	325b
	καθίζω 2 a α	sit down	390a
	κατέναντι 1	opposite	421b
	κώμη 1	village	461d
	πῶλος	colt	731d
	πώποτε	ever	732a
	ὑπάγω 2	go away	836d
30f	λύω 2 a	loose	483d
31	διά B II 2	why	181b
	ἐρωτάω 1	ask	312a
	ἔχω I 2 i	have	333a
	οὕτω 2	thus	598a
	χρεία 1	need	885a
	εὑρίσκω 1 c γ	find	325b
33	κύριος 1 a α	owner	459a
	τίς, τί 3 a	which	819d
33a	λύω 2 a	loose	483d
	πῶλος	colt	731d
33b	λύω 2 a	loose	483d
	πῶλος	colt	731d
34	ἔχω I 2 i	have	333a
	χρεία 1	need	885a
35	ἄγω 1 a	lead	14b
	ἐπιβιβάζω	cause to mount	290b
	ἱμάτιον 1	garment	376b

35	πῶλος	colt	731d
36	ἱμάτιον 1	garment	376b
	ὁδός 1 a	way	553d
	ὑποστρωννύω	spread underneath	847d
37	αἰνέω	to praise	23c
	ἅπας 1	whole	81d
	δύναμις 4	miracle	208a
	ἐγγίζω 2	approach	213c
	ἐλαία 1	olive tree	247d
	κατάβασις	descent	409a
	μαθητής 2 b β	disciple	485d
	μέγας 2 a γ	great	497d
	ὄρος	mountain	582c
	ὅς, ἥ, ὅ I 5 c α	(rel pron)	584c
	περί 1 b	about	644c
	πλῆθος 2 b δ	quantity	668d
	πρός II 1	near	709d
	φωνή 2 a	voice	870d
	χαίρω 1	rejoice	873b
38	δόξα 3	fame	204a
	εἰρήνη 3	peace	227d
	ἔρχομαι I 1 a	come	311a
	εὐλογέω 2 a	bless	322b
	ὄνομα I 4 c γ	name	573a
	οὐρανός 2 d	heaven	595b
	ὕψιστος 1	highest	850b
39	ἀπό I 6	from	86d
	ἐπιτιμάω 1	rebuke	303b
	ὄχλος 1	crowd	600c
40	ἐάν I 2 a	if	211c
	κράζω 2 b β	call	448a
	λίθος 1 a	stone	474b
	σιγάω 1 a	be silent	749c
	σιωπάω 2 a	be silent	752c
41	ἐγγίζω 5 a	approach	213d
	κλαίω 1	weep	433a
	κλαίω 1	weep	433a
42	γέ 3 c	at least	153a
	γινώσκω 1 a	know	160d
	εἰ IV	if	219d
	εἰρήνη 1 b	peace	227c
	κρύπτω 2 a	hide	454c
	νῦν 2	now	546a
	ὀφθαλμός 2	eye	599d
	πρός III 5 b	as far as	710d
43	ἐπί III 1 b γ	on	289a
	ἥκω 2	have come	344d
	ἡμέρα 4 b	time	347d
	καί I 2 c	and	392c
	πάντοθεν	from all directions	608d
	παρεμβάλλω 1	throw up	625b
	περιβάλλω 1 a	throw around	646a
	περικυκλόω	surround	648b
	συνέχω 3	crowd	789b
	χάραξ 2	palisade	876c
44	ἀντί 3	for	74a
	ἐδαφίζω	raze	217d
	ἐπισκοπή 1	a visitation	299a
44	καιρός 3	time	395b
	λίθος 1 b	stone	474b
	ὅς, ἥ, ὅ I 11 a	(rel pron)	585a
	τέκνον 2 f α	child	808d
45	ἀγοράζω 1	buy	12d
	ἐκβάλλω 1	drive out	237b
	ἱερόν 2	temple	372c
	κολλυβιστής	money changer	442a
	πωλέω	sell	731d
46	γράφω 2 c	write	166d
	λῃστής 1	robber	473b
	οἶκος 1 a β	house	560c
	οἶκος 1 a β	house	560c
	ποιέω I 1 b ι	do	681d
	προσευχή 1	prayer	713c
	σπήλαιον	cave	762c
47	ἀπόλλυμι 1 a α	ruin	95a
	εἰμί II 4 e	to be	224b
	ἡμέρα 2	day	346d
	ἱερόν 2	temple	372c
	κατά II 2 c	every	406d
	λαός 3 a	people	466d
	πρῶτος 1 c β	first	726b
48	ἀκούω 1 c	hear	32b
	ἅπας 1	whole	81d
	ἐκκρεμάννυμι 2	hang	242a
	εὑρίσκω 2	find	325c
	λαός 1 a	people	466c
	λαός 1 c α	people	466d
	ὁ, ἡ, τό II 8 a	the	552c

Luke 20

1	εὐαγγελίζω 2 a δ	preach	317d
	ἐφίστημι 1 a	stand by	330d
	ἡμέρα 2	day	346c
	ἱερεύς 1 b α	priest	372a
	λαός 1 a	people	466c
	πρεσβύτερος 2 a β	older	700a
	σύν 4 b	with	782a
2	ἐξουσία 3	authority	278b
	ἤ 1 d δ		342c
	λέγω I 8 a	say	469a
	ποῖος 2 a γ	of what kind	684d
3	ἐρωτάω 1	ask	311d
	λόγος 1 a β	word	477b
4	βάπτισμα 1	baptism	132c
	εἰμί III 3	to be	225b
4f	οὐρανός 3	heaven	595b
5	διά B II 2	why	181b
	πιστεύω 1 b	believe	661a
	συλλογίζομαι	reason	777a
6	καταλιθάζω	stone to death	414a
	λαός 1 c α	people	466d
	πείθω 4	obey	640a
	προφήτης 2	prophet	723c
7	ἀποκρίνομαι 1	answer	93c
	μή A II 1 b α	not	516b
	πόθεν 2	from where	680c

8	ἐξουσία 3	authority	278b
	λέγω I 1 b β	say	468b
	ποῖος 2 a γ	of what kind	684d
9	ἀποδημέω 1	go on a journey	90a
	ἐκδίδωμι	lease	238c
	ἱκανός 1 b	sufficient	374c
	λέγω I 1 a	say	468b
	παραβολή 2	parable	612c
	φυτεύω	plant	870b
	χρόνος	time	888a
9f	γεωργός 2	farmer	157b
9ff	ἀμπελών	vineyard	47a
10	ἀποστέλλω 1 b γ	send away	98d
	δίδωμι 4	give	193c
	ἵνα I 2	in order that	377a
	καιρός 2	time	395a
	κάρπος 1 a	fruit	404c
10f	δέρω	beat	175d
	ἐξαποστέλλω 2	send out	273b
	κενός 1	empty	427d
11	ἀτιμάζω	dishonor	120a
	ἕτερος 1 b δ	another	315b
	κἀκεῖνος 2 b	he also	396d
	πέμπω 1	send	641d
11f	προστίθημι 1 c	add	719b
12	ἐκβάλλω 1	drive out	237b
	τραυματίζω	to wound	824d
	τρίτος 1	third	826d
12f	πέμπω 1	send	641d
13	ἀγαπητός 1	beloved	6c
	ἐντρέπω 2 b	respect	269d
	ἰσώς	perhaps	384a
	κύριος 1 a α	owner	459a
	πέμπω 1	send	642a
	τυγχάνω 2 c	happen	829c
14	γεωργός 2	farmer	157b
	γίνομαι II 2 a	be	160b
	δεῦτε 1	come	176d
	διαλογίζομαι 2	argue	186a
	ἵνα I 1 c	in order that	377a
	κληρονομία 1	inheritance	435a
	κληρονόμος 1	heir	435b
	πρός III 1 e	toward	710a
15	ἐκβάλλω 1	drive out	237b
	ἔξω 2 b	outside	279d
	κύριος 1 a α	owner	459a
	οὖν 1 c α	therefore	593a
	ποιέω I 1 d γ	do	682b
16	ἀπόλλυμι 1 a α	ruin	95a
	γεωργός 2	farmer	157b
	γίνομαι I 3 a	take place	158d
	μή A III 2	not	516d
17	ἀποδοκιμάζω 1	declare useless	90d
	γίνομαι I 4 a	become	159c
	γωνία	corner	168d
	εἰμί II 3	to be	224a
	ἐμβλέπω 1	look at	254c
	κεφαλή 2 b	head	430c
	λέγω I 8 a	say	469b
17	λίθος 2	stone	474d
	οἰκοδομέω 1 b β	build	558b
	ὅς, ἥ, ὅ I 4 d	(rel pron)	584b
	οὖν 1 c α	therefore	593a
18	λίθος 2	stone	474d
	λικμάω	winnow	474d
	συνθλάω	crush	790a
18a	πίπτω 1 a	fall	659c
18b	πίπτω 1 a	fall	659c
19	ἀρχιερεύς 1 b	high priest	112d
	εἶπον 1	say	226b
	ἐπιβάλλω 1 b	lay on	289d
	λαός 1 c α	people	466d
	παραβολή 2	parable	612c
	πρός III 5 a	toward	710c
	φοβέω 1 b α	be afraid	863a
	ὥρα 3	time of day	896c
20	ἀποχωρέω	leave	102b
	ἀρχή 3	ruler	112c
	δίκαιος 1 b	upright	195d
	ἐγκάθετος	spy	215b
	ἐξουσία 4 a	authority	278c
	ἐπιλαμβάνομαι 2 a	grasp	295a
	ἡγεμών 2	governor	343c
	λόγος 1 a β	word	477b
	παραδίδωμι 1 b	give over	614d
	παρατηρέω 1 b	watch	622c
	ὑποκρίνομαι	pretend	845a
	ὑποχωρέω 1	retreat	848d
	ὥστε 2 b	in order that	900a
21	ἀλήθεια 3	reality	36c
	ἐπί I 1 b β	on	286c
	λαμβάνω 1 e β	receive	464d
	ὁδός 2 b	way	554d
	οἶδα 1 e	know	556a
	ὀρθῶς	rightly	580d
	πρόσωπον 1 b	face	721b
22	δίδωμι 4	give	193c
	ἔξεστι 3	it is possible	275b
	Καῖσαρ	Emperor	395d
	φόρος	tax	865a
23	κατανοέω 3	notice	415a
	πανουργία	cunning	608a
	πειράζω 2 c	try	640c
24	δηνάριον	denarius	179b
	εἰκών 1 a	image	222b
	ἐπιγραφή	inscription	291c
	Καῖσαρ	Emperor	395d
25	ἀποδίδωμι 1	give away	90b
	θεός 3 f γ	God	357d
	Καῖσαρ	Emperor	395d
	τοίνυν	hence	821b
26	ἀπόκρισις	answer	93d
	ἐναντίον 1 a	before	261d
	ἐπιλαμβάνομαι 2 a	grasp	295b
	θαυμάζω 1 a β	wonder	352c
	ἰσχύω 2 b	be strong	383d
	λαός 1 c α	people	466d
	ῥῆμα 1	word	735b
	σιγάω 1 a	be silent	749c
27	ἀνάστασις 2 b	resurrection	60d

27	ἀντιλέγω 1	contradict	74d
	μή A II 1 a	not	516a
	μή A II 1 b α	not	516b
	Σαδδουκαῖος	Sadducee	739d
28	ἐξανίστημι 1	raise up	272d
	ἵνα II 1 a δ	in order that	377d
	Μωϋσῆς	Moses	531d
	σπέρμα 2 b	seed	762a
28-31	λαμβάνω 1 c	take	464c
28f	ἄτεκνος	childless	119c
29	ἑπτά	seven	306b
	πρῶτος 1 b	first	725d
31	ἑπτά	seven	306b
	καταλείπω 1 b	leave behind	413c
	τρίτος 1	third	826d
	ὡσαύτως	similarly	899b
32	ὕστερος 2 b	finally	849d
	ὕστερος 2 b	finally	849d
33	ἀνάστασις 2 b	resurrection	60d
	γίνομαι II 2 a	be	160b
	ἐν II 2	while	260c
	ἑπτά	seven	306b
34	αἰών 2 a	age	27d
	γαμίσκω	give in marriage	151b
	υἱός 1 c δ	son	834a
34f	γαμέω 1 b	marry	150d
35	αἰών 2 b	age	27d
	ἀνάστασις 2 b	resurrection	60c
	γαμίζω 2	give in marriage	151b
	γαμίσκω	give in marriage	151b
	ἐκ 1 b	away from	234c
	ἐκγαμίζω	marry	238a
	ἐκεῖνος 2 b β	that	239d
	καταξιόω 1	consider worthy	415d
	νεκρός 2 a	dead	535a
	οὔτε	not	596a
	τυγχάνω 1	meet	829b
35f	ἀνάστασις 2 b	resurrection	60d
36	ἀνάστασις 2 b	resurrection	60d
	γάρ 1 b	for	152a
	εἰμί II 8	to be	224d
	ἔτι 1 b β	still	315d
	ἰσάγγελος	like an angel	380d
	υἱός 1 c γ	son	834a
36b	υἱός 1 c δ	son	834b
37	Ἀβραάμ	Abraham	2a
	βάτος	thorn bush	137c
	δηλόω	reveal	178c
	ἐπί I 1 a γ	on	286b
	θεός 3 c	God	357c
	Ἰακώβ 1	Jacob	367d
	Ἰσαάκ	Isaac	380d
	μηνύω	reveal	519a
	Μωϋσῆς	Moses	532a
	νεκρός 2 a	dead	535b
38	ἀλλά 1 a	but, yet	38a
	θεός 3 b	God	357b
	νεκρός 2 a	dead	535a
38a	ζάω 1 a α	live	336a
38b	ζάω 3 b	live	337a
39	καλῶς 4 b	well	401c
40	ἐπερωτάω 1 a	ask	285b
	οὐδείς 2 b α	nothing	592b
	οὐκέτι 1	no longer	592c
	τολμάω 1 a	dare	821d
41	Δαυίδ	David	171b
	λέγω II 1 e	declare	469d
	πῶς 1 a	how	732b
	Χριστός 1	Anointed One	887a
41-4	υἱός 2 a	son	834b
42	αὐτός 1 a α	self	122d
	βίβλος 1	book	141c
	Δαυίδ	David	171b
	δεξιός 2 b	right	175a
	κάθημαι 2	sit down	389d
	κύριος 2 c α	lord	459c
	λέγω I 7	say	469a
	ψαλμός 1	psalm	891b
43	ἐχθρός 2 b β	the enemy	331c
	ἕως I 1 b	until	334b
	πούς 1 b	foot	696d
	τίθημι I 2 a α	make	816c
	ὑποπόδιον	footstool	847a
44	Δαυίδ	David	171b
	καί I 2 h	and	393a
	καλέω 1 a β	call	399a
	κύριος 2 c α	lord	459c
	πῶς 1 a	how	732b
46	ἀγορά	market place	12c
	ἀσπασμός 1	greeting	117a
	δεῖπνον 2	dinner	173c
	θέλω 4 a	wish	355c
	περιπατέω 1 b	go about	649a
	προσέχω 1 b	pay attention to	714c
	πρωτοκαθεδρία	place of honor	725b
	πρωτοκλισία	place of honor	725b
	στολή	robe	769c
	φιλέω 1 b	love like	859b
47	κατεσθίω 2	destroy	422b
	κρίμα 4 b	verdict	450d
	λαμβάνω 2	receive	465b
	μακρός 1	long	488c
	οἰκία 1 a	house	557c
	περισσότερος 1	greater	651c
	προσεύχομαι	pray	714a
	πρόφασις 2	actual motive	722c
	χήρα 1	the widow	881c

Luke 21

1	ἀναβλέπω 1	look up	50d
	βάλλω 2 b	put	131b
	γαζοφυλακεῖον	treasury	149c
	πλούσιος 1	rich	673c
2	ἐκεῖ 2	there	239b
	λεπτός 2	small copper coin	472a
	πενιχρός	poor	642d
2f	χήρα 1	the widow	881c
3	ἀληθῶς 1	truly	37c
	λέγω I 5	say	468d

3	οὗτος 2 b	this	597b
	πολύς II 2 c	many	689c
	πτωχός 1 a	poor	728b
3f	βάλλω 2 b	put	131b
4	ἅπας 1	whole	81d
	ἅπας 2	all	81d
	βάλλω 2 b	put	131b
	βίος 3	life	142a
	γάρ 1 a	for	151c
	δῶρον 2	gift	211a
	ἔχω I 2 a	have	332a
	περισσεύω 1 a β	be left over	650d
	ὑστέρημα 1	need	849c
5	ἀνάθεμα 1	votive offering	54a
	ἀνάθημα	votive offering	54c
	ἱερόν 2	temple	372c
	καλός 1	beautiful	400b
	κοσμέω 2 a β	decorate	445a
	λέγω I 4	say	468c
	λίθος 1 b	stone	474b
	τὶς, τὶ 1 a δ	any one	820b
6	ἀφίημι 3 a	leave	126b
	ἔρχομαι I 1 b α	come	311b
	ἡμέρα 4 b	time	347d
	θεωρέω 1	observe	360a
	καταλύω 1 a	throw down	414b
	λίθος 1 b	stone	474b
7	ἔλευσις	coming	251a
	μέλλω 1 c α	be about to	501a
	οὖν 1 c α	therefore	593a
	πότε	when	695a
	σημεῖον 1	sign	747d
8	βλέπω 6	see	143d
	ἐγγίζω 5 b	approach	213d
	ἐγώ	I	217a
	ἐπί II 3	on	288a
	ἔρχομαι I 1 a θ	come	311b
	καί I 2 a	and	392b
	καιρός 4	time	395d
	λέγω I 1 b α	say	468b
	μή B 1 b	not	517b
	ὄνομα I 4 c ε	name	573b
	ὀπίσω 2 a β	after	575b
	πλανάω 2 c δ	deceive	665c
	πορεύω 1	proceed	692d
9	ἀκαταστασία 2	disturbance	30a
	ἀλλά 2	but, yet	38c
	δεῖ 1	it is necessary	172a
	πόλεμος 1 a	armed conflict	685b
	πτοέω	frighten	727c
	τέλος 1 b	end	811c
10	βασιλεία 2	kingdom	135a
	ἐγείρω 2 d	rise	215a
	ἔθνος 1	nation	218c
	τότε 2	at that time	824a
11	κατά II 1 a	along	406a
	λιμός 2	famine	475b
	λοιμός I	pestilence	479d
	οὐρανός 2 a	heaven	594d
s	σεισμός	shaking	746c
	σημεῖον 2 c	sign	748c
11	τόπος 1 d	place	822d
	φόβητρον	horror	863c
11a	μέγας 2 a γ	great	497d
11b	μέγας 2 a γ	great	497d
	τέ 3 a	and	807d
12	βασιλεύς 1	king	136a
	διώκω 2	persecute	201b
	ἕνεκα	because of	264d
	ἐπί III 1 a β	on	288b
	ἐπί III 1 a γ	on	288c
	ἐπιβάλλω 1 b	lay on	289d
	ἡγεμών 2	governors	343b
	ὄνομα I 4 c δ	name	573a
	παραδίδωμι 1 b	give over	615a
	πρό 2	before	701d
	συναγωγή 2 a	place of assembly	782d
	φυλακή 3	guard	867d
	φυλακή 3	guard	867d
13	ἀποβαίνω 2	turn out	88d
	μαρτύριον 1 a	testimony	493d
14	ἀπολογέομαι	defend oneself	95d
	καρδία 1 b γ	heart	404a
	προμελετάω	prepare	708c
	τίθημι I 1 b ε	make up (your) minds	816b
	τίθημι II 1 c	put	816d
15	ἀνθίστημι 2	set against	67b
	ἀντεῖπον	say against	73b
	ἀντίκειμαι	be opposed	74c
	καί I 1 d	and	392a
	σοφία 2	wisdom	759d
	στόμα 1 a	mouth	770a
16	ἀδελφός 1	brother	16b
	γονεύς	parents	165a
	ἐκ 4 a γ	from	236a
	θανατόω 1	put to death	351d
	παραδίδωμι 1 b	give over	614d
	συγγενής	related	772d
	φίλος 2 a α	loving	861a
17	εἰμί II 4 b γ	to be	224b
	μισέω 3	hate	523a
	ὄνομα I 4 c α	name	572b
18	ἀπόλλυμι 2 b	be lost	95c
	ἐκ 2	away from	234c
	θρίξ 2	hair	364a
	κεφαλή 1 a	head	430a
19	κτάομαι 1	get	455a
	σῴζω 1 a	save	798b
	ὑπομονή 1	patience	846b
	ψυχή 1 c	soul, life	894a
20	ἐγγίζω 5 b	approach	213d
	ἐρήμωσις	devastation	309b
	κυκλόω 1	surround	456d
	ὅταν 1 b	when	588a
	στρατόπεδον	camp	771a
	τότε 2	at that time	824a
21	Ἰουδαία 1	Judaea	379a
	μέσος 2	the middle	507d
	ὄρος	mountain	582d

21	φεύγω 1	flee	855d
	χώρα 4	country	889c
22	ἐκδίκησις	vengeance	238d
	ἡμέρα 4 b	time	347c
	πίμπλημι 1 b α	fill	658b
	πληρόω 4 a	make full	671c
23	ἀνάγκη 2	distress	52c
	γαστήρ 2	womb	152d
	ἔχω I 2 j	have	333b
	θηλάζω 1	give suck	360c
	λαός 3 a	people	466d
	μέγας 2 a γ	great	497d
	ὀργή 2 b	anger	579b
	οὐαί 1 a	woe	591b
24	αἰχμαλωτίζω 1	capture	27a
	ἄχρι 2 a	until	129a
	εἰμί II 4 b γ	to be	224b
	καιρός 3	time	395b
	μάχαιρα 1	sword	496b
	πατέω 1 a γ	trample	635a
	πίπτω 1 b α	fall	659c
	πληρόω 5	finish	672a
	ῥομφαία	sword	737b
	στόμα 2	mouth	770a
25	ἀπορία	perplexity	97d
	ἄστρον	star	118b
	γῆ 5 a	earth	157d
	ἥλιος	the sun	345c
	ἠχέω	sound	349c
	ἦχος	sound	349d
	σάλος	rolling	741a
	σελήνη	moon	746d
	σημεῖον 2 c	sign	748c
	συνοχή 2	distress	791d
26	ἀπό V 3	with	88a
	ἀποψύχω	faint	102b
	δύναμις 5	recources	208a
	ἐπέρχομαι 1 b β	come	285a
	οἰκουμένη 1 a	the world	561b
	οὐρανός 1 c	heaven	594b
	προσδοκία	expectation	712d
	σαλεύω 1	shake	740c
	φόβος 2 a α	fear	863d
27	δόξα 1 a	glory	203d
	ἔρχομαι I 1 a	come	311a
	μετά A III 2	with	509d
	νεφέλη	cloud	536d
	ὁράω 1 a α	see	577d
	τότε 2	at that time	824a
	υἱός 2 c	son	835b
28	ἀνακύπτω 2	stand erect	56d
	ἀπολύτρωσις 2 a	redemption	96b
	ἄρχω 2 a α	begin	113c
	διότι 1	because	199b
	ἐγγίζω 5 b	approach	213d
	ἐπαίρω 1	lift up	281d
	κεφαλή 1 a	head	430b
29	παραβολή 2	parable	612c
	συκῆ	fig tree	776b
30	ἀπό V 5	of	88b
30	ἑαυτοῦ 1 a	oneself	212a
	ἐγγύς 2 a	near	214b
	ἤδη 1 a	already	344a
	ἤδη 1 a	already	344a
	θέρος	summer	359d
	προβάλλω 2	put out	702d
30f	γινώσκω 3 c	understand	161b
31	βασιλεία 3 g	kingdom	135c
	γινώσκω 6 c	know	161c
	ἐγγύς 2 a	near	214b
	καί II 1	also	393b
32	γενεά 2	generation	154a
	ἕως I 1 b	until	334b
	παρέρχομαι 1 b α	pass away	626a
33	λόγος 1 a δ	word	477c
	μή D 2	not	517c
	οὐρανός 1 a α	heaven	593d
33a	παρέρχομαι 1 b α	pass away	626a
33b	παρέρχομαι 1 b α	pass away	626a
34	αἰφνίδιος	sudden	26d
	βαρέω	burden	133c
	βιωτικός	belonging to life	142a
	ἐπί III 1 b γ	on	289a
	ἐφίστημι 1 b	stand by	330d
	ἡμέρα 3 b β	day	347b
	καί I 2 e	and	392c
	καρδία 1 b δ	heart	404a
	κραιπάλη	carousing	448a
	μέθη	drunkenness	498d
	μέριμνα	anxiety	504d
	μήποτε 2 a α	(neg particle)	519b
	προσέχω 1 b	pay attention to	714c
35	γῆ 5 b	earth	157d
	ἐπεισέρχομαι	rush in suddenly	284c
	ἐπί III 1 b γ	on	289a
	κάθημαι 1 b	reside	389c
	παγίς 1	trap	602b
	πρόσωπον 1 e	face	721c
	ὡς II 2	so	897c
35b	ἐπί III 1 a ζ	on	288c
36	ἀγρυπνέω 1	be awake	14a
	δέομαι 4	ask	175b
	ἐκφεύγω 2 b β	run away	247a
	ἔμπροσθεν 2 b	in front	257b
	ἵνα II 1 a γ	in order that	377c
	ἵστημι II 1 b	stand	382b
	καιρός 1	time	394d
	καταξιόω 1	consider worthy	415d
	κατισχύω 1	be strong	424a
	πᾶς, πᾶσα, πᾶν 1 a α	every each	631b
	πᾶς, πᾶσα, πᾶν 1 d β	all	632b
	υἱός 2 c	son	835b
37	αὐλίζομαι 1	spend the night	121c
	ἐλαιών	olive grove	248a
	ἡμέρα 1 a	day	346a

37	ἱερόν 2	temple	372c
	καλέω 1 a γ	call	399b
	νύξ 1 d	night	546d
	ὄρος	mountain	582c
38	ἀκούω 1 c	hear	32b
	λαός 1 a	people	466c
	ὀρθρίζω	get up very early	580c

Luke 22

1	ἄζυμος 1 b	unleavened bread	20a
	ἐγγίζω 5 b	approach	213d
	ἑορτή	festival	280b
	πάσχα 1	the passover	633c
2	ἀναιρέω 1 a	do away with	55a
	ἀρχιερεύς 1 b	high priest	112d
	ζητέω 1 c	investigate	339a
	ὁ, ἡ, τό II 8 a	the	552c
	πῶς 2 b	how	732d
	φοβέω 1 b α	be afraid	863a
3	ἀριθμός 1	number	106b
	εἰμί III 3	to be	225b
	εἰσέρχομαι 1 b β	come	232d
	Ἰούδας 6	Judas	380a
	Ἰσκαριώθ	Iscariot	381a
	καλέω 1 a γ	call	399b
	σατάν	Adversary	744d
	σατάν	Adversary	745a
4	ὁ, ἡ, τό II 8 a	the	552c
	παραδίδωμι 1 b	give over	614d
	πῶς 2 b	how	732d
	στρατηγός 2	chief magistrate	770c
	συλλαλέω	talk	776d
5	ἀργύριον 2 b	money	104d
	δίδωμι 4	give	193c
	συντίθημι 2 a α	agree	792d
	χαίρω 1	rejoice	874a
6	ἄτερ	without	120a
	ἐξομολογέω 1	promise	277a
	εὐκαιρία	favorable opportunity	321c
	ζητέω 2 a	seek	339a
	ὁ, ἡ, τό II 4 b β	the	551c
	ὄχλος 1	crowd	600d
	παραδίδωμι 1 b	give over	614d
7	ἄζυμος 1 b	unleavened bread	20a
	δεῖ 3	it is necessary	172b
	δεῖ 6 a	it is necessary	172b
	ἔρχομαι I 1 b α	come	311b
	ἡμέρα 2	day	346d
	θύω 2	sacrifice	367b
	θύω 4	celebrate	367c
	λόγος 1 a ζ	matter	478a
	πάσχα 2	the paschal lamb	633c
8	ἐσθίω 1 a	eat	312c
	ἑτοιμάζω 1	prepare	316b
	πάσχα 3	passover meal	633c
9	ἑτοιμάζω 1	prepare	316b
	θέλω 1	wish	355a
	ποῦ 1 a	where	696a
9f	λόγος 1 a ζ	matter	478a
10	ἀκολουθέω 1	follow	31b
	βαστάζω 2 a	carry	137b
	εἰσέρχομαι 1 a β	come	232d
	εἰσπορεύομαι 1	go	233c
	ἰδού 1 a	behold	371a
	κεράμιον	jar	428d
	οἰκία 1 a	house	557c
	συναντάω 1	meet	784c
	ὕδωρ 1	water	832d
11	διδάσκαλος	teacher	191d
	ἐσθίω 1 a	eat	312c
	κατάλυμα	guest room	414b
	οἰκία 1 a	house	557c
	οἰκοδεσπότης	master of the house	558a
	ὅπου 1 a γ	where	576b
	πάσχα 2	the paschal lamb	633c
	ποῦ 1 a	where	696a
12	ἀνάγαιον	room upstairs	51b
	δείκνυμι 1 a	show	172d
	ἑτοιμάζω 1	prepare	316b
	κἀκεῖνος 1 a	and he	396d
	μέγας 1 b	large	497c
	στρωννύω	spread	771d
13	εἶπον 3 e	foretell	226d
	ἑτοιμάζω 1	prepare	316b
	εὑρίσκω 1 c γ	find	325b
	πάσχα 3	passover meal	633c
14	ἀναπίπτω 1	recline	59c
	ἀπόστολος 3	apostles	99d
	γίνομαι I 1 b γ	come about	158c
	ὥρα 3	time of day	896d
15	ἐπιθυμέω	desire	293b
	ἐπιθυμία 2	desire	293b
	ἐσθίω 1 a	eat	312c
	πάσχα 1	the passover	633c
	πάσχα 2	the paschal lamb	633c
	πάσχω 3 a α	suffer	634a
	πρό 2	before	702a
16	βασιλεία 3 g	kingdom	135c
	ἕως II 1 b β	until	335a
	μή D 1 a	not	517c
	οὐκέτι 1	no longer	592c
	πληρόω 4 a	make full	671c
17	δέχομαι 2	grasp	177c
	διαμερίζω 1 b	divide	186d
	εὐχαριστέω 2	give thanks	328b
	ποτήριον 1	cup	695b
18	ἄμπελος 1	vine	46d
	ἀπό I 6	from	86d
	βασιλεία 3 g	kingdom	135c
	γένημα	product	155a
	ἔρχομαι I 2 b	come	311c
	ἕως II 1 b α	until	335a
	ἕως II 1 b β	until	335a
	πίνω 1	drink	658d
18f	λόγος 1 a ζ	matter	478a

19	ἀνάμνησις	reminder	58a
	ἄρτος 1 c	bread	110d
	δίδωμι 2	give	193c
	δίδωμι 6	give	193d
	εἰμί II 3	to be	224a
	εἰς 4 f	(purpose)	229d
	ἐμός 1 a β	my	255c
	εὐχαριστέω 2	give thanks	328b
	κλάω	break	433d
	οὗτος 1 a α	this	596b
	σῶμα 1 b	body	799d
19f	ὑπέρ 1 a ε	in behalf of	838d
20	αἷμα 2 b	blood	23a
	δειπνέω	eat	173b
	διαθήκη 2	covenant	183b
	ἐκχέω 1	pour out	247b
	καινός 3 b	new	394b
	ὡσαύτως	similarly	899b
21	παραδίδωμι 1 b	give over	614d
	πλήν 1 b	but	669c
	τράπεζα 2	table	824b
22	κατά II 5 a α	according to	407a
	μέν 1 a γ	(particle)	502d
	ὁρίζω 1 a α	determine	581a
	οὐαί 1 a	woe	591b
	παραδίδωμι 1 b	give over	614d
	πλήν 1 a	but	669b
	πορεύω 2 a	proceed	692d
	υἱός 2 c	son	835b
23	ἄρα 2	then	103d
	αὐτός 2	they	123b
	μέλλω 1 c β	be about to	501b
	πράσσω 1 a	do	698b
	συζητέω 2	discuss	775d
23f	ὁ, ἡ, τό II 8 a	the	552c
24	γίνομαι I 1 b β	come about	158b
	μέγας 2 b α	great	498b
	φιλον(ε)ικία 2	dispute	860d
25	βασιλεύς 1	king	136a
	ἔθνος 1	nation	218c
	ἐξουσιάζω	one in authority	279a
	εὐεργέτης	benefactor	320a
	καλέω 1 a β	call	399a
	κυριεύω 1	rule	458d
26	γίνομαι II 1	be	160b
	ἡγέομαι 1	lead	343c
	μέγας 2 b α	great	498b
	νέος 2 b β	novice	536b
	οὕτω 1 b	thus	597d
26a	ὡς II 3 b	so	897d
26b	ὡς II 3 b	so	897d
26f	διακονέω 1	wait on someone	184a
	μέγας 2 b α	great	498b
27	ἀνάκειμαι 2	be at table	55d
	εἰμί II 9 b	to be	225a
	μέσος 2	the middle	507d
	τίς, τί 1 a γ	which	819a
28	διαμένω	remain	186c
	πειρασμός 2 b	test	641a
29	βασιλεία 1	kingdom	134d
29	διατίθημι 2	assign	189d
	κἀγώ 3 b	I	386b
	πατήρ 3 d α	father	636b
30	βασιλεία 3 g	kingdom	135c
	ἐπί I 1 a γ	on	286b
	ἐσθίω	eat	312c
	ἐσθίω 1 c	eat	313a
	θρόνος 1 d	throne	364b
	Ἰσραήλ 2	Israel	381c
	κάθημαι	sit	389b
	κρίνω 4 b β	judge	452b
	τράπεζα 2	table	824c
	φυλή 1	tribe	868d
31	ἐξαιτέω 1	ask for	272a
	ὁ, ἡ, τό II 4 b ζ	the	551d
	σατάν	Adversary	745a
	σινιάζω	sift	751d
	σῖτος	wheat	752b
	ὡς II 2	so	897c
32	δέομαι 4	ask	175b
	ἐκλείπω	fail	242c
	ἐπιστρέφω 1 b β	turn	301b
	ἵνα II 1 a γ	in order that	377c
	πίστις 2 d α	faith	663b
	ποτέ 1	once	695a
	στηρίζω 2	establish	768b
33	εἰς 4 a	into	229a
	ἕτοιμος 2	ready	316d
	θάνατος 1 a	death	350d
	πορεύω 1	proceed	692b
	φυλακή 3	guard	867d
34	ἀλέκτωρ	cock	35c
	ἀπαρνέομαι	deny	81a
	ἕως I 1 b	until	334c
	μή A II 1 a	not	516a
	πρίν 1 a	before	701b
	σήμερον	today	749a
	τρίς	thrice	826b
	φωνέω 1 a	produce a sound	870c
35	ἄτερ	without	120a
	μή C 1	not	517b
	πήρα	knapsack	656c
	ὑπόδημα	sandal	844c
	ὑστερέω 1 b	to miss	849b
35f	βαλλάντιον	purse	130d
36	ἀγοράζω 1	buy	12d
	αἴρω 2	lift up	24c
	ἀλλά 2	but, yet	38c
	ἱμάτιον 2	garment	376c
	μάχαιρα 1	sword	496b
	νῦν 1 c	now	545d
	πήρα	knapsack	656c
	πωλέω	sell	731c
37	ἄνομος 3	lawless	72b
	γάρ 1 b	for	151d
	ἔχω I 2 f	have	333a
	λογίζομαι 1 b	consider	476b
	μετά A I	with	508c
	ὁ, ἡ, τό II 8 a	the	552b
	τελέω 2	perform	811a
	τέλος 1 a	end	811b

38	ἰδού 2	there is	371b
	ἱκανός 1 c	sufficient	374c
	μάχαιρα 1	sword	496b
39	ἔθος 1	habit	218d
	ἐλαία 1	olive tree	247d
	ὄρος	mountain	582c
40	γίνομαι I 4 c γ	come, go	160a
	εἰσέρχομαι 2 a	come	233a
	ἐπί I 1 a β	on	286a
	πειρασμός 2 b	test	641a
	τόπος 1 c	place	822d
41	ἀποσπάω 3	withdraw	98b
	βολή	throw	144d
	γόνυ	knee	165a
	λίθος 1 a	stone	474b
	προσεύχομαι	pray	713d
	τίθημι I 1 b α	put	816a
	ὡσεί 2	as	899c
42	βούλομαι 2 b	desire	146c
	γίνομαι I 2 a	created	158c
	εἰ IV	if	219d
	θέλημα 1 a	will	354b
	παραφέρω	take away	623b
	παραφέρω 2 c	take away	623b
	πατήρ 3 d α	father	636b
	πλήν 1 b	but	669c
	ποτήριον 2	cup	695c
43	ἄγγελος 2 a	angel	7c
	ἐνισχύω 2	strengthen	267a
	ὁράω 1 a δ	see	578b
	οὐρανός 2 c	heaven	595a
44	ἀγωνία	agony	15b
	αἷμα 1 a	blood	22c
	γῆ 2	ground	157c
	γίνομαι II 1	be	160b
	γίνομαι II 4 a	be	160c
	ἐκτενῶς	fervently	245d
	θρόμβος	drop	364b
	ἱδρώς	perspiration	371c
	καταβαίνω 1 b	come down	408d
	ὡσεί 1	as	899c
45	ἀνίστημι 2 a	rise	70b
	ἀπό V 3	with	88a
	κοιμάω 1	sleep	437c
	λύπη	grief	482a
	προσευχή 1	prayer	713c
46	εἰσέρχομαι 2 a	come	233a
	ἵνα II 1 a γ	in order that	377c
	καθεύδω 1	sleep	388d
	πειρασμός 2 b	test	641a
47	ἐγγίζω 1	approach	213c
	εἷς 3 a	someone	231d
	ἰδού 2	there is	371b
	Ἰσκαριώθ	Iscariot	381a
	λαλέω 2 a γ	speak	463b
	λέγω II 3	call	470a
	προέρχομαι 2	go forward	705c
	φιλέω 2	love, like	859c
47f	Ἰούδας 6	Judas	380a
48	παραδίδωμι 1 b	give over	614d
	υἱός 2 c	son	835b

48	φίλημα	a kiss	859c
49	εἰ V 1	if	219d
	εἰμί I 4	to be	223b
	ἐν III 1 a	by	260d
	μάχαιρα 1	sword	496b
	ὁ, ἡ, τό II 5	the	552a
	πατάσσω 1 b	strike	634d
	περί 2 a δ	about	645b
50	ἀφαιρέω 1	cut off	124b
	δεξιός 1	right	174d
	εἷς 3 c	someone	231d
	οὖς 1	ear	595c
	πατάσσω 1 b	strike	634d
51	ἀποκαθίστημι 1	restore	92a
	ἅπτω 2 b	touch	103a
	ἐάω 2	let	212d
	ἕως II 4	as many as	335c
	ἰάομαι 1	heal	368b
	ὠτίον	the ear	900b
52	ἐπί III 1 a δ	to	288c
	ἱερόν 2	temple	372c
	λῃστής 2	revolutionary	473b
	μάχαιρα 1	sword	496b
	μετά A III 3	with	510a
	ξύλον 2 b	the pole	549a
	παραγίνομαι 1	come	613c
	παραγίνομαι 1	come	613c
	πρεσβύτερος 2 a β	older	700a
	στρατηγός 2	chief magistrate	770c
53	ἐκτείνω 1	stretch out	245b
	ἐξουσία 4 b	authority	278c
	ἐπί III 1 a δ	to	288c
	ἡμέρα 2	day	346d
	ἱερόν 2	temple	372c
	κατά II 2 c	every	406d
	οὗτος 1 a	this	596d
	σκότος 2 b	darkness	758a
	ὥρα 3	time of day	896d
54	ἄγω 2	lead away	14c
	εἰσάγω	bring	232b
	μακρόθεν	from far away	488a
	οἰκία 1 a	house	557c
	συλλαμβάνω 1 a α	seize	776d
55	ἅπτω 1	kindle	102d
	αὐλή 1	courtyard	121b
	κάθημαι 2	sit down	389d
	μέσος 1	among	507b
	περιάπτω	kindle	645d
	περικαθίζω	sit around	647d
	πῦρ 1 a	fire	729d
	πυρά	a fire	730c
	συγκαθίζω 2	cause to sit down with	773b
55a	μέσος 2	the middle	507d
56	ἀτενίζω	look intently at	119c
	εἰμί III 10	to be	225d
	κάθημαι 1 a α	sit	389c
	παιδίσκη	maid	604b
	πρός III 7	by	711a
	σύν 1 c	with	781c

56	φῶς 1 b α	light	872a
57	ἀρνέομαι 3 a	deny	108a
	γυνή 1	woman	168c
	οἶδα 2	know	556b
58	ἄνθρωπος 1 a γ	man	68b
	βραχύς 2	short	147b
	εἰμί III 3	to be	225a
	ἐκ 4 a δ	from	236a
	ἕτερος 1 b δ	another	315b
	μετά B II 3	after	510b
	σύ 1 c	you	772b
59	ἀλήθεια 3	reality	36c
	ἄλλος 1 d	other	40a
	Γαλιλαῖος	Galilean	150c
	διΐστημι 1	go away	195b
	διϊσχυρίζομαι	insist	195b
	μετά A II 1 c α	with	508d
	ὥρα 2 a α	time of day	896a
	ὡσεί 2	as	899c
60	ἄνθρωπος 1 a γ	man	68b
	λαλέω 2 a γ	speak	463b
	λέγω I 2 b	say	468c
	οἶδα 4	know	556c
	παραχρῆμα	at once	623d
60f	ἀλέκτωρ	cock	35c
	φωνέω 1 a	produce a sound	870c
61	ἀπαρνέομαι	deny	81a
	ἐμβλέπω 1	look at	254c
	πρίν 1 b	before	701b
	ῥῆμα 1	word	735c
	στρέφω 2 a α	turn	771b
	τρίς	thrice	826b
	ὑπομιμνήσκω 2	remind	846b
	ὡς IV 4	when	899a
62	ἐξέρχομαι 1 a β	go out	274c
	ἔξω 1 b	outside	279c
	κλαίω 1	weep	433a
	πικρῶς	bitterly	657d
63	ἀνήρ 1	man	66d
	δέρω	beat	175d
	ἐμπαίζω 1	ridicule	255d
	συνέχω 4	hold in custody	789b
64	παίω 1	strike	605c
	περικαλύπτω	cover	647d
	προφητεύω 2	prophesy	723a
	τύπτω 1	strike	830b
65	βλασφημέω 2 b δ	blaspheme	142d
	εἰς 4 c α	against	229b
	ἕτερος 1 b β	another	315a
	λέγω I 4	say	468c
	πολύς I 1 a α	many	687d
66	ἀρχιερεύς 1 b	high priest	112d
	γίνομαι I 1 b γ	come about	158b
	ἡμέρα 1 a	day	346a
	λαός 3 a	people	466d
	πρεσβυτέριον 1	council of elders	699c
	συνάγω 2	gather	782c
	συνέδριον 2	Sanhedrin	786b
	συνέδριον 2	Sanhedrin	786b
66	τέ 3 a	and	807d
	ὡς IV 1 a	when	898c
67	ἐάν I 1 b	if	211b
	εἶπον 1	say	226b
	πιστεύω 1 d	believe	661a
	Χριστός 1	Anointed One	887a
68	ἐάν I 1 b	if	211b
	ἐρωτάω 1	ask	311d
69	δεξιός 2 b	right	175a
	κάθημαι 1 a α	sit	389b
	νῦν 3 b	now	546a
	υἱός 2 c	son	835b
70	εἰμί II 5	to be	224c
	λέγω I 1 b β	say	468b
	λέγω II 1 e	declare	469d
	οὖν 1 c α	therefore	593a
	φημί 1 b α	say	856b
71	ἀκούω 1 b β	hear	32a
	ἀπό V 4	from	88a
	ἔτι 1 b β	still	316a
	μαρτυρία 2 a	testimony	493c
	στόμα 1 a	mouth	769d
	χρεία 1	need	885a

Luke 23

1	ἅπας 1	whole	81d
	ἐπί III 1 a γ	on	288c
	πλῆθος 2 b β	quantity	668d
1ff	Πιλᾶτος	Pilate	657d
2	ἀποστρέφω 1 a β	turn away	100b
	διαστρέφω 2	mislead	189a
	εὑρίσκω	find	324d
	εὑρίσκω 2	find	325c
	Καῖσαρ	Emperor	395d
	καταλύω 1 c	annul	414c
	κατηγορέω 1 a	bring charges	423b
	κωλύω 2	hinder	461c
	φόρος	tax	865a
	Χριστός 1	Anointed One	887a
2b	λέγω I 1 b β	say	468b
	λέγω II 1 e	declare	469d
3	ἀποκρίνομαι 2	begin	93c
	βασιλεύς 2 a	king	136b
	λέγω II 1 e	declare	469d
	σύ 1 a	you	772b
	φημί 1 b α	say	856b
4	αἴτιος 2	guilt	26d
	εὑρίσκω 1 c α	find	325b
	ὁ, ἡ, τό II 1 h	the	551a
5	ἀνασείω	incite	60b
	ἄρχω 2 c	begin	113d
	ἐπισχύω	grow strong	302a
	ἕως II 2 b	as far as	335c
	Ἰουδαία 2	Judaea	379a
	κατά I 1 c	down	405d
	ὧδε 1	here	895b
6	ἄνθρωπος 4 b	man	69c
	Γαλιλαῖος	Galilean	150c
	ἐπερωτάω 1 a	ask	285b

6	ἐρωτάω 1	ask	312a
7	ἀναπέμπω 1 b	send	59b
	εἰμί III 3	to be	225b
	ἐκ 3 b	from	235a
	ἐξουσία 4 b	authority	278c
	ἐπιγινώσκω 2 b	know	291a
	πρός III 1 b	toward	709d
7-15	Ἡρῴδης 2	Herod	348c
8	γίνομαι I 2 a	created	158c
	εἶδον 6	visit	221a
	εἰμί II 4 e	to be	224b
	ἐκ 5 a	from	236a
	ἐλπίζω 2	hope	252c
	θέλω 1	wish	354d
	ἱκανός 1 b	sufficient	374c
	ἱκανός 1 c	sufficient	374c
	λίαν 1	very	473b
	σημεῖον 2 a	sign	748b
	ὑπό 1 b	by	843b
	χαίρω 1	rejoice	873d
	χρόνος	time	888a
9	ἀποκρίνομαι 1	answer	93c
	ἱκανός 1 a	sufficient	374b
	λόγος 1 a δ	word	477d
10	ἀρχιερεύς 1 b	high priest	112d
	εὐτόνως	powerfully	327c
	ἵστημι II 2 a	stand	382c
	κατηγορέω 1 a	bring charges	423b
11	ἀναπέμπω 2	send	59b
	ἐμπαίζω 1	ridicule	255d
	ἐξουθενέω 3	reject	277d
	ἐσθής	clothing	312b
	λαμπρός 3	bright	465d
	περιβάλλω 1 b δ	throw around	646b
	στράτευμα	army	770b
	σύν 4 b	with	782a
12	ἀηδία	enmity	20b
	αὐτός 1 h	even	123a
	γίνομαι I 4 a	become	159c
	εἰμί III 4	to be	225b
	ἔχθρα	enmity	331b
	μετά A II 3 b	with	509c
	πρός III 4 a	toward	710c
	προϋπάρχω	exist before	722c
	τέ 3 a	and	807d
	φίλος 2 a α	loving	861a
13	ἀρχιερεύς 1 b	high priest	112d
	ἄρχων 2 a	authorities	114a
	λαός 1 c α	people	466d
	συγκαλέω 2	call together	773b
14	αἴτιος 2	guilt	26d
	ἀνακρίνω 1 b	question	56c
	ἄνθρωπος 4 b	man	69c
	ἀποστρέφω 1 a β	turn away	100b
	ἐνώπιον 2 a	before	270d
	κατά I 2 b β	down	405d
	κατηγορέω 1 a	bring charges	423b

14	ὁ, ἡ, τό II 1 h	the	551a
	ὅς, ἥ, ὅ I 4 a	(rel pron)	584a
	προσφέρω 1 a	bring (to)	719d
	ὡς III 2	so	898b
15	ἀλλά 3	but, yet	38d
	ἀναπέμπω 2	send	59b
	ἄξιος 1 b	worthy	78b
	θάνατος 1 b α	death	351a
	οὐδέ 2	and not	591c
	πράσσω 1 a	do	698b
	πράσσω 1 a	do	698c
	πρός III 1 b	toward	709d
16	παιδεύω 2 b γ	whip	604a
16-25	ἀπολύω 1	set free	96c
17	ἀνάγκη 1	necessity	52c
	ἑορτή	festival	280b
18	αἴρω 4	take away	24d
	ἀνακράζω	cry out	56b
	Βαραββᾶς 1	Barabbas	133a
	παμπληθεί	all together	607b
19	γίνομαι I 1 b β	come about	158b
	εἰμί II 4 c	to be	224b
	ὅστις 3	whoever	587b
	στάσις 2	uprising	764c
	φόνος	murder	864d
	φυλακή 3	guard	867d
20	πάλιν 2	again	606d
	προσφωνέω 1	call out	720c
	προσφωνέω 1	call out	720c
21	ἐπιφωνέω	cry out	304d
	σταυρόω 1	crucify	765c
22	αἴτιος 2	guilt	26d
	γάρ 1 f	what	152b
	εὑρίσκω 1 c α	find	325b
	θάνατος 1 b α	death	351a
	κακός 1 c	evil	397d
	παιδεύω 2 b γ	whip	604a
	ποιέω I 1 b ε	do	681c
	τρίτος 3	third	826d
23	αἰτέω	ask	26a
	ἐπίκειμαι 2 b	be urgent	294c
	κατισχύω 1	be strong	424a
	μέγας 2 a γ	great	497d
	σταυρόω 1	crucify	765c
23a	φωνή 2 c	voice	871a
23b	φωνή 2 c	voice	871a
24	αἴτημα	request	26b
	γίνομαι I 2 a	created	158c
	ἐπικρίνω	decide	295a
25	διά B II 1	because of	181a
	θέλημα 2 a	will	354c
	παραδίδωμι 1 b	give over	614d
	στάσις 2	uprising	764c
	φόνος	murder	864d
	φυλακή 3	guard	867d
26	ἀγρός 2	the country	14a
	ἀπάγω 2 c	lead away	79c
	ἐπιλαμβάνομαι 1	grasp	295a
	ἐπιτίθημι 1 a α	put upon	303a
	Κυρηναῖος	Cyrenian	458a

26	ὄπισθεν 2 a	from behind	575a
	Σίμων 4	Simon	751b
	σταυρός 1	the cross	765a
	τὶς, τὶ 2 a β	any one	820c
	φέρω 1 a	bear	855a
	ὡς IV 1 a	when	898c
27	θρηνέω 2	mourn	363b
	κόπτω 2	beat	444b
	λαός 1 a	people	466d
	πλῆθος 2 b α	quantity	668c
	πολύς I 1 b α	many	688a
28	θυγάτηρ 2 d	daughter	365a
	μή A III 3 b	not	517a
	πλήν 1 b	but	669c
	στρέφω 2 a α	turn	771b
28a	κλαίω 1	weep	433a
	κλαίω 1	weep	433a
28b	κλαίω 1	weep	433a
	κλαίω 1	weep	433a
29	γεννάω 2	bear	155d
	ἔρχομαι I 1 b α	come	311b
	ἡμέρα 4 b	time	347d
	κοιλία 2	belly	437b
	μακάριος 1 a	blessed	486c
	μαστός 2	breast	495b
	στεῖρα	barren	766a
	τρέφω 1	feed	825c
30	βουνός	hill	146c
	ἐπί III 1 a β	on	288a
	καλύπτω 1	cover	401a
	ὄρος	mountain	582b
	πίπτω 1 a	fall	659c
31	γίνομαι I 2 b	created	158d
	ἐν I 2	in	258c
	ξηρός 1	dry	548d
	ξύλον 3	tree	549c
	ποιέω I 1 d γ	do	682b
	ὑγρός	moist	832c
32	ἄγω 2	lead away	14c
	ἀναιρέω 1 a	do away with	55a
	ἕτερος 1 b β	another	315b
	σύν 2 b	with	781d
32f	κακοῦργος	criminal	398b
33	ἀριστερός	weapons	106d
	δεξιός 2 b	right	175a
	καλέω 1 a γ	call	399b
	κρανίον	skull	448a
	μέν 1 c	(particle)	503a
	ὅς, ἥ, ὅ II 2	this (one)	585b
	σταυρόω 1	crucify	765c
	τόπος 1 c	place	822c
34	ἀφίημι 2	forgive	126a
	βάλλω 1 a	throw	130d
	διαμερίζω 1 b	divide	186d
	κλῆρος 1	lot	435b
	πατήρ 3 d α	father	636b
35	ἄλλος 1 a	other	39d
	ἄρχων 2 a	authorities	114a
	ἐκλεκτός 1 a	chosen	242d
	ἐκμυκτηρίζω	ridicule	243b

35	θεωρέω 1	observe	360a
	ἵστημι II 2 a	stand	382c
	μυκτηρίζω treat with contempt		529b
	Χριστός 1	Anointed One	887a
35a	σῴζω 1 a	save	798a
35b	σῴζω 1 a	save	798a
36	ἐμπαίζω 1	ridicule	255d
	ὄξος	wine vinegar	574b
	προσφέρω 1 b	bring (to)	719d
37	σῴζω 1 a	save	798a
37f	βασιλεύς 2 a	king	136b
38	γράμμα 1	letter	165b
	Ἑβραϊκός	Hebrew	213a
	Ἑλληνικός	Greek	252a
	ἐπί II 1 a α	on	287a
	ἐπιγραφή	inscription	291c
	Ῥωμαϊκός	Roman	738c
39	βλασφημέω 2 b δ blaspheme		142d
	εἷς 1 a β	one	230d
	κακοῦργος	criminal	398b
	κρεμάννυμι 1	hang	450a
	σῴζω 1 a	save	798a
	Χριστός 1	Anointed One	887a
40	αὐτός 4 a	the same	123c
	εἰμί III 4	to be	225b
	ἐπιτιμάω 1	rebuke	303b
	ἕτερος 1 a	other	315a
	κρίμα 4 b	verdict	450d
	οὐδέ 3	not even	591d
	φημί 1 b α	say	856b
	φοβέω 1 b α	be afraid	863a
41	ἄξιος 1 b	worthy	78b
	ἀπολαμβάνω 1	receive	94c
	ἄτοπος 2	improper	120c
	δικαίως 2	justly	198b
	ὅς, ἥ, ὅ I 4 a	(rel pron)	584a
41a	πράσσω 1 a	do	698b
41b	πράσσω 1 a	do	698c
42	βασιλεία 1	kingdom	134d
	ἔλευσις	coming	251a
	ἔρχομαι I 1 a	come	311a
	μιμνήσκομαι 1 c	remember	522c
43	θαρσέω	be cheerful	352a
	λέγω II 1 d	assure	469d
	παράδεισος 2	paradise	614a
	σήμερον	today	749a
44	γίνομαι I 1 b α	come about	158b
	εἰμί I 5	to be	223b
	ἕκτος	sixth	246a
	ἔνατος	ninth	262b
	ἐπί III 1 a α	across	288a
	ἕως II 1 a	until	334d
	καί I 2 c	and	392c
	σκότος 1	darkness	757d
	ὡσεί 2	as	899c
44a	ὥρα 2 b	time of day	896b
44b	ὥρα 2 b	time of day	896c
45	ἐκλείπω	fail	242d

45	ἥλιος	the sun	345d
	ἥλιος	the sun	345d
	καταπέτασμα	curtain	416b
	μέσος 1	in two	507b
	ναός 1 a	temple	533c
	σκοτίζω 1	become dark	757c
	σχίζω 1 b	split	797c
46	ἐκπνέω	breathe out	244b
	μέγας 2 a γ	great	497d
	παρατίθημι 2 b β	place beside	623a
	πατήρ 3 d α	father	636b
	πνεῦμα 2	spirit	674d
	φωνέω 1 b	cry out	870c
	φωνέω 1 b	cry out	870c
	χείρ 2 a β	hand	880c
47	δίκαιος 3	righteous	196a
	δίκαιος 4	righteous	196a
	δοξάζω 1	praise	204c
	ἑκατοντάρχης	centurion	237a
	ὁ, ἡ, τό II 1 h	the	551a
	ὄντως 1	really	574b
48	ἐπί III 1 b	on	289b
	θεωρέω 1	observe	360a
	θεωρία	spectacle	360b
	στῆθος	chest	767d
	συμπαραγίνομαι 1	come together	779a
	τύπτω 1	strike	830c
49	γνωστός 1 b	acquaintance	164b
	ἵστημι II 2 b α	being	382c
	μακρόθεν	from far away	488a
	ὁράω 1 a β	see	578a
	συνακολουθέω	follow	783d
50	ἀγαθός 1 a α	good	2d
	ἀνήρ 4	man	66d
	βουλευτής	member of council	145c
	δίκαιος 1 b	upright	195d
	ἰδού 2	there is	371b
	Ἰωσήφ 6	Joseph	385d
	ὄνομα I 1	name	571a
	ὑπάρχω 2	be	838a
51	Ἁριμαθαία	Arimathaea	106c
	αὐτός 3 b	(oblique case)	123c
	βουλή 2	decision	145d
	Ἰουδαῖος 2 c	Jewish	379c
	πόλις 1	city	685c
	πρᾶξις 4 b	acting	698a
	προσδέχομαι 2 b	receive	712b
	συγκατατίθημι	agree with	773c
52	αἰτέω	ask	25d
	προσέρχομαι 1	approach	713a
	σῶμα 1 a	body	799a
53	εἴκοσι	twenty	222a
	ἐντυλίσσω 1	wrap	270b
	ἐπιτίθημι 1 a α	put upon	303a
	καθαιρέω 1	lower	386c
	κεῖμαι 1 a	lie	426d
	κυλίω 1	roll	457b
	λαξευτός	a tomb	466c
53	λατομέω 1	hew	467b
	μνῆμα	tomb	524c
	μόγις	with difficulty	525d
	οὗ 1 a β	where	589d
	οὐ 6 a	no	590d
	οὐδείς 2 a	no one	592a
	οὐδέπω	not yet	592c
	οὔπω	not yet	593c
	προσκυλίω	roll (up to)	716c
	σινδών 1	linen	751d
	τίθημι I 1 a β	put	816a
54	ἐπιφώσκω	shine forth	304d
	παρασκευή	preparation	622b
	σάββατον 1 a	Sabbath	739a
	σάββατον 1 a	Sabbath	739b
55	θεάομαι 1 a	see	353b
	κατακολουθέω	follow	412a
	μνημεῖον 2	tomb	524d
	συνέρχομαι 2	assemble	788b
	σῶμα 1 a	body	799a
	τίθημι I 1 a α	put	815d
	ὡς I 2 d	as	897b
56	ἄρωμα	spices	114b
	ἐντολή 2 a α	command	269a
	ἑτοιμάζω 1	prepare	316b
	ἡσυχάζω 1	rest	349a
	μύρον	ointment	530a
	σάββατον 1 a	Sabbath	739b

Luke 24

1	ἄρωμα	spices	114b
	βαθύς 2	deep	130c
	εἷς 4	one	232a
	ἐπί III 1 a γ	on	288b
	ἑτοιμάζω 1	prepare	316b
	λογίζομαι 2	consider	476b
	μνῆμα	tomb	524c
	μνημεῖον 2	tomb	524d
	ὄρθρος	dawn	580c
	ὅς, ἥ, ὅ I 5 a	(rel pron)	584b
	σάββατον 2 b	week	739c
	φέρω 1 d	bear	855a
2	ἀποκυλίω	roll away	94b
	λίθος 1 e	stone	474c
	μνημεῖον 2	tomb	524d
3	αὐτός 1 d	in person	122d
	εὑρίσκω 1 a	find	324d
	σῶμα 1 a	body	799a
4	ἄγγελος 2 a	angel	7c
	ἀπορέω	uncertain	97c
	ἀστράπτω	lightning flashing	118b
	διαπορέω	be perplexed	187d
	ἐσθής	clothing	312b
	ἐσθής	clothing	312b
	ἐφίστημι 1 a	stand by	330d
5	γῆ 2	ground	157c
	εἰς 1 b	near	228c
	ἔμφοβος	afraid	257d
	ζάω 1 a β	live	336b

5	κλίνω 1 a	incline	436c
	μετά A I	with	508c
	νεκρός 2 a	dead	535b
	πρόσωπον 1 b	face	721a
6	ἔτι 1 a β	still	315d
	λαλέω 2 a δ	speak	463b
	μιμνῄσκομαι 1 a δ	remember	522b
	ὡς IV 4	when	899a
7	ἁμαρτωλός 1	sinner	44a
	ἀνίστημι 2 a	rise	70b
	ἡμέρα 2	day	346b
	παραδίδωμι 1 b	give over	614d
	σταυρόω 1	crucify	765c
	τρίτος 1	third	826c
	υἱός 2 c	son	835b
	χείρ 2 b	hand	880c
8	μιμνῄσκομαι 1 a α	remember	522b
	ῥῆμα 1	word	735c
9	ἕνδεκα	eleven	262d
	λοιπός 2 b α	the others	480a
	μνημεῖον 2	tomb	524d
	ὑποστρέφω	return	847c
10	Ἰάκωβος 3	James	368a
	Ἰωάν(ν)α	Joanna	384c
	λέγω I 1 a	say	468b
	λοιπός 2 b α	the others	480a
	Μαγδαληνή	Magdalene	484b
	Μαρία 2	Mary	492a
	Μαρία 3	Mary	492a
	ὁ, ἡ, τό II 7	the	552a
	σύν 1 c	with	781d
11	ἀπιστέω 1 a	disbelieve	85c
	ἐνώπιον 4	before	270d
	λῆρος	nonsense	473a
	ῥῆμα 1	word	735b
	φαίνω 2 d	appear	852a
	ὡσεί 1	as	899c
12	ἀπέρχομαι 2	go	84d
	βλέπω 1 a	see	143c
	ἑαυτοῦ 1 i	oneself	212b
	θαυμάζω 1 b α	wonder	352c
	μνημεῖον 2	tomb	524d
	μόνος 1 a β	only	527c
	ὀθόνιον	linen cloth	555d
	παρακύπτω 1	look into	619b
	πρός III 7	by	711a
	τρέχω 1	run	825d
13	ἀπέχω 2	be distant	85a
	αὐτός 1 h	even	123a
	δύο 1 b	two	209a
	ἐκ 4 a α	from	235d
	ἑκατόν	one hundred	236d
	Ἐμμαοῦς	Emmaus	255a
	ἑξήκοντα	sixty	276a
	κώμη 1	village	461d
	ὄνομα I 1	name	570d
	Οὐλαμμαούς		592d
	στάδιον 1	stade	764a
14	ὁμιλέω	speak	565c

14	πᾶς, πᾶσα, πᾶν 1 d β	all	632b
	συμβαίνω	meet	777b
15	αὐτός 1 c	self	122d
	ἐγγίζω 5 a	approach	213d
	ὁμιλέω	speak	565c
	συζητέω 1	discuss	775d
	συμπορεύομαι 1	go with	780a
16	ἐπιγινώσκω 1 b	know	291a
	κρατέω 2 d	hold	448d
	μή A II 1 d α	not	516b
	ὁ, ἡ, τό II 4 b δ	the	551d
17	ἀντιβάλλω	place against	74a
	ἵστημι II 1 a	stand	382b
	λόγος 1 a δ	word	477d
	περιπατέω 1 c	go about	649b
	σκυθρωπός	sullen look	758b
18	γινώσκω 2 a	find out	161a
	εἷς 3 a	someone	231d
	Κλεοπᾶς	Cleopas	434b
	μόνος 1 a β	only	527d
	ὄνομα I 1	name	570d
	ὄνομα I 1	name	571a
	παροικέω 1 a	inhabit as a stranger	628d
	παροικέω 1 b	inhabit as a stranger	628d
	παροικέω 2	inhabit	629a
	σύ 1 c	you	772b
19	ἀνήρ 4	man	67a
	δυνατός 1 a β	powerful	208d
	ἐναντίον 1 b	before	262a
	ἔργον 1 a	deed	307d
	λόγος 1 a α	word	477a
	Ναζαρηνός	the Nazarene	532b
	Ναζωραῖος	Nazarene	532b
	ὁ, ἡ, τό II 5	the	552a
	περί 1 i	about	645a
	ποῖος 2 b α	of what kind	684d
	προφήτης 3	prophet	723c
20	ἀρχιερεύς 1 b	high priest	112d
	ἄρχων 2 a	authorities	114a
	εἰς 4 a	into	229a
	θάνατος 1 b α	death	351a
	κρίμα 4 b	verdict	450d
	ὅπως 1	how	576d
	παραδίδωμι 1 b	give over	615a
	σταυρόω 1	crucify	765c
21	ἄγω 4	spend	14d
	ἀλλά 3	but, yet	38d
	ἀπό II 2 c	since	87b
	ἐλπίζω 2	hope	252c
	λυτρόω 2	redeem	482d
	μέλλω 1 c β	be about to	501b
	ὅς, ἥ, ὅ I 11 f	(rel pron)	585b
	οὗτος 2 c	this	597c
	σύν 5	with	782a
	τρίτος 1	third	826d
22	ἀλλά 3	but, yet	38d
	γίνομαι I 4 c γ	come, go	159d
	ἐξίστημι 1	change	276b
	ἐπί III 1 a γ	on	288b

22	μνημεῖον 2	tomb	524d
	ὀρθρινός		580c
		early in the morning	
	ὄρθριος		580c
		early in the morning	
23	ζάω 1 a β	live	336b
	ὀπτασία 1	a vision	576c
	ὁράω 1 a β	see	578a
	σῶμα 1 a	body	799a
23a	λέγω I 1 b β	say	468b
23b	λέγω I 1 b β	say	468b
24	ἀπέρχομαι 2	go	84c
	ἐπί III 1 a γ	on	288b
	καθώς 1	just as	391b
	μνημεῖον 2	tomb	524d
	οὕτω 2	thus	598a
25	ἀνόητος 1	unintelligent	70d
	βραδύς	slow	147a
	ἐπί II 1 b γ	on	287b
	καρδία 1 b β	heart	403d
	ὅς, ἥ, ὅ I 4 a	(rel pron)	584a
	πιστεύω 1 a ε	believe	660d
	προφήτης 1	prophet	723c
	ὦ 1	(interjection)	895a
26	δεῖ 6 a	it is necessary	172b
	δόξα 1 b α	glory	203d
	εἰσέρχομαι 2 a	come	233a
	οὗτος 1 b α	this	597a
	οὐχί 3	not	598b
	πάσχω 3 b	endure	634c
	Χριστός 1	Anointed One	887a
27	ἀπό II 3 a	from	87b
	ἄρχω 2 c	begin	113d
	γραφή 2 b α	scripture	166b
	διερμηνεύω 2	explain	194c
	ἑαυτοῦ 1 h	oneself	212b
	ἑρμηνεύω 1	explain	310a
	Μωϋσῆς	Moses	532c
	ὁ, ἡ, τό II 5	the	552a
	περί 1 i	about	645a
	προφήτης 1	prophet	723c
28	ἐγγίζω 2	approach	213c
	κώμη 1	village	461d
	οὗ 2	where	589d
	πόρρω 2	far away	693d
	προσποιέω 1	pretend	718b
28a	πορεύω 1	proceed	692c
29	εἰμί III 9	to be	225d
	ἑσπέρα	evening	313c
	ἡμέρα 1 a	day	346a
	κλίνω 2	decline	436d
	ὁ, ἡ, τό II 4 b ζ	the	551d
	παραβιάζομαι	use force	612a
	πρός III 2 a	toward	710a
	σύν 1 a	with	781c
29a	μένω 1 a α	remain	503d
29b	μένω 1 a α	remain	503d
30	ἄρτος 1 a	bread	110c
	ἐπιδίδωμι 1	give	292b
	ἐπιδίδωμι 1	give	292b
	εὐλογέω 1	speak well	322b

30	κατακλίνω	recline at table	411d
	κλάω	break	433d
	μετά A II 2	with	509b
	προσδίδωμι	give over	712c
31	ἀνοίγω 1 e β	open	71c
	ἄφαντος	vanish	124d
	γίνομαι I 4 b	become	159d
	διανοίγω 1 b	open	187b
	ἐπιγινώσκω 1 b	know	291a
32	γραφή 2 b α	scripture	166b
	διανοίγω 2	explain	187b
	καίω 1 b	light	396b
	καλύπτω 2 c	veil	401b
	καρδία 1 b ε	heart	404a
	λαλέω 2 a δ	speak	463b
	ὁδός 1 b	way	554b
	πρός III 1 e	toward	710a
	ὡς IV 1 b	when	898c
33	ἀθροίζω	collect	21c
	ἕνδεκα	eleven	262d
	σύν 1 c	with	781d
	συναθροίζω 1	gather	783c
	ὥρα 2 b	time of day	896c
34	ὄντως 1	really	574b
	ὁράω 1 a δ	see	578b
	Πέτρος	Peter	655a
35	γινώσκω 1 b	know	161a
	ἐν I 2	in	258d
	ἐξηγέομαι	explain	275d
	κλάσις 1	breaking	433b
	ὁδός 1 b	way	554b
	ὡς I 2 d	as	897b
36	αὐτός 1 b	self	122d
	αὐτός 1 d	in person	122d
	εἰρήνη 2	peace	227c
	ἵστημι II 1 b	stand	382b
	λαλέω 2 b	speak	463d
	μέσος 2	the middle	507d
37	δοκέω 1 a	think	201d
	ἔμφοβος	afraid	257d
	θεωρέω 1	observe	360a
	θροέω	be disturbed	364a
	πνεῦμα 4 b	spirit	676a
	πτοέω	frighten	727c
	φάντασμα	apparition	853c
38	ἀναβαίνω 2	go up	50c
	διά B II 2	why	181b
	διαλογισμός 2	doubt	186b
	καρδία 1 b β	heart	403d
	ταράσσω 2	stir up	805b
38a	τίς, τί 3 a	which	819d
39	αὐτός 1 d	in person	122d
	ἐγώ	I	217a
	ἔχω I 2 c α	have	332c
	θεωρέω 1	observe	360a
	ὀστέον	bone	586d
	πνεῦμα 4 b	spirit	676a
	πούς 1 a	foot	696c
	σάρξ 1	flesh	743b
	χείρ 1	hand	880a
	ψηλαφάω	touch	892c

40	δείκνυμι 1 a	show	172d
	οὗτος 1 b α	this	596d
	πούς 1 a	foot	696c
	χείρ 1	hand	880a
41	ἀπιστέω 1 a	disbelieve	85c
	ἀπό V 3	with	88a
	βρώσιμος	eatable	148b
	ἐνθάδε 2	here	266a
	ἔτι 1 a β	still	315d
	θαυμάζω 1 a α	wonder	352b
	χαρά 1	joy	875c
42	ἐπιδίδωμι 1	give	292b
	ἰχθύς	fish	384b
	κηρίον	honey-comb	430d
	μελίσσιος	honeycomb	500d
	μέρος 1 b ε	piece	506a
	ὀπτός	broiled	576c
43	ἐνώπιον 2 a	before	270d
	ἐπίλοιπος	remaining	295d
	ἐπιπλήσσω	rebuke	297d
	ἐσθίω 1 c	eat	313a
44	εἰμί III 10	to be	225d
	ἐν I 1 d	in	258c
	ἐν IV 6 b	in	261c
	ἔτι 1 a β	still	315d
	λαλέω 2 b	speak	463d
	νόμος 4 a	law	543a
	ὁ, ἡ, τό II 10 a	the	552c
	πληρόω 4 a	make full	671c
	προφήτης 1	prophet	723c
	σύν 1 c	with	781c
	ψαλμός 1	psalm	891b
45	γραφή 2 b α	scripture	166b
	διανοίγω 1 b	open	187b
	νοῦς	the understanding	544c
	νοῦς 1	the understanding	544c
	συνίημι	understand	790a
	συνίημι	understand	790b
	τότε 2	at that time	824a
46	ἀνίστημι 2 a	rise	70b
	ἡμέρα 2	day	346b
	πάσχω 3 a α	suffer	634a
	τρίτος 1	third	826c
	Χριστός 1	Anointed One	887a
47	ἁμαρτία 1	sin	43b
	ἀπό II 1	from	87a
	ἄφεσις 2	pardon	125a
	εἰς 1 d β	in	228c
	ἐπί II 3	on	288a
	κηρύσσω 2 b β	announce	431c
	μετάνοια	repentance	512c
	ὄνομα I 4 c ε	name	573b
48	μάρτυς 2 c	witness	494c
49	ἐγώ	I	217b
	ἐνδύω 2 b	dress	264b
	ἐνδύω 2 b	dress	264b
	ἐξαποστέλλω 1 b	send out	273b
	ἐπαγγελία 2 b	promise	280d
	ἐπί III 1 b γ	on	289a
	ἕως II 1 b α	until	335a
	καθίζω 2 a β	stay	390b
49	πατήρ 3 d α	father	636b
	ὕψος 1 b	height	850c
50	Βηθανία 1	Bethany	139d
	ἐξάγω 1	lead out	271d
	ἔξω 1 b	outside	279c
	ἐπαίρω 1	lift up	281d
	ἕως II 2 c	as far as	335c
50f	εὐλογέω 2 a	bless	322b
51	ἀναφέρω 2	bring	63a
	ἀφίστημι 2 a	withdraw	126d
	διΐστημι 1	go away	195b
	οὐρανός 2 b	heaven	595a
52	μέγας 2 a γ	great	497d
	προσκυνέω 5	do reverence	717a
	χαρά 1	joy	875c
	χαρά 1	joy	875c
53	αἰνέω	to praise	23c
	αἰνέω	to praise	23c
	ἀμήν 1	amen	45d
	διά A II 1 a	through	179d
	εὐλογέω 1	speak well	322b
	ἱερόν 2	temple	372c

John 1

1	εἰμί I 1	to be	223a
	ὁ, ἡ, τό II 1 a α	the	550b
1a	λόγος 3	the Logos	478d
1b	θεός 2	God	357a
	λόγος 3	the Logos	478d
1c	λόγος 3	the Logos	478d
1f	ἀρχή 1 c	beginning	112b
	πρός III 7	by	711a
2	θεός 3 a	God	357b
	οὗτος 1 a β	this	596c
3	διά A III 2 a	by	180d
	εἷς 2 b	one	231c
	οὐδέ 3	not even	591d
	πᾶς, πᾶσα, πᾶν 2 a δ	everything	632d
	χωρίς 2 a β	apart	890d
3a	γίνομαι I 2 a	created	158c
4	φῶς 2	light	872b
45-9	Ναθαναήλ	Nathanael	532d
4a	ζωή 2 a β	life	340c
4b	ζωή 2 a β	life	340c
5	ἀκούω 3 d	learn	32c
	καί I 2 g	and	392d
	καταλαμβάνω 1 a	seize	413a
	φαίνω 1	shine	851c
	φῶς 2	light	872b
5a	σκοτία 2	darkness	757c
5b	σκοτία 2	darkness	757c
6	ἀποστέλλω 1 b δ	send away	98d
	ἀποστέλλω 1 c	send away	99a
	γίνομαι II 5	appear	160c
	Ἰωάν(ν)ης 1	John	384d
	ὄνομα I 1	name	571a
	παρά I 2	from	609d
7	ἔρχομαι I 1 a θ	come	311b

7	μαρτυρία 1	testimony	493c
	πιστεύω 2 b	believe	661d
7-9	φῶς 2	light	872a
7f	μαρτυρέω 1 a	bear witness	492d
8	ἀλλά 1 b	but, yet	38b
	ἵνα III 1	in order that	378b
9	ἀληθινός 3	genuine	37a
	εἰμί II 4 b δ	to be	224b
	εἰς 1 a α	into	228b
	κόσμος 4 c	world	446b
	πᾶς, πᾶσα, πᾶν 1 a α	every each	631b
	φῶς 3 a	light	872b
	φωτίζω 2 b	shine	873a
10	αὐτός 3 f β	(oblique case)	123c
	γινώσκω 7	acknowledge	161d
	διά A III 2 a	by	180d
	καί I 2 g	and	392d
	κόσμος 7	world	446d
10c	κόσμος 7	world	446d
11	παραλαμβάνω 3 a	take	619d
11a	ἴδιος 3 b	ones own	370b
	ἴδιος 3 b	ones own	370b
11b	ἴδιος 3 a	ones own	370b
12	γίνομαι I 4 a	become	159c
	ἐξουσία 2	ability	278a
	λαμβάνω 1 e α	receive	464d
	ὄνομα I 4 c β	name	572c
	ὅσος 2	how great	586b
	πιστεύω 2 a β	believe	661c
	τέκνον 2 e	child	808d
13	αἷμα 1 a	blood	22c
	ἀνήρ 1	man	66c
	γεννάω 1 a	beget	155c
	γεννάω 1 b	beget	155c
	ἐκ 3 a	from	234d
	ἐκ 3 a	from	234d
	θέλημα 2 a	will	354c
	οὐδέ 1	and not	591c
	σάρξ 8	body	744c
13a	αἷμα 1 a	blood	22d
14	ἀλήθεια 2 b	truth	36b
	γίνομαι I 4 a	become	159c
	δόξα 1 a	glory	203d
	θεάομαι 2	see	353b
	λόγος 3	the Logos	478d
	μονογενής	only	527b
	μονογενής	only	527b
	ὁ, ἡ, τό II 1 a α	the	550b
	πλήρης 1 b	full	669d
	πλήρης 2	full	670a
	σάρξ 3	body	743d
	σκηνόω	live	755c
	χάρις 3 b	favor	878a
	ὡς III 1 a	so	898a
15	γίνομαι I 4 c ι	come, go	160a
	εἶπον 1	say	226b
	ἔμπροσθεν 2 f	in front	257c
	ἔρχομαι I 1 a	come	311a
	Ἰωάν(ν)ης 1	John	384d
	κράζω 2 a	call	447d

15	μαρτυρέω 1 a	bear witness	492d
	ὀπίσω 2 b	after	575b
	οὗτος 1 a α	this	596b
	πρῶτος 1 a	first	725b
	πρῶτος 1 a	first	725c
16	ἀντί 2	for	73d
	ἐκ 4 a ε	from	236a
	καί I 3	and	393a
	λαμβάνω 2	receive	465c
	πᾶς, πᾶσα, πᾶν 1 e α	all	632b
	πλήρωμα 3 b	that which fills	672c
	χάρις 3 b	favor	878a
16f	ὅτι 3 b	that	589d
17	ἀλήθεια 2 b	truth	36b
	ἀλήθεια 2 b	truth	36b
	διά A III 2 a	by	180d
	Μωϋσῆς	Moses	531d
	νόμος 3	law	542c
	χάρις 3 b	favor	878a
	Χριστός 2	Christ	887b
18	εἰμί III 2	to be	225a
	εἰς 9 a	in	230c
	ἐξηγέομαι	explain	275d
	ἐξηγέομαι	explain	275d
	κόλπος 1	bosom	442c
	ὁράω 1 a α	see	577d
	οὐδείς 2 a	no one	591d
	πώποτε	ever	732a
18a	θεός 3 b	God	357b
18b	θεός 2	God	357a
19	ἀποστέλλω 1 b α	send away	98c
	ἀποστέλλω 1 b γ	send away	98d
	εἰμί II 6 a	to be	224c
	εἰμί II 6 c	to be	224c
	ἐρωτάω 1	ask	312a
	ἱερεύς 1 b α	priest	372a
	Ἱεροσόλυμα 1 a	Jerusalem	373a
	Ἰουδαῖος 2 e	Jewish	379c
	Ἰουδαῖος 2 e	Jewish	379c
	Ἰωάν(ν)ης 1	John	384d
	καί I 5	and	393b
	Λευίτης	a Levite	472b
	μαρτυρία 2 d α	testimony	493d
	ὅτε 1 b	when	588b
	οὗτος 1 a	this	596d
	τίς, τί 1 a β	which	819a
20	ἀρνέομαι 2	deny	107d
	ὁμολογέω 3 a	confess	568b
	ὅτι 2	that	589c
	Χριστός 1	Anointed One	887a
21	ἀποκρίνομαι 1	answer	93b
	ἀποκρίνομαι 1	answer	93c
	ἐρωτάω 1	ask	312a
	Ἠλίας	Elijah	345a
	λέγω II 1 b	answer	469c
	ὁ, ἡ, τό II 1 a α	the	550b
	οὐ 1	no	590a
	οὖν 1 c β	therefore	593a
	προφήτης 3	prophet	723c
	προφήτης 3	prophet	723d

21	τίς, τί 1 b ε	which	819c
22	ἀπόκρισις	answer	93d
	λέγω I 4	say	468c
	οὖν 2 b	therefore	593b
	πέμπω 1	send	641d
	σεαυτοῦ 1	yourself	745c
22b	τίς, τί 1 b α	which	819b
23	βοάω 2	shout	144b
	εὐθύνω 1	straighten	321a
	Ἠσαΐας	Isaiah	348d
	καθώς 1	just as	391b
	κύριος 2 c α	lord	459c
	ὁδός 1 a	way	554a
	προφήτης 1	prophet	723b
	φωνή 2 e	voice	871c
25	βαπτίζω 2 a	baptize	131c
	ἐρωτάω 1	ask	311d
	Ἠλίας	Elijah	345a
	ὁ, ἡ, τό II 1 a α	the	550b
	οὐ 5 b	no	590d
	οὐδέ 1	and not	591c
	οὖν 1 c α	therefore	593a
	προφήτης 3	prophet	723c
	Χριστός 1	Anointed One	887a
26	ἀποκρίνομαι 1	answer	93b
	βαπτίζω 2 a	baptize	131c
	Ἰωάν(ν)ης 1	John	384d
	μέσος 1	among	507b
	οἶδα 1 a	know	555d
	στήκω 1	stand	768a
	ὕδωρ 1	water	833a
27	ἄξιος 2 a	worthy	78b
	ἔρχομαι I 1 a	come	311a
	ἱκανός 2	appropriate	374d
	ἱμάς	strap	376b
	ἵνα II 1 c β	in order that	377d
	λύω 1 a	loose	483c
	ὀπίσω 2 b	after	575b
	ὑπόδημα	sandal	844c
28	βαπτίζω 2 a	baptize	131c
	Βηθαβαρά	Bethabara	139c
	Βηθανία 2	Bethany	139d
	Ἰορδάνης	Jordan	378d
	Ἰωάν(ν)ης 1	John	384d
	ὅπου 1 a α	where	576a
	πέραν 2 b	on the other side	643d
29	αἴρω 4	take away	24d
	ἁμαρτία 1	sin	43b
	ἀμνός	lamb	46c
	βλέπω 1 a	see	143b
	ἐπαύριον	next day	283d
	ἔρχομαι I 1 a β	come	310c
	ἴδε 3	see	369b
	κόσμος 5 a	world	446c
	λέγω I 1 b α	say	468b
30	ἀνήρ 6	man	67a
	γίνομαι I 4 c ι	come, go	160a
	ἔμπροσθεν 2 f	in front	257c
	ἔρχομαι I 1 a	come	311a
	ὀπίσω 2 b	after	575b
	ὅτι 3 a	that	589c
30	οὗτος 1 a α	this	596b
	πρῶτος 1 a	first	725c
	ὑπέρ 1 f	in behalf of	839a
31	ἀλλά 1 b	but, yet	38b
	βαπτίζω 2 a	baptize	131c
	διά B II 2	therefore	181b
	ἔρχομαι I 1 a θ	come	311b
	ἵνα I 5	in order that	377b
	κἀγώ 1	and I	386a
	οἶδα 1 a	know	555d
	ὕδωρ 1	water	833a
	φανερόω 2 b α	reveal	853a
32	θεάομαι 2	see	353b
	Ἰωάν(ν)ης 1	John	384d
	μαρτυρέω 1 a	bear witness	493a
	ὅτι 2	that	589c
	οὐρανός 2 a	heaven	594d
	περιστερά	pigeon	652a
	πνεῦμα 5 d α	spirit	676d
32f	ἐπί III 1 b γ	on	289a
	καταβαίνω 1 b	come down	408c
	μένω 1 a α	remain	503d
33	βαπτίζω 2 a	baptize	131c
	βαπτίζω 3 b	baptize	132b
	ἐκεῖνος 1 b	that	239c
	ἐπί III 1 a β	on	288b
	ἐπί III 1 b γ	on	289a
	κἀγώ 1	and I	386a
	οἶδα 1 a	know	555d
	πέμπω 1	send	642a
	πέμπω 1	send	642b
	ὕδωρ 1	water	833a
33a	πνεῦμα 5 d α	spirit	676d
33b	πνεῦμα 5 c β	spirit	676d
34	ἐκλεκτός 1 a	chosen	242d
	κἀγώ 1	and I	386a
	μαρτυρέω 1 a	bear witness	492d
	μονογενής	only	527b
	υἱός 2 b	son	834c
35	Ἀνδρέας	Andrew	63d
	δύο 1 b	two	209a
	ἐκ 4 a α	from	235d
	ἐπαύριον	next day	283d
	ἵστημι II 2 b γ	being	382d
	Ἰωάν(ν)ης 1	John	384d
	μαθητής 2 a	disciple	485d
	πάλιν 2	again	606d
36	ἀμνός	lamb	46c
	ἐμβλέπω 1	look at	254c
	ἴδε 3	see	369b
	λέγω I 1 b α	say	468b
	λέγω I 8 d	say	469b
	περιπατέω 1 c	go about	649b
37	μαθητής 2 a	disciple	485d
37f	ἀκολουθέω 3	follow	31c
38	διδάσκαλος	teacher	191d
	ἑρμηνεύω 2	translate	310a
	ζητέω 2 b β	seek	339a
	θεάομαι 1 a	see	353b
	λέγω II 3	call	470b
	μεθερμηνεύω	translate	498d

38	μένω 1 a α	remain	503d
	ὅς, ἥ, ὅ I 7 a	(rel pron)	584c
	ποῦ 1 a	where	696a
	ῥαββί	rabbi	733a
	στρέφω 2 a α	turn	771b
39	δέκατος 1	tenth	174a
	εἶδον 1 e	see	221a
	εἰμί I 5	to be	223b
	ἐκεῖνος 2 b γ	that	239d
	ἔρχομαι I 1 a ζ	come	310d
	ἡμέρα 1 a	day	346a
	λέγω I 3	say	468c
	μένω 1 a α	remain	503d
	παρά II 1 b α	beside	610b
	ποῦ 1 b	where	696b
	ὥρα 2 b	time of day	896c
	ὡς IV 5	when	899a
39b	μένω 1 a α	remain	503d
	μένω 1 a α	remain	503d
40	ἀκολουθέω 3	follow	31c
	ἀκούω 3 d	learn	32c
	Ἀνδρέας	Andrew	63d
	εἷς 1 a β	one	230d
	παρά I 3 c	from	610a
	Πέτρος	Peter	655b
41	ἀδελφός 1	brother	16a
	ἴδιος 2 c	ones own	370a
	λέγω I 3	say	468c
	μεθερμηνεύω	translate	498d
	Μεσσίας	the Messiah	508b
	οὗτος 1 a β	this	596c
	Χριστός 1	Anointed One	887a
41a	εὑρίσκω 1 b	find	325a
41f	ὅς, ἥ, ὅ I 7 a	(rel pron)	584c
42	Βαριωνᾶ	Bar-Jona	133d
	ἐμβλέπω 1	look at	254c
	ἑρμηνεύω 2	translate	310a
	Ἰωάν(ν)ης 4	John	385a
	Ἰωνᾶς 2	Jonah	385b
	καλέω 1 a γ	call	399a
	Κηφᾶς	Cephas	431d
	Πέτρος	Peter	654d
43	ἀκολουθέω 3	follow	31c
	ἐξέρχομαι 1 a ε	go out	274d
	ἐπαύριον	next day	283d
	εὑρίσκω 1 b	find	325a
	θέλω 2	wish	355b
	λέγω I 3	say	468c
44	Ἀνδρέας	Andrew	63d
	ἀπό IV 1 b	from	87c
	Βηθσαϊδά 1	Bethsaida	140a
	εἰμί III 1	to be	225a
	ἐκ 3 b	from	234d
	Πέτρος	Peter	654d
	πόλις 1	city	685c
45	γράφω 2 c	write	167a
	ἐν I 1 d	in	258c
	εὑρίσκω 1 b	find	325a
	Ἰωσήφ 4	Joseph	385d
	νόμος 4 a	law	543a
	νόμος 4 a	law	543a

45	ὅς, ἥ, ὅ I 2 a	(rel pron)	583b
	προφήτης 1	prophet	723c
45f	Ναζαρά	Nazareth	532b
46	εἶδον 1 e	see	220d
	εἰμί III 3	to be	225b
	ἐκ 3 b	from	234d
	ἔρχομαι I 1 a ζ	come	310d
47	ἀληθῶς 2	truly	37c
	δόλος	deceit	203b
	ἔρχομαι I 1 a β	come	310c
	ἴδε 3	see	369b
	Ἰσραηλίτης	Israelite	381d
	λέγω I 2 a	say	468c
	ὅς, ἥ, ὅ I 1	(rel pron)	583b
48	ἀποκρίνομαι 1	answer	93b
	γινώσκω 6 a β	know	161c
	εἰμί III 12	to be	225d
	πόθεν 3	from where	680c
	πρό 2	before	702a
	συκῆ	fig tree	776b
	ὑπό 2 a β	under	843c
	φωνέω 2 b	call	870c
49	βασιλεύς 2 a	king	136b
	εἰμί II 1	to be	223d
	Ἰσραήλ 2	Israel	381c
	ῥαββί	rabbi	733a
	υἱός 2 b	son	835a
50	μέγας 2 a γ	great	497d
	ὁράω 1 b	see	578b
	πιστεύω 2 b	believe	661d
	συκῆ	fig tree	776b
	ὑποκάτω	under	844d
50a	ὅτι 3 a	that	589c
51	ἄγγελος 2 a	angel	7c
	ἀμήν 2	amen	45d
	ἀναβαίνω 1 a β	go up	50b
	ἀνοίγω 2	open	71c
	ἄρτι 3	now	110b
	καταβαίνω 1 a γ	come down	408c
	λέγω II 1 d	assure	469d
	ὁράω 1 a β	see	578a
	οὐρανός 2 c	heaven	595a
	υἱός 2 c	son	835b

John 2

1	Γαλιλαία	Galilee	150b
	γίνομαι I 3 a	take place	159a
	Κανά	Cana	402d
	τρίτος 1	third	826c
1f	γάμος 1 a	wedding	151c
2	δέ 4 a	but, and	171d
	καλέω 1 b	invite	399c
	μαθητής 2 b α	disciple	485d
3	λέγω I 3	say	468c
	οἶνος 1	wine	562a
	συντελέω 3	complete	792b
	ὑστερέω 1 d	to miss	849b
4	γυνή 1	woman	168c
	ἐγώ	I	217c

4	ἥκω 2	have come	344d
	οὔπω	not yet	593c
	ὥρα 3	time of day	896d
5	διάκονος 1 a	servant	184c
	ὅστις 1 e α	whoever	586d
	ποιέω I 1 c α	do	682a
5b	λέγω II 1 c	order	469c
6	ἀνά 3	each	49d
	δύο 1 c	two	209b
	δύο 5	two	209b
	ἕξ	six	271b
	ἤ 1 a β	or	342a
	Ἰουδαῖος 2 c	Jewish	379c
	καθαρίσμος 1	purification	387d
	κατά II 4	for (purpose)	407a
	κεῖμαι 1 b	lie	426d
	λίθινος 1	stone	474a
	μετρητής	measure	514d
	ὑδρία	water jar	832d
	χωρέω 3 a	have room for	889d
7	ἀκούω 3 d	learn	32c
	ἄνω 1	above	77a
	γεμίζω 1	fill	153c
	ἕως II 2 b	as far as	335c
	ὑδρία	water jar	832d
7f	λέγω II 1 c	order	469c
8	ἀντλέω 1	draw	76b
	νῦν 1 a δ	now	545d
8a	φέρω 4 a α	bear	855b
8b	φέρω 4 a α	bear	855b
8f	ἀρχιτρίκλινος	head waiter	113b
9	ἀντλέω 1	draw	76b
	γεύομαι 1	taste	157a
	διάκονος 1 a	servant	184c
	νυμφίος	bridegroom	545b
	πόθεν 2	from where	680c
	ὕδωρ 1	water	833a
	φωνέω 2 b	call	870c
	ὡς IV 1 a	when	898c
9a	οἶδα 1 f	know	556b
9b	οἶδα 1 i	know	556b
9f	οἶνος 1	wine	562a
10	ἄνθρωπος 3 a ζ	man	69b
	ἄρτι 3	now	110b
	ἐλάσσων	smaller	248b
	ἕως II 1 c	until	335a
	μεθύσκω	get drunk	499b
	πᾶς, πᾶσα, πᾶν 1, a α	every each	631b
	πρῶτος 2 a	first	726b
	σύ 1 a	you	772b
	τηρέω 2 a	keep	814d
	τίθημι I 1 b β	put	816b
	τότε 2	at that time	824a
10a	καλός 2 a	good	400b
10b	καλός 2 a	good	400b
11	ἀρχή 1 b	beginning	111d
	Γαλιλαία	Galilee	150b
	δόξα 1 a	glory	203d
	δόξα 1 a	glory	203d
	Κανά	Cana	402d
11	οὗτος 2 c	this	597b
	πιστεύω 2 a β	believe	661c
	ποιέω I 1 b ι	do	681d
	σημεῖον 2 a	sign	748b
	φανερόω 1 a	reveal	852d
12	ἀδελφός 1	brother	16a
	αὐτός 1 c	self	122d
	ἡμέρα 2	day	346b
	καταβαίνω 1 a β	come down	408b
	Καφαρναούμ	Capernaum	426b
	μένω 1 a α	remain	503d
	μετά B II 3	after	510b
	οἶνος 1	wine	562a
	οὐ 2 b	no	590b
	πολύς I 1 a α	many	687d
13	ἀναβαίνω 1 a α	go up	50a
	ἐγγύς 2 a	near	214b
	Ἱεροσόλυμα 1 a	Jerusalem	373b
	Ἰουδαῖος 2 c	Jewish	379c
	καί I 2 c	and	392c
	πάσχα 1	the passover	633c
14	εὑρίσκω 1 b	find	325a
	κάθημαι 1 a γ	sit	389c
	κερματιστής	money changer	429d
	περιστερά	pigeon	651d
	πωλέω	sell	731c
14f	βοῦς	ox	146c
	ἱερόν 2	temple	372c
	πρόβατον 1	sheep	703a
15	ἀναστρέφω 1	upset	61b
	ἀνατρέπω 1	overturn	62d
	ἐκ 3 h	by	235d
	ἐκβάλλω 1	drive out	237b
	ἐκχέω 1	pour out	247b
	καταστρέφω 1	upset	419a
	κέρμα	coin	429d
	κολλυβιστής	money changer	442a
	ποιέω I 1 a α	do	680d
	σχοινίον	rope	797d
	τέ 3 a	and	807d
	τράπεζα 4	table	824c
	φραγέλλιον	whip	865b
16	αἴρω 3	carry	24c
	ἐμπόριον	market	257a
	ἐντεῦθεν 1	from here	268c
	μή A III 3 b	not	517a
	πατήρ 3 d α	father	636b
	περιστερά	pigeon	651d
	ποιέω I 1 b ι	do	681d
	πωλέω	sell	731c
16a	οἶκος 1 a β	house	560c
16b	οἶκος 1 a β	house	560c
17	γάρ 1 b	for	152a
	γράφω 2 c	write	166d
	ζῆλος 1	zeal	337d
	κατεσθίω 2	destroy	422b
	μιμνῄσκομαι 1 a δ	remember	522b

18	ἀποκρίνομαι 1	answer	93c
	δείκνυμι 1 a	show	172d
	Ἰουδαῖος 2 e	Jewish	379c
	ὅτι 1 c	that	589a
	οὖν 2 b	therefore	593b
	σημεῖον 2 a	sign	748b
	τίς, τί 2	which	819c
19	ἀποκρίνομαι 2	begin	93c
	λύω 3	destroy	483d
	ναός 2	temple	533d
	τρεῖς	three	825b
19f	ἐγείρω 1 a δ	erect	214d
	ἐν II 1 a	while	260b
	ἡμέρα 2	day	346c
20	ἕξ	six	271b
	ἔτος	year	317a
	Ἰουδαῖος 2 e	Jewish	379c
	καί I 1 b	and	391d
	ναός 1 a	temple	533c
	οἰκοδομέω	build	558a
	οἰκοδομέω 1 a	build	558b
	οὖν 2 b	therefore	593b
	τεσσαράκοντα	forty	813a
20f	ἐκεῖνος 1 a	that	239b
21	λέγω I 2 a	say	468c
	ναός 2	temple	533d
	σῶμα 1 b	body	799a
22	γραφή 2 b β	scripture	166b
	ἐγείρω 2 c	rise	215a
	λέγω I 1 a	say	468b
	λόγος 1 a β	word	477b
	μιμνῄσκομαι 1 a δ remember		522b
	νεκρός 2 a	dead	535a
	ὅς, ἥ, ὅ I 4 e	(rel pron)	584b
	ὅτε 1 b	when	588b
	οὖν 5	therefore	593c
	πιστεύω 1 a δ	believe	660c
23	αὐτός 3 a	(oblique case)	123b
	εἰμί III 4	to be	225b
	ἑορτή	festival	280b
	θεωρέω 1	observe	360a
	Ἱεροσόλυμα	Jerusalem	373a
	ὄνομα I 4 c β	name	572c
	πάσχα 1	the passover	633c
	πιστεύω 2 a β	believe	661c
	ποιέω I 1 b β	do	681b
	πολύς I 2 a α	many	688b
	σημεῖον 2 a	sign	748b
	ὡς IV 1 b	when	898c
24	ἀκούω 3 d	learn	32c
	γινώσκω 6 a β	know	161c
	πιστεύω 3	believe	662a
25	ἄνθρωπος 3 b	man	69b
	αὐτός 1 e	of himself	122d
	γάρ 1 a	for	151c
	γινώσκω 6 d	know	161c
	ἵνα II 1 c α	in order that	377d
	μαρτυρέω 1 a	bear witness	492d
	ὁ, ἡ, τό II 1 a β	the	550b
	ὅτι 3 a	that	589c
25	τὶς, τὶ 1 a α	any one	819d
	χρεία 1	need	885a

John 3

1	ἄρχων 2 a	authorities	114a
	εἰμί I 1	to be	223b
	Ἰουδαῖος 2 c	Jewish	379c
	Νικόδημος	Nicodemus	539c
	ὄνομα I 1	name	571a
2	ἀπό IV 1 a β	from	87c
	εἰμί III 7	to be	225c
	μετά A II 1 c β	with	509a
	νύξ 1 b	night	546c
	οἶδα 1 e	know	556a
	οὐδείς 2 a	no one	592a
	οὗτος 1 a β	this	596c
	ποιέω I 1 b β	do	681b
	ῥαββί	rabbi	733a
	σημεῖον 2 a	sign	748b
	σύ 1 a	you	772b
2a	θεός 3 b	God	357c
2b	ἔρχομαι I 1 a β	come	310c
	θεός 3 a	God	357b
2f	ἐάν I 3 b	if	211c
	μή A I 1	not	515d
3	ἀμήν 2	amen	45d
	ἄνωθεν 3	again	77b
	βασιλεία 3 b	kingdom	135b
	βασιλεία 3 g	kingdom	135c
	γεννάω 1 b	beget	155c
	γεννάω 1 b	beget	155c
	εἶδον 5	see	221a
	λέγω II 1 d	assure	469d
	τὶς, τὶ 1 a γ	any one	820b
4	ἄνθρωπος 3 a β	man	69a
	γεννάω 2	bear	155d
	γέρων	old man	157a
	δεύτερος 4	second	177b
	εἰμί II 8	to be	224d
	κοιλία 2	belly	437b
	λέγω I 3	say	468c
	μή C 1	not	517b
	Νικόδημος	Nicodemus	539c
	ὁ, ἡ, τό II 11	the	552d
	πῶς 1 a	how	732b
5	ἀμήν 2	amen	46a
	ἀποκρίνομαι 1	answer	93b
	βασιλεία 3 b	kingdom	135b
	βασιλεία 3 g	kingdom	135b
	γεννάω 1 b	beget	155c
	ἐάν I 3 b	if	211c
	εἰσέρχομαι 2 a	come	233a
	λέγω II 1 d	assure	469d
	μή A I 1	not	515d
	οὐρανός 3	heaven	595b
	πνεῦμα 5 d β	spirit	677a
	τὶς, τὶ 1 a γ	any one	820b
	ὕδωρ 1	water	833a
6	γεννάω 1 a	beget	155c
	ἐκ 3 a	from	234d

6	ἐκ	3 a	from	234d
	πνεῦμα	5 g α	spirit	677b
	σάρξ	7	body	744b
6a	πνεῦμα	5 d α	spirit	676d
7	ἄνωθεν	3	again	77b
	θαυμάζω	1 a γ	wonder	352c
	μή	A III 5 b	not	517a
8	ἀκούω	1 b α	hear	32a
	ἔρχομαι	I 1 a γ	come	310d
	οἶδα	1 f	know	556b
	οἶδα	1 f	know	556b
	ὅπου	1 a α	where	576a
	οὕτω	1 b	thus	597d
	πᾶς, πᾶσα, πᾶν	1 c γ	whoever	632a
	πνεῦμα	5 a	spirit	676b
	πνέω	1 a	blow	679c
	πόθεν	1	from where	680b
	ποῦ	2 b	where	696b
	ὕδωρ	1	water	833a
	ὑπάγω	2	go away	836d
	φωνή	1	sound	870d
8a	πνεῦμα	1 a	wind	674d
8b	πνεῦμα	5 d α	spirit	676d
9	ἀποκρίνομαι	1	answer	93c
	Νικόδημος		Nicodemus	539c
	πῶς	1 a	how	732b
10	γινώσκω	3 a	understand	161b
	διδάσκαλος		teacher	191d
	Ἰσραήλ	2	Israel	381c
	ὁ, ἡ, τό	II 1 a α	the	550b
11	ἀμήν	2	amen	46a
	καί	I 2 g	and	392d
	λαμβάνω	1 d	receive	464d
	λέγω	II 1 d	assure	469d
	μαρτυρέω	1 b	bear witness	493a
	μαρτυρία	2 d β	testimony	493d
	ὁράω	1 a β	see	578a
12	ἐπίγειος	2 a	earthly	290d
	πῶς	1 d	how	732c
12a	πιστεύω	1 d	believe	661a
12b	πιστεύω	1 d	believe	661a
13	ἀναβαίνω	1 a β	go up	50b
	εἰ	VI 8 a	if not	220a
	καταβαίνω	1 a γ	come down	408c
	υἱός	2 c	son	835b
13b	οὐρανός	2 b	heaven	595a
14	δεῖ	1	it is necessary	172a
	καθώς	1	just as	391b
	Μωϋσῆς		Moses	532a
	οὕτω	1 a	thus	597d
	ὄφις	1	snake	600a
	υἱός	2 c	son	835b
14a	ὑψόω	1	lift up	850d
14b	ὑψόω	1	lift up	850d
15	ἐν	I 2	in	258c
	ἵνα	I 1 a	in order that	376d
	πιστεύω	2 a β	believe	661c
	πιστεύω	2 a γ	believe	661c
	πιστεύω	2 a δ	believe	661c
15	πιστεύω	2 a ε	believe	661c
	πιστεύω	2 b	believe	661d
15f	αἰώνιος	3	eternal	28d
	ζωή	2 b α	life	340d
	ζωή	2 b α	life	341a
	πᾶς, πᾶσα, πᾶν	1 c γ	whoever	632a
16	ἀπόλλυμι	2 a α	perish	95b
	γάρ	2	for	152b
	κόσμος	5 b	world	446c
	μονογενής		only	527b
	οὕτω	2	thus	598a
	πιστεύω	2 a β	believe	661c
	ὥστε	2 a α	so that	900a
16-18	υἱός	2 b	son	835a
17	ἀποστέλλω	1 b β	send away	98c
	ἀποστέλλω	1 b γ	send away	98d
	ἀποστέλλω	1 c	send away	99a
	κρίμα	7	judgment	451a
	κρίνω	4 b α	judge	452a
	πέμπω	1	send	642b
	σῴζω	2 b	save	798d
17a	κόσμος	4 c	world	446b
17b	κόσμος	5 a	world	446c
17c	κόσμος	5 b	world	446c
18	ἤδη	2	already	344a
	μή	A I 6	not	516a
	μή	A II 2 a	not	516c
	μονογενής		only	527b
	ὄνομα	I 4 c β	name	572c
	ὅτι	3 a	that	589c
18a	κρίνω	4 b α	judge	452a
	πιστεύω	2 a β	believe	661c
18b	κρίνω	4 b α	judge	452a
	πιστεύω	2 b	believe	661d
18c	πιστεύω	2 a β	believe	661c
19	ἀγαπάω	2	love	5a
	αὐτός	3 a	(oblique case)	123b
	εἰμί	II 6 a	to be	224c
	ἔργον	1 c β	deed	308b
	ἤ	2 a	than	342c
	κόσμος	4 c	world	446b
	κρίσις	1 a β	judging	453a
	μᾶλλον	3 c	rather	489d
	ὅτι	1 a	that	588c
	οὗτος	1 a δ	this	596c
	πονηρός	1 b β	wicked	691a
	σκότος	2 b	darkness	758a
19-21	αὐξάνω	3	grow	122a
19a	φῶς	2	light	872b
19b	φῶς	2	light	872b
19f	γάρ	1 c	for	152a
20	ἐλέγχω	1	expose	249b
	μή	A I 2	not	516a
	μισέω	2	hate	522d
	πᾶς, πᾶσα, πᾶν	1 c γ	whoever	632a
	πονηρός	2 c	wicked	691c
	πράσσω	1 a	do	698c
	φαῦλος	1	worthless	854c
	φῶς	1 a	light	871d

20f	ἔργον 1 c β	deed	308a
21	ἀλήθεια 2 b	truth	36b
	αὐτός 3 a	(oblique case)	123b
	ἐν I 3	in	258d
	ἐν I 5 d	in	259c
	ἐργάζομαι 2 a	work	307a
	ποιέω I 1 c β	do	682a
	φανερόω 1 b	reveal	852d
	φῶς 2	light	872b
22	βαπτίζω 2 b α	baptize	131d
	γῆ 4	land	157c
	διατρίβω	stay	190a
	Ἰουδαῖος 1	Jewish	379c
	μαθητής 2 b α	disciple	485d
	μετά A II 1 a	with	508d
23	Αἰνών	Aenon	23d
	δέ 4 a	but, and	171d
	ἐγγύς 1 a	near	214b
	παραγίνομαι 1	come	613d
	πολύς I 1 a β	many	687d
	Σαλίμ	Salim	740d
	ὕδωρ 1	water	833a
23b	βαπτίζω 2 a	baptize	131c
24	οὔπω	not yet	593c
	φυλακή 3	guard	867d
25	γίνομαι I 1 b β	come about	158b
	ἐκ 3 c	from	235a
	ζήτησις 3	discussion	339c
	Ἰουδαῖος 2 a	Jewish	379c
	καθαρίσμος 1	purification	387d
	μαθητής 2 a	disciple	485d
	μετά A II 3 a	with	509c
	οὖν 2 b	therefore	593b
26	βαπτίζω 2 b α	baptize	131d
	εἰμί III 7	to be	225c
	ἴδε	see	369b
	Ἰορδάνης	Jordan	378d
	μαρτυρέω 1 c	testify favorably	493a
	μετά A II 1 c α	with	508d
	οὗτος 1 a ε	this	596d
	πέραν 2 b	on the other side	643d
	ῥαββί	rabbi	733a
27	ἄνθρωπος 3 a β	man	69a
	ἄνωθεν 1	from above	77b
	ἐάν I 3 b	if	211c
	λαμβάνω 1 c	take	464c
	μή A I 1	not	515d
	οὐδείς 2 b α	nothing	592a
28	ἀλλά 1 b	but, yet	38b
	ἀποστέλλω 1 b β	send away	98d
	αὐτός 1 a β	self	122d
	ἔμπροσθεν 2 e	in front	257b
	μαρτυρέω 1 a	bear witness	492d
	Χριστός 1	Anointed One	887a
29	ἀκούω 1 c	hear	32b
	ἐμός 1 a α	my	255c
	ἵστημι II 2 b γ	being	382d
	νύμφη 1	bride	545b
	πληρόω 3	make full	671c
	φίλος 2 a β	loving	861b

29	φωνή 2 a	voice	871a
	χαίρω 1	rejoice	873b
	χαίρω 1	rejoice	873b
29a	νυμφίος	bridegroom	545b
	χαρά 1	joy	875c
29b	νυμφίος	bridegroom	545b
	χαρά 1	joy	875d
29c	νυμφίος	bridegroom	545b
30	αὐξάνω 3	grow	121d
	δεῖ 1	it is necessary	172a
	ἐκεῖνος 1 a	that	239b
	ἐλαττόω 2 b	inferior	248b
31	ἄνωθεν 1	from above	77b
	εἰμί II 9 a	to be	224d
	εἰμί III 3	to be	225b
	ἐκ 3 b	from	235a
	ἐπάνω 2 b	above all	283b
	ἔρχομαι I 1 a γ	come	310d
	λαλέω 2 a ε	speak	463c
	οὐρανός 2 b	heaven	595a
31b	ἔρχομαι I 1 a β	come	310c
32	καί I 2 g	and	392d
	μαρτυρέω 1 b	bear witness	493a
	ὁράω 1 a β	see	578a
32f	λαμβάνω 1 d	receive	464d
	μαρτυρία 2 d β	testimony	493d
33	ἀληθής 1	true	36d
	αὐτός 3 a	(oblique case)	123b
	σφραγίζω 2 c	seal	796c
34	ἀποστέλλω 1 c	send away	99a
	ἐκ 6 c	from	236b
	λαλέω 2 b	speak	463c
	μέτρον 2 b	measure	515b
	ὅς, ἥ, ὅ I 2 b α	(rel pron)	583c
	οὐ 2 b	no	590b
	πνεῦμα 5 d α	spirit	676d
	ῥῆμα 1	word	735c
35	ἀγαπάω 1 b β	love	4d
	δίδωμι 3	give	193c
	πᾶς, πᾶσα, πᾶν 2 a δ	everything	632d
	χείρ 2 a δ	hand	880c
35f	υἱός 2 b	son	835a
36	αἰώνιος 3	eternal	28d
	ἀπειθέω 1	disobey	82d
	ἀπειθέω 3	disobey	82d
	ζωή 2 b α	life	341a
	μένω 1 a β	remain	504a
	ὁράω 1 b	see	578b
	ὀργή 2 a	anger	579b
	πιστεύω 2 a β	believe	661c
36a	ζωή 2 b α	life	340d
36b	ζωή 2 b α	life	340d

John 4

1	βαπτίζω 2 b α	baptize	131d
	γινώσκω 2 b	find out	161a
	ἤ 2 a	than	342c
	κύριος 2 c β	lord	459d
	οὖν 5	therefore	593c

1	ποιέω I 1 e α	do	682c
	πολύς II 1 a	many	689a
	ὡς IV 1 a	when	898c
2	αὐτός 1 d	in person	122d
	βαπτίζω 2 b α	baptize	131d
	γέ 3 d	of course	153a
	καίτοιγε	and yet	396b
3	ἀπέρχομαι 2	go	84c
	ἀφίημι 3 a	abandon	126a
	Ἰουδαία 1	Judaea	379a
	πάλιν 1 a	back	606c
4	δεῖ 4	it is necessary	172b
	δεῖ 6 a	it is necessary	172b
	διέρχομαι 1 b α	go through	194c
	Σαμάρεια	Samaria	741c
5	εἰς 1 b	near	228c
	Ἰωσήφ 1	Joseph	385d
	λέγω II 3	call	470a
	ὅς, ἥ, ὅ I 4 e	(rel pron)	584b
	πλησίον 2	near	673a
	πόλις 1	city	685d
	Σαμάρεια	Samaria	741c
	Συχάρ	Sychar	795d
	χωρίον 1	place	890b
5f	Ἰακώβ 1	Jacob	367b
6	εἰμί I 5	to be	223b
	ἐκ 3 e β	by	235b
	ἕκτος	sixth	246a
	ἐπί II 1 a δ	at	287a
	καθέζομαι 2	sit	388c
	κοπιάω 1	become weary	443c
	ὁδοιπορία	journey	553d
	οὖν 2 a	therefore	593b
	οὕτω 4	thus	598a
	ὥρα 2 b	time of day	896b
	ὡς IV 5	when	899a
	ὡσεί 2	as	899c
6a	πηγή 1	fountain	655d
6b	πηγή 1	fountain	655d
7	ἀντλέω 1	draw	76b
	δίδωμι 2	give	193c
	πίνω 1	drink	658d
	Σαμάρεια	Samaria	741c
	ὕδωρ 1	water	832d
8	ἀγοράζω 1	buy	12d
	ἵνα I 1 e	in order that	377a
	πόλις 1	city	685c
	τροφή 1	food	827d
8f	γάρ 2	for	152b
9	αἰτέω	ask	26a
	αἰτέω	ask	26a
	εἰμί II 8	to be	224d
	Ἰουδαῖος 2 a	Jewish	379c
	οὖν 2 c	therefore	593b
	παρά I 3 a	from	609d
	πίνω 1	drink	658d
	πῶς 1 b	how	732b
	Σαμαρίτης	Samaritan	741d
	σύ 1 c	you	772b
	συγχράομαι 2	have dealings with	775b
9a	Σαμαρῖτις	Samaritan	741d
9b	Σαμαρῖτις	Samaritan	741d
10	αἰτέω	ask	25d
	δωρεά	gift	210b
	πίνω 1	drink	658d
10f	ζάω 4 a	live	337a
	ὕδωρ 2	water	833a
11	ἄντλημα	bucket	76c
	βαθύς 1	deep	130b
	καί I 2 e	and	392c
	κύριος 2 c β	lord	459d
	οὖν 1 c α	therefore	593a
	οὔτε	not	596b
	πόθεν 1	from where	680b
	φρέαρ	a well	865d
11a	ἔχω I 2 d	have	332c
11f	πηγή 1	fountain	655d
12	ἐκ 1 a	away from	234b
	θρέμμα	animal	363b
	Ἰακώβ 1	Jacob	367b
	μέγας 2 b α	great	498b
	μή C 1	not	517b
	πατήρ 1 b	forefather	635b
	πίνω 1	drink	658d
	φρέαρ	a well	865d
13	διψάω 1	thirst	200c
	οὗτος 2 b	this	597b
	πάλιν 1 b	again	606d
	πᾶς, πᾶσα, πᾶν 1 c γ	whoever	632a
13f	ἐκ 4 a ε	from	236a
	πίνω 1	drink	658d
14	αἰώνιος 3	eternal	28d
	ἅλλομαι 2	leap	39d
	γίνομαι I 4 a	become	159c
	διψάω 2	thirst	200c
	ζωή 2 b α	life	341a
	μή D 2	not	517c
	ὅς, ἥ, ὅ I 4 a	(rel pron)	584a
	πηγή 2	fountain	656a
	πίνω 2 b β	drink	659a
	ὕδωρ 2	water	833b
14a	ὕδωρ 2	water	833b
14b	ὕδωρ 2	water	833b
14c	ὕδωρ 2	water	833b
15	ἀντλέω 1	draw	76b
	διέρχομαι 2	come	194d
	διψάω 1	thirst	200c
	ἐνθάδε 1	here	266a
	ἵνα I 1 c	in order that	377a
	κύριος 2 c β	lord	459d
	μηδέ 1 b	and not	517d
	οὗτος 2 a	this	597b
	πηγή 2	fountain	656a
16	ἐνθάδε 1	here	266a
	ἔρχομαι I 1 a γ	come	310d
	ὑπάγω 2	go away	836d
	φωνέω 2 b	call	870c
16ff	ἀνήρ 1	man	66c
17	καλῶς 4 b	well	401c
	ὅτι 2	that	589c

17f ἔχω I 2 b α have 332b
18 ἀληθής 2 true 36d
εἶπον 1 say 226b
νῦν 1 a α now 545c
ὅς, ἥ, ὅ I 2 b α (rel pron) 583c
οὗτος 2 c this 597b
πέντε five 643a
19 θεωρέω 2 a observe 360b
κύριος 2 c β lord 459d
προφήτης 3 prophet 723c
20 δεῖ 3 it is necessary 172b
ὅπου 1 a α where 576a
οὗτος 2 b this 597b
πατήρ 1 b forefathers 635b
τόπος 1 c place 822c
20a προσκυνέω 2 a 717a
do reverence
20b προσκυνέω 2 a 717a
do reverence
20f ἐν I 1 b in 258b
ὄρος mountain 582c
21 ἔρχομαι I 1 b α come 311b
ὅτε 2 a α when 588c
οὔτε not 596a
οὗτος 2 b this 597b
πατήρ 3 d α father 636b
πιστεύω 1 c believe 661a
προσκυνέω 2 a 717a
do reverence
ὥρα 3 time of day 896c
22 ἐκ 3 c from 235a
Ἰουδαῖος 2 c Jewish 379c
σύ 1 a you 772b
σωτηρία 2 deliverance 801d
23 ἀληθινός 3 genuine 37b
ἀλλά 2 but, yet 38c
γάρ 1 b for 151d
ἔρχομαι I 1 b α come 311b
ζητέω 2 c seek 339b
ὅτε 2 a α when 588c
πνεῦμα 3 b spirit 675c
προσκυνητής worshiper 717b
τοιοῦτος 2 b such a kind 821c
ὥρα 3 time of day 896c
23a πατήρ 3 d α father 636b
προσκυνέω 2 a 717a
do reverence
23b πατήρ 3 d α father 636b
προσκυνέω 2 a 717a
do reverence
23f ἀλήθεια 2 b truth 36b
24 δεῖ 3 it is necessary 172b
24a πνεῦμα 4 a spirit 675d
προσκυνέω 2 a 717a
do reverence
24b πνεῦμα 3 b spirit 675c
προσκυνέω 2 a 717a
do reverence
25 ἄν 3 a (particle) 48d
ἀναγγέλλω 2 disclose 51b
ἔρχομαι I 1 a come 310d
25 λέγω II 3 call 470b
Μεσσίας the Messiah 508b
οἶδα 1 e know 556a
Χριστός 1 Anointed One 887a
26 εἰμί II 5 to be 224c
λαλέω 2 a δ speak 463b
27 ἐπί II 2 at 288a
ἔρχομαι I 1 a α come 310c
ζητέω 2 b β seek 339a
θαυμάζω 1 a γ wonder 352c
λαλέω 2 a δ speak 463c
μέντοι 2 though 503c
27a μετά A II 3 b with 509c
27b μετά A II 3 b with 509c
28 ἀφίημι 3 a leave 126b
εἰς 1 b near 228c
οὖν 2 a therefore 593b
πόλις 1 city 685c
ὑδρία water jar 832d
29 ἄνθρωπος 3 a δ man 69b
δεῦτε 1 come 176d
μήτι perhaps 520b
Χριστός 1 Anointed One 887a
30 ἐξέρχομαι 1 a α go out 274c
πόλις 1 city 685c
31 ἐν II 1 b while 260b
ἐρωτάω 2 ask 312a
μαθητής 2 b α disciple 485d
μεταξύ 1 b α between 513a
ῥαββί rabbi 733a
32 βρῶσις 3 b food 148c
ἐσθίω 1 d eat 313a
οἶδα 1 b know 555d
33 ἐσθίω 1 d eat 313a
μή C 1 not 517b
οὖν 2 b therefore 593b
φέρω 4 a α bear 855c
34 βρῶμα 1 food 148b
ἔργον 2 work 308c
θέλημα 1 c γ will 354c
ἵνα II 1 c α in order that 377d
πέμπω 1 send 642b
ποιέω I 1 c α do 682a
τελειόω 1 complete 809d
35 ἁρπαγμός 2 robbery 108c
ἐπαίρω 1 look up 281d
ἔρχομαι I 1 b β come 311b
ἔτι 1 c still 316a
θεάομαι 1 a see 353b
ἰδού 1 a behold 371a
καί I 2 c and 392c
λευκός 2 white 472c
οὐ 4 c no 590c
πρός III 3 b toward 710b
τετράμηνος 813d
four months more
χώρα 4 country 889c
35a θερισμός 1 harvest 359c
35b θερισμός 2 a harvest 359c
θερισμός 2 a harvest 359c
36 αἰώνιος 3 eternal 28d

36	ζωή 2 b α	life	341a
	ἤδη 1 a	already	344a
	θερίζω 1	reap	359b
	ἵνα II 2	in order that	378a
	κάρπος 1 a	fruit	404d
	λαμβάνω 2	receive	465a
	μισθός 1	wages	523b
	ὁμοῦ 2	together	569c
	σπείρω 1 b β	sow	761c
	συνάγω 1	gather	782b
	χαίρω 1	rejoice	874a
37	ἀληθινός 2	true	37a
	ἄλλος 1 e γ	another	40b
	θερίζω 2 a	reap	359b
	λόγος 1 a β	word	477c
	σπείρω 1 b α	sow	761b
38	ἄλλος 1 b β	other	40a
	ἀποστέλλω 1 b γ	send away	98d
	ἀποστέλλω 1 c	send away	98d
	εἰσέρχομαι 2 a	come	233b
	θερίζω 2 a	reap	359b
	κόπος 2	work	443d
38a	κοπιάω 2	become weary	443c
38b	κοπιάω 2	become weary	443c
39	λόγος 1 a γ	word	477c
	μαρτυρέω 1 a	bear witness	492d
	πιστεύω 2 a β	believe	661c
	πόλις 1	city	685c
	πολύς I 2 a α	many	688b
39f	Σαμαρίτης	Samaritan	741c
40	ἐρωτάω 2	ask	312a
	ἡμέρα 2	day	346b
	οὖν 5	therefore	593c
	παρά II 1 b β	beside	610c
	ὡς IV 1 a	when	898c
40a	μένω 1 a α	remain	503d
40b	μένω 1 a α	remain	503d
41	λόγος 1 a β	word	477c
	πολύς I 2 c α	many	689a
	πολύς II 2 a β	many	689b
41f	πιστεύω 2 b	believe	661d
42	ἀληθῶς 1	truly	37c
	αὐτός 1 e	of himself	122d
	κόσμος 5 a	world	446c
	λαλιά 1	speech	464a
	ὁ, ἡ, τό II 1 e	the	550d
	οὐκέτι 1	no longer	592c
	σός, σή, σόν 1	yours	759b
	σωτήρ 2	savior	801a
	τέ 1 a	and	807c
	Χριστός 1	Anointed One	887a
43	ἐξέρχομαι 1 a α	go out	274c
	ἡμέρα 2	day	346d
	ὁ, ἡ, τό II 1 a α	the	550a
44	ἴδιος 2 c	ones own	370a
	μαρτυρέω 1 a	bear witness	492d
	πατρίς 1	fatherland	637a
	πατρίς 2	fatherland	637a
	προφήτης 3	prophet	723c
	τιμή 2 b	honor	817d
45	Γαλιλαῖος	Galilean	150c
45	γάρ 1 b	for	151d
	δέχομαι 1	receive	177c
	ἑορτή	festival	280b
	ἑορτή	festival	280b
	ἑορτή	festival	280b
	ὁράω 1 a β	see	578a
	οὖν 5	therefore	593c
45b	ἔρχομαι I 1 a β	come	310c
46	ἀσθενέω 1 a	be sick	115b
	βασιλικός	royal	136d
	βασιλίσκος	king	136d
	Γαλιλαία	Galilee	150b
	Κανά	Cana	402d
	Καφαρναούμ	Capernaum	426b
	οἶνος 1	wine	562b
	ὅπου 1 a α	where	576a
	οὖν 2 b	therefore	593b
	πάλιν 1 a	back	606c
	ποιέω I 1 b ι	do	681d
	τὶς, τὶ 2 a α	any one	820c
47	αὐτός 3 a	(oblique case)	123b
	Γαλιλαία	Galilee	150b
	ἐρωτάω 2	ask	312a
	ἥκω 1 a	have come	344d
	ἥκω 1 b	have come	344d
	ἰάομαι 1	heal	368b
	ἵνα II 1 a γ	in order that	377c
	Ἰουδαία 1	Judaea	379a
	καταβαίνω 1 a β	come down	408b
	μέλλω 1 c α	be about to	501a
48	ἐάν I 3 b	if	211d
	οὖν 2 c	therefore	593b
	πιστεύω 2 b	believe	661d
	σημεῖον 2 a	sign	748b
49	βασιλικός	royal	136d
	βασιλίσκος	king	136d
	καταβαίνω 1 a β	come down	408b
	κύριος 2 c β	lord	459d
	παιδίον 2 b	child	604b
	πρίν 1 b	before	701b
50	ἄνθρωπος 4 a	man	69c
	ζάω 1 a γ	live	336b
	λόγος 1 a γ	word	477c
	πιστεύω 1 a δ	believe	660c
51	ἀγγέλλω	announce	7a
	ἀπαγγέλλω 1	report	79b
	ἀπαντάω	meet	80c
	ζάω 1 a γ	live	336b
	καταβαίνω 1 a β	come down	408b
	παῖς 1 a β	child	604d
	ὑπαντάω	go to meet	837d
52	ἕβδομος	seventh	213a
	ἐχθές	yesterday	331b
	ἔχω II 1	be	334a
	κομψότερον	improve	443a
	παρά I 3 c	from	610a
	πυνθάνομαι 1	inquire	729c
	πυρετός	fever	730d

52	χθές	yesterday	881d
52a	ὥρα 2 b	time of day	896c
52b	ὥρα 2 b	time of day	896b
53	αὐτός 1 c	self	122d
	γινώσκω 3 c	understand	161b
	ζάω 1 a γ	live	336b
	οἰκία 2	household	557d
	ὅλος 2 b	whole	564d
	πατήρ 1 a	father	635b
	πιστεύω 2 b	believe	661d
	ὥρα 2 b	time of day	896c
54	Γαλιλαία	Galilee	150b
	δεύτερος 1	second	177a
	ἔρχομαι I 1 a β	come	310c
	Ἰουδαία 1	Judaea	379a
	οὗτος 2 c	this	597c
	ποιέω I 1 b ι	do	681d
	σημεῖον 2 a	sign	748b

John 5

1	ἀναβαίνω 1 a α	go up	50a
	εἰμί I 5	to be	223b
	ἑορτή	festival	280b
	Ἱεροσόλυμα 1 a	Jerusalem	373b
	Ἰουδαῖος 2 c	Jewish	379c
	σκηνοπηγία	building of tents	754d
2	Βηθεσδά	Bethesda	139d
	Βηθζαθά	Bethzatha	139d
	Βηθσαϊδά 2	Bethsaida	140b
	Ἑβραϊστί	in Hebrew	213c
	ἐπί II 1 a δ	at	287a
	ἐπιλέγω 1	call	295c
	Ἱεροσόλυμα	Jerusalem	373a
	κολυμβήθρα	pool	442c
	στοά	portico	768d
3	ἀσθενέω 1 a	be sick	115c
	ἐκδέχομαι	wait	238b
	κατάκειμαι 1	lie down	411c
	κίνησις	motion	432d
	ξηρός 2	dry	548d
	παραλυτικός	paralytic	620b
	πλῆθος 2 b α	quantity	668c
	τυφλός 1 b	blind	830d
	χωλός	lame	889a
3f	ὕδωρ 1	water	833a
4	δήποτε	at any time	179b
	ἐμβαίνω	go in	254a
	ἐν I 6	in	260b
	καιρός 1	time	394d
	καιρός 3	time	395b
	καταβαίνω 1 a δ	come down	408c
	κατέχω 1 d β	be bound	423a
	κολυμβήθρα	pool	442c
	νόσημα	disease	543c
	οἷος	of what sort	562d
	ὅς, ἥ, ὅ I 10 c	(rel pron)	585a
	πρῶτος 1 a	first	725c
4	ταράσσω 1	stir up	805b
	ταραχή 1	disturbance	805c
	ὑγιής 1 a	healthy	832c
5	ἄνθρωπος 3 a α	man	69a
	ἀσθένεια 1 a	weakness	115a
	ἔτος	year	316d
	ἔχω I 2 f	have	332d
	ὀκτώ	eight	563a
6	γινώσκω 2 b	find out	161a
	ἔχω I 2 f	have	333a
	κατάκειμαι 1	lie down	411c
	πολύς I 1 b α	many	688a
	ὑγιής 1 a	healthy	832c
	χρόνος	time	887d
	χρόνος	time	888a
7	ἄνθρωπος 3 a β	man	69a
	ἀσθενέω 1 a	be sick	115c
	βάλλω 2 b	put	131b
	ἐν IV 6 b	in	261c
	ἔρχομαι I 1 a α	come	310c
	ἔχω I 2 d	have	332c
	ἴασις 1	healing	368c
	καταβαίνω 1 a α	come down	408b
	κολυμβήθρα	pool	442c
	κύριος 2 c β	lord	459d
	πρό 2	before	702a
	ταράσσω 1	stir up	805b
	ὕδωρ 1	water	833a
8	ἐγείρω 1 b	raise up	214d
8-11	κράβαττος	mattress	447c
8-12	αἴρω 1 a	lift up	24b
8f	περιπατέω 1 c	go about	649b
9	ἡμέρα 2	day	346c
	ὑγιής 1 a	healthy	832c
9f	σάββατον 1 a	Sabbath	739a
10	εἰμί I 5	to be	223b
	ἔξεστι 2	it is possible	275b
	Ἰουδαῖος 2 e	Jewish	379c
	οὖν 2 b	therefore	593b
11	ἐκεῖνος 1 b	that	239c
	ὅς, ἥ, ὅ II 1	this (one)	585b
	ποιέω I 1 b ι	do	682a
	ὑγιής 1 a	healthy	832c
11f	περιπατέω 1 c	go about	649b
12	ἄνθρωπος 4 b	man	69c
	ἐρωτάω 1	ask	312a
13	ἀσθενέω 1 a	be sick	115c
	ἐκνεύω	turn	243b
	ἰάομαι 1	heal	368b
	οἶδα 1 f	know	556a
	ὄχλος 1	crowd	600c
	τόπος 1 c	place	822d
14	ἁμαρτάνω 1	sin	42c
	γίνομαι I 3 b γ	take place	159a
	εὑρίσκω 1 b	find	325a
	ἴδε 1	see	369b
	ἱερόν 2	temple	372c
	ἵνα I 1 c	in order that	377a
	μηκέτι 6 a	no longer	518c
	ὑγιής 1 a	healthy	832c

14	χείρων	worse	881b
15	ἀναγγέλλω 2	disclose	51b
	ποιέω I 1 b ι	do	682a
	ὑγιής 1 a	healthy	832c
15f	Ἰουδαῖος 2 e	Jewish	379c
16	αἰτέω	ask	26b
	διά B II 2	therefore	181b
	διώκω 2	persecute	201b
	οὗτος 1 b β	this	597a
	σάββατον 1 a	Sabbath	739a
17	ἀληθής 2	true	36d
	ἄρτι 3	now	110b
	ἐργάζομαι 1	work	307a
	ἕως II 1 c	until	335a
	κἀγώ 3 a	I also	386b
	πατήρ 3 d α	father	636b
18	διά B II 2	therefore	181b
	ζητέω 2 b γ	seek	339a
	ἴδιος 1 a β	ones own	369d
	ἴσος	equal	381a
	λέγω II 3	call	470a
	λύω 4	abolish	484a
	μᾶλλον 1	more	489a
	μόνος 2 c α	only	528a
	οὗτος 1 b β	this	597a
	ποιέω I 1 b ι	do	682a
	σάββατον 1 a	Sabbath	739a
19	ἀμήν 2	amen	46a
	ἄν 2 b	(particle)	48d
	ἀπό V 5	of	88b
	ἀποκρίνομαι 2	begin	93c
	βλέπω 1 a	see	143c
	ἑαυτοῦ 1 a	oneself	212a
	λέγω II 1 d	assure	469d
	ὁμοίως	likewise	568a
	οὐδείς 2 b α	nothing	592b
	οὖν 2 b	therefore	593b
19-23	πατήρ 3 d α	father	636b
19-26	υἱός 2 b	son	835a
19a	ἄν	if	49c
20	δείκνυμι 1 a	show	172d
	ἔργον 1 c α	deed	308a
	θαυμάζω 1 a α	wonder	352b
	ἵνα I 1 d	in order that	377a
	ἵνα I 3	in order that	377b
	μέγας 2 a γ	great	497d
	φιλέω 1 a	love like	859b
21	ἐγείρω 1 a β	raise	214c
	θέλω 2	wish	355b
	νεκρός 2 a	dead	535b
	ὅς, ἥ, ὅ I 2 a	(rel pron)	583b
	οὕτω 1 a	thus	597d
	ὥσπερ 1	(just) as	899c
21a	ζῳοποιέω 1	make alive	341d
21b	ζῳοποιέω 1	make alive	341d
21f	γάρ 1 c	for	152a
22	γάρ 1 b	for	152a
	κρίνω 4 b α	judge	452a
	κρίσις 1 a α	judging	452c
	οὐδέ 1	and not	591c
	οὐδείς 2 a	no one	592a
22	πᾶς, πᾶσα, πᾶν 1 c α	all	631d
23	ἵνα I 1 b	in order that	377a
	καθώς 1	just as	391b
23a	τιμάω 2	honor	817b
23b	τιμάω 2	honor	817b
23c	τιμάω 2	honor	817b
23d	τιμάω 2	honor	817b
23f	πέμπω 1	send	642b
24	ἀκούω 1 b α	hear	32a
	ἐκ 1 c	away from	234c
	ἔρχομαι I 2 c	come	311c
	ζωή 2 b α	life	340d
	ζωή 2 b α	life	341a
	θάνατος 2 a	death	351c
	κρίσις 1 a β	judging	452d
	λόγος 1 b β	word	478b
	μεταβαίνω 2 a	pass	510c
	πιστεύω 1 b	believe	661a
24a	ζωή 2 b α	life	340d
24f	ἀμήν 2	amen	46a
	λέγω II 1 d	assure	469d
25	ἀκούω 1 b γ	hear	32b
	ἔρχομαι I 1 b α	come	311b
	ζάω	live	336a
	ζάω 2 a	live	336c
	καί I 3	and	393a
	ὅτε 2 a α	when	588c
	φωνή 2 a	voice	871a
	ὥρα 3	time of day	896c
25b	ἀκούω 4	listen	32d
26	δίδωμι 1 b β	give	193b
	ἑαυτοῦ 1 c	oneself	212a
	ἔχω I 2 j	have	333b
	οὕτω 1 a	thus	597d
	πατήρ 3 d α	father	636b
	ὥσπερ 1	(just) as	899c
26a	ζωή 2 a α	life	340c
26b	ζωή 2 a β	life	340c
27	ἐξουσία 3	authority	278b
	κρίσις 1 a α	judging	452c
	ὅτι 3 a	that	589c
	ποιέω I 1 b δ	do	681b
	υἱός 2 c	son	835b
28	ἀκούω 1 b γ	hear	32b
	ἔρχομαι I 1 b α	come	311b
	θαυμάζω 1 b α	wonder	352c
	μνημεῖον 2	tomb	524d
	πᾶς, πᾶσα, πᾶν 1 d γ	all	632b
	φωνή 2 a	voice	871a
	ὥρα 3	time of day	896c
29	ἀγαθός 2 b δ	good	3d
	ἀνάστασις 2 b	resurrection	60c
	ἐκπορεύομαι 1 c	go out	244c
	ζωή 2 b α	life	340d
	κρίσις 1 a β	judging	452d
	ποιέω I 1 b ε	do	681b
	πράσσω 1 a	do	698c
	φαῦλος 1	worthless	854c
30	ἀκούω 1 b α	hear	32a
	ἀλλά 1 b	but, yet	38b
	ἀπό V 5	of	88b

30	δίκαιος 4	righteous	196a
	ἐμαυτοῦ 3	myself	253d
	ζητέω 2 b α	seek	339a
	κρίνω 4 b α	judge	452a
	κρίσις 1 a α	judging	452c
	ὁ, ἡ, τό II 1 e	the	550d
	οὐδείς 2 b α	nothing	592a
	πέμπω 1	send	642b
30a	θέλημα 1 b	will	354b
30b	θέλημα 1 c γ	will	354c
31	ἐάν I 1 a	if	211b
	μαρτυρέω 1 a	bear witness	492d
	μαρτυρία 2 d β	testimony	493d
31f	ἀληθής 2	true	36d
32	ἄλλος 1 a	other	39d
	μαρτυρία 2 d β	testimony	493d
32a	μαρτυρέω 1 a	bear witness	492d
32b	μαρτυρέω 1 b	bear witness	493a
33	ἀλήθεια 2 b	truth	36b
	μαρτυρέω 1 a	bear witness	492d
34	ἵνα I 1 a	in order that	376d
	λαμβάνω 1 d	receive	464d
	μαρτυρία 2 d α	testimony	493d
	οὗτος 1 b α	this	597a
	παρά I 3 b	from	609d
	σῴζω 2 b	save	798c
35	ἀγαλλιάω	be glad	4a
	θέλω 2	wish	355b
	καίω 1 a	light	396b
	λύχνος 1	lamp	483b
	πρός III 2 b	toward	710a
	φαίνω 1	shine	851c
	φῶς 1 a	light	871d
	ὥρα 2 a β	time of day	896b
36	ἀποστέλλω 1 c	send away	99a
	αὐτός 1 h	even	123a
	ἔργον 1 c α	deed	308a
	ἵνα I 1 b	in order that	377a
	μαρτυρία 2 d β	testimony	493d
	μέγας 2 b β	great	498b
	ὁ, ἡ, τό II 1 a α	the	550b
	τελειόω 1	complete	809d
36a	πατήρ 3 d α	father	636b
36b	πατήρ 3 d α	father	636b
36f	μαρτυρέω 1 a	bear witness	492d
37	εἶδος 1	form	221b
	ἐκεῖνος 1 b	that	239c
	οὔτε	not	596a
	πατήρ 3 d α	father	636b
	πέμπω 1	send	642b
	πώποτε	ever	732a
	φωνή 2 a	voice	871a
38	ἀποστέλλω 1 c	send away	99a
	ἐν I 5 a	in	259c
	λόγος 1 b α	command	478a
	μένω 1 a β	remain	504a
	πιστεύω 1 b	believe	661a
39	γραφή 2 b α	scripture	166b
	δοκέω 1 a	think	201d
	ἐραυνάω	search	306d
	ζωή 2 b α	life	341a
39	μαρτυρέω 1 a	bear witness	492d
40	ἔρχομαι I 2 c	come	311d
	ζωή 2 b α	life	340d
	θέλω 2	wish	355c
	καί I 2 g	and	392d
41	δόξα 3	fame	204a
	παρά I 3 b	from	609d
42	ἀγάπη I 1 b γ	love	5d
	ἑαυτοῦ 1 c	oneself	212a
	ἔχω I 2 e β	have	332d
	θεός 3 f β	God	357d
	οὐ 5 b	no	590d
43	ἐκεῖνος 1 b	that	239c
	ἔρχομαι I 1 a	come	311a
	ἴδιος 1 a β	ones own	369d
	πατήρ 3 d α	father	636b
43a	λαμβάνω 1 e α	receive	464d
	ὄνομα I 4 c γ	name	573a
43b	λαμβάνω 1 e α	receive	464d
	ὄνομα I 4 c γ	name	573a
44	ἀλλήλων	each other	39c
	δόξα 3	fame	204a
	δόξα 3	fame	204a
	ζητέω 2 a	seek	339a
	θεός 3 i	God	358a
	λαμβάνω 1 d	receive	464d
	μόνος 1 a δ	only	527d
	παρά I 3 b	from	609d
	πιστεύω 2 b	believe	661d
	πῶς 1 d	how	732c
45	δοκέω 1 d	think	202a
	ἐλπίζω 3	hope	252d
	πατήρ 3 d α	father	636b
45a	κατηγορέω 1 b	bring charges	423b
45b	κατηγορέω 1 b	bring charges	423b
46	ἄν 1 b α	(particle)	48b
	γάρ 1 c	for	152a
	γράφω 2 c	write	167a
46a	πιστεύω 1 b	believe	661a
46b	πιστεύω 1 b	believe	661a
47	γράμμα 2 c	writing	165c
	εἰ I 1 a	if	219a
	ὁ, ἡ, τό II 1 e	the	550d
	πῶς 1 d	how	732c
	ῥῆμα 1	word	735c
47a	πιστεύω 1 a δ	believe	660c
47b	πιστεύω 1 a δ	believe	660c

John 6

1	Γαλιλαία	Galilee	150b
	θάλασσα 2	lake	350b
	μέρος 1 b γ	part	506a
	πέραν 2 a	on the other side	643d
	Τιβεριάς	Tiberias	815c
2	ἀκολουθέω 2	accompany	31b
	ἀσθενέω 1 a	be sick	115c
	ἐπί I 1 b γ	on	286d

2	θεωρέω 1	observe	360a
	ὁράω 1 a β	see	578a
	ὄχλος 1	crowd	600d
	πολύς I 1 b α	many	687d
	σημεῖον 2 a	sign	748b
3	ἀνέρχομαι	go up	65b
	καθέζομαι 2	sit	388c
	κάθημαι 2	sit down	389d
	καθίζω 2 b	sit down	390b
	ὄρος	mountain	582c
4	ἐγγύς 2 a	near	214b
	ἑορτή	festival	280b
	Ἰουδαῖος 2 c	Jewish	379c
	πάσχα 1	the passover	633c
5	ἀγοράζω 1	buy	12d
	ἄρτος 1 a	bread	110c
	ἐπαίρω 1	look up	281d
	θεάομαι 1 a	see	353b
	πόθεν 3	from where	680c
	πολύς I 1 b α	many	687d
6	αὐτός 1 e	of himself	122d
	μέλλω 1 c α	be about to	501a
	οἶδα 1 f	know	556a
	οὗτος 1 b α	this	596d
	πειράζω 2 b	try	640c
7	ἀρκέω 1	be enough	107a
	ἄρτος 1 a	bread	110c
	βραχύς 3	little	147b
	δηνάριον	denarius	179b
	διακόσιοι	two hundred	185a
	ἕκαστος 2	each	236c
	λαμβάνω 2	receive	465a
8	Ἀνδρέας	Andrew	63d
	εἷς 1 a β	one	230d
	Πέτρος	Peter	655b
9	ἄρτος 1 a	bread	110c
	εἷς 3 b	someone	231d
	κρίθινος	made of barley	450c
	ὅς, ἥ, ὅ I 3 b γ	(rel pron)	584a
	ὀψάριον	fish	601b
	παιδάριον 1 b	child	603b
	τίς, τί 1 b δ	which	819b
	τοσοῦτος 2 a α	so great	823c
	ὧδε 2 a	here	895b
10	ἀναπίπτω 1	recline	59c
	ἀριθμός 1	number	106b
	πεντακισχίλιοι	five thousand	643a
	ποιέω I 1 b θ	do	681d
	πολύς I 1 b α	many	688a
	τόπος 1 c	place	822d
	χόρτος	grass	884a
	ὡς IV 5	when	899a
	ὡσεί 2	as	899c
11	ἀνάκειμαι 2	be at table	55d
	ἄρτος 1 a	bread	110c
	διαδίδωμι	distribute	182d
	ἐκ 4 a ε	from	236a
	εὐχαριστέω 2	give thanks	328b
	καί II 3	also	393c
11	ὁμοίως	likewise	568a
	ὅσος 2	how great	586b
	ὀψάριον	fish	601b
12	ἀπόλλυμι 2 b	be lost	95c
	ἐμπί(μ)πλημι 2	fill	256b
	περισσεύω 1 a α	be left over	650d
	ὡς IV 1 a	when	898c
12f	κλάσμα	fragment	433b
	συνάγω 1	gather	782b
13	ἄρτος 1 a	bread	110c
	βιβρώσκω	eat	141d
	γεμίζω 1	fill	153c
	κόφινος	basket	447c
	κρίθινος	made of barley	450c
	οὖν 1 a	therefore	593a
	περισσεύω 1 a α	be left over	650d
14	ἀληθῶς 1	truly	37c
	ἔρχομαι I 1 a	come	311a
	κόσμος 4 c	world	446b
	λέγω I 1 b α	say	468b
	ὅς, ἥ, ὅ I 5 a	(rel pron)	584b
	προφήτης 3	prophet	723c
	σημεῖον 2 a	sign	748b
15	ἀναχωρέω 2 b	withdraw	63c
	ἁρπάζω 2 a	snatch	109a
	αὐτός 1 c	self	122d
	βασιλεύς 1	king	136a
	γινώσκω 4 c	perceive	161b
	ἔρχομαι I 1 a ζ	come	310d
	μέλλω 1 c γ	intend	501b
	μόνος 1 a β	only	527d
	πάλιν 1 a	back	606c
	ποιέω I 1 b ι	do	682a
	φεύγω 1	flee	855d
16	γίνομαι I 1 b γ	come about	158c
	ἐπί III 1 a γ	on	288b
	καταβαίνω 1 a δ	come down	408c
	ὄψιος 2	late	601d
	ὡς IV 1 a	when	898c
17	γίνομαι I 1 b α	come about	158b
	εἰς 1 a α	into	228b
	ἐμβαίνω	go in	254a
	καταλαμβάνω 1 b	seize	413b
	Καφαρναούμ	Capernaum	426b
	οὔπω	not yet	593c
	πέραν 2 a	on the other side	643d
	σκοτία 1	darkness	757b
18	ἄνεμος 1 a	wind	64d
	διεγείρω	arouse	194a
	μέγας 2 a γ	great	497d
	πνέω 1 a	blow	679c
	τέ 1 a	and	807c
19	γίνομαι I 4 c	come, go	160a
	ἐγγύς 1 d	near	214b
	εἴκοσι	twenty	222a
	ἐλαύνω	drive	248c
	ἐπί I 1 a α	on	286a
	θεωρέω 1	observe	360a
	περιπατέω 1 c	go about	649a
	περιπατέω 1 c	go about	649a

19	πλοῖον 2	ship	673b
	στάδιον 1	stade	764a
	στάδιον 1	stade	764a
	ὡς IV 5	when	899a
20	ἐγώ	I	217a
21	γῆ 4	land	157c
	γίνομαι I 4 c γ	come, go	160a
	ἐπί I 1 a β	on	286a
	θέλω 2	wish	355b
	λαμβάνω 1 e α	receive	464d
	ὑπάγω 2	go away	836d
21a	πλοῖον 2	ship	673b
21b	πλοῖον 2	ship	673b
22	ἄλλος 1 e β	another	40b
	ἀπέρχομαι 1 a	go away	84c
	ἐπαύριον	next day	283d
	ἵστημι II 2 b β	being	382c
	μόνος 1 a β	only	527c
	ὄχλος 1	crowd	600c
	πέραν 2 b	on the other side	643d
	πλοιάριον	boat	673b
	πλοῖον 2	ship	673b
	συνεισέρχομαι	enter with	787a
23	ἄρτος 1 a	bread	110c
	ἐγγύς 1 a	near	214b
	εὐχαριστέω 2	give thanks	328b
	κύριος 2 c β	lord	459d
	πλοιάριον	boat	673b
	πλοῖον 2	ship	673b
	Τιβεριάς	Tiberias	815c
	τόπος 1 c	place	822c
24	αὐτός 2	they	123b
	εἶδον 1 d	see	220d
	ἐμβαίνω	go in	254a
	ζητέω 1 a α	seek	338d
	Καφαρναούμ	Capernaum	426b
	οὐδέ 1	and not	591c
	οὖν 5	therefore	593c
	πλοιάριον	boat	673b
25	γίνομαι I 4 c θ	come, go	160a
	εὑρίσκω 1 a	find	325a
	πέραν 2 b	on the other side	643d
	πότε	when	695a
	ῥαββί	rabbi	733a
	ὧδε 1	here	895b
26	ἄρτος 1 a	bread	110c
	εἶδον	see	220c
	ἐκ 4 a ε	from	236a
	ἐσθίω 1 b β	eat	312d
	ζητέω 1 a α	seek	338d
	λέγω II 1 d	assure	469d
	ὅτι 3 a	that	589d
	σημεῖον 2 a	sign	748b
	χορτάζω 2 a	feed	884a
27	ἀπόλλυμι 2 a β	pass away	95c
	βρῶσις 3 b	food	148c
	εἰς 6 e	with	230b
	ἐργάζομαι 2 e	work	307b
	ζωή 2 b α	life	341a
	μένω 1 c β	remain	504b
	πατήρ 3 d α	father	636b
27	σφραγίζω 2 b	seal	796c
	υἱός 2 c	son	835b
28	ἐργάζομαι 2 a	work	307a
	ἐργάζομαι 2 e	work	307c
	ἔργον 1 c β	deed	308b
29	ἀποστέλλω 1 c	send away	99a
	εἰμί II 6 a	to be	224c
	ἔργον 1 c β	deed	308b
	ἵνα II 1 e	in order that	378a
	ὅς, ἥ, ὅ I 2 a	(rel pron)	583c
	οὗτος 1 a δ	this	596c
	οὗτος 1 b β	this	597a
	περιπατέω 1 c	go about	649a
	πιστεύω 2 a α	believe	661b
	πιστεύω 2 a β	believe	661c
30	ἐργάζομαι 2 a	work	307b
	ἵνα I 1 a	in order that	376d
	πιστεύω 1 b	believe	661a
	πιστεύω 2 a α	believe	661b
	ποιέω I 1 b β	do	681b
	σημεῖον 2 a	sign	748b
30b	οὖν 1 c α	therefore	593a
31	γράφω 2 c	write	166d
	δίδωμι 2	give	193c
	ἐσθίω 1 a	eat	312c
	μάννα 1	manna	491a
	πατήρ 1 b	forefathers	635b
31ff	ἄρτος 2	food	111a
32	ἀληθινός 3	genuine	37a
	λέγω II 1 d	assure	469d
	Μωϋσῆς	Moses	532a
33	ζωή 2 a β	life	340c
	καταβαίνω 1 a γ	come down	408c
	κόσμος 5 b	world	446c
34	κύριος 2 c β	lord	459d
	πάντοτε	always	609b
35	ἄρτος 2	food	111a
	διψάω 2	thirst	200c
	ἔρχομαι I 2 c	come	311d
	ζωή 2 a β	life	340c
	πεινάω 2	hunger	640a
	πιστεύω 2 a β	believe	661c
	πώποτε	ever	732a
35b	μή D 2	not	517c
36	ἀλλά 2	but, yet	38c
	καί I 6	and	393b
	πιστεύω 2 b	believe	661d
37	δίδωμι 3	give	193c
	ἐκβάλλω 1	drive out	237b
	ἔξω 1 b	outside	279c
	ἔρχομαι I 2 c	come	311d
	ἥκω 1 d β	have come	344d
	πᾶς, πᾶσα, πᾶν 1 c γ	whoever	632a
	πατήρ 3 d α	father	636b
38	ἀλλά 1 b	but, yet	38b
	θέλημα 1 b	will	354b
	ἵνα I 1 b	in order that	377a
	καταβαίνω 1 a γ	come down	408c

38	οὐρανός 2 b	heaven	595a
	ποιέω I 1 c α	do	682a
38b	θέλημα 1 c γ	will	354c
38f	πέμπω 1	send	642b
39	ἀπόλλυμι 1 b	lose	95b
	αὐτός 3 d	(oblique case)	123c
	δίδωμι 3	give	193c
	ἵνα II 1 e	in order that	378a
	οὗτος 1 b β	this	597a
	πᾶς, πᾶσα, πᾶν 1 c γ	whoever	632a
39f	ἀνίστημι 1 a	raise	70a
	εἰμί II 6 a	to be	224c
	ἔσχατος 3 b	last	314a
	ἡμέρα 3 b β	day	347b
	θέλημα 1 a	will	354b
	οὗτος 1 a δ	this	596c
40	ζωή 2 b α	life	340d
	ζωή 2 b α	life	341a
	θεωρέω 1	observe	360a
	ἵνα II 1 c α	in order that	377d
	πᾶς, πᾶσα, πᾶν 1 c γ	whoever	632a
	πατήρ 3 d α	father	636b
	πιστεύω 2 a β	believe	661c
	υἱός 2 b	son	835a
41	ἄρτος 2	food	111a
	γογγύζω 1	murmur	164c
	Ἰουδαῖος 2 e	Jewish	379c
41f	καταβαίνω 1 a γ	come down	408c
42	Ἰωσήφ 4	Joseph	385d
	οἶδα 1 a	know	555d
	ὅτι 2	that	589c
	οὐρανός 2 b	heaven	595a
	οὗτος 1 a α	this	596c
	πόθεν 2	from where	680c
	πῶς 1 c	how	732b
43	ἀλλήλων	each other	39c
	γογγύζω 1	murmur	164c
	μετά A I	with	508c
	μή A III 3 b	not	517a
44	ἀνίστημι 1 a	raise	70a
	ἐάν I 3 b	if	211d
	ἕλκω 1 b	drag	251d
	ἐν II 2	while	260b
	ἔσχατος 3 b	last	314a
	ἡμέρα 3 b β	day	347b
	οὐδείς 2 a	no one	592a
	πέμπω 1	send	642b
44f	ἔρχομαι I 2 c	come	311d
45	ἀκούω 3 d	learn	32c
	γράφω 2 c	write	166d
	διδακτός 1	taught	191b
	μανθάνω 1	learn	490c
	παρά I 3 c	from	610a
	πατήρ 3 d α	father	636b
	προφήτης 1	prophet	723c
46	εἰμί III 8 a	to be	225c
	ὅτι 1 c	that	589a
	οὗτος 1 a ε	this	596d
46	παρά I 1	from	609d
	τὶς, τὶ 1 a α	any one	819d
46a	ὁράω 1 a α	see	577d
	πατήρ 3 d α	father	636b
46b	ὁράω 1 a α	see	577d
47	ζωή 2 b α	life	340d
	ζωή 2 b α	life	341a
	πιστεύω 2 a β	believe	661c
	πιστεύω 2 b	believe	661d
48	ἄρτος 2	food	111a
	ζωή 2 a β	life	340c
49	ἐσθίω 1 a	eat	312c
	μάννα 1	manna	491a
50	ἀποθνῄσκω 1 b α	die	91c
	ἄρτος 2	food	111a
	ἵνα II 1 e	in order that	378a
	οὐρανός 2 b	heaven	595a
50f	ἐκ 4 a ε	from	236a
	ἐσθίω 1 b β	eat	312d
	καταβαίνω 1 a γ	come down	408c
51	αἰών 1 b	time	27b
	ἄρτος 2	food	111a
	δέ 4 b	but, and	171d
	δέ 4 b	but, and	171d
	ζάω 2 b β	live	336d
	ζωή 2 b α	life	340d
	κόσμος 5 b	world	446c
	τὶς, τὶ 1 a γ	any one	820a
	ὑπέρ 1 b	in behalf of	838d
51-6	σάρξ 1	flesh	743c
51a	ζάω 4 b	live	337a
51b	ζάω	live	336a
51c	ζάω	live	336a
52	δύναμαι 1 a	able	207b
	ἐσθίω 1 d	eat	313a
	Ἰουδαῖος 2 e	Jewish	379c
	μάχομαι 2	dispute	496d
	οὗτος 1 a α	this	596c
	πῶς 1 d	how	732c
53	ἑαυτοῦ 1 c	oneself	212a
	ἐσθίω 1 a	eat	312c
	καί I 2 e	and	392c
	οὖν 2 c	therefore	593b
	υἱός 2 c	son	835b
53-5	αἷμα 2 b	blood	23a
53f	ζωή 2 b α	life	340d
	πίνω 1	drink	658c
54	ἀνίστημι 1 a	raise	70a
	ἔσχατος 3 b	last	314a
	ζωή 2 b α	life	341a
	ἡμέρα 3 b β	day	347b
	τρώγω	eat	829b
55	ἀληθής 3	real	36d
	βρῶσις 3 b	food	148c
	πόσις 2	drinking	694b
56	ἐν I 5 a	in	259b
	κἀγώ 1	and I	386a
	μένω 1 a β	remain	504a
	πίνω 1	drink	658c
	τρώγω	eat	829b

57	ἀποστέλλω 1 c	send away	99a
	διά B II 4 b	by	181c
	ζάω 1 a ε	live	336b
	κἀγώ 1	and I	386a
	καί II 3	also	393c
	κἀκεῖνος 2 b	he also	396d
	τρώγω	eat	829b
57c	ζάω 2 a	live	336c
58	αἰών 1 b	time	27b
	ἀποθνῄσκω 1 b α	die	91c
	ἄρτος 2	food	111a
	ζάω	live	336a
	ζάω 2 b β	live	336d
	καθώς 1	just as	391c
	καταβαίνω 1 a γ	come down	408c
	τρώγω	eat	829b
59	Καφαρναούμ	Capernaum	426b
	σάββατον 1 a	Sabbath	739b
	συναγωγή 2 a	place of assembly	783a
60	ἀκούω 1 b α	hear	32a
	δύναμαι 1 a	able	207a
	ἐκ 4 a α	from	235d
	λόγος 1 a γ	word	477c
	οὖν 2 b	therefore	593b
	οὗτος 2 b	this	597b
	πολύς I 2 a α	many	688b
	σκληρός 1 b	hard	756a
60b	ἀκούω 5	listen	32d
61	γογγύζω 1	murmur	164c
	ἐν I 5 b	in	259c
	οἶδα 4	know	556c
	οὗτος 1 b α	this	596d
	σκανδαλίζω 2	cause to fall	753a
62	ἀναβαίνω 1 a β	go up	50b
	θεωρέω 1	observe	360a
	ὁ, ἡ, τό II 6	the	552a
	ὅπου 1 a α	where	576a
	οὖν 5	therefore	593c
	πρότερος 1 b β	earlier	722a
	υἱός 2 c	son	835b
63	ζωή 2 b α	life	340d
	ζωή 2 b α	life	340d
	ζῳοποιέω 1	make alive	341d
	λαλέω 2 b	speak	463d
	οὐ 6 a	no	590d
	οὐδείς 2 b γ	in no respect	592b
	ῥῆμα 1	word	735c
	σάρξ 2	body	743c
	ὠφελέω 2 b	help	900d
63a	πνεῦμα 5 g β	spirit	677b
63b	πνεῦμα 6 a	spirit	677c
64	ἀλλά 2	but, yet	38c
	ἀρχή 1 b	beginning	112a
	εἰμί I 1	to be	223b
	ἐκ 4 a β	from	235d
	ἐκ 5 a	from	236b
	οὐ 5 a	no	590d
	παραδίδωμι 1 b	give over	614d
	τὶς, τὶ 1 a α	any one	820a
64a	πιστεύω 2 b	believe	661d
64b	πιστεύω 2 b	believe	661d
65	ἔρχομαι I 2 c	come	311d
	οὐδείς 2 a	no one	592a
	πατήρ 3 d α	father	636b
66	ἀπέρχομαι 4	go after	84d
	ἐκ 3 f	by	235c
	μαθητής 2 b β	disciple	485d
	μετά A II 1 a	with	508d
	ὀπίσω 1 a	behind	575a
	οὐκέτι 1	no longer	592c
	περιπατέω 1 c	go about	649a
	πολύς I 2 a α	many	688b
67	θέλω 2	wish	355b
	μή C 1	not	517b
	οὖν 2 b	therefore	593b
	ὑπάγω 1	go away	836c
68	ζωή 2 b α	life	340d
	ζωή 2 b α	life	341a
	κύριος 2 c β	lord	459d
	Πέτρος	Peter	655b
	ῥῆμα 1	word	735c
69	ἅγιος 2 c β	the Holy One	10a
	γινώσκω 1 c	know	161a
	πιστεύω 2 b	believe	661d
	Χριστός 1	Anointed One	887a
70	διάβολος 2	the slanderer	182a
	ἐκλέγομαι 2 a	choose	242b
	καί I 2 g	and	392d
	οὐ 4 c	no	590c
71	Ἰούδας 6	Judas	380a
	Ἰσκαριώθ	Iscariot	381a
	Ἰσκαριώθ	Iscariot	381a
	λέγω I 2 b	say	468c
	μέλλω 1 c γ	intend	501b
	οὗτος 1 a β	this	596c
	παραδίδωμι 1 b	give over	614d
	Σίμων 5	Simon	751b
	Σκαριώθ		753c

John 7

1	ἐξουσία 2	ability	278a
	ζητέω 2 b γ	seek	339a
	θέλω 2	wish	355b
	Ἰουδαία 1	Judaea	379a
	Ἰουδαῖος 2 e	Jewish	379c
1a	περιπατέω 1 a	go about	649a
1b	περιπατέω 1 a	go about	649a
2	ἐγγύς 2 a	near	214b
	ἑορτή	festival	280b
	Ἰουδαῖος 2 c	Jewish	379c
	σκηνοπηγία	building of tents	754d
3	ἀδελφός 1	brother	16a
	ἀδελφός 1	brother	16b
	ἐντεῦθεν 1	from here	268c
	ἔργον 1 c α	deed	308a
	θεωρέω 1	observe	360a
	ἵνα I 2	in order that	377a
	Ἰουδαία 1	Judaea	379a

3	μεταβαίνω 1 a α	pass over	510c
	ὑπάγω 2	go away	836d
4	ἐν III 2	by	261a
	κόσμος 5 a	world	446c
	κρυπτός 2 b	hidden	454b
	παρρησία 2	publicly	630d
	φανερόω 2 a	reveal	853a
5	ἀδελφός 1	brother	16a
	ἀδελφός 1	brother	16b
	γάρ 1 b	for	152a
	πιστεύω 2 a β	believe	661c
6	ἐμός 1 a α	my	255c
	ἕτοιμος 1	ready	316c
	καιρός 2	time	395a
	ὁ, ἡ, τό II 1 e	the	550d
	οὔπω	not yet	593c
	πάντοτε	always	609b
	πάρειμι 1 b	be present	624c
	ὑμέτερος 1	your	836a
7	ἔργον 1 c β	deed	308a
	ἔργον 1 c β	deed	308b
	κόσμος 7	world	446d
	μαρτυρέω 1 a	bear witness	492d
	πονηρός 1 b β	wicked	691a
7a	μισέω 1	hate	522d
7b	μισέω 1	hate	522d
8	ἀναβαίνω 1 a α	go up	50a
	ἐμός 1 a α	my	255c
	ἑορτή	festival	280b
	ἑορτή	festival	280b
	οὐδέπω	not yet	592c
	πληρόω 2	make full	671b
8a	οὔπω	not yet	593c
8b	οὔπω	not yet	593c
9	μένω 1 a α	remain	503d
	οὗτος 1 b α	this	596d
10	ἀναβαίνω 1 a α	go up	50a
	ἑορτή	festival	280b
	κρυπτός 2 b	hidden	454b
	τότε 2	at that time	824a
	φανερῶς	openly	853a
	ὡς IV 1 a	when	898c
10f	ἑορτή	festival	280b
11	ἐκεῖνος 1 c	that	239c
	ἑορτή	festival	280b
	Ἰουδαῖος 2 e	Jewish	379c
	ποῦ 1 a	where	696a
12	ἀγαθός 1 b α	good	3a
	ἀλλά 1 a	but, yet	38a
	ἄλλος 1 c	other	40a
	γογγυσμός 2	secret talk	164c
	εἰμί I 4	to be	223b
	λέγω I 1 b α	say	468b
	ὁ, ἡ, τό I 2	the	549d
	οὐ 1	no	590a
	πλανάω 1 b	deceive	665c
	πολύς I 1 b β	many	688a
12a	ὄχλος 1	crowd	600d
13	διά B II 1	because of	181b
	Ἰουδαῖος 2 e	Jewish	379c
	λαλέω 2 a ε	speak	463c
13	μέντοι 2	though	503c
	παρρησία 1	plainness	630c
	φόβος 2 a α	fear	863d
14	ἀναβαίνω 1 a α	go up	50a
	διδάσκω 1	teach	192a
	ἑορτή	festival	280b
	ἑορτή	festival	280b
	ἱερόν 2	temple	372c
	μεσάζω	be in the middle	506c
	μεσόω	be in the middle	508b
15	γράμμα 3 elementary knowledge		165c
	θαυμάζω 1 a α	wonder	352b
	μανθάνω 1	learn	490b
	μή A II 2 b	not	516c
	οὗτος 1 a α	this	596c
	πῶς 1 b	how	732b
16	ἀλλά 1 b	but, yet	38b
	ἐμός 1 b	my	255c
	ὁ, ἡ, τό II 1 e	the	550d
	πέμπω 1	send	642b
16f	διδαχή 2	teaching	192b
17	ἐκ 3 c	from	235a
	ἐμαυτοῦ 3	myself	253d
	ἤ 1 d γ	or	342c
	θέλημα 1 c γ	will	354c
	θέλω 2	wish	355b
	περί 1 a	about	644c
	ποιέω I 1 c α	do	682a
	πότερος	whether	695b
17f	ἀπό V 5	of	88b
18	ἀδικία 2	unrighteousness	18a
	ἀληθής 1	true	36d
	δόξα 3	fame	204a
	ἑαυτοῦ 1 a	oneself	212a
	εἰμί III 4	to be	225c
	ζητέω 2 a	seek	339a
	ἴδιος 1 a β	one's own	369d
	πέμπω 1	send	642b
19	ἐκ 4 a α	from	235d
	Μωϋσῆς	Moses	531d
	οὐδείς 2 a	no one	592a
	ποιέω I 1 c α	do	682a
	τίς, τί 3 a	which	819d
19b	νόμος 3	law	542d
20	δαιμόνιον 2	demon	169b
	ἔχω I 2 e α	have	332c
21	εἷς 2 b	one	231a
	ἔργον 1 c α	deed	308a
	θαυμάζω 1 a α	wonder	352b
	ποιέω I 1 b α	do	681b
22	ἐκ 3 c	from	235a
	ὅτι 1 c	that	589a
	περιτέμνω 1	cut around	652b
	περιτομή 1	circumcision	652d
22f	Μωϋσῆς	Moses	531d
	σάββατον 1 a	Sabbath	739a
23	εἰ III	if	219c
	ἐν II 2	while	260b
	λαμβάνω 2	receive	465b
	λύω 4	abolish	484a

23	μή A I 2	not	516a
	νόμος 3	law	542c
	ὅλος 1	whole	564d
	περιτομή 2	circumcision	652d
	ποιέω I 1 b ι	do	682a
	ὑγιής 1 a	healthy	832c
	χολάω	be angry	883b
24	δίκαιος 4	righteous	196a
	κατά II 5 a β	according to	407b
	κρίσις 1 b α	judging	453a
	κρίσις 3	right	453b
	ὁ, ἡ, τό II 1 f	the	550d
	ὄψις 2	appearance	601d
24a	κρίνω 6 a	judge	452b
24b	κρίνω 6 a	judge	452b
25	ἐκ 4 a β	from	235d
	Ἱεροσολυμίτης inhabitant of Jerusalem		373b
	οὐ 4 c	no	590c
	οὖν 2 b	therefore	593b
	τὶς, τὶ 1 a α	any one	820a
26	ἀληθῶς 1	truly	37c
	ἄρχων 2 a	authorities	114a
	γινώσκω 1 c	know	161a
	ἴδε 2	see	369b
	λαλέω 2 a ε	speak	463c
	λέγω I 1 a	say	468b
	μήποτε 3 a	whether perhaps	519b
	παρρησία 2	publicly	630d
26f	Χριστός 1	Anointed One	887a
27	ἔρχομαι I 1 a	come	310d
	οἶδα 1 c	know	556a
	ὅταν 2 b	when	588b
27a	πόθεν 2	from where	680c
27b	πόθεν 2	from where	680c
28	ἀληθινός 3	genuine	37b
	ἀπό V 5	of	88b
	ἐμαυτοῦ 3	myself	253d
	ἔρχομαι I 1 a	come	311a
	ἱερόν 2	temple	372c
	κἀγώ 1	and I	386a
	καί I 2 g	and	392d
	καί I 6	and	393b
	κράζω 2 a	call	447d
	οὖν 2 b	therefore	593b
	πέμπω 1	send	642b
28a	οἶδα 1 a	know	555d
28b	οἶδα 1 f	know	556b
	οἶδα 2	know	556b
29	ἀποστέλλω 1 c	send away	99a
	εἰμί III 8 a	to be	225c
	κἀκεῖνος 2 a	and he	396d
	παρά I 1	from	609d
30	ἐπιβάλλω 1 b	lay on	290a
	ἔρχομαι I 1 b α	come	311b
	οὔπω	not yet	593c
	πιάζω 2 a	grasp	657b
	ὥρα 3	time of day	896d
31	ἐκ 4 a α	from	235d
	ἔρχομαι I 1 a	come	310d
	ὅς, ἥ, ὅ I 4 a	(rel pron)	584a
31	πιστεύω 2 a β	believe	661c
	ποιέω I 1 b β	do	681b
	πολύς I 2 a α	many	688b
	πολύς II 1 a	many	689a
	σημεῖον 2 a	sign	748b
	Χριστός 1	Anointed One	887a
32	ἀποστέλλω 1 b γ	send away	98d
	γογγύζω 2	whisper	164c
	ἵνα I 1 e	in order that	377a
	πιάζω 2 a	grasp	657b
	ὑπηρέτης	servant	842d
33	ἔτι 1 c	still	316a
	καί I 2 c	and	392c
	μικρός 2 d	short	521c
	οὖν 2 b	therefore	593b
	πέμπω 1	send	642b
	ὑπάγω 3	go away	837a
	χρόνος	time	887d
34	εἰμί II 9 a	to be	224d
	εὑρίσκω 1 a	find	324d
	ζητέω 1 a α	seek	338d
	ὅπου 1 a α	where	576a
	σύ 1 a	you	772b
35	διασπορά 1	dispersion	188c
	διδάσκω 2 a	teach	192a
	Ἕλλην 2 a	Gentile	252a
	μέλλω 1 c γ	intend	501b
	μή C 1	not	517b
	ὅτι 1 d γ	that	589b
	οὖν 2 b	therefore	593b
	ποῦ 2 a	where	696b
	πρός III 1 e	toward	710a
35a	πορεύω 1	proceed	692c
35b	πορεύω 1	proceed	692b
36	εἰμί II 9 a	to be	224d
	εὑρίσκω 1 a	find	324d
	ζητέω 1 a α	seek	338d
	λόγος 1 a γ	word	477c
	ὅπου 1 a α	where	576a
	οὗτος 2 b	this	597b
	σύ 1 a	you	772b
37	διψάω 2	thirst	200c
	ἐγώ	I	217c
	ἐν II 2	while	260b
	ἑορτή	festival	280b
	ἔσχατος 3 b	last	314a
	ἵστημι II 2 a	stand	382c
	κοιλία 3	belly	437c
	κράζω 2 a	call	447d
	μέγας 2 b β	great	498b
	πίνω 2 b β	drink	659a
38	γραφή 2 b β	scripture	166b
	ζάω 4 a	live	337a
	κοιλία 3	belly	437c
	ποταμός 2	river	694d
	ῥέω 1	flow	735a
	ὕδωρ 2	water	833b
38f	πιστεύω 2 a β	believe	661c
39	δοξάζω 2	glorify	204c
	εἰμί I 6	to be	223d
	εἶπον 1	say	226b

39	λαμβάνω 2	receive	465a
	μέλλω 1 c δ	is destined	501c
	οὐδέπω	not yet	592c
39a	οὔπω	not yet	593c
	πνεῦμα 5 d α	spirit	676d
39b	οὔπω	not yet	593c
	πνεῦμα 5 d β	spirit	677a
40	ἀληθῶς 1	truly	37c
	ὁ, ἡ, τό II 1 a α	the	550b
	οὖν 2 b	therefore	593b
	προφήτης 3	prophet	723c
41	γάρ 1 f	what	152b
	μή C 1	not	517b
41a	Χριστός 1	Anointed One	887a
41b	Χριστός 1	Anointed One	887a
42	Βηθλέεμ	Bethlehem	140a
	γραφή 2 b β	scripture	166b
	Δαυίδ	David	171b
	εἶπον 2 c	say	226c
	ἐκ 3 b	from	235a
	κώμη 1	village	461d
	ὅπου 1 a α	where	576a
	σπέρμα 1 b	seed	761d
	σπέρμα 2 b	seed	762a
	Χριστός 1	Anointed One	887a
43	σχίσμα 2	split	797c
44	ἐκ 4 a β	from	235d
	ἐπιβάλλω 1 b	lay on	289d
	θέλω 2	wish	355b
	πιάζω 2 a	grasp	657b
	τὶς, τὶ 1 a α	any one	820a
45	ἄγω 2	lead away	14c
	διά B II 2	why	181b
45f	ὑπηρέτης	servant	842d
46	ἄνθρωπος 3 a β	man	69a
	οὐδέποτε	never	592b
	οὕτω 2	thus	598a
	ὡς II 1	so	897c
47	καί II 1	also	393b
	πλανάω 2 c δ	deceive	665c
48	ἄρχων 2 a	authorities	114a
	ἐκ 4 a β	from	235d
	πιστεύω 2 a β	believe	661c
49	ἀλλά 3	but, yet	38c
	γινώσκω 3 a	understand	161b
	ἐπάρατος	accursed	283c
	νόμος 4 b	law	543a
	ὄχλος 2	crowd	601a
50	ἐκ 4 a δ	from	236a
	Νικόδημος	Nicodemus	539c
	πρότερος 1 b α	earlier	722a
	πρότερος 1 b β	earlier	722a
51	ἀκούω 2	hear	32b
	ἄνθρωπος 3 b	man	69b
	γινώσκω 1 c	know	161a
	ἐάν I 3 b	if	211d
	κρίνω 4 a α	judge	451d
	νόμος 3	law	543a
	παρά I 3 c	from	610a
	πρότερος 1 b α	earlier	722a
	πρῶτος 2 a	first	726b
51f	μή C 1	not	517b
52	Γαλιλαῖος	Galilean	150c
	ἐγείρω 2 e	appear	215a
	ἐραυνάω	search	306d

John 8

1	ἐλαία 1	olive tree	247d
	ὄρος	mountain	582c
2	καθίζω 2 a α	sit down	390a
	λαός 1 a	people	466c
	ὄρθρος	dawn	580c
	πάλιν 1 a	back	606c
	παραγίνομαι 1	come	613c
3	ἄγω 1 a	lead	14b
	ἵστημι I 1 a α	put	382a
	καταλαμβάνω 1 c	catch	413b
	μέσος 2	the middle	507d
	μοιχεία	adultery	526b
	Φαρισαῖος	Pharisee	853d
3f	γυνή 3	bride	168d
4	αὐτόφωρος	in the act	124a
	καταλαμβάνω	seize	412d
	καταλαμβάνω 1 c	catch	413b
	μοιχεύω 2 b	commit adultery	526c
5	διακελεύω	order	184a
	ἐντέλλω	command	268c
	λιθάζω	stone	474a
	λιθοβολέω 2	stone	474b
	Μωϋσῆς	Moses	531d
	νόμος 4 a	law	543a
	σύ 1 a	you	772b
6	γῆ 2	ground	157c
	γράφω 1	write	166c
	δάκτυλος	finger	170b
	ἔχω I 6 a	can	333c
	καταγράφω	write	410a
	κατηγορέω 1 a	bring charges	423b
	κάτω 2	downwards	425a
	κύπτω	bend	458a
	οὗτος 1 b α	this	596d
	πειράζω 2 c	try	640c
	προσποιέω 2	pretend	718b
7	ἀναμάρτητος	without sin	57c
	βάλλω 1 b	throw	131a
	ἐπί II 1 a β	on	287a
	ἐπιμένω 2	continue	296c
	ἐρωτάω 1	ask	311d
	λίθος 1 a	stone	474b
	ὡς IV 1 b	when	898c
8	γῆ 2	ground	157c
	γράφω 1	write	166c
	δάκτυλος	finger	170b
	κατακύπτω	bend down	412c
	κάτω 2	downwards	425a
	κύπτω	bend	458a
	πάλιν 2	again	606d
9	ἄρχω 2 c	begin	113d
	εἷς 5 e	one	232b

9	ἐλέγχω 2	expose	249b
	ἔσχατος 3 a	last	314a
	ἕως II 3	as far as	335c
	κατά II 3 a	(distributive)	406d
	καταλείπω 1 a	leave behind	413c
	μέσος 2	the middle	507d
	μόνος 1 a α	only	527c
	πρεσβύτερος 1 a	older	699d
	συνείδησις 2	consciousness	786d
10	πλήν 2	except	669c
	ποῦ 1 a	where	696a
10f	κατακρίνω	condemn	412b
11	μηκέτι 6 a	no longer	518c
12	ζωή 2 a β	life	340c
	κόσμος 5 a	world	446c
	λαλέω 3	speak	464a
	περιπατέω 1 d	go about	649b
	σκοτία 2	darkness	757c
12a	φῶς 2	light	872b
12b	φῶς 3 a	light	872b
13	μαρτυρία 2 d β	testimony	493d
	οὖν 2 b	therefore	593b
	σεαυτοῦ 1	yourself	745c
13f	ἀληθής 2	true	36d
	μαρτυρέω 1 a	bear witness	492d
14	ἐμαυτοῦ 3	myself	254a
	ἔρχομαι I 1 a γ	come	310d
	ἤ 1 c	nor	342b
	κἄν 2	even if	402c
	μαρτυρία 2 d β	testimony	493d
	οἶδα 1 f	know	556b
	οἶδα 1 f	know	556b
14a	πόθεν 1	from where	680b
	ποῦ 2 b	where	696b
	ὑπάγω 3	go away	837a
14b	πόθεν 1	from where	680b
	ποῦ 2 b	where	696b
	ὑπάγω 3	go away	837a
15	κατά II 5 a β	according to	407b
	κρίνω 6 a	judge	452b
	οὐδείς 2 a	no one	592a
	σάρξ 6	body	744b
	σύ 1 a	you	772b
15b	κρίνω 4 b α	judge	452a
16	δέ 4 b	but, and	171d
	δίκαιος 4	righteous	196a
	ἐάν I 1 a	if	211b
	κρίνω 4 b α	judge	452a
	κρίσις 1 b α	judging	453a
	μόνος 1 a α	only	527c
	πέμπω 1	send	642b
16f	δέ 4 b	but, and	171d
17	δέ 4 b	but, and	171d
	δύο 2	two	209b
	μαρτυρία 2 a	testimony	493c
	νόμος 4 a	law	543a
	ὑμέτερος 1	your	836a
18	ἐμαυτοῦ 3	myself	254a
	πέμπω 1	send	642b
18a	μαρτυρέω 1 a	bear witness	492d
18b	μαρτυρέω 1 a	bear witness	492d
19	ἄν 1 b α	(particle)	48b
	οἶδα 2	know	556b
	οὔτε	not	596a
	ποῦ 1 a	where	696a
20	γαζοφυλακεῖον	treasury	149c
	ἐν I 1 c	in	258c
	ἔρχομαι I 1 b α	come	311b
	λαλέω 2 b	speak	463c
	οὔπω	not yet	593c
	πιάζω 2 a	grasp	657b
	ῥῆμα 1	word	735c
	ὥρα 3	time of day	896d
21	ἁμαρτία 2	sin	43c
	ἀποθνῄσκω 1 b α	die	91c
	οὖν 2 b	therefore	593b
21a	ὑπάγω 3	go away	837a
21b	ὑπάγω 3	go away	837a
21f	ὅπου 1 b α	where	576b
22	ἀποκτείνω 1 a	kill	94a
	μήτι	(interrog particle)	520b
	ὅτι 1 c	that	589a
	οὖν 2 b	therefore	593b
	ὑπάγω 3	go away	837a
22f	σύ 1 a	you	772b
23	ἄνω 1	above	77a
	ἐκ 3 b	from	235a
	κάτω 1	below	425a
	κόσμος 7	world	446d
	ὁ, ἡ, τό II 6	the	552a
	ὁ, ἡ, τό II 6	the	552a
24	ἁμαρτία 2	sin	43c
	ἀποθνῄσκω 1 b α	die	91c
	ἐγώ	I	217a
	εἰμί II 5	to be	224c
	πιστεύω 1 a β	believe	660c
25	ἀρχή 1 b	beginning	112a
	εἰμί II 6 c	to be	224c
	ὅστις 5	who	587c
	οὖν 2 b	therefore	593b
	τίς, τί 1 a β	which	819a
26	ἀκούω 1 b β	hear	32a
	ἀληθής 1	true	36d
	εἰς 1 d β	in	228c
	κἀγώ 1	and I	386a
	κρίνω 4 b α	judge	452a
	λαλέω 2 a δ	speak	463c
	οὗτος 1 a ε	this	596d
	παρά I 3 c	from	610a
	πέμπω 1	send	642b
	περί 1 b	about	644c
27f	γινώσκω 3 c	understand	161b
28	ἀπό V 5	of	88b
	ἐγώ	I	217a
	εἰμί II 5	to be	224c
	ἐμαυτοῦ 3	myself	253d
	καθώς 1	just as	391b
	λαλέω 2 b	speak	463d
	ὅταν 1 b	when	588a
	οὗτος 1 a ε	this	596d
	τότε 2	at that time	824a
	υἱός 2 c	son	835b

28	ὑψόω 1	lift up	850d
29	ἀρεστός	pleasing	105d
	εἰμί III 7	to be	225c
	μετά A II 1 c β	with	509a
	μόνος 1 b	alone	527d
	πέμπω 1	send	642b
	ποιέω I 1 b ε	do	681c
30	λαλέω 2 b	speak	463d
	πιστεύω 2 a β	believe	661c
	πολύς I 2 a α	many	688b
31	ἀληθῶς 2	truly	37c
	ἐάν I 1 b	if	211b
	λόγος 1 b β	word	478b
	μένω 1 a β	remain	504a
	οὖν 2 b	therefore	593b
	πιστεύω 2 a α	believe	661b
32	ἀλήθεια 2 b	truth	36b
	ἀλήθεια 2 b	truth	36b
	γινώσκω 1 a	know	160d
	ἐλευθερόω 2	set free	251a
33	Ἀβραάμ	Abraham	1d
	δουλεύω 1 a	be a slave	205a
	ἐλεύθερος 1	free	250d
	λέγω I 1 b α	say	468b
	πώποτε	ever	732a
	πῶς 1 c	how	732b
	σπέρμα 2 b	seed	761d
34	δοῦλος 3	slave	205d
	πᾶς, πᾶσα, πᾶν 1 c γ	whoever	632a
	ποιέω I 1 c γ	do	682b
35	δοῦλος 1 c	slave	205d
	εἰς 2 b	for	229a
	οἰκία 1 a	house	557c
35a	αἰών 1 b	time	27b
	μένω 1 a α	remain	503d
35b	αἰών 1 b	time	27b
	μένω 1 a α	remain	503d
35f	υἱός 2 b	son	835a
36	ἐλεύθερος 3	free	250d
	ἐλευθερόω 2	set free	251a
	ὄντως 1	really	574b
37	Ἀβραάμ	Abraham	1d
	ἀλλά 2	but, yet	38c
	λόγος 1 b β	word	478b
	σπέρμα 2 b	seed	761d
	χωρέω 2	go	889d
38	ὁράω 1 a β	see	578a
38a	παρά II 1 b γ	beside	610c
39	Ἀβραάμ	Abraham	1d
	ἔργον 1 c β	deed	308b
	πατήρ 1 b	forefather	635b
	ποιέω I 1 b α	do	681a
	τέκνον 2 d	child	808d
40	ἀκούω 1 b β	hear	32a
	ἀλήθεια 2 b	truth	36b
	ἄνθρωπος 3 a δ	man	69b
	θεός 3 a	God	357b
	λαλέω 2 b	speak	463d
	νῦν 2	now	546a
	παρά I 3 c	from	610a

41	γεννάω 1 a	beget	155c
	ἐκ 3 a	from	234d
	ἔργον 1 c β	deed	308b
	ἔχω I 2 b α	have	332b
	ποιέω I 1 b α	do	681a
	πορνεία 1	prostitution	693b
41b	πατήρ 3 c γ	father	636b
42	ἀγαπάω 1 a β	love	4c
	ἄν 1 b α	(particle)	48b
	ἀπό V 5	of	88b
	ἀποστέλλω 1 c	send away	99a
	γάρ 1 b	for	152a
	γάρ 1 c	for	152a
	ἐμαυτοῦ 3	myself	253d
	ἐξέρχομαι 1 a γ	go out	274c
	ἔρχομαι I 1 a	come	311a
	ἥκω 1 c	have come	344d
	ἥκω 1 d α	have come	344d
	οὐδέ 1	and not	591c
	πατήρ 3 c γ	father	636b
42b	θεός 3 a	God	357b
43	γινώσκω 3 a	understand	161b
	διά B II 2	why	181b
	λαλιά 2 b	speech	464a
	λόγος 1 b β	word	478b
44	ἀλήθεια 2 b	truth	36b
	ἄν 3 a	(particle)	48d
	ἀνθρωποκτόνος	murderer	68a
	ἀρχή 1 c	beginning	112b
	αὐτός 3 b	(oblique case)	123c
	διάβολος 2	the slanderer	182a
	εἰμί III 3	to be	225b
	εἰμί III 4	to be	225c
	ἐκ 3 a	from	234d
	ἐκ 3 g α	by	235c
	ἐκεῖνος 1 b	that	239c
	ἐπιθυμία 3	desire	293c
	ἐπιθυμία 3	desire	293d
	θέλω 2	wish	355b
	ἴδιος 3 b	ones own	370b
	ἵστημι II 2 c β	stand	382d
	λαλέω 2 a ε	speak	463c
	ποιέω I 1 c α	do	682a
	στήκω	stand	768a
	ψεῦδος	lie	892b
	ψεύστης	liar	892c
44a	πατήρ 5 a	father	636c
	πατήρ 5 b	father	636c
44b	πατήρ 5 a	father	636c
44c	πατήρ 5 b	father	636c
45	πιστεύω 1 b	believe	661a
45f	ἀλήθεια 2 b	truth	36b
	λέγω I 1 a	say	468a
46	ἁμαρτία 1	sin	43c
	διά B II 2	why	181b
	ἐλέγχω 2	expose	249b
	πιστεύω 1 b	believe	661a
47	ἀκούω 1 b α	hear	32a
	ἀκούω 4	listen	32d
	διά B II 2	therefore	181b
	ἐκ 3 a	from	234d

47	θεός 3 a	God	357b
	ὅτι 3 a	that	589c
	οὗτος 1 b β	this	597a
	ῥῆμα 1	word	735c
48	καλῶς 4 b	well	401c
	λέγω I 5	say	468d
	Σαμαρίτης	Samaritan	741d
48f	δαιμόνιον 2	demon	169b
	ἔχω I 2 e α	have	332c
49	ἀτιμάζω	dishonor	120a
	τιμάω 2	honor	817b
50	δόξα 3	fame	204a
	κρίνω 4 b α	judge	452a
50a	ζητέω 2 a	seek	339a
50b	ζητέω 1 c	investigate	339a
51	θάνατος 2 a	death	351c
	θεωρέω 2 c	observe	360b
51f	λόγος 1 b β	word	478b
	τηρέω 5	keep	815b
52	γεύομαι 2		157a
	come to know something		
	γινώσκω 1 c	know	161a
	δαιμόνιον 2	demon	169b
	ἔχω I 2 e α	have	332c
	θάνατος 1 a	death	350d
	μή D 1 a	not	517c
	νῦν 1 a β	now	545c
52f	προφήτης 1	prophet	723c
53	Ἀβραάμ	Abraham	1d
	μέγας 2 b α	great	498b
	ὅστις 2 b	whoever	587a
	πατήρ 1 b	forefather	635b
	ποιέω I 1 b ι	do	682a
	τίς, τί 1 a β	which	819a
54	δόξα 3	fame	204a
	δοξάζω 2	glorify	204c
	ἐμαυτοῦ 2	myself	253d
	ὅτι 1 b ζ	that	589a
	οὐδείς 2 b β	worthless	592b
55	εἶπον 2 c	say	226c
	κἄν 1	and if	402c
	λόγος 1 b α	command	478a
	ὅμοιος 1	like	566d
	ὅμοιος 2	like	567a
	τηρέω 5	keep	815b
	ψεύστης	liar	892c
56	Ἀβραάμ	Abraham	1d
	ἀγαλλιάω	be glad	4a
	εἶδον 5	see	221a
	ἐμός 1 a α	my	255c
	ἡμέρα 4 a	time	347c
	ἵνα II 1 a α	in order that	377c
	πατήρ 1 b	forefather	635b
	χαίρω 1	rejoice	874a
57	ἔτος	year	316d
	ἔχω I 2 f	have	332d
	ὁράω 1 a α	see	577d
	οὖν 2 b	therefore	593b
	οὔπω	not yet	593c
	πεντήκοντα	fifty	643a
58	γίνομαι I 1 a	be born	158a
58	εἰμί I 1	to be	223a
	πρίν 1 b	before	701b
	πρίν 2	before	701b
59	αἴρω 1 a	lift up	24b
	βάλλω 1 b	throw	131a
	διέρχομαι 1 b α	go through	194c
	καί I 1 e	and	392a
	κρύπτω 1 c	hide	454c
	λίθος 1 a	stone	474b
	μέσος 2	the middle	507c
	οὕτω 4	thus	598a
	παράγω 2 b	bring in	614a

John 9

1	ἄνθρωπος 3 a ε	man	69b
	ἐκ 5 a	from	236a
	παράγω 2 a α	bring in	613d
	τυφλός 1 a α	blind	830d
2	γεννάω 2	bear	155d
	ἐρωτάω 1	ask	312a
	ἵνα II 2	in order that	378a
	ῥαββί	rabbi	733a
	τίς, τί 1 a γ	which	819a
2f	ἁμαρτάνω 1	sin	42c
	γονεύς	parents	165a
3	ἀλλά 1 b	but, yet	38c
	ἔργον 1 c α	deed	308a
	ἵνα III 1	in order that	378b
	οὔτε	not	596a
	φανερόω 1 b	reveal	852d
4	δεῖ 1	it is necessary	172a
	ἐργάζομαι 2 a	work	307a
	ἔργον 1 c β	deed	308b
	ἔρχομαι I 1 b α	come	311b
	ἕως I 2 a	until	334c
	ἡμέρα 1 b	day	346b
	νύξ 2	night	546d
	ὅτε 2 a β	when	588c
	πέμπω 1	send	642b
4b	ἐργάζομαι 1	work	307a
5	κόσμος 5 a	world	446c
	φῶς 2	light	872b
5a	κόσμος 4 c	world	446b
6	ἐκ 3 h	by	235d
	ἐπί III 1 a β	on	288b
	ἐπιτίθημι 1 a α	put upon	302d
	ἐπιχρίω 1	spread	305b
	ὀφθαλμός 1	eye	599c
	ποιέω I 1 a α	do	680d
	πτύσμα	saliva	727d
	πτύω	spit	727d
	χαμαί 2	to the ground	875b
6a	πηλός 2	clay	656c
6b	πηλός 2	clay	656c
7	ἀποστέλλω 1 c	send away	99a
	βλέπω 2	see	143c
	εἰς 1 d γ	in	228c
	ἑρμηνεύω 2	translate	310a
	ἔρχομαι I 1 a α	come	310c

7	Σιλωάμ	Siloam	750d
	ὑπάγω 2	go away	836d
7a	νίπτω 2 a	wash	540b
7b	νίπτω 2 a	wash	540b
7f	οὖν 2 b	therefore	593b
8	γείτων	neighbor	153c
	θεωρέω 1	observe	360a
	κάθημαι 1 a γ	sit	389c
	ὅτι 1 b ζ	that	589a
	προσαιτέω	beg	711c
	προσαίτης	beggar	711c
	πρότερος 1 b β	earlier	722a
9	ἄλλος 1 c	other	40a
	ἐγώ	I	217a
	ἐκεῖνος 1 a	that	239b
	ὅμοιος 1	like	566d
	οὗτος 1 a β	this	596c
	οὐχί 2	not	598b
10	ἀνοίγω 1 e β	open	71c
	οὖν 2 b	therefore	593b
	πῶς 1 a	how	732b
11	ἀναβλέπω 2 a β	gain sight	51a
	ἐπιχρίω 2	anoint	305b
	λέγω II 3	call	470a
	πηλός 2	clay	656c
	ποιέω I 1 a α	do	680d
	Σιλωάμ	Siloam	750d
	ὑπάγω 2	go away	836d
11a	νίπτω 2 a	wash	540b
11b	νίπτω 2 a	wash	540b
12	ἐκεῖνος 1 c	that	239c
	ποῦ 1 a	where	696a
13	ἄγω 1 a	lead	14b
	ποτέ 1	once	695a
14	ἀνοίγω 1 e β	open	71c
	πηλός 2	clay	656c
	ποιέω I 1 a α	do	680d
	σάββατον 1 a	Sabbath	739a
15	ἀναβλέπω 2 a β	gain sight	51a
	βλέπω 2	see	143c
	ἐπί III 1 a β	on	288b
	ἐπιτίθημι 1 a α	put upon	303a
	ἐρωτάω 1	ask	312a
	νίπτω 2 a	wash	540b
	πηλός 2	clay	656c
	πῶς 2 a	how	732c
16	ἄλλος 1 c	other	40a
	ἁμαρτωλός 1	sinner	44a
	ἄνθρωπος 3 a ε	man	69b
	εἰμί I 4	to be	223b
	ἐκ 4 a β	from	235d
	ὅτι 3 a	that	589c
	ὅτι 3 b	that	589d
	οὖν 2 b	therefore	593b
	παρά I 1	from	609d
	ποιέω I 1 b β	do	681b
	πῶς 1 d	how	732c
	σάββατον 1 a	Sabbath	739a
	σημεῖον 2 a	sign	748b
	σχίσμα 2	split	797c
	τηρέω 5	keep	815b
16	τὶς, τὶ 1 a α	any one	820a
	τοιοῦτος 2 a β	such a kind	821b
17	ἀνοίγω 1 e β	open	71c
	ὅτι 1 c	that	589a
	προφήτης 3	prophet	723c
17b	λέγω I 4	say	468c
18	ἀναβλέπω 2 a β	gain sight	51a
	γονεύς	parents	165a
	ἕως II 1 b β	until	335a
	Ἰουδαῖος 2 e	Jewish	379c
	οὖν 4	therefore	593b
	πιστεύω 1 a β	believe	660c
	πιστεύω 4	believe	662b
	τυφλός 1 a β	blind	830d
	φωνέω 2 b	call	870c
19	ἄρτι 3	now	110b
	ἐρωτάω 1	ask	312a
	οὖν 1 c α	therefore	593a
	πῶς 1 a	how	732b
19f	γεννάω 2	bear	155d
	υἱός 1 a α	son	833c
20	γονεύς	parents	165a
21	ἀνοίγω 1 e β	open	71c
	αὐτός 1 c	self	122d
	ἐρωτάω 1	ask	311d
	ἔχω I 2 f	have	333a
	ἤ 1 d δ		342c
	ἡλικία 1 c β	age	345c
	νῦν 1 a α	now	545c
	πῶς 2 a	how	732c
21a	οἶδα 1 f	know	556b
21b	οἶδα 1 f	know	556a
22	ἀποσυνάγωγος	excommunicated	100d
	ἵνα II 1 a α	in order that	377c
	Ἰουδαῖος 2 e	Jewish	379c
	ὁμολογέω 4	confess	568c
	ὅτι 3 a	that	589c
	συντίθημι 2 a β	agree	792d
	φοβέω 1 b α	be afraid	863a
	Χριστός 1	Anointed One	887a
22f	γονεύς	parents	165a
23	ἐπερωτάω 1 b	ask	285b
	ἔχω I 2 f	have	333a
	ἡλικία 1 c β	age	345c
24	ἁμαρτωλός 2	sinner	44b
	δεύτερος 4	second	177b
	δίδωμι 1 a	give	192d
	δόξα 3	fame	204b
	ὁ, ἡ, τό II 1 h	the	551a
	οὗτος 2 b	this	597b
	τυφλός 1 a β	blind	830d
	φωνέω 2 b	call	870c
25	ἁμαρτωλός 2	sinner	44b
	ἄρτι 3	now	110b
	βλέπω 2	see	143c
	εἰ II	if	219c
	εἷς 2 b	one	231c
	οἶδα 1 f	know	556b
25b	οἶδα 1 e	know	556a
26	ἀνοίγω 1 e β	open	71c

26	ποιέω I 1 d α	do	682b
	πῶς 1 a	how	732b
27	εἶπον 1	say	226b
27a	ἀκούω 4	listen	32d
	θέλω 1	wish	354d
28	ἐκεῖνος 1 c	that	239c
	λοιδορέω	revile	479c
28b	μαθητής 2 a	disciple	485d
29	λαλέω 2 a δ	speak	463b
	Μωϋσῆς	Mooes	532a
29b	οἶδα 1 c	know	556a
29f	πόθεν 1	from where	680c
30	ἀνοίγω 1 e β	open	71c
	θαυμαστός 2	wonderful	353a
	οἶδα 1 f	know	556b
	οὗτος 1 b β	this	597a
31	ἀκούω 5	listen	32d
	ἁμαρτωλός 2	sinner	44b
	θέλημα 1 c γ	will	354c
	θεοσεβής	devout	358c
	οἶδα 1 e	know	556a
	οὗτος 1 a ε	this	596d
	ποιέω I 1 c α	do	682a
32	αἰών 1 a	time	27b
	ἀκούω 3 e	learn	32d
	ἀνοίγω 1 e β	open	71c
	γεννάω 2	bear	155d
	ἐκ 5 a	from	236b
33	εἰ I 1 b	if	219b
	μή A I 1	not	515d
	οὐδείς 2 b α	nothing	592a
	παρά I 1	from	609d
34	ἁμαρτία 2	sin	43c
	γεννάω 1 a	beget	155c
	ὅλος 3	whole	565a
34f	ἐκβάλλω 1	drive out	237b
	ἐκβάλλω 1	drive out	237c
	ἔξω 1 b	outside	279c
35	εὑρίσκω 1 b	find	325a
	υἱός 2 c	son	835b
35f	πιστεύω 2 a β	believe	661c
36	καί I 2 h	and	392d
37	ἐκεῖνος 1 b	that	239c
	καί I 6	and	393b
	λαλέω 2 a δ	speak	463c
	ὁράω 1 a α	see	577d
38	πιστεύω 2 b	believe	661d
	προσκυνέω 5	do reverence	717a
	φημί 1 b α	say	856b
39	βλέπω 2	see	143c
	ἔρχομαι I 1 a	come	311a
	κόσμος 4 c	world	446b
	κρίμα 7	judgment	451a
40	μετά A II 1 c α	with	508d
40f	τυφλός 2 a β	blind	831a
41	ἁμαρτία 2	sin	43c
	ἁμαρτία 2	sin	43c
	ἄν 1 b α	(particle)	48b
	ἔχω I 2 e β	have	332d
	μένω 1 c β	remain	504b
	νῦν 2	now	546a

John 10

1	ἀλλαχόθεν	from another place	39b
	ἀναβαίνω 1 a α	go up	50b
	αὐλή 1	courtyard	121b
	εἰσέρχομαι 1 a β	come	232d
	εἰσέρχομαι 1 f	come	233a
	ἐκεῖνος 1 b	that	239c
	κλέπτης	thief	434b
	λῃστής 1	robber	473b
1-16	πρόβατον 2	sheep	703b
1f	διά A I 1	through	179c
	θύρα 1 a	door	365d
2	εἰσέρχομαι 1 f	come	233a
	ἔρχομαι I 1 a β	come	310c
	ποιμήν 1	shepherd	684a
3	ἐξάγω 1	lead out	271d
	θυρωρός 1	doorkeeper	366a
	κατά II 3 b	(distributive)	406d
	ὄνομα I 3	name	571b
	προβάτιον	sheep	703a
	φωνέω 2 b	call	870c
	φωνή 2 a	voice	871a
3f	ἴδιος 1 b	ones own	369d
4	ἐκβάλλω 2	send out	237d
	ἔμπροσθεν 2 e	in front	257b
	πορεύω 1	proceed	692d
4f	ἀκολουθέω 1	follow	31b
	φωνή 2 b	voice	871a
5	μή D 2	not	517c
	φεύγω 1	flee	855d
5a	ἀλλότριος 1 b β	the stranger	40d
5b	ἀλλότριος 1 b β	the stranger	40d
6	γινώσκω 3 d	understand	161b
	ἐκεῖνος 1 b	that	239c
	λαλέω 2 b	speak	463d
	παροιμία 2	figure	629b
7	θύρα 2 d	door	366a
	ποιμήν 1	shepherd	684a
7-14	ἐγώ	I	217a
8	ἀκούω 4	listen	32d
	ἔρχομαι I 1 a θ	come	311b
	κλέπτης	thief	434c
	λῃστής 1	robber	473b
	ὅσος 2	how great	586b
	πᾶς, πᾶσα, πᾶν 1 e γ	all	632c
	πρό 1	before	701c
	πρό 2	before	702a
9	διά A I 1	through	179c
	εἰσέρχομαι 1 f	come	233a
	ἐξέρχομαι 1 a	go out	275a
	εὑρίσκω 1 a	find	324d
	θύρα 2 d	door	366a
	νομή 1	pasture	541a
	σῴζω 2 b	save	798c
10	ἀπόλλυμι 1 a β	ruin	95a
	ἔρχομαι I 1 a ε	come	310d
	ζωή 2 b α	life	340d

10	θύω 3	kill	367c
	κλέπτης	thief	434b
	κλέπτω	steal	434c
	περισσός 2 a	extraordinary	651b
	περισσός 2 a	extraordinary	651b
	περισσότερος 3	greater	651c
10b	ἔρχομαι I 1 a	come	311a
11	τίθημι I 1 b δ	lay down	816b
	ὑπέρ 1 a ε	in behalf of	838d
	ψυχή 1 a β	soul, life	893b
11a	καλός 2 c α	good	400c
	ποιμήν 1	shepherd	684a
11b	καλός 2 c α	good	400c
	ὁ, ἡ, τό II 1 a β	the	550b
	ποιμήν 1	shepherd	684a
12	ἁρπάζω 1	steal	109a
	ἀφίημι 3 a	abandon	126a
	θεωρέω 1	observe	360a
	ὁ, ἡ, τό II 1 a β	the	550b
	οὐ 3 b	no	590c
	ποιμήν 1	shepherd	684a
	σκορπίζω 1	scatter	757a
	φεύγω 1	flee	855d
12a	λύκος 1	wolf	481b
12b	λύκος 1	wolf	481b
12f	μισθωτός	hired man	523d
13	μέλει 2	it is a concern	500b
	φεύγω 1	flee	855d
14	καλός 2 c α	good	400c
	ποιμήν 1	shepherd	684a
14f	γινώσκω 6 a β	know	161c
15	κἀγώ 1	and I	386a
	τίθημι I 1 b δ	lay down	816b
	ὑπέρ 1 a ε	in behalf of	838d
	ψυχή 1 a β	soul, life	893b
16	ἄγω 1 a	lead	14b
	αὐλή 1	courtyard	121b
	δεῖ 1	it is necessary	172a
	ἔχω I 2 a	have	332a
	κἀκεῖνος 1 a	and he	396d
	ποιμήν 1	shepherd	684a
	ποίμνη	flock	684c
	συνάγω 1	gather	782b
	φωνή 2 a	voice	871a
17	ἀγαπάω 1 b β	love	4d
	διά B II 2	therefore	181b
	ὅτι 3 a	that	589c
	τίθημι I 1 b δ	lay down	816b
	ψυχή 1 a β	soul, life	893b
17f	πάλιν 1 a	back	606c
18	αἴρω 4	take away	24d
	ἀπό V 5	of	88b
	ἐμαυτοῦ 3	myself	253d
	ἐντολή 2 c	command	269b
	ἐξουσία 1	right	277d
	παρά I 3 b	from	609d
18a	λαμβάνω 1 c	take	464c
	τίθημι I 1 b δ	lay down	816b
18b	λαμβάνω 2	receive	465c
	τίθημι I 1 b δ	lay down	816b
19	σχίσμα 2	split	797c

20	δαιμόνιον 2	demon	169b
	ἔχω I 2 e α	have	332c
	μαίνομαι	be out of ones mind	486b
	πολύς I 2 a α	many	688b
21	ἀνοίγω 1 e β	open	71c
	δαιμονίζομαι	be possessed by a demon	169a
	δαιμόνιον 2	demon	169b
	ποιμήν 2 b β	shepherd	684b
	ῥῆμα 1	word	735c
	τυφλός 1 b	blind	830d
22	γίνομαι I 3 a	take place	159a
	εἰμί I 5	to be	223b
	Ἱεροσόλυμα	Jerusalem	373a
	χειμών 2	winter	879d
23	ἱερόν 2	temple	372c
	περιπατέω 1 a	go about	649a
	Σολομών	Solomon	759b
	στοά	portico	768d
24	αἴρω 1 b	lift up	24c
	ἕως II 1 c	until	335a
	Ἰουδαῖος 2 e	Jewish	379c
	κυκλεύω	surround	456d
	κυκλόω 1	surround	456d
	παρρησία 1	plainness	630c
	πότε	when	695a
	Χριστός 1	Anointed One	887a
	ψυχή 1 b γ	soul, life	893c
	ψυχή 1 f	soul, life	894a
25	ἔργον 1 c α	deed	308a
	μαρτυρέω 1 a	bear witness	492d
	ὄνομα I 4 c γ	name	572d
	ὄνομα I 4 c γ	name	573a
	οὗτος 1 a ε	this	596d
25f	πιστεύω 1 d	believe	661a
26	ἐκ 4 a δ	from	236a
	πιστεύω 2 b	believe	661d
26f	πρόβατον 2	sheep	703b
27	γινώσκω 6 a β	know	161c
	ἐμός 1 a α	my	255c
	φωνή 2 a	voice	871a
28	ἀπόλλυμι 2 a α	perish	95b
	ζωή 2 b α	life	340d
	ζωή 2 b α	life	341a
	κἀγώ 1	and I	386a
	μή D 1 a	not	517c
	τὶς, τὶ 1 a γ	any one	820b
	χείρ 2 a δ	hand	880c
28f	ἁρπάζω 2 a	snatch	109a
	ἐκ 1 a	away from	234b
29	χείρ 2 a β	hand	880c
30	εἰμί II 7	to be	224d
	εἷς 1 b	one	230d
31	βαστάζω 1	take up	137b
	Ἰουδαῖος 2 e	Jewish	379c
	λίθος 1 a	stone	474b
31ff	λιθάζω	stone	474a
32	δείκνυμι 1 a	show	172d
	ἐκ 3 c	from	235a
	ἔργον 1 c β	deed	308b

32	ποῖος 2 a α	of what kind	684d
	πολύς I 1 a α	many	687c
32f	καλός 2 b	good	400c
33	ἄνθρωπος 1 a β	man	68b
	βλασφημία 2 b	slander	143a
	ἔργον 1 c β	deed	308b
	Ἰουδαῖος 2 e	Jewish	379c
	περί 1 b	about	644c
	ποιέω I 1 b ι	do	682a
34	γράφω 2 c	write	166d
	ἐγώ	I	217b
	νόμος 4 b	law	543a
	ὅτι 2	that	589c
34f	θεός 4 a	god	358a
35	γίνομαι I 4 c ε	come, go	160a
	γραφή 2 b β	scripture	166b
	εἰ III	if	219c
	εἶπον 3 d	call	226d
	λόγος 1 b α	command	478a
	λύω 4	abolish	484a
36	ἁγιάζω 2	consecrate	8d
	βλασφημέω 2 b α	blaspheme	142d
	κόσμος 4 c	world	446b
	ὅτι 2	that	589c
	υἱός 2 b	son	835a
37	εἰ I 1 a	if	219a
	οὐ 5 b	no	590d
	πιστεύω 1 b	believe	661a
	ποιέω I 1 b α	do	681a
37f	ἔργον 1 c α	deed	308a
38	ἐν I 5 d	in	259c
	ἵνα I 1 c	in order that	377a
	κἀγώ 1	and I	386a
	κἄν 2	even if	402c
38a	πιστεύω 1 b	believe	661a
38b	πιστεύω 1 a δ	believe	660d
39	ἐκ 1 a	away from	234b
	ἐξέρχομαι 1 b γ	go out	275a
	πιάζω 2 a	grasp	657b
	χείρ 2 b	hand	880c
40	βαπτίζω 2 a	baptize	131c
	Ἰορδάνης	Jordan	378d
	μένω 1 a α	remain	503d
	ὁ, ἡ, τό II 6	the	552a
	πέραν 2 a	on the other side	643d
	πρῶτος 2 a	first	726b
	τόπος 1 c	place	822c
41	ἀληθής 2	true	36d
	εἶπον 1	say	226b
	οὐδείς 1	no	591d
	πᾶς, πᾶσα, πᾶν 1 e γ	all	632c
	ποιέω I 1 b β	do	681b
	σημεῖον 2 a	sign	748b
42	πιστεύω 2 a β	believe	661c

John 11

1	ἀδελφή 1	sister	15d
	ἀσθενέω 1 a	be sick	115b
	Βηθανία 1	Bethany	139d
1	κώμη 1	village	461d
	Μάρθα	Martha	491c
	Μαρία 5	Mary	492a
	τὶς, τὶ 1 a β	any one	820a
1f	Λάζαρος 1	Lazarus	462b
	Μαρία 5	Mary	492a
2	ἀλείφω 1	anoint	35b
	ἀσθενέω 1 a	be sick	115b
	ἐκμάσσω	wipe	243b
	θρίξ 2	hair	364a
	κύριος 2 c β	lord	459d
	Μαρία 5	Mary	492a
	Μαρία 5	Mary	492b
	μύρον	ointment	529d
	πούς 1 a	foot	696d
3	ἀδελφή 1	sister	15d
	ἀποστέλλω 1 d	send away	99a
	ἀσθενέω 1 a	be sick	115b
	ἴδε 2	see	369b
	λέγω I 8 c	say	469b
	φιλέω 1 a	love like	859b
4	δοξάζω 2	glorify	204d
	θάνατος 1 a	death	350d
	πρός III 3 b	toward	710b
	υἱός 2 b	son	835a
	ὑπέρ 1 b	in behalf of	838d
5	ἀγαπάω 1 b α	love	4d
	ἀδελφή 1	sister	15d
	Λάζαρος 1	Lazarus	462b
	Μάρθα	Martha	491c
6	ἀσθενέω 1 a	be sick	115b
	ἡμέρα 2	day	346b
	μένω 1 a α	remain	503d
	ὅς, ἥ, ὅ I 5 b	(rel pron)	584c
	οὖν 5	therefore	593c
	τότε 2	at that time	824a
	ὡς IV 1 a	when	898c
6f	μέν 2 b	(particle)	503b
7	ἄγω 5	go	14d
	ἔπειτα 1	then	284c
	Ἰουδαία 1	Judaea	379a
	μετά B II 3	after	510b
	πάλιν 1 a	back	606c
7f	μαθητής 2 b α	disciple	485d
8	ἐκεῖ 2	there	239b
	Ἰουδαῖος 2 e	Jewish	379c
	λιθάζω	stone	474a
	νῦν 1 b	now	545d
	ῥαββί	rabbi	733a
	ὑπάγω 2	go away	836d
9	ἐν II 2	while	260b
	κόσμος 4 a	world	446a
	οὐχί 3	not	598b
	προσκόπτω 1 b	strike against	716c
	φῶς 1 b α	light	872a
	ὥρα 2 a α	time of day	896a
9a	ἡμέρα 1 a	day	346a
9b	ἡμέρα 1 a	day	346a
	ἡμέρα 2	day	346c
9f	περιπατέω 1 c	go about	649b

10	ἐν II 2	while	260b
	νύξ 1 c	night	546d
	προσκόπτω 1 b	strike against	716c
	φῶς 1 a	light	871d
11	ἀλλά 2	but, yet	38c
	ἐξυπνίζω	wake up	279b
	κοιμάω 2 a	sleep	437d
	Λάζαρος 1	Lazarus	462b
	μετά B II 3	after	510b
	πορεύω 1	proceed	692c
	φίλος 2 a α	loving	861a
	φίλος 2 a α	loving	861a
12	κοιμάω 1	sleep	437c
	σῴζω 1 a	save	798b
13	δοκέω 1 d	think	202a
	εἶπον 1	say	226b
	θάνατος 1 a	death	350d
	κοίμησις 1	sleep	437d
	λέγω I 2 a	say	468c
	ὕπνος	sleep	843a
14	Λάζαρος 1	Lazarus	462b
	οὖν 5	therefore	593c
	παρρησία 1	plainness	630c
	τότε 2	at that time	824a
15	ἄγω 5	go	14d
	ἀλλά 2	but, yet	38c
	πιστεύω 2 b	believe	661d
	χαίρω 1	rejoice	873d
16	ἄγω 5	go	14d
	Δίδυμος	Twin	192c
	Θωμᾶς	Thomas	367c
	ἵνα I 1 c	in order that	377a
	λέγω II 3	call	470b
	συμμαθητής	fellow pupil	778b
17	ἔχω I 2 f	have	332d
	μνημεῖον 2	tomb	524d
	τέσσαρες	four	813b
18	ἀπό III	away from	87b
	Βηθανία 1	Bethany	139d
	δεκαπέντε (δέκα)	fifteen	174a
	ἐγγύς 1 a	near	214b
	εἰμί II 9 a	to be	224d
	Ἱεροσόλυμα	Jerusalem	373a
	στάδιον 1	stade	764a
19	ἐκ 4 a α	from	235d
	Μαρία 5	Mary	492b
	Μαρία 5	Mary	492b
	παραμυθέομαι	encourage	620d
	περί 2 a δ	about	645b
	πολύς I 2 a α	many	688b
19f	Μαρία 5	Mary	492a
19ff	Μάρθα	Martha	491c
20	καθέζομαι 1	sit	388c
	Μαρία 5	Mary	492a
	Μαρία 5	Mary	492b
	οἶκος 1 a α	house	560c
	ὑπαντάω	go to meet	837d
	ὡς IV 1 a	when	898c
21	ἄν 1 b β	(particle)	48c
	θνῄσκω	die	362c

22	αἰτέω	ask	26a
	νῦν 1 c	now	545d
	νῦν 1 c	now	545d
	ὅσος 2	how great	586c
23f	ἀνίστημι 2 a	rise	70b
24	ἀνάστασις 2 b	resurrection	60c
	ἐν II 2	while	260b
	ἐν II 2	while	260c
	ἔσχατος 3 b	last	314a
	ἡμέρα 3 b β	day	347b
	Μάρθα	Martha	491c
25	ἀνάστασις 2 b	resurrection	60c
	ζάω 2 b α	live	336c
	ζωή 2 a β	life	340c
	κἄν 2	even if	402c
	πιστεύω 2 a β	believe	661c
26	ἀποθνῄσκω 1 b α	die	91c
	μή D 1 a	not	517c
26a	πιστεύω 2 a β	believe	661c
26b	πιστεύω 1 a α	believe	660b
27	ἔρχομαι I 1 a	come	311a
	κόσμος 4 c	world	446b
	ναί 1 a	yes	533a
	πιστεύω 1 a β	believe	660c
	υἱός 2 b	son	835a
	Χριστός 1	Anointed One	887a
28	ἀδελφή 1	sister	15d
	διδάσκαλος	teacher	191d
	λάθρᾳ 1	secretly	462d
	Μαρία 5	Mary	492a
	Μαρία 5	Mary	492b
	Μαρία 5	Mary	492b
	πάρειμι 1 a	be present	624b
	σιωπῇ	quietly	752c
28a	φωνέω 2 b	call	870c
28b	φωνέω 2 b	call	870c
29	ἐγείρω 2 b	rise	215a
	ἐκεῖνος 1 b	that	239c
	ταχύς 2 b	quick	807b
	ὡς IV 1 a	when	898c
30	ἔρχομαι I 1 a β	come	310c
	ἔτι 1 a β	still	315d
	κώμη 1	village	461d
	Μάρθα	Martha	491c
	οὔπω	not yet	593c
	τόπος 1 c	place	822c
	ὑπαντάω	go to meet	837d
31	ἀκολουθέω 1	follow	31b
	δοκέω 1 d	think	202a
	εἶδον 1 d	see	220d
	εἰς 1 b	near	228c
	ἐξέρχομαι 1 a β	go out	274c
	κλαίω 1	weep	433a
	Μαρία 5	Mary	492b
	Μαρία 5	Mary	492b
	μνημεῖον 2	tomb	524d
	οἰκία 1 a	house	557c
	παραμυθέομαι	encourage	620d
	ταχέως 1 a	quickly	806d
	ὑπάγω 2	go away	836d
31f	Μαρία 5	Mary	492a

32	Μαρία 5	Mary	492a
	Μαρία 5	Mary	492b
	ὅπου 1 a α	where	576a
	πίπτω 1 b α	fall	659d
	πίπτω 1 b α	fall	659d
	πούς 1 a	foot	696c
	πούς 1 a	foot	696c
32f	ὡς IV 1 a	when	898c
33	ἐμβριμάομαι	scold	254d
	κλαίω 1	weep	433a
	πνεῦμα 3 b	spirit	675b
	συνέρχομαι 2	assemble	788b
	ταράσσω 2	stir up	805b
34	εἶδον 1 e	see	220d
	ἔρχομαι I 1 a ζ	come	310d
	ποῦ 1 a	where	696a
	τίθημι I 1 a α	put	815d
35	δακρύω	weep	170a
36	ἴδε 1	see	369b
	πῶς 3	how	732d
	φιλέω 1 a	love like	859b
37	ἐκ 4 a β	from	235d
	ἵνα II 1 a ε	in order that	377d
	οὗτος 1 a δ	this	596c
	ποιέω I 1 b θ	do	681d
	τὶς, τὶ 1 a α	any one	820a
	τυφλός 1 b	blind	830d
38	εἰς 1 b	near	228c
	ἐμβριμάομαι	scold	254d
	ἐν I 5 b	in	259c
	ἐπί II 1 a α	on	286d
	ἐπίκειμαι 1	lie upon	294c
	ἔρχομαι I 1 a β	come	310c
	μνημεῖον 2	tomb	524d
	σπήλαιον	cave	762c
38f	λίθος 1 e	stone	474c
39	ἀδελφή 1	sister	15d
	αἴρω 3	carry	24c
	ἤδη 1 a	already	344a
	Μάρθα	Martha	491c
	ὄζω	smell	555c
	τελευτάω	die	810c
	τεταρταῖος	four days	813c
40	ὁράω 1 a γ	see	578a
	πιστεύω 2 b	believe	661d
41	αἴρω 1 b	lift up	24c
	ἄνω 2	upwards	77a
	εὐχαριστέω 2	give thanks	328b
	λίθος 1 e	stone	474c
41f	ἀκούω 5	listen	32d
42	ἀποστέλλω 1 c	send away	99a
	περιΐστημι 1 b	stand around	647c
	πιστεύω 1 a β	believe	660c
43	δεῦρο 1	come	176d
	ἔξω 1 b	outside	279c
	κραυγάζω 2 b	cry	449c
	Λάζαρος 1	Lazarus	462b
	μέγας 2 a γ	great	497d
	φωνή 2 a	voice	870d
44	ἀφίημι 4	tolerate	126b
	δέω 1 a	bind	177d
44	ἐξέρχομαι 1 a β	go out	274c
	θνήσκω 1	die	362c
	κειρία	grave clothes	427a
	λύω 2 a	loose	483d
	ὄψις 3	appearance	601d
	περιδέω	wrap around	646c
	πούς 1 a	foot	696c
	σουδάριον	face cloth	759c
	ὑπάγω 1	go away	836d
	χείρ 1	hand	880a
45	ἐκ 4 a α	from	235d
	θεάομαι 1 a	see	353b
	Μαρία 5	Mary	492a
	Μαρία 5	Mary	492b
	Μαρία 5	Mary	492b
	πιστεύω 2 a β	believe	661c
	πολύς I 2 a α	many	688b
46	ἐκ 4 a β	from	235d
	τὶς, τὶ 1 a α	any one	820a
47	ὅτι 1 c	that	589a
	σημεῖον 2 a	sign	748b
	συνάγω 2	gather	782b
	συνέδριον 2	Sanhedrin	786b
47b	ποιέω I 1 b β	do	681b
48	αἴρω 4	take away	24d
	ἀφίημι 4	tolerate	126b
	ἔρχομαι I 1 a ζ	come	310d
	οὕτω 1 b	thus	597d
	πιστεύω 2 a β	believe	661c
	Ῥωμαῖος	Roman	738c
	τόπος 1 a	place	822c
	τόπος 1 b	place	822c
49	ἀρχιερεύς 1 b	high priest	112d
	εἷς 3 c	someone	231d
	ἐκ 4 a α	from	235d
	ἐνιαυτός 1	year	266b
	Καϊάφας	Caiaphas	393d
	οὐ 6 a	no	590d
	οὐδείς 2 b α	nothing	592a
50	ἄνθρωπος 3 a β	man	69a
	ἄνθρωπος 3 a ζ	man	69b
	ἀπόλλυμι 2 a α	perish	95b
	ἵνα II 1 b	in order that	377d
	λογίζομαι 2	consider	476b
	συμφέρω 2 a	better	780b
50-2	ὑπέρ 1 a ε	in behalf of	838d
50f	ἀποθνήσκω 1 a α	die	91c
51	ἀπό V 5	of	88b
	ἀρχιερεύς 1 b	high priest	112d
	ἑαυτοῦ 1 a	oneself	212a
	ἐνιαυτός 1	year	266c
	μέλλω 1 c δ	is destined	501b
	προφητεύω 3	prophesy	723b
52	διασκορπίζω	scatter	188b
	εἷς 2 a	one	231a
	ἵνα III 1	in order that	378b
	μόνος 2 c α	only	528a
	συνάγω 2	gather	782b
	τέκνον 2 e	child	808d
53	ἀπό II 2 a	from	87a
	βουλεύω 2	decide	145d

53	ἡμέρα 2	day	346c
	ἵνα II 1 a α	in order that	377c
	συμβουλεύω 2 a	advise	778a
54	διατρίβω	stay	190a
	ἐγγύς 1 a	near	214b
	ἔρημος 2	desert	309a
	Ἐφραίμ 2	Ephraim	331a
	κακεῖ 1	and there	396d
	λέγω II 3	call	470a
	μένω 1 a α	remain	503d
	μετά A II 1 a	with	508d
	οὐκέτι 1	no longer	592c
	παρρησία 2	publicly	630d
	περιπατέω 1 a	go about	649a
	πόλις 1	city	685d
	Σαμφουρειν	Samphourein	742a
	χώρα 1 a	country	889b
55	ἁγνίζω 1 a	purify	11a
	ἀναβαίνω 1 a α	go up	50a
	ἐγγύς 2 a	near	214b
	Ἱεροσόλυμα 1 a	Jerusalem	373b
	πρίν 2	before	701b
	πρό 2	before	701d
	χώρα 2	country	889b
55a	πάσχα 1	the passover	633c
55b	πάσχα 1	the passover	633c
56	ἀλλήλων	each other	39c
	δοκέω 3 a	seem	202b
	ἑορτή	festival	280b
	ἑορτή	festival	280b
	ἔρχομαι I 1 a β	come	310c
	ζητέω 1 c	investigate	339a
	ἵστημι II 2 b β	being	382c
	λέγω I 3	say	468c
	μή D 1 a	not	517c
57	γινώσκω 6 d	know	161c
	δίδωμι	give	192d
	δίδωμι 1 b α	give	193a
	ἐντολή 1 a	command	269a
	ἵνα II 1 c α	in order that	377d
	μηνύω	reveal	519a
	ὅπως 2 a α	in order that	577a
	πιάζω 2 a	grasp	657b
	ποῦ 1 b	where	696b

John 12

1	Βηθανία 1	Bethany	139d
	ἐγείρω 1 a β	raise	214d
	ἐκ 1 b	away from	234b
	ἕξ	six	271b
	ἡμέρα 2	day	346d
	νεκρός 2 a	dead	535a
	πάσχα 1	the passover	633c
	πρό 2	before	701d
1f	Λάζαρος 1	Lazarus	462b
2	ἀνάκειμαι 2	be at table	55d
	δεῖπνον 2	dinner	173c
	διακονέω 1	wait on someone	184a
2	εἰμί II 7	to be	224d
	Μάρθα	Martha	491c
	ποιέω I 1 b ζ	do	681c
	σύν 1 a	with	781c
	συνανάκειμαι	eat with	784b
3	ἀλείφω 1	anoint	35b
	ἐκ 4 a ζ	from	236a
	ἐκμάσσω	wipe	243b
	θρίξ 2	hair	364a
	λαμβάνω 1 a	take	464b
	λίτρα	pound	475d
	Μαρία 5	Mary	492a
	Μαρία 5	Mary	492a
	Μαρία 5	Mary	492b
	νάρδος 2	perfume of nard	534a
	οἰκία 1 a	house	557b
	ὀσμή 1 a	odor	586a
	πίμπλημι 1 a α	fill	658a
	πιστικός	faithful	662b
	πληρόω 1 a	make full	670d
	πολύτιμος	valuable	690a
3a	μύρον	ointment	529d
	πούς 1 a	foot	696d
3b	μύρον	ointment	530a
4	Ἰούδας 6	Judas	380a
	Ἰσκαριώθ	Iscariot	381a
	μέλλω 1 c γ	intend	501b
	παραδίδωμι 1 b	give over	614d
	Σίμων 5	Simon	751b
5	δηνάριον	denarius	179b
	διά B II 2	why	181b
	μύρον	ointment	529d
	πιπράσκω	sell	659a
	πτωχός 1 a	begging poor	728b
	τριακόσιοι	three hundred	826a
6	βάλλω 2 b	put	131b
	βαστάζω 3 b	remove	137c
	γλωσσόκομον	money box	162c
	ἔχω I 2 h	have	333a
	κλέπτης	thief	434c
	μέλει 2	it is a concern	500b
	ὁ, ἡ, τό II 1 a α	the	550a
	ὅτι 3 a	that	589d
	πτωχός 1 a	begging poor	728b
7	ἀφίημι 4	tolerate	126c
	ἐνταφιασμός	preparation for burial	268b
	ἡμέρα 2	day	346c
	ἡμέρα 2	day	347a
	τηρέω 2 a	keep	814d
8	ἔχω I 3	have	333b
	μετά A II 1 b	with	508d
	πτωχός 1 a	begging poor	728b
9	γινώσκω 2 b	find out	161a
	ἐγείρω 1 a β	raise	214d
	ἐκ 1 b	away from	234b
	ἵνα I 1 e	in order that	377a
	μόνος 2 c α	only	528a
	νεκρός 2 a	dead	535a
	ὄχλος 1	crowd	600d
	πολύς I 1 b α	many	688a

9a	ἔρχομαι I 1 a ε	come	310d
9b	ἔρχομαι I 1 a ε	come	310d
9f	Λάζαρος 1	Lazarus	462b
10	βουλεύω 2	decide	145d
	ἵνα II 1 a α	in order that	377c
11	πιστεύω 2 a β	believe	661c
	πολύς I 2 a α	many	688b
	ὑπάγω 2	go away	836d
12	ἑορτή	festival	280b
	ἑορτή	festival	280b
	ἐπαύριον	next day	283d
	ὁ, ἡ, τό II 3 b	the	551b
	ὄχλος 1	crowd	600d
	πολύς I 1 b α	many	688a
13	βάϊον	palm branch	130c
	βασιλεύς 2 a	king	136b
	εἰς 4 f	(purpose)	229c
	ἐξέρχομαι 1 a ε	go out	274d
	ἔρχομαι I 1 a	come	311a
	εὐλογέω 2 a	bless	322b
	Ἰσραήλ 2	Israel	381c
	κραυγάζω 2 b	cry	449c
	ὄνομα I 4 c γ	name	573a
	συνάντησις	meeting	784c
	ὑπάντησις	coming to meet	837d
	φοῖνιξ I 1	palm tree	864b
	ὡσαννά	hosanna	899b
14	γράφω 2 c	write	166d
	εὑρίσκω 1 b	find	325a
	καθίζω 2 a α	sit down	390a
	ὀνάριον	donkey	570a
15	ἐπί III 1 a ζ	on	288c
	θυγάτηρ	daughter	364d
	θυγάτηρ 2 e	daughter	365a
	κάθημαι 1 a α	sit	389c
	ὄνος	donkey	574a
	πῶλος	colt	731d
	Σιών 2 a	Zion	752c
16	γινώσκω 3 a	understand	161b
	γράφω 2 c	write	167a
	δοξάζω 2	glorify	204c
	ἐπί II 1 b δ	on	287d
	μιμνήσκομαι 1 a δ	remember	522b
	ὁ, ἡ, τό II 6	the	552a
	ὅτε 1 b	when	588b
	ποιέω I 1 d α	do	682b
	πρῶτος 2 a	first	726c
	τότε 2	at that time	824a
17	ἐγείρω 1 a β	raise	214d
	εἰμί III 7	to be	225c
	ἐκ 1 b	away from	234b
	Λάζαρος 1	Lazarus	462b
	μαρτυρέω 1 a	bear witness	492d
	μαρτυρέω 1 a	bear witness	492d
	μετά A II 1 c α	with	508d
	μνημεῖον 2	tomb	524d
	νεκρός 2 a	dead	535a
	φωνέω 2 b	call	870c
18	διά B II 2	therefore	181b
	καί II 4	also	393c
18	σημεῖον 2 a	sign	748b
	ὑπαντάω	go to meet	837d
19	ἀπέρχομαι 4	go after	84d
	ἑαυτοῦ 3	oneself	212c
	θεωρέω 2 a	observe	360b
	ἴδε 2	see	369b
	κόσμος 5 a	world	446c
	ὀπίσω 2 a β	after	575b
	οὐ 6 a	no	590d
	ὠφελέω 2 a	help	900d
20	ἑορτή	festival	280b
	ἑορτή	festival	280b
	προσκυνέω 2 a	do reverence	717a
21	Βηθσαϊδά 1	Bethsaida	140a
	Βηθσαϊδά 1	Bethsaida	140b
	Γαλιλαία	Galilee	150b
	εἶδον 6	visit	221a
	ἐρωτάω 2	ask	312a
	θέλω 1	wish	354d
	κύριος 1 b	lord	459b
	οὗτος 1 a β	this	596c
	προσέρχομαι 1	approach	713a
22	Ἀνδρέας	Andrew	63d
	ἔρχομαι I 1 a ζ	come	310d
	πάλιν 4	again	607a
23	δοξάζω 2	glorify	204c
	ἔρχομαι I 1 b α	come	311b
	ἵνα II 1 d	in order that	377d
	υἱός 2 c	son	835b
	ὥρα 3	time of day	896d
24	ἀποθνῄσκω 1 a β	die	91c
	γῆ 1	earth	157c
	καρπός 1 a	fruit	404d
	κόκκος 1	seed	440c
	μένω 1 b	remain	504b
	μόνος 1 c	alone	527d
	πίπτω 1 a	fall	659c
	πολύς I 1 b α	many	688a
	σῖτος	wheat	752b
	φέρω 2	bear	855a
25	ἀπόλλυμι 1 b	lose	95b
	ζωή 2 b α	life	341a
	κόσμος 4 b	world	446b
	κόσμος 7	world	446d
	μισέω 2	hate	522d
	φιλέω 1 b	love like	859b
	φυλάσσω 1 c	watch	868b
	ψυχή 1 d	soul, life	894a
25a	ψυχή 1 d	soul, life	894a
25b	ψυχή 1 d	soul, life	894a
26	διακονέω 2	serve	184a
	διάκονος 1 a	servant	184d
	εἰμί II 9 a	to be	224d
	ὅπου 1 a α	where	576a
	τιμάω 2	honor	817b
27	εἶπον 1	say	226b
	ἐκ 1 c	away from	234c
	ἔρχομαι I 2 c	come	311c
	νῦν 1 a β	now	545c
	σῴζω 1 b	save	798b

27	ταράσσω 2	stir up	805c
	ψυχή 1 b γ	soul, life	893c
	ψυχή 1 f	soul, life	894a
27a	ὥρα 3	time of day	896d
27b	ὥρα 3	time of day	896d
28	δοξάζω 2	glorify	204c
	δοξάζω 2	glorify	204c
	ἔρχομαι I 1 c α	come	311b
	καί I 6	and	393b
	οὐρανός 2 a	heaven	594d
	φωνή 2 d	voice	871b
29	ἄγγελος 2 a	angel	7c
	ἄλλος 1 c	other	40a
	βροντή	thunder	147d
	γίνομαι I 1 b α	come about	158b
	ἵστημι II 2 a	stand	382c
	λαλέω 1	sound	463b
	λαλέω 2 a δ	speak	463b
29a	λέγω I 1 b β	say	468b
30	φωνή 2 d	voice	871b
31	ἄρχων 3	authorities	114a
	ἐκβάλλω 1	drive out	237b
	ἔξω 1 b	outside	279c
	κάτω 2	downwards	425a
	κοσμοκράτωρ	world ruler	445c
	κρίσις 1 a β	judging	452d
	κρίσις 3	right	453b
31a	κόσμος 7	world	446d
	νῦν 1 b	now	545d
31b	κόσμος 7	world	446d
	νῦν 1 b	now	545d
32	ἄν	if	49c
	ἐάν I 1 d	if	211b
	ἕλκω 1 b	drag	251d
	ἐμαυτοῦ 3	myself	254a
	κἀγώ 2	but I	386a
	πρός III 1 d	toward	709d
	ὑψόω 1	lift up	850d
33	ἀποθνήσκω 1 a α	die	91b
	θάνατος 1 d	death	351b
	μέλλω 1 c δ	is destined	501b
	οὗτος 1 b α	this	596d
	ποῖος 1 a γ	of what kind	684d
	σημαίνω 2	make known	747d
34	αἰών 1 b	time	27b
	ἀκούω 3 d	learn	32c
	ἐκ 3 g β	by	235c
	μένω 1 c α	remain	504b
	νόμος 4 b	law	543a
	πῶς 1 a	how	732b
	υἱός 2 c	son	835b
	Χριστός 1	Anointed One	887a
35	ἔτι 1 c	still	316a
	καταλαμβάνω 1 b	seize	413b
	μικρός 2 d	short	521c
	οἶδα 1 f	know	556b
	ποῦ 2 b	where	696b
	ὑπάγω 2	go away	836d
	χρόνος	time	887d
35a	περιπατέω 1 d	go about	649b
	σκοτία 2	darkness	757c
35a	φῶς 2	light	872a
35b	περιπατέω 1 d	go about	649b
	σκοτία 1	darkness	757b
	σκοτία 2	darkness	757c
	φῶς 2	light	872a
35f	ἕως I 2 a	until	334c
	ὡς IV 1 b	when	898c
36	γίνομαι I 4 a	become	159c
	κρύπτω 1 c	hide	454c
	λαλέω 2 b	speak	463d
	πιστεύω 2 a β	believe	661c
	υἱός 1 c δ	son	834b
36a	φῶς 2	light	872a
36b	φῶς 2	light	872b
36c	φῶς 3 a	light	872b
37	ἔμπροσθεν 2 c	in front	257b
	πιστεύω 2 a β	believe	661c
	σημεῖον 2 a	sign	748b
	τοσοῦτος 1 b	so great	823c
38	ἀκοή 2 b	report	31a
	ἀποκαλύπτω 1	reveal	92a
	βραχίων	arm	147b
	ἵνα II 2	in order that	378b
	λόγος 1 a ζ	matter	478a
	πιστεύω 1 a δ	believe	660d
	πληρόω 4 a	make full	671c
	προφήτης 1	prophet	723b
38f	Ἠσαΐας	Isaiah	348d
39	διά B II 2	therefore	181b
	λίτρα	pound	475d
	ὅτι 3 a	that	589c
	πάλιν 3	again	607a
	πιστεύω 2 b	believe	661d
40	αὐτός 3 a	(oblique case)	123b
	εἶδον 1 a	see	220d
	ἐπιστρέφω 2 b	turn	301c
	ἰάομαι 2	heal	368c
	ἵνα I 1 b	in order that	377a
	ἵνα II 2	in order that	378a
	καί I 2 e	and	392c
	νοέω 1 e	understand	540d
	πηρόω	disable	656d
	πωρόω	harden	732a
	πωρόω	harden	732a
	στρέφω 2 b	turn	771b
	τυφλόω	to blind	831a
40a	καρδία 1 b β	heart	403d
40b	καρδία 1 b β	heart	403d
	ὀφθαλμός 2	eye	599d
41	Ἠσαΐας	Isaiah	348d
	λαλέω 2 a δ	speak	463c
42	ἀποσυνάγωγος	excommunicated	100d
	ἄρχων 2 a	authorities	114a
	γίνομαι I 4 b	become	159d
	μέντοι 2	though	503c
	ὁμολογέω 4	confess	568c
	ὅμως	all the same	569c
	πιστεύω 2 a β	believe	661c
	πολύς I 2 a α	many	688b
43	ἀγαπάω 2	love	5b

43	δόξα 3	fame	204a
	ἤ 2 e β	than	343a
	μᾶλλον 3 c	rather	489d
	ὑπέρ 2	beyond	839c
44	κράζω 2 a	call	447d
44a	πιστεύω 2 a β	believe	661c
44b	πιστεύω 2 a β	believe	661c
44f	πέμπω 1	send	642b
45	θεωρέω 1	observe	360a
46	ἔρχομαι I 1 a	come	311a
	ἵνα I 1 b	in order that	377a
	κόσμος 4 c	world	446b
	μένω 1 a β	remain	504a
	πιστεύω 2 a β	believe	661c
	σκοτία 2	darkness	757c
	φῶς 2	light	872b
47	ἀκούω 1 b γ	hear	32b
	κόσμος 5 b	world	446c
	πιστεύω 1 d	believe	661a
	σῴζω 2 a α	save	798c
	φυλάσσω 1 f	watch	868c
47a	κρίνω 4 b α	judge	452a
47b	κρίνω 4 b α	judge	452a
47f	ῥῆμα 1	word	735c
48	ἀθετέω 1 b	reject	21a
	ἐκεῖνος 1 b	that	239c
	ἔσχατος 3 b	last	314a
	ἡμέρα 3 b β	day	347b
	λαλέω 2 b	speak	463c
	λαμβάνω 1 e β	receive	464d
	λόγος 1 b β	word	478b
48a	κρίνω 4 b α	judge	452a
48b	κρίνω 4 b α	judge	452a
49	δίδωμι 1 b α	gave	193a
	ἐκ 3 e α	by	235b
	ἐμαυτοῦ 3	myself	254a
	λαλέω 2 b	speak	463d
	πέμπω 1	send	642b
49f	ἐντολή 2 c	command	269b
50	ζωή 2 a α	life	340c
	ζωή 2 b α	life	341a
	λαλέω 2 b	speak	463d
	οὕτω 1 a	thus	597d

John 13

1	ἀγαπάω 1 c	love	4d
	ἀγάπη II	love feast	6b
	εἰς 3	completely	229a
	ἑορτή	festival	280b
	ἔρχομαι I 1 b α	come	311b
	ἴδιος 3 a	ones own	370b
	ἵνα II 1 d	in order that	377d
	κόσμος 4 c	world	446b
	κόσμος 7	world	446d
	μεταβαίνω 1 a α	pass over	510c
	πάσχα 1	the passover	633c
	πρό 2	before	701d
	τέλος 1 d γ	forever	812a
	ὥρα 3	time of day	896d
2	βάλλω 2 b	put	131b
2	δεῖπνον 2	dinner	173c
	διάβολος 2	the slanderer	182a
	διάβολος 2	the slanderer	182a
	ἵνα I 4	in order that	377b
	Ἰούδας 6	Judas	380a
	Ἰσκαριώθ	Iscariot	381a
	καρδία 1 b γ	heart	404a
	παραδίδωμι	give over	614c
	Σίμων 5	Simon	751b
3	ἀπό IV 1 a β	from	87c
	δίδωμι 3	give	193c
	ἐξέρχομαι 1 a γ	go out	274c
	ὑπάγω 3	go away	837a
	χείρ 2 a δ	hand	880c
4	δεῖπνον 1	dinner	173b
	διαζώννυμι	tie around	182d
	ἐγείρω 2 b	rise	215a
	ἱμάτιον 3	garment	376d
	τίθημι I 1 b δ	deposit	816b
4f	λέντιον	towel	471c
5	ἄρχω 2 a α	begin	113c
	βάλλω 2 b	put	131b
	διαζώννυμι	tie around	182d
	εἶτα 1	then	233d
	ἐκμάσσω	wipe	243b
	νιπτήρ	basin	540a
	ὁ, ἡ, τό II 1 a α	the	550b
	ποδονιπτήρ	basin	680b
	ὕδωρ 1	water	832d
5f	νίπτω 1	wash	540b
	πούς 1 a	foot	696d
6	Πέτρος	Peter	655b
	σύ 1 c	you	772b
7	ἄρτι 3	now	110b
	ὅς, ἥ, ὅ I 9 a	(rel pron)	584d
	ποιέω I 1 b ε	do	681c
	σύ 1 a	you	772a
8	μέρος 2	share	506c
	μή D 1 a	not	517c
8-10	πούς 1 a	foot	696d
8a	νίπτω 1	wash	540b
8b	νίπτω 1	wash	540b
9	κεφαλή 1 a	head	430a
	μόνος 2 c α	only	528a
	Πέτρος	Peter	655b
10	ἔχω I 2 i	have	333a
	λούω 2 a β	bathe	481a
	νίπτω 2 a	wash	540b
	νίπτω 2 b	wash	540b
	ὅλος 2 c	whole	565a
	οὐχί 1	not	598b
	πᾶς, πᾶσα, πᾶν 2 a γ	all	632d
	χρεία 1	need	885a
10a	καθαρός 1	clean	388a
10b	καθαρός 3 a	clean	388a
11	καθαρός 3 a	clean	388a
	οὐχί 1	not	598b
	παραδίδωμι 1 b	give over	614d
12	ἀναπίπτω 1	recline	59c
	γινώσκω 3 d	understand	161b
	ἱμάτιον 3	garment	376d

12	λαμβάνω 1 a	take	464b
	νίπτω 1	wash	540b
	οὖν 5	therefore	593c
	ποιέω I 1 d α	do	682b
	πούς 1 a	foot	696d
13	καλῶς 4 b	well	401c
	λέγω I 5	say	468d
	φωνέω 2 a	call	870c
13f	διδάσκαλος	teacher	191d
	κύριος 2 c γ	lord	460a
14	εἰ III	if	219c
	εἰ VI 10	if	220b
	ὀφείλω 2 a β	owe	599a
	πόσος 1	how great	694c
14a	νίπτω 1	wash	540b
	πούς 1 a	foot	696d
14b	νίπτω 1	wash	540b
	πούς 1 a	foot	696d
15	δίδωμι 1 b α	give	193a
	καί II 3	also	393c
	σύ 1 a	you	772b
	ὑπόδειγμα 1	example	844a
15a	ποιέω I 1 d β	do	682b
15b	ποιέω I 2 a α	do	682c
16	ἀπόστολος 1	messenger	99c
	κύριος 1 a β	lord	459a
	πέμπω 1	send	641d
16a	μέγας 2 b α	great	498b
16b	μέγας 2 b α	great	498b
17	εἰ III	if	219c
	μακάριος 1 b	blessed	486d
	ποιέω I 1 b ε	do	681c
18	ἄρτος 2	food	111a
	γραφή 2 a	scripture	166b
	ἐκλέγομαι 2 a	choose	242b
	ἐπαίρω 1	raise up	282a
	ἐπί III 1 a ε	against	288c
	ἵνα III 1	in order that	378b
	λέγω I 2 a	say	468c
	μετά A II 2	with	509b
	οἶδα 1 f	know	556a
	πληρόω 4 a	make full	671c
	πτέρνα	heel	727b
	τρώγω	eat	829b
19	ἄρτι 3	now	110b
	εἰμί II 5	to be	224c
	πιστεύω 1 a β	believe	660c
	πρό 2	before	702a
20	ἄν	if	49c
	πέμπω 1	send	642b
20a	λαμβάνω 1 e α	receive	464d
20b	λαμβάνω 1 e α	receive	464d
20c	λαμβάνω 1 e α	receive	464d
20d	λαμβάνω 1 e α	receive	464d
21	μαρτυρέω 1 a	bear witness	493a
	παραδίδωμι 1 b	give over	614d
	πνεῦμα 3 b	spirit	675b
	ταράσσω 2	stir up	805c
22	ἀλλήλων	each other	39c
	ἀπορέω	uncertain	97d
	βλέπω 3	see	143d

22	λέγω I 2 a	say	468c
23	ἀγαπάω 1 b α	love	4d
	ἀνάκειμαι 2	be at table	55d
	κόλπος 1	bosom	442b
	μαθητής 2 b α	disciple	485d
	Πέτρος	Peter	655a
24	νεύω	nod	536d
	νεύω	nod	536d
	Πέτρος	Peter	655b
	πυνθάνομαι 1	inquire	729d
25	ἀναπίπτω 2	recline	59c
	ἐπί III 1 a γ	on	288b
	ἐπιπίπτω 1 b	fall upon	297d
	οὕτω 4	thus	598a
	στῆθος	chest	767d
26	βάπτω 1	dip	132d
	ἐκεῖνος 1 d	that	239d
	Ἰούδας 6	Judas	380a
	Ἰσκαριώθ	Iscariot	381a
	Σίμων 5	Simon	751b
26a	ψωμίον	bit of bread	894d
26b	ψωμίον	bit of bread	894d
27	διάβολος 2	the slanderer	182a
	εἰσέρχομαι 1 b β	come	232d
	μετά B II 3	after	510b
	ποιέω I 1 b ε	do	681c
	σατάν	Adversary	745a
	ταχέως 2 b	quickly	807a
	τότε 2	at that time	824a
	ψωμίον	bit of bread	894d
27a	ποιέω I 1 b ε	do	681c
28	ἀνάκειμαι 2	be at table	55d
	γινώσκω 3 d	understand	161b
	οὐδείς 2 a	no one	592a
	πρός III 5 a	toward	710c
	τίς, τί 1 b α	which	819b
29	ἀγοράζω 1	buy	12d
	γλωσσόκομον	money box	162d
	εἰς 4 g	for	229d
	ἑορτή	festival	280b
	ἐπεί 2	because	284a
	ἔχω I 2 h	have	333a
	ἔχω I 2 i	have	333a
	ἵνα IV	in order that	378c
	Ἰούδας 6	Judas	380a
	ὅς, ἥ, ὅ I 2 b β	(rel pron)	583c
	πτωχός 1 a	poor	728b
	χρεία 1	need	885a
29a	τὶς, τὶ 1 a α	any one	819d
	τὶς, τὶ 1 b α	any one	820b
30	εἰμί I 5	to be	223b
	εὐθύς	immediately	321b
	λαμβάνω 2	receive	465a
	νύξ 1 a	night	546c
	ψωμίον	bit of bread	894d
30f	ἐξέρχομαι 1 a β	go out	274c
31	δοξάζω 2	glorify	204c
	δοξάζω 2	glorify	204c
	νῦν 1 a γ	now	545c
	οὖν 5	therefore	593c
	υἱός 2 c	son	835b

31f	δοξάζω 2	glorify	204d
	δοξάζω 2	glorify	204d
32	δοξάζω 2	glorify	204c
	εἰ III	if	219c
	εὐθύς	immediately	321b
33	ἄρτι 3	now	110b
	ἔτι 1 c	still	316a
	Ἰουδαῖος 2 e	Jewish	379c
	μετά A II 1 c α	with	508d
	ὅπου 1 b α	where	576b
	τεκνίον	child	808a
	ὑπάγω 3	go away	837a
34	ἀγαπάω 1 a α	love	4c
	ἀγαπάω 1 c	love	4d
	ἀγάπη II	love feast	6b
	ἀλλήλων	each other	39c
	δίδωμι 1 b α	give	193a
	ἐντολή 2 d	command	269b
	ἵνα II 1 c α	in order that	377d
	καινός 2	new	394a
35	ἀγάπη I 1 b β	love	5d
	ἀλλήλων	each other	39c
	γινώσκω 1 c	know	161a
	ἐν I 2	in	258d
	ἔχω I 2 e β	have	332d
	οὗτος 1 b β	this	597a
36	νῦν 1 a γ	now	545c
	ὅπου 1 b α	where	576b
	Πέτρος	Peter	655b
	ποῦ 2 a	where	696b
	συνακολουθέω	follow	783d
	ὕστερος 2 a	later	849d
36a	ὑπάγω 3	go away	837a
36b	ὑπάγω 3	go away	837a
37	ἄρτι 2	now	110b
	διά B II 2	why	181b
37f	τίθημι I 1 b δ	lay down	816b
	ὑπέρ 1 a ε	in behalf of	838d
	ψυχή 1 a β	soul, life	893b
38	ἀλέκτωρ	cock	35c
	ἀρνέομαι 3 a	deny	108a
	ἕως II 1 b α	until	335a
	τρίς	thrice	826b
	φωνέω 1 a	produce a sound	870c

John 14

1	καρδία 1 b ε	heart	404a
	ταράσσω 2	stir up	805c
1a	πιστεύω 2 a β	believe	661c
1b	πιστεύω 2 a β	believe	661c
2	εἰ VI 3 a	if not	220a
	ἑτοιμάζω 1	prepare	316b
	μονή 2	abode	527b
	οἰκία 1 b	house	557d
	πολύς I 1 a α	many	687c
	πορεύω 1	proceed	692c
2f	τόπος 1 e	place	822d
3	ἐάν I 1 d	if	211b
	εἰμί II 9 a	to be	224d
	ἐμαυτοῦ 3	myself	254a
3	ἔρχομαι I 2 a	come	311c
	ἔρχομαι I 2 c	come	311d
	ἑτοιμάζω 1	prepare	316b
	ἵνα I 1 d	in order that	377a
	ὅπου 1 a α	where	576a
	παραλαμβάνω 1	take	619c
4	ὅπου 1 b α	where	576b
	ὑπάγω 3	go away	837a
5	Θωμᾶς	Thomas	367c
	οἶδα 1 f	know	556b
	ποῦ 2 b	where	696b
	πῶς 1 d	how	732c
	ὑπάγω 3	go away	837a
6	ἀλήθεια 2 b	truth	36b
	ἔρχομαι I 2 c	come	311d
	ζωή 2 a β	life	340c
	ὁδός 2 a	way	554c
	οὐδείς 2 a	no one	592a
7	ἄρτι 3	now	110b
	γινώσκω 1 b	know	160d
	γινώσκω 1 b	know	160d
8	ἀρκέω 1	be enough	107b
8f	δείκνυμι 1 a	show	172d
9	μετά A II 1 c α	with	508d
	ὁράω 1 a α	see	577d
	πῶς 1 c	how	732b
	τοσοῦτος 1 a α	so great	823c
	χρόνος	time	888a
10	ἀπό V 5	of	88b
	ἐμαυτοῦ 3	myself	253d
	ἔργον 1 c α	deed	308a
	μένω 1 a β	remain	504a
	πιστεύω 1 a β	believe	660c
	ῥῆμα 1	word	735c
10f	ἐν I 5 d	in	259c
11	εἰ VI 3 a	if not	220a
	ἔργον 1 c α	deed	308a
11a	πιστεύω 1 c	believe	661a
12	ἔργον 1 c α	deed	308a
	καί II 2	even	393c
	κἀκεῖνος 2 b	he also	396d
	μέγας 2 a γ	great	497d
	πιστεύω 2 a β	believe	661c
	πορεύω 1	proceed	692c
12a	ποιέω I 1 b α	do	681b
12b	ποιέω I 1 b α	do	681b
12c	ποιέω I 1 b α	do	681b
13	δοξάζω 2	glorify	204d
	δοξάζω 2	glorify	204d
	ἵνα I 1 d	in order that	377a
	ὄνομα I 4 c γ	name	572d
	ὅστις 1 e β	whoever	586d
	ποιέω I 1 b ε	do	681c
	υἱός 2 b	son	835a
13f	αἰτέω	ask	26a
14	ὄνομα I 4 c γ	name	572d
	ποιέω I 1 b ε	do	681c
15	ἀγαπάω 1 a β	love	4c
	ἐντολή 2 d	command	269b
	τηρέω 5	keep	815b
16	αἰών 1 b	time	27b

16	ἐρωτάω 2	ask	312a
	ἵνα I 1 d	in order that	377a
	καί I 2 f	and	392d
	παράκλητος	helper	618c
	παράκλητος	helper	618d
17	ἀλήθεια 2 b	truth	36b
	εἰμί III 4	to be	225c
	θεωρέω 2 b	observe	360b
	κόσμος 7	world	446d
	μένω 1 a β	remain	504a
	παρά II 1 b γ	beside	610c
	πνεῦμα 5 e	spirit	677b
18	ἀφίημι 3 a	leave	126b
	ἔρχομαι I 2 a	come	311c
	ὀρφανός 2	orphaned	583b
19	ἔτι 1 c	still	316a
	ζάω 2 b α	live	336c
	μικρός 3 e	a little while	521c
	οὐκέτι 1	no longer	592c
19a	θεωρέω 1	observe	360a
19b	ζάω	live	336a
	θεωρέω 2 b	observe	360b
20	γινώσκω 1 c	know	161a
	ἐν I 5 d	in	259c
	ἡμέρα 4 a	time	347c
	κἀγώ 1	and I	386a
21	ἀγαπάω 1 a β	love	4c
	ἀγαπάω 1 b α	love	4d
	ἐκεῖνος 1 b	that	239c
	ἐμαυτοῦ 2	myself	253d
	ἐμφανίζω 1 b	make visible	257d
	ἐντολή 2 d	command	269b
	ἔχω I 2 i	have	333a
	τηρέω 2 b	keep	815a
	τηρέω 5	keep	815b
	ὑπό 1 a α	by	843a
22	γίνομαι I 3 a	take place	158d
	ἐμφανίζω 1 a	make visible	257d
	Ἰούδας 5	Judas	380a
	Ἰσκαριώθ	Iscariot	381a
	καί I 2 h	and	392d
	κόσμος 5 a	world	446c
	μέλλω 1 c γ	intend	501b
	ὅτι 1 d γ	that	589b
	οὐχί 1	not	598b
23	ἔρχομαι I 2 a	come	311c
	μονή 1	stay	527a
	παρά II 1 b γ	beside	610c
	ποιέω II 1	do	683a
	τηρέω 5	keep	815b
23f	ἀγαπάω 1 a β	love	4c
	λόγος 1 b β	word	478b
24	ἐμός 1 b	my	255c
	πέμπω 1	send	642b
	τηρέω 5	keep	815b
24a	λόγος 1 a δ	word	477d
25	μένω 1 a α	remain	503d
	παρά II 1 b γ	beside	610c
26	διδάσκω 2 c	teach	192a
	ἐκεῖνος 1 b	that	239c
	ὁ, ἡ, τό II 1 f	the	550d
26	ὄνομα I 4 c γ	name	572d
	παράκλητος	helper	618d
	πέμπω 1	send	642b
	πνεῦμα 5 c α	spirit	676c
	ὑπομιμνῄσκω 1 a	remind	846a
27	ἀφίημι 3 a	leave	126b
	δειλιάω	be cowardly	173a
	εἰρήνη 3	peace	227d
	καρδία 1 b ε	heart	404a
	κόσμος 7	world	447a
	μηδέ 1 b	and not	517d
	ταράσσω 2	stir up	805c
28	ἀκούω 1 c	hear	32b
	ἄν 1 b β	(particle)	48c
	εἶπον 3 e	foretell	226d
	ἔρχομαι I 2 a	come	311c
	μέγας 2 b α	great	498a
	πορεύω 1	proceed	692c
	ὑπάγω 3	go away	837a
	χαίρω 1	rejoice	873d
29	ἵνα I 1 b	in order that	377a
	πιστεύω 1 d	believe	661a
	πρίν 1 b	before	701b
30	ἄρχων 3	authorities	114a
	ἐν I 2	in	258c
	ἔχω I 7 a	have	333d
	κόσμος 7	world	446d
	λαλέω 2 a δ	speak	463c
31	ἀγαπάω 1 b β	love	4d
	ἄγω 5	go	14d
	γινώσκω 1 c	know	161a
	ἐγείρω 2 f	appear	215b
	ἐντέλλω	command	268c
	ἐντεῦθεν 1	from here	268c
	ἐντολή 2 c	command	269b
	οὕτω 1 a	thus	597d
	ποιέω I 2 a α	do	682c

John 15

1	ἀληθινός 3	genuine	37a
	ἄμπελος 2	vine	46d
	γεωργός 2	farmer	157b
2	αἴρω 4	take away	24d
	αὐτός 3 c	(oblique case)	123c
	καθαίρω 1	make clean	386d
	κάρπος 1 a	fruit	404d
	καρποφόρος	fruitbearing	405b
	κλῆμα	branch	434c
	πολύς II 1 b	many	689b
2a	φέρω 2	bear	855a
2b	φέρω 2	bear	855a
2c	φέρω 2	bear	855a
3	καθαρός 3 a	clean	388a
	λαλέω 2 b	speak	463d
	λόγος 1 b β	word	478b
4	ἀπό V 5	of	88b
	ἑαυτοῦ 1 a	oneself	212a
	ἐν I 5 c	in	259c
	κἀγώ 1	and I	386a
	κάρπος 1 a	fruit	404d

4	οὐδέ 2	and not	591c
	οὕτω 1 a	thus	597d
4-6	κλῆμα	branch	434c
4a	μένω 1 a β	remain	504a
	μένω 1 a β	remain	504a
4b	μένω 1 a α	remain	503d
4c	μένω 1 a β	remain	504a
4f	ἄμπελος 2	vine	46d
	ἐν I 5 d	in	259c
	φέρω 2	bear	855a
5	κάρπος 2 a	result	404d
	μένω 1 a β	remain	504a
	οὐ 6 a	no	590d
	οὗτος 1 a ε	this	596d
	πολύς I 1 b α	many	688a
	σύ 1 a	you	772b
	χωρίς 2 a α	apart	890c
5-7	μένω 1 a β	remain	504a
6	βάλλω 1 b	throw	131a
	βάλλω 1 b	throw	131a
	ἔξω 1 b	outside	279c
	καίω 2	burn	396c
	ξηραίνω 2 a	dry up	548c
	πῦρ 1 b	fire	730b
	συνάγω 1	gather	782b
	τὶς, τὶ 1 a γ	any one	820b
	ὡς II 2	so	897c
7	γίνομαι I 3 b γ	take place	159b
	θέλω 1	wish	354d
	ῥῆμα 1	word	735c
7b	μένω 1 a β	remain	504a
8	γίνομαι II 1	be	160b
	δοξάζω 2	glorify	204d
	δοξάζω 2	glorify	204d
	ἵνα I 2	in order that	377a
	ἵνα II 1 e	in order that	378a
	κάρπος 2 a	result	404d
	οὗτος 1 b β	this	597a
	πολύς I 1 b α	many	688a
	πολύς II 1 b	many	689b
	φέρω 2	bear	855a
9	ἀγαπάω 1 b α	love	4d
	ἀγάπη I 2 a	love	6a
	κἀγώ 3 a	I also	386b
	καθώς 1	just as	391b
9f	μένω 1 a β	remain	504a
10	ἐάν I 1 b	if	211b
	ἐγώ	I	217c
10a	ἀγάπη I 2 a	love	6a
	ἐντολή 2 d	command	269b
	τηρέω 5	keep	815b
10b	ἀγάπη I 2 b	love	6a
	ἐντολή 2 c	command	269b
	τηρέω 5	keep	815b
11	ἐμός 1 a α	my	255c
	λαλέω 2 b	speak	463d
	οὗτος 1 b α	this	597a
	πληρόω 3	make full	671c
11b	χαρά 1	joy	875c
	χαρά 1	joy	875d
12	ἀγαπάω 1 a α	love	4c

12	εἰμί II 6 a	to be	224c
	ἐντολή 2 d	command	269b
	ἵνα II 1 c α	in order that	377d
	οὗτος 1 a δ	this	596c
13	ἀγάπη I 2 a	love	6a
	ἔχω I 2 e β	have	332d
	ἵνα II 1 e	in order that	378a
	μέγας 2 a γ	great	497d
	τίθημι I 1 b δ	lay down	816b
	ὑπέρ 1 a ε	in behalf of	838d
	φίλος 2 a α	loving	861a
	ψυχή 1 a β	soul, life	893b
13f	φίλος 2 a α	loving	861a
14	ἐάν I 1 a	if	211b
	ἐντέλλω	command	268c
14f	φίλος 2 a α	loving	861a
15	ἀκούω 1 b β	hear	32a
	γνωρίζω 1	make known	163c
	δοῦλος 4	slave	206a
	εἶπον 3 d	call	226d
	κύριος 1 a β	lord	459a
	λέγω II 3	call	470a
	οἶδα 1 f	know	556a
	οὐκέτι 1	no longer	592c
	παρά I 3 c	from	610a
	φίλος 2 a α	loving	861a
16	αἰτέω	ask	26a
	αἰτέω	ask	26a
	δίδωμι	give	192d
	ἐκλέγομαι 2 a	choose	242b
	ἵνα II 1 a ε	in order that	377d
	κάρπος 2 a	result	404d
	μένω 1 c β	remain	504b
	ὄνομα I 4 c γ	name	572d
	ὅστις 1 e β	whoever	586d
	τίθημι I 2 b	make	816c
	ὑπάγω 2	go away	836d
	φέρω 2	bear	855a
17	ἀγαπάω 1 a α	love	4c
	ἐντέλλω	command	268c
	ἵνα II 1 a δ	in order that	377d
18	γινώσκω 6 c	know	161c
	κόσμος 7	world	446d
	κόσμος 7	world	446d
	πρῶτος 1 a	first	725c
	πρῶτος 2 a	first	726b
18f	μισέω 1	hate	522d
19	ἄν 1 b α	(particle)	48b
	διά B II 2	therefore	181b
	εἰμί III 3	to be	225b
	ἐκ 1 b	away from	234b
	ἐκ 3 b	from	235a
	ἐκλέγομαι 1	choose	242b
	ἴδιος 3 b	ones own	370b
	ὅτι 3 a	that	589d
	φιλέω 1 a	love like	859b
19a	κόσμος 7	world	446d
19b	κόσμος 7	world	447a
19c	κόσμος 7	world	447a
19d	κόσμος 7	world	446d
20	διώκω 2	persecute	201b

20	μνημονεύω 1 a	remember	525a
	ὅς, ἥ, ὅ I 4 a	(rel pron)	584a
	ὑμέτερος 1	your	836b
20a	λόγος 1 a γ	word	477c
	τηρέω 5	keep	815b
20b	τηρέω 5	keep	815b
21	ὄνομα I 4 c α	name	572b
	πέμπω 1	send	642b
	ποιέω I 1 d γ	do	682b
22	εἰ I 1 b	if	219b
	ἔχω	have	331d
	λαλέω 2 a δ	speak	463b
	μή A I 1	not	515d
	νῦν 2	now	546a
	πρόφασις 1	actual motive	722c
22a	ἔχω I 2 e β	have	332d
23	ὁ, ἡ, τό II 3 b	the	551b
23f	μισέω 1	hate	522d
24	ἄλλος 1 d	other	40b
	ἁμαρτία 2	sin	43c
	εἰ I 1 b	if	219b
	ἔργον 1 c α	deed	308a
	ἔχω	have	331d
	καί I 6	and	393b
	μή A I 1	not	515d
	μηδείς 2 a	no	518a
	νῦν 2	now	546a
	οὐδείς 1	no	591d
25	δωρεάν 2	gratis	210c
	λόγος 1 a ζ	matter	478a
	μισέω 1	hate	522d
	νόμος 4 b	law	543a
	πληρόω 4 a	make full	671c
26	ἀλήθεια 2 b	truth	36b
	ἐκπορεύομαι 1 b	go out	244c
	ἔρχομαι I 2 a	come	311c
	μαρτυρέω 1 a	bear witness	492d
	παράκλητος	helper	618d
	πέμπω 1	send	642b
	πνεῦμα 5 e	spirit	677b
26a	παρά I 1	from	609d
26b	παρά I 1	from	609d
27	ἀρχή 1 b	beginning	112a
	δέ 4 b	but, and	171d
	μαρτυρέω 1 a	bear witness	492d
	μετά A II 1 c α	with	508d

John 16

1	ἵνα I 1 b	in order that	377a
	λαλέω 2 b	speak	463d
	σκανδαλίζω 1 a	cause to fall	752d
2	ἀποκτείνω 1 a	kill	94a
	ἀποσυνάγωγος excommunicated		100d
	δοκέω 1 a	think	201d
	ἔρχομαι I 1 b α	come	311b
	ἵνα II 1 d	in order that	377d
	λατρεία	service	467c
	ποιέω I 1 b ι	do	682a
	προσφέρω 2 b	bring (to)	720a
2	ὥρα 3	time of day	896c
4	ἀρχή 1 b	beginning	112a
	εἶπον 3 e	foretell	226d
	ἔρχομαι I 1 b α	come	311b
	ἵνα I 1 b	in order that	377a
	λαλέω 2 b	speak	463d
	μετά A II 1 c α	with	508d
	μνημονεύω 1 a	remember	525a
	ὥρα 3	time of day	896d
5	ἐκ 4 a α	from	235d
	ἐρωτάω 1	ask	312a
	νῦν 1 b	now	545d
	νῦν 1 c	now	545d
	οὐδείς 2 a	no one	592a
	πέμπω 1	send	642b
	ποῦ 2 a	where	696b
5a	ὑπάγω 3	go away	837a
5b	ὑπάγω 3	go away	837a
6	καρδία 1 b ε	heart	404a
	λαλέω 2 b	speak	463d
	λύπη	grief	482a
	πληρόω 1 a	make full	670d
7	ἀλήθεια 2 b	truth	36b
	ἀπέρχομαι 2	go	84d
	ἔρχομαι I 2 a	come	311c
	λέγω I 1 a	say	468b
	παράκλητος	helper	618d
	πέμπω 1	send	642b
	συμφέρω 2 a	better	780b
8	δικαιοσύνη 2 b righteousness		196d
	ἐλέγχω 2	expose	249b
	ἔρχομαι I 1 a ζ	come	310d
	κρίσις 1 a β	judging	452d
	κρίσις 3	right	453b
9	πιστεύω 2 a β	believe	661c
9-11	ὅτι 1 c	that	589a
10	δικαιοσύνη 2 b righteousness		196d
	θεωρέω 1	observe	360a
	οὐκέτι 1	no longer	592c
	ὑπάγω 3	go away	837a
11	ἄρχων 3	authorities	114a
	κόσμος 7	world	446d
	κόσμος 7	world	446d
	κρίνω 4 b α	judge	452b
	κρίσις 1 a β	judging	453a
	κρίσις 3	right	453b
12	ἄρτι 3	now	110b
	βαστάζω 2 b β	endure	137b
	ἔτι 2 a	still	316a
13	ἀλήθεια 2 b	truth	36b
	ἀλήθεια 2 b	truth	36b
	ἄν 3 a	(particle)	48d
	ἀναγγέλλω 2	disclose	51b
	ἀπό V 5	of	88b
	ἑαυτοῦ 1 a	oneself	212a
	ἔρχομαι I 1 b β	come	311b
	ἔρχομαι I 2 a	come	311c
	ὁ, ἡ, τό II 3 a	the	551b
	ὁδηγέω 2	lead	553c

13	πᾶς, πᾶσα, πᾶν 1 c α	all	631d
	πνεῦμα 5 e	spirit	677b
14	δοξάζω 2	glorify	204d
	ἐκεῖνος 1 b	that	239c
14f	ἀναγγέλλω 2	disclose	51b
	ἐμός 2	my	255c
15	εἶπον 2 c	say	226c
	ἐμός 1 b	my	255c
16	οὐκέτι 1	no longer	592c
16-19	μικρός 3 e	a little while	521c
16f	θεωρέω 1	observe	360a
	ὁράω 1 a α	see	577d
17	ἐκ 4 a γ	from	235d
	ὅτι 2	that	589c
	πρός III 1 e	toward	710a
	ὑπάγω 3	go away	837a
17f	εἰμί II 3	to be	224a
18	οἶδα 4	know	556c
19	ἀλλήλων	each other	39c
	γινώσκω 4 c	perceive	161b
	ἐπερωτάω 1 a	ask	285b
	ἐρωτάω 1	ask	311d
	ζητέω 1 c	investigate	338d
	θεωρέω 1	observe	360a
	μετά A II 3 a	with	509c
	ὁράω 1 a α	see	577d
	ὅτι 1 a	that	588c
	οὗτος 1 b β	this	597a
20	ἀλλά 2	but, yet	38c
	γίνομαι I 4 a	become	159d
	εἰς 8 a α		230b
	(predicate nominative)		
	θρηνέω 1 a	mourn	363b
	κλαίω 1	weep	433b
	κλαίω 1	weep	433b
	κόσμος 7	world	446d
	λυπέω 2 a	grieve	481d
	λύπη	grief	482a
	χαίρω 1	rejoice	873b
20f	χαρά 1	joy	875c
21	ἄνθρωπος 1 a α	man	68b
	γεννάω 2	bear	155d
	γεννάω 2	bear	155d
	ἡμέρα 3 a	day	347a
	θλῖψις 1	tribulation	362c
	κόσμος 4 b	world	446b
	λύπη	grief	482a
	μνημονεύω 1 a	remember	525a
	παιδίον 1	infant	604a
	τίκτω 1	give birth	816d
	χαρά 1	joy	875d
	ὥρα 3	time of day	896d
21f	ἔχω I 2 e β	have	332d
22	καρδία 1 b ε	heart	404a
	λύπη	grief	482a
	νῦν 1 c	now	545d
	ὁράω 1 a α	see	577d
	χαίρω 1	rejoice	873b
	χαρά 1	joy	875c
23	αἰτέω	ask	26a
	ἄν	if	49c
23	ἐκεῖνος 2 b β	that	239d
	ἐρωτάω 1	ask	312a
	ἡμέρα 4 a	time	347c
	ὄνομα I 4 c γ	name	572d
24	αἰτέω	ask	26a
	αἰτέω	ask	26b
	ἄρτι 3	now	110b
	ἕως II 1 c	until	335a
	λαμβάνω 2	receive	465a
	ὄνομα I 4 c γ	name	572d
	πληρόω 3	make full	671c
	χαρά 1	joy	875d
25	ἀπαγγέλλω 1	report	79b
	ἔρχομαι I 1 b α	come	311b
	ὅτε 2 a α	when	588c
	παρρησία 1	plainness	630c
	ὥρα 3	time of day	896c
25a	λαλέω 2 b	speak	463d
	παροιμία 2	figure	629b
25b	παροιμία 2	figure	629b
26	αἰτέω	ask	26a
	ἐκεῖνος 2 b β	that	239d
	ἐρωτάω 2	ask	312a
	ἡμέρα 4 a	time	347c
	ὄνομα I 4 c γ	name	572d
27	αὐτός 1 e	of himself	122d
	ἐξέρχομαι 1 a γ	go out	274c
	παρά I 1	from	609d
	πιστεύω 1 a β	believe	660c
27a	φιλέω 1 a	love like	859b
27b	φιλέω 1 a	love like	859b
28	ἐξέρχομαι 1 a γ	go out	274c
	ἔρχομαι I 1 a	come	311a
	πορεύω 1	proceed	692c
28a	κόσμος 4 c	world	446b
28b	κόσμος 4 c	world	446b
29	ἐν III 2	by	261a
	ἴδε 1	see	369b
	λαλέω 2 a ε	speak	463c
	λέγω I 1 a	say	468a
	νῦν 1 a α	now	545c
	οὐδείς 1	no	591d
	παροιμία 2	figure	629b
	παρρησία 1	plainness	630c
30	ἀπό IV 1 a β	from	87c
	ἐν III 3 a	because of	261a
	ἐξέρχομαι 1 a γ	go out	274c
	ἐρωτάω 1	ask	311d
	θεός 3 b	God	357c
	ἵνα II 1 c α	in order that	377d
	οὗτος 1 b α	this	596d
	πιστεύω 1 a β	believe	660c
	πιστεύω 1 a ε	believe	660d
	χρεία 1	need	885a
31	ἄρτι 3	now	110b
	πιστεύω 1 d	believe	661a
32	ἕκαστος 2	each	236d
	ἔρχομαι I 1 b α	come	311b
	ἔρχομαι I 1 b α	come	311b
	ἴδιος 3 b	ones own	370b
	ἵνα II 1 d	in order that	377d

32	μετά A II 1 c β	with	509a
	νῦν 1 a β	now	545c
	σκορπίζω 1	scatter	757a
	ὥρα 3	time of day	896c
32a	μόνος 1 b	alone	527d
32b	μόνος 1 b	alone	527d
33	εἰρήνη 3	peace	227d
	θαρσέω	be cheerful	352a
	θλῖψις 1	tribulation	362c
	νικάω 2 a	conquer	539b
33a	κόσμος 7	world	447a
33b	ἔχω I 2 e α	have	332c
	κόσμος 7	world	447a

John 17

1	δοξάζω 2	glorify	204c
	δοξάζω 2	glorify	204c
	δοξάζω 2	glorify	204d
	ἐπαίρω 1	look up	282a
	ἔρχομαι I 1 b α	come	311b
	λαλέω 2 b	speak	463d
	οὐρανός 2 a	heaven	594d
	υἱός 2 b	son	835a
	ὥρα 3	time of day	896d
2	δίδωμι	give	192c
	δίδωμι 1 b β	give	193b
	ἐξουσία 3	authority	278b
	ζωή 2 b α	life	340d
	ἵνα I 2	in order that	377a
	καθώς 3	as	391c
	σάρξ 3	body	743d
2b	πᾶς, πᾶσα, πᾶν 1 c γ	whoever	632a
2f	ζωή 2 b α	life	341a
3	ἀληθινός 3	genuine	37a
	ἀποπέμπω	send out	97b
	ἀποστέλλω 1 c	send away	99a
	γινώσκω 1 b	know	160d
	γινώσκω 1 b	know	160d
	εἰμί II 6 a	to be	224c
	θεός 3 i	God	358a
	ἵνα I 3	in order that	377b
	ἵνα II 1 e	in order that	378a
	μόνος 1 a δ	only	527d
	οὗτος 1 a δ	this	596c
	Χριστός 2	Christ	887b
4	γῆ 5 b	earth	157d
	δοξάζω 2	glorify	204c
	ἔργον 2	work	308c
	ἵνα I 1 b	in order that	377a
	τελειόω 1	complete	809d
5	δόξα 1 b α	glory	203d
	δοξάζω 2	glorify	204c
	εἰμί I 1	to be	223b
	κόσμος 2	world	445d
	νῦν 1 c	now	545d
	ὅς, ἥ, ὅ I 4 a	(rel pron)	584a
	παρά II 1 b γ	beside	610c
	πρό 2	before	702a
5	σεαυτοῦ 2	yourself	745c
6	δίδωμι 3	give	193c
	κόσμος 5 a	world	446c
	λόγος 1 b β	word	478a
	ὄνομα I 4 b	name	572a
	τηρέω	guard	814d
	τηρέω 5	keep	815b
	φανερόω 1 a	reveal	852d
7	νῦν 1 a β	now	545c
	παρά I 1	from	609d
7f	γινώσκω 1 c	know	161a
8	ἀληθῶς 1	truly	37c
	ἀποστέλλω 1 c	send away	99a
	δίδωμι 3	give	193c
	ἐξέρχομαι 1 a γ	go out	274c
	λαμβάνω 1 e β	receive	464d
	παρά I 1	from	609d
	πιστεύω 1 a β	believe	660c
	ῥῆμα 1	word	735c
	σύ 1 c	you	772b
9	δίδωμι 3	give	193c
	ἐρωτάω 2	ask	312a
	κόσμος 7	world	447a
	ὅς, ἥ, ὅ I 4 a	(rel pron)	584a
10	δοξάζω 2	glorify	204c
	δοξάζω 2	glorify	204d
	δοξάζω 2	glorify	204d
	ἐμός 2	my	255c
10b	σός, σή, σόν 2 b	yours	759c
11	ἅγιος 1 b δ	holy	9d
	εἰμί II 7	to be	224d
	εἷς 1 b	one	230d
	οὐκέτι 1	no longer	592c
	πατήρ	father	635a
11b	κόσμος 7	world	447a
11f	ὄνομα I 4 c γ	name	573a
	τηρέω 2 b	keep	815a
12	ἀπόλλυμι 2 a α	perish	95b
	ἀπώλεια 2	destruction	103c
	γραφή 2 b β	scripture	166b
	δίδωμι 3	give	193c
	ἵνα II 2	in order that	378b
	μετά A II 1 c α	with	508d
	οὐδείς 2 a	no one	592a
	πληρόω 4 a	make full	671c
	υἱός 1 c δ	son	834b
	φυλάσσω 1 c	watch	868b
13	ἑαυτοῦ 1 c	oneself	212a
	νῦν 1 c	now	545d
	πληρόω 3	make full	671c
	χαρά 1	joy	875d
	χαρά 2 c	festive dinner	876a
14	δίδωμι 3	give	193c
	εἰμί III 3	to be	225b
	ἐκ 3 b	from	235a
	λόγος 1 b β	word	478a
	μισέω 1	hate	522d
14a	κόσμος 7	world	446d
14b	κόσμος 7	world	447a
14c	κόσμος 7	world	447a
15	αἴρω 3	carry	24c

15	ἐκ 1 a	away from	234b
	ἐκ 1 d	away from	234c
	ἐρωτάω 2	ask	312a
	ἵνα II 1 a γ	in order that	377c
	κόσμος 7	world	447a
	πονηρός 2 b	wicked	691b
	τηρέω 4	keep	815b
16	εἰμί III 3	to be	225b
16a	κόσμος 7	world	447a
16b	κόσμος 7	world	447a
17	ἁγιάζω 2	consecrate	8d
	ἀλήθεια 2 b	truth	36b
	λόγος 1 b β	word	478a
	ὁ, ἡ, τό II 1 e	the	550d
18	ἀποστέλλω 1 c	send away	98d
	κἀγώ 3 a	I also	386b
	καθώς 1	just as	391b
18b	κόσμος 7	world	447a
19	ἀλήθεια 3	reality	36c
	ἐμαυτοῦ 2	myself	253d
19a	ἁγιάζω 2	consecrate	9a
19b	ἁγιάζω 2	consecrate	8d
20	ἐρωτάω 2	ask	312a
	λόγος 1 a β	word	477c
	μόνος 2 c α	only	528a
	πιστεύω 2 a β	believe	661c
21	ἀποστέλλω 1 c	send away	99a
	πιστεύω 1 a β	believe	660c
21-3	εἷς 1 b	one	230d
21ff	εἰμί II 7	to be	224d
22	δόξα 1 b α	glory	203d
	κἀγώ 1	and I	386a
23	ἀποστέλλω 1 c	send away	99a
	τελειόω 2 e α	make perfect	810a
24	ἀγαπάω 1 b β	love	4d
	δίδωμι 3	give	193c
	δόξα 1 b α	glory	203d
	εἰμί II 9 a	to be	225a
	θέλω 1	wish	355a
	θεωρέω 2 b	observe	360b
	ἵνα II 1 a α	in order that	377c
	κἀκεῖνος 2 b	he also	396d
	καταβολή 1	foundation	409a
	κόσμος 2	world	445d
	μετά A II 1 c α	with	508d
	ὅπου 1 a α	where	576a
	πρό 2	before	701d
25	ἀποστέλλω 1 c	send away	99a
	γινώσκω 1 b	know	160d
	γινώσκω 1 c	know	161a
	δίκαιος 2	righteous	196a
	καί I 6	and	393b
	κόσμος 7	world	447a
26	ἀγαπάω 1 b β	love	4d
	ἀγαπάω 2	love	5b
	ἀγάπη I 2 b	love	6a
	γνωρίζω 1	make known	163c
	ὄνομα I 4 b	name	572a

John 18

1	αὐτός 1 c	self	122d
	εἰσέρχομαι 1 a β	come	232d
	ἐξέρχομαι 1 a β	go out	274c
	κέδρος	cedar tree	426c
	Κεδρών	the Kidron valley	426c
	κῆπος	garden	430d
	ὅπου 1 a α	where	576a
	πέραν 2 a	on the other side	643d
	σύν 1 b	with	781c
	χείμαρρος	ravine	879d
2	δέ 4 a	but, and	171d
	ἐκεῖ 2	there	239b
	μετά A II 3 b	with	509c
	παραδίδωμι 1 b	give over	614d
	πολλάκις	often	686d
	συνάγω 2	gather	782c
	συνάγω 2	gather	782c
2f	Ἰούδας 6	Judas	380a
3	ἐκεῖ 2	there	239b
	ἔρχομαι I 1 a γ	come	310d
	λαμβάνω 1 a	take	464b
	λαμπάς	torch	465c
	μετά A III 3	with	510a
	ὅπλον 2 a	weapon	575c
	σπεῖρα	cohort	761a
	ὑπηρέτης	servant	842d
	φανός	lamp	853b
4	ἐξέρχομαι 1 a β	go out	274c
	ἐπί III 1 b γ	on	289a
	ἔρχομαι I 2 c	come	311c
	ζητέω 1 a β	seek	338d
	πᾶς, πᾶσα, πᾶν 1 d β	all	632b
	τίς, τί 1 a α	which	819a
5	δέ 4 a	but, and	171d
	Ἰούδας 6	Judas	380a
	ἵστημι II 2 a	stand	382c
	μετά A I	with	508c
	Ναζαρηνός	the Nazarene	532b
	Ναζωραῖος	Nazarene	532c
	παραδίδωμι 1 b	give over	614d
5f	εἰμί II 5	to be	224c
6	ἀπέρχομαι 4	go after	84d
	ὀπίσω 1 a	behind	575a
	οὖν 5	therefore	593c
	πίπτω 1 b α	fall	659c
	χαμαί 2	to the ground	875b
	ὡς IV 1 a	when	898c
7	Ναζωραῖος	Nazarene	532c
	τίς, τί 1 a α	which	819a
7f	ζητέω 1 a β	seek	338d
8	ἀφίημι 4	tolerate	126b
	εἰ VI 10	if	220b
	ὑπάγω 1	go away	836c
9	λόγος 1 a γ	word	477c
	οὐδείς 2 a	no one	592a
	πληρόω 4 a	make full	671c
10	ἀποκόπτω 1	cut off	93a
	δεξιός 1	right	174d

10	ἕλκω 1 a	drag	251c
	ἔχω I 1 b	have	331d
	Μάλχος	Malchus	490a
	μάχαιρα 1	sword	496b
	ὄνομα I 1	name	571a
	παίω 1	strike	605c
	Πέτρος	Peter	655b
	ὠτάριον	the ear	900b
	ὠτίον	the ear	900b
11	αὐτός 3 c	(oblique case)	123c
	βάλλω 2 b	put	131b
	θήκη 2	sheath	360c
	μάχαιρα 1	sword	496b
	μή D 1 a	not	517c
	πίνω 2 b α	drink	658d
	ποτήριον 2	cup	695c
12	δέω 1 b	bind	177d
	σπεῖρα	cohort	761a
	συλλαμβάνω 1 a α	seize	776d
	ὑπηρέτης	servant	842d
	χιλίαρχος	tribune	882a
13	Ἅννας	Annas	70c
	ἀρχιερεύς 1 b	high priest	112d
	ἐνιαυτός 1	year	266c
	Καϊάφας	Caiaphas	393d
	πενθερός	father-in-law	642c
	πρῶτος 2 a	first	726b
13f	Καϊάφας	Caiaphas	393d
14	ἄνθρωπος 3 a β	man	69a
	Ἰουδαῖος 2 e	Jewish	379c
	συμβουλεύω 1	advise	777d
	συμφέρω 2 a	better	780b
	ὑπέρ 1 a ε	in behalf of	838d
15	αὐλή 1	courtyard	121b
	ἐκεῖνος 2 a	that	239d
	Πέτρος	Peter	655b
	συνεισέρχομαι	enter with	787a
15f	γνωστός 1 b	acquaintance	164b
16	ἄλλος 3	the other	40c
	γνώριμος	acquainted with	163d
	εἰσάγω	bring	232b
	ἔξω 1 a α	outside	279b
	θύρα 1 a	door	365d
	ἵστημι II 2 a	stand	382c
	πρός II 1	near	709d
16f	θυρωρός 2	doorkeeper	366b
17	παιδίσκη	maid	604b
17b	λέγω II 1 b	answer	469c
18	ἀνθρακιά	a charcoal fire	67c
	εἰμί I 5	to be	223b
	ποιέω I 1 a α	do	680d
	ὑπηρέτης	servant	842d
	ψῦχος	cold	894c
18a	θερμαίνω	warm oneself	359c
	ἵστημι II 2 a	stand	382c
18b	θερμαίνω	warm oneself	359c
	ἵστημι II 2 a	stand	382c
19	ἀρχιερεύς 1 b	high priest	112d
	διδαχή 2	teaching	192b
	ἐρωτάω 1	ask	312a
20	κόσμος 5 a	world	446c

20	κρυπτός 2 b	hidden	454b
	ὁ, ἡ, τό II 1 a α	the	550a
	παρρησία 2	publicly	630d
	πᾶς, πᾶσα, πᾶν 1 d α	all	632a
	συναγωγή 2 a	place of assembly	782d
	συνέρχομαι 1 a	assemble	788a
21	ἴδε 1	see	369b
	ὅς, ἥ, ὅ I 9 a	(rel pron)	584d
22	ἀρχιερεύς 1 b	high priest	112d
	δίδωμι 1 b α	give	193a
	οὕτω 1 b	thus	597d
	οὕτω 1 b	thus	597d
	παρίστημι 2 b α	be present	628b
	ῥάπισμα	blow with a club	734c
	ὑπηρέτης	servant	842d
23	δέρω	beat	175d
	κακός 1 c	evil	397d
	κακῶς 2	badly	398c
	καλῶς 4 b	well	401c
	λαλέω 2 a ε	speak	463c
	μαρτυρέω 1 a	bear witness	492d
	τίς, τί 3 a	which	819d
24	Ἅννας	Annas	70c
	ἀρχιερεύς 1 b	high priest	112d
	δέω 1 b	bind	177d
	Καϊάφας	Caiaphas	393d
25	ἀρνέομαι 3 a	deny	108a
	θερμαίνω	warm oneself	359c
	ἵστημι II 2 a	stand	382c
	Πέτρος	Peter	655b
26	ἀποκόπτω 1	cut off	93a
	κῆπος	garden	430d
	ὅς, ἥ, ὅ I 2 a	(rel pron)	583b
	συγγενής	related	772c
	ὠτίον	the ear	900b
27	ἀλέκτωρ	cock	35c
	ἀρνέομαι 3 a	deny	108a
	φωνέω 1 a	produce a sound	870c
28	ἄγω 2	lead away	14c
	εἰμί I 5	to be	223b
	εἰσέρχομαι 1 a β	come	232d
	ἐσθίω 1 a	eat	312c
	Καϊάφας	Caiaphas	393d
	μιαίνω 1	defile	520d
	πάσχα 2	the paschal lamb	633c
	πρωΐ	early	724d
	πρωΐα	(early) morning	725a
28a	πραιτώριον	the praetorium	697c
28b	πραιτώριον	the praetorium	697c
29	ἐξέρχομαι 1 a ε	go out	274d
	ἔξω 1 b	outside	279c
	κατηγορία	accusation	423c
	τίς, τί 2	which	819c
	φέρω 4 a β	bear	855c
	φημί 1 b α	say	856b
29ff	Πιλᾶτος	Pilate	657d
30	εἰμί II 4 c	to be	224b
	κακοποιός	criminal	397d
	κακός 1 c	evil	397d
	μή A I 1	not	515d

30	παραδίδωμι 1 b	give over	614d
31	ἀποκτείνω 1 a	kill	94a
	ἔξεστι 2	it is possible	275b
	κατά II 5 a α	according to	407a
	κρίνω 4 a α	judge	451d
	νόμος 3	law	542c
	οὐδείς 2 a	no one	592a
32	ἀποθνῄσκω 1 a α	die	91b
	θάνατος 1 d	death	351b
	λόγος 1 a β	word	477b
	μέλλω 1 c δ	is destined	501b
	πληρόω 4 a	make full	671c
	ποῖος 1 a γ	of what kind	684d
	σημαίνω 2	make known	747d
33	βασιλεύς 2 a	king	136b
	πραιτώριον	the praetorium	697c
	φωνέω 2 b	call	870c
34	ἀπό V 5	of	88b
	ἑαυτοῦ 1 a	oneself	212a
	ἑαυτοῦ 2	oneself	212c
	εἶπον 1	say	226b
	ἤ 1 d γ	or	342c
	λέγω I 4	say	468c
35	Ἰουδαῖος 2 a	Jewish	379c
	μήτι	(interrog particle)	520b
	παραδίδωμι 1 b	give over	614d
	ποιέω I 1 b ε	do	681c
	σός, σή, σόν 1	yours	759b
36	ἀγωνίζομαι 2 a	struggle	15b
	ἐντεῦθεν 1	from here	268c
	κόσμος 7	world	446d
	νῦν 2	now	546a
	παραδίδωμι 1 b	give over	614d
	ὑπηρέτης	servant	842d
36a	κόσμος 4 c	world	446b
36b	κόσμος 4 c	world	446b
37	ἀλήθεια 2 b	truth	36b
	ἀλήθεια 2 b	truth	36b
	βασιλεύς 2 a	king	136b
	γεννάω 2	bear	155d
	εἰμί III 3	to be	225b
	εἰς 4 f	(purpose)	229d
	ἔρχομαι I 1 a	come	311a
	ἵνα I 5	in order that	377b
	κόσμος 4 c	world	446b
	λέγω II 1 e	declare	469d
	μαρτυρέω 1 a	bear witness	492d
	οὐκοῦν 2	then	592d
	οὗτος 1 b β	this	597a
	πᾶς, πᾶσα, πᾶν 1 c γ	whoever	632a
	φωνή 2 a	voice	871a
38	αἰτία 2 a	charge	26c
	ἀλήθεια 2 b	truth	36b
	ἐξέρχομαι 1 a ε	go out	274d
	εὑρίσκω 2	find	325c
	οὐδείς 1	no	591d
	οὗτος 1 b α	this	596d
	τίς, τί 1 b α	which	819b
39	ἀπολύω 1	set free	96c
39	βούλομαι 2 a ε	desire	146b
	ἵνα II 1 c α	in order that	377d
	οὖν 1 c α	therefore	593a
	πάσχα 1	the passover	633c
	συνήθεια 2 b	habit	789d
40	ἀρχιληστής	robber chieftain	113a
	Βαραββᾶς 1	Barabbas	133a
	κραυγάζω 2 a	cry	449b
	λῃστής 2	revolutionary	473b
	μή A III 6	not	517a
	πάλιν 5	again	607a

John 19

1	λαμβάνω 1 a	take	464b
	μαστιγόω 1	whip	495a
	οὖν 5	therefore	593c
	τότε 2	at that time	824a
1ff	Πιλᾶτος	Pilate	657d
2	ἄκανθα	thorn plant	29c
	ἐκ 3 h	by	235d
	ἐπιτίθημι 1 a α	put upon	303a
	ἱμάτιον 2	garment	376c
	ἱμάτιον 2	garment	376c
	κεφαλή 1 a	head	430a
	περιβάλλω 1 b δ	throw around	646b
	πλέκω	weave	667b
	πορφυροῦς	a purple cloak	694b
	στέφανος 1	wreath	767b
	στρατιώτης 1	soldier	770d
3	δίδωμι	give	192c
	δίδωμι 1 b α	give	193a
	ὁ, ἡ, τό II 1 i	the	551a
	ῥάπισμα	blow with a club	734c
	χαίρω 2 a	rejoice	874a
4	ἄγω 1 a	lead	14b
	αἰτία 2 a	charge	26c
	γινώσκω 1 c	know	161a
	ἔξω 1 b	outside	279c
	ἔξω 1 b	outside	279c
	εὑρίσκω 2	find	325c
	ἴδε 1	see	369b
4f	ἐξέρχομαι 1 a β	go out	274c
5	ἀκάνθινος	thorny	29c
	ἄνθρωπος 4 b	man	69c
	ἔξω 1 b	outside	279c
	ἰδού 2	there is	371b
	ὁ, ἡ, τό II 1 a α	the	550b
	πορφυροῦς	a purple cloak	694b
	στέφανος 1	wreath	767b
	φορέω 1	wear	865a
6	αἰτία 2 a	charge	26c
	εὑρίσκω 2	find	325c
	κραυγάζω 2 a	cry	449b
	οὖν 5	therefore	593c
	ὑπηρέτης	servant	842d
6a	σταυρόω 1	crucify	765c
6b	σταυρόω 1	crucify	765c
6c	σταυρόω 1	crucify	765c

7	ἀποθνῄσκω 1 a α	die	91b
	ἔχω I 2 i	have	333a
	κατά II 5 a α	according to	407a
	ὀφείλω 2 a β	owe	599a
	ποιέω I 1 b ι	do	682a
	υἱός 2 b	son	835a
7b	νόμος 3	law	542c
8	λόγος 1 a γ	word	477c
	μᾶλλον 1	more	489a
	οὖν 5	therefore	593c
9	ἀπόκρισις	answer	93d
	εἰσέρχομαι 1 a β	come	232d
	πόθεν 1	from where	680c
	πραιτώριον	the praetorium	697c
10	ἀπολύω 1	set free	96c
	ἐξουσία 3	authority	278c
	σταυρόω 1	crucify	765c
10f	ἐξουσία 4 a	authority	278c
11	ἁμαρτία 2	sin	43c
	ἄνωθεν 1	from above	77b
	δίδωμι 1 b β	give	193b
	εἰ I 1 b	if	219b
	ἐξουσία 3	authority	278b
	κατά I 2 b γ	down	406a
	μέγας 2 b β	great	498b
	μή A I 1	not	515d
	παραδίδωμι 1 b	give over	614d
12	ἀντιλέγω 2	oppose	75a
	ἀπολύω 1	set free	96c
	ἐάν I 1 b	if	211b
	ἐκ 3 f	by	235c
	κραυγάζω 2 a	cry	449b
	ποιέω I 1 b ι	do	682a
	φίλος 2 a β	loving	861b
12a	Καῖσαρ	Emperor	395d
12b	Καῖσαρ	Emperor	395d
13	ἄγω 1 a	lead	14b
	βῆμα 2	tribunal	140b
	Γαββαθᾶ	Gabbatha	149a
	Ἑβραϊστί	in Hebrew	213c
	ἔξω 1 b	outside	279c
	ἐπί I 1 a β	on	286a
	καθίζω 1 a	set	389d
	καθίζω 2 a α	sit down	390b
	λέγω II 3	call	470a
	λιθόστρωτος	pavement	474d
	τόπος 1 c	place	822c
14	εἰμί I 5	to be	223b
	ἕκτος	sixth	246a
	ἴδε 3	see	369b
	παρασκευή	preparation	622b
	πάσχα 1	the passover	633c
	ὥρα 2 b	time of day	896b
	ὡς IV 5	when	899a
	ὡσεί 2	as	899c
15	αἴρω 4	take away	24c
	ἔχω I 2 b β	have	332b
	Καῖσαρ	Emperor	395d
	κραυγάζω 2 a	cry	449b
15f	σταυρόω 1	crucify	765c

16	ἀπάγω 2 c	lead away	79c
	οὖν 5	therefore	593c
	παραδίδωμι 1 b	give over	615a
	τότε 2	at that time	824a
16a	παραλαμβάνω 2 a	take	619c
16b	παραλαμβάνω 2 a	take	619c
17	βαστάζω 2 a	carry	137b
	Γολγοθᾶ	Golgotha	164d
	Ἑβραϊστί	in Hebrew	213c
	ἐξέρχομαι 1 a ε	go out	274d
	κρανίον	skull	448a
	ὅς, ἥ, ὅ I 7 a	(rel pron)	584c
	σταυρός 1	the cross	765a
	τόπος 1 c	place	822c
17b	λέγω II 3	call	470b
18	ἄλλος 2	more	40b
	ἐντεῦθεν 1	from here	268c
	μέσος 1	between	507b
	σταυρόω 1	crucify	765c
19	γράφω 4	write	167b
	ἐπί I 1 a β	on	286a
	Ναζωραῖος	Nazarene	532c
	σταυρός 1	the cross	765a
	τίθημι I 1 a β	put	816a
	ὑσσός	javelin	848d
19f	τίτλος	inscription	820d
20	ἀναγινώσκω 1	read	51c
	Ἑβραϊστί	in Hebrew	213c
	ἐγγύς 1 a	near	214b
	εἰμί II 9 a	to be	224d
	Ἑλληνιστί	in Greek	252b
	Ῥωμαϊστί	in Latin	738c
	σταυρόω 1	crucify	765c
	τόπος 1 c	place	822c
21	γράφω 2 a	write	166c
	μή A III 3 b	not	517a
22	γράφω 2 a	write	166c
23	ἄνωθεν 1	from above	77b
	ἄραφος	seamless	104b
	διά A I 2	through	179d
	ἕκαστος 1	each	236c
	λαμβάνω 1 a	take	464b
	μέρος 1 a	part	505d
	ὅλος 4	whole	565a
	ποιέω I 1 a α	do	680d
	σταυρόω 1	crucify	765c
	τέσσαρες	four	813b
	ὑφαντός	woven	849d
23a	χιτών	shirt	882b
23b	χιτών	shirt	882b
24	ἁρπαγμός 2	robbery	108c
	βάλλω 1 a	throw	130d
	γραφή 2 a	scripture	166b
	διαμερίζω 1 b	divide	186d
	ἑαυτοῦ 1	oneself	212a
	ἐπί III 1 b ζ	on	289b
	ἱματισμός	clothing	376d
	ἵνα II 2	in order that	378b
	κλῆρος 1	lot	435b
	λαγχάνω 3	cast lots	462b

24	μέν 1 a α	(particle)	502d
	μή A III 1	not	516d
	πληρόω 4 a	make full	671c
	πρός III 1 e	toward	710a
	σχίζω 1 a	split	797b
24f	οὖν 5	therefore	593c
25	ἀδελφή 1	sister	15d
	ἵστημι II 2 a	stand	382c
	Κλωπᾶς	Clopas	436d
	Μαγδαληνή	Magdalene	484b
	Μαρία 2	Mary	492a
	Μαρία 2	Mary	492a
	Μαρία 4	Mary	492a
	παρά II 1 a α	beside	610b
	σταυρός 1	the cross	764d
26	ἀγαπάω 1 b α	love	4d
	γυνή 1	woman	168c
	παρίστημι 2 b α	be present	628b
	υἱός 1 b β	son	833d
26f	ἴδε 3	see	369b
27	εἶτα 1	then	233d
	ἴδιος 3 b	one's own	370b
	λαμβάνω 1 e α	receive	464d
	μήτηρ 3	mother	520a
	ὥρα 3	time of day	896c
28	γραφή 2 b β	scripture	166b
	διψάω 1	thirst	200c
	ἵνα II 2	in order that	378a
	μετά B II 3	after	510b
	τελειόω 1	complete	809d
	τελειόω 2 c	fulfill	810a
	τελέω 1	finish	810d
29	κεῖμαι 1 b	lie	426d
	περιτίθημι 1	place around	652c
	πίμπλημι 1 a α	fill	658a
	προσφέρω 1 b	bring (to)	719d
	σκεῦος 1 b	thing	754a
	σπόγγος	sponge	763b
	στόμα 1 a	mouth	769d
	ὕσσωπος	hyssop	848d
29a	μεστός 1	full	508b
29b	μεστός 1	full	508b
29f	ὄξος	wine vinegar	574b
30	κεφαλή 1 a	head	430a
	κλίνω 1 a	incline	436c
	λαμβάνω 1 a	take	464c
	οὖν 5	therefore	593c
	παραδίδωμι 1 a	give over	614c
	τελέω 1	finish	811a
31	ἐπεί 2	because	284a
	ἐρωτάω 2	ask	312a
	ἡμέρα 2	day	346d
	κατάγνυμι	break	409d
	μέγας 2 b β	great	498b
	μένω 1 a α	remain	503d
	παρασκευή	preparation	622b
	σταυρός 1	the cross	764d
	σῶμα 1 a	body	799a
31-3	σκέλος	leg	753c
31a	σάββατον 1 a	Sabbath	739a
31b	σάββατον 1 a	Sabbath	739b

32	ἄλλος 3	the other	40c
	κατάγνυμι	break	409d
	μέν 1 a α	(particle)	502d
	πρῶτος 1 b	first	725d
	συσταυρόω 1	crucify with	795a
33	ἐπί III 1 a γ	on	288c
	ἔρχομαι I 1 a β	come	310c
	θνῄσκω 1	die	362c
	κατάγνυμι	break	409d
	ὡς IV 1 a	when	898c
34	αἷμα 1 a	blood	22c
	εἷς 1 a β	one	230d
	ἐξέρχομαι 2 a	go out	275a
	εὐθύς	immediately	321b
	λόγχη	spear	479c
	νύσσω	stab	547a
	πλευρά	side	668a
	ὕδωρ 1	water	833a
35	ἀληθής 2	true	36d
	ἀληθινός 2	true	37a
	ἐκεῖνος 1 b	that	239c
	ἐκεῖνος 1 c	that	239c
	ἐκεῖνος 1 e	that	239d
	κἀκεῖνος 2 a	and he	396d
	λέγω I 1 a	say	468a
	μαρτυρέω 1 b	bear witness	493a
	μαρτυρία 2 b	testimony	493c
	ὁράω 1 a β	see	578a
	πιστεύω 1 d	believe	661a
36	ἵνα II 2	in order that	378b
	πληρόω 4 a	make full	671c
	σκέλος	leg	753d
	συντρίβω 1 a	shatter	793b
36f	γραφή 2 a	scripture	166b
37	ἐκκεντέω	pierce	240c
	ἕτερος 1 b α	another	315a
	ὁράω 2 a	see	578c
	πάλιν 3	again	607a
38	αἴρω 3	carry	24c
	Ἁριμαθαία	Arimathaea	106c
	ἐπιτρέπω 1	allow	303c
	ἔρχομαι I 1 a ζ	come	310d
	ἐρωτάω 2	ask	312a
	Ἰωσήφ 6	Joseph	385d
	κρύπτω 2 a	hide	454d
	φόβος 2 a α	fear	863d
38a	σῶμα 1 a	body	799a
38b	σῶμα 1 a	body	799a
39	ἀλόη	aloes	41b
	ἑκατόν	one hundred	236d
	ἕλιγμα	package	251b
	λίτρα	pound	475d
	μίγμα	compound	521a
	Νικόδημος	Nicodemus	539c
	νύξ 1 b	night	546c
	ὁ, ἡ, τό II 6	the	552a
	πρῶτος 2 a	first	726c
	σμίγμα		758d
	σμύρνα	myrrh	758d
	φέρω 1 d	bear	855a
	ὡς IV 5	when	899a

40	ἄρωμα	spices	114b
	δέω 1 a	bind	177d
	ἔθος 1	habit	218d
	ἐνταφιάζω	prepare for burial	268b
	ὀθόνιον	linen cloth	555d
	σῶμα 1 a	body	799a
41	καινός 1	new	394a
	κῆπος	garden	430d
	μνημεῖον 2	tomb	524d
	οὐδείς 2 a	no one	592a
	οὐδέπω	not yet	592c
	σταυρόω 1	crucify	765c
	τίθημι	put	815d
	τίθημι I 1 a β	put	816a
	τόπος 1 c	place	822c
42	ἐγγύς 1 c	near	214b
	μνημεῖον 2	tomb	524d
	παρασκευή	preparation	622b
	τίθημι I 1 a α	put	815d

John 20

1	αἴρω 3	carry	24c
	βλέπω 1 a	see	143c
	εἰς 1 b	near	228c
	εἷς 4	one	232a
	ἐκ 1 a	away from	234b
	ἔτι 1 a β	still	315d
	λίθος 1 e	stone	474c
	Μαγδαληνή	Magdalene	484b
	Μαρία 2	Mary	492a
	ὁ, ἡ, τό II 1 a α	the	550a
	πρωΐ	early	724d
	σάββατον 2 b	week	739c
	σκοτία 1	darkness	757b
1-4	μνημεῖον 2	tomb	524d
2	αἴρω 3	carry	24c
	κύριος 2 c β	lord	459d
	οἶδα 1 f	know	556b
	Πέτρος	Peter	655b
	ποῦ 1 b	where	696b
	τίθημι I 1 a α	put	815d
	τρέχω 1	run	825d
	φιλέω 1 a	love, like	859b
3	ἔρχομαι I 1 a β	come	310c
3f	εἰς 1 b	near	228c
4	ὁμοῦ 2	together	569c
	προτρέχω	run ahead	722b
	πρῶτος 1 a	first	725c
	ταχέως 2 a	quickly	806d
	τρέχω 1	run	825d
5	βλέπω 1 a	see	143c
	κεῖμαι 1 b	lie	426d
	μέντοι 2	though	503c
	παρακύπτω 1	look into	619b
5ff	ὀθόνιον	linen cloth	555d
6	εἰς 1 b	near	228c
	εἰσέρχομαι 1 a β	come	232d
	θεωρέω 1	observe	360a
	κεῖμαι 1 b	lie	426d
6	μνημεῖον 2	tomb	524d
	Πέτρος	Peter	655b
7	εἰμί III 5 a	to be	225c
	εἰς 7	to	230b
	εἷς 2 a	one	231a
	ἐντυλίσσω 2	fold	270b
	ἐπί I 1 a α	on	286a
	κεῖμαι 1 b	lie	426d
	κεφαλή 1 a	head	430a
	σουδάριον	face cloth	759c
	χωρίς 1	apart	890c
8	μνημεῖον 2	tomb	524d
	οὖν 5	therefore	593c
	πιστεύω 1 d	believe	661a
	πρῶτος 1 a	first	725c
	τότε 2	at that time	824a
9	ἀνίστημι 2 a	rise	70b
	γραφή 2 b β	scripture	166b
	δεῖ 1	it is necessary	172a
	νεκρός 2 a	dead	535a
	οὐδέπω	not yet	592c
10	ἀπέρχομαι 2	go	84d
	ἑαυτοῦ 1 i	oneself	212b
11	ἔξω 1 a α	outside	279b
	ἵστημι II 2 b β	being	382c
	κλαίω 1	weep	433a
	Μαρία 2	Mary	492a
	οὖν 5	therefore	593c
	παρακύπτω 1	look into	619b
	πρός II 1	near	709d
	ὡς IV 1 b	when	898c
11a	μνημεῖον 2	tomb	524d
11b	μνημεῖον 2	tomb	524d
12	ἄγγελος 2 a	angel	7c
	ἄγγελος 2 a	angel	7c
	εἷς 5 a	one	232a
	ἐν I 4 b	in	259a
	θεωρέω 1	observe	360a
	ἱμάτιον 1	garment	376c
	καθέζομαι 1	sit	388c
	κεῖμαι 1 a	lie	426d
	κεφαλή 1 a	head	430b
	λευκός 2	white	472c
	ὅπου 1 a α	where	576a
	πούς 1 a	foot	696c
	πρός II 1	near	709d
	σῶμα 1 a	body	799a
13	αἴρω 3	carry	24c
	γυνή 1	woman	168c
	κλαίω 1	weep	433a
	κύριος 2 c β	lord	459d
	οἶδα 1 f	know	556b
	ποῦ 1 b	where	696b
	τίθημι I 1 a α	put	815d
14	θεωρέω 1	observe	360a
	ἵστημι II 2 b γ	being	382d
	ὀπίσω 1 a	behind	575a
	στρέφω 2 a α	turn	771b
15	αἴρω 3	carry	24c
	αὐτός 3 b	(oblique case)	123c
	βαστάζω 3 a	remove	137c

15	γυνή 1	woman	168c
	κηπουρός	gardener	430d
	κλαίω 1	weep	433a
	κύριος 1 b	lord	459b
	ποῦ 1 b	where	696b
	σύ 1 c	you	772b
	τίθημι I 1 a α	put	815d
16	διδάσκαλος	teacher	191d
	Ἑβραϊστί	in Hebrew	213c
	λέγω II 3	call	470b
	προστρέχω	run up (to)	719c
	ῥαββουνί	my Lord	733a
	στρέφω 2 a α	turn	771b
17	ἀδελφός 2	brother	16b
	μή A III 3 b	not	517a
	ὁ, ἡ, τό II 10 b	the	552c
	οὔπω	not yet	593c
17c	πατήρ 3 c α	father	636a
18	ἀγγέλλω	announce	7a
	κύριος 2 c β	lord	459d
	Μαγδαληνή	Magdalene	484b
	Μαρία 2	Mary	492a
	ὁράω 1 a α	see	577d
19	εἰρήνη 2	peace	227c
	εἰς 1 a α	into	228b
	εἷς 4	one	232a
	ἔρχομαι I 1 a ζ	come	310d
	θύρα 1 a	door	365d
	ἵστημι II 1 b	stand	382b
	κλείω 1	shut	434a
	μέσος 2	the middle	507c
	ὅπου 1 a α	where	576a
	ὄψιος 2	late	601d
	σάββατον 2 b	week	739c
	συνάγω 2	gather	782c
	φόβος 2 a α	fear	863d
20	δείκνυμι 1 a	show	172d
	κύριος 2 c β	lord	459d
	πλευρά	side	668a
	χαίρω 1	rejoice	873d
21	ἀποστέλλω 1 c	send away	99a
	εἰρήνη 2	peace	227c
	κἀγώ 3 a	I also	386b
	καθώς 1	just as	391b
21b	πέμπω 1	send	641d
22	ἐμφυσάω	breathe on	258a
	πνεῦμα 5 a	spirit	676b
	πνεῦμα 5 c β	spirit	676d
22f	δέω 4	bind	178a
23	ἄν	if	49c
	ἀφίημι 2	forgive	126a
	κρατέω 2 e ε	hold	448d
23b	ἀφίημι 2	forgive	126a
24	Δίδυμος	Twin	192c
	Θωμᾶς	Thomas	367c
	λέγω II 3	call	470b
	μετά A II 1 c α	with	508d
25	ἄλλος 1 c	other	40a
	βάλλω 2 b	put	131b
	δάκτυλος	finger	170a
	κύριος 2 c β	lord	459d

25	ὁράω 1 a α	see	577d
	πιστεύω 1 d	believe	661a
	πλευρά	side	668a
	τόπος 1 f	place	823a
	χείρ	hand	879d
	χείρ	hand	879d
25a	ἧλος	nail	345d
	τύπος 1	mark	829d
25b	ἧλος	nail	345d
	τύπος 1	mark	829d
	χείρ 1	hand	880a
26	εἰμί II 9 a	to be	224d
	εἰρήνη 2	peace	227c
	εἰς 1 a α	into	228b
	ἔρχομαι I 1 a ζ	come	310d
	ἔσω 2	in	314b
	ἡμέρα 2	day	346d
	θύρα 1 a	door	365d
	ἵστημι II 1 b	stand	382b
	κλείω 1	shut	434a
	μέσος 2	the middle	507c
	μετά A II 1 c α	with	508d
	ὀκτώ	eight	563a
	πάλιν 2	again	606d
26-8	Θωμᾶς	Thomas	367c
27	ἄπιστος 2	faithless	85d
	βάλλω 2 b	put	131b
	δάκτυλος	finger	170a
	εἶτα 1	then	233d
	μή A III 3 b	not	517a
	πιστός 2	trustworthy	665a
	πλευρά	side	668a
	ὧδε 1	here	895b
27a	φέρω 4 a γ	bear	855c
27b	φέρω 4 a γ	bear	855c
28	θεός 2	God	357b
	κύριος 2 c β	lord	459d
	κύριος 2 c γ	lord	460b
29	εἶδον 1 a	see	220d
	εἶδος 3	sight	221b
	μακάριος 1 b	blessed	486d
	μή A II 2 a	not	516c
	ὁράω 1 a α	see	577d
	ὅτι 3 a	that	589c
29a	πιστεύω 1 d	believe	661a
29b	πιστεύω 1 d	believe	661a
30	βιβλίον 1	book	141b
	γράφω 2 b	write	166d
	ἐνώπιον 2 a	before	270d
	καί I 4	and	393b
	μέν 1 a α	(particle)	502d
	οὖν 3	therefore	593b
	ποιέω I 1 b β	do	681b
	πολύς I 1 a α	many	687c
	σημεῖον 2 a	sign	748b
31	ζωή 2 b α	life	340d
	ὄνομα I 4 c γ	name	573a
	υἱός 2 b	son	835a
	Χριστός 1	Anointed One	887a
31a	πιστεύω 1 a β	believe	660c
31b	πιστεύω 2 b	believe	661d

John 21

1	ἐπί I 1 a γ	on	286b
	θάλασσα 2	lake	350b
	οὕτω 2	thus	598a
	Τιβεριάς	Tiberias	815c
1a	φανερόω 2 a	reveal	853a
1b	φανερόω 2 a	reveal	853a
2	Γαλιλαία	Galilee	150b
	Δίδυμος	Twin	192c
	δύο 1 b	two	209a
	εἰμί II 9 a	to be	224d
	ἐκ 4 a α	from	235d
	Ζεβεδαῖος	Zebedee	337b
	Θωμᾶς	Thomas	367c
	Κανά	Cana	402d
	λέγω II 3	call	470b
	Ναθαναήλ	Nathanael	532d
	ὁμοῦ 1	together	569b
2f	Πέτρος	Peter	655b
3	ἁλιεύω	to fish	37d
	ἐμβαίνω	go in	254a
	ἔρχομαι II	go	311d
	νύξ 1 c	night	546d
	πιάζω 2 b	grasp	657b
	πλοῖον 2	ship	673b
	σύν 1 b	with	781c
	ὑπάγω 2	go away	836d
4	αἰγιαλός	shore	21d
	ἀριστάω 1	eat breakfast	106c
	γίνομαι I 1 b γ	come about	158c
	ἵστημι II 1 b	stand	382b
	μέντοι 2	though	503c
	πρωΐα	(early) morning	725a
5	μή C 1	not	517b
	μήτι	(interrog particle)	520b
	οὐ 1	no	590a
	παιδίον 3 c	child	604b
	προσφάγιον	a relish	719c
6	ἀπό V 1	because of	87d
	βάλλω 1 b	throw	131a
	δεξιός 1	right	174d
	δίκτυον	net	198c
	ἕλκω 1 a	drag	251c
	ἰσχύω 2 b	be strong	383d
	ἰχθύς	fish	384b
	μέρος 1 b δ	side	506a
	πλῆθος 2 a	quantity	668c
7	ἀγαπάω 1 b α	love	4d
	βάλλω 1 b	throw	131a
	γυμνός 2	without an outer garment	167d
	διαζώννυμι	tie around	182d
	ἐπενδύτης	outer garment	285a
7a	κύριος 2 c β	lord	459d
7b	κύριος 2 c β	lord	459d
	Πέτρος	Peter	655b
8	ἄλλος 1 c	other	40a
	ἀπό III 1	away from	87b
	διακόσιοι	two hundred	185a
8	δίκτυον	net	198c
	εἰμί II 9 a	to be	224d
	ἰχθύς	fish	384b
	μακράν 1 a α	far	487c
	πῆχυς	forearm	657a
	πλοιάριον	boat	673b
	σύρω	drag	794c
	ὡς IV 5	when	899a
8ff	γῆ 4	land	157c
9	ἀνθρακιά	a charcoal fire	67c
	ἀποβαίνω	go away	88d
	ἄρτος 1 a	bread	110c
	βλέπω 1 a	see	143c
	ἐπίκειμαι 1	lie upon	294c
	κεῖμαι 1 b	lie	426d
	οὖν 5	therefore	593c
	ὡς IV 1 a	when	898c
9f	ὀψάριον	fish	601b
10	ἀπό I 6	from	86d
	νῦν 1 b	now	545d
	ὅς, ἥ, ὅ I 4 a	(rel pron)	584a
	πιάζω 2 b	grasp	657b
11	γῆ 4	land	157c
	δίκτυον	net	198c
	εἰμί II 6 a	to be	224c
	ἑκατόν	one hundred	236d
	ἕλκω 1 a	drag	251c
	ἰχθύς	fish	384b
	μέγας 1 a	large	497c
	μεστός 1	full	508b
	πεντήκοντα	fifty	643a
	Πέτρος	Peter	655b
	σχίζω 1 b	split	797c
	τοσοῦτος 1 b	so great	823c
12	ἀριστάω 1	eat breakfast	106c
	δεῦτε 1	come	176d
	εἰμί II 6 c	to be	224c
	ἐξετάζω 2	scrutinize	275c
	κύριος 2 c β	lord	459d
	τίς, τί 1 a β	which	819a
	τολμάω 1 a	dare	821d
13	ἄρτος 1 a	bread	110c
	δίδωμι 2	give	193c
	ἔρχομαι I 1 a ζ	come	310d
	ὁμοίως	likewise	568a
	ὀψάριον	fish	601b
14	ἐγείρω 2 c	rise	215a
	νεκρός 2 a	dead	535a
	οὗτος 2 c	this	597c
	τρίτος 3	third	826d
	φανερόω 2 b β	reveal	853a
15	ἀριστάω 1	eat breakfast	106c
	ἀρνίον	sheep	108b
	βόσκω 1	feed	145b
	οὖν 5	therefore	593c
	Πέτρος	Peter	655b
	πολύς II 2 c	many	689c
15-17	Ἰωάν(ν)ης 4	John	385a
	Ἰωνᾶς 2	Jonah	385b
	φιλέω 1 a	love like	859b
15f	ἀγαπάω 1 a β	love	4c

15f	ναί 1 a	yes	533a
16	δεύτερος 4	second	177b
	πάλιν 2	again	606d
	ποιμαίνω 2 a α	tend	683d
	πρόβατον 2	sheep	703b
16f	προβάτιον	sheep	703a
17	βόσκω 1	feed	145b
	γινώσκω 6 c	know	161c
	λυπέω 2 a	grieve	481d
	πᾶς, πᾶσα, πᾶν 2 a δ	everything	632d
	πρόβατον 2	sheep	703b
17a	τρίτος 3	third	826d
17b	τρίτος 3	third	826d
18	ἀποφέρω 1 a β	take away	101d
	γηράσκω	grow old	158a
	ἐκτείνω 1	stretch out	245c
	θέλω 1	wish	355a
	νέος 1 b β	young	536a
	ὅπου 1 b α	where	576b
	ὅτε 1 a	when	588b
	περιπατέω 1 c	go about	649b
	φέρω	bear	854d
	φέρω 4 b β	bear	855c
18a	ζώννυμι	gird	341c
18b	ζώννυμι	gird	341c
19	δοξάζω 2	glorify	204d
	θάνατος 1 d	death	351b
	ποῖος 1 a γ	of what kind	684d
	σημαίνω 2	make known	747d
20	ἀγαπάω 1 b α	love	4d
	ἀκολουθέω 1	follow	31b
	ἀναπίπτω 2	recline	59c
	βλέπω 1 a	see	143c
	δεῖπνον 1	dinner	173b
	ἐπί III 1 a γ	on	288b
	ἐπιστρέφω 2 a α	turn	301c
	παραδίδωμι 1 b	give over	614d
	στῆθος	chest	767d
21	εἶδον 1 a	see	220d
	τίς, τί 1 b δ	which	819b
21a	οὗτος 1 a β	this	596c
22f	ἔρχομαι I 2 c	come	311d
	ἕως I 1 c	until	334c
	θέλω 1	wish	355a
	μένω 1 c α	remain	504b
	πρός III 5 c	(elliptically)	710d
23	ἐξέρχομαι 2 b α	go out	275a
	λόγος 1 a β	word	477c
	οὗτος 2 b	this	597b
24	ἀληθής 2	true	36d
	εἰμί II 6 a	to be	224c
	μαρτυρέω 1 a	bear witness	492d
	μαρτυρία 2 b	testimony	493c
	οὗτος 1 b α	this	597a
25	ἀμήν 1	amen	45d
	βιβλίον 1	book	141b
	εἷς 5 e	one	232b
	κόσμος 2	world	446a
	οἶμαι	think	562c
	οὐδέ 3	not even	591c
25	πολύς I 1 a α	many	687d
	χωρέω 3 a	have room for	889d
25b	γράφω 4	write	167b

Acts 1

1	ἄρχω 2 a β	begin	113c
	Θεόφιλος	Theophilus	358d
	λόγος 1 a ζ	matter	477d
	μέν 2 c	(particle)	503b
	ὅς, ἥ, ὅ I 4 a	(rel pron)	584a
	πρῶτος 1 b	first	725d
	τέ 3 a	and	807d
	ὦ 2	(interjection)	895a
1a	ποιέω II 1	do	683a
2	ἀναλαμβάνω 1	take up	56d
	ἀπόστολος 3	apostles	99d
	ἄχρι 1 a	until	128d
	ἐκλέγομαι 2 a	choose	242b
	ἐντέλλω	command	268c
	εὐαγγέλιον 1 c	gospel	318a
	ἡμέρα 2	day	346c
	κηρύσσω 2 b β	announce	431c
	ὅς, ἥ, ὅ I 5 c α	(rel pron)	584c
	πνεῦμα 5 c β	spirit	676d
3	βασιλεία 3 b	kingdom	135b
	διά A II 1 a	through	179d
	ζάω 1 a β	live	336b
	ἡμέρα 2	day	346b
	ἡμέρα 2	day	346c
	καί II 6		393d
	λέγω II 2	speak	470a
	μετά B II 4 a	after	510c
	ὀπτάνομαι	appear	576c
	παρίστημι 1 b α	present	627d
	πάσχω 3 a α	suffer	634a
	περί 1 i	about	645a
	πολύς I 1 a α	many	687c
	τεκμήριον	proof	808a
	τεσσαράκοντα	forty	813a
4	ἀκούω 1 b β	hear	32a
	ἐπαγγελία 2 b	promise	280d
	μή A II 1 b β	not	516b
	παραγγέλλω	give orders	613b
	περιμένω	wait for	648d
	στόμα 1 a	mouth	769d
	συναλίζω	stay with	783d
	συναλίζω	stay with	783d
	συναλίσκομαι	taken captive together	784a
	χωρίζω 2 b	divide	890b
5	ἡμέρα 2	day	346d
	Ἰωάν(ν)ης 1	John	384d
	μετά B II 1	after	510b
	οὐ 2 b	no	590b
	οὗτος 2 c	this	597c
	πνεῦμα 5 c β	spirit	676d
	πολύς I 1 a α	many	687d
	ὕδωρ 1	water	833a
5a	βαπτίζω 2 a	baptize	131c
5b	βαπτίζω 3 b	baptize	132b

6	ἀποκαθίστημι 1	restore	91d
	βασιλεία 1	kingdom	134d
	εἰ V 1	if	219d
	μέν 2 e	(particle)	503b
	ὁ, ἡ, τό I 3	the	550a
	οὖν 5	therefore	593c
	συνέρχομαι 1 a	assemble	788a
	χρόνος	time	888a
	χρόνος	time	888b
7	γινώσκω 1 a	know	160d
	εἰμί IV 3	to be	225d
	ἐξουσία 2	ability	278a
	ἤ 1 c	nor	342b
	ἴδιος 2 c	ones own	370a
	καιρός 4	time	395c
	οὐ 4 a	no	590c
	τίθημι II 1 a	establish	816c
	χρόνος	time	888b
8	γῆ 5 b	earth	157d
	δύναμις 1	power	207c
	δύναμις 1	power	207c
	ἐπέρχομαι 2 c	come	285b
	ἐπί III 1 b γ	on	289a
	ἔσχατος 1	last	313d
	ἕως II 2 a	as far as	335a
	Ἰουδαία 1	Judaea	379a
	μάρτυς 2 c	witness	494c
	ὁ, ἡ, τό II 1 f	the	550d
	ὁ, ἡ, τό II 10 a	the	552c
	πνεῦμα 5 c α	spirit	676c
	Σαμάρεια	Samaria	741c
	τέ 3 a	and	807d
9	ἀπαίρω	take away	79d
	βλέπω 1 b	see	143c
	ἐπαίρω 2 a	raise up	282a
	νεφέλη	cloud	536d
	ὀφθαλμός 1	eye	599d
	ὑπολαμβάνω 1	take up	845b
10	ἀτενίζω	look intently at	119c
	ἐσθής	clothing	312b
	καί I 2 d	and	392c
	λευκός 2	white	472c
	παρίστημι 2 b α	be present	628b
	ὡς IV 1 b	when	898c
10f	οὐρανός 2 b	heaven	595a
11	ἀναλαμβάνω 1	take up	56d
	βλέπω 3	see	143d
	Γαλιλαῖος	Galilean	150c
	ἐμβλέπω 1	look at	254c
	ἐμβλέπω 1	look at	254c
	ἔρχομαι I 1 a	come	311a
	θεάομαι 1 a	see	353b
	ἵστημι II 2 a	stand	382c
	καί II 6		393d
	οὐρανός 2 b	heaven	595a
	οὗτος 2 a	this	597b
	οὕτω 2	thus	598a
	πορεύω 1	proceed	692b
	τίς, τί 3 a	which	819d
	τρόπος 1	manner	827c
12	ἐγγύς 1 a	near	214b
12	ἐλαιών	olive grove	248a
	ἔχω I 7 b	have	333d
	καλέω 1 a γ	call	399b
	ὁδός 1 b	way	554b
	ὄρος	mountain	582c
	σάββατον 1 a	Sabbath	739b
	τότε 2	at that time	824a
	ὑποστρέφω	return	847c
13	Ἁλφαῖος 2	Alphaeus	41d
	ἀναβαίνω 1 a α	go up	50a
	Ἀνδρέας	Andrew	63d
	Βαρθολομαῖος	Bartholomew	133d
	εἰσέρχομαι 1 a δ	come	232d
	ζηλωτής 2	the Zealot	338b
	Θωμᾶς	Thomas	367c
	Ἰούδας 5	Judas	380a
	Ἰωάν(ν)ης 2	John	385a
	Καναναῖος	Cananaean	402d
	καταμένω	stay	414d
	Ματθαῖος	Matthew	496a
	ὅτε 1 b	when	588b
	οὗ 1 a β	where	589d
	Πέτρος	Peter	654d
	Σίμων 2	Simon	751a
	τέ 3 a	and	807d
	ὑπερῷον	upper story	842b
	Φίλιππος 3	Philip	860b
13a	Ἰάκωβος 1	James	367d
13b	Ἰάκωβος 2	James	367d
13c	Ἰάκωβος 5	James	368a
14	ἀδελφός 1	brother	16a
	ἀδελφός 1	brother	16b
	δέησις	prayer	172a
	καί I 1 c	and	392a
	Μαρία 1	Mary	491d
	Μαρία 1	Mary	491d
	ὁ, ἡ, τό II 1 b	the	550c
	ὁμοθυμαδόν	with one mind	566c
	πᾶς, πᾶσα, πᾶν 1 e β	all	632c
	προσευχή 1	prayer	713b
	προσευχή 1	prayer	713c
	προσκαρτερέω 2 a	adhere to	715d
15	αὐτός 4 b	the same	123d
	εἴκοσι	twenty	222a
	εἰμί III 5 c	to be	225c
	ἑκατόν	one hundred	236d
	ἐπί III 1 a ζ	on	288d
	ἡμέρα 4 b	time	347c
	μέσος 2	the middle	507d
	ὄνομα III	people	573d
	ὄχλος 3	crowd	601a
	τέ 1 a	and	807c
	ὡσεί 2	as	899c
16	ἀδελφός 2	brother	16c
	γίνομαι II 1	be	160b
	γραφή 2 a	scripture	166b
	Δαυίδ	David	171b
	δεῖ 1	it is necessary	172a
	δεῖ 6 a	it is necessary	172b

16	διά A III 1 a	by means of	180a
	Ἰούδας 6	Judas	380a
	ὁ, ἡ, τό II 1 f	the	550d
	ὁδηγός 1	leader	553c
	πληρόω 4 a	make full	671c
	πνεῦμα 5 c α	spirit	676c
	πνεῦμα 6 c	spirit	677c
	προεῖπον 1	foretell	704d
	στόμα 1 a	mouth	770a
	συλλαμβάνω 1 a α	seize	776d
17	διακονία 3	service	184b
	καταριθμέω 2	count among	417d
	κλῆρος 2	lot	435c
	λαγχάνω 1	receive	462b
18	ἀδικία 2	unrighteousness	18a
	ἐκ 4 b	from	236a
	ἐκχέω 1	pour out	247b
	κτάομαι 1	get	455a
	λακάω	burst open	463a
	λάσκω	crash	467b
	μέν 2 e	(particle)	503b
	μέσος 1	among	507b
	μισθός 1	wages	523b
	οὖν 5	therefore	593c
	πᾶς, πᾶσα, πᾶν 1 d α	all	632a
	πρηνής	head first	700d
	σπλάγχνον 1 a	inward parts	763a
18f	χωρίον 1	place	890b
19	αἷμα 2 a	blood	23a
	Ἀκελδαμάχ	Field of Blood	30b
	γίνομαι I 4 b	become	159d
	γνωστός 1 a	known	164b
	διάλεκτος	language	185d
	εἰμί II 3	to be	224a
	εἰμί II 3	to be	224a
	ἐκεῖνος 2 a	that	239d
	ἴδιος 2 c	ones own	370a
	καλέω 1 a γ	call	399a
	κατοικέω 2	live	424b
	οὗτος 1 b ε	this	597b
	πᾶς, πᾶσα, πᾶν 1 d β	all	632b
	ὥστε 2 a β	so that	900a
20	βίβλος 1	book	141c
	γράφω 2 c	write	167a
	ἔπαυλις	residence	283d
	ἐπισκοπή 3	office as an overseer	299b
	ἔρημος 1 a	abandoned	309a
	ἕτερος 1 b α	another	315a
	καί I 2 a	and	392b
	κατοικέω 1 a	live	424b
	λαμβάνω 2	receive	465b
	ψαλμός 1	psalm	891b
21	εἰσέρχομαι 1 d	come	233a
	ἐξέρχομαι 1 a	go out	275a
	ἐπί III 1 a ζ	on	288d
	κύριος 2 c γ	lord	460a
	ὅς, ἥ, ὅ I 6	(rel pron)	584c
	οὖν 1 a	therefore	593a
	συνέρχομαι 2	assemble	788b
21	χρόνος	time	888a
21f	οὗτος 1 a ε	this	596d
22	ἀναλαμβάνω 1	take up	56d
	ἀνάστασις 2 a	resurrection	60b
	ἄρχω 2 c	begin	113d
	ἄχρι 1 a	until	128d
	βάπτισμα 1	baptism	132c
	ἕως II 1 a	until	334d
	ἡμέρα 2	day	346c
	Ἰωάν(ν)ης 1	John	384d
	μάρτυς 2 c	witness	494c
	ὅς, ἥ, ὅ I 4 b	(rel pron)	584a
23	Βαρσα(β)βᾶς 1	Barsabbas	134a
	ἐπικαλέω 1 b α	name	294a
	Ἰοῦστος 1	Justus	380c
	ἵστημι I 1 a β	put	382a
	Ἰωσήφ 8	Joseph	385d
	καλέω 1 a γ	call	399b
	Μαθθίας	Matthias	496a
24	ἀναδείκνυμι 1	show forth	53b
	ἐκ 1 b	away from	234b
	ἐκλέγομαι 1	choose	242b
	καρδιογνώστης	knower of hearts	404c
	προσεύχομαι	pray	713d
	σύ 1 b	you	772b
25	ἀποστολή	apostleship	99c
	διακονία 3	service	184b
	ἴδιος 1 b	ones own	369d
	Ἰούδας 6	Judas	380a
	κλῆρος 2	lot	435c
	παραβαίνω 1	go aside	611c
	πορεύω 1	proceed	692b
25a	τόπος 2 b	place	823a
25b	τόπος 1 g	place	823a
26	ἀπόστολος 3	apostles	99d
	δίδωμι 1 b α	give	193a
	ἕνδεκα	eleven	262d
	ιβ´	twelve	369b
	καταψηφίζομαι	be enrolled	421a
	Μαθθίας	Matthias	496a
	μετά A II 1 b	with	508d
	πίπτω 2 b β	fall	660a
	συγκαταψηφίζομαι	be added	773d
	συμψηφίζω	count up	781b
26a	κλῆρος 1	lot	435c
26b	κλῆρος 1	lot	435c

Acts 2

1	αὐτός 4 b	the same	123d
	εἰμί III 5 c	to be	225c
	ἐπί III 1 a ζ	on	288d
	ἡμέρα 2	day	346d
	ὁμοθυμαδόν	with one mind	566c
	ὁμοῦ 1	together	569c
	πεντηκοστή	fiftieth	643b

1	συμπληρόω 2	fill completely	779d
2	ἄφνω	suddenly	127a
	βίαιος 2	violent	141a
	γίνομαι I 1 b β	come about	158b
	ἦχος 1	sound	349d
	ἦχος 2	report	349d
	κάθημαι 1 a β	sit	389c
	οἶκος 1 a α	house	560b
	οὗ 1 a β	where	589d
	οὐρανός 2 a	heaven	594d
	πληρόω 1 a	make full	670d
	πνοή 1	wind	680b
	φέρω 3 c	bear	855b
	ὥσπερ 2	(just) as	899d
2-4	τέ 3 b	and	807d
3	γλῶσσα 1 b	tongue	162b
	διαμερίζω 1 a	divide	186d
	ἕκαστος 2	each	236d
	ἐπί III 1 a β	on	288b
	καθίζω 2 a α	sit down	390a
	ὁράω 1 a δ	see	578b
	πῦρ 1 a	fire	730a
	ὡσεί 1	as	899b
3f	πῦρ 1 b	fire	730b
4	ἄρχω 2 a α	begin	113c
	γλῶσσα 3	tongue	162c
	ἕτερος 2	another	315c
	καθώς 2	as	391c
	πίμπλημι 1 a β	fill	658b
	πνεῦμα 5 a	spirit	676b
	πνεῦμα 6 e	spirit	677d
4a	πνεῦμα 5 c β	spirit	676d
	πνεῦμα 5 d α	spirit	676d
4b	πνεῦμα 5 d α	spirit	676d
5	ἀπό IV 1 b	from	87c
	εἰς 9 a	in	230c
	εὐλαβής	devout	322a
	κατοικέω 1 a	live	424b
	οὐρανός 1 b	heaven	594a
	πᾶς, πᾶσα, πᾶν 1 a β	every, each	631c
	ὑπό 2 a β	under	843c
6	ἀκούω 1 c	hear	32b
	γίνομαι I 1 b β	come about	158b
	διάλεκτος	language	185d
	ἕκαστος 2	each	236c
	ἴδιος 1 a β	one's own	369d
	πλῆθος 2 b γ	quantity	668d
	συγχέω	confuse	775b
	συνέρχομαι 1 a	assemble	788a
	φωνή 1	sound	870d
7	ἅπας 2	all	81d
	Γαλιλαῖος	Galilean	150c
	ἐξίστημι 2 b	be amazed	276c
	θαυμάζω 1 a α	wonder	352b
	ἰδού 1 b δ	behold	371a
	πᾶς, πᾶσα, πᾶν 1 e β	all	632c
8	γεννάω 2	bear	155d
	διάλεκτος	language	185d
	ἕκαστος 2	each	236c
	ἴδιος 1 a β	ones own	369d
	πῶς 1 b	how	732b
9	Ἀσία	Asia	116a
	Ἐλαμίτης	Elamite	248a
	Ἰδουμαία	Idumaea	371b
	Ἰουδαία 2	Judaea	379b
	Καππαδοκία	Cappadocia	403b
	κατοικέω 2	live	424b
	Μεσοποταμία	Mesopotamia	507b
	Μῆδος	a Mede	518b
	Πάρθοι	Parthians	627c
	Πόντος	Pontus	691d
10	Αἴγυπτος	Egypt	22a
	ἐπιδημέω 1	stay	292a
	κατά II 1 a	along	406b
	Κυρήνη	Cyrene	458a
	Λιβύη	Libya	473d
	μέρος 1 b γ	part	506a
	Παμφυλία	Pamphylia	607c
	Ῥωμαῖος	Roman	738c
	Φρυγία	Phrygia	867c
11	ἀκούω 1 c	hear	32b
	Ἄραψ	Arab	104c
	ἡμέτερος	our	347d
	Ἰουδαῖος 2 c	Jewish	379c
	Κρής	a Cretan	450b
	λαλέω 2 b	speak	463c
	μεγαλεῖος	magnificent	496d
	προσήλυτος	proselyte	715a
12	ἄλλος 1 c	other	40a
	διαπορέω	be perplexed	187d
	ἐξίστημι 2 b	be amazed	276c
	θέλω 3	wish	355c
	λέγω I 3	say	468c
13	γλεῦκος	sweet new wine	162a
	διαχλευάζω	deride	191a
	ἕτερος 1 b β	another	315a
	λέγω I 1 b α	say	468b
	μεστόω	fill	508c
	χλευάζω 1	mock	882c
14	ἀνήρ 3	man	66d
	ἀποφθέγγομαι	declare	102a
	γνωστός 1 a	known	164b
	δέκα	ten	173d
	ἕνδεκα	eleven	262d
	ἐνωτίζομαι	give ear	271a
	ἐπαίρω 1	raise up	282a
	ἵστημι II 1 b	stand	382b
	κατοικέω 2	live	424b
	πᾶς, πᾶσα, πᾶν 1 d β	all	632b
	ῥῆμα 1	word	735c
	σύν 4 b	with	782a
	φωνή 2 a	voice	871a
15	γάρ 1 c	for	152a
	μεθύω 1	be drunk	499c
	οὗτος 1 a α	this	596b
	τρίτος 1	third	826d
	ὑπολαμβάνω 4	take up	845c
	ὥρα 2 b	time of day	896b
16	εἶπον 4	say	226d
	Ἰωήλ	Joel	385b

16	προφήτης 1	prophet	723c
17	εἰμί I 4	to be	223b
	ἐνυπνιάζομαι	to dream	270c
	ἐνύπνιον	a dream	270c
	ἔσχατος 3 b	last	314a
	ἡμέρα 4 b	time	347c
	θυγάτηρ 1	daughter	364d
	νεανίσκος 1	youth	534c
	ὅρασις 3	appearance	577c
	ὁράω 1 a β	see	578a
	πρεσβύτερος 1 a	older	699d
	σάρξ 3	body	743d
17f	ἀπό I 6	from	86d
	ἐκχέω 2	pour out	247c
	ἐπί III 1 b γ	on	289a
	πνεῦμα 5 a	spirit	676b
	προφητεύω 1	prophesy	723a
18	γέ 3 c	at least	153a
	δούλη	bondmaid	205c
	ἐκεῖνος 2 b β	that	239d
19	αἷμα 3	blood	23b
	ἄνω 1	above	76d
	ἀτμίς	mist	120b
	δίδωμι 1 b γ	give	193b
	ἐν I 1 a	in	258b
	καπνός	smoke	403b
	κάτω 1	below	425a
	οὐρανός 1 b	heaven	594a
	πῦρ 1 b	fire	730a
	σημεῖον 2 c	sign	748c
20	αἷμα 3	blood	23b
	εἰς 4 b	to	229b
	ἐπιφανής	glorious	304c
	ἥλιος	the sun	345c
	ἡμέρα 3 b β	day	347b
	κύριος 2 a	lord	459b
	μέγας 2 b β	great	498b
	μεταστρέφω	change	513b
	πρίν 1 b	before	701b
	σελήνη	moon	746d
	σκότος 1	darkness	757d
21	ἐπικαλέω 2 b	call upon	294b
	κύριος 2 a	lord	459b
	ὄνομα I 4 b	name	571d
	πᾶς, πᾶσα, πᾶν 1 c γ	whoever	632a
	σῴζω 2 b	save	798c
22	ἀκούω 1 b α	hear	32a
	ἀνήρ 3	man	66d
	ἀπό V 6	by	88c
	ἀποδείκνυμι 2	show forth	89d
	διά A III 2 a	by	180c
	δοκιμάζω 2 b	approve	202d
	δύναμις 4	miracle	208a
	Ἰσραηλίτης	Israelite	381d
	λόγος 1 a δ	word	477d
	μέσος 2	the middle	507d
	Ναζωραῖος	Nazarene	532c
	οἶδα 1 i	know	556b
	ὅς, ἥ, ὅ I 4 a	(rel pron)	584a

22	σημεῖον 2 a	sign	748b
22b	θεός 3 a	God	357b
23	ἀναιρέω 1 a	do away with	55a
	ἄνομος 2 b	lawless	72b
	βουλή 2 b	will	145d
	ἔκδοτος	given up	239a
	ὁρίζω 1 a α	determine	581a
	οὗτος 1 a ε	this	596d
	πρόγνωσις	foreknowledge	704a
	προσπήγνυμι	fasten to	718a
	χείρ 1	hand	880b
24	ἀνίστημι 1 a	raise	70a
	δυνατός 2 a	possible	208d
	θάνατος 1 b β	death	351a
	θάνατος 1 b β	death	351a
	καθότι 2	because	391b
	κρατέω 2 e α	hold	448d
	λύω 4	destroy	484a
	ὠδίν 2 a	birth pain	895c
25	γάρ 1 a	for	151c
	Δαυίδ	David	171b
	δεξιός 2 b	right	175a
	διά A II 1 a	through	179d
	εἰς 5	for	230a
	ἐκ 2	away from	234d
	ἐνώπιον 2 b	before	270d
	ἵνα I 1 a	in order that	376d
	λέγω I 2 a	say	468c
	μή A I 2	not	516a
	προοράω 3	see previously	709b
	σαλεύω 2	shake	740c
26	ἀγαλλιάω	be glad	4a
	γλῶσσα 1 a	tongue	162b
	δέ 4 a	but, and	171d
	ἐλπίς 2 a	hope	253a
	ἐπί II 1 b γ	on	287b
	ἔτι 2 b	still	316a
	εὐφραίνω 2	gladden	327d
	καρδία 1 b ε	heart	404a
	κατασκηνόω 2	live	418c
	σάρξ 2	body	743c
27	ᾅδης 1	hades	16d
	διαφθορά	destruction	190d
	δίδωμι 1 b β	give	193b
	ἐγκαταλείπω 3	leave	216a
	εἶδον 5	see	221a
	ὅσιος 2 b	pious	585d
	οὐδέ 1	and not	591c
	ψυχή 1 a α	soul, life	893b
28	γνωρίζω 1	make known	163c
	εὐφροσύνη	joy	328a
	ζωή 1 a	life	340b
	μετά A II 1 c γ	with	509b
	ὁδός 2 a	way	554c
	πληρόω 1 b	make full	671a
	πρόσωπον 1 c ε	face	721c
29	ἀδελφός 3	fellow countryman	16c
	ἄχρι 1 a	until	128d
	Δαυίδ	David	171b
	ἔξεστι 4	it is possible	275b

29	ἡμέρα 2	day	346c
	θάπτω	bury	351d
	μετά A III 1	with	509d
	μνῆμα	tomb	524c
	παρρησία 1	plainly	630c
	παρρησία 3 a	courage	630d
	τελευτάω	die	810c
30	ἐκ 3 a	from	234d
	θρόνος 1 a	throne	364b
	καθίζω 1 a	set	389d
	κάρπος 1 b	fruit	404d
	οἶδα 1 e	know	556a
	ὀμνύω	take an oath	566b
	ὅρκος	oath	581c
	ὀσφῦς 2	loins	587d
	προφήτης 1	prophet	723c
	ὑπάρχω 2	be	838a
	Χριστός 1	Anointed One	887a
31	ᾅδης 1	hades	16d
	ᾅδης 1	hades	17a
	ἀνάστασις 2 a	resurrection	60b
	διαφθορά	destruction	190d
	εἶδον 5	see	221a
	λαλέω 2 a δ	speak	463c
	οὔτε	not	596a
	πρόοιδα	know beforehand	709a
	προοράω 2	see previously	709a
	σάρξ 2	body	743c
	Χριστός 1	Anointed One	887a
32	ἀνίστημι 1 a	raise	70a
	ὅς, ἥ, ὅ I 7 b	(rel pron)	584d
	πᾶς, πᾶσα, πᾶν 1 e α	all	632b
33	βλέπω 1 a	see	143b
	δεξιός 2 a	right	174d
	ἐκχέω 2	pour out	247c
	ἐπαγγελία 2 b	promise	280d
	λαμβάνω 2	receive	465c
	παρά I 3 b	from	609d
	πνεῦμα 5 c α	spirit	676c
	τέ 1 b	and	807c
	ὑψόω 1	lift up	851a
34	ἀναβαίνω 1 a β	go up	50b
	γάρ 1 b	for	152a
	δεξιός 2 b	right	175a
	ἐκ 2	away from	234d
	κάθημαι 2	sit down	389d
	κύριος 2 c α	lord	459c
	οὐρανός 2 b	heaven	595a
35	ἐχθρός 2 b β	the enemy	331c
	ἕως I 1 b	until	334b
	πούς 1 b	foot	696d
	τίθημι I 2 a α	make	816c
	ὑποπόδιον	footstool	847a
36	ἀσφαλῶς 2	securely	119b
	Ἰσραήλ 1	Israel	381c
	κύριος 2 c γ	lord	460a
	οἶκος 3	nation	561a
	οὖν 1 b	therefore	593a
	πᾶς, πᾶσα, πᾶν 1 a ε	all	631d
	ποιέω I 1 b ι	do	681d
36	σταυρόω 1	crucify	765c
	Χριστός 1	Anointed One	887a
37	ἀκούω 1 b α	hear	32a
	καρδία 1 b ε	heart	404a
	κατανύσσομαι	stabbed	415c
	λοιπός 2 a	other	479d
	συνέρχομαι 1 a	assemble	788a
	τέ 1 a	and	807c
38	ἁμαρτία 1	sin	43b
	ἄφεσις 2	pardon	125a
	βαπτίζω 2 b β	baptize	132a
	βαπτίζω 2 b γ	baptize	132a
	δωρεά	gift	210c
	εἰς 4 f	(purpose)	229d
	ἕκαστος 2	each	236c
	ἐπί II 3	on	288a
	λαμβάνω 2	receive	465a
	μετανοέω	change ones mind	512b
	ὄνομα I 4 c γ	name	572d
	ὄνομα I 4 c ε	name	573b
	πνεῦμα 5 c α	spirit	676c
	φημί 1 b β	say	856b
	Χριστός 2	Christ	887b
39	ἄν 2 b	(particle)	48d
	εἰς 9 a	in	230c
	ἐπαγγελία 2 a	promise	280c
	θεός 3 c	God	357c
	μακράν 1 b	far	487d
	ὅσος 2	how great	586c
	πᾶς, πᾶσα, πᾶν 1 d γ	all	632b
	προσκαλέω 2 a	summon	715c
	τέκνον 1 b	child	808c
40	γενεά 2	generation	154a
	διαμαρτύρομαι 2	testify	186c
	ἕτερος 1 b β	another	315a
	λόγος 1 a δ	word	477d
	οὗτος 2 b	this	597b
	παρακαλέω 2	appeal to	617b
	πολύς II 1 a	many	689a
	σκολιός 2	crooked	756c
	σῴζω 2 b	save	798d
	τέ 1 a	and	807c
41	ἀποδέχομαι 1	welcome	90a
	ἀσμένως	gladly	116c
	βαπτίζω 2 b α	baptize	131d
	λόγος 1 a β	word	477c
	μέν 2 e	(particle)	503b
	οὖν 5	therefore	593c
	προστίθημι 1 b	add	719a
	τρισχίλιοι	three thousand	826c
	ψυχή 2	soul, life	894b
	ὡσεί 2	as	899c
42	ἄρτος 1 c	bread	110d
	διδαχή 2	teaching	192b
	κλάσις 1	breaking	433b
	κοινωνία 1	association	439a
	κοινωνία 1	association	439a
	προσευχή 1	prayer	713c
	προσκαρτερέω 2 b	adhere to	715d
42f	ἀπόστολος 3	apostles	99d

43	γίνομαι I 2 a	created	158c
	γίνομαι I 3 b γ	take place	159a
	πᾶς, πᾶσα, πᾶν 1 a α	every each	631b
	πολύς I 1 a α	many	687c
	σημεῖον 2 a	sign	748b
	φόβος 2 a α	fear	863d
	φόβος 2 a α	fear	863d
	ψυχή 1 b γ	soul, life	893c
	ψυχή 2	soul, life	894b
44	ἅπας 2	all	81d
	εἰμί III 5 c	to be	225c
	ἐπί III 1 a ζ	on	288d
	ἔχω I 2 a	have	332a
	κοινός 1 a	common	438a
	πᾶς, πᾶσα, πᾶν 1 d β	all	632b
	πιστεύω 2 b	believe	661d
	πιστεύω 2 b	believe	661d
45	ἄν 1 a α	(particle)	48b
	διαμερίζω 1 b	divide	186d
	καθότι 1	as	391b
	κτῆμα 1	property	455b
	πιπράσκω	sell	659a
	ὕπαρξις 2	property	837d
	χρεία 2	need	885a
46	ἀγαλλίασις	exultation	3d
	ἄρτος 1 c	bread	110d
	ἀφελότης	simplicity	124d
	κλάω	break	433d
	μεταλαμβάνω 1	receive	511b
	οἶκος 1 a α	house	560c
	ὁμοθυμαδόν	with one mind	566c
	προσκαρτερέω 3	adhere to	715d
	τέ 2	and	807c
	τροφή 1	food	827d
46b	κατά II 1 d	(distributive)	406c
46f	ἡμέρα 2	day	346d
	κατά II 2 c	every	406d
47	αἰνέω	to praise	23c
	αὐτός 4 b	the same	123d
	ἐπί III 1 a ζ	on	288d
	κόσμος 5 a	world	446c
	λαός 1 c α	people	466d
	πρός III 4 b	toward	710c
	προστίθημι	add	718d
	προστίθημι 1 b	add	719a
	σῴζω 2 b	save	798d
	χάρις 2 b	favor	877c

Acts 3

1	ἀναβαίνω 1 a α	go up	50a
	δειλινός	toward evening	173a
	ἔνατος	ninth	262b
	ἐπί III 2 a	on	289b
	Ἰωάν(ν)ης 2	John	385a
	προσευχή 1	prayer	713c
	ὥρα 2 b	time of day	896c
2	αἰτέω	ask	26a
	βαστάζω 2 a	carry	137b
2	εἰσπορεύομαι 1	go	233c
	ἐλεημοσύνη	charitable giving	250a
	ἡμέρα 2	day	346d
	θύρα 1 a	door	365d
	κατά II 2 c	every	406d
	κοιλία 2	belly	437b
	λέγω II 3	call	470b
	ὁ, ἡ, τό II 4 b ζ	the	551d
	παρά I 3 a	from	609d
	τίθημι	put	815d
	τίθημι I 1 a β	put	816a
	τὶς, τὶ 2 a α	any one	820c
	ὑπάρχω 2	be	838a
	χωλός	lame	889a
	ὡραῖος 2	beautiful	897a
2a	ἱερόν 2	temple	372c
3	εἴσειμι	go in	232c
	ἐλεημοσύνη	charitable giving	250a
	ἐρωτάω 2	ask	312a
	λαμβάνω 2	receive	465a
	μέλλω 1 c α	be about to	501a
3f	Ἰωάν(ν)ης 2	John	385a
4	ἀτενίζω	look intently at	119c
	βλέπω 3	see	143d
	σύν 4 b	with	782a
5	ἀτενίζω	look intently at	119c
	ἐπέχω 2 a	aim at	285d
	λαμβάνω 2	receive	465c
	παρά I 3 b	from	609d
	προσδοκάω 4	expect	712c
6	ἀργύριον 2 a	silver	104d
	Ναζωραῖος	Nazarene	532c
	ὄνομα I 4 c γ	name	572d
	οὗτος 1 a ε	this	596d
	περιπατέω 1 c	go about	649b
	ὑπάρχω 1	be	838a
	Χριστός 2	Christ	887b
	χρυσίον	gold	888c
7	βάσις	foot	137a
	δεξιός 1	right	174c
	ἐγείρω 1 a β	raise	214c
	παραχρῆμα	at once	623d
	πιάζω 1	grasp	657a
	στερεόω 1	make firm	766d
	σφυδρόν	ankle	797a
	σφυρόν 2	heel	797a
8	ἅλλομαι 1	leap	39d
	ἵστημι II 1 e	stand	382c
	σύν 1 b	with	781c
	χαίρω 1	rejoice	874a
8a	περιπατέω 1 c	go about	649b
8b	περιπατέω 1 c	go about	649b
8f	αἰνέω	to praise	23c
9	λαός 1 a	people	466c
	πᾶς, πᾶσα, πᾶν 1 c α	all	631d
	περιπατέω 1 c	go about	649b
10	γίνομαι I 3 b γ	take place	159a
	ἔκστασις 1	distraction	245a

10 ἐλεημοσύνη charitable giving 250a
ἐπί II 1 a δ at 287a
ἐπί II 1 b γ on 287c
ἐπιγινώσκω 1 b know 291a
θάμβος astonishment 350c
θάμβος astonishment 350c
θάμβος astonishment 350d
κάθημαι 1 a α sit 389c
ὅτι 1 b ζ that 589a
πίμπλημι 1 a β fill 658a
πρός III 3 a toward 710a
πύλη 1 gate 729b
συμβαίνω meet 777b
ὡραῖος 2 beautiful 897a
11 ἔκθαμβος utterly astonished 240b
ἐκπορεύομαι 1 a go out 244c
ἐπί II 1 a α on 286d
θαμβέω 2 astound 350c
Ἰωάν(ν)ης 2 John 385a
καλέω 1 a γ call 399b
κρατέω 2 a hold 448c
λαός 1 a people 466c
πᾶς, πᾶσα, πᾶν 1 c α all 631d
Σολομών Solomon 759b
Σολομών Solomon 759b
στοά portico 768d
συνεκπορεύομαι go out with 787b
συντρέχω 1 run together 793a
12 ἀποκρίνομαι 1 answer 93b
ἀτενίζω look intently at 119c
δύναμις 1 power 207c
εἶδον 1 a see 220d
εὐσέβεια godliness 326a
θαυμάζω 1 a β wonder 352c
ἴδιος 1 a β ones own 369d
Ἰσραηλίτης Israelite 381d
λαός 1 a people 466c
ὁ, ἡ, τό II 4 b the 551d
περιπατέω 1 c go about 649b
ποιέω I 1 b θ do 681d
ὡς III 2 so 898b
13 Ἀβραάμ Abraham 2a
ἀπολύω 1 set free 96c
ἀρνέομαι 3 a deny 108a
δοξάζω 2 glorify 204c
θεός 3 c God 357c
Ἰακώβ 1 Jacob 367d
Ἰσαάκ Isaac 380d
κατά II 1 b to 406b
κρίνω 3 decide 451c
παῖς 1 b γ servant 605a
παραδίδωμι 1 b give over 614d
παραδίδωμι 1 b give over 614d
πατήρ 1 b forefathers 635b
Πιλᾶτος Pilate 657d
πρόσωπον 1 c δ face 721c
14 ἅγιος 2 c β the Holy One 10a
αἰτέω ask 26a
ἀρνέομαι 3 a deny 108a

14 βαρύνω burden 134b
δίκαιος 3 righteous 196a
φονεύς murderer 864c
χαρίζομαι 1 give freely 876c
χαρίζομαι 1 give freely 876d
15 ἀρχηγός 1 ruler 112c
ἐγείρω 1 a β raise 214d
ἐκ 1 b away from 234b
ζωή 2 a β life 340c
μάρτυς 2 c witness 494c
νεκρός 2 a dead 535a
ὅς, ἥ, ὅ I 7 b (rel pron) 584d
16 ἀπέναντι 1 a opposite 84a
ἐπί II 1 b γ on 287b
θεωρέω 1 observe 360a
οἶδα 1 a know 555d
ὁλοκληρία wholeness 564c
στερεόω 1 make firm 766d
16a πίστις 2 c faith 663b
16b πίστις 2 b β faith 663b
17 ἄγνοια 1 ignorance 11d
ἀδελφός 3 fellow countryman 16c
ἄρχων 2 a authorities 114a
κατά II 5 b β according to 407c
οἶδα 1 e know 556a
πράσσω 2 a do 698d
ὥσπερ 2 (just) as 899d
18 διά A III 1 a by means of 180a
πᾶς, πᾶσα, πᾶν 1 d α all 632a
πάσχω 3 a α suffer 634a
πληρόω 4 a make full 671c
προκαταγγέλλω foretell 707b
στόμα 1 a mouth 770a
Χριστός 1 Anointed One 887a
19 ἁμαρτία 1 sin 43b
ἐξαλείφω 2 remove 272d
ἐπιστρέφω 1 b β turn 301b
μετανοέω change ones mind 512b
οὖν 1 b therefore 593a
πρός III 5 e in order to 710d
20 ἄν 4 (particle) 49b
ἀνάψυξις relaxation 63d
ἀποστέλλω 1 c send away 99a
ἔρχομαι I 1 b α come 311b
καιρός 4 time 395c
ὅπως 2 a β in order that 577a
προκηρύσσω proclaim publicly 707d
πρόσωπον 1 c α face 721b
προχειρίζω select 724c
21 ἅγιος 1 b α dedicated to God 9c
αἰών 1 a time 27b
ἀποκατάστασις restoration 92d
ἄχρι 1 a until 128d
δεῖ 1 it is necessary 172a
δέχομαι 1 receive 177c
διά A III 1 a by means of 180a
προφήτης 1 prophet 723c
στόμα 1 a mouth 770a
χρόνος time 888b

22	ἀδελφός 3 fellow countryman		16c
	ἀκούω 4	listen	32d
	ἀνίστημι 1 b	raise	70a
	ἐκ 1 b	away from	234b
	λαλέω 2 b	speak	463d
	ὅσος 2	how great	586c
	ὡς II 3 b	so	897d
22f	προφήτης 3	prophet	723c
23	εἰμί I 4	to be	223b
	ἐκ 1 b	away from	234b
	ἐκεῖνος 2 a	that	239d
	ἐξολεθρεύω	destroy utterly	276d
	λαός 3 a	people	466d
	μή A I 1	not	515d
	ὅστις 1 e β	whoever	586d
	πᾶς, πᾶσα, πᾶν 1 a α every each		631b
	ψυχή 2	soul, life	894b
24	δέ 4 b	but, and	171d
	καθεξῆς	in order	388d
	καταγγέλλω 1	proclaim	409b
	ὁ, ἡ, τό II 6	the	552a
	ὅσος 2	how great	586b
	προκαταγγέλλω	foretell	707b
	προφήτης 1	prophet	723c
	Σαμουήλ	Samuel	742a
25	Ἀβραάμ	Abraham	2a
	διαθήκη 2 last will and testament		183a
	διατίθημι 1	decree	189d
	ἐνευλογέω	bless	265d
	εὐλογέω 3	bless	322c
	ὅς, ἥ, ὅ I 4 a	(rel pron)	584a
	πατήρ 1 b	forefathers	635b
	πατριά 2	people	636d
	πρός III 1 e	toward	710a
	σπέρμα 2 b	seed	762a
	υἱός 1 c δ	son	834b
26	ἀνίστημι 1 a	raise	70a
	ἀποστρέφω 2	turn away	100c
	ἐν III 1 b	by	260d
	εὐλογέω 3	bless	322c
	παῖς 1 b γ	servant	605a
	πονηρία	wickedness	690c
	πρῶτος 2 c	first	726c

Acts 4

1	ἐφίστημι 1 a	stand by	330d
	ἱερεύς 1 b α	priest	372a
	ἱερόν 2	temple	372c
	λαλέω 2 a δ	speak	463c
	Σαδδουκαῖος	Sadducee	739d
	στρατηγός 2 chief magistrate		770c
1f	λαός 1 a	people	466c
2	ἀνάστασις 2 a	resurrection	60c
	διαπονέομαι	be disturbed	187d
	καταγγέλλω 1	proclaim	409c
2	καταπονέω	subdue	416d
	κατοικέω 1 a	live	424b
	νεκρός 2 a	dead	535a
3	αὔριον 1	tomorrow	122a
	εἰμί I 5	to be	223b
	ἐπαύριον	next day	283d
	ἐπιβάλλω 1 b	lay on	289d
	ἑσπέρα	evening	313c
	τήρησις 2	prison	815c
	τίθημι II 1 b	put	816c
4	ἀνήρ 1	man	66c
	ἀριθμός 1	number	106b
	λόγος 1 a β	word	477c
	πιστεύω 1 d	believe	661a
	πιστεύω 2 b	believe	661d
	πολύς I 2 a α	many	688b
	χιλιάς	thousand	882a
	ὡς IV 5	when	899a
5	ἄρχων 2 a	authorities	114a
	αὔριον 1	tomorrow	122a
	αὐτός 3 b	(oblique case)	123c
	γίνομαι I 3 e	take place	159b
	δέ 2	but, and	171c
	ἐπί III 2 a	on	289b
	πρεσβύτερος 2 a β	older	700a
	συνάγω 2	gather	782c
	συνάγω 2	gather	782c
6	Ἀλέξανδρος 2	Alexander	35c
	Ἅννας	Annas	70c
	ἀρχιερατικός	high priestly	112d
	γένος 1	descendants	156b
	ἐκ 3 b	from	235a
	Ἰωάν(ν)ης 5	John	385a
	Ἰωνάθας	Jonathas	385b
	Καϊάφας	Caiaphas	393d
	ὅσος 2	how great	586c
7	δύναμις 1	power	207d
	μέσος 2	the middle	507d
	ὄνομα I 4 c γ	name	572d
	ποῖος 2 a γ	of what kind	684d
	πυνθάνομαι 1	inquire	729d
8	ἄρχων 2 a	authorities	114a
	λαός 3 a	people	466d
	πίμπλημι 1 a β	fill	658b
	πνεῦμα 5 c β	spirit	676d
	πρεσβύτερος 2 a β	older	700a
	τότε 2	at that time	824a
9	ἀνακρίνω 1 b	question	56c
	ἀσθενής 1 a	sick	115c
	εἰ III	if	219c
	ἐπί II 1 b γ	on	287b
	εὐεργεσία 2	kindness	319d
	σήμερον	today	749a
	σῴζω	save	798a
	σῴζω 1 c	save	798b
	τίς, τί 1 b α	which	819b
10	ἐγείρω 1 a β	raise	214d
	ἐκ 1 b	away from	234b
	ἐνώπιον 1	before	270c
	Ἰσραήλ 2	Israel	381c
	λαός 3 a	people	466d

10	Ναζωραῖος	Nazarene	532c
	νεκρός 2 a	dead	535a
	ὄνομα I 4 c γ	name	572d
	οὗτος 1 a α	this	596b
	οὗτος 1 a β	this	596c
	οὗτος 1 a ε	this	596d
	παρίστημι 2 b α	be present	628b
	σταυρόω 1	crucify	765c
	ὑγιής 1 a	healthy	832c
	Χριστός 2	Christ	887b
10a	πᾶς, πᾶσα, πᾶν 1 e α	all	632b
11	γίνομαι I 4 a	become	159c
	γωνία	corner	168d
	ἐξουθενέω 2	reject	277d
	κεφαλή 2 b	head	430c
	λίθος 2	stone	474d
	οἰκοδομέω 1 b β	build	558b
	οἰκοδόμος	builder	559c
	οὗτος 1 a γ	this	596c
	ὑπό 1 a α	by	843a
12	δεῖ 1	it is necessary	172a
	εἰμί III 4	to be	225c
	ἐν IV 4 a	in	261b
	ὁ, ἡ, τό II 3 b	the	551b
	ὄνομα I 4 c γ	name	572d
	οὐδέ 1	and not	591c
	οὐδείς 2 a	no one	592a
	οὐρανός 1 b	heaven	594a
	σῴζω 2 b	save	798d
	σωτηρία 2	deliverance	801d
	ὑπό 2 a β	under	843c
13	ἀγράμματος	illiterate	13b
	εἰμί III 10	to be	225d
	ἐπιγινώσκω 1 b	know	291a
	θαυμάζω 1 a α	wonder	352b
	θεωρέω 2 a	observe	360b
	ἰδιώτης 1	layman	370c
	Ἰωάν(ν)ης 2	John	385a
	καταλαμβάνω 2	grasp	413b
	ὅτι 1 b ζ	that	589a
	παρρησία 3 a	courage	630d
	σύν 1 c	with	781c
	τέ 1 a	and	807c
14	ἀντεῖπον	say against	73b
	βλέπω 1 a	see	143c
	ἔχω I 6 a	can	333c
	ἵστημι II 2 b β	being	382c
	σύν 1 a	with	781c
15	ἀπέρχομαι 1 a	go away	84c
	ἔξω 2 b	outside	279c
	κελεύω	command	427b
	συμβάλλω 1 a α	converse	777b
	συνέδριον 2	Sanhedrin	786b
16	ἀρνέομαι 2	deny	107d
	γάρ 1 b	for	152a
	γίνομαι I 2 a	created	158c
	γίνομαι I 2 a	created	158c
	γνωστός 1 a	known	164b
	κατοικέω 2	live	424b
	μέν 1 a β	(particle)	502d
	πᾶς, πᾶσα, πᾶν 1 d β	all	632b
16	ποιέω I 1 d α	do	682b
	σημεῖον 2 a	sign	748b
	φανερός 1	clear	852c
17	ἀλλά 6	now	38d
	ἄνθρωπος 3 a ζ	man	69b
	ἀπειλέω	threaten	83a
	ἀπειλή	threat	83a
	διανέμω	distribute	186d
	εἰς 1 a β	into	228b
	ἐπί II 3	on	288a
	ἐπί III 1 a α	across	288a
	λαός 1 c α	people	466d
	μή A I 2	not	516a
	μηδείς 2 a	no	518a
	μηκέτι 4	no longer	518c
	ὄνομα I 4 c ε	name	573b
	πολύς II 2 c	many	689c
18	γνώμη 2	judgment	163b
	ἐπί II 3	on	288a
	καθόλου	entirely	391a
	καλέω 1 e	call	399c
	μή A II 1 b β	not	516b
	μηδέ 1 b	and not	517d
	ὄνομα I 4 c ε	name	573b
	παραγγέλλω	give orders	613c
	συγκατατίθημι	agree with	773c
	φθέγγομαι	speak	857b
	φωνέω 2 b	call	870c
19	ἀκούω 4	listen	32d
	δίκαιος 5	righteous	196a
	εἰμί II 9 a	to be	224d
	ἐνώπιον 3	before	270d
	ἤ 2 a	than	342c
	Ἰωάν(ν)ης 2	John	385a
	κρίνω 2	judge	451c
	μᾶλλον 3 c	rather	489d
20	γάρ 1 e	for	152a
	δύναμαι 1 a	able	207a
	εἶδον	see	220c
	μή A II 1 a	not	516b
	οὐ 6 b	no	590d
21	δοξάζω 1	praise	204c
	ἐπί II 1 b γ	on	287c
	εὑρίσκω 2	find	325c
	κολάζω	punish	440c
	λαός 1 c α	people	466d
	μηδείς 2 b β	nothing	518b
	ὁ, ἡ, τό II 8 a	the	552c
	προσαπειλέω	threaten further	711d
	πῶς 2 b	how	732d
22	γίνομαι I 2 a	created	158c
	εἰμί IV 6	to be	225d
	ἐπί III 1 b ζ	on	289b
	ἔτος	year	316d
	ἴασις 1	healing	368c
	πολύς II 1 a	many	689b
	σημεῖον 2 a	sign	748b
23	ἀπαγγέλλω 1	report	79b
	ἀπολύω 2 b	send away	96d
	ἀρχιερεύς 1 b	high priest	112d

23	ἴδιος 3 a	ones own	370b
	πρεσβύτερος 2 a β	older	700a
24	αἴρω 1 b	lift up	24c
	δεσπότης	master	176c
	ἐνέργεια 1	working	265b
	θάλασσα 1 a	sea	350b
	ὁμοθυμαδόν	with one mind	566c
	οὐρανός 1 a α	heaven	593d
	πᾶς, πᾶσα, πᾶν 1 d γ	all	632b
	ποιέω I 1 a β	do	681a
	φωνή 2 a	voice	871a
25	Δαυίδ	David	171b
	διά A III 1 a	by means of	180a
	ἱνατί	why	378c
	κενός 2 a β	empty	427d
	λαός 3 a	people	467a
	μελετάω 3	meditate upon	500c
	παῖς 1 b α	servant	604d
	παῖς 1 b γ	servant	605b
	πνεῦμα 5 c β	spirit	676d
	πνεῦμα 6 c	spirit	677c
	φρυάσσω	be arrogant	867b
26	ἄρχων 1	ruler	113d
	βασιλεύς 1	king	136a
	ἐπί III 1 a ζ	on	288d
	κύριος 2 a	lord	459b
	παρίστημι 2 a β	approach	628b
	συνάγω 2	gather	782c
	Χριστός 1	Anointed One	887a
27	ἅγιος 1 b γ	holy	9d
	ἀλήθεια 3	reality	36c
	ἐπί I 1 b β	on	286c
	ἐπί III 1 a ε	against	288c
	Ἡρῴδης 2	Herod	348c
	Ἰσραήλ 2	Israel	381c
	λαός 3 a	people	467a
	παῖς 1 b γ	servant	605a
	Πιλᾶτος	Pilate	657d
	πόλις 1	city	685c
	Πόντιος	Pontius	691d
	συνάγω 2	gather	782c
	τέ 3 a	and	807d
	χρίω 1	anoint	887c
28	βουλή 2 b	will	145d
	προορίζω decide upon beforehand		709b
	χείρ 2 a β	hand	880c
29	ἀπειλή	threat	83a
	δίδωμι 1 b β	give	193b
	δοῦλος 4	slave	206a
	δοῦλος 4	slave	206a
	ἐπεῖδον	look at	284c
	λαλέω 2 b	speak	463c
	λόγος 1 b β	word	478b
	μετά A III 1	with	509d
	νῦν 3 c	now	546a
	παρρησία 3 a	courage	630d
	πᾶς, πᾶσα, πᾶν 1 a δ	all	631c
30	ἅγιος 1 b γ	holy	9d
	γίνομαι I 2 a	created	158c
	ἐκτείνω 1	stretch out	245b
30	ἐν III 1 b	by	260d
	ἴασις 1	healing	368c
	ὄνομα I 4 c α	name	572b
	παῖς 1 b γ	servant	605b
	σημεῖον 2 a	sign	748b
	χείρ 2 a β	hand	880c
31	ἅπας 2	all	81d
	δέομαι 4	ask	175b
	λαλέω 2 b	speak	463c
	λόγος 1 b β	word	478b
	μετά A III 1	with	509d
	παρρησία 3 a	courage	630d
	πίμπλημι 1 a β	fill	658b
	πνεῦμα 5 c α	spirit	676c
	σαλεύω 1	shake	740c
	συνάγω 2	gather	782c
	τόπος 1 b	place	822c
32	ἅπας 2	all	81d
	διάκρισις 2	quarrel	185b
	εἰμί II 7	to be	224d
	εἷς 2 a	one	231a
	εἷς 2 b	one	231c
	ἴδιος 1 a α	ones own	369c
	καρδία 1 b	heart	404b
	κοινός 1 a	common	438a
	λέγω I 1 b β	say	468b
	οὐδέ 3	not even	591d
	πιστεύω 2 b	believe	661d
	πλῆθος 2 b δ	quantity	669a
	τὶς, τὶ 1 b α	any one	820b
	ὑπάρχω 1	be	838a
	χωρισμός	division	891c
	ψυχή 1 b γ	soul, life	893c
33	ἀνάστασις 2 a	resurrection	60b
	ἀποδίδωμι 1	give away	90b
	ἀπόστολος 3	apostles	99d
	δύναμις 1	power	207c
	εἰμί III 5 c	to be	225c
	κύριος 2 c γ	lord	460a
	μαρτύριον 1 b	testimony	494a
	μέγας 2 a γ	great	497d
	πᾶς, πᾶσα, πᾶν 1 e α	all	632b
	τέ 1 a	and	807c
	χάρις 2 b	favor	877c
34	ἐνδεής	poor	262c
	ἤ 1 a β	or	342a
	κτήτωρ	owner	455c
	οἰκία 1 a	house	557c
	ὅσος 2	how great	586c
	οὐδέ 1	and not	591c
	πιπράσκω	sell	659a
	πωλέω	sell	731d
	τιμή 1	value	817c
	ὑπάρχω 1	be	838a
	φέρω 4 a α	bear	855b
	χωρίον 1	place	890c
35	ἄν 1 a α	(particle)	48b
	ἀπόστολος 3	apostles	99d
	διαδίδωμι	distribute	182d
	ἕκαστος 2	each	236c
	καθότι 1	as	391b

35	παρά III 1 c	along	611a
	πούς 1 a	foot	696c
	τίθημι	put	815d
	τίθημι I 1 a β	put	816a
	χρεία 2	need	885a
36	ἀπό V 6	by	88c
	Βαρναβᾶς	Barnabas	133d
	Βαρναβᾶς	Barnabas	133d
	γένος 3	nation	156c
	ἐπικαλέω 1 b α	name	294a
	Ἰωσῆς 3	Joses	385c
	Ἰωσήφ 7	Joseph	385d
	Κύπριος	inhabitant of Cyprus	457d
	Λευίτης	a Levite	472b
	μεθερμηνεύω	translate	498d
	ὅς, ἥ, ὅ I 7 a	(rel pron)	584c
	παράκλησις 3	comfort	618b
	υἱός 1 c δ	son	834b
37	ἀγρός 1	field	14a
	ἀπόστολος 3	apostles	99d
	παρά III 1 c	along	611a
	πούς 1 a	foot	696c
	πωλέω	sell	731d
	τίθημι I 1 a β	put	816a
	τίθημι I 1 a β	put	816a
	ὑπάρχω 1	be	838a
	φέρω 4 a α	bear	855b
	χρῆμα 2 b	wealth	885c
	χωρίον 1	place	890c

Acts 5

1	Ἁνανίας 2	Ananias	58b
	κτῆμα 2	property	455b
	ὄνομα I 1	name	571a
	πωλέω	sell	731c
	Σάπφιρα	Sapphira	742c
	σύν 2 a	with	781d
2	ἀπόστολος 3	apostles	99d
	μέρος 1 a	part	505d
	παρά III 1 c	along	611a
	πούς 1 a	foot	696c
	σύνοιδα 1	share knowledge	791b
	τίθημι I 1 a β	put	816a
	τιμή 1	value	817b
	φέρω 4 a α	bear	855b
2f	νοσφίζω	misappropriate	544a
3	Ἁνανίας 2	Ananias	58b
	διά B II 2	why	181b
	καρδία 1 b γ	heart	404a
	πηρόω	disable	656d
	πληρόω 1 a	make full	670d
	πνεῦμα 5 c α	spirit	676c
	σατάν	Adversary	745a
	τιμή 1	value	817b
	χωρίον 1	place	890c
	ψεύδομαι 2	lie	891d
4	ἐξουσία 1	right	278a
	καρδία 1 b γ	heart	404a
4	μένω 1 b	remain	504b
	ὅτι 1 c	that	589a
	πιπράσκω	sell	659a
	πονηρός 2 c	wicked	691b
	πρᾶγμα 1	deed	697a
	σός, σή, σόν 1	yours	759b
	τίθημι II 1 c	put	816d
	τίς, τί 1 b ε	which	819c
	ὑπάρχω 2	be	838b
	ψεύδομαι 1	lie	891d
5	Ἁνανίας 2	Ananias	58b
	γίνομαι I 4 c γ	come, go	160a
	ἐκψύχω	die	247c
	μέγας 2 a γ	great	497d
	πᾶς, πᾶσα, πᾶν 1 d β	all	632b
	πίπτω 1 b α	fall	659c
	φόβος 2 a α	fear	863d
6	ἐκφέρω 1	carry	246d
	θάπτω	bury	351d
	νέος 2 b β	novice	536b
	συστέλλω 2	limit	795b
7	διάστημα	interval	188d
	εἰσέρχομαι 1 a δ	come	232d
	καί I 2 c	and	392c
	ὥρα 2 a α	time of day	896a
	ὡς IV 5	when	899a
8	ἀποδίδωμι 4 a	sell	90d
	ἀποκρίνομαι 2	begin	93c
	ἄρα 2	then	103d
	ἐπερωτάω 1 a	ask	285b
	ναί 1 a	yes	533a
	χωρίον 1	place	890c
8a	τοσοῦτος 2 b α	so great	823c
8b	τοσοῦτος 2 b α	so great	823c
9	ἐπί II 1 a δ	at	287a
	θάπτω	bury	351d
	θύρα 1 a	door	365d
	θύρα 2 a	door	366a
	ὅτι 1 c	that	589a
	πειράζω 2 e	try	640d
	πνεῦμα 5 a	spirit	676b
	πούς 1 b	foot	696d
	συμφωνέω 2 a	match	781a
	τίς, τί 1 b ε	which	819c
9f	ἀνήρ 1	man	66c
	ἐκφέρω 1	carry	246d
10	εἰσέρχομαι 1 a δ	come	232d
	εὑρίσκω 1 c β	find	325b
	θάπτω	bury	351d
	νεανίσκος 2	servant	534c
	νεκρός 1 a α	dead	534d
	παραχρῆμα	at once	623d
	πίπτω 1 b α	fall	659c
	πούς 1 a	foot	696c
	συστέλλω 2	limit	795b
11	ἐκκλησία 4 b	church	241a
	μέγας 2 a γ	great	497d
	πᾶς, πᾶσα, πᾶν 1 d β	all	632b
	φόβος 2 a α	fear	863d
12	ἅπας 2	all	81d
	ἀπόστολος 3	apostles	99d

12	διά A III 1 a	by means of	180a
	ὁμοθυμαδόν	with one mind	566c
	σημεῖον 2 a	sign	748b
	Σολομών	Solomon	759b
	Σολομών	Solomon	759b
	στοά	portico	768d
	χείρ 1	hand	880b
13	κολλάω 2 b α	unite	441d
	λοιπός 2 b α	the others	480a
	μεγαλύνω 2	exalt	497b
	οὐδείς 2 a	no one	592a
	τολμάω 1 a	dare	821d
14	γυνή 1	woman	168c
	κύριος 2 c γ	lord	460a
	μᾶλλον 1	more	489a
	πιστεύω 2 a α	believe	661b
	πλῆθος 2 b α	quantity	668d
	προστίθημι 1 b	add	719a
	προστίθημι 1 b	add	719b
15	ἀπαλλάσσω 2 a	release	80a
	ἀσθένεια 1 a	weakness	115a
	ἐκφέρω 1	carry	246d
	ἐπί I 1 a β	on	286a
	ἐπισκιάζω 1	cast a shadow	298d
	ἵνα I 2	in order that	377a
	κἄν 3	at least	402c
	κλινάριον	bed	436b
	κράβαττος	mattress	447c
	πλατεῖα	wide road	666d
	ῥύομαι	save	737c
	σκιά 1 a	shade	755d
	τίθημι I 1 a β	put	816a
	τὶς, τὶ 1 a α	any one	820a
	ὥστε 2 a β	so that	900a
15f	ἀσθενής 1 a	sick	115c
16	ἀκάθαρτος 2	impure	29b
	ἅπας 2	all	81d
	ἰάομαι 1	heal	368b
	ὀχλέω	trouble	600c
	πέριξ	around	648d
	πλῆθος 2 b γ	quantity	668d
	πνεῦμα 4 c	spirit	676a
	πόλις 1	city	685d
	συνέρχομαι 1 a	assemble	788a
	συνέρχομαι 1 a	assemble	788a
	φέρω 4 b β	bear	855c
17	αἵρεσις 1 a	sect	23d
	ζῆλος	jealousy	337d
	ζῆλος 2	jealousy	337d
	πᾶς, πᾶσα, πᾶν 1 d γ	all	632b
	πίμπλημι 1 a β	fill	658a
	Σαδδουκαῖος	Sadducee	739d
	σύν 1 c	with	781d
18	ἀπόστολος 3	apostles	99d
	δημόσιος 1	public	179b
	ἐπί III 1 a β	on	288b
	ἐπιβάλλω 1 b	lay on	289d
	ἴδιος 3 b	ones own	370b
	τήρησις 2	prison	815c
	τίθημι II 1 b	put	816c
19	ἄγγελος 2 a	angel	7c
19	ἀνοίγω 1 a	open	71a
	διά A II 1 b	during	180a
	ἐξάγω 1	lead out	271d
	θύρα 1 a	door	365d
	κύριος 2 a	lord	459b
	νύξ 1 b	night	546d
	τέ 1 a	and	807c
	φυλακή 3	guard	867d
20	ζωή 2 b α	life	340d
	ἵστημι II 1 b	stand	382b
	ῥῆμα 1	word	735c
21	ἀποστέλλω 1 b γ	send away	98d
	γερουσία	council of elders	156d
	δεσμωτήριον	prison	176b
	Ἰσραήλ 1	Israel	381c
	καί I 2 a	and	392b
	ὄρθρος	dawn	580d
	πᾶς, πᾶσα, πᾶν 1 c α	all	631d
	πρωΐ	early	724d
	συγκαλέω 1	call together	773b
	συγκαλέω 2	call together	773b
	συνέδριον 2	Sanhedrin	786b
	υἱός 1 b α	son	833d
	ὑπό 2 c	under	843d
	φυλακή 3	guard	867d
21f	παραγίνομαι 1	come	613d
22	ἀναστρέφω 3 b	return	61c
	ἀπαγγέλλω 1	report	79b
	ἔσω 2	in	314b
	εὑρίσκω 1 a	find	325a
	ὑπηρέτης	servant	842d
	φυλακή 3	guard	867d
23	ἀσφάλεια 1 a	firmness	118d
	δεσμωτήριον	prison	176b
	ἐν III 2	by	261a
	ἐπί I 1 a γ	on	286b
	ἔσω 2	in	314b
	εὑρίσκω 1 c α	find	325b
	θύρα 1 a	door	365d
	ἵστημι II 2 b β	being	382c
	κλείω 1	shut	434b
	ὅτι 2	that	589c
	πᾶς, πᾶσα, πᾶν 1 a δ	all	631c
	πρό 1	before	701c
	φύλαξ	guard	868b
24	ἄν 5	(particle)	49b
	ἱερόν 2	temple	372c
	στρατηγός 2	chief magistrate	770c
	τέ 3 a	and	807d
	ὡς IV 1 a	when	898c
25	ἵστημι II 2 a	stand	382c
	παραγίνομαι 1	come	613d
	τίθημι II 1 b	put	816c
	τὶς, τὶ 1 a α	any one	819d
	φυλακή 3	guard	867d
26	ἄγω 2	lead away	14c
	βία 2	force	140c
	λαός 1 c α	people	466d
	λιθάζω	stone	474a

26	στρατηγός 2	chief magistrate	770c
	σύν 1 b	with	781c
	ὑπηρέτης	servant	842d
	φοβέω 1 b α	be afraid	863a
27	ἐπερωτάω 1 b	ask	285b
	ἱερεύς 1 b β	priest	372a
	ἵστημι I 1 a α	put	382a
	πέριξ	around	648d
	συνέδριον 2	Sanhedrin	786b
28	αἷμα 2 a	blood	23a
	βούλομαι 2 a β	desire	146b
	διδαχή 2	teaching	192b
	ἐπάγω	bring on	281b
	ἐπί II 3	on	288a
	ἐπί III 1 b γ	on	289a
	Ἱεροσόλυμα	Jerusalem	373a
	μή A II 1 b β	not	516b
	ὄνομα I 4 c ε	name	573b
	παραγγελία	order	613b
	παραγγέλλω	give orders	613c
	πληρόω 1 a	make full	670d
29	ἀπόστολος 3	apostles	99d
	δεῖ 2	it is necessary	172a
	δεῖ 6	it is necessary	172b
	ἤ 2 a	than	342c
	καί I 1 c	and	392a
	μᾶλλον 3 c	rather	489d
	πειθαρχέω	obey	638d
30	διαχειρίζω	kill	191a
	ἐγείρω 1 a β	raise	214d
	ἐπί I 1 a β	on	286b
	κρεμάννυμι 1	hang	450a
	ξύλον 2 c	cross	549b
31	ἁμαρτία 1	sin	43b
	ἀρχηγός 1	ruler	112c
	ἄφεσις 2	pardon	125a
	δεξιός 2 a	right	174d
	μετάνοια	repentance	512c
	σωτήρ 2	savior	801a
	ὑψόω 2	lift up	851a
32	μάρτυς 2 c	witness	494c
	πνεῦμα 5 c α	spirit	676c
	ῥῆμα 2	word	735d
33	ἀναιρέω 1 a	do away with	55a
	βουλεύω 2	decide	145c
	βούλομαι 2 a β	desire	146b
	διαπρίω	infuriate	187d
34	βραχύς 2	short	147b
	Γαμαλιήλ	Gamaliel	150c
	ἔξω 1 b	outside	279c
	κελεύω	command	427b
	νομοδιδάσκαλος	teacher of the law	541d
	ὄνομα I 1	name	571a
	ποιέω I 1 e γ	do	682c
	συνέδριον 2	Sanhedrin	786b
	συνέδριος	member of a council	786b
	τίμιος 2	valuable	818b
35	ἀνήρ 3	man	66d
35	ἐπί II 1 b δ	on	287d
	Ἰσραηλίτης	Israelite	381d
	μέλλω 1 c α	be about to	501a
	πράσσω 1 a	do	698b
	προσέχω 1 b	pay attention to	714c
	συνέδριος	member of a council	786b
	τέ 1 a	and	807c
36	ἀναιρέω 1 a	do away with	55a
	ἀριθμός 1	number	106b
	γίνομαι I 4 a	become	159d
	διαλύω 2	break up	186b
	εἰμί II 6 b	to be	224c
	εἰς 8 a α	(predicate nominative)	230b
	ἡμέρα 4 b	time	347d
	Θευδᾶς	Theudas	360a
	οὐδείς 2 b β	worthless	592b
	πρό 2	before	701d
	προσκλίνω	join someone	716a
	προσκολλάω	adhere closely to	716a
	τετρακόσιοι	four hundred	813d
	τὶς, τὶ 1 a ζ	any one	820b
	ὡς IV 5	when	899a
36f	ὅσος 2	how great	586b
	πείθω 3 c	obey	639d
37	ἀπογραφή	census	89b
	ἀπόλλυμι 2 a α	perish	95b
	ἀφίστημι 1	mislead	126d
	Γαλιλαῖος	Galilean	150c
	διασκορπίζω	scatter	188b
	ἡμέρα 4 b	time	347c
	Ἰούδας 3	Judas	379d
	κἀκεῖνος 2 b	he also	396d
	λαός 1 a	people	466c
	ὀπίσω 2 a β	after	575b
38	ἀφίημι 4	tolerate	126b
	ἀφίστημι 2 b	keep away	127a
	βουλή 2 a	decision	145d
	ἐάω 2	let	212d
	ἔργον 4	thing	308d
	καταλύω 1 c	annul	414c
	μιαίνω 2	defile	520d
	μολύνω 2	defile	527a
	νῦν 3 c	now	546b
39	ἀπέχω 3	keep away	85b
	εἰ I 1 a	if	219a
	εὑρίσκω 2	find	325d
	θεομάχος	fighting against God	356c
	θεός 3 b	God	357c
	καί II 2	even	393b
	καταλύω 1 c	annul	414c
	μήποτε 2 b α	(neg particle)	519b
	πείθω 3 c	obey	639d
	τύραννος	tyrant	830c
40	ἀπολύω 1	set free	96c
	ἀπόστολος 3	apostles	99d

40	δέρω	beat	175d
	ἐπί II 3	on	288a
	μή A II 1 b β	not	516b
	ὄνομα I 4 c ε	name	573b
	παραγγέλλω	give orders	613c
	προσκαλέω 1 b	summon	715c
41	ἀτιμάζω	dishonor	120a
	καταξιόω 1	consider worthy	415d
	μέν 2 e	(particle)	503b
	ὁ, ἡ, τό I 3	the	550a
	ὄνομα I 4 c θ	name	573b
	ὄνομα I 4 d	name	573c
	οὖν 1 a	therefore	593a
	οὖν 5	therefore	593c
	πρόσωπον 1 c α	face	721b
	συνέδριον 2	Sanhedrin	786b
	ὑπέρ 1 d	in behalf of	839a
	χαίρω 1	rejoice	873b
42	ἐν I 1 a	in	258b
	εὐαγγελίζω 2 a β	preach	317c
	ἡμέρα 1 a	day	346a
	κατά II 1 d	(distributive)	406c
	οἶκος 1 a α	house	560c
	πᾶς, πᾶσα, πᾶν 1 a α	every each	631b
	παύω 2	stop	638a
	Χριστός 1	Anointed One	887a
	Χριστός 1	Anointed One	887a

Acts 6

1	γίνομαι I 1 b β	come about	158b
	γογγυσμός 1	complaint	164c
	δέ 2	but, and	171c
	διακονία 4	support	184c
	Ἑβραῖος 2	Hebrew	213b
	Ἑλληνιστής	Hellenist	252b
	καθημερινός	daily	389d
	παραθεωρέω	overlook	616b
	πληθύνω 2	increase	669b
	πρός III 4 a	toward	710c
	χήρα 1	the widow	881c
1f	μαθητής 2 b γ	disciple	486a
2	ἀρεστός	pleasing	105d
	διακονέω 3	care for	184b
	καταλείπω 2 c	leave behind	413d
	λόγος 1 b β	word	478b
	πλῆθος 2 b δ	quantity	668d
	προσκαλέω 1 a	summon	715c
	τράπεζα 3	table	824c
3	ἀδελφός 2	brother	16b
	δή 2	now	178b
	ἐπί I 1 b α	over	286c
	ἐπισκέπτομαι 1	look at	298c
	ἑπτά	seven	306b
	καθίστημι 2 a	appoint	390c
	μαρτυρέω 2 b	be approved	493b
	πλήρης 1 b	full	669d
	πλήρης 2	full	670a
	πνεῦμα 6 a	spirit	677c
3	σοφία 2	wisdom	759d
	χρεία 4	need	885b
4	διακονία 1	service	184b
	λόγος 1 b β	word	478b
	προσευχή 1	prayer	713c
	προσκαρτερέω 2 a	adhere to	715d
5	ἀνήρ 4	man	67a
	Ἀντιοχεύς	a man from Antioch	75c
	ἀρέσκω 2 b	be pleasing	105d
	ἐκλέγομαι 2 a	choose	242b
	ἐνώπιον 4	before	270d
	λόγος 1 a γ	word	477c
	Νικάνωρ	Nicanor	539a
	Νικόλαος	Nicolaus	539d
	Παρμενᾶς	Parmenas	628c
	πίστις 2 d α	faith	663b
	πλῆθος 2 b δ	quantity	668d
	πλήρης 1 b	full	669d
	πλήρης 2	full	670a
	πνεῦμα 6 a	spirit	677c
	προσήλυτος	proselyte	715a
	Πρόχορος	Prochorus	724c
	Στέφανος	Stephen	767a
	Τίμων	Timon	818c
	Φίλιππος 4	Philip	860b
6	ἀπόστολος 3	apostles	99d
	ἐνώπιον 1	before	270c
	ἐπιτίθημι 1 a α	put upon	303a
	ἵστημι I 1 a α	put	382a
	προσεύχομαι	pray	713d
7	ἀριθμός 2	number	106c
	αὐξάνω 3	grow	121d
	ἱερεύς 1 b α	priest	372a
	λόγος 1 b β	word	478b
	μαθητής 2 b γ	disciple	486a
	ὄχλος 3	crowd	601a
	πίστις 2 d α	faith	663b
	πληθύνω 1 b	increase	669a
	πολύς I 1 b α	many	688a
	σφόδρα	greatly	796b
	τέ 1 a	and	807c
	ὑπακούω 1	listen to	837b
8	δέ 2	but, and	171c
	δύναμις 1	power	207c
	λαός 1 b	people	466d
	μέγας 2 a γ	great	497d
	πίστις 2 d α	faith	663b
	πλήρης 1 b	full	669d
	ποιέω I 1 b β	do	681b
	σημεῖον 2 a	sign	748b
	χάρις 4	favor	878b
8f	Στέφανος	Stephen	767a
9	Ἀλεξανδρεύς	Alexandrian	35c
	Ἀλεξανδρῖνος	Alexandrian	35c
	ἀνίστημι 2 c	rise	70b
	ἀπό IV 1 b	from	87c
	Ἀσία	Asia	116a
	ἐκ 3 d	from	235b
	Κιλικία	Cilicia	432a

9	Κυρηναῖος	Cyrenian	458a
	λέγω II 3	call	470b
	Λιβερτῖνος	Freedman	473d
	συζητέω 2	discuss	775d
	συναγωγή 3	place of assembly	783a
10	ἀνθίστημι 2	set against	67b
	ἀντοφθαλμέω	look directly at	76c
	ἐλέγχω 2	expose	249b
	ἰσχύω 2 b	be strong	383d
	παρρησία 3 a	courage	630d
	πνεῦμα 6 a	spirit	677c
	σοφία 2	wisdom	759d
11	ἀνήρ 6	man	67a
	βλασφημία 2 b	slander	143a
	βλάσφημος	slanderous	143b
	εἰς 4 c α	against	229b
	λαλέω 2 b	speak	463d
	ῥῆμα 1	word	735b
	τότε 2	at that time	824a
	ὑποβάλλω	instigate	843d
12	ἄγω 2	lead away	14c
	ἐφίστημι 1 a	stand by	330d
	λαός 1 c α	people	466d
	πρεσβύτερος 2 a β	older	700a
	συγκινέω	arouse someone	773d
	συναρπάζω	seize	785b
	συνέδριον 2	Sanhedrin	786b
12f	τέ 1 a	and	807c
13	ἅγιος 1 a α	dedicated to God	9b
	βλάσφημος	slanderous	143b
	ἵστημι I 1 a β	put	382a
	κατά I 2 b β	down	406a
	μάρτυς 1	witness	494b
	νόμος 3	law	542c
	οὗτος 2 b	this	597b
	παύω 2	stop	638a
	ῥῆμα 1	word	735c
	τόπος 1 b	place	822c
	ψευδής 1	false	891c
14	ἀλλάσσω 1	change	39a
	ἔθος 2	custom	218d
	καταλύω 1 b α	destroy	414b
	Ναζωραῖος	Nazarene	532c
	παραδίδωμι 3	give over	615c
15	ἄγγελος 2 a	angel	7c
	ἀτενίζω	look intently at	119c
	καθέζομαι 1	sit	388c
	μέσος 2	the middle	507d
	πᾶς, πᾶσα, πᾶν 1 d β	all	632b
	συνέδριον 2	Sanhedrin	786b
	ὡσεί 1	as	899b
15a	πρόσωπον 1 a	face	720d
15b	πρόσωπον 1 a	face	720d

Acts 7

1	ἄρα 2	then	103d
	εἰ V 1	if	219d
1	ἔχω II 2	be	334a
	Στέφανος	Stephen	767a
2	Ἀβραάμ	Abraham	1d
	ἀδελφός 3	fellow countryman	16c
	ἀκούω 1 c	hear	32b
	ἀνήρ 1	man	66d
	δόξα 1 a	brightness	203c
	ἤ 2 d α	before	343a
	κατοικέω 1 a	live	424b
	Μεσοποταμία	Mesopotamia	507b
	ὁράω 1 a δ	see	578b
	πρίν 1 b	before	701b
	φημί 1 b α	say	856b
	Χαρράν	Haran	879b
2a	πατήρ 2 b	father	635c
2b	πατήρ 1 b	forefather	635b
3	γῆ 4	land	157c
	δείκνυμι 1 a	show	172d
	δεῦρο 1	come	176c
	συγγένεια	relationship	772c
3f	γῆ 4	land	157c
4	γῆ 4	land	157c
	εἰς 9 a	in	230c
	ἐξέρχομαι 1 a α	go out	274c
	κἀκεῖθεν 1	and from there	396d
	μετά B II 4 a	after	510c
	μετοικίζω	resettle	514b
	νῦν 1 a α	now	545c
	πρό 2	before	702a
	Χαλδαῖος	Chaldaean	874c
	Χαρράν	Haran	879b
4a	κατοικέω 1 a	live	424b
4b	κατοικέω 1 a	live	424b
5	βῆμα 1	step	140b
	ἐπαγγέλλομαι 1 b	announce	281a
	κατάσχεσις 1	possession	419c
	κληρονομία 2	inheritance	435a
	οὐ 3 b	no	590b
	οὐδέ 3	not even	591d
	πούς 3	foot	697a
	σπέρμα 2 b	seed	761d
	τέκνον 1 a α	child	808b
6	ἀλλότριος 1 a	to another	40d
	γῆ 4	land	157c
	δουλόω 1	enslave	206b
	ἔτος	year	317a
	κακόω 1	harm	398c
	οὕτω 2	thus	598a
	οὕτω 2	thus	598a
	πάροικος 1	stranger	629a
	προσφέρω 2 a	bring (to)	719d
	σπέρμα 2 b	seed	761d
	τετρακόσιοι	four hundred	813d
7	δουλεύω 1 a	be a slave	205a
	κρίνω 4 b α	judge	452a
	λατρεύω	serve	467c
8	γεννάω 1 a	beget	155b
	διαθήκη 2	last will and testament	183a
	Ἰακώβ 1	Jacob	367b

8	ὄγδοος	the eighth	552d
	οὕτω 1 b	thus	597d
	περιτέμνω 1	cut around	652b
	περιτομή 1	circumcision	652d
8a	Ἰσαάκ	Isaac	380d
8f	πατριάρχης	patriarch	636d
9	ἀποδίδωμι 4 a	sell	90d
	εἰς 7	to	230b
	ζηλόω 2	be filled with jealousy	338a
	Ἰωσήφ 1	Joseph	385d
	μετά A II 1 c β	with	509a
9ff	Αἴγυπτος	Egypt	22a
10	βασιλεύς 1	king	136a
	ἐκ 1 c	away from	234c
	ἔναντι 2	before	261d
	ἐναντίον 1 b	before	262a
	ἐξαιρέω 2 a	deliver	272a
	ἐπί III 1 b α	over	288d
	ἡγέομαι 1	lead	343c
	θλῖψις 1	tribulation	362c
	καθίστημι 2 b	appoint	390c
	οἶκος 4	property	561a
	σοφία 2	wisdom	759d
	Φαραώ	Pharaoh	853c
	χάρις 2 b	favor	877c
11	ἐπί III 1 a α	across	288a
	ἔρχομαι I 1 c α	come	311b
	εὑρίσκω 1 a	find	324d
	θλῖψις 1	tribulation	362b
	λιμός 2	famine	475b
	μέγας 2 a γ	great	497d
	Χανάαν	Canaan	875b
	χόρτασμα	food	884a
12	ἀκούω 3 f	learn	32d
	εἰμί I 6	to be	223d
	ἐξαποστέλλω 1 b	send out	273b
	Ἰακώβ 1	Jacob	367b
	πρῶτος 2 a	first	726b
	σιτίον	food	752a
	σῖτος	wheat	752b
13	ἀναγνωρίζω	see again	52d
	γένος 2	family	156b
	γνωρίζω 1	make known	163c
	δεύτερος 4	second	177b
	ἐν II 2	while	260b
	φανερός 1	clear	852c
	Φαραώ	Pharaoh	853c
13f	Ἰωσήφ 1	Joseph	385d
14	ἀποστέλλω 1 d	send away	99a
	ἑβδομήκοντα	seventy	213a
	ἐν IV 2	in	261b
	μετακαλέω	summon	511b
	πατήρ 1 a	father	635b
	συγγένεια	relationship	772c
	ψυχή 2	soul, life	894b
14f	Ἰακώβ 1	Jacob	367b
15	καταβαίνω 1 a β	come down	408b
	τελευτάω	die	810c
16	ἀργύριον 2 a	silver	104d
16	Ἑμμώρ	Hamor	255c
	μετάγω 1	guide	510d
	μετατίθημι 1	transfer	513c
	μνῆμα	tomb	524c
	παρά I 3 b	from	610a
	Συχέμ 2	Shechem	795d
	τίθημι I 1 a β	put	816a
	τιμή 1	value	817c
	ὠνέομαι	buy	896a
16a	Συχέμ 1	Shechem	795d
16b	Συχέμ 1	Shechem	795d
17	Ἀβραάμ	Abraham	2a
	αὐξάνω 3	grow	121d
	ἐγγίζω 5 b	approach	213d
	ἐπαγγελία 2 c	promise	280d
	ἐπαγγέλλομαι 1 b	announce	281a
	καθώς 4	when	391c
	λαός 3 a	people	466d
	ὀμνύω	take an oath	566b
	ὁμολογέω 1	promise	568a
	πληθύνω 1 b	increase	669a
	χρόνος	time	888a
18	ἀνίστημι 2 c	rise	70b
	ἄχρι 2 a	until	129a
	ἕτερος 1 b α	another	315a
	Ἰωσήφ 1	Joseph	385d
	οἶδα 1 a	know	555d
	ὅς, ἥ, ὅ I 11 f	(rel pron)	585b
19	ἄρσην	male	109d
	βρέφος 2	infant	147c
	γένος 3	nation	156c
	ἔκθετος	exposed	240b
	ζῳογονέω 2	preserve alive	341c
	κακόω 1	harm	398c
	κατασοφίζομαι	get the better of	418d
	μή A II 1 e	not	516b
	ὁ, ἡ, τό II 4 b	the	551d
	οὗτος 1 a γ	this	596c
	ποιέω I 1 b ι	do	682a
20	ἀνατρέφω 1	bring up	62d
	ἀστεῖος 2	acceptable	117c
	θεός 3 g β	God	358a
	καιρός 1	time	395a
	κιθάρα	lyre	432a
	μήν 1	month	518d
	οἶκος 1 a α	house	560c
20ff	Μωϋσῆς	Moses	531d
21	ἀναιρέω 2	take up	55a
	ἀνατρέφω 2	bring up	62d
	εἰς 8 b	(indicates pred nom)	230b
	ἐκτίθημι 1	expose	245d
	θυγάτηρ 1	daughter	364d
	υἱός 1 b β	son	833d
	Φαραώ	Pharaoh	853c
22	Αἰγύπτιος	Egyptian	22a
	δυνατός 1 a β	powerful	208d
	ἔργον 1 a	deed	307d
	λόγος 1 a δ	word	477d
	παιδεύω 1	instruct	603d

22	πᾶς, πᾶσα, πᾶν 1 a β	every each	631c
	σοφία 1	wisdom	759c
23	ἀδελφός 3	fellow countryman	16c
	ἐπισκέπτομαι 2	visit	298c
	Ἰσραήλ 1	Israel	381c
	καρδία 1 b β	heart	403d
	πληρόω 2	make full	671b
	τεσσαρακονταετής	forty years	813b
	υἱός 1 b α	son	833d
	χρόνος	time	888a
	ὡς IV 1 b	when	898c
24	ἀδικέω 2 a	do wrong	17c
	Αἰγύπτιος	Egyptian	22a
	ἄμμος	sand	46b
	ἀμύνομαι	retaliate	47b
	ἐκδίκησις	vengeance	238d
	καταπονέω	subdue	416d
	κρύπτω 1 b	hide	454c
	πατάσσω 1 c	strike down	634d
	ποιέω I 1 b δ	do	681b
25	νομίζω 2	think	541b
	σωτηρία 1	deliverance	801b
	χείρ 1	hand	880b
25a	συνίημι	understand	790a
	συνίημι	understand	790b
25b	συνίημι	understand	790b
25f	ἀδελφός 3	fellow countryman	16c
26	ἀδικέω 2 a	do wrong	17c
	εἰρήνη 1 b	peace	227b
	ἔπειμι	the next	284c
	ἱνατί	why	378c
	μάχομαι 1	fight	496c
	ὁράω 1 a δ	see	578b
	συναλλάσσω	reconcile	784b
	συνελαύνω	force	787b
27	ἀδικέω 2 a	do wrong	17c
	ἀπωθέω 1	push aside	103b
	ἄρχων 1	ruler	113d
	δικαστής	judge	198c
	καθίστημι 2 b	appoint	390c
	πλησίον 1 b	near	672d
28	Αἰγύπτιος	Egyptian	22a
	ἀναιρέω 1 a	do away with	55a
	ἐχθές	yesterday	331b
	μή C 1	not	517b
	σύ 1 d	you	772b
	τρόπος 1	manner	827c
	χθές	yesterday	881d
29	γεννάω 1 a	beget	155b
	γῆ 4	land	157c
	ἐν III 3 a	because of	261a
	λόγος 1 a γ	word	477c
	Μαδιάμ	Midian	485b
	οὗ 1 a β	where	589d
	πάροικος 1	stranger	629a
	υἱός 1 a α	son	833c
	φεύγω 1	flee	855d

29	φυγαδεύω 1	banish	867c
	φυγαδεύω 2	banish	867c
30	ἄγγελος 2 a	angel	7c
	βάτος	thorn bush	137c
	ἔρημος 2	desert	309b
	ἔτος	year	316d
	ὁράω 1 a δ	see	578b
	ὄρος	mountain	582c
	πληρόω 2	make full	671b
	πῦρ 1 b	fire	730a
	Σινά	Sinai	751c
	φλόξ	flame	862b
31	γίνομαι I 4 c ε	come, go	160a
	θαυμάζω 1 b α	wonder	352c
	κύριος 2 a	lord	459c
	ὅραμα 1	vision	577b
	προσέρχομαι 1	approach	713a
	φωνή 2 d	voice	871c
31f	κατανοέω 2	notice	415a
32	Ἀβραάμ	Abraham	2a
	ἔντρομος	trembling	269d
	θεός 3 c	God	357c
	Ἰακώβ 1	Jacob	367d
	Ἰσαάκ	Isaac	380d
	τολμάω 1 a	dare	821d
33	ἅγιος 1 a α	dedicated to God	9c
	ἵστημι II 2 b β	being	382c
	κύριος 2 a	lord	459b
	λύω 2 a	loose	483d
	τόπος 1 c	place	822c
	ὑπόδημα	sandal	844c
34	Αἴγυπτος	Egypt	22a
	ἀκούω 5	listen	32d
	δεῦρο 1	come	176c
	εἶδον 1 a	see	220d
	ἐξαιρέω 2 a	deliver	272a
	κάκωσις	mistreatment	398c
	καταβαίνω 1 a γ	come down	408c
	λαός 3 a	people	467a
	στεναγμός	sigh	766b
35	ἀποστέλλω 1 b γ	send away	98d
	ἀρνέομαι 3	deny	107d
	ἄρχων 1	ruler	113d
	βάτος	thorn bush	137c
	δικαστής	judge	198c
	καθίστημι 2 b	appoint	390c
	λυτρωτής	redeemer	483a
	ὁράω 1 a δ	see	578b
	οὗτος 1 a ε	this	596d
	χείρ 2 a δ	hand	880c
36	Αἴγυπτος	Egypt	22a
	γῆ 4	land	157c
	ἐξάγω 1	lead out	271c
	ἔρημος 2	desert	309b
	ἐρυθρός	red	310b
	ἔτος	year	317a
	θάλασσα 1 b α	sea	350b
	ποιέω I 1 b β	do	681b
	σημεῖον 2 a	sign	748b
37	Ἰσραήλ 1	Israel	381c

37	προφήτης 3	prophet	723c
	υἱός 1 b α	son	833d
	ὡς II 3 b	so	897d
38	ἄγγελος 2 a	angel	7d
	γίνομαι II 4 a	be	160c
	δέχομαι 1	take	177b
	δίδωμι 3	give	193c
	ἐκκλησία 3	assembly	240d
	ἔρημος 2	desert	309b
	ζάω 4 b	live	337a
	λόγιον	a saying	476c
	μετά A II 1 a	with	508d
	ὄρος	mountain	582c
39	Αἴγυπτος	Egypt	22a
	ἀποστρέφω 3 b	turn away	100c
	ἀπωθέω 2	reject	103b
	θέλω 2	wish	355c
	καρδία 1 b ε	heart	404b
	στρέφω 2 a β	turn	771b
	ὑπήκοος	obedient	842b
40	Ἀαρών	Aaron	1a
	Αἴγυπτος	Egypt	22a
	γῆ 4	land	157c
	γίνομαι I 3 b γ	take place	159a
	ἐξάγω 1	lead out	271c
	θεός 1	god	357a
	ποιέω I 1 a α	do	680d
	προπορεύομαι	go on before	709c
41	ἀνάγω 2	bring	53b
	εἴδωλον 1	idol	221d
	ἔργον 3	work	308c
	εὐφραίνω 2	gladden	327d
	θυσία 2 a	sacrifice	366b
	μοσχοποιεώ	make a calf	528c
42	βίβλος 1	book	141c
	ἔρημος 2	desert	309b
	ἔτος	year	317a
	θυσία 2 a	sacrifice	366b
	Ἰσραήλ 1	Israel	381c
	λατρεύω	serve	467c
	μή C 1	not	517b
	οἶκος 3	nation	561a
	οὐρανός 1 c	heaven	594b
	παραδίδωμι 1 b	give over	615b
	προσφέρω 2 a	bring (to)	719d
	στρατιά 1	army	770d
	στρέφω 1 a α	turn	771b
	στρέφω 1 b	turn	771b
	σφάγιον	offering	796a
43	ἀναλαμβάνω 2	take up	56d
	ἄστρον	star	118b
	Βαβυλών	Babylon	129d
	ἐπέκεινα	beyond	284d
	θεός 1	god	356d
	μέρος 1 b γ	part	506a
	μετοικίζω	resettle	514b
	Μολόχ	Moloch	526d
	προσκυνέω 2 b	do reverence	717a
	Ῥομφά	Rephan	737a
	σκηνή	tent	754d

43	τύπος 3	mark	830a
44	διατάσσω	order	189c
	ἔρημος 2	desert	309b
	μαρτύριον 2	testimony	494a
	ποιέω I 1 a α	do	680d
	σκηνή	tent	754c
	τύπος 5 a	mark	830a
45	διαδέχομαι	in turn	182d
	εἰσάγω	bring	232b
	ἐξωθέω	push out	280a
	ἡμέρα 4 b	time	347c
	Ἰησοῦς 1	Joshua	374a
	καί II 6		393d
	κατάσχεσις 1	possession	419c
	πρόσωπον 1 c α	face	721b
46	αἰτέω	ask	26b
	ἐνώπιον 5 a	before	270d
	Ἰακώβ 1	Jacob	367b
	Ἰακώβ 1	Jacob	367d
	οἶκος 3	nation	561a
	σκήνωμα 1	dwelling	755c
	χάρις 2 b	favor	877c
46a	εὑρίσκω 3	find	325d
46b	εὑρίσκω 3	find	325d
47	οἰκοδομέω 1 a	build	558b
	οἶκος 1 a β	house	560c
	Σαλωμών		741b
	Σολομών	Solomon	759b
	Σολομών	Solomon	759b
48	κατοικέω 1 a	live	424b
	ναός 1 a	temple	533c
	προφήτης 1	prophet	723c
	ὕψιστος 2	highest	850c
	χειροποίητος	made by human hands	880d
	χειροποίητος	made by human hands	881a
49	θρόνος 1 b	throne	364b
	κατάπαυσις 1	rest	416a
	κύριος 2 a	lord	459b
	οἰκοδομέω 1 a	build	558b
	οἶκος 1 a β	house	560c
	οὐρανός 1 a β	heaven	593d
	ποῖος 1 a α	of what kind	684d
	πούς 1 b	foot	696d
	τίς, τί 2	which	819c
	τόπος 1 c	place	822c
	ὑποπόδιον	footstool	847a
50	πᾶς, πᾶσα, πᾶν 1 e β	all	632c
	ποιέω I 1 a β	do	681a
	χείρ 2 a α	hand	880b
51	ἀεί 3	always	19c
	ἀντιπίπτω	resist	75d
	ἀπερίτμητος 2	uncircumcised	84b
	καί II 3	also	393c
	καρδία 1 b δ	heart	404a
	οὖς 2	ear	595d
	πνεῦμα 5 c α	spirit	676c
	σκληροτράχηλος	stiff necked	756b

51	ὡς II 1	so	897c
52	δίκαιος 3	righteous	196a
	διώκω 2	persecute	201b
	ἔλευσις	coming	251a
	νῦν 1 b	now	545d
	προδότης	traitor	704c
	προκαταγγέλλω	foretell	707b
	προφήτης 1	prophet	723c
	προφήτης 4	prophet	724a
	τίς, τί 1 a α	which	819a
	φονεύς	murderer	864c
53	ἄγγελος 2 a	angel	7c
	ἄγγελος 2 a	angel	7d
	διαταγή	ordinance	189b
	εἰς 9 b	(instrumental)	230c
	νόμος 3	law	542c
	ὅστις 2 b	whoever	587a
	φυλάσσω 1 f	watch	868c
54	βρύχω	gnash	148a
	διαπρίω	infuriate	187d
	ἐπί III 1 b ε	toward	289b
	καρδία 1 b ε	heart	404a
	ὀδούς	tooth	555a
55	ἀτενίζω	look intently at	119c
	δόξα 1 a	brightness	203c
	οὐρανός 2 a	heaven	594d
	οὐρανός 2 a	heaven	594d
	πλήρης 1 b	full	669d
	πνεῦμα 5 c β	spirit	676d
	ὑπάρχω 2	be	838a
55f	δεξιός 2 b	right	175a
	ἐκ 2	away from	234d
	ἵστημι II 2 b β	being	382c
	οὐρανός 2 b	heaven	595a
56	διανοίγω 1 a	open	187b
	θεωρέω 1	observe	360a
	υἱός 2 c	son	835b
57	ἐπί III 1 a ε	against	288c
	κράζω 1	cry out	447d
	μέγας 2 a γ	great	497d
	ὁμοθυμαδόν	with one mind	566c
	ὁρμάω	rush down	581d
	οὖς 1	ear	595d
	συνέχω 2	shut	789a
	φωνή 2 a	voice	870d
58	ἀποτίθημι 1 a	take off	101a
	ἐκβάλλω 1	drive out	237b
	ἔξω 2 b	outside	279d
	ἱμάτιον 2	garment	376c
	καλέω 1 a γ	call	399b
	μάρτυς 1	witness	494b
	νεανίας	youth	534c
	παρά III 1 c	along	611a
	Σαῦλος	Saul	745b
58f	λιθοβολέω 2	stone	474b
59	δέχομαι 1	take	177b
	ἐπικαλέω 2 b	call upon	294b
	πνεῦμα 2	spirit	674d
	Στέφανος	Stephen	767a
60	ἁμαρτία 1	sin	43b
	γόνυ	knee	165a
60	ἵστημι I 1 b γ	put	382b
	κοιμάω 2 a	sleep	437d
	κράζω 2 a	call	447d
	μέγας 2 a γ	great	497d
	τίθημι I 1 b α	put	816a
	φωνή 2 a	voice	870d

Acts 8

1	ἀναίρεσις	murder	54d
	ἀπόστολος 3	apostles	99d
	διασπείρω	scatter	188c
	διωγμός	persecution	201a
	ἐκκλησία 4 b	church	241a
	θλῖψις 1	tribulation	362b
	Ἰουδαία 1	Judaea	379a
	κατά II 1 a	along	406b
	μέγας 2 a γ	great	497d
	ὁ, ἡ, τό II 10 a	the	552c
	πλήν 2	except	669d
	προσφέρω 2 a	bring (to)	719d
	Σαμάρεια	Samaria	741c
	Σαῦλος	Saul	745b
	συνευδοκέω	agree with	788d
	χώρα 2	country	889c
2	ἀνήρ 4	man	66d
	ἐπί II 1 b γ	on	287c
	εὐλαβής	devout	322a
	κοπετός	mourning	443b
	μέγας 2 a γ	great	497d
	ποιέω I 1 b δ	do	681b
	ποιέω II 1	do	683a
	Στέφανος	Stephen	767a
	συγκομίζω 2	bury	774c
2a	μέγας 2 b α	great	498a
	μέγας 2 b α	great	498a
3	ἀνήρ 1	man	66c
	γυνή 1	woman	168c
	εἰσπορεύομαι 1	go	233c
	ἐκκλησία 4 b	church	241a
	κατά II 1 d	(distributive)	406c
	λυμαίνω	destroy	481c
	οἶκος 1 a α	house	560c
	παραδίδωμι	give over	614b
	παραδίδωμι 1 b	give over	615a
	Σαῦλος	Saul	745b
	σύρω	drag	794c
	φυλακή 3	guard	867d
4	διασπείρω	scatter	188c
	διέρχομαι 3	go about	194d
	εὐαγγελίζω 2 a β	preach	317c
	λόγος 1 b β	word	478b
	μέν 1 a α	(particle)	502d
4f	οὖν 5	therefore	593c
5	αὐτός 3 b	(oblique case)	123c
	κατέρχομαι 1	come down	422a
	κηρύσσω 2 b β	announce	431c
	πόλις 1	city	685c
	Σαμάρεια	Samaria	741c
	Χριστός 1	Anointed One	887b

5-13	Φίλιππος 4	Philip	860b
6	βλέπω 1 a	see	143b
	ἐν III 3 a	because of	261a
	λέγω I 10	say	469b
	ὁμοθυμαδόν	with one mind	566c
	ὄχλος 1	crowd	600d
	προσέχω 1 a β	pay attention to	714b
	σημεῖον 2 a	sign	748b
7	ἀκάθαρτος 2	impure	29b
	βοάω 3	shout	144b
	ἐξέρχομαι 1 a δ	go out	274d
	ἔχω I 2 e α	have	332d
	μέγας 2 a γ	great	497d
	παραλύω	weaken	620b
	πνεῦμα 4 c	spirit	676a
	φωνή 2 a	voice	870d
	χωλός	lame	889a
7a	πολύς I 2 a α	many	688b
7b	πολύς I 1 a α	many	687c
8	ἐκεῖνος 2 a	that	239d
	πόλις 1	city	685c
	πολύς I 1 b β	many	688b
	χαρά 1	joy	875c
	χαρά 1	joy	875d
9	ἔθνος 1	nation	218c
	ἐξίστημι 1	change	276b
	λέγω I 1 b β	say	468b
	μαγεύω	practice magic	484d
	μέγας 2 b α	great	498a
	ὄνομα I 1	name	571a
	πόλις 1	city	685c
	προϋπάρχω	exist before	722c
	Σαμάρεια	Samaria	741c
	Σίμων 9	Simon	751b
	Σίμων 9	Simon	751b
9a	τὶς, τὶ 2 a α	any one	820c
9b	τὶς, τὶ 2 a γ	any one	820c
10	ἀπό II 3 b	from	87b
	δύναμις 6	power	208b
	ἕως II 3	as far as	335c
	καλέω 1 a γ	call	399b
	λέγω I 8 a	say	469b
	μέγας 2 a α	great	497c
	μικρός 1 b	small	521b
10b	μέγας 2 b α	great	498a
10f	προσέχω 1 a α	pay attention to	714b
11	ἐξίστημι 1	change	276b
	ἱκανός 1 b	sufficient	374c
	μαγεία	magic	484b
	Σίμων 9	Simon	751b
	χρόνος	time	887d
12	ἀνήρ 1	man	66c
	βασιλεία 3 b	kingdom	135b
	εὐαγγελίζω 2 a β	preach	317c
	ὄνομα I 4 c ζ	name	573b
	πιστεύω 1 b	believe	661a
	τέ 3 a	and	807d
	Χριστός 2	Christ	887b
12f	βαπτίζω 2 b α	baptize	131d
13	γίνομαι I 2 a	created	158c
	ἐξίστημι 2 b	be amazed	276c
	θεωρέω 1	observe	360a
	μέγας 2 a γ	great	497d
	πιστεύω 2 b	believe	661d
	προσκαρτερέω 1	adhere to	715c
	σημεῖον 2 a	sign	748b
	Σίμων 9	Simon	751b
14	ἀπόστολος 3	apostles	99d
	δέχομαι 3 b	accept	177c
	Ἰωάν(ν)ης 2	John	385a
	λόγος 1 b β	word	478b
	Σαμάρεια	Samaria	741c
15	καταβαίνω 1 a β	come down	408b
	ὅπως 2 b	in order that	577a
	ὅστις 3	whoever	587b
	πνεῦμα 5 c β	spirit	676d
	προσεύχομαι	pray	714a
16	βαπτίζω 2 b β	baptize	131d
	ἐπί II 1 a β	on	287a
	ἐπιπίπτω 2	fall upon	297d
	κύριος 2 c γ	lord	460a
	μόνος 2 c α	only	528a
	ὄνομα I 4 c β	name	572c
	οὐδείς 2 a	no one	592a
	οὐδέπω	not yet	592c
	οὔπω	not yet	593c
	ὑπάρχω 2	be	838a
17	ἐπιτίθημι 1 a α	put upon	303a
	πνεῦμα 5 c β	spirit	676d
18	ἀπόστολος 3	apostles	99d
	ἐπίθεσις	laying on	293a
	πνεῦμα 5 c α	spirit	676c
	προσφέρω 1 b	bring (to)	719d
	Σίμων 9	Simon	751b
	χρῆμα 2 a	wealth	885c
19	ἐξουσία 2	ability	278a
	ἐπιτίθημι 1 a α	put upon	303a
	ἵνα II 1 c α	in order that	377d
	κἀγώ 3 a	I also	386b
	λέγω I 8 a	say	469b
	πνεῦμα 5 c β	spirit	676d
20	ἀπώλεια 2	destruction	103c
	ἀργύριον 2 b	money	104d
	διά A III 1 a	by means of	180a
	δωρεά	gift	210b
	κτάομαι 1	get	455a
	νομίζω 2	think	541b
	σύν 2 b	with	781d
	χρῆμα 2 a	wealth	885c
21	εἰμί II 9 a	to be	224d
	ἔναντι 2	before	261d
	εὐθύς 2 b	straight	321a
	κλῆρος 2	lot	435c
	λόγος 1 a ε	matter	477d
	μερίς 2	share	505c
21f	καρδία 1 b δ	heart	404a
22	ἀπό I 5	from	86d
	ἄρα 2	then	103d
	δέομαι 4	ask	175b

22	ἐπίνοια	thought	296d
	κακία 1 a	badness	397a
	μετανοέω	change ones mind	512a
	οὖν 1 b	therefore	593a
23	ἀδικία 2	unrighteousness	18a
	εἰμί III 2	to be	225a
	ὁράω 1 c α	see	578c
	πικρία 1	bitterness	657c
	σύνδεσμος 2	bond	785c
	σύνδεσμος 3	bond	785c
	χολή 2	gall	883c
24	δέομαι 4	ask	175b
	διαλιμπάνω	stop	185d
	ἐπέρχομαι 2 a	come	285b
	κακός 2	evil	398a
	κλαίω 1	weep	433a
	κύριος 2 a	lord	459b
	μηδείς 2 b α	nothing	518a
	ὅπως 2 b	in order that	577a
	ὅς, ἥ, ὅ I 4 a	(rel pron)	584a
	πολύς I 2 b β	many	688d
	πρός III 1 f	toward	710a
	Σίμων 9	Simon	751b
25	διαμαρτύρομαι 2	testify	186c
	εὐαγγελίζω 2 a γ	preach	317d
	κώμη 2	village	461d
	λαλέω 2 b	speak	463c
	λόγος 1 b β	word	478b
	μέν 2 e	(particle)	503b
	οὖν 2 a	therefore	593b
	οὖν 5	therefore	593c
	Σαμαρίτης	Samaritan	741d
	ὑποστρέφω	return	847c
26	ἀνίστημι 2 d	rise	70c
	Γάζα	Gaza	149b
	ἐπί III 1 a β	on	288b
	ἔρημος 1 a	abandoned	309a
	Ἱεροσόλυμα 1 a	Jerusalem	373b
	κατά II 1 b	to	406b
	κατά II 2 b	toward	406d
	καταβαίνω 1 b	come down	408d
	κύριος 2 a	lord	459b
	λαλέω 2 a δ	speak	463c
	λαλέω 3	speak	464a
	μεσημβρία 1	midday	506d
	μεσημβρία 2	the south	506d
	ὁδός 1 a	way	553d
	πορεύω 1	proceed	692c
26-39	Φίλιππος 4	Philip	860b
27	Αἰθίοψ	Ethiopian	22b
	ἀνήρ 3	man	66d
	ἀνίστημι 2 d	rise	70c
	βασίλισσα	queen	137a
	γάζα	treasury	149b
	δυνάστης 2	ruler	208c
	ἐπί I 1 b α	over	286c
	ἔρχομαι I 1 a ε	come	310d
	εὐνοῦχος 1	eunuch	323c
	ἰδού 2	there is	371b
	Κανδάκη	Candace	402d

27	προσκυνέω 2 a	do reverence	717a
27ff	εὐνοῦχος 1	eunuch	323c
28	ἀναγινώσκω 1	read	51c
	ἐπί I 1 a α	on	286a
	Ἠσαΐας	Isaiah	348d
	κάθημαι 1 a α	sit	389c
	προφήτης 1	prophet	723c
	ὑποστρέφω	return	847c
28f	ἅρμα	carriage	107b
29	κολλάω 2 b α	unite	441c
	πνεῦμα 5 d α	spirit	676d
	προσέρχομαι 1	approach	713a
30	ἀκούω 1 b α	hear	32a
	ἀναγινώσκω 1	read	51c
	ἀναγινώσκω 1	read	51d
	ἆρα	(particle)	104a
	γινώσκω 3 a	understand	161b
	Ἠσαΐας	Isaiah	348d
	προστρέχω	run up (to)	719c
	προφήτης 1	prophet	723c
31	ἄν 5	(particle)	49b
	γάρ 1 f	what	152b
	ἐάν I 2 a	if	211c
	καθίζω 2 a α	sit down	390b
	ὁδηγέω 2	lead	553c
	παρακαλέω 1 b	invite	617a
	πῶς 1 d	how	732c
	σύν 1 d	with	781d
	τὶς, τὶ 1 a γ	any one	820b
32	ἄγω 1 a	lead	14b
	ἀμνός	lamb	46c
	ἀναγινώσκω 1	read	51c
	ἀνοίγω 1 e α	open	71b
	ἄφωνος 1	silent	128a
	γραφή 2 b β	scripture	166b
	ἐναντίον 1 a	before	262a
	ἐπί III 1 b	on	289b
	κείρω	shear	427a
	ὅς, ἥ, ὅ I 4 e	(rel pron)	584b
	οὕτω 1 a	thus	597d
	περιοχή	portion of scripture	648d
	περιοχή 2	portion of scripture	649a
	πρόβατον 1	sheep	703b
	στόμα 1 a	mouth	769d
	σφαγή	slaughter	795d
	ὡς II 1	so	897c
33	γενεά 4	family	154b
	γῆ 5 b	earth	157d
	διηγέομαι	tell	195a
	ζωή 1 a	life	340b
	κρίσις 1 a β	judging	452d
	κρίσις 3	right	453b
	ταπείνωσις 1	humiliation	805a
	τίς, τί 1 a α	which	819a
33b	αἴρω 4	take away	24d
34	δέομαι 3	ask	175b
	ἕτερος 1 b α	another	315a
	εὐνοῦχος 1	eunuch	323c
	ἤ 1 d γ	or	342c

34	λέγω I 4	say	468c
	τὶς, τὶ 2 a γ	any one	820c
35	ἀνοίγω 1 e α	open	71b
	ἄρχω 2 c	begin	113d
	γραφή 2 a	scripture	166b
	εὐαγγελίζω 2 a α	preach	317c
	στόμα 1 a	mouth	769d
36	βαπτίζω 2 b α	baptize	131d
	ἐπί III 1 a γ	on	288b
	εὐνοῦχος 1	eunuch	323c
	ἰδού 2	there is	371b
	κωλύω 1	hinder	461c
	ὁδός 1 a	way	554a
	πορεύω 1	proceed	692c
	τίς, τί 1 b α	which	819b
	τὶς, τὶ 2 a α	any one	820c
	φημί 1 b α	say	856b
	ὡς IV 1 b	when	898c
36a	ὕδωρ 1	water	833a
37	ἔξεστι 1	it is possible	275b
	καρδία 1 b α	heart	403c
37a	πιστεύω 2 b	believe	661d
37b	πιστεύω 1 a γ	believe	660c
38	ἀμφότεροι 1	both	47d
	ἅρμα	carriage	107b
	βαπτίζω 2 b α	baptize	131d
	ἵστημι II 1 a	stand	382b
	καταβαίνω 1 a δ	come down	408c
	κελεύω	command	427b
	τέ 3 a	and	807d
38f	εὐνοῦχος 1	eunuch	323c
	ὕδωρ 1	water	833a
39	ἀναβαίνω 1 a α	go up	50b
	ἁρπάζω 2 b	snatch	109b
	ἐπιπίπτω 2	fall upon	297d
	κύριος 2 a	lord	459c
	ὁδός 1 b	way	554b
	ὅτε 1 b	when	588b
	οὐ 6 a	no	590d
	οὐκέτι 1	no longer	592c
	πνεῦμα 5 a	spirit	676b
	πορεύω 1	proceed	692c
	χαίρω 1	rejoice	873b
40	Ἄζωτος	Azotus	20a
	διέρχομαι 1 d	go through	194c
	εἰς 9 a	in	230c
	εὐαγγελίζω 2 a γ	preach	317d
	εὑρίσκω 1 b	find	325a
	ἕως II 1 a	until	334d
	Καισάρεια 2	Caesarea	396a
	πᾶς, πᾶσα, πᾶν 1 d α	all	632b
	πόλις 1	city	685c

Acts 9

1	ἀπειλή	threat	83a
	ἐμπνέω 1	breathe	256d
	ἔτι 1 a β	still	315d
	μαθητής 2 b γ	disciple	485d
1	προσέρχομαι 1	approach	713a
	Σαῦλος	Saul	745b
	φόνος	murder	864d
2	ἄγω 2	lead away	14c
	αἰτέω	ask	26a
	ἄν	if	49c
	δέω 1 b	bind	177d
	εἰμί IV 2	to be	225d
	ἐπιστολή	letter	300d
	ἐπιστολή	letter	301a
	εὑρίσκω 1 c α	find	325b
	ὁδός 2 c	way	554d
	ὅπως 2 a α	in order that	576d
	παρά I 3 a	from	609d
	συναγωγή 3	place of assembly	783a
	τέ 3 a	and	807d
2ff	Δαμασκός	Damascus	170c
3	γίνομαι I 3 e	take place	159b
	ἐγγίζω 1	approach	213c
	ἐνωτίζομαι	give ear	271a
	ἐξαίφνης	suddenly	272b
	ἐπιγινώσκω 2 c	know	291b
	οὐρανός 2 b	heaven	595a
	περιαστράπτω 1	shine around	645d
	πορεύω 1	proceed	692d
	φῶς 1 a	light	871d
4	γῆ 2	ground	157c
	ἐπί III 1 a β	on	288b
	πίπτω 1 b α	fall	659c
	Σαούλ 2	Saul	742a
	φωνή 2 d	voice	871c
4f	διώκω 2	persecute	201b
5	κέντρον 2	a goad	428c
	λακτίζω	kick	463a
	σκληρός 3 b	hard	756a
6	ἀλλά 2	but, yet	38c
	ἀνίστημι 2 d	rise	70c
	δεῖ 5	it is necessary	172b
	εἰσέρχομαι 1 a β	come	232d
	θαμβέω 1	be astounded	350c
	ὅστις 4 a	(interrogative)	587b
	τρέμω	tremble	825c
7	ἀκούω 1 b γ	hear	32b
	ἐνεός	speechless	265a
	θεωρέω 1	observe	360a
	ἵστημι II 2 b γ	being	382d
	μηδείς 2 a	no	518a
	συνοδεύω	go with	791a
	φωνή 2 d	voice	871b
8	ἀνοίγω 1 e β	open	71c
	γῆ 2	ground	157c
	ἐγείρω 2 b	rise	215a
	εἰς 8 a γ	(predicate nominative)	230b
	εἰσάγω	bring	232b
	ἐμβλέπω 1	look at	254c
	Σαῦλος	Saul	745b
	χειραγωγέω	lead by the hand	880d

8f	βλέπω 1 a	see	143b
9	βλέπω 2	see	143c
	ἐσθίω 1 e γ	eat	313a
10	Ἀνανίας 3	Ananias	58c
	δέ 2	but, and	171c
	ἐγώ	I	217b
	ἰδού 2	there is	371b
	μαθητής 2 b γ	disciple	486a
	ὅραμα 2	vision	577b
10-12	ὄνομα I 1	name	571a
10f	κύριος 2 c γ	lord	460a
11	ἀνίστημι 2 d	rise	70c
	γάρ 1 b	for	151d
	ἐπί III 1 a β	on	288b
	εὐθύς 1	straight	321a
	ζητέω 1 b	seek	338d
	ἰδού 1 c	remember	371a
	καλέω 1 a γ	call	399b
	οἰκία 1 a	house	557c
	πορεύω 1	proceed	692c
	ῥύμη	lane	737c
	Σαῦλος	Saul	745b
	Ταρσεύς	from Tarsus	805c
12	ἀναβλέπω 2 a α	gain sight	51a
	εἶδον 1 a	see	220d
	ἐπιτίθημι 1 a α	put upon	303a
	ὅπως 2 a α	in order that	576d
	ὅραμα 2	vision	577b
12f	Ἀνανίας 3	Ananias	58c
13	ἅγιος 2 d β	saints	10a
	ἅγιος 2 d β	saints	10a
	ἀκούω 3 d	learn	32c
	ἀπό V 4	from	88a
	κακός 3	evil	398a
	ὅσος 2	how great	586b
	ποιέω I 1 d γ	do	682b
14	ἀρχιερεύς 1 b	high priest	112d
	δέω 1 b	bind	177d
	ἐξουσία 3	authority	278b
	ἐπικαλέω 2 b	call upon	294b
	ὄνομα I 4 b	name	571d
	παρά I 3 b	from	610a
	πᾶς, πᾶσα, πᾶν 1 d β	all	632b
	ὧδε 2 a	here	895b
15	βαστάζω 2 c	carry	137c
	ἔθνος 1	nation	218c
	ἐκλογή 1	selection	243a
	ἐνώπιον 2 b	before	270d
	ὄνομα I 4 b	name	572a
	σκεῦος 2	thing	754b
	τέ 3 a	and	807d
	υἱός 1 b α	son	833d
16	ὄνομα I 4 c θ	name	573b
	πάσχω 3 b	endure	634c
	ὑπέρ 1 d	in behalf of	839a
	ὑποδείκνυμι 2	show	844b
17	Ἀνανίας 3	Ananias	58c
	ἀποστέλλω 1 b γ	send away	98d
	ἐπιτίθημι 1 a α	put upon	303a
	ὁ, ἡ, τό II 1 a α	the	550a
	ὁδός 1 a	way	554a

17	ὅπως 2 a α	in order that	576d
	ὁράω 1 a δ	see	578b
	πίμπλημι 1 a β	fill	658b
	πνεῦμα 5 c β	spirit	676d
	Σαούλ 2	Saul	742a
17f	ἀναβλέπω 2 a α	gain sight	51a
18	ἀποπίπτω 1	fall	97b
	λεπίς 2	scale	471d
	ὡσεί 1	as	899b
19	γίνομαι II 4 a	be	160c
	ἐνισχύω 1	grow strong	267a
	ἡμέρα 2	day	346b
	λαμβάνω 1 a	take	464c
	μαθητής 2 b γ	disciple	486a
	μετά A II 1 a	with	508d
	τὶς, τὶ 2 d	any one	820d
	τροφή 1	food	827d
20	κηρύσσω 2 b β	announce	431c
	ὅτι 1 b ζ	that	589a
	οὗτος 1 a β	this	596c
	συναγωγή 2 a	place of assembly	782d
	υἱός 2 b	son	835a
	Χριστός 1	Anointed One	887b
21	ἀκούω 1 b α	hear	32a
	δέω 1 b	bind	177d
	εἰς 4 f	(purpose)	229d
	ἐξίστημι 2 b	be amazed	276c
	ἐπί III 1 a γ	on	288c
	ἐπικαλέω 2 b	call upon	294b
	ἔρχομαι I 1 a γ	come	310d
	ἔρχομαι I 1 a ε	come	310d
	ὄνομα I 4 b	name	571d
	οὐ 4 c	no	590c
	οὗτος 1 a α	this	596c
	οὗτος 1 b β	this	597a
	πορθέω	pillage	693a
	ὧδε 1	here	895b
22	ἐνδυναμόω 2 a	become strong	263d
	κατοικέω 1 a	live	424b
	μᾶλλον 1	more	489a
	Σαῦλος	Saul	745b
	συγχέω	confuse	775b
	συγχέω	confuse	775b
	συμβιβάζω 3	unite	777d
	Χριστός 1	Anointed One	887a
23	ἱκανός 1 b	sufficient	374c
	πληρόω 2	make full	671b
	συμβουλεύω 2 a	advise	778a
	ὡς IV 1 b	when	898c
23f	ἀναιρέω 1 a	do away with	55a
24	γινώσκω 2 a	find out	161a
	ἐπιβουλή	a plot	290c
	ἡμέρα 1 a	day	346a
	νύξ 1 b	night	546c
	ὅπως 2 a α	in order that	576d
	παρατηρέω 2 a	watch	622c
	παρατηρέω 2 b	watch	622c
	πύλη 1	gate	729b
	Σαῦλος	Saul	745b

25	διά A I 2	through	179d
	καθίημι	let down	390b
	λαμβάνω 1 a	take	464b
	νύξ 1 b	night	546c
	σπυρίς	basket	764a
	τεῖχος	wall	808a
	χαλάω	let down	874b
26	κολλάω 2 b α	unite	441d
	παραγίνομαι 1	come	613c
	παραγίνομαι 1	come	613c
	πειράζω 2	try	640b
	πειράω 1	try	641b
	πιστεύω 1 a β	believe	660c
	πιστεύω 4	believe	662b
27	ἄγω 1 a	lead	14b
	ἀπόστολος 3	apostles	99d
	Βαρναβᾶς	Barnabas	133d
	διηγέομαι	tell	195a
	ἐπιλαμβάνομαι 1	grasp	295a
	λαλέω 2 a δ	speak	463b
	ὁδός 1 b	way	554b
	παρρησιάζομαι 1	speak freely	631a
27a	πῶς 2 a	how	732c
27b	πῶς 2 a	how	732c
27f	ὄνομα I 4 c γ	name	572d
28	εἰσπορεύομαι 1	go	233c
	ἐκπορεύομαι 1 a	go out	244c
	παρρησιάζομαι 1	speak freely	631a
29	ἀναιρέω 1 a	do away with	55a
	Ἕλλην 2 a	Gentile	252a
	Ἑλληνιστής	Hellenist	252b
	ἐπιχειρέω	attempt	304d
	συζητέω 2	discuss	775d
30	ἀδελφός 2	brother	16b
	ἐξαποστέλλω 1 a	send out	273b
	Καισάρεια 2	Caesarea	396a
	κατάγω	lead	410a
	Ταρσός	Tarsus	805d
31	Γαλιλαία	Galilee	150b
	Γαλιλαία	Galilee	150b
	Γαλιλαία	Galilee	150c
	εἰρήνη 1 b	peace	227b
	ἐκκλησία 4 d	church	241a
	Ἰουδαία 1	Judaea	379a
	Ἰουδαία 1	Judaea	379a
	κατά I 1 c	down	405d
	κύριος 2 d	lord	460b
	μέν 2 e	(particle)	503b
	οἰκοδομέω 3	build	558c
	παράκλησις 3	comfort	618b
	πληθύνω 1 b	increase	669a
	πνεῦμα 5 c α	spirit	676c
	πορεύω 2 c	proceed	692d
	Σαμάρεια	Samaria	741c
	φόβος 2 b α	fear	864a
32	ἅγιος 2 d β	saints	10a
	γίνομαι I 3 e	take place	159b
	διά A I 1	through	179c
	διέρχομαι 1 b α	go through	194c
32	κατέρχομαι 1	come down	422a
	κατοικέω 2	live	424b
	Λύδδα	Lydda	481a
	Λύδδα	Lydda	481a
33	ἐκ 5 a	from	236b
	ἔτος	year	317a
	κατάκειμαι 1	lie down	411c
	κράβαττος	mattress	447c
	ὀκτώ	eight	563a
	ὄνομα I 1	name	571a
	παραλύω	weaken	620b
34	ἀνίστημι 2 d	rise	70c
	ἑαυτοῦ 1	oneself	212a
	ἰάομαι 1	heal	368b
	σεαυτοῦ 2	yourself	745c
	στρωννύω	spread	771d
	Χριστός 1	Anointed One	887a
	Χριστός 2	Christ	887b
35	ἐπί III 1 b δ	toward	289a
	ἐπιστρέφω 1 b β	turn	301b
	κατοικέω 2	live	424b
	Λύδδα	Lydda	481a
	Λύδδα	Lydda	481a
	Σαρων	Sharon	744d
36	ἀγαθός 1 b β	good	3b
	διερμηνεύω 1	translate	194b
	Δορκάς	Dorcas	204d
	ἐλεημοσύνη	charitable giving	249d
	ἔργον 1 c β	deed	308b
	Ἰόππη	Joppa	378d
	λέγω II 3	call	470b
	μαθήτρια	disciple	486a
	ὄνομα I 1	name	571a
	πλήρης 1 b	full	669d
	ποιέω I 1 c β	do	682a
	Ταβιθά	Tabitha	802d
	Ταβιθά	Tabitha	802d
37	ἀσθενέω 1 a	be sick	115c
	γίνομαι I 3 e	take place	159b
	λούω 1	bathe	480d
	τίθημι I 1 a β	put	816a
	ὑπερῷον	upper story	842b
38	διέρχομαι 2	come	194c
	ἐγγύς 1 b	near	214b
	εἰμί II 9 a	to be	224d
	ἕως II 2 a	as far as	335c
	Ἰόππη	Joppa	378d
	Λύδδα	Lydda	481a
	Λύδδα	Lydda	481a
	ὀκνέω	hesitate	563a
	παρακαλέω 1 b	invite	617a
39	ἀνάγω 1	lead	53a
	Δορκάς	Dorcas	204d
	ἐπιδείκνυμι 1	show	291d
	ἱμάτιον 1	garment	376b
	ἱμάτιον 2	garment	376c
	κλαίω 1	weep	433a
	ὅσος 2	how great	586b
	παραγίνομαι 1	come	613d
	παρίστημι 2 a α	approach	628b

39	ποιέω I 1 a α	do	680d
	συνέρχομαι 2	assemble	788b
	ὑπερῷον	upper story	842b
	χήρα 1	the widow	881c
	χιτών	shirt	882b
40	ἀνακαθίζω	sit up	55b
	ἀνοίγω 1 e β	open	71c
	γόνυ	knee	165a
	ἐκβάλλω 1	drive out	237b
	ἔξω 1 b	outside	279c
	ἐπιστρέφω 1 b α	turn	301b
	σῶμα 1 a	body	799a
	Ταβιθά	Tabitha	802d
	τίθημι I 1 b α	put	816a
41	ἀνίστημι 1 a	raise	70a
	δίδωμι 2	give	193c
	ζάω 1 a β	live	336a
	παρίστημι 1 b α	present	627d
	φωνέω 2 b	call	870c
	χήρα 1	the widow	881c
42	γίνομαι I 4 b	become	159d
	γνωστός 1 a	known	164b
	ἐπί III 1 b ε	toward	289a
	κατά I 1 c	down	405d
	κύριος 2 c γ	lord	460a
	πιστεύω 2 a δ	believe	661c
	πολύς I 2 a α	many	688b
42f	Ἰόππη	Joppa	378d
43	βυρσεύς	tanner	148d
	γίνομαι I 3 e	take place	159b
	ἱκανός 1 b	sufficient	374c
	μένω 1 a α	remain	503d
	παρά II 1 b α	beside	610b
	Σίμων 8	Simon	751b

Acts 10

1	ἀνήρ 6	man	67a
	ἑκατοντάρχης	centurion	237a
	Ἰταλικός	Italian	384a
	Καισάρεια 2	Caesarea	396a
	καλέω 1 a γ	call	399b
	Κορνήλιος	Cornelius	444d
	ὄνομα I 1	name	571a
	σπεῖρα	cohort	761a
2	δέομαι 4	ask	175b
	διά A II 1 a	through	179d
	ἐλεημοσύνη	charitable giving	249d
	οἶκος 2	household	560d
	ποιέω I 1 c β	do	682a
	σύν 4 b	with	782a
	φοβέω 2 a	be afraid	863b
3	εἶδον 1 a	see	220d
	εἰσέρχομαι 1 c	come	233a
	ἔνατος	ninth	262b
	Κορνήλιος	Cornelius	444d
	ὅραμα 2	vision	577b
	περί 2 b	about	645b
	φανερῶς	openly	853a
	ὥρα 2 b	time of day	896c
3	ὡσεί 2	as	899c
4	ἀναβαίνω 1 b	go up	50c
	ἀτενίζω	look intently at	119c
	εἰς 4 e	so that	229c
	ἐλεημοσύνη	charitable giving	250a
	ἔμπροσθεν 2 c	in front	257b
	ἔμφοβος	afraid	257d
	κύριος 2 e α	lord	460c
	μνημόσυνον 3	memorial offering	525c
	προσευχή 1	prayer	713b
5	ἐπικαλέω 1 b α	name	294a
	Ἰόππη	Joppa	378d
	μεταπέμπω	summon	513b
	νῦν 2	now	546a
	πέμπω 1	send	641d
	Πέτρος	Peter	655b
5f	τὶς, τὶ 2 a β	any one	820c
6	βυρσεύς	tanner	148d
	εἰμί III 8 b	to be	225d
	εἰμί III 8 c	to be	225d
	θάλασσα 1 b β	sea	350b
	ξενίζω 1	receive as a guest	547d
	οἰκία 1 a	house	557b
	παρά II 1 b α	beside	610b
	παρά III 1 b α	along	611a
	Σίμων 8	Simon	751b
7	ἀπέρχομαι 1 a	go away	84c
	εὐσεβής	devout	326c
	οἰκέτης	house slave	557a
	προσκαρτερέω 1	adhere to	715c
	στρατιώτης 1	soldier	770d
	τόπος 1 b	place	822c
	φωνέω 2 b	call	870c
	ὡς IV 1 a	when	898c
8	ἐξηγέομαι	explain	275d
	Ἰόππη	Joppa	378d
9	ἀναβαίνω 1 a α	go up	50b
	δῶμα	roof	210b
	ἐγγίζω 1	approach	213c
	ἕκτος	sixth	246a
	ἐπαύριον	next day	283d
	ὁδοιπορέω	travel	553d
	περί 2 b	about	645b
	ὥρα 2 b	time of day	896b
10	γεύομαι 1	taste	157a
	ἔκστασις 2	trance	245a
	ἐπί III 1 b γ	on	289a
	ἐπιπίπτω 2	fall upon	297d
	παρασκευάζω 1	prepare	622a
	πρόσπεινος	hungry	718a
11	ἀνοίγω 1 b	open	71b
	ἀρχή 1 a	corners	111d
	δέω 2	bind	178a
	ἐπί I 1 a β	on	286a
	θεωρέω 1	observe	360a
	καθίημι	let down	390b
	καταβαίνω 1 b	come down	408c
	ὀθόνη	linen cloth	555c
	σκεῦος 1 a	thing	754a

11	τέσσαρες	four	813b
	τὶς, τὶ 2 a α	any one	820c
	ὡς II 3 b	so	897d
12	γῆ 5 b	earth	157d
	ἑρπετόν	reptile	310b
	οὐρανός 1 d	heaven	594b
	πᾶς, πᾶσα, πᾶν 1 d α	all	632a
	πετεινόν	bird	654a
	πετεινόν	bird	654a
	τετράπους	quadrupeds	814a
	ὑπάρχω 1	be	838a
13	γίνομαι I 4 c ε	come, go	160a
	θύω 2	sacrifice	367c
	φωνή 2 d	voice	871b
14	ἀκάθαρτος 1	impure	29a
	ἐσθίω 1 a	eat	312d
	κοινός 2	common	438b
	μηδαμῶς	by no means	517d
	οὐδέποτε	never	592b
	πᾶς, πᾶσα, πᾶν 1 a α	every each	631b
15	δεύτερος 4	second	177b
	καθαρίζω 2 a	cleanse	387b
	κοινόω 2	declare unclean	438c
	μή A III 3 b	not	517a
	πάλιν 2	again	606d
	φωνή 2 d	voice	871b
16	ἀναλαμβάνω 1	take up	56d
	ἐπί III 3	on	289c
	εὐθύς	immediately	321b
	σκεῦος 1 a	thing	754a
	τρίς	thrice	826c
17	ἄν 5	(particle)	49b
	διαπορέω	be perplexed	187d
	διερωτάω	find by inquiry	194d
	ἑαυτοῦ 1 c	oneself	212b
	εἶδον 1 a	see	220d
	ἐν I 5 b	in	259c
	ἐφίστημι 1 a	stand by	330d
	Κορνήλιος	Cornelius	444d
	ὅραμα 1	vision	577b
	πυλών 2	gate	729c
	Σίμων 8	Simon	751b
	ὡς IV 1 b	when	898c
18	ἐνθάδε 2	here	266a
	ἐπικαλέω 1 b α	name	294a
	ξενίζω 1	receive as a guest	547d
	Πέτρος	Peter	655b
	πυνθάνομαι 1	inquire	729d
	φωνέω 2 b	call	870c
19	διενθυμέομαι	ponder	194a
	ἐνθυμέομαι	consider	266b
	ζητέω 1 a β	seek	338d
	ὅραμα 1	vision	577b
	πνεῦμα 5 d α	spirit	676d
20	ἀλλά 6	now	38d
	ἀνίστημι 2 d	rise	70c
	διακρίνω 2 b	waver	185b
	διότι 3	for	199c
	καταβαίνω 1 a β	come down	408b
20	μηδείς 2 b β	nothing	518b
	πορεύω 1	proceed	692c
	σύν 1 b	with	781c
21	αἰτία 1	cause	26b
	ἀποστέλλω 1 b δ	send away	98d
	ζητέω 1 a β	seek	338d
	καταβαίνω 1 a δ	come down	408c
	πάρειμι 1 a	be present	624b
22	ἄγγελος 2 a	angel	7c
	ἅγιος 1 b β	holy	9d
	ἀκούω 1 b β	hear	32a
	δίκαιος 1 b	upright	195c
	ἑκατοντάρχης	centurion	237a
	Ἰουδαῖος 2 c	Jewish	379c
	Κορνήλιος	Cornelius	444d
	μαρτυρέω 2 b	be approved	493b
	μεταπέμπω	summon	513b
	παρά I 3 c	from	610a
	ῥῆμα 1	word	735c
	τέ 1 b	and	807c
	φοβέω 2 a	be afraid	863b
	χρηματίζω 1 b α	impart a warning	885d
23	ἀδελφός 2	brother	16b
	ἀπό IV 1 b	from	87c
	εἰσκαλέομαι	invite in	233b
	Ἰόππη	Joppa	378d
	ξενίζω 1	receive as a guest	547d
	σύν 1 b	with	781c
	συνέρχομαι 2	assemble	788b
	τὶς, τὶ 1 a α	any one	820a
23f	ἐπαύριον	next day	283d
24	ἀναγκαῖος 2	necessary	52b
	εἰσέρχομαι 1 a α	come	232c
	Καισάρεια 2	Caesarea	396a
	περιμένω	wait for	648d
	προσδέχομαι 2 a	receive	712b
	προσδοκάω 1	expect	712c
	συγγενής	related	772d
	συγκαλέω 2	call together	773b
	φίλος 2 a α	loving	861a
24f	Κορνήλιος	Cornelius	444d
25	διασαφέω 2	report	188b
	εἰσέρχομαι 1 a δ	come	232d
	ἐκπηδάω 2	rush out	243d
	ἐπί III 1 a γ	on	288b
	ὁ, ἡ, τό II 4 b	the	551d
	πίπτω 1 b α	fall	659d
	πούς 1 a	foot	696c
	πούς 1 a	foot	696c
	προσεγγίζω	approach	712d
	προσκυνέω 1	do reverence	716d
	προτρέχω	run ahead	722b
	συναντάω 1	meet	784c
	ὡς IV 1 a	when	898c
26	ἄνθρωπος 1 a β	man	68b
	ἐγείρω 1 a β	raise	214c
27	εὑρίσκω 1 c α	find	325b
	συνέρχομαι 1 a	assemble	788a
	συνομιλέω	talk	791c

28	ἀθέμιτος	unlawful	20d
	ἀκάθαρτος 1	impure	29a
	ἀλλόφυλος	foreign	41a
	ἀνήρ 3	man	66d
	βελτίων	better	139b
	δείκνυμι 2	explain	172d
	ἐπίσταμαι 2	know	300a
	Ἰουδαῖος 1	Jewish	379b
	κἀγώ 2	but I	386a
	κοινός 2	common	438b
	κολλάω 2 b α	unite	441d
	λέγω II 3	call	470a
	φημί 1 b α	say	856b
	ὡς IV 4	when	899a
29	ἀναντιρρήτως	not raising objection	58c
	διό	therefore	198d
	ἔρχομαι I 1 a α	come	310c
	καί II 4	also	393c
	λόγος 2 d	reason	478d
	πυνθάνομαι 1	inquire	729d
	τίς, τί 2	which	819c
29a	μεταπέμπω	summon	513b
29b	μεταπέμπω	summon	513b
30	ἀπό II 2 b	from	87a
	ἄρτι 3	now	110c
	ἐγώ	I	217c
	ἐν I 4 b	in	259a
	ἔνατος	ninth	262b
	ἐνώπιον 1	before	270c
	ἐσθής	clothing	312b
	ἡμέρα 2	day	346c
	ἵστημι II 1 b	stand	382b
	λαμπρός 3	bright	465d
	μέχρι 1 b	until	515c
	οἶκος 1 a α	house	560c
	τέταρτος	fourth	813c
	φημί 1 b α	say	856b
	ὥρα 2 b	time of day	896c
30f	Κορνήλιος	Cornelius	444d
31	εἰσακούω 2 b	listen to	232c
	ἐλεημοσύνη	charitable giving	250a
	ἐνώπιον 5 a	before	271a
	μιμνῄσκομαι 2 a	be mentioned	522c
	μιμνῄσκομαι 2 b	be called to remembrance	522c
	προσευχή 1	prayer	713c
32	βυρσεύς	tanner	148d
	ἐπικαλέω 1 b α	name	294a
	θάλασσα 1 b β	sea	350b
	Ἰόππη	Joppa	378d
	μετακαλέω	summon	511b
	ξενίζω 1	receive as a guest	547d
	οἰκία 1 a	house	557c
	παρά III 1 b α	along	611a
	πέμπω 1	send	641d
	Πέτρος	Peter	655b
32b	Σίμων 8	Simon	751b
33	ἐνώπιον 2 b	before	270d

33	ἐξαυτῆς	at once	273d
	καλῶς 4 a	well	401b
	νῦν 2	now	546a
	παραγίνομαι 1	come	613d
	πάρειμι 1 a	be present	624b
	πέμπω 1	send	641d
	ποιέω I 2 a γ	do	682d
	προστάσσω	command	718c
	τάχος	speed	807a
33a	πᾶς, πᾶσα, πᾶν 1 e α	all	632b
33b	οὖν 5	therefore	593c
	πᾶς, πᾶσα, πᾶν 1 d β	all	632b
34	ἀλήθεια 3	reality	36c
	ἀνοίγω 1 e α	open	71b
	καταλαμβάνω 2	grasp	413b
	προσωπολήμπτης	one who shows partiality	720d
	στόμα 1 a	mouth	769d
35	δεκτός	acceptable	174b
	δικαιοσύνη 2 b	righteousness	196c
	ἐργάζομαι 2 a	work	307b
	φοβέω 2 a	be afraid	863b
36	ἀποστέλλω 2	put in	99a
	διά A III 2 a	by	180c
	εἰρήνη 3	peace	227d
	εὐαγγελίζω 2 a β	preach	317c
	κύριος 2 c γ	lord	460b
	λόγος 1 b β	word	478b
	υἱός 1 b α	son	833d
37	ἄρχω 2 c	begin	113d
	βάπτισμα 1	baptism	132c
	Γαλιλαία	Galilee	150c
	γίνομαι I 4 c δ	come, go	160a
	Ἰουδαία 2	Judaea	379a
	Ἰωάν(ν)ης 1	John	384d
	κατά I 1 c	down	405d
	κηρύσσω 2 b β	announce	431c
	μετά B II 3	after	510b
	ῥῆμα 2	word	735d
38	διέρχομαι 1 d	go through	194c
	δύναμις 7	power	208b
	εἰμί III 7	to be	225c
	ἰάομαι 1	heal	368b
	καταδυναστεύω	oppress	410c
	μετά A II 1 c β	with	509a
	Ναζαρά	Nazareth	532b
	πνεῦμα 5 c β	spirit	676d
	πνεῦμα 6 a	spirit	677c
	χρίω 1	anoint	887c
	ὡς I 2 d	as	897b
39	ἀναιρέω 1 a	do away with	55a
	ἐπί I 1 a β	on	286b
	Ἰουδαῖος 2 c	Jewish	379c
	καί II 6		393d
	κρεμάννυμι 1	hang	450a
	μάρτυς 2 c	witness	494c
	ξύλον 2 c	cross	549b
	ποιέω I 1 b β	do	681b
	χώρα 1 b	country	889b
40	δίδωμι 1 b β	give	193b

40	ἐγείρω 1 a β	raise	214d
	ἐμφανής	visible	257c
	τρίτος 1	third	826c
	τρίτος 1	third	826c
41	ἐκ 1 b	away from	234c
	μάρτυς 2 c	witness	494c
	μετά B II 4 a	after	510c
	νεκρός 2 a	dead	535a
	προχειροτονέω	choose	724c
	συμπίνω	drink with	779c
	συναλίζω	stay with	783d
	συναναστρέφομαι	associate	784c
	συνεσθίω	eat with	788b
	συστρέφω 2	bring together	795c
42	διαμαρτύρομαι 2	testify	186c
	ζάω 1 a α	live	336a
	κηρύσσω 2 b β	announce	431c
	κριτής 1 a β	judge	453c
	νεκρός 2 a	dead	535a
	ὁρίζω 1 b	determine	581a
	παραγγέλλω	give orders	613b
43	ἁμαρτία 1	sin	43b
	ἄφεσις 2	pardon	125a
	λαμβάνω 2	receive	465a
	μαρτυρέω 1 a	bear witness	492d
	ὄνομα I 4 c α	name	572b
	πιστεύω 2 a β	believe	661c
	προφήτης 1	prophet	723c
43a	πᾶς, πᾶσα, πᾶν 1 d α	all	632a
43b	πᾶς, πᾶσα, πᾶν 1 c γ	whoever	632a
44	ἐπί III 1 b γ	on	289a
	ἐπιπίπτω 2	fall upon	297d
	ἔτι 1 a β	still	315d
	λόγος 1 a β	word	477c
	πνεῦμα 5 c α	spirit	676c
	ῥῆμα 1	word	735c
45	δωρεά	gift	210c
	ἐκχέω 2	pour out	247c
	ἐξίστημι 2 b	be amazed	276c
	ἐπί III 1 b γ	on	289a
	ὅσος 2	how great	586b
	περιτομή 4 a	circumcision	653a
	πιστός 2	trustworthy	665a
	πνεῦμα 5 c α	spirit	676c
	συνέρχομαι 2	assemble	788b
46	γλῶσσα 3	tongue	162c
	μεγαλύνω 2	exalt	497b
47	κωλύω 3	hinder	461d
	μή A II 1 d α	not	516b
	μήτι	(interrog particle)	520b
	ὁ, ἡ, τό II 4 b δ	the	551d
	ὅστις 2 b	whoever	587a
	πνεῦμα 5 c α	spirit	676c
	ὕδωρ 1	water	833a
48	βαπτίζω 2 b β	baptize	132a
	διαμένω	remain	186c
	ἐπιμένω 1	remain	296b
	ἐρωτάω 2	ask	312a
	ἡμέρα 2	day	346b
	ὄνομα I 4 c γ	name	572d
48	πρός III 7	by	711a
	προστάσσω	command	718d
	τὶς, τὶ 2 d	any one	820d

Acts 11

1	ἀκουστός	audible	31d
	ἀπόστολος 3	apostles	99d
	δέχομαι 3 b	accept	177c
	ἔθνος 2	gentiles	218c
	εἰμί III 6 b	to be	225c
	Ἰουδαία 2	Judaea	379a
	κατά II 1 a	along	406b
	λόγος 1 b β	word	478b
2	ἀναβαίνω 1 a α	go up	50a
	διά A II 2	after	180a
	διακρίνω 2 a	take issue	185b
	ἐκ 3 d	from	235a
	ἐπιστηρίζω	strengthen	300d
	Ἱεροσόλυμα 1 a	Jerusalem	373b
	λόγος 1 a γ	word	477c
	περιτομή 4 a	circumcision	653a
	ποιέω II 1	do	683a
	προσφωνέω 2	call out	720c
	χάρις 2 a	favor	877b
	χώρα 2	country	889c
3	ἀκροβυστία 1	uncircumcised	33d
	εἰσέρχομαι 1 c	come	233a
	ἔχω I 2 c α	have	332c
	λέγω I 1 b α	say	468b
	συνεσθίω	eat with	788b
4	ἄρχω 2 b	begin	113d
	ἐκτίθημι 2	explain	245d
	καθεξῆς	in order	388d
5	ἀρχή 1 a	corners	111d
	ἄχρι 1 b	as far as	128d
	εἶδον 1 a	see	220d
	ἔκστασις 2	trance	245a
	ἐν I 4 d	in	259b
	ἔρχομαι I 1 a γ	come	310d
	Ἰόππη	Joppa	378d
	καθίημι	let down	390b
	καταβαίνω 1 b	come down	408c
	ὀθόνη	linen cloth	555c
	ὅραμα 1	vision	577b
	οὐρανός 2 a	heaven	594d
	πόλις 1	city	685d
	σκεῦος 1 a	thing	754a
	ὡς II 3 b	so	897d
6	ἀτενίζω	look intently at	119c
	γῆ 5 b	earth	157d
	ἑρπετόν	reptile	310b
	θηρίον 1 a β	beast	361a
	κατανοέω 2	notice	415a
	οὐρανός 1 d	heaven	594b
	πετεινόν	bird	654a
	πετεινόν	bird	654a
	τετράπους	quadrupeds	814a

7	θύω 2	sacrifice	367c
	φωνή 2 d	voice	871c
8	ἀκάθαρτος 1	impure	29a
	εἰσέρχομαι 2 b	come	233b
	κοινός 2	common	438b
	μηδαμῶς	by no means	517d
	οὐδέποτε	never	592b
	στόμα 1 a	mouth	769d
9	δεύτερος 4	second	177b
	καθαρίζω 2 a	cleanse	387b
	κοινόω 2	declare unclean	438c
	οὐρανός 2 a	heaven	594d
	φωνή 2 d	voice	871c
10	ἀνασπάω	draw	60b
	ἐπί III 3	on	289c
	οὐρανός 2 a	heaven	594d
	πάλιν 1 a	back	606c
	τρίς	thrice	826c
11	ἀποστέλλω 1 b δ	send away	98d
	ἐγώ	I	217c
	ἐξαυτῆς	at once	273d
	ἐφίστημι 1 a	stand by	330d
	Καισάρεια 2	Caesarea	396a
12	ἀνακρίνω 1 a	question	56b
	διακρίνω 1 b	differentiate	185a
	εἰσέρχομαι 1 a β	come	232c
	μηδείς 2 b β	nothing	518b
	οἶκος 1 a α	house	560b
	πνεῦμα 5 d α	spirit	676d
	σύν 1 b	with	781c
	συνέρχομαι 2	assemble	788b
13	ἀπαγγέλλω 1	report	79b
	ἐπικαλέω 1 b α	name	294a
	Ἰόππη	Joppa	378d
	ἵστημι II 1 b	stand	382b
	μεταπέμπω	summon	513b
	οἶκος 1 a α	house	560c
	Πέτρος	Peter	655b
	πῶς 2 a	how	732d
14	λαλέω 2 b	speak	463d
	οἶκος 2	household	560d
	ῥῆμα 1	word	735c
	σῴζω 2 b	save	798d
15	ἀρχή 1 b	beginning	112a
	ἄρχω 2 a α	begin	113c
	ἐπιπίπτω 2	fall upon	297d
	πνεῦμα 5 c α	spirit	676c
	ὥσπερ 2	(just) as	899d
16	Ἰωάν(ν)ης 1	John	384d
	μιμνῄσκομαι 1 a δ	remember	522b
	πνεῦμα 5 c β	spirit	676d
	ῥῆμα 1	word	735c
	ὕδωρ 1	water	833a
16a	βαπτίζω 2 a	baptize	131c
16b	βαπτίζω 3 b	baptize	132b
17	δέ 1 e	but, and	171c
	δυνατός 1 a β	powerful	208d
	δωρεά	gift	210b
	εἰ III	if	219c
	εἰμί II 6 c	to be	224d

17	ἐπί III 1 b ε	toward	289a
	ἴσος	equal	381a
	καί II 3	also	393c
	κύριος 2 c γ	lord	460a
	κωλύω 1	hinder	461c
	κωλύω 1	hinder	461c
	πιστεύω 2 a γ	believe	661c
	πιστεύω 2 a δ	believe	661c
	τίς, τί 1 a β	which	819a
18	δοξάζω 1	praise	204c
	ἔθνος 2	gentiles	218c
	ζωή 2 b α	life	340d
	ἡσυχάζω 2	rest	349b
	μετάνοια	repentance	512c
19	ἀπό V 1	because of	87d
	γίνομαι I 1 b β	come about	158b
	διασπείρω	scatter	188c
	διέρχομαι 2	come	194c
	ἐπί II 1 a γ	against	287a
	ἕως II 2 a	as far as	335a
	θλῖψις 1	tribulation	362b
	Κύπρος	Cyprus	457d
	λαλέω 2 b	speak	463d
	λόγος 1 b β	word	478b
	μέν 2 e	(particle)	503b
	μηδείς 2 a	no	518a
	Στέφανος	Stephen	767a
	Φοινίκη	Phoenicia	864b
19-26	Ἀντιόχεια 1	Antioch	75b
19f	οὖν 5	therefore	593c
20	ἀνήρ 3	man	66d
	εἰμί I 1	to be	223b
	Ἕλλην 2 a	Gentile	252a
	Ἑλληνιστής	Hellenist	252b
	Ἑλληνιστής	Hellenist	252b
	εὐαγγελίζω 2 a β	preach	317c
	Κύπριος	inhabitant of Cyprus	457d
	Κυρηναῖος	Cyrenian	458a
	κύριος 2 c γ	lord	460a
	λαλέω 2 a δ	speak	463c
	ὅστις 3	whoever	587b
21	ἀριθμός 2	number	106c
	ἐπί III 1 b δ	toward	289a
	ἐπιστρέφω 1 b β	turn	301b
	μετά A II 1 c β	with	509a
	πιστεύω 2 b	believe	661d
	πολύς I 1 b α	many	687d
	χείρ 2 a β	hand	880c
22	ἀκούω 1 b α	hear	32a
	Βαρναβᾶς	Barnabas	133d
	διέρχομαι 2	come	194c
	ἐκκλησία 4 b	church	241a
	ἐξαποστέλλω 1 b	send out	273b
	λόγος 1 a β	word	477c
	οὖς 1	ear	595d
23	καρδία 1 b γ	heart	404a
	παραγίνομαι 1	come	613d
	παρακαλέω 2	appeal to	617b
	πρόθεσις 2 a	setting forth	706b
	προσμένω 1 a β	remain	717c

23	προσμένω 1 b	remain	717c
	χαίρω 1	rejoice	873d
	χάρις 3 b	favor	878a
23f	κύριος 2 c γ	lord	460a
24	ἀγαθός 1 a α	good	2d
	ἀνήρ 4	man	66d
	ἀνήρ 4	man	67a
	ἱκανός 1 a	sufficient	374b
	ὄχλος 1	crowd	600d
	πίστις 2 d α	faith	663b
	πλήρης 1 b	full	669d
	πνεῦμα 5 c β	spirit	676d
	προστίθημι 1 b	add	719b
25	ἀναζητέω	look	53d
	Σαῦλος	Saul	745b
	Ταρσός	Tarsus	805d
26	ἄγω 1 b	bring	14b
	γίνομαι I 3 e	take place	159b
	ἐνιαυτός 1	year	266c
	εὑρίσκω 1 a	find	324d
	ἱκανός 1 a	sufficient	374b
	μαθητής 2 b γ	disciple	486a
	ὅλος 1	whole	564d
	ὄχλος 1	crowd	600d
	πρῶτος 2 a	first	726b
	πρώτως	for the first time	727a
	συνάγω 2	gather	782c
	συναναχέω	pour on together with	784c
	συντυγχάνω	meet	793c
	τέ 1 b	and	807c
	χρηματίζω 2	impart a warning	885d
	Χριστιανός	the Christian	886d
27	Ἱεροσόλυμα 1 a	Jerusalem	373b
	κατέρχομαι 1	come down	422a
27f	προφήτης 5	prophet	724a
28	Ἅγαβος	Agabus	2b
	ἀγαλλίασις	exultation	3d
	γίνομαι I 1 b β	come about	158b
	διά A III 2 b δ	by	180d
	εἷς 1 a β	one	230d
	ἐπί I 2	under	286d
	ἐπί III 1 a α	across	288a
	Κλαύδιος 1	Claudius	433c
	λιμός 2	famine	475b
	μέγας 2 a γ	great	497d
	μέλλω 1 a	will be	500d
	οἰκουμένη 1 a	the world	561b
	ὄνομα I 1	name	571a
	ὅστις 3	whoever	587b
	πνεῦμα 5 d α	spirit	676d
	πνεῦμα 6 c	spirit	677d
	σημαίνω 2	make known	747d
	συστρέφω 2	bring together	795c
29	διακονία 4	support	184c
	ἕκαστος 2	each	236d
	εὐπορέω	be well off	324b
	Ἰουδαία 2	Judaea	379a
	καθώς 2	as	391c
	κατοικέω 1 a	live	424b
29	μαθητής 2 b γ	disciple	486a
	ὁρίζω 1 a β	determine	581a
	πέμπω 2	send	642b
30	Βαρναβᾶς	Barnabas	133d
	διά A III 1 a	by means of	180a
	καί II 6		393d
	ὅς, ἥ, ὅ I 7 b	(rel pron)	584d
	πρεσβύτερος 2 b α	older	700b
	Σαῦλος	Saul	745b
	χείρ 1	hand	880b

Acts 12

1	ἀπό IV 1 b	from	87c
	βασιλεύς 1	king	136a
	ἐκεῖνος 2 b γ	that	239d
	ἐπιβάλλω 1 b	lay on	290a
	Ἡρῴδης 3	Herod Agrippa	348c
	καιρός 1	time	395a
	κακόω 1	harm	398c
	κατά II 2 a	during	406c
	τὶς, τὶ 1 a α	any one	820a
1ff	Ἀγρίππας 1	Agrippa	13d
2	ἀναιρέω 1 a	do away with	55a
	Ἰάκωβος 1	James	367d
	Ἰωάν(ν)ης 2	John	385a
	μάχαιρα 1	sword	496b
3	ἄζυμος 1 b	unleavened break	20a
	ἀρεστός	pleasing	105d
	δέ 2	but, and	171c
	εἶδον 3	notice	221a
	ἐπιχείρησις	attempt	305a
	ἡμέρα 2	day	346d
	πιστός 2	trustworthy	665a
	προστίθημι 1 c	add	719b
	συλλαμβάνω 1 a α	seize	776d
4	ἀνάγω 1	lead	53b
	βούλομαι 2 a β	desire	146b
	καί II 6		393d
	λαός 1 c α	people	466d
	μετά B II 2	after	510b
	παραδίδωμι 1 b	give over	614d
	πάσχα 1	the passover	633c
	πιάζω 2 a	grasp	657b
	τετράδιον	four soldiers	813d
	τίθημι II 1 b	put	816c
	φυλακή 3	guard	867d
	φυλάσσω 1 b	watch	868b
5	ἐκτένεια	perseverance	245c
	ἐκτενής	earnest	245c
	ἐκτενῶς	fervently	245d
	μέν 1 a α	(particle)	502d
	οὖν 2 a	therefore	593b
	περί 1 f	about	644d
	προσευχή 1	prayer	713c
	τηρέω 1	guard	814d
	φυλακή 3	guard	867d
6	δέω 1 b	bind	177d
	δύο 2	two	209b
	δύο 3	two	209b

6	Ἡρῴδης 3	Herod Agrippa	348c
	θύρα 1 a	door	365d
	κοιμάω 1	sleep	437c
	μέλλω 1 b α	be about to	501a
	μεταξύ 2 a	between	513a
	νύξ 1 c	night	546d
	ὅτε 1 a	when	588b
	πρό 1	before	701c
	προάγω 1	lead	702a
	προσάγω 1 a	bring	711b
	τηρέω 1	guard	814d
	φυλακή 3	guard	867d
	φύλαξ	guard	868b
6f	ἅλυσις 1	chain	41c
7	ἄγγελος 2 a	angel	7c
	ἐγείρω 1 a α	wake	214c
	ἐκ 2	away from	234c
	ἐκπίπτω 1	fall off	243d
	ἐπιλάμπω 1	shine forth	295b
	ἐφίστημι 1 a	stand by	330d
	ἐφίστημι 1 a	stand by	330d
	ἰδού 1 b β	behold	371a
	κύριος 2 a	lord	459b
	λάμπω 1 b	shine out	466a
	λέγω I 8 a	say	469b
	νύσσω	nudge	547a
	οἴκημα 2	room	557b
	πατάσσω 1 a	strike	634d
	πλευρά	side	668a
	τάχος	speed	807a
	φῶς 1 a	light	871d
	χείρ 1	hand	880a
8	ζώννυμι	gird	341c
	ἱμάτιον 2	garment	376c
	περιβάλλω 1 b α	throw around	646a
	περιζώννυμι 2 a	gird about	647b
	ποιέω I 2 a α	do	682c
	σανδάλιον	sandal	742a
	ὑποδέω	tie	844b
9	ἀληθής 3	real	37a
	βλέπω 1 a	see	143b
	γίνομαι I 2 a	created	158c
	γίνομαι I 2 a	created	158c
	δέ 1 d	but, and	171c
	ὅραμα 1	vision	577b
	οὐ 7 b	no	591a
9f	ἐξέρχομαι 1 a β	go out	274c
10	ἀνοίγω 1 a	open	71a
	ἀνοίγω 2	open	71c
	αὐτόματος	by itself	122c
	ἀφίστημι 2 a	withdraw	126d
	δέ 2	but, and	171c
	δεύτερος 4	second	177b
	διέρχομαι 1 a	go through	194c
	ἐπί III 1 a γ	on	288b
	ἔρχομαι I 1 a β	come	310c
	ὁ, ἡ, τό II 1 f	the	550d
	ὅστις 3	whoever	587b
	πόλις 1	city	685c
	προέρχομαι 1	go forward	705c
10	πρῶτος 1 b	first	725d
	πύλη 1	gate	729b
	ῥύμη	lane	737c
	σιδηροῦς	iron	750a
	φέρω 4 c	bear	855d
	φυλακή 2	guard	867d
11	ἀληθῶς 1	truly	37c
	γίνομαι II 4 a	be	160c
	ἑαυτοῦ 1 c	oneself	212b
	ἐκ 1 a	away from	234b
	ἐν I 5 d	in	260a
	ἐξαιρέω 2 a	deliver	272a
	ἐξαποστέλλω 1 b	send out	273b
	Ἡρῴδης 3	Herod Agrippa	348c
	Ἰουδαῖος 2 c	Jewish	379c
	νῦν 1 a β	now	545c
	προσδοκία	expectation	712d
	χείρ 2 b	hand	880c
12	ἐπικαλέω 1 b α	name	294a
	ἱκανός 1 c	sufficient	374c
	Ἰωάν(ν)ης 6	John	385a
	Μαρία 6	Mary	492b
	Μᾶρκος	Mark	492c
	οὗ 1 a β	where	589d
	συναθροίζω 1	gather	783c
	συνοράω	perceive	791c
13	θύρα 1 a	door	365d
	κρούω	strike	454a
	ὄνομα I 1	name	571a
	παιδίσκη	maid	604b
	προέρχομαι 4	come out	705c
	προσέρχομαι 1	approach	713a
	πυλών 2	gate	729c
	Ῥόδη 1	Rhoda	736d
	ὑπακούω 3	listen to	837c
14	ἀνοίγω 1 a	open	71a
	ἀπαγγέλλω 1	report	79b
	ἀπό V 3	with	88a
	δέ 1 d	but, and	171c
	εἰστρέχω	run in	233d
	ἐπιγινώσκω 1 b	know	291a
	ἵστημι II 2 b β	being	382c
	οὐ 7 b	no	591a
	πρό 1	before	701c
	φωνή 2 b	voice	871a
	χαρά 1	joy	875c
14a	πυλών 2	gate	729c
14b	πυλών 2	gate	729c
15	ἄγγελος 2 a	angel	7d
	διϊσχυρίζομαι	insist	195b
	ἔχω II 2	be	334a
	μαίνομαι	be out of ones mind	486b
	τυγχάνω 2 c	happen	829c
16	ἐξανοίγω	to open	272d
	ἐξίστημι 2 b	be amazed	276c
	ἐπιμένω 2	continue	296b
	κρούω	strike	454a
17	δέ 2	but, and	171c
	διηγέομαι	tell	195a
	ἐξάγω 1	lead out	271d

17	ἐξέρχομαι 1 a β	go out	274c
	Ἰάκωβος 3	James	368a
	κατασείω 2	motion	418b
	πορεύω 1	proceed	692c
	πῶς 2 a	how	732c
	σιγάω 1 a	be silent	749c
	τόπος 1 a	place	822c
	φυλακή 3	guard	867d
18	ἄρα 2	then	103d
	ἄρα 4	possibly	104a
	γίνομαι I 1 b γ	come about	158b
	γίνομαι I 3 d	take place	159b
	ἡμέρα 1 a	day	346a
	ὀλίγος 2 b	little	563d
	τάραχος 1	mental agitation	805c
	τίς, τί 1 b δ	which	819b
19	ἀνακρίνω 1 b	question	56c
	ἀπάγω 2 c	lead away	79d
	διατρίβω	stay	190a
	ἐπιζητέω 1 a	seek after	292d
	Ἡρῴδης 3	Herod Agrippa	348c
	Ἰουδαία 1	Judaea	379a
	Καισάρεια 2	Caesarea	396a
	κατέρχομαι 1	come down	422a
	κελεύω	command	427b
	φύλαξ	guard	868b
20	αἰτέω	ask	25d
	βασιλικός	royal	136d
	Βλάστος	Blastus	142c
	δέ 2	but, and	171c
	εἰρήνη 1 a	peace	227b
	ἐπί I 1 b α	over	286c
	θυμομαχέω	be very angry	365b
	κοιτών	bedroom	440b
	ὁμοθυμαδόν	with one mind	566c
	πάρειμι 1 a	be present	624b
	πείθω 1 c	convince	639c
	πρός III 7	by	711a
	Σιδώνιος 2	Sidonian	750b
	τρέφω 1	feed	825d
	Τύριος	Tyrian	830d
	χώρα 1 b	country	889b
21	αὐτός 3 b	(oblique case)	123c
	βασιλικός	royal	136d
	βῆμα 2	tribunal	140b
	δημηγορέω	deliver a public addrres	178d
	ἐνδύω 2 a	dress	264a
	ἐσθής	clothing	312b
	ἡμέρα 3 a	day	347a
	Ἡρῴδης 3	Herod Agrippa	348c
	καθίζω 2 a α	sit down	390b
	πρός III 1 e	toward	709d
	τακτός	fixed	803a
22	ἄνθρωπος 1 a β	man	68b
	δῆμος	crowd	179a
	ἐπιφωνέω	cry out	304d
	θεός 1	god	356d
	καταλλάσσω 2 b	reconcile	414a
	Τύριος	Tyrian	830d
	φωνή 2 c	voice	871a

23	ἄγγελος 2 a	angel	7c
	ἀντί 3	for	74a
	βῆμα 2	tribunal	140b
	γίνομαι I 4 b	become	159d
	δίδωμι 1 a	give	192d
	δόξα 3	fame	204b
	ἐκψύχω	die	247c
	κύριος 2 a	lord	459b
	ὅς, ἥ, ὅ I 11 a	(rel pron)	585a
	παραχρῆμα	at once	623d
	πατάσσω 2	strike	634d
	σκωληκόβρωτος	eaten by worms	758c
24	αὐξάνω 3	grow	121d
	λόγος 1 b β	word	478b
	λόγος 1 b β	word	478b
	πληθύνω 1 b	increase	669a
25	Βαρναβᾶς	Barnabas	133d
	διακονία 4	support	184c
	εἰ VI 8 a	if not	220a
	ἐπικαλέω 1 b α	name	294a
	Ἰωάν(ν)ης 6	John	385a
	Μᾶρκος	Mark	492c
	πληρόω 5	finish	672a
	Σαῦλος	Saul	745b
	συμπαραλαμβάνω	take along	779a
	ὑποστρέφω	return	847c

Acts 13

1	Ἀντιόχεια 1	Antioch	75b
	διδάσκαλος	teacher	191d
	εἰμί III 6 b	to be	225c
	εἰμί V	to be	226a
	ἐκκλησία 4 b	church	241a
	Ἡρῴδης 2	Herod	348c
	καλέω 1 a γ	call	399b
	κατά II 1 a	along	406b
	Κυρηναῖος	Cyrenian	458a
	Λουκᾶς	Luke	480c
	Μαναήν	Manaen	490b
	Νίγερ	Niger	539a
	προφήτης 5	prophet	724a
	Συμεών 4	Symeon	778b
	σύντροφος	familiar	793c
	τετράρχης	tetrarch	814a
1f	Σαῦλος	Saul	745b
2	ἀφορίζω 2	set apart	127b
	δή 2	now	178b
	εἰς 4 d	for	229b
	ἔργον 2	work	308c
	λειτουργέω 2	perform a public service	470d
	λειτουργέω 3	serve	470d
	νηστεύω	to fast	538c
	ὅς, ἥ, ὅ I 6	(rel pron)	584c
	πνεῦμα 5 c α	spirit	676c
	προσκαλέω 2 b	summon	715c
3	ἐπιτίθημι 1 a α	put upon	303a

3	νηστεύω	to fast	538c
4	ἀποπλέω	sail away	97c
	ἐκπέμπω	send out	243c
	κατέρχομαι 1	come down	422a
	Κύπρος	Cyprus	457d
	μέν 2 e	(particle)	503b
	πνεῦμα 5 c α	spirit	676c
	Σελεύκεια	Seleucia	746d
5	γίνομαι II 4 a	be	160c
	ἔχω I 2 b β	have	332c
	Ἰωάν(ν)ης 6	John	385a
	καταγγέλλω 1	proclaim	409c
	λόγος 1 b β	word	478b
	Σαλαμίς	Salamis	740c
	συναγωγή 2 a	place of assembly	783a
	ὑπηρέτης	servant	842c
6	ἄχρι 1 b	as far as	128d
	Βαριησοῦς	Bar-jesus	133d
	διέρχομαι 1 a	go through	194c
	Ἐλύμας	Elymas	253c
	εὑρίσκω 1 b	find	325a
	Ἰουδαῖος 1	Jewish	379b
	μαγός 2	magician	485a
	νῆσος	island	538a
	ὄνομα I 1	name	570d
	ὅς, ἥ, ὅ I 1	(rel pron)	583b
	Πάφος	Paphos	638b
	περιέρχομαι	go around	647a
	ψευδοπροφήτης	false prophet	892a
7	ἀνήρ 4	man	66d
	ἀνθύπατος	proconsul	69c
	εἰμί III 10	to be	225d
	ἐπιζητέω 2 a	strive for	292d
	ζητέω 2 b γ	seek	339a
	λόγος 1 b β	word	478b
	Σαῦλος	Saul	745b
	Σέργιος	Sergius	747c
	συγκαλέω 2	call together	773b
	σύν 1 c	with	781c
	συνετός	intelligent	788d
8	ἀνθίστημι 1	set against	67b
	ἀνθύπατος	proconsul	69c
	διαστρέφω 2	mislead	189a
	Ἐλύμας	Elymas	253c
	Ἐλύμας	Elymas	253c
	ἐπειδή 2	since	284b
	ζητέω 2 b γ	seek	339a
	ἡδέως	gladly	344a
	μαγός 2	magician	485a
	μεθερμηνεύω	translate	498d
	πίστις 2 d α	faith	663b
9	ἀτενίζω	look intently at	119c
	καί II 8	also	393d
	ὁ, ἡ, τό II 9 b	the	552c
	πίμπλημι 1 a β	fill	658b
	πνεῦμα 5 c β	spirit	676d
	Σαῦλος	Saul	745b
10	διάβολος 2	the slanderer	182a
	διαστρέφω 1 b	pervert	189a
10	δικαιοσύνη 2 b	righteousness	196d
	δόλος	deceit	203b
	εὐθύς 2 a	straight	321a
	ἐχθρός 2 b γ	the enemy	331d
	ὁδός 2 b	way	554d
	οὐ 4 c	no	590d
	παύω 2	stop	638a
	πλήρης 1 b	full	670a
	ῥᾳδιουργία	frivolity	733d
	υἱός 1 c γ	son	834a
	ὦ 1	(interjection)	895a
10a	πᾶς, πᾶσα, πᾶν 1 a β	every each	631c
10b	πᾶς, πᾶσα, πᾶν 1 a β	every each	631c
11	ἀχλύς 1	mistiness	128b
	ἄχρι 1 a	until	128d
	ἐπί III 1 b γ	on	289a
	ἥλιος	the sun	345c
	ἰδού 1 b δ	behold	371a
	καιρός 1	time	394d
	μή A II 2 d	not	516d
	παραχρῆμα	at once	623d
	περιάγω 2	lead around	645c
	πίπτω 2 b γ	fall	660a
	σκότος 1	darkness	757d
	τυφλός 1 a β	blind	830d
	χείρ 2 a γ	hand	880c
	χειραγωγός	leader	880d
12	ἀνθύπατος	proconsul	69c
	διδαχή 2	teaching	192b
	ἐκπλήσσω 2	be amazed	244b
	ἐπί II 1 b γ	on	287c
	θαυμάζω 1 a α	wonder	352b
	πιστεύω 2 a α	believe	661b
	πιστεύω 2 b	believe	661d
13	ἀνάγω 3	put to sea	53b
	ἀποχωρέω	leave	102a
	Ἰωάν(ν)ης 6	John	385a
	Παμφυλία	Pamphylia	607c
	Πάφος	Paphos	638b
	Πέργη	Perga	644b
	περί 2 a δ	about	645b
	ὑποστρέφω	return	847c
14	Ἀντιόχεια 2	Antioch	75c
	διέρχομαι 3	go about	194d
	ἡμέρα 2	day	346d
	καθίζω 2 a α	sit down	390a
	παραγίνομαι 1	come	613c
	Πέργη	Perga	644b
	Πισιδία	Pisidia	660b
	Πισίδιος	Pisidian	660b
	σάββατον 1 b β	Sabbath	739b
	συναγωγή 2 a	place of assembly	782d
15	ἀνάγνωσις 1	reading	52d
	ἀρχισυνάγωγος	president of a synagogue	113b
	λαός 1 a	people	466c
	λόγος 1 a β	word	477b

15	μετά B II 3	after	510b
	νόμος 4 a	law	543a
	παράκλησις 1	encouragement	618a
	προφήτης 1	prophet	723c
16	ἀκούω 1 c	hear	32b
	ἀνήρ 3	man	66d
	Ἰσραηλίτης	Israelite	381d
	κατασείω 2	motion	418a
	φοβέω 2 a	be afraid	863b
17	Αἴγυπτος	Egypt	22a
	βραχίων	arm	147b
	γῆ 4	land	157c
	ἐκλέγομαι 2 a	choose	242b
	ἐξάγω 1	lead out	271c
	θεός 3 c	God	357c
	μετά A III 2	with	510a
	παροικία 1 a	sojourn	629a
	ὑψηλός 1	high	850a
	ὑψόω 2	lift up	851a
18	τεσσαρακονταετής	forty years	813b
	τροποφορέω	put up with	827c
	τροφοφορέω	care for	828a
	χρόνος	time	888a
	ὡς IV 5	when	899a
19	ἀλλόφυλος	foreign	41a
	γῆ 4	land	157c
	ἔθνος 1	nation	218c
	καθαιρέω 2 a β	destroy	386d
	κατακληροδοτέω	parcel out by lot	411d
	κατακληρονομέω 1	give as an inheritance	411d
	Χανάαν	Canaan	875b
20	δίδωμι 5	give	193d
	ἔτος	year	317a
	ἕως II 1 a	until	334d
	καί I 1 b	and	391d
	κριτής 2	judge	453d
	πεντήκοντα	fifty	643a
	προφήτης 1	prophet	723c
	Σαμουήλ	Samuel	741d
	τετρακόσιοι	four hundred	813d
	ὡς IV 5	when	899a
21	αἰτέω	ask	25d
	Βενιαμ(ε)ίν	Benjamin	139c
	ἐκ 3 b	from	235a
	ἔτος	year	316d
	κἀκεῖθεν 2	and then	396d
	Κίς	Kish	432d
	Σαούλ 1	Saul	742a
	υἱός 1 a α	son	833c
	φυλή 1	tribe	868d
22	βασιλεύς 1	king	136a
	ἐγείρω 1 a ε	raise up	214d
	εἰς 8 b	(predicate nominative)	230b
	θέλημα 1 c γ	will	354c
	Ἰεσσαί	Jesse	373d
	καί II 6		393d
22	καρδία 1 b ε	heart	404b
	κατά II 5 a γ	according to	407b
	μαρτυρέω 1 c	testify favorably	493a
	μεθίστημι 1	be removed	499a
	ποιέω I 1 c α	do	682a
23	ἄγω 1 a	lead	14b
	ἐγείρω 1 a ε	raise up	214d
	ἐπαγγελία 2 a	promise	280c
	σπέρμα 2 b	seed	761d
	σωτήρ 2	savior	801a
24	βάπτισμα 1	baptism	132c
	εἴσοδος 1	entrance	233b
	μετάνοια	repentance	512c
	πρό 1	before	701d
	προκηρύσσω	procalim publicly	707d
	πρόσωπον 1 c ζ	face	721c
24f	Ἰωάν(ν)ης 1	John	384d
25	ἄξιος 2 a	worthy	78b
	δρόμος 2	course	207a
	λύω 2 a	loose	483d
	ὅς, ἥ, ὅ I 2 b α	(rel pron)	583c
	πληρόω 5	finish	672a
	τίς, τί 1 a δ	which	819b
	τίς, τί 1 b ζ	which	819c
	ὑπόδημα	sandal	844c
	ὑπονοέω	suspect	846d
	ὡς IV 1 b	when	898c
26	ἀποστέλλω 2	put in	99a
	γένος 1	descendants	156b
	ἐξαποστέλλω 1 b	send out	273b
	λόγος 1 b β	word	478b
	σωτηρία 2	deliverance	801c
	υἱός 1 c β	son	833d
	φοβέω 2 a	be afraid	863b
27	ἀγνοέω 2	not to know	11b
	ἀναγινώσκω 2	read	51d
	ἄρχων 2 a	authorities	114a
	κατά II 2 c	every	406d
	κατοικέω 1 a	live	424b
	κρίνω 4 a α	judge	451d
	πληρόω 4 a	make full	671d
	σάββατον 1 a	Sabbath	739b
	συνίημι	understand	790b
	φωνή 2 c	voice	871b
28	αἰτέω	ask	25d
	αἰτία 2 a	charge	26c
	ἀναίρεσις	murder	54d
	ἀναιρέω 1 a	do away with	55a
	ἀναιρέω 1 a	do away with	55a
	εὑρίσκω 2	find	325c
	θάνατος 1 b α	death	351a
	μηδείς 1	no	518a
	Πιλᾶτος	Pilate	657d
29	γράφω 2 c	write	167a
	ἐπιτυγχάνω	obtain	304a
	καθαιρέω 1	lower	386c
	μνημεῖον 2	tomb	524d
	ξύλον 2 c	cross	549b

29	Πιλᾶτος		Pilate	657d
	σταυρόω	1	crucify	765c
	τελέω	2	perform	811a
	τίθημι	I 1 a β	put	816a
	ὡς	IV 1 a	when	898c
30	ἐγείρω	1 a β	raise	214d
	ἐκ	1 b	away from	234b
	νεκρός	2 a	dead	535a
31	Γαλιλαία		Galilee	150c
	ἐπί	III 2 b	on	289c
	ἡμέρα	2	day	346c
	μάρτυς	2 c	witness	494c
	ὁράω	1 a δ	see	578b
	πολύς	II 1 a	many	689a
	συναναβαίνω		go up with	784b
32	γίνομαι	I 4 c ε	come, go	160a
	ἐπαγγελία	2 a	promise	280d
	εὐαγγελίζω	2 a α	preach	317c
33	αἰτέω		ask	26a
	γεννάω	1 b	beget	155c
	ἐκπληρόω		fulfill	244a
	κατάσχεσις	1	possession	419c
	κληρονομία	2	inheritance	435a
	πέρας	1	end	644a
	πρῶτος	1 b	first	725d
	τέκνον	1 b	child	808c
	υἱός	2 b	son	834c
	ψαλμός	1	psalm	891b
	ὡς	II 4 a	so	897d
33f	ἀνίστημι	1 a	raise	70a
34	ἀνίστημι	1 a	raise	70a
	διαφθορά		destruction	190d
	μέλλω	1 c β	be about to	501b
	μηκέτι	3	no longer	518c
	νεκρός	2 a	dead	535a
	ὅσιος	2 a	pious	585d
	οὕτω	2	thus	598a
	οὕτω	2	thus	598a
	πιστός	1 b	trustworthy	665a
	ὑποστρέφω		return	847c
35	δίδωμι	1 b β	give	193b
	διότι	2	therefore	199c
	ἕτερος	1 b ζ	another	315c
	ὅσιος	2 b	pious	585d
35-7	εἶδον	5	see	221a
35ff	διαφθορά		destruction	190d
36	βουλή	2 b	will	145d
	γάρ	1 b	for	151d
	γάρ	1 e	for	152a
	γενεά	2	generation	154a
	κοιμάω	2 a	sleep	437d
	μέν	1 b	(particle)	502d
	προστίθημι	1 b	add	719b
	ὑπηρετέω		serve	842c
37	ἐγείρω	1 a β	raise	214d
38	ἁμαρτία	1	sin	43b
	ἄφεσις	2	pardon	125a
	γνωστός	1 a	known	164b
	δικαιόω	3 c	make free	197d
	καταγγέλλω	1	proclaim	409c
	νόμος	3	law	542c
38	ὅς, ἥ, ὅ	I 6	(rel pron)	584c
39	δικαιόω	3 a	justify	197d
	δικαιόω	3 c	make free	197d
	πᾶς, πᾶσα, πᾶν	1 c γ	whoever	632a
	πιστεύω	2 b	believe	661d
40	βλέπω	6	see	143d
	εἶπον	4	say	226d
	ἐν	I 1 d	in	258c
	ἐπέρχομαι	2 a	come	285a
	μή	B 1 b	not	517b
41	ἀφανίζω		render invisible	124c
	ἐκδιηγέομαι		tell	238c
	ἐργάζομαι	2 a	work	307a
	ἔργον	1 c α	deed	308a
	ἡμέρα	4 b	time	347c
	θαυμάζω	1 a α	wonder	352b
	καταφρονητής		despiser	420c
	μή	D 1 a	not	517c
	πιστεύω	1 a α	believe	660b
	σιγάω	1 b	be silent	749d
	τὶς, τὶ	1 a γ	any one	820a
42	εἰς	2 a β	for	228c
	ἔξειμι		go out	274a
	μεταξύ	1 b β	afterward	513a
	παρακαλέω	3	implore	617c
	ῥῆμα	2	word	735d
	σάββατον	1 a	Sabbath	739b
42f	ἀξιόω	2 b	ask	78d
43	Ἰουδαῖος	2 c	Jewish	379c
	λύω	3	destroy	483d
	ὅστις	3	whoever	587b
	πείθω	1 b	convince	639b
	πολύς	I 2 a α	many	688b
	προσήλυτος		proselyte	715a
	προσλαλέω		speak to	717b
	προσμένω	1 b	remain	717c
	σέβω	2 a	worship	746a
	συναγωγή	5	place of assembly	783a
	φημίζω		spread	856c
	χάρις	3 b	favor	878a
44	ἔρχομαι	I 1 b β	come	311b
	ἔχω	III 3	hold fast	334b
	λόγος	1 b β	word	478b
	λόγος	1 b β	word	478b
	πόλις	3	city	686a
	σάββατον	1 a	Sabbath	739b
	συνάγω	2	gather	782c
	συνάγω	2	gather	782c
	σχεδόν		nearly	797b
45	ἀντιλέγω	1	contradict	74d
	βλασφημέω	1	defame	142c
	ἐναντιόομαι		oppose	262a
	ζῆλος	2	jealousy	337d
	λαλέω	2 a ζ	speak	463c
	ὄχλος	1	crowd	600d
	πίμπλημι	1 a β	fill	658b
46	αἰώνιος	3	eternal	28d
	ἀναγκαῖος	1	necessary	52b
	ἄξιος	2 a	worthy	78b

46	ἀπωθέω 2	reject	103b
	ζωή 2 b α	life	340d
	κρίνω 2	judge	451b
	λόγος 1 b β	word	478b
	παρρησιάζομαι 1	speak freely	631a
	στρέφω 2 a β	turn	771b
47	εἰς 8 b	(predicate nominative)	230b
	ἐντέλλω	command	268c
	ἔσχατος 1	last	313d
	οὕτω	thus	597c
	οὕτω 2	thus	598a
	σωτηρία 2	deliverance	801d
	τίθημι I 2 b	make	816c
	φῶς 3 b	light	872c
48	αἰώνιος 3	eternal	28d
	δέχομαι 3 b	accept	177c
	ζωή 2 b α	life	340d
	ὅσος 2	how great	586c
	πιστεύω 2 b	believe	661d
	τάσσω 1 b	place	806a
	χαίρω 1	rejoice	873d
48f	λόγος 1 b β	word	478b
49	διά A I 2	through	179d
	διαφέρω 1 b	spread	190b
	χώρα 1 a	country	889b
50	διωγμός	persecution	201a
	ἐκβάλλω 1	drive out	237b
	ἐπεγείρω	rouse up	284a
	ἐπί III 1 a ε	against	288c
	εὐσχήμων 2	prominent	327b
	θλῖψις 1	tribulation	362b
	ὅριον	boundary	581b
	παροτρύνω	arouse	629d
	πρῶτος 1 c β	first	726b
	σέβω 2 a	worship	746a
51	ἐκτινάσσω 1	shake off	246a
	Ἰκόνιον	Iconium	375b
	καταντάω 1	arrive	415b
	κονιορτός	dust	443b
52	μαθητής 2 b γ	disciple	486a
	πληρόω 1 b	make full	671a
	πνεῦμα 6 a	spirit	677c
	χαρά 1	joy	875d

Acts 14

1	αὐτός 4 b	the same	123d
	γίνομαι I 3 e	take place	159b
	εἰσέρχομαι 1 a β	come	232d
	Ἕλλην 2 a	Gentile	252a
	Ἰκόνιον	Iconium	375b
	κατά II 5 b α	according to	407c
	οὕτω 2	thus	598a
	πιστεύω 2 b	believe	661d
	πλῆθος 2 b α	quantity	668c
	πολύς I 1 b α	many	688a
	ὥστε 2 a β	so that	900a
1a	Ἰουδαῖος 2 c	Jewish	379c
1b	Ἰουδαῖος 2 c	Jewish	379c
2	ἀπειθέω 2	disobey	82d
	ἀπειθέω 3	disobey	82d
	ἀρχισυνάγωγος	president of a synagogue	113b
	ἄρχων 2 a	authorities	113d
	δίκαιος 1 b	upright	195d
	εἰρήνη 1 b	peace	227b
	ἐπάγω	bring on	281b
	ἐπεγείρω	rouse up	284a
	κακόω 2	embitter	398c
	κατά I 2 b α	down	405d
	ταχύς 2 b	quick	807b
	ψυχή 1 b γ	soul, life	893c
3	γίνομαι I 2 a	created	158c
	διά A III 1 a	by means of	180a
	διατρίβω	spend	190a
	ἐπί II 1 b γ	on	287b
	ἱκανός 1 b	sufficient	374c
	λόγος 1 b β	word	478b
	μαρτυρέω 1 c	testify favorably	493a
	μέν 2 e	(particle)	503b
	παρρησιάζομαι 1	speak freely	631a
	σημεῖον 2 a	sign	748b
	χάρις 3 b	favor	878a
	χείρ 1	hand	880b
	χρόνος	time	887d
	χρόνος	time	888a
4	εἰμί III 10	to be	225d
	μέν 1 c	(particle)	503a
	ὁ, ἡ, τό I 2	the	549d
	πλῆθος 2 b γ	quantity	668d
	πόλις 1	city	685c
	σύν 1 c	with	781c
	σχίζω 2 b	split	797c
5	ἄρχων 2 a	authorities	114a
	γίνομαι I 1 b β	come about	158b
	ἔθνος 2	gentiles	218c
	Ἰουδαῖος 2 c	Jewish	379c
	λιθοβολέω 1	throw stones	474a
	ὁρμή	impulse	581d
	σύν 4 b	with	782a
	ὑβρίζω	mistreat	831d
	ὡς IV 1 a	when	898c
6	Δέρβη	Derbe	175c
	καταφεύγω 1	flee	420a
	Λυκαονία	Lycaonia	481b
	Λύστρα	Lystra	482c
	περίχωρος	neighboring	653c
	πόλις 1	city	685c
	συνοράω	perceive	791c
7	διατρίβω	stay	190a
	εὐαγγελίζω 2 a δ	preach	317d
	κἀκεῖ 1	and there	396d
	κινέω 2 b	move	432c
	πλῆθος 2 b γ	quantity	668d
	πολυπλήθεια	large crowd	687b
7-21	Λύστρα	Lystra	482c
8	ἀδύνατος 1 a	powerless	19a

8	κοιλία 2	belly	437b
	Λύστρα	Lystra	482c
	οὐδέποτε	never	592b
	περιπατέω 1 c	go about	649b
	τὶς, τὶ 2 a α	any one	820c
	χωλός	lame	889a
9	ἀτενίζω	look intently at	119c
	ἔχω I 2 e β	have	332d
	πίστις 2 b α	faith	663a
	σῴζω 1 c	save	798b
	ὑπάρχω 2	be	838b
10	ἅλλομαι 1	leap	39d
	ἀνάλλομαι	jump up	57b
	μέγας 2 a γ	great	497d
	μέγας 2 a γ	great	497d
	ὁ, ἡ, τό II 1 f	the	550d
	ὄνομα I 4 c γ	name	572d
	ὀρθός 1 a	upright	580b
	παραχρῆμα	at once	623d
	περιπατέω 1 c	go about	649b
	φωνή 2 a	voice	870d
11	ἄνθρωπος 1 a β	man	68b
	ἐπαίρω 1	raise up	282a
	θεός 1	god	357a
	καταβαίνω 1 a δ	come down	408c
	λέγω I 5	say	468d
	Λυκαονιστί	Lycaonian language	481b
	ὁμοιόω 1	make like	567b
	ὄχλος 1	crowd	600d
	ποιέω I 1 b β	do	681b
	φωνή 2 a	voice	871a
12	Ἑρμῆς 1	Hermes	310a
	Ζεύς	Zeus	337c
	ἡγέομαι 1	lead	343c
	καλέω 1 a β	call	399a
	λόγος 1 a β	word	477b
13	ἐπιθύω	offer a sacrifice	293d
	Ζεύς	Zeus	337c
	θέλω 2	wish	355b
	θύω 1	sacrifice	367a
	ἱερεύς 1 a	priest	372a
	ὄχλος 1	crowd	600d
	πόλις 1	city	685d
	πρό 1	before	701c
	πυλών 1	gate	729c
	στέμμα	garland of flowers	766b
	ταῦρος	bull	806b
	φέρω 4 b α	bear	855c
14	ἀπόστολος 3	apostles	99d
	δια(ρ)ρήγνυμι 1	tear	188a
	ἐκπηδάω 1	rush out	243d
	ἱμάτιον 2	garment	376c
	ὄχλος 1	crowd	600c
14f	κράζω 2 a	call	447d
15	ἀνήρ 1	man	66d
	ἄνθρωπος 1 a β	man	68b
	ἐπί III 1 b δ	toward	289a
	ἐπιστρέφω 1 b β	turn	301b
	εὐαγγελίζω 2 a β	preach	317c
15	ζάω 1 a ε	live	336b
	θάλασσα 1 a	sea	350b
	μάταιος	idle	495d
	ὁμοιοπαθής	with the same nature	566c
	οὐρανός 1 a α	heaven	593d
	πᾶς, πᾶσα, πᾶν 1 d γ	all	632b
	τίς, τί 3 a	which	819d
15a	ποιέω I 1 b ε	do	681c
15b	ποιέω I 1 a β	do	681a
16	γενεά 3 b	age	154b
	ἐάω 1	let	212c
	ὁδός 2 b	way	554d
	παροίχομαι	pass by	629b
	πᾶς, πᾶσα, πᾶν 1 d α	all	632a
	πορεύω 2 c	proceed	692d
17	ἀγαθοεργέω	do good	2b
	ἀμάρτυρος	without witness	44a
	ἀφίημι 4	tolerate	126b
	δίδωμι 1 b γ	give	193b
	ἐμπί(μ)πλημι 1	fill	256a
	ἐμπί(μ)πλημι 2	fill	256a
	εὐφροσύνη	joy	328a
	καί I 1 d	and	392a
	καιρός 1	time	394d
	καίτοι	and yet	396a
	καίτοιγε	and yet	396b
	καρδία 1 a	heart	403c
	καρποφόρος	fruitbearing	405b
	οὐρανόθεν	from heaven	593d
	τροφή 1	food	827d
	ὑετός	rain	833b
18	θύω 1	sacrifice	367a
	ἴδιος 3 b	ones own	370b
	καταπαύω 1 b α	bring to rest	416a
	μή A II 1 d α	not	516b
	μόγις	with difficulty	525d
	μόλις 1	with difficulty	526d
	ὁ, ἡ, τό II 4 b δ	the	551d
18f	ὄχλος 1	crowd	600d
19	ἀληθής 2	true	36d
	Ἀντιόχεια 2	Antioch	75c
	διατρίβω	stay	190a
	ἔξω 2 b	outside	279d
	ἐπέρχομαι 1 a	come	285a
	ἐπισείω 2	incite	298b
	θνήσκω	die	362c
	θνήσκω 1	die	362c
	Ἰκόνιον	Iconium	375b
	λιθάζω	stone	474a
	νομίζω 2	think	541b
	παρρησία 2	publicly	630d
	πείθω 1 c	convince	639c
	σύρω	drag	794c
	ψεύδομαι 1	lie	891d
20	Δέρβη	Derbe	175c
	εἰσέρχομαι 1 a β	come	232d
	ἐπαύριον	next day	283d
	κυκλόω 1	surround	456d
	σύν 1 b	with	781c

21	᾿Αντιόχεια 2	Antioch	75c
	ἐκεῖνος 2 a	that	239d
	εὐαγγελίζω 2 a γ	preach	317d
	ἱκανός 1 c	sufficient	374c
	᾿Ικόνιον	Iconium	375b
	Λύστρα	Lystra	482c
	μαθητεύω 3	make a disciple of	485c
	πόλις 3	city	686a
22	βασιλεία 3 b	kingdom	135b
	βασιλεία 3 g	kingdom	135b
	δεῖ 4	it is necessary	172b
	ἐμμένω 2	persevere in	255b
	ἐπιστηρίζω	strengthen	300d
	θλῖψις 1	tribulation	362c
	ὅτι 1 d α	that	589a
	παρακαλέω 2	appeal to	617b
	πίστις 2 d α	faith	663b
	πολύς I 1 a α	many	687c
	ψυχή 1 b γ	soul, life	893c
23	ἐκκλησία 4 b	church	241a
	μετά A III 2	with	509d
	νηστεία 2 b	fasting	538b
	παρατίθημι 2 b β	place beside	623a
	πιστεύω	believe	660b
	πιστεύω 2 a β	believe	661c
	πρεσβύτερος 2 b α	older	700b
	χειροτονέω	choose	881a
24	διέρχομαι 1 a	go through	194c
	Παμφυλία	Pamphylia	607c
	Πισιδία	Pisidia	660b
25	᾿Αττάλεια	Attalia	120c
	καταβαίνω 1 a β	come down	408b
	λαλέω 2 b	speak	463c
	λόγος 1 b β	word	478b
	Πέργη	Perga	644b
26	᾿Αντιόχεια 1	Antioch	75c
	ἀποπλέω	sail away	97c
	ἔργον 2	work	308b
	κἀκεῖθεν 1	and from there	396d
	ὅθεν 1	from which	555c
	παραδίδωμι	give over	614c
	παραδίδωμι 2	give over	615c
	πληρόω 5	finish	672a
	χάρις 2 a	favor	877b
27	ἀναγγέλλω 1	to report	51b
	ἀνοίγω 1 a	open	71a
	ἔθνος 2	gentiles	218c
	θύρα 2 c	door	366a
	μετά A II 1 c γ	with	509a
	ὅσος 2	how great	586c
	παραγίνομαι 1	come	613d
	πίστις 2 d α	faith	663c
	ποιέω I 1 d β	do	682b
	συνάγω 2	gather	782b
28	διατρίβω	spend	190a
	ὅθεν 1	from which	555c
	ὀλίγος 2 c	little	563d
	σύν 1 a	with	781c
28	χρόνος	time	888a
	χρόνος	time	888a

Acts 15

1	διδάσκω 2 e	teach	192b
	ἔθος 2	custom	218d
	᾿Ιουδαία 1	Judaea	379a
	κατέρχομαι 1	come down	422a
	ὅτι 2	that	589c
	περιπατέω 2 a β	go about	649c
	περιτέμνω 1	cut around	652b
	σῴζω 2 b	save	798c
	τὶς, τὶ 1 a α	any one	819d
2	ἀναβαίνω 1 a α	go up	50b
	ἀπόστολος 3	apostles	99d
	γίνομαι I 1 b β	come about	158b
	διϊσχυρίζομαι	insist	195b
	ζήτημα	issue	339b
	ζήτησις 3	discussion	339c
	ὀλίγος 2 b	little	563d
	περί 1 e	about	644d
	πρεσβύτερος 2 b α	older	700b
	στάσις 3	uprising	764c
	συζήτησις	dispute	775d
	τάσσω 2 a	place	806a
	τὶς, τὶ 2 a γ	any one	820c
	τὶς, τὶ 2 d	any one	820d
3	διέρχομαι 1 a	go through	194c
	ἔθνος 2	gentiles	218c
	ἐκδιηγέομαι	tell	238c
	ἐπιστροφή 2	conversion	301c
	μέν 2 e	(particle)	503b
	ὁ, ἡ, τό I 3	the	550a
	ποιέω I 1 b γ	do	681b
	προπέμπω 2	accompany	709c
	Σαμάρεια	Samaria	741c
	Φοινίκη	Phoenicia	864b
	χαρά 1	joy	875c
	χαρά 1	joy	875c
4	ἀναγγέλλω 1	to report	51b
	ἀπόστολος 3	apostles	99d
	μεγάλως	heartily	497b
	μετά A II 1 c γ	with	509a
	παραγίνομαι 1	come	613c
	παραδέχομαι 2	accept	614b
	ποιέω I 1 d β	do	682b
	πρεσβύτερος 2 b α	older	700b
5	αἵρεσις 1 a	sect	23d
	ἀπό IV 1 b	from	87c
	δεῖ 3	it is necessary	172b
	ἐξανίστημι 2 a	raise up	272d
	νόμος 3	law	542c
	παραγγέλλω	give orders	613b
	περιτέμνω 1	cut around	652b
	πιστεύω 2 b	believe	661d
	τηρέω 5	keep	815b
6	ἀπόστολος 3	apostles	99d
	εἶδον 4	consider	221a
	λόγος 1 a ε	matter	477d

6	πρεσβύτερος 2 b α	older	700b
	συνάγω 2	gather	782c
7	ἀδελφός 2	brother	16c
	ἀνήρ 1	man	66d
	ἀρχαῖος 2	ancient	111b
	γίνομαι I 1 b β	come about	158b
	ἔθνος 2	gentiles	218c
	ἐκλέγομαι 3 c	choose	242c
	ἐπίσταμαι 2	know	300a
	εὐαγγέλιον 1 b	gospel	318a
	ζήτησις 3	discussion	339c
	ἡμέρα 4 b	time	347c
	λόγος 1 b β	word	478c
	Πέτρος	Peter	655a
	πιστεύω 2 b	believe	661d
	πολύς I 1 b β	many	688a
	στόμα 1 a	mouth	769d
	συζήτησις	dispute	775d
8	καθώς 1	just as	391b
	καρδιογνώστης	knower of hearts	404c
	μαρτυρέω 1 a	bear witness	492d
	πνεῦμα 5 c α	spirit	676c
9	διακρίνω 1 b	differentiate	185a
	καθαρίζω 2 b α	cleanse	387c
	καρδία 1 b δ	heart	404a
	μεταξύ 2 b	between	513a
	οὐδείς 2 b γ	in no respect	592b
	πίστις 2 d α	faith	663b
10	βαστάζω 2 b α	carry	137b
	ἐπί III 1 a β	on	288b
	ἐπιτίθημι 1 a α	put upon	303a
	ζυγός 1	yoke	339d
	ἰσχύω 2 b	be strong	383d
	μαθητής 2 b γ	disciple	486a
	νῦν 2	now	545d
	οὖν 5	therefore	593c
	οὔτε	not	596a
	πειράζω 2 e	try	640d
	τράχηλος	neck	825a
11	κἀκεῖνος 1 b	and he	396d
	κατά II 5 b α	according to	407c
	κύριος 2 c γ	lord	460a
	ὅς, ἥ, ὅ I 5 b	(rel pron)	584c
	πιστεύω 1 a γ	believe	660c
	σῴζω 2 b	save	798d
	τρόπος 1	manner	827b
	χάρις 2 a	favor	877c
12	διά A III 2 a	by	180c
	ἐξηγέομαι	explain	275d
	πᾶς, πᾶσα, πᾶν 1 c α	all	631d
	πλῆθος 2 b δ	quantity	668d
	σημεῖον 2 a	sign	748b
	σιγάω 1 a	be silent	749c
	συγκατατίθημι	agree with	773c
13	ἀδελφός 2	brother	16c
	ἀνήρ 1	man	66d
	Ἰάκωβος 3	James	368a
	μετά B II 4 a	after	510c
	σιγάω 1 b	be silent	749d
14	ἐξηγέομαι	explain	275d
14	ἐπισκέπτομαι 3	visit	298c
	λαός 3 b	people	467a
	Πέτρος	Peter	655b
	Συμεών 5	Symeon	778b
15	γράφω 2 c	write	166d
	καθώς 1	just as	391b
	λόγος 1 a ζ	matter	478a
	συμφωνέω 1 a	match	780d
16	ἀναστρέφω 3 b	return	61c
	ἀνορθόω	rebuild	72c
	Δαυίδ	David	171b
	ἐπιστρέφω 1 b β	turn	301b
	κατασκάπτω	tear down	418b
	καταστρέφω 2	destroy	419b
	πίπτω 1 b β	fall	659d
	σκηνή	tent	754d
16a	ἀνοικοδομέω	build up again	71c
16b	ἀνοικοδομέω	build up again	71c
17	ἄν 4	(particle)	49b
	αὐτός 3 d	(oblique case)	123c
	ἐκζητέω 1	seek out	240a
	ἐπί III 1 a ζ	on	288d
	ἐπικαλέω 1 b β	name	294a
	κατάλοιπος	left	414b
	ὄνομα I 4 b	name	571d
	ὅπως 2 a β	in order that	577a
	ὅς, ἥ, ὅ I 3 a	(rel pron)	583d
	ὅς, ἥ, ὅ I 3 b γ	(rel pron)	584a
17f	γνωστός 1 a	known	164b
18	αἰών 1 a	time	27b
19	διό	therefore	198d
	ἐπιστρέφω 1 b β	turn	301b
	θεός 3 a	God	357b
	κρίνω 2	judge	451b
	παρενοχλέω	trouble	625d
20	αἷμα 1 b	blood	22d
	ἀλίσγημα	pollution	37d
	ἀπέχω 3	keep away	85b
	ἀπέχω 3	keep away	85b
	εἴδωλον 2	idol	221d
	ἐπιστέλλω	write	300c
	ὁ, ἡ, τό II 4 b ε	the	551d
	πνικτός	strangled	680a
	πορνεία 1	prostitution	693b
21	ἀναγινώσκω 2	read	51d
	ἀρχαῖος 2	ancient	111b
	γενεά 3 b	age	154b
	ἐκ 5 a	from	236a
	κατά II 1 d	(distributive)	406c
	κηρύσσω 2 b β	announce	431b
	πόλις 1	city	685d
	σάββατον 1 a	Sabbath	739b
21b	κατά II 2 c	every	406d
22	Βαραββᾶς 2	Barabbas	133a
	Βαρσα(β)βᾶς 2	Barsabbas	134a
	δοκέω 3 b	seem	202c
	ἐκ 1 b	away from	234b
	ἐκκλησία 4 b	church	241a
	ἐκλέγομαι 1	choose	242b
	ἡγέομαι 1	lead	343c

22	Ἰούδας 7	Judas	380b
	καλέω 1 a γ	call	399b
	πέμπω 1	send	641d
	Σίλας	Silas	750c
22f	ἀπόστολος 3	apostles	99d
	πρεσβύτερος 2 b α	older	700b
22ff	Ἀντιόχεια 1	Antioch	75c
23	γράφω 2 d	write	167b
	διά A III 1 a	by means of	180a
	ἐπιστολή	letter	300d
	κατά II 1 a	along	406b
	Κιλικία	Cilicia	432a
	ὅδε, ἥδε, τόδε 3	this	553b
	περιέχω 2 a	seize	647a
	Συρία	Syria	794a
	χαίρω 2 b	rejoice	874b
	χείρ 1	hand	880b
24	ἀνασκευάζω	tear down	60b
	διαστέλλω	order	188d
	ἐκταράσσω	agitate	245b
	λόγος 1 a δ	word	477d
	περιτέμνω 1	cut around	652b
	ταράσσω 2	stir up	805b
	τὶς, τὶ 1 a α	any one	820a
	ψυχή 1 b γ	soul, life	893c
25	ἀγαπητός 2	beloved	6c
	γίνομαι I 4 c θ	come, go	160a
	δοκέω 3 b	seem	202c
	ἐκλέγομαι 1	choose	242b
	ὁμοθυμαδόν	with one mind	566c
	πέμπω 1	send	641d
26	κύριος 2 c γ	lord	460b
	ὄνομα I 4 c θ	name	573b
	παραδίδωμι	give over	614c
	παραδίδωμι 1 a	give over	614c
	πειρασμός 2 b	test	641a
	ψυχή 1 a β	soul, life	893b
27	αὐτός 4 b	the same	123d
	διά A III 1 b	by means of	180b
	Ἰούδας 7	Judas	380b
	λόγος 1 a α	word	477b
	Σίλας	Silas	750c
28	βάρος 1	weight	134a
	δοκέω 3 b	seem	202c
	ἐπάναγκες	necessary	282d
	ἐπιτίθημι 1 a β	inflict blows	303a
	πλήν 2	except	669c
	πνεῦμα 5 c α	spirit	676c
	πολύς II 2 c	many	689c
29	αἷμα 1 b	blood	22d
	ἀπέχω 3	keep away	85b
	διατηρέω	keep	189d
	εἰδωλόθυτος meat offered to an idol		221c
	ἐκ 1 d	away from	234c
	εὖ	well	317b
	μή A I 5	not	516a
	οὐ 5 a	no	590d
	πνεῦμα 6 c	spirit	677c
	πνικτός	strangled	680a
29	πράσσω 2 a	do	698d
	πράσσω 2 b	be situated	698d
	ῥώννυμι	be strong	738d
	φέρω 3 b	bear	855b
30	ἀπολύω 2 b	send away	96d
	ἐπιδίδωμι 1	give	292b
	ἐπιστολή	letter	300d
	κατέρχομαι 1	come down	422a
	μέν 2 e	(particle)	503b
	ὁ, ἡ, τό I 3	the	550a
	ὀλίγος 1 a	few	563c
	πλῆθος 2 b δ	quantity	668d
	συνάγω 2	gather	782b
31	ἀναγινώσκω 1	read	51d
	παράκλησις 3	comfort	618b
	χαίρω 1	rejoice	873b
32	διά A III 1 b	by means of	180b
	ἐπιστηρίζω	strengthen	300d
	Ἰούδας 7	Judas	380b
	λόγος 1 a β	word	477c
	παρακαλέω 2	appeal to	617b
	πολύς I 1 b α	many	688a
	προφήτης 5	prophet	724a
	Σίλας	Silas	750c
33	ἀπό I 2	from	86c
	ἀπολύω 2 b	send away	96d
	εἰρήνη 2	peace	227c
	μετά A III 1	with	509d
	ποιέω I 1 e δ	do	682c
	χρόνος	time	888a
34	αὐτοῦ	there	124a
	ἐπιμένω 1	remain	296b
	μόνος 1 a α	only	527c
	Σίλας	Silas	750c
35	διατρίβω	stay	190a
	διδάσκω 2 b	teach	192a
	διδάσκω 2 f	teach	192b
	ἕτερος 1 b β	another	315a
	εὐαγγελίζω 2 a β	preach	317c
	λόγος 1 b β	word	478b
	πολύς I 1 a α	many	687d
36	δή 2	now	178b
	ἐπισκέπτομαι 2	visit	298c
	ἐπιστρέφω 1 b α	turn	301b
	ἔχω II 1	be	333d
	ἡμέρα 2	day	346d
	κατά II 1 d	(distributive)	406c
	καταγγέλλω 1	proclaim	409c
	λόγος 1 b β	word	478b
	μετά B II 1	after	510b
	ὅς, ἥ, ὅ I 3 b β	(rel pron)	583d
	πόλις 1	city	685d
	πῶς 2 a	how	732c
	τὶς, τὶ 2 d	any one	820d
36-40	Βαρναβᾶς	Barnabas	133d
37	βουλεύω 2	decide	145c
	βούλομαι 2 a β	desire	146b
	Ἰωάν(ν)ης 6	John	385a
	καλέω 1 a γ	call	399b
	Μᾶρκος	Mark	492c

37f	συμπαραλαμβάνω take along		779a
38	ἀξιόω 2 a	consider suitable	78d
	ἀπό IV 1 a β	from	87c
	ἀφίστημι 2 a	withdraw	126d
	ἔργον 2	work	308c
	μή A II 1 b β	not	516b
	οὗτος 1 a ε	this	596d
	Παμφυλία	Pamphylia	607c
	συνέρχομαι 2	assemble	788b
39	ἀλλήλων	each other	39c
	ἀποχωρίζω	separate	102b
	γίνομαι I 1 b β	come about	158b
	ἐκπλέω	sail away	244a
	Κύπρος	Cyprus	457d
	Μᾶρκος	Mark	492c
	παραλαμβάνω 1	take	619c
	παροξυσμός 2 a sharp disagreement		629c
	ὥστε 2 a β	so that	900a
40	ἐπιδέχομαι 1	receive	292a
	ἐπιλέγω 2	choose	295c
	παραδίδωμι 2	give over	615c
	χάρις 2 a	favor	877b
40ff	Σίλας	Silas	750c
41	διέρχομαι 1 a	go through	194c
	ἐκκλησία 4 b	church	241a
	ἐπιστηρίζω	strengthen	300d
	Κιλικία	Cilicia	432a
	Συρία	Syria	794a

Acts 16

1	Δέρβη	Derbe	175c
	Ἕλλην 2 a	Gentile	252a
	ἰδού 1 b β	behold	371a
	Ἰουδαῖος 1	Jewish	379b
	καταντάω 1	arrive	415b
	ὄνομα I 1	name	571a
	πιστός 2	trustworthy	665a
	υἱός 1 a α	son	833c
1f	Λύστρα	Lystra	482c
1ff	Τιμόθεος	Timothy	818b
2	Ἰκόνιον	Iconium	375b
	μαρτυρέω 2 b	be approved	493b
3	ἅπας 2	all	81d
	διά B II 1	because of	181a
	ἐκεῖνος 2 a	that	239d
	Ἕλλην 2 a	Gentile	252a
	ἐξέρχομαι 1 a β	go out	274c
	θέλω 1	wish	355a
	λαμβάνω 1 a	take	464b
	οἶδα 1 c	know	556a
	περιτέμνω 1	cut around	652b
	τόπος 1 a	place	822b
	ὑπάρχω 2	be	838a
4	ἅμα 1 a	together	42a
	ἀπόστολος 3	apostles	99d
	διαπορεύομαι	go through	187d
	δόγμα 1	decree	201c
4	κρίνω 3	decide	451c
	παραδίδωμι	give over	614c
	παραδίδωμι	give over	614c
	παραδίδωμι 3	give over	615c
	παρρησία 3 a	courage	630d
	πόλις 1	city	685c
	πρεσβύτερος 2 b α	older	700b
	φυλάσσω 1 f	watch	868c
	ὡς IV 1 b	when	898c
5	ἀριθμός 2	number	106c
	ἐκκλησία 4 b	church	241a
	ἡμέρα 2	day	346d
	κατά II 2 c	every	406d
	μέν 2 e	(particle)	503b
	περισσεύω 1 a δ	be left over	651a
	πίστις 2 d α	faith	663b
	στερεόω 2	make firm	766d
6	Ἀσία	Asia	116a
	Γαλατικός	Galatian	150b
	διέρχομαι 1 a	go through	194c
	κωλύω 1	hinder	461c
	λαλέω 2 b	speak	463c
	λόγος 1 b β	word	478b
	Παμφυλία	Pamphylia	607c
	πνεῦμα 5 c α	spirit	676c
	πνεῦμα 6 f	spirit	678a
	Φρυγία	Phrygia	867c
	χώρα 1 b	country	889b
7	Βιθυνία	Bithynia	141d
	ἐάω 1	let	212d
	ἔρχομαι I 1 a β	come	310c
	κατά II 1 b	to	406b
	οὐ 2 d	no	590b
	πειράζω 2	try	640b
	πνεῦμα 5 b	spirit	676c
	πνεῦμα 6 f	spirit	678a
7f	Μυσία	Mysia	530a
8	καταβαίνω 1 a β come down		408b
	παρέρχομαι 2	pass through	626b
	Τρῳάς	Troas	829a
9	ἀνήρ 3	man	66d
	βοηθέω 2	aid	144c
	διά A II 1 b	during	180a
	διαβαίνω	come over	181c
	ἵστημι II 2 a	stand	382c
	Μακεδών	Macedonian	487b
	νύξ 1 b	night	546d
	ὁράω 1 a δ	see	578b
	παρακαλέω 1 b	invite	617a
	πρόσωπον 1 c δ	face	721c
	ὡσεί 1	as	899b
9f	Μακεδονία	Macedonia	487b
	ὅραμα 1	vision	577b
10	διεγείρω	arouse	194a
	διηγέομαι	tell	195a
	εἶδον 1 a	see	220d
	ἐξέρχομαι 1 a ε	go out	274d
	εὐαγγελίζω 2 a γ	preach	317d
	ζητέω 2 b γ	seek	339a

Verse	Word	Gloss	Page
10	νοέω 1 b	understand	540c
	προσκαλέω 2 b	summon	715c
	συμβιβάζω 2	unite	777d
	ὡς IV 1 a	when	898c
11	ἀνάγω 3	put to sea	53b
	ἔπειμι	the next	284c
	εὐθυδρομέω	run a straight course	320d
	Νέος 3	Neapolis	536b
	ὁ, ἡ, τό II 2 b	the	551b
	Σαμοθρᾴκη	Samothrace	741d
	Τρῳάς	Troas	829a
12	διατρίβω	spend	190a
	ἡμέρα 2	day	346b
	κἀκεῖθεν 1	and from there	396d
	κεφαλή 2 b	head	430c
	κολωνία	colony	442d
	Μακεδονία	Macedonia	487b
	μερίς 1	district	505b
	ὅστις 3	whoever	587b
	πρῶτος 1 b	first	725d
	Φίλιπποι	Philippi	860a
13	ἐξέρχομαι 1 a α	go out	274c
	ἔξω 2 b	outside	279d
	καθίζω 2 a α	sit down	390a
	νομίζω 1	be the custom	541a
	νομίζω 2	think	541b
	οὗ 1 a β	where	589d
	παρά III 1 b β	along	611a
	ποταμός 1	river	694d
	προσευχή 2	chapel	713c
	προσευχή 2	chapel	713c
	πύλη 1	gate	729b
	σάββατον 1 b β	Sabbath	739b
	συνέρχομαι 1 a	assemble	788a
14	διανοίγω 1 b	open	187b
	Θυάτιρα	Thyatira	364d
	καρδία 1 b β	heart	403d
	λαλέω 2 a ζ	speak	463c
	Λυδία	Lydia	481b
	ὄνομα I 1	name	571a
	πόλις 1	city	685d
	πορφυρόπωλις	dealer in purple cloth	694a
	προσέχω 1 a β	pay attention to	714c
	σέβω 2 a	worship	746a
15	εἰσέρχομαι 1 a β	come	232c
	κρίνω 2	judge	451b
	μένω 1 a α	remain	503d
	παραβιάζομαι	use force	612a
	παρακαλέω 1 b	invite	617a
	πιστός 2	trustworthy	665a
	ὡς IV 1 a	when	898c
15b	οἶκος 1 a α	house	560b
16	ἀπαντάω	meet	80c
	ἀπαντάω	meet	80c
	γίνομαι I 3 e	take place	159b
	ἐργασία 4	trade	307c
	κύριος 1 a α	owner	459a
	κύριος 1 a β	lord	459b
16	μαντεύομαι 1	prophesy	491a
	παιδίσκη	maid	604b
	παρέχω 1 c	cause	626d
	πνεῦμα 4 c	spirit	676a
	πολύς I 1 b α	many	688a
	προσευχή 2	chapel	713c
	προσευχή 2	chapel	713c
	πύθων	the python	729a
	ὑπαντάω	go to meet	837d
17	δοῦλος 4	slave	206a
	εὐαγγελίζω 1	announce good news	317b
	καταγγέλλω 1	proclaim	409c
	κατακολουθέω	follow	412a
	κράζω 2 a	call	447d
	ὁδός 2 a	way	554c
	σωτηρία 2	deliverance	801c
	ὕψιστος 2	highest	850c
18	διαπονέομαι	be disturbed	187d
	ἐξέρχομαι 1 a δ	go out	274d
	ἐπί III 2 b	on	289c
	ἐπιστρέφω 1 b α	turn	301b
	ἡμέρα 2	day	346c
	ὄνομα I 4 c γ	name	572d
	παραγγέλλω	give orders	613b
	πνεῦμα 4 c	spirit	676a
	ὥρα 2 b	time of day	896c
19	ἀγορά	market place	12c
	ἀποστερέω	steal	99b
	Ἄρειος Πάγος	Areopagus	105b
	ἄρχων 2 b	authorities	114a
	ἕλκω 1 a	drag	251c
	ἐλπίς 1	hope	252d
	ἐξέρχομαι 2 b γ	go out	275b
	ἐπί III 1 a γ	on	288c
	ἐπιλαμβάνομαι 1	grasp	295a
	ἐργασία 3	trade	307c
	κύριος 1 a α	owner	459a
	κύριος 1 a β	lord	459b
	παιδίσκη	maid	604b
20	ἐκταράσσω	agitate	245b
	πόλις 3	city	686a
	προσάγω 1 a	bring	711b
	στρατηγός 1	chief magistrate	770c
	ὑπάρχω 2	be	838a
21	ἔθος 2	custom	218d
	εἰμί II 8	to be	224d
	ἔξεστι 2	it is possible	275b
	ἦθος	custom	344c
	καταγγέλλω 1	proclaim	409b
	παραδέχομαι 1	accept	614b
	Ῥωμαῖος	Roman	738c
22	ἱμάτιον 2	garment	376c
	κελεύω	command	427c
	περι(ρ)ρήγνυμι	tear off	650b
	ῥαβδίζω	beat with a rod	733b
	στρατηγός 1	cheif magistrate	770c
	συνεφίστημι	join in attack	789a
23	ἀσφαλῶς 1	securely	119a

23	δεσμοφύλαξ	jailer	176b
	ἐπιτίθημι 1 a β	inflict blows	303a
	παραγγέλλω	give orders	613b
	πληγή 1	blow	668b
	τηρέω 1	guard	814d
23f	φυλακή 3	guard	867d
24	ἀσφαλίζω 1	guard	119a
	ἐσώτερος	inner	314c
	ξύλον 2 a	wood	549a
	παραγγελία	order	613b
	τοιοῦτος 2 a β	such a kind	821b
25	δέσμιος	prisoner	176a
	ἐπακροάομαι	listen to	282c
	κατά II 2 b	toward	406d
	μεσονύκτιον	midnight	507a
	μέσος 2	the middle	508a
	νύξ 1 a	night	546c
	ὑμνέω 1	sing the praise of	836b
26	ἀναλύω 1	loose	57c
	ἀνίημι 1	loosen	69d
	ἄφνω	suddenly	127a
	γίνομαι I 1 b α	come about	158b
	δεσμός 1	fetter	176a
	δεσμωτήριον	prison	176b
	θεμέλιον	foundation	355d
	μέγας 2 a γ	great	497d
	παραχρῆμα	at once	623d
	σαλεύω 1	shake	740c
	σεισμός	shaking	746c
	τέ 3 b	and	807d
26a	πᾶς, πᾶσα, πᾶν 1 d α	all	632b
26f	ἀνοίγω 1 a	open	71a
	θύρα 1 a	door	365d
27	ἀναιρέω 1 a	do away with	55a
	γίνομαι I 4 b	become	159d
	δέσμιος	prisoner	176a
	δεσμοφύλαξ	jailer	176b
	ἐκφεύγω 2 a	run away	247a
	ἔξυπνος	awaken	279b
	μάχαιρα 1	sword	496b
	μέλλω 1 c α	be about to	501a
	νομίζω 2	think	541b
	σπάω	draw	761a
	φυλακή 3	guard	867d
28	ἅπας 2	all	81d
	εἰμί II 9 a	to be	224d
	ἐνθάδε 2	here	266a
	κακός 2	evil	398a
	μέγας 2 a γ	great	497d
	πράσσω 1 a	do	698c
	σεαυτοῦ 2	yourself	745c
	φωνέω 1 b	cry out	870c
	φωνέω 1 b	cry out	870c
29	αἰτέω	ask	25d
	εἰσπηδάω	leap in	233c
	ἔντρομος	trembling	269d
	πούς 1 a	foot	696c
	προσπίπτω 1	fall down before	718a
	φῶς 1 b α	light	871d
30	ἀσφαλίζω 1	guard	119a
30	δεῖ 6	it is necessary	172b
	ἔξω 1 b	outside	279c
	ἵνα I 1 a	in order that	376d
	κύριος 1 b	lord	459b
	λοιπός 2 b α	the others	480a
	προάγω 1	lead	702a
30f	σῴζω 2 b	save	798c
31	ἐπί III 1 b ε	toward	289a
	κύριος 2 c γ	lord	460a
	οἶκος 2	household	560d
	πιστεύω 2 a δ	believe	661c
32	λαλέω 2 b	speak	463c
	λόγος 1 b β	word	478b
	οἰκία 1 a	house	557c
	πᾶς, πᾶσα, πᾶν 1 d γ	all	632b
33	βαπτίζω 2 b α	baptize	131d
	λούω 1	bathe	480d
	νύξ 1 a	night	546c
	ὁ, ἡ, τό II 7	the	552a
	παραλαμβάνω 1	take	619c
	παραχρῆμα	at once	623d
	ὥρα 3	time of day	896c
34	ἀγαλλιάω	be glad	4a
	ἀνάγω 1	lead	53a
	οἶκος 1 a α	house	560b
	πανοικεί	with whole household	607d
	παρατίθημι 1 a	place beside	622d
	πιστεύω 2 a α	believe	661b
	πιστεύω 2 a δ	believe	661c
	τράπεζα 3	table	824c
35	ἀγορά	market place	12c
	ἀναμιμνῄσκω	remind	57d
	γίνομαι I 1 b γ	come about	158b
	ἐχθές	yesterday	331b
	ἡμέρα 1 a	day	346a
	παραλαμβάνω 1	take	619c
	ῥαβδοῦχος	policeman	733c
	σεισμός	shaking	746c
35f	ἀπολύω 1	set free	96c
	στρατηγός 1	chief magistrate	770c
36	ἀπαγγέλλω 1	report	79b
	δεσμοφύλαξ	jailer	176b
	εἰρήνη 2	peace	227c
	ἵνα II 1 a δ	in order that	377d
	νῦν 1 c	now	545d
	νῦν 2	now	546a
	οὖν 1 b	therefore	593a
	πορεύω 1	proceed	692d
37	ἀκατάκριτος	uncondemned	29d
	ἀλλά 1 a	but, yet	38a
	ἀναίτιος	innocent	55b
	ἄνθρωπος 3 a ε	man	69b
	γάρ 3	certainly	152b
	δέρω	beat	175d
	δημόσιος 2	public	179b
	ἐκβάλλω 2	send out	237c
	ἐξάγω 1	lead out	271d
	ἔρχομαι I 1 a ζ	come	310d
	λάθρᾳ 1	secretly	462d

37	νῦν 1 c	now	545d
	ὑπάρχω 2	be	838a
	φημί 1 b α	say	856b
	φυλακή 3	guard	867d
37f	῾Ρωμαῖος	Roman	738c
38	ἀπαγγέλλω 1	report	79b
	ῥαβδοῦχος	policeman	733c
	ῥῆμα 1	word	735b
	στρατηγός 1	chief magistrate	770c
	φοβέω 1 a	be afraid	862c
39	ἐξάγω 1	lead out	271d
	ἐπικράζω	shout threats	295a
	ἔρχομαι I 1 a ζ	come	310d
	ἐρωτάω 2	ask	312a
	μήποτε 2 b α	(neg particle)	519b
	παρακαλέω 5	implore	617d
	συστρέφω 2	bring together	795c
	φίλος 2 a α	loving	861a
	φυλακή 3	guard	867d
40	διηγέομαι	tell	195a
	εἶδον 6	visit	221a
	εἰσέρχομαι 1 c	come	233a
	ἐξέρχομαι 1 a α	go out	274c
	Λυδία	Lydia	481b
	παρακαλέω 2	appeal to	617a
	φυλακή 3	guard	867d

Acts 17

1	᾽Αμφίπολις	Amphipolis	47c
	᾽Απολλωνία	Apollonia	95c
	διοδεύω 1	go	198d
	Θεσσαλονίκη	Thessalonica	359d
	ὅπου 1 a α	where	576a
	προσευχή 2	chapel	713c
	συναγωγή 2 a	place of assembly	783a
2	γραφή 2 b α	scripture	166b
	διαλέγομαι 1	discuss	185c
	εἴωθα	accustomed	234a
	ἐπί III 2 b	on	289c
	κατά II 5 a α	according to	407a
	σάββατον 1 b α	Sabbath	739b
3	ἀνίστημι 2 a	rise	70b
	δεῖ 6 a	it is necessary	172b
	διανοίγω 2	explain	187b
	ἐκ 1 b	away from	234c
	καταγγέλλω 2	proclaim	409c
	νεκρός 2 a	dead	535a
	ὅς, ἥ, ὅ I 1	(rel pron)	583b
	παρατίθημι 2 c	place beside	623a
	πάσχω 3 a α	suffer	634a
	Χριστός 1	Anointed One	887a
4	Ἕλλην 2 b	Gentile	252a
	ὀλίγος 1 b	few	563c
	οὐ 2 b	no	590b
	πείθω 3 a	believe	639d
	πλῆθος 2 b α	quantity	668c
	πολύς I 1 b α	many	688a
	προσκληρόω	allot	716a
4	σέβω 2 a	worship	746a
	τέ 2	and	807c
5	ἀγοραῖος 1	market people	13a
	ἀνήρ 4	man	66d
	δῆμος	crowd	179a
	ἐφίστημι 1 a	stand by	330d
	ζηλόω 2	be filled with jealousy	338a
	θορυβέω 1	throw into disorder	362d
	ὀχλοποιέω	form a mob	600c
	πονηρός 1 b α	wicked	690d
	προάγω 1	lead	702a
	προσλαμβάνω 2 c	take	717c
	συστρέφω 1	bring together	795c
5-7	᾽Ιάσων 1	Jason	368d
5f	τὶς, τὶ 2 d	any one	820d
6	ἀναστατόω	disturb	61a
	Ἄρειος Πάγος	Areopagus	105b
	βοάω 2	shout	144b
	δέ 4 b	but, and	171d
	ἐνθάδε 2	here	266a
	οἰκουμένη 2 b	the world	561c
	πάρειμι 1 a	be present	624b
	πολιτάρχης	civic magistrate	686a
	σύρω	drag	794c
7	ἀπέναντι 2	against	84a
	δόγμα 1	decree	201c
	Καῖσαρ	Emperor	395d
	λέγω I 1 b β	say	468b
	πᾶς, πᾶσα, πᾶν 1 e β	all	632c
	πράσσω 2 a	do	698d
	ὑποδέχομαι	receive	844b
8	πολιτάρχης	civic magistrate	686a
	ταράσσω 2	stir up	805b
9	᾽Ιάσων 1	Jason	368d
	ἱκανός 1 c	sufficient	374c
	λαμβάνω 2	receive	465c
	λοιπός 2 b α	the others	480a
	παρά I 3 b	from	609d
10	ἄπειμι II	go away	83a
	Βέροια	Beroea	139c
	διά A II 1 b	during	180a
	εἰς 1 a α	into	228b
	ἐκπέμπω	send out	243c
	νύξ 1 b	night	546d
	ὅστις 3	whoever	587b
	παραγίνομαι 1	come	613d
	προσευχή 2	chapel	713c
	συναγωγή 2 a	place of assembly	782d
	τέ 3 a	and	807d
11	ἀνακρίνω 1 a	question	56b
	γραφή 2 b α	scripture	166b
	εἰ V 2 c	whether	220a
	εὐγενής 2	noble minded	319a
	ἔχω II 2	be	334a
	ἡμέρα 2	day	346d
	Θεσσαλονίκη	Thessalonica	359d

11	κατά II 2 c	every	406d
	λόγος 1 b β	word	478b
	ὅστις 2 b	whoever	587a
	πᾶς, πᾶσα, πᾶν 1 a δ	all	631c
	προθυμία	willingness	706c
12	Ἑλληνίς 1 b	Gentile	252b
	εὐσχήμων 2	prominent	327b
	μέν 2 e	(particle)	503b
	ὀλίγος 1 b	few	563d
	οὐ 2 b	no	590b
	πιστεύω 2 b	believe	661d
	πολύς I 2 a α	many	688b
13	ἀπό IV 1 b	from	87c
	Βέροια	Beroea	139c
	διαλιμπάνω	stop	185d
	Θεσσαλονίκη	Thessalonica	359d
	κακεῖ 2	there also	396d
	καταγγέλλω 1	proclaim	409c
	λόγος 1 b β	word	478b
	ὄχλος 1	crowd	600d
	σαλεύω 2	shake	740c
	ταράσσω 2	stir up	805b
	ὡς IV 1 a	when	898c
14	ἐξαποστέλλω 1 a	send out	273b
	θάλασσα 1 b β	sea	350b
	πορεύω 1	proceed	692c
	τότε 2	at that time	824a
	ὑπομένω 1	remain	845d
	ὡς IV 3 c	when	898d
14f	Τιμόθεος	Timothy	818b
15	ἄγω 1 b	bring	14b
	Ἀθῆναι	Athens	21b
	ἐντολή 1 b	command	269a
	ἔξειμι	go out	274a
	Θεσσαλία	Thessaly	359d
	ἵνα II 1 c α	in order that	377d
	καθίστημι 1	bring	390b
	κωλύω 1	hinder	461c
	παρέρχομαι 2	pass through	626b
	ταχέως 3	quickly	807a
	τάχος	speed	807a
	ὡς IV 7	when	899a
15f	Ἀθῆναι	Athens	21b
16	ἐκδέχομαι	wait	238b
	θεωρέω 1	observe	360a
	κατείδωλος	full of idols	421a
	παροξύνω	irritate	629c
	πνεῦμα 3 b	spirit	675b
17	ἀγορά	market place	12c
	διαλέγομαι 1	discuss	185c
	ἡμέρα 2	day	346d
	κατά II 2 c	every	406d
	μέν 2 e	(particle)	503b
	παρατυγχάνω		623a
	happened to be there		
	πᾶς, πᾶσα, πᾶν 1 a α		631b
	every each		
	προσευχή 2	chapel	713c
	σέβω 2 a	worship	746a
	συναγωγή 2 a		782d
	place of assembly		

18	ἄν 5	(particle)	49b
	ἀνάστασις 2 a	resurrection	60c
	ἀνάστασις 2 b	resurrection	60d
	δαιμόνιον 1	deity	169b
	δοκέω 2 a	seem	202a
	Ἐπικούρειος	Epicurean	294d
	εὐαγγελίζω 2 a β	preach	317c
	εὐαγγελίζω 2 a β	preach	317c
	θέλω 2	wish	355b
	καταγγελεύς	preacher	409b
	ξένος 1 a	strange	548a
	ὁ, ἡ, τό I 2	the	549d
	σπερμολόγος		762b
	picking up seeds		
	Στοϊκός	Stoic	768d
	συμβάλλω 1 a α	converse	777b
	φιλοσόφος	philosopher	861c
18a	τὶς, τὶ 1 a α	any one	820a
19	ἄγω 1 b	bring	14b
	Ἄρειος Πάγος	Areopagus	105b
	διδαχή 2	teaching	192b
	ἐπιλαμβάνομαι 1	grasp	295a
	καινός 2	new	394a
	λαλέω 2 b	speak	463d
	πυνθάνομαι 1	inquire	729c
20	ἀκοή 1 c	hearing	31a
	βούλομαι 2 a β	desire	146b
	εἰμί II 3	to be	224a
	εἰσφέρω 2	bring in	233d
	θέλω 3	wish	355c
	ξενίζω 2	surprise	547d
21	Ἀθηναῖος	Athenian	21b
	εἰς 5	for	230a
	ἐπιδημέω 1	stay	292a
	ἕτερος 1 b ζ	another	315c
	εὐκαιρέω	opporutnity	321b
	εὐκαιρέω	opportunity	321b
	ἤ 2 c	nothing else than	342d
	καινός 2	new	394b
	λέγω I 1 a	say	468a
	ξένος 2 a	the stranger	548b
22	Ἀθηναῖος	Athenian	21b
	ἀνήρ 3	man	66d
	Ἄρειος Πάγος	Areopagus	105b
	δεισιδαίμων	superstitious	173d
	δεισιδαίμων	superstitious	173d
	θεωρέω 2 a	observe	360b
	ἵστημι II 1 b	stand	382b
	κατά II 6	with respect to	407d
	μέσος 2	the middle	507d
23	ἀγνοέω 2	not to know	11c
	ἄγνωστος	unknown	12b
	ἀναθεωρέω 1	examine	54c
	βωμός 1	altar	148d
	διέρχομαι 1 d	go through	194c
	διϊστορέω	examine	195b
	ἐπιγράφω 1	write on	291c
	εὑρίσκω 1 b	find	325a
	εὐσεβέω 1	be reverent	326b
	ἱστορέω	visit	383a
	καταγγέλλω 1	proclaim	409c

23	σέβασμα	object of worship	745d
24	κατοικέω 1 a	live	424b
	κόσμος 2	world	446a
	κύριος 2 a	lord	459c
	ναός 1 c	temple	533c
	οὐρανός 1 a α	heaven	593d
	πᾶς, πᾶσα, πᾶν 1 d γ	all	632b
	ποιέω I 1 a β	do	681a
	ὑπάρχω 2	be	838a
	χειροποίητος	made by human hands	880d
25	ἀνθρώπινος 3	human	68a
	θεραπεύω 1	serve	359a
	πνοή 2	breath	680b
	προσδέομαι	need in addition	712a
	τὶς, τὶ 1 a α	any one	819d
	χείρ 1	hand	880b
25b	πᾶς, πᾶσα, πᾶν 2 b β	all things	633b
26	αἷμα 1 a	blood	22d
	γῆ 5 b	earth	157d
	ἔθνος 1	nation	218c
	εἷς 2 a	one	231a
	καιρός 3	time	395c
	κατοικέω 1 a	live	424b
	κατοικία	habitation	424c
	ὁρίζω 1 a α	determine	580d
	ὁροθεσία	fixed boundary	582a
	ποιέω I 1 b θ	do	681d
	προστάσσω	command	718d
	πρόσωπον 1 e	face	721c
	προτάσσω	determine	721d
26a	πᾶς, πᾶσα, πᾶν 1 a α	every each	631b
26b	πᾶς, πᾶσα, πᾶν 1 a ε	all	631d
27	ἄρα 2	then	103d
	ἄρα 4	perhaps	104a
	γέ 3 c	at least	153a
	εἰ V 2 c	whether	220a
	ἕκαστος 2	each	236d
	εὑρίσκω 2	find	325c
	ζητέω 1 a β	seek	338d
	μακράν 1 a α	far	487d
	ὑπάρχω 1	be	838a
	ψηλαφάω	touch	892c
28	γένος 1	descendants	156b
	εἰμί III 4	to be	225c
	ζάω 1 b	live	336b
	κατά II 7 b	(possessive)	408a
	κινέω 3	move	432d
	ὁ, ἡ, τό I 1	the	549d
	ποιητής 1	maker	683b
	τὶς, τὶ 1 a α	any one	820a
	ὡς II 4 a	so	897d
29	ἄργυρος 2	silver	105a
	γένος 1	descendants	156b
	ἐνθύμησις	thought	266b
	θεῖος 1 b	divine	353d
	λίθος 1 f	stone	474c
	νομίζω 2	think	541b
29	ὅμοιος 1	like	566d
	ὀφείλω 2 a β	owe	599a
	τέχνη	trade	814b
	ὑπάρχω 2	be	838a
	χάραγμα 2	a mark	876a
	χρυσός	gold	888d
30	ἄγνοια 2	ignorance	11d
	μέν 2 e	(particle)	503b
	μετανοέω	change ones mind	512a
	νῦν 3 c	now	546a
	πανταχοῦ 1	everywhere	608c
	παραγγέλλω	give orders	613c
	παροράω	overlook	629c
	ὑπεροράω 2	disrregard	841d
	χρόνος	time	888b
31	ἀνίστημι 1 a	raise	70a
	δικαιοσύνη 1	righteousness	196b
	διότι 1	because	199b
	ἐκ 1 b	away from	234b
	ἐν III 1 b	by	260d
	ἐν III 2	by	261a
	ἡμέρα 3 a	day	347a
	ἵστημι I 1 b γ	put	382a
	καθότι 2	because	391b
	κρίνω 4 b α	judge	452a
	μέλλω 1 c γ	intend	501b
	νεκρός 2 a	dead	535a
	οἰκουμένη 1 b	the world	561b
	ὁρίζω 1 b	determine	581a
	παρέχω 1 b	grant	626c
	πίστις 1 c	faith	662c
32	ἀκούω 1 c	hear	32b
	ἀνάστασις 2 a	resurrection	60c
	μέν 1 c	(particle)	503a
	νεκρός 2 a	dead	535b
	ὁ, ἡ, τό I 2	the	549d
	πάλιν 2	again	606d
	χλευάζω 1	mock	882c
33	ἐκ 1 b	away from	234b
	μέσος 2	the middle	508a
34	ἀνήρ 1	man	66d
	Ἀρεοπαγίτης	Areopagite	105c
	Δάμαρις	Damaris	170c
	Διονύσιος	Dionysius	199a
	εὐσχήμων 2	prominent	327b
	κολλάω 2 b α	unite	441d
	ὄνομα I 1	name	571a
	πιστεύω 2 b	believe	661d
	τίμιος 2	valuable	818b

Acts 18

1	Ἀθῆναι	Athens	21b
	ἀναχωρέω 2 b	withdraw	63c
	Κόρινθος	Corinth	444d
	χωρίζω 2 b	divide	890b
2	Ἀκύλας	Aquila	34b
	Ἀχαΐα	Achaia	128a
	γένος 3	nation	156c
	διατάσσω	order	189c

2	ἔρχομαι I 1 a β	come	310c
	εὑρίσκω 1 b	find	325a
	Ἰουδαῖος 2 a	Jewish	379c
	Ἰταλία	Italy	384a
	Κλαύδιος 1	Claudius	433c
	ὄνομα I 1	name	571a
	Ποντικός	from Pontus	691d
	Πρίσκα	Priscilla	701c
	προσέρχομαι 1	approach	713a
	προσφάτως	recently	719c
	Ῥώμη	Rome	738c
	τάσσω 2 a	place	806a
	χωρίζω 2 b	divide	890b
3	ἐργάζομαι 1	work	307a
	μένω 1 a α	remain	503d
	μένω 1 a α	remain	503d
	ὁμότεχνος	practicing the same trade	569b
	παρά II 1 b α	beside	610b
	πρός III 7	by	711a
	σκηνοποιός	tent maker	755a
	τέχνη	trade	814b
4	διαλέγομαι 1	discuss	185c
	διαλέγομαι 2	speak	185d
	εἰσπορεύομαι 1	go	233c
	Ἕλλην 2 a	Gentile	252a
	Ἰουδαῖος 2 c	Jewish	379c
	κατά II 2 c	every	406d
	πᾶς, πᾶσα, πᾶν 1 a α	every each	631b
	πείθω 1 a	convince	639b
	σάββατον 1 a	Sabbath	739b
	συναγωγή 2 a	place of assembly	783a
5	διαμαρτύρομαι 2	testify	186c
	κατέρχομαι 1	come down	422a
	λόγος 1 b β	word	478b
	Μακεδονία	Macedonia	487b
	συνέχω 6	absorbed	789b
	συνέχω 7	include	789c
	Τιμόθεος	Timothy	818b
	Χριστός 1	Anointed One	887a
	ὡς IV 1 a	when	898c
6	αἷμα 2 a	blood	23a
	ἀντιτάσσω	oppose	76a
	βλασφημέω 1	defame	142c
	διερμηνεύω 2	explain	194b
	ἐκτινάσσω 2	shake off	246a
	ἱμάτιον 3	garment	376d
	καθαρός 3 a	clean	388a
	κεφαλή 1 a	head	430b
	νῦν 3 b	now	546a
	πορεύω 1	proceed	692c
7	Ἰοῦστος 2	Justus	380c
	μεταβαίνω 1 a α	pass over	510c
	οἰκία 1 a	house	557c
	ὄνομα I 1	name	571a
	σέβω 2 a	worship	746a
	συνομορέω	border on	791c
	τὶς, τὶ 1 a β	any one	820a
	Τίτιος	Titius	820d
7	Τίτος 2	Titus	821a
8	ἀρχισυνάγωγος	president of a synagogue	113b
	Κορίνθιος	Corinthian	444d
	Κρίσπος	Crispus	453b
	οἶκος 2	household	560d
	πιστεύω 2 a β	believe	661c
	πολύς I 2 a α	many	688b
	σύν 2 a	with	781d
8a	πιστεύω 2 a α	believe	661b
8b	πιστεύω 2 b	believe	661d
9	διά A III 1 b	by means of	180b
	λαλέω 2 a β	speak	463b
	νύξ 1 c	night	546d
	ὅραμα 2	vision	577b
	σιωπάω 1	be silent	752c
10	διότι 3	for	199c
	ἐπιτίθημι 2 b	attack	303b
	κακόω 1	harm	398c
	λαός 3 b	people	467a
	μετά A II 1 c β	with	509a
	πόλις 1	city	685d
	πολύς I 1 b α	many	688a
11	διδάσκω 2 b	teach	192a
	ἐνιαυτός 1	year	266b
	καθίζω 2 a β	stay	390b
	λόγος 1 b β	word	478b
	μήν 1	month	518d
12	ἄγω 2	lead away	14c
	ἀνθυπατεύω	be proconsul	69c
	ἀνθύπατος	proconsul	69c
	Ἀχαΐα	Achaia	128a
	βῆμα 2	tribunal	140b
	Γαλλίων	Gallio	150c
	ἐπί III 1 a γ	on	288c
	κατεφίσταμαι	rise up	422c
	ὁμοθυμαδόν	with one mind	566c
	συλλαλέω	talk	776d
13	ἀναπείθω	persuade	59b
	καταβοάω	cry out	409a
	νόμος 3	law	542c
	παρά III 6	against	611c
	σέβω 2 a	worship	746a
14	ἀδίκημα	a wrong	17d
	ἀνέχω 2	endure	66a
	ἀνοίγω 1 e α	open	71b
	Γαλλίων	Gallio	150c
	κατά II 5 a α	according to	407a
	κατά II 5 b β	according to	407c
	λόγος 2 d	reason	478d
	μέλλω 1 c α	be about to	501a
	μέν 1 b	(particle)	502d
	πονηρός 1 b β	wicked	691a
	ῥᾳδιούργημα	prank	733c
	στόμα 1 a	mouth	769d
	ὦ 2	(interjection)	895a
15	αὐτός 1 c	self	122d
	βούλομαι 2 a γ	desire	146b
	ζήτημα	issue	339b
	κατά II 7 b	(possessive)	408a

15	κριτής 1 a α	judge	453c
	νόμος 3	law	542c
	ὄνομα III	people	573d
	ὁράω 2 b	see	578c
16	ἀπελαύνω	drive away	83d
16f	βῆμα 2	tribunal	140b
17	ἀρχισυνάγωγος	president of a synagogue	113b
	Γαλλίων	Gallio	150c
	ἔμπροσθεν 2 a	in front	257b
	ἐπιλαμβάνομαι 1	grasp	295a
	μέλει 5	it is a concern	500b
	οὐδείς 2 b α	nothing	592a
	οὐδείς 2 b γ	in no respect	592b
	Σωσθένης 1	Sosthenes	800c
	τύπτω 1	strike	830b
18	Ἀκύλας	Aquila	34b
	ἀποτάσσω 1	say farewell	100d
	ἐκπλέω	sail away	244a
	εὐχή 2	oath	329b
	ἱκανός 1 b	sufficient	374c
	Κεγχρεαί	Cenchreae	426c
	κείρω	cut	427a
	κεφαλή 1 a	head	430b
	Πρίσκα	Priscilla	701c
	προσμένω 2	remain	717c
	Συρία	Syria	794a
19	αὐτοῦ	there	124a
	διαλέγομαι 1	discuss	185c
	εἰσέρχομαι 1 a β	come	232d
	ἔπειμι	the next	284c
	Ἔφεσος	Ephesus	330b
	κἀκεῖνος 1 a	and he	396d
	καταλείπω 1 a	leave behind	413c
	καταντάω 1	arrive	415b
	συναγωγή 2 a	place of assembly	782d
20	ἐπί III 2 b	on	289c
	ἐπινεύω	give consent	296c
	ἐρωτάω 2	ask	312a
	μένω 1 a α	remain	503d
	πολύς II 1 b	many	689b
	χρόνος	time	887d
21	Ἀκύλας	Aquila	34b
	ἀνάγω 3	put to sea	53b
	ἀνακάμπτω 1 a	return	55d
	δεῖ 3	it is necessary	172b
	ἑορτή	festival	280b
	ἔρχομαι I 1 b β	come	311b
	Ἔφεσος	Ephesus	330b
	θέλω 2	wish	355b
	πάλιν 1 a	back	606c
	πάντως 1	by all means	609b
	ποιέω I 1 b ζ	do	681d
22	ἀναβαίνω 1 a α	go up	50b
	Ἀντιόχεια 1	Antioch	75c
	ἀσπάζομαι 1 b	greet	117a
	Καισάρεια 2	Caesarea	396a
	καταβαίνω 1 a β	come down	408b
	κατέρχομαι 1	come down	422a
23	ἀκριβῶς	accurately	33b
	Γαλατικός	Galatian	150b
	διέρχομαι 1 a	go through	194c
	ἐπιστηρίζω	strengthen	300d
	καθεξῆς	in order	388d
	ποιέω I 1 e δ	do	682c
	στηρίζω 2	establish	768b
	τὶς, τὶ 2 c	any one	820d
	Φρυγία	Phrygia	867c
	χρόνος	time	888a
	χώρα 1 b	country	889b
24	Ἀλεξανδρεύς	Alexandrian	35c
	ἀνήρ 4	man	66d
	Ἀπελλῆς	Apelles	83d
	Ἀπολλώνιος	Apollonius	95d
	Ἀπολλῶς	Apollos	95d
	Ἀπολλῶς	Apollos	95d
	γένος 3	nation	156c
	γραφή 2 b α	scripture	166b
	δυνατός 1 a β	powerful	208d
	Ἔφεσος	Ephesus	330b
	Ἰουδαῖος 2 a	Jewish	379c
	καταντάω 1	arrive	415b
	λόγιος 2	learned	476d
	ὄνομα I 1	name	571a
25	ἀκριβῶς	accurately	33b
	ἀπολαλέω	speak out freely	94b
	βάπτισμα 1	baptism	132c
	διδάσκω 2 b	teach	192a
	ἐπίσταμαι 2	know	300a
	ζέω	boil	337c
	Ἰωάν(ν)ης 1	John	384d
	κατηχέω 2 a	teach	423d
	μόνος 2 b	only	528a
	πατρίς 2	fatherland	637a
	περί 1 i	about	645a
	πνεῦμα 3 b	spirit	675b
25f	ὁδός 2 c	way	554d
26	ἀκριβῶς	accurately	33b
	Ἀκύλας	Aquila	34b
	ἐκτίθημι 2	explain	245d
	παρρησιάζομαι 1	speak freely	631a
	Πρίσκα	Priscilla	701c
	προσλαμβάνω 2 a	take	717b
27	ἀποδέχομαι 1	welcome	90a
	Ἀχαΐα	Achaia	128a
	βούλομαι 2 a β	desire	146b
	γράφω 2 d	write	167b
	διέρχομαι 2	come	194c
	ἐπιδημέω 1	stay	292a
	Ἐφέσιος	Ephesian	330a
	Ἔφεσος	Ephesus	330b
	Κορίνθιος	Corinthian	444d
	Κόρινθος	Corinth	444d
	παραγίνομαι 1	come	613d
	πατρίς 2	fatherland	637a
	πιστεύω 2 b	believe	661d
	πολύς I 2 c β	many	689a
	προτρέπω	encourage	722b
	συγκατανεύω	agree	773c

27	συμβάλλω 2	converse	777c
	χάρις 3 b	favor	878a
28	γραφή 2 b α	scripture	166b
	δημόσιος 2	public	179b
	διακατελέγχομαι	refute	184a
	ἐπιδείκνυμι 2 b	show	292a
	εὐτόνως	powerfully	327c
	Χριστός 1	Anointed One	887a

Acts 19

1	ἀνατολικός	eastern	62c
	ἀνωτερικός	the upper	77c
	Ἀπελλῆς	Apelles	83d
	Ἀπολλῶς	Apollos	95d
	Ἀσία	Asia	116a
	βουλή 2 b	will	145d
	γίνομαι I 3 e	take place	159b
	διέρχομαι 1 a	go through	194c
	εὑρίσκω 1 b	find	325a
	Ἔφεσος	Ephesus	330b
	κατέρχομαι 1	come down	422a
	Κόρινθος	Corinth	444d
	μέρος 1 b γ	part	506a
	πνεῦμα 5 d α	spirit	676d
2	ἀλλά 3	but, yet	38d
	εἰ II	if	219c
	εἰ V 1	if	219d
	οὐδέ 3	not even	591d
	πιστεύω 2 b	believe	661d
2a	πνεῦμα 5 c β	spirit	676d
2b	πνεῦμα 5 c β	spirit	676d
3	βαπτίζω 2 a	baptize	131d
	βάπτισμα 1	baptism	132c
3f	Ἰωάν(ν)ης 1	John	384d
4	βαπτίζω 2 a	baptize	131d
	βάπτισμα 1	baptism	132c
	εἰμί II 3	to be	224a
	ἵνα IV	in order that	378c
	λέγω II 1 c	order	469c
	μετάνοια	repentance	512c
	οὗτος 1 b ε	this	597b
	πιστεύω 2 a β	believe	661c
	Χριστός 1	Anointed One	887a
5	βαπτίζω 2 a	baptize	131d
	βαπτίζω 2 b β	baptize	131d
	κύριος 2 c γ	lord	460a
	ὄνομα I 4 c β	name	572c
6	γλῶσσα 3	tongue	162c
	ἐπιπίπτω 2	fall upon	297d
	ἐπιτίθημι 1 a α	put upon	303a
	ἔρχομαι I 2 c	come	311d
	πνεῦμα 5 c α	spirit	676c
	προφητεύω 1	prophesy	723a
7	δεκαδύο (δέκα)	twelve	173d
	εἰμί II 7	to be	224d
	πᾶς, πᾶσα, πᾶν 1 f β	all	632c
	ὡσεί 2	as	899c
8	βασιλεία 3 b	kingdom	135b
	ἐπί III 2 b	on	289c
	μέγας 2 a γ	great	497d
8	μήν 1	month	518d
	παρρησιάζομαι 1 speak freely		631a
	πείθω 1 a	convince	639b
	περί 1 i	about	645a
	συναγωγή 2 a place of assembly		783a
8f	διαλέγομαι 1	discuss	185c
9	ἀπειθέω 2	disobey	82d
	ἀπειθέω 3	disobey	82d
	ἀφίστημι 2 a	withdraw	126d
	ἀφορίζω 1	separate	127b
	δέκατος 1	tenth	174a
	ε	fifth	211a
	ἐνώπιον 2 a	before	270d
	ἡμέρα 2	day	346d
	κακολογέω	insult	397b
	κατά II 2 c	every	406d
	ὁδός 2 c	way	554d
	πλῆθος 2 b δ	quantity	668d
	σκληρύνω 2	harden	756b
	σχολή	school	798a
	Τύραννος	Tyrannus	830d
	ὥρα 2 b	time of day	896b
	ὡς IV 1 b	when	898c
10	Ἀσία	Asia	116a
	Ἕλλην 2 a	Gentile	252a
	ἐπί III 2 b	on	289c
	ἔτος	year	317a
	ἕως I 1 a	until	334b
	Ἰουδαῖος 2 c	Jewish	379c
	κατοικέω 2	live	424b
	λόγος 1 b β	word	478b
11	διά A III 1 a	by means of	180a
	ποιέω I 1 b β	do	681b
	τυγχάνω 2 d	happen	829d
	χείρ 1	hand	880b
12	ἀπαλλάσσω 2 b	leave	80b
	ἀποφέρω 1 b	take	101d
	ἀσθενέω 1 a	be sick	115c
	ἐκπορεύομαι 1 a	go out	244c
	ἐπιφέρω 2 a	bring over	304c
	νόσος 1	disease	543c
	σιμικίνθιον	apron	751a
	σουδάριον	face cloth	759c
	χρώς	skin	889a
12f	πνεῦμα 4 c	spirit	676a
	πονηρός 1 b α	wicked	691a
13	ἐξορκίζω	adjure	277b
	ἐξορκιστής	exorcist	277b
	ἐπί III 1 a ζ	on	288d
	ἐπιχειρέω	attempt	304d
	ἔχω I 2 e α	have	332d
	Ἰουδαῖος 1	Jewish	379b
	κηρύσσω 2 b β	announce	431c
	κύριος 2 c γ	lord	460a
	ὀνομάζω 2	name	574a
	ὁρκίζω	adjure	581c
	περιέρχομαι	go around	646d
14	δαιμονίζομαι be possessed by a demon		169a

14	ἔθος 1	habit	218d
	ἐν IV 5	in	261c
	Ἰουδαῖος 1	Jewish	379b
	Σκευᾶς	Sceva	753d
15	γινώσκω 6 a β	know	161c
	ἐπίσταμαι 2	know	300a
	τίς, τί 1 a α	which	819a
15f	πνεῦμα 4 c	spirit	676a
	πονηρός 1 b α	wicked	691a
16	ἀμφότεροι 2	all	47d
	ἄνθρωπος 3 a δ	man	69b
	γυμνός 1	naked	167d
	ἐκφεύγω 1	run away	247a
	ἐνάλλομαι	leap upon	261d
	ἐφάλλομαι	leap upon	330a
	ἰσχύω 3	be strong	383d
	κατά I 2 b α	down	405d
	κατακυριεύω 1	subdue	412c
	κυριεύω 1	rule	458d
	οἶκος 1 a α	house	560c
	τραυματίζω	to wound	824d
	ὥστε 2 a β	so that	900a
17	γίνομαι I 4 b	become	159d
	γνωστός 1 a	known	164b
	Ἕλλην 2 a	Gentile	252a
	ἐπί III 1 b γ	on	289a
	ἐπιπίπτω 2	fall upon	297d
	Ἔφεσος	Ephesus	330b
	κατοικέω 2	live	424b
	κύριος 2 c γ	lord	460a
	μεγαλύνω 2	exalt	497b
	οὗτος 1 b α	this	596d
	φόβος 2 a α	fear	863d
	φόβος 2 a α	fear	863d
17b	πᾶς, πᾶσα, πᾶν 1 e α	all	632b
18	ἀναγγέλλω 2	disclose	51b
	ἐξομολογέω 2 a	confess	277a
	πιστεύω 2 b	believe	661d
	πολύς I 2 a α	many	688b
	πρᾶξις 4 b	acting	698a
19	ἀργύριον 2 c	silver	105a
	βίβλος 1	book	141c
	ἐνώπιον 2 a	before	270d
	εὑρίσκω 2	find	325c
	ἱκανός 1 c	sufficient	374c
	κατακαίω	consume	411a
	μυριάς 1	myriad	529c
	περίεργος 2	meddlesome	646d
	πράσσω 1 a	do	698c
	συμφέρω 1	bring together	780b
	συμψηφίζω	count up	781b
	τιμή 1	value	817b
20	αὐξάνω 3	grow	121d
	ἐνισχύω 1	grow strong	267a
	ἰσχύω 3	be strong	383d
	κατά II 5 b β	according to	407c
	κράτος 1	power	449a
	πίστις 2 a	faith	662d
	πληθύνω 2	increase	669b
21	Ἀχαΐα	Achaia	128a
21	γίνομαι II 4 b	be	160c
	διέρχομαι 1 a	go through	194c
	μετά B II 4 a	after	510c
	πληρόω 5	finish	672a
	πνεῦμα 3 b	spirit	675c
	πορεύω 1	proceed	692b
	Ῥώμη	Rome	738c
	τίθημι II 1 c	put	816d
	ὡς IV 1 a	when	898c
21f	Μακεδονία	Macedonia	487b
22	Ἀσία	Asia	116a
	διακονέω 2	serve	184a
	ἐπέχω 2 b	stop	285d
	Ἔραστος 2	Erastus	306c
	Τιμόθεος	Timothy	818b
	χρόνος	time	888a
23	γίνομαι I 1 b β	come about	158b
	ἐκεῖνος 2 b γ	that	239d
	καιρός 1	time	395a
	κατά II 2 a	during	406c
	ὁδός 2 c	way	554d
	ὀλίγος 2 b	little	563d
	τάραχος 2	mental agitation	805c
23f	οὐ 2 b	no	590b
24	ἀργυροκόπος	silversmith	105a
	ἀργυροῦς	(made of) silver	105b
	Ἄρτεμις	Artemis	110a
	Δημήτριος 2	Demetrius	178d
	ἐργασία 4	trade	307c
	κιβώριον	vessel	431d
	ναός 1 c	temple	533c
	ὀλίγος 2 a	little	563d
	ὄνομα I 1	name	571a
	παρέχω 2 c	get for oneself	626d
	ποιέω I 1 a α	do	680d
	τεχνίτης	craftsman	814b
25	ἀνήρ 1	man	66d
	ἐκ 3 f	by	235c
	ἐπίσταμαι 2	know	300a
	ἐργασία 3	trade	307c
	ἐργάτης 1 a	workman	307d
	εὐπορία	prosperity	324b
	περί 2 c	about	645c
	συναθροίζω 1	gather	783c
	συντεχνίτης fellow craftsmen		792c
	τεχνίτης	craftsman	814b
	τοιοῦτος 3 a β	such a kind	821c
26	γίνομαι I 2 a	created	158c
	Ἔφεσος	Ephesus	330b
	θεός 1	god	357a
	θεωρέω 1	observe	360a
	ἱκανός 1 a	sufficient	374b
	μεθίστημι 2	mislead	499a
	μόνος 2 c α	only	528a
	ὄχλος 1	crowd	600d
	πείθω 1 a	convince	639b
	σχεδόν	nearly	797b
	χείρ 1	hand	880b
26f	Ἀσία	Asia	116a
27	ἀπελεγμός	refutation	83d

27	εἰς 8 a γ		230b
	(predicate nominative)		
	ἔρχομαι I 2 c	come	311c
	θεά	goddess	353a
	ἱερόν 1	temple	372c
	καθαιρέω 2 b	destroy	386d
	κινδυνεύω	run a risk	432b
	λογίζομαι 1 b	consider	476a
	μεγαλειότης	grandeur	496d
	μέρος 1 b	branch	506b
	μόνος 2 c α	only	528a
	ναός 1 c	temple	533c
	οἰκουμένη 1 b	the world	561b
	οὐδείς 2 b β	worthless	592b
	σέβω 2 a	worship	746a
27f	Ἄρτεμις	Artemis	110a
	μέγας 2 b α	great	498a
28	ἄμφοδον	street	47c
	Ἐφέσιος	Ephesian	330a
	θυμός 2	anger	365c
	πλήρης 1 b	full	670a
	πλήρης 2	full	670a
	τρέχω 1	run	825d
29	Ἀρίσταρχος	Aristarchus	106c
	Γάϊος 2	Gaius	149c
	θέατρον 1	theater	353c
	Μακεδών	Macedonian	487b
	ὁμοθυμαδόν	with one mind	566c
	ὁρμάω	rush down	581d
	πίμπλημι 1 a α	fill	658a
	συγχέω	confuse	775b
	σύγχυσις	confusion	775c
	συναρπάζω	seize	785b
	συνέκδημος		787a
	traveling companion		
30	βούλομαι 2 a β	desire	146b
	δῆμος	assembly	179a
	ἐάω 1	let	212d
	εἰσέρχομαι 1 b α	come	232d
	κωλύω 1	hinder	461b
	οὐ 2 d	no	590b
31	Ἀσιάρχης	Asiarch	116a
	δίδωμι 6	give	193d
	θέατρον 1	theater	353c
	πέμπω 1	send	641d
	πέμπω 1	send	642a
	φίλος 1	loving	861a
32	ἄλλος 1 c	other	40a
	ἐκκλησία 2	assembly	240d
	ἕνεκα	because of	264d
	κράζω 2 a	call	447d
	μέν 2 e	(particle)	503b
	πολύς II 2 a	many	689b
	πολύς III 2 a	many	689d
	συγχέω	confuse	775b
	συνέρχομαι 1 a	assemble	788a
33	Ἀλέξανδρος 3	Alexander	35c
	ἀπολογέομαι		95d
	defend oneself		
	δῆμος	assembly	179a
	ἐκ 1 b	away from	234b
33	θέλω 1	wish	354d
	καταβιβάζω	drive down	409a
	κατασείω 1	shake	418a
	προβάλλω 1	put before	702d
	προβιβάζω	bring forward	703c
	συμβιβάζω 4	unite	777d
34	γίνομαι I 1 b β	come about	158b
	ἐπί III 2 b	on	289c
	ἐπιγινώσκω 2 a	know	291a
	Ἐφέσιος	Ephesian	330a
	Ἰουδαῖος 2 a	Jewish	379c
	κράζω 2 a	call	447d
	φωνή 2 c	voice	871a
	ὥρα 2 a α	time of day	896a
34f	Ἄρτεμις	Artemis	110a
	μέγας 2 b α	great	498a
35	ἀνήρ 3	man	66d
	ἄνθρωπος 3 a ζ	man	69b
	γινώσκω 6 a α	know	161c
	γραμματεύς 1	clerk	165d
	διοπετής		199a
	fallen from heaven		
	ἡμέτερος	our	347d
	καταστέλλω	restrain	419a
	νεωκόρος	temple keeper	537b
	πόλις 1	city	685c
35a	Ἐφέσιος	Ephesian	330a
35b	Ἐφέσιος	Ephesian	330a
36	ἀναντίρρητος	undeniable	58c
	δεῖ 6	it is necessary	172b
	εἰμί II 4 d	to be	224b
	καταστέλλω	restrain	419a
	πράσσω 1 a	do	698c
	προπετής	reckless	709c
	ὑπάρχω 2	be	838a
37	βλασφημέω 2 a	blaspheme	142d
	θεά	goddess	353a
	θεός 1	god	357a
	ἱερόσυλος	temple robber	373c
	οὔτε	not	596a
38	ἀγοραῖος 2	court days	13a
	ἄγω 4	spend	14d
	ἀλλήλων	each other	39c
	ἀνθύπατος	proconsul	69c
	Δημήτριος 2	Demetrius	178d
	ἐγκαλέω	accuse	215c
	εἰ VI 6	if	220a
	ἔχω I 7 a	have	333d
	λόγος 1 a ε	matter	477d
	σύν 1 c	with	781d
	τεχνίτης	craftsman	814b
38f	μέν 1 a α	(particle)	502d
39	ἐκκλησία 1	assembly	240d
	ἐπιζητέω 1 b	inquire	292d
	ἐπιλύω 2	decide	296a
	περαιτέρω	further	643d
40	αἴτιος 2	guilt	26d
	ἀποδίδωμι 1	give away	90b
	ἀπολύω 2 b	send away	96d
	γάρ 1 b	for	151d
	ἐγκαλέω	accuse	215c

40	ἐκκλησία 2	assembly	240d
	κινδυνεύω	run a risk	432b
	λόγος 2 a	account	478c
	σήμερον	today	749a
	στάσις 2	uprising	764c
	συστροφή 1	commotion	795c
	ὑπάρχω 1	be	838a

Acts 20

1	ἀπασπάζομαι	take leave	81d
	ἀσπάζομαι 1 a	greet	116d
	ἐξέρχομαι 1 a ζ	go out	274d
	θόρυβος 3 b	noise	363a
	Μακεδονία	Macedonia	487b
	μετά B II 4 a	after	510c
	μεταπέμπω	summon	513b
	παρακαλέω 2	appeal to	617b
	παύω 2	stop	638b
	πολύς I 2 b β	many	688d
	πορεύω 1	proceed	692b
2	αὐτός 3 b	(oblique case)	123c
	διέρχομαι 1 a	go through	194c
	Ἑλλάς	Greece	251d
	λόγος 1 a β	word	477c
	μέρος 1 b γ	part	506a
	παρακαλέω 2	appeal to	617b
	πολύς I 1 b α	many	688a
3	ἀνάγω 3	put to sea	53b
	γίνομαι II 2 a	be	160b
	γνώμη 4	decision	163b
	διά A I 1	through	179c
	ἐπιβουλή	a plot	290c
	Μακεδονία	Macedonia	487b
	μέλλω 1 c γ	intend	501b
	μήν 1	month	518d
	ὁ, ἡ, τό II 4 b ε	the	551d
	πνεῦμα 5 d α	spirit	676d
	ποιέω I 1 e δ	do	682c
	Συρία	Syria	794a
	τρίτος 1	third	826d
	ὑπό 1 b	by	843b
	ὑποστρέφω	return	847c
4	Ἀρίσταρχος	Aristarchus	106c
	Ἀσία	Asia	116a
	Ἀσιανός	a man from Asia	116a
	ἄχρι 1 b	as far as	128d
	Βεροιαῖος	Beroean	139c
	Γάϊος 1	Gaius	149c
	ἔξειμι	go out	274a
	Ἐφέσιος	Ephesian	330a
	Θεσσαλονικεύς	Thessalonian	359d
	μέχρι 1 a	until	515c
	Πύρρος	Pyrrhus	731c
	Σεκοῦνδος	Secundus	746c
	συνέπομαι	accompany	787c
	Σώπατρος	Sopater	800c
	Τιμόθεος	Timothy	818b
	Τρόφιμος	Trophimus	827d
	Τυχικός	Tychicus	831c
5	μένω 2 a	wait for	504c
5	προέρχομαι 3	go forward	705c
	προσέρχομαι 1	approach	713a
6	ἄζυμος 1 b	unleavened bread	20a
	ἄχρι 1 a	until	128d
	διατρίβω	spend	190a
	ἐκπλέω	sail away	244a
	ἡμέρα 2	day	346d
	πεμπταῖος	on the fifth day	641c
	Τρῳάς	Troas	829a
	Φίλιπποι	Philippi	860a
6b	ἡμέρα 2	day	346c
6c	ἡμέρα 2	day	346b
7	ἄρτος 1 c	bread	110d
	διαλέγομαι 1	discuss	185c
	εἷς 4	one	232a
	ἐπαύριον	next day	283d
	κλάω	break	433d
	μέλλω 1 c γ	intend	501b
	μεσονύκτιον	midnight	507a
	μέχρι 1 b	until	515c
	παρατείνω	prolong	622c
	σάββατον 2 b	week	739c
	συνάγω 2	gather	782c
8	ἱκανός 1 a	sufficient	374b
	λαμπάς 2	lamp	465d
	συνάγω 2	gather	782c
	ὑπερῷον	upper story	842b
	ὑπολαμπάς	window	845c
9	αἴρω 1 a	lift up	24c
	ἀπό V 6	by	88c
	βαθύς 2	deep	130c
	βαρύς 1	heavy	134b
	διαλέγομαι 1	discuss	185c
	ἐπί III 2 b	on	289c
	Εὔτυχος	Eutychus	327c
	θυρίς	window	366a
	καθέζομαι 1	sit	388c
	κάτω 2	downwards	425a
	νεανίας	youth	534c
	νεκρός 1 a α	dead	534d
	ὄνομα I 1	name	571a
	πίπτω 1 a	fall	659b
	πολύς II 2 c	many	689c
	τρίστεγον	third story	826c
9a	καταφέρω 3	bring down	420a
	ὕπνος	sleep	843a
9b	καταφέρω 3	bring down	420a
	ὕπνος	sleep	843a
10	ἐπιπίπτω 1 b	fall upon	297c
	θορυβέω 2	be troubled	362d
	καταβαίνω 1 a α	come down	408b
	μή A III 3 b	not	517a
	συμπεριλαμβάνω	embrace	779c
	ψυχή 1 a α	soul, life	893b
11	ἀναβαίνω 1 a α	go up	50b
	ἄρτος 1 a	bread	110c
	αὐγή	dawn	120d
	ἄχρι 1 a	until	128d
	γεύομαι 1	taste	157a

11	ἐπί III 2 b	on	289c
	ἱκανός 1 c	sufficient	374c
	κλάω	break	433d
	ὁμιλέω	speak	565c
	οὕτω 1 b	thus	597d
	τέ 1 b	and	807c
12	ἄγω 1 a	lead	14b
	ἀσπάζομαι 1 a	greet	116d
	ζάω 1 a β	live	336a
	μετρίως	moderately	515a
	νεανίσκος 1	youth	534c
	οὐ 2 b	no	590b
	παῖς 1 a α	child	604c
	παρακαλέω 4	implore	617d
13	ἀνάγω 3	put to sea	53b
	διατάσσω	order	189c
	ἐπί III 1 a β	on	288b
	ἐπί III 1 a δ	to	288c
	πεζεύω	travel by land	638d
	πλοῖον 1	ship	673b
	προέρχομαι 3	go forward	705c
13a	μέλλω 1 c γ	intend	501b
13b	μέλλω 1 c γ	intend	501b
13f	ἀναλαμβάνω 4	take along	57a
	Ἄσσος	Assos	117b
14	Μιτυλήνη	Mitylene	524a
	συμβάλλω 1 b	converse	777c
15	ἄντικρυς	opposite	74c
	ἀποπλέω	sail away	97c
	ἔπειμι	the next	284c
	ἑσπέρα	evening	313c
	ἕτερος 1 b ζ	another	315c
	ἔχω III 3	hold fast	334b
	κἀκεῖθεν 1	and from there	396d
	καταντάω 1	arrive	415b
	μένω 1 a α	remain	503d
	Μιλητός	Miletus	521d
	παραβάλλω 2	approach	611d
	Σάμος	Samos	741d
	Τρωγύλλιον	Trogyllium	829a
	Χίος	Chios	882b
16	Ἀσία	Asia	116a
	γίνομαι I 3 b α	take place	159a
	γίνομαι I 4 c α	come, go	159d
	δυνατός 2 b	possible	209a
	εἰ I 3	if	219c
	ἡμέρα 2	day	346c
	ἡμέρα 2	day	346d
	κατάσχεσις 2	restraining	419c
	κρίνω 3	decide	451c
	μή A I 2	not	516a
	μήποτε 2 b α	(neg particle)	519b
	ὅπως 2 a α	in order that	576d
	παραπλέω	sail past	621b
	πεντηκοστή	fiftieth	643b
	σπεύδω 1 a	hurry	762b
	χρονοτριβέω	spend time	888c
16f	Ἔφεσος	Ephesus	330b
17	μετακαλέω	summon	511b
	Μιλητός	Miletus	521d
	πέμπω 1	send	641d
17	πρεσβύτερος 2 b α	older	700b
18	Ἀσία	Asia	116a
	γίνομαι II 4 a	be	160c
	ἐπιβαίνω 2	go up	289d
	ἐπίσταμαι 2	know	300a
	ἡμέρα 2	day	346c
	μετά A II 1 a	with	508d
	ὁμοθυμαδόν	with one mind	566c
	ὁμόσε	together	569b
	παραγίνομαι 1	come	613c
	πᾶς, πᾶσα, πᾶν 1 f α	whole	632c
	πολύς II 2 c	many	689c
	ποταπῶς	how	695a
	πρῶτος 1 a	first	725b
	πῶς 2 a	how	732c
	τριετία	three years	826b
	χρόνος	time	888a
18b	ὡς IV 4	when	899a
19	δάκρυον	tear	170a
	δουλεύω 2 b	serve	205a
	ἐπιβουλή	a plot	290c
	μετά A III 1	with	509d
	πειρασμός 2 b	test	641a
	συμβαίνω	meet	777b
	ταπεινοφροσύνη	humility	804c
20	ἀναγγέλλω 2	disclose	51b
	δημόσιος 2	public	179b
	ὁ, ἡ, τό II 4 b δ	the	551d
	οἶκος 1 a α	house	560c
	συμφέρω 2 b α	profitable	780b
	ὑποστέλλω 2 c	withdraw	847c
	ὡς I 2 d	as	897b
21	διαμαρτύρομαι 2	testify	186c
	εἰς 4 c β	(goal)	229b
	Ἕλλην 2 a	Gentile	252a
	Ἰουδαῖος 2 c	Jewish	379c
	κύριος 2 c γ	lord	460b
	μετάνοια	repentance	512c
	πίστις 2 b β	faith	663b
	πίστις 2 b β	faith	663b
22	δέω 1 b	bind	178a
	ἰδού 1 b δ	behold	371a
	πνεῦμα 5 d α	spirit	676d
	πορεύω 1	proceed	692b
	συναντάω 2	meet	784c
23	δεσμός 1	fetter	176a
	διαμαρτύρομαι 2	testify	186c
	θλῖψις 1	tribulation	362b
	κατά II 1 d	(distributive)	406c
	κατά II 1 d	(distributive)	406c
	λέγω I 1 b β	say	468b
	μένω 2 b	await	504c
	πλήν 1 d	but	669c
	πλήν 2	except	669c
	πνεῦμα 5 c α	spirit	676c
	πόλις 1	city	685d
24	διακονία 3	service	184c
	διαμαρτύρομαι 2	testify	186c
	δρόμος 2	course	207a
	εὐαγγέλιον 2 b α	gospel	318a

24	κύριος 2 c γ	lord	460a
	λαμβάνω 2	receive	465c
	λόγος 1 a α	word	477b
	παρά I 3 b	from	609d
	ποιέω II 1	do	683a
	τελειόω 1	complete	809d
	τίμιος 1 d	valuable	818b
	χάρις 3 b	favor	878a
	ψυχή 1 a β	soul, life	893c
	ὡς IV 3 a	when	898d
	ὡς IV 3 b	when	898d
25	διέρχομαι 1 b β	go through	194c
	ἰδού 1 b δ	behold	371a
	κηρύσσω 2 b β	announce	431c
	ὁράω 1 a γ	see	578a
	οὐκέτι 1	no longer	592c
	πᾶς, πᾶσα, πᾶν 1 e α	all	632b
	πρόσωπον 1 b	face	721a
26	αἷμα 2 a	blood	23a
	ἀπό I 2	from	86d
	διότι 2	therefore	199c
	καθαρός 3 a	clean	388b
	μαρτύρομαι 1	testify	494b
	ὅτι 1 b α	that	588d
	σήμερον	today	749a
27	ἀναγγέλλω 2	disclose	51b
	βουλή 2 b	will	145d
	ὁ, ἡ, τό II 4 b δ	the	551d
	ὑποστέλλω 2 b	withdraw	847c
28	αἷμα 2 b	blood	23a
	διά A III 1 a	by means of	180a
	ἐκκλησία 4 e α	church	241b
	ἐπίσκοπος 2	overseer	299b
	ἴδιος 1 b	ones own	369d
	περιποιέω 2	save	650a
	πνεῦμα 5 c α	spirit	676c
	ποιμαίνω 2 a β	tend	683d
	προσέχω 1 b	pay attention to	714c
	τίθημι II 2 b	make	816d
28f	ποίμνιον 2 b	flock	684c
29	ἄφιξις	departure	126d
	βαρύς 2 d	cruel	134b
	εἰσέρχομαι 1 b α	come	232d
	λύκος 2	wolf	481c
	μετά B II 2	after	510b
	φείδομαι 1	spare	854d
30	ἀποσπάω 2	draw	98b
	ἀποστρέφω 1 a β	turn away	100b
	διαστρέφω 1 b	pervert	189a
	ὁ, ἡ, τό II 4 b ζ	the	551d
	ὀπίσω 2 a β	after	575b
31	γρηγορέω 2	be awake	167c
	δάκρυον	tear	170a
	διό	therefore	198d
	ἕκαστος 2	each	236c
	ἡμέρα 1 a	day	346a
	μνημονεύω 1 c	remember	525b
	νουθετέω	admonish	544b
	νύξ 1 d	night	546d
	παύω 2	stop	638a
31	τριετία	three years	826b
32	ἁγιάζω 2	consecrate	8d
	ἐποικοδομέω 2	build on to	305c
	κληρονομία 3	inheritance	435a
	λόγος 1 b β	word	478b
	νῦν 3 c	now	546a
	οἰκοδομέω 3	build	558c
	παρατίθημι 2 b β	place beside	623a
	πᾶς, πᾶσα, πᾶν 1 d β	all	632b
	χάρις 3 b	favor	878a
33	ἀργύριον 2 a	silver	104d
	ἐπιθυμέω	desire	293a
	ἱματισμός	clothing	376d
	χρυσίον	gold	888c
34	αὐτός 1 e	of himself	122d
	γινώσκω 6 c	know	161c
	ὑπηρετέω	serve	842c
	χείρ 1	hand	880a
	χρεία 2	need	885a
35	ἀντιλαμβάνω 1	help	74c
	ἀσθενέω 2	weak	115c
	δίδωμι 1 a	give	192d
	κοπιάω 2	become weary	443c
	κύριος 2 c γ	lord	460a
	λαμβάνω 2	receive	465a
	λόγος 1 a δ	word	477d
	μακάριος 3 c	blessed	487a
	μᾶλλον 1	more	489a
	μᾶλλον 3 c	rather	489d
	μνημονεύω 1 a	remember	525a
	πᾶς, πᾶσα, πᾶν 2 a δ	everything	633a
	ὑποδείκνυμι 2	show	844b
36	γόνυ	knee	165a
	πᾶς, πᾶσα, πᾶν 1 e α	all	632b
	σύν 2 a	with	781d
	τίθημι I 1 b α	put	816a
37	γίνομαι I 1 b β	come about	158b
	ἐπιπίπτω 1 b	fall upon	297c
	ἱκανός 1 a	sufficient	374b
	καταφιλέω	kiss	420b
	κλαυθμός	weeping	433c
	τράχηλος	neck	825a
38	ἐπί II 1 b γ	on	287c
	θεωρέω 1	observe	360b
	μάλιστα	above all	489a
	μέλλω 1 c δ	is destined	501b
	ὀδυνάω 2	cause pain	555b
	οὐκέτι 1	no longer	592c
	πλοῖον 1	ship	673b
	προπέμπω 1	accompany	709b
	πρόσωπον 1 b	face	721a

Acts 21

1	ἀποσπάω 3	withdraw	98b
	γίνομαι I 3 e	take place	159b
	ἑξῆς 2	next	276a
	ἐπιβαίνω 1	go up	289d

1	κἀκεῖθεν 1	and from there	396d
	Κῶς	Cos	462a
	Μύρα	Myra	529c
	Πάταρα	Patara	634d
	῾Ρόδος	Rhodes	737a
	ὡς IV 1 a	when	898c
1f	ἀνάγω 3	put to sea	53b
2	διαπεράω	cross	187c
	ἐπιβαίνω 1	go up	289d
	Φοινίκη	Phoenicia	864b
2f	πλοῖον 1	ship	673b
3	ἀναφαίνω	light up	63a
	ἀποφορτίζομαι	unload	102a
	γόμος	cargo	165a
	ἐκεῖσε 2	there	240a
	εὐώνυμος	left	330a
	κατάγω	lead	410a
	καταλείπω 2 e	leave behind	413d
	κατέρχομαι 1	come down	422a
	Κύπρος	Cyprus	457d
	πλέω	sail	668a
	Συρία	Syria	794a
	Τύρος	Tyre	830d
4	ἀνευρίσκω	look	65d
	αὐτοῦ	there	124a
	διά A III 2 b δ	by	180d
	ἐπιβαίνω 1	go up	289d
	ἐπιμένω 1	remain	296b
	ἡμέρα 2	day	346b
	μή A II 1 b β	not	516b
	ὅστις 3	whoever	587b
	πνεῦμα 5 d α	spirit	676d
5	αἰγιαλός	shore	21d
	γίνομαι I 3 e	take place	159b
	γόνυ	knee	165a
	γυνή 1	woman	168c
	ἐξαρτίζω 1	finish	273c
	ἔξω 2 b	outside	279d
	ἕως II 2 c	as far as	335c
	προπέμπω 1	accompany	709b
	τίθημι I 1 b α	put	816a
6	ἀπασπάζομαι	take leave	81d
	ἀσπάζομαι 1 a	greet	116d
	ἐμβαίνω	go in	254a
	ἴδιος 3 b	ones own	370b
	πλοῖον 1	ship	673b
	ὑποστρέφω	return	847c
7	ἀσπάζομαι 1 b	greet	117a
	διανύω 1	complete	187c
	εἷς 1 a α	one	230d
	ἡμέρα 2	day	346b
	καταντάω 1	arrive	415b
	μένω 1 a α	remain	503d
	μένω 1 a α	remain	503d
	παρά II 1 b γ	beside	610c
	πλόος	voyage	673c
	Πτολεμαΐς	Ptolemais	727c
	Τύρος	Tyre	830d
8	εἰσέρχομαι 1 a β	come	232d
	ἐκ 4 a δ	from	236a
	ἐπαύριον	next day	283d
8	ἑπτά	seven	306b
	εὐαγγελιστής	evangelist	318c
	Καισάρεια 2	Caesarea	396a
	μένω 1 a α	remain	503d
	παρά II 1 b α	beside	610b
	περί 2 a δ	about	645b
	Φίλιππος 4	Philip	860b
9	θυγάτηρ 1	daughter	364d
	παρθένος 1	virgin	627b
	προφητεύω 1	prophesy	723a
10	Ἅγαβος	Agabus	2b
	ἐπιμένω 1	remain	296b
	ἡμέρα 2	day	346b
	Ἰουδαία 1	Judaea	379a
	κατέρχομαι 1	come down	422a
	ὄνομα I 1	name	571a
	πολύς II 1 a	many	689a
10ff	προφήτης 5	prophet	724a
11	αἴρω 3	carry	24c
	δέω 1 b	bind	177d
	δέω 1 b	bind	177d
	λέγω II 1 c	order	469c
	ὅδε, ἥδε, τόδε 1	this	553a
	παραδίδωμι 1 b	give over	614d
	πνεῦμα 5 c α	spirit	676c
	πνεῦμα 6 c	spirit	677d
11a	ζώνη	belt	341b
	χείρ 1	hand	880a
11b	ζώνη	belt	341b
	χείρ 2 b	hand	880c
12	ἀναβαίνω 1 a α	go up	50a
	ἐντόπιος	local	269b
	Ἱεροσόλυμα 1 a	Jerusalem	373b
	ὁ, ἡ, τό II 4 b ε	the	551d
	παρακαλέω 3	implore	617c
	ὡς IV 1 a	when	898c
13	ἀλλά 1 a	but, yet	38a
	ἀποθνῄσκω 1 a α	die	91c
	γάρ 1 e	for	152a
	δέω 1 b	bind	177d
	εἰς 9 a	in	230c
	ἑτοίμως	be ready	316d
	ἔχω II 1	be	333d
	θορυβέω 1	throw into disorder	362d
	καρδία 1 b ε	heart	404a
	κλαίω 1	weep	433a
	κύριος 2 c γ	lord	460a
	ὄνομα I 4 c θ	name	573b
	ποιέω I 1 b ε	do	681c
	συνθρύπτω	break in pieces	790a
	ὑπέρ 1 d	in behalf of	839a
14	ἡσυχάζω 2	rest	349b
	θέλημα 1 a	will	354b
	πείθω 3 a	believe	639d
15	ἀναβαίνω 1 a α	go up	50a
	ἀποσκευάζω	lay aside	98a
	ἐπισκευάζομαι	make preparations	298d
	Ἱεροσόλυμα 1 a	Jerusalem	373b
16	ἄγω 1 b	bring	14b

16	ἀρχαῖος 1	ancient	111b
	Ἰάσων 3	Jason	368d
	Καισάρεια 2	Caesarea	396a
	Κύπριος	inhabitant of Cyprus	457d
	κώμη 1	village	461d
	μαθητής 2 b γ	disciple	486a
	Μνάσων	Mnason	524b
	ξενίζω 1	receive as a guest	547d
	ὅς, ἥ, ὅ I 5 d	(rel pron)	584c
	παρά II 1 b α	beside	610b
	σύν 1 b	with	781c
	συνέρχομαι 2	assemble	788b
	τὶς, τὶ 2 a β	any one	820c
16b	μαθητής 2 b γ	disciple	486a
17	ἀποδέχομαι 1	welcome	90a
	ἀσμένως	gladly	116c
	γίνομαι I 4 c α	come, go	159d
	δέχομαι 1	receive	177c
18	εἴσειμι	go in	232c
	ἔπειμι	the next	284c
	Ἰάκωβος 3	James	368a
	παραγίνομαι 1	come	613d
	πρεσβύτερος 2 b α	older	700b
	συνάγω 2	gather	782c
19	ἀσπάζομαι 1 a	greet	116c
	διακονία 3	service	184c
	εἷς 5 e	one	232b
	ἕκαστος 2	each	236d
	ἐξηγέομαι	explain	275d
	κατά II 3 a	(distributive)	406d
	ὅς, ἥ, ὅ I 4 a	(rel pron)	584a
20	δοξάζω 1	praise	204c
	ζηλωτής 1 a β	zealot	338b
	θεωρέω 2 a	observe	360b
	Ἰουδαῖος 2 d	Jewish	379c
	μυριάς 2	myriads	529d
	νόμος 3	law	542c
	πιστεύω 2 b	believe	661d
	πόσος 2 a	how great	694c
	ὑπάρχω 2	be	838a
21	διδάσκω 2 c	teach	192a
	ἔθνος 2	gentiles	218c
	ἔθος 2	custom	218d
	Ἰουδαῖος 2 c	Jewish	379c
	κατά II 1 a	along	406b
	κατηχέω 1	make one self understood	423d
	μηδέ 1 b	and not	517d
	πᾶς, πᾶσα, πᾶν 1 f β	all	632c
	περιπατέω 2 a β	go about	649c
	περιτέμνω 1	cut around	652b
22	οὖν 1 c β	therefore	593a
	πάντως 1	by all means	609b
	πάντως 3	of course	609b
	πλῆθος 2 b δ	quantity	668d
	συνέρχομαι 1 a	assemble	788a
23	ἐπί I 1 a α	on	286a
	εὐχή 2	oath	329b
	λέγω II 1 c	order	469c
24	ἁγνίζω 2 a	purify	11a
24	δαπανάω 1	spend	171a
	ἐπί II 1 b γ	on	287b
	ἵνα I 2	in order that	377a
	κατηχέω 1	make one self understood	423d
	κεφαλή 1 a	head	430b
	νόμος 3	law	542d
	ξυράω	have oneself shaved	549c
	ξυράω	have oneself shaved	549c
	ξυράω	have oneself shaved	549d
	ὅς, ἥ, ὅ I 4 a	(rel pron)	584a
	οὐδείς 2 b β	worthless	592b
	οὗτος 1 a β	this	596c
	παραλαμβάνω 1	take	619c
	στοιχέω	be in line with	769c
	σύν 2 a	with	781d
	φυλάσσω 1 f	watch	868c
25	αἷμα 1 b	blood	22d
	εἰδωλόθυτος	meat offered to an idol	221c
	ἐπιστέλλω	write	300c
	κρίνω 3	decide	451c
	πιστεύω 2 b	believe	661d
	πνικτός	strangled	680a
	τηρέω 5	keep	815b
	φυλάσσω 2 a	watch	868d
26	ἁγνίζω 2 a	purify	11a
	ἁγνισμός 1	purification	11a
	διαγγέλλω 2	give notice of	182b
	εἴσειμι	go in	232c
	ἕκαστος 2	each	236d
	ἐκπλήρωσις	completion	244b
	ἔχω III 3	hold fast	334b
	ἕως II 1 b α	until	335a
	ἡμέρα 2	day	347a
	παραλαμβάνω 1	take	619c
	προσφέρω 2 a	bring (to)	720a
	προσφορά 2	presenting	720b
	ὑπέρ 1 a γ	in behalf of	838c
27	Ἀσία	Asia	116a
	ἕβδομος	seventh	213a
	ἐπιβάλλω 1 b	lay on	289d
	θεάομαι 1 a	see	353a
	μέλλω 1 c α	be about to	501a
	ὄχλος 1	crowd	600d
	συγχέω	confuse	775b
	συγχέω	confuse	775b
	συγχέω	confuse	775b
	συντελέω 1	complete	792a
	ὡς IV 1 b	when	898c
28	ἅγιος 1 a α	dedicated to God	9b
	ἀνήρ 3	man	66d
	βοηθέω 1	aid	144c
	Ἕλλην 2 a	Gentile	252a
	ἔτι 2 b	still	316a
	Ἰσραηλίτης	Israelite	381d
	κατά I 2 b β	down	406a
	κοινόω 1 b	defile	438c
	κράζω 2 a	call	447d
	νόμος 3	law	542c
	πανταχῇ	everywhere	608b

28b	τόπος 1 b	place	822c
28f	εἰσάγω	bring	232b
29	Ἐφέσιος	Ephesian	330a
	νομίζω 2	think	541b
	προοράω 1	see previously	709a
	Τρόφιμος	Trophimus	827d
30	γίνομαι I 1 b β	come about	158b
	ἕλκω 1 a	drag	251c
	ἔξω 2 b	outside	279d
	ἐπιλαμβάνομαι 1	grasp	295a
	θύρα 1 a	door	365d
	κινέω 2 b	move	432c
	κλείω 1	shut	434a
	λαός 1 a	people	466c
	ὅλος 2 b	whole	564d
	πόλις 3	city	686a
	συνδρομή	running together	785d
	τέ 3 b	and	807d
31	ἀναβαίνω 2	go up	50c
	Ἱεροσόλυμα 1 b	Jerusalem	373b
	Κλαύδιος 2	Claudius	433c
	ὅλος 1	whole	564d
	ὅτι 1 b α	that	588d
	σπεῖρα	cohort	761a
	συγχέω	confuse	775b
	συγχέω	confuse	775b
	φάσις	information	854b
31-3	χιλίαρχος	tribune	882a
32	ἑκατοντάρχης	centurion	237a
	ἐξαυτῆς	at once	273d
	κατατρέχω	run down	419d
	παραλαμβάνω 1	take	619c
	παύω 2	stop	638a
	τύπτω 1	strike	830b
33	ἅλυσις 1	chain	41c
	δέω 1 b	bind	177d
	δύο 3	two	209b
	ἐγγίζω 5 a	approach	213d
	ἐπιλαμβάνομαι 1	grasp	295a
	κελεύω	command	427b
	πυνθάνομαι 1	inquire	729d
34	ἄγω 2	lead away	14c
	ἄλλος 1 c	other	40a
	γινώσκω 2 a	find out	161a
	διά B II 1	because of	181a
	ἐπιφωνέω	cry out	304d
	θόρυβος 1	noise	363a
	κελεύω	command	427b
	παρεμβολή 2	a camp	625b
34f	ὄχλος 1	crowd	600c
35	ἀναβαθμός	step	50a
	βαστάζω 2 a	carry	137b
	βία 1 b	force	140c
	γίνομαι I 4 c γ	come, go	159d
	συμβαίνω	meet	777b
36	αἴρω 4	take away	24d
	ἀκολουθέω 1	follow	31b
	κράζω 2 a	call	447d
	λαός 1 a	people	466d
	πλῆθος 2 b α	quantity	668c
37	γινώσκω 6 e	know	161c

37	εἰ V 1	if	219d
	εἰσάγω	bring	232b
	Ἑλληνιστί	in Greek	252b
	ἔξεστι 2	it is possible	275b
	παρεμβολή 2	a camp	625b
	χιλίαρχος	tribune	882a
38	Αἰγύπτιος	Egyptian	22a
	ἀναστατόω	disturb	61a
	ἄρα 2	then	103d
	ἐξάγω 1	lead out	271d
	ἔρημος 2	desert	309a
	ἡμέρα 4 b	time	347d
	πρό 2	before	701d
	σικάριος	assassin	750b
	τετρακισχίλιοι	four thousand	813d
	τετρακόσιοι	four hundred	813d
39	ἄνθρωπος 3 a ε	man	69b
	ἄσημος 2	insignificant	115a
	δέομαι 3	ask	175b
	ἐπιτρέπω 1	allow	303c
	Ἰουδαῖος 1	Jewish	379b
	Κιλικία	Cilicia	432a
	οὐ 2 b	no	590b
	πόλις 1	city	685c
	πολίτης 1	citizen	686d
	συγχωρέω 2	confusion	775c
	Ταρσεύς	from Tarsus	805c
	Ταρσός	Tarsus	805d
40	ἀναβαθμός	step	50a
	γίνομαι I 1 b β	come about	158b
	διάλεκτος	language	185d
	Ἑβραΐς	Hebrew language	213b
	ἐπί I 1 a α	on	286a
	ἐπιτρέπω 1	allow	303c
	ἡσυχία 2	silence	349c
	ἵστημι II 2 b β	being	382c
	κατασείω 2	motion	418b
	πολύς I 1 b β	many	688b
	σιγή	silence	749d

Acts 22

1	ἀπολογία 1	defense	96a
	νυνί	now	546b
	νυνί 1 d	now	546b
	πατήρ 2 b	father	635c
2	ἀκούω 1 c	hear	32b
	διάλεκτος	language	185d
	Ἑβραΐς	Hebrew language	213b
	ἡσυχάζω 2	rest	349b
	ἡσυχία 2	silence	349b
	μᾶλλον 1	more	489a
	παρέχω 1 b	grant	626c
	προσφωνέω 1	call out	720c
3	ἀκρίβεια	exactness	33a
	ἀνατρέφω 2	bring up	62d
	Γαμαλιήλ	Gamaliel	150c
	εἰμί II 9 b	to be	225a
	ζηλωτής 1 a α	zealot	338b

3	Ἰουδαῖος 1	Jewish	379b
	κατά II 5 a α	according to	407a
	Κιλικία	Cilicia	432a
	νόμος 3	law	542c
	παιδεύω 1	instruct	603d
	παρά III 1 c	along	611a
	πᾶς, πᾶσα, πᾶν 1 e α	all	632b
	πατρῷος	paternal	637b
	πόλις 1	city	685c
	πούς 1 a	foot	696c
	Ταρσός	Tarsus	805d
	Ταρσός	Tarsus	805d
	ὑπάρχω 2	be	838a
4	ἄχρι 1 c	as far as	129a
	δεσμεύω 1	bind	175d
	διώκω 2	persecute	201b
	θάνατος 1 a	death	350d
	ὁδός 2 c	way	554d
	παραδίδωμι 1 b	give over	615a
	τέ 3 a	and	807d
	φυλακή 3	guard	867d
5	ἄγω 2	lead away	14c
	Ἀνανίας 4	Ananias	58c
	δέχομαι 1	take	177b
	δέω 1 b	bind	177d
	ἐκεῖσε 2	there	240a
	ἐπιστολή	letter	301a
	μαρτυρέω 1 a	bear witness	492d
	παρά I 3 b	from	610a
	πορεύω 1	proceed	692b
	πρεσβυτέριον 1	council of elders	699c
	τιμωρέω	punish	818c
	ὡς II 4 a	so	897d
5f	Δαμασκός	Damascus	170c
6	γίνομαι I 3 e	take place	159b
	ἐγγίζω 1	approach	213c
	ἐξαίφνης	suddenly	272b
	ἱκανός 1 a	sufficient	374b
	μεσημβρία 1	midday	506d
	οὐρανός 2 b	heaven	595a
	περιαστράπτω 1	shine around	645d
	περιαστράπτω 2	shine around	645d
	πορεύω 1	proceed	692c
	φῶς 1 a	light	871d
6a	περί 2 b	about	645b
6b	περί 2 a α	about	645a
7	ἔδαφος	ground	217d
	πίπτω 1 b α	fall	659c
	Σαούλ 2	Saul	742a
	Σαῦλος	Saul	745b
	φωνή 2 d	voice	871c
7f	διώκω 2	persecute	201b
8	Ναζωραῖος	Nazarene	532c
9	ἀκούω 1 b α	hear	32a
	ἀκούω 7	understand	32d
	εἰμί III 10	to be	225d
	ἔμφοβος	afraid	257d
	θεάομαι 1 a	see	353a
9	σύν 1 c	with	781d
	φωνή 2 d	voice	871c
	φῶς 1 a	light	871d
10	κακεῖ 1	and there	396d
	λαλέω 2 a δ	speak	463c
	ὅς, ἥ, ὅ I 4 a	(rel pron)	584a
	πορεύω 1	proceed	692b
	τάσσω 2 a	place	806a
10b	κύριος 2 c γ	lord	460a
10f	Δαμασκός	Damascus	170c
11	ἀπό V 1	because of	87d
	δόξα 1 a	brightness	203c
	ἐμβλέπω 1	look at	254c
	σύνειμι I	be with	787a
	φῶς 1 a	light	871d
	χειραγωγέω	lead by the hand	880d
	ὡς IV 1 b	when	898c
12	Ἀνανίας 3	Ananias	58c
	ἀνήρ 4	man	66d
	εὐλαβής	devout	322a
	κατοικέω 1 a	live	424b
	μαρτυρέω 2 b	be approved	493b
	νόμος 3	law	542c
	τὶς, τὶ 2 a β	any one	820c
13	εἰς 1 d α	toward	228c
	ἐφίστημι 1 a	stand by	330d
	Σαούλ 2	Saul	742a
	ὥρα 2 b	time of day	896c
13a	ἀναβλέπω 1	look up	50d
13b	ἀναβλέπω 1	look up	50d
14	εἶδον 1 a	see	220d
	ἐκ 3 c	from	235a
	θέλημα 1 c γ	will	354c
	προχειρίζω	select	724c
	στόμα 1 a	mouth	769d
	φωνή 2 c	voice	871a
15	ἄνθρωπος 3 a ζ	man	69b
	μάρτυς 2 c	witness	494c
	ὁράω 1 a β	see	578a
	ὅς, ἥ, ὅ I 4 a	(rel pron)	584a
	πᾶς, πᾶσα, πᾶν 1 b	all	631d
16	ἁμαρτία 1	sin	43b
	ἀπολούω	wash oneself	96a
	βαπτίζω 2 b α	baptize	131d
	ἐπικαλέω 2 b	call upon	294b
	μέλλω 3	delay	501c
	νῦν 2	now	546a
	ὄνομα I 4 b	name	571d
17	γίνομαι I 3 e	take place	159b
	γίνομαι II 4 a	be	160c
	ἔκστασις 2	trance	245a
18	διότι 3	for	199c
	ἐξέρχομαι 1 a α	go out	274c
	μαρτυρία 2 d α	testimony	493d
	παραδέχομαι 1	accept	614b
	σπεύδω 1 a	hurry	762b
	τάχος	speed	807a
19	αὐτός 2	they	123b
	δέρω	beat	175d
	ἐπί III 1 b ε	toward	289a

19	ἐπίσταμαι 2	know	300a
	κἀγώ 2	but I	386a
	κατά II 1 d	(distributive)	406c
	πιστεύω 2 a δ	believe	661c
	συναγωγή 2 a	place of assembly	782d
	φυλακίζω	imprison	868a
20	αἷμα 2 a	blood	22d
	ἀναιρέω 1 a	do away with	55a
	ἐκχέω 1	pour out	247b
	ἐφίστημι 2 a	stand by	330d
	ἱμάτιον 2	garment	376c
	μάρτυς 3	witness	494c
	ὅτε 1 a	when	588b
	πρωτόμαρτυς	first martyr	725b
	Στέφανος	Stephen	767a
	συνευδοκέω	agree with	788d
	φυλάσσω 1 c	watch	868b
21	ἐξαποστέλλω 1 b	send out	273b
	μακράν 1 a α	far	487c
22	αἴρω 4	take away	24d
	ἄχρι 1 b	as far as	128d
	γῆ 5 b	earth	157d
	ἐπαίρω 1	raise up	282a
	καθήκω	to be proper	389a
	τοιοῦτος 3 a α	such a kind	821c
	φωνή 2 a	voice	871a
23	ἀήρ	air	20b
	βάλλω 1 b	throw	131a
	ἱμάτιον 2	garment	376c
	κονιορτός	dust	443b
	κραυγάζω 2 a	cry	449b
	ῥίπτω	throw	736c
	ῥίπτω 1	throw	736c
24	αἰτία 1	cause	26b
	ἀνετάζω	give a hearing	65c
	εἰσάγω	bring	232b
	ἐπιγινώσκω 2 b	know	291b
	ἐπιφωνέω	cry out	304d
	καταφωνέω		420c
	κελεύω	command	427b
	μάστιξ 1	whip	495b
	παρεμβολή 2	a camp	625b
	χιλίαρχος	tribune	882a
25	ἀκατάκριτος	uncondemned	29d
	ἄνθρωπος 3 a ε	man	69b
	εἰ V 1	if	219d
	ἑκατοντάρχης	centurion	237a
	ἔξεστι 2	it is possible	275b
	ἱμάς	strap	376b
	ἵστημι II 2 b γ	being	382d
	καί I 3	and	393a
	μαστίζω	scourge	495a
	προτείνω	stretch out	721d
	ὡς IV 1 a	when	898c
25-7	Ῥωμαῖος	Roman	738c
26	ἀπαγγέλλω 1	report	79b
	γάρ 1 e	for	152a
	ἑκατοντάρχης	centurion	237a
	μέλλω 1 c α	be about to	501a
	ὁράω 2 b	see	578c

26-9	χιλίαρχος	tribune	882a
27	ναί 1 a	yes	533a
28	γεννάω 2	bear	155d
	δέ 4 a	but, and	171d
	καί II 2	even	393b
	κεφάλαιον 2	sum of money	430a
	κτάομαι 1	get	455a
	πολιτεία 1	citizenship	686a
	πολύς I 1 b α	many	688a
	πόσος 1	how great	694b
29	ἀνετάζω	give a hearing	65c
	ἀφίστημι 2 b	keep away	127a
	δέ 4 b	but, and	171d
	δέω 1 b	bind	177d
	ἐπιγινώσκω 2 b	know	291b
	λύω 2 a	loose	483c
	παραχρῆμα	at once	623d
	Ῥωμαῖος	Roman	738c
30	ἀρχιερεύς 1 b	high priest	112d
	βούλομαι 2 a β	desire	146b
	γινώσκω 2 a	find out	161a
	δεσμός 1	fetter	176a
	ἐπαύριον	next day	283d
	ἵστημι I 1 a α	put	382a
	κατάγω	lead	410a
	κατηγορέω 1 a	bring charges	423b
	κελεύω	command	427b
	λύω 2 a	loose	483c
	ὁ, ἡ, τό II 8 a	the	552c
	συνέδριον 2	Sanhedrin	786b
	συνέρχομαι 1 a	assemble	788a

Acts 23

1	ἀγαθός 1 b β	good	3b
	ἀνήρ 1	man	66d
	ἀτενίζω	look intently at	119c
	ἄχρι 1 a	until	128d
	πᾶς, πᾶσα, πᾶν 1 a δ	all	631c
	πολιτεύομαι 3	live	686d
	συνέδριον 2	Sanhedrin	786b
	συνείδησις 2	consciousness	786d
2	Ἁνανίας 4	Ananias	58c
	ἐπιτάσσω	command	302b
	παρίστημι 2 b α	be present	628c
	παρίστημι 2 b α	be present	628c
	στόμα 1 a	mouth	769d
	τύπτω 1	strike	830b
2b	ἀναθεματίζω 1	bind with an oath	54c
3	κάθημαι 1 a δ	sit	389c
	καί I 6	and	393b
	κελεύω	command	427b
	κονιάω	whitewash	443a
	κρίνω 4 a α	judge	451d
	νόμος 3	law	542c
	παρανομέω	break the law	621a
	τοῖχος	wall	821d
3a	τύπτω 2	strike	830c

3b	τύπτω 1	strike	830b
4	λοιδορέω	revile	479c
	παρίστημι 2 b α	be present	628c
5	ἄρχων 2 a	authorities	113d
	εἶπον 1	say	226b
	κακῶς 2	badly	398c
	οὐ 4 b	no	590c
6	ἀνάστασις 2 b	resurrection	60c
	ἀνήρ 1	man	66d
	γινώσκω 4 c	perceive	161b
	εἰμί IV 2	to be	225d
	ἐλπίς 2 a	hope	253a
	ἕτερος 1 a	other	315a
	καί I 1 d	and	392a
	κράζω 2 a	call	447d
	κρίνω 4 a α	judge	451d
	μέρος 1 b ζ	party	506a
	νεκρός 2 a	dead	535b
	ὁ, ἡ, τό II 11	the	552d
	συνέδριον 2	Sanhedrin	786b
	υἱός 1 a α	son	833c
6-8	Φαρισαῖος	Pharisee	853d
6b	Φαρισαῖος	Pharisee	853d
6f	Σαδδουκαῖος	Sadducee	739d
7	γίνομαι I 1 b β	come about	158b
	ἐπιπίπτω 2	fall upon	297d
	πλῆθος 2 b β	quantity	668d
	στάσις 3	uprising	764c
	σχίζω 2 b	split	797c
8	ἀμφότεροι 2	all	47d
	γάρ 1 b	for	151d
	εἰμί I 1	to be	223b
	μή A II 1 b α	not	516b
	μήτε	and not	519d
	ὁμολογέω 4	confess	568c
	Σαδδουκαῖος	Sadducee	739d
8f	πνεῦμα 4 b	spirit	675d
9	γίνομαι I 1 b β	come about	158b
	γραμματεύς 2	scribes	165d
	διαμάχομαι	contend sharply	186c
	εὑρίσκω 2	find	325c
	θεομαχέω	oppose God	356c
	κακός 1 c	evil	397d
	κραυγή 1 a	shout	449c
	μέγας 2 a γ	great	497d
	μέρος 1 b ζ	party	506a
	Φαρισαῖος	Pharisee	853d
10	ἄγω 2	lead away	14c
	ἁρπάζω 2 a	snatch	109a
	γίνομαι I 1 b β	come about	158b
	δέ 2	but, and	171c
	διασπάω	tear apart	188c
	ἐκ 1 b	away from	234b
	εὐλαβέομαι 1	be afraid	322a
	καταβαίνω 1 a α	come down	408b
	κελεύω	command	427b
	μέσος 2	the middle	507d
	μή B 1 b	not	517b
	παρεμβολή 2	a camp	625b
	πολύς I 1 b β	many	688b

10	στάσις 3	uprising	764c
	στράτευμα	army	770b
	τέ 1 b	and	807c
	φοβέω 1 a	be afraid	863a
	χιλίαρχος	tribune	882a
11	διαμαρτύρομαι 2	testify	186c
	εἰς 1 d β	in	228c
	ἔπειμι	the next	284c
	ἐφίστημι 1 a	stand by	330d
	θαρσέω	be cheerful	352a
	μαρτυρέω 1 b	bear witness	493a
	νύξ 1 c	night	546d
	οὕτω	thus	597c
	οὕτω 1 a	thus	597d
	περί 1 i	about	645a
	Ῥώμη	Rome	738c
	ὡς II 1	so	897c
12	ἀναθεματίζω 1	bind with an oath	54c
	γίνομαι I 1 b γ	come about	158b
	ἐσθίω 1 e γ	eat	313a
	ἕως II 1 b α	until	335a
	μήτε	and not	519d
	ποιέω I 1 b δ	do	681b
	συστροφή 1	commotion	795c
13	εἰμί II 7	to be	224d
	ποιέω I 1 b δ	do	681b
	ποιέω II 1	do	683a
	πολύς II 1 a	many	689b
	συνωμοσία	plot	794a
14	ἀνάθεμα 2 b	accursed	54b
	ἀναθεματίζω 1	bind with an oath	54c
	ἀρχιερεύς 1 b	high priest	112d
	γεύομαι 1	taste	157a
	ἕως II 1 b α	until	335a
	ὅστις 3	whoever	587b
	πρεσβύτερος 2 a β	older	700a
15	ἀκριβῶς	accurately	33b
	ἀναιρέω 1 a	do away with	55a
	αὔριον 1	tomorrow	122a
	διαγινώσκω	decide	182b
	ἐγγίζω 5 a	approach	213d
	ἐμφανίζω 2	make visible	257d
	ἕτοιμος 2	ready	316d
	κατάγω	lead	410a
	μέλλω 1 c γ	intend	501b
	νῦν 1 c	now	545d
	νῦν 2	now	546a
	ὅπως 2 a α	in order that	577a
	οὖν 5	therefore	593c
	περί 1 i	about	645a
	πρό 2	before	702a
	σύν 4 b	with	782a
	συνέδριον 2	Sanhedrin	786b
	χιλίαρχος	tribune	882a
	ὡς III 2	so	898b
16	ἀδελφή 1	sister	15d
	ἀκούω 3 b	learn	32c
	ἀπαγγέλλω 1	report	79b
	εἰσέρχομαι 1 a β	come	232d

16	ἐνέδρα	ambush	264c
	ἔνεδρον	ambush	264c
	παραγίνομαι 1	come	613d
	παρεμβολή 2	a camp	625b
	υἱός 1 a α	son	833c
17	ἀπάγω 2 a	lead away	79c
	ἑκατοντάρχης	centurion	237a
	ἔχω I 6 b	must	333c
	νεανίας	youth	534c
17-19	χιλίαρχος	tribune	882a
17f	προσκαλέω 1 a	summon	715c
18	ἄγω 1 a	lead	14b
	δέσμιος	prisoner	176a
	ἔχω I 6 b	must	333c
	μέν 2 e	(particle)	503b
	νεανίας	youth	534c
	νεανίσκος 1	youth	534c
	ὁ, ἡ, τό I 3	the	550a
	παραλαμβάνω 1	take	619c
19	ἀναχωρέω 2 b	withdraw	63c
	ἀπαγγέλλω 1	report	79b
	ἐπιλαμβάνομαι 1	grasp	295a
	ἔχω I 6 b	must	333c
	ἴδιος 4	privately	370c
	πυνθάνομαι 1	inquire	729d
20	ἀκριβῶς	accurately	33b
	αὔριον 1	tomorrow	122a
	ἐρωτάω 2	ask	312a
	κατάγω	lead	410a
	ὁ, ἡ, τό II 4 b ε	the	551d
	ὅπως 2 b	in order that	577a
	πυνθάνομαι 1	inquire	729c
	συνέδριον 2	Sanhedrin	786b
	συντίθημι 2 a β	agree	792d
	ὡς III 2	so	898b
21	ἀναθεματίζω 1	bind with an oath	54c
	ἀναιρέω 1 a	do away with	55a
	ἀπό V 4	from	88a
	ἐνεδρεύω	lie in wait	264c
	ἐπαγγελία 1	promise	280c
	ἐσθίω 1 e γ	eat	313b
	ἕως II 1 b α	until	335a
	μήτε	and not	519d
	νῦν 1 c	now	545d
	ὅστις 3	whoever	587b
	οὖν 4	therefore	593b
	πείθω 3 c	obey	639d
	πολύς II 1 a	many	689b
	προσδέχομαι 2 b	receive	712b
22	ἐκλαλέω	tell	242a
	ἐμφανίζω 2	make visible	257d
	μέν 2 e	(particle)	503b
	νεανίας	youth	534c
	νεανίσκος 1	youth	534c
	παραγγέλλω	give orders	613b
	χιλίαρχος	tribune	882a
23	ἀπό II 2 a	from	87a
	δεξιολάβος	bowman	174c
	ἑβδομήκοντα	seventy	212d
	ἑκατοντάρχης	centurion	237a
23	ἑτοιμάζω 2	prepare	316b
	ἱππεύς	horseman	380c
	Καισάρεια 2	Caesarea	396a
	νύξ 1 a	night	546c
	ὅπως 2 a α	in order that	577a
	πορεύω 1	proceed	692c
	προσκαλέω 1 a	summon	715c
	τὶς, τὶ 2 b α	any one	820c
	τρίτος 1	third	826d
	ὥρα 2 b	time of day	896b
24	ἁρπάζω 2 a	snatch	109a
	διασῴζω	save	189b
	ἔγκλημα 2	reproach	216b
	ἐπιβιβάζω	cause to mount	290b
	ἡγεμών 2	governors	343c
	κτῆνος	animal	455b
	μεταξύ 1 b β	afterward	513a
	παρίστημι 1 a	place beside	627d
	Φῆλιξ	Felix	856a
25	γράφω 4	write	167b
	ἐπιστολή	letter	300d
	περιέχω 2 a	seize	647a
	τύπος 4	mark	830a
26	ἡγεμών 2	governors	343c
	Κλαύδιος 2	Claudius	433c
	κράτιστος 1	most noble	449a
	Λυσίας	Lysias	482b
	Φῆλιξ	Felix	856a
	χαίρω 2 b	rejoice	874b
27	ἀναιρέω 1 a	do away with	55a
	ἐξαιρέω 2 a	deliver	272a
	ἐφίστημι 1 a	stand by	330d
	μανθάνω 3	find out	490c
	μέλλω 1 c α	be about to	501a
	Ῥωμαῖος	Roman	738c
	στράτευμα	army	770b
	συλλαμβάνω 1 a α	seize	776d
28	αἰτία 2 a	charge	26c
	βούλομαι 2 a β	desire	146b
	ἐγκαλέω	accuse	215c
	ἐπιγινώσκω 2 b	know	291b
	κατάγω	lead	410a
	συνέδριον 2	Sanhedrin	786b
29	δεσμός 1	fetter	176a
	ἐγκαλέω	accuse	215c
	ἔγκλημα 1	accusation	216b
	εὑρίσκω 2	find	325c
	ἔχω I 2 i	have	333a
	ζήτημα	issue	339b
	θάνατος 1 b α	death	351a
	μόλις 1	with difficulty	526d
	νόμος 3	law	542c
30	εἰμί III 2	to be	225a
	εἰς 4 c α	against	229b
	ἐξαυτῆς	at once	273d
	ἐπί I 1 a δ	before	286b
	ἐπιβουλή	a plot	290c
	κατήγορος	accuser	423c
	λέγω I 4	say	468d
	μηνύω	reveal	519a
	παραγγέλλω	give orders	613b

30	παραγγέλλω	give orders	613c
	πέμπω 1	send	641d
	πέμπω 1	send	642b
	ῥώννυμι	be strong	738d
	ὑπό 1 b	by	843b
31	ἄγω 2	lead away	14c
	ἀναλαμβάνω 4	take along	57a
	Ἀντιπατρίς	Antipatris	75d
	διά A II 1 a	through	179d
	διατάσσω	order	189c
	μέν 2 e	(particle)	503b
	νύξ 1 b	night	546c
32	ἐάω 1	let	212c
	ἐπαύριον	next day	283d
	ἱππεύς	horseman	380c
	παρεμβολή 2	a camp	625b
33	εἰσέρχομαι 1 a α	come	232c
	ἐπιστολή	letter	300d
	ἡγεμών 2	governors	343c
	Καισάρεια 2	Caesarea	396a
	ὅστις 3	whoever	587b
	παρίστημι 1 b α	present	627d
34	ἀναγινώσκω 1	read	51d
	ἐκ 3 b	from	235a
	ἐπαρχεία	province	283c
	ἐπερωτάω 1 a	ask	285b
	Κιλικία	Cilicia	432a
	Κίλιξ	Cilician	432b
	ποῖος 2 a β	of what kind	684d
	πυνθάνομαι 2	inquire	729d
35	ἄν 3 a	(particle)	48d
	διακούω	give a hearing	185a
	Ἡρῴδης 1	Herod I	348c
	κατήγορος	accuser	423c
	κελεύω	command	427b
	παραγίνομαι 1	come	613d
	πραιτώριον	the praetorium	697c
	φημί 1 b β	say	856b
	φυλάσσω 1 b	watch	868b

Acts 24

1	Ἁνανίας 4	Ananias	58c
	ἐμφανίζω 2	make visible	257d
	ἡγεμών 2	governors	343c
	ἡμέρα 2	day	346d
	κατά I 2 b β	down	405d
	καταβαίνω 1 a β	come down	408b
	μετά A II 1 a	with	508d
	ὅστις 3	whoever	587b
	πρεσβύτερος 2 a β	older	700a
	ῥήτωρ	public speaker	735d
1f	Τέρτυλλος	Tertullus	813a
2	γίνομαι I 2 a	created	158c
	διόρθωμα	reform	199a
	εἰρήνη 1 a	peace	227b
	καλέω 1 e	call	399c
	κατηγορέω 1 a	bring charges	423b
2	κατόρθωμα	success	425a
	πολύς I 1 b β	many	688a
	πρόνοια 2	foresight	708d
	σός, σή, σόν 1	yours	759b
	τυγχάνω 1	meet	829b
3	ἀποδέχομαι 2	recognize	90a
	εὐχαριστία 1	thankfulness	328c
	κράτιστος 1	most noble	449a
	μετά A III 1	with	509d
	πανταχοῦ 1	everywhere	608c
	πάντῃ	altogether	608d
	πᾶς, πᾶσα, πᾶν 1 a δ	all	631c
	τέ 3 a	and	807d
	Φῆλιξ	Felix	856a
4	ἀκούω 1 c	hear	32b
	ἐγκόπτω	hinder	216c
	ἐπί III 2 b	on	289c
	ἐπιείκεια	clemency	292c
	μή A I 2	not	516a
	παρακαλέω 3	implore	617c
	πολύς II 2 c	many	689c
	σός, σή, σόν 1	yours	759b
	σύντομως 2	briefly	793a
5	αἵρεσις 1 a	sect	23d
	κινέω 4 a	move	432d
	λοιμός II	diseased	479d
	Ναζωραῖος	Nazarene	532c
	οἰκουμένη 2 a	the world	561c
	πρωτοστάτης	leader	726c
	στάσις 3	uprising	764c
6	βεβηλόω	desecrate	138d
	ἡμέτερος	our	347d
	ἱερόν 2	temple	372c
	κρατέω 1 a	arrest	448c
	κρίνω 4 a α	judge	451d
	νόμος 3	law	542c
	πειράζω 2	try	640b
7	βία 2	force	140c
	Λυσίας	Lysias	482b
	παρέρχομαι 3	come	626b
	πολύς I 1 b β	many	688a
	χείρ 2 b	hand	880c
	χιλίαρχος	tribune	882a
8	ἀνακρίνω 1 b	question	56c
	ἐπιγινώσκω 2 b	know	291b
	ἔρχομαι I 1 a β	come	310c
	κατηγορέω 1 a	bring charges	423b
	κατήγορος	accuser	423c
	κελεύω	command	427b
	παρά I 3 c	from	610a
	πᾶς, πᾶσα, πᾶν 1 e β	all	632c
9	ἔχω II 2	be	334a
	συνεπιτίθημι	join in attack	787c
	συντίθημι 2 b	agree	792d
	φάσκω	say	854b
10	ἀπολογέομαι	defend oneself	95d
	ἐκ 5 a	from	236b
	ἐμαυτοῦ 3	myself	254a
	ἐπίσταμαι 2	know	300b

10	ἔτος	year	317a
	εὐθύμως	cheerfully	320d
	ἡγεμών 2	governors	343c
	κριτής 1 a α	judge	453c
	νεύω	nod	536d
	ὁ, ἡ, τό II 5	the	552a
	περί 1 i	about	645a
	πολύς I 1 a α	many	687c
11	ἀναβαίνω 1 a α	go up	50a
	ἀπό II 2 c	since	87a
	γινώσκω 2 b	find out	161a
	δεκαδύο (δέκα)	twelve	173d
	ἐπιγινώσκω 2 b	know	291b
	ὅς, ἥ, ὅ I 11 f	(rel pron)	585a
	πολύς II 1 a	many	689b
	προσκυνέω 2 a	do reverence	717a
12	διαλέγομαι 1	discuss	185c
	ἐπίστασις	pressure	300b
	ἐπισύστασις	uprising	301d
	κατά II 1 a	along	406a
	ὄχλος 2	crowd	601a
	ποιέω I 1 b γ	do	681b
	πόλις 1	city	685d
12f	οὔτε	not	596a
13	κατηγορέω 1 a	bring charges	423b
	νυνί	now	546b
	νυνί 1 a	now	546b
	ὅς, ἥ, ὅ I 2 b β	(rel pron)	583c
	παρίστημι 1 f	prove	628a
14	αἵρεσις 1 a	sect	23d
	λατρεύω	serve	467c
	νόμος 4 a	law	543a
	ὁδός 2 c	way	554d
	ὁμολογέω 3 a	confess	568b
	οὗτος 1 b β	this	597a
	πατρῷος	paternal	637b
	πιστεύω 1 a δ	believe	660c
	προφήτης 1	prophet	723c
14b	κατά II 1 a	along	406b
15	ἄδικος 1	unjust	18b
	ἀνάστασις 2 b	resurrection	60c
	αὐτός 1 a β	self	122d
	δίκαιος 1 b	upright	195d
	εἰς 4 c β	(goal)	229b
	ἐλπίς 2 b	hope	253b
	ἐλπίς 2 b	hope	253b
	ἔχω I 2 e β	have	332d
	θεός 3 a	God	357b
	μέλλω 1 a	will be	500d
	οὗτος 1 a ζ	this	596d
	προσδέχομαι 2 b	receive	712b
16	ἀπρόσκοπος 1	blameless	102c
	ἀσκέω	do my best	116b
	διά A II 1 a	through	179d
	ἐν III 3 a	because of	261a
	ἔχω I 2 e β	have	332d
	θεός 3 a	God	357b
	οὗτος 1 b α	this	596d
	πρός III 5 a	toward	710d

16	συνείδησις 2	consciousness	786d
17	δέ 2	but, and	171c
	διά A II 2	after	180a
	εἰς 4 g	for	229d
	ἐλεημοσύνη	charitable giving	249d
	ἔτος	year	317a
	παραγίνομαι 1	come	613d
	ποιέω I 1 c β	do	682a
	πολύς II 1 a	many	689a
	προσφορά 1	presenting	720b
18	ἁγνίζω 2 a	purify	11a
	θόρυβος 3 b	noise	363a
	μετά A III 2	with	509d
	ὅς, ἥ, ὅ I 11 c	(rel pron)	585a
	ὄχλος 1	crowd	600d
19	Ἀσία	Asia	116a
	δεῖ 6 b	it is necessary	172c
	εἰ I 3	if	219c
	ἔχω I 7 a	have	333d
	κατηγορέω 1 a	bring charges	423b
	πάρειμι 1 a	be present	624b
	πρός III 4 a	toward	710c
20	ἀδίκημα	a wrong	17d
	ἐπί I 1 a δ	before	286b
	εὑρίσκω 2	find	325c
	ἵστημι II 2 b β	being	382c
	οὗτος 1 a ζ	this	596d
	συνέδριον 2	Sanhedrin	786b
21	ἀνάστασις 2 b	resurrection	60c
	ἤ 2 c	nothing else than	342d
	ἵστημι II 2 b β	being	382c
	κράζω 2 a	call	447d
	κρίνω 4 a α	judge	451d
	νεκρός 2 a	dead	535b
	οὗτος 2 c	this	597c
	φωνή 2 c	voice	871a
22	ἀκριβῶς	accurately	33b
	ἀναβάλλω	postpone	50c
	διαγινώσκω	decide	182b
	κατά II 6	with respect to	407d
	καταβαίνω 1 a β	come down	408b
	Λυσίας	Lysias	482b
	ὁδός 2 c	way	554d
	περί 1 i	about	645a
	Φῆλιξ	Felix	856a
	χιλίαρχος	tribune	882a
23	ἄνεσις 1	relaxing	65b
	διατάσσω	order	189c
	ἑκατοντάρχης	centurion	237a
	ἴδιος 3 a	ones own	370b
	κωλύω 1	hinder	461c
	τέ 1 b	and	807c
	τηρέω 1	guard	814d
	ὑπηρετέω	serve	842c
24	ἀκούω 1 c	hear	32b
	Δρούσιλλα	Drusilla	207a
	εἰς 4 c β	(goal)	229b
	ἴδιος 2 c	ones own	370a

24	Ἰουδαῖος 2 b	Jewish	379c
	μετά B II 1	after	510b
	μεταπέμπω	summon	513b
	παραγίνομαι 1	come	613d
	πίστις 2 b β	faith	663b
	Χριστός 2	Christ	887b
24f	Φῆλιξ	Felix	856a
25	διαλέγομαι 1	discuss	185c
	δικαιοσύνη 2 b	righteousness	196c
	ἐγκράτεια	self control	216c
	ἔμφοβος	afraid	257d
	ἐπιτήδειος	proper	302d
	ἔχω II 2	be	334a
	καιρός 2	time	395a
	κρίμα 3	judging	450d
	μέλλω 2	is destined	501c
	μετακαλέω	summon	511a
	μεταλαμβάνω 2	receive	511c
	νῦν 3 c	now	546b
26	ἅμα 1 a	together	42a
	διό	therefore	198d
	ἐλπίζω 2	hope	252c
	λύω 2 a	loose	483c
	μεταπέμπω	summon	513b
	ὁμιλέω	speak	565c
	πυκνός	frequent	729a
	χρῆμα 2 a	wealth	885c
27	δέω 1 b	bind	177d
	διάδοχος	successor	182d
	διετία	two years	194d
	Δρούσιλλα	Drusilla	207a
	καταλείπω 1 a	leave behind	413c
	κατατίθημι 2	grant a favor	419d
	λαμβάνω 2	receive	465b
	πληρόω 2	make full	671b
	Πόρκιος	Porcius	693a
	Φῆλιξ	Felix	856a
	Φῆστος	Festus	856d
	χάρις	graciousness	877b
	χάρις	graciousness	877b
	χάρις 3 a	favor	877d

Acts 25

1	ἀναβαίνω 1 a α	go up	50a
	ἐπάρχειος	province	283c
	ἐπιβαίνω 2	go up	289d
	Ἱεροσόλυμα 1 a	Jerusalem	373b
	Καισάρεια 2	Caesarea	396a
	οὖν 2 b	therefore	593b
	Φῆστος	Festus	856d
2	ἐμφανίζω 2	make visible	257d
	κατά I 2 b β	down	405d
	παρακαλέω 3	implore	617c
	πρῶτος 1 c β	first	726b
3	αἰτέω	ask	26a
	ἀναιρέω 1 a	do away with	55a
	ἐνέδρα	ambush	264c
	κατά I 2 b β	down	405d
	κατά II 1 a	along	406b
3	μεταπέμπω	summon	513b
	ὁδός 1 b	way	554b
	ὅπως 2 b	in order that	577a
	ποιέω I 1 b δ	do	681b
	χάρις 3 a	favor	877d
4	ἀποκρίνομαι 1	answer	93c
	ἀποκρίνομαι 1	answer	93c
	ἐκπορεύομαι 1 a	go out	244c
	Καισάρεια 2	Caesarea	396a
	μέν 2 e	(particle)	503b
	οὖν 4	therefore	593b
	τάχος	speed	807a
	τηρέω 1	guard	814d
	Φῆστος	Festus	856d
5	ἄτοπος 2	improper	120c
	δυνατός 1 a α	powerful	208d
	κατηγορέω 1 a	bring charges	423b
	συγκαταβαίνω	go down with	773c
	φημί 1 b β	say	856b
6	ἄγω 2	lead away	14c
	βῆμα 2	tribunal	140b
	διατρίβω	spend	190a
	ἐπαύριον	next day	283d
	καθίζω 2 a α	sit down	390b
	Καισάρεια 2	Caesarea	396a
	καταβαίνω 1 a β	come down	408b
	κελεύω	command	427b
	ὀκτώ	eight	563a
	πολύς II 1 a	many	689b
7	αἰτίωμα	charge	26d
	ἀποδείκνυμι 3	prove	89d
	βαρύς 2 b	important	134b
	Ἱεροσόλυμα 1 a	Jerusalem	373b
	ἰσχύω 2 b	be strong	383d
	καί I 4	and	393b
	καταβαίνω 1 a β	come down	408b
	καταφέρω 2	bring down	420a
	παραγίνομαι 1	come	613d
	περιίστημι 1 a	stand around	647c
	περιίστημι 1 a	stand around	647c
	πολύς I 1 a α	many	687c
	φέρω 4 a β	bear	855c
8	ἁμαρτάνω 4 b	sin	42d
	ἀπολογέομαι	defend oneself	96a
	ἱερόν 2	temple	372c
	Καῖσαρ	Emperor	395d
	νόμος 3	law	542c
	οὔτε	not	596a
	τὶς, τὶ 1 b β	any one	820b
9	ἀναβαίνω 1 a α	go up	50a
	κατατίθημι 2	grant a favor	419d
	κρίνω 4 a α	judge	451d
	Φῆστος	Festus	856d
	χάρις	graciousness	877b
	χάρις 3 a	favor	877d

9a	θέλω 2	wish	355b
9b	θέλω 1	wish	354d
10	ἀδικέω 2 a	do wrong	17c
	βῆμα 2	tribunal	140b
	δεῖ 3	it is necessary	172b
	ἐπί I 1 a δ	before	286b
	ἐπιγινώσκω 2 d	know	291b
	ἵστημι II 2 b β	being	382c
	καλῶς 7	well	401c
	κρίνω 4 a α	judge	451d
	οὐδείς 2 b γ	in no respect	592b
	ὡς II 4 a	so	897d
10-12	Καῖσαρ	Emperor	395d
11	ἀδικέω 1 b	do wrong	17c
	ἄξιος 1 b	worthy	78b
	ἀποθνῄσκω 1 a α	die	91b
	εἰ VI 5	for if	220a
	θάνατος 1 b α	death	351a
	κατηγορέω 1 a	bring charges	423b
	μέν 1 a α	(particle)	502d
	ὅς, ἥ, ὅ I 4 a	(rel pron)	584a
	οὐδείς 2 b β	worthless	592b
	παραιτέομαι 2 b	escape	616d
	πράσσω 1 a	do	698c
	χαρίζομαι 1	give freely	876d
11f	ἐπικαλέω 2 a β	call upon	294b
12	ἐπί III 1 a γ	on	288c
	μετά A II 3 b	with	509c
	πορεύω 1	proceed	692c
	συλλαλέω	talk	776d
	συμβούλιον 3	plan	778a
12-14	Φῆστος	Festus	856d
13	ἀσπάζομαι 1 b	greet	117a
	βασιλεύς 1	king	136a
	Βερνίκη	Bernice	139c
	διαγίνομαι	pass	182b
	Καισάρεια 2	Caesarea	396a
	καταντάω 1	arrive	415b
13ff	Ἀγρίππας 2	Agrippa	13d
14	ἀνατίθημι 2	declare	62b
	δέσμιος	prisoner	176a
	διατρίβω	spend	190a
	διατρίβω	stay	190a
	κατά II 6	with respect to	407d
	καταλείπω 1 a	leave behind	413c
	πολύς II 1 a	many	689a
	Φῆλιξ	Felix	856a
	ὡς IV 1 b	when	898c
15	αἰτέω	ask	26a
	ἀρχιερεύς 1 b	high priest	112d
	γίνομαι I 4 c α	come, go	159d
	δίκη 1	penalty	198c
	ἐμφανίζω 2	make visible	257d
	κατά I 2 b β	down	405d
	καταδίκη	condemnation	410c
	πρεσβύτερος 2 a β	older	700a
16	ἀποκρίνομαι 1	answer	93b
	ἀποκρίνομαι 1	answer	93c
	ἀπολογία 2 a	defense	96a
	ἀπώλεια 2	destruction	103c
16	ἔγκλημα 1	accusation	216b
	ἔθος 1	habit	218d
	ἔχω I 7 a	have	333d
	ἤ 2 d γ	before	343a
	κατά II 1 b	to	406b
	κατηγορέω 1 a	bring charges	423b
	κατήγορος	accuser	423c
	λαμβάνω 2	receive	465b
	πρίν 1 a	before	701b
	πρόσωπον 1 c δ	face	721c
	Ῥωμαῖος	Roman	738c
	τόπος 2 c	place	823b
	χαρίζομαι 1	give freely	876d
17	ἄγω 2	lead away	14c
	ἀναβολή	delay	51a
	βῆμα 2	tribunal	140b
	ἐνθάδε 1	here	266a
	ἑξῆς 2	next	276a
	καθίζω 2 a α	sit down	390b
	κελεύω	command	427b
	μηδείς 1	no	518a
	ποιέω II 1	do	683a
	συνέρχομαι 2	assemble	788b
18	αἰτία 2 b	charge	26c
	ἐπιφέρω 3	bring	304c
	κατήγορος	accuser	423c
	ὅς, ἥ, ὅ I 5 c α	(rel pron)	584c
	οὐδείς 1	no	591d
	περί 1 b	about	644c
	πονηρός 1 b β	wicked	691a
	πονηρός 2 c	wicked	691c
	ὑπονοέω	suspect	846d
	φέρω 4 a β	bear	855c
19	δεισιδαιμονία 3	religion	173d
	ἔχω I 7 a	have	333d
	ζήτημα	issue	339b
	θνῄσκω 1	die	362c
	ἴδιος 2 c	ones own	370a
	φάσκω	say	854b
19b	τὶς, τὶ 2 a β	any one	820c
20	ἀπορέω	uncertain	97d
	βούλομαι 2 a γ	desire	146b
	εἰ V 2 c	whether	220a
	ζήτησις 1	investigation	339b
	κἀκεῖ 1	and there	396d
	κρίνω 4 a α	judge	451d
21	ἀναπέμπω 1 b	send	59b
	διάγνωσις	decision	182c
	ἐπικαλέω 2 a β	call upon	294b
	ἕως II 1 b α	until	335a
	Καῖσαρ	Emperor	395d
	κελεύω	command	427b
	πρός III 1 b	toward	709d
	σεβαστός	revered	745d
21a	τηρέω 2 a	keep	814d
21b	τηρέω 1	guard	814d
22	ἀκούω 2	hear	32b
	αὔριον 1	tomorrow	122a
	βούλομαι 1	desire	146a
	φημί 1 b β	say	856b

22-4	Ἀγρίππας 2	Agrippa	13d
	Φῆστος	Festus	856d
23	ἄγω 2	lead away	14c
	ἀκροατήριον	audience room	33c
	Βερνίκη	Bernice	139c
	εἰσέρχομαι 1 a β	come	232d
	ἐξοχή	prominence	279b
	ἐπαύριον	next day	283d
	κελεύω	command	427c
	μετά A III 2	with	509d
	πολύς I 1 b β	many	688b
	φαντασία	pomp	853b
	χιλίαρχος	tribune	882a
24	ἅπας 1	whole	81d
	βασιλεύς 1	king	136a
	βοάω 2	shout	144b
	δεῖ 6	it is necessary	172b
	ἐνθάδε 2	here	266a
	ἐντυγχάνω 1	meet	270a
	ἐπιβοάω	cry out loudly	290c
	ζάω 1 a δ	live	336b
	θεωρέω 1	observe	360a
	μή A II 1 b β	not	516b
	μηκέτι 4	no longer	518c
	πλῆθος 2 b γ	quantity	668d
	συμπάρειμι	be present	779b
25	ἄξιος 1 b	worthy	78b
	ἐπικαλέω 2 a β	call upon	294b
	θάνατος 1 b α	death	351a
	καταλαμβάνω 2	grasp	413b
	κρίνω 3	decide	451c
	οὗτος 1 a ζ	this	596d
	πέμπω 1	send	642b
	πράσσω 1 a	do	698c
	σεβαστός	revered	745d
26	Ἀγρίππας 2	Agrippa	13d
	ἀνάκρισις	investigation	56c
	ἀσφαλής 1 b	certain	119a
	βασιλεύς 1	king	136a
	γράφω 2 d	write	167a
	διό	therefore	198d
	κύριος 2 b	lord	459c
	μάλιστα 1	above all	489a
	ὅπως 2 a α	in order that	576d
	προάγω 1	lead	702a
	τὶς, τὶ 2 a γ	any one	820c
26a	ἔχω I 6 a	can	333c
26b	ἔχω I 6 a	can	333c
27	αἰτία 2 b	charge	26c
	ἄλογος 2	without reason	41b
	δέσμιος	prisoner	176a
	κατά I 2 b β	down	405d
	μή A II 1 c	not	516b
	πέμπω 1	send	642b
	σημαίνω 1	make known	747c

Acts 26

1	ἀπολογέομαι	defend oneself	95d
	ἐκτείνω 1	stretch out	245c
	ἐπιτρέπω 1	allow	303c
	λέγω I 4	say	468d
	ὑπέρ 1 a δ	in behalf of	838c
	φημί 1 b α	say	856b
1f	Ἀγρίππας 2	Agrippa	13d
2	ἐγκαλέω	accuse	215c
	ἐμαυτοῦ 2	myself	253d
	ἡγέομαι 2	consider	343d
	μακάριος 1 a	blessed	486c
	μέλλω 1 c γ	intend	501b
	ὅς, ἥ, ὅ I 6	(rel pron)	584c
3	ἀκούω 1 c	hear	32b
	γνώστης	expert	164b
	δέομαι 1	ask	175a
	διό	therefore	198d
	ἔθος 2	custom	218d
	ζήτημα	issue	339b
	ἦθος	custom	344c
	κατά II 7 c	(genitive)	408a
	μακροθύμως	patiently	488c
	μάλιστα 1	above all	489a
	τέ 3 a	and	807d
4	ἀρχή 1 b	beginning	112a
	βίωσις	manner of life	142a
	γίνομαι I 1 b γ	come about	158c
	μέν 2 e	(particle)	503b
	νεότης	youth	536c
5	αἵρεσις 1 a	sect	23d
	ἀκριβής	exact	33b
	ἄνωθεν 2 b	for a long time	77b
	ζάω 3 a	live	336d
	ἡμέτερος	our	347d
	θρησκεία	religion	363c
	μαρτυρέω 1 a	bear witness	492d
	ὁ, ἡ, τό II 1 e	the	550d
	προγινώσκω	knows beforehand	703d
	Φαρισαῖος	Pharisee	853d
6	ἐλπίς 2 a	hope	253a
	ἐλπίς 2 b	hope	253b
	ἐπαγγελία 2 a	promise	280d
	ἐπί II 1 b γ	on	287b
	ἵστημι II 2 b γ	being	382d
	κρίνω 4 a α	judge	451d
	νῦν 1 c	now	545d
	ὑπό 1 b	by	843b
7	Ἀγρίππας 2	Agrippa	13d
	δωδεκάφυλον	the twelve tribes	210b
	ἐγκαλέω	accuse	215c
	ἐκτένεια	perseverance	245c
	ἐλπίζω 2	hope	252c
	ἐλπίς 2 b	hope	253b
	ἐν III 2	by	261a
	ἡμέρα 1 a	day	346a
	καταντάω 2 a	arrive	415b
	λατρεύω	serve	467c
	νύξ 1 d	night	546d
8	ἄπιστος 1	unbelievable	85d
	ἐγείρω 1 a β	raise	214d

8	κρίνω 2	judge	451b
	νεκρός 2 a	dead	535b
	παρά II 2 b	beside	610c
	τίς, τί 3 a	which	819d
9	δοκέω 2 a	seem	202b
	ἐμαυτοῦ 2	myself	253d
	ἐναντίος 2	opposed	262a
	μέν 2 e	(particle)	503b
	Ναζωραῖος	Nazarene	532c
	ὄνομα I 4 c	name	573b
	οὖν 3	therefore	593b
	πράσσω 1 a	do	698c
9f	ὅς, ἥ, ὅ I 7 b	(rel pron)	584d
10	ἀναιρέω 1 a	do away with	55a
	ἐξουσία 3	authority	278b
	κατακλείω	shut up	411c
	καταφέρω 2	bring down	420a
	παρά I 3 b	from	609d
	τέ 2	and	807c
	φυλακή 3	guard	867d
	φυλακή 3	guard	867d
	ψῆφος 1	cast a vote against	892d
10f	τέ 3 a	and	807d
11	ἀναγκάζω 1	compel	52a
	βλασφημέω 2 b α	blaspheme	142d
	διώκω 2	persecute	201b
	ἐμμαίνομαι	be enraged	255a
	ἔξω 1 a γ	outside	279c
	ἕως II 2 c	as far as	335c
	περισσῶς	more	651d
	πόλις 1	city	685d
	πολλάκις	often	686d
	συναγωγή 2 a	place of assembly	782d
	τιμωρέω	punish	818c
12	Δαμασκός	Damascus	170c
	ἐξουσία 3	authority	278b
	ἐπιτροπή	permission	303d
	μετά A III 2	with	509d
	ὅς, ἥ, ὅ I 11 c	(rel pron)	585a
	παρά I 4 a	from	610a
13	ἥλιος	the sun	345c
	ἡμέρα 1 a	day	346a
	κατά II 1 a	along	406b
	λαμπρότης 1	brilliance	466a
	μέσος 1	midday	507b
	ὁδός 1 b	way	554b
	οὐρανόθεν	from heaven	593d
	περιλάμπω	shine around	648c
	πορεύω 1	proceed	692c
	ὑπέρ 2	beyond	839c
	φῶς 1 a	light	871d
14	ἀκούω 7	understand	32d
	διάλεκτος	language	185d
	Ἑβραΐς	Hebrew language	213b
	καταπίπτω	fall	416c
	κέντρον 2	a goad	428c
	λακτίζω	kick	463a
	μόνος 1 a β	only	527d

14	πᾶς, πᾶσα, πᾶν 1 e α	all	632b
	Σαούλ 2	Saul	742a
	Σαῦλος	Saul	745b
	σκληρός 3 b	hard	756a
	φόβος 2 a α	fear	863d
	φωνή 2 d	voice	871c
14f	διώκω 2	persecute	201b
16	ἀλλά 6	now	38d
	εἰς 4 f	(purpose)	229d
	ἵστημι II 1 e	stand	382c
	μάρτυς 2 c	witness	494c
	ὅς, ἥ, ὅ I 4 a	(rel pron)	584a
	προχειρίζω	select	724c
	τέ 2	and	807c
	ὑπηρέτης	servant	842d
16a	ὁράω 1 a δ	see	578b
16b	ὁράω 1 a β	see	578a
17	ἀποστέλλω 1 b α	send away	98c
	ἔθνος 2	gentiles	218c
	ἐξαιρέω 2 b	select	272a
	λαός 3 a	people	466d
	ὅς, ἥ, ὅ I 3 b γ	(rel pron)	584a
18	ἁγιάζω 2	consecrate	8d
	ἁμαρτία 1	sin	43b
	ἀνοίγω 1 e β	open	71c
	ἄφεσις 2	pardon	125a
	εἰς 4 c β	(goal)	229b
	ἐξουσία 2	ability	278a
	ἐπιστρέφω 1 b β	turn	301b
	θεός 3 a	God	357b
	κλῆρος 2	lot	435c
	ὁ, ἡ, τό II 4 b ζ	the	551d
	πίστις 2 b β	faith	663b
	σατάν	Adversary	745a
	σκότος 2 b	darkness	758a
	φῶς 3 a	light	872b
19	Ἀγρίππας 2	Agrippa	13d
	ἀπειθής 1	disobedient	82d
	γίνομαι I 4 b	become	159d
	ὅθεν 3	from which	555c
	ὀπτασία 1	a vision	576c
	οὐράνιος	heavenly	593d
20	ἄξιος 1 b	worthy	78a
	ἀπαγγέλλω 2	proclaim	79c
	Δαμασκός	Damascus	170c
	ἐπί III 1 b δ	toward	289a
	ἐπιστρέφω 1 b β	turn	301b
	ἔργον 1 c β	deed	308b
	θεός 3 a	God	357b
	Ἰουδαία 2	Judaea	379a
	μετανοέω	change one's mind	512a
	μετανοέω	change one's mind	512b
	μετάνοια	repentance	512c
	πράσσω 1 a	do	698b
	πρῶτος 2 a	first	726b
	τέ 3 a	and	807d
	χώρα 1 b	country	889b
21	διαχειρίζω	kill	191a
	ἕνεκα	because of	264d
	ἕνεκα	because of	264d
	πειράω 1	try	641b

21	συλλαμβάνω 2 a	seize	777a
22	ἄχρι 1 a	until	128d
	ἐκτός 2 b	outside	246b
	ἐπικουρία	help	295a
	μαρτύρομαι 1	testify	494b
	μέγας 2 a α	great	497c
	μέλλω 1 c δ	is destined	501b
	μικρός 1 b	small	521b
	Μωϋσῆς	Moses	532c
	οὐδείς 2 b α	nothing	592a
	παρά I 4 a	from	610a
	τυγχάνω 1	meet	829b
22a	τέ 3 a	and	807d
23	ἀνάστασις 2 b	resurrection	60c
	εἰ II	if	219c
	καταγγέλλω 1	proclaim	409c
	λαός 3 a	people	466d
	νεκρός 2 a	dead	535b
	παθητός	subject to suffering	602d
	πρῶτος 1 a	first	725c
	φῶς 3 a	light	872b
	Χριστός 1	Anointed One	887a
24	ἀπολογέομαι	defend oneself	95d
	μαίνομαι	be out of one's mind	486b
	μανία	madness	490d
	μέγας 2 a γ	great	497d
	ὁ, ἡ, τό II 1 f	the	550d
	περιτρέπω	turn	653a
	πολύς I 1 a β	many	687d
	φωνή 2 a	voice	870d
24f	Φῆστος	Festus	856d
25	ἀλήθεια 2 a	truth	35d
	ἀποφθέγγομαι	declare	102a
	κράτιστος 1	most noble	449a
	μαίνομαι	be out of one's mind	486b
	ῥῆμα 1	word	735c
	σωφροσύνη 1	reasonableness	802c
	φημί 1 b β	say	856b
26	γωνία	corner	168d
	ἐπίσταμαι 2	know	300a
	λανθάνω	escape notice	466b
	παρρησιάζομαι 1	speak freely	631a
	πείθω 3 a	believe	639d
	πράσσω 1 a	do	698b
27a	πιστεύω 1 b	believe	661a
27b	πιστεύω 1 d	believe	661a
27f	Ἀγρίππας 2	Agrippa	13d
28	ὀλίγος 3 b	little	564a
	πείθω 1 b	convince	639b
	πείθω 3 a	believe	639d
	Χριστιανός	the Christian	886d
29	ἀλλά 1 a	but, yet	38a
	ἄν 5	(particle)	49b
	γίνομαι I 4 a	become	159c
	δεσμός 1	fetter	176a
29	εἰμί II 6 d	to be	224d
	εὔχομαι 1	pray	329b
	εὔχομαι 1	pray	329c
	κἀγώ 3 c	I	386b
	καί I 6	and	393b
	μέγας 2 b β	great	498c
	μόνος 2 c α	only	528a
	ὀλίγος 3 b	little	564a
	ὁποῖος	what sort	575d
	παρεκτός 2	outside	625a
	τοιοῦτος 1	such a kind	821b
30	ἀνίστημι 2 a	rise	70b
	Βερνίκη	Bernice	139c
	ὁ, ἡ, τό II 10 c	the	552d
	συγκάθημαι	sit with	773a
31	ἀναχωρέω 2 b	withdraw	63c
	ἄξιος 1 b	worthy	78b
	δεσμός 1	fetter	176a
	λαλέω 2 a δ	speak	463c
	πράσσω 1 a	do	698c
32	Ἀγρίππας 2	Agrippa	13d
	ἀπολύω 1	set free	96c
	δύναμαι 1 c	able	207b
	ἐπικαλέω 2 a β	call upon	294b
	Καῖσαρ	Emperor	395d
	μή A I 1	not	515d
	φημί 1 b α	say	856b
	Φῆστος	Festus	856d

Acts 27

1	ἀναπέμπω 1 b	send	59b
	ἀποπλέω	sail away	97c
	δεσμώτης	prisoner	176b
	ἑκατοντάρχης	centurion	237a
	ἕτερος 1 b β	another	315b
	Ἰούλιος	Julius	380b
	Ἰταλία	Italy	384a
	κρίνω 3	decide	451c
	ὁ, ἡ, τό II 4 b ε	the	551d
	ὄνομα I 1	name	571a
	παραδίδωμι	give over	614c
	παραδίδωμι 1 b	give over	614d
	σεβαστός	revered	745d
	σπεῖρα	cohort	761a
	τέ 3 a	and	807d
	ὡς IV 1 a	when	898c
1a	περί 2 a δ	about	645b
1b	περί 2 a δ	about	645b
2	Ἀδραμυττηνός	Adramyttium	18d
	ἀνάγω 3	put to sea	53b
	Ἀρίσταρχος	Aristarchus	106c
	Ἀσία	Asia	116a
	ἐπιβαίνω 1	go up	289d
	Θεσσαλονικεύς	Thessalonian	359d
	κατά II 7 c	(genitive)	408a
	Μακεδών	Macedonian	487b
	πλέω	sail	668a
	τόπος 1 a	place	822b

2	τόπος 1 d	place	822d
2-44	πλοῖον 1	ship	673b
3	ἐπιμέλεια	care	296a
	ἐπιτρέπω 1	allow	303c
	ἕτερος 1 b ζ	another	315c
	’Ιούλιος	Julius	380b
	κατάγω	lead	410a
	πορεύω 1	proceed	692c
	Σιδών	Sidon	750b
	τυγχάνω 1	meet	829b
	φιλανθρώπως	benevolently	859a
	φίλος 2 a α	loving	861a
	χράομαι 2	use	884d
4	ἀνάγω 3	put to sea	53b
	ἄνεμος 1 a	wind	64d
	ἐναντίος 1	opposite	262a
	κἀκεῖθεν 1	and from there	396d
	Κύπρος	Cyprus	457d
	ὑποπλέω	sail under	846d
5	δεκαπέντε (δέκα)	fifteen	174a
	διαπλέω	sail through	187c
	κατά II 1 a	along	406b
	κατέρχομαι	come down	422a
	κατέρχομαι 1	come down	422a
	Κιλικία	Cilicia	432a
	Λυκία	Lycia	481b
	Λύστρα	Lystra	482c
	Μύρα	Myra	529c
	Μύρα	Myra	529c
	Παμφυλία	Pamphylia	607c
	πέλαγος 2	the open sea	641c
6	’Αλεξανδρῖνος	Alexandrian	35c
	ἑκατοντάρχης	centurion	237a
	ἐμβιβάζω	put in	254c
	εὑρίσκω 1 c α	find	325b
	’Ιταλία	Italy	384a
	κακεῖ 1	and there	396d
	πλέω	sail	668a
7	ἄνεμος 1 a	wind	64c
	βραδυπλοέω	sail slowly	147a
	γίνομαι I 4 c δ	come, go	160a
	ἱκανός 1 b	sufficient	374c
	κατά II 1 b	to	406b
	Κνίδος	Cnidus	437a
	Κρήτη	Crete	450c
	προσεάω	permit to go farther	712d
	Σαλμώνη	Salmony	740d
	ὑποπλέω	sail under	846d
7f	μόλις 1	with difficulty	526d
8	ἐγγύς 1 b	near	214b
	εἰμί II 9 a	to be	224d
	καλέω 1 a γ	call	399b
	Καλοὶ λιμένες	fair havens	400b
	Λασαία	Lasaea	467b
	λιμήν	harbor	475a
	παραλέγομαι	sail past	620a
	πόλις 1	city	685d
	τὶς, τὶ 2 a α	any one	820c
	τόπος 1 c	place	822c
9	διαγίνομαι	pass	182b
9	ἐπισφαλής	unsafe	302a
	ἱκανός 1 b	sufficient	374c
	νηστεία 2 a	fasting	538a
	παραινέω	advise	616c
	παρέρχομαι 1 a β	go by	626a
	χρόνος	time	887d
	χρόνος	time	888a
9f	πλόος	voyage	673c
10	ἀλλά 1 a	but, yet	38a
	ἀνήρ 1	man	66d
	ζημία	loss	338c
	θεωρέω 2 a	observe	360b
	μέλλω 1 a	will be	500d
	μετά A III 2	with	509d
	μόνος 2 c α	only	528a
	ὅτι 1 d α	that	589a
	πολύς I 1 b β	many	688a
	ὕβρις 3	shame	832a
	φορτίον 1	load	865b
	φόρτος	burden	865b
	ψυχή 1 a β	soul, life	893c
11	ἑκατοντάρχης	centurion	237a
	κυβερνήτης 1	steersman	456c
	μᾶλλον 3 c	rather	489d
	ναύκληρος	ship owner	534b
	πείθω 3 c	obey	639d
12	ἀνάγω 3	put to sea	53b
	ἀνεύθετος	poor	65c
	βλέπω 8	see	144a
	βουλή 2 a	decision	145d
	εἰ VI 12 a	if	220b
	κατά II 1 b	to	406b
	καταντάω 1	arrive	415b
	λίψ	southwest	475d
	παραχειμάζω	spend the winter	623d
	παραχειμασία	wintering	623d
	πολύς II 2 a α	many	689b
	πρός III 3 c	toward	710b
	τίθημι II 2 a	make	816d
	ὑπάρχω 2	be	838a
	Φοῖνιξ III	Phoenix	864c
	χῶρος	northwest	891c
12a	λιμήν	harbor	475a
12b	λιμήν	harbor	475a
12f	Κρήτη	Crete	450c
13	αἴρω 1 a	lift up	24c
	ἆσσον	close	117b
	δοκέω 1 a	think	201d
	κρατέω 1 c	attain	448c
	νότος 1	southwest wind	544a
	παραλέγομαι	sail past	620a
	πρόθεσις 2 a	setting forth	706b
	ὑποπνέω	blow gently	846d
14	ἄνεμος 1 a	wind	64d
	βάλλω 3	put	131c
	εὐρακύλων	the northeast wind	324d
	εὐροκλύδων	the southeast wind	325d
	καλέω 1 a γ	call	399b

14	κατά I 2 b γ	down	406a
	μετά B II 3	after	510b
	οὐ 2 b	no	590b
	πολύς I 2 c α	many	688d
	τυφωνικός	hurricane	831c
15	ἀντοφθαλμέω look directly at		76c
	ἐπιδίδωμι 2	give	292b
	πνέω 1 a	blow	679c
	συναρπάζω	seize	785b
	συστέλλω 1	limit	795b
	φέρω 3 a	bear	855a
16	ἱστίον	sail	382d
	ἰσχύω 2 b	be strong	383d
	καλέω 1 a γ	call	399b
	Κλαῦδα	Clauda	433b
	μόλις 1	with difficulty	526d
	νησίον	little island	538a
	περικρατής	having power	648b
	σκάφη	boat	753c
	ὑποτρέχω	sail under	848b
17	αἴρω 1 a	lift up	24b
	βοήθεια	help	144c
	ἐκπίπτω 2	fall off	243d
	μή B 1 b	not	517b
	οὕτω 1 b	thus	597d
	σκεῦος 1 a	thing	754a
	Σύρτις	Syrtis	794c
	ὑποζώννυμι	undergird	844d
	φέρω 3 a	bear	855a
	φοβέω 1 a	be afraid	863a
	χαλάω	let down	874b
	χράομαι 1 a	use	884b
18	ἐκβολή	jettisoning	238a
	ἑξῆς 2	next	276a
	ποιέω II 1	do	683a
	σφοδρῶς	violently	796b
	χειμάζω	toss in a storm	879c
19	αὐτόχειρ	ones own hand	124a
	ῥίπτω 1	throw	736c
	σκευή	equipment	754a
	τρίτος 1	third	826d
20	ἄστρον	star	118b
	ἐλπίς 1	hope	252d
	ἐπί III 2 b	on	289c
	ἐπίκειμαι 2 b	be urgent	294c
	ἐπιφαίνω 1 b	appear	304a
	ἥλιος	the sun	345c
	ἡμέρα 2	day	346c
	λοιπός 3 a α	the rest	480a
	μήτε	and not	519d
	ὁ, ἡ, τό II 4 b β	the	551c
	ὀλίγος 2 b	little	563d
	οὐ 2 b	no	590b
	περιαιρέω 2	take away	645d
	πολύς II 1 a	many	689a
	σῴζω 1 a	save	798b
	χειμών 1	stormy weather	879d
21	ἀνάγω 3	put to sea	53b
	ἀνήρ 1	man	66d
	ἀσιτία	lack of appetite	116b
21	δεῖ 4	it is necessary	172b
	δεῖ 6 b	it is necessary	172c
	ζημία	loss	338c
	κερδαίνω 2	to gain	429c
	Κρήτη	Crete	450c
	μέσος 2	the middle	507d
	μή A II 1 c	not	516b
	πειθαρχέω	obey	638d
	πολύς I 1 b β	many	688a
	τότε 2	at that time	824a
	ὑπάρχω 1	be	838a
	ὦ 2	(interjection)	895a
21b	τέ 1 b	and	807c
22	ἀποβολή 2	loss	89a
	εὐθυμέω	be cheerful	320d
	νῦν 3 c	now	546a
	οὐδείς 1	no	591d
	παραινέω	advise	616c
	πλήν 2	except	669c
	ψυχή 1 a β	soul, life	893c
23	εἰμί IV 1	to be	225d
	λατρεύω	serve	467c
	νύξ 1 c	night	546d
	παρίστημι 2 a α	approach	628b
23f	λέγω I 8 a	say	469b
24	ἰδού 1 b β	behold	371a
	Καῖσαρ	Emperor	395d
	παρίστημι 2 a α	approach	628b
	πλέω	sail	668a
	χαρίζομαι 1	give freely	876d
25	ἀνήρ 1	man	66d
	διό	therefore	198d
	εὐθυμέω	be cheerful	320d
	κατά II 5 b α	according to	407c
	οὕτω 2	thus	598a
	πιστεύω 1 c	believe	661a
	τρόπος 1	manner	827b
26	ἐκπίπτω 2	fall off	243d
	νῆσος	island	538a
27	Ἀδρίας	Adriatic sea	18d
	γίνομαι I 1 b γ	come about	158c
	διαφέρω 1 c	drive	190b
	ἐπιγίνομαι	come up	290d
	κατά II 2 b	toward	406d
	μέσος 2	the middle	508a
	ναύτης	sailor	534c
	ὁ, ἡ, τό II 1 c	the	550c
	προσάγω 2 a	bring	711c
	προσανέχω	rise up	711d
	προσαχέω	resound	711d
	προσεγγίζω	approach	712d
	τεσσαρεσκαιδέκατος fourteenth		813b
	ὑπονοέω	suspect	846d
	χώρα 3	country	889c
	ὡς IV 1 a	when	898c
27a	νύξ 1 a	night	546c
27b	νύξ 1 a	night	546c
28	βολίζω	take soundings	144d
	βραχύς 1	short	147b
	δεκαπέντε (δέκα)	fifteen	174a

28	διΐστημι 2	go away	195b
	εἴκοσι	twenty	222a
	εὑρίσκω 2	find	325c
28a	ὀργυιά	fathom	579d
28b	ὀργυιά	fathom	579d
29	ἄγκυρα 1	anchor	10c
	γίνομαι I 1 b γ	come about	158b
	ἐκ 2	away from	234c
	ἐκπίπτω 2	fall off	244a
	εὔχομαι	wish	329b
	εὔχομαι	wish	329b
	εὔχομαι 2	wish	329c
	ἡμέρα 1 a	day	346a
	μήπου	lest	519c
	μήπως 1 b	lest somehow	519d
	πρύμνα	stern of a ship	724d
	ῥίπτω 1	throw	736c
	τόπος 1 c	place	822c
	τραχύς	rough	825a
	φοβέω 1 a	be afraid	863a
	φοβέω 1 a	be afraid	863a
30	ἄγκυρα 1	anchor	10c
	ἐκτείνω 1	stretch out	245b
	θάλασσα 1 b β	sea	350b
	μέλλω 1 c γ	intend	501b
	ναύτης	sailor	534c
	πρόφασις 2	actual motive	722d
	πρῷρα	prow of a ship	725a
	σκάφη	boat	753c
	φεύγω 1	flee	855d
	χαλάω	let down	874b
	ὡς III 2	so	898b
31	ἑκατοντάρχης	centurion	237a
	μένω 1 a α	remain	503d
	σῴζω 1 a	save	798b
32	ἀποκόπτω 1	cut off	93b
	ἐάω 1	let	212c
	ἐκπίπτω 1	fall off	243d
	ἐκπίπτω 2	fall off	244a
	σκάφη	boat	753c
	σχοινίον	rope	797d
33	ἅπας 2	all	81d
	ἄσιτος	without eating	116b
	ἄχρι 2 a	until	129a
	γίνομαι I 1 b γ	come about	158b
	διατελέω	continue	189d
	ἡμέρα 2	day	346c
	προσδοκάω 3	expect	712c
	προσλαμβάνω 2 d	take	717c
	τεσσαρεσκαιδέκατος	fourteenth	813b
33f	μεταλαμβάνω 1	receive	511b
	παρακαλέω 2	appeal to	617b
	τροφή 1	food	827d
34	ἀπόλλυμι 2 b	be lost	95c
	διό	therefore	198d
	θρίξ 2	hair	364a
	κεφαλή 1 a	head	430a
	οὐδείς 2 a	no one	592a
	πίπτω 1 a	fall	659b
	πρός I	advantageous for	709c
34	προσλαμβάνω 1 a	take	717b
	σωτηρία 1	deliverance	801b
	ὑμέτερος 1	your	836a
	ὑπάρχω 2	be	838b
35	ἄρτος 1 a	bread	110c
	ἄρχω 2 a α	begin	113c
	ἐνώπιον 2 a	before	270d
	ἐπιδίδωμι 1	give	292b
	ἐσθίω 1 d	eat	313a
	εὐχαριστέω 2	give thanks	328b
	κλάω	break	433d
	λαμβάνω 1 a	take	464b
36	εὔθυμος	cheerful	320d
	προσλαμβάνω 2 d	take	717c
	τροφή 1	food	827d
37	ἑβδομήκοντα	seventy	213a
	πᾶς, πᾶσα, πᾶν 1 f β	all	632c
	ψυχή 2	soul, life	894b
38	ἐκβάλλω 1	drive out	237b
	θάλασσα 1 b β	sea	350b
	κορέννυμι 1	satiate	444c
	κουφίζω	lighten	447b
	ὁ, ἡ, τό II 1 a α	the	550b
	σῖτος	wheat	752b
	τροφή 1	food	827d
39	αἰγιαλός	shore	21d
	βουλεύω 2	decide	145c
	γῆ 4	land	157c
	γίνομαι I 1 b γ	come about	158b
	δύναμαι 2	able	207b
	ἐκσῴζω	bring safely	245b
	ἐξωθέω	run ashore	280a
	ἐπιγινώσκω 2 a	know	291a
	ἡμέρα 1 a	day	346a
	κατανοέω 1	notice	415a
	κόλπος 3	bay	442c
40	ἄγκυρα 1	anchor	10c
	αἰγιαλός	shore	21d
	ἅμα 1 a	together	42a
	ἀνίημι 1	loosen	69d
	ἀρτέμων	sail	110a
	ἐάω 3	let	212d
	ἐπαίρω 1	lift up	281d
	ζευκτηρία	bands	337c
	θάλασσα 1 b β	sea	350b
	κατέχω 2	steer toward	423a
	περιαιρέω 1	take away	645d
	πηδάλιον	rudder	656a
	πνέω 1 a	blow	679c
41	ἀσάλευτος 1	immovable	114b
	βία 1 a	force	140c
	διαλύω 1	break up	186b
	διθάλασσος	sandbank	195a
	ἐπικέλλω	run aground	294d
	ἐποκέλλω	run aground	305c
	ἐρείδω	jam fast	308d
	κῦμα	wave	457c
	λύω 3	destroy	483d
	μένω 1 b	remain	504b
	ναῦς	ship	534c
	περιπίπτω 1	fall in with	649d

41	πρύμνα	stern of a ship	724d
	πρῷρα	prow of a ship	725a
	τόπος 1 c	place	822c
	ὑπό 1 a β	by	843b
42	βουλή 2 a	decision	145d
	δεσμώτης	prisoner	176b
	διαφεύγω	escape	190c
	ἐκκολυμβάω	swim away	241d
	ἵνα II 1 c α	in order that	377d
	μή B 2	not	517b
	τὶς, τὶ 1 a γ	any one	820b
43	ἀπο(ρ)ρίπτω 2 throw oneself down		97d
	βούλημα	intention	146a
	βούλομαι 2 a β	desire	146b
	διασῴζω	save	189b
	ἑκατοντάρχης	centurion	237a
	ἔξειμι	go out	274a
	ἐπί III 1 a β	on	288b
	κελεύω	command	427b
	κολυμβάω 2	swim	442c
	κωλύω 1	hinder	461c
43f	γῆ 4	land	157c
44	ἀπό I 6	from	86d
	γίνομαι I 3 e	take place	159b
	διασῴζω	save	189b
	ἐπί II 1 a α	on	286d
	ἐπί III 1 a β	on	288b
	λοιπός 2 b α	the others	480a
	μέν 1 c	(particle)	503a
	ὁ, ἡ, τό II 5	the	552a
	ὅς, ἥ, ὅ II 2	this (one)	585b
	σανίς	board	742a

Acts 28

1	διασῴζω	save	189b
	ἐπιγινώσκω 2 b	know	291b
	καλέω 1 a γ	call	399a
	Μελίτη	Malta	500d
	νῆσος	island	538a
	τότε 2	at that time	824a
2	ἀνάπτω	kindle	60a
	ἅπτω 1	kindle	102d
	βάρβαρος 2 b	foreign	133c
	διά B II 1	because of	181a
	ἐφίστημι 2 a	stand by	330d
	οὐ 3 a	no	590b
	παρέχω	grant	626b
	παρέχω 1 b	show	626c
	πᾶς, πᾶσα, πᾶν 1 e α	all	632b
	προσαναλαμβάνω welcome		711c
	προσλαμβάνω 2 b	take	717b
	πυρά	a fire	730c
	τυγχάνω 2 d	happen	829d
	ὑετός	rain	833b
	φιλανθρωπία love for mankind		858d
	ψῦχος	cold	894c
3	διεξέρχομαι	come out	194a
3	ἐξέρχομαι 1 c	go out	275a
	ἐπιτίθημι 1 a α	put upon	303a
	ἔχιδνα	viper	331d
	θέρμη	heat	359d
	καθάπτω	seize	387a
	πλῆθος 2 a	quantity	668c
	πυρά	a fire	730c
	συστρέφω 1	bring together	795c
	φρύγανον 2	dry wood	867b
4	βάρβαρος 2 b	foreign	133c
	διασῴζω	save	189b
	δίκη 2	justice	198c
	ἐάω 1	let	212c
	εἶδον 1 b	see	220d
	ἐκ 1 a	away from	234b
	ζάω 1 a δ	live	336b
	κρεμάννυμι 2 a	hang	450a
	λέγω I 3	say	468c
	πάντως 1	by all means	609b
	πάντως 3	of course	609b
	φονεύς	murderer	864c
	ὡς IV 1 a	when	898c
4f	θηρίον 1 a β	beast	361b
5	ἀποτινάσσω	shake off	101b
	κακός 2	evil	398a
	μέν 2 e	(particle)	503c
	ὁ, ἡ, τό I 3	the	550a
	οὖν 4	therefore	593b
	πάσχω 3 b	endure	634b
	πῦρ 1 a	fire	729d
6	ἄτοπος 1	unusual	120c
	ἄφνω	suddenly	127a
	γίνομαι I 3 d	take place	159b
	δέ 4 b	but, and	171d
	ἐμπί(μ)πρημι	burn	256b
	ἐπί III 2 b	on	289c
	θεός 1	god	356d
	θεωρέω 2 a	observe	360b
	καταπίπτω	fall	416c
	μέλλω 1 c β	be about to	501b
	μεταβάλλω 2 change ones mind		510d
	νεκρός 1 a α	dead	534d
	πίμπρημι 2	swell up	658b
	πολύς I 2 c α	many	688d
6a	προσδοκάω 4	expect	712c
6b	προσδοκάω 3	expect	712c
7	ἀναδέχομαι 2	receive	53c
	νῆσος	island	538a
	ξενίζω 1	receive as a guest	547d
	ὄνομα I 1	name	571a
	περί 2 a γ	about	645b
	πρῶτος 1 c β	first	726b
	ὑπάρχω 1	be	838a
	φιλοφρόνως	hospitably	861d
	χωρίον 1	place	890c
7f	Πόπλιος	Publius	692a
8	γίνομαι I 3 e	take place	159b
	δυσεντέριον	dysentery	209c
	ἐπιτίθημι 1 a α	put upon	303a
	ἰάομαι 1	heal	368b

8	κατάκειμαι 1	lie down	411c
	πυρετός	fever	731a
	συνέχω 5	distress	789b
9	ἀσθένεια 1 a	weakness	115a
	γίνομαι I 3 a	take place	158d
	ἔχω I 2 e α	have	332c
	λοιπός 2 b α	the others	480a
	νῆσος	island	538a
10	ἀνάγω 3	put to sea	53b
	ἐπιτίθημι 2 a	give	303b
	καί II 6		393d
	πρός III 5 b	as far as	710d
	τιμάω 2	honor	817b
	τιμή 2 a	honor	817c
	χρεία 2	need	885a
11	Ἀλεξανδρῖνος	Alexandrian	35c
	ἀνάγω 3	put to sea	53b
	μετά B II 1	after	510b
	μήν 1	month	519a
	νῆσος	island	538a
	παράσημος 2	distinguished	622a
	παραχειμάζω spend the winter		623d
	πλοῖον 1	ship	673b
12	ἐπιμένω 1	remain	296b
	κατάγω	lead	410a
	Συράκουσαι	Syracuse	794a
13	δευτεραῖος on the second day		177a
	εἷς 1 a α	one	230d
	ἐπιγίνομαι	come up	290d
	ἡμέρα 2	day	346d
	καταντάω 1	arrive	415b
	νότος 1	southwest wind	544a
	ὅθεν 1	from which	555c
	περιαιρέω 1	take away	645d
	περιέρχομαι	go around	647a
	Ποτίολοι	Puteoli	696a
	Ῥήγιον	Rhegium	735a
14	ἐπί II 1 a δ	at	287a
	ἐπιμένω 1	remain	296b
	ἐπιμένω 1	remain	296b
	εὑρίσκω 1 b	find	325a
	παρά II 1 b γ	beside	610c
	παρακαλέω 3	implore	617c
	Ῥώμη	Rome	738c
15	ἀπάντησις	meeting	80c
	Ἀππίου φόρον	Αππιι ορυμ	102b
	ἄχρι 1 b	as far as	128d
	εὐχαριστέω 2	give thanks	328b
	θάρσος	courage	352a
	κἀκεῖθεν 1	and from there	396d
	περί 1 i	about	645a
	ταβέρναι	tavern	802b
16	δέσμιος	prisoner	176a
	ἑαυτοῦ 1 f	oneself	212b
	ἑκατοντάρχης	centurion	237a
	ἔξω 2 a	outside	279c
	ἐπιτρέπω 1	allow	303c
	κατά II 1 c	by	406c
	μένω 1 a α	remain	503d
16	παραδίδωμι 1 b	give over	614d
	παρεμβολή 2	a camp	625b
	Ῥώμη	Rome	738c
	στρατοπεδάρχης military commander		771a
	φυλάσσω 1 b	watch	868b
17	ἀνήρ 1	man	66d
	δέσμιος	prisoner	176a
	ἔθος 2	custom	218d
	ἐναντίος 2	opposed	262a
	λαός 3 a	people	466d
	παραδίδωμι 1 b	give over	614d
	πατρῷος	paternal	637b
	πρῶτος 1 c β	first	726b
	Ῥωμαῖος	Roman	738c
	συγκαλέω 2	call together	773b
	συνέρχομαι 1 a	assemble	788a
	χείρ 2 b	hand	880c
18	αἰτία 2 a	charge	26c
	ἀνακρίνω 1 b	question	56c
	ἀπολύω 1	set free	96c
	βούλομαι 2 a β	desire	146b
	θάνατος 1 b α	death	351a
	μηδείς 1	no	518a
	ὅστις 3	whoever	587b
	πολύς I 2 b β	many	688c
	ὑπάρχω 1	be	838a
19	ἀναγκάζω 1	compel	52a
	ἀντιλέγω 1	contradict	74d
	ἐπικαλέω 2 a β	call upon	294b
	ἐπικράζω	shout threats	295a
	Καῖσαρ	Emperor	395d
	κατηγορέω 1 a bring charges		423b
	λυτρόω 2	redeem	483a
	οὐ 3 b	no	590b
	ψυχή 1 a β	soul, life	893c
	ὡς III 1 b	so	898b
20	αἰτία 1	cause	26b
	ἅλυσις 1	chain	41c
	εἶδον 6	visit	221b
	εἵνεκεν	on account of	226a
	ἐλπίς 2 a	hope	253a
	ἕνεκα	because of	264d
	Ἰσραήλ 2	Israel	381c
	παρακαλέω 1 a	summon	617a
	παρακαλέω 3	implore	617c
	περίκειμαι 2 a be placed around		648a
	προσλαλέω	speak to	717b
21	ἀπαγγέλλω 1	report	79b
	γράμμα 2 a	letter	165c
	δέχομαι 1	take	177b
	Ἰουδαία 1	Judaea	379a
	λαλέω 2 b	speak	463d
	οὔτε	not	596a
	παραγίνομαι 1	come	613d
	πονηρός 2 c	wicked	691c
	τὶς, τὶ 1 a γ	any one	820b
22	αἵρεσις 1 a	sect	23d
	ἀκούω 1 b β	hear	32a

22	ἀντιλέγω 1	contradict	74d
	ἀξιόω 2 a	consider suitable	78d
	γάρ 1 b	for	151d
	γνωστός 1 a	known	164b
	πανταχοῦ 1	everywhere	608b
	παρά I 3 c	from	610a
	φρονέω 1	think	866b
23	βασιλεία 3 b	kingdom	135b
	βασιλεία 3 g	kingdom	135c
	διαμαρτύρομαι 2	testify	186c
	ἐκτίθημι 2	explain	245d
	ἑσπέρα	evening	313c
	ἕως II 1 a	until	334d
	ἥκω 1 b	have come	344d
	ἡμέρα 3 a	day	347a
	νόμος 4 a	law	543a
	ξενία	guest room	547d
	παρατίθημι 2 c	place beside	623a
	πείθω 1 a	convince	639b
	πολύς II 2 a β	many	689b
	προφήτης 1	prophet	723c
	πρωΐ	early	724d
	τάσσω 2 b	place	806b
23a	τέ 1 b	and	807c
24	ἀπιστέω 1 a	disbelieve	85c
	ὁ, ἡ, τό I 2	the	549d
	πείθω 3 a	believe	639d
25	ἀπολύω 3	go away	96d
	ἀσύμφωνος	being at variance	118c
	Ἠσαΐας	Isaiah	348d
	καλῶς 4 b	well	401c
	λαλέω 2 a ε	speak	463c
	πνεῦμα 5 c α	spirit	676c
	πνεῦμα 6 c	spirit	677c
	πρός III 4 a	toward	710c
	προφήτης 1	prophet	723b
	ῥῆμα 1	word	735b
26	ἀκοή 1 b	hearing	30d
	ἀκούω 1 a	hear	31d
	συνίημι	understand	790b
27	βαρέως	with difficulty	133d
	βαρύνω	burden	134b
	εἶδον 1 a	see	220d
	ἐπιστρέφω 1 b β	turn	301b
	ἰάομαι 2	heal	368c
	καί I 2 e	and	392c
	καμμύω	close	402a
	μήποτε 2 b α	(neg particle)	519b
	παχύνω 2	make dull	638c
	συνίημι	understand	790b
27a	καρδία 1 b β	heart	403d
	οὖς 2	ear	595d
27b	καρδία 1 b β	heart	403d
	οὖς 2	ear	595d
	ὀφθαλμός 2	eye	599d
28	ἀκούω 4	listen	32d
	ἀποστέλλω 1 b α	send away	98c
	ἀποστέλλω 2	put in	99a
	γνωστός 1 a	known	164b
	σωτήριος 2	saving	802a
29	ἀπέρχομαι 1 a	go away	84c
	συζήτησις	dispute	775d
30	ἀποδέχομαι 1	welcome	90a
	διετία	two years	194d
	εἰσπορεύομαι 1	go	233c
	ἐμμένω 1	stay	255b
	ἴδιος 1 a β	one's own	369d
	μίσθωμα	rent	523d
	ξενία	guest room	547d
	ὅλος 1	whole	564d
	πᾶς, πᾶσα, πᾶν 1 d β	all	632b
31	ἀκωλύτως	without hindrance	34b
	ἀμήν 1	amen	45d
	βασιλεία 3 b	kingdom	135b
	βασιλεία 3 g	kingdom	135c
	κηρύσσω 2 b β	announce	431c
	κύριος 2 c γ	lord	460a
	μετά A III 1	with	509d
	παρρησία 2	openly	630d
	περί 1 i	about	645a

Romans 1

1	ἀπόστολος 3	apostles	99d
	ἀφορίζω 2	set apart	127b
	δοῦλος 4	slave	206a
	εἰς 4 d	for	229b
	εὐαγγέλιον 2 b α	gospel	318a
	εὐαγγέλιον 2 b β	gospel	318b
	κλητός	called	436b
	Παῦλος 2	Paul	637c
1-3	εὐαγγέλιον 2 b α	gospel	318a
2	ἅγιος 1 a α	dedicated to God	9c
	γραφή 2 b α	scripture	166b
	προεπαγγέλλω	promise before	705b
	προφήτης 1	prophet	723c
3	γίνομαι I 1 a	be born	158b
	Δαυίδ	David	171b
	ἐκ 3 b	from	235a
	κατά II 6	with respect to	407d
	σάρξ 4	body	744a
	σπέρμα 1 b	seed	761d
	σπέρμα 2 b	seed	762a
	υἱός 2 b	son	834d
3f	πνεῦμα 2	spirit	675b
4	ἁγιωσύνη	holiness	10c
	ἀνάστασις 2 a	resurrection	60b
	δύναμις 1	power	207d
	ἐν III 2	by	261a
	κατά II 6	with respect to	407d
	κύριος 2 c γ	lord	460b
	νεκρός 2 a	dead	535b
	ὁρίζω 1 b	determine	581a
	υἱός 2 b	son	834d
	Χριστός 2	Christ	887b
5	ἀποστολή	apostleship	99c
	διά A III 2 b γ	by	180d
	καί I 3	and	393a
	λαμβάνω 2	receive	465a

5	ὄνομα I 4 c θ	name	573b
	πᾶς, πᾶσα, πᾶν 1 d α	all	632a
	πίστις 2 d α	faith	663b
	πίστις 2 d α	faith	663d
	πίστις 3	faith	664a
	ὑπακοή 1 b	obedience	837a
	ὑπέρ 1 b	in behalf of	838d
	χάρις 4	favor	878b
6	εἰμί III 4	to be	225c
	κλητός	called	436a
	Χριστός 2	Christ	887b
7	ἀγαπητός 2	beloved	6c
	ἅγιος 2 d β	saints	10a
	ἀπό V 4	from	88b
	εἰρήνη 2	peace	227c
	κλητός	called	436a
	κύριος 2 c γ	lord	460a
	πᾶς, πᾶσα, πᾶν 1 d β	all	632b
	πατήρ 3 c β	father	636a
	Ῥώμη	Rome	738c
	χάρις 2 c	favor	877d
7b	θεός 3 d	God	357d
8	διά A III 2 a	by	180d
	εὐχαριστέω 2	give thanks	328b
	θεός 3 c	God	357c
	καταγγέλλω 1	proclaim	409c
	κόσμος 4 a	world	446a
	μέν 2 c	(particle)	503b
	ὅλος 2 a	whole	564d
	πᾶς, πᾶσα, πᾶν 1 e α	all	632b
	πίστις 2 d α	faith	663b
	πρῶτος 2 b	first	726c
	σύ 3	you	772c
	Χριστός 2	Christ	887b
9	ἀδιαλείπτως	constantly	17b
	γάρ 1 a	for	151c
	εὐαγγέλιον 2 b α	gospel	318b
	λατρεύω	serve	467c
	μάρτυς 2 a	witness	494b
	μνεία 2	mention	524b
	πνεῦμα 3 b	spirit	675c
	ποιέω II 1	do	683a
	υἱός 2 b	son	834d
	ὡς IV 4	when	899a
10	δέομαι 4	ask	175b
	εἰ VI 12 b	if	220b
	ἐπί I 2	under	286d
	εὐοδόω	prosper	323d
	ἤδη 1 c	already	344a
	θέλημα 2 b	will	354c
	πάντοτε	always	609b
	ποτέ 1	once	695b
	προσευχή 1	prayer	713c
11	εἶδον 6	visit	221a
	ἐπιποθέω	desire	297d
	ἵνα I 1 a	in order that	376d
	μεταδίδωμι	share	511a
	πνευματικός 2 a β	spiritual	679a
	στηρίζω 2	establish	768b
	τὶς, τὶ 2 c	any one	820d
	χάρισμα 1	a gift	879a

12	διά A III 1 d	through	180c
	ἐγώ	I	217b
	ἐν I 4 a	in	259a
	οὗτος 1 b ε	this	597b
	πίστις 2 d α	faith	663b
	συμπαρακαλέω encourage together		779a
	τέ 3 a	and	807d
13	ἀγνοέω 1	be ignorant	11b
	ἀδελφός 2	brother	16b
	ἄχρι 1 a	until	128d
	δεῦρο 2	until now	176d
	θέλω 1	wish	355a
	καθώς 1	just as	391b
	καί I 2 i	and	393a
	καί II 3	also	393c
	κάρπος 2 b	gain	405a
	κωλύω 1	hinder	461c
	λοιπός 2 a	other	479d
	πολλάκις	often	686d
	προτίθημι 2 b	plan	722b
	τὶς, τὶ 2 c	any one	820d
14	ἀνόητος 1	unintelligent	70d
	βάρβαρος 2 b	foreign	133b
	Ἕλλην 1	a Greek	252a
	ὀφειλέτης 2 b	debtor	598c
	σοφός 2	learned	760c
	τέ 3 a	and	807d
15	εὐαγγελίζω 2 a γ	preach	317d
	κατά II 7 b	(possessive)	408a
	οὕτω	thus	597c
	οὕτω 1 b	thus	597d
	πρόθυμος	ready	706d
	Ῥώμη	Rome	738c
16	γάρ 1 b	for	152a
	δύναμις 1	power	207c
	εἰς 4 e	so that	229c
	Ἕλλην 2 a	Gentile	252a
	ἐπαισχύνομαι 1	be ashamed	282a
	εὐαγγέλιον 1 a	gospel	318a
	Ἰουδαῖος 2 a	Jewish	379c
	οὐ 4 a	no	590c
	πιστεύω 2 b	believe	661d
	πρῶτος 2 c	first	726c
	σωτηρία 2	deliverance	801d
16-18	γάρ 1 c	for	152a
17	ἀποκαλύπτω 1	reveal	92a
	γράφω 2 c	write	166d
	δίκαιος 1 b	upright	195d
	δικαιοσύνη 3	righteousness	197a
	δικαιοσύνη 3	righteousness	197a
	ἐκ 6 d	from	236c
	ζάω 2 b β	live	336d
	καθώς 1	just as	391b
17a	πίστις 2 d α	faith	663b
17b	πίστις 2 d α	faith	663b
18	ἀδικία 2	unrighteousness	18a
	ἀλήθεια 2 b	truth	36a
	ἀποκαλύπτω 1	reveal	92a
	ἀσέβεια	godlessness	114c
	γάρ 4	indeed	152c

18	κατέχω 1 a β	hold back	422d
	ὀργή 2 a	anger	579b
	οὐρανός 2 a	heaven	594d
	πᾶς, πᾶσα, πᾶν 1 a β	every each	631c
19	γνωστός 2	what can be known	164b
	ἐν IV 4 a	in	261b
	ὁ, ἡ, τό II 2 a	the	551a
	φανερός 1	clear	852c
	φανερόω 1 a	reveal	852d
19-21	διότι 3	for	199c
20	ἀΐδιος	eternal	22a
	ἀναπολόγητος	without excuse	60a
	ἀόρατος	unseen	79a
	ἀπό II 2 a	from	87a
	δύναμις 1	power	207c
	εἰς 4 e	so that	229c
	θειότης	divinity	354a
	καθοράω	perceive	391a
	κόσμος 2	world	445d
	κτίσις 1 a	creation	455d
	νοέω 1 a	perceive	540c
	ὁ, ἡ, τό II 2 a	the	551a
	ποίημα	work	683b
21	ἀσύνετος 2	foolish	118d
	γινώσκω 1 b	know	160d
	διαλογισμός 1	thought	186a
	δοξάζω 1	praise	204c
	εὐχαριστέω	give thanks	328a
	εὐχαριστέω 2	give thanks	328b
	ἤ 1 c	nor	342b
	καρδία 1 b β	heart	403d
	ματαιόω	render futile	495d
	σκοτίζω 2	become dark	757c
	ὡς III 1 a	so	898a
22	μωραίνω 1	show to be foolish	531b
	σοφός 2	learned	760c
	φάσκω	say	854b
23	ἀλλάσσω 2	exchange	39b
	ἄφθαρτος	imperishable	125c
	δόξα 1 a	glory	203d
	εἰκών 2	form	222c
	ἐν IV 5	in	261c
	ἑρπετόν	reptile	310b
	ὁμοίωμα 2	likeness	567d
	πετεινόν	bird	654a
	τετράπους	quadrupeds	814a
	φθαρτός	perishable	857a
24	ἀκαθαρσία 2	impurity	28d
	ἀτιμάζω	dishonor	120a
	διό	therefore	198d
	ἐν III 3 a	because of	261a
	ἐπιθυμία 3	desire	293d
	καρδία 1 b ε	heart	404a
	ὁ, ἡ, τό II 4 b γ	the	551d
	παραδίδωμι 1 b	give over	615b
	σῶμα 1 b	body	799a
25	αἰών 1 b	time	27c
25	ἀλήθεια 2 b	truth	36a
	ἀμήν 1	amen	45d
	ἐν IV 5	in	261c
	εὐλογητός	blessed	322d
	κτίζω	create	455c
	κτίσις 1 b β	creation	456a
	λατρεύω	serve	467c
	μεταλλάσσω	exchange	511c
	ὅστις 2 b	whoever	587a
	παρά III 3	in comparison	611b
	σεβάζομαι	worship	745d
	ψεῦδος	lie	892b
26	ἀτιμία	dishonor	120a
	γάρ 1 b	for	151d
	εἰς 4 b	to	229b
	μεταλλάσσω	exchange	511c
	πάθος 2	passion	603a
	παρά III 6	against	611c
	παραδίδωμι 1 b	give over	615b
	φύσις 3	nature	869d
	χρῆσις 3	function	886a
26f	θῆλυς	female	360c
	φυσικός 1	natural	869b
27	ἀντιμισθία	penalty	75b
	ἀπολαμβάνω 1	receive	94c
	ἀρσενοκοίτης	a male homosexual	109d
	ἀσχημοσύνη 1	shameless deed	119b
	ἀφίημι 3 b	abandon	126b
	δεῖ 1	it is necessary	172a
	ἐκκαίω	be inflamed	240c
	κατεργάζομαι 1	achieve	421c
	ὁμοίως	likewise	568a
	ὄρεξις	desire	580a
	πλάνη	wandering	665c
	χρῆσις 3	function	886a
27a	ἄρσην	male	109d
27b	ἄρσην	male	109d
27c	ἄρσην	male	109d
28	ἀδόκιμος	unqualified	18d
	δοκιμάζω 2 b	approve	202d
	ἐπίγνωσις	knowledge	291c
	ἔχω I 7 a	have	333c
	καθήκω	to be proper	389a
	καθήκω	to be proper	389a
	καθώς 3	as	391c
	μή A II 2 d	not	516d
	νοῦς 3 a	the mind	544d
	παραδίδωμι 1 b	give over	615b
	ποιέω I 1 c γ	do	682b
29	ἀδικία 2	unrighteousness	18a
	δόλος	deceit	203b
	ἔρις	strife	309d
	κακία 1 b	malice	397a
	κακοήθεια	malice	397b
	μεστός 2 a	full	508b
	πᾶς, πᾶσα, πᾶν 1 a β	every each	631c
	πλεονεξία	greediness	667d
	πληρόω 1 b	make full	671a

29	πονηρία	wickedness	690c
	πορνεία 1	prostitution	693b
	φθόνος	envy	857d
	φόνος	murder	864d
	ψιθυριστής	whisperer	893a
30	ἀλαζών	boaster	34d
	ἀπειθής 1	disobedient	82d
	γονεύς	parents	165a
	ἐφευρετής	contriver	330b
	θεοστυγής	hating God	358c
	θεοστυγής	hating God	358c
	κακός 1 c	evil	397d
	κατάλαλος	slanderer	412d
	ὑβριστής	insolent man	832a
	ὑπερήφανος	proud	841b
31	ἀνελεήμων	unmerciful	64c
	ἄσπονδος	irreconcilable	117b
	ἄστοργος	unloving	118a
	ἀσύνετος 1	foolish	118c
	ἀσύνθετος	faithless	118d
32	ἀλλά 1 a	but, yet	38a
	ἄξιος 2 b	worthy	78c
	δικαίωμα 1	regulation	198a
	ἐπιγινώσκω 1 a	know	291a
	θάνατος 2 b	death	351c
	μόνος 2 c α	only	528a
	ὅστις 2 b	whoever	587a
	ποιέω I 1 b ε	do	681c
	πράσσω 1 a	do	698b
	συνευδοκέω	agree with	788d
	τοιοῦτος 3 a β	such a kind	821c
32a	πράσσω 1 a	do	698b
32b	πράσσω 1 a	do	698b

Romans 2

1	ἀναπολόγητος	without excuse	60a
	ἄνθρωπος 1 a γ	man	68b
	διό	therefore	198d
	ἐν IV 6 a	in	261c
	ἕτερος 1 b ε	another	315c
	κατακρίνω	condemn	412b
	κρίμα 6	judgment	451a
	ὁ, ἡ, τό II 3 b	the	551c
	πᾶς, πᾶσα, πᾶν 1 c γ	whoever	632a
	ὦ 1	(interjection)	895a
1-3	πράσσω 1 a	do	698b
1a	κρίνω 6 b	judge	452b
1b	κρίνω 6 b	judge	452b
1c	κρίνω 6 b	judge	452b
2	ἀλήθεια 3	reality	36b
	ἐπί III 1 b γ	on	289a
	κατά II 5 a β	according to	407b
	οἶδα 1 e	know	556a
2f	κρίμα 4 b	verdict	450d
	τοιοῦτος 3 a β	such a kind	821c
3	ἄνθρωπος 1 a γ	man	68b
	ἐκφεύγω 2 b β	run away	247a
	κρίνω 6 b	judge	452b

3	λογίζομαι 3	think	476b
	οὗτος 1 b β	this	597a
	ποιέω I 1 b ε	do	681c
	πράσσω 1 a	do	698b
	σύ 1 a	you	772b
	ὦ 1	(interjection)	895a
4	ἀγνοέω 1	be ignorant	11b
	ἄγω 1 c	lead	14c
	ἀνοχή 2	forbearance	72d
	εἰς 4 a	into	229a
	ἤ 1 d β	or	342b
	καταφρονέω 1	scorn	420c
	μακροθυμία 2 b α	patience	488b
	μετάνοια	repentance	512d
	ὁ, ἡ, τό II 2 c	the	551b
	πλοῦτος 2	wealth	674b
	χρηστός 2	useful	886b
	χρηστότης 2 b	goodness	886c
5	ἀμετανόητος	unrepentant	45c
	ἀνταπόδοσις	repaying	73b
	ἀποκάλυψις 3	revelation	92c
	δικαιοκρισία	righteous judgment	195c
	ἡμέρα 3 b β	day	347b
	θησαυρίζω 2 b	store up	361c
	καρδία 1 b δ	heart	404a
	κατά II 5 a δ	according to	407b
	σεαυτοῦ 2	yourself	745c
	σκληρότης	hardness	756b
5a	ὀργή 2 b	anger	579b
5b	ὀργή 2 b	anger	579b
6	ἀποδίδωμι 3	recompense	90b
	ἕκαστος 2	each	236c
	ἔργον 1 c β	deed	308a
	κατά II 5 a β	according to	407b
	καταργέω 1 b	make ineffective	417b
7	ἀγαθός 1 b β	good	3b
	αἰώνιος 3	eternal	28d
	ἀφθαρσία	incorruptibility	125b
	δόξα 1 a	glory	203d
	ἔργον 1 c β	deed	308a
	ζητέω 2 a	seek	339a
	κατά II 5 a δ	according to	407b
	τιμή 2 b	honor	817d
	ὑπομονή 1	patience	846c
8	ἀδικία 2	unrighteousness	18a
	ἀλήθεια 2 b	truth	36a
	ἀπειθέω 1	disobey	82d
	ἀπειθέω 3	disobey	82d
	ἐκ 3 d	from	235a
	ἐριθεία	selfishness	309c
	ἐριθεία	selfishness	309c
	θυμός 2	anger	365c
	ὁ, ἡ, τό II 5	the	552a
	ὀργή 2 b	anger	579b
	πείθω 3 b	obey	639d
9	ἄνθρωπος 1 a α	man	68b
	ἐπί III 1 b γ	on	289a
	θλῖψις 1	tribulation	362b
	κακός 1 c	evil	398a

9	κατεργάζομαι 1	achieve	421c
	πᾶς, πᾶσα, πᾶν 1 a α	every each	631b
	στενοχωρία	distress	766c
	ψυχή 1 b γ	soul, life	893c
	ψυχή 2	soul, life	894b
9f	Ἕλλην 2 a	Gentile	252a
	Ἰουδαῖος 2 a	Jewish	379c
	πρῶτος 2 c	first	726c
10	ἀγαθός 2 a α	good	3b
	δόξα 1 a	glory	203d
	εἰρήνη 3	peace	227d
	ἐργάζομαι 2 a	work	307a
	πᾶς, πᾶσα, πᾶν 1 c γ	whoever	632a
	τιμή 2 b	honor	817d
11	γάρ 1 b	for	152a
	εἰμί III 8 b	to be	225d
	παρά II 2 d	beside	610d
	προσωπολημψία	partiality	720d
12	ἁμαρτάνω 3	sin	42c
	ἀνόμως	without the law	72b
	ἀπόλλυμι 2 a α	perish	95b
	ἐν I 5 d	in	260a
	ἐννόμως	subject to	267b
	κρίνω 4 b α	judge	452a
12a	νόμος 3	law	542c
	ὅσος 2	how great	586c
12b	νόμος 3	law	542c
	ὅσος 2	how great	586c
13	ἀκροατής	a hearer	33c
	γάρ 1 b	for	152a
	δίκαιος 1 b	upright	195c
	δικαιόω 3 a	justify	197d
	θεός 3 a	God	357b
	παρά II 2 b	beside	610c
	ποιητής 2	maker	683b
13a	νόμος 3	law	542c
13b	νόμος 3	law	542c
14	μή A II 2 b	not	516c
	ὁ, ἡ, τό II 7	the	552b
	οὗτος 1 a ε	this	596d
	ποιέω I 1 c α	do	682a
	φύσις 3	nature	869d
14b	νόμος 3	law	542d
15	ἀλλήλων	each other	39c
	ἀπολογέομαι	defend oneself	95d
	γραπτός	written	166a
	ἐνδείκνυμι 1	demonstrate	262c
	ἔργον 1 b	manifestation	308a
	ἤ 1 a β	or	342b
	καρδία 1 b γ	heart	404a
	κατηγορέω 2	accuse	423c
	λογισμός 1	thought	476d
	μεταξύ 2 b	whoever	513b
	νόμος 3	law	542c
	ὅστις 2 b	whoever	587a
	συμμαρτυρέω	testify	778c
15	συνείδησις 2	consciousness	786c
	συνείδησις 2	consciousness	786c
16	διά A III 2 a	by	180d
	εὐαγγέλιον 2 b β	gospel	318b
	ἡμέρα 3 b β	day	347b
	κατά II 5 a α	according to	407a
	κρίνω 4 b α	judge	452a
	κρυπτός 2 a	hidden	454b
	ὅτε 2 a α	when	588c
17	εἰ I 1 a	if	219a
	ἐπαναπαύομαι 2	rest	283a
	ἐπονομάζω	call	305c
	Ἰουδαῖος 2 a	Jewish	379c
	καυχάομαι	boast	425c
	καυχάομαι 1	boast	425d
	νόμος 3	law	542c
18	γινώσκω 6 a α	know	161c
	διαφέρω 2 b	be superior	190c
	δοκιμάζω 1	examine	202c
	δοκιμάζω 2 b	approve	202d
	ἐκ 3 g β	by	235c
	θέλημα 1 a	will	354b
	θέλημα 1 c γ	will	354c
	κατηχέω 2 a	teach	423d
	νόμος 3	law	542c
19	ὁδηγός 2	leader	553c
	πείθω 2 b	convince	639d
	σκότος 2 b	darkness	758a
	τέ 1 a	and	807c
	τυφλός 2 b	blind	831a
	φῶς 3 b	light	872c
19f	διδάσκαλος	teacher	191d
20	ἀλήθεια 2 a	truth	35d
	ἄφρων	foolish	127d
	γνῶσις 1	knowledge	163d
	μόρφωσις 1	embodiment	528c
	νήπιος 1 b α	children	537d
	παιδευτής	instructor	603d
21	ἕτερος 1 b ε	another	315c
	κηρύσσω 2 b β	announce	431c
	κλέπτω	steal	434c
	μή A II 1 b β	not	516b
	σεαυτοῦ 3	yourself	745c
22	βδελύσσομαι	abhore	138a
	εἴδωλον 2	idol	221d
	ἱεροσυλέω	rob temples	373c
	λέγω II 1 c	order	469c
	μή A II 1 b β	not	516b
	μοιχεύω 2 a	commit adultery	526c
23	ἀτιμάζω	dishonor	120a
	καυχάομαι	boast	425c
	καυχάομαι 1	boast	425d
	νόμος 3	law	542c
	παράβασις	overstepping	611d
23b	νόμος 3	law	542c
24	βλασφημέω 2 b β	blaspheme	142d
	γράφω 2 c	write	166d
	διά B II 1	because of	181a
	καθώς 1	just as	391b

24	ὄνομα I 4 b	name	571d
25	γάρ 1 b	for	151d
	γάρ 1 e	for	152a
	γάρ 4	indeed	152c
	γίνομαι I 4 a	become	159c
	ἐάν I 1 a	if	211b
	μέν 1 a α	(particle)	502d
	παραβάτης	transgressor	612a
	πράσσω 1 a	do	698d
	ὠφελέω 2 b	help	900d
25a	νόμος 3	law	542c
	νόμος 3	law	542d
	περιτομή 2	circumcision	652d
25b	νόμος 3	law	542d
	περιτομή 2	circumcision	652d
25ff	ἀκροβυστία 2	uncircumcised	33d
26	αὐτός 3 b	(oblique case)	123c
	δικαίωμα 1	regulation	198a
	εἰς 8 a γ	(predicate nominative)	230b
	λογίζομαι 1 b	consider	476a
	νόμος 3	law	542c
	νόμος 3	law	542d
	περιτομή 2	circumcision	652d
	φυλάσσω 1 f	watch	868c
27	γράμμα 2 c	writing	165c
	διά A III 1 c	through	180b
	κρίνω 4 b β	judge	452b
	νόμος 3	law	542d
	παραβάτης	transgressor	612a
	περιτομή 2	circumcision	652d
	τελέω 2	perform	811a
	φύσις 1	nature	869c
28	γάρ 1 b	for	152a
	οὐδέ 1	and not	591c
	περιτομή 2	circumcision	652d
	σάρξ 1	flesh	743b
28a	φανερός 2	clear	852d
28b	φανερός 2	clear	852d
28f	Ἰουδαῖος 2 a	Jewish	379c
29	γράμμα 2 c	writing	165c
	ἐκ 3 c	from	235a
	ἔπαινος 1 a α	praise	281c
	ἔπαινος 1 a β	praise	281d
	καρδία 1 b δ	heart	404a
	κρυπτός 2 b	hidden	454b
	ὅς, ἥ, ὅ I 1	(rel pron)	583b
	περιτομή 3	circumcision	652d
	πνεῦμα 5 g γ	spirit	677c

Romans 3

1	ἤ 1 d δ		342c
	Ἰουδαῖος 2 a	Jewish	379c
	περισσός 1	extraordinary	651b
	περιτομή 2	circumcision	652d
	ὠφέλεια	use	900c
2	κατά II 5 b α	according to	407c
	λόγιον	a saying	476c
	μέν 2 c	(particle)	503b
2	πιστεύω 3	believe	662a
	πολύς I 2 c α	many	688d
	πρῶτος 2 b	first	726c
	τρόπος 1	manner	827b
3	ἀπιστέω 2	be unfaithful	85c
	ἀπιστία 1	unfaithfulness	85c
	γάρ 1 f	what	152b
	καταργέω 1 b	make ineffective	417b
	μή C 1	not	517b
	πίστις 1 a	faith	662c
	τίς, τί 1 b ε	which	819c
4	ἀληθής 1	true	36d
	ἄν 4	(particle)	49b
	γίνομαι I 3 a	take place	158d
	γράφω 2 c	write	166d
	δέ 1 d	but, and	171c
	δικαιόω 3 d	make free	198a
	καθάπερ	just as	387a
	κρίνω 6 b	judge	452c
	λόγος 1 b α	command	478a
	μή A III 2	not	516d
	νικάω 1 b	be victor	539b
	ὅπως 2 a β	in order that	577a
	πᾶς, πᾶσα, πᾶν 1 a α	every each	631b
	ψεύστης	liar	892c
5	ἀδικία 2	unrighteousness	18a
	ἄδικος 1	unjust	18b
	ἄνθρωπος 1 c	human	68c
	δικαιοσύνη 3	righteousness	197a
	εἶπον 1	say	226b
	εἶπον 3 f	foretell	226d
	ἐπιφέρω 4	inflict	304d
	λέγω I 5	say	468d
	μή C 1	not	517b
	ὀργή 2 b	anger	579b
	συνίστημι	unite	790c
	συνίστημι I 1 c	demonstrate	790d
6	γίνομαι I 3 a	take place	158d
	ἐπεί 2	because	284b
	κόσμος 5 a	world	446c
	πῶς 1 d	how	732c
6f	κρίνω 4 b α	judge	452a
7	ἀλήθεια 1	truthfulness	35d
	ἔτι 2 c	still	316a
	κἀγώ 4	I	386b
	ὁ, ἡ, τό II 1 e	the	550d
	περισσεύω 1 a γ	be left over	650d
	ψεῦσμα	lie	892c
	ὡς III 1 a	so	898a
8	ἀγαθός 2 b γ	good	3c
	βλασφημέω 1	defame	142c
	ἔνδικος	deserved	263b
	ἔρχομαι I 2 b	come	311c
	κακός 1 c	evil	398a
	κρίμα 4 b	verdict	450d
	μή A III 6	not	517a
	ὅτι 2	that	589c
	ποιέω I 1 b ε	do	681c
	τὶς, τὶ 1 a β	any one	820a

8	φημί	say	856b
	φημί 2	say	856c
9	αἰτιάομαι	blame	26c
	εἰμί III 12	to be	225d
	Ἕλλην 2 a	Gentile	252a
	οὐ 2 a	no	590a
	οὖν 1 c β	therefore	593a
	πάντως 5 a	not at all	609c
	προαιτιάομαι	accuse beforehand	702c
	προέχω 2	excel	705d
	προέχω 3	excel	706a
	προκατέχω	occupy previously	707c
	τίς, τί 1 b ε	which	819c
	ὑπό 2 b	under	843c
10	γράφω 2 c	write	166d
	δίκαιος 1 b	upright	195c
	εἰμί I 1	to be	223b
	εἷς 2 b	one	231c
	καθώς 1	just as	391b
	οὐδέ 3	not even	591d
	οὐδέ 3	not even	591d
11	ἐκζητέω 1	seek out	240a
	συνίημι	understand	790b
	συνίημι	understand	790b
12	ἅμα 1 b	together	42a
	ἀχρειόω 2	become depraved	128c
	εἷς 2 b	one	231c
	ἐκκλίνω	turn away	241d
	ἕως II 4	as many as	335c
	ποιέω I 1 c β	do	682a
	χρηστότης 1	goodness	886b
13	ἀνοίγω 1 b	open	71b
	ἀσπίς	asp	117b
	γλῶσσα 1 a	tongue	162b
	δολιόω	deceive	203b
	ἰός 1 a	poison	378d
	λάρυγξ	throat	467b
	τάφος 2	grave	806c
	ὑπό 2 a β	under	843c
	χεῖλος 1	lip	879c
14	ἀρά	curse	103d
	γέμω 1	be full	153d
	πικρία 2	bitterness	657c
15	αἷμα 2 a	blood	22d
	ἐκχέω 1	pour out	247b
	ὀξύς 2	quick	574c
	πούς 1 b	foot	696d
16	ὁδός 2 b	way	554d
	σύντριμμα	ruin	793c
	ταλαιπωρία	distress	803b
17	εἰρήνη 1 b	peace	227b
	ὁδός 2 a	way	554c
18	ἀπέναντι 1 b	before	84a
	εἰμί II 9 a	to be	224d
	θεός 3 f β	God	357d
	φόβος 2 b α	fear	864a
19	ἐν I 5 d	in	260a
	ἵνα I 1 a	in order that	376d
19	ἵνα II 2	in order that	378a
	κόσμος 5 a	world	446c
	νόμος 3	law	543a
	νόμος 4 b	law	543a
	οἶδα 1 e	know	556a
	στόμα 1 a	mouth	769d
	ὑπόδικος	accountable	844c
	φράσσω 1 b	shut	865d
19b	πᾶς, πᾶσα, πᾶν 1 c α	all	631d
20	ἁμαρτία 1	sin	43b
	διά A III 1 d	through	180b
	δικαιόω 3 a	justify	197d
	διότι 3	for	199c
	ἐκ 3 f	by	235b
	ἐνώπιον 3	before	270d
	ἐπίγνωσις	knowledge	291b
	ἔργον 1 c β	deed	308b
	πᾶς, πᾶσα, πᾶν 1 a α	every each	631b
	σάρξ 3	body	743d
20a	νόμος 3	law	542d
20b	νόμος 3	law	542c
21	δικαιοσύνη 3	righteousness	197a
	μαρτυρέω 2 a	be witnessed	493b
	νυνί 1 b	now	546b
	προφήτης 1	prophet	723c
	ὑπό 1 a β	by	843b
	φανερόω 1 b	reveal	853a
	χωρίς 2 b δ	apart	891a
21a	νόμος 3	law	542d
21b	νόμος 4 a	law	543a
21f	δικαιοσύνη 3	righteousness	197a
22	δέ 2	but, and	171c
	διά A III 1 d	through	180c
	διαστολή	difference	188d
	δικαιοσύνη 3	righteousness	197a
	πιστεύω 2 b	believe	661d
	πιστεύω 2 b	believe	661d
	πίστις 2 b β	faith	663a
	Χριστός 2	Christ	887b
23	ἁμαρτάνω 1	sin	42c
	δόξα 1 a	brightness	203c
	δόξα 3	fame	204a
	ὑστερέω 2	to miss	849b
24	ἀπολύτρωσις 2 a	redemption	96b
	δικαιόω 3 a	justify	197d
	δωρεάν 1	gratis	210c
	ἐν III 1 b	by	260d
	χάρις 2 a	favor	877c
	Χριστός 2	Christ	887b
25	αἷμα 2 b	blood	23a
	ἁμάρτημα	sin	42d
	διά A III 1 d	through	180c
	διά B II 1	because of	181a
	δικαιοσύνη 3	righteousness	197a
	ἔνδειξις 2	proof	262d
	ἱλαστήριον	that which propitiates	375d
	πάρεσις	passing over	626b

25	πίστις 2 b β	faith	663b
	προγίνομαι	former times	703c
	προτίθημι 2 a	display publicly	722b
26	ἀνοχή 2	forbearance	72c
	δίκαιος 2	righteous	196a
	δικαιοσύνη 3	righteousness	197a
	δικαιοσύνη 3	righteousness	197a
	δικαιόω 3 b	justify	197d
	εἰς 4 e	so that	229c
	ἐκ 3 d	from	235a
	ἐν I 4 d	in	259b
	ἔνδειξις 2	proof	262d
	καιρός 1	time	394d
	νῦν 3 a	now	546a
	πίστις 2 b β	faith	663a
	πρός III 3 a	toward	710a
27	ἀλλά 1 a	but, yet	38a
	διά A III 1 d	through	180b
	ἐκκλείω 2	exclude	240d
	καύχησις 1	boasting	426b
	νόμος 1	law	542b
	οὖν 1 c α	therefore	593a
	οὐχί 2	not	598b
	ποῖος 1 a β	of what kind	684d
	ποῦ 1 a	where	696a
27b	νόμος 5	law	543b
27f	πίστις 2 d α	faith	663c
28	ἄνθρωπος 3 a γ	man	69a
	δικαιόω 3 a	justify	197d
	ἔργον 1 c β	deed	308b
	λογίζομαι 3	think	476b
	νόμος 3	law	542d
	πίστις 2 d α	faith	663c
	χωρίς 2 b δ	apart	891a
29	ἔθνος 2	gentiles	218c
	ἤ 1 d α	or	342b
	μόνος 2 b	only	528a
	ναί 1 b	yes	533a
	οὐχί 3	not	598b
30	ἀκροβυστία 3	heathenism	33d
	δικαιόω 3 b	justify	197d
	εἰ VI 11	if	220b
	εἷς 2 a	one	231a
	ἐκ 3 f	by	235b
	ἐπείπερ	since indeed	284c
	περιτομή 4 a	circumcision	653a
30f	διά A III 1 d	through	180c
	πίστις 2 d α	faith	663c
31	ἀλλά 1 a	but, yet	38a
	γίνομαι I 3 a	take place	158d
	ἵστημι	put	381d
	ἵστημι I 1 b α	put	382a
	καταργέω 1 b	make ineffective	417b
	μή A III 2	not	516d
	οὖν 1 c α	therefore	593a
31a	νόμος 3	law	542c
31b	νόμος 3	law	542c

Romans 4

1	Ἀβραάμ	Abraham	1d
	εἶπον 2 d	say	226c
	εἶπον 3 f	conclude	226d
	κατά II 6	with respect to	407d
	προπάτωρ	forefather	709b
	σάρξ 4	body	743d
2	δικαιόω 3 a	justify	197d
	ἐκ 3 f	by	235b
	ἔργον 1 c β	deed	308b
	καύχημα 1	boast	426a
3	Ἀβραάμ	Abraham	2a
	γάρ 4	indeed	152c
	γραφή 2 b β	scripture	166b
	δικαιοσύνη 3	righteousness	197a
	εἰς 8 a γ	(indicates pred nom)	230b
	λέγω I 7	say	468d
	λογίζομαι 1 a	reckon	476a
	πιστεύω 1 b	believe	661a
3ff	δικαιοσύνη 3	righteousness	197a
4	ἐργάζομαι 1	work	307a
	λογίζομαι 1 a	reckon	476a
	μισθός 2 a	reward	523c
	ὀφείλημα 1	debt	598d
	χάρις 2 a	favor	877c
5	ἀσεβής 1	godless	114d
	δικαιόω 3 b	justify	197d
	ἐργάζομαι 1	work	307a
	λογίζομαι 1 a	reckon	476a
	πιστεύω 2 a δ	believe	661c
	πίστις 2 a	faith	662d
5-20	πίστις 2 d α	faith	663c
5f	δικαιοσύνη 3	righteousness	197a
6	Δαυίδ	David	171b
	ἔργον 1 c β	deed	308b
	καθάπερ	just as	387a
	καί II 3	also	393c
	λογίζομαι 1 a	reckon	476a
	μακαρισμός	blessing	487b
	χωρίς 2 b δ	apart	891a
7	ἀνομία 2	lawlessness	72a
	ἀφίημι 2	forgive	126a
	ἐπικαλύπτω	cover	294c
	ὅς, ἥ, ὅ I 2 b α	(rel pron)	583c
7f	μακάριος 1 b	blessed	486d
8	ἁμαρτία 1	sin	43b
	ἀνήρ 6	man	67a
	λογίζομαι 1 a	reckon	476a
	μή D 1 a	not	517c
9	Ἀβραάμ	Abraham	2a
	ἀκροβυστία 3	heathenism	33d
	γάρ 4	indeed	152c
	δικαιοσύνη 3	righteousness	197a
	ἐπί III 1 b ζ	on	289b
	ἤ 1 a β	or	342b
	λογίζομαι 1 a	reckon	476a
	μακαρισμός	blessing	487b

9	περιτομή 4 a	circumcision	653a
	πίστις 2 a	faith	662d
10	ἤ 1 d γ	or	342c
	λογίζομαι 1 a	reckon	476a
	οὖν 1 c α	therefore	593a
	πῶς 1 a	how	732b
10-12	ἀκροβυστία 2	uncircumcised	33d
10a	περιτομή 2	circumcision	652d
10b	περιτομή 2	circumcision	652d
11	ἀκροβυστία 2	uncircumcised	33d
	διά A III 1 c	through	180b
	δικαιοσύνη 3	righteousness	197a
	λογίζομαι 1 a	reckon	476a
	πᾶς, πᾶσα, πᾶν 1 d β	all	632b
	πατήρ 2 f	fathers	635c
	πιστεύω 2 b	believe	661d
	σημεῖον 1	sign	748a
	σφραγίς 2 a	seal	796d
11-13	πίστις 2 a	faith	662d
12	Ἀβραάμ	Abraham	2a
	ἀλλά 1 a	but, yet	38a
	ἐκ 3 d	from	235a
	ἴχνος	footprint	384b
	μόνος 2 c α	only	528a
	στοιχέω	be in line with	769c
12a	πατήρ 2 f	fathers	635c
	περιτομή 4 a	circumcision	653a
12b	πατήρ 2 e	fathers	635c
	περιτομή 4 a	circumcision	653a
13	Ἀβραάμ	Abraham	2a
	γάρ 1 b	for	152a
	διά A III 1 d	through	180b
	δικαιοσύνη 3	righteousness	197a
	κόσμος 5 a	world	446c
	νόμος 3	law	542c
	σπέρμα 2 b	seed	761d
13-15	γάρ 1 c	for	152a
13f	ἐπαγγελία 2 a	promise	280c
	κληρονόμος 2 b	heir	435b
14	ἐκ 3 d	from	235a
	καταργέω 1 b	make ineffective	417b
	κενόω 2	make empty	428b
	νόμος 3	law	542c
	ὁ, ἡ, τό II 5	the	552a
15	κατεργάζομαι 2	achieve	421d
	ὀργή 2 b	anger	579c
	οὗ 1 b	where	589d
	οὐδέ 2	and not	591c
	παράβασις	overstepping	612a
15a	νόμος 3	law	542c
16	Ἀβραάμ	Abraham	2a
	ἀλλά 1 a	but, yet	38a
	βέβαιος 2	firm	138b
	ἐκ 3 d	from	235a
	ἐκ 3 d	from	235a
	ἐπαγγελία 2 a	promise	280c
	ἵνα III 3	in order that	378c
	μόνος 2 c α	only	528a
16	ὁ, ἡ, τό II 5	the	552a
	πᾶς, πᾶσα, πᾶν 1 c α	all	631d
	πατήρ 2 f	fathers	635c
	πίστις 2 a	faith	662d
	σπέρμα 2 b	seed	762a
	χάρις 2 a	favor	877c
16b	πᾶς, πᾶσα, πᾶν 1 e α	all	632b
17	γράφω 2 c	write	166d
	εἰμί I 1	to be	223b
	ζῳοποιέω 1	make alive	341d
	καθώς 1	just as	391b
	καλέω 2	call	399d
	κατέναντι 2 b	in the sight of	421b
	μή A II 2 d	not	516d
	νεκρός 2 a	dead	535b
	ὅς, ἥ, ὅ I 4 b	(rel pron)	584a
	πατήρ 2 f	fathers	635c
	πιστεύω 1 b	believe	661a
	τίθημι I 2 a α	make	816c
17f	πολύς I 1 a α	many	687c
18	ἄμμον	sand	46b
	γίνομαι I 4 a	become	159c
	εἶπον 4	say	226d
	εἰς 4 e	so that	229c
	ἐλπίς 1	hope	252d
	ἐλπίς 2 a	hope	253a
	ἐπί II 1 b γ	on	287b
	κατά II 5 a α	according to	407a
	οὕτω 5	thus	598a
	παρά III 6	against	611c
	πιστεύω 1 a ε	believe	660d
	σπέρμα 2 b	seed	762a
19	ἀσθενέω 2	weak	115c
	ἑκατονταετής	a hundred years old	237a
	κατανοέω 2	notice	415a
	μή A II 2 d	not	516d
	μήτρα	womb	520b
	νεκρόω	put to death	535c
	νέκρωσις 2 a	death	535d
	ὁ, ἡ, τό II 1 d	the	550d
	πού 2	somewhere	696b
	Σάρρα	Sarah	744d
	σῶμα 1 b	body	799b
	ὑπάρχω 2	be	838a
19f	πίστις 2 a	faith	662d
20	ἀπιστία 2 b	unbelief	85c
	διακρίνω 2 b	waver	185b
	δόξα 3	fame	204b
	εἰς 6 a	because of	230a
	ἐνδυναμόω 2 b	become strong	263d
	ἐπαγγελία 2 a	promise	280c
21	δυνατός 1 a β	powerful	208d
	ἐπαγγέλλομαι 1 b	announce	281a
	πληροφορέω 2	fill	670c
	πληροφορέω 2	fill	670c
22	δικαιοσύνη 3	righteousness	197a
	διό	therefore	198d
	καί II 4	also	393c
	λογίζομαι 1 a	reckon	476a

23	γράφω 2 c	write	166d
	γράφω 2 c	write	167a
23f	λογίζομαι 1 a	reckon	476a
24	ἐγείρω 1 a β	raise	214d
	ἐπί III 1 b ε	toward	289a
	μέλλω 1 c δ	is destined	501b
	πιστεύω 2 a δ	believe	661c
25	διά B II 1	because of	181a
	δικαίωσις	justification	198b
	παραδίδωμι 1 b	give over	615a
	παράπτωμα 2 b	transgression	621d

Romans 5

1	δικαιόω 3 a	justify	197d
	εἰρήνη 3	peace	227d
	ἔχω I 2 g	have	333a
	κύριος 2 c γ	lord	460b
	οὖν 1 a	therefore	593a
	πρός III 4 b	toward	710c
1f	πίστις 2 d α	faith	663c
2	δόξα 1 a	brightness	203c
	δόξα 3	fame	204a
	ἐλπίς 2 b	hope	253b
	ἐπί II 1 b γ	on	287c
	ἵστημι II 2 c β	stand	382d
	καυχάομαι 1	boast	425d
	προσαγωγή	approach	711c
	χάρις 3 b	favor	878a
3	ἀλλά 1 a	but, yet	38a
	κατεργάζομαι 2	achieve	421d
	καυχάομαι 1	boast	425d
	μόνος 2 c α	only	528a
3a	θλῖψις 1	tribulation	362b
3b	θλῖψις 1	tribulation	362b
3f	ὑπομονή 1	patience	846b
4	δοκιμή 1	character	202d
4f	ἐλπίς 2 b	hope	253a
5	ἀγάπη I 2 a	love	5d
	διά A III 2 b δ	by	180d
	ἐκχέω 2	pour out	247c
	καρδία 1 b θ	heart	404b
	καταισχύνω 3 a	disappoint	410d
	πνεῦμα 5 c β	spirit	676d
6	ἀσεβής 1	godless	114d
	ἀσθενής 2 b	weak	115d
	ἔτι 1 a β	still	315d
	καιρός 1	time	395a
	καιρός 2	time	395a
	κατά II 2 a	during	406c
	ὑπέρ 1 a ε	in behalf of	838d
	Χριστός 2	Christ	887b
6ff	ἀποθνῄσκω 1 a α	die	91c
7	ἀγαθός 1 b α	good	3a
	γάρ 4	indeed	152c
	δίκαιος 1 a	upright	195c
	μόγις	with difficulty	525d
	μόλις 2	not readily	526d
	τάχα	perhaps	806d
	τολμάω 1 a	dare	821d
7a	τὶς, τὶ 1 a α	any one	819d
	ὑπέρ 1 a ε	in behalf of	838d
7b	τὶς, τὶ 1 a α	any one	819d
	ὑπέρ 1 a ε	in behalf of	838d
8	ἀγάπη I 2 a	love	5d
	ἁμαρτωλός 2	sinner	44c
	ἀποθνῄσκω 1 a α	die	91c
	δέ 3	but, and	171d
	εἰς 4 c β	(goal)	229b
	ἔτι 1 a β	still	315d
	ὅτι 1 c	that	589a
	συνίστημι	unite	790c
	συνίστημι I 1 c	demonstrate	790d
	ὑπέρ 1 a ε	in behalf of	838d
	Χριστός 2	Christ	887b
9	αἷμα 2 b	blood	23a
	διά A III 2 b γ	by	180d
	δικαιόω 3 a	justify	197d
	ἐν III 1 a	by	260d
	μᾶλλον 2 b	more	489b
	νῦν 1 a γ	now	545c
	ὀργή 2 b	anger	579b
	σῴζω 2 b	save	798d
9f	πολύς I 2 c α	many	688d
10	διά A III 1 a	by means of	180a
	εἰμί II 8	to be	224d
	ἐν I 4 d	in	259b
	ἐχθρός 2 b α	the enemy	331c
	ζωή 1 a	life	340b
	θάνατος 1 b β	death	351a
	μᾶλλον 2 b	more	489c
	σῴζω 2 b	save	798d
	υἱός 2 b	son	834d
10a	καταλλάσσω 2 a	reconcile	414a
10b	καταλλάσσω 2 a	reconcile	414a
11	ἀλλά 1 a	but, yet	38a
	θεός 3 a	God	357b
	καταλλαγή	reconciliation	414a
	καυχάομαι 1	boast	425d
	κύριος 2 c γ	lord	460b
	λαμβάνω 2	receive	465b
	μόνος 2 c α	only	528a
	νῦν 1 a γ	now	545c
12	ἁμαρτάνω 1	sin	42c
	ἁμαρτία 3	sin	43c
	ἁμαρτία 3	sin	43c
	ἄνθρωπος 1 b	man	68c
	διέρχομαι 2	come	194c
	εἷς 1 a α	one	230d
	εἰσέρχομαι 1 a γ	come	232d
	ἐπί II 1 b γ	on	287d
	κόσμος 5 a	world	446c
	ὅς, ἥ, ὅ I 11 d	(rel pron)	585a
	οὕτω 1 a	thus	597d
	πᾶς, πᾶσα, πᾶν 2 a γ	all	632d
	ὥσπερ 1	(just) as	899c
12a	θάνατος 1 b γ	death	351b
	πᾶς, πᾶσα, πᾶν 1 b	all	631d
12b	θάνατος 1 b γ	death	351b
13	ἁμαρτία 1	sin	43b
	ἄχρι 1 a	until	128d

13	ἐλλογέω	charge to ones account	252b
	κόσμος 5 a	world	446c
	μή A II 2 b	not	516c
	νόμος 3	law	542c
13a	νόμος 3	law	542d
13f	ἀλλά 2	but, yet	38c
14	Ἀδάμ	Adam	15c
	Ἀδάμ	Adam	15c
	Ἀδάμ	Adam	15c
	ἀπό II 2 b	from	87a
	βασιλεύω 1 c	rule	136d
	ἐπί II 1 b γ	on	287b
	ἐπί III 1 b α	over	288d
	θάνατος 1 f	death	351b
	μέλλω 2	is destined	501c
	μέχρι 1 b	until	515c
	ὁμοίωμα 1	likeness	567c
	παράβασις	overstepping	611d
	τύπος 6	mark	830b
15	ἀλλά 2	but, yet	38c
	ἄνθρωπος 2 d	man	69a
	δωρεά	gift	210c
	ἐν IV 4 b	in	261b
	καί II 3	also	393c
	μᾶλλον 2 b	more	489c
	οὕτω 1 a	thus	597d
	περισσεύω 1 a β	be left over	650d
	Χριστός 2	Christ	887b
	ὡς II 1	so	897c
15a	παράπτωμα 2 a α	transgression	621d
	πολύς I 2 a β	many	688b
	χάρις 2 a	favor	877c
15b	παράπτωμα 2 a α	transgression	621d
	πολύς I 2 c α	many	688d
	χάρις 2 a	favor	877c
15c	πολύς I 2 a β	many	688b
15f	χάρισμα 1	a gift	879a
16	ἁμάρτημα	sin	42d
	δικαίωμα 3	righteous deed	198b
	δώρημα	gift	210d
	κρίμα 4 a	verdict	450d
	παράπτωμα 2 b	transgression	621d
17	δικαιοσύνη 3	righteousness	197a
	δωρεά	gift	210c
	δωρεά	gift	210c
	θάνατος 1 f	death	351b
	λαμβάνω 2	receive	465a
	μᾶλλον 2 b	more	489c
	περισσεία	surplus	650c
	πολύς I 2 c α	many	688d
	χάρις 3 b	favor	878a
17a	βασιλεύω 1 c	rule	136d
17b	βασιλεύω 1 b δ	rule	136d
17f	διά A III 2 b γ	by	180d
	ζωή 2 b β	life	341a
	παράπτωμα 2 a α	transgression	621d
18	ἄρα 4	then	104a
	γίνομαι I 4 a	become	159d
	δικαίωμα 2	righteous deed	198a
	δικαίωσις	justification	198b
	καί II 3	also	393c
	κατάκριμα	doom	412a
	οὕτω 1 a	thus	597d
	ὡς II 1	so	897c
18a	πᾶς, πᾶσα, πᾶν 1 b	all	631d
18b	πᾶς, πᾶσα, πᾶν 1 b	all	631d
18f	ἄνθρωπος 1 b	man	68c
19	ἁμαρτωλός 2	sinner	44c
	δίκαιος 1 b	upright	195d
	καθίστημι 3	cause	390c
	καί II 3	also	393c
	οὕτω 1 a	thus	597d
	παρακοή	disobedience	618d
	ὑπακοή 1 b	obedience	837a
	ὥσπερ 1	(just) as	899c
19a	πολύς I 2 a β	many	688b
19b	πολύς I 2 a β	many	688b
20	ἵνα II 2	in order that	378a
	νόμος 3	law	542c
	οὗ 1 b	where	589d
	παράπτωμα 2 a β	transgression	621d
	παρεισέρχομαι 1	slip in	624d
	ὑπερπερισσεύω 1	be abundant	841d
20a	πλεονάζω 1 a	increase	667b
20f	χάρις 2 a	favor	877c
21	αἰώνιος 3	eternal	28d
	διά A III 2 b γ	by	180d
	δικαιοσύνη 3	righteousness	197a
	ζωή 2 b β	life	341a
	κύριος 2 c γ	lord	460b
	οὕτω 1 a	thus	597d
	ὥσπερ 1	(just) as	899c
21a	βασιλεύω 1 c	rule	136d
21b	βασιλεύω 1 c	rule	136d

Romans 6

1	εἶπον 1	say	226b
	εἶπον 3 f	conclude	226d
	ἐπιμένω 2	continue	296b
	οὖν 1 c β	therefore	593b
	πλεονάζω 1 a	increase	667b
	τίς, τί 1 b ε	which	819c
	χάρις 2 a	favor	877c
2	ἀποθνῄσκω 1 b γ	die	91c
	γίνομαι I 3 a	take place	158d
	ἔτι 1 b β	still	316a
	ζάω	live	336a
	ζάω 3 a	live	336d
	μή A III 2	not	516d
	ὅστις 2 b	whoever	587a
	πῶς 1 d	how	732c
3	ἀγνοέω 1	be ignorant	11b
	ἤ 1 d α	or	342b
	ὅσος 2	how great	586c

3	Χριστός 2	Christ	887b
3a	βαπτίζω 2 b β	baptize	132a
3b	βαπτίζω 2 b β	baptize	132a
3ff	θάνατος 1 b β	death	351a
4	βάπτισμα 2	baptism	132d
	δόξα 1 a	glory	203d
	ἐγείρω 2 c	rise	215a
	ζωή 2 b α	life	340c
	καινότης	newness	394c
	νεκρός 2 a	dead	535a
	ὁμοίωμα 1	likeness	567c
	οὖν 1 a	therefore	593a
	οὕτω 1 a	thus	597d
	περιπατέω 2 a δ	go about	649c
	συνθάπτω	bury with	789d
	Χριστός 2	Christ	887b
5	ἀλλά 4	but, yet	38d
	ἀνάστασις 2 a	resurrection	60b
	ὁμοίωμα 1	likeness	567c
	σύμφυτος	grown together	780d
6	ἁμαρτία 3	sin	43c
	ἁμαρτία 3	sin	43c
	ἄνθρωπος 2 c β	man	68d
	δουλεύω 2 c	serve	205c
	καταργέω 2	abolish	417c
	μηκέτι 4	no longer	518c
	ὁ, ἡ, τό II 1 d	the	550d
	ὁ, ἡ, τό II 4 b ζ	the	551d
	οὗτος 1 b β	this	597a
	παλαιός 2	old	605d
	συσταυρόω 2	crucify with	795a
	σῶμα 1 b	body	799c
7	δικαιόω	justify	197c
	δικαιόω 3 c	make free	197d
8	ἀποθνῄσκω 1 b β	die	91c
	εἰ III	if	219c
	πιστεύω 1 a β	believe	660c
	συζάω	live with	775c
	σύν 2 b	with	781d
9	ἐγείρω 2 c	rise	215a
	θάνατος 1 f	death	351b
	κυριεύω 2	rule	458d
	Χριστός 2	Christ	887b
9a	οὐκέτι 1	no longer	592c
9b	οὐκέτι 1	no longer	592c
10	ἀποθνῄσκω 1 a α	die	91b
	ἐφάπαξ 2	once for all	330a
	ζάω 3 b	live	337a
10a	ὅς, ἥ, ὅ I 7 c	(rel pron)	584d
10b	ὅς, ἥ, ὅ I 7 c	(rel pron)	584d
10f	θεός 3 g α	God	357d
11	ἐν I 5 d	in	259d
	ζάω 2 a	live	336c
	ζάω 3 b	live	337a
	καί II 3	also	393c
	λογίζομαι 1 b	consider	476b
	μέν 1 a α	(particle)	502d
	νεκρός 1 b α	dead	534d
	οὕτω 1 b	thus	597d
	Χριστός 2	Christ	887b
12	βασιλεύω 1 c	rule	136d

12	εἰς 4 e	so that	229c
	ἐπιθυμία 3	desire	293d
	ἐπιθυμία 3	desire	293d
	θνητός	mortal	362d
	οὖν 1 b	therefore	593a
	ὑπακούω 1	listen to	837c
12f	μηδέ 1 b	and not	517d
13	ἀδικία 2	unrighteousness	18a
	δικαιοσύνη 2 b	righteousness	196d
	δικαιοσύνη 3	righteousness	197a
	ἐκ 1 c	away from	234c
	ζάω 2 a	live	336c
	ὡσεί 1	as	899b
13a	μέλος 1	member	501d
	ὅπλον	tool	575c
	παρίστημι 1 a	place beside	627d
13b	μέλος 1	member	501d
	ὅπλον 1	tool	575c
	παρίστημι 1 a	place beside	627d
14	γάρ 1 c	for	152a
	κυριεύω 2	rule	458d
	ὑπό 2 b	under	843c
14f	εἰμί III 12	to be	225d
	νόμος 3	law	542d
	χάρις 3 b	favor	878a
15	γίνομαι I 3 a	take place	158d
	μή A III 2	not	516d
	ὅτι 3 a	that	589c
	οὖν 1 c β	therefore	593a
	τίς, τί 1 b ε	which	819c
	ὑπό 2 b	under	843c
16	δικαιοσύνη 3	righteousness	197a
	δοῦλος 3	slave	205d
	εἰς 4 e	so that	229c
	ἤ 1 b	or	342b
	θάνατος 2 b	death	351c
	οἶδα 1 e	know	556a
	ὅς, ἥ, ὅ I 2 a	(rel pron)	583b
	παρίστημι 1 a	place beside	627d
	ὑπακούω 1	listen to	837b
16a	ὑπακοή 1 a	obedience	837a
16b	ὑπακοή 1 b	obedience	837a
17	ἁμαρτία 3	sin	43c
	διδαχή 2	teaching	192b
	δοῦλος 3	slave	205d
	ἐκ 3 g γ	by	235c
	καρδία 1 b α	heart	403c
	ὅς, ἥ, ὅ I 5 c β	(rel pron)	584c
	παραδίδωμι 1 b	give over	615b
	τύπος 4	mark	830a
	ὑπακούω 1	listen to	837c
	χάρις 5	favor	878c
18	δουλόω 2	enslave	206b
	ἐλευθερόω 2	set free	251a
18ff	δικαιοσύνη 3	righteousness	197a
19	ἁγιασμός	holiness	9a
	ἀκαθαρσία 2	impurity	28d
	ἀνθρώπινος 1	human	67d
	ἀσθένεια 2	timidity	115b
	δοῦλος	slavish	205c

19	οὕτω	thus	597c
	σάρξ 7	body	744b
	σύ 3	you	772c
19a	ἀνομία 1	lawlessness	71d
	μέλος 1	member	501d
	παρίστημι 1 a	place beside	627d
19b	ἀνομία 2	lawlessness	72a
	μέλος 1	member	501d
	παρίστημι 1 a	place beside	627d
20	ἁμαρτία 3	sin	43c
	δοῦλος 3	slave	205d
	ἐλεύθερος 2	free	250d
	ὅτε 1 a	when	588b
21	ἐπαισχύνομαι 2	be ashamed	282b
	ἐπί II 1 b γ	on	287c
	θάνατος 2 b	death	351c
	ὅς, ἥ, ὅ I 2 b β	(rel pron)	583c
21f	καρπός 2 a	result	405a
	τέλος 1 c	end	811d
22	ἁγιασμός	holiness	9a
	ἁμαρτία 3	sin	43c
	δουλόω 2	enslave	206b
	ἐλευθερόω 2	set free	251a
	νυνί 1 c	now	546b
22f	ζωή 2 b β	life	341a
23	ἁμαρτία 3	sin	43c
	ἐν I 5 d	in	259d
	θάνατος 2 b	death	351c
	κύριος 2 c γ	lord	460b
	ὀψώνιον 1 b	wages	602c
	ὀψώνιον 2	wages	602c
	χάρισμα 1	a gift	879a

Romans 7

1	ἀγνοέω 1	be ignorant	11b
	ἄνθρωπος 3 b	man	69b
	γάρ 2	for	152b
	γινώσκω 3 a	understand	161b
	ἐπί III 2 b	on	289c
	ζάω 1 a α	live	336a
	ἤ 1 d α	or	342b
	κυριεύω 2	rule	458d
	λαλέω 2 a δ	speak	463b
	ὅσος 1	how great	586b
	χρόνος	time	888a
1a	νόμος 3	law	542c
1b	νόμος 3	law	542c
1f	νόμος 1	law	542b
2	γάρ 1 d	for	152a
	γάρ 2	for	152b
	δέω 3	bind	178a
	ζάω 1 a α	live	336a
	καταργέω 3	be released	417c
	ὕπανδρος	subject to	837c
2a	νόμος 3	law	542d
2b	νόμος 3	law	542d
2f	ἀνήρ 1	man	66c
	ἀποθνῄσκω 1 a α	die	91b
3	ἄρα 4	then	104a
	ἐλεύθερος 2	free	250d

3	ἕτερος 1 b α	another	315a
	ζάω 1 a α	live	336a
	μή A II 1 d β	not	516b
	ὁ, ἡ, τό II 4 b	the	551d
	χρηματίζω 2	impart a warning	885d
3a	μοιχαλίς 1	adulteress	526a
3b	μοιχαλίς 1	adulteress	526a
3f	γίνομαι II 3	belong to	160c
4	διά A III 1 a	by means of	180a
	εἰς 4 e	so that	229c
	θανατόω 2 b	put to death	351d
	ἵνα I 1 e	in order that	377a
	καρποφορέω 2	bear fruit	405b
	νεκρός 2 a	dead	535a
	σῶμα 1 b	body	799d
	ὥστε 1 a	therefore	899d
4-7	νόμος 3	law	542c
5	διά A III 1 d	through	180b
	εἰμί III 4	to be	225b
	ἐνεργέω 1 a	work	265b
	ἐνεργέω 1 b	work	265b
	θάνατος 2 b	death	351c
	καρποφορέω 2	bear fruit	405b
	μέλος 1	member	501d
	ὅτε 1 a	when	588b
	πάθημα 2	passion	602d
	σάρξ 7	body	744c
6	ἀποθνῄσκω 1 b γ	die	91c
	γράμμα 2 c	writing	165c
	δουλεύω 1 b	be a slave	205a
	καινότης	newness	394c
	καταργέω 3	be released	417c
	κατέχω 1 d α	be bound	423a
	νυνί 1 c	now	546b
	παλαιότης	age	606a
	πνεῦμα 5 g γ	spirit	677c
	ὥστε 2 a β	so that	900a
7	ἀλλά 1 a	but, yet	38a
	ἁμαρτία 1	sin	43b
	γάρ 1 b	for	151d
	γίνομαι I 3 a	take place	158d
	γινώσκω 1 a	know	160d
	εἰ VI 8 a	if not	220a
	εἶπον 1	say	226b
	ἐπιθυμέω	desire	293b
	μή A I 1	not	515d
	μή A III 2	not	516d
	οἶδα 1 b	know	555d
	οὐ 4 b	no	590c
	οὖν 1 c β	therefore	593b
	τίς, τί 1 b ε	which	819c
7b	νόμος 3	law	542c
7f	ἐπιθυμία 3	desire	293c
8	ἁμαρτία 3	sin	43c
	ἀφορμή	pretext	127c
	διά A III 1 d	through	180b
	ἐν I 5 a	in	259b
	κατεργάζομαι 2	achieve	421d
	λαμβάνω 1 a	take	464b
	νεκρός 1 b β	dead	535a

8	πᾶς, πᾶσα, πᾶν 1 a β	every each	631c
	χωρίς 2 b γ	apart	890d
8f	νόμος 3	law	542d
8ff	ἐντολή 2 a α	command	269a
9	ἁμαρτία 3	sin	43c
	ἀναζάω 1 b	come to life again	53d
	ἀνόμως	without the law	72b
	ἀποθνῄσκω 1 b α	die	91c
	ἔρχομαι I 1 c β	come	311c
	ζάω	live	336a
	ζάω 2 a	live	336c
	ποτέ 1	once	695a
	χωρίς 2 b γ	apart	890d
10	ἀποθνῄσκω 1 b α	die	91c
	εὑρίσκω 2	find	325d
	ζωή 2 b α	life	340d
	θάνατος 2 a	death	351c
	ὁ, ἡ, τό II 1 g	the	550d
	οὗτος 1 a ε	this	596d
11	ἀποκτείνω 1 b	kill	94a
	ἀφορμή	pretext	127c
	διά A III 1 d	through	180b
	ἐξαπατάω	deceive	273a
	λαμβάνω 1 a	take	464b
12	ἀγαθός 1 b β	good	3b
	ἅγιος 1 a β	worthy of God	9c
	δίκαιος 4	righteous	196a
	καί I 1 a	and	391d
	μέν 2 b	(particle)	503b
	νόμος 3	law	542c
	ὥστε 1 a	therefore	899d
13	ἀγαθός 2 a α	good	3c
	ἀλλά 1 a	but, yet	38a
	ἁμαρτωλός 1	sinner	44a
	γίνομαι I 3 a	take place	158d
	γίνομαι II 1	be	160b
	διά A III 1 d	through	180b
	ἵνα II 2	in order that	378a
	κατά II 5 b β	according to	407d
	κατεργάζομαι 2	achieve	421d
	μή A III 2	not	516d
	ὑπερβολή	excess	840c
	φαίνω 2 e	appear	852a
13a	θάνατος 2 a	death	351c
13b	θάνατος 2 a	death	351c
13ff	μέν 2 b	(particle)	503b
14	ἁμαρτία 3	sin	43c
	νόμος 3	law	542c
	οἶδα 1 e	know	556a
	πιπράσκω	sell	659b
	πνευματικός 2 a β	spiritual	679a
	σαρκικός 3	fleshly	743a
	σάρκινος 2	fleshy	743b
	σάρξ 8	body	744c
	ὑπό 2 b	under	843d
15	γινώσκω 6 a α	know	161c
	θέλω 2	wish	355c
	κατεργάζομαι 1	achieve	421c
	μισέω 2	hate	523a

15	πράσσω 1 a	do	698b
15f	θέλω 2	wish	355b
	οὗτος 1 a ε	this	596d
	ποιέω I 1 b ε	do	681c
16	καλός 2 b	good	400c
	νόμος 3	law	542c
	σύμφημι	agree	780c
17	ἁμαρτία 3	sin	43c
	ἐνοικέω	live	267c
	νυνί 2 a	now	546b
	οὐκέτι 2	no longer	592d
17f	ἐν I 5 a	in	259b
	κατεργάζομαι 1	achieve	421c
18	εἰμί II 3	to be	224a
	θέλω 2	wish	355c
	καλός 2 b	good	400c
	ὁ, ἡ, τό II 4 a	the	551c
	οἰκέω 1	dwell	557a
	οὗτος 1 b ε	this	597b
	σάρξ 7	body	744b
19	θέλω 2	wish	355c
	κακός 1 c	evil	398a
	ὅς, ἥ, ὅ I 5 a	(rel pron)	584b
	πράσσω 1 a	do	698c
19f	θέλω 2	wish	355b
	οὗτος 1 a ε	this	596d
20	ἁμαρτία 3	sin	43c
	κατεργάζομαι 1	achieve	421c
	οἰκέω 1	dwell	557a
	οὐκέτι 2	no longer	592d
	ποιέω I 1 b ε	do	681c
21	ἄρα 1	then	103d
	εὑρίσκω 2	find	325c
	θέλω 2	wish	355b
	κακός 1 c	evil	397d
	καλός 2 b	good	400c
	νόμος 2	a rule	542b
	ποιέω I 1 b ε	do	681b
22	ἄνθρωπος 2 c α	man	68d
	ἔσω 2	in	314b
	κατά II 6	with respect to	407d
	νόμος 3	law	542d
	συνήδομαι	agree with	789c
23	αἰχμαλωτίζω 2	capture	27a
	ἁμαρτία 3	sin	43c
	ἀντιστρατεύομαι	be at war	75d
	βλέπω 7 b	see	143d
	ἕτερος 2	another	315c
	νοῦς 2	the mind	544d
23a	μέλος 1	member	501d
	νόμος 2	a rule	542b
23b	μέλος 1	member	501d
	νόμος 2	a rule	542b
23c	νόμος 2	a rule	542b
24	θάνατος 2 a	death	351c
	ῥύομαι	save	737d
	σῶμα 1 b	body	799c
	ταλαίπωρος	miserable	803b
	τίς, τί 1 a α	which	819a
25	ἁμαρτία 3	sin	43c
	ἄρα 4	then	104a

25	ἄρα	(particle)	104a
	αὐτός 1 f	of himself	123a
	διά A III 2 a	by	180d
	δουλεύω 2 c	serve	205c
	κύριος 2 c γ	lord	460b
	νοῦς 2	the mind	544d
	σάρξ 7	body	744b
	χάρις 5	favor	878c
25a	νόμος 3	law	542d

Romans 8

1	ἄρα 1	then	103d
	ἐν I 5 d	in	259d
	κατάκριμα	doom	412a
	νῦν 1 c	now	545d
	ὁ, ἡ, τό II 5	the	552a
1f	Χριστός 2	Christ	887b
2	ἁμαρτία 3	sin	43c
	ἁμαρτία 3	sin	43c
	ἐλευθερόω 2	set free	251a
	ζωή 2 b α	life	340d
	πνεῦμα 5 e	spirit	677b
2a	νόμος 5	law	543b
2b	νόμος 2	a rule	542b
2f	γάρ 1 c	for	152a
3	ἀδύνατος 2 b	impossible	19b
	ἁμαρτία 3	sin	43c
	ἀσθενέω 1 b	weak	115c
	διά A IV	because of	181a
	ἐν I 4 d	in	259b
	ἐν IV 6 d	in	261c
	κατακρίνω	condemn	412b
	ὁ, ἡ, τό II 2 a	the	551a
	ὁμοίωμα 4	likeness	567d
	πέμπω 1	send	642a
	περί 1 g	about	644d
	υἱός 2 b	son	834d
3a	σάρξ 7	body	744b
3b	σάρξ 7	body	744b
3c	σάρξ 4	body	743d
3f	νόμος 3	law	542c
4	δικαίωμα 1	regulation	198a
	κατά II 5 a γ	according to	407b
	νόμος 3	law	542d
	περιπατέω 2 a δ	go about	649c
	πληρόω 4 b	make full	671d
	σάρξ 7	body	744b
	σάρξ 7	body	744c
4-6	πνεῦμα 5 g α	spirit	677b
4-9	σάρξ 7	body	744b
4f	πνεῦμα 5 d β	spirit	677a
5	εἰμί III 6 b	to be	225c
	ὁ, ἡ, τό II 7	the	552b
	σάρξ 7	body	744b
	φρονέω 2	think	866c
5a	σάρξ 7	body	744c
5b	σάρξ 7	body	744c
6	εἰρήνη 3	peace	227d
	ζωή 2 b α	life	340d
6	ζωή 2 b α	life	340d
	θάνατος 2 a	death	351c
	σάρξ 7	body	744b
6a	φρόνημα	aim	866c
6b	φρόνημα	aim	866c
7	γάρ 1 b	for	152a
	διότι 3	for	199c
	δύναμαι 2	able	207b
	εἰς 4 c α	against	229b
	ἔχθρα	enmity	331b
	νόμος 3	law	542d
	οὐδέ 1	and not	591c
	ὑποτάσσω 1 b β	subject	848b
	φρόνημα	aim	866c
8	ἀρέσκω 2 a	be pleasing	105c
	εἰμί III 4	to be	225b
	θεός 3 b	God	357c
8f	σάρξ 7	body	744c
9	εἰ I 1 a	if	219a
	εἰ VI 11	if	220b
	εἰμί IV 2	to be	225d
	ἐν I 5 a	in	259c
	ἐν I 5 d	in	260a
	ὁ, ἡ, τό II 11	the	552d
	οἰκέω 1	dwell	557a
	οὗτος 1 a ε	this	596d
	σάρξ 7	body	744b
9a	πνεῦμα 5 g α	spirit	677b
9b	οὐ 5 b	no	590d
	πνεῦμα 5 a	spirit	676b
9c	πνεῦμα 5 b	spirit	676c
10	δικαιοσύνη 3	righteousness	197a
	εἰ I 1 a	if	219a
	ἐν I 5 a	in	259b
	ζωή 2 b α	life	340d
	νεκρός 1 b β	dead	535a
	πνεῦμα 5 g β	spirit	677b
	σῶμα 1 b	body	799a
	Χριστός 2	Christ	887b
11	ἐγείρω 1 a β	raise	214d
	ἐν I 5 a	in	259c
	ἐνοικέω	live	267c
	ζῳοποιέω 1	make alive	341d
	θνητός	mortal	362d
	οἰκέω 1	dwell	557a
	πνεῦμα 8	spirit	678c
	σάρξ 8	body	744c
	σῶμα 1 b	body	799c
	Χριστός 2	Christ	887b
11a	νεκρός 2 a	dead	535a
	πνεῦμα 5 a	spirit	676b
11b	νεκρός 2 a	dead	535a
	πνεῦμα 5 g β	spirit	677b
12	ἄρα 4	then	104a
	ὁ, ἡ, τό II 4 b γ	the	551d
	ὀφειλέτης 2 b	debtor	598c
	ὀφειλέτης 2 b	debtor	598c
12b	σάρξ 7	body	744c
12f	ζάω 3 a	live	336d
	κατά II 5 b β	according to	407d
	σάρξ 7	body	744b

13	ἀποθνῄσκω 1 b α	die	91c
	θανατόω 2 c	put to death	351d
	μέλλω 1 c δ	is destined	501b
	πνεῦμα 5 g α	spirit	677b
	πρᾶξις 4 b	acting	698a
	σάρξ 7	body	744b
	σάρξ 7	body	744c
	σῶμα 1 b	body	799a
	σῶμα 1 b	body	799c
13b	ζάω 2 b α	live	336c
14	ἄγω 3	lead	14c
	ὅσος 2	how great	586b
	οὗτος 1 a ε	this	596d
	πνεῦμα 5 a	spirit	676b
	υἱός 1 c γ	son	834a
15	ἀββά	father	1b
	γάρ 1 e	for	152a
	δουλεία 2	slavery	205a
	εἰς 4 e	so that	229c
	κράζω 2 b α	call	448a
	πάλιν 1 b	again	606d
	πατήρ	father	635a
	πατήρ 3 c β	father	636b
	υἱοθεσία 2	adoption	833c
	φόβος 2 a β	fear	863d
15b	πνεῦμα 5 e	spirit	677b
16	πνεῦμα 3 b	spirit	675c
	συμμαρτυρέω	testify	778c
16f	τέκνον 2 e	child	808d
17	εἰ I 1 a	if	219a
	εἰ VI 11	if	220b
	ἵνα II 2	in order that	378a
	κληρονόμος 2 b	heir	435b
	συγκληρονόμος	inheriting together	774b
	συμπάσχω	suffer with	779b
	συνδοξάζω 2	share in glory	785d
18	ἄξιος 1 a	worthy	78a
	ἀποκαλύπτω 4	reveal	92b
	γάρ 1 e	for	152a
	δόξα 1 b β	glory	203d
	καιρός 1	time	394d
	λογίζομαι 3	think	476b
	μέλλω 1 b α	be about to	501a
	νῦν 3 a	now	546a
	πάθημα 1	suffering	602b
	πρός III 5 d	in accordance with	710d
19	ἀπεκδέχομαι	await	83c
	ἀποκάλυψις 3	revelation	92c
	ἀποκαραδοκία	eager expectation	92c
	υἱός 1 c γ	son	834a
19-22	κτίσις 1 b β	creation	456a
20	διά B II 4 b	by	181c
	ἑκών	willing	247d
	ἐλπίς 1	hope	252d
	ἐλπίς 2 a	hope	253a
	ἐλπίς 2 b	hope	253b
	ἐλπίς 2 b	hope	253b
	ἐπί II 1 b γ	on	287b

20	ματαιότης	futility	495d
20a	ὑποτάσσω 1 b α	subject	848a
20b	ὑποτάσσω 1 a	subject	848a
21	αὐτός 1 g	even	123a
	διότι 1	because	199b
	διότι 4	that	199c
	δόξα 1 b β	glory	203d
	δουλεία 2	slavery	205a
	εἰς 7	to	230b
	ἐλευθερία	freedom	250c
	ἐλευθερόω 2	set free	251a
	τέκνον 2 e	child	808d
	φθορά 1	ruin	858a
22	ἄχρι 1 a	until	128d
	νῦν 3 b	now	546a
	οἶδα 1 e	know	556a
	πᾶς, πᾶσα, πᾶν 1 c α	all	631d
	συνωδίνω	suffer agony together	793d
	συστενάζω	lament	795b
23	ἀλλά 1 a	but, yet	38a
	ἀπαρχή 2 b	first fruits	81c
	ἀπεκδέχομαι	await	83c
	ἀπολύτρωσις 2 a	redemption	96b
	ἑαυτοῦ 2	oneself	212b
	μόνος 2 c α	only	528a
	πνεῦμα 5 d α	spirit	676d
	στενάζω	sigh	766b
	υἱοθεσία 2	adoption	833c
24	ἐλπίζω 2	hope	252c
	ἐλπίς 1	hope	253a
	ἐλπίς 4	hope	253c
	καί II 5	still	393c
	σῴζω 2 b	save	798d
	ὑπομένω 2	remain	846a
24f	βλέπω 1 a	see	143b
25	ἀπεκδέχομαι	await	83c
	διά A III 1 c	through	180b
	ἐλπίζω 2	hope	252c
	ὑπομονή 1	patience	846c
26	ἀλάλητος	unexpressed	34d
	ἀσθένεια 2	timidity	115b
	δεῖ 6	it is necessary	172b
	καθό 1	as	390d
	ὁ, ἡ, τό II 8 a	the	552c
	προσεύχομαι	pray	714a
	στεναγμός	sigh	766b
	συναντιλαμβάνομαι	help	784d
	ὑπερεντυγχάνω	plead	840d
	ὡσαύτως	similarly	899b
26a	πνεῦμα 5 d α	spirit	677a
26b	πνεῦμα 6 e	spirit	677d
27	ἅγιος 2 d β	saints	10a
	ἐντυγχάνω 1	meet	270a
	ἐραυνάω	search	306d
	θεός 3 b	God	357c
	καρδία 1 b α	heart	403c
	κατά II 5 a α	according to	407b
	οἶδα 1 f	know	556a
	πνεῦμα 5 d α	spirit	677a

27	φρόνημα	aim	866c
28	ἀγαθός 2 a β	good	3c
	ἀγαπάω 1 a β	love	4d
	δέ 2	but, and	171c
	εἰς 5	for	230a
	κλητός	called	436a
	οἶδα 1 e	know	556a
	πᾶς, πᾶσα, πᾶν 2 a δ everything		632d
	πρόθεσις 2 b	setting forth	706b
	συνεργέω	work with	787c
29	ἀδελφός 2	brother	16b
	εἰκών 2	form	222c
	πολύς I 1 a α	many	687c
	προγινώσκω knows beforehand		703d
	προορίζω decide upon beforehand		709b
	πρωτότοκος 2 a	firstborn	726d
	σύμμορφος	same form	778d
	υἱός 2 b	son	834d
30	δικαιόω 3 b	justify	197d
	δοξάζω 2	glorify	204c
	καλέω 2	call	399d
	οὗτος 1 a ε	this	596d
	προορίζω decide upon beforehand		709b
31	εἶπον 1	say	226b
	κατά I 2 b γ	down	406a
	οὖν 1 c β	therefore	593b
	ὑπέρ 1 a δ	in behalf of	838c
32	γέ 2	(emphasizing particle)	152d
	ἴδιος 1 b	ones own	369d
	ὅς, ἥ, ὅ I 10 b	(rel pron)	585a
	οὐχί 3	not	598b
	παραδίδωμι 1 b	give over	615a
	πῶς 1 d	how	732c
	σύν 4 a	with	782a
	υἱός 2 b	son	835a
	ὑπέρ 1 a ε	in behalf of	838d
	φείδομαι 1	spare	854d
	χαρίζομαι	give freely	876c
	χαρίζομαι 1	give freely	876c
32a	πᾶς, πᾶσα, πᾶν 1 e α	all	632b
32b	πᾶς, πᾶσα, πᾶν 2 b β all things		633b
33	δικαιόω 3 b	justify	197d
	ἐγκαλέω	accuse	215c
	ἐκλεκτός 1 b	chosen	242d
	κατά I 2 b β	down	405d
33-5	τίς, τί 1 a α	which	819a
33b	θεός 3 b	God	357c
34	δεξιός 2 a	right	174d
	ἐγείρω 2 c	rise	215a
	εἰμί III 4	to be	225b
	ἐντυγχάνω 1	meet	270a
	κατακρίνω	condemn	412b
	μᾶλλον 3 d	rather	489d
	νεκρός 2 a	dead	535a
35	ἀγάπη I 2 a	love	6a
	γυμνότης 2	destitution	168a

35	διωγμός	persecution	201b
	ἤ 1 a β	or	342b
	θλῖψις 1	tribulation	362b
	κίνδυνος	danger	432b
	λιμός 1	hunger	475b
	μάχαιρα 2	sword	496c
	στενοχωρία	distress	766c
	χωρίζω 1	divide	890b
36	γράφω 2 c	write	166d
	ἕνεκα	because of	264d
	ἡμέρα 2	day	346b
	θανατόω 1	put to death	351d
	καθώς 1	just as	391b
	λογίζομαι 1 b	consider	476b
	ὅλος 2 a	whole	564d
	ὅτι 2	that	589c
	πρόβατον 1	sheep	703a
	σφαγή	slaughter	795d
37	ἀγαπάω 1 b α	love	4d
	ἀλλά 3	but, yet	38c
	διά A III 2 b γ	by	180d
	πᾶς, πᾶσα, πᾶν 1 e β	all	632c
	ὑπερνικάω win glorious victory		841c
38	ἄγγελος 2 b	angel	8a
	ἀρχή 3	ruler	112c
	δύναμις 6	power	208b
	ἐνίστημι 1	be present	266d
	ζωή 1 a	life	340b
	θάνατος 1 a	death	350d
	μέλλω 2	is destined	501c
	πείθω 4	obey	640a
38f	οὔτε	not	596a
39	βάθος 1	depth	130b
	ἐν I 5 d	in	259d
	ἕτερος 1 b α	another	315a
	κτίσις 1 b α	creation	455d
	κύριος 2 c γ	lord	460b
	ὕψωμα 1	height	851c
	χωρίζω 1	divide	890b

Romans 9

1	ἀλήθεια 2 a	truth	35d
	ἐν I 5 d	in	259d
	λέγω I 1 a	say	468a
	μηδέ 1 b	and not	518a
	πνεῦμα 5 c β	spirit	676d
	συμμαρτυρέω	testify	778c
	συνείδησις 2	consciousness	786c
	συνείδησις 2	consciousness	786c
	ψεύδομαι 1	lie	891d
2	ἀδιάλειπτος	unceasing	17b
	καρδία 1 b ε	heart	404a
	λύπη	grief	482a
	μέγας 2 a γ	great	498a
	ὀδύνη	pain	555b
3	ἀδελφός 3 fellow countryman		16c
	ἀνάθεμα 2 a	accursed	54b
	ἀπό I 5	from	86d

3	αὐτός 1 f	of himself	123a
	εὔχομαι	wish	329b
	εὔχομαι 2	wish	329c
	κατά II 6	with respect to	407d
	σάρξ 4	body	743d
	συγγενής	related	772d
	ὑπέρ 1 c	in behalf of	839a
	Χριστός 1	Anointed One	887b
4	διαθήκη 2	covenant	183b
	δόξα 3	fame	204a
	ἐπαγγελία 2 a	promise	280c
	᾿Ισραηλίτης	Israelite	381d
	καταργέω 1 b	make ineffective	417b
	λατρεία	service	467b
	νομοθεσία	law	541d
	υἱοθεσία 1	adoption	833b
5	αἰών 1 b	time	27c
	ἀμήν 1	amen	45d
	εἰμί I 1	to be	223a
	εἰμί III 5 a	to be	225c
	ἐπί I 1 b α	over	286c
	εὐλογητός	blessed	322d
	θεός 2	God	357a
	κατά II 6	with respect to	407d
	ὁ, ἡ, τό II 6	the	552a
	πᾶς, πᾶσα, πᾶν 2 a δ	everything	632d
	σάρξ 4	body	744a
	Χριστός 1	Anointed One	887b
6	ἐκ 3 d	from	235a
	ἐκπίπτω 3 b	fail	244a
	᾿Ισραήλ 3	Israel	381d
	λόγος 1 b α	command	478a
	οἷος	of what sort	562d
	ὅτι 1 c	that	589a
	οὐ 2 a	no	590a
	οὗτος 1 a ε	this	596d
	πᾶς, πᾶσα, πᾶν 1 d γ	all	632b
6a	᾿Ισραήλ 1	Israel	381c
7	᾿Αβραάμ	Abraham	1d
	ἐν III 3 a	because of	261a
	᾿Ισαάκ	Isaac	380d
	καλέω 1 a δ	call	399b
	τέκνον 1 a α	child	808b
	τέκνον 2 e	child	808d
7a	σπέρμα 2 b	seed	762a
7b	σπέρμα 2 b	seed	762a
8	εἰμί II 3	to be	224a
	ἐπαγγελία 2 a	promise	280d
	λογίζομαι 1 b	consider	476a
	οὗτος 1 a ε	this	596d
	οὗτος 1 b ε	this	597b
	σάρξ 4	body	743d
	σπέρμα 2 b	seed	762a
8a	τέκνον 1 b	child	808c
8b	τέκνον 2 e	child	808d
9	ἐπαγγελία 2 a	promise	280c
	ἔρχομαι I 1 a α	come	310c
	καιρός 1	time	395a
	κατά II 2 a	during	406c
9	λόγος 1 b α	command	478a
	Σάρρα	Sarah	744d
	υἱός 1 a α	son	833c
10	ἀλλά 1 a	but, yet	38a
	εἷς 2 a	one	231a
	ἐκ 3 a	from	234d
	᾿Ισαάκ	Isaac	380d
	᾿Ισαάκ	Isaac	380d
	κοίτη 2 b	bed	440b
	μόνος 2 c α	only	528a
	πατήρ 1 b	forefather	635b
	῾Ρεβέκκα	Rebecca	734d
11	ἐκλογή 1	selection	243a
	κατά II 7 c	(in descriptive phrase)	408a
	μένω 1 c β	remain	504b
	μήπω	not yet	519c
	ὁ, ἡ, τό II 1 g	the	550d
	πράσσω 1 a	do	698b
	πρόθεσις 2 b	setting forth	706b
	τὶς, τὶ 2 a γ	any one	820c
	φαῦλος 1	worthless	854c
12	δουλεύω 1 a	be a slave	205a
	εἶπον 4	say	226d
	ἐκ 3 i	by	235d
	ἐλάσσων	smaller	248b
	ἔργον 1 c β	deed	308b
	καλέω 2	call	399d
	μέγας 2 a α	great	497c
13	ἀγαπάω 1 b α	love	4d
	γράφω 2 c	write	166d
	᾿Ησαῦ	Esau	349a
	᾿Ιακώβ 1	Jacob	367b
	καθάπερ	just as	387a
	μισέω 1	hate	522d
14	ἀδικία 2	unrighteousness	18a
	γίνομαι I 3 a	take place	158d
	εἰμί III 8 b	to be	225d
	εἶπον 1	say	226b
	εἶπον 3 f	conclude	226d
	θεός 3 a	God	357b
	μή A III 2	not	516d
	μή C 1	not	517b
	οὖν 1 c β	therefore	593b
	παρά II 2 d	beside	610d
	τίς, τί 1 b ε	which	819c
15	ἐλεέω	have mercy	249d
	οἰκτίρω	have compassion	562a
16	ἄρα 4	then	104a
	ἐλεάω	have mercy on	249a
	ἐλεέω	have mercy	249d
	εὐδοκέω 2 a	well pleased	319b
	εὐδοκέω 2 b	well pleased	319b
	θέλω 2	wish	355b
	τρέχω 2 a	run	825d
17	αὐτός 1 h	even	123a
	γραφή 2 b β	scripture	166b
	διαγγέλλω 1	proclaim far and wide	182b
	δύναμις 1	power	207c
	εἰς 4 f	(purpose)	229d

17	ἐνδείκνυμι 1	demonstrate	262c
	ἐξεγείρω 4	cause to appear	273d
	ὄνομα I 4 b	name	571d
	πᾶς, πᾶσα, πᾶν 1 c α	all	631d
	Φαραώ	Pharaoh	853c
17a	ὅπως 2 a α	in order that	577a
17b	ὅπως 2 a α	in order that	577a
18	ἄρα 4	then	104a
	ἐλεέω	have mercy	249d
	σκληρύνω 1 b	harden	756b
18a	θέλω 2	wish	355b
18b	θέλω 2	wish	355b
19	ἀνθίστημι 2	set against	67b
	βούλημα	intention	146a
	εἶπον 2 b	say	226c
	ἔτι 2 c	still	316a
	μέμφομαι	find fault with	502c
19b	τίς, τί 1 a α	which	819a
20	ἄνθρωπος 1 a γ	man	68b
	ἀνταποκρίνομαι	answer in turn	73b
	γέ 3 e	of course	153a
	μενοῦνγε	rather	503c
	μή C 1	not	517b
	οὕτω 1 b	thus	597d
	πλάσμα	image	666b
	πλάσσω 1 a	form	666c
	ὦ 1	(interjection)	895a
21	ἀτιμία	dishonor	120a
	αὐτός 4 a	the same	123c
	εἰς 4 d	for	229c
	ἐκ 3 h	by	235d
	ἐξουσία 1	right	278a
	κεραμεύς	potter	428d
	μέν 1 c	(particle)	503a
	ὅς, ἥ, ὅ II 2	this (one)	585b
	πηλός 1 a	clay	656b
	ποιέω I 1 a α	do	680d
	σκεῦος 1 b	thing	754b
	τιμή 2 b	honor	817d
	φύραμα	that which is mixed	869a
22	ἀπώλεια 2	destruction	103c
	δυνατός 2 d	possible	209a
	ἐνδείκνυμι 1	demonstrate	262c
	καταρτίζω 2 a	prepare	418a
	μακροθυμία 2 b α	patience	488b
	ὁ, ἡ, τό II 2 c	the	551b
	πολύς I 1 b β	many	688a
	σκεῦος 2	thing	754b
	φέρω 1 c	bear	855a
22a	ὀργή 2 b	anger	579b
22b	ὀργή 2 b	anger	579b
22f	γνωρίζω 1	make known	163c
	εἰς 4 d	for	229c
23	δόξα 1 a	glory	203d
	ἔλεος 2 b	mercy	250b
	ἐπί III 1 b ε	toward	289b
	πλοῦτος 2	wealth	674b
	προετοιμάζω	prepare beforehand	705d
	σκεῦος 2	thing	754b
23	χρηστότης 2 b	goodness	886c
24	ἀλλά 1 a	but, yet	38a
	ἔθνος 2	gentiles	218c
	ἐκ 1 b	away from	234b
	καί II 6		393d
	καλέω 2	call	399d
25	ἀγαπάω 1 d	love	5a
	ἐν I 1 d	in	258c
	καλέω 1 a β	call	399a
	λαός 3 b	people	467a
	λέγω I 7	say	469a
	ὡς II 4 a	so	897d
	Ὡσηέ	Hosea	899c
25a	οὐ 2 a	no	590a
25b	οὐ 3 c	no	590c
26	εἰμί I 4	to be	223b
	ζάω 1 a ε	live	336b
	καλέω 1 a β	call	399a
	τόπος 2 d	place	823b
	υἱός 1 c γ	son	834a
27	ἄμμος	sand	46b
	ἀριθμός 1	number	106b
	Ἠσαΐας	Isaiah	348d
	θάλασσα 1 a	sea	350b
	κατάλειμμα	remnant	413c
	κράζω 2 b α	call	448a
	σῴζω 3	save	798d
	υἱός 1 b α	son	833d
	ὑπέρ 1 f	in behalf of	839a
	ὑπόλειμμα	remnant	845c
	ὡς II 3 b	so	897d
27a	Ἰσραήλ 2	Israel	381c
27b	Ἰσραήλ 1	Israel	381c
28	γῆ 5 b	earth	157d
	δικαιοσύνη 1	righteousness	196b
	λόγος 1 b α	command	478a
	συντελέω 2	complete	792b
	συντέμνω	shorten	792c
29	ἄν 1 b β	(particle)	48c
	Γόμορρα	Gomorrah	164d
	ἐγκαταλείπω 1	leave behind	215d
	Ἠσαΐας	Isaiah	348d
	καθώς 1	just as	391b
	κύριος 2 a	lord	459c
	ὁμοιόω	make like	567b
	ὁμοιόω 1	make like	567b
	προεῖπον 1	foretell	704d
	Σαβαώθ	Lord of Hosts	738d
	Σόδομα	Sodom	759a
	σπέρμα 2 a	seed	761d
29a	ὡς II 3 b	so	897d
30	δέ 2	but, and	171c
	δικαιοσύνη 2 b	righteousness	196c
	δικαιοσύνη 3	righteousness	197a
	δικαιοσύνη 3	righteousness	197a
	διώκω 4 b	pursue	201c
	εἶπον 1	say	226b
	εἶπον 3 f	conclude	226d
	καταλαμβάνω 1 a	seize	413a
	οὖν 1 c β	therefore	593b

30	πίστις 2 d α	faith	663c
	τίς, τί 1 b ε	which	819c
30f	δικαιοσύνη 3	righteousness	197a
31	διώκω 4 b	pursue	201c
	φθάνω 2	come	857a
32	διά B II 2	why	181b
	ἔργον 1 c β	deed	308b
	νόμος 3	law	542d
	ὅτι 3 a	that	589c
	πίστις 2 d α	faith	663c
	προσκόπτω 2 a	take offense	716c
	ὡς III 3	so	898c
32f	λίθος 2	stone	474d
	πρόσκομμα 1 a	stumbling	716b
33	γράφω 2 c	write	166d
	ἐπί II 1 b γ	on	287b
	καταισχύνω 3 b	disappoint	411a
	πέτρα 2	rock	654c
	πιστεύω 2 a γ	believe	661c
	Σιών 2 b	Zion	752c
	σκάνδαλον 2	trap	753a
	τίθημι I 1 a α	put	815d

Romans 10

1	δέησις	prayer	172a
	ἐμός 1 a α	my	255c
	εὐδοκία 3	wish	319d
	καρδία 1 b ε	heart	404b
	μέν 2 a	(particle)	503b
	πρός III 1 f	toward	710a
	σωτηρία 2	deliverance	801d
2	ἐπίγνωσις	knowledge	291c
	ἔχω I 2 e β	have	332d
	ζῆλος 1	zeal	337d
	κατά II 5 a γ	according to	407b
	μαρτυρέω 1 a	bear witness	492d
3	ἀγνοέω 2	not to know	11b
	δικαιοσύνη 3	righteousness	197a
	δικαιοσύνη 3	righteousness	197a
	ζητέω 2 b γ	seek	339a
	ἴδιος 1 a β	ones own	369d
	ἵστημι I 1 b α	put	382a
	ὑποτάσσω 1 b β	subject	848b
4	δικαιοσύνη 3	righteousness	197a
	νόμος 3	law	542d
	πᾶς, πᾶσα, πᾶν 1 c γ	whoever	632a
	πιστεύω 2 b	believe	661d
	τέλος 1 a	end	811b
	τέλος 1 c	end	811d
5	ἄνθρωπος 3 b	man	69b
	γράφω 2 c	write	167a
	δικαιοσύνη 3	righteousness	197a
	ζάω 2 b β	live	336d
	νόμος 3	law	542c
6	ἀναβαίνω 1 a β	go up	50b
	δικαιοσύνη 3	righteousness	197a
	εἰμί II 3	to be	224a
	εἶπον 5	say	226d
6	καρδία 1 b β	heart	403d
	κατάγω	lead	410a
	οὐρανός 2 b	heaven	595a
	οὗτος 1 b ε	this	597b
	οὕτω 2	thus	598a
	πίστις 2 d α	faith	663c
7	Ἄβυσσος 2	Abyss	2b
	ἀνάγω 1	lead	53a
	ἐκ 1 b	away from	234c
	καταβαίνω 1 a δ	come down	408c
	νεκρός 2 a	dead	535a
	οὗτος 1 b ε	this	597b
8	ἐγγύς 3	near	214c
	εἰμί II 3	to be	224a
	εἰμί II 9 a	to be	224d
	καρδία 1 b α	heart	403c
	κηρύσσω 2 b β	announce	431c
	οὗτος 1 b ε	this	597b
	πίστις 2 d α	faith	663c
	στόμα 1 a	mouth	769d
	τίς, τί 1 b α	which	819b
8a	ῥῆμα 1	word	735c
8b	ῥῆμα 1	word	735d
9	ἐγείρω 1 a β	raise	214d
	κύριος 2 a	lord	459b
	κύριος 2 c γ	lord	460b
	νεκρός 2 a	dead	535a
	ὁμολογέω 4	confess	568c
	πιστεύω 1 a β	believe	660c
	ῥῆμα 1	word	735c
	σῴζω 2 b	save	798c
9f	καρδία 1 b α	heart	403c
10	δικαιοσύνη 3	righteousness	197a
	εἰς 4 e	so that	229c
	ὁμολογέω 4	confess	568d
	πιστεύω 1 d	believe	661a
	σωτηρία 2	deliverance	801d
11	γραφή 2 b β	scripture	166b
	ἐπί II 1 b γ	on	287b
	καταισχύνω 3 b	disappoint	411a
	λέγω I 7	say	468d
	πᾶς, πᾶσα, πᾶν 1 c γ	whoever	632a
	πιστεύω 2 a γ	believe	661c
12	διαστολή	difference	188d
	εἰς 4 g	for	229d
	Ἕλλην 2 a	Gentile	252a
	ἐπικαλέω 2 b	call upon	294b
	Ἰουδαῖος 2 a	Jewish	379c
	κύριος 2 c γ	lord	460b
	πλουτέω 2	be rich	674a
13	ἐπικαλέω 2 b	call upon	294b
	κύριος 2 c α	lord	459d
	ὄνομα I 4 b	name	571d
	πᾶς, πᾶσα, πᾶν 1 c γ	whoever	632a
	σῴζω 2 b	save	798c
14	ἀκούω 1 b α	hear	32a
	ἐπικαλέω 2 b	call upon	294b
	κηρύσσω 2 b β	announce	431d

14	οὖν 1 c γ	therefore	593b
	οὖν 4	therefore	593b
	χωρίς 2 a β	apart	890d
14a	ἀκούω 3 b	learn	32c
	ὅς, ἥ, ὅ I 2 b β	(rel pron)	583c
	πιστεύω 2 a β	believe	661c
	πῶς 1 e	how	732c
14b	ὅς, ἥ, ὅ I 2 b γ	(rel pron)	583d
	πιστεύω 2 a α	believe	661b
	πῶς 1 e	how	732c
14c	πῶς 1 e	how	732c
15	ἀγαθός 2 b γ	good	3c
	γράφω 2 c	write	166d
	ἐάν I 3 b	if	211d
	εἰρήνη 3	peace	227d
	εὐαγγελίζω 2 a β	preach	317c
	καθάπερ	just as	387a
	κηρύσσω 2 b β	announce	431d
	πούς 1 b	foot	696d
	πῶς 1 e	how	732c
	ὡραῖος 1	beautiful	896d
	ὡς IV 6	when	899a
16	εὐαγγέλιον 1 a	gospel	318a
	Ἠσαΐας	Isaiah	348d
	λέγω I 7	say	468d
	οὐ 2 a	no	590a
	πᾶς, πᾶσα, πᾶν 2 a γ	all	632d
	πιστεύω 1 a δ	believe	660d
	τίς, τί 1 a α	which	819a
	ὑπακούω 1	listen to	837b
16f	ἀκοή 2 b	report	31a
17	ἄρα 4	then	104a
	πίστις 2 d α	faith	663c
	ῥῆμα 1	word	735c
18	ἀκούω 3 a	learn	32c
	γέ 3 e	of course	153a
	ἐξέρχομαι 2 b α	go out	275a
	μενοῦνγε	rather	503c
	οἰκουμένη 1 a	the world	561b
	οὐ 6 b	no	590d
	πέρας 1	end	644a
	ῥῆμα 1	word	735c
	φθόγγος	sound	857c
18f	ἀλλά 2	but, yet	38c
	μή C 1	not	517b
19	ἀσύνετος 1	foolish	118c
	ἐπί II 1 b γ	on	287c
	λέγω I 7	say	468d
	οὐ 2 a	no	590a
	οὐ 6 b	no	590d
	παραζηλόω	provoke to jealousy	616a
	παροργίζω	make angry	629d
	πρῶτος 1 a	first	725c
20	ἀποτολμάω	be bold	101b
	ἐμφανής	visible	257c
	ἐπερωτάω 1 c	ask	285c
	εὑρίσκω 2	find	325d
	ζητέω 1 a β	seek	338d
	Ἠσαΐας	Isaiah	348d
	καί I 1 e	and	392a
20	λέγω I 7	say	468d
21	ἀντιλέγω 2	oppose	74d
	ἀπειθέω 2	disobey	82d
	ἐκπετάννυμι	spread	243d
	ἡμέρα 2	day	346b
	Ἰσραήλ 2	Israel	381c
	ὅλος 2 a	whole	564d
21a	πρός III 5 a	toward	710c

Romans 11

1	Ἀβραάμ	Abraham	1d
	Βενιαμ(ε)ίν	Benjamin	139c
	γάρ 1 b	for	151d
	γίνομαι I 3 a	take place	158d
	ἐκ 3 b	from	235a
	ἐκ 3 b	from	235a
	Ἰσραηλίτης	Israelite	381d
	κληρονομία 4	inheritance	435a
	μή A III 2	not	516d
	σπέρμα 2 b	seed	761d
	φυλή 1	tribe	868d
1f	ἀπωθέω 2	reject	103b
2	γραφή 2 a	scripture	166b
	ἐν I 1 d	in	258c
	ἐντυγχάνω 1	meet	270a
	ἤ 1 d α	or	342b
	Ἠλίας	Elijah	345a
	Ἰσραήλ 2	Israel	381c
	κατά I 2 b β	down	405d
	λέγω I 7	say	469a
	οἶδα 1 f	know	556a
	προγινώσκω	to know beforehand	703d
	ὡς I 2 d	as	897b
3	ζητέω 2 b δ	seek	339b
	θυσιαστήριον 1 c	altar	366d
	κατασκάπτω	tear down	418b
	μόνος 1 a α	only	527c
	ὑπολείπω	be left	845c
	ψυχή 1 a β	soul, life	893b
4	Βάαλ	Baal	129c
	γόνυ	knee	165a
	ἑπτακισχίλιοι	seven thousand	306c
	κάμπτω 1	bend	402b
	καταλείπω 1 c	leave behind	413c
	ὅστις 1 b	whoever	586d
	χρηματισμός	divine statement	885d
5	γίνομαι II 5	exist	160c
	ἐκλογή 1	selection	243a
	καιρός 1	time	394d
	κατά II 5 a δ	according to	407b
	λεῖμμα	remnant	470b
	νῦν 3 a	now	546a
	οὖν 1 a	therefore	593a
	οὕτω 1 b	thus	597d
	χάρις 2 a	favor	877c
6	εἰ I 1 a	if	219a
	ἐκ 3 f	by	235c

6	ἐπεί 2	because	284b
	ἔργον 1 c β	deed	308b
6a	οὐκέτι 2	no longer	592d
	χάρις 2 a	favor	877c
6b	χάρις 2 a	favor	877c
6c	χάρις 2 a	favor	877c
7	ἐκλογή 2	selection	243a
	ἐπιζητέω 2 a	strive for	292d
	ἐπιτυγχάνω	obtain	304a
	λοιπός 2 b α	the others	480a
	οὖν 1 c β	therefore	593a
	πηρόω	disable	656d
	πωρόω	harden	732a
	τίς, τί 1 b ε	which	819c
8	βλέπω 2	see	143c
	γράφω 2 c	write	166d
	ἡμέρα 2	day	346c
	καθάπερ	just as	387a
	κατάνυξις	stupefaction	415c
	μή A II 1 d β	not	516b
	ὁ, ἡ, τό II 4 b γ	the	551d
	οὖς 2	ear	595d
	ὀφθαλμός 2	eye	599d
	πνεῦμα 7	spirit	678a
	σήμερον	today	749a
9	ἀνταπόδομα	repayment	73a
	γίνομαι I 4 a	become	159d
	Δαυίδ	David	171b
	θήρα	net	360d
	λέγω I 7	say	468d
	παγίς 2	trap	602b
	σκάνδαλον 1	trap	753a
	τράπεζα 2	table	824c
10	βλέπω 1 b	see	143c
	διά A II 1 a	through	179d
	μή A II 1 d β	not	516b
	νῶτος	back	547c
	σκοτίζω 2	become dark	757c
	συγκάμπτω	(cause to) bend	773c
11	γίνομαι I 3 a	take place	158d
	μή A III 2	not	516d
	παραζηλόω	provoke to jealousy	616a
	πίπτω 2 a β	fall	660a
	πταίω 1	stumble	727a
	σωτηρία 2	deliverance	801d
11f	παράπτωμα 2 a β	transgression	621d
12	ἥττημα	defeat	349c
	κόσμος 4 a	world	446b
	μᾶλλον 2 b	more	489c
	πλήρωμα 3 a	that which fills	672b
	πλήρωμα 4	fulfilling	672c
	πλοῦτος 2	wealth	674b
	πόσος 1	how great	694c
13	ἀπόστολος 3	apostles	99d
	διακονία 3	service	184c
	δοξάζω 1	praise	204c
	ἐπί III 3	on	289c
	μέν 2 b	(particle)	503b
14	εἰ VI 12 b	if	220b
	παραζηλόω	provoke to jealousy	616a
	σάρξ 4	body	743d
	σῴζω 2 a β	save	798c
15	ἀποβολή 1	rejection	89a
	ἐκ 1 c	away from	234c
	ζωή 2 b β	life	341a
	καταλλαγή	reconciliation	414a
	κόσμος 4 a	world	446b
	πρόσλημψις	acceptance	717c
16	ἀπαρχή 1	first fruits	81b
	φύραμα	that which is mixed	869a
16-18	6Ρίζα 1 b	root	736a
16a	ἅγιος 1 a β	worthy of God	9c
16ff	κλάδος	branch	433a
17	ἀγριέλαιος	wild olive tree	13c
	ἐγκεντρίζω	graft	216b
	ἐκκλάω	break off	240c
	ἐλαία 1	olive tree	247d
	πιότης	richness	659a
	σύ 1 c	you	772b
	συγκοινωνός	participant	774b
18	βαστάζω 2 a	carry	137b
	εἰ I 1 a	if	219a
	μή A III 3 b	not	517a
	σύ 2	you	772b
18a	κατακαυχάομαι 1	boast	411b
18b	κατακαυχάομαι 1	boast	411b
19	ἐγκεντρίζω	graft	216b
	εἶπον 2 b	say	226c
	ἐκκλάω	break off	240c
20	ἀπιστία 2 b	unbelief	85c
	ἐκκλάω	break off	240c
	ἵστημι II 2 c α	stand	382d
	καλῶς 4 c	well	401c
	μή A III 3 b	not	517a
	πίστις 2 d α	faith	663c
	ὑψηλός 2	high	850a
	ὑψηλοφρονέω	be proud	850b
	φρονέω 1	think	866b
21	εἰ I 1 a	if	219a
	κατά II 7 a	(adj phrase)	408a
	κλάδος	branch	433a
	μήπως 1 b	lest somehow	519d
	οὐ 5 b	no	590d
	οὐδέ 2	and not	591c
	φύσις 1	nature	869c
21a	φείδομαι 1	spare	854d
21b	φείδομαι 1	spare	854d
22	ἀποτομία	severity	101c
	εἶδον 3	notice	221a
	ἐκκόπτω 1	cut off	241d
	ἐπεί 2	because	284b
	ἐπί III 1 b ε	toward	289b
	ἐπί III 1 b ε	toward	289b
	ἐπιμένω 2	continue	296b
	πίπτω 2 a β	fall	660a
22a	χρηστότης 2 b	goodness	886c
22b	χρηστότης 2 b	goodness	886c
22c	χρηστότης 2 b	goodness	886c

23	ἀπιστία 2 b	unbelief	85c
	δυνατός 1 a β	powerful	208d
	ἐγκεντρίζω	graft	216b
	ἐπιμένω 2	continue	296b
	κἀκεῖνος 1 b	and he	396d
	πάλιν 1 b	again	606d
24	ἀγριέλαιος	wild olive tree	13c
	ἐγκεντρίζω	graft	216b
	ἐγκεντρίζω	graft	216b
	ἐκκόπτω 1	cut off	241d
	ἐλαία 1	olive tree	247d
	ἴδιος 1 a β	one's own	369d
	καλλιέλαιος		400a
		cultivated olive tree	
	μᾶλλον 2 b	more	489c
	οὗτος 2 a	this	597b
	παρά III 6	against	611c
	πόσος 1	how great	694c
24a	φύσις 1	nature	869c
24b	φύσις 1	nature	869c
24c	φύσις 1	nature	869c
25	ἀγνοέω 1	be ignorant	11b
	ἄχρι 2 a	until	129a
	εἰσέρχομαι 2 a	come	233b
	θέλω 1	wish	355a
	μέρος 1 c	in part	506b
	μή A I 2	not	516a
	μυστήριον 2	mystery	530b
	ὅς, ἥ, ὅ I 11 f	(rel pron)	585b
	παρά II 2 b	beside	610c
	πλήρωμα 3 a		672b
		that which fills	
	πώρωσις	hardening	732a
	φρόνιμος	thoughtful	866d
	φρόνιμος	thoughtful	866d
25f	Ἰσραήλ 2	Israel	381c
26	ἀποστρέφω 1 a β	turn away	100c
	ἀσέβεια	godlessness	114c
	ἥκω 1 a	have come	344d
	Ἰακώβ 1	Jacob	367b
	οὕτω 2	thus	598a
	πᾶς, πᾶσα, πᾶν 1 a ε	all	631d
	ῥύομαι	save	737d
	Σιών 2 b	Zion	752c
	σῴζω 2 b	save	798c
27	ἀφαιρέω 3	take away	124c
	διαθήκη 2	covenant	183a
	ὁ, ἡ, τό II 1 g	the	550d
	οὗτος 1 a	this	596d
	παρά I 4 a	from	610a
28	ἀγαπητός 2	beloved	6c
	ἐκλογή 1	selection	243a
	εὐαγγέλιον 1 a	gospel	318a
	ἐχθρός 1	hostile	331b
	κατά II 6	with respect to	407d
29	ἀμεταμέλητος 1		45c
		without regret	
	κλῆσις 1	call	435d
	χάρισμα 1	a gift	878d
30	ἀπείθεια	disobedience	82c
	ἀπειθέω 1	disobey	82d
30	νῦν 1 c	now	545d
	νυνί 1 c	now	546b
	ποτέ 1	once	695a
30f	ἐλεέω	have mercy	249d
	καί II 3	also	393c
31	ἀπειθέω 2	disobey	82d
	ἔλεος 2 b	mercy	250b
	ἵνα IV	in order that	378c
	νῦν 1 a γ	now	545c
	ὑμέτερος 2	your	836b
31f	ἵνα II 2	in order that	378a
32	ἀπείθεια	disobedience	82c
	εἰς 4 a	into	229a
	ἐλεέω	have mercy	249d
	συγκλείω 2	enclose	774a
32a	πᾶς, πᾶσα, πᾶν 2 b α		633a
		in all respects	
32b	πᾶς, πᾶσα, πᾶν 2 b α		633a
		in all respects	
33	ἀνεξεραύνητος		65a
		unfathomable	
	ἀνεξιχνίαστος	inscrutable	65a
	βάθος 2	depth	130b
	γνῶσις 1	knowledge	163d
	καί I 6	and	393b
	κρίμα 2	decision	450c
	ὁδός 2 b	way	554d
	πλοῦτος 2	wealth	674c
	σοφία 3 b	wisdom	760a
	ὦ 3 a	(interjection)	895a
	ὡς IV 6	when	899a
34	νοῦς 4	the mind	545a
	σύμβουλος	adviser	778b
34a	τίς, τί 1 a α	which	819a
34b	τίς, τί 1 a α	which	819a
35	ἀνταποδίδωμι 1	repay	73a
	προδίδωμι 1		704c
		give in advance	
36	αἰών 1 b	time	27c
	ἀμήν 1	amen	45d
	διά A III 2 b β	by	180d
	δόξα 3	fame	204a
	ἐκ 3 c	from	235a
	πᾶς, πᾶσα, πᾶν 2 b β		633b
		all things	

Romans 12

1	ἅγιος 1 a β	worthy of God	9c
	διά A III 1 f	by	180c
	εὐάρεστος 1	pleasing	318d
	ζάω 4 b	live	337a
	θυσία 2 b	sacrifice	366c
	λατρεία	service	467b
	λογικός	spiritual	476c
	οἰκτιρμός	pity	561d
	παρακαλέω 2	appeal to	617b
	παρίστημι 1 d	present	628a
	σῶμα 1 b	body	799c
2	αἰών 2 a	age	27d

2	ἀνακαίνωσις	renewal	55c
	δοκιμάζω 1	approve	202c
	δοκιμάζω 2 b	approve	202d
	εὐάρεστος 1	pleasing	318d
	θέλημα 1 c γ	will	354c
	μεταμορφόω 2	transform	511d
	νοῦς 3 a	the mind	544d
	συσχηματίζω	formed like	795c
	τέλειος 1 a β		809b
	having attained the end		
3	γάρ 4	indeed	152c
	διά A III 1 e	by	180c
	ἕκαστος 2	each	236c
	μερίζω 2 b	assign	504d
	μέτρον 2 b	measure	515b
	μή A II 1 b β	not	516b
	ὅς, ἥ, ὅ I 2 a	(rel pron)	583b
	παρά III 3	in comparison	611b
	πίστις 2 d α	faith	663c
	σωφρονέω 2	sound mind	802a
	ὑπερφρονέω	be haughty	842a
	χάρις 4	favor	878b
	ὡς I 2 c	as	897b
3a	φρονέω 1	think	866b
3b	φρονέω 2	think	866c
4	ἐν I 5 c	in	259c
	καθάπερ	just as	387a
	πολύς I 1 a α	many	687c
	πρᾶξις 2	acting	697d
	σῶμα 1 b	body	799b
4a	ἔχω I 2 c α	have	332c
	μέλος 1	member	501d
4b	ἔχω I 2 i	have	333a
	μέλος 1	member	501d
4f	οὕτω 1 a	thus	597d
5	ἀλλήλων	each other	39c
	εἷς 1 b	one	230d
	εἷς 5 e	one	232b
	κατά II 3 a	(distributive)	406d
	μέλος 3	member	501d
	πολύς I 2 a β	many	688b
	σῶμα 5	body	800a
6	ἀναλογία	in agreement	57b
	διάφορος 1	different	190d
	πίστις 2 d α	faith	663c
	πίστις 3	faith	664a
	προφητεία 2	prophecy	722d
	χάρις 4	favor	878b
	χάρισμα 2	a gift	879a
6-8	εἰ VI 13 b	if	220b
7	διακονία 5		184c
	office of a deacon		
	διδασκαλία 1	teaching	191c
8	ἁπλότης 2	generosity	86a
	ἐλεέω	have mercy	249d
	ἐν III 2	by	261a
	μεταδίδωμι	share	511a
	παρακαλέω 2	appeal to	617b
	παρακαλέω 4	implore	617d
	παράκλησις 1		618a
	encouragement		
8	προΐστημι 1	rule	707a
	προΐστημι 2	care for	707a
	σπουδή 2	diligence	763d
9	ἀγαθός 2 a α	good	3c
	ἀγάπη I 1 a	love	5c
	ἀγάπη I 1 a	love	5d
	ἀνυπόκριτος	genuine	76d
	ἀποστυγέω	hate	100d
	δίδωμι 1 b α	give	193a
	κολλάω 2 c	unite	441d
	πονηρός 2 c	wicked	691b
10	ἀλλήλων	each other	39c
	προηγέομαι	go before	706a
	τιμή 2 a	honor	817c
	φιλαδελφία	brotherly love	858c
	φιλόστοργος	loving dearly	861c
11	δουλεύω 2 b	serve	205a
	ζέω	boil	337c
	καιρός 1	time	394d
	κύριος 2 c γ	lord	460a
	μή A III 6	not	517a
	ὀκνηρός 1	idle	563a
	πνεῦμα 5 d α	spirit	677a
	σπουδή 2	diligence	763d
12	ἐλπίς 2 b	hope	253a
	θλῖψις 1	tribulation	362b
	προσευχή 1	prayer	713c
	προσκαρτερέω 2 a		715d
	adhere to		
	ὑπομένω 2	remain	846a
	χαίρω 1	rejoice	873d
13	ἅγιος 2 d β	saints	10a
	διώκω 4 b	pursue	201c
	κοινωνέω 1 b γ	share	438d
	μνεία 1	remembrance	524b
	φιλοξενία	hospitality	860d
	χρεία 2	need	885a
14	διώκω 2	persecute	201b
	καταράομαι	curse	417b
14a	εὐλογέω 2 a	bless	322b
14b	εὐλογέω 2 a	bless	322b
15	κλαίω 1	weep	433b
15a	μετά A II 2	with	509b
	χαίρω 1	rejoice	873b
15b	μετά A II 2	with	509b
	χαίρω 1	rejoice	873b
16	εἰς 4 c β	(goal)	229b
	παρά II 2 b	beside	610c
	συναπάγω	lead away	784d
	ταπεινός 1	low	804b
	ὑψηλός 2	high	850a
	φρόνιμος	thoughtful	866d
16a	φρονέω 1	think	866b
16b	φρονέω 2	think	866b
17	ἀντί 2	for	73d
	ἀποδίδωμι 3	recompense	90b
	κακός 3	evil	398b
	καλός 2 b	good	400c
	μηδείς 2 a	no	518a
	πᾶς, πᾶσα, πᾶν 1 b	all	631d
	προνοέω 2	take care	708d

18	δυνατός 2 a	possible	208d
	εἰρηνεύω 2 b	keep in peace	227a
	ἐκ 3 f	by	235c
	μετά A II 3 b	with	509c
	ὁ, ἡ, τό II 5	the	552a
	πᾶς, πᾶσα, πᾶν 1 b	all	631d
19	ἀγαπητός 2	beloved	6c
	ἀνταποδίδωμι 2	repay	73a
	γράφω 2 c	write	166d
	ἐκδικέω 1	avenge someone	238c
	ἐκδίκησις	vengeance	238d
	ὀργή 2 a	anger	579a
	ὀργή 2 b	anger	579b
	τόπος 2 c	place	823b
	τόπος 2 c	place	823b
20	ἄνθραξ	charcoal	67c
	διψάω 1	thirst	200c
	ἐχθρός 2 b β	the enemy	331c
	κεφαλή 1 a	head	430b
	πεινάω 1	hunger	640a
	ποτίζω 1	give to drink	695d
	πῦρ 1 a	fire	729d
	σωρεύω 1	heap	800c
	ψωμίζω 1	feed	894d
21	ὑπό 1 a β	by	843b
21a	κακός 3	evil	398a
	νικάω 2 b	be conquered	539c
21b	κακός 3	evil	398a
	νικάω 2 a	conquer	539c

Romans 13

1	εἰμί V	to be	226a
	ἐξουσία 4 c α	authority	278c
	τάσσω 1 a	place	805d
	ὑπερέχω 2 a	surpass	841a
	ὑποτάσσω 1 b β	subject	848a
	ψυχή 2	soul, life	894b
2	ἀντιτάσσω	oppose	76a
	διαταγή	ordinance	189b
	ἑαυτοῦ 1	oneself	212a
	ἐξουσία 4 c α	authority	278c
	κρίμα 4 b	verdict	450d
	λαμβάνω 2	receive	465b
	ὥστε 1 a	therefore	899d
2a	ἀνθίστημι 2	set against	67b
2b	ἀνθίστημι 3	set against	67b
3	ἀγαθοεργός	doing good	2c
	ἄρχων 2	authorities	113d
	ἐξουσία 4 c α	authority	278c
	ἔπαινος 1 a α	praise	281c
	ἔργον 1 c β	deed	308a
	κακός 1 b	bad	397d
	μή A II 1 b α	not	516b
	ποιέω I 1 b ε	do	681b
	φοβέω 1 b α	be afraid	863b
	φόβος 1	causing of fear	863c
3b	ἀγαθός 2 a α	good	3c
4	ἀγαθός 2 a β	good	3c
	διάκονος 2 a	authorities	184d
4	ἐάν I 1 a	if	211b
	εἰκῇ 3	to no purpose	222a
	εἰς 4 e	so that	229c
	ἔκδικος	the avenger	238d
	μάχαιρα 2	sword	496c
	ποιέω I 1 b ε	do	681c
	πράσσω 1 a	do	698c
	φορέω 1	wear	865a
4a	κακός 1 c	evil	398a
4b	κακός 1 c	evil	398a
4f	ὀργή 2 a	anger	579b
5	ἀλλά 1 a	but, yet	38a
	ἀνάγκη 1	necessity	52c
	διό	therefore	198d
	συνείδησις 2	consciousness	786c
	ὑποτάσσω 1 b β	subject	848a
6	αὐτός 1 h	even	123a
	λειτουργός 1	servant	471b
	λειτουργός 1	servant	471b
	προσκαρτερέω 2 a	adhere to	715d
	τελέω 3	pay	811b
	φόρος	tax	865a
7	ἀποδίδωμι 1	give away	90b
	ὁ, ἡ, τό II 9 a	the	552c
	ὀφειλή 2 a	debt	598c
	τιμή 2 b	honor	817d
	φόρος	tax	865a
7a	φόβος 2 b β	fear	864a
7b	τέλος 3	tax	812b
	φόβος 2 b β	fear	864a
8	ἀγαπάω 1 a α	love	4c
	ἀγαπάω 1 a α	love	4c
	ἀλλήλων	each other	39c
	ἕτερος 1 b ε	another	315c
	μηδείς 2 b α	nothing	518b
	νόμος 3	law	542d
	ὁ, ἡ, τό II 4 a	the	551c
	ὀφείλω 2 a α	owe	598d
	πληρόω 4 b	make full	671d
9	ἀγαπάω 1 a α	love	4c
	ἀνακεφαλαιόω	sum up	56a
	ἑαυτοῦ 2	oneself	212c
	ἐντολή 2 a γ	command	269a
	ἐπιθυμέω	desire	293b
	ἕτερος 1 b α	another	315a
	κλέπτω	steal	434c
	λόγος 1 b α	command	478a
	μοιχεύω 1	commit adultery	526c
	ὁ, ἡ, τό II 8 a	the	552b
	οὐ 4 b	no	590c
	πλησίον 1 b	near	672d
	φονεύω	murder	864c
	ψευδομαρτυρέω	bear false witness	892a
10	ἀγάπη I 1 a	love	5c
	ἐργάζομαι 2 a	work	307b
	κακός 3	evil	398a
	νόμος 3	law	542d
	οὖν 1 a	therefore	593a
	πλήρωμα 4	fulfilling	672c

10	πλησίον 1 b	near	672d
11	ἐγγύς 2 a	near	214b
	ἐγείρω 2 a	awaken	215a
	ἐκ 1 c	away from	234c
	καί I 3	and	393a
	καιρός 1	time	394d
	καιρός 4	time	395c
	νῦν 1 c	now	545d
	ὁ, ἡ, τό II 1 a α	the	550b
	ὅτε 1 b	when	588b
	οὗτος 1 b γ	this	597a
	πιστεύω 2 b	believe	661d
	σωτηρία 2	deliverance	801d
	ὕπνος	sleep	843a
	ὥρα 3	time of day	896d
12	ἀποβάλλω 4	take away	89a
	ἀποτίθημι 1 b	lay aside	101a
	ἐγγίζω 5 b	approach	213d
	ἐνδύω 2 a	dress	264a
	ἔργον 1 c β	deed	308b
	νύξ 2	night	546d
	ὅπλον 2 b	weapon	575c
	προκόπτω 1	go forward	708a
	σκότος 2 b	darkness	758a
	φῶς 3 a	light	872c
12f	ἡμέρα 1 b	day	346b
13	ἀσέλγεια	licentiousness	114d
	ἔρις	strife	309d
	ἔρις	strife	309d
	εὐσχημόνως	decently	327a
	ζῆλος 2	jealousy	337d
	ζῆλος 2	jealousy	337d
	κοίτη 2 a	bed	440b
	κῶμος	carousing	461d
	μέθη	drunkenness	498d
	περιπατέω 2 a α	go about	649b
	περιπατέω 2 a β	go about	649c
	ὡς I 2 a	as	897b
14	εἰς 4 e	so that	229c
	ἐνδύω 2 b	dress	264b
	ἐπιθυμία 3	desire	293d
	κύριος 2 c γ	lord	460a
	ποιέω II 1	do	683a
	πρόνοια 2	foresight	709a
	σάρξ 7	body	744c

Romans 14

1	ἀσθενέω 2	weak	115c
	δέ 1 c	but, and	171c
	διάκρισις 2	quarrel	185c
	διαλογισμός 1	thought	186a
	μή A III 6	not	517a
	πίστις 2 d α	faith	663c
	προσλαμβάνω 2 b	take	717b
2	ἀσθενέω 2	weak	115c
	λάχανον	vegetable	467d
	μέν 1 c	(particle)	503a
	ὅς, ἥ, ὅ II 2	this (one)	585b
	πιστεύω 4	believe	662a
2	πιστεύω 4	believe	662a
2a	ἐσθίω 1 a	eat	312c
3	ἐξουθενέω 1	despise	277c
	προσλαμβάνω 2 b	take	717b
3f	κρίνω 6 b	judge	452b
4	ἀλλότριος 1 a	to another	40d
	δυνατέω 2	be strong	208c
	δυνατός 1 a β	powerful	208d
	εἰμί II 6 c	to be	224c
	ἤ 1 a α	or	342a
	ἵστημι I 1 b β	put	382a
	οἰκέτης	house slave	557a
	πίπτω 2 a β	fall	660a
	στήκω 2	stand	768a
	τίς, τί 1 a β	which	819a
4a	ἵστημι II 1 d	stand	382c
	κύριος 1 a β	lord	459a
4f	ἴδιος 1 a β	ones own	369d
5	γάρ 4	indeed	152c
	ἕκαστος 2	each	236c
	ἡμέρα 2	day	347a
	μέν 1 c	(particle)	503a
	νοῦς 4	the mind	545a
	ὅς, ἥ, ὅ II 2	this (one)	585b
	παρά III 3	in comparison	611b
	πληροφορέω 2	fill	670c
5a	κρίνω 1	separate	451b
5b	κρίνω 1	separate	451b
6	εὐχαριστέω 2	give thanks	328b
	φρονέω 2	think	866c
7	ζάω 3 b	live	337a
7a	οὐδείς 2 a	no one	592a
7b	οὐδείς 2 a	no one	592a
8	ἀποθνήσκω 1 a α	die	91c
	ἐάν I 1 a	if	211b
	ἐάν I 3 d	if	211d
	κύριος 2 c γ	lord	460a
	οὖν 5	therefore	593c
8a	ζάω 1 a α	live	336a
	τέ 2	and	807c
8b	ζάω 3 b	live	337a
	τέ 2	and	807c
8c	ζάω 1 a α	live	336a
9	ἀναζάω 1 a	come to life again	53d
	εἰς 4 f	(purpose)	229d
	ἵνα I 5	in order that	377b
	κυριεύω 1	rule	458d
	νεκρός 2 a	dead	535a
	οὗτος 1 b β	this	597a
9a	ζάω 1 a β	live	336b
9b	ζάω 1 a α	live	336a
10	βῆμα 2	tribunal	140b
	γάρ 1 e	for	152a
	ἐξουθενέω 1	despise	277c
	ἤ 1 a β	or	342b
	κρίνω 6 b	judge	452b
	παρίστημι 2 a α	approach	628b
11	γλῶσσα 2	language	162b
	γόνυ	knee	165a
	γράφω 2 c	write	166d

11	ἐξομολογέω 2 c	confess	277b
	ζάω 1 a ε	live	336b
	κάμπτω 2	bend	402b
12	ἀποδίδωμι 1	give away	90b
	ἄρα 4	then	104a
	δίδωμι 4	give	193c
	ἕκαστος 2	each	236c
	λόγος 2 a	account	478c
13	ἤ 1 a β	or	342a
	μᾶλλον 3 a α	rather	489c
	μή A II 1 g	not	516c
	μηκέτι 6 c	no longer	518c
	πρόσκομμα 2 b	stumbling	716b
	σκάνδαλον 2	trap	753a
	τίθημι I 1 a α	put	816a
13a	κρίνω 6 b	judge	452b
13b	κρίνω 3	decide	451c
	κρίνω 6 b	judge	452c
14	ἑαυτοῦ 1 b	oneself	212a
	ἐκεῖνος 1 b	that	239c
	ἐν I 5 d	in	259d
	λογίζομαι 3	think	476b
	πείθω 4	obey	640a
14a	κοινός 2	common	438b
14b	κοινός 2	common	438b
14c	κοινός 2	common	438b
15	ἀγάπη I 1 a	love	5c
	ἀποθνῄσκω 1 a α	die	91c
	ἀπόλλυμι 1 a α	ruin	95a
	ἐκεῖνος 1 d	that	239d
	λυπέω 2 b	be grieved	481d
	οὐκέτι 2	no longer	592d
	περιπατέω 2 a δ	go about	649c
	ὑπέρ 1 a ε	in behalf of	838d
15a	βρῶμα 1	food	148a
15b	βρῶμα 1	food	148a
16	ἀγαθός 2 a γ	good	3c
	βλασφημέω 2 b ε	blaspheme	142d
17	βασιλεία 3 b	kingdom	135b
	βασιλεία 3 g	kingdom	135d
	βρῶσις 1	eating	148b
	δικαιοσύνη 2 b	righteousness	196d
	εἰρήνη 3	peace	227d
	πνεῦμα 5 c β	spirit	676d
	πόσις 1	drinking	694b
	χαρά 1	joy	875c
18	δόκιμος 2	respected	203a
	δουλεύω 2 b	serve	205a
	εὐάρεστος 1	pleasing	318d
19	ἄρα 4	then	104a
	διώκω 4 b	pursue	201c
	εἰρήνη 1 b	peace	227c
	ὁ, ἡ, τό II 7	the	552b
	οἰκοδομή 1 b α	building	559a
20	ἀλλά 1 b	but, yet	38b
	ἄνθρωπος 3 b	man	69b
	βρῶμα 1	food	148a
	διά A III 1 c	through	180b
	ἕνεκα	because of	264d
20	ἔργον 3	work	308c
	ἐσθίω 1 c	eat	313a
	καθαρός 2	clean	388a
	κακός 1 c	evil	397d
	κακός 2	evil	398a
	καταλύω 1 b β	destroy	414c
	μέν 1 a β	(particle)	502d
	πρόσκομμα 1 b	stumbling	716b
21	ἀσθενέω 2	weak	115c
	ἐν IV 6 c	in	261c
	ἐσθίω 1 a	eat	312c
	καλός 3 c	good	400d
	κρέας	meat	449d
	μή A II 1 c	not	516b
	μηδέ 1 b	and not	518a
	οἶνος 1	wine	562b
	ὅς, ἥ, ὅ I 2 b β	(rel pron)	583c
	πίνω 1	drink	658c
	προσκόπτω 2 a	take offense	716c
	σκανδαλίζω 1 b	cause to fall	752d
22	δοκιμάζω 2 b	approve	202d
	ἐν IV 6 a	in	261c
	ἐνώπιον 2 b	before	270d
	ἔχω I 2 e β	have	332d
	κατά II 1 c	by	406b
	κρίνω 6 b	judge	452c
	μακάριος 1 b	blessed	486d
	μή A II 2 a	not	516c
	πίστις 2 d ε	faith	664a
23	διακρίνω 2 b	waver	185b
	ἐκ 3 g γ	by	235c
	κατακρίνω	condemn	412b
	πᾶς, πᾶσα, πᾶν 1 c γ	whoever	632a
	πίστις 2 d ε	faith	664a
23a	πίστις 2 d α	faith	663c
23b	πίστις 2 d α	faith	663c

Romans 15

1	ἀδύνατος 1 b	powerless	19a
	ἀρέσκω 1	accommodate	105c
	ἀσθένημα	weakness	115c
	βαστάζω 2 b β	endure	137b
	δυνατός 1 a β	powerful	208d
	ὀφείλω 2 a β	owe	599a
2	ἀγαθός 2 a β	good	3c
	ἀρέσκω 1	accommodate	105c
	οἰκοδομή 1 b α	building	559a
	πλησίον 1 b	near	672d
	πρός III 3 a	toward	710a
3	ἀρέσκω 1	accommodate	105c
	γάρ 1 b	for	151d
	ἐπί III 1 b γ	on	289a
	ἐπιπίπτω 2	fall upon	297d
	ὀνειδίζω 1	reproach	570a
	ὀνειδισμός	reproach	570b
4	γραφή 2 b α	scripture	166b
	διδασκαλία 1	teaching	191c
	εἰς 4 d	for	229b

4	ἐλπίς 2 b	hope	253b
	ἔχω I 2 e β	have	332d
	ἡμέτερος	our	347d
	παράκλησις 3	comfort	618b
	προγράφω 1 b	write before	704b
4f	ὑπομονή 1	patience	846b
5	ἀλλήλων	each other	39c
	δίδωμι	give	192d
	ἐν I 4 a	in	259a
	κατά II 5 a α	according to	407b
	παράκλησις 3	comfort	618b
	φρονέω 1	think	866b
6	δοξάζω 1	praise	204c
	εἷς 2 a	one	231a
	θεός 3 d	God	357c
	κύριος 2 c γ	lord	460b
	ὁ, ἡ, τό II 10 b	the	552d
	ὁμοθυμαδόν	with one mind	566c
	πατήρ 3 d β	father	636b
	στόμα 1 a	mouth	770a
7	καθώς 1	just as	391b
	καί II 3	also	393c
	καί II 3	also	393c
7a	προσλαμβάνω 2 b	take	717b
7b	προσλαμβάνω 2 b	take	717b
8	ἀλήθεια 1	truthfulness	35d
	βεβαιόω 1	establish	138c
	διάκονος 1 b	helper	184d
	ἐπαγγελία 2 a	promise	280c
	λέγω II 1 e	declare	469d
	περιτομή 4 a	circumcision	653a
	ὑπέρ 1 b	in behalf of	838d
9	δοξάζω 1	praise	204c
	ἔλεος 2 b	mercy	250b
	ἐξομολογέω 2 c	confess	277b
	ὄνομα I 4 b	name	572a
	ὑπέρ 1 d	in behalf of	839a
	ψάλλω	sing	891a
10	ἔθνος 2	gentiles	218c
	εὐφραίνω 2	gladden	327d
	λαός 3 a	people	466d
	λέγω I 7	say	468d
	μετά A II 2	with	509b
10-12	πάλιν 3	again	607a
11	αἰνέω	to praise	23c
	ἐπαινέω	praise	281c
	λαός 3 a	people	467a
	πᾶς, πᾶσα, πᾶν 1 d α	all	632a
12	ἀνίστημι 2 a	rise	70b
	ἄρχω 1	rule	113c
	ἐλπίζω 3	hope	252d
	ἐπί II 1 b γ	on	287b
	Ἠσαΐας	Isaiah	348d
	Ἰεσσαί	Jesse	373d
	λέγω I 7	say	468d
	ῥίζα 2	root	736b
13	δύναμις 1	power	207c
	εἰρήνη 3	peace	227d
	ἐλπίς 2 b	hope	253a
	ἐλπίς 2 b	hope	253b
	θεός 3 e	God	357d
13	περισσεύω 1 b α	be left over	651a
	πιστεύω 2 b	believe	661d
	πληρόω 1 b	make full	671a
	πνεῦμα 5 c β	spirit	676d
	χαρά 1	joy	875c
	χαρά 1	joy	875d
14	ἀγαθωσύνη	goodness	3d
	αὐτός 1 a β	self	122d
	μεστός 2 a	full	508b
	νουθετέω	admonish	544b
	πείθω 4	obey	640a
	πληρόω 1 b	make full	671a
15	γράφω 2 d	write	167a
	διά B II 1	because of	181a
	ἐπαναμιμνῄσκω	remind	282d
	μέρος 1 c	in part	506b
	τολμηρός	bold	822a
	τολμηρός	bold	822a
	χάρις 4	favor	878b
	ὡς I 2 a	as	897b
16	ἁγιάζω 2	consecrate	8d
	ἁγιάζω 4	purify	9a
	εὐαγγέλιον 2 b α	gospel	318a
	εὐαγγέλιον 2 b β	gospel	318b
	εὐπρόσδεκτος 1	acceptable	324c
	ἱερουργέω	perform holy service	373c
	λειτουργός 2	servant	471c
	πνεῦμα 5 c β	spirit	676d
	προσφορά 2	presenting	720c
17	ἐν I 5 d	in	259d
	θεός 3 a	God	357b
	καύχησις 1	boasting	426b
	ὁ, ἡ, τό II 5	the	552a
	πρός III 5 b	as far as	710d
18	ἔργον 1 a	deed	307d
	κατεργάζομαι 1	achieve	421d
	λόγος 1 a α	word	477a
	ὅς, ἥ, ὅ I 4 a	(rel pron)	584a
	τὶς, τὶ 1 b α	any one	820b
	τολμάω 1 b	dare	822a
	ὑπακοή 1 b	obedience	837a
19	ἀπό II 2 b	from	87a
	δύναμις 1	power	207c
	εὐαγγέλιον 2 b α	gospel	318a
	Ἱεροσόλυμα 1 a	Jerusalem	373a
	Ἰλλυρικόν	Illyricum	376a
	κύκλῳ 1 a	around	457a
	μέχρι 1 a	until	515c
	πληρόω 3	make full	671b
	πνεῦμα 5 c β	spirit	676d
	σημεῖον 2 a	sign	748b
	ὥστε 2 a β	so that	900a
20	ἀλλότριος 1 a	to another	40d
	εὐαγγελίζω 2 a δ	preach	317d
	θεμέλιος 2 a	foundation	356a
	μή A I 2	not	516a
	οἰκοδομέω 2	build	558c
	ὀνομάζω 3	name	574a
	ὅπου 1 a α	where	576a
	φιλοτιμέομαι	aspire	861c

21	ἀκούω 3 a	learn	32c
	ἀναγγέλλω 2	disclose	51b
	ὁράω 1 c β	see	578c
	ὅς, ἥ, ὅ I 2 b α	(rel pron)	583c
	οὐ 5 a	no	590d
	συνίημι	understand	790b
22	διό	therefore	198d
	ἐγκόπτω	hinder	216c
	ὁ, ἡ, τό II 4 b δ	the	551d
	πολλάκις	often	686d
	πολύς I 2 b β	many	688d
23	ἐπιποθία	longing	298a
	ἔτος	year	317a
	ἱκανός 1 b	sufficient	374c
	κλίμα	district	436b
	μηκέτι 3	no longer	518c
	νυνί 1 a	now	546b
	ὁ, ἡ, τό II 4 b β	the	551c
	πολύς I 1 a α	many	687c
	τόπος 2 c	place	823b
23b	ἔχω I 2 e β	have	332d
24	ἄν 3 d	(particle)	49a
	διαπορεύομαι	go through	187d
	εἰς 1 a α	into	228b
	ἐκεῖ 2	there	239b
	ἐλπίζω 2	hope	252c
	ἐμπί(μ)πλημι 3	fill	256b
	θεάομαι 1 b	see	353b
	μέρος 1 c	in part	506b
	πορεύω 1	proceed	692b
	προπέμπω 2	accompany	709c
	πρῶτος 2 a	first	726b
	Σπανία	Spain	760d
	ὡς IV 1 c α	when	898d
25	ἅγιος 2 d β	saints	10a
	διακονέω 4	help	184b
	εἰς 1 a α	into	228b
	νυνί 1 a	now	546b
	πορεύω 1	proceed	692b
25f	Ἱεροσόλυμα 1 a	Jerusalem	373a
26	Ἀχαΐα	Achaia	128a
	εἰς 4 g	for	229d
	εὐδοκέω 1	well pleased	319b
	κοινωνία 1	association	439a
	κοινωνία 3	association	439b
	Μακεδονία	Macedonia	487b
	ποιέω II 1	do	683a
	πτωχός 1 a	begging poor	728b
27	γάρ 3	certainly	152c
	εἰ III	if	219c
	εὐδοκέω 1	well pleased	319b
	κοινωνέω 1 b α	share	438d
	λειτουργέω 3	serve	470d
	ὀφειλέτης 2 b	debtor	598c
	ὀφείλω 2 a β	owe	599a
	πνευματικός 2 b α	spiritual	679b
	σαρκικός 1	fleshly	742d
28	ἀπέρχομαι 2	go	84c
	διά A I 1	through	179c
	εἰς 1 a α	into	228b
	ἐπιτελέω 1	end	302b

28	κάρπος 2 a	result	405a
	οὗτος 2 b	this	597b
	Σπανία	Spain	760d
	σφραγίζω 2 d	seal	796c
29	ἐν I 4 c β	in	259b
	ἔρχομαι I 1 a β	come	310c
	εὐλογία 3 b α	blessing	323a
	πληροφορία	certainty	670c
	πλήρωμα 3 b	that which fills	672b
30	ἀγάπη I 1 a	love	5d
	διά A III 1 f	by	180c
	κύριος 2 c γ	lord	460b
	παρακαλέω 2	appeal to	617b
	πνεῦμα 5 d α	spirit	677a
	πρός III 1 f	toward	710a
	προσευχή 1	prayer	713c
	συναγωνίζομαι	help	783b
31	ἀπειθέω 2	disobey	82d
	ἀπειθέω 3	disobey	82d
	διακονία 4	support	184c
	δωροφορία	bringing of a gift	211c
	εἰς 4 c β	(goal)	229b
	εὐπρόσδεκτος 1	acceptable	324c
	Ἰουδαία 1	Judaea	379a
	ῥύομαι	save	737c
32	ἀναψύχω 2	revive	63d
	διά A III 1 d	through	180c
	ἐν III 2	by	261a
	ἔρχομαι I 1 a β	come	310c
	θέλημα 2 b	will	354c
	συναναπαύομαι	rest (with)	784b
	χαρά 1	joy	875c
33	ἀμήν 1	amen	45d
	εἰρήνη 3	peace	227d
	θεός 3 e	God	357d
	μετά A II 1 c β	with	509a
	πᾶς, πᾶσα, πᾶν 1 e α	all	632b

Romans 16

1	ἀδελφή 3	sister	15d
	διάκονος 2 b	deaconess	184d
	ἐκκλησία 4 b	church	241a
	Κεγχρεαί	Cenchreae	426c
	ὁ, ἡ, τό II 5	the	551d
	συνίστημι	unite	790c
	συνίστημι I 1 b	present	790c
	Φοίβη	Phoebe	864a
2	ἀξίως	worthily	78d
	γάρ 1 b	for	151d
	ἐν I 5 d	in	260a
	καταργέω 1 b	make ineffective	417b
	κύριος 2 c γ	lord	460a
	παραστάτις	helper	622b
	παρίστημι 2 a γ	help	628b
	πολύς I 2 a α	many	688b
	πρᾶγμα 2	deed	697a
	προσδέχομαι 1 a	receive	712b

2	προστάτις	protectress	718d
	χρῄζω	need	885b
3	Ἀκύλας	Aquila	34b
	ἀσπάζομαι 1 a	greet	116d
	Πρίσκα	Priscilla	701c
	συνεργός	working with	787d
4	ἔθνος 2	gentiles	218d
	ἐκκλησία 4 e δ	church	241b
	εὐχαριστέω 1	be thankful	328a
	μόνος 1 a γ	only	527d
	ὅστις 2 b	whoever	587a
	πᾶς, πᾶσα, πᾶν 1 d α	all	632a
	τράχηλος	neck	825a
	ὑπέρ 1 a ε	in behalf of	838d
	ὑποτίθημι 1	risk	848b
	ψυχή 1 a β	soul, life	893c
5	ἀγαπητός 2	beloved	6c
	ἀπαρχή 2 a	first fruits	81c
	Ἀσία	Asia	116a
	Ἀχαΐα	Achaia	128a
	ἐκκλησία 4 c	church	241a
	Ἐπαίνετος	Epaenetus	281c
	κατά II 1 c	by	406c
	οἶκος 1 a α	house	560c
5ff	ἀσπάζομαι 1 a	greet	116d
6	κοπιάω 2	become weary	443c
	κοπιάω 2	become weary	443c
	Μαρία 7	Mary	492b
	ὅστις 2 b	whoever	587a
	πολύς I 2 b β	many	688d
7	Ἀνδρόνικος	Andronicus	64a
	ἀπόστολος 3	apostles	99d
	γίνομαι II 4 a	be	160c
	ἐπίσημος 1	prominent	298b
	Ἰουλία	Julia	380b
	Ἰουνιᾶς	Junias	380b
	ὅστις 2 b	whoever	587a
	πρό 2	before	702a
	συγγενής	related	772d
	συναιχμάλωτος	fellow prisoner	783c
8	Ἀμπλιᾶτος	Ampliatus	47a
8f	ἀγαπητός 2	beloved	6c
9	Οὐρβανός	Urbanus	595c
	Στάχυς	Stachys	765d
	συνεργός	working with	787d
10	Ἀπελλῆς	Apelles	83d
	Ἀριστόβουλος	Aristobulus	106d
	δόκιμος 1	genuine	203a
	ἐν I 5 d	in	260a
10f	ἐκ 3 d	from	235b
	ὁ, ἡ, τό II 7	the	552a
11	ἐν I 5 d	in	260a
	Ἡρῳδίων	Herodion	348d
	Νάρκισσος	Narcissus	534b
	συγγενής	related	772d
12	ἀγαπητός 2	beloved	6c
	ἐν I 5 d	in	260a
	ὅστις 2 b	whoever	587a
	Περσίς	Persis	653d
	πολύς I 2 b β	many	688d
12	Τρύφαινα	Tryphaena	828c
	Τρυφῶσα	Tryphosa	828d
12a	κοπιάω 2	become weary	443c
	κύριος 2 c γ	lord	460a
12b	κοπιάω 2	become weary	443c
	κοπιάω 2	become weary	443c
	κύριος 2 c γ	lord	460a
13	ἐκλεκτός 2	chosen	242d
	ἐν I 5 d	in	260a
	μήτηρ 3	mother	520a
	Ῥοῦφος 2	Rufus	737c
14	Ἀσύγκριτος	Asyncritus	118c
	Ἑρμᾶς 1	Hermas	309d
	Ἑρμῆς 2	Hermes	310a
	Πατροβᾶς	Patrobas	637a
	σύν 1 c	with	781d
	Φλέγων	Phlegon	862a
15	ἀδελφή 1	sister	15d
	Ἰουλία	Julia	380b
	Νηρεύς	Nereus	538a
	Ὀλυμπᾶς	Olympas	565a
	πᾶς, πᾶσα, πᾶν 1 f β	all	632c
	σύν 1 c	with	781d
	Φιλόλογος	Philologus	860c
16	ἀσπάζομαι 1 a	greet	117a
	ἐκκλησία 4 b	church	241a
	ἐκκλησία 4 e β	church	241b
	πᾶς, πᾶσα, πᾶν 1 d α	all	632b
	φίλημα	a kiss	859c
17	διδαχή 2	teaching	192b
	διχοστασία	dissension	200c
	ἐκκλίνω	turn away	241c
	μανθάνω 1	learn	490b
	παρά III 6	against	611c
	παρακαλέω 2	appeal to	617b
	ποιέω I 1 b γ	do	681b
	σκάνδαλον 2	trap	753a
	σκοπέω	notice	756d
18	ἄκακος	innocent	29c
	δουλεύω 2 b	serve	205a
	δουλεύω 2 c	serve	205c
	ἐξαπατάω	deceive	273a
	εὐγλωττία	glibness	319a
	εὐλογία 2	praise	322d
	καρδία 1 b β	heart	403d
	κοιλία 1	belly	437b
	κύριος 2 c γ	lord	460b
	τοιοῦτος 3 a α	such a kind	821c
	χρηστολογία	smooth speech	886a
19	ἀγαθός 2 a α	good	3c
	ἀκέραιος	pure	30c
	ἀφικνέομαι	reach	126c
	ἐπί II 1 b γ	on	287c
	θέλω 1	wish	355a
	κακός 1 c	evil	397d
	οὖν 1 a	therefore	593a
	σοφός 3	learned	760c
	ὑπακοή 1 b	obedience	837a
	χαίρω 1	rejoice	873b
	χαίρω 1	rejoice	873d
20	εἰρήνη 3	peace	227d

20	ἐν III 2	by	261a
	πούς 1 b	foot	696d
	σατάν	Adversary	745a
	συντρίβω 1 b	shatter	793c
	τάχος	speed	807a
	ὑπό 2 a α	under	843c
	χάρις 2 c	favor	877d
21	Ἰάσων 2	Jason	368d
	Λουκᾶς	Luke	480c
	Λούκιος 2	Lucius	480c
	συγγενής	related	772d
	συνεργός	working with	787d
	Σωσίπατρος	Sosipater	800c
	Τιμόθεος	Timothy	818b
22	ἀσπάζομαι 1 a	greet	116d
	ἐπιστολή	letter	300d
	κύριος 2 c γ	lord	460a
	Τέρτιος	Tertius	812d
23	ἀδελφός 2	brother	16b
	Γάϊος 3	Gaius	149c
	Ἔραστος 1	Erastus	306c
	Κούαρτος	Quartus	447b
	ξένος 2 c	the host	548b
	οἰκονόμος 1 b	manager	560b
24	ἀμήν 1	amen	45d
	χάρις 2 c	favor	877d
25	αἰώνιος 1	eternal	28c
	ἀποκάλυψις 1	revelation	92b
	εὐαγγέλιον 2 b β	gospel	318b
	κήρυγμα 2	proclamation	431a
	μυστήριον 2	mystery	530b
	σιγάω 2	be silent	749d
	στηρίζω 2	establish	768b
	χρόνος	time	888a
25a	κατά II 5 a α	according to	407a
26	αἰώνιος 2	eternal	28c
	γνωρίζω 1	make known	163c
	γραφή 2 b α	scripture	166b
	εἰς 1 d β	in	228c
	ἐπιταγή	command	302a
	κατά II 5 a δ	according to	407b
	νῦν 1 a γ	now	545c
	πίστις 2 d α	faith	663c
	προφητικός	prophetic	724b
	ὑπακοή 1 b	obedience	837a
	φανερόω 1 b	reveal	852d
27	αἰών 1 b	time	27c
	ἀμήν 1	amen	45d
	θεός 3 i	God	358a
	μόνος 1 a δ	only	527d
	σοφός 4	learned	760c

1 Corinthians 1

1	ἀδελφός 2	brother	16b
	ἀπόστολος 3	apostles	99d
	διά A III 1 d	through	180c
	θέλημα 2 b	will	354c
	κλητός	called	436b
	Παῦλος 2	Paul	637c
	Σωσθένης 2	Sosthenes	800c
2	ἁγιάζω 2	consecrate	8d
	ἁγιάζω 4	purify	9a
	ἅγιος 2 d β	saints	10a
	ἐκκλησία 4 b	church	241a
	ἐκκλησία 4 e α	church	241b
	ἐν I 5 d	in	259d
	ἐπικαλέω 2 b	call upon	294b
	κλητός	called	436a
	Κόρινθος	Corinth	444d
	κύριος 2 c γ	lord	460b
	ὄνομα I 4 b	name	571d
	πᾶς, πᾶσα, πᾶν 1 d β	all	632b
	τέ 3 a	and	807d
	τόπος 1 a	place	822b
	Χριστός 2	Christ	887b
3	ἀπό V 4	from	88b
	εἰρήνη 2	peace	227c
	θεός 3 d	God	357d
	κύριος 2 c γ	lord	460b
	πατήρ 3 c β	father	636a
	χάρις 2 c	favor	877d
4	ἐν I 5 d	in	259d
	ἐπί II 1 b γ	on	287c
	εὐχαριστέω 2	give thanks	328b
	θεός 3 c	God	357c
	πάντοτε	always	609b
	χάρις 3 b	favor	878a
	Χριστός 2	Christ	887b
4f	εὐχαριστέω 2	give thanks	328b
5	γνῶσις 2	knowledge	163d
	λόγος 1 a α	word	477a
	πᾶς, πᾶσα, πᾶν 2 a β	every respect	632c
	πλουτίζω 2	make rich	674a
5b	πᾶς, πᾶσα, πᾶν 1 a β	every each	631c
6	βεβαιόω 1	establish	138c
	καθώς 3	as	391c
	μαρτύριον 1 b	testimony	494a
	Χριστός 1	Anointed One	887b
7	ἀπεκδέχομαι	await	83c
	ἀποκάλυψις 3	revelation	92c
	μή A I 3	not	516a
	μηδείς 1	no	518a
	ὑστερέω 2	to miss	849b
	χάρισμα 1	a gift	879a
	ὥστε 2 a β	so that	900a
7f	κύριος 2 c γ	lord	460b
8	ἀνέγκλητος	blameless	64b
	βεβαιόω 2	establish	138c
	ἕως II 1 a	until	334d
	ἡμέρα 3 b β	day	347b
	παρουσία 2 b α	coming	630a
	τέλος 1 d β	to the end	812a
9	διά A III 2 b β	by	180d
	καλέω 2	call	399c
	κοινωνία 1	association	439a
	κοινωνία 4	association	439b
	κύριος 2 c γ	lord	460b

9	πιστός 1 a β	trustworthy	664d
	υἱός 2 b	son	835a
10	αὐτός 4 a	the same	123c
	αὐτός 4 b	the same	123d
	γνώμη 1	mind	163a
	διά A III 1 f	by	180c
	εἰμί I 4	to be	223b
	ἵνα II 1 a γ	in order that	377c
	καταρτίζω 1 b	restore	417d
	κύριος 2 c γ	lord	460b
	λέγω I 1 a	say	468b
	νοῦς 3 b	the mind	545a
	ὄνομα I 4 c α	name	572b
	παρακαλέω 2	appeal to	617b
	σχίσμα 2	split	797c
11	δηλόω	reveal	178c
	εἰμί I 4	to be	223b
	ἔρις	strife	309c
	ἔρις	strife	309d
	ὁ, ἡ, τό II 7	the	552a
	ὑπό 1 a α	by	843a
	Χλόη	Chloe	882d
12	Ἀπολλῶς	Apollos	95d
	εἰμί IV 2	to be	225d
	ἕκαστος 2	each	236c
	Κηφᾶς	Cephas	431d
	μέν 1 b	(particle)	502d
	οὗτος 1 b β	this	597a
12a	λέγω I 2 b	say	468c
12f	Παῦλος 2	Paul	637c
13	βαπτίζω 2 b β	baptize	131d
	ἤ 1 c	nor	342b
	μερίζω 1 a	divide	504c
	μή C 1	not	517b
	ὄνομα I 4 c β	name	572c
	περί 1 f	about	644d
	σταυρόω 1	crucify	765c
	ὑπέρ 1 a ε	in behalf of	838d
	Χριστός 1	Anointed One	887b
14	Γάϊος 3	Gaius	149c
	εὐχαριστέω 2	give thanks	328b
	Κρίσπος	Crispus	453b
	οὐδείς 2 a	no one	592a
14-17	βαπτίζω 2 b α	baptize	131d
15	βαπτίζω 2 b β	baptize	131d
	εἶπον 2 c	say	226c
	ὄνομα I 4 c β	name	572c
	τὶς, τὶ 1 a γ	any one	820b
16	ἄλλος 1 d	other	40a
	εἰ II	if	219c
	λοιπός 3 b	the rest	480b
	οἶδα 5	know	556c
	οἶκος 2	household	560d
	Στεφανᾶς	Stephanas	767a
	τὶς, τὶ 2 a γ	any one	820c
17	ἀποστέλλω 1 b γ	send away	98d
	γάρ 1 b	for	152a
	εὐαγγελίζω 2 a δ	preach	317d
	κενόω 2	make empty	428b
	λόγος 1 a β	word	477c

17	σοφία 1	wisdom	759c
	σταυρός 3	the cross	765a
	Χριστός 1	Anointed One	887b
18	ἀπόλλυμι 2 a α	perish	95b
	γάρ 1 e	for	152a
	δύναμις 1	power	207c
	λόγος 1 b β	word	478b
	μέν 1 b	(particle)	502d
	μωρία	foolishness	531b
	ὁ, ἡ, τό II 1 g	the	550d
	σταυρός 3	the cross	765a
	σῴζω 2 b	save	798d
19	ἀθετέω 1 a	set aside	21a
	ἀπόλλυμι 1 a β	ruin	95a
	γράφω 2 c	write	166d
	σοφία 1	wisdom	759c
	σοφός 2	learned	760c
	σύνεσις 1	intelligence	788c
	συνετός	intelligent	788d
20	αἰών 2 a	age	27d
	γραμματεύς 2	scribes	165d
	μωραίνω 1	show to be foolish	531b
	οὗτος 2 b	this	597b
	οὐχί 3	not	598b
	σοφία 1	wisdom	759c
	σοφός 2	learned	760c
	συζητητής	disputant	775d
20a	ποῦ 1 a	where	696a
20b	ποῦ 1 a	where	696a
20c	ποῦ 1 a	where	696a
21	διά A III 1 d	through	180c
	ἐπειδή 2	since	284b
	εὐδοκέω 1	well pleased	319b
	κήρυγμα 2	proclamation	431a
	μωρία	foolishness	531b
	πιστεύω 2 b	believe	661d
	σῴζω 2 a α	save	798c
21a	σοφία 3 b	wisdom	760a
21b	σοφία 1	wisdom	759c
22	αἰτέω	ask	25d
	Ἕλλην 2 a	Gentile	252a
	ἐπειδή 2	since	284b
	ζητέω 2 c	seek	339b
	καί I 6	and	393b
	σημεῖον 2 a	sign	748b
	σοφία 1	wisdom	759c
23	κηρύσσω 2 b β	announce	431c
	μέν 1 b	(particle)	502d
	μωρία	foolishness	531b
	σκάνδαλον 3	trap	753b
	σταυρόω 1	crucify	765c
24	δύναμις 1	power	207c
	Ἕλλην 2 a	Gentile	252a
	Ἰουδαῖος 2 c	Jewish	379c
	κλητός	called	436a
	σοφία 3 b	wisdom	760a
	τέ 3 a	and	807d
25	ἀσθενής 2 a	weak	115d
	θεός 3 f α	God	357d

25	ἰσχυρός 1 a	strong	383b
	μωρός 2	foolish	531c
	ὁ, ἡ, τό II 2 a	the	551a
	ὅτι 3 b	that	589d
	σοφός 4	learned	760c
26	βλέπω 4 b	see	143d
	δυνατός 1 a α	powerful	208d
	εὐγενής 1	well born	319a
	κλῆσις 1	call	436a
	σάρξ 6	body	744a
	σοφός 2	learned	760c
26a	πολύς I 1 a α	many	687d
26b	πολύς I 1 a α	many	687d
26c	πολύς I 1 a α	many	687d
27	ἀσθενής 2 a	weak	115d
	ἰσχυρός 1 b	strong	383b
	καταισχύνω 2	dishonor	410d
	μωρός 1	foolish	531c
	ὁ, ἡ, τό II 2 a	the	551a
	σοφός 2	learned	760c
27f	ἐκλέγομαι 3 b	choose	242c
	κόσμος 5 a	world	446c
	ὁ, ἡ, τό II 2 a	the	551a
28	ἀγενής	low	8c
	εἰμί I 1	to be	223b
	ἐξουθενέω 1	despise	277d
	καταργέω 1 b	make ineffective	417b
	μή A II 2 d	not	516d
	ὁ, ἡ, τό II 3 a	the	551b
29	ἐνώπιον 2 b	before	270d
	καυχάομαι 1	boast	425d
	μή A I 2	not	516a
	ὅπως 2 a α	in order that	577a
	πᾶς, πᾶσα, πᾶν 1 a α	every each	631b
	σάρξ 3	body	743d
30	ἁγιασμός	holiness	9b
	ἀπό V 4	from	88b
	ἀπολύτρωσις 2 b	redeemer	96b
	δικαιοσύνη 3	righteousness	197a
	ἐν I 5 d	in	259d
	σοφία 3 a	wisdom	760a
	τέ 3 a	and	807d
	Χριστός 2	Christ	887b
31	ἵνα III 3	in order that	378c
	κύριος 2 c α	lord	459d
	κύριος 2 c γ	lord	460a
31a	καυχάομαι 1	boast	425d
31b	καυχάομαι 1	boast	425d

1 Corinthians 2

1	καταγγέλλω 1	proclaim	409c
	λόγος 1 a β	word	477c
	μαρτύριον 1 b	testimony	494a
	μυστήριον 2	mystery	530b
	σοφία 1	wisdom	759c
	ὑπεροχή 1	prominence	841d
2	καί I 3	and	393a
	κρίνω 3	decide	451c
2	οὗτος 1 a β	this	596c
	σταυρόω 1	crucify	765c
	Χριστός 2	Christ	887b
3	ἀσθένεια 2	timidity	115b
	γίνομαι I 4 c ε	come, go	160a
	γίνομαι II 4 a	be	160c
	πολύς I 1 b β	many	688b
	τρόμος	trembling	827a
	φόβος 2 a α	fear	863c
4	ἀνθρώπινος 3	human	68a
	ἀπόδειξις	proof	89d
	ἀποκάλυψις 2	revelation	92b
	κήρυγμα 2	proclamation	431a
	πειθός	persuasive	639a
	πείθω	persuasiveness	639a
	πνεῦμα 6 a	spirit	677c
	σοφία 1	wisdom	759c
4a	λόγος 1 a β	word	477b
4b	λόγος 1 a δ	word	477d
5	εἰμί III 4	to be	225c
	πίστις 2 d α	faith	663c
	σοφία 1	wisdom	759c
6	αἰών 2 a	age	27d
	αἰών 2 a	age	27d
	ἐν I 3	in	258d
	καταργέω 2	abolish	417c
	λαλέω 2 b	speak	463d
	οὗτος 2 b	this	597b
	τέλειος 2 a β	mature	809b
6-8	ἄρχων 2	authorities	113d
	ἄρχων 3	authorities	114a
6a	σοφία 2	wisdom	759d
6b	σοφία 1	wisdom	759c
6f	λαλέω 2 b	speak	463d
7	αἰών 1 a	time	27b
	ἀποκρύπτω	conceal	93d
	δόξα 1 b β	glory	203d
	ἐν III 2	by	261a
	μυστήριον 2	mystery	530c
	πρό 2	before	701d
	προορίζω	decide upon beforehand	709b
	σοφία 2	wisdom	759d
8	αἰών 2 a	age	27d
	ἄν 1 b β	(particle)	48c
	γινώσκω 3 a	understand	161b
	δόξα 1 a	brightness	203c
	σταυρόω 1	crucify	765c
9	ἀγαπάω 1 a β	love	4d
	ἀναβαίνω 2	go up	50c
	εἶδον 1 a	see	220d
	ἑτοιμάζω 3	prepare	316c
	καρδία 1 b β	heart	403d
	οὖς 1	ear	595c
	ὀφθαλμός 1	eye	599c
10	ἀποκαλύπτω 2	reveal	92a
	βάθος 2	depth	130b
	ἐραυνάω	search	306d
	καί II 2	even	393b
	πᾶς, πᾶσα, πᾶν 2 a δ	everything	632d

10a	πνεῦμα 5 a	spirit	676b
	πνεῦμα 6 c	spirit	677d
10b	πνεῦμα 6 c	spirit	677d
11	ἄνθρωπος 3 a ζ	man	69b
	γινώσκω 3 a	understand	161b
	θεός 3 f γ	God	357d
	ὁ, ἡ, τό II 7	the	552b
	οἶδα 4	know	556c
	οὐδείς 2 a	no one	592a
11a	πνεῦμα 3 b	spirit	675c
11b	πνεῦμα 5 a	spirit	676b
12	κόσμος 7	world	446d
	λαμβάνω 2	receive	465a
	οἶδα 4	know	556c
	πνεῦμα 5 g	spirit	677b
	χαρίζομαι	give freely	876c
	χαρίζομαι 1	give freely	876c
12b	πνεῦμα 5 a	spirit	676b
13	ἀνθρώπινος 3	human	68a
	διδακτός 2	taught	191c
	λόγος 1 a δ	word	477d
	πνεῦμα 5 g γ	spirit	677c
	πνευματικός 2 b α	spiritual	679b
	πνευματικός 2 b β	spiritual	679b
	πνευματικῶς 2	spiritually	679c
	σοφία 1	wisdom	759c
	συγκρίνω 1	combine	774d
	συγκρίνω 2 b	compare	774d
	συγκρίνω 3	compare	774d
14	γινώσκω 3 a	understand	161b
	δέχομαι 3 b	accept	177c
	μωρία	foolishness	531b
	πνεῦμα 5 a	spirit	676b
	πνευματικός 2 a γ	spiritual	679a
	πνευματικῶς 2	spiritually	679c
	ψυχικός 1 pertaining to the soul		894c
14f	ἀνακρίνω 2	question	56c
	ἄνθρωπος 2 c β	man	68d
15	ἀνακρίνω 2	question	56c
	αὐτός 1 c	self	122d
	δέ 1 a	but, and	171c
	πνευματικός 2 a γ	spiritual	679a
16	ὅς, ἥ, ὅ I 8	(rel pron)	584d
	συμβιβάζω 4	unite	777d
16a	νοῦς 4	the mind	545a
16b	νοῦς 4	the mind	545a

1 Corinthians 3

1	ἐν I 5 d	in	260a
	λαλέω 2 a δ	speak	463b
	νήπιος 1 b α	children	537d
	πνευματικός 2 b β	spiritual	679b
	σαρκικός 3	fleshly	743a
	σάρκινος 2	fleshy	743b
1a	ὡς III 1 a	so	898a
1b	ὡς III 1 a	so	898a
1c	ὡς III 1 a	so	898a
2	ἀλλά 3	but, yet	38d
	βρῶμα 1	food	148a
2	γάλα 2	milk	149d
	δύναμαι 2	able	207b
	ἔτι 1 b α	still	315d
	νῦν 1 c	now	545d
	οὐδέ 3	not even	591d
	οὔπω	not yet	593c
	ποτίζω 1	give to drink	695d
3	ἄνθρωπος 1 c	human	68c
	διχοστασία	dissension	200c
	ἔρις	strife	309d
	ἔτι 1 a α	still	315d
	ζῆλος 2	jealousy	337d
	κατά II 5 b β	according to	407c
	ὅπου 2 b	where	576b
	περιπατέω 2 a δ	go about	649c
3a	σαρκικός 3	fleshly	743a
3b	σαρκικός 3	fleshly	743a
4	ἄν 3 a	(particle)	48d
	εἰμί IV 2	to be	225d
	ἕτερος 1 b δ	another	315b
	σαρκικός 3	fleshly	743a
	τὶς, τὶ 1 a ε	any one	820b
4-6	Ἀπολλῶς	Apollos	95d
4f	Παῦλος 2	Paul	637c
5	διάκονος 1 a	servant	184d
	καί I 3	and	393a
	οὖν 1 c β	therefore	593a
	οὖν 3	therefore	593b
	πιστεύω 2 b	believe	661d
	ὡς I 2 c	as	897b
5a	τίς, τί 1 a β	which	819a
5b	τίς, τί 1 a β	which	819a
6-8	ποτίζω 2	give to drink	695d
	φυτεύω	plant	870b
6f	αὐξάνω 1	grow	121d
7	εἰμί II 6 b	to be	224c
	οὔτε	not	596a
	τὶς, τὶ 1 b ε	any one	820c
	ὥστε 1 a	therefore	899d
8	εἰμί II 7	to be	224d
	εἷς 1 b	one	230d
	ἴδιος 1 a β	ones own	369d
	κατά II 5 a β	according to	407b
	κόπος 2	work	443d
	λαμβάνω 2	receive	465a
	μισθός 2 a	reward	523b
	ὁ, ἡ, τό II 10 c	the	552d
9	γεώργιον	cultivated land	157b
	οἰκοδομή 2 b	building	559b
	συνεργός	working with	788a
10	ἀρχιτέκτων	master builder	113b
	βλέπω 4 c	see	143d
	ἐποικοδομέω 1 b	build on to	305c
	θεμέλιος 2 a	foundation	356a
	πῶς 2 a	how	732c
	σοφός 1	clever	760b
	χάρις 4	favor	878b
	ὡς III 1 a	so	898a
10f	τίθημι I 1 a α	put	815d
11	ἄλλος 1 e β	another	40b
	θεμέλιος 2 b	foundation	356a

11	κεῖμαι 1 b	lie	426d
	οὐδείς 2 a	no one	592a
	παρά III 3	in comparison	611b
	Χριστός 1	Anointed One	887a
12	ἀργύριον 1	silver	104d
	ἄργυρος 2	silver	105a
	ἐποικοδομέω 1 b	build on to	305c
	θεμέλιος 2 a	foundation	356a
	καλάμη	straw	398c
	λίθος 1 b	stone	474b
	λίθος 1 c	stone	474c
	ξύλον 1	wood	549a
	τίμιος 1 a	valuable	818a
	χόρτος	grass	884a
	χρυσίον	gold	888c
	χρυσός	gold	888d
13	ἀποκαλύπτω 4	reveal	92b
	γίνομαι I 4 b	become	159d
	δηλόω	reveal	178c
	δοκιμάζω 2 a	examine	202c
	εἰμί II 6 d	to be	224d
	ἔργον 3	work	308c
	ἡμέρα 3 b β	day	347b
	ὁ, ἡ, τό II 1 a α	the	550b
	ὁποῖος	what sort	575d
	φανερός 1	clear	852c
13a	πῦρ 1 b	fire	730a
13b	πῦρ 1 b	fire	730a
14	ἐποικοδομέω 1 b	build on to	305c
	ἔργον 3	work	308c
	λαμβάνω 2	receive	465a
	μένω 1 c β	remain	504b
	μισθός 2 a	reward	523b
15	αὐτός 1 c	self	122d
	διά A I 2	through	179d
	ἔργον 3	work	308c
	ζημιόω 2	be punished	338c
	κατακαίω	consume	411a
	οὕτω 2	thus	598a
	πῦρ 1 a	fire	730a
	σῴζω 3	save	798d
	ὡς I 1	as	897a
16	ἐν I 5 a	in	259c
	ναός 2	temple	533d
	ὁ, ἡ, τό II 11	the	552d
	οἶδα 1 e	know	556a
	οἰκέω 1	dwell	557a
	πνεῦμα 5 a	spirit	676b
17	ἅγιος 1 a β	worthy of God	9c
	οὗτος 1 a ε	this	596d
17a	ναός 2	temple	533d
	φθείρω 1 b	ruin	857b
17b	ναός 2	temple	533d
	φθείρω 2 c	ruin	857c
18	αἰών 2 a	age	27d
	γίνομαι I 4 a	become	159c
	δοκέω 1 b	think	201d
	ἐξαπατάω	deceive	273a
	κενός 2 a α	empty	427d
	μηδείς 2 a	no	518a
	μωρός 1	foolish	531c
18a	σοφός 3	learned	760c
18b	σοφός 3	learned	760c
19	δράσσομαι	catch	206c
	κόσμος 7	world	446d
	μωρία	foolishness	531b
	πανουργία	cunning	608a
	παρά II 2 b	beside	610c
	σοφία 1	wisdom	759c
	σοφός 2	learned	760c
20	γινώσκω 6 c	know	161c
	διαλογισμός 1	thought	186a
	μάταιος	idle	495c
	ὅτι 1 b ζ	that	589a
	πάλιν 3	again	607a
	σοφός 2	learned	760c
21	καυχάομαι 1	boast	425d
	πᾶς, πᾶσα, πᾶν 2 a δ	everything	633a
	ὥστε 1 b	therefore	900a
22	Ἀπολλῶς	Apollos	95d
	εἰ VI 13 b	if	220b
	ἐνίστημι 1	be present	266d
	ζωή 1 a	life	340b
	θάνατος 1 a	death	350d
	Κηφᾶς	Cephas	431d
	κόσμος 2	world	446a
	μέλλω 2	is destined	501c
	πᾶς, πᾶσα, πᾶν 2 a δ	everything	633a
	Παῦλος 2	Paul	637c
23	εἰμί IV 1	to be	225d

1 Corinthians 4

1	ἄνθρωπος 3 a γ	man	69a
	λογίζομαι 1 b	consider	476b
	μυστήριον 2	mystery	530c
	οἰκονόμος 2	manager	560b
	οὕτω 2	thus	598a
	ὑπηρέτης	servant	842d
	ὡς III 1 c	so	898b
2	ἐν I 2	in	258d
	εὑρίσκω 2	find	325d
	ζητέω 2 c	seek	339b
	ἵνα II 1 a α	in order that	377c
	λοιπός 3 b	the rest	480b
	οἰκονόμος 1 a	manager	560a
	πιστός 1 a α	trustworthy	664c
	ὧδε 2 b	here	895b
3	ἀλλά 3	but, yet	38d
	ἀνακρίνω 1 b	question	56c
	ἀνθρώπινος 3	human	68a
	εἰμί III 2	to be	225a
	ἐλάχιστος 2 a	smallest	248d
	ἡμέρα 3 b α	day	347a
	ἵνα II 1 b	in order that	377d
	οὐδέ 3	not even	591d
3f	ἀνακρίνω 1 b	question	56c
4	δικαιόω	justify	197c

4	δικαιόω 3 a	justify	197d
	δικαιόω 3 a	justify	197d
	ἐμαυτοῦ 2	myself	253d
	ἐν III 3 a	because of	261a
	κύριος 2 c γ	lord	460a
	οὗτος 1 b α	this	597a
	σύνοιδα 2	share knowledge	791b
5	ἀπό V 4	from	88b
	βουλή 1	purpose	145d
	γίνομαι I 3 b γ	take place	159b
	ἔπαινος 1 a β	praise	281d
	ἔρχομαι I 1 a	come	311a
	ἕως I 1 b	until	334c
	καιρός 4	time	395c
	καρδία 1 b γ	heart	404a
	κρίνω 6 b	judge	452c
	κρυπτός 2 a	hidden	454b
	μή A I 3	not	516a
	πρό 2	before	701d
	σκότος 2 a	darkness	757d
	τότε 2	at that time	824a
	φανερόω 1 a	reveal	852d
	φωτίζω 2 c	shine	873c
	ὥστε 1 b	therefore	900a
6	Ἀπολλῶς	Apollos	95d
	γράφω 2 c	write	167a
	ἐμαυτοῦ 3	myself	254a
	ἐν I 2	in	258d
	ἕτερος 1 a	other	315a
	ἵνα I 3	in order that	377b
	κατά I 2 b α	down	405d
	μανθάνω 1	learn	490c
	μετασχηματίζω	transform	513c
	ὑπέρ 1 a δ	in behalf of	838c
	ὑπέρ 2	beyond	839c
	ὑπέρ 3	beyond	839c
	φρονέω 1	think	866b
	φυσιόω	blow up	869b
7	διακρίνω 1 b	differentiate	185a
	εἰ VI 2	but if	220a
	ἔχω I 2 a	have	332a
	καυχάομαι	boast	425c
	καυχάομαι 1	boast	425d
	λαμβάνω 2	receive	465b
	μή A II 2 c	not	516d
	ὡς III 2	so	898b
7b	τίς, τί 1 b α	which	819b
7c	τίς, τί 3 a	which	819d
8	βασιλεύω 2	become king	136d
	γέ 3 h	indeed	153b
	κορέννυμι 2	satiate	444c
	ὄφελον	O that	599b
	πλουτέω 2	be rich	674a
	συμβασιλεύω	rule with someone	777c
	χωρίς 2 a α	apart	890c
9	ἄγγελος 2 b	angel	8a
	ἄνθρωπος 1 a β	man	68b
	ἀποδείκνυμι 1	make	89d
	ἀπόστολος 3	apostles	99d
	γίνομαι I 4 a	become	159c
9	δοκέω 1 d	think	202a
	δοκέω 1 e	think	202a
	ἐπιθανάτιος	condemned to death	292d
	ἔσχατος 2	last	313d
	θέατρον 2	spectacle	353c
	κόσμος 3	world	446a
	ὅτι 3 b	that	589d
10	ἀσθενής 2 a	weak	115d
	ἄτιμος 1	dishonored	120b
	ἐν I 5 d	in	260a
	ἔνδοξος 1	honored	263b
	ἰσχυρός 1 b	strong	383b
	μωρός 1	foolish	531c
	φρόνιμος	thoughtful	866d
	φρόνιμος	thoughtful	866d
10a	σύ 1 a	you	772b
10b	σύ 1 a	you	772b
10c	σύ 1 a	you	772b
11	ἄρτι 3	now	110b
	ἀστατέω	be unsteady	117c
	ἄχρι 1 a	until	128d
	γυμνιτεύω	be poorly clothed	167d
	διψάω 1	thirst	200c
	κολαφίζω 1	strike	441b
	πεινάω 1	hunger	640a
	ὥρα 2 b	time of day	896c
12	ἀνέχω 1 c	endure	66a
	διώκω 2	persecute	201b
	ἐργάζομαι 1	work	307a
	εὐλογέω 2 a	bless	322b
	ἴδιος 2 a	ones own	370a
	κοπιάω 2	become weary	443c
	λοιδορέω	revile	479c
	χείρ 1	hand	880a
13	ἄρτι 3	now	110b
	βλασφημέω 1	defame	142c
	γίνομαι II 1	be	160b
	δυσφημέω	slander	209d
	ἕως II 1 c	until	335a
	κάθαρμα		388a
	παρακαλέω 5	implore	617d
	περικάθαρμα	dirt	647d
	περίψημα	dirt	653c
	ὡς II 3 b	so	897d
	ὡσπερεί	like	899d
14	ἀγαπητός 2	beloved	6c
	ἐντρέπω 1 a	make ashamed	269d
	νουθετέω	admonish	544b
	τέκνον 2 b	child	808c
15	ἀλλά 4	but, yet	38d
	γεννάω 1 b	beget	155c
	διά A III 1 d	through	180b
	ἐν I 5 d	in	260a
	ἐν I 5 d	in	260a
	εὐαγγέλιον 1 a	gospel	318a
	ἔχω I 2 b β	have	332b
	μυρίος	innumerable	529d
	παιδαγωγός	attendant	603b
	πατήρ 2 a	father	635b
	πολύς I 1 a α	many	687d

16	ἐγώ	I	217c
	μιμητής 1	imitator	522a
	οὖν 1 a	therefore	593a
	παρακαλέω 2	appeal to	617b
17	ἀγαπητός 2	beloved	6c
	ἀναμιμνῄσκω	remind	57d
	διδάσκω 1	teach	192a
	ἐκκλησία 4 b	church	241a
	ἐν I 5 d	in	260a
	καθώς 1	just as	391b
	κύριος 2 c γ	lord	460a
	ὁδός 2 c	way	555a
	ὅς, ἥ, ὅ I 8	(rel pron)	584d
	πανταχοῦ 1	everywhere	608c
	πέμπω 1	send	642a
	πιστός 1 a α	trustworthy	664c
	τέκνον 2 b	child	808c
	Τιμόθεος	Timothy	818b
18	δέ 4 b	but, and	171d
	μή A II 2 c	not	516d
	τὶς, τὶ 1 a β	any one	820a
	ὡς III 2	so	898b
18f	φυσιόω	blow up	869b
19	θέλω 2	wish	355b
	κύριος 2 d	lord	460b
	λόγος 1 a α	word	477a
	ταχέως 1 a	quickly	806d
19f	δύναμις 1	power	207d
20	βασιλεία 3 b	kingdom	135b
	βασιλεία 3 g	kingdom	135d
	λόγος 1 a α	word	477a
21	ἀγάπη I 1 a	love	5c
	ἐν I 4 c β	in	259a
	ἔρχομαι I 1 a β	come	310c
	ἤ 1 d γ	or	342c
	θέλω 1	wish	354d
	πνεῦμα 3 c	spirit	675d
	πραΰτης	humility	699b
	ῥάβδος	rod	733b
	τέ 1 b	and	807c
	τίς, τί 1 b γ	which	819b

1 Corinthians 5

1	ἀκούω 3 b	learn	32c
	γυνή 2	wife	168c
	ἔχω I 2 b α	have	332b
	ὅλως	generally speaking	565b
	ὀνομάζω 3	name	574a
	οὐδέ 3	not even	591c
	πατήρ 1 a	father	635b
	τοιοῦτος 2 a γ	such a kind	821c
	ὥστε 2 a β	so that	900a
1a	πορνεία 1	prostitution	693b
1b	πορνεία 1	prostitution	693b
2	αἴρω 4	take away	24d
	ἐκ 1 b	away from	234b
	ἐξαίρω	remove	272a
	ἔργον 1 c β	deed	308a
	καί I 2 g	and	392d
2	μᾶλλον 3 b	rather	489c
	μέσος 2	the middle	507d
	οὐχί 1	not	598b
	πενθέω 1	be sad	642d
	ποιέω I 1 b α	do	681a
	πράσσω 1 a	do	698c
	φυσιόω	blow up	869b
3	ἄπειμι I	be absent	83a
	γάρ 1 e	for	152a
	γάρ 1 e	for	152a
	κατεργάζομαι 1	achieve	421c
	οὕτω 1 b	thus	597d
	σῶμα 1 b	body	799a
	σῶμα 1 b	body	799c
3-5	κρίνω 3	decide	451c
	πνεῦμα 3 a	spirit	675b
3a	πάρειμι 1 a	be present	624b
3b	πάρειμι 1 a	be present	624b
4	δύναμις 1	power	207c
	κύριος 2 c γ	lord	460b
	ὄνομα I 4 c γ	name	573a
	συνάγω 2	gather	782c
5	ἡμέρα 3 b β	day	347b
	ὄλεθρος	destruction	563b
	παραδίδωμι 1 b	give over	615a
	σάρξ 2	body	743c
	σατάν	Adversary	745a
	σῴζω 2 b	save	798c
	τοιοῦτος 3 a α	such a kind	821c
6	δολόω	falsify	203c
	ζύμη 1	leaven	340a
	ζυμόω	ferment	340a
	καλός 2 b	good	400c
	καύχημα 1	boast	426a
	μικρός 2 a	small	521b
	οἶδα 1 e	know	556a
	φύραμα	that which is mixed	869a
7	ἄζυμος 2	unleavened bread	20a
	γάρ 1 b	for	151d
	ἐκκαθαίρω 1	cleanse	240b
	ζύμη 2	leaven	340a
	θύω 2	sacrifice	367c
	καθώς 3	as	391c
	νέος 1 a α	new	536a
	παλαιόω 2	make old	606a
	πάσχα 2	the paschal lamb	633c
	ὑπέρ 1 a γ	in behalf of	838c
	φύραμα	that which is mixed	869a
7f	παλαιός 2	old	605d
8	ἄζυμος 1 a	unleavened bread	20a
	ἀλήθεια 1	truthfulness	35d
	εἰλικρίνεια	sincerity	222d
	ἐν I 4 c β	in	259b
	ἑορτάζω	celebrate	280a
	ζύμη 2	leaven	340a
	κακία 1 a	badness	397a
	μή A III 1	not	516d
	μηδέ 1 a	and not	517d
	πονηρία	wickedness	690c

8	ὥστε 1 b	therefore	900a
9	ἐν I 1 d	in	258c
	ἐπιστολή	letter	300d
	μή A II 1 b β	not	516b
	ὁ, ἡ, τό II 1 a α	the	550b
	πόρνος	fornicator	693d
	συναναμείγνυμι	mingle	784b
10	ἄρα 1	then	103d
	εἰδωλολάτρης	idolater	221c
	ἐξέρχομαι 1 b δ	go out	275a
	ἐπεί 2	because	284b
	οὐ 2 a	no	590a
	ὀφείλω 2 a β	owe	599a
	πάντως 5 b	not at all	609c
	πόρνος	fornicator	693d
10a	κόσμος 7	world	446d
10b	κόσμος 4 b	world	446b
10f	ἅρπαξ 2	swindler	109b
	πλεονέκτης	a covetous person	667c
11	ἀδελφός 2	brother	16b
	εἰδωλολάτρης	idolater	221c
	ἤ 1 a β	or	342b
	λοίδορος	reviler	479c
	μέθυσος	drunkard	499c
	μή A II 1 b β	not	516b
	μηδέ 2	not even	518a
	νῦν 2	now	546a
	νυνί 2 b	now	546b
	ὀνομάζω 1	name	574a
	πόρνος	fornicator	693d
	συναναμείγνυμι	mingle	784b
	συνεσθίω	eat with	788b
12	ἔσω 2	in	314b
	ἔσωθεν 2	inside	314c
	τίς, τί 1 b ε	which	819c
12a	κρίνω 4 a α	judge	451d
12b	κρίνω 4 a α	judge	451d
12f	ἔξω 1 a β	outside	279c
13	ἐξαίρω	remove	272a
	κρίνω 4 b α	judge	452a
	πονηρός 2 a	wicked	691b

1 Corinthians 6

1	ἄδικος 1	unjust	18b
	ἐπί I 1 a δ	before	286b
	ἕτερος 1 b ε	another	315c
	ἔχω I 7 a	have	333d
	κρίνω 4 a β	judge	451d
	οὐχί 1	not	598b
	πρᾶγμα 5	law suit	697b
	πρός III 4 a	toward	710c
	τὶς, τὶ 1 a α	any one	820a
	τολμάω 1 b	dare	822a
1f	ἅγιος 2 d β	saints	10a
2	ἀνάξιος	unworthy	58d
	ἐλάχιστος 2 a	smallest	248d
	ἐν I 3	in	258d
	ἐν III 1 b	by	260d
2	κριτήριον 1	lawcourt	453c
2a	κόσμος 5 a	world	446c
	κρίνω 4 b β	judge	452b
2b	κόσμος 5 a	world	446c
	κρίνω 4 b β	judge	452b
2f	οἶδα 1 e	know	556a
3	ἄγγελος 2 c	angel	8b
	γέ 3 f	let alone	153b
	μήτιγε	let alone	520b
4	βιωτικός	belonging to life	142b
	ἐάν	if	211a
	ἐκκλησία 4 d	church	241a
	ἐξουθενέω 1	despise	277d
	καθίζω 1 b	appoint	390a
	κριτήριον 1	lawcourt	453c
	μέν 2 e	(particle)	503c
	οὗτος 1 a ε	this	596d
5	ἀνά 1 b	among	49d
	διακρίνω 1 d	judge	185b
	ἔνι	there is not	266b
	ἐντροπή 1	shame	269d
	λέγω II 1 d	assure	469d
	μέσος 2	the middle	507b
	οὐδείς 2 a	no one	592a
	οὕτω 1 b	thus	597d
	πρός III 3 a	toward	710a
	σοφός 1	clever	760c
6	ἀλλά 1 a	but, yet	38a
	ἄπιστος 2	faithless	85d
	καί I 3	and	393a
	κρίνω 4 a β	judge	451d
	μετά A II 3 a	with	509c
	οὗτος 1 b γ	this	597a
7	ἀδικέω 2 a	do wrong	17c
	ἀποστερέω	steal	99b
	διά B II 2	why	181b
	ἔχω I 7 a	have	333d
	ἤδη 2	already	344a
	ἤδη 2	already	344a
	ἥττημα	defeat	349c
	κρίμα 1	dispute	450c
	μέν 2 a	(particle)	503a
	ὅλως	generally speaking	565b
7a	μᾶλλον 3 b	rather	489c
	οὐχί 3	not	598b
7b	μᾶλλον 3 b	rather	489c
	οὐχί 3	not	598b
8	ἀδικέω 2 a	do wrong	17c
	ἀποστερέω	steal	99a
	καί I 3	and	393a
	οὗτος 1 b γ	this	597a
9	ἄδικος 1	unjust	18b
	ἀρσενοκοίτης	a male homosexual	109d
	βασιλεία 3 b	kingdom	135b
	εἰδωλολάτρης	idolater	221c
	ἤ 1 d α	or	342b
	μαλακός 2	effeminate	488d
	μή A III 3 a	not	516d
	μοιχός 1	adulterer	526c

9	οἶδα 1 e	know	556a
	πλανάω 2 c γ	deceive	665c
	πόρνος	fornicator	693d
	πόρνος	fornicator	693d
9f	βασιλεία 3 g	kingdom	135c
	βασιλεία 3 g	kingdom	135d
	κληρονομέω 2	acquire	434d
	οὔτε	not	596a
10	ἅρπαξ 2	swindler	109b
	βασιλεία 3 b	kingdom	135b
	κλέπτης	thief	434c
	λοίδορος	reviler	479c
	μέθυσος	drunkard	499c
	πλεονέκτης	a covetous person	667c
11	ἁγιάζω 2	consecrate	8d
	ἀπολούω	wash oneself	96a
	δικαιόω 3 c	make free	197d
	κύριος 2 c γ	lord	460b
	ὄνομα I 4 c γ	name	573a
	οὗτος 1 b ζ	this	597b
	πνεῦμα 5 a	spirit	676b
	τὶς, τὶ 1 a α	any one	820a
12	ἔξεστι 2	it is possible	275b
	ἐξουσιάζω	one in authority	279a
	συμφέρω 2 a	help	780b
	τὶς, τὶ 1 a γ	any one	820b
13	ἀλλά 1 b	but, yet	38b
	καταργέω 2	abolish	417b
	κοιλία 1	belly	437b
	πορνεία 1	prostitution	693b
13a	βρῶμα 1	food	148a
13b	βρῶμα 1	food	148a
13f	κύριος 2 c γ	lord	460a
14	ἐγείρω 1 a β	raise	214d
	ἐξεγείρω 2	raise	273d
15	αἴρω 4	take away	24d
	γίνομαι I 3 a	take place	158d
	μή A III 2	not	516d
	οὖν 1 c α	therefore	593a
	ποιέω I 1 b ι	do	682a
	πόρνη 1	prostitute	693c
15a	μέλος 3	member	501d
15b	μέλος 3	member	502a
15f	οἶδα 1 e	know	556a
16	δύο 1 d	two	209b
	εἰμί III 2	to be	225a
	εἷς 1 b	one	230d
	ἤ 1 d α	or	342b
	κολλάω 2 b α	unite	441d
	πόρνη 1	prostitute	693c
	σάρξ 2	body	743d
	σῶμα 1 b	body	799d
	φημί 1 c	say	856c
16f	εἷς 2 a	one	231a
17	κολλάω 2 b α	unite	441d
	κύριος 2 c γ	lord	460a
	πνεῦμα 5 d β	spirit	677b
18	ἁμαρτάνω 4 b	sin	42d
	ἁμάρτημα	sin	42d
	εἰμί II 9 a	to be	224d
18	ἐκτός 2 a	outside	246b
	ἴδιος 2 c	ones own	370a
	πᾶς, πᾶσα, πᾶν 1 a β	every each	631c
	ποιέω I 1 c γ	do	682b
	πορνεία 1	prostitution	693b
	πορνεύω 1	to prostitute	693c
	φεύγω 3	flee	856a
18a	σῶμα 1 b	body	799a
18b	σῶμα 1 b	body	799a
19	ἀπό V 4	from	88a
	εἰμί IV 1	to be	225d
	ἤ 1 d α	or	342b
	ναός 2	temple	533d
	οἶδα 1 e	know	556a
	ὅς, ἥ, ὅ I 4 a	(rel pron)	584a
	πνεῦμα 5 c α	spirit	676c
20	ἀγοράζω 2	buy	13a
	δή 2	now	178b
	δοξάζω 1	praise	204c
	Θεοφόρος	inspired	358d
	σῶμα 1 b	body	799c
	τιμή 1	value	817c

1 Corinthians 7

1	ἄνθρωπος 2 b α	man	68d
	ἅπτω 2 a	touch	102d
	γράφω 2 d	write	167b
	δέ 1 c	but, and	171c
	καλός 3 b	good	400d
	μή A II 1 c	not	516b
	ὅς, ἥ, ὅ I 4 a	(rel pron)	584a
	περί 1 h	about	645a
2	ἴδιος 1 a β	ones own	369d
	πορνεία 1	prostitution	693b
2a	ἔχω I 2 b α	have	332b
2b	ἔχω I 2 b α	have	332b
2ff	ἀνήρ 1	man	66c
	γυνή 2	wife	168c
3	ἀποδίδωμι 1	give away	90b
	εὔνοια 1	favor	323b
	ὀφειλή 2 a	debt	598c
	ὀφείλω 2 a α	owe	598d
3f	ὁμοίως	likewise	568a
4	ἐξουσιάζω	one in authority	279a
4a	ἴδιος 1 b	ones own	369d
	σῶμα 1 b	body	799b
4b	ἴδιος 1 b	ones own	369d
	σῶμα 1 b	body	799b
5	ἀκρασία	self indulgence	33a
	ἄν 6	(particle)	49c
	ἀποστερέω	steal	99a
	εἰ VI 9	unless indeed	220b
	εἰμί III 5 c	to be	225c
	ἐκ 6 c	from	236b
	ἐπί III 1 a ζ	on	288d
	ἵνα I 1 c	in order that	377a
	καιρός 1	time	394d
	μή A III 3 a	not	516d
	νηστεία 2 b	fasting	538b

5	πάλιν 1 b	again	606c
	πειράζω 2 d	try	640c
	πρός III 2 b	toward	710a
	προσευχή 1	prayer	713c
	σατάν	Adversary	745a
	σύμφωνος 2	agreeing	781b
	συνέρχομαι 1 b	assemble	788b
	σχολάζω 1	have time	797d
6	ἐπιταγή	command	302b
	κατά II 5 b β	according to	407d
	λέγω I 5	say	468d
	λέγω II 1 f	declare	469d
	συγγνώμη	concession	773a
7	ἀλλά 2	but, yet	38c
	ἄνθρωπος 3 a ζ	man	69b
	ἐκ 3 c	from	235a
	ἐμαυτοῦ 3	myself	254a
	θέλω 1	wish	355a
	ἴδιος 1 a β	ones own	369d
	καί II 3	also	393c
	μέν 1 c	(particle)	503a
	ὁ, ἡ, τό I 2	the	549d
	οὕτω 1 b	thus	597d
	πᾶς, πᾶσα, πᾶν 1 b	all	631d
	χάρισμα 2	a gift	879a
7f	ὡς II 3 b	so	897d
8	ἄγαμος	unmarried	4b
	κἀγώ 3 c	I	386b
	καλός 3 b	good	400d
	καλός 3 c	good	400d
	μένω 1 b	remain	504b
	χήρα 1	the widow	881c
9	ἐγκρατεύομαι	abstain	216d
	εἰ I 1 a	if	219a
	κρείττων 2	better	449d
	πυρόω 1 b	set on fire	731b
9f	γαμέω 2	marry	150d
10	ἀλλά 1 b	but, yet	38b
	κύριος 2 c γ	lord	460a
	παραγγέλλω	give orders	613c
	χωρίζω 2 a	divide	890b
10f	μή A II 1 b β	not	516b
10ff	ἀνήρ 1	man	66c
11	ἄγαμος	unmarried	4b
	ἐάν I 1 b	if	211b
	ἐάν I 3 a	if	211c
	ἤ 1 a α	or	342a
	καταλλάσσω 2 b	reconcile	414a
	μένω 1 b	remain	504b
	χωρίζω 2 a	divide	890b
11ff	ἀφίημι 1 b	divorce	125d
12	ἄπιστος 2	faithless	85d
	ἔχω I 2 b α	have	332b
	κύριος 2 c γ	lord	460a
	λοιπός 2 b α	the others	480a
12f	μή A III 3 a	not	516d
	οἰκέω 1	dwell	557a
	συνευδοκέω	agree with	788d
13	ἔχω I 2 b α	have	332b
13f	ἄπιστος 2	faithless	85d
14	ἁγιάζω 2	consecrate	8d
14	ἅγιος 1 b α	dedicated to God	9d
	ἀκάθαρτος 1	impure	29a
	ἄπιστος 2	faithless	85d
	ἄρα 1	then	103d
	ἐν III 3 a	because of	261a
	ἐπεί 2	because	284b
	νῦν 2	now	546a
	τέκνον 1 a α	child	808b
15	ἀδελφή 3	sister	15d
	ἄπιστος 2	faithless	85d
	δουλόω 2	enslave	206b
	εἰρήνη 1 c	peace	227c
	καλέω 2	call	399d
	τοιοῦτος 3 a β	such a kind	821c
15a	χωρίζω 2 a	divide	890b
15b	χωρίζω 2 a	divide	890b
16	εἰ II	if	219c
	εἰ V 2 a	whether	219d
	ἤ 1 d δ		342c
16a	οἶδα 1 f	know	556b
	σῴζω 2 a β	save	798c
16b	οἶδα 1 f	know	556b
	σῴζω 2 a β	save	798c
17	διατάσσω	order	189c
	ἐκκλησία 4 b	church	241a
	κύριος 2 d	lord	460b
	μερίζω 2 b	assign	504d
	πᾶς, πᾶσα, πᾶν 1 d α	all	632b
	περιπατέω 2 a γ	go about	649c
17a	οὕτω 1 a	thus	597d
	ὡς I 2 c	as	897b
17b	ὡς I 2 c	as	897b
17f	καλέω 2	call	399d
18	ἐπισπάομαι 3	conceal circumcision	299d
	μή A III 3 a	not	516d
18a	περιτέμνω 1	cut around	652b
18b	περιτέμνω 1	cut around	652b
18f	ἀκροβυστία 1	uncircumcised	33d
19	ἐντολή 2 b	command	269b
	περιτομή 2	circumcision	652d
	τήρησις 3	observance	815c
19a	οὐδείς 2 b β	worthless	592b
19b	οὐδείς 2 b β	worthless	592b
20	κλῆσις 2	call	436a
	μένω 1 b	remain	504a
	οὗτος 1 a ε	this	596d
20-2	καλέω 2	call	399d
21	ἀλλά 1 a	but, yet	38a
	εἰ VI 4	even if	220a
	ἐλεύθερος 1	free	250d
	μᾶλλον 2 a	rather	489b
	μέλει 4	it is a concern	500b
	χράομαι 1 a	use	884c
21f	δοῦλος 1 b	slave	205d
22	ἀπελεύθερος	freedman	83d
	δοῦλος 4	slave	206a
	ἐλεύθερος 1	free	250d
22a	κύριος 2 c γ	lord	460a
22b	κύριος 2 c γ	lord	460a

23	ἀγοράζω 2	buy	13a
	ἄνθρωπος 1 a β	man	68b
	δοῦλος 3	slave	205d
	τιμή 1	value	817c
24	καλέω 2	call	399d
	παρά II 2 e	beside	610d
25	γνώμη 2	judgment	163b
	δίδωμι 1 b α	give	193a
	ἐλεέω	have mercy	249d
	ἐπιταγή	command	302a
	ἔχω I 2 i	have	333a
	παρθένος 1	virgin	627a
	περί 1 h	about	645a
	πιστός 1 a α	trustworthy	664d
	ὡς III 1 a	so	898a
25b	κύριος 2 c γ	lord	460a
26	ἀνάγκη 2	distress	52c
	ἄνθρωπος 3 a γ	man	69a
	ἐνίστημι 2	be imminent	266d
	νομίζω 2	think	541b
	οὖν 1 a	therefore	593a
	οὕτω 1 b	thus	597d
	ὑπάρχω 2	be	838a
26a	καλός 3 a	good	400d
26b	καλός 3 b	good	400d
	καλός 3 c	good	400d
27	δέω 3	bind	178a
	λύσις	a divorce	482b
	λύω 2 b	release	483d
27a	ζητέω 2 b α	seek	339a
27b	ζητέω 2 a	seek	339a
28	ἁμαρτάνω 1	sin	42c
	γαμέω 1 b	marry	150d
	ἐάν I 3 a	if	211c
	ἔχω I 2 e α	have	332c
	θλῖψις 1	tribulation	362c
	παρθένος 1	virgin	627a
	σάρξ 5	body	744a
	τοιοῦτος 3 a α	such a kind	821c
	φείδομαι 1	spare	854d
28b	γαμέω 3 a β	marry	150d
29	εἰμί II 4 a	to be	224a
	ἔχω I 2 b α	have	332b
	ἵνα III 2	in order that	378b
	ἵνα IV	in order that	378c
	καιρός 4	time	395c
	λοιπός 3 a α	the rest	480a
	λοιπός 3 b	the rest	480b
	ὁ, ἡ, τό II 6	the	552a
	οὗτος 1 b β	this	597a
	συστέλλω 1	limit	795a
	φημί 2	say	856c
29-31	ὡς II 3 b	so	897d
30	ἀγοράζω 1	buy	12d
	κατέχω 1 b γ	keep	423a
	κλαίω 1	weep	433b
30a	χαίρω 1	rejoice	873b
30b	χαίρω 1	rejoice	873b
31	καταχράομαι	use	420d
	παράγω 2 a β	bring in	613d
	παραχράομαι	misuse	623d
31	σχῆμα 2	bearing	797b
	χράομαι 1 a	use	884b
	χράομαι 1 b	use	884d
31a	κόσμος 6	world	446c
31b	κόσμος 7	world	446d
32	ἀμέριμνος 1	free from care	45b
	ἀρέσκω 2 a	be pleasing	105c
	θέλω 1	wish	355a
	μεριμνάω 2	be concerned about	505a
	πῶς 2 b	how	732d
33	ἀρέσκω 2 a	be pleasing	105c
	γαμέω 1 b	marry	150d
	μεριμνάω 2	be concerned about	505a
	πῶς 2 b	how	732d
33f	κόσμος 6	world	446c
	ὁ, ἡ, τό II 7	the	552b
34	ἄγαμος	unmarried	4b
	ἀρέσκω 2 a	be pleasing	105c
	γαμέω 3 a β	marry	150d
	μερίζω 1 a	divide	504d
	παρθένος 1	virgin	627a
	πνεῦμα 3 a	spirit	675b
	πῶς 2 b	how	732d
	σῶμα 1 b	body	799a
34a	μεριμνάω 2	be concerned about	505a
34b	μεριμνάω 2	be concerned about	505a
35	ἀπερισπάστως	without distraction	84b
	βρόχος	noose	147d
	ἐπιβάλλω 1 a	throw over	289d
	εὐπάρεδρος	constant	324a
	εὐπρόσεδρος	constant	324c
	εὐσχήμων 1	presentable	327b
	ὁ, ἡ, τό II 2 c	the	551b
	συμφέρω 2 b γ	advantage	780c
	σύμφορος	profitable	780c
35a	πρός III 3 a	toward	710a
35b	πρός III 3 a	toward	710a
36	ἁμαρτάνω 1	sin	42c
	ἀσχημονέω 1	behave disgracefully	119b
	ἀσχημονέω 2	to act improperly	119b
	γαμέω 2	marry	150d
	ἐπί III 1 b ε	toward	289b
	θέλω 2	wish	355b
	νομίζω 2	think	541b
	ὀφείλω 2 a β	owe	599a
	ὑπέρακμος	past ones prime	839d
36-38	γαμίζω 1	give in marriage	151a
36-8	παρθένος 1	virgin	627b
37	ἀνάγκη 1	necessity	52c
	ἑδραῖος	firm	217d
	ἐξουσία 1	right	278a
	θέλημα 2 a	will	354c
	ἵστημι II 2 c α	stand	382d
	καρδία 1 b γ	heart	404a

37	κρίνω 3	decide	451c
	οὗτος 1 b β	this	597a
	περί 1 e	about	644d
	ποιέω I 2 a α	do	682c
	τηρέω 2 b	keep	815a
37a	ἔχω I 2 i	have	333a
	ἴδιος 2 c	ones own	370a
37b	ἴδιος 2 c	ones own	370a
37f	καλῶς 4 a	well	401b
38	γαμίζω 1	give in marriage	151a
	ἐκγαμίζω	marry	238a
	κρείττων 3	better	450a
	ὥστε 1 a	therefore	899d
38a	ποιέω I 2 a α	do	682c
38b	ποιέω I 2 a α	do	682c
39	γαμέω 3 c	marry	151a
	δέω 3	bind	178a
	ἐάν I 1 b	if	211b
	ἐν I 5 d	in	260a
	ἐπί III 2 b	on	289c
	ζάω 1 a α	live	336a
	κοιμάω 2 a	sleep	437d
	νόμος 3	law	542d
	ὅσος 1	how great	586b
	χρόνος	time	888a
40	γνώμη 2	judgment	163b
	δοκέω 1 a	think	201d
	κἀγώ 3 a	I also	386b
	μακάριος 1 a	blessed	486c
	μένω 1 b	remain	504b
	οὕτω 1 b	thus	597d
	πνεῦμα 5 a	spirit	676b

1 Corinthians 8

1	ἀγάπη I 1 a	love	5b
	γνῶσις 1	knowledge	163d
	δέ 1 c	but, and	171c
	εἰδωλόθυτος	meat offered to an idol	221c
	ἔχω I 2 e β	have	332d
	οἰκοδομέω 3	build	558d
	περί 1 h	about	645a
	φυσιόω	blow up	869b
2	καθώς 1	just as	391b
	οὔπω	not yet	593c
2a	γινώσκω 6 a α	know	161c
3	ἀγαπάω 1 a β	love	4d
	γινώσκω 7	acknowledge	161d
	οὗτος 1 a ε	this	596d
4	βρῶσις 1	eating	148b
	εἰδωλόθυτος	meat offered to an idol	221c
	εἴδωλον 2	idol	221d
	εἷς 2 b	one	231b
	θεός 1	god	356d
	κόσμος 2	world	446a
	οὖν 2 a	therefore	593b
	περί 1 h	about	645a
4a	οὐδείς 1	no	591d

4b	οὐδείς 2 a	no one	592a
5	εἰ VI 11	if	220b
	εἰ VI 13 b	if	220b
	εἰμί I 1	to be	223a
	εἰμί I 1	to be	223b
	κύριος 2 e β	lord	460c
	λέγω II 3	call	470a
	οὐρανός 1 a β	heaven	593d
	οὐρανός 1 d	heaven	594b
	ὥσπερ 2	(just) as	899d
5a	θεός 1	god	357a
	πολύς I 1 a α	many	687c
5b	θεός 1	god	357a
	πολύς I 1 a α	many	687c
6	ἀλλά 4	but, yet	38d
	αὐτός 3 e	(oblique case)	123c
	διά A III 2 a	by	180d
	εἷς 2 b	one	231b
	ἐκ 3 c	from	235a
	θεός 3 d	God	357d
	κύριος 2 c γ	lord	460b
6a	πᾶς, πᾶσα, πᾶν 2 b β	all things	633b
6b	πᾶς, πᾶσα, πᾶν 2 b β	all things	633b
7	ἄρτι 3	now	110b
	ἀσθενής 2 b	weak	115d
	γνῶσις 1	knowledge	163d
	εἰδωλόθυτος	meat offered to an idol	221c
	εἴδωλον 2	idol	221d
	εἰμί II 8	to be	224d
	ἐσθίω 1 a	eat	312c
	ἕως II 1 c	until	335a
	μολύνω 2	defile	527a
	συνείδησις 2	consciousness	786d
	συνείδησις 2	consciousness	786d
	συνήθεια 2 a	habit	789c
	τὶς, τὶ 1 a α	any one	819d
	ὡς III 1 a	so	898a
7a	συνείδησις 1	consciousness	786c
8	βρῶμα 1	food	148a
	ἐάν I 1 b	if	211b
	οὔτε	not	596a
	παρίστημι 1 e	bring before	628a
	περισσεύω 1 b α	be left over	651a
	ὑστερέω 2	to miss	849b
9	βλέπω 6	see	143d
	γίνομαι II 1	be	160b
	ἐξουσία 1	right	278a
	μήπως 1 b	lest somehow	519d
	πρόσκομμα 2 b	stumbling	716b
9f	ἀσθενής 2 b	weak	115d
10	εἰδωλεῖον	an idols temple	221b
	εἰδωλόθυτος	meat offered to an idol	221c
	ἐσθίω 1 a	eat	312c
	ἔχω I 2 e β	have	332d
	κατάκειμαι 3	lie down	411c
	οἰκοδομέω 3	build	558d
	συνείδησις 2	consciousness	786d

10	τὶς, τὶ 1 a γ	any one	820a
11	ἀπόλλυμι 2 a α	perish	95b
	γνῶσις 1	knowledge	163d
	σός, σή, σόν 1	yours	759b
11f	ἀσθενέω 2	weak	115c
12	ἁμαρτάνω 4 b	sin	42d
	αὐτός 3 a	(oblique case)	123b
	οὕτω 1 b	thus	597d
	συνείδησις 2	consciousness	786d
	τύπτω 2	strike	830c
13	αἰών 1 b	time	27b
	βρῶμα 1	food	148a
	διόπερ	therefore	199a
	ἐσθίω 1 a	eat	312c
	κρέας	meat	449d
	μή D 1 a	not	517c
13a	σκανδαλίζω 1 a	cause to fall	752d
13b	σκανδαλίζω 1 a	cause to fall	752d

1 Corinthians 9

1	ἐλεύθερος 2	free	250d
	ἐν I 5 d	in	260a
	ἔργον 3	work	308c
	κύριος 2 c γ	lord	460b
	ὁράω 1 a α	see	577d
1f	ἀπόστολος 3	apostles	99d
2	ἀλλά 4	but, yet	38d
	ἀποστολή	apostleship	99c
	εἰ I 1 a	if	219a
	εἰμί II 2	to be	223d
	κύριος 2 c γ	lord	460a
	σφραγίς 2 a	seal	796d
3	ἀνακρίνω 1 b	question	56c
	ἀπολογία 1	defense	96a
	οὗτος 1 a	this	596d
4	ἐσθίω 1 e α	eat	313a
	οὐ 6 b	no	590d
4f	μή C 1	not	517b
4ff	ἐξουσία 1	right	277d
5	ἀδελφή 3	sister	15d
	ἀδελφός 1	brother	16a
	ἀπόστολος 3	apostles	99d
	γυνή 2	wife	168c
	καί II 3	also	393c
	Κηφᾶς	Cephas	431d
	λοιπός 2 a	other	479d
	οὐ 6 b	no	590d
	περιάγω 1	lead around	645c
	Πέτρος	Peter	654d
	Πέτρος	Peter	655a
6	Βαρναβᾶς	Barnabas	133d
	ἐργάζομαι 1	work	307a
	ἤ 1 d β	or	342b
	μόνος 1 a β	only	527d
7	ἀμπελών	vineyard	47a
	γάλα 1	milk	149c
	ἐκ 4 a ε	from	236a
	ἐσθίω 1 b β	eat	312d
	ἤ 1 d δ		342c
	ἴδιος 1 a β	ones own	369d
7	κάρπος 1 a	fruit	404c
	ὀψώνιον 1 a	wages	602c
	ποιμαίνω 1	tend	683d
	ποτέ 1	once	695b
	στρατεύω 1	do military service	770c
	φυτεύω	plant	870b
7a	ποίμνη	flock	684c
	τίς, τί 1 a α	which	819a
7b	ποίμνη	flock	684c
	τίς, τί 1 a α	which	819a
7c	τίς, τί 1 a α	which	819a
8	ἄνθρωπος 1 c	human	68c
	λαλέω 2 b	speak	463d
	νόμος 4 a	law	543a
8f	μή C 1	not	517b
9	ἀλοάω	thresh	41a
	βοῦς	ox	146c
	γάρ 1 e	for	152a
	κημόω	muzzle	430d
	μέλει 1	it is a concern	500b
	νόμος 4 a	law	543a
	οὐ 4 b	no	590c
	φιμόω 1	tie shut	861d
10	ἀλοάω	thresh	41a
	ἀροτριάω	to plow	108b
	γάρ 4	indeed	152c
	γράφω 2 c	write	166d
	γράφω 2 c	write	167a
	ἐπί II 1 b γ	on	287b
	ἦ	truly	343a
	μετέχω	share	514a
	ὁ, ἡ, τό II 4 b β	the	551c
	ὀφείλω 2 a β	owe	599a
	πάντως 1	by all means	609b
10a	ἐλπίς 1	hope	252d
10b	ἐλπίς 1	hope	253a
11	θερίζω 2 a	reap	359c
	μέγας 2 b β	great	498c
	πνευματικός 2 b α	spiritual	679b
	σαρκικός 1	fleshly	742d
	σπείρω 1 b β	sow	761c
12	ἀλλά 2	but, yet	38c
	δίδωμι 1 b α	give	193a
	ἐγκοπή	hindrance	216b
	ἐξουσία 1	right	278a
	εὐαγγέλιον 2 b α	gospel	318a
	ἵνα I 1 a	in order that	376d
	μᾶλλον 2 b	more	489c
	μετέχω	share	514a
	στέγω 2	cover	766a
	χράομαι 1 a	use	884b
	Χριστός 1	Anointed One	887b
13	ἐκ 3 g α	by	235c
	ἐργάζομαι 2 b	practice	307b
	ἐσθίω 1 a	eat	312c
	οἶδα 1 e	know	556a
	παρεδρεύω	sit beside	624a
	προσεδρεύω	attend	712d
	συμμερίζω	share with	778c
13a	θυσιαστήριον 1 a	altar	366d

13a	ἱερός 2	holy	372d
13b	θυσιαστήριον 1 a	altar	366d
14	διατάσσω	order	189c
	ἐκ 3 g α	by	235c
	εὐαγγέλιον 1 c	gospel	318a
	ζάω 1 c	live	336c
	καταγγέλλω 1	proclaim	409b
15	γίνομαι I 2 b	created	158d
	ἐν I 2	in	258c
	ἤ 2 a	than	342c
	ἦ	truly	343a
	καλός 3 c	good	400d
	καύχημα 1	boast	426a
	κενόω 2	make empty	428b
	μᾶλλον 1	more	489b
	μᾶλλον 3 c	rather	489d
	χράομαι 1 a	use	884b
15-17	γάρ 1 c	for	152a
15a	οὐδείς 2 b α	nothing	592a
16	ἀνάγκη 1	necessity	52c
	ἐάν I 3 b	if	211d
	ἐπίκειμαι 2 c	be imposed	294d
	εὐαγγελίζω 2 a δ	preach	317d
	καύχημα 1	boast	426a
	οὐαί 2	woe	591b
	χάρις 2 b	favor	877c
17	ἄκων	unwilling	34b
	γάρ 1 e	for	152a
	ἑκών	willing	247d
	μισθός 2 a	reward	523b
	οἰκονομία 1 b	management	559d
	πιστεύω 3	believe	662a
	πράσσω 1 a	do	698b
18	ἀδάπανος	free of charge	15d
	ἐξουσία 1	right	278a
	εὐαγγελίζω 2 a δ	preach	317d
	εὐαγγέλιον 1 a	gospel	318a
	ἵνα I 2	in order that	377a
	ἵνα II 1 c α	in order that	377d
	ἵνα II 1 e	in order that	378a
	καταχράομαι	use	420d
	τίθημι I 2 a β	make	816c
19	γάρ 3	certainly	152c
	δουλόω 2	enslave	206b
	ἐκ 1 d	away from	234c
	ἐλεύθερος 2	free	250d
	ἐμαυτοῦ 2	myself	253d
	πολύς II 2 a α	many	689b
	πολύς II 2 a γ	many	689b
19-22	κερδαίνω 1 b	to gain	429c
20	μή A II 2 b	not	516c
	νόμος 3	law	542d
20a	ὑπό 2 b	under	843c
20b	ὑπό 2 b	under	843c
20c	ὑπό 2 b	under	843c
20d	ὑπό 2 b	under	843c
20f	γίνομαι II 1	be	160b
	ὡς II 3 b	so	897d
21	ἄνομος 2 a	lawless	72a
	ἄνομος 3	lawless	72b
	ἔννομος	legal	267b

21	ἵνα I 2	in order that	377a
	κερδαίνω	gain	429c
22	ἀσθενής 2 b	weak	115d
	πάντως 4	at least	609c
	πᾶς, πᾶσα, πᾶν 2 b α	in all respects	633a
	σῴζω 2 a β	save	798c
	τὶς, τὶ 1 a α	any one	819d
22b	ἵνα I 1 b	in order that	377a
23	εὐαγγέλιον 1 a	gospel	318a
	ποιέω I 1 b ε	do	681c
	συγκοινωνός	participant	774b
24	βραβεῖον 1	prize	146d
	εἷς 2 b	one	231b
	καταλαμβάνω 1 a	seize	412d
	μέν 1 a α	(particle)	502d
	οἶδα 1 e	know	556a
	οὕτω 2	thus	598a
	στάδιον 2	arena	764b
24a	τρέχω 1	run	825d
24b	τρέχω 1	run	825d
24c	τρέχω 2 a	run	825d
24f	λαμβάνω 2	receive	465a
25	ἀγωνίζομαι 1	engage in a contest	15b
	ἄφθαρτος	imperishable	125c
	ἐγκρατεύομαι	abstain	216d
	ἐκεῖνος 1 a	that	239b
	μέν 1 a α	(particle)	502d
	οὖν 5	therefore	593c
	πᾶς, πᾶσα, πᾶν 1 c γ	whoever	632a
	στέφανος 1	wreath	767b
	φθαρτός	perishable	857a
25b	πᾶς, πᾶσα, πᾶν 2 a δ	everything	633a
26	ἀδήλως	uncertainly	16d
	ἀήρ	air	20b
	δέρω	beat	175d
	οὐ 2 c	no	590b
	πυκτεύω	fight with fists	729b
	τοίνυν	hence	821b
	τρέχω 2 a	run	825d
26a	οὕτω 2	thus	598a
	ὡς I 2 a	as	897b
26b	οὕτω 2	thus	598a
	ὡς I 2 a	as	897b
27	ἀδόκιμος	unqualified	18c
	ἄλλος 1 a	other	39d
	δουλαγωγέω	enslave	205a
	κηρύσσω 2 b β	announce	431c
	μήπως 1 a	lest somehow	519c
	ὑπωπιάζω 2	strike under the eye	848d

1 Corinthians 10

1	ἀγνοέω 1	be ignorant	11b
	γάρ 4	indeed	152c
	διέρχομαι 1 b α	go through	194c
	εἰμί III 12	to be	225d

1	θέλω 1	wish	355a
	νεφέλη	cloud	536d
	πατήρ 2 e	fathers	635c
	ὑπό 2 a β	under	843c
1f	θάλασσα 1 b α	sea	350b
2	βαπτίζω 3 a	baptize	132b
	νεφέλη	cloud	537a
3	βρῶμα 1	food	148b
	πνευματικός 2 a β	spiritual	679a
3f	αὐτός 4 a	the same	123d
4	ἀκολουθέω 1	follow	31b
	ἐκ 1 a	away from	234b
	πόμα 2	a drink	690b
	Χριστός 1	Anointed One	887b
4a	πέτρα 1 a	rock	654b
	πνευματικός 2 a β	spiritual	679a
4b	πέτρα 1 a	rock	654b
	πίνω 1	drink	658d
	πνευματικός 2 a β	spiritual	679a
5	ἔρημος 2	desert	309b
	εὐδοκέω 2 a	well pleased	319b
	καταστρώννυμι 1	kill	419b
	οὐ 7 c	no	591a
	πολύς II 2 a α	many	689b
6	ἐπιθυμέω	desire	293b
	ἐπιθυμητής	one who desires	293b
	καθώς 1	just as	391b
	κἀκεῖνος 1 b	and he	396d
	κακός 1 c	evil	397d
	μή A II 1 e	not	516b
	τύπος 6	mark	830b
7	ἀνίστημι 2 a	rise	70b
	εἰδωλολάτρης	idolater	221c
	ἐσθίω 1 e β	eat	313a
	καθίζω 2 a α	sit down	390a
	παίζω	play	604c
7-10	μηδέ 1 b	and not	518a
	τὶς, τὶ 1 a α	any one	820a
8	εἴκοσι	twenty	222a
	ἡμέρα 2	day	346b
	πίπτω 1 b α	fall	659c
	χιλιάς	thousand	882a
8a	πορνεύω 1	to prostitute	693c
8b	πορνεύω 1	to prostitute	693c
9	ἀπόλλυμι 2 a α	perish	95b
	ἐκπειράζω	put to the test	243c
	ὄφις 1	snake	600a
	πειράζω 2 e	try	640d
9f	ὑπό 1 b	by	843b
10	ἀπόλλυμι 2 a α	perish	95b
	γογγύζω 1	murmur	164c
	ἰχθύς	fish	384b
	καθάπερ	just as	387a
	ὀλοθρευτής	the destroyer	564b
11	αἰών 2 b	age	28a
	γράφω 2 c	write	166d
	δέ 2	but, and	171c
	καταντάω	arrive	415b
	καταντάω 2 b	arrive	415b
	νουθεσία	admonition	544b
11	πρός III 3 a	toward	710a
	συμβαίνω	meet	777b
	τέλος 1 b	end	811c
	τέλος 3	tax	812b
	τυπικῶς	typologically	829d
	τύπος 6	mark	830b
12	βλέπω 6	see	143d
	ἵστημι II 2 c α	stand	382d
	μή B 1 b	not	517b
	πίπτω 2 a β	fall	660a
	ὥστε 1 b	therefore	899d
13	ἀνθρώπινος 1	human	67d
	δύναμαι 2	able	207b
	ἐάω 1	let	212d
	ἔκβασις	end	237d
	λαμβάνω 1 c	take	464c
	ὁ, ἡ, τό II 4 b γ	the	551d
	ὅς, ἥ, ὅ I 2 a	(rel pron)	583c
	πειράζω 2 b	try	640c
	πιστός 1 a β	trustworthy	664d
	ποιέω I 1 b γ	do	681b
	σύν 4 a	with	782a
	ὑπέρ 2	beyond	839c
	ὑποφέρω	endure	848c
13a	πειρασμός 2 b	test	641a
13b	πειρασμός 2 b	test	641a
14	ἀγαπητός 2	beloved	6c
	διόπερ	therefore	199a
	εἰδωλολατρία	idolatry	221c
	φεύγω 3	flee	856a
15	κρίνω 2	judge	451c
	φημί 2	say	856c
	φρόνιμος	thoughtful	866d
	ὡς III 1 a	so	898a
16	αἷμα 2 b	blood	23a
	εὐλογέω 2 b	bless	322c
	εὐλογία 4	consecration	323a
	εὐχαριστία 3	eucharist	328d
	κλάω	break	433d
	κοινωνία 4	association	439c
	κοινωνία 4	association	439c
	ὅς, ἥ, ὅ I 4 d	(rel pron)	584b
	ποτήριον 1	cup	695c
	σῶμα 1 b	body	799d
	Χριστός 1	Anointed One	887b
16a	κοινωνία 3	association	439b
16b	κοινωνία 3	association	439b
16f	ἄρτος 1 c	bread	110d
17	εἷς 2 a	one	231a
	ἐκ 4 a ε	from	236a
	μετέχω	share	514a
	ὅτι 3 b	that	589d
	πᾶς, πᾶσα, πᾶν 2 b α	in all respects	633a
	πολύς I 2 a β	many	688b
	σῶμα 5	body	800a
17a	εἷς 2 b	one	231a
18	βλέπω 4 b	see	143d
	ἐσθίω 1 a	eat	312c
	θυσία 2 a	sacrifice	366b
	θυσιαστήριον 1 a	altar	366d

18	Ἰσραήλ 3	Israel	381c
	κοινωνός 1 b α	companion	439d
	σάρξ 4	body	743d
19	εἰδωλόθυτος	meat offered to an idol	221c
	εἴδωλον 2	idol	221d
	εἰμί II 6 b	to be	224c
	οὖν 1 c β	therefore	593a
	τίς, τί 1 b ε	which	819c
	φημί 2	say	856c
	φημί 2	say	856c
20	ἀλλά 3	but, yet	38c
	θέλω 1	wish	355a
	θύω 1	sacrifice	367a
	κοινωνός 1 a β	companion	439d
20f	δαιμόνιον 2	demon	169c
21	μετέχω	share	514a
	πίνω 1	drink	658d
	τράπεζα 2	table	824c
21a	κύριος 2 c γ	lord	460a
	ποτήριον 1	cup	695c
21b	κύριος 2 c γ	lord	460a
	ποτήριον 1	cup	695c
22	ἤ 1 d α	or	342b
	ἰσχυρός 1 a	strong	383b
	μή C 1	not	517b
	παραζηλόω	provoke to jealousy	616a
23	ἔξεστι 1	it is possible	275b
	οἰκοδομέω 3	build	558d
	οὐ 7 c	no	591a
	συμφέρω 2 a	help	780b
24	ἕτερος 1 b ε	another	315c
	ζητέω 2 b α	seek	339a
	μηδείς 2 a	no	518a
25	ἀνακρίνω 1 a	question	56b
	ἐσθίω 1 a	eat	312c
	μάκελλον	meat market	487c
	μάκελλον	meat market	487c
	μηδείς 2 b α	nothing	518a
	πᾶς, πᾶσα, πᾶν 1 c γ	whoever	632a
	πωλέω	sell	731d
	συνείδησις 2	consciousness	786c
26	πλήρωμα 1	that which fills	672a
27	ἀνακρίνω 1 a	question	56b
	ἄπιστος 2	faithless	85d
	δεῖπνον 2	dinner	173c
	ἐσθίω 1 a	eat	312c
	καλέω 1 b	invite	399c
	μηδείς 2 b α	nothing	518a
	παρατίθημι 1 a	place beside	623a
	πᾶς, πᾶσα, πᾶν 1 c γ	whoever	632a
	πορεύω 1	proceed	692c
27f	συνείδησις 2	consciousness	786c
28	εἰδωλόθυτος	meat offered to an idol	221c
	ἱερόθυτος	sacrificed to a divinity	372b
	μηνύω	reveal	519a

28	τὶς, τὶ 1 a γ	any one	820a
29	ἄλλος 1 a	other	39d
	ἐλευθερία	freedom	250c
	ἕτερος 1 b ε	another	315c
	ἱνατί	why	378c
	κρίνω 6 b	judge	452c
	λέγω I 2 b	say	468c
	λέγω II 3	call	470b
	οὐχί 1	not	598b
	ὑπό 1 a β	by	843b
29a	συνείδησις 2	consciousness	786c
29b	συνείδησις 2	consciousness	786c
30	βλασφημέω 1	defame	142c
	εὐχαριστέω 2	give thanks	328b
	μετέχω	share	514a
	ὅς, ἥ, ὅ I 2 a	(rel pron)	583c
	τίς, τί 3 a	which	819d
	ὑπέρ 1 d	in behalf of	839a
	χάρις 5	favor	878c
31	δόξα 3	fame	204a
	εἰς 4 d	for	229b
	οὖν 1 b	therefore	593a
	οὖν 5	therefore	593c
	τὶς, τὶ 1 b α	any one	820b
31b	ποιέω I 1 b ε	do	681c
32	ἀπρόσκοπος 2	giving no offense	102c
	γίνομαι II 1	be	160b
	ἐκκλησία 4 e α	church	241b
	Ἕλλην 2 a	Gentile	252a
	Ἰουδαῖος 2 c	Jewish	379c
33	ἀρέσκω 1	accommodate	105c
	ἐμαυτοῦ 1	myself	253d
	ζητέω 2 b α	seek	339a
	κἀγώ 3 c	I	386b
	πᾶς, πᾶσα, πᾶν 2 a δ	everything	633a
	πολύς I 2 a β	many	688b
	συμφέρω 2 b γ	advantage	780c
	σύμφορος	profitable	780c
	σῴζω 2 b	save	798c

1 Corinthians 11

1	κἀγώ 3 c	I	386b
	μιμητής 1	imitator	522a
2	ἐπαινέω	praise	281c
	κατέχω 1 b β	hold fast	423a
	μιμνῄσκομαι 1 a β	remember	522b
	παραδίδωμι 3	give over	615c
	παράδοσις 2	tradition	616a
	πᾶς, πᾶσα, πᾶν 2 a δ	everything	633a
3	ἀνήρ 1	man	66c
	γυνή 1	woman	168c
3a	κεφαλή 2 a	head	430c
3b	κεφαλή 2 a	head	430b
	κεφαλή 2 a	head	430c
3c	κεφαλή 2 a	head	430c

4	ἔχω I 1 b	have	331d
	ἔχω I 7 a	have	333d
	κατά I 1 a	down	405c
4a	κεφαλή 1 a	head	430b
4b	κεφαλή 1 a	head	430a
4f	καταισχύνω 1	dishonor	410d
	προσεύχομαι	pray	713d
	προφητεύω 1	prophesy	723a
5	ἀκατακάλυπτος	uncovered	29d
	αὐτός 4 b	the same	123d
	γάρ 1 a	for	151c
	ξυράω	have oneself shaved	549c
	ξυράω	have oneself shaved	549d
	ὁ, ἡ, τό II 1 f	the	550d
5a	κεφαλή 1 a	head	430a
5b	κεφαλή 1 a	head	430a
5ff	γυνή 1	woman	168c
6	αἰσχρός	shameful	25b
	εἰ I 1 a	if	219a
	ξυράω	have oneself shaved	549c
	ξυράω	have oneself shaved	549d
6a	κατακαλύπτω 2	cover oneself	411b
	κείρω	cut	427a
6b	κατακαλύπτω 2	cover oneself	411b
	κείρω	cut	427a
7	γάρ 1 e	for	152a
	δόξα 1 c	glory	204a
	εἰκών 1 b	image	222b
	κατακαλύπτω 2	cover oneself	411b
	κεφαλή 1 a	head	430a
	μέν 1 a α	(particle)	502d
	ὀφείλω 2 a β	owe	599a
	ὑπάρχω 2	be	838a
7ff	ἀνήρ 1	man	66c
8	εἰμί III 3	to be	225b
9	γάρ 1 b	for	152a
	κτίζω	create	455c
10	ἄγγελος 2 c	angel	8b
	ἐξουσία 5	authority	278d
	ἐπί I 1 a α	on	286a
	κάλυμμα 1	covering	400d
	κεφαλή 1 a	head	430a
	ὀφείλω 2 a β	owe	599a
11	κύριος 2 c γ	lord	460a
	οὔτε	not	596a
	πλήν 1 c	but	669c
	χωρίς 2 a α	apart	890c
12	ἐκ 3 c	from	235a
	ἐκ 3 h	by	235d
	καί II 3	also	393c
13	ἀκατακάλυπτος	uncovered	29d
	αὐτός 1 a β	self	122d
	εἰμί II 4 d	to be	224b
	κρίνω 2	judge	451b
	πρέπω	be fitting	699b
	προσεύχομαι	pray	713d
14	ἀτιμία	dishonor	120a
	αὐτός 1 g	even	123a

14	διδάσκω 2 e	teach	192b
	ἐάν	if	211a
	κομάω	wear long hair	442d
	μέν 1 a α	(particle)	502d
	οὐδέ 3	not even	591d
	φύσις 3	nature	869d
15	ἀντί 2	for	73d
	κομάω	wear long hair	442d
	κόμη	hair	442d
	περιβόλαιον	covering	646c
16	δοκέω 1 b	think	201d
	ἐκκλησία 4 e α	church	241b
	συνήθεια 2 b	habit	789c
	τοιοῦτος 2 a β	such a kind	821b
	φιλόν(ε)ικος 1	quarrelsome	860d
17	ἀλλά 1 b	but, yet	38b
	ἐπαινέω	praise	281c
	ἥσσων	lesser	349a
	κρείττων 2	better	449d
	παραγγέλλω	give orders	613b
	συνέρχομαι 1 a	assemble	788b
18	ἀκούω 7	understand	33a
	ἐκκλησία 4 a	church	240d
	μέν 2 c	(particle)	503b
	μέρος 1 d	in part	506c
	πιστεύω 1 d	believe	661a
	πρῶτος 2 b	first	726c
	συνέρχομαι 1 a	assemble	788a
	σχίσμα 2	split	797c
	τὶς, τὶ 2 c	any one	820d
	ὑπάρχω 1	be	838a
19	αἵρεσις 1 c	dissension	24a
	δεῖ 5	it is necessary	172b
	δόκιμος 1	genuine	203a
	εἰμί I 4	to be	223b
	φανερός 1	clear	852c
20	αὐτός 4 b	the same	123d
	δεῖπνον 1	dinner	173b
	εἰμί I 7	to be	223d
	ἐπί III 1 a ζ	on	288d
	ἐσθίω 1 a	eat	312c
	κυριακός	belonging to the lord	458c
	οὖν 2 a	therefore	593b
	συνέρχομαι 1 a	assemble	788a
21	δεῖπνον 1	dinner	173c
	ἐσθίω 1 d	eat	313a
	ἴδιος 1 a β	ones own	369d
	μεθύω 1	be drunk	499c
	μέν 1 c	(particle)	503a
	ὅς, ἥ, ὅ II 2	this (one)	585b
	πεινάω 1	hunger	640a
	προλαμβάνω 2 a	take before	708b
22	γάρ 1 f	what	152b
	εἶπον 1	say	226b
	ἐκκλησία 4 e α	church	241b
	ἐσθίω 1 e β	eat	313a
	ἔχω I 2 a	have	332b
	ἔχω I 2 d	have	332c
	ἤ 1 d β	or	342b

22	καταισχύνω 2	be humiliated	410d
	καταφρονέω 1	scorn	420b
	μή C 1	not	517b
	οἰκία 1 a	house	557b
	οὐ 6 b	no	590d
22a	ἐπαινέω	praise	281c
22b	ἐπαινέω	praise	281c
23	ἀπό V 4	from	88a
	ἄρτος 1 c	bread	110d
	καί II 6		393d
	κύριος 2 c γ	lord	460a
	νύξ 1 c	night	546d
	παραλαμβάνω 2 b γ	take	619d
23a	παραδίδωμι 3	give over	615c
23b	παραδίδωμι	give over	614c
	παραδίδωμι 1 b	give over	614d
24	εἰς 4 d	for	229b
	εὐχαριστέω 2	give thanks	328b
	θρύπτω	break in pieces	364c
	κλάω	break	433d
	οὗτος 1 a α	this	596b
	σῶμα 1 b	body	799d
	ὑπέρ 1 a ε	in behalf of	838d
24f	ἀνάμνησις	reminder	58a
	ἐμός 1 a β	my	255c
	ποιέω I 1 b ε	do	681c
25	αἷμα 2 b	blood	23a
	ἄν 3 c	(particle)	49a
	δειπνέω	eat	173b
	διαθήκη 2	covenant	183b
	καί II 3	also	393c
	καινός 3 b	new	394b
	λέγω I 8 a	say	469b
	μετά B II 4 b	after	510c
	ὡσαύτως	similarly	899b
25a	ποτήριον 1	cup	695b
25b	ποτήριον 1	cup	695c
25f	ὁσάκις	as often as	585b
26	ἄν 3 c	(particle)	49a
	ἄν 3 d	(particle)	49a
	ἄχρι 2 a	until	129a
	ἔρχομαι I 1 a	come	311a
	θάνατος 1 b β	death	351a
	καταγγέλλω 1	proclaim	409b
	ὅς, ἥ, ὅ I 11 f	(rel pron)	585b
	οὗτος 2 b	this	597b
	ποτήριον 1	cup	695c
26f	πίνω 1	drink	658d
26ff	ἄρτος 1 c	bread	110d
27	ἄν 2 a	(particle)	48c
	ἀναξίως	careless	58d
	ἔνοχος 2 b γ	guilty	268a
	ποτήριον 1	cup	695c
	σῶμα 1 b	body	799d
	ὥστε 1 a	therefore	899d
28	ἄνθρωπος 3 a γ	man	69a
	δοκιμάζω 1	examine	202c
	ἐκ 1 a	away from	234b
	ἐκ 4 a ε	from	236a
	ἐσθίω 1 b β	eat	312d
	πίνω 1	drink	658d
28	ποτήριον 1	cup	695c
29	διακρίνω 1 c β	judge	185b
	κρίμα 4 b	verdict	450d
	σῶμα 1 b	body	799d
29b	πίνω 1	drink	658d
30	ἄρρωστος	sick	109d
	ἀσθενής 1 a	sick	115c
	ἱκανός 1 c	sufficient	374c
	κοιμάω 2 a	sleep	437d
	πολύς I 1 a α	many	687c
31	ἄν 1 b α	(particle)	48b
	διακρίνω 1 c β	judge	185b
	ἑαυτοῦ 2	oneself	212b
31f	κρίνω 4 b α	judge	452a
32	κατακρίνω	condemn	412b
	κόσμος 7	world	446d
	παιδεύω 2 b α	instruct	604a
	σύν 2 b	with	781d
33	ἐκδέχομαι	wait	238b
	συνέρχομαι 1 a	assemble	788a
	ὥστε 1 b	therefore	899d
34	ἄν 3 d	(particle)	49a
	διατάσσω	order	189c
	εἰς 4 e	so that	229c
	ἔρχομαι I 1 a α	come	310c
	ἵνα I 1 c	in order that	377a
	κρίμα 4 b	verdict	450d
	λοιπός 2 b β	the rest	480a
	οἶκος 1 a α	house	560c
	πεινάω 1	hunger	640a
	συνέρχομαι 1 a	assemble	788b
	ὡς IV 1 c α	when	898d

1 Corinthians 12

1	ἀγνοέω 1	be ignorant	11b
	δέ 1 c	but, and	171c
	θέλω 1	wish	355a
	περί 1 h	about	645a
	πνευματικός 2 b α	spiritual	679b
	πνευματικός 2 b β	spiritual	679b
2	ἄγω 3	lead	14c
	ἄμορφος	misshapen	46d
	ἄν 1 a α	(particle)	48b
	ἀνάγω 1	lead	53a
	ἀπάγω 4	lead away	79d
	ἄφωνος 1	silent	128a
	εἴδωλον 1	idol	221d
	ὅτε 1 a	when	588b
	ὡσάν	as if	899a
3	ἀνάθεμα 2 a	accursed	54b
	γνωρίζω 1	make known	163c
	ἐν I 5 d	in	260a
	ἐν I 5 d	in	260a
	κύριος 2 c γ	lord	460b
	λέγω I 1 b α	say	468b
	πνεῦμα 6 e	spirit	677d
3a	πνεῦμα 5 a	spirit	676b
3b	πνεῦμα 5 c β	spirit	676d
4	διαίρεσις 1	apportionment	183c

4	πνεῦμα 6 d	spirit	677d
	χάρισμα 2	a gift	879a
4ff	αὐτός 4 a	the same	123d
	εἰμί I 1	to be	223b
5	διαίρεσις 1	apportionment	183c
	διακονία 3	service	184c
5f	καί I 2 b	and	392b
6	διαίρεσις 1	apportionment	183c
	ἐν I 5 a	in	259c
	ἐνεργέω 2	work	265c
	ἐνέργημα 1	activity	265d
7	πνεῦμα 6 d	spirit	677d
	συμφέρω 2 b γ	advantage	780c
	φανέρωσις	announcement	853b
8	γάρ 1 d	for	152a
	γνῶσις 2	knowledge	164a
	κατά II 5 a δ	according to	407b
	σοφία 2	wisdom	759d
8-10	ὅς, ἥ, ὅ II 2	this (one)	585b
	πνεῦμα 6 d	spirit	677d
8a	λόγος 1 a β	word	477c
	πνεῦμα 6 d	spirit	677d
8b	πνεῦμα 6 d	spirit	677d
8ff	ἄλλος 1 c	other	40a
	μέν 1 c	(particle)	503a
9	εἷς 2 a	one	231a
	ἕτερος 1 b δ	another	315b
	ἴαμα	healing	368a
	πίστις 2 d ζ	faith	664a
	χάρισμα 2	a gift	879a
9a	πνεῦμα 6 d	spirit	677d
9b	πνεῦμα 6 d	spirit	677d
10	γένος 4	class	156c
	γλῶσσα 3	tongue	162c
	διάκρισις 1	distinguishing	185b
	διερμηνεία	explanation	194b
	δύναμις 4	miracle	208a
	ἐνέργεια 1	working	265b
	ἐνέργημα 1	activity	265c
	ἑρμηνεία	translation	310a
	ἕτερος 1 b δ	another	315b
	πνεῦμα 7	spirit	678a
	προφητεία 2	prophecy	722d
11	αὐτός 4 b	the same	123d
	βούλομαι 2 b	desire	146c
	διαίρεσις 1	apportionment	183c
	διαιρέω	distribute	183d
	εἷς 2 a	one	231a
	ἐνεργέω 2	work	265c
	ἴδιος 4	privately	370b
	καθώς 2	as	391c
	πᾶς, πᾶσα, πᾶν 1 e β	all	632c
	πνεῦμα 6 d	spirit	677d
12	εἷς 1 b	one	230d
	ἔχω I 2 c α	have	332c
	καθάπερ	just as	387a
	μέλος 3	member	501d
	οὕτω 1 a	thus	597d
12a	μέλος 1	member	501d
	πολύς I 1 a α	many	687c
	σῶμα 1 b	body	799b

12b	μέλος 1	member	501d
	σῶμα 1 b	body	799b
12c	σῶμα 1 b	body	799b
13	βαπτίζω 2 b β	baptize	132a
	βαπτίζω 3 b	baptize	132b
	δοῦλος 1 b	slave	205d
	εἷς 2 a	one	231a
	ἐλεύθερος 1	free	250d
	Ἕλλην 2 a	Gentile	252a
	Ἰουδαῖος 2 c	Jewish	379c
	πνεῦμα 5 d β	spirit	677b
	πόμα 2	a drink	690b
	ποτίζω 1	give to drink	695d
	σῶμα 5	body	800a
13a	πνεῦμα 6 d	spirit	677d
13b	πνεῦμα 6 d	spirit	677d
14	ἀλλά 1 b	but, yet	38b
	μέλος 1	member	501d
14-20	σῶμα 1 b	body	799b
15	οὐ 6 b	no	590d
	πούς 1 a	foot	696c
15f	εἰμί III 3	to be	225a
	ἐκ 4 a δ	from	236a
	ὅτι 3 a	that	589c
	παρά III 5	because of	611c
16	οὖς 1	ear	595c
16f	ὀφθαλμός 1	eye	599c
17	ἀκοή 1 a	hearing	30d
	ὄσφρησις	sense of smell	587c
17a	ποῦ 1 a	where	696a
17b	ποῦ 1 a	where	696a
18	ἕκαστος 2	each	236d
	θέλω 2	wish	355b
	καθώς 2	as	391c
	νῦν 2	now	546a
	νυνί 2 b	now	546b
	τίθημι II 1 a	establish	816c
18-20	μέλος 1	member	501d
19	πᾶς, πᾶσα, πᾶν 2 b β	all things	633b
	ποῦ 1 a	where	696a
20	εἷς 1 b	one	230d
	μέν 1 a α	(particle)	502d
	νῦν 2	now	546a
	πολύς I 1 a α	many	687c
21	ἔχω I 2 i	have	333a
	κεφαλή 1 a	head	430a
	πάλιν 4	again	607a
	πούς 1 a	foot	696c
21a	χρεία 1	need	885a
21b	χρεία 1	need	885a
22	ἀναγκαῖος 1	necessary	52b
	ἀσθενής 2 a	weak	115d
	δοκέω 2 a	seem	202a
	μᾶλλον 1	more	489b
	μέλος 1	member	501d
	πολύς I 2 c α	many	688d
	ὑπάρχω 2	be	838a
23	ἀσχήμων	unpresentable	119b
	ἄτιμος 2	less honored	120b
	δοκέω 1 c	think	202a

23	εὐσχημοσύνη	propriety	327a
	περιτίθημι 2	place around	652d
	τιμή 2 b	honor	817d
23a	περισσότερος 1	greater	651c
23b	περισσότερος 1	greater	651c
24	εὐσχήμων 1	presentable	327a
	περισσότερος 1	greater	651c
	συγκεράννυμι 2	blend	773d
	τιμή 2 b	honor	817d
	ὑστερέω 1 c	to miss	849b
	ὑστερέω 2	to miss	849b
	χρεία 1	need	885a
25	ἀλλήλων	each other	39c
	εἰμί I 4	to be	223b
	μεριμνάω 2	be concerned about	505a
	σχίσμα 2	split	797c
25f	μέλος 1	member	501d
26	δοξάζω 1	praise	204c
	εἰ VI 13 a	if	220b
	πάσχω 3 a α	suffer	634a
	συγχαίρω 1	rejoice with	775a
	συμπάσχω	suffer with	779b
26a	πᾶς, πᾶσα, πᾶν 1 d α	all	632a
26b	πᾶς, πᾶσα, πᾶν 1 d α	all	632a
27	ἐκ 6 c	from	236b
	μέλος 3	member	501d
	μέρος 1 c	in part	506b
	σῶμα 5	body	800a
28	ἀντίλημψις	helpful deeds	75a
	γένος 4	class	156c
	γλῶσσα 3	tongue	162c
	δεύτερος 4	second	177b
	εἶτα 1	then	234a
	ἐκκλησία 4 d	church	241a
	ἔπειτα 2 b	then	284d
	ἴαμα	healing	368a
	κυβέρνησις	administration	456c
	ὅς, ἥ, ὅ II 2	this (one)	585b
	πρῶτος 2 b	first	726c
	τίθημι II 2 b	make	816d
	τρίτος 3	third	826d
	χάρισμα 2	a gift	879a
28f	ἀπόστολος 3	apostles	99d
	διδάσκαλος	teacher	191d
	δύναμις 1	power	207d
	δύναμις 4	miracle	208a
	προφήτης 5	prophet	724a
30	γλῶσσα 3	tongue	162c
	διερμηνεύω 2	explain	194b
	ἴαμα	healing	368a
	χάρισμα 2	a gift	879a
31	δείκνυμι 1 b	show	172d
	εἰ VII	whoever, whatever	220b
	ζηλόω 1 a	strive	338a
	κατά II 5 b β	according to	407d
	κρείττων 1	better	449d
	μέγας 2 b β	great	498b
	ὁδός 2 c	way	555a
	ὑπερβολή	excess	840c
	χάρισμα 2	a gift	879a

1 Corinthians 13

1	ἄγγελος 2 a	angel	7c
	ἀλαλάζω	a clashing cymbal	34d
	ἄνθρωπος 1 a β	man	68b
	γλῶσσα 3	tongue	162c
	ἤ 1 a β	or	342a
	ἠχέω	sound	349c
	κύμβαλον	cymbal	457c
	χαλκός 2	copper	875a
1-3	ἀγάπη I 1 a	love	5c
1ff	ἐάν I 1 a	if	211b
	ἔχω I 2 e β	have	332d
2	γνῶσις 2	knowledge	164a
	ἔχω I 2 e β	have	332d
	ἔχω I 2 e β	have	332d
	μεθίστημι 1	remove	499a
	μυστήριον 2	mystery	530c
	οἶδα 1 b	know	555d
	ὄρος	mountain	582d
	οὐδείς 2 b β	worthless	592b
	πίστις 2 d ζ	faith	664a
	προφητεία 2	prophecy	722d
	ὥστε 2 a β	so that	900a
2a	πᾶς, πᾶσα, πᾶν 1 d α	all	632b
2b	πᾶς, πᾶσα, πᾶν 1 c α	all	631d
2c	πᾶς, πᾶσα, πᾶν 1 c α	all	631d
2f	κἄν 1	and if	402c
3	ἵνα I 2	in order that	377a
	καίω	burn	396b
	καίω 2	burn	396c
	καυχάομαι 1	boast	425d
	οὐδείς 2 b γ	in no respect	592b
	παραδίδωμι 1 a	give over	614c
	πᾶς, πᾶσα, πᾶν 1 d β	all	632b
	ὑπάρχω 1	be	838a
	ψωμίζω 2	feed	894d
	ὠφελέω 1 a	help	900c
4	ἀγάπη I 1 a	love	5b
	ζηλόω 2	be filled with jealousy	338a
	μακροθυμέω 2	have patience	488a
	περπερεύομαι	boast	653d
	φυσιόω	blow up	869b
	χρηστεύομαι	be kind	886a
5	ἀσχημονέω 1	behave disgracefully	119b
	εὐσχημονέω	behave with dignity	327a
	ζητέω 2 b α	seek	339a
	κακός 1 c	evil	397d
	λογίζομαι 1 a	reckon	476a
	ὁ, ἡ, τό II 7	the	552b
	παροξύνω	irritate	629c
6	ἀδικία 2	unrighteousness	18a
	ἀλήθεια 2 b	truth	36a
	συγχαίρω 1	rejoice with	775a
	χαίρω 1	rejoice	873b
7	ἐλπίζω 2	hope	252c

7	πᾶς, πᾶσα, πᾶν 2 a δ	everything	633a
	πιστεύω 1 a α	believe	660b
	στέγω 1	cover	766a
	στέγω 2	cover	766a
	ὑπομένω 2	remain	846a
8	ἀγάπη I 1 a	love	5b
	γλῶσσα 3	tongue	162c
	γνῶσις 2	knowledge	164a
	ἐκπίπτω 3 b	fail	244a
	καταργέω 2	abolish	417c
	οὐδέποτε	never	592b
	παύω 2	stop	638b
	πίπτω 2 b δ	fall	660a
	προφητεία 2	prophecy	722d
	προφητεία 2	prophecy	722d
9	γινώσκω 1 a	know	160d
	προφητεύω 1	prophesy	723a
9a	μέρος 1 c	in part	506b
9b	μέρος 1 c	in part	506b
10	ἔρχομαι I 2 b	come	311c
	καταργέω 2	abolish	417c
	μέρος 1 c	in part	506b
	ὁ, ἡ, τό II 6	the	552a
	τέλειος 1 a β	having attained the end	809b
11	ἀνήρ 2	man	66d
	γίνομαι I 4 a	become	159c
	καταργέω 2	abolish	417b
	λαλέω 2 a ε	speak	463c
	λογίζομαι 2	consider	476b
	ὁ, ἡ, τό II 7	the	552b
	φρονέω 1	think	866a
11a	νήπιος 1 a	children	537c
	ὅτε 1 a	when	588b
	ὡς I 2 a	as	897b
11b	νήπιος 1 a	children	537c
	ὅτε 1 c	when	588b
	ὡς I 2 a	as	897b
11c	νήπιος 1 a	children	537c
	ὡς I 2 a	as	897b
11d	νήπιος 1 a	children	537c
11e	νήπιος 1 a α	children	537c
12	αἴνιγμα	indistinct	23c
	ἄρτι 3	now	110b
	βλέπω 1 c	see	143c
	γινώσκω 1 a	know	160d
	ἔσοπτρον	mirror	313b
	καί II 3	also	393c
	μέρος 1 c	in part	506b
	πρόσωπον 1 b	face	721a
12a	ἐπιγινώσκω 1 a	know	291a
	τότε 1 b	at that time	823d
12b	ἐπιγινώσκω 1 a	know	291a
	τότε 1 b	at that time	823d
13	ἀγάπη I 1 a	love	5c
	ἐλπίς 2 b	hope	253a
	μέγας 2 b β	great	498b
	μένω 1 c β	remain	504c
	νυνί 2 a	now	546b
	πίστις 2 d γ	faith	663d
13	τρεῖς	three	825b

1 Corinthians 14

1	ἀγάπη I 1 a	love	5c
	διώκω 4 b	pursue	201c
	ἵνα II 1 a α	in order that	377c
	μᾶλλον 3 d	rather	489d
	πνευματικός 2 b α	spiritual	679b
	προφητεύω 1	prophesy	723a
1-27	γλῶσσα 3	tongue	162c
2	ἀκούω 7	understand	32d
	λαλέω 2 b	speak	463d
	μυστήριον 2	mystery	530c
	πνεῦμα 6 e	spirit	677d
3	λαλέω 2 b	speak	463d
	οἰκοδομή 1 b α	building	559a
	παράκλησις 1	encouragement	618a
	παραμυθία	comfort	620d
3-5	προφητεύω 1	prophesy	723a
4	οἰκοδομέω 3	build	558d
	τόπος 1 e	place	822d
4f	ἐκκλησία 4 a	church	240d
5	διερμηνεύω 2	explain	194b
	ἐκτός 1	outside	246a
	θέλω 1	wish	355a
	ἵνα II 1 a α	in order that	377c
	λαμβάνω 2	receive	465b
	μᾶλλον 3 d	rather	489d
	μέγας 2 b α	great	498b
	οἰκοδομή 1 b β	building	559a
6	ἀποκάλυψις 2	revelation	92b
	γνῶσις 2	knowledge	164a
	διδαχή 1	teaching	192b
	ἐάν I 3 b	if	211d
	ἤ 1 b	or	342b
	νυνί 2 a	now	546b
	προφητεία 3 b	prophecy	722d
	ὠφελέω 1 a	help	900c
7	αὐλέω	play the flute	121b
	αὐλός	flute	121c
	ἄψυχος	inanimate	129b
	διαστολή	difference	188d
	κιθάρα	lyre	432a
	κιθαρίζω	play	432a
	ὁ, ἡ, τό II 3 a	the	551b
	ὅμως	all the same	569d
	πῶς 1 d	how	732c
	φθόγγος	sound	857c
7f	δίδωμι 1 b γ	give	193b
	φωνή 1	sound	870d
8	ἄδηλος 2	indistinct	16d
	παρασκευάζω 2	prepare	622b
	πόλεμος 1 b	armed conflict	685b
	σάλπιγξ 1	trumpet	741a
9	ἀήρ	air	20b
	γάρ 1 e	for	152a
	γλῶσσα 1 a	tongue	162b
	γλῶσσα 3	tongue	162c
	διά A III 1 a	by means of	180a

9	δίδωμι 1 b α	give	193a
	εὔσημος	clear	326c
	λαλέω 2 a ε	speak	463c
	λόγος 1 a β	word	477c
	ὁ, ἡ, τό II 3 a	the	551b
	ὅμως	all the same	569d
	πῶς 1 d	how	732c
10	ἄφωνος 2	incapable of speech	128a
	γένος 4	class	156c
	εἰ I 3	if	219c
	κόσμος 4 a	world	446b
	τοσοῦτος 1 b	so great	823c
	τυγχάνω 2 b	happen	829c
10f	φωνή 3	language	871c
11	βάρβαρος 1	unintelligible	133b
	δύναμις 3	meaning	208a
	ἐν I 3	in	258d
	ἐν IV 4 a	in	261b
11a	λαλέω 2 a γ	speak	463b
11b	λαλέω 2 a γ	speak	463b
12	ἐπεί 2	because	284a
	ζηλωτής 1 a β	zealot	338b
	ζητέω 2 b γ	seek	339a
	ἵνα II 1 a α	in order that	377c
	οἰκοδομή 1 b α	building	559a
	περισσεύω 1 b α	be left over	651a
	πνεῦμα 6 d	spirit	677d
	πρός III 3 b	toward	710b
13	διερμηνεύω 2	explain	194b
	διόπερ	therefore	199a
	ἵνα II 1 a γ	in order that	377c
14	ἄκαρπος 2	unfruitful	29d
	νοῦς 1	the understanding	544c
14-6	πνεῦμα 6 e	spirit	677d
14a	προσεύχομαι	pray	714a
14b	προσεύχομαι	pray	713d
15	οὖν 1 c β	therefore	593a
	προσεύχομαι	pray	714a
	τίς, τί 1 b ε	which	819c
	ψάλλω	sing	891b
15a	νοῦς 1	the understanding	544c
15b	νοῦς 1	the understanding	544c
16	ἀμήν 1	amen	45d
	ἀμήν 3	amen	46a
	ἀναπληρόω 4	fill	59d
	ἐπεί 2	because	284b
	ἐπειδή 2	since	284b
	ἐπί II 1 b β	to	287a
	εὐλογέω 1	speak well	322b
	εὐχαριστία 2	thankfulness	328d
	ἰδιώτης 2	layman	370d
	λέγω I 1 a	say	468a
	οἶδα 4	know	556c
	πῶς 1 d	how	732c
	σός, σή, σόν 1	yours	759b
	τόπος 1 e	place	822d
17	ἀλλά 1 b	but, yet	38b
	ἕτερος 1 b ε	another	315c
	εὐχαριστέω 2	give thanks	328c
	καλῶς 1	well	401b
17	μέν 1 a β	(particle)	502d
	οἰκοδομέω 3	build	558d
18	εὐχαριστέω 2	give thanks	328b
	μᾶλλον 1	more	489a
19	διά A III 1 a	by means of	180a
	ἐκκλησία 4 a	church	240d
	ἤ 2 b α	than	342d
	θέλω 1	wish	355a
	κατηχέω 2 a	teach	423d
	λαλέω 2 b	speak	463d
	μυρίος	innumerable	529d
	νοῦς 1	the understanding	544c
19a	λόγος 1 a δ	word	477d
19b	λόγος 1 a δ	word	477d
20	κακία 1 a	badness	397a
	νηπιάζω	be as a child	537c
	παιδίον 3 a	child	604b
	τέλειος 2 a α	mature	809b
20a	φρήν	thinking	866a
20b	φρήν	thinking	866a
21	εἰσακούω 1	listen to	232b
	ἐν III 1 b	by	260d
	ἑτερόγλωσσος	speaking foreign tongue	314d
	ἕτερος 2	another	315c
	νόμος 4 b	law	543a
	ὅτι 2	that	589c
	οὐδέ 3	not even	591c
	χεῖλος 1	lip	879c
22	ἄπιστος 2	faithless	85d
	γλῶσσα 3	tongue	162c
	εἰμί III 2	to be	225a
	εἰς 4 d	for	229c
	προφητεία 2	prophecy	722d
	σημεῖον 1	sign	748a
	ὥστε 1 a	therefore	899d
22a	πιστεύω 2 b	believe	661d
22b	πιστεύω 2 b	believe	661d
23	αὐτός 4 b	the same	123d
	ἐάν I 1 c	if	211b
	εἶπον 2 c	say	226c
	ἐπί III 1 a ζ	on	288d
	μαίνομαι	be out of ones mind	486b
	συνέρχομαι 1 a	assemble	788a
23f	ἀναπληρόω 4	fill	59d
	ἄπιστος 2	faithless	85d
	εἰσέρχομαι 1 a δ	come	232d
	ἰδιώτης 2	layman	370c
24	ἀνακρίνω 2	question	56c
	ἐάν I 1 c	if	211b
	ἐλέγχω 2	expose	249b
	προφητεύω 1	prophesy	723a
25	ἀπαγγέλλω 2	proclaim	79c
	γίνομαι I 4 b	become	159d
	εἰμί III 4	to be	225c
	ἐπί III 1 a β	on	288b
	καρδία 1 b α	heart	403c
	κρυπτός 2 a	hidden	454b
	ὄντως 1	really	574b
	οὕτω 1 b	thus	597d

25	πίπτω 1 b α	fall	659d
	προσκυνέω 2 a	do reverence	717a
	πρόσωπον 1 a	face	721a
	φανερός 1	clear	852c
26	ἀποκάλυψις 2	revelation	92b
	διδαχή 2	teaching	192b
	ἕκαστος 2	each	236c
	ἑρμηνεία	translation	310a
	οἰκοδομή 1 b α	building	559a
	οὖν 1 c β	therefore	593a
	πρός III 3 b	toward	710b
	συνέρχομαι 1 a	assemble	788a
	τίς, τί 1 b ε	which	819c
	ψαλμός 2	psalm	891b
27	ἀνά 2	in turn	49d
	διερμηνεύω 2	explain	194b
	δύο 5	two	209b
	εἰ VI 13 b	if	220b
	κατά II 3 a	(distributive)	406d
	μέρος 1 c	in succession	506b
	ὁ, ἡ, τό II 6	the	552a
	πολύς III 2 b β	many	689d
28	διερμηνευτής	interpreter	194b
	ἐκκλησία 4 a	church	240d
	ἑρμηνευτής	translator	310a
	σιγάω 1 a	be silent	749c
29	ἄλλος 1 c	other	40a
	διακρίνω 1 c α	judge	185b
	δύο 1 c	two	209b
	λαλέω 2 a γ	speak	463b
	προφήτης 5	prophet	724a
30	ἀποκαλύπτω 2	reveal	92a
	κάθημαι 1 a γ	sit	389c
	πρῶτος 1 a	first	725c
	σιγάω 1 b	be silent	749d
31	εἷς 5 e	one	232b
	κατά II 3 a	(distributive)	406d
	μανθάνω 1	learn	490b
	παρακαλέω 2	appeal to	617b
	προφητεύω 1	prophesy	723a
32	πνεῦμα 6 d	spirit	677d
	προφήτης 5	prophet	724a
	ὑποτάσσω 1 b β	subject	848b
33	ἀκαταστασία 2	disturbance	30a
	εἰρήνη 1 c	peace	227c
	ἐκκλησία 4 e δ	church	241b
	θεός 3 e	God	357d
34	ἐκκλησία 4 a	church	240d
	ἐπιτρέπω 1	allow	303c
	λέγω I 7	say	469a
	νόμος 4 a	law	543a
	σιγάω 1 a	be silent	749c
	ὑποτάσσω 1 b β	subject	848a
34f	γυνή 1	woman	168b
35	αἰσχρός	shameful	25b
	ἀνήρ 1	man	66c
	ἐκκλησία 4 a	church	240d
	ἐπερωτάω 1 a	ask	285b
	μανθάνω 1	learn	490b
	οἶκος 1 a α	house	560c
36	ἐξέρχομαι 2 b α	go out	275a
	καταντάω 2 b	arrive	415b
	λόγος 1 b β	word	478b
	μόνος 1 a β	only	527d
37	γράφω 2 d	write	167a
	δοκέω 1 b	think	201d
	ἐντολή 2 d	command	269b
	ἐπιγινώσκω 2 a	know	291a
	πνευματικός 2 b β	spiritual	679b
	προφήτης 5	prophet	724a
38	ἀγνοέω 2	not to know	11c
39	γλῶσσα 3	tongue	162c
	ζηλόω 1 a	strive	338a
	κωλύω 2	hinder	461c
	προφητεύω 1	prophesy	723a
	ὥστε 1 b	therefore	899d
40	εὐσχημόνως	decently	327a
	κατά II 5 b β	according to	407d
	τάξις 2	fixed order	803d

1 Corinthians 15

1	γνωρίζω 1	make known	163c
	δέ 1 c	but, and	171c
	εὐαγγελίζω 2 a α	preach	317c
	εὐαγγέλιον 1 c	gospel	318a
	ἵστημι II 2 c β	stand	382d
	παραλαμβάνω 3 b	take	619d
2	εἰκῇ 4	to no purpose	222a
	ἐκτός 1	outside	246a
	εὐαγγελίζω 2 a γ	preach	317d
	κατέχω 1 b α	hold fast	422d
	λόγος 1 a β	word	477c
	πιστεύω 2 b	believe	661d
	σῴζω 2 b	save	798d
	τίς, τί 2	which	819c
3	ἀποθνῄσκω 1 a α	die	91c
	κατά II 5 a α	according to	407a
	παραδίδωμι 3	give over	615c
	παραλαμβάνω 2 b γ	take	619d
	πρῶτος 1 c α	first	726a
	ὑπέρ 1 a ε	in behalf of	838d
3f	γραφή 2 b β	scripture	166b
4	ἀνίστημι 2 a	rise	70b
	ἡμέρα 2	day	346b
	θάπτω	bury	351d
	τρίτος 1	third	826c
5	δώδεκα	twelve	210a
	ἕνδεκα	eleven	262d
	Κηφᾶς	Cephas	431d
	Πέτρος	Peter	655a
5-8	ὁράω 1 a δ	see	578b
6	ἄρτι 3	now	110b
	ἐκ 4 a α	from	235d
	ἐπάνω 1 b	more than	283b
	ἐφάπαξ 1	at once	330a
	ἕως II 1 c	until	335a
	κοιμάω 2 a	sleep	437d
	μένω 1 c α	remain	504b
	πεντακόσιοι	five hundred	643a

6	πολύς II 2 a α	many	689b
6f	ἔπειτα 2 a	then	284d
	ἀπόστολος 3	apostles	99d
	εἶτα 1	then	234a
	Ἰάκωβος 3	James	368a
	πᾶς, πᾶσα, πᾶν 1 d α	all	632b
8	ἔκτρωμα	untimely birth	246d
	ἔσχατος 3 b	last	314b
	ὡσπερεί	like	899d
9	ἀπόστολος 3	apostles	99d
	διότι 1	because	199b
	διώκω 2	persecute	201b
	ἐκκλησία 4 e α	church	241b
	ἐλάχιστος 1	smallest	248d
	ἱκανός 2	appropriate	374d
	καλέω 1 a δ	call	399b
10	κενός 2 a β	empty	427d
	κοπιάω 2	become weary	443c
	πᾶς, πᾶσα, πᾶν 1 e α	all	632b
	περισσότερος 2	greater	651c
	πτωχός 2	poor	728c
	σύν 3	with	782a
10a	χάρις 4	favor	878b
10b	χάρις 4	favor	878b
10c	χάρις 4	favor	878b
11	κηρύσσω 2 b β	announce	431d
	οὖν 5	therefore	593c
	πιστεύω 1 d	believe	661a
12	ἀνάστασις 2 b	resurrection	60d
	ἐγείρω 2 c	rise	215a
	εἰμί I 1	to be	223b
	κηρύσσω 2 b β	announce	431c
	λέγω II 1 e	declare	469d
	ὅτι 1 b ζ	that	589a
	πῶς 1 c	how	732b
	τὶς, τὶ 1 a α	any one	820a
12a	νεκρός 2 a	dead	535a
12b	νεκρός 2 a	dead	535b
12f	ἀνάστασις 2 b	resurrection	60c
12ff	ἀνάστασις 2 b	resurrection	60c
13	νεκρός 2 a	dead	535b
	οὐδέ 2	and not	591c
13ff	εἰ I 1 a	if	219a
14	ἄρα 3	then	103d
	κήρυγμα 2	proclamation	431a
	πίστις 2 d α	faith	663c
14a	κενός 2 a α	empty	427d
14b	κενός 2 a α	empty	427d
15	ἄρα 1	then	103d
	δέ 4 a	but, and	171d
	εἰ VI 11	if	220b
	εὑρίσκω 2	find	325d
	κατά I 2 b β	down	406a
	μαρτυρέω 1 a	bear witness	493a
	ψευδόμαρτυς	a false witness	892a
15f	νεκρός 2 a	dead	535b
15ff	ἐγείρω 1 a β	raise	214d
16	οὐδέ 2	and not	591c
17	ἁμαρτία 1	sin	43b
17	ἔτι 1 a α	still	315d
	κενός 2 a α	empty	427d
	μάταιος	idle	495c
	πίστις 2 d α	faith	663c
18	ἀπόλλυμι 2 a α	perish	95b
	ἄρα 3	then	104a
	ἐν I 5 d	in	259d
	κοιμάω 2 a	sleep	437d
19	εἰμί II 4 a	to be	224a
	ἐλεεινός	miserable	249c
	ἐλπίζω 3	hope	252d
	ζωή 1 a	life	340b
	μόνος 2 a	only	528a
	πᾶς, πᾶσα, πᾶν 1 b	all	631d
20	ἀπαρχή 2 a	first fruits	81c
	ἐγείρω 2 c	rise	215a
	κοιμάω 2 b	sleep	437d
	νεκρός 2 a	dead	535a
	νυνί 2 b	now	546b
21	ἄνθρωπος 2 d	man	69a
	ἐπειδή 2	since	284b
	θάνατος 1 b γ	death	351b
	νεκρός 2 a	dead	535b
22	Ἀδάμ	Adam	15c
	ἐν I 5 d	in	259d
	ἐν I 5 d	in	260a
	ζῳοποιέω 1	make alive	341d
	καί II 3	also	393c
23	ἀπαρχή 2 a	first fruits	81c
	ἐν II 2	while	260b
	ἔπειτα 2 a	then	284d
	ἴδιος 1 b	ones own	370a
	ὁ, ἡ, τό II 7	the	552b
	παρουσία 2 b α	coming	630a
23f	τάγμα 1 b	group	803a
24	ἀρχή 3	ruler	112c
	βασιλεία 1	kingdom	134d
	δύναμις 6	power	208b
	εἶτα 1	then	233d
	ἐξουσία 4 c β	authority	278d
	θεός 3 d	God	357c
	καί I 1 a	and	391d
	καταργέω 2	abolish	417c
	παραδίδωμι	give over	614b
	παραδίδωμι 1 a	give over	614c
	πᾶς, πᾶσα, πᾶν 1 a α	every each	631b
	πατήρ 3 d β	father	636b
	τέλος 1 b	end	811c
	τέλος 1 d α	finally	812a
	τέλος 2	remainder	812b
25	ἄν 3 d	(particle)	49a
	ἄχρι 2 a	until	129a
	βασιλεύω 1 b β	rule	136c
	ἐχθρός 2 b α	the enemy	331c
	πούς 1 b	foot	696d
	τίθημι I 1 a β	put	816a
	ὑπό 2 a α	under	843c
26	ἔσχατος 3 b	last	314a
	ἐχθρός 2 b α	the enemy	331c
	θάνατος 1 f	death	351b

26	καταργέω 2	abolish	417c
27	δῆλος	clear	178c
	ἐκτός 2 b	outside	246b
	πούς 1 b	foot	696d
	ὑπό 2 a α	under	843c
27a	πᾶς, πᾶσα, πᾶν 2 a δ	everything	632d
	ὑποτάσσω 1 a	subject	848a
27b	πᾶς, πᾶσα, πᾶν 2 a δ	everything	632d
	ὑποτάσσω 1 b α	subject	848a
27c	ὑποτάσσω 1 a	subject	848a
28	ἵνα I 1 d	in order that	377a
	ὅταν 1 b	when	588a
	τότε 2	at that time	824a
	υἱός 2 b	son	835a
28a	πᾶς, πᾶσα, πᾶν 2 b β	all things	633b
	ὑποτάσσω 1 b α	subject	848a
28b	πᾶς, πᾶσα, πᾶν 2 b β	all things	633b
	ὑποτάσσω 1 b β	subject	848a
28c	πᾶς, πᾶσα, πᾶν 2 a δ	everything	632d
	ὑποτάσσω 1 a	subject	848a
28d	πᾶς, πᾶσα, πᾶν 2 a δ	everything	632d
29	εἰ I 1 a	if	219a
	ἐπεί 2	because	284b
	καί II 5	still	393d
	ὅλως	generally speaking	565b
	ποιέω I 1 b ε	do	681c
29a	βαπτίζω 2 b γ	baptize	132a
	νεκρός 2 a	dead	535b
	ὑπέρ 1 c	in behalf of	839a
29b	βαπτίζω 2 b γ	baptize	132a
	νεκρός 2 a	dead	535b
	τίς, τί 3 a	which	819d
30	καί II 5	still	393d
	κινδυνεύω	run a risk	432b
	τίς, τί 3 a	which	819d
	ὥρα 2 b	time of day	896c
31	ἀποθνῄσκω 2	be about to die	91d
	ἐν I 5 d	in	259d
	ἡμέρα 2	day	346d
	κατά II 2 c	every	406d
	καύχησις 1	boasting	426b
	κύριος 2 c γ	lord	460b
	νή	by	537c
	ὑμέτερος 2	your	836b
32	ἄνθρωπος 1 c	human	68c
	αὔριον 2	soon	122b
	εἰ I 1 a	if	219a
	ἐσθίω 1 d	eat	313a
	ἐσθίω 1 e ε	eat	313b
	Ἔφεσος	Ephesus	330b
	θηριομαχέω	fight with wild animals	360d
	νεκρός 2 a	dead	535b
	ὄφελος	benefit	599b
33	ἦθος	custom	344c
	κακός 1 b	bad	397d
	ὁμιλία 1	association	565c
	πλανάω 2 c δ	deceive	665c
	φθείρω 2 b	ruin	857c
	χρηστός 1 a β	useful	886b
34	ἀγνωσία	ignorance	12b
	δικαίως 1 b	justly	198b
	ἐκνήφω	become sober	243b
	ἐντροπή 1	shame	269d
	ἔχω I 2 e β	have	332d
	τὶς, τὶ 1 a β	any one	820a
35	ἀλλά 2	but, yet	38c
	εἶπον 2 b	say	226c
	νεκρός 2 a	dead	535b
	ποῖος 1 a β	of what kind	684d
	πῶς 1 a	how	732b
	σῶμα 3	body	799d
	τὶς, τὶ 1 a α	any one	819d
36	ἀποθνῄσκω 1 a β	die	91c
	ἄφρων	foolish	127d
	ζῳοποιέω 2 c	make alive	342a
	σπείρω 1 a β	sow	761b
37	γίνομαι I 1 a	be born	158b
	γυμνός 4	bare	168a
	εἰ I 3	if	219c
	κόκκος 1	seed	440c
	λοιπός 2 b β	the rest	480a
	σῖτος	wheat	752b
	τυγχάνω 2 b	happen	829c
37a	σπείρω 1 a β	sow	761b
37b	σπείρω 1 a β	sow	761b
37f	σῶμα 3	body	799d
38	ἕκαστος 2	each	236c
	θέλω 2	wish	355b
	ἴδιος 1 a β	ones own	369d
	καθώς 2	as	391c
	καί I 3	and	393a
	σπέρμα 1 a	seed	761d
39	ἄνθρωπος 1 a β	man	68b
	αὐτός 4 a	the same	123d
	ἰχθύς	fish	384b
	κτῆνος	animal	455b
	μέν 1 c	(particle)	503a
	οὐ 2 a	no	590a
	πτηνός	winged	727c
39a	σάρξ 1	flesh	743b
39b	σάρξ 1	flesh	743b
39c	σάρξ 1	flesh	743b
39d	σάρξ 1	flesh	743b
39ff	ἄλλος 1 e α	other	40b
40	ἐπίγειος 1	earthly	290c
	ἐπουράνιος 1 b	heavenly	306a
	ἕτερος 2	another	315c
	μέν 1 c	(particle)	503a
	σῶμα 3	body	799d
40f	δόξα 1 a	brightness	203c
41	ἀστήρ	star	117d
	διαφέρω 2 a	differ	190b
	ἥλιος	the sun	345c
	σελήνη	moon	746d

42	ἀφθαρσία	incorruptibility	125b
	ἐν I 4 d	in	259b
	νεκρός 2 a	dead	535b
	φθορά 1	ruin	858a
42-4	σπείρω 1 b δ	sow	761c
43	ἀσθένεια 1 b	weakness	115b
	ἀτιμία	dishonor	120a
	δόξα 1 a	brightness	203c
44a	πνευματικός 2 a β	spiritual	679a
	σῶμα 1 b	body	799d
	ψυχικός 1 pertaining to the soul		894c
44b	πνευματικός 2 a β	spiritual	679a
	σῶμα 1 b	body	799d
	ψυχικός 1 pertaining to the soul		894c
44c	σῶμα 1 b	body	799d
45	Ἀδάμ	Adam	15c
	ἄνθρωπος 2 d	man	69a
	ἔσχατος 3 a	last	314a
	ζάω 1 a α	live	336a
	ζῳοποιέω 1	make alive	341d
	πνεῦμα 5 f	spirit	677b
	ψυχή 2	soul, life	894b
45ff	ἄνθρωπος 2 d	man	69a
46	ἔπειτα 2 a	then	284d
	πνευματικός 2 b α	spiritual	679b
	πρῶτος 2 a	first	726b
	ψυχικός 2 a pertaining to the soul		894c
47	ἄνθρωπος 2 d	man	69a
	δεύτερος 3	second	177b
	ἐκ 3 h	by	235d
	ἔσχατος 3 a	last	314a
	οὐράνιος	heavenly	593d
	οὐρανός 2 b	heaven	594d
	πνευματικός 2 a α	spiritual	679a
	χοϊκός	earthy	883a
48	ἐπουράνιος 1 a γ	heavenly	306a
	καί II 3	also	393c
	χοϊκός	earthy	883a
48a	οἷος	of what sort	562d
	τοιοῦτος 1	such a kind	821b
48b	οἷος	of what sort	562d
	τοιοῦτος 1	such a kind	821b
48f	ἐπουράνιος 1 a β	heavenly	306a
49	εἰκών 1 b	image	222b
	καθώς 1	just as	391b
	καί II 3	also	393c
	χοϊκός	earthy	883a
49a	φορέω 2	wear	865a
49b	φορέω 2	wear	865a
50	αἷμα 1 a	blood	22c
	ἀφθαρσία	incorruptibility	125b
	βασιλεία 3 b	kingdom	135b
	βασιλεία 3 g	kingdom	135c
	βασιλεία 3 g	kingdom	135d
	οὗτος 1 b β	this	597a
	σάρξ 3	body	743d
	φημί 2	say	856c
	φθορά 1	ruin	858a
50a	κληρονομέω 2	acquire	434d
50b	κληρονομέω 2	acquire	434d
51	ἀνίστημι 2 a	rise	70b
	ἰδού 1 a	behold	371a
	κοιμάω 2 a	sleep	437d
	λέγω I 1 a	say	468b
	λέγω II 1 f	declare	469d
	μυστήριον 2	mystery	530b
	οὐ 2 a	no	590a
51f	ἀλλάσσω 1	change	39a
52	ἄτομος	indivisible	120b
	ἄφθαρτος	imperishable	125c
	ἐν II 2	while	260c
	ἔσχατος 3 b	last	314a
	νεκρός 2 a	dead	535b
	ὀφθαλμός 1	eye	599c
	ῥιπή	throwing	736b
	ῥοπή	twinkling of an eye	737b
	σάλπιγξ 2	trumpet	741a
	σαλπίζω	sound the trumpet	741a
53	δεῖ 1	it is necessary	172a
53f	ἀθανασία	immortality	20c
	ἀφθαρσία	incorruptibility	125b
	ἐνδύω 2 b	dress	264b
	θνητός	mortal	362d
	φθαρτός	perishable	857a
54	γράφω 2 c	write	166d
	καταπίνω 2	swallow	416c
	λόγος 1 a ζ	matter	478a
	νῖκος 1	victory	540a
	ὅταν 1 b	when	588a
	τότε 2	at that time	824a
54-6	θάνατος 1 f	death	351b
54f	νεῖκος		534d
55	ᾅδης 2	hades	17a
	νῖκος 1	victory	540a
55a	ποῦ 1 a	where	696a
55b	ποῦ 1 a	where	696a
55f	κέντρον 1	sting	428b
56	δέ 2	but, and	171c
	δύναμις 7	power	208b
	νόμος 3	law	542c
57	κύριος 2 c γ	lord	460b
	νῖκος 1	victory	540a
	χάρις 5	favor	878c
58	ἀγαπητός 2	beloved	6c
	ἀμετακίνητος	immovable	45c
	γίνομαι I 4 b	become	159d
	ἑδραῖος	firm	217d
	ἔργον 2	work	308b
	κενός 2 a β	empty	427d
	κόπος 2	work	443d
	πάντοτε	always	609b
	περισσεύω 1 b β	be left over	651a
	ὥστε 1 b	therefore	899d

1 Corinthians 16

1	Γαλατία	Galatia	150a
	δέ 1 c	but, and	171c
	διατάσσω	order	189c

1	εἰς 4 g	for	229d
	ἐκκλησία 4 b	church	241a
	λογεία	collection	475d
	περί 1 h	about	645a
	ποιέω I 2 a α	do	682c
2	ἄν 2 a	(particle)	48c
	ἑαυτοῦ 1 g	oneself	212b
	εἷς 4	one	232a
	ἕκαστος 2	each	236c
	εὐοδόω	prosper	323d
	θησαυρίζω 1	store up	361c
	κατά II 2 c	every	406d
	λογεία	collection	475d
	ὅστις 1 e α	whoever	586d
	παρά II 1 b α	beside	610c
	σάββατον 2 a	week	739c
	σάββατον 2 b	week	739c
	τίθημι I 1 b γ	deposit	816b
	τότε 2	at that time	824a
3	ἄν 2 a	(particle)	48c
	ἀποφέρω 1 b	take	101d
	ἄτιμος 1	dishonored	120b
	διά A III 1 b	by means of	180b
	δοκιμάζω 2 b	approve	202c
	ἐπιστολή	letter	301a
	παραγίνομαι 1	come	613d
	πέμπω 1	send	642a
	χάρις 3 a	favor	878a
4	ἄξιος 1 c	worthy	78b
	ὁ, ἡ, τό II 4 b α	the	551c
4a	πορεύω 1	proceed	692c
4b	πορεύω 1	proceed	692c
5	γάρ 2	for	152b
	διέρχομαι 1 a	go through	194c
5a	Μακεδονία	Macedonia	487b
5b	Μακεδονία	Macedonia	487b
6	ἐάν II 1	if	211d
	ἤ 1 a β	or	342b
	καταμένω	stay	414d
	οὗ 2	where	590a
	παραμένω 1 b	remain	620c
	παραχειμάζω	spend the winter	623d
	πορεύω 1	proceed	692c
	προπέμπω 2	accompany	709c
	πρός III 7	by	711a
	τυγχάνω 2 c	happen	829c
7	ἄρτι 3	now	110b
	γάρ 1 c	for	152a
	εἶδον 6	visit	221a
	ἐλπίζω 2	hope	252c
	ἐπιμένω 1	remain	296b
	ἐπιτρέπω 1	allow	303c
	θέλω 2	wish	355c
	πάροδος 2	passing by	628d
	πρός III 7	by	711a
	τὶς, τὶ 2 c	any one	820d
	χρόνος	time	888a
8	ἐπιμένω 1	remain	296b
	Ἔφεσος	Ephesus	330b
	ἕως II 1 a	until	334d
8	πεντηκοστή	fiftieth	643b
9	ἀνοίγω 1 a	open	71a
	ἀνοίγω 2	open	71c
	ἀντίκειμαι	be opposed	74c
	ἐναργής	evident	262b
	ἐνεργής	effective	265d
	θύρα 2 c	door	366a
	μέγας 1 b	large	497c
10	ἀφόβως 1	fearlessly	127a
	βλέπω 4 d	see	143d
	γίνομαι II 4 a	be	160c
	ἐργάζομαι 2 a	work	307a
	ἔργον 2	work	308b
	ἵνα II 1 a β	in order that	377c
	Τιμόθεος	Timothy	818b
11	εἰρήνη 2	peace	227c
	ἐκδέχομαι	wait	238b
	ἐξουθενέω 1	despise	277c
	μετά A II 4	with	509c
	μή A III 5 a	not	517a
	προπέμπω 2	accompany	709c
	τὶς, τὶ 1 a γ	any one	820b
12	ἀδελφός 2	brother	16b
	Ἀπολλῶς	Apollos	95d
	δέ 2	but, and	171c
	εὐκαιρέω	opportunity	321b
	θέλημα 1 b	will	354b
	νῦν 1 a γ	now	545c
	πάντως 5 a	not at all	609c
	παρακαλέω 3	implore	617c
	περί 1 h	about	645a
	πολύς I 2 b β	many	688d
12b	ἵνα II 1 c α	in order that	377d
13	ἀνδρίζομαι	behave as a man	64a
	γρηγορέω 2	be awake	167c
	κραταιόω	strengthen	448b
	πίστις 2 d α	faith	663c
	στήκω 2	stand	768a
14	ἀγάπη I 1 a	love	5c
	πᾶς, πᾶσα, πᾶν 2 a δ	everything	633a
15	ἀπαρχή 2 a	first fruits	81c
	Ἀχαΐα	Achaia	128a
	Ἀχαϊκός	Achaicus	128b
	διακονία 1	service	184b
	οἶδα 1 c	know	556a
	οἰκία 2	household	557d
	ὅτι 1 b ζ	that	589a
	Στεφανᾶς	Stephanas	767a
	τάσσω 1 b	place	806a
	Φορτουνᾶτος 1	Fortunatus	865b
15f	παρακαλέω 2	appeal to	617b
16	ἵνα III 2	in order that	378b
	κοπιάω 2	become weary	443c
	συνεργέω	work with	787c
	τοιοῦτος 3 a α	such a kind	821c
	ὑποτάσσω 1 b β	subject	848b
17	ἀναπληρόω 3	replace	59d
	Ἀχαϊκός	Achaicus	128b
	δέ 2	but, and	171c
	παρουσία 1	presence	629d

17	ὑμέτερος 1	your	836b
	ὑμέτερος 2	your	836b
	ὑστέρημα 1	need	849c
	Φορτουνᾶτος 1	Fortunatus	865b
	χαίρω 1	rejoice	873b
18	ἀναπαύω 1	cause to rest	59a
	Ἀπολλῶς	Apollos	95d
	ἐπιγινώσκω 1 c	acknowledge	291a
	πνεῦμα 3 b	spirit	675c
19	Ἀκύλας	Aquila	34b
	Ἀσία	Asia	116a
	ἀσπάζομαι 1 a	greet	116d
	ἐκκλησία 4 b	church	241a
	ἐκκλησία 4 c	church	241a
	ἐν I 5 d	in	260a
	κατά II 1 c	by	406c
	κύριος 2 c γ	lord	460a
	ξενίζω 1	receive as a guest	547d
	οἶκος 1 a α	house	560c
	πολύς I 2 b β	many	688c
	Πρίσκα	Priscilla	701c
19f	ἀσπάζομαι 1 a	greet	116d
20	ἀσπάζομαι 1 a	greet	117a
	πᾶς, πᾶσα, πᾶν 1 d α	all	632b
	φίλημα	a kiss	859c
21	ἀσπασμός 2	greeting	117a
	ἐμός 1 a α	my	255c
	Παῦλος 2	Paul	637c
	χείρ 1	hand	880a
22	ἀνάθεμα 2 a	accursed	54b
	εἰ I 1 a	if	219a
	μαρὰν ἀθᾶ	lord come	491b
	οὐ 2 d	no	590b
	φιλέω 1 a	love like	859b
23	κύριος 2 c γ	lord	460a
	μετά A II 1 c γ	with	509a
	χάρις 2 c	favor	877d
24	ἀγάπη I 1 b β	love	5d
	ἀμήν 1	amen	45d
	γίνομαι I 3 a	take place	159a
	μετά A II 1 c γ	with	509a

2 Corinthians 1

1	ἅγιος 2 d β	saints	10a
	ἀδελφός 2	brother	16b
	ἀπόστολος 3	apostles	99d
	Ἀχαΐα	Achaia	128a
	διά A III 1 d	through	180c
	ἐκκλησία 4 b	church	241a
	ἐκκλησία 4 e α	church	241b
	θέλημα 2 b	will	354c
	Κόρινθος	Corinth	444d
	Παῦλος 2	Paul	637c
	Τιμόθεος	Timothy	818b
2	ἀπό V 4	from	88b
	εἰρήνη 2	peace	227c
	θεός 3 d	God	357d
	κύριος 2 c γ	lord	460b
	πατήρ 3 c β	father	636a
2	χάρις 2 c	favor	877d
3	ἐπουράνιος 2 a α	heavenly	306a
	εὐλογητός	blessed	322d
	θεός 3 d	God	357c
	καί I 1 a	and	391d
	κύριος 2 c γ	lord	460b
	ὁ, ἡ, τό II 10 b	the	552d
	οἰκτιρμός	pity	561d
	παράκλησις 3	comfort	618b
3a	πατήρ 3 d β	father	636b
3b	θεός 3 e	God	357d
	πατήρ 3 c β	father	636b
4	ἐπί II 2	at	288a
	ὅς, ἥ, ὅ I 4 b	(rel pron)	584a
	ὑπό 1 a α	by	843a
4-7	παράκλησις 3	comfort	618b
4a	θλῖψις 1	tribulation	362b
	παρακαλέω 4	implore	617c
	πᾶς, πᾶσα, πᾶν 1 c β	all	631d
4b	θλῖψις 1	tribulation	362b
	παρακαλέω 4	implore	617c
	πᾶς, πᾶσα, πᾶν 1 a γ	every each	631c
	πᾶς, πᾶσα, πᾶν 1 c β	all	631d
4c	παρακαλέω 4	implore	617d
5	ἀνταναπληρόω	fill up	72d
	καθώς 1	just as	391b
	οὕτω 1 a	thus	597d
	πάθημα 1	suffering	602c
5a	περισσεύω 1 a β	be left over	650d
5b	περισσεύω 1 a β	be left over	650d
6	εἰ VI 13 a	if	220b
	ἐνεργέω 1 b	work	265c
	θλίβω 3	oppress	362a
	ὅς, ἥ, ὅ I 4 a	(rel pron)	584a
	παρακαλέω 4	implore	617d
	πάσχω 3 b	endure	634b
	σωτηρία 2	deliverance	801d
	ὑπομονή 1	patience	846c
6a	ὑπέρ 1 b	in behalf of	838d
6b	ὑπέρ 1 b	in behalf of	838d
6f	πάθημα 1	suffering	602b
7	βέβαιος 2	firm	138b
	ἐλπίς 1	hope	253a
	κοινωνός 1 b α	companion	439d
	ὑπέρ 1 f	in behalf of	839b
	ὡς II 1	so	897c
8	ἀγνοέω 1	be ignorant	11b
	Ἀσία	Asia	116a
	βαρέω	burden	133c
	γάρ 1 b	for	152a
	δύναμις 2	power	208a
	ἐξαπορέω	be in great difficulty	273a
	ζάω 1 a α	live	336a
	θέλω 1	wish	355a
	θλῖψις 1	tribulation	362b
	καί II 2	even	393b
	ὁ, ἡ, τό II 4 b α	the	551c
	ὑπέρ 1 f	in behalf of	839a
	ὑπέρ 2	beyond	839c

8	ὑπερβολή	excess	840b
	ὥστε 2 a β	so that	900a
9	ἀπόκριμα	official report	93b
	ἑαυτοῦ 1 c	oneself	212a
	ἑαυτοῦ 2	oneself	212b
	ἐπί II 1 b γ	on	287b
	ἔχω I 2 j	have	333b
	θάνατος 1 a	death	350d
	θάνατος 1 b α	death	351a
	νεκρός 2 a	dead	535b
	πείθω 2 a	convince	639c
10	ἐλπίζω 3	hope	252d
	ἔτι 1 a γ	still	315d
	θάνατος 1 c	death	351b
	τηλικοῦτος 2	so great	814c
10a	ῥύομαι	save	737d
10b	ῥύομαι	save	737d
11	δέησις	prayer	172a
	διά A III 2 b α	by	180d
	ἐκ 3 e α	by	235b
	εὐχαριστέω 2	give thanks	328b
	εὐχαριστέω 2	give thanks	328b
	εὐχαριστέω 2	give thanks	328c
	πρόσωπον 1 e	face	721d
	συνυπουργέω	cooperate with	793d
	χάρισμα 1	a gift	879a
11a	ὑπέρ 1 a δ	in behalf of	838c
11b	ὑπέρ 1 a δ	in behalf of	838c
12	ἁγιότης	holiness	10b
	ἀναστρέφω 2 b δ	live	61c
	ἁπλότης 1	simplicity	85d
	γάρ 4	indeed	152c
	εἰλικρίνεια	sincerity	222d
	καύχησις 2	boasting	426b
	κόσμος 5 a	world	446c
	μαρτύριον 1 b	testimony	494a
	περισσοτέρως 2	more	651d
	πρός III 7	by	711a
	σαρκικός 3	fleshly	743a
	σάρκινος 2	fleshy	743b
	σοφία 1	wisdom	759c
	συνείδησις 2	consciousness	786c
	συνείδησις 2	consciousness	786c
	χάρις 4	favor	878b
13	ἀλλά 1 a	but, yet	38b
	ἄλλος 1 e β	another	40b
	ἀναγινώσκω 1	read	51d
	γάρ 1 b	for	152a
	γάρ 1 e	for	152a
	γράφω 2 d	write	167a
	ἐλπίζω 2	hope	252c
	τέλος 1 d β	to the end	812a
13b	ἤ 1 a β	or	342b
13f	ἐπιγινώσκω 2 d	know	291b
14	ἡμέρα 3 b β	day	347b
	καθάπερ	just as	387a
	καθώς 1	just as	391b
	καί II 3	also	393c
	καί II 3	also	393c
	καύχημα 1	boast	426a
14	κύριος 2 c γ	lord	460b
	μέρος 1 c	in part	506b
15	βούλομαι 2 a β	desire	146b
	δεύτερος 2	second	177b
	πεποίθησις 1	trust	643b
	πρότερος 1 b α	earlier	722a
	χαρά 1	joy	875c
	χαρά 1	joy	875d
	χάρις 3 a	favor	877d
16	ἀπέρχομαι 2	go	84c
	διά A I 1	through	179c
	διέρχομαι 1 b α	go through	194c
	Ἰουδαία 1	Judaea	379a
	πάλιν 1 a	back	606c
	προπέμπω 2	accompany	709c
16a	Μακεδονία	Macedonia	487b
16b	Μακεδονία	Macedonia	487b
17	ἄρα 2	then	103d
	βουλεύω 2	decide	145c
	βούλομαι 2 a α	desire	146b
	ἐλαφρία	fickle	248c
	ἵνα II 2	in order that	378a
	κατά II 5 b β	according to	407d
	μήτι	perhaps	520b
	ναί 5	yes	533b
	παρά II 2 d	beside	610d
	σάρξ 7	body	744c
	χράομαι 2	use	884d
17ff	οὐ 1	no	590a
18	λόγος 1 a β	word	477c
	ναί 5	yes	533b
	ὅτι 1 b α	that	588d
	πιστός 1 a β	trustworthy	664d
	πρός III 1 f	toward	710a
19	κηρύσσω 2 b β	announce	431c
	Σιλουανός	Silvanus	750d
	Τιμόθεος	Timothy	818b
	υἱός 2 b	son	835a
19a	ναί 5	yes	533b
19b	ναί 5	yes	533b
20	ἀμήν 3	amen	46a
	διά A III 2 b γ	by	180d
	διό	therefore	198d
	ἐπαγγελία 2 a	promise	280c
	ναί 5	yes	533b
	πρός III 3 c	toward	710b
21	βεβαιόω 2	establish	138c
	θεός 3 b	God	357c
	σύν 2 c	with	781d
	χρίω 4	anoint	887d
22	ἀρραβών	down payment	109c
	δίδωμι 1 b β	give	193a
	καρδία 1 b θ	heart	404b
	πνεῦμα 5 d α	spirit	677a
	σφραγίζω 2 b	seal	796c
	σφραγίζω 2 b	seal	796c
23	ἐπί III 1 b ε	toward	289b
	ἐπικαλέω 2 a α	call upon	294b
	Κόρινθος	Corinth	444d
	μάρτυς 2 a	witness	494b
	ὅτι 1 b α	that	588d

23	οὐκέτι 1	no longer	592c
	φείδομαι 1	spare	854d
	ψυχή 1 c	soul, life	893d
	ψυχή 1 f	soul, life	894a
24	ἵστημι II 2 c β	stand	382d
	κυριεύω 1	rule	458d
	ὅτι 1 c	that	589a
	συνεργός	working with	787d
	χαρά 1	joy	875c
24a	πίστις 2 d α	faith	663c
24b	πίστις 2 d α	faith	663c

2 Corinthians 2

1	κρίνω 3	decide	451c
	λύπη	grief	482a
	μή A II 1 g	not	516c
	οὗτος 1 b β	this	597a
2	ἐκ 3 e α	by	235b
	εὐφραίνω 1	gladden	327d
	καί I 2 h	and	392d
	μή A II 1 e	not	516b
2a	λυπέω 1	grieve	481c
2b	λυπέω 2 b	be grieved	481d
3	αὐτός 1 h	even	123a
	δεῖ 6 b	it is necessary	172c
	ἐπί III 1 b ε	toward	289a
	ἔχω I 2 e β	have	332d
	λύπη	grief	482a
	ὅς, ἥ, ὅ I 2 a	(rel pron)	583c
	πείθω 2 a	convince	639c
	χαίρω 1	rejoice	873d
	χαρά 1	joy	875c
4	ἀγάπη I 1 b β	love	5d
	γινώσκω 1 a	know	160d
	γράφω 2 d	write	167a
	δάκρυον	tear	170a
	διά A III 1 c	through	180b
	εἰς 4 c β	(goal)	229b
	ἐκ 3 g γ	by	235c
	ἔχω I 2 e β	have	332d
	θλῖψις 2	tribulation	362c
	ἵνα IV	in order that	378c
	καρδία 1 b ε	heart	404a
	λυπέω 2 a	grieve	481d
	περισσοτέρως 2	more	651d
	συνοχή 2	distress	791d
4a	πολύς I 1 b β	many	688a
5	ἐπιβαρέω	burden	290b
	λυπέω 1	grieve	481d
	μέρος 1 c	in part	506b
	τὶς, τὶ 1 a β	any one	820a
6	ἐπιτιμία	punishment	303c
	ἱκανός 1 a	sufficient	374c
	πολύς II 2 a α	many	689b
	πολύς II 2 a γ	many	689b
	ὑπό 1 c	by	843b
6f	τοιοῦτος 3 a α	such a kind	821c
7	ἐναντίον 2	before	262a
	καταπίνω 1 c	swallow	416c
	λύπη	grief	482a
7	μᾶλλον 3 a β	rather	489c
	μήπως 1 a	lest somehow	519c
	παρακαλέω 4	implore	617d
	περισσότερος 1	greater	651c
	χαρίζομαι 2	give freely	877a
	ὥστε 2 a β	so that	900a
8	ἀγάπη I 1 b β	love	5d
	εἰς 4 c β	(goal)	229b
	κυρόω 2	confirm	461a
	παρακαλέω 2	appeal to	617b
9	γάρ 1 b	for	151d
	γράφω 2 d	write	167a
	δοκιμή 1	character	202d
	εἰς 4 f	(purpose)	229d
	ἵνα I 5	in order that	377b
	καί II 4	also	393c
	οὗτος 1 b β	this	597a
	πᾶς, πᾶσα, πᾶν 2 a δ	everything	633a
	ὑπήκοος	obedient	842b
10	γάρ 1 b	for	151d
	πρόσωπον 1 c γ	face	721b
10a	χαρίζομαι 2	give freely	876d
10b	χαρίζομαι 2	give freely	877a
10c	χαρίζομαι 2	give freely	877a
11	ἀγνοέω 1	be ignorant	11b
	νόημα 2	design	540d
	οὐ 2 d	no	590b
	πλεονεκτέω 1 b	outwit	667c
	σατάν	Adversary	745a
12	ἀνοίγω 1 a	open	71a
	εὐαγγέλιον 2 b α	gospel	318a
	θύρα 2 c	door	366a
	κύριος 2 c γ	lord	460a
	Τρῳάς	Troas	829a
	Χριστός 1	Anointed One	887b
13	ἄνεσις 2	rest	65b
	ἀποτάσσω 1	say farewell	100d
	αὐτός 3 b	(oblique case)	123c
	ἐξέρχομαι 1 a ε	go out	274d
	εὑρίσκω 1 a	find	324d
	Μακεδονία	Macedonia	487b
	μή A II 1 f	not	516c
	πνεῦμα 3 b	spirit	675c
	Τίτος 1	Titus	821a
14	γνῶσις 2	knowledge	163d
	θριαμβεύω 1	triumph over	363d
	ὀσμή 2	odor	586a
	πάντοτε	always	609b
	τόπος 1 a	place	822b
	φανερόω 1 a	reveal	852d
	χάρις 5	favor	878c
15	ἀπόλλυμι 2 a α	perish	95b
	εὐωδία	fragrance	329d
	σῴζω 2 b	save	798d
16	εἰς 4 e	so that	229c
	ἐκ 6 d	from	236c
	ζωή 2 b α	life	340d
	θάνατος 2 b	death	351c
	ἱκανός 2	appropriate	374d
	ὅς, ἥ, ὅ II 2	this (one)	585b

16	ὀσμή 2	odor	586a
	πρός III 3 c	toward	710b
17	εἰλικρίνεια	sincerity	222d
	ἐκ 3 g γ	by	235c
	ἐν I 5 d	in	260a
	καπηλεύω	peddle	403b
	κατέναντι 2 b	in the sight of	421b
	λόγος 1 b β	word	478b
	λοιπός 2 b α	the others	480a
	ὁ, ἡ, τό II 11	the	552d
	πολύς I 2 a β	many	688c
17b	ὡς III 1 a	so	898a
17c	ὡς III 1 a	so	898a

2 Corinthians 3

1	ἐπιστολή	letter	301a
	ἐπιστολή	letter	301a
	ἤ 1 d β	or	342b
	συνίστημι	unite	790c
	συνίστημι I 1 b	present	790d
	συστατικός	introducing	795a
	τὶς, τὶ 1 a β	any one	820a
	χρῄζω	need	885b
2	ἀναγινώσκω 1	read	51d
	ἐγγράφω 2	record	214a
	εἰμί II 2	to be	223d
	ἐπιστολή	letter	300d
	πᾶς, πᾶσα, πᾶν 1 b	all	631d
2f	καρδία 1 b γ	heart	404a
3	διακονέω 3	care for	184b
	ἐν I 1 b	in	258b
	ἐπιστολή	letter	300d
	ζάω 1 a ε	live	336b
	λίθινος 1	stone	474a
	μέλας	black	500a
	πλάξ	flat stone	666b
	πνεῦμα 5 a	spirit	676b
	σάρκινος 1	fleshy	743a
	φανερόω 2 b α	reveal	853a
4	ἔχω I 2 e β	have	332d
	πεποίθησις 2	trust	643c
	πρός III 4 b	toward	710c
	τοιοῦτος 2 a β	such a kind	821b
5	ἀπό V 5	of	88b
	ἑαυτοῦ 1 a	oneself	212a
	ἑαυτοῦ 1 e	oneself	212b
	θεός 3 a	God	357b
	ἱκανός 2	appropriate	374d
	ἱκανότης	fitness	374d
	λογίζομαι 2	consider	476b
	ὅτι 1 c	that	589a
6	ἀποκτείνω 1 b	kill	94a
	γράμμα 2 c	writing	165c
	διαθήκη 2	covenant	183b
	διάκονος 1 a	servant	184c
	ζῳοποιέω 1	make alive	341d
	ἱκανόω	make sufficiently	374d
	καινός 3 b	new	394b
6a	πνεῦμα 5 g γ	spirit	677c
6b	πνεῦμα 5 g γ	spirit	677c
7	ἀτενίζω	look intently at	119c
	γίνομαι II 4 a	be	160c
	γράμμα 1	letter	165b
	διακονία 3	service	184c
	ἐντυπόω	carve	270b
	καταργέω 2	abolish	417c
	λίθος 1 e	stone	474c
	μή A I 3	not	516a
	Μωϋσῆς	Moses	532a
	πρόσωπον 1 a	face	720d
	υἱός 1 b α	son	833d
	ὥστε 2 a β	so that	900a
7ff	δόξα 1 a	brightness	203c
8	διακονία 3	service	184c
	εἰμί III 4	to be	225b
	μᾶλλον 2 b	more	489c
	πνεῦμα 5 g γ	spirit	677c
	πῶς 1 d	how	732c
9	διακονία 3	service	184c
	δικαιοσύνη 3	righteousness	197a
	κατάκρισις	condemnation	412b
	μᾶλλον 2 b	more	489c
	περισσεύω 1 a γ	be left over	651a
	πολύς I 2 c α	many	688d
9-11	γάρ 1 c	for	152a
10	γάρ 1 e	for	152a
	δοξάζω 2	glorify	204d
	εἵνεκεν	on account of	226a
	ἕνεκα	because of	264d
	μέρος 1 b θ	matter	506b
	ὑπερβάλλω	surpass	840b
11	καταργέω 2	abolish	417c
	μᾶλλον 2 b	more	489c
	μένω 1 c β	remain	504b
	πολύς I 2 c α	many	688d
12	ἐλπίς 2 b	hope	253b
	ἔχω I 2 e β	have	332d
	οὖν 1 a	therefore	593a
	παρρησία 1	plainly	630c
	πολύς I 1 b β	many	688a
	τοιοῦτος 2 a β	such a kind	821b
	χράομαι 2	use	884d
13	ἀτενίζω	look intently at	119c
	καθάπερ	just as	387a
	κάλυμμα 1	covering	400d
	καταργέω 2	abolish	417c
	μή A II 1 e	not	516c
	Μωϋσῆς	Moses	532c
	πρός III 3 a	toward	710b
	πρόσωπον 1 a	face	720d
	τέλος 1 a	end	811b
	τίθημι I 1 a β	put	816a
	υἱός 1 b α	son	833d
14	ἀνάγνωσις 1	reading	52d
	ἀνακαλύπτω	uncover	55c
	ἄχρι 1 a	until	128d
	διαθήκη 2	covenant	183b
	κάλυμμα 2	covering	401a
	καταργέω 2	abolsih	417c
	μένω 1 a α	remain	503d
	νόημα 1	thought	540d

14	παλαιός 1	old	605d
	πωρόω	harden	732a
	σήμερον	today	749a
15	ἄν 3 b	(particle)	49a
	ἀναγινώσκω 2	read	51d
	ἐπί III 1 a ζ	on	288c
	ἕως II 1 c	until	335a
	ἡνίκα	whenever	348b
	κάλυμμα 2	covering	401a
	καρδία 1 b β	heart	403d
	κεῖμαι 1 b	lie	426d
	Μωϋσῆς	Moses	532a
	σήμερον	today	749a
16	ἄν 3 b	(particle)	49a
	ἐπιστρέφω 1 b β	turn	301b
	ἡνίκα	whenever	348b
	κάλυμμα 2	covering	401a
	κύριος 2 c γ	lord	460a
	περιαιρέω 1	take away	645d
17	ἐλευθερία	freedom	250c
	οὗ 1 b	where	589d
17a	πνεῦμα 5 d α	spirit	677a
17b	πνεῦμα 5 b	spirit	676c
18	ἀνακαλύπτω	uncover	55c
	ἀπό II 3 b	from	87b
	ἀπό V 4	from	88a
	εἰκών 2	form	222c
	καθάπερ	just as	387a
	καθώσπερ	as	391c
	κατοπτρίζω	contemplate	424d
	μεταμορφόω 2	transform	511d
	πᾶς, πᾶσα, πᾶν 1 e α	all	632b
	πνεῦμα 5 b	spirit	676c
	πρόσωπον 1 a	face	720d

2 Corinthians 4

1	διακονία 3	service	184c
	ἐγκακέω 2	despair	215c
	ἐκκακέω	lose heart	240c
	ἐλεέω	have mercy	249d
	ἔχω I 2 i	have	333a
	οὗτος 2 b	this	597b
2	αἰσχύνη 1	shame	25c
	ἀλήθεια 2 b	truth	36a
	ἄνθρωπος 1 a α	man	68b
	ἀπεῖπον	disown	83b
	δολόω	falsify	203c
	ἐν I 4 d	in	259b
	ἐνώπιον 2 b	before	270d
	κρυπτός 2 a	hidden	454b
	λόγος 1 b β	word	478b
	μηδέ 1 b	and not	517d
	ὁ, ἡ, τό II 2 a	the	551a
	πανουργία	cunning	608a
	πᾶς, πᾶσα, πᾶν 1 a α	every each	631b
	περιπατέω 2 a δ	go about	649c
	πρός III 5 b	as far as	710d
	συνείδησις 2	consciousness	786c
	συνίστημι	unite	790c
2	συνίστημι	unite	790c
	συνίστημι	unite	790c
	συνίστημι I 1 b	present	790d
	φανέρωσις	announcement	853b
3	ἀπόλλυμι 2 a α	perish	95b
	εἰ VI 2	but if	220a
	εὐαγγέλιον 2 b β	gospel	318b
	καλύπτω 2 b	hide	401a
4	αἰών 2 a	age	27d
	ἄπιστος 2	faithless	85d
	αὐγάζω 1	see	120d
	αὐγάζω 2	shine forth	120d
	διαυγάζω 1	shine through	190a
	εἰκών 1 b	image	222b
	εὐαγγέλιον 2 b α	gospel	318a
	εὐαγγέλιον 2 b α	gospel	318a
	θεός 5	god	358b
	καταυγάζω	illuminate	419d
	μή A II 1 e	not	516b
	νόημα 1	thought	540d
	τυφλόω	to blind	831a
	φωτισμός 1	illumination	873c
	Χριστός 1	Anointed One	887b
5	δοῦλος 1 e α	slave	205d
	κηρύσσω 2 b β	announce	431c
	κύριος 2 c γ	lord	460b
6	γνῶσις 2	knowledge	163d
	καρδία 1 b β	heart	403d
	ὅτι 3 b	that	589d
	πρός III 3 a	toward	710a
	πρόσωπον 1 a	face	720d
	πρόσωπον 1 c γ	face	721b
	σκότος 1	darkness	757d
	φῶς 1 a	light	871d
	φωτισμός 2	illumination	873c
6a	λάμπω 1 b	shine out	466b
6b	λάμπω 2	shine	466b
7	δέ 2	but, and	171c
	εἰμί IV 5	to be	225d
	θησαυρός 2 b γ	treasure	361d
	ὀστράκινος	made of earth	587c
	οὗτος 2 b	this	597b
	σκεῦος 2	thing	754b
	ὑπερβολή	excess	840b
8	ἀπορέω	uncertain	97d
	ἐξαπορέω	be in great difficulty	273a
	θλίβω 3	oppress	362a
	οὐ 3 a	no	590b
	πᾶς, πᾶσα, πᾶν 2 a β	every respect	632c
	στενοχωρέω	cramp	766c
9	διώκω 2	persecute	201b
	ἐγκαταλείπω 2	forsake	215d
	καταβάλλω 1	throw down	408d
	οὐ 3 a	no	590b
10	ἀνταναπληρόω	fill up	72d
	νέκρωσις 1	death	535d
	περιφέρω 1	carry about	653b
10a	σῶμα 1 b	body	799c
10b	σῶμα 1 b	body	799c

10f	ζωή 1 a	life	340b
	φανερόω 1 b	reveal	852d
11	ἀεί 3	always	19c
	εἰς 4 a	into	229a
	ζάω 1 a α	live	336a
	θάνατος 1 c	death	351b
	θνητός	mortal	362d
	παραδίδωμι 1 b	give over	615a
	σάρξ 5	body	744a
12	ἐνεργέω 1 b	work	265c
	ζωή 2 b α	life	340d
	θάνατος 1 c	death	351b
	ὥστε 1 a	therefore	899d
13	γράφω 2 c	write	166d
	πίστις 2 d α	faith	663c
	πνεῦμα 5 e	spirit	677b
13a	πιστεύω 2 c	believe	662a
14	ἐγείρω 1 a β	raise	214d
	κύριος 2 c γ	lord	460a
	παρίστημι 1 e	bring before	628a
	σύν 2 c	with	781d
15	δόξα 3	fame	204a
	εὐχαριστία 2	thankfulness	328d
	πᾶς, πᾶσα, πᾶν 2 b β	all things	633b
	περισσεύω 2 a	be left over	651a
	πλεονάζω 1 a	increase	667b
	πολύς II 2 a β	many	689b
	χάρις 3 b	favor	878a
16	ἀλλά 4	but, yet	38d
	ἀνακαινόω	renew	55c
	ἄνθρωπος 2 c α	man	68d
	ἄνθρωπος 2 c α	man	68d
	διαφθείρω 1	spoil	190c
	ἐγκακέω 2	despair	215c
	εἰ VI 4	even if	220a
	ἐκκακέω	lose heart	240c
	ἔξω 1 a γ	outside	279c
	ἔσω 2	in	314b
	ἡμέρα 2	day	347a
17	αἰώνιος 3	eternal	28d
	βάρος 3	fullness	134a
	δόξα 1 b β	glory	203d
	εἰς 3	completely	229a
	ἐλαφρός 1	light	248c
	θλῖψις 1	tribulation	362b
	κατά II 5 b β	according to	407d
	κατεργάζομαι 2	achieve	421d
	παραυτίκα	slight momentary trouble	623b
	ὑπερβολή	excess	840c
18	αἰώνιος 3	eternal	28d
	βλέπω 1 b	see	143c
	πρόσκαιρος	temporary	715b
	σκοπέω	notice	756d
18a	μή A II 2 d	not	516d
18b	μή A II 2 d	not	516d

2 Corinthians 5

1	αἰώνιος 3	eternal	28c
	ἀχειροποίητος	not made by hand	128b
	ἐκ 3 c	from	235a
	ἐπίγειος 1	earthly	290d
	θεός 3 b	God	357c
	καταλύω 1 b β	destroy	414c
	οἶδα 1 e	know	556a
	οἰκοδομή 2 b	building	559b
1a	οἰκία 1 b	house	557c
1b	οἰκία 1 b	house	557c
1f	οὐρανός 2 d	heaven	595b
2	γάρ 1 e	for	152a
	ἐν III 3 a	because of	261a
	ἐπενδύομαι	put on	285a
	ἐπιποθέω	desire	297d
	οἰκητήριον 2	dwelling	557b
	οὗτος 1 b α	this	597a
	στενάζω	sigh	766b
3	γέ 3 a	(emphasizing particle)	152d
	γυμνός 4	bare	168a
	ἐκδύω 2	strip	239a
	ἐνδύω 2 a	dress	264a
	εὑρίσκω 2	find	325d
4	βαρέω	burden	133c
	βαρύνω	burden	134b
	γάρ 3	certainly	152c
	ἐκδύω 2	strip	239a
	ἐπενδύομαι	put on	285a
	ἐπί II 1 b γ	on	287d
	ζωή 1 a	life	340b
	θνητός	mortal	362d
	καταπίνω 2	swallow	416c
	ὁ, ἡ, τό II 2 a	the	551a
	ὅς, ἥ, ὅ I 11 d	(rel pron)	585a
	σκῆνος	tent	755b
	στενάζω	sigh	766b
	ὑπό 1 a β	by	843b
5	ἀρραβών	down payment	109c
	αὐτός 1 h	even	123a
	εἰς 4 f	(purpose)	229d
	κατεργάζομαι 3	achieve	421d
	πνεῦμα 5 d α	spirit	677a
6	ἀποδημέω 2	be away	90b
	ἐνδημέω	be at home	263a
	θαρρέω	be confident	352a
	κύριος 2 c γ	lord	460a
	σῶμα 1 b	body	799b
7	εἶδον 1 a	see	220d
	πίστις 2 d β	faith	663d
8	ἀπολύτρωσις 2 a	redemption	96b
	ἐκδημέω	leave	238b
	ἐνδημέω	be at home	263a
	εὐδοκέω 1	well pleased	319b
	θαρρέω	be confident	352a
	σῶμα 1 b	body	799b
9	διό	therefore	198d

9	ἐνδημέω	be at home	263a
	εὐάρεστος 1	pleasing	318d
	φιλοτιμέομαι	aspire	861c
10	βῆμα 2	tribunal	140b
	δεῖ 1	it is necessary	172a
	εἰ VI 13 b	if	220b
	ἔμπροσθεν 2 b	in front	257b
	κομίζω 2 a	bring	443a
	ὅς, ἥ, ὅ I 2 a	(rel pron)	583c
	πᾶς, πᾶσα, πᾶν 1 e α	all	632b
	πράσσω 1 a	do	698b
	πρός III 5 d	in accordance with	710d
	σῶμα 1 b	body	799b
	σῶμα 1 b	body	799c
	φανερόω 2 b β	reveal	853a
	φαῦλος 2	worthless	854c
11	ἐλπίζω 2	hope	252c
	ἐν I 1 e	in	258c
	πείθω 1 b	convince	639b
	συνείδησις 2	consciousness	786c
	φόβος 1	causing of fear	863c
	φόβος 2 b α	fear	864a
11a	φανερόω 2 b α	reveal	853a
11b	φανερόω 2 b α	reveal	853a
12	ἀφορμή	pretext	127c
	δίδωμι 1 b α	give	193a
	καρδία 1 b α	heart	403c
	καυχάομαι 1	boast	425d
	καύχημα 2	boast	426a
	πρόσωπον 1 d	face	721c
	συνίστημι I 1 b	present	790d
	ὑπέρ 1 f	in behalf of	839a
13	ἐξίστημι 2 a	lose ones mind	276c
	θεός 3 g α	God	357d
	σωφρονέω 1	sound mind	802a
14	ἀγάπη I 2 a	love	6a
	ἀποθνῄσκω 1 b β	die	91c
	ἄρα 3	then	103d
	εἷς 2 b	one	231b
	κρίνω 2	judge	451b
	συνέχω 7	urge on	789b
	ὑπέρ 1 c	in behalf of	839a
14b	πᾶς, πᾶσα, πᾶν 2 b α	in all respects	633a
14f	ἀποθνῄσκω 1 a α	die	91c
15	ζάω 3 b	live	337a
	μηκέτι 1	no longer	518c
15a	ὑπέρ 1 c	in behalf of	839a
15b	ὑπέρ 1 c	in behalf of	839a
16	ἀλλά 4	but, yet	38d
	γινώσκω 1 b	know	161a
	οἶδα 2	know	556b
16a	κατά II 5 b β	according to	407d
	κατά II 7 a	(adj phrase)	408a
	νῦν 3 b	now	546a
16b	κατά II 5 b β	according to	407d
	κατά II 7 a	(adj phrase)	408a
	νῦν 1 c	now	545d
	σάρξ 6	body	744a
16f	ὥστε 1 a	therefore	899d
17	ἀρχαῖος 2	ancient	111c
	ἰδού 1 a	behold	371a
	κτίσις 1 b α	creation	455d
	ὅτι 1 d β	that	589b
	παρέρχομαι 1 b α	pass away	626a
17a	καινός 3 b	new	394b
17b	καινός 3 b	new	394b
18	διακονία 3	service	184c
	θεός 3 a	God	357b
	καταλλαγή	reconciliation	414a
	καταλλάσσω 1	reconcile	414a
	ὅτι 1 d β	that	589b
19	αὐτός 3 f β	(oblique case)	123c
	εἰμί II 4 f	to be	224c
	θεός 3 b	God	357c
	καταλλαγή	reconciliation	414a
	καταλλάσσω 1	reconcile	414a
	καταλύω 1 b β	destroy	414c
	κόσμος 5 a	world	446c
	κόσμος 7	world	446d
	λογίζομαι 1 a	reckon	476a
	λόγος 1 b β	word	478b
	ὅτι 1 d β	that	589b
	παράπτωμα 2 b	transgression	621d
	τίθημι II 1 a	establish	816c
20	δέομαι 3	ask	175b
	καταλλάσσω 2 a	reconcile	414a
	παρακαλέω 2	appeal to	617b
	πρεσβεύω	be an ambassador	699c
20b	ὑπέρ 1 a δ	in behalf of	838c
21	ἁμαρτία 3	sin	43c
	γινώσκω 6 a α	know	161c
	δικαιοσύνη 3	righteousness	197a
	μή A II 2 d	not	516d
	ποιέω I 1 b ι	do	682a
	ὑπέρ 1 c	in behalf of	839a

2 Corinthians 6

1	δέχομαι 3 b	accept	177c
	εἰς 4 e	so that	229c
	κενός 2 a β	empty	428a
	παρακαλέω 2	appeal to	617b
	συνεργέω	work with	787c
	χάρις 3 b	favor	878a
2	δεκτός	acceptable	174b
	ἐπακούω 1	hear	282c
	εὐπρόσδεκτος 1	acceptable	324c
	ἡμέρα 4 a	time	347c
	ἰδού 2	there is	371b
	λέγω I 7	say	468d
2a	καιρός 1	time	394d
	σωτηρία 2	deliverance	801c
2b	σωτηρία 2	deliverance	801c
3	διακονία 3	service	184c
	δίδωμι 1 b α	give	193a
	μηδείς 1	no	518a
	μηδείς 2 b δ	nothing	518b

3	μωμάομαι	find fault	531a
	προσκοπή	time for taking offence	716b
4	ἀνάγκη 2	distress	52d
	διάκονος 1 a	servant	184d
	θλῖψις 1	tribulation	362b
	στενοχωρία	distress	766c
	συνίστημι	unite	790c
	συνίστημι	unite	790c
	συνίστημι	unite	790c
	συνίστημι I 1 b	present	790d
	ὑπομονή 1	patience	846b
	ὡς III 1 a	so	898a
5	ἀγρυπνία 1	wakefulness	14b
	ἀκαταστασία 1	disturbance	30a
	κόπος 2	work	443d
	νηστεία 1	fasting	538a
	πληγή 1	blow	668b
	φυλακή 3	guard	867d
6	ἀγάπη I 1 a	love	5c
	ἀγάπη I 1 a	love	5d
	ἁγνότης	purity	12a
	ἀνυπόκριτος	genuine	76d
	γνῶσις 2	knowledge	163d
	μακροθυμία 2 a	patience	488b
	πνεῦμα 5 c β	spirit	676d
	χρηστότης 2 a	goodness	886c
7	ἀλήθεια 2 a	truth	35d
	ἀριστερός	weapons	106d
	δεξιός 1	right	174d
	δικαιοσύνη 2 b	righteousness	196d
	λόγος 1 a β	word	477c
	ὅπλον 2 b	weapon	575d
8	ἀληθής 1	true	36d
	ἀτιμία	dishonor	120a
	δυσφημία	slander	210a
	εὐφημία	good repute	327c
	πλάνος 2	deceitful	666a
9	ἀγνοέω 2	not to know	11c
	ἀποθνῄσκω 2	be about to die	91d
	ἐπιγινώσκω 1 a	know	291a
	θανατόω 1	put to death	351d
	ἰδού 1 b β	behold	371a
	καί I 2 g	and	392d
	παιδεύω 2 b α	instruct	604a
10	ἀεί 1	always	19c
	ἔχω I 2 a	have	332a
	κατέχω 1 b γ	keep	423a
	λυπέω 2 b	be grieved	481d
	πᾶς, πᾶσα, πᾶν 2 a δ	everything	633a
	πλουτίζω 2	make rich	674a
	πτωχός 1 a	poor	728b
	χαίρω 1	rejoice	874a
11	ἀνοίγω 2	open	71c
	καρδία 1 b α	heart	403c
	Κορίνθιος	Corinthian	444d
	πλατύνω 2	enlarge	667a
	πρός III 4 a	toward	710c

12	ἐπουράνιος 2 a α	heavenly	306a
	σπλάγχνον 1 b	inward parts	763a
	στενοχωρέω	cramp	766c
13	ἀντιμισθία	penalty	75b
	λέγω I 9	say	469b
	λέγω II 1 f	declare	469d
	πλατύνω 2	enlarge	667a
	τέκνον 2 b	child	808c
	ὡς III 1 a	so	898a
14	ἀνομία 1	lawlessness	71d
	δικαιοσύνη 2 b	righteousness	196c
	ἑτεροζυγέω	be mismated	314d
	κοινωνία 1	association	439a
	μετοχή	sharing	514c
	πρός III 4 b	toward	710c
	σκότος 2 b	darkness	758a
	φῶς 1 a	light	871d
14-16	μετοχή	sharing	514c
	τίς, τί 2	which	819c
14f	ἄπιστος 2	faithless	85d
15	Βελιαρ	Belial	139a
	μερίς 2	share	505c
	πιστός 2	trustworthy	665a
	πρός III 4 b	toward	710c
	συμφώνησις	agreement	781a
16	εἴδωλον 2	idol	221d
	εἰμί II 2	to be	223d
	ἐμπεριπατέω	walk about	256a
	ἐνοικέω	live	267c
	ζάω 1 a ε	live	336b
	θεός 3 c	God	357c
	συγκατάθεσις	agreement	773c
16a	ναός 2	temple	533d
16b	ναός 2	temple	533d
17	ἀκάθαρτος 1	impure	29a
	ἅπτω 2 a	touch	102d
	ἀφορίζω 1	separate	127b
	εἰσδέχομαι	welcome	232c
	ἐκ 1 b	away from	234b
	ἐξέρχομαι 1 b β	go out	275a
	μέσος 2	the middle	508a
18	εἰμί III 2	to be	225a
	εἰς 8 a β	(indicates pred nom)	230b
	θυγάτηρ 2 c	daughter	365a
	παντοκράτωρ	almighty	609a
	πατήρ 3 c β	father	636b
	υἱός 1 c γ	son	834a

2 Corinthians 7

1	ἀγαπητός 2	beloved	6c
	ἁγιωσύνη	holiness	10c
	ἐπαγγελία 2 a	promise	280c
	ἐπιτελέω 2	perform	302c
	καθαρίζω 2 b α	cleanse	387c
	μολυσμός	defilement	527a
	οὖν 1 b	therefore	593a
	πᾶς, πᾶσα, πᾶν 1 a β	every each	631c

Verse	Word	Meaning	Page
1	πνεῦμα 3 a	spirit	675b
	σάρξ 2	body	743c
	φόβος 2 b α	fear	864a
2	ἀδικέω 2 a	do wrong	17c
	πλεονεκτέω 1 a	outwit	667c
	φθείρω 1 a	ruin	857b
	φθείρω 2 a	ruin	857b
	χωρέω 3 b α	have room for	890a
3	καρδία 1 b ζ	heart	404b
	κατάκρισις	condemnation	412b
	προεῖπον 2 b	foretell	705a
	πρός III 3 a	toward	710a
	συζάω	live with	775c
	συναποθνῄσκω	die with	785a
4	θλῖψις 1	tribulation	362b
	καύχησις 1	boasting	426b
	παράκλησις 3	comfort	618b
	παρρησία 3 a	courage	630d
	πᾶς, πᾶσα, πᾶν 1 c β	all	631d
	πληρόω 1 b	make full	671a
	πρός III 4 b	toward	710c
	ὑπέρ 1 f	in behalf of	839a
	ὑπερπερισσεύω 2	be abundant	841d
	χαρά 1	joy	875d
4a	πολύς I 1 b β	many	688a
4b	πολύς I 1 b β	many	688a
5	ἄνεσις 2	rest	65b
	ἔξωθεν 1 b α	outside	279d
	ἔσωθεν 2	inside	314c
	θλίβω 3	oppress	362a
	Μακεδονία	Macedonia	487b
	μάχη	battle	496c
	πᾶς, πᾶσα, πᾶν 2 a β	every respect	632c
	σάρξ 2	body	743c
	φόβος 2 a α	fear	863d
6	ταπεινός 1	low	804b
	Τίτος 1	Titus	821a
6a	παρακαλέω 4	implore	617c
6b	παρακαλέω 4	implore	617c
6f	παρουσία 2 a	coming	630a
7	ἀναγγέλλω 1	to report	51b
	ἐν III 1 a	by	260d
	ἐπί II 1 a δ	at	287a
	ἐπιπόθησις	longing	298a
	ζῆλος 1	zeal	337d
	μᾶλλον 1	more	489a
	μόνος 2 c α	only	528a
	ὀδυρμός	lamentation	555b
	παρακαλέω 4	implore	617d
	παράκλησις 3	comfort	618b
	χαίρω 1	rejoice	874a
	ὥστε 2 a β	so that	900a
8	βλέπω 7 b	see	144a
	εἰ VI 4	even if	220a
	ἐπιστολή	letter	300d
	καιρός 2	time	395a
	μεταμέλομαι	repent	511c
	ὅτι 3 b	that	589d
	πρός III 2 b	toward	710a
8	ὥρα 2 a β	time of day	896b
8a	λυπέω 1	grieve	481c
	μεταμέλομαι	repent	511c
8b	λυπέω 1	grieve	481c
	μεταμέλομαι	repent	511c
9	εἰς 4 e	so that	229c
	ἐκ 3 e α	by	235b
	ζημιόω 1	suffer damage	338c
	μετάνοια	repentance	512d
	μηδείς 2 b δ	nothing	518b
	χαίρω 1	rejoice	873d
9-11	κατά II 5 a α	according to	407b
9a	λυπέω 2 a	grieve	481d
9b	λυπέω 2 a	grieve	481d
9c	λυπέω 2 a	grieve	481d
9ff	θεός 3 b	God	357c
10	ἀμεταμέλητος 1	without regret	45c
	ἐργάζομαι 2 c	bring about	307b
	θάνατος 2 b	death	351c
	κατεργάζομαι 2	achieve	421d
	κόσμος 7	world	446d
	μετανοέω	change ones mind	512b
	μετάνοια	repentance	512d
	σωτηρία 2	deliverance	801c
	σωτηρία 2	deliverance	801d
10a	λύπη	grief	482a
10b	λύπη	grief	482a
11	ἀγανάκτησις	indignation	4b
	ἁγνός 1	pure	12a
	ἀλλά 5	but, yet	38d
	ἀπολογία 2 b	defense	96a
	αὐτός 1 h	even	123a
	γάρ 1 b	for	151d
	ἐκδίκησις	vengeance	238d
	ἐπιπόθησις	longing	298a
	ἐπιποθία	longing	298a
	ζῆλος 1	zeal	337d
	ἰδού 1 c	remember	371a
	κατεργάζομαι 2	achieve	421d
	λυπέω 2 a	grieve	481d
	πᾶς, πᾶσα, πᾶν 2 a β	every respect	632c
	πόσος 1	how great	694b
	πρᾶγμα 1	deed	697a
	σπουδή 2	diligence	763d
	συνίστημι I 1 c	demonstrate	790d
	φόβος 2 a α	fear	863c
12	ἄρα 4	then	104a
	γράφω 2 d	write	167a
	ἕνεκα	because of	264d
	ἕνεκα	because of	264d
	ἐνώπιον 4	before	270d
	πρός III 7	by	711a
	σπουδή 2	diligence	763d
	φανερόω 1 b	reveal	852d
12a	ἀδικέω 2 a	do wrong	17c
12b	ἀδικέω 2 a	do wrong	17c
13	ἀναπαύω 1	cause to rest	59a
	ἐπί II 1 b β	to	287a
	μᾶλλον 1	more	489b

13	παρακαλέω 4	implore	617d
	παράκλησις 3	comfort	618b
	περισσοτέρως 2	more	651d
	πνεῦμα 3 b	spirit	675c
	χαίρω 1	rejoice	873b
	χαρά 1	joy	875c
13f	Τίτος 1	Titus	821a
14	ἀλήθεια 1	truthfulness	35d
	ἐπί I 1 a δ	before	286b
	καταισχύνω 2	be humiliated	410d
	καυχάομαι 2	boast	426a
	καύχησις 1	boasting	426b
	λαλέω 2 b	speak	463d
	ὅτι 3 b	that	589d
	οὕτω 1 a	thus	597d
	ὑπέρ 1 f	in behalf of	839a
	ὡς II 1	so	897c
15	ἀναμιμνῄσκω	remind	57d
	δέχομαι 1	receive	177c
	εἰμί II 9 b	to be	225a
	εἰμί III 2	to be	225a
	μετά A III 1	with	509d
	πᾶς, πᾶσα, πᾶν 1 e α	all	632b
	περισσοτέρως 2	more	651d
	σπλάγχνον 1 b	inward parts	763a
	τρόμος	trembling	827a
	ὑπακοή 1 b	obedience	837a
	φόβος 2 a α	fear	863c
	ὡς I 2 d	as	897b
16	θαρρέω	be confident	352a
	πᾶς, πᾶσα, πᾶν 2 a β	every respect	632c
	χαίρω 1	rejoice	873d

2 Corinthians 8

1	γνωρίζω 1	make known	163c
	δέ 2	but, and	171c
	ἐκκλησία 4 b	church	241a
	Μακεδονία	Macedonia	487b
	χάρις 4	favor	878b
2	ἁπλότης 2	generosity	86a
	βάθος 2	depth	130b
	δοκιμή 2	test	202d
	θλῖψις 1	tribulation	362b
	κατά I 1 b	down	405d
	περισσεία	surplus	650c
	περισσεύω 1 a γ	be left over	651a
	πλοῦτος 1	wealth	674b
	πλοῦτος 2	wealth	674b
	πολύς I 1 b β	many	688a
	πτωχεία	(extreme) poverty	728a
	χαρά 1	joy	875c
3	αὐθαίρετος	of ones own accord	121a
	μαρτυρέω 1 a	bear witness	492d
	παρά III 3	in comparison	611b
	ὑπέρ 2	beyond	839c
3a	δύναμις 2	power	207d
3b	δύναμις 2	power	208a
4	δέομαι 2	ask	175b
4	διακονία 4	support	184c
	εἰς 4 c β	(goal)	229b
	εἰς 4 g	for	229d
	κοινωνία 4	association	439b
	μετά A III 2	with	509d
	ὁ, ἡ, τό II 1 g	the	550d
	παράκλησις 2	appeal	618a
	πολύς I 1 b β	many	688a
	χάρις 3 a	favor	878a
5	διά A III 1 d	through	180c
	δίδωμι 6	give	193d
	ἐλπίζω 1	hope	252c
	θέλημα 2 b	will	354c
	πρῶτος 2 c	first	726c
6	ἐπιτελέω 1	end	302b
	οὗτος 2 b	this	597b
	παρακαλέω 2	appeal to	617b
	προενάρχομαι	begin	705b
	Τίτος 1	Titus	821a
6f	χάρις 3 a	favor	878a
7	ἀγάπη I 1 b β	love	5d
	ἀλλά 6	now	39a
	ἐκ 3 c	from	235a
	ἵνα III 2	in order that	378b
	λόγος 1 a β	word	477c
	πᾶς, πᾶσα, πᾶν 2 a β	every respect	632c
	πίστις 2 d γ	faith	663d
	σπουδή 2	diligence	763d
	ὥσπερ 1	(just) as	899c
7a	περισσεύω 1 b β	be left over	651a
7b	περισσεύω 1 b β	be left over	651a
8	ἀγάπη I 1 a	love	5c
	γνήσιος 2	genuine	163a
	δοκιμάζω 2 b	approve	202d
	ἐπιταγή	command	302b
	κατά II 5 b β	according to	407d
	λέγω I 5	say	468d
	λέγω II 1 f	declare	469d
	ὁ, ἡ, τό II 2 c	the	551b
	σπουδή 2	diligence	763d
	ὑμέτερος 1	your	836a
9	γινώσκω 6 a α	know	161c
	ἵνα I 1 e	in order that	377a
	κύριος 2 c γ	lord	460b
	πλουσίος 2	rich	673d
	πλουτέω 2	be rich	674a
	πτωχεία	(extreme) poverty	728a
	πτωχεύω	be (extremely) poor	728a
	χάρις 2 a	favor	877c
10	ἀλλά 1 a	but, yet	38a
	ἀπό II 2 a	from	87a
	γνώμη 2	judgment	163b
	δίδωμι 1 b α	give	193a
	θέλω 2	wish	355c
	ὁ, ἡ, τό II 4 a	the	551c
	πέρυσι	last year	653d
	προενάρχομαι	begin	705b
	συμφέρω 2 a	help	780b
10f	ποιέω I 2 c	do	682d

11	ἐκ 3 i	by	235d
	ἔχω I 2 a	have	332a
	καθάπερ	just as	387a
	καί II 3	also	393c
	νυνί 1 c	now	546b
	ὁ, ἡ, τό II 4 a	the	551c
	ὁ, ἡ, τό II 4 b β	the	551c
	ὅπως 2 a α	in order that	577a
	οὕτω 1 a	thus	597d
	προενάρχομαι	begin	705b
	προθυμία	willingness	706c
11a	ἐπιτελέω 1	end	302b
11b	ἐπιτελέω 1	end	302b
12	εὐπρόσδεκτος 1	acceptable	324c
	προθυμία	willingness	706c
	πρόκειμαι 2	be set before	707c
12a	καθό 2	in so far as	390d
12b	καθό 2	in so far as	390d
13	ἄνεσις 2	rest	65b
	ἐκ 3 i	by	235d
	θλῖψις 1	tribulation	362c
	ἵνα III 3	in order that	378c
	ἰσότης 1	equality	381b
14	γίνομαι I 4 c α	come, go	159d
	ἐκεῖνος 1 a	that	239b
	ἰσότης 1	equality	381b
	καιρός 1	time	394d
	νῦν 3 a	now	546a
	ὅπως 2 a α	in order that	577a
14a	περίσσευμα 1	abundance	650c
	ὑστέρημα 1	need	849c
14b	περίσσευμα 1	abundance	650c
	ὑστέρημα 1	need	849c
15	ἐλαττονέω	have less	248b
	ὁ, ἡ, τό II 9 a	the	552c
	ὀλίγος 2 a	little	563d
	πλεονάζω 1 b	increase	667b
	πολύς I 2 c α	many	689a
16	δίδωμι 1 b β	give	193a
	σπουδή 2	diligence	763d
	Τίτος 1	Titus	821a
	χάρις 5	favor	878c
17	αὐθαίρετος	of ones own accord	121a
	δέχομαι 3 b	accept	177c
	ἐξέρχομαι 1 a ε	go out	274d
	παράκλησις 1	encouragement	618a
	παράκλησις 2	appeal	618a
	σπουδαῖος	eager	763d
	ὑπάρχω 2	be	838a
18	διά A I 2	through	179d
	ἔπαινος 1 a α	praise	281c
	εὐαγγέλιον 1 a	gospel	318a
	μετά A II 4	with	509c
	πᾶς, πᾶσα, πᾶν 1 d α	all	632a
	συμπέμπω	send (with)	779c
18f	ἐκκλησία 4 b	church	241a
19	ἀλλά 1 a	but, yet	38a
	διακονέω 2	serve	184a
	μόνος 2 c α	only	528a
19	προθυμία	willingness	706c
	συνέκδημος	traveling companion	787a
	χάρις 3 a	favor	878a
	χειροτονέω	choose	881a
20	ἁδρότης	abundance	19a
	διακονέω 2	serve	184a
	μή B 1 b	not	517b
	μωμάομαι	find fault	531a
	στέλλω 2	keep away	766a
	τὶς, τὶ 1 a γ	any one	820b
21	ἀλλά 1 a	but, yet	38a
	καλός 2 b	good	400c
	κύριος 2 d	lord	460b
	προνοέω 2	take care	708d
	προνοέω 2	take care	708d
21b	ἐνώπιον 3	before	270d
22	δοκιμάζω 2 b	approve	202c
	εἰς 4 c β	(goal)	229b
	νυνί 1 a	now	546b
	πεποίθησις 1	trust	643c
	πολλάκις	often	686d
	συμπέμπω	send (with)	779c
22a	πολύς I 2 b α	many	688c
	σπουδαῖος	eager	763c
22b	πολύς I 2 c α	many	688d
	σπουδαῖος	eager	763d
22c	πολύς I 1 b β	many	688b
23	ἀπόστολος 1	messenger	99c
	κοινωνός 1 d	companion	440a
	συνεργός	working with	787d
	Τίτος 1	Titus	821a
	ὑπέρ 1 f	in behalf of	839b
23f	ἐκκλησία 4 b	church	241a
24	ἀγάπη I 1 a	love	5c
	ἐνδείκνυμι 1	demonstrate	262c
	ἔνδειξις 2	proof	262d
	καύχησις 1	boasting	426b
	πρόσωπον 1 c β	face	721b
	ὑπέρ 1 f	in behalf of	839a

2 Corinthians 9

1	γάρ 1 b	for	151d
	γάρ 1 e	for	152a
	γράφω 2 d	write	167a
	διακονία 4	support	184c
	εἰς 4 g	for	229d
	περί 1 h	about	645a
	περισσός 2 b	extraordinary	651b
2	ἀπό II 2 a	from	87a
	Ἀχαΐα	Achaia	128a
	ἐκ 3 c	from	235a
	ἐρεθίζω	irritate	308d
	ζῆλος	zeal	337d
	ζῆλος 1	zeal	337d
	καυχάομαι 2	boast	426a
	Μακεδών	Macedonian	487b
	πέρυσι	last year	653d
	πολύς II 2 a α	many	689b

2	πολύς II 2 a γ	many	689c
	προθυμία	willingness	706c
2f	παρασκευάζω 2	prepare	622b
	ὑπέρ 1 f	in behalf of	839a
3	καθώς 1	just as	391b
	καύχημα 2	boast	426a
	κενόω 3	make empty	428b
	μέρος 1 b θ	matter	506b
	πέμπω 1	send	641d
4	ἀπαρασκεύαστος	unprepared	80d
	εὑρίσκω 1 c β	find	325b
	καταισχύνω 2	be humiliated	410d
	Μακεδών	Macedonian	487b
	μήπως 1 a	lest somehow	519c
	σύν 1 b	with	781c
	ὑπόστασις 2	confidence	847a
5	ἀναγκαῖος 1	necessary	52b
	ἕτοιμος 1	ready	316c
	ἡγέομαι 2	consider	343c
	παρακαλέω 3	implore	617c
	πλεονεξία	greediness	667d
	προεπαγγέλλω	promise before	705b
	προέρχομαι 3	go forward	705c
	προκαταγγέλλω	foretell	707b
	προκαταρτίζω	get ready	707c
5a	εὐλογία 3 b β	blessing	323a
5b	εὐλογία 5	bounty	323a
6	ἐπί II 1 b ζ	on	287d
	θερίζω 2 a	reap	359c
	οὗτος 1 b β	this	597a
6a	εὐλογία 5	bounty	323a
	σπείρω 1 b α	sow	761c
	φειδομένως	sparingly	854d
6b	εὐλογία 5	bounty	323a
	σπείρω 1 b α	sow	761c
7	ἀγαπάω 1 b α	love	4d
	ἀνάγκη 1	necessity	52c
	δότης	giver	205a
	ἐκ 6 c	from	236b
	ἱλαρός	cheerful	375b
	καρδία 1 b γ	heart	403d
	λύπη	grief	482a
	προαιρέω 2	prefer	702c
8	ἀγαθός 1 b β	good	3b
	αὐτάρκεια 1	sufficiency	122b
	δυνατέω 2	be strong	208c
	δυνατός 1 a β	powerful	208d
	εἰς 5	for	230a
	ἔργον 1 c β	deed	308b
	χάρις 4	favor	878b
8a	περισσεύω 2 a	be left over	651a
8b	πᾶς, πᾶσα, πᾶν 1 a β	every each	631c
	πᾶς, πᾶσα, πᾶν 1 a δ	all	631c
	πᾶς, πᾶσα, πᾶν 2 a β	every respect	632c
	περισσεύω 1 b α	be left over	651a
8c	πᾶς, πᾶσα, πᾶν 1 a β	every each	631c
9	δικαιοσύνη 2 a	righteousness	196c
	μένω 1 c β	remain	504b
	πένης	poor	642c
	σκορπίζω 2	scatter	757a
10	ἄρτος 1 a	bread	110c
	αὐξάνω 1	grow	121d
	βρῶσις 1	eating	148b
	γένημα	product	155a
	ἐπιχορηγέω 2	give	305a
	πληθύνω 1 a	increase	669a
	σπείρω 1 a α	sow	761b
	σπέρμα 1 a	seed	761d
	χορηγέω	provide	883d
10a	σπόρος 2	seed	763c
10b	σπόρος 2	seed	763c
11	ἁπλότης 2	generosity	86a
	εὐχαριστία 2	thankfulness	328c
	κατεργάζομαι 2	achieve	421d
	πᾶς, πᾶσα, πᾶν 2 a β	every respect	632c
	πλουτίζω 2	make rich	674b
12	ἀλλά 1 a	but, yet	38a
	διακονία 4	support	184c
	εἰμί II 4 b α	to be	224b
	εὐχαριστία 2	thankfulness	328d
	λειτουργία 2	service	471b
	περισσεύω 1 a γ	be left over	650d
	προσαναπληρόω	fill up	711d
	ὑστέρημα 1	need	849c
13	ἁπλότης 2	generosity	86a
	διά A IV	because of	181a
	διακονία 4	support	184c
	δοκιμή 1	character	202d
	δοξάζω 1	praise	204c
	εἰς 4 g	for	229d
	ἐπί II 1 b γ	on	287c
	εὐαγγέλιον 2 b α	gospel	318b
	κοινωνία 2	association	439b
	ὁμολογία 1	confession	568d
	ὑποταγή	subjection	847d
14	δέησις	prayer	172a
	ἐπιποθέω	desire	297d
	ὑπερβάλλω	surpass	840b
	χάρις 4	favor	878b
15	ἀνεκδιήγητος	indescribable	64b
	δωρεά	gift	210c
	ἐπί II 1 b γ	on	287c
	χάρις 5	favor	878c

2 Corinthians 10

1	ἄπειμι I	absent	83a
	αὐτός 1 a β	self	122d
	διά A III 1 f	by	180c
	εἰς 4 c α	against	229b
	ἐπιείκεια	clemency	292c
	θαρρέω	be confident	352a
	κατά II 1 b	to	406b
	παρακαλέω 2	appeal to	617a
	Παῦλος 2	Paul	637c

1	πραΰτης	humility	699a
	πρόσωπον 1 c δ	face	721c
	ταπεινός 2 a	low	804b
2	δέ 3	but, and	171d
	δέομαι 2	ask	175b
	ἐπί III 1 b ε	toward	289b
	θαρρέω	be confident	352a
	μή A II 1 g	not	516c
	πάρειμι 1 a	be present	624b
	πεποίθησις 2	trust	643c
	περιπατέω 2 a δ	go about	649c
	σάρξ 7	body	744c
	τὶς, τὶ 1 a δ	any one	820b
	τολμάω 2	dare	822a
	ὡς III 1 c	so	898b
	ὡς III 3	so	898c
2a	λογίζομαι 2	consider	476b
2b	λογίζομαι 1 b	consider	476b
3	περιπατέω 2 b	go about	649c
	στρατεύω 2	do military service	770c
3a	σάρξ 5	body	744a
3b	σάρξ 7	body	744c
4	δυνατός 1 b	powerful	208d
	θεός 3 g α	God	357d
	θεός 3 g β	God	358a
	καθαίρεσις 1	destruction	386c
	καθαιρέω 2 b	destroy	386d
	λογισμός 1	thought	477a
	ὅπλον 2 b	weapon	575c
	ὀχύρωμα	stronghold	601b
	πρός III 3 c	toward	710b
	σαρκικός 3	fleshly	743a
	στρατεία	campaign	770b
	στρατιά 2	army	770d
5	αἰχμαλωτίζω 2	capture	27a
	γνῶσις 2	knowledge	163d
	εἰς 4 a	into	229a
	ἐπαίρω 2 b α	raise up	282a
	κατά I 2 b α	down	405d
	νόημα 2	design	540d
	ὑπακοή 1 b	obedience	837a
	ὕψωμα 2	height	851c
5a	πᾶς, πᾶσα, πᾶν 1 a β	every each	631c
5b	πᾶς, πᾶσα, πᾶν 1 a β	every each	631c
6	ἐκδικέω 2	avenge someone	238c
	ἐν I 4 d	in	259b
	ἕτοιμος 2	ready	316d
	ἔχω I 7 a	have	333c
	ἔχω II 1	be	333d
	παρακοή	disobedience	618d
	πληρόω 3	make full	671b
	ὑπακοή 1 b	obedience	837a
7	βλέπω 5	see	143d
	εἰμί IV 2	to be	225d
	ἐπί I 1 b β	on	286c
	καθώς 1	just as	391b
	κατά II 1 b	to	406b
	λογίζομαι 2	consider	476b
7	οὕτω 1 a	thus	597d
	πάλιν 4	again	607a
	πείθω 2 b	convince	639d
	πρόσωπον 1 c δ	face	721c
	τὶς, τὶ 1 a β	any one	820a
8	αἰσχύνω 2	be ashamed	25d
	ἐξουσία 3	authority	278b
	καθαίρεσις 2	destruction	386c
	καυχάομαι 2	boast	426a
	οἰκοδομή 1 b α	building	559a
	ὅς, ἥ, ὅ I 4 a	(rel pron)	584a
	περισσότερος 2	greater	651c
9	ἄν 6	(particle)	49b
	δοκέω 2 a	seem	202a
	ἐκφοβέω	frighten	247a
	ἐπιστολή	letter	301a
	ὡσάν	as if	899a
10	ἀσθενής 1 b	sick	115d
	βαρύς 2 a	burdensome	134b
	ἐξουθενέω 1	despise	277d
	ἐπιστολή	letter	301a
	ἰσχυρός 2	strong	383b
	λόγος 1 a β	word	477c
	μέν 1 a α	(particle)	502d
	παρουσία 1	presence	629d
	σῶμα 1 b	body	799c
	φημί	say	856b
	φημί 1 c	say	856c
11	ἄπειμι I	be absent	83a
	διά A III 1 b	by means of	180b
	εἰμί II 6 d	to be	224d
	ἐπιστολή	letter	301a
	ἔργον 1 a	deed	307d
	λογίζομαι 2	consider	476b
	λόγος 1 a α	word	477a
	οἷος	of what sort	562d
	πάρειμι 1 a	be present	624b
11a	τοιοῦτος 3 a α	such a kind	821c
11b	τοιοῦτος 1	such a kind	821b
12	γάρ 4	indeed	152c
	ἐγκρίνω	to class	216d
	μετρέω 1 b	measure	514d
	συνίημι	understand	790a
	συνίημι	understand	790a
	συνίημι	understand	790b
	συνίστημι	unite	790c
	συνίστημι I 1 b	present	790d
	τολμάω 1 b	dare	822a
12a	συγκρίνω 2 a	compare	774d
12b	συγκρίνω 2 a	compare	774d
13	ἄμετρος	immeasurable	45c
	εἰς 3	completely	229a
	ἐφικνέομαι	reach	330c
	κανών 2	sphere	403a
	καυχάομαι 1	boast	425d
	μερίζω 2 b	assign	504d
	μέτρον 2 b	measure	515b
	ὅς, ἥ, ὅ I 4 a	(rel pron)	584a
	οὐχί 1	not	598b
	συνίημι	understand	790c
13f	ἄχρι 1 b	as far as	128d

14	ἐν I 4 c β	in	259b
	εὐαγγέλιον 2 b α	gospel	318b
	ἐφικνέομαι	reach	330c
	ὑπερεκτείνω	overextend	840d
	φθάνω 2	come	857a
15	ἀλλότριος 1 a	to another	40d
	ἄμετρος	immeasurable	45c
	αὐξάνω 2	grow	121d
	εἰς 3	completely	229a
	εἰς 3	completely	229a
	ἐλπίς 2 b	hope	253b
	ἔχω I 2 e β	have	332d
	καυχάομαι 1	boast	425d
	κόπος 2	work	443d
	μεγαλύνω 1	make large	497a
	περισσεία	surplus	650c
	πίστις 2 d α	faith	663c
15f	κανών 2	sphere	403a
16	ἀλλότριος 1 a	to another	40d
	εἰς 1 d β	in	228c
	ἕτοιμος 1	ready	316c
	εὐαγγελίζω 2 a γ	preach	317d
	καυχάομαι 1	boast	425d
	ὑπερέκεινα	beyond	840c
17a	καυχάομαι 1	boast	425d
17b	καυχάομαι 1	boast	425d
18	δόκιμος 1	genuine	203a
	συνίστημι	unite	790c
18a	συνίστημι	unite	790c
	συνίστημι I 1 b	present	790d
18b	συνίστημι	unite	790c
	συνίστημι I 1 b	present	790d

2 Corinthians 11

1	ἀφροσύνη	foolishness	127d
	ὄφελον	O that	599b
1a	ἀνέχω 1 b	endure	65d
1b	ἀνέχω 1 a	endure	65d
2	ἁγνός 1	pure	12a
	ἁρμόζω 3	betroth	107d
	ζῆλος 1	zeal	337d
	ζηλόω 1 b	strive	338a
	παρθένος 1	virgin	627b
	παρίστημι 1 b α	present	627d
3	ἁγνότης	purity	12a
	ἁπλότης 1	simplicity	85d
	ἀπό I 5	from	86d
	ἐξαπατάω	deceive	273a
	μήπως 1 b	lest somehow	519d
	νόημα 1	thought	540d
	ὄφις 3	snake	600b
	πανουργία	cunning	608a
	φθείρω 2 b	ruin	857c
	φοβέω 1 a	be afraid	863a
	ὡς II 1	so	897c
4	ἄλλος 1 e α	other	40b
	ἀνέχω 1 c	endure	66a
	γάρ 1 b	for	151d
	δέχομαι 1	take	177b
4	εἰ VI 5	for if	220a
	ἔρχομαι I 1 a θ	come	311b
	ἕτερος 1 b γ	another	315b
	εὐαγγέλιον 2 a	gospel	318a
	καλῶς 6	well	401c
	κηρύσσω 2 b β	announce	431c
	λαμβάνω 2	receive	465a
	πνεῦμα 7	spirit	678a
5	ἀπόστολος 3	apostles	100a
	γάρ 4	indeed	152c
	λογίζομαι 3	think	476b
	μηδείς 2 b β	nothing	518b
	ὑπερλίαν	exceedingly	841b
	ὑστερέω 1 c	to miss	849b
6	ἀλλά 4	but, yet	38d
	γνῶσις 2	knowledge	163d
	εἰ VI 2	but if	220a
	ἰδιώτης 1	layman	370c
	λόγος 1 a α	word	477a
	φανερόω 1 a	reveal	852d
	φανερόω 2 b α	reveal	853a
6a	πᾶς, πᾶσα, πᾶν 2 a β every respect		632c
7	ἁμαρτία 1	sin	43a
	δωρεάν 1	gratis	210c
	εὐαγγελίζω 2 a α	preach	317c
	εὐαγγέλιον 1 c	gospel	318a
	εὐαγγέλιον 2 b β	gospel	318b
	ἤ 1 d α	or	342b
	ποιέω I 1 c γ	do	682b
	ταπεινόω 2 a	lower	804d
	ὑψόω 2	lift up	851a
8	διακονία 1	service	184b
	ὀψώνιον 1 b	wages	602c
	πρός III 3 a	toward	710a
	συλάω	rob	776c
9	ἀβαρής	light in weight	1b
	ἔρχομαι I 1 a β	come	310c
	καί I 2 f	and	392c
	καταναρκάω	burden	415a
	Μακεδονία	Macedonia	487b
	οὐ 6 a	no	590d
	πάρειμι 1 a	be present	624b
	πᾶς, πᾶσα, πᾶν 2 a β every respect		632c
	πρός III 7	by	711a
	προσαναπληρόω	fill up	711d
	τηρέω 2 b	keep	815a
	ὑστερέω 2	to miss	849b
	ὑστέρημα 1	need	849c
10	Ἀχαΐα	Achaia	128a
	εἰμί III 4	to be	225c
	καύχησις 1	boasting	426b
	κλίμα	district	436b
	ὅτι 1 b α	that	588d
	οὗτος 2 b	this	597b
	φράσσω 1 b	shut	865d
	φράσσω 2	shut	865d
11	διά B II 2	why	181b
	οἶδα 1 i	know	556b
	ὅτι 3 a	that	589c

12	ἀφορμή	pretext	127c
	ἐκκόπτω 2	remove	242a
	ἐν IV 6 a	in	261c
	εὑρίσκω 1 c γ	find	325b
	θέλω 1	wish	354d
	καθώς 1	just as	391b
	καυχάομαι 1	boast	425d
	ὅς, ἥ, ὅ I 2 a	(rel pron)	583c
13	ἀπόστολος 3	apostles	99d
	δόλιος	deceitful	203b
	ἐργάτης 1 b	workman	307d
	μετασχηματίζω	transform	513c
	ψευδαπόστολος	false apostle	891c
13f	εἰς 4 b	to	229b
14	ἄγγελος 2 a	angel	7c
	θαῦμα 1 a	a wonder	352b
	θαυμαστός 2	wonderful	353a
	μετασχηματίζω	transform	513c
	σατάν	Adversary	745a
	φῶς 1 a	light	871d
15	διάκονος 1 a	servant	184d
	δικαιοσύνη 2 b	righteousness	196d
	εἰ II	if	219c
	ἔργον 1 c β	deed	308a
	μέγας 2 b β	great	498c
	μετασχηματίζω	transform	513c
	τέλος 1 c	end	811d
16	ἄφρων	foolish	127d
	γέ 3 b β	otherwise	153a
	δέχομαι 3 a	tolerate	177c
	δοκέω 1 c	think	202a
	κἄν 3	at least	402c
	καυχάομαι 2	boast	426a
	μή A III 5 a	not	517a
	μικρός 3 a	a little	521c
16a	τὶς, τὶ 1 a γ	any one	820b
17	ἀφροσύνη	foolishness	127d
	κατά II 5 a α	according to	407b
	καύχησις 1	boasting	426b
	κύριος 2 c γ	lord	460a
	λαλέω 2 a ε	speak	463c
	ὑπόστασις 2	confidence	847a
	ὡς III 3	so	898c
18	ἐπεί 2	because	284a
	πολύς I 2 a α	many	688b
	σάρξ 6	body	744a
18a	καυχάομαι 1	boast	425d
18b	καυχάομαι 1	boast	425d
19	ἀνέχω 1 a	endure	65d
	ἄφρων	foolish	127d
	ἡδέως	gladly	343d
	φρόνιμος	thoughtful	866d
19f	γάρ 1 c	for	152a
20	δέρω	beat	175d
	ἐπαίρω 2 b β	raise up	282a
	καταδουλόω	enslave	410c
	κατεσθίω 2	destroy	422b
	λαμβάνω 1 c	take	464c
	πρόσωπον 1 a	face	720d
20	τὶς, τὶ 1 a α	any one	819d
21	ἀσθενέω 1 b	weak	115c
	ἀτιμία	dishonor	120a
	ἀφροσύνη	foolishness	127d
	κἀγώ 3 a	I also	386b
	κατά II 4	for (purpose)	407a
	ὅτι 1 d β	that	589b
	τὶς, τὶ 1 a β	any one	820a
	τολμάω 2	dare	822a
21b	λέγω I 9	say	469b
22	Ἀβραάμ	Abraham	1d
	Ἑβραῖος 1	Hebrew	213b
	Ἰσραηλίτης	Israelite	381d
	σπέρμα 2 b	seed	761d
22a	κἀγώ 3 a	I also	386b
22b	κἀγώ 3 a	I also	386b
22c	κἀγώ 3 a	I also	386b
23	διάκονος 1 a	servant	184d
	θάνατος 1 c	death	351b
	κόπος 2	work	443d
	παραφρονέω	be beside oneself	623c
	περισσοτέρως 1	more	651d
	πληγή 1	blow	668b
	πολλάκις	often	686d
	ὑπέρ 3	beyond	839c
	ὑπερβαλλόντως	exceedingly	840b
	ὑπερεγώ		840c
	φυλακή 3	guard	867d
24	λαμβάνω 2	receive	465c
	παρά III 7	against	611c
	πεντάκις	five times	643a
	τεσσαράκοντα	forty	813a
	τεσσαράκοντα	forty	813a
	ὑπό 1 b	by	843b
25	ἅπαξ 1	once	80c
	βυθός	depth	148c
	λιθάζω	stone	474a
	ναυαγέω 1	suffer shipwreck	534b
	νυχθήμερον	a day and a night	547a
	ποιέω I 1 e δ	do	682c
	ῥαβδίζω	beat with a rod	733b
25a	τρίς	thrice	826b
25b	τρίς	thrice	826b
26	γένος 3	nation	156c
	ἐρημία	desert	309a
	θάλασσα 1 a	sea	350b
	λῃστής 1	robber	473b
	ὁδοιπορία	journey	553d
	πόλις 1	city	685c
	πολλάκις	often	686d
	ποταμός 1	river	694d
	ψευδάδελφος	false brother	891b
26a	κίνδυνος	danger	432b
26b	κίνδυνος	danger	432b
27	ἀγρυπνία 1	wakefulness	14b
	γυμνότης 2	destitution	168a
	δίψος	thirst	200d

27	κόπος 2	work	443d
	λιμός 1	hunger	475b
	μόχθος	labor	528d
	νηστεία 1	fasting	538a
	ψῦχος	cold	894c
27a	πολλάκις	often	686d
27b	πολλάκις	often	686d
28	ἐπίστασις	pressure	300b
	ἐπισύστασις	uprising	302a
	ἡμέρα 2	day	346d
	κατά II 2 c	every	406d
	μέριμνα	anxiety	504d
	παρεκτός 1	outside	625a
	πᾶς, πᾶσα, πᾶν 1 d α	all	632a
	χωρίς 2 b ε	apart	891a
29	ἀσθενέω 2	weak	115c
	πυρόω 1 b	set on fire	731b
	σκανδαλίζω 1 a	cause to fall	752d
	σκανδαλίζω 2	cause to fall	753a
29a	τίς, τί 1 a α	which	819a
29b	τίς, τί 1 a α	which	819a
30	ἀσθένεια 1 b	weakness	115b
	δεῖ 4	it is necessary	172b
	ὁ, ἡ, τό II 7	the	552b
30a	καυχάομαι 1	boast	425d
30b	καυχάομαι 2	boast	426a
31	αἰών 1 b	time	27c
	εὐλογητός	blessed	322d
	καί I 1 a	and	391d
	κύριος 2 c γ	lord	460a
	ὁ, ἡ, τό II 10 b	the	552d
	πατήρ 3 d β	father	636b
	ψεύδομαι 1	lie	891d
32	Ἁρέτας	Aretas	105d
	βασιλεύς 1	king	136a
	Δαμασκηνός	Damascene	170c
	Δαμασκός	Damascus	170c
	ἐθνάρχης	governor	218b
	πιάζω 2 a	grasp	657b
	πόλις 1	city	685c
	φρουρέω 1	guard	867b
32f	Ἁρέτας	Aretas	105d
33	διά A I 2	through	179d
	ἐκφεύγω 2 b β	run away	247a
	θυρίς	window	366a
	σαργάνη	basket	742c
	τεῖχος	wall	808a
	χαλάω	let down	874b
	χείρ 2 b	hand	880c

2 Corinthians 12

1	ἀποκάλυψις 2	revelation	92b
	ἔρχομαι I 2 c	come	311c
	καυχάομαι 1	boast	425d
	κύριος 2 c γ	lord	460a
	ὀπτασία 1	a vision	576c
	συμφέρω 2 a	help	780b
	συμφέρω 2 b β	profitable	780b
2	ἁρπάζω 2 b	snatch	109b
2	δεκατέσσαρες	fourteen	174a
	ἐκτός 2 a	outside	246b
	ἐν I 5 d	in	260a
	ἐπουράνιος 2 a α	heavenly	306a
	ἔτος	year	317a
	ἕως II 2 a	as far as	335a
	οἶδα 1 c	know	556a
	οὐρανός 1 e	heaven	594c
	πρό 2	before	701d
	τοιοῦτος 2 a α	such a kind	821b
	τοιοῦτος 3 a α	such a kind	821c
	τρίτος 1	third	826c
2f	οἶδα 1 f	know	556b
	σῶμα 1 b	body	799b
3	τοιοῦτος 2 a α	such a kind	821b
	χωρίς 2 b α	apart	890d
3f	οὐρανός 1 e	heaven	594c
4	ἄγγελος 2 a	angel	7c
	ἀκούω 1 b α	hear	32a
	ἁρπάζω 2 b	snatch	109b
	ἄρρητος 2	inexpressible	109d
	παράδεισος 2	paradise	614a
	ῥῆμα 1	word	735b
5	ἀσθένεια 1 a	weakness	115b
	ἀσθένεια 1 b	weakness	115b
	ἐμαυτοῦ 3	myself	254a
	τοιοῦτος 3 a α	such a kind	821c
5a	καυχάομαι 1	boast	425d
	ὑπέρ 1 f	in behalf of	839a
5b	καυχάομαι 1	boast	425d
	ὑπέρ 1 f	in behalf of	839a
6	ἀκούω 1 b β	hear	32a
	ἀλήθεια 2 a	truth	35d
	ἄφρων	foolish	127d
	βλέπω 1 a	see	143c
	εἶπον 1	say	226b
	καυχάομαι 1	boast	425d
	λογίζομαι 1 a	reckon	476a
	μή B 2	not	517b
	ὅς, ἥ, ὅ I 2 a	(rel pron)	583c
	φείδομαι 2	spare	854d
7	ἄγγελος 2 c	angel	8a
	ἀποκάλυψις 2	revelation	92b
	κολαφίζω 2	strike	441b
	σάρξ 1	flesh	743b
	σατάν	Adversary	744d
	σατάν	Adversary	745a
	σκόλοψ	stake	756c
	ὑπερβολή	excess	840b
7a	ὑπεραίρω	rise up	839d
7b	ὑπεραίρω	rise up	839d
8	ἀφίστημι 2 b	keep away	127a
	παρακαλέω 1 c	invite	617a
	τρίς	thrice	826b
	ὑπέρ 1 d	in behalf of	839a
9	ἀρκέω 1	be enough	107a
	ἀσθένεια 1 b	weakness	115b
	ἐπί III 1 b γ	on	289a
	ἐπισκηνόω	take up quarters	298d
	ἡδέως	gladly	344a
	καυχάομαι 1	boast	425d

9	μᾶλλον 3 a β	rather	489c
	τελειόω 2 e β	make perfect	810b
	τελέω 1	finish	811a
	χάρις 4	favor	878b
9f	ἀσθένεια 1 a	weakness	115b
	ἀσθένεια 1 b	weakness	115b
10	ἀνάγκη 2	distress	52d
	ἀνάγκη 3	torture	52d
	ἀσθενέω 1 b	weak	115c
	διωγμός	persecution	201b
	δυνατός 1 a α	powerful	208d
	εὐδοκέω 2 b	well pleased	319b
	ὅταν 1 a	when	588a
	στενοχωρία	distress	766c
	τότε 1 c	at that time	823d
	ὕβρις 2	shame	832a
	ὑπέρ 1 d	in behalf of	839a
11	ἀπόστολος 3	apostles	100a
	ἄφρων	foolish	127d
	εἰ VI 4	even if	220a
	ὀφείλω 2 a β	owe	599a
	συνίστημι I 1 b	present	790d
	ὑπερλίαν	exceedingly	841b
	ὑστερέω 1 c	to miss	849b
11a	οὐδείς 2 b γ	in no respect	592b
11b	οὐδείς 2 b β	worthless	592b
12	ἀπόστολος 3	apostles	99d
	δύναμις 4	miracle	208a
	κατεργάζομαι 1	achieve	421d
	μέν 2 a	(particle)	503a
	ὁ, ἡ, τό II 1 a β	the	550b
	πᾶς, πᾶσα, πᾶν 1 a δ	all	631c
	ὑπομονή 1	patience	846b
12a	σημεῖον 1	sign	748a
12b	σημεῖον 2 a	sign	748b
13	ἀδικία 1	wrongdoing	17d
	αὐτός 1 c	self	122d
	ἐλαττόω 2 a	inferior	248b
	ἑσσόομαι	be defeated	313c
	ἡττάομαι	succumb	349c
	καταναρκάω	burden	415a
	λοιπός 2 a	other	479d
	ὑπέρ 2	beyond	839c
	χαρίζομαι 2	give freely	876d
14	γονεύς	parents	165a
	ἑτοίμως	be ready	316d
	ἔχω II 1	be	333d
	ζητέω 2 a	seek	339a
	θησαυρίζω 1	store up	361c
	ἰδού 1 b ε	behold	371a
	καταναρκάω	burden	415a
	ὁ, ἡ, τό II 7	the	552b
	οὗτος 2 c	this	597c
	ὀφείλω 2 a β	owe	599a
	τρίτος 3	third	826d
14a	τέκνον 1 a α	child	808b
14b	τέκνον 1 a α	child	808b
15	ἀγαπάω 1 a α	love	4c
	δαπανάω 1	spend	171a
	ἐκδαπανάω	be spent	238b
	ἡδέως	gladly	344a
15	ἥσσων	lesser	349a
	περισσοτέρως 1	more	651d
	ὑπέρ 1 a ε	in behalf of	838d
	ψυχή 1 c	soul, life	893d
	ψυχή 1 f	soul, life	894a
16	δόλος	deceit	203b
	καταβαρέω	burden	408d
	λαμβάνω 1 c	take	464c
	πανοῦργος	clever	608b
	ὑπάρχω 2	be	838a
17	ὅς, ἥ, ὅ I 4 a	(rel pron)	584a
	πλεονεκτέω 1 a	outwit	667c
18	ἴχνος	footprint	384b
	μήτι	(interrog particle)	520b
	παρακαλέω 3	implore	617c
	περιπατέω 2 a β	go about	649c
	πλεονεκτέω 1 a	outwit	667c
	πνεῦμα 5 d α	spirit	677a
	συναποστέλλω	send with	785a
	Τίτος 1	Titus	821a
19	ἀγαπητός 2	beloved	6c
	ἀπολογέομαι	defend oneself	95d
	δοκέω 1 d	think	202a
	ἐν I 5 d	in	259d
	κατέναντι 2 b	in the sight of	421b
	ὅδε, ἥδε, τόδε 3	this	553b
	οἰκοδομή 1 b α	building	559a
	πάλαι 2 a	long ago	605c
	ὑπέρ 1 b	in behalf of	838d
20	ἀκαταστασία 2	disturbance	30a
	ἐριθεία	selfishness	309c
	ἐριθεία	selfishness	309c
	ἔρις	strife	309d
	ἔρχομαι I 1 a ζ	come	310d
	εὑρίσκω 1 c γ	find	325b
	ζῆλος 2	jealousy	337d
	ζῆλος 2	jealousy	337d
	θυμός 2	anger	365c
	κἀγώ 1	and I	386a
	καταλαλιά	slander	412d
	φοβέω 1 a	be afraid	863a
	φυσίωσις	pride	870a
	ψιθυρισμός	gossip	893a
20a	μήπως 1 b	lest somehow	519d
	οἷος	of what sort	562d
20b	μήπως 1 b	lest somehow	519d
	οἷος	of what sort	562d
21	ἀκαθαρσία 2	impurity	28d
	ἀσέλγεια	licentiousness	114d
	ἐπί II 1 b γ	on	287c
	θεός 3 c	God	357c
	μετανοέω	change ones mind	512a
	πενθέω 2	be sad	642d
	πολύς I 2 a α	many	688b
	πορνεία 1	prostitution	693b
	πράσσω 1 a	do	698b
	προαμαρτάνω	sin beforehand	702d
	πρός III 7	by	711a
	ταπεινόω 2 a	lower	804d

2 Corinthians 13

1	δύο 1 c	two	209b
	ἐπί I 1 b β	on	286c
	ἔρχομαι I 1 a β	come	310c
	ἑτοίμως	be ready	316d
	ἵστημι II 1 d	stand	382c
	καί I 1 b	and	391d
	μάρτυς 1	witness	494b
	οὗτος 2 c	this	597c
	ῥῆμα 2	word	735d
	στόμα 1 a	mouth	770a
	τρίτος 3	third	826d
2	ἄπειμι I	be absent	83a
	δεύτερος 4	second	177b
	εἰς 2 a γ	until	228c
	λοιπός 2 b α	the others	480a
	νῦν 1 a α	now	545c
	ὁ, ἡ, τό II 6	the	552a
	πάλιν 2	again	606d
	πάρειμι 1 a	be present	624b
	προαμαρτάνω sin beforehand		702d
	προεῖπον 2 a	foretell	704d
	προλέγω 1	tell beforehand	708c
	φείδομαι 1	spare	854d
	ὡς II 1	so	897c
3	ἀσθενέω 1 b	weak	115c
	δοκιμή 2	test	202d
	δυνατέω 1	be strong	208c
	εἰς 5	for	230a
	ἐπεί 2	because	284a
	ζητέω 2 c	seek	339b
4	ἀσθένεια 1 c	weakness	115b
	ἀσθενέω 1 b	weak	115c
	γάρ 1 e	for	152a
	ἐκ 3 f	by	235c
	ζάω 2 a	live	336c
	σταυρόω 1	crucify	765c
	σύν 2 b	with	781d
4a	ζάω 1 a β	live	336b
4b	ζάω	live	336a
5	δοκιμάζω 1	examine	202c
	εἰ V 2 a	whether	219d
	εἰ VI 9	unless indeed	220b
	εἰμί III 4	to be	225b
	ἐν I 5 a	in	259b
	ἐπιγινώσκω 2 a	know	291a
	πειράζω 2 a	try	640b
	πίστις 2 d α	faith	663c
5-7	ἀδόκιμος	unqualified	18c
6	γινώσκω 3 c	understand	161b
	ἐλπίζω 2	hope	252c
7	δόκιμος 1	genuine	203a
	εὔχομαι 1	pray	329c
	εὔχομαι 1	pray	329c
	κακός 1 c	evil	397d
	καλός 2 b	good	400c
	μή A II 1 b β	not	516b
	μηδείς 1	no	518a
7	πρός III 1 f	toward	710a
	φαίνω 2 d	appear	852a
	ὡς III 3	so	898c
7a	ποιέω I 1 b ε	do	681c
7b	ποιέω I 1 b ε	do	681b
8	δύναμαι 3	able	207b
	κατά I 2 b γ	down	406a
9	ἀσθενέω 1 b	weak	115c
	δυνατός 1 a α	powerful	208d
	εὔχομαι 1	pray	329c
	κατάρτισις	completion	418a
	οὗτος 1 b β	this	597a
	σύ 1 a	you	772b
	χαίρω 1	rejoice	873d
10	ἄπειμι I	be absent	83a
	ἀποτόμως	severely	101c
	διά B II 2	why	181b
	δίδωμι 1 b β	give	193b
	ἐξουσία 3	authority	278b
	ἵνα I 5	in order that	377b
	καθαίρεσις 2	destruction	386c
	οἰκοδομή 1 b α	building	559a
	οὗτος 1 b β	this	597a
	πάρειμι 1 a	be present	624b
	χράομαι 2	use	884d
11	ἀγάπη I 2 a	love	6a
	εἰρηνεύω 2 b	keep in peace	227a
	εἰρήνη 3	peace	227d
	θεός 3 e	God	357d
	καταρτίζω 1 a	restore	417d
	λοιπός 3 b	the rest	480b
	μετά A II 1 c γ	with	509a
	παρακαλέω 4	implore	617d
	φρονέω 1	think	866b
	χαίρω 1	rejoice	874a
12	ἀσπάζομαι 1 a	greet	116d
	ἀσπάζομαι 1 a	greet	117a
	φίλημα	a kiss	859c
13	ἀγάπη I 2 a	love	5d
	ἀμήν 1	amen	45d
	κοινωνία 1	association	439a
	κοινωνία 4	association	439b
	κύριος 2 c γ	lord	460a
	μετά A II 1 c γ	with	509a
	πνεῦμα 5 c α	spirit	676c
	πνεῦμα 8	spirit	678a
	χάρις 2 c	favor	877d

Galatians 1

1	ἄνθρωπος 1 b	man	68c
	ἀπό V 4	from	88a
	ἀπόστολος 3	apostles	99d
	διά A III 2 a	by	180d
	ἐγείρω 1 a β	raise	214d
	νεκρός 2 a	dead	535a
	οὐδέ 1	and not	591c
	πατήρ 3 e	father	636c
2	Γαλατία	Galatia	150a
	ἐκκλησία 4 b	church	241a
	πᾶς, πᾶσα, πᾶν 1 f β	all	632c

2	σύν 1 c	with	781d
3	ἀπό V 4	from	88b
	εἰρήνη 2	peace	227c
	θεός 3 d	God	357d
	θεός 3 d	God	357d
	κύριος 2 c γ	lord	460b
	πατήρ 3 c β	father	636a
	χάρις 2 c	favor	877d
4	αἰών 2 a	age	27d
	δίδωμι 6	give	193d
	ἐνίστημι 1	be present	266d
	ἐξαιρέω 2 a	deliver	272a
	θέλημα 2 b	will	354c
	θεός 3 d	God	357c
	ὅπως 2 a α	in order that	577a
	πατήρ 3 c β	father	636a
	περί 1 g	about	644d
	πονηρός 1 b β	wicked	691b
	ὑπέρ 1 b	in behalf of	838d
5	αἰών 1 b	time	27c
	ἀμήν 1	amen	45d
	δόξα 3	fame	204a
6	ἄλλος 1 e β	another	40b
	εἰς 4 a	into	229a
	ἐν III 2	by	261a
	ἕτερος 2	another	315c
	εὐαγγέλιον 2 a	gospel	318a
	θαυμάζω 1 a γ	wonder	352c
	καλέω 2	call	399d
	μετατίθημι 2 b	change	513d
	οὕτω 3	thus	598a
	ταχέως 1 b	quickly	806d
	χάρις 3 b	favor	878a
6f	ἕτερος 1 b γ	another	315b
7	ἄλλος 1 e α	other	40b
	ἄλλος 1 e β	another	40b
	εἰ VI 8 b	but	220a
	εὐαγγέλιον 2 b α	gospel	318b
	μεταστρέφω	change	513b
	ὁ, ἡ, τό II 3 b	the	551b
	ταράσσω 2	stir up	805b
	τὶς, τὶ 1 a β	any one	820a
	τὶς, τὶ 1 a δ	any one	820b
	Χριστός 1	Anointed One	887b
8	ἄγγελος 2 a	angel	7c
	ὅς, ἥ, ὅ I 2 a	(rel pron)	583c
	οὐρανός 2 c	heaven	595a
8a	εὐαγγελίζω 2 a γ	preach	317d
8b	εὐαγγελίζω 2 a α	preach	317c
8f	ἀνάθεμα 2 a	accursed	54b
	παρά III 6	against	611c
9	εὐαγγελίζω 2 a γ	preach	317d
	καί II 3	also	393c
	πάλιν 2	again	606d
	παραλαμβάνω 2 b γ	take	619d
	προεῖπον 2 a	foretell	704d
	ὡς II 1	so	897c
9f	ἄρτι 3	now	110b
10	ἄν 1 b α	(particle)	48b
	ἀνθρωπαρεσκέω man pleaser		67d
10	ἄνθρωπος 1 a β	man	68b
	δοῦλος 4	slave	206a
	ἔτι 1 a α	still	315d
	ζητέω 2 b γ	seek	339a
	ἤ 1 d γ	or	342c
	πείθω 1 b	convince	639b
	πείθω 1 c	convince	639c
10a	ἀρέσκω 1	accommodate	105c
10b	ἀρέσκω 1	accommodate	105c
11	ἄνθρωπος 1 c	human	68c
	γάρ 4	indeed	152c
	γνωρίζω 1	make known	163c
	εἰμί III 6 b	to be	225c
	εὐαγγελίζω 2 b α	preach	317d
	εὐαγγέλιον 1 c	gospel	318a
	ὑπό 1 a α	by	843a
11f	ἄνθρωπος 1 b	man	68c
12	ἀποκάλυψις 2	revelation	92b
	γάρ 1 b	for	152a
	διδάσκω 2 c	teach	192a
	οὐδέ 2	and not	591c
	οὔτε	not	596a
	παρά I 3 b	from	609d
	παραλαμβάνω 2 b γ	take	619d
13	ἀκούω 3 b	learn	32c
	ἀναστροφή	conduct	61d
	διώκω 2	persecute	201b
	ἐκκλησία 4 e α	church	241b
	πολεμέω 2	fight	685a
	πορθέω	pillage	693a
	ποτέ 1	once	695a
	ὑπερβολή	excess	840b
13f	Ἰουδαϊσμός	Judaism	379d
14	γένος 3	nation	156c
	ἐν I 4 a	in	258d
	ζηλωτής 1 a β	zealot	338b
	παράδοσις 2	tradition	616a
	πατρικός	paternal	636d
	περισσοτέρως 1	more	651d
	προκόπτω 2	go forward	708a
	συνηλικιώτης	contemporary	789d
	ὑπάρχω 2	be	838a
	ὑπέρ 2	beyond	839c
15	ἀφορίζω 2	set apart	127b
	διά A III 1 e	by	180c
	εὐδοκέω 1	well pleased	319b
	καλέω 2	call	399d
	κοιλία 2	belly	437b
	ὅτε 1 b	when	588b
	χάρις 2 a	favor	877c
16	αἷμα 1 a	blood	22c
	ἀποκαλύπτω 2	reveal	92a
	ἐν IV 4 a	in	261b
	εὐαγγελίζω 2 a α	preach	317c
	εὐθέως	immediately	320c
	προσανατίθημι 2	consult	711d
	σάρξ 3	body	743d
	υἱός 2 b	son	835a
17	ἀπέρχομαι 2	go	84c
	ἀπόστολος 3	apostles	100a
	Ἀραβία	Arabia	104b

17	Δαμασκός	Damascus	170c
	πάλιν 1 a	back	606c
	πρό 2	before	702a
	ὑποστρέφω	return	847c
17f	ἀνέρχομαι	go up	65b
	Ἱεροσόλυμα	Jerusalem	373a
	Ἱεροσόλυμα 1 a	Jerusalem	373b
18	δεκαπέντε (δέκα)	fifteen	174a
	ἔπειτα 1	then	284d
	ἐπιμένω 1	remain	296b
	ἐπιμένω 1	remain	296b
	ἔτος	year	317a
	ἡμέρα 2	day	346b
	ἱστορέω	visit	383a
	Κηφᾶς	Cephas	431d
	μετά B II 1	after	510b
	Πέτρος	Peter	655a
	πρός III 7	by	711a
19	ἀδελφός 1	brother	16a
	ἀπόστολος 3	apostles	99d
	εἰ VI 8 a	if not	220a
	ἕτερος 1 b α	another	315a
	Ἰάκωβος 4	James	368a
	Ἰάκωβος 6	James	368a
	κύριος 2 c γ	lord	460a
20	γράφω 2 d	write	167a
	ἐνώπιον 2 b	before	270d
	ὅτι 1 b α	that	588d
	ψεύδομαι 1	lie	891d
21	ἔπειτα 1	then	284c
	Κιλικία	Cilicia	432a
	κλίμα	district	436b
	Συρία	Syria	794a
22	ἀγνοέω 2	not to know	11c
	ἐκκλησία 4 b	church	241a
	ἐν I 5 d	in	260a
	Ἰουδαία 1	Judaea	379a
	πρόσωπον 1 b	face	721a
23	διώκω 2	persecute	201b
	εὐαγγελίζω 2 a β	preach	317c
	μόνος 2 a	only	528a
	νῦν 1 a α	now	545c
	πίστις 2 d α	faith	663d
	πίστις 3	faith	664a
	πορθέω	pillage	693a
	ποτέ 1	once	695a
24	δοξάζω 1	praise	204c
	ἐν I 2	in	258c

Galatians 2

1	ἀναβαίνω 1 a α	go up	50a
	Βαρναβᾶς	Barnabas	133d
	δεκατέσσαρες	fourteen	174a
	διά A II 2	after	180a
	ἔπειτα 1	then	284d
	ἔτος	year	317a
	Ἱεροσόλυμα	Jerusalem	373a
	Ἱεροσόλυμα 1 a	Jerusalem	373b
	μετά A II 1 a	with	508d
1	πάλιν 1 a	back	606c
	συμπαραλαμβάνω	take along	779a
	Τίτος 1	Titus	820d
1-10	Πέτρος	Peter	655a
2	ἀνατίθημι 2	declare	62b
	ἀποκάλυψις 2	revelation	92b
	δοκέω 2 b	seem	202b
	εἰς 4 e	so that	229c
	εὐαγγέλιον 1 a	gospel	318a
	ἴδιος 4	privately	370c
	κατά II 5 a δ	according to	407b
	κενός 2 a β	empty	428a
	κηρύσσω 2 b β	announce	431c
	μήπως 2	lest somehow	519d
	τρέχω 2 a	run	825d
3	ἀλλά 3	but, yet	38c
	ἀναγκάζω 1	compel	52a
	εἰμί II 8	to be	224d
	Ἕλλην 2 a	Gentile	252a
	οὐδέ 3	not even	591d
	περιτέμνω 1	cut around	652b
	σύν 1 c	with	781d
	Τίτος 1	Titus	820d
4	ἐλευθερία	freedom	250c
	ἐν I 5 d	in	259d
	ἔχω I 2 g	have	333a
	ἵνα I 2	in order that	377a
	καταδουλόω	enslave	410c
	κατασκοπέω	spy out	418d
	ὅστις 2 b	whoever	587a
	παρείσακτος	sneaked in	624d
	παρεισέρχομαι 2	slip in	625a
	ψευδάδελφος	false brother	891b
5	ἀλήθεια 2 b	truth	36a
	διαμένω	remain	186c
	εἴκω	yield	222b
	εὐαγγέλιον 1 b	gospel	318a
	ὑποταγή	subjection	847d
	ὥρα 2 a β	time of day	896b
5a	πρός III 2 b	toward	710a
5b	πρός III 7	by	711a
6	διαφέρω 2 c	makes no difference	190c
	εἰμί II 6 b	to be	224c
	εἰμί II 6 d	to be	224d
	θεός 3 a	God	357b
	λαμβάνω 1 e β	receive	464d
	ὁποῖος	what sort	575d
	οὐδείς 2 b γ	in no respect	592b
	ποτέ 3	once	695b
	προσανατίθημι 1	add	711d
	πρόσωπον 1 b	face	721b
	τὶς, τὶ 1 b ε	any one	820c
6a	δοκέω 2 b	seem	202b
	ὁποῖος	what sort	575d
6b	δοκέω 2 b	seem	202b
7	ἀκροβυστία 3	heathenism	33d
	εἶδον 3	notice	221a
	ἐναντίον 2	before	262a

7	εὐαγγέλιον 2 b α	gospel	318b
	πιστεύω 3	believe	662a
7-9	περιτομή 4 a	circumcision	653a
7f	Πέτρος	Peter	655b
8	ἀποστολή	apostleship	99c
	εἰς 4 g	for	229d
	ἐνεργέω 1 a	work	265b
	Πέτρος	Peter	655a
9	Βαρναβᾶς	Barnabas	133d
	δεξιός 2 a	right	174d
	δοκέω 2 b	seem	202b
	Ἰάκωβος 3	James	368a
	ἵνα III 3	in order that	378c
	Ἰωάν(ν)ης 2	John	385a
	Κηφᾶς	Cephas	431d
	κοινωνία 1	association	439b
	Πέτρος	Peter	655a
	στῦλος	pillar	772a
	χάρις 4	favor	878b
10	αὐτός 1 h	even	123a
	ἵνα III 2	in order that	378b
	ἵνα IV	in order that	378c
	καί II 6		393d
	μνημονεύω 1 a	remember	525a
	μόνος 2 b	only	528a
	ὅς, ἥ, ὅ I 7 b	(rel pron)	584d
	ποιέω I 1 b ε	do	681c
	πτωχός 1 a	poor	728b
	σπουδάζω 2	hasten	763c
11	ἀνθίστημι 1	set against	67b
	Ἀντιόχεια 1	Antioch	75c
	κατά II 1 b	to	406b
	καταγινώσκω	condemn	409d
	Κηφᾶς	Cephas	431d
	ὅτε 1 b	when	588b
	πρόσωπον 1 c δ	face	721c
11ff	Πέτρος	Peter	655a
12	ἀφορίζω 1	separate	127b
	ἔθνος 2	gentiles	218d
	ἐκ 3 d	from	235a
	ἔρχομαι I 1 a β	come	310c
	Ἰάκωβος 3	James	368a
	μετά A II 2	with	509b
	περιτομή 4 a	circumcision	653a
	πρό 2	before	702a
	συνεσθίω	eat with	788b
	τὶς, τὶ 1 a α	any one	819d
	ὑποστέλλω 1	withdraw	847b
	φοβέω 1 b α	be afraid	863a
13	Βαρναβᾶς	Barnabas	133d
	Ἰουδαῖος 2 d	Jewish	379c
	λοιπός 2 a	other	479d
	συναπάγω	lead away	784d
	συνυποκρίνομαι join in pretending		793d
	ὑπόκρισις	hypocrisy	845a
	ὥστε 2 a α	so that	900a
14	ἀλήθεια 2 b	truth	36a
	ἀναγκάζω 1	compel	52a
	ἐθνικῶς	like the heathen	218b
	ἔθνος 2	gentiles	218d
14	εἶδον 3	notice	221a
	ἔμπροσθεν 2 b	in front	257b
	εὐαγγέλιον 1 b	gospel	318a
	ζάω 3 a	live	336d
	ἰουδαΐζω	live as a Jew	379b
	Ἰουδαϊκῶς in a Jewish manner		379b
	Ἰουδαῖος 2 a	Jewish	379c
	Κηφᾶς	Cephas	431d
	ὀρθοποδέω	walk straight	580a
	πρός III 5 d in accordance with		710d
	πῶς 1 c	how	732b
	σύ 1 c	you	772b
	ὑπάρχω 2	be	838a
15	ἁμαρτωλός 2	sinner	44b
	ἐκ 3 b	from	235a
	φύσις 1	nature	869c
16	ἄνθρωπος 3 a γ	man	69a
	διά A III 1 d	through	180c
	διότι 3	for	199c
	ἐκ 3 f	by	235b
	ἔργον 1 c β	deed	308b
	νόμος 3	law	542d
	πᾶς, πᾶσα, πᾶν 1 a α every, each		631b
	πιστεύω 2 a β	believe	661c
	σάρξ 3	body	743d
16a	πίστις 2 b β	faith	663a
16b	πίστις 2 b β	faith	663a
16f	δικαιόω 3 a	justify	197d
17	ἄρα	(particle)	104a
	γίνομαι I 3 a	take place	158d
	διάκονος 1 b	helper	184d
	ἐν I 5 d	in	259d
	εὑρίσκω 2	find	325d
	ζητέω 2 b γ	seek	339a
	καί II 2	even	393b
	μή A III 2	not	516d
18	καταλύω 1 b β	destroy	414b
	οἰκοδομέω 2	build	558c
	πάλιν 1 b	again	606c
	παραβάτης	transgressor	612a
	συνίστημι	unite	790c
	συνίστημι	unite	790c
	συνίστημι I 1 c	demonstrate	790d
19	ἀποθνῄσκω 1 b γ	die	91c
	διά A III 1 d	through	180b
	ζάω 2 a	live	336c
	ζάω 3 b	live	337a
	θεός 3 b	God	357c
	συσταυρόω 2	crucify with	795a
19a	νόμος 3	law	542c
19b	νόμος 3	law	542c
20	ἀγαπάω 1 b α	love	4d
	ἐν I 5 a	in	259b
	ἐν I 5 d	in	259c
	ὅς, ἥ, ὅ I 7 c	(rel pron)	584d
	οὐκέτι 1	no longer	592c
	παραδίδωμι 1 b	give over	615a
	πίστις 2 b β	faith	663a

20	σάρξ 5	body	744a
	υἱός 2 b	son	835a
	ὑπέρ 1 a ε	in behalf of	838d
20a	ζάω 2 a	live	336c
20b	ζάω 2 a	live	336c
20c	ζάω 1 b	live	336b
20d	ζάω 3 a	live	336d
21	ἀθετέω 1 a	set aside	21a
	ἄρα 3	then	103d
	δικαιοσύνη 3	righteousness	197a
	δωρεάν 3	in vain	210c
	νόμος 3	law	542c
	χάρις 3 b	favor	878a

Galatians 3

1	ἀνόητος 1	unintelligent	70d
	βασκαίνω 1	bewitch	137a
	Γαλάτης	Galatian	149d
	κατά II 1 b	to	406b
	ὀφθαλμός 2	eye	600a
	πείθω 3 b	obey	639d
	προγράφω 2	write before	704b
	σταυρόω 1	crucify	765c
	ὦ 1	(interjection)	895a
2	ἀκοή 2 b	report	31a
	ἀπό IV 2 b	from	87d
	ἐκ 3 f	by	235c
	ἔργον 1 c β	deed	308b
	ἤ 1 d γ	or	342c
	θέλω 1	wish	355a
	μανθάνω 3	find out	490c
	μόνος 2 b	only	528a
	νόμος 3	law	542d
	πίστις 2 d α	faith	663c
	πνεῦμα 5 d α	spirit	677a
3	ἀνόητος 1	unintelligent	70d
	ἐνάρχομαι	begin	262b
	ἐπιτελέω 1	end	302b
	οὕτω 3	thus	598a
	πνεῦμα 5 d β	spirit	677a
	πνεῦμα 5 g α	spirit	677b
	σάρξ 7	body	744b
4	γέ 3 a	(emphasizing particle)	152d
	εἰκῇ 2	in vain	222a
	πάσχω 1	experience	634a
	τοσοῦτος 2 a β	so great	823c
5	ἀκοή 2 b	report	31a
	δύναμις 1	power	207d
	δύναμις 4	miracle	208a
	ἐκ 3 f	by	235c
	ἐνεργέω 2	work	265c
	ἐπιχορηγέω 2	give	305a
	ἔργον 1 c β	deed	308b
	ἤ 1 d γ	or	342c
	νόμος 3	law	542d
	πίστις 2 d α	faith	663c
	πνεῦμα 5 d α	spirit	677a
6	Ἀβραάμ	Abraham	2a
	δικαιοσύνη 3	righteousness	197a
6	καθώς 1	just as	391b
	λογίζομαι 1 a	reckon	476a
	πιστεύω 1 b	believe	661a
7	ἄρα 1	then	103d
	ἐκ 3 d	from	235a
	οὗτος 1 a ε	this	596d
	πίστις 2 d α	faith	663d
	υἱός 1 c γ	son	834a
7-26	πίστις 2 d α	faith	663c
8	Ἀβραάμ	Abraham	2a
	γραφή 2 b β	scripture	166b
	δικαιόω 3 b	justify	197d
	ἐνευλογέω	bless	265d
	προευαγγελίζομαι	proclaim in advance	705d
	προοράω 2	see previously	709a
9	Ἀβραάμ	Abraham	2a
	ἐκ 3 d	from	235a
	εὐλογέω 3	bless	322c
	πίστις 2 d α	faith	663d
	πιστός 2	trustworthy	665a
	σύν 2 b	with	781d
	ὥστε 1 a	therefore	899d
10	βιβλίον 1	book	141b
	εἰμί III 3	to be	225b
	εἰμί III 12	to be	225d
	ἐμμένω 2	persevere in	255b
	ἐπικατάρατος	cursed	294c
	ἔργον 1 c β	deed	308b
	κατάρα	curse	417a
	ὁ, ἡ, τό II 4 b ζ	the	551d
	οὐ 5 a	no	590d
	πᾶς, πᾶσα, πᾶν 1 c γ	whoever	632a
	ποιέω I 1 c α	do	682a
	ὑπό 2 b	under	843c
10a	νόμος 3	law	542d
10b	νόμος 4 a	law	543a
11	δῆλος	clear	178c
	δίκαιος 1 b	upright	195d
	δικαιόω 3 a	justify	197d
	ζάω 2 b β	live	336d
	νόμος 3	law	542c
	παρά II 2 b	beside	610c
12	εἰμί III 3	to be	225b
	ζάω 2 b β	live	336d
	ποιέω I 1 c α	do	682a
12f	νόμος 3	law	542c
13	γίνομαι I 4 a	become	159c
	ἐκ 1 c	away from	234c
	ἐξαγοράζω 1	redeem	271c
	ἐπί I 1 a β	on	286b
	ἐπικατάρατος	cursed	294c
	κρεμάννυμι 2 a	hang	450a
	ξύλον 2 c	cross	549b
	πᾶς, πᾶσα, πᾶν 1 c γ	whoever	632a
	ὑπέρ 1 a ε	in behalf of	838d
13a	κατάρα	curse	417a
13b	κατάρα	curse	417a
14	Ἀβραάμ	Abraham	2a

14	γίνομαι I 4 c α	come, go	159d
	διά A III 1 d	through	180c
	ἐπαγγελία 2 b	promise	280d
	εὐλογία 3 b α	blessing	323a
	λαμβάνω 2	receive	465a
	πνεῦμα 5 d α	spirit	677a
15	ἀθετέω 1 a	set aside	21a
	ἄνθρωπος 1 c	human	68c
	διαθήκη 1	last will and testament	183a
	ἐπιδιατάσσομαι	add a codicil	292b
	ἤ 1 c	nor	342b
	κυρόω 1	confirm	461a
	λέγω I 5	say	468d
	ὅμως	all the same	569d
	ὅμως	all the same	569d
16	Ἀβραάμ	Abraham	2a
	εἶπον 1	say	226b
	ἐπαγγελία 2 a	promise	280c
	ἐπί I 1 b γ	on	286c
	λέγω I 7	say	468d
	ὅς, ἥ, ὅ I 4 c	(rel pron)	584b
	πολύς I 2 a α	many	688b
	σπέρμα 2 b	seed	762a
	ὡς I 2 a	as	897b
17	ἀκυρόω	make void	34b
	διαθήκη 1	last will and testament	183a
	ἐπαγγελία 2 a	promise	280c
	ἔτος	year	317a
	καταργέω 1 b	make ineffective	417b
	λέγω I 2 b	say	468c
	μετά B II 1	after	510b
	νόμος 3	law	542c
	οὗτος 1 b β	this	597a
	προκυρόω	ratify previously	708b
	τετρακόσιοι	four hundred	813d
18	Ἀβραάμ	Abraham	2a
	διά A III 1 e	by	180c
	κληρονομία 3	inheritance	435a
	νόμος 3	law	542c
	οὐκέτι 2	no longer	592d
	χαρίζομαι 1	give freely	876c
	χαρίζομαι 3	give freely	877a
18a	ἐπαγγελία 2 a	promise	280c
18b	ἐπαγγελία 2 a	promise	280c
19	ἄγγελος 2 a	angel	7d
	ἄν 3 d	(particle)	49a
	ἄχρι 2 a	until	129a
	ἄχρι 2 b	until	129a
	διά A III 2 a	by	180d
	διαταγή	ordinance	189b
	διατάσσω	order	189c
	ἐπαγγέλλομαι 1 b	announce	281a
	μεσίτης	mediator	507a
	νόμος 3	law	542c
	ὅς, ἥ, ὅ I 11 f	(rel pron)	585b
	οὖν 1 c β	therefore	593b
	παράβασις	overstepping	612a

19	προστίθημι 1 a	add	719a
	σπέρμα 2 b	seed	762a
	τίθημι I 1 b ζ	give	816b
	τίς, τί 3 a	which	819d
	χάριν 1	for the sake of	877a
	χείρ 1	hand	880b
20	εἰμί II 7	to be	224d
	εἷς 2 b	one	231b
	εἷς 2 b	one	231b
	μεσίτης	mediator	507a
21	ἄν 1 b α	(particle)	48b
	γίνομαι I 3 a	take place	158d
	δικαιοσύνη 3	righteousness	197a
	ἐπαγγελία 2 a	promise	280c
	ζῳοποιέω 1	make alive	341d
	μή A III 2	not	516d
	ὄντως 1	really	574b
	οὖν 1 c α	therefore	593a
21a	νόμος 3	law	542c
21c	νόμος 3	law	542c
	νόμος 3	law	542c
22	ἁμαρτία 3	sin	43c
	γραφή 2 b β	scripture	166b
	ἐπαγγελία 2 c	promise	280d
	πᾶς, πᾶσα, πᾶν 2 b β	all things	633b
	πιστεύω 2 b	believe	661d
	πίστις 2 b β	faith	663a
	συγκλείω 2	enclose	774a
	ὑπό 2 b	under	843c
23	ἀποκαλύπτω 4	reveal	92b
	δέ 2	but, and	171c
	ἔρχομαι I 2 b	come	311c
	μέλλω 1 b β	be destined	501a
	νόμος 3	law	542d
	πρό 2	before	702a
	συγκλείω 2	enclose	774a
	ὑπό 2 b	under	843c
	φρουρέω 2	guard	867b
23-5	πίστις 3	faith	664a
24	δικαιόω 3 a	justify	197d
	εἰς 2 a α	until	228c
	ἐκ 3 f	by	235b
	νόμος 3	law	542c
	παιδαγωγός	attendant	603b
	ὥστε 1 a	therefore	899d
24f	τέλος 1 c	end	811d
25	ἔρχομαι I 2 b	come	311c
	παιδαγωγός	attendant	603b
	ὑπό 2 b	under	843c
26	διά A III 1 d	through	180c
	υἱός 1 c γ	son	834a
27	βαπτίζω 2 b β	baptize	132a
	ἐνδύω 2 b	dress	264b
28	ἅπας 2	all	81d
	ἄρσην	male	109d
	δοῦλος 1 b	slave	205d
	εἰμί II 7	to be	224d
	εἷς 1 b	one	230d
	ἐλεύθερος 1	free	250d
	Ἕλλην 2 a	Gentile	252a

28	ἔνι	there is not	266b
	θῆλυς	female	360c
	Ἰουδαῖος 2 a	Jewish	379c
	πᾶς, πᾶσα, πᾶν 1 e α	all	632b
28a	οὐδέ 1	and not	591c
28b	οὐδέ 1	and not	591c
29	Ἀβραάμ	Abraham	1d
	ἄρα 3	then	103d
	ἐπαγγελία 2 a	promise	280c
	κληρονόμος 2 b	heir	435b
	σπέρμα 2 b	seed	762a

Galatians 4

1	διαφέρω 2 a	differ	190b
	δοῦλος 1 b	slave	205d
	ἐπί III 2 b	on	289c
	κληρονόμος 1	heir	435b
	λέγω II 1 e	declare	469d
	λέγω II 3	call	470b
	νήπιος 2	minor	537d
	ὁ, ἡ, τό II 1 a β	the	550b
	ὅσος 1	how great	586b
	οὐδείς 2 b γ	in no respect	592b
	πᾶς, πᾶσα, πᾶν 2 a δ	everything	633a
	χρόνος	time	888a
2	ἄχρι 1 a	until	128d
	ἐπίτροπος 3	guardian	303d
	οἰκονόμος 1 a	manager	560a
	προθεσμία	appointed day	706c
	ὑπό 2 b	under	843c
3	δουλόω 2	enslave	206b
	νήπιος 2	minor	537d
	στοιχεῖον 3	fundamental principles	769a
	στοιχεῖον 4	fundamental principles	769b
	ὑπό 2 b	under	843c
4	γίνομαι I 1 a	be born	158b
	γίνομαι II 4 a	be	160c
	ἐκ 3 a	from	234d
	ἐξαποστέλλω 1 b	send out	273b
	ἔρχομαι I 1 b α	come	311b
	πλήρωμα 5	fulness	672c
	υἱός 2 b	son	835a
	ὑπό 2 b	under	843c
	χρόνος	time	888a
4f	νόμος 3	law	542d
5	ἀπολαμβάνω 1	receive	94c
	ἐξαγοράζω 1	redeem	271c
	υἱοθεσία 2	adoption	833c
	ὑπό 2 b	under	843d
6	ἀββά	father	1b
	ἐξαποστέλλω 1 b	send out	273b
	καρδία 1 b θ	heart	404b
	κράζω 2 b α	call	448a
	πατήρ	father	635a
	πατήρ 3 c β	father	636b
	πνεῦμα 5 b	spirit	676c
6a	υἱός 1 c γ	son	834a
7	δοῦλος 1 c	slave	205d
	κληρονόμος 2 b	heir	435b
	ὥστε 1 a	therefore	899d
7a	υἱός 1 c γ	son	834a
7b	υἱός 1 c γ	son	834a
8	δουλεύω 2 b	serve	205c
	οἶδα 1 a	know	555d
	οὐ 3 b	no	590b
	τότε 1 a	at that time	823d
	φύσις 2	nature	869d
8b	θεός 1	god	357a
8f	θεός 3 b	God	357c
9	ἄνωθεν 3	again	77b
	ἀσθενής 1 b	sick	115d
	γινώσκω 1 b	know	160d
	γινώσκω 7	acknowledge	161d
	δουλεύω 2 b	serve	205c
	ἐπί III 1 b δ	toward	289a
	ἐπιστρέφω 1 b β	turn	301b
	θέλω 2	wish	355b
	μᾶλλον 3 d	rather	489d
	νῦν 1 c	now	545d
	πτωχός 2	begging poor	728c
	πῶς 1 b	how	732b
	στοιχεῖον 3	fundamental principles	769a
	στοιχεῖον 4	fundamental principles	769b
9a	πάλιν 1 a	back	606c
9b	πάλιν 2	again	606d
10	ἐνιαυτός 3	year	266c
	ἡμέρα 2	day	346b
	ἡμέρα 2	day	347a
	καιρός 3	time	395b
	μήν 2	new moon	519a
	παρατηρέω 3	watch	622c
11	εἰκῇ 2	in vain	222a
	κοπιάω 2	become weary	443c
	μήπως 1 b	lest somehow	519d
	φοβέω 1 a	be afraid	863a
12	ἀδικέω 2 a	do wrong	17c
	γίνομαι II 1	be	160b
	δέομαι 3	ask	175b
	οὐδείς 2 b γ	in no respect	592b
	σύ 1 a	you	772b
13	ἀσθένεια 1 a	weakness	115b
	διά B II 1	because of	181a
	εὐαγγελίζω 2 a γ	preach	317d
	ὁ, ἡ, τό II 6	the	552a
	πρότερος 1 b β	earlier	722a
	σάρξ 2	body	743c
14	ἄγγελος 2 a	angel	7c
	βασκαίνω 1	bewitch	137a
	δέχομαι 1	receive	177c
	ἐκπτύω	spit	244d
	ἐξουθενέω 1	despise	277d
	ἐξουθενέω 2	reject	277d
	πειρασμός 2 b	test	641a
	σάρξ 2	body	743c
15	δυνατός 2 a	possible	208d
	ἐξορύσσω	tear out	277c

15	μακαρισμός	blessing	487b
	μαρτυρέω 1 a	bear witness	492d
	οὖν 1 c α	therefore	593a
	ποῦ 1 a	where	696a
16	ἀληθεύω	be truthful	36c
	ἐχθρός 2 b β	the enemy	331c
	ὥστε 1 a	therefore	899d
17	ἐκκλείω 1	exclude	240d
	ἵνα I 3	in order that	377b
	καλῶς 2	well	401b
17a	ζηλόω 1 b	strive	338a
17b	ζηλόω 1 b	strive	338a
18	ζηλόω 1 c	manifest zeal	338a
	μή A II 1 c	not	516b
	μόνος 2 c α	only	528a
	πάρειμι 1 a	be present	624b
	πρός III 7	by	711a
18a	καλός 3 c	good	400d
18b	καλός 2 b	good	400c
19	ἐν I 5 a	in	259b
	μέχρι 2	until	515d
	μορφόω	to form	528c
	ὅς, ἥ, ὅ I 3 b γ	(rel pron)	584a
	ὅς, ἥ, ὅ I 11 f	(rel pron)	585b
	τεκνίον	child	808a
	τέκνον 2 b	child	808c
	ὠδίνω	suffer birth pangs	895d
20	ἀλλάσσω 1	change	39a
	ἀπορέω	uncertain	97d
	ἄρτι 3	now	110b
	θέλω 1	wish	354d
	πάρειμι 1 a	be present	624b
	πρός III 7	by	711a
	φωνή 2 b	voice	871a
21	ἀκούω 7	understand	32d
	ὑπό 2 b	under	843c
21a	νόμος 3	law	542d
21b	νόμος 4 a	law	543a
22	εἷς 5 a	one	232a
	ἔχω I 2 b α	have	332b
	μήτηρ 4	mother	520a
	υἱός 1 a α	son	833c
22f	ἐκ 3 a	from	234d
	ἐλεύθερος 1	free	250d
	ὁ, ἡ, τό II 1 a α	the	550b
	παιδίσκη	maid	604c
23	γεννάω 1 a	beget	155c
	διά A III 1 e	by	180c
	ἐπαγγελία 2 a	promise	280c
	μέν 1 c	(particle)	503a
	ὁ, ἡ, τό I 2	the	549d
	σάρξ 4	body	743d
24	Ἁγάρ	Hagar	6d
	ἀλληγορέω speak allegorically		39b
	γεννάω 2	bear	155d
	διαθήκη 2	covenant	183b
	δουλεία 2	slavery	205a
	οὗτος 1 a	this	596d
24f	ὄρος	mountain	582c
	Σινά	Sinai	751c
25	Ἁγάρ	Hagar	6d
	Ἀραβία	Arabia	104b
	δουλεύω 1 a	be a slave	205a
	μετά A II 2	with	509b
	νῦν 3 a	now	546a
	ὁ, ἡ, τό II 1 c	the	550c
	ὁ, ἡ, τό II 8 b	the	552c
	συστοιχέω	correspond	795b
	τέκνον 2 f α	child	808d
25f	Ἱεροσόλυμα	Jerusalem	373a
	Ἱεροσόλυμα 2	Jerusalem	373b
26	ἄνω 1	above	77a
	ἐλεύθερος 3	free	250d
	μήτηρ 4	mother	520a
	ὁ, ἡ, τό II 1 c	the	550c
27	ἀνήρ 1	man	66c
	βοάω 1	shout	144b
	ἔρημος 1 b	desolate	309a
	εὐφραίνω 2	gladden	327d
	ἔχω I 2 b α	have	332b
	μᾶλλον 1	more	489b
	μᾶλλον 3 c	rather	489d
	οὐ 3 c	no	590c
	πολύς I 1 a α	many	687d
	ῥήγνυμι 2	tear	735b
	στεῖρα	barren	766a
	τίκτω 1	give birth	816d
	ὠδίνω	suffer birth pangs	895d
28	ἐπαγγελία 2 a	promise	280d
	Ἰσαάκ	Isaac	380d
	κατά II 5 b α	according to	407c
29	γεννάω 1 a	beget	155c
	διώκω 2	persecute	201b
	καί II 3	also	393c
	νῦν 1 c	now	545d
	πνεῦμα 5 d β	spirit	677a
	σάρξ 4	body	743d
	τότε 1 a	at that time	823d
30	γάρ 1 b	for	152a
	γραφή 2 b β	scripture	166b
	ἐκβάλλω 1	drive out	237c
	κληρονομέω 1	inherit	434d
	λέγω I 7	say	468d
	μετά A II 2	with	509b
	μή D 2	not	517c
30a	παιδίσκη	maid	604c
	υἱός 1 a α	son	833c
30b	παιδίσκη	maid	604c
	υἱός 1 a α	son	833c
30c	υἱός 1 a α	son	833c
30f	ἐλεύθερος 1	free	250d
31	παιδίσκη	maid	604c
	τέκνον 2 c	child	808c

Galatians 5

1	δουλεία 2	slavery	205a
	ἐλευθερία	freedom	250c
	ἐλευθερόω 2	set free	251a
	ἐνέχω 2	be loaded down	265d

1	ζυγός 1	yoke	339d
	οὐν 1 b	therefore	593a
	πάλιν 1 b	again	606d
	στήκω 2	stand	768a
2	ἴδε 1	see	369b
	λέγω II 1 f	declare	469d
	Παῦλος 2	Paul	637c
	ὠφελέω 1 a	help	900c
2f	περιτέμνω 1	cut around	652b
3	μαρτύρομαι 1	testify	494b
	νόμος 3	law	542c
	νόμος 3	law	542d
	ὅτι 1 b α	that	588d
	ὀφειλέτης 2 b	debtor	598c
	πᾶς, πᾶσα, πᾶν 1 a α	every each	631b
	ποιέω I 1 c α	do	682a
4	δικαιόω 3 a	justify	197d
	ἐκπίπτω 3 a	lose	244a
	καταργέω 3	be released	417c
	ὅστις 1 a	whoever	586d
	χάρις 3 b	favor	878a
5	ἀπεκδέχομαι	await	83c
	δικαιοσύνη 3	righteousness	197a
	ἐλπίς 2 b	hope	253b
	πίστις 2 d α	faith	663c
	πνεῦμα 5 d β	spirit	677a
6	ἀγάπη I 1 a	love	5c
	ἀκροβυστία 2	uncircumcised	33d
	διά A III 1 d	through	180c
	ἐνεργέω 1 b	work	265c
	ἰσχύω 4	be valid	384a
	οὔτε	not	596a
	περιτομή 2	circumcision	652d
	πίστις 2 d α	faith	663c
7	ἀλήθεια 2 b	truth	36a
	ἀνακόπτω	hinder	56b
	ἐγκόπτω	hinder	216c
	καλῶς 1	well	401b
	μή A II 1 a	not	516b
	πείθω 3 b	obey	639d
	τρέχω 2 a	run	825d
8	ἐκ 3 c	from	235a
	καλέω 2	call	399d
	ὁ, ἡ, τό II 1 a α	the	550b
	πεισμονή	persuasion	641b
9	ζύμη 1	leaven	340a
	ζυμόω	ferment	340a
	μικρός 2 a	small	521b
	φύραμα	that which is mixed	869a
10	βαστάζω 2 b β	endure	137b
	εἰμί II 6 d	to be	224d
	ἐν I 5 d	in	259d
	κρίμα 4 b	verdict	450d
	κύριος 2 c γ	lord	460a
	ὅστις 1 e α	whoever	586d
	πείθω 2 a	convince	639d
	ταράσσω 2	stir up	805b
	φρονέω 1	think	866b
11	ἄρα 3	then	103d
11	γινώσκω 1 b	know	161a
	διώκω 2	persecute	201b
	καταργέω 2	abolish	417c
	κηρύσσω 2 b β	announce	431c
	περιτομή 1	circumcision	652d
	σκάνδαλον 3	trap	753b
	σταυρός 3	the cross	765a
11a	ἔτι 1 a α	still	315d
11b	ἔτι 2 c	still	316a
12	ἀναστατόω	disturb	61a
	ἀποκόπτω 2	castrate	93b
	καί II 2	even	393b
	ὄφελον	O that	599b
13	ἀγάπη I 1 a	love	5c
	ἀφορμή	pretext	127c
	γάρ 4	indeed	152c
	δουλεύω 2 c	serve	205c
	ἐπί II 1 b ε	on	287d
	καλέω 2	call	399d
	μή A III 6	not	517a
	μόνος 2 c α	only	528a
	σάρξ 7	body	744b
13a	ἐλευθερία	freedom	250c
13b	ἐλευθερία	freedom	250c
14	ἀγαπάω 1 a α	love	4c
	εἷς 2 b	one	231a
	λόγος 1 b α	command	478a
	νόμος 3	law	542c
	νόμος 3	law	542d
	ὁ, ἡ, τό II 8 a	the	552b
	πᾶς, πᾶσα, πᾶν 1 f α	whole	632c
	πληρόω 3	make full	671b
	πληρόω 4 b	make full	671d
	πλησίον 1 b	near	672d
15	ἀλλήλων	each other	39c
	ἀναλίσκω	consume	57b
	βλέπω 6	see	143d
	δάκνω 2	bite	170a
	κατεσθίω 2	destroy	422b
	μή B 1 b	not	517b
16	ἐπιθυμία 3	desire	293d
	περιπατέω 2 a β	go about	649c
	πνεῦμα 5 d β	spirit	677a
	πνεῦμα 6 b	spirit	677c
	σάρξ 7	body	744b
	σάρξ 7	body	744b
	τελέω 2	perform	811a
17	ἀλλήλων	each other	39c
	ἀντίκειμαι	be opposed	74c
	ἐπιθυμέω	desire	293b
	θέλω 2	wish	355b
	ἵνα II 2	in order that	378a
	κατά I 2 b γ	down	406a
	ποιέω I 1 b ε	do	681c
17a	πνεῦμα 5 g α	spirit	677b
	σάρξ 7	body	744b
17b	οὗτος 1 a ε	this	596d
	πνεῦμα 5 g α	spirit	677b
	σάρξ 7	body	744b
18	ἄγω 3	lead	14c

18	νόμος 3	law	542d
	πνεῦμα 5 d β	spirit	677a
	ὑπό 2 b	under	843c
19	ἀκαθαρσία 2	impurity	28d
	ἀσέλγεια	licentiousness	114d
	εἰμί II 6 d	to be	224d
	ἔργον 1 c β	deed	308b
	μοιχεία	adultery	526b
	πορνεία 1	prostitution	693b
	σάρξ 7	body	744c
	φανερός 1	clear	852c
20	αἵρεσις 1 c	dissension	24a
	διχοστασία	dissension	200b
	εἰδωλολατρία	idolatry	221c
	ἐριθεία	selfishness	309c
	ἐριθεία	selfishness	309c
	ἔρις	strife	309d
	ἔχθρα	enmity	331b
	ζῆλος 2	jealousy	337d
	ζῆλος 2	jealousy	337d
	θυμός 2	anger	365c
	φαρμακεία	sorcery	854a
21	βασιλεία 3 b	kingdom	135b
	βασιλεία 3 g	kingdom	135d
	κληρονομέω 2	acquire	434d
	κῶμος	carousing	461d
	μέθη	drunkenness	498d
	ὅμοιος 1	like	566d
	πράσσω 1 a	do	698b
	προεῖπον 2 a	foretell	704d
	προλέγω 1	tell beforehand	708c
	τοιοῦτος 3 a β	such a kind	821c
	φθόνος	envy	857d
22	ἀγαθωσύνη	goodness	3d
	ἀγάπη I 1 a	love	5d
	εἰρήνη 1 b	peace	227c
	καρπός 2 a	result	404d
	μακροθυμία 2 a	patience	488b
	πίστις 1 a	faith	662c
	πίστις 2 d γ	faith	663d
	πνεῦμα 6 b	spirit	677c
	χαρά 1	joy	875c
	χρηστότης 2 a	goodness	886c
23	ἐγκράτεια	self control	216c
	εἰμί III 6 a	to be	225c
	νόμος 3	law	542c
	πραΰτης	humility	699a
24	ἐπιθυμία 3	desire	293c
	ὁ, ἡ, τό II 7	the	552b
	πάθημα 2	passion	602d
	σάρξ 7	body	744b
	σταυρόω 2	crucify	765c
	σύν 4 b	with	782a
25	ζάω 2 a	live	336c
	πνεῦμα 5 d β	spirit	677a
	πνεῦμα 6 b	spirit	677c
	στοιχέω	be in line with	769c
26	κενόδοξος	conceited	427d
	μή A III 1	not	516d
	προκαλέω	provoke	707b
	φθονέω	envy	857d

Galatians 6

1	ἐάν I 3 a	if	211c
	καταρτίζω 1 a	restore	417d
	μή B 1 b	not	517b
	παράπτωμα 2 a α	transgression	621d
	πειράζω 2 d	try	640c
	πνεῦμα 3 c	spirit	675d
	πνευματικός 2 b β	spiritual	679b
	πραΰτης	humility	699b
	προλαμβάνω 2 b	take before	708b
	σεαυτοῦ 3	yourself	745c
	σκοπέω	notice	756d
	σύ 1 c	you	772b
	τοιοῦτος 3 a α	such a kind	821c
2	ἀλλήλων	each other	39c
	ἀναπληρόω 2	make complete	59d
	βάρος 1	weight	134a
	βαστάζω 2 b α	carry	137b
	νόμος 5	law	543b
	Χριστός 1	Anointed One	887b
3	δοκέω 1 b	think	201d
	εἰμί II 6 b	to be	224c
	μηδείς 2 b γ	nothing	518b
	τὶς, τὶ 1 b ε	any one	820c
	φρεναπατάω	deceive	865d
4	δοκιμάζω 1	examine	202c
	ἔργον 1 c β	deed	308a
	ἕτερος 1 b ε	another	315c
	καύχημα 1	boast	426a
	τότε 2	at that time	824a
5	βαστάζω 2 b α	carry	137b
	ἴδιος 1 a β	ones own	369d
	φορτίον 2	load	865b
6	ἀγαθός 2 b β	good	3c
	κοινωνέω 2	share	438d
	λόγος 1 b β	word	478b
6a	κατηχέω 2 a	teach	423d
6b	κατηχέω 2 a	teach	423d
7	ἄνθρωπος 3 a γ	man	69a
	θερίζω 2 a	reap	359b
	μυκτηρίζω	treat with contempt	529b
	οὗτος 1 a ε	this	596d
	πλανάω 2 c γ	deceive	665c
	σπείρω 1 b α	sow	761c
8	ζωή 2 b β	life	341a
	θερίζω 2 a	reap	359b
	πνεῦμα 5 g α	spirit	677b
	φθορά 4	ruin	858b
8a	σάρξ 7	body	744b
	σπείρω 1 b α	sow	761c
8b	σάρξ 7	body	744b
	σπείρω 1 b α	sow	761c
9	ἐγκακέω 1	become weary	215c
	ἐκκακέω	lose heart	240c
	ἐκλύω	become weary	243b

9	θερίζω 2 a	reap	359c
	καιρός 3	time	395b
	καλός 2 b	good	400c
	μή A II 2 b	not	516c
	μή A III 1	not	516d
	ποιέω I 1 b ε	do	681b
10	ἀγαθός 2 a α	good	3b
	ἄρα 4	then	104a
	ἐργάζομαι 2 a	work	307a
	καιρός 2	time	395a
	μάλιστα 1	above all	489a
	οἰκεῖος 2 members of the household		556d
	πίστις 2 d α	faith	663c
	ὡς IV 1 b	when	898c
10a	πρός III 4 b	toward	710c
10b	πρός III 4 b	toward	710c
11	γράμμα 1	letter	165b
	γράφω 1	write	166c
	εἶδον 1 c	see	220d
	ἐμός 1 a α	my	255c
	ἡλίκος	how great	345c
	πηλίκος 1	how large	656b
	χείρ 1	hand	880a
12	ἀναγκάζω 1	compel	52a
	διώκω 2	persecute	201b
	εὐπροσωπέω make a good showing		324d
	ἵνα I 3	in order that	377b
	ὅσος 2	how great	586b
	οὗτος 1 a ε	this	596d
	περιτέμνω 1	cut around	652b
	σάρξ 6	body	744b
	σταυρός 3	the cross	765a
13	θέλω 1	wish	355a
	ἵνα I 1 a	in order that	376d
	καυχάομαι 1	boast	425d
	νόμος 3	law	542d
	σάρξ 1	flesh	743c
	ὑμέτερος 1	your	836a
	φυλάσσω 1 f	watch	868c
13a	περιτέμνω 1	cut around	652b
	περιτέμνω 1	cut around	652b
13b	περιτέμνω 1	cut around	652b
14	γίνομαι I 3 a	take place	158d
	κἀγώ 1	and I	386a
	καυχάομαι 1	boast	425d
	κόσμος 7	world	447a
	κύριος 2 c γ	lord	460b
	μή A III 2	not	516d
	σταυρός 3	the cross	765a
	σταυρόω 2	crucify	765c
15	ἀκροβυστία 2 uncircumcised		33d
	εἰμί II 6 b	to be	224c
	καινός 3 b	new	394c
	κτίσις 1 b α	creation	456a
	οὔτε	not	596a
	περιτομή 2	circumcision	652d
16	εἰρήνη 2	peace	227d
	ἔλεος 2 a	mercy	250b
16	Ἰσραήλ 3	Israel	381d
	κανών 1	rule	403a
	ὅσος 2	how great	586b
	στοιχέω	be in line with	769c
17	βαστάζω 2 c	carry	137c
	κόπος 1	trouble	443d
	λοιπός 3 a β	the rest	480b
	μηδείς 2 a	no	518a
	παρέχω 1 c	cause	626c
	στίγμα	mark	768c
	σῶμα 1 b	body	799c
18	ἀμήν 1	amen	45d
	κύριος 2 c γ	lord	460b
	μετά A II 1 c γ	with	509a
	πνεῦμα 3 b	spirit	675c
	χάρις 2 c	favor	877d

Ephesians 1

1	ἀπόστολος 3	apostles	99d
	διά A III 1 d	through	180c
	Ἔφεσος	Ephesus	330b
	θέλημα 2 b	will	354c
	Παῦλος 2	Paul	637c
	πιστός 2	trustworthy	665a
2	ἀπό V 4	from	88b
	εἰρήνη 2	peace	227c
	θεός 3 d	God	357d
	κύριος 2 c γ	lord	460b
	πατήρ 3 c β	father	636a
	χάρις 2 c	favor	877d
3	ἐν III 1 a	by	260d
	εὐλογέω 3	bless	322c
	εὐλογητός	blessed	322d
	εὐλογία 3 b α	blessing	323a
	θεός 3 d	God	357c
	καί I 1 a	and	391d
	κύριος 2 c γ	lord	460b
	ὁ, ἡ, τό II 10 b	the	552d
	πᾶς, πᾶσα, πᾶν 1 a β every each		631c
	πατήρ 3 d β	father	636b
	πνευματικός 2 a β	spiritual	679a
4	ἅγιος 1 b α	dedicated to God	9d
	ἄμωμος 2 a	blameless	48a
	ἐκλέγομαι 3 c	choose	242c
	καθώς 3	as	391c
	καταβολή 1	foundation	409a
	κατενώπιον b in the presence of		421c
	κόσμος 2	world	445d
	πρό 2	before	701d
4f	ἀγάπη I 2 a	love	5d
5	εὐδοκία 2	favor	319d
	θέλημα 2 b	will	354c
	κατά II 5 a δ	according to	407b
	προορίζω decide upon beforehand		709b
	υἱοθεσία 2	adoption	833c
6	ἀγαπάω 1 d	love	5a
	δόξα 1 a	glory	203d

6	ἔπαινος 1 b	praise	281d
	ὅς, ἥ, ὅ I 4 b	(rel pron)	584a
	χαριτόω	favor highly	879a
6f	χάρις 2 a	favor	877c
7	αἷμα 2 b	blood	23a
	ἀπολύτρωσις 2 a	redemption	96b
	ἄφεσις 2	pardon	125a
	παράπτωμα 2 b	transgression	621d
	πλοῦτος 1	wealth	674b
	πλοῦτος 2	wealth	674b
8	πᾶς, πᾶσα, πᾶν 1 a β	every each	631c
	περισσεύω 2 a	be left over	651a
	σοφία 2	wisdom	759d
	φρόνησις 2	way of thinking	866d
9	γνωρίζω 1	make known	163c
	εὐδοκία 2	favor	319d
	θέλημα 1 b	will	354b
	μυστήριον 2	mystery	530c
	προτίθημι 2 b	plan	722b
10	ἀνακεφαλαιόω	sum up	56a
	ἐπί II 1 a α	on	286d
	καιρός 4	time	395c
	οἰκονομία 2 b	plan	559d
	πᾶς, πᾶσα, πᾶν 2 b β	all things	633b
	πλήρωμα 5	fulness	672c
11	βουλή 2 b	will	145d
	ἐνεργέω 2	work	265c
	θέλημα 2 b	will	354c
	κατά II 5 a δ	according to	407b
	κληρόω 1	appoint by lot	435d
	πρόθεσις 2 b	setting forth	706b
	προορίζω	decide upon beforehand	709b
12	ἔπαινος 1 b	praise	281d
	κληρόω 1	appoint by lot	435d
	προελπίζω	hope before	705a
13	ἀλήθεια 2 b	truth	36a
	ἐπαγγελία 2 a	promise	280d
	εὐαγγέλιον 2 b α	gospel	318a
	λόγος 1 b β	word	478b
	πιστεύω 2 a ε	believe	661c
	πιστεύω 2 b	believe	661d
	πνεῦμα 5 c α	spirit	676c
	σφραγίζω 2 b	seal	796c
	σωτηρία 2	deliverance	801c
14	ἀπολύτρωσις 2 a	redemption	96b
	ἀρραβών	down payment	109c
	ἔπαινος 1 b	praise	281d
	κληρονομία 3	inheritance	435a
	ὅς, ἥ, ὅ I 4 c	(rel pron)	584b
	περιποίησις 3	keeping safe	650b
15	ἀγάπη I 1 b β	love	5d
	ἀκούω 3 b	learn	32c
	κἀγώ 3 c	I	386b
	κατά II 7 b	(possessive)	408a
	κύριος 2 c γ	lord	460a
15	πίστις 2 b β	faith	663b
16	ἐπί I 2	under	286d
	εὐχαριστέω 2	give thanks	328b
	μνεία 2	mention	524c
	παύω 2	stop	638a
	ποιέω II 1	do	683a
	προσευχή 1	prayer	713c
16f	ἵνα II 1 a γ	in order that	377c
17	ἀποκάλυψις 1	revelation	92b
	δίδωμι	give	192d
	ἐπίγνωσις	knowledge	291c
	θεός 3 c	God	357c
	ἵνα I 4	in order that	377b
	πατήρ 3 e	father	636c
	πνεῦμα 5 e	spirit	677b
	σοφία 2	wisdom	759d
18	δόξα 1 a	glory	203d
	ἐλπίς 2 b	hope	253b
	καρδία 1 b β	heart	403d
	κληρονομία 3	inheritance	435a
	κλῆσις 1	call	435d
	οἶδα 4	know	556c
	ὀφθαλμός 2	eye	599d
	πλοῦτος 2	wealth	674b
	φωτίζω 2 b	shine	873c
19	δύναμις 1	power	207c
	εἰς 4 c β	(goal)	229b
	εἰς 4 g	for	229d
	ἐνέργεια 1	working	265b
	ἰσχύς	strength	383c
	κράτος 3	power	449b
	μέγεθος 2	greatness	498c
	πιστεύω 2 b	believe	661d
	τίς, τί 1 b β	which	819b
	ὑπερβάλλω	surpass	840b
20	δεξιός 2 a	right	174d
	ἐγείρω 1 a β	raise	214d
	ἐν I 1 c	in	258c
	ἐνεργέω 2	work	265c
	ἐπουράνιος 2 a α	heavenly	306a
	καθίζω 1 a	set	389d
	νεκρός 2 a	dead	535a
21	αἰών 2 b	age	27d
	ἀλλά 1 a	but, yet	38a
	ἀρχή 3	ruler	112c
	δύναμις 6	power	208b
	ἐξουσία 4 c β	authority	278d
	κυριότης 3	lordship	461a
	μέλλω 2	is destined	501c
	μόνος 2 c α	only	528a
	ὀνομάζω 2	name	574a
	ὑπεράνω	above	840a
21a	πᾶς, πᾶσα, πᾶν 1 a β	every each	631c
22	δίδωμι 5	give	193d
	ἐκκλησία 4 d	church	241a
	κεφαλή 2 a	head	430b
	πούς 1 b	foot	696d
	ὑπέρ 2	beyond	839b
	ὑπό 2 a α	under	843c
	ὑποτάσσω 1 a	subject	848a

22a	πᾶς, πᾶσα, πᾶν 2 a δ	everything	632d
23	πληρόω 1 a	make full	671a
	πλήρωμα 1 b	that which fills	672b
	σῶμα 5	body	800a
23b	πᾶς, πᾶσα, πᾶν 2 a δ	everything	633a

Ephesians 2

1	νεκρός 1 b α	dead	534d
	παράπτωμα 2 b	transgression	621d
2	ἀήρ	air	20c
	αἰών 4	the aeon	28b
	ἀπείθεια	disobedience	82c
	ἄρχων 3	authorities	114a
	ἐν I 5 a	in	259c
	ἐνεργέω 1 a	work	265b
	ἐνεργέω 2	work	265c
	ἐξουσία 4 b	authority	278c
	κόσμος 7	world	446d
	περιπατέω 2 a δ	go about	649c
	πνεῦμα 5 g	spirit	677b
	υἱός 1 c δ	son	834b
2f	ποτέ 1	once	695a
3	ἀναστρέφω 2 b β	live	61c
	διάνοια 5	senses	187b
	ἐπιθυμία 3	desire	293d
	ἐπιθυμία 3	desire	293d
	θέλημα 1 c δ	will	354c
	λοιπός 2 b α	the others	480a
	ὀργή 2 b	anger	579b
	πᾶς, πᾶσα, πᾶν 1 e α	all	632b
	ποιέω I 1 c α	do	682a
	τέκνον 2 f β	child	808d
	φύσις 1	nature	869c
3a	σάρξ 7	body	744c
3b	σάρξ 7	body	744c
	σάρξ 7	body	744c
4	ἀγαπάω 2	love	5b
	ἀγάπη I 2 a	love	5d
	διά B II 1	because of	181b
	ἔλεος 2 b	mercy	250b
	ἐν IV 1 a	in	261b
	πλουσίος 2	rich	673d
	πολύς I 1 b β	many	688a
5	νεκρός 1 b α	dead	534d
	παράπτωμα 2 b	transgression	621d
	συζωοποιέω	make alive together	776a
	σῴζω 2 b	save	798d
	χάρις 2 a	favor	877c
	Χριστός 1	Anointed One	887b
6	ἐπουράνιος 2 a α	heavenly	306a
	συγκαθίζω 1	cause to sit down with	773b
	συνεγείρω 2	rise up with	786a
7	αἰών 2 b	age	27d
7	ἐνδείκνυμι 1	demonstrate	262c
	ἐπέρχομαι 1 b α	come	285a
	ἐπί III 1 b ε	toward	289b
	πλοῦτος 1	wealth	674b
	πλοῦτος 2	wealth	674b
	ὑπερβάλλω	surpass	840b
	χάρις 2 a	favor	877c
	χρηστότης 2 b	goodness	886c
8	διά A III 1 d	through	180c
	δῶρον 1	gift	210d
	καί I 3	and	393a
	οὗτος 1 b γ	this	597a
	πίστις 2 d α	faith	663c
	σῴζω 2 b	save	798d
	χάρις 2 a	favor	877c
9	ἔργον 1 c β	deed	308b
	καυχάομαι 1	boast	425d
	τὶς, τὶ 1 a γ	any one	820b
10	ἐπί II 1 b ε	on	287d
	ἔργον 1 c β	deed	308b
	κτίζω	create	455c
	ὅς, ἥ, ὅ I 4 a	(rel pron)	584a
	περιπατέω 2 a δ	go about	649c
	ποιήμα	work	683b
	προετοιμάζω	prepare beforehand	705d
11	ἀκροβυστία 3	heathenism	33d
	λέγω II 3	call	470a
	μνημονεύω 1 c	remember	525b
	περιτομή 4 a	circumcision	653a
	ὑπό 1 a α	by	843a
	χειροποίητος	made by human hands	881a
11a	σάρξ 7	body	744c
11b	σάρξ 1	flesh	743b
12	ἄθεος 1	godless	20d
	ἀπαλλοτριόω	estrange	80b
	διαθήκη 2	last will and testament	183b
	ἐλπίς 2 b	hope	253b
	ἐπαγγελία 2 a	promise	280d
	ἔχω I 2 e β	have	332d
	Ἰσραήλ 2	Israel	381c
	καιρός 1	time	394d
	ξένος 1 b α	strange	548a
	πολιτεία 1	citizenship	686b
	πολιτεία 2	commonwealth	686b
	χωρίς 2 a α	apart	890c
13	αἷμα 2 b	blood	23a
	γίνομαι I 4 c	come, go	160a
	ἐγγύς 1 d	near	214b
	εἰμί II 9 a	to be	224d
	μακράν 1 a β	far	487d
	νυνί 1 c	now	546b
14	ἀμφότεροι 1	both	47d
	εἰρήνη 3	peace	227d
	εἷς 1 b	one	230d
	ἔχθρα	enmity	331b
	λύω 3	destroy	483d
	μεσότοιχον	dividing wall	508a
	ποιέω I 1 b ι	do	682a

14	φραγμός 2	fence	865c
15	δόγμα 1	decree	201c
	εἰρήνη 1 b	peace	227b
	εἷς 1 b	one	230d
	ἐν IV 3	in	261b
	ἐντολή 2 a γ	command	269b
	καινός 3 b	new	394c
	καταργέω 1 b	make ineffective	417b
	κτίζω	create	455c
	ποιέω I 1 b γ	do	681b
16	ἀμφότεροι 1	both	47d
	ἀποκαταλλάσσω	reconcile	92d
	ἀποκτείνω 2	put to death	94a
	διά A III 1 a	by means of	180a
	ἔχθρα	enmity	331b
	σταυρός 3	the cross	765a
	σῶμα 5	body	800a
17	ἐγγύς 3	near	214c
	εἰρήνη 3	peace	227d
	εὐαγγελίζω 2 a α	preach	317c
	μακράν 1 a β	far	487d
18	ἀμφότεροι 1	both	47d
	πατήρ 3 e	father	636b
	πνεῦμα 5 d β	spirit	677b
	πρός III 1 a	toward	709d
	προσαγωγή	approach	711c
19	ἅγιος 2 d β	saints	10a
	ἄρα 4	then	104a
	ξένος 2 a	the stranger	548b
	οἰκεῖος 2	members of the household	556d
	οὐκέτι 1	no longer	592c
	πάροικος 2	stranger	629b
	συμπολίτης	fellow citizen	780a
20	ἀκρογωνιαῖος	cornerstone	33d
	ἀπόστολος 3	apostles	100a
	ἀπόστολος 3	apostles	100a
	ἐπί II 1 a β	on	287a
	ἐποικοδομέω 1 b	build on to	305c
	θεμέλιος 2 b	foundation	356a
	προφήτης 5	prophet	724a
21	ἅγιος 1 a β	worthy of God	9c
	αὐξάνω 3	grow	121d
	εἰς 4 e	so that	229c
	ναός 2	temple	533d
	οἰκοδομή 2 b	building	559b
	πᾶς, πᾶσα, πᾶν 1 a ε	all	631d
	συναρμολογέω	join together	785b
22	κατοικητήριον	dwelling place	424c
	πνεῦμα 5 d β	spirit	677a
	συνοικοδομέω 1	built up	791c

Ephesians 3

1	δέσμιος	prisoner	176a
	ἔθνος 2	gentiles	218d
	Παῦλος 2	Paul	637c
	ὑπέρ 1 a ε	in behalf of	838d
1	χάριν 2	for the sake of	877a
2	ἀκούω 3 b	learn	32c
	γέ 3 a	(emphasizing particle)	152d
	οἰκονομία 1 b	management	559d
	χάρις 4	favor	878b
3	ἀποκάλυψις 2	revelation	92b
	γνωρίζω 1	make known	163c
	κατά II 5 a δ	according to	407b
	ὀλίγος 3 b	little	563d
	προγράφω 1 a	write before	704a
3ff	μυστήριον 2	mystery	530c
4	ἀναγινώσκω 1	read	51d
	μυστήριον 2	mystery	530c
	νοέω 1 a	perceive	540b
	πρός III 5 d	in accordance with	710d
	σύνεσις 2	intelligence	788c
5	ἅγιος 1 b α	dedicated to God	9c
	ἄνθρωπος 1 a δ	people	68c
	ἀποκαλύπτω 2	reveal	92a
	ἀπόστολος 2	messenger	99d
	γενεά 3 b	age	154b
	γνωρίζω 1	make known	163c
	ἕτερος 1 b β	another	315a
	νῦν 1 a γ	now	545c
	πνεῦμα 5 d β	spirit	677a
	προφήτης 5	prophet	724a
	υἱός 1 c β	son	833d
6	ἐπαγγελία 2 c	promise	280d
	εὐαγγέλιον 1 a	gospel	318a
	συγκληρονόμος	inheriting together	774b
	συμμέτοχος	sharing with	778c
	σύσσωμος	belonging to same body	794d
7	διάκονος 1 a	servant	184c
	δωρεά	gift	210c
	ἐνέργεια 1	working	265b
7f	χάρις 4	favor	878b
8	ἅγιος 2 d β	saints	10a
	ἀνεξιχνίαστος	inscrutable	65a
	ἐλάχιστος 2 b	smallest	249a
	εὐαγγελίζω 2 a α	preach	317c
	οὗτος 2 b	this	597b
	πλοῦτος 1	wealth	674b
	πλοῦτος 2	wealth	674c
9	αἰών 4	the aeon	28b
	ἀποκρύπτω	conceal	93d
	κτίζω	create	455c
	οἰκονομία 2 b	plan	559d
	πᾶς, πᾶσα, πᾶν 2 b β	all things	633b
	φωτίζω 2 b	shine	873a
	φωτίζω 2 c	shine	873c
9ff	μυστήριον 2	mystery	530c
10	ἀρχή 3	ruler	112c
	γνωρίζω 1	make known	163c
	ἐκκλησία 4 d	church	241a
	ἐξουσία 4 c β	authority	278d
	ἐπουράνιος 2 a α	heavenly	306a
	νῦν 1 a γ	now	545c

10	πολυποίκιλος	many sided	687b
	σοφία 3 b	wisdom	760a
11	αἰών 1 b	time	27c
	κύριος 2 c γ	lord	460b
	ποιέω I 1 b δ	do	681b
	πρόθεσις 2 b	setting forth	706b
12	διά A III 1 d	through	180c
	παρρησία 3 b	courage	630d
	πεποίθησις 1	trust	643c
	πίστις 2 b β	faith	663a
	προσαγωγή	approach	711c
13	αἰτέω	ask	26b
	ἐγκακέω 2	despair	215c
	ἐκκακέω	lose heart	240c
	θλῖψις 1	tribulation	362b
	μή A II 1 b β	not	516b
	ὑπέρ 1 a ε	in behalf of	838d
14	γόνυ	knee	165a
	κάμπτω 1	bend	402b
	οὗτος 1 b α	this	597a
	πατήρ 3 e	father	636b
	χάριν 2	for the sake of	877a
14f	πατρώνυμος	named after the father	637b
15	ὀνομάζω 1	name	574a
	οὐρανός 2 c	heaven	595a
	πατριά 3	people	636d
16	ἄνθρωπος 2 c α	man	68d
	δύναμις 1	power	207c
	ἔσω 2	in	314b
	κραταιόω	strengthen	448c
	πλοῦτος 1	wealth	674b
	πλοῦτος 2	wealth	674b
	πνεῦμα 5 a	spirit	676b
17	ἀγάπη I 1 a	love	5c
	διά A III 1 d	through	180c
	θεμελιόω 2 a	establish	356a
	καρδία 1 b θ	heart	404b
	κατοικέω 1 b	live	424b
	πίστις 2 d α	faith	663c
	ῥιζόω	fix firmly	736b
	Χριστός 1	Anointed One	887b
18	βάθος 1	depth	130a
	ἐξισχύω	be able	276c
	καταλαμβάνω 2	grasp	413b
	μῆκος	length	518c
	πλάτος 1	breadth	666d
	σύν 4 b	with	782a
	τίς, τί 1 b β	which	819b
	ὕψος 1 a	height	850c
19	ἀγάπη I 2 a	love	6a
	εἰς 4 e	so that	229c
	πᾶς, πᾶσα, πᾶν 1 c α	all	631d
	πληρόω 1 b	make full	671b
	πλήρωμα 3 b	that which fills	672c
	τέ 1 b	and	807c
	ὑπερβάλλω	surpass	840b
20	αἰτέω	ask	25d
	δύναμις 1	power	207c
	ἐνεργέω 1 b	work	265c
20	νοέω 3	imagine	540d
	ὅς, ἥ, ὅ I 4 a	(rel pron)	584a
	ὑπέρ 2	beyond	839c
	ὑπερεκπερισσοῦ	beyond all measure	840c
21	αἰών 1 b	time	27c
	ἀμήν 1	amen	45d
	γενεά 3 b	age	154b
	ἐκκλησία 4 d	church	241a
	πᾶς, πᾶσα, πᾶν 1 d α	all	632a

Ephesians 4

1	ἀξίως	worthily	78d
	δέσμιος	prisoner	176a
	ἐν I 5 d	in	260a
	καλέω 2	call	399d
	κλῆσις 1	call	435d
	ὅς, ἥ, ὅ I 4 b	(rel pron)	584a
	οὖν 1 a	therefore	593a
	παρακαλέω 2	appeal to	617b
	περιπατέω 2 a α	go about	649b
2	ἀγάπη I 1 a	love	5c
	ἀνέχω 1 a	endure	65d
	μακροθυμία 2 a	patience	488b
	πᾶς, πᾶσα, πᾶν 1 a δ	all	631c
	πραΰτης	humility	699a
	ταπεινοφροσύνη	humility	804c
2a	μετά A III 1	with	509d
2b	μετά A II 6	with	509d
3	εἰρήνη 1 b	peace	227b
	ἑνότης	unity	267c
	πνεῦμα 5 d α	spirit	677a
	σπουδάζω 2	hasten	763c
	σύνδεσμος 1 b	bond	785c
	τηρέω 3	keep	815a
4	ἐλπίς 2 b	hope	253b
	καλέω 2	call	399d
	κλῆσις 1	call	435d
	κλῆσις 1	call	435d
	πνεῦμα 5 d β	spirit	677b
	σῶμα 5	body	800a
5	βάπτισμα 2	baptism	132d
	πίστις 2 d α	faith	663c
5f	εἷς 2 a	one	231a
6	ἐπί I 1 b α	over	286c
	πατήρ 3 c β	father	636b
7	δωρεά	gift	210c
	ἕκαστος 2	each	236d
	κατά II 5 a γ	according to	407b
	μέτρον 2 b	measure	515b
	χάρις 4	favor	878b
8	αἰχμαλωσία 2	prisoner of war	26d
	αἰχμαλωτεύω	capture	27a
	δίδωμι 1 b β	give	193a
	δόμα	gift	203c
	λέγω I 7	say	468d
	ὕψος 1 b	height	850c

8f	ἀναβαίνω 1 a β	go up	50b
9	εἰμί II 3	to be	224a
	καταβαίνω 1 a δ	come down	408c
	κατώτερος	lower	425a
	μέρος 1 b γ	part	506a
	ὁ, ἡ, τό II 8 b	the	552c
10	ἀναβαίνω 1 a β	go up	50b
	καταβαίνω 1 a γ	come down	408c
	οὐρανός 1 e	heaven	594c
	πᾶς, πᾶσα, πᾶν 1 d α	all	632a
	πληρόω 1 a	make full	671a
	ὑπεράνω	above	840a
10b	πᾶς, πᾶσα, πᾶν 2 b β	all things	633b
11	διδάσκαλος	teacher	191d
	δίδωμι 5	give	193d
	εὐαγγελιστής	evangelist	318c
	μέν 1 c	(particle)	503a
	ὁ, ἡ, τό I 2	the	549d
	ποιμήν 2 b γ	shepherd	684b
	προφήτης 5	prophet	724a
12	διακονία 1	service	184b
	ἔργον 1 b	manifestation	308a
	καταρτισμός	equipment	418a
	οἰκοδομή 1 b β	building	559a
	πρός III 3 a	toward	710a
	σῶμα 5	body	800a
13	ἀνήρ 2	man	66d
	ἑνότης	unity	267c
	ἐπίγνωσις	knowledge	291c
	ἡλικία 1 c α	age	345b
	ἡλικία 2	bodily stature	345c
	καταντάω 2 a	arrive	415b
	μέτρον 2 b	measure	515b
	μέχρι 2	until	515d
	πᾶς, πᾶσα, πᾶν 2 b α	in all respects	633a
	πίστις 2 d α	faith	663c
	πλήρωμα 3 b	that which fills	672c
	τέλειος 2 a α	mature	809b
	υἱός 2 b	son	835a
14	ἄνεμος 2	wind	64d
	διδασκαλία 2	teaching	191c
	κλυδωνίζομαι	be tossed	436d
	κυβεία	craftiness	456c
	μεθοδεία	craftiness	499a
	μηκέτι 1	no longer	518c
	νήπιος 1 b α	children	537d
	πανουργία	cunning	608a
	πᾶς, πᾶσα, πᾶν 1 a γ	every each	631c
	περιφέρω 2	carry about	653b
	πλάνη	wandering	665c
15	ἀγάπη I 1 a	love	5c
	ἀληθεύω	be truthful	36c
	αὐξάνω 3	grow	121d
	δέ 1 d	but, and	171c
	κεφαλή 2 a	head	430b

15	πᾶς, πᾶσα, πᾶν 2 b β	all things	633b
16	ἀγάπη I 1 a	love	5c
	αὔξησις	cause growth	122a
	ἁφή	ligament	125a
	εἷς 5 c	one	232a
	ἐν III 2	by	261a
	ἐνέργεια 1	working	265b
	ἐπιχορηγία	support	305b
	μέλος 3	member	501d
	μέρος 1 b β	part	506a
	μέτρον 2 b	measure	515b
	οἰκοδομή 1 b β	building	559a
	πᾶς, πᾶσα, πᾶν 1 c α	all	631d
	ποιέω II 1	do	683a
	συμβιβάζω 1 a	unite	777d
	συναρμολογέω	join together	785b
	σῶμα 5	body	800a
17	ἐν I 5 d	in	259d
	καθώς 1	just as	391b
	καί II 3	also	393c
	κύριος 2 c γ	lord	460a
	μαρτύρομαι 2	affirm	494b
	ματαιότης	futility	495d
	μηκέτι 4	no longer	518c
	νοῦς 3 a	the mind	544d
	οὖν 1 a	therefore	593a
	οὗτος 1 b β	this	597a
	περιπατέω 2 a γ	go about	649c
18	ἄγνοια 2	ignorance	11d
	ἀπαλλοτριόω	estrange	80b
	διάνοια 1	understanding	187a
	εἰμί III 4	to be	225c
	ζωή 2 b α	life	340c
	καρδία 1 b β	heart	403d
	πώρωσις	hardening	732a
	σκοτίζω 2	become dark	757c
	σκοτόω 2	dark	758a
19	ἀκαθαρσία 2	impurity	29a
	ἀπαλγέω	languish	80a
	ἀπελπίζω	despair	84a
	ἀσέλγεια	licentiousness	114d
	ἐργασία 1	practice	307c
	ὅστις 2 b	whoever	587a
	παραδίδωμι 1 b	give over	615b
	πᾶς, πᾶσα, πᾶν 1 a β	every each	631c
	πλεονεξία	greediness	667d
20	μανθάνω 1	learn	490b
21	ἀλήθεια 2 b	truth	36a
	γέ 3 a	(emphasizing particle)	152d
22	ἀναστροφή	conduct	61d
	ἄνθρωπος 2 c β	man	68d
	ἀπάτη 1	deception	82a
	ἀποτίθημι 1 b	lay aside	101a
	ἐπιθυμία 3	desire	293c
	παλαιός 2	old	605d
	πρότερος 1 a	earlier	721d
	φθείρω 2 a	ruin	857b
22b	κατά II 5 a δ	according to	407b

23	ἀνανεόω 1	renew	58b
	νοῦς 3 a	the mind	544d
	πνεῦμα 3 c	spirit	675d
24	ἀλήθεια 2 b	truth	36a
	ἄνθρωπος 2 c β	man	68d
	ἐνδύω 2 b	dress	264b
	καινός 3 b	new	394b
	κατά II 5 b α	according to	407c
	κτίζω	create	455c
	ὁσιότης	devoutness	585d
25	ἀλήθεια 2 a	truth	35d
	ἀλλήλων	each other	39c
	ἕκαστος 2	each	236d
	λαλέω 2 b	speak	463d
	μέλος 3	member	501d
	πλησίον 1 b	near	672d
	ψεῦδος	lie	892b
26	ἁμαρτάνω 1	sin	42c
	ἐπί II 2	at	288a
	ἐπιδύω	set	292c
	ἥλιος	the sun	345d
	μή A III 3 a	not	516d
	ὀργίζω	be angry	579d
	παροργισμός	anger	629d
27	διάβολος 2	the slanderer	182a
	δίδωμι 1 b α	give	193a
	μήτε	and not	519d
	τόπος 2 c	place	823b
28	ἀγαθός 2 a α	good	3c
	ἐργάζομαι 2 a	work	307a
	κλέπτω	steal	434c
	κοπιάω 2	become weary	443c
	μᾶλλον 3 a α	rather	489c
	μεταδίδωμι	share	511a
	μηκέτι 6 a	no longer	518c
	χείρ 1	hand	880a
	χρεία 2	need	885a
28a	ἔχω I 6 a	can	333c
28b	ἔχω I 2 i	have	333a
29	ἀγαθός 1 a β	good	2d
	ἐκπορεύομαι 2	go out	244c
	μή A III 3 a	not	516d
	οἰκοδομή 1 b α	building	559a
	πᾶς, πᾶσα, πᾶν 1 a α	every each	631b
	πρός III 3 c	toward	710b
	σαπρός 2	bad	742b
	στόμα 1 a	mouth	769d
	χάρις 3 a	favor	878a
	χρεία 3	need	885b
30	ἀπολύτρωσις 2 a	redemption	96b
	εἰς 2 a β	for	228c
	ἡμέρα 3 b β	day	347b
	λυπέω 1	grieve	481c
	πνεῦμα 5 c α	spirit	676c
	σφραγίζω 2 b	seal	796c
31	αἴρω 4	take away	24d
	βλασφημία 1	slander	143a
	θυμός 2	anger	365c
	κακία 1 b	malice	397a
31	κραυγή 1 a	shout	449c
	ὀργή 1	anger	578d
	πικρία 2	bitterness	657c
	σύν 4 b	with	782a
32	ἑαυτοῦ 3	oneself	212c
	εἰς 4 c β	(goal)	229b
	εὔσπλαγχνος	compassionate	326d
	καθώς 3	as	391c
	χρηστός 1 b α	useful	886b
32a	χαρίζομαι 2	give freely	876d
32b	χαρίζομαι 2	give freely	876d

Ephesians 5

1	ἀγαπητός 2	beloved	6c
	μιμητής 1	imitator	522a
	τέκνον 2 e	child	808d
	ὡς III 1 a	so	898a
2	ἀγαπάω 1 b α	love	4d
	ἀγάπη I 1 a	love	5c
	εὐωδία	fragrance	329d
	θυσία 2 a	sacrifice	366c
	ὀσμή 2	odor	586a
	παραδίδωμι 1 b	give over	615a
	περιπατέω 2 a δ	go about	649c
	προσφορά 2	presenting	720b
	ὑπέρ 1 a γ	in behalf of	838c
3	ἀκαθαρσία 2	impurity	28d
	μηδέ 2	not even	518a
	ὀνομάζω 2	name	574a
	πᾶς, πᾶσα, πᾶν 1 a β	every each	631c
	πλεονεξία	greediness	667d
	πορνεία 1	prostitution	693b
	πρέπω	be fitting	699b
4	αἰσχρότης	ugliness	25b
	ἀνήκω 2	it is proper	66b
	εὐτραπελία	buffoonery	327c
	εὐχαριστία 2	thankfulness	328c
	μᾶλλον 3 a α	rather	489c
	μωρολογία	silly talk	531b
	οὐ 3 d	no	590c
5	ἀκάθαρτος 2	impure	29a
	βασιλεία 3 b	kingdom	135b
	βασιλεία 3 g	kingdom	135d
	γινώσκω 6 c	know	161c
	εἰδωλολάτρης	idolater	221c
	εἰδωλολατρία	idolatry	221c
	ἔχω I 2 a	have	332a
	κληρονομία 3	inheritance	435a
	οἶδα	know	555d
	ὅς, ἥ, ὅ I 7 a	(rel pron)	584d
	πᾶς, πᾶσα, πᾶν 1 a α	every each	631b
	πλεονέκτης	a covetous person	667c
	πόρνος	fornicator	693d
6	ἀπατάω 1	deceive	82a
	ἀπείθεια	disobedience	82c

6	ἐπί III 1 b γ	on	289a
	ἔρχομαι I 2 c	come	311d
	κενός 2 a α	empty	427d
	λόγος 1 a δ	word	477d
	μηδείς 2 a	no	518a
	ὀργή 2 b	anger	579b
	υἱός 1 c δ	son	834b
7	συμμέτοχος	sharing with	778c
8	κύριος 2 c γ	lord	460a
	νῦν 1 c	now	545d
	περιπατέω 2 a γ	go about	649c
	σκότος 2 b	darkness	758a
	τέκνον 2 f β	child	808d
	ὡς I 2 a	as	897b
8a	φῶς 3 c	light	872c
8b	φῶς 3 a	light	872c
9	ἀγαθωσύνη	goodness	3d
	ἀλήθεια 1	truthfulness	35d
	δικαιοσύνη 2 b	righteousness	196d
	κάρπος 2 a	result	404d
	φῶς 3 a	light	872c
10	δοκιμάζω 1	examine	202c
	εὐάρεστος 1	pleasing	318d
11	ἄκαρπος 2	unfruitful	29d
	ἐλέγχω 1	expose	249b
	ἔργον 1 c β	deed	308b
	ἔργον 1 c β	deed	308b
	μᾶλλον 3 a α	rather	489c
	σκότος 2 b	darkness	758a
	συγκοινωνέω 1	be connected	774b
12	αἰσχρός	shameful	25b
	αὐτός 3 b	(oblique case)	123c
	γίνομαι I 2 a	created	158c
	καί II 2	even	393b
	κρυφῇ	in secret	454d
	λέγω II 2	speak	470a
	ὑπό 1 b	by	843b
13	ἐλέγχω 1	expose	249b
	φῶς 3 a	light	872b
13f	φανερόω 1 b	reveal	852d
14	ἀνίστημι 2 a	rise	70b
	ἐγείρω 1 b	raise up	214d
	ἐπιφαύσκω	arise	304c
	ἐπιψαύω	attain	305b
	καθεύδω 2 b	sleep	388d
	λέγω I 7	say	468d
	νεκρός 2 b	dead	535b
	πᾶς, πᾶσα, πᾶν 1 c γ	whoever	632a
	φῶς 1 b β	light	872a
	Χριστός 1	Anointed One	887b
15	ἀκριβῶς	accurately	33b
	ἄσοφος	unwise	116c
	βλέπω 4 c	see	143d
	περιπατέω 2 a γ	go about	649c
	πῶς 2 a	how	732c
	σοφός 3	learned	760c
16	ἐξαγοράζω 2	redeem	271c
	ἡμέρα 4 b	time	347c
16	καιρός 2	time	395a
	πονηρός 1 b β	wicked	691b
17	ἄφρων	foolish	127d
	θέλημα 1 c γ	will	354c
	συνίημι	understand	790a
	συνίημι	understand	790b
	συνίημι	understand	790b
18	ἀσωτία	debauchery	119c
	εἰμί III 4	to be	225c
	μεθύσκω	get drunk	499b
	οἶνος 1	wine	562b
	πληρόω 1 b	make full	671a
	πνεῦμα 5 d β	spirit	677a
19	ᾄδω	sing	19b
	λαλέω 2 a ε	speak	463c
	πνευματικός 2 a β	spiritual	679a
	ὕμνος	hymn	836c
	ψάλλω	sing	891a
	ψαλμός 2	psalm	891b
	ᾠδή	song	895c
20	εὐχαριστέω 2	give thanks	328b
	θεός 3 d	God	357d
	κύριος 2 c γ	lord	460b
	ὁ, ἡ, τό II 10 b	the	552d
	ὄνομα I 4 c γ	name	572d
	πατήρ 3 e	father	636b
	ὑπέρ 1 d	in behalf of	839a
21	ὑποτάσσω 1 b β	subject	848b
	φόβος 2 b α	fear	864a
22	ἴδιος 2 b	ones own	370a
	ὑποτάσσω 1 b β	subject	848a
	ὡς III 1 a	so	898a
22ff	ἀνήρ 1	man	66c
23	σῶμα 5	body	800a
	σωτήρ 2	savior	801a
23a	κεφαλή 2 a	head	430b
23b	κεφαλή 2 a	head	430b
23ff	ἐκκλησία 4 d	church	241a
24	ἀλλά 6	now	39a
	πᾶς, πᾶσα, πᾶν 2 a β	every respect	632d
	ὑποτάσσω 1 b β	subject	848b
25	ἀγαπάω 1 a α	love	4c
	παραδίδωμι 1 b	give over	615a
	ὑπέρ 1 a ε	in behalf of	838d
26	ἁγιάζω 2	consecrate	8d
	καθαρίζω 2 b α	cleanse	387c
	λουτρόν	washing	480d
	ῥῆμα 1	word	735c
	ὕδωρ 1	water	833a
27	ἅγιος 1 b α	dedicated to God	9d
	ἄμωμος 2 a	blameless	48a
	ἐκκλησία 4 d	church	241a
	ἔνδοξος 2	glorious	263b
	παρίστημι 1 c	render	628a
	ῥυτίς	wrinkle	738c
	σπίλος	spot	762d
	τὶς, τὶ 1 b α	any one	820b
	τοιοῦτος 3 a β	such a kind	821c
28	ἀγαπάω 1 a α	love	4c
	ὀφείλω 2 a β	owe	599a

28	σῶμα 1 b	body	799c
	ὡς I 1	as	897a
29	ἐκκλησία 4 d	church	241a
	ἐκτρέφω 1	nourish	246c
	θάλπω	cherish	350c
	μισέω 2	hate	522d
	ποτέ 1	once	695b
	σάρξ 2	body	743c
30	μέλος 3	member	501d
	ὀστέον	bone	586d
	σάρξ 1	flesh	743b
	σῶμα 5	body	800a
31	ἄνθρωπος 2 b α	man	68d
	ἀντί 3	for	73d
	δύο 1 d	two	209b
	εἰμί III 2	to be	225a
	καταλείπω 1 a	leave behind	413c
	προσκολλάω	adhere closely to	716a
	σάρξ 2	body	743d
32	δέ 2	but, and	171c
	ἐκκλησία 4 d	church	241a
	λέγω I 2 a	say	468c
	λέγω II 1 e	declare	469d
	μέγας 2 b β	great	498b
	μυστήριον 2	mystery	530c
	μυστήριον 4 b	mystery	530d
	οὗτος 2 b	this	597b
33	ἀγαπάω 1 a α	love	4c
	εἷς 5 e	one	232b
	ἵνα III 2	in order that	378b
	οὕτω 2	thus	598a
	πλήν 1 c	but	669c
	φοβέω 2 b	be afraid	863c
	ὡς I 1	as	897a

Ephesians 6

1	γονεύς	parents	165a
	δίκαιος 5	righteous	196a
	ἐν I 5 d	in	259d
	κύριος 2 c γ	lord	460a
	τέκνον 1 a α	child	808b
	ὑπακούω 1	listen to	837b
2	ἐντολή 2 a γ	command	269a
	ἐπαγγελία 2 a	promise	280c
	πρῶτος 1 c α	first	726a
	τιμάω 2	honor	817b
3	γῆ 5 b	earth	157d
	γίνομαι I 3 b β	take place	159a
	εὖ	well	317b
	μακροχρόνιος	long lived	488c
4	ἐκτρέφω 2	nourish	246c
	νουθεσία	admonition	544b
	παιδεία 1	training	603c
	παροργίζω	make angry	629d
	τέκνον 1 a α	child	808b
5	ἁπλότης 1	simplicity	85d
	δοῦλος 1 a	slave	205d
	καρδία 1 b	heart	404b
5	κατά II 7 a	(adj phrase)	408a
	κύριος 1 a β	lord	459b
	μετά A III 1	with	509d
	σάρξ 6	body	744a
	τρόμος	trembling	827a
	ὑπακούω 1	listen to	837b
	φόβος 2 b β	fear	864a
	ὡς III 1 a	so	898a
6	ἀνθρωπάρεσκος	men pleaser	67d
	δοῦλος 4	slave	206a
	ἐκ 3 g γ	by	235c
	θέλημα 1 c γ	will	354c
	κατά II 5 b β	according to	407d
	μή A III 6	not	517a
	ὀφθαλμοδουλία	eye service	599b
	ποιέω I 1 c α	do	682a
	ψυχή 1 b γ	soul, life	893c
6a	ὡς I 2 a	as	897b
6b	ὡς I 2 a	as	897b
7	δουλεύω 2 a	serve	205a
	εὔνοια 2	zeal	323c
	κύριος 2 a	lord	459b
	μετά A II 3 a	with	509c
	μετά A III 1	with	509d
	ὡς III 1 a	so	898a
8	δοῦλος 1 b	slave	205d
	ἐλεύθερος 1	free	250d
	κομίζω 2 a	bring	443a
	κύριος 2 c γ	lord	460a
	παρά I 3 b	from	610a
9	ἀνίημι 3	abandon	69d
	ἀπειλή	threat	83a
	αὐτός 4 b	the same	123d
	εἰμί III 4	to be	225b
	εἰμί III 8 b	to be	225d
	οὐρανός 2 a	heaven	594d
	παρά II 2 d	beside	610d
	προσωποληψία	partiality	720d
9a	κύριος 1 a β	lord	459a
10	δυναμόω	strengthen	208c
	ἐνδυναμόω 2 b	become strong	263d
	ἰσχύς	strength	383c
	κράτος 3	power	449b
	κύριος 2 c γ	lord	460a
	λοιπός 3 a β	the rest	480b
	πανοπλία 2	full armor	608a
11	διάβολος 2	the slanderer	182a
	ἐνδύω 2 a	dress	264a
	ἵστημι II 1 c	stand	382c
	μεθοδεία	craftiness	499a
	πανοπλία 2	full armor	608a
11a	πρός III 3 a	toward	710b
12	αἷμα 1 a	blood	22c
	ἀρχή 3	ruler	112c
	ἐξουσία 4 c β	authority	278d
	κοσμοκράτωρ	world ruler	445c
	μεθοδεία	craftiness	499a

12	πάλη	struggle	606a
	πνευματικός 3	spiritual	679b
	πονηρία	wickedness	690c
	πρός III 4 a	toward	710b
	σάρξ 3	body	743d
	σκότος 2 b	darkness	758a
13	ἀναλαμβάνω 2	take up	56d
	ἀνθίστημι 3	set against	67b
	ἡμέρα 4 a	time	347c
	ἵστημι II 1 c	stand	382c
	κατεργάζομαι 1	achieve	421d
	κατεργάζομαι 4	achieve	421d
	πανοπλία 2	full armor	608a
	πανοπλία 2	full armor	608a
	πονηρός 1 b β	wicked	691b
14	ἀλήθεια 2 b	truth	36a
	δικαιοσύνη 2 b	righteousness	196d
	ἐνδύω 2 a	dress	264a
	θώραξ 1	breastplate	367c
	ἵστημι II 1 d	stand	382c
	ὀσφῦς 1	waist	587d
	περιζώννυμι 2 c	gird about	647c
15	εἰρήνη 3	peace	227d
	ἑτοιμασία	preparation	316c
	εὐαγγέλιον 1 b	gospel	318a
	εὐαγγέλιον 2 b α	gospel	318a
	πούς 1 a	foot	696c
	ὑποδέω	tie	844b
16	ἀναλαμβάνω 2	take up	56d
	βέλος	arrow	139b
	θυρεός	shield	366a
	ὁ, ἡ, τό II 2 a	the	551a
	πίστις 2 d α	faith	663c
	πονηρός 2 b	wicked	691b
	πυρόω 1 a	set on fire	731b
	σβέννυμι	extinguish	745b
	σβέννυμι 1	extinguish	745b
16b	πᾶς, πᾶσα, πᾶν 1 d α	all	632a
17	δέχομαι 2	grasp	177c
	μάχαιρα 2	sword	496c
	ὅς, ἥ, ὅ I 4 c	(rel pron)	584b
	περικεφαλαία	helmet	648a
	πνεῦμα 5 d α	spirit	677a
	ῥῆμα 1	word	735d
	σωτήριος 2	saving	802a
18	ἀγρυπνέω 2	guard	14a
	δέησις	prayer	172a
	δέησις	prayer	172a
	δέησις	prayer	172a
	διά A III 1 b	by means of	180b
	καιρός 1	time	394d
	πνεῦμα 5 d β	spirit	677a
	προσευχή 1	prayer	713b
	προσεύχομαι	pray	714a
	προσκαρτέρησις	patience	715d
18c	πᾶς, πᾶσα, πᾶν 1 a δ	all	631c
19	ἄνοιξις	opening	71d
	γνωρίζω 1	make known	163c
	εὐαγγέλιον 1 b	gospel	318a
19	ἵνα II 1 c α	in order that	377d
	λόγος 1 a β	word	477c
	μυστήριον 2	mystery	530c
	παρρησία 3 a	courage	630d
	στόμα 1 a	mouth	769d
20	ἅλυσις 2	imprisonment	41c
	ἐν II 3	while	260c
	παρρησιάζομαι 1	speak freely	631a
	πρεσβεύω	be an ambassador	699c
	ὡς I 1	as	897a
21	ἀγαπητός 2	beloved	6c
	γνωρίζω 1	make known	163c
	διάκονος 1 b	helper	184d
	ἐν I 5 d	in	260a
	κατά II 6	with respect to	407d
	κύριος 2 c γ	lord	460a
	ὁ, ἡ, τό II 5	the	552a
	πιστός 1 a α	trustworthy	664c
	πράσσω 1 a	do	698b
	πράσσω 2 b	be situated	698d
	Τυχικός	Tychicus	831c
22	αὐτός 1 h	even	123a
	εἰς 4 f	(purpose)	229d
	ἵνα I 5	in order that	377b
	καρδία 1 b ε	heart	404b
	παρακαλέω 4	implore	617d
	πέμπω 1	send	641d
	πέμπω 1	send	642a
	περί 1 i	about	645a
23	ἀγάπη I 1 a	love	5c
	ἀδελφός 2	brother	16b
	ἀπό V 4	from	88b
	εἰρήνη 2	peace	227d
	θεός 3 d	God	357d
	κύριος 2 c γ	lord	460b
	μετά A II 6	with	509d
	πατήρ 3 e	father	636b
	πίστις 2 d γ	faith	663d
24	ἀφθαρσία	incorruptibility	125b
	κύριος 2 c γ	lord	460b
	μετά A II 1 c γ	with	509a
	πᾶς, πᾶσα, πᾶν 1 d β	all	632b
	χάρις 2 c	favor	877d

Philippians 1

1	διάκονος 1 c	helper	184d
	δοῦλος 4	slave	206a
	ἐν I 5 d	in	259d
	ἐπίσκοπος 2	overseer	299b
	Παῦλος 2	Paul	637c
	σύν 4 b	with	782a
	συνεπίσκοπος	fellow-bishop	787b
	Τιμόθεος	Timothy	818b
	Φίλιπποι	Philippi	860a
2	ἀπό V 4	from	88b
	θεός 3 d	God	357d
	κύριος 2 c γ	lord	460b

2	πατήρ 3 c β	father	636a
	χάρις 2 c	favor	877d
3	ἐπί II 2	at	288a
	εὐχαριστέω 2	give thanks	328b
	θεός 3 c	God	357c
	μνεία 2	mention	524c
	πᾶς, πᾶσα, πᾶν 1 c β	all	632a
4	δέησις	prayer	172a
	δέησις	prayer	172a
	πᾶς, πᾶσα, πᾶν 1 e α	all	632b
	ποιέω II 1	do	683a
	χαρά 1	joy	875c
5	ἀπό II 2 b	from	87a
	ἄχρι 1 a	until	128d
	εἰς 4 c β	(goal)	229b
	εὐαγγέλιον 1 a	gospel	318a
	ἡμέρα 2	day	346c
	κοινωνία 1	association	439a
	νῦν 3 b	now	546a
	πρῶτος 1 a	first	725b
6	αὐτός 1 h	even	123a
	ἄχρι 1 a	until	128d
	ἐνάρχομαι	begin	262b
	ἐπιτελέω 1	end	302b
	ἔργον 1 c β	deed	308b
	ἡμέρα 3 b β	day	347b
	πείθω 2 b	convince	639d
7	ἀπολογία 2 b	defense	96a
	βεβαίωσις	confirmation	138d
	δεσμός 1	fetter	176b
	δίκαιος 5	righteous	196a
	εὐαγγέλιον 1 b	gospel	318a
	ἔχω I 2 j	have	333b
	καθώς 3	as	391c
	καρδία 1 b ζ	heart	404b
	συγκοινωνός	participant	774c
	ὑπέρ 1 a δ	in behalf of	838c
	φρονέω 1	think	866b
	χάρις 4	favor	878b
7a	πᾶς, πᾶσα, πᾶν 1 e α	all	632b
7b	πᾶς, πᾶσα, πᾶν 1 e α	all	632b
8	ἐπιποθέω	desire	297d
	μάρτυς 2 a	witness	494b
	πᾶς, πᾶσα, πᾶν 1 e α	all	632b
	σπλάγχνον 1 c	affection	763a
	ὡς IV 4	when	899a
9	ἀγάπη I 1 a	love	5c
	αἴσθησις	insight	25a
	ἐπίγνωσις	knowledge	291c
	ἔτι 2 b	still	316a
	ἵνα II 1 e	in order that	378a
	μᾶλλον 1	more	489a
	πᾶς, πᾶσα, πᾶν 1 a β	every each	631c
	περισσεύω 1 a δ	be left over	651a
	προσεύχομαι	pray	714a
10	ἀπρόσκοπος 1	blameless	102c
	διαφέρω 2 b	be superior	190c
	δοκιμάζω 2 b	approve	202d
	εἰλικρινής	sincere	222d
	εἰς 2 a α	until	228c

10	ἡμέρα 3 b β	day	347b
11	δικαιοσύνη 2 b	righteousness	196d
	δόξα 3	fame	204a
	ἔπαινος 1 b	praise	281d
	κάρπος 2 a	result	404d
	πληρόω 1 b	make full	671a
12	βούλομαι 2 a δ	desire	146b
	γινώσκω 6 c	know	161c
	ἔρχομαι I 2 c	come	311c
	εὐαγγέλιον 1 b	gospel	318a
	κατά II 6	with respect to	407d
	μᾶλλον 1	more	489a
	ὁ, ἡ, τό II 5	the	552a
	προκοπή	progress	707d
13	γίνομαι I 4 b	become	159d
	λοιπός 2 b α	the others	480a
	πραιτώριον	the praetorium	697c
	φανερός 1	clear	852c
	ὥστε 2 a β	so that	900a
13f	δεσμός 1	fetter	176b
14	ἀδελφός 2	brother	16b
	ἀφόβως 1	fearlessly	127a
	ἐν I 5 d	in	259d
	κύριος 2 c γ	lord	460a
	λαλέω 2 b	speak	463d
	λόγος 1 b β	word	478b
	πείθω 2 a	convince	639c
	περισσοτέρως 1	more	651d
	πολύς II 2 a α	many	689b
	πολύς II 2 a γ	many	689c
	τολμάω 1 a	dare	821d
15	διά B II 1	because of	181b
	ἔρις	strife	309c
	ἔρις	strife	309d
	εὐδοκία 1	good will	319c
	κηρύσσω 2 b β	announce	431c
	μέν 1 c	(particle)	503a
	τὶς, τὶ 1 a ε	any one	820b
	φθόνος	envy	857d
	Χριστός 1	Anointed One	887b
16	ἀγάπη I 1 a	love	5c
	ἀπολογία 2 b	defense	96a
	εὐαγγέλιον 1 b	gospel	318a
	κεῖμαι 2 a	set	426d
	μέν 1 c	(particle)	503a
16f	ὁ, ἡ, τό I 2	the	549d
17	ἁγνῶς	purely	12b
	δεσμός 1	fetter	176b
	ἐγείρω 1 a ε	raise up	214d
	ἐπιφέρω 2 b	bring over	304c
	ἐριθεία	selfishness	309c
	θλῖψις 2	tribulation	362c
	καταγγέλλω 2	proclaim	409c
	οἴομαι	think	562c
	οὐ 2 b	no	590b
18	ἀλήθεια 3	reality	36b
	ἀλλά 3	but, yet	38d
	γάρ 1 f	what	152b
	καταγγέλλω 2	proclaim	409c
	πλήν 1 c	but	669c

18	πλήν 1 d	but	669c
	πρόφασις 2	actual motive	722c
	τίς, τί 1 b ε	which	819c
	τρόπος 1	manner	827c
18a	χαίρω 1	rejoice	873b
18b	χαίρω 1	rejoice	873d
19	ἀποβαίνω 2	turn out	88d
	δέησις	prayer	171d
	ἐπιχορηγία	support	305b
	πνεῦμα 5 b	spirit	676c
	σύ 3	you	772c
	σωτηρία 2	deliverance	801d
20	αἰσχύνω 2	be ashamed	25d
	ἀποκαραδοκία	eager expectation	92c
	ἐλπίς 2 b	hope	253b
	ἐλπίς 2 b	hope	253b
	ἐν III 2	by	261a
	ζωή 1 a	life	340b
	θάνατος 1 a	death	350d
	καί II 3	also	393c
	καραδοκία	eager expectation	403b
	μεγαλύνω 2	exalt	497b
	νῦν 1 b	now	545d
	νῦν 1 c	now	545d
	οὐδείς 2 b γ	in no respect	592b
	παρρησία 2	openly	630d
	πᾶς, πᾶσα, πᾶν 1 a δ	all	631c
	σῶμα 1 b	body	799c
	ὡς II 1	so	897c
21	ἀποθνῄσκω 1 a α	die	91b
	ζάω 2 b α	live	336c
	κέρδος	gain	429d
22	αἱρέω 2	choose	24b
	γνωρίζω 2	know	163c
	ἔργον 2	work	308c
	ζάω 1 b	live	336b
	καί I 2 h	and	393a
	καρπός 2 b	gain	405a
	οὗτος 1 a ε	this	596d
	σάρξ 5	body	744a
	τίς, τί 1 b γ	which	819b
23	ἀναλύω 2	depart	57c
	ἐπιθυμία 2	desire	293b
	ἔχω I 2 e β	have	332d
	κρείττων 2	better	450a
	μᾶλλον 1	more	489b
	πολύς I 2 c α	many	689a
	σύν 1 c	with	781c
	συνέχω 5	distress	789b
24	ἀναγκαῖος 1	necessary	52b
	ἐπιμένω 1	remain	296b
	σάρξ 5	body	744a
25	μένω 1 c α	remain	504b
	παραμένω 1 b	remain	620c
	πείθω 2 b	convince	639d
	πίστις 2 d α	faith	663c
	προκοπή	progress	707d
	σύ 3	you	772c
	συμπαραμένω	stay with	779a

25	χαρά 1	joy	875c
26	ἵνα I 1 d	in order that	377a
	καύχημα 1	boast	426a
	πάλιν 1 a	back	606c
	παρουσία 2 a	coming	630a
	περισσεύω 1 a β	be left over	650d
	πρός III 7	by	711a
27	ἀξίως	worthily	78d
	ἄπειμι I	be absent	83a
	εἶδον 1 a	see	220d
	εἷς 2 a	one	231a
	ἔρχομαι I 1 a ζ	come	310d
	εὐαγγέλιον 1 b	gospel	318a
	εὐαγγέλιον 2 b α	gospel	318b
	ὁ, ἡ, τό II 5	the	552a
	περί 1 i	about	645a
	πίστις 2 c	faith	663b
	πνεῦμα 3 a	spirit	675b
	πολιτεύομαι 3	live	686c
	στήκω 2	stand	768a
	συναθλέω	struggle with	783b
	ψυχή 1 b γ	soul, life	893c
28	ἀντίκειμαι	be opposed	74c
	ἀπό V 4	from	88b
	ἀπώλεια 2	destruction	103c
	ἔνδειξις 1	sign	262d
	μηδείς 2 b α	nothing	518b
	μηδείς 2 b δ	nothing	518b
	πτύρω	frighten	727d
	σωτηρία 2	deliverance	801c
	σωτηρία 2	deliverance	801c
29	ἀλλά 1 a	but, yet	38a
	πάσχω 3 a β	suffer	634b
	πιστεύω 2 a β	believe	661c
	χαρίζομαι 1	give freely	876c
	χαρίζομαι 1	give freely	876c
29a	ὑπέρ 1 d	in behalf of	839a
29b	ὑπέρ 1 d	in behalf of	839a
30	ἀγών 2	struggle	15a
	αὐτός 4 a	the same	123d
	εἶδον	see	220c
	εἶδον 1 a	see	220d
	ἐν I 2	in	258d
	ἔχω I 2 i	have	333a
	νῦν 1 c	now	545d
	οἷος	of what sort	562d

Philippians 2

1	ἀγάπη I 1 a	love	5c
	κοινωνία 1	association	439a
	κοινωνία 2	association	439b
	οἰκτιρμός	pity	561d
	παράκλησις 1	encouragement	618a
	παράκλησις 3	comfort	618b
	παραμύθιον	encouragement	621a
	πνεῦμα 5 d β	spirit	677a
	σπλάγχνον 1 b	inward parts	763a

2	ἀγάπη I 1 a	love	5c
	εἷς 2 a	one	231a
	ἔχω I 2 e β	have	332d
	πληρόω 3	make full	671b
	σύμψυχος	harmonious	781b
	χαρά 1	joy	875d
2a	φρονέω 1	think	866b
2b	φρονέω 1	think	866b
3	ἐριθεία	selfishness	309c
	ἡγέομαι 2	consider	343d
	κατά II 5 b β	according to	407d
	κενοδοξία 1	vanity	427c
	ταπεινοφροσύνη	humility	804c
	ὑπερέχω 2 b	surpass	841a
4	ἕκαστος 2	each	236d
	ἕτερος 1 b ε	another	315c
	ὁ, ἡ, τό II 7	the	552b
	πέλας	near	641c
	σκοπέω	notice	756d
5	φρονέω 3	think	866c
5-11	ἁρπαγμός 2	robbery	108c
6	ἁρπαγμός 1	robbery	108c
	ἡγέομαι 2	consider	343d
	ἴσος	equal	381b
	μορφή	form	528c
	ὑπάρχω 2	be	838b
7	ἄνθρωπος 1 a β	man	68b
	γίνομαι II 4 a	be	160c
	δοῦλος 1 e β	slave	205d
	εὑρίσκω 2	find	325d
	κενόω 1	make empty	428b
	λαμβάνω 1 a	take	464c
	μορφή	form	528b
	ὁμοίωμα 4	likeness	567d
	σχῆμα 1	bearing	797b
	ὡς III 1 c	so	898b
8	δέ 2	but, and	171c
	μέχρι 1 c	until	515d
	σταυρός 1	the cross	764d
	ταπεινόω 2 a	lower	804d
8a	θάνατος 1 b β	death	351a
8b	θάνατος 1 d	death	351b
9	ὄνομα I 4 c β	name	572c
	ὑπέρ 2	beyond	839c
	ὑπερυψόω 1	raise to loftiest height	842a
	χαρίζομαι 1	give freely	876c
10	γόνυ	knee	165a
	ἐπίγειος 2 b	earthly	290d
	ἐπουράνιος 2 b	heavenly	306b
	ἵνα I 2	in order that	377a
	κάμπτω 2	bend	402c
	καταχθόνιος	under the earth	420d
	ὄνομα I 4 c γ	name	572d
11	γλῶσσα 2	language	162b
	δόξα 3	fame	204a
	ἐξομολογέω 2 b	confess	277a
	θεός 3 d	God	357d
	κύριος 2 c γ	lord	460b
	πατήρ 3 e	father	636c
12	ἀγαπητός 2	beloved	6c
	ἀπουσία	absence	101d
	ἐν II 2	while	260b
	κατεργάζομαι 2	achieve	421d
	μᾶλλον 2 a	rather	489b
	μετά A III 1	with	509d
	μόνος 2 c α	only	528a
	παρουσία 1	presence	629d
	πολύς I 2 c α	many	688d
	σωτηρία 2	deliverance	801c
	τρόμος	trembling	827a
	ὑπακούω 1	listen to	837b
	φόβος 2 b α	fear	863d
	ὥστε 1 b	therefore	899d
13	ἐν I 5 a	in	259c
	εὐδοκία 1	good will	319c
	θέλω 2	wish	355c
	καί I 6	and	393b
	ὑπέρ 1 e	in behalf of	839a
13a	ἐνεργέω 2	work	265c
13b	ἐνεργέω 1 a	work	265b
14	γογγυσμός 1	complaint	164c
	διαλογισμός 2	doubt	186b
	πᾶς, πᾶσα, πᾶν 2 a δ	everything	633a
	χωρίς 2 b β	apart	890d
15	ἀκέραιος	pure	30c
	ἄμεμπτος	blameless	45a
	ἀμώμητος	blameless	47d
	ἄμωμος 2 a	blameless	48a
	γενεά 2	generation	154a
	διαστρέφω 1 b	pervert	189a
	κόσμος 2	world	446a
	μέσος 3 b	the middle	508a
	ὅς, ἥ, ὅ I 3 b γ	(rel pron)	584a
	σκολιός 2	crooked	756c
	τέκνον 2 e	child	808d
	φαίνω 2 a	shine	851c
	φωστήρ 1	light giving body	872d
16	εἰς 2 a β	for	228c
	εἰς 4 e	so that	229c
	ἐπέχω 1	hold fast	285c
	ζωή 2 b α	life	340d
	ἡμέρα 3 b β	day	347b
	καύχημα 1	boast	426a
	κοπιάω 2	become weary	443c
	λόγος 1 b β	word	478b
	τρέχω 2 a	run	825d
16a	κενός 2 a β	empty	428a
16b	κενός 2 a β	empty	428a
17	εἰ VI 4	even if	220a
	ἐπί II 2	at	288a
	θυσία 1	act of offering	366b
	θυσία 2 b	sacrifice	366c
	λειτουργία 2	service	471a
	πίστις 2 d α	faith	663c
	σπένδω	offer a libation	761d
17f	συγχαίρω 1	rejoice with	775a
	συγχαίρω 2	rejoice with	775a
	χαίρω 1	rejoice	874a
19	ἐλπίζω 2	hope	252c

19	ἐν I 5 d	in	259d
	εὐψυχέω	be glad	329d
	πέμπω 1	send	642a
	ταχέως 1 a	quickly	806d
	Τιμόθεος	Timothy	818c
19f	περί 1 i	about	645a
20	γνησίως	sincerely	163a
	ἔχω I 2 d	have	332c
	ἰσόψυχος	of like soul	381b
	μεριμνάω 2	be concerned about	505a
	ὅστις 2 b	whoever	587a
21	ζητέω 2 b α	seek	339a
	ὁ, ἡ, τό II 7	the	552b
	πᾶς, πᾶσα, πᾶν 2 b α	in all respects	633a
22	δοκιμή 1	character	202d
	δουλεύω 2 c	serve	205c
	εὐαγγέλιον 1 a	gospel	318a
	σύν 2 a	with	781d
	τέκνον 1 a β	child	808c
	ὡς I 2 a	as	897b
23	ἄν 3 d	(particle)	49a
	ἀφοράω 2	see	127b
	ἐλπίζω 2	hope	252c
	ἐξαυτῆς	at once	273d
	ὁ, ἡ, τό II 5	the	552a
	πέμπω 1	send	641d
	περί 2 d	about	645c
	ὡς IV 1 c α	when	898d
24	κύριος 2 c γ	lord	460a
	πείθω 2 a	convince	639d
	ταχέως 1 a	quickly	806d
25	ἀδελφός 2	brother	16b
	ἀναγκαῖος 1	necessary	52b
	ἀπόστολος 1	messenger	99c
	Ἐπαφρόδιτος	Epaphroditus	284a
	ἡγέομαι 2	consider	343c
	λειτουργός 3	servant	471c
	πέμπω 1	send	641d
	συνεργός	working with	787d
	συστρατιώτης	fellow soldier	795c
	χρεία 2	need	885a
26	ἀδημονέω	troubled	16d
	διότι 1	because	199b
	ἐπειδή 2	since	284b
	ἐπιποθέω	desire	297d
26f	ἀσθενέω 1 a	be sick	115b
27	γάρ 1 e	for	152a
	ἐλεέω	have mercy	249d
	ἐπί II 1 b β	to	287a
	ἐπί III 1 b β	to	289a
	ἔχω I 2 e β	have	332d
	θάνατος 1 a	death	350d
	λύπη	grief	482a
	μόνος 2 c α	only	528a
	παραπλήσιος	coming near	621c
28	ἄλυπος	free from anxiety	41c
	οὖν 1 a	therefore	593a
	πάλιν 1 b	again	606d

28	πέμπω 1	send	641d
	σπουδαίως 1	with haste	763d
	χαίρω 1	rejoice	873d
29	ἐν I 5 d	in	260a
	ἔντιμος 1 b	honored	269a
	ἔχω I 5	consider	333b
	κύριος 2 c γ	lord	460a
	οὖν 1 b	therefore	593a
	πᾶς, πᾶσα, πᾶν 1 a δ	all	631c
	προσδέχομαι 1 a	receive	712b
	χαρά 1	joy	875c
30	ἀναπληρόω 3	replace	59d
	ἐγγίζω 4	approach	213c
	ἔργον 2	work	308b
	θάνατος 1 c	death	351b
	λειτουργία 2	service	471a
	μέχρι 1 c	until	515d
	παραβολεύομαι	risk	612b
	παραβουλεύομαι	be careless	613a
	ὑστέρημα 1	need	849c
	ψυχή 1 a β	soul, life	893b

Philippians 3

1	ἀσφαλής 2	safe	119a
	ἐν I 5 d	in	260a
	μέν 1 b	(particle)	502d
	ὁ, ἡ, τό II 6	the	552a
	ὀκνηρός 2	causing fear	563a
	χαίρω 1	rejoice	873d
	χαίρω 1	rejoice	873d
	χαίρω 2 a	rejoice	874a
2	βλέπω 6	see	143d
	ἐργάτης 1 b	workman	307d
	κακός 1 a	bad	397d
	κατατομή	mutilation	419d
	κύων 2	dog	461b
3	καυχάομαι 1	boast	425d
	λατρεύω	serve	467c
	οὐ 3 b	no	590b
	περιτομή 4 b	circumcision	653a
	πνεῦμα 5 a	spirit	676b
3f	πείθω 2 a	convince	639c
	σάρξ 6	body	744b
4	ἄλλος 1 d	other	40b
	δοκέω 1 a	think	201d
	ἔχω I 2 e β	have	332d
	καίπερ	although	394c
	μᾶλλον 1	more	489a
	πεποίθησις 1	trust	643c
	τὶς, τὶ 2 a γ	any one	820c
5	Βενιαμ(ε)ίν	Benjamin	139c
	γένος 3	nation	156c
	Ἑβραῖος 1	Hebrew	213b
	ἐκ 3 b	from	235a
	ἐκ 3 b	from	235a
	Ἰσραήλ 1	Israel	381c
	κατά II 6	with respect to	407d
	νόμος 3	law	542c

5 ὀκταήμερος 563a
on the eighth day
περιτομή 1 circumcision 652d
Φαρισαῖος Pharisee 853d
φυλή 1 tribe 868d
6 ἄμεμπτος blameless 45a
δικαιοσύνη 2 a 196c
righteousness
διώκω 2 persecute 201b
ἐκκλησία 4 d church 241a
ζῆλος zeal 337d
ζῆλος 1 zeal 337d
νόμος 3 law 542c
6a κατά II 5 b β according to 407d
6b κατά II 6 with respect to 407d
7 ζημία loss 338c
ἡγέομαι 2 consider 343d
οὗτος 1 a ε this 596d
8 ἀλλά 3 but, yet 38d
γέ 3 e of course 153a
γνῶσις 2 knowledge 164a
ζημία loss 338c
ζημιόω 1 suffer damage 338c
ἵνα I 1 a in order that 376d
κερδαίνω 1 b to gain 429c
κύριος 2 c γ lord 460b
μενοῦνγε rather 503c
σκύβαλον refuse 758b
ὑπερέχω 2 c surpass 841a
8a ἡγέομαι 2 consider 343d
8b ἡγέομαι 2 consider 343d
πᾶς, πᾶσα, πᾶν 2 b β 633b
all things
9 δικαιοσύνη 3 righteousness 197a
ἐκ 3 c from 235a
ἐν I 5 d in 259d
ἐπί II 1 b γ on 287b
εὑρίσκω 1 b find 325b
θεός 3 b God 357c
νόμος 3 law 542c
9a πίστις 2 b β faith 663a
9b πίστις 2 d α faith 663c
10 ἀνάστασις 2 a resurrection 60b
ἀνάστασις 2 b resurrection 60c
θάνατος 1 b β death 351a
κοινωνία 4 association 439b
ὁ, ἡ, τό II 4 b ζ the 551d
πάθημα 1 suffering 602c
συμμορφίζω grant 778d
συμμορφόω 778d
give the same form
συμφορτίζω 780c
burden together
11 εἰ VI 12 b if 220b
ἐξανάστασις resurrection 272d
καταντάω 2 a arrive 415b
νεκρός 2 a dead 535a
12 διώκω 1 hasten 201b
εἰ V 2 b whether 219d
ἐπί II 1 b γ on 287d
ἤ 1 c nor 342b
12 λαμβάνω 1 g 465a
make ones own
ὅς, ἥ, ὅ I 11 d (rel pron) 585a
ὅτι 1 c that 589a
τελειόω 2 e α make perfect 810a
τελειόω 3 consecrate 810b
ὑπό 1 a α by 843a
12a καταλαμβάνω 1 a seize 413a
12b καταλαμβάνω 1 a seize 413a
13 εἷς 2 b one 231c
ἔμπροσθεν 1 a ahead 257a
ἐπεκτείνομαι strain 284d
ἐπιλανθάνομαι 1 forget 295c
καταλαμβάνω 1 a seize 413a
λογίζομαι 3 think 476b
ὀπίσω 1 a behind 575a
οὔπω not yet 593c
14 ἀνεγκλησία blamelessness 64a
ἄνω 2 upwards 77a
βραβεῖον 2 prize 146d
διώκω 1 hasten 201b
κατά II 1 b to 406b
κλῆσις 1 call 435d
σκοπός goal 756d
15 ἀποκαλύπτω 2 reveal 92a
ἑτέρως differently 315c
τέλειος 2 b the initiate 809b
15a φρονέω 1 think 866b
16 κανών 1 rule 403a
πλήν 1 c but 669c
στοιχέω be in line with 769c
στοιχέω be in line with 769c
φθάνω 2 come 857a
φρονέω 1 think 866b
17 ἔχω I 2 b β have 332c
οὕτω thus 597c
οὕτω 2 thus 598a
περιπατέω 2 a γ go about 649c
σκοπέω notice 756d
συμμιμητής fellow imitator 778c
τύπος 5 b mark 830b
18 ἐχθρός 2 b γ the enemy 331d
κλαίω 1 weep 433b
λέγω II 2 speak 470a
νῦν 1 c now 545d
περιπατέω 2 a γ go about 649c
πολλάκις often 686d
σταυρός 3 the cross 765b
19 αἰσχύνη 2 shame 25c
ἀπώλεια 2 destruction 103c
ἐπίγειος 2 a earthly 290d
θεός 4 b god 358b
κοιλία 1 belly 437b
τέλος 1 c end 811d
φρονέω 2 think 866b
20 ἀπεκδέχομαι await 83c
κύριος 2 c γ lord 460b
ὅς, ἥ, ὅ I 3 b α (rel pron) 583d
οὐρανός 2 b heaven 595a
οὐρανός 2 d heaven 595b
πολίτευμα state 686b

20	σωτήρ 2	savior	801a
	ὑπάρχω 1	be	838a
21	δόξα 1 a	brightness	203c
	ἐνέργεια 1	working	265b
	μετασχηματίζω	transform	513c
	ὁ, ἡ, τό II 4 b β	the	551c
	πᾶς, πᾶσα, πᾶν 2 b β	all things	633b
	σύμμορφος	same form	778d
	σῶμα 1 b	body	799d
	ταπείνωσις 2	humiliation	805b
	ὑποτάσσω 1 a	subject	848a

Philippians 4

1	ἀγαπητός 2	beloved	6c
	ἐν I 5 d	in	259d
	ἐπιπόθητος	longed for	298a
	κύριος 2 c γ	lord	460a
	στέφανος 2 b	wreath	767c
	στήκω 2	stand	768a
	χαρά 2 a	joy	875d
	ὥστε 1 b	therefore	900a
2	ἐν I 5 d	in	259d
	Εὐοδία	Euodia	323d
	κύριος 2 c γ	lord	460a
	παρακαλέω 2	appeal to	617b
	Συντύχη	Syntyche	793d
	φρονέω 1	think	866b
3	βίβλος 2	book	141c
	γνήσιος 1	legitimate	163a
	ἐρωτάω 2	ask	312a
	εὐαγγέλιον 1 a	gospel	318a
	ζωή 2 b β	life	341a
	καί II 7		393d
	Κλήμης 1	Clement	434d
	λοιπός 2 a	other	479d
	ναί 3	certainly	533a
	ὄνομα I 1	name	570d
	σύ 2	you	772c
	σύζυγος	true comrade	776a
	συλλαμβάνω 2 b	seize	777a
	συναθλέω	struggle with	783b
	συνεργός	working with	787d
4	ἐν I 5 d	in	260a
	πάλιν 2	again	606d
	χαίρω 2 a	rejoice	874a
4a	χαίρω 1	rejoice	873d
	χαίρω 1	rejoice	873d
4b	χαίρω 1	rejoice	873d
	χαίρω 1	rejoice	874a
5	ἐγγύς 2 a	near	214b
	ἐπιεικής	gentle	292d
	ὁ, ἡ, τό II 2 c	the	551b
	πᾶς, πᾶσα, πᾶν 1 b	all	631d
6	αἴτημα	request	26b
	γνωρίζω 1	make known	163c
	δέησις	prayer	172a
	εὐχαριστία 2	thankfulness	328c
	μεριμνάω 1	have anxiety	505a
	μετά A III 1	with	509d
6	μηδείς 2 b β	nothing	518b
	πᾶς, πᾶσα, πᾶν 2 a β	every respect	632d
	πρός III 1 f	toward	710a
	προσευχή 1	prayer	713b
7	εἰρήνη 3	peace	227d
	νόημα 1	thought	540d
	νοῦς 1	the understanding	544c
	ὑπερέχω 2 b	surpass	841a
	φρουρέω 2	guard	867b
8	ἁγνός 2	pure	12a
	ἀληθής 2	true	36d
	ἀρετή 1	virtue	105d
	δίκαιος 5	righteous	196a
	ἔπαινος 2	praise	281d
	ἐπιστήμη	knowledge	300c
	εὔφημος	auspicious	327c
	λογίζομαι 2	consider	476b
	λοιπός 3 b	the rest	480b
	ὅσος 2	how great	586b
	οὗτος 1 a ε	this	596d
	προσφιλής	pleasing	720b
	σεμνός 2	noble	747a
9	εἶδον 1 a	see	220d
	εἰρήνη 3	peace	227d
	μανθάνω 1	learn	490c
	μετά A II 1 c γ	with	509a
	οὗτος 1 a ε	this	596d
	παραλαμβάνω 3 b	take	619d
	πράσσω 1 a	do	698b
10	ἀκαιρέομαι	no opportunity	29b
	ἀναθάλλω 2	bloom again	54a
	ἐν I 5 d	in	260a
	ἐπί II 1 b γ	on	287d
	ἤδη 1 c	already	344a
	μεγάλως	heartily	497b
	ὅς, ἥ, ὅ I 11 d	(rel pron)	585a
	ποτέ 1	once	695b
	ὑπέρ 1 a δ	in behalf of	838c
	χαίρω 1	rejoice	873d
	χαίρω 1	rejoice	873d
10a	φρονέω 1	think	866b
10b	φρονέω 1	think	866b
11	αὐτάρκης	content	122b
	εἰμί III 4	to be	225b
	κατά II 5 a δ	according to	407b
	λέγω I 5	say	468d
	λέγω II 1 f	declare	469d
	μανθάνω 4	learn	490d
	ὅς, ἥ, ὅ I 2 a	(rel pron)	583c
	ὅτι 1 c	that	589a
	ὑστέρησις	need	849c
12	καί I 6	and	393b
	μυέω	initiate	529a
	οἶδα 3	know	556c
	πεινάω 1	hunger	640a
	ταπεινόω 2 c	lower	805a
	ὑστερέω 2	to miss	849b
	χορτάζω 2 a	feed	884a
12a	περισσεύω 1 b α	be left over	651a
12b	περισσεύω 1 b α	be left over	651a

13	ἐνδυναμόω 1	strengthen	263d
	ἰσχύω 2 a	be strong	383d
14	θλῖψις 1	tribulation	362c
	καλῶς 4 a	well	401b
	πλήν 1 c	but	669c
	ποιέω I 2 a γ	do	682d
	συγκοινωνέω 1	be connected	774b
15	ἀρχή 1 b	beginning	112a
	δόσις 2	giving	205a
	εἰς 4 g	for	229d
	ἐκκλησία 4 b	church	241a
	ἐξέρχομαι 1 a α	go out	274c
	εὐαγγέλιον 1 b	gospel	318a
	κοινωνέω 2	share	438d
	λῆμψις	receiving	473a
	λόγος 2 b	settlement	478c
	Μακεδονία	Macedonia	487b
	μόνος 1 a γ	only	527d
	οὐδείς 1	no	591d
	Φιλιππήσιος	the Philippian	859d
16	ἅπαξ 1	once	80d
	δίς	twice	199d
	εἰς 4 d	for	229b
	Θεσσαλονίκη	Thessalonica	359d
	καί I 6	and	393b
	πέμπω 2	send	642b
	χρεία 2	need	885a
17	δόμα	gift	203c
	εἰς 4 g	for	229d
	ἐπιζητέω 2 a	strive for	292d
	κάρπος 2 b	gain	405a
	λόγος 2 b	settlement	478d
	πλεονάζω 1 a	increase	667b
18	ἀπέχω 1	receive in full	84d
	δεκτός	acceptable	174b
	δέχομαι 1	take	177c
	Ἐπαφρόδιτος	Epaphroditus	284a
	εὐάρεστος 1	pleasing	318d
	εὐωδία	fragrance	329d
	θυσία 2 b	sacrifice	366c
	ὀσμή 2	odor	586a
	περισσεύω 1 b α	be left over	651a
	πληρόω 1 b	make full	671b
18a	παρά I 3 b	from	610a
18b	παρά I 4 b α	from	610b
19	δόξα 1 a	glory	203d
	θεός 3 c	God	357c
	πληρόω 1 a	make full	670d
	πλοῦτος 1	wealth	674b
	πλοῦτος 2	wealth	674c
	χρεία 2	need	885a
20	αἰών 1 b	time	27c
	ἀμήν 1	amen	45d
	θεός 3 d	God	357c
	ὁ, ἡ, τό II 10 b	the	552d
	πατήρ 3 c β	father	636a
21	πᾶς, πᾶσα, πᾶν 1 a α	every each	631b
	σύν 1 c	with	781d
21f	ἀσπάζομαι 1 a	greet	116d
22	ἅγιος 2 d β	saints	10a
	ἐκ 3 d	from	235b
	Καῖσαρ	Emperor	395d
	μάλιστα 1	above all	489a
	ὁ, ἡ, τό II 5	the	552a
	οἰκία 3	household	557d
23	ἀμήν 1	amen	45d
	κύριος 2 c γ	lord	460a
	μετά A II 1 c γ	with	509a
	πνεῦμα 3 b	spirit	675c
	χάρις 2 c	favor	877d

Colossians 1

1	ἀδελφός 2	brother	16b
	ἀπόστολος 3	apostles	99d
	διά A III 1 d	through	180c
	θέλημα 2 b	will	354c
	Παῦλος 2	Paul	637c
	Τιμόθεος	Timothy	818b
2	ἀπό V 4	from	88b
	εἰρήνη 2	peace	227c
	θεός 3 d	God	357d
	Κολοσσαί	Colossae	442b
	πατήρ 3 c β	father	636a
	πιστός 2	trustworthy	665a
	χάρις 2 c	favor	877d
3	εὐχαριστέω 2	give thanks	328b
	θεός 3 d	God	357c
	κύριος 2 c γ	lord	460b
	πατήρ 3 d β	father	636b
	περί 1 f	about	644d
	προσεύχομαι	pray	714a
4	ἀγάπη I 1 b β	love	5d
	ἅγιος 2 d β	saints	10a
	ἀκούω 3 b	learn	32c
	εἰς 4 c β	(goal)	229b
	πίστις 2 b β	faith	663b
4f	ἀγάπη I 1 a	love	5c
	πίστις 2 d γ	faith	663d
5	ἀλήθεια 2 b	truth	36a
	ἀπόκειμαι 2	be put away	92d
	ἐλπίς 4	hope	253c
	εὐαγγέλιον 1 b	gospel	318a
	λόγος 1 b β	word	478b
	οὐρανός 2 d	heaven	595b
	προακούω	hear beforehand	702c
6	ἀλήθεια 3	reality	36c
	ἀπό II 2 c	since	87a
	αὐξάνω 2	grow	121d
	ἐπιγινώσκω 1 a	know	291a
	ἡμέρα 2	day	346c
	καρποφορέω 2	bear fruit	405b
	κόσμος 4 a	world	446b
	ὅς, ἥ, ὅ I 5 c α	(rel pron)	584c
	πάρειμι 1 b	be present	624b
	πᾶς, πᾶσα, πᾶν 1 c α	all	631d
	χάρις 3 b	favor	878a
7	ἀγαπητός 2	beloved	6c
	ἀπό IV 2 b	from	87d
	διάκονος 1 a	servant	184d

Verse	Word	Gloss	Page
7	Ἐπαφρᾶς	Epaphras	283d
	Κολοσσαί	Colossae	442b
	μανθάνω 1	learn	490b
	πιστός 1 a α	trustworthy	664c
	σύνδουλος 3	fellow slave	785d
	ὑπέρ 1 a β	in behalf of	838c
	Χριστός 1	Anointed One	887b
8	ἀγάπη I 1 a	love	5c
	ἀγάπη I 1 a	love	5d
	δηλόω	reveal	178c
	πνεῦμα 5 d β	spirit	677a
9	αἰτέω	ask	26b
	ἀπό II 2 c	since	87a
	ἐπίγνωσις	knowledge	291b
	θέλημα 1 c γ	will	354c
	ἵνα II 1 a γ	in order that	377c
	ὅς, ἥ, ὅ I 5 c α	(rel pron)	584c
	παύω 2	stop	638a
	πληρόω 1 b	make full	671a
	πνευματικός 2 a β	spiritual	679a
	προσεύχομαι	pray	714a
	σοφία 2	wisdom	759d
	σύνεσις 2	intelligence	788c
10	ἀγαθός 1 b β	good	3b
	ἀξίως	worthily	78d
	ἀρεσκεία	desire to please	105c
	αὐξάνω 2	grow	121d
	ἐπίγνωσις	knowledge	291c
	ἔργον 1 c β	deed	308b
	καρποφορέω 2	bear fruit	405b
	κύριος 2 c γ	lord	460a
	περιπατέω 2 a α	go about	649b
11	δόξα 1 a	glory	203d
	δύναμις 1	power	207c
	δυναμόω	strengthen	208c
	κράτος 1	power	449a
	μακροθυμία 1	patience	488b
	μετά A II 6	with	509d
	ὑπομονή 1	patience	846b
	χαρά 1	joy	875c
11a	πᾶς, πᾶσα, πᾶν 1 a δ	all	631c
11b	πᾶς, πᾶσα, πᾶν 1 a δ	all	631c
12	ἅγιος 1 b β	holy	9d
	εἰς 5	for	230a
	εὐχαριστέω 2	give thanks	328b
	ἱκανόω	make sufficiently	374d
	κλῆρος 2	lot	435c
	μερίς 2	share	505c
	φῶς 3 a	light	872b
13	ἀγάπη I 2 b	love	6a
	βασιλεία 3 d	kingdom	135b
	βασιλεία 3 g	kingdom	135c
	ἐξουσία 4 b	authority	278c
	μεθίστημι 1	be transferred	499a
	ῥύομαι	save	737d
	σκότος 2 b	darkness	758a
	υἱός 2 b	son	835a
14	αἷμα 2 b	blood	23a
	ἀπολύτρωσις 2 a	redemption	96b
	ἄφεσις 2	pardon	125a
15	ἀόρατος	unseen	79a
	εἰκών 1 b	image	222b
	κτίσις 1 b α	creation	455d
	πᾶς, πᾶσα, πᾶν 1 a α	every each	631b
	πρωτότοκος 2 a	firstborn	726d
16	ἀόρατος	unseen	79a
	ἀρχή 3	ruler	112c
	γῆ 5 a	earth	157d
	διά A III 2 a	by	180d
	ἐν I 5 a	in	259b
	ἐξουσία 4 c β	authority	278d
	θρόνος 2 b	throne	364c
	κυριότης 3	lordship	461a
	ὁρατός	visible	577c
	οὐρανός 1 e	heaven	594c
16a	κτίζω	create	455c
	πᾶς, πᾶσα, πᾶν 2 b β	all things	633b
16b	κτίζω	create	455c
	πᾶς, πᾶσα, πᾶν 2 b β	all things	633b
17	πρό 2	before	701d
	συνίστημι II 3	continue	791a
17b	πᾶς, πᾶσα, πᾶν 2 b β	all things	633b
18	ἀρχή 1 d	beginning	112b
	ἐκκλησία 4 d	church	241a
	κεφαλή 1 b	head	430b
	νεκρός 2 a	dead	535b
	πρωτεύω	be first	725b
	πρωτότοκος 2 a	firstborn	726d
	σῶμα 5	body	800a
19	εὐδοκέω 1	well pleased	319b
	κατοικέω 1 b	live	424b
	πᾶς, πᾶσα, πᾶν 1 c α	all	631d
	πλήρωμα 3 b	that which fills	672c
20	αἷμα 2 b	blood	23b
	ἀποκαταλλάσσω	reconcile	92d
	διά A III 1 a	by means of	180a
	εἰρηνοποιέω	make peace	228a
	οὐρανός 1 e	heaven	594c
	πᾶς, πᾶσα, πᾶν 2 b β	all things	633b
	σταυρός 3	the cross	765a
21	ἀπαλλοτριόω	estrange	80b
	διάνοια 2	mind	187b
	ἔργον 1 c β	deed	308b
	ἐχθρός 2 b α	the enemy	331c
	πονηρός 1 b β	wicked	691a
22	ἅγιος 1 b α	dedicated to God	9d
	ἄμωμος 2 a	blameless	48a
	ἀνέγκλητος	blameless	64b
	ἀποκαταλλάσσω	reconcile	92d
	δέ 1 e	but, and	171c
	διά A III 1 a	by means of	180a
	θάνατος 1 b β	death	351a
	κατενώπιον b	in the presence of	421c
	νυνί 1 c	now	546b

22	παρίστημι 1 c	render	628a
	σάρξ 5	body	744a
	σάρξ 7	body	744c
	σῶμα 1 b	body	799d
23	γέ 3 a	(emphasizing particle)	152d
	γίνομαι I 4 a	become	159c
	διάκονος 1 a	servant	184c
	ἑδραῖος	firm	217d
	ἐλπίς 2 b	hope	253b
	ἐπιμένω 2	continue	296b
	εὐαγγέλιον 1 b	gospel	318a
	θεμελιόω 2 a	establish	356a
	κηρύσσω 2 b β	announce	431c
	κτίσις 1 b α	creation	455d
	μετακινέω	shift	511b
	οὐρανός 1 b	heaven	594a
	πᾶς, πᾶσα, πᾶν 1 a α	every each	631b
	Παῦλος 2	Paul	637c
	πίστις 2 d α	faith	663c
	ὑπό 2 a β	under	843c
24	ἀνταναπληρόω	fill up	72d
	ἐκκλησία 4 d	church	241a
	θλῖψις 1	tribulation	362c
	ὅς, ἥ, ὅ I 7 a	(rel pron)	584d
	πάθημα 1	suffering	602b
	σάρξ 5	body	744a
	σῶμα 5	body	800a
	ὑστέρημα 1	need	849c
	χαίρω 1	rejoice	873d
24a	ὑπέρ 1 a ε	in behalf of	838d
25	διάκονος 1 a	servant	184c
	εἰς 4 g	for	229d
	λόγος 1 b β	word	478b
	οἰκονομία 1 b	management	559d
	πληρόω 3	make full	671b
26	ἅγιος 2 d β	saints	10a
	αἰών 4	the aeon	28b
	ἀποκρύπτω	conceal	93d
	γενεά 3 b	age	154b
	μυστήριον 2	mystery	530b
	νῦν 1 c	now	545d
	φανερόω 1 b	reveal	852d
27	γνωρίζω 1	make known	163c
	δόξα 1 a	glory	203d
	ἐλπίς 2 b	hope	253b
	ἐλπίς 3	hope	253c
	θέλω 2	wish	355b
	μυστήριον 2	mystery	530b
	πλοῦτος 1	wealth	674b
	πλοῦτος 2	wealth	674b
	τίς, τί 1 b β	which	819b
28	καταγγέλλω 2	proclaim	409c
	νουθετέω	admonish	544b
	παρίστημι 1 c	render	628a
	σοφία 2	wisdom	759d
	τέλειος 2 b	the initiate	809c
28a	πᾶς, πᾶσα, πᾶν 1 a α	every each	631b
28b	πᾶς, πᾶσα, πᾶν 1 a α	every each	631b
28d	πᾶς, πᾶσα, πᾶν 1 a α	every each	631b
29	ἀγωνίζομαι 2 a	struggle	15b
	δύναμις 1	power	207d
	εἰς 4 f	(purpose)	229d
	ἐν III 2	by	261a
	ἐνέργεια 1	working	265b
	ἐνεργέω 1 b	work	265c
	καί II 6		393d
	κοπιάω 2	become weary	443c
	ὅς, ἥ, ὅ I 7 b	(rel pron)	584d

Colossians 2

1	ἀγών 2	struggle	15a
	ἔχω I 2 i	have	333a
	ἡλίκος	how great	345c
	Λαοδίκεια	Laodicea	466c
	οἶδα 1 f	know	556b
	ὁράω 1 a γ	see	578a
	περί 1 f	about	644d
	πρόσωπον 1 b	face	721a
	σάρξ 2	body	743c
2	ἀγάπη I 1 a	love	5c
	ἐπίγνωσις	knowledge	291b
	μυστήριον 2	mystery	530b
	παρακαλέω 4	implore	617d
	πληροφορία	certainty	670c
	πληροφορία	certainty	670c
	πλοῦτος 1	wealth	674b
	πλοῦτος 2	wealth	674b
	συμβιβάζω 1 b	unite	777d
	συμβιβάζω 4	unite	777d
	σύνεσις 2	intelligence	788c
3	ἀπόκρυφος	hidden	93d
	γνῶσις 2	knowledge	163d
	ἐν I 5 a	in	259b
	θησαυρός 2 b γ	treasure	361d
	σοφία 3 a	wisdom	760a
4	λέγω II 1 f	declare	469d
	παραλογίζομαι 1	deceive	620b
	πιθανολογία	persuasive speech	657b
5	ἄπειμι I	be absent	83a
	βλέπω 4 b	see	143d
	εἰ VI 4	even if	220a
	εἰς 4 c β	(goal)	229b
	καί I 1 e	and	392a
	πίστις 2 b β	faith	663b
	πνεῦμα 3 a	spirit	675b
	σάρξ 2	body	743c
	στερέωμα 2	firmness	767a
	σύν 1 c	with	781c
	τάξις 2	fixed order	803d
	χαίρω 1	rejoice	873d
6	κύριος 2 c γ	lord	460b
	παραλαμβάνω 2 b γ	take	619d
	περιπατέω 2 a δ	go about	649c
7	βεβαιόω 2	establish	138c
	ἐποικοδομέω 2	build on to	305c
	εὐχαριστία 2	thankfulness	328c

7	περισσεύω 1 b β	be left over	651a
	πίστις 2 d α	faith	663c
	ῥιζόω	fix firmly	736b
8	ἄνθρωπος 1 b	man	68c
	ἀπάτη 1	deception	82a
	βλέπω 6	see	143d
	κενός 2 a α	empty	427d
	κόσμος 7	world	447a
	μή B 1 c	not	517b
	ὁ, ἡ, τό II 3 b	the	551b
	παράδοσις 2	tradition	616a
	στοιχεῖον 3	fundamental principle	769a
	στοιχεῖον 3	fundamental principle	769b
	στοιχεῖον 4	fundamental principle	769b
	συλαγωγέω	carry off as booty	776c
	τὶς, τὶ 1 a δ	any one	820b
	φιλοσοφία	philosophy	861b
9	ἐν I 5 a	in	259b
	θειότης	divinity	354a
	θεότης	deity	358c
	κατοικέω 1 b	live	424b
	πᾶς, πᾶσα, πᾶν 1 c α	all	631d
	πλήρωμα 3 b	that which fills	672c
	σωματικῶς	bodily	800b
10	ἀρχή 3	ruler	112c
	ἐξουσία 4 c β	authority	278d
	κεφαλή 2 a	head	430b
	πληρόω 1 b	make full	671b
11	ἁμαρτία 3	sin	43c
	ἀπέκδυσις	removal	83c
	ἀχειροποίητος	not made by hand	128b
	περιτέμνω 2 a	cut around	652b
	σάρξ 5	body	744a
	σάρξ 7	body	744c
	σῶμα 1 b	body	799c
11a	περιτομή 3	circumcision	653a
12	βάπτισμα 2	baptism	132d
	βαπτισμός	washing	132d
	ἐγείρω 1 a β	raise	214d
	ἐνέργεια 1	working	265a
	νεκρός 2 a	dead	535a
	πίστις 2 a	faith	663a
	συνεγείρω 2	rise up with	786a
	συνθάπτω	bury with	789d
13	ἀκροβυστία 2	uncircumcised	33d
	νεκρός 1 b α	dead	534d
	πᾶς, πᾶσα, πᾶν 1 d α	all	632a
	σάρξ 1	flesh	743b
	συζωοποιέω	make alive together	776a
	σύν 2 c	with	781d
	χαρίζομαι 2	give freely	876d
13a	παράπτωμα 2 b	transgression	621d
13b	παράπτωμα 2 b	transgression	621d
14	αἴρω 4	take away	24d
	δόγμα 1	decree	201c
	ἐξαλείφω 2	remove	272c
	κατά I 2 b β	down	405d
	μέσος 2	the middle	507d
	προσηλόω	nail fast	714d
	σταυρός 3	the cross	765a
	ὑπεναντίος	opposed	838b
	χειρόγραφον	document	880d
15	ἀπεκδύομαι 2	disarm	83c
	ἀρχή 3	ruler	112c
	δειγματίζω	expose	172d
	θριαμβεύω 1	triumph over	363d
	παρρησία 2	publicly	630d
16	βρῶσις 1	eating	148b
	ἑορτή	festival	280b
	κρίνω 6 b	judge	452c
	μέρος 1 c	in part	506b
	νεομηνία	new moon	535d
	οὖν 1 b	therefore	593a
	πόσις 1	drinking	694b
	σάββατον 1 b β	Sabbath	739b
17	μέλλω 2	is destined	501c
	σκιά 2	shade	755d
	σῶμα 4	body	799d
	σωματικῶς	bodily	800b
	Χριστός 1	Anointed One	887b
18	ἄγγελος 2 a	angel	7d
	εἰκῇ 1	without cause	222a
	ἐμβατεύω 3	enter into	254b
	θέλω 4 b	wish	355c
	θρησκεία	religion	363c
	καταβραβεύω	condemn	409b
	κενεμβατεύω	make a misstep	427c
	μή A I 5	not	516a
	νοῦς 3 a	the mind	544d
	ὁράω 1 a γ	see	578b
	οὐ 5 a	no	590d
	πλησμονή	satisfaction	673a
	σάρξ 7	body	744c
	ταπεινοφροσύνη	humility	804c
	ὑπό 1 a β	by	843b
	φυσιόω	blow up	869b
19	αὐξάνω 3	grow	121d
	αὔξησις	cause growth	122a
	ἁφή	ligament	125a
	ἐπιχορηγέω 3	support	305b
	ἐπιχορηγία	support	305b
	κεφαλή 1 b	head	430b
	κρατέω 2 e β	hold	448d
	ὅς, ἥ, ὅ I 3 b γ	(rel pron)	584a
	οὐ 3 b	no	590c
	πᾶς, πᾶσα, πᾶν 1 c α	all	631d
	συμβιβάζω 1 a	unite	777d
	σύνδεσμος 1 a	bond	785b
	σῶμα 5	body	800a
20	ἀπό I 5	from	86d
	ἀποθνῄσκω 1 b γ	die	91d

20	δογματίζω	submit to rules	201d
	εἰ III	if	219c
	ζάω 1 b	live	336b
	κόσμος 7	world	447a
	στοιχεῖον 3 fundamental principle		769a
	στοιχεῖον 4 fundamental principle		769b
	σύν 2 b	with	781d
	τίς, τί 3 a	which	819d
21	ἅπτω 2 a	touch	102d
	ἅπτω 2 a	touch	103a
	γεύομαι 1	taste	157a
	θιγγάνω	touch	361d
	μή A III 5 a	not	517a
	μηδέ 1 b	and not	517d
22	ἄνθρωπος 1 b	man	68c
	ἀπόχρησις	consuming	102a
	διδασκαλία 2	teaching	191c
	εἰμί III 2	to be	225a
	εἰς 4 d	for	229c
	ἔνταλμα	commandment	268b
	ὁ, ἡ, τό II 10 a	the	552c
	φθορά 1	ruin	858a
23	ἀφειδία	severe	124d
	ἐθελοθρησκία self-made religion		218a
	λόγος 1 a β	word	477c
	λόγος 2 f	reason	478d
	μέν 2 a	(particle)	503a
	πλησμονή	satisfaction	673a
	πρός III 3 b	toward	710b
	πρός III 4 a	toward	710c
	σάρξ 7	body	744b
	σοφία 2	wisdom	759d
	ταπεινοφροσύνη	humility	804c
	ταπεινοφροσύνη	humility	804c
	τιμή 1	honor	817c

Colossians 3

1	ἄνω 1	above	77a
	δεξιός 2 a	right	174d
	εἰ VI 10	if	220b
	ζητέω 2 a	seek	339a
	κάθημαι 1 a α	sit	389b
	συνεγείρω 2	rise up with	786a
1f	ὁ, ἡ, τό II 6	the	552a
2	ἄνω 1	above	77a
	γῆ 5 a	earth	157d
	φρονέω 2	think	866c
3	ἀποθνήσκω 1 b β	die	91c
	ζωή 2 b α	life	340d
	θεός 3 a	God	357b
	κρύπτω 2 c	hide	454d
	σύν 2 b	with	781d
4	δόξα 1 a	brightness	203c
	ζωή 2 a β	life	340c
	ὅταν 1 b	when	588a
	τότε 2	at that time	824a
4a	φανερόω 2 b β	reveal	853a
4b	φανερόω 2 b β	reveal	853a
5	ἀκαθαρσία 2	impurity	28d
	γῆ 5 a	earth	157d
	εἰδωλολατρία	idolatry	221c
	ἐπιθυμία 3	desire	293c
	κακός 1 b	bad	397d
	μέλος 2	member	501d
	νεκρόω	put to death	535c
	πάθος 2	passion	603a
	πλεονεξία	greediness	667d
	πορνεία 1	prostitution	693b
6	ἀπείθεια	disobedience	82c
	ἔρχομαι I 2 c	come	311d
	ὀργή 2 b	anger	579b
	υἱός 1 c δ	son	834b
7	ζάω 3 a	live	336d
	περιπατέω 2 a δ	go about	649c
8	αἰσχρολογία	evil speech	25b
	ἀποτίθημι 1 b	lay aside	101a
	βλασφημία 1	slander	143a
	θυμός 2	anger	365c
	κακία 1 b	malice	397a
	νυνί 1 c	now	546b
	ὀργή 1	anger	578d
	πᾶς, πᾶσα, πᾶν 2 b β all things		633b
	στόμα 1 a	mouth	769d
9	ἄνθρωπος 2 c β	man	68d
	ἀπεκδύομαι 1	take off	83c
	εἰς 4 c α	against	229b
	παλαιός 2	old	605d
	πρᾶξις 4 b	acting	698a
	ψεύδομαι 1	lie	891d
10	ἀνακαινόω	renew	55c
	εἰκών 2	form	222c
	ἐνδύω 2 b	dress	264b
	ἐπίγνωσις	knowledge	291c
	κατά II 5 b α	according to	407c
	κτίζω	create	455d
	νέος 1 a β	new	536a
11	ἀκροβυστία 3	heathenism	33d
	βάρβαρος 2 b	foreign	133c
	δοῦλος 1 b	slave	205d
	ἐλεύθερος 1	free	250d
	Ἕλλην 2 a	Gentile	252a
	ἔνι	there is not	266b
	Ἰουδαῖος 2 a	Jewish	379c
	ὅπου 2 a	where	576b
	περιτομή 4 a	circumcision	653a
	Σκύθης	Scythian	758b
12	ἀγαπάω 1 d	love	5a
	ἐκλεκτός 1 b	chosen	242d
	ἐνδύω 2 b	dress	264b
	μακροθυμία 2 a	patience	488b
	οἰκτιρμός	pity	561d
	πραΰτης	humility	699a
	σπλάγχνον 1 b	inward parts	763a
	ταπεινοφροσύνη	humility	804c
	χρηστότης 2 a	goodness	886c
	ὡς III 1 a	so	898a
13	ἀλλήλων	each other	39c

13	ἀνέχω 1 a	endure	65d
	ἑαυτοῦ 3	oneself	212c
	ἔχω I 7 a	have	333d
	καθώς 1	just as	391b
	καί II 3	also	393c
	μέμψις	reason for complaint	502c
	μομφή	complaint	527a
	οὕτω 1 a	thus	597d
	πρός III 4 a	toward	710c
13a	τὶς, τὶ 1 a γ	any one	820a
	χαρίζομαι 2	give freely	876d
13b	χαρίζομαι 2	give freely	876d
14	ἀγάπη I 1 a	love	5c
	ἑνότης	unity	267c
	ἐπί II 1 b β	to	287b
	ὅς, ἥ, ὅ I 7 a	(rel pron)	584d
	πᾶς, πᾶσα, πᾶν 1 e β	all	632c
	σύνδεσμος 1 b	bond	785c
	τελειότης	maturity	809d
15	βραβεύω	rule	146d
	εἰρήνη 3	peace	227d
	εὐχάριστος	thankful	329a
	καλέω 2	call	399d
	σῶμα 5	body	800a
16	ᾄδω	sing	19b
	διδάσκω 2 f	teach	192b
	ἑαυτοῦ 3	oneself	212c
	ἐν I 5 a	in	259c
	ἐνοικέω	live	267c
	λόγος 1 b β	word	478b
	νουθετέω	admonish	544b
	πλουσίως	richly	673d
	πνευματικός 2 a β	spiritual	679a
	σοφία 2	wisdom	759d
	ὕμνος	hymn	836c
	χάρις 5	favor	878c
	ψαλμός 2	psalm	891b
	ᾠδή	song	895c
17	διά A III 2 a	by	180d
	ἔργον 1 a	deed	307d
	εὐχαριστέω 2	give thanks	328b
	λόγος 1 a α	word	477a
	ὄνομα I 4 c γ	name	572d
	ὅστις 1 e α	whoever	586d
	πᾶς, πᾶσα, πᾶν 1 c γ	whoever	632a
	πατήρ 3 e	father	636c
18	ἀνήκω 2	it is proper	66b
	ὑποτάσσω 1 b β	subject	848a
	ὡς I 1	as	897a
18f	ἀνήρ 1	man	66c
	γυνή 2	wife	168c
19	ἀγαπάω 1 a α	love	4c
	πικραίνω 2	make bitter	657c
20	γονεύς	parents	165a
	ἐν I 5 d	in	260a
	εὐάρεστος 1	pleasing	318d
	κατά II 6	with respect to	407d
	τέκνον 1 a α	child	808b
	ὑπακούω 1	listen to	837b

21	ἀθυμέω	lose heart	21c
	ἐρεθίζω	irritate	308d
	παροργίζω	make angry	629d
	πατήρ 1 a	father	635b
	τέκνον 1 a α	child	808b
22	ἀνθρωπάρεσκος	men pleaser	67d
	ἁπλότης 1	simplicity	85d
	δοῦλος 1 a	slave	205d
	καρδία 1 b	heart	404b
	κύριος 1 a β	lord	459b
	ὀφθαλμοδουλία	eye service	599b
	σάρξ 6	body	744a
	ὑπακούω 1	listen to	837b
	φοβέω 2 a	be afraid	863b
	ὡς I 2 a	as	897b
22a	κατά II 6	with respect to	407d
22b	κύριος 2 d	lord	460b
23	ἐκ 3 g γ	by	235c
	ἐργάζομαι 2 a	work	307b
	οὐ 2 c	no	590b
	ψυχή 1 b γ	soul, life	893c
	ὡς III 1 a	so	898a
24	ἀνταπόδοσις	repaying	73b
	ἀπολαμβάνω 1	receive	94c
	δουλεύω 2 b	serve	205a
	κληρονομία 3	inheritance	435a
	κύριος 2 c γ	lord	460a
25	κομίζω 2 a	bring	443a
	προσωποληµψία	partiality	720d
25a	ἀδικέω 1 a	do wrong	17c
25b	ἀδικέω 1 a	do wrong	17c

Colossians 4

1	δίκαιος 5	righteous	196b
	ἔχω I 2 b β	have	332b
	ἰσότης 2	equality	381b
	κύριος 1 a β	lord	459a
	οὐρανός 2 a	heaven	594d
	παρέχω 2 b	grant	626d
2	γρηγορέω 2	be awake	167c
	ἐν II 3	while	260c
	εὐχαριστία 2	thankfulness	328c
	προσευχή 1	prayer	713c
	προσκαρτερέω 2 a	adhere to	715d
3	ἅμα 1 a	together	42a
	ἀνοίγω 1 a	open	71b
	δέω 1 b	bind	177d
	θύρα 2 c	door	366a
	λαλέω 2 b	speak	463d
	λόγος 1 b β	word	478b
	μυστήριον 2	mystery	530b
	περί 1 f	about	644d
	προσεύχομαι	pray	714a
4	φανερόω 1 a	reveal	852d
	ὡς I 1	as	897a
5	ἐξαγοράζω 2	redeem	271c
	ἔξω 1 a β	outside	279c

5	καιρός 2	time	395a
	περιπατέω 2 a δ	go about	649c
	πρός III 4 b	toward	710c
	σοφία 2	wisdom	759d
6	ἅλας 2	salt	35a
	ἀρτύω	season	111a
	λόγος 1 a β	word	477c
	οἶδα 1 f	know	556b
	πῶς 2 a	how	732c
	χάρις 1	graciousness	877b
7	ἀγαπητός 2	beloved	6c
	ἀδελφός 2	brother	16b
	γνωρίζω 1	make known	163c
	διάκονος 1 b	helper	184d
	κατά II 6	with respect to	407d
	ὁ, ἡ, τό II 5	the	552a
	πιστός 1 a α	trustworthy	664c
	σύνδουλος 3	fellow slave	785d
	Τυχικός	Tychicus	831c
8	αὐτός 1 h	even	123a
	γινώσκω 2 a	find out	161a
	εἰς 4 f	(purpose)	229d
	ἵνα I 5	in order that	377b
	καρδία 1 b ε	heart	404b
	παρακαλέω 4	implore	617d
	πέμπω 1	send	641d
	πέμπω 1	send	642a
	περί 1 i	about	645a
9	ἀγαπητός 2	beloved	6c
	ἀδελφός 2	brother	16b
	γνωρίζω 1	make known	163c
	εἰμί III 3	to be	225b
	ὁ, ἡ, τό II 6	the	552a
	Ὀνήσιμος 1	Onesimus	570c
	πιστός 1 a α	trustworthy	664c
	ὧδε 2 a	here	895b
10	ἀνεψιός	cousin	66a
	Ἀρίσταρχος	Aristarchus	106c
	ἀσπάζομαι 1 a	greet	116d
	Βαρναβᾶς	Barnabas	133d
	δέχομαι 1	receive	177c
	ἐντολή 1 b	command	269a
	Μᾶρκος	Mark	492c
	περί 1 e	about	644d
	συναιχμάλωτος	fellow prisoner	783c
11	ἐκ 3 d	from	235b
	Ἰησοῦς 5	Jesus Christ	374b
	Ἰοῦστος 3	Justus	380c
	λέγω II 3	call	470a
	παρηγορία	comfort	626d
	περιτομή 4 a	circumcision	653a
	συνεργός	working with	787d
12	ἀγωνίζομαι 2 b	struggle	15b
	ἀσπάζομαι 1 a	greet	116d
	δοῦλος 4	slave	206a
	Ἐπαφρᾶς	Epaphras	283d
	θέλημα 1 a	will	354b
	Κολοσσαί	Colossae	442b
	πληροφορέω 1 b	fill	670b
12	πληροφορέω 2	fill	670c
	πληρόω 1 b	make full	671a
	πληρόω 3	make full	671b
	προσευχή 1	prayer	713b
	τέλειος 2 d	perfect	809c
13	Ἱεράπολις	Hierapolis	371d
	Λαοδίκεια	Laodicea	466c
	μαρτυρέω 1 a	bear witness	492d
	πολύς I 1 b β	many	688b
	πόνος 1	toil	691c
14	ἀγαπητός 2	beloved	6c
	Δημᾶς	Demas	178d
	ἰατρός 1	physician	369a
	Λουκᾶς	Luke	480c
14f	ἀσπάζομαι 1 a	greet	116d
15	ἐκκλησία 4 c	church	241a
	οἶκος 1 a α	house	560c
15f	Λαοδίκεια	Laodicea	466c
16	ἀναγινώσκω 1	read	51c
	ἀναγινώσκω 1	read	51d
	ἀναγινώσκω 2	read	51d
	ἐκ 6 a	from	236b
	ἐπιστολή	letter	300d
	ἵνα II 1 a ε	in order that	377d
	Λαοδίκεια	Laodicea	466c
	Λαοδικεύς	Laodicean	466c
	παρά II 1 b β	beside	610c
	ποιέω I 1 b θ	do	681d
16b	ἵνα IV	in order that	378c
17	Ἄρχιππος	Archippus	113b
	βλέπω 4 b	see	143d
	διακονία 3	service	184c
	κύριος 2 c γ	lord	460a
	παραλαμβάνω 2 b α	take	619c
	πληρόω 4 b	make full	671d
18	ἀσπασμός 2	greeting	117a
	δεσμός 1	fetter	176b
	ἐμός 1 a α	my	255c
	μετά A II 1 c γ	with	509a
	μνημονεύω 1 a	remember	525a
	Παῦλος 2	Paul	637c
	χάρις 2 c	favor	877d
	χείρ 1	hand	880a

1 Thessalonians 1

1	ἀπό V 4	from	88b
	εἰρήνη 2	peace	227c
	ἐκκλησία 4 b	church	241a
	ἐκκλησία 4 e γ	church	241b
	Θεσσαλονικεύς	Thessalonian	359d
	κύριος 2 c γ	lord	460b
	πατήρ 3 e	father	636c
	Παῦλος 2	Paul	637c
	Σιλουανός	Silvanus	750d
	Τιμόθεος	Timothy	818b
	χάρις 2 c	favor	877d
2	ἀδιαλείπτως	constantly	17b
	ἐπί I 2	under	286d
	εὐχαριστέω 2	give thanks	328b

2	μνεία 2	mention	524c
	μνεία 2	mention	524c
	πᾶς, πᾶσα, πᾶν 1 e α	all	632b
	ποιέω II 1	do	683a
	προσευχή 1	prayer	713c
3	ἀγάπη I 1 a	love	5c
	ἀγάπη I 1 a	love	5c
	ἐλπίς 2 b	hope	253b
	ἔμπροσθεν 2 b	in front	257b
	ἔργον 1 b	manifestation	308a
	θεός 3 d	God	357c
	κόπος 2	work	443d
	κύριος 2 c γ	lord	460b
	μνημονεύω 1 a	remember	525a
	ὁ, ἡ, τό II 10 b	the	552d
	πατήρ 3 c β	father	636a
	πίστις 2 d α	faith	663c
	πίστις 2 d γ	faith	663d
	ὑπομονή 1	patience	846b
4	ἀγαπάω 1 d	love	5a
	ἀδελφός 2	brother	16b
	ἐκλογή 1	selection	243a
	ὑπό 1 a α	by	843a
5	ἀλλά 1 a	but, yet	38a
	δύναμις 1	power	207d
	εὐαγγέλιον 2 b β	gospel	318b
	λόγος 1 a α	word	477a
	οἶδα 1 f	know	556b
	οἷος	of what sort	562d
	πληροφορία	certainty	670c
	πνεῦμα 5 c β	spirit	676d
	πνεῦμα 6 a	spirit	677c
	πολύς I 1 b β	many	688b
6	δέχομαι 3 b	accept	177c
	θλῖψις 1	tribulation	362b
	λόγος 1 b β	word	478b
	μετά A III 1	with	509d
	μιμητής 1	imitator	522a
	πνεῦμα 5 c β	spirit	676d
	πολύς I 1 b β	many	688a
	χαρά 1	joy	875c
7	πᾶς, πᾶσα, πᾶν 1 d β	all	632b
	πιστεύω 2 b	believe	661d
	τύπος 5 b	mark	830b
	ὥστε 2 a β	so that	900a
7f	Ἀχαΐα	Achaia	128a
	Μακεδονία	Macedonia	487b
8	ἀπό II 1	from	87a
	ἐν I 6	in	260b
	ἐξέρχομαι 2 b α	go out	275a
	ἐξηχέω	resound	276a
	ἔχω I 2 i	have	333a
	λόγος 1 b β	word	478b
	μή A I 3	not	516a
	ὁ, ἡ, τό II 1 g	the	550d
	πίστις 2 a	faith	662d
	πρός III 4 b	toward	710c
	τόπος 1 a	place	822b
	χρεία 1	need	885a
	ὥστε 2 a β	so that	900a
9	ἀληθινός 3	genuine	37b
	ἀπαγγέλλω 1	report	79b
	αὐτός 1 c	self	122d
	δουλεύω 2 b	serve	205a
	εἴδωλον 2	idol	221d
	εἴσοδος 1	entrance	233b
	ἐπιστρέφω 1 b β	turn	301b
	ζάω 1 a ε	live	336b
	ὁποῖος	what sort	575d
	πῶς 2 a	how	732c
9a	πρός III 1 a	toward	709d
10	ἀναμένω 2	expect	57d
	ἐγείρω 1 a β	raise	214d
	ἔρχομαι I 1 b β	come	311b
	νεκρός 2 a	dead	535b
	ὀργή 2 b	anger	579b
	οὐρανός 2 b	heaven	595a
	ῥύομαι	save	737d
	υἱός 2 b	son	835a

1 Thessalonians 2

1	γάρ 1 e	for	152a
	εἴσοδος 1	entrance	233b
	κενός 2 a β	empty	427d
	ὅτι 1 b ζ	that	589a
	οὐ 5 b	no	590d
2	ἀγών 2	struggle	15a
	ἐν I 4 d	in	259b
	εὐαγγέλιον 2 b β	gospel	318b
	λαλέω 2 b	speak	463d
	οἶδα 1 i	know	556b
	παρρησιάζομαι 2	venture	631a
	πολύς I 1 b β	many	688a
	προπάσχω suffer previously		709b
	ὑβρίζω	mistreat	831d
	Φίλιπποι	Philippi	860a
3	ἀκαθαρσία 2	impurity	29a
	δόλος	deceit	203b
	οὐδέ 1	and not	591c
	παράκλησις 1 encouragement		618a
	πλανή	wandering	665c
4	ἀρέσκω 1	accommodate	105c
	εὐαγγέλιον 1 a	gospel	318a
	καρδία 1 b α	heart	403c
	οὐ 7 a	no	591a
	οὕτω 1 a	thus	597d
	πιστεύω 3	believe	662a
	ὡς III 1 a	so	898a
4a	δοκιμάζω 2 b	approve	202d
4b	δοκιμάζω 1	examine	202c
5	γάρ 1 b	for	152a
	κολακεία	flattery	440d
	μάρτυς 2 a	witness	494b
	οἶδα 1 i	know	556b
	πλεονεξία	greediness	667d
	ποτέ 1	once	695b
	πρόφασις 2	actual motive	722d

5f	οὔτε	not	596a
6	ἀπό IV 2 a	from	87d
	δόξα 3	fame	204a
7	ἀπόστολος 3	apostles	99d
	βάρος 2	weight	134a
	εἰμί III 4	to be	225b
	ἤπιος	gentle	348b
	θάλπω	cherish	350c
	μέσος 2	the middle	507d
	νήπιος 2	minor	537d
	τέκνον 1 a α	child	808b
	τροφός	nurse	828a
7a	ὡς III 1 a	so	898a
8	ἀγαπητός 2	beloved	6c
	ἀλλά 1 a	but, yet	38a
	γίνομαι II 1	be	160b
	διότι 1	because	199b
	εὐαγγέλιον 2 b β	gospel	318b
	εὐδοκέω	well pleased	319b
	εὐδοκέω 1	well pleased	319b
	μεταδίδωμι	share	511a
	ὁμείρομαι	have a kindly feeling	565c
	ψυχή 1 b γ	soul, life	893c
9	εἰς 1 d β	in	228c
	εἰς 4 g	for	229d
	ἐπιβαρέω	burden	290b
	ἐργάζομαι 1	work	307a
	εὐαγγέλιον 2 b β	gospel	318b
	ἡμέρα 1 a	day	346a
	κηρύσσω 2 b β	announce	431c
	κόπος 2	work	443d
	μή A II 1 e	not	516c
	μνημονεύω 1 b	remember	525b
	μόχθος	labor	528d
	νύξ 1 b	night	546c
	πρός III 3 a	toward	710b
	τὶς, τὶ 1 a γ	any one	820b
10	ἀμέμπτως	blamelessly	45a
	γίνομαι II 1	be	160b
	δικαίως 1 b	justly	198b
	μάρτυς 2 a	witness	494b
	μάρτυς 2 b	witness	494b
	ὁσίως	devoutly	586a
	πιστεύω 2 b	believe	661d
	ὡς IV 4	when	899a
11	ἕκαστος 2	each	236d
	καθάπερ	just as	387a
	τέκνον 1 a α	child	808b
11a	ὡς IV 4	when	899a
12	ἀξίως	worthily	78d
	βασιλεία 3 g	kingdom	135d
	δόξα 1 a	glory	203d
	δόξα 1 b β	glory	203d
	μαρτύρομαι 2	affirm	494b
	παρακαλέω 2	appeal to	617a
	παρακαλέω 5	implore	617d
	παραμυθέομαι	encourage	620d
	περιπατέω 2 a α	go about	649b
13	ἀδιαλείπτως	constantly	17b
	ἀκοή 2 b	report	31a
13	ἀληθῶς 2	truly	37c
	ἄνθρωπος 1 a β	man	68b
	δέχομαι 3 b	accept	177c
	ἐνεργέω 1 b	work	265c
	εὐχαριστέω 2	give thanks	328b
	καθώς 1	just as	391c
	ὁ, ἡ, τό II 11	the	552d
	παρά I 3 b	from	609d
	παραλαμβάνω 2 b γ	take	619d
	πιστεύω 2 b	believe	661d
13a	λόγος 1 b β	word	478b
13b	λόγος 1 b β	word	478b
14	ἐκκλησία 4 b	church	241a
	ἐκκλησία 4 e α	church	241b
	ἐν I 5 d	in	260a
	ἴδιος 2 b	ones own	370a
	Ἰουδαία 2	Judaea	379a
	Ἰουδαῖος 2 c	Jewish	379c
	καθώς 1	just as	391b
	καί II 3	also	393c
	μιμητής 2	imitator	522b
	πάσχω 3 b	endure	634c
	συμφυλέτης	compatriot	780d
	ταὐτά		806b
14a	ὑπό 1 b	by	843b
14b	ὑπό 1 b	by	843b
15	ἀρέσκω 2 a	be pleasing	105c
	ἐκδιώκω	persecute severely	239a
	ἐναντίος 2	opposed	262a
	κύριος 2 c γ	lord	460a
	πᾶς, πᾶσα, πᾶν 1 b	all	631d
	προφήτης 1	prophet	723c
	προφήτης 4	prophet	724a
16	ἁμαρτία 1	sin	43a
	ἀναπληρόω 1	make complete	59d
	εἰς 3	completely	229a
	κωλύω 1	hinder	461c
	λαλέω 2 a δ	speak	463b
	ὀργή 2 a	anger	579b
	σῴζω 2 b	save	798c
	τέλος 1 d γ	forever	812a
	τέλος 1 d γ	forever	812a
	φθάνω 2	come	857a
17	ἀπορφανίζω	make an orphan	98a
	εἶδον 6	visit	221a
	ἐπιθυμία 2	desire	293b
	καιρός 1	time	394d
	καρδία 1 b α	heart	403c
	περισσοτέρως 2	more	651d
	πολύς I 1 b β	many	688a
	πρός III 2 b	toward	710a
	σπουδάζω 2	hasten	763c
	ὥρα 2 a β	time of day	896b
17a	πρόσωπον 1 b	face	721a
17b	πρόσωπον 1 b	face	721a
18	ἅπαξ 1	once	80d
	διότι 3	for	199c
	δίς	twice	199d
	ἐγκόπτω	hinder	216c

18	θέλω 2	wish	355b
	καί I 2 g	and	392d
	καί I 6	and	393b
	μέν 2 a	(particle)	503b
	Παῦλος 2	Paul	637c
	σατάν	Adversary	745a
19	ἐλπίς 3	hope	253c
	ἔμπροσθεν 2 b	in front	257b
	ἐν II 2	while	260b
	καύχησις 1	boasting	426b
	κύριος 2 c γ	lord	460b
	παρουσία 2 b α	coming	630b
	στέφανος 2 b	wreath	767c
19f	χαρά 2 a	joy	875d
20	γάρ 4	indeed	152c
	δόξα 3	fame	204a

1 Thessalonians 3

1	Ἀθῆναι	Athens	21b
	εὐδοκέω 1	well pleased	319b
	καταλείπω 1 a	leave behind	413c
	μηκέτι 3	no longer	518c
	μόνος 1 a α	only	527c
2	ἀδελφός 2	brother	16b
	διάκονος 1 a	servant	184d
	διάκονος 1 b	helper	184d
	εἰς 4 d	for	229b
	εὐαγγέλιον 2 b α	gospel	318a
	εὐαγγέλιον 2 b α	gospel	318b
	παρακαλέω 4	implore	617c
	πέμπω 1	send	642a
	πίστις 2 d α	faith	663c
	στηρίζω 2	establish	768b
	συνεργός	working with	787d
	συνεργός	working with	787d
	Τιμόθεος	Timothy	818b
	ὑπέρ 1 b	in behalf of	838d
3	ἀνταναπληρόω	fill up	72d
	θλῖψις 1	tribulation	362b
	κεῖμαι 2 a	set	426d
	σαίνω	flatter	740a
	σιαίνομαι	annoyed	749c
4	γάρ 1 e	for	152a
	θλίβω 3	oppress	362b
	μέλλω 1 c δ	is destined	501c
	οἶδα 1 i	know	556b
	προλέγω 1	tell beforehand	708c
	πρός III 7	by	711a
5	γίνομαι I 4 a	become	159d
	γινώσκω 2 a	find out	161a
	εἰς 4 d	for	229b
	εἰς 4 e	so that	229c
	κἀγώ 3 c	I	386b
	καί I 2 e	and	392c
	κενός 2 a β	empty	428a
	κόπος 2	work	443d
	μηκέτι 3	no longer	518c
	μήπως 1 b	lest somehow	519d
	ὁ, ἡ, τό II 3 a	the	551b
5	πέμπω 1	send	642a
	πίστις 2 d α	faith	663c
	στέγω 2	cover	766a
5a	πειράζω 2 d	try	640c
5b	πειράζω 2 d	try	640c
6	ἀγαθός 1 b β	good	3b
	ἀγάπη I 1 a	love	5c
	ἄρτι 3	now	110b
	ἐπιποθέω	desire	297d
	ἔρχομαι I 1 a β	come	310d
	εὐαγγελίζω 1 announce good news		317c
	ἔχω I 2 e β	have	332d
	καθάπερ	just as	387a
	μνεία 1	remembrance	524b
	πίστις 2 d γ	faith	663d
	Τιμόθεος	Timothy	818b
7	ἀνάγκη 2	distress	52c
	θλῖψις 1	tribulation	362b
	θλῖψις 1	tribulation	362b
	παρακαλέω 4	implore	617d
	πᾶς, πᾶσα, πᾶν 1 c β	all	632a
	πίστις 2 d α	faith	663c
7a	ἐπί II 1 b γ	on	287c
7b	ἐπί II 2	at	288a
8	ἐάν I 2 b	if	211c
	ζάω 1 a γ	live	336b
	κύριος 2 c γ	lord	460a
	νῦν 2	now	545d
	στήκω 2	stand	768a
9	ἀνταποδίδωμι 1	repay	73a
	ἔμπροσθεν 2 b	in front	257b
	ἐπί II 1 b γ	on	287c
	εὐχαριστία 2	thankfulness	328d
	χαίρω 1	rejoice	873b
	χαίρω 1	rejoice	873b
	χαρά 1	joy	875c
10	δέομαι 4	ask	175b
	εἶδον 6	visit	221a
	ἡμέρα 1 a	day	346a
	καταρτίζω 1 b	restore	417d
	νύξ 1 b	night	546c
	πίστις 2 d α	faith	663c
	πρόσωπον 1 b	face	721a
	ὑπερεκπερισσοῦ beyond all measure		840c
	ὑστέρημα 2	need	849c
11	θεός 3 d	God	357c
	κατευθύνω	lead	422c
	κύριος 2 c γ	lord	460b
	ὁ, ἡ, τό II 10 b	the	552d
	ὁδός 1 a	way	554a
	πατήρ 3 c β	father	636a
12	ἀγάπη I 1 b β	love	5d
	εἰς 4 c β	(goal)	229b
	καθάπερ	just as	387a
	περισσεύω 2 b	be left over	651b
	πλεονάζω 2 b	increase	667b
13	ἅγιος 2 d α	the holy ones	10a
	ἁγιωσύνη	holiness	10c
	ἄμεμπτος	blameless	45a

13	ἀμέμπτως	blamelessly	45a
	εἰς 4 e	so that	229c
	ἔμπροσθεν 2 b	in front	257b
	ἐν II 2	while	260b
	θεός 3 d	God	357c
	καρδία 1 b δ	heart	404a
	κύριος 2 c γ	lord	460b
	μετά A II 1 a	with	508d
	ὁ, ἡ, τό II 10 b	the	552d
	παρουσία 2 b α	coming	630b
	πατήρ 3 c β	father	636a
	στηρίζω 2	establish	768b

1 Thessalonians 4

1	ἀρέσκω 1	accommodate	105c
	δεῖ 2	it is necessary	172a
	ἐν I 5 d	in	260a
	ἐρωτάω 2	ask	312b
	λοιπός 3 b	the rest	480b
	μᾶλλον 1	more	489b
	ὁ, ἡ, τό II 8 a	the	552c
	παρά I 3 b	from	609d
	παρακαλέω 2	appeal to	617b
	παραλαμβάνω 2 b γ	take	619d
	περισσεύω 1 b β	be left over	651a
	πῶς 2 a	how	732d
1a	περιπατέω 2 a γ	go about	649c
1b	περιπατέω 2 a γ	go about	649c
2	δίδωμι 1 b α	give	193a
	κύριος 2 c γ	lord	460a
	οἶδα 1 f	know	556a
	παραγγελία	order	613b
	τίς, τί 2	which	819c
3	ἁγιασμός	holiness	9a
	ἀπέχω 3	keep away	85b
	θέλημα 1 c γ	will	354c
	πορνεία 1	prostitution	693b
4	ἁγιασμός	holiness	9a
	κτάομαι 1	get	455a
	οἶδα 3	know	556c
	σκεῦος 2	thing	754b
	σκεῦος 2	thing	754b
	τιμή 2 c	honor	818a
5	ἐπιθυμία 3	desire	293c
	καθάπερ	just as	387a
	οἶδα 1 a	know	555d
	πάθος 2	passion	603a
6	διαμαρτύρομαι 2	testify	186c
	διότι 1	because	199b
	ἔκδικος	the avenger	238d
	κύριος 2 d	lord	460b
	μή A II 1 g	not	516c
	πᾶς, πᾶσα, πᾶν 1 e β	all	632c
	πλεονεκτέω 1 a	outwit	667c
	πρᾶγμα 2	deed	697a
	πρᾶγμα 6	illicit sexual conduct	697b
	προεῖπον 2 a	foretell	704d
	ὑπερβαίνω 2	overstep	840a
7	ἁγιασμός	holiness	9a
	ἀκαθαρσία 2	impurity	28d
	ἐπί II 1 b ε	on	287d
	καλέω 2	call	399d
8	ἀθετέω 1 b	reject	21a
	δίδωμι 1 b β	give	193a
	πνεῦμα 5 a	spirit	676b
	τοιγαροῦν	therefore	821a
9	ἀγαπάω 1 a α	love	4c
	ἀλλήλων	each other	39c
	γράφω 2 d	write	167a
	ἔχω I 2 i	have	333a
	θεοδίδακτος	taught by God	356b
	περί 1 h	about	645a
	φιλαδελφία	brotherly love	858c
	χρεία 1	need	885a
10	γάρ 1 e	for	152a
	εἰς 4 g	for	229d
	Μακεδονία	Macedonia	487b
	μᾶλλον 1	more	489b
	περισσεύω 1 b β	be left over	651a
	ποιέω I 1 d β	do	682b
11	ἐργάζομαι 1	work	307a
	ἡσυχάζω 1	rest	349b
	ἴδιος 3 b	ones own	370b
	παραγγέλλω	give orders	613b
	πράσσω 1 a	do	698c
	φιλοτιμέομαι	aspire	861c
	χείρ 1	hand	880a
12	ἔξω 1 a β	outside	279c
	εὐσχημόνως	decently	327a
	περιπατέω 2 a α	go about	649b
	χρεία 1	need	885a
13	ἀγνοέω 1	be ignorant	11b
	ἐλπίς 2 b	hope	253b
	θέλω 1	wish	355a
	κοιμάω 2 b	sleep	437d
	λοιπός 2 b α	the others	480a
	λυπέω 2 b	grieve	481d
14	ἄγω 1 a	lead	14b
	ἀνίστημι 2 a	rise	70b
	πιστεύω 1 a β	believe	660c
	σύν 2 c	with	781d
14f	κοιμάω 2 a	sleep	437d
15	ζάω 1 a α	live	336a
	λόγος 1 a γ	word	477c
	παρουσία 2 b α	coming	630b
	περιλείπομαι	remain	648c
	φθάνω 1	precede	856d
15a	κύριος 2 c γ	lord	460a
15b	κύριος 2 c γ	lord	460a
16	ἀνίστημι 2 a	rise	70b
	ἀρχάγγελος	archangel	111b
	ἐν I 5 d	in	260a
	καταβαίνω 1 a γ	come down	408c
	κέλευσμα	signal	427b
	οὐρανός 2 b	heaven	595a
	πρῶτος 2 a	first	726b
	σάλπιγξ 2	trumpet	741a
17	ἀήρ	air	20b

17	ἅμα 2	together	42a
	ἀπάντησις	meeting	80c
	ἁρπάζω 2 b	snatch	109b
	ἔπειτα 2 a	then	284d
	ζάω 1 a α	live	336a
	νεφέλη	cloud	536d
	οὕτω 1 b	thus	597d
	περιλείπομαι	remain	648c
	σύν 6	with	782a
17b	κύριος 2 c γ	lord	460a
18	λόγος 1 b β	word	478c
	παρακαλέω 4	implore	617c
	ὥστε 1 b	therefore	900a

1 Thessalonians 5

1	γράφω 2 d	write	167a
	ἔχω I 2 i	have	333a
	καιρός 4	time	395c
	περί 1 h	about	645a
	χρεία 1	need	885a
	χρόνος	time	888b
2	ἀκριβῶς	accurately	33b
	ἔρχομαι I 1 b α	come	311b
	ἡμέρα 3 b β	day	347b
	κλέπτης	thief	434c
	νύξ 1 c	night	546d
	ὁ, ἡ, τό II 11	the	552d
	ὡς I 1	as	897a
3	αἰφνίδιος	sudden	26d
	ἀσφάλεια 2	safety	118d
	γαστήρ 2	womb	152d
	εἰρήνη 1 b	peace	227c
	ἐκφεύγω 2 a	run away	247a
	ἐφίστημι	stand by	330d
	ἐφίστημι 1 b	stand by	330d
	ἔχω I 2 j	have	333b
	ὄλεθρος	destruction	563b
	ὅταν 1 a	when	588a
	τότε 2	at that time	824a
	ὠδίν 1	birth pain	895c
	ὠδίν 1	birth pain	895c
	ὥσπερ 2	(just) as	899d
4	εἰμί III 4	to be	225b
	ἡμέρα 3 b β	day	347b
	ἵνα II 2	in order that	378a
	καταλαμβάνω 1 b	seize	413a
	κλέπτης	thief	434c
4f	σκότος 2 b	darkness	758a
5	εἰμί IV 2	to be	225d
	ἡμέρα 1 b	day	346b
	νύξ 2	night	546d
	οὐδέ 1	and not	591c
	υἱός 1 c δ	son	834b
	φῶς 3 a	light	872b
6	ἄρα 4	then	104a
	γρηγορέω 2	be awake	167c
	καθεύδω 2 b	sleep	388d
	λοιπός 2 b α	the others	480a
	μή A III 1	not	516d
6	νήφω	be self controlled	538d
7	καθεύδω 1	sleep	388d
	μεθύσκω	get drunk	499b
	μεθύω 1	be drunk	499c
7a	νύξ 1 b	night	546c
7b	νύξ 1 b	night	546c
8	ἀγάπη I 1 a	love	5c
	εἰμί IV 2	to be	225d
	ἐλπίς 2 b	hope	253b
	ἐνδύω 2 a	dress	264a
	ἡμέρα 1 b	day	346b
	θώραξ 1	breastplate	367c
	νήφω	be self controlled	538d
	περικεφαλαία	helmet	648a
	πίστις 2 d γ	faith	663d
	πίστις 2 d γ	faith	663d
	σωτηρία 2	deliverance	801c
9	κύριος 2 c γ	lord	460b
	ὀργή 2 b	anger	579b
	περιποίησις 2	keeping safe	650a
	σωτηρία 2	deliverance	801c
	σωτηρία 2	deliverance	801c
	τίθημι II 2 c	appoint	816d
10	ἅμα 2	together	42a
	γρηγορέω 2	be awake	167c
	εἰ VI 13 a	if	220b
	ζάω 2 b β	live	336d
	καθεύδω 2 a	sleep	388d
	σύν 2 b	with	781d
	σύν 6	with	782a
	ὑπέρ 1 a ε	in behalf of	838d
11	εἷς 5 a	one	232a
	οἰκοδομέω 3	build	558d
	παρακαλέω 2	appeal to	617a
	ποιέω I 2 a α	do	682c
12	ἐν I 5 d	in	260a
	ἐρωτάω 2	ask	312a
	κοπιάω 2	become weary	443c
	κύριος 2 c γ	lord	460a
	νουθετέω	admonish	544b
	οἶδα 5	know	556d
	προΐστημι 1	rule	707a
	προΐστημι 2	care for	707a
	προΐστημι 2	care for	707a
13	ἀγάπη I 1 a	love	5c
	ἑαυτοῦ 3	oneself	212c
	εἰρηνεύω 2 b	keep in peace	227a
	ἔργον 2	work	308c
	ἡγέομαι 2	consider	343d
	προΐστημι 2	rule	707a
	ὑπερεκπερισσοῦ	beyond all measure	840c
	ὑπερεκπερισσῶς	beyond all measure	840c
14	ἀντέχω 2	help	73c
	ἀσθενής 2 b	weak	115d
	ἄτακτος	disorderly	119c
	μακροθυμέω 2	have patience	488a
	νουθετέω	admonish	544b
	ὀλιγόψυχος	faint hearted	564a

14	παρακαλέω 2	appeal to	617b
	παραμυθέομαι	encourage	620d
	πρός III 4 b	toward	710c
15	ἀγαθός 2 a α	good	3c
	ἀντί 2	for	73d
	ἀποδίδωμι 3	recompense	90b
	διώκω 4 b	pursue	201c
	εἰς 4 g	for	229d
	κακός 3	evil	398b
	μή B 1 b	not	517b
	ὁράω 2 b	see	578d
	τὶς, τὶ 1 a γ	any one	820b
16	χαίρω 1	rejoice	874a
17	ἀδιαλείπτως	constantly	17b
	προσεύχομαι	pray	714a
18	εὐχαριστέω 2	give thanks	328b
	θέλημα 1 c γ	will	354c
	πᾶς, πᾶσα, πᾶν 2 a β	every respect	632d
19	ζβέννυμι	extinguish	337a
	μή A III 3 b	not	517a
	πνεῦμα 6 d	spirit	677d
	σβέννυμι 2	extinguish	745c
20	ἐξουθενέω 2	reject	277d
	πνεῦμα 6 d	spirit	677d
	προφητεία 2	prophecy	722d
	προφητεία 3 b	prophecy	722d
21	δοκιμάζω 1	examine	202c
	καλός 2 c β	good	400c
	κατέχω 1 b β	hold fast	423a
	πᾶς, πᾶσα, πᾶν 2 a δ	everything	633a
22	ἀπέχω 3	keep away	85b
	εἶδος 2	form	221b
	πονηρός 2 c	wicked	691b
23	ἁγιάζω 2	consecrate	8d
	ἁγιάζω 4	purify	9a
	ἀμέμπτως	blamelessly	45a
	εἰρήνη 3	peace	227d
	θεός 3 e	God	357d
	κύριος 2 c γ	lord	460b
	ὁλόκληρος	whole	564c
	ὁλοτελής	quite complete	565a
	παρουσία 2 b α	coming	630b
	πνεῦμα 3 a	spirit	675b
	σῶμα 1 b	body	799b
	τηρέω 2 b	keep	815a
	ψυχή 1 e	soul, life	894a
24	καλέω 2	call	399d
	πιστός 1 a β	trustworthy	664d
	ποιέω I 2 c	do	682d
25	περί 1 f	about	644d
	προσεύχομαι	pray	714a
26	ἀσπάζομαι 1 a	greet	117a
	πᾶς, πᾶσα, πᾶν 1 d α	all	632b
	φίλημα	a kiss	859c
27	ἀναγινώσκω 2	read	51d
	ἐνορκίζω	adjure	267c
	ἐπιστολή	letter	300d
	ὁρκίζω	adjure	581c
28	κύριος 2 c γ	lord	460b
28	μετά A II 1 c γ	with	509a
	χάρις 2 c	favor	877d

2 Thessalonians 1

1	ἐκκλησία 4 b	church	241a
	Θεσσαλονικεύς	Thessalonian	359d
	Παῦλος 2	Paul	637c
	Σιλουανός	Silvanus	750d
	Τιμόθεος	Timothy	818b
2	ἀπό V 4	from	88b
	εἰρήνη 2	peace	227c
	θεός 3 d	God	357d
	κύριος 2 c γ	lord	460b
	πατήρ 3 c β	father	636a
	χάρις 2 c	favor	877d
3	ἀγάπη I 1 b β	love	5d
	ἄξιος 1 c	worthy	78b
	ἕκαστος 2	each	236d
	εὐχαριστέω 2	give thanks	328b
	ὀφείλω 2 a β	owe	599a
	πίστις 2 d α	faith	663c
	πλεονάζω 1 a	increase	667b
	ὑπεραυξάνω	increase abundantly	840a
4	ἀνέχω 1 b	endure	65d
	διωγμός	persecution	201b
	ἐγκαυχάομαι	boast	216a
	ἐκκλησία 4 e α	church	241b
	ἐνέχω 2	be loaded down	265d
	θλῖψις 1	tribulation	362b
	ὅς, ἥ, ὅ I 4 a	(rel pron)	584a
	πίστις 1 a	faith	662c
	ὑπέρ 1 f	in behalf of	839b
	ὑπομονή 1	patience	846b
	ὥστε 2 a β	so that	900a
5	βασιλεία 3 g	kingdom	135c
	δικαιοκρισία	righteous judgment	195c
	δίκαιος 4	righteous	196a
	ἔνδειγμα	evidence	262c
	καταξιόω 1	consider worthy	415c
	κρίσις 1 a α	judging	452c
	πάσχω 3 a β	suffer	634b
	ὑπέρ 1 d	in behalf of	839a
6	ἀνταποδίδωμι 2	repay	73a
	δίκαιος 5	righteous	196a
	εἰ VI 11	if	220b
	θλίβω 3	oppress	362a
	θλῖψις 1	tribulation	362b
	παρά II 2 b	beside	610c
7	ἄγγελος 2 a	angel	7c
	ἄνεσις 2	rest	65c
	ἀποκάλυψις 3	revelation	92c
	δύναμις 1	power	207d
	ἐν II 2	while	260c
	θλίβω 3	oppress	362b
	κύριος 2 c γ	lord	460a
	μετά A II 1 a	with	508d
	μετά A II 4	with	509c

7	οὐρανός 2 b	heaven	595a
8	δίδωμι 1 b β	give	193a
	ἐκδίκησις	vengeance	238d
	εὐαγγέλιον 2 b α	gospel	318b
	θεός 3 b	God	357c
	κύριος 2 c γ	lord	460b
	οἶδα 2	know	556b
	πῦρ 1 b	fire	730b
	ὑπακούω 1	listen to	837b
	φλόξ	flame	862b
9	αἰώνιος 3	eternal	28c
	ἀπό III 1	away from	87b
	δίκη 1	penalty	198c
	δόξα 1 a	brightness	203c
	ἰσχύς	strength	383d
	ὀλέθριος	destructive	563b
	ὄλεθρος	destruction	563b
	πρόσωπον 1 c α	face	721b
	τίνω	pay	818d
10	ἅγιος 2 d α	the holy ones	10a
	ἐκεῖνος 2 b β	that	239d
	ἐνδοξάζομαι	honored	263b
	ἐπί III 1 a ζ	on	288d
	ἔρχομαι I 1 a	come	311a
	ἡμέρα 3 b β	day	347b
	θαυμάζω 1 b β	wonder	352c
	μαρτύριον 1 b	testimony	494a
	πᾶς, πᾶσα, πᾶν 1 d β	all	632b
10a	πιστεύω 2 b	believe	661d
10b	πιστεύω 1 a α	believe	660c
11	ἀγαθωσύνη	goodness	3d
	ἀξιόω 1 b	consider worthy	78d
	δύναμις 1	power	207d
	εἰς 4 f	(purpose)	229d
	ἐν III 2	by	261a
	ἔργον 1 b	manifestation	308a
	εὐδοκία 1	good will	319c
	εὐδοκία 3	wish	319d
	κλῆσις 1	call	435d
	ὅς, ἥ, ὅ I 11 b	(rel pron)	585a
	περί 1 f	about	644d
	πίστις 2 d α	faith	663c
	πίστις 2 d α	faith	663c
	πληρόω 3	make full	671b
	προσεύχομαι	pray	714a
11f	ὅπως 2 a α	in order that	577a
12	ἐνδοξάζομαι	honored	263b
	ὄνομα I 4 b	name	571d
	χάρις 2 a	favor	877c
12b	κύριος 2 c γ	lord	460b
13	παρά I 3 c	from	610a

2 Thessalonians 2

1	ἐπισυναγωγή 2	meeting	301d
	ἐρωτάω 2	ask	312a
	ἐρωτάω 2	ask	312a
	κύριος 2 c γ	lord	460b
	παρουσία 2 b α	coming	630b
	ὑπέρ 1 f	in behalf of	839b
2	διά A III 1 b	by means of	180b
	ἐνίστημι 1	be present	266d
	ἐπιστολή	letter	300d
	ἡμέρα 3 b β	day	347b
	θροέω	be disturbed	364a
	λόγος 1 a α	word	477b
	μήτε	and not	520a
	νοῦς 1	the understanding	544d
	ὁ, ἡ, τό II 11	the	552d
	ὅτι 1 d β	that	589b
	παρά I 3 c	from	610a
	πνεῦμα 7	spirit	678a
	σαλεύω 2	shake	740c
	ταχέως 1 b	quickly	806d
2a	ὡς III 3	so	898b
3	ἄνθρωπος 2 a	man	68c
	ἀνομία 1	lawlessness	71d
	ἀνομία 2	lawlessness	72a
	ἀποκαλύπτω 4	reveal	92b
	ἀποστασία	rebellion	98b
	ἀπώλεια 2	destruction	103c
	ἐξαπατάω	deceive	273a
	ἔρχομαι I 2 b	come	311c
	κατά II 5 b α	according to	407c
	μή A III 5 a	not	517a
	μηδείς 1	no	518a
	τρόπος 1	manner	827b
	υἱός 1 c δ	son	834b
4	ἀντίκειμαι	be opposed	74c
	ἀποδείκνυμι 1	make	89d
	εἰς 1 a α	into	228b
	ἐπί III 1 b α	over	288d
	θεός 1	god	356d
	καθίζω 2 a α	sit down	390a
	ναός 1 a	temple	533c
	πᾶς, πᾶσα, πᾶν 1 a α	every each	631b
	σέβασμα	object of worship	745d
	ὑπεραίρω	rise up	839d
	ὥστε 2 a β	so that	900a
5	ἔτι 1 a β	still	315d
	λέγω I 1 a	say	468b
	μνημονεύω 1 c	remember	525b
	πρός III 7	by	711a
6	ἀποκαλύπτω 4	reveal	92b
	καιρός 3	time	395b
	κατέχω 1 a γ	hold back	422d
7	ἀνομία 1	lawlessness	72a
	ἄρτι 3	now	110b
	γίνομαι I 4 c α	come, go	159d
	ἐνεργέω 1 b	work	265c
	ἕως I 1 b	until	334c
	κατέχω 1 a γ	hold back	422d
	μέσος 2	the middle	507d
	μυστήριον 2	mystery	530c
8	ἀναιρέω 1 a	do away with	55a
	ἀναλίσκω	consume	57b
	ἄνομος 4	lawless	72b
	ἀποκαλύπτω 4	reveal	92b
	ἐπιφάνεια 1	appearing	304b
	καταργέω 2	abolish	417c

Verse	Word	Sense	Gloss	Ref
8	κύριος	2 c γ	lord	460a
	παρουσία	2 b α	coming	630a
	πνεῦμα	1 b	breath	674d
	στόμα	1 a	mouth	769d
	τότε	2	at that time	824a
9	δύναμις	4	miracle	208a
	ἐνέργεια	1	working	265b
	κατά	II 5 a δ	according to	407b
	παρουσία	2 b γ	coming	630b
	σατάν		Adversary	745a
	σημεῖον	2 b	sign	748c
	ψεῦδος		lie	892b
10	ἀγάπη	I 1 b α	love	5d
	ἀδικία	2	unrighteousness	18a
	ἀλήθεια	2 b	truth	36a
	ἀντί	3	for	74a
	ἀπάτη	1	deception	82a
	ἀπόλλυμι	2 a α	perish	95b
	δέχομαι	3 b	accept	177c
	ὅς, ἥ, ὅ	I 11 a	(rel pron)	585a
	πλανή		wandering	666a
	σῴζω	2 b	save	798c
10f	εἰς	4 e	so that	229c
11	ἐνέργεια	1	working	265a
	πέμπω	1	send	642b
	πιστεύω	1 a δ	believe	660d
	πλανή		wandering	665c
	ψεῦδος		lie	892b
12	ἀδικία	2	unrighteousness	18a
	ἀλήθεια	2 b	truth	36a
	εὐδοκέω	2 b	well pleased	319b
	εὐδοκέω	2 b	well pleased	319b
	κρίνω	4 b α	judge	452a
	μή	A II 2 a	not	516c
	πιστεύω	1 a δ	believe	660d
13	ἀγαπάω	1 d	love	5a
	ἁγιασμός		holiness	9a
	αἱρέω	2	choose	24a
	ἀλήθεια	2 b	truth	36a
	ἀπαρχή	2 a	first fruits	81c
	ἀρχή	1 c	beginning	112b
	εἰς	4 d	for	229b
	ἐν	III 1 a	by	260d
	εὐχαριστέω	2	give thanks	328b
	κύριος	2 c γ	lord	460a
	ὀφείλω	2 a β	owe	599a
	πίστις	2 c	faith	663b
	πνεῦμα	5 d β	spirit	677a
	σωτηρία	2	deliverance	801d
14	εὐαγγέλιον	2 b β	gospel	318b
	καλέω	2	call	399d
	κύριος	2 c γ	lord	460b
	περιποίησις	2	keeping safe	650a
15	ἄρα	4	then	104a
	διά	A III 1 b	by means of	180b
	διά	A III 1 b	by means of	180b
	διδάσκω	2 c	teach	192a
	ἐπιστολή		letter	300d
	κρατέω	2 e β	hold	448d
	λόγος	1 a α	word	477b
15	παράδοσις	2	tradition	616a
	στήκω	2	stand	768a
16	ἀγαθός	1 b β	good	3b
	ἀγαπάω	1 b α	love	4d
	αἰώνιος	3	eternal	28c
	ἐλπίς	2 b	hope	253a
	ἐν	III 2	by	261a
	κύριος	2 c γ	lord	460b
	παράκλησις	3	comfort	618b
	πατήρ	3 c β	father	636a
	χάρις	2 a	favor	877c
17	ἀγαθός	1 b β	good	3b
	ἔργον	1 a	deed	307d
	λόγος	1 a α	word	477a
	παρακαλέω	4	implore	617d
	πᾶς, πᾶσα, πᾶν	1 a β	every each	631c
	στηρίζω	2	establish	768b

2 Thessalonians 3

Verse	Word	Sense	Gloss	Ref
1	δοξάζω	2	glorify	204d
	κύριος	2 c γ	lord	460a
	λόγος	1 b β	word	478b
	λοιπός	3 b	the rest	480b
	περί	1 f	about	644d
	πρός	III 7	by	711a
	προσεύχομαι		pray	714a
	τρέχω	2 b	run	826a
2	ἄτοπος	2	improper	120c
	πίστις	2 d α	faith	663c
	πονηρός	1 b α	wicked	690d
	ῥύομαι		save	737c
3	κύριος	2 a	lord	459b
	πιστός	1 a β	trustworthy	664d
	πονηρός	2 b	wicked	691b
	στηρίζω	2	establish	768b
	φυλάσσω	1 c	watch	868c
4	ἐν	I 5 d	in	259d
	ἐπί	III 1 b ε	toward	289a
	κύριος	2 c γ	lord	460a
	παραγγέλλω		give orders	613b
	πείθω	2 a	convince	639c
5	ἀγάπη	I 1 b γ	love	5d
	κατευθύνω		lead	422c
	ὑπομονή	1	patience	846c
	ὑπομονή	2	patience	846c
	Χριστός	1	Anointed One	887b
6	ἀτάκτως	2	live in idleness	119c
	κύριος	2 c γ	lord	460a
	ὄνομα	I 4 c γ	name	572d
	παρά	I 3 b	from	609d
	παραγγέλλω		give orders	613c
	παράδοσις	2	tradition	616a
	παραλαμβάνω		take	619b
	παραλαμβάνω	2 b γ	take	619d
	περιπατέω	2 a α	go about	649b
	στέλλω	1	keep away	766a
7	ἀτακτέω		be idle	119c

7	μιμέομαι	imitate	521d
	οἶδα 1 f	know	556b
	πῶς 2 a	how	732c
	ἄρτος 2	food	110d
8	δωρεάν 1	gratis	210c
	ἐπιβαρέω	burden	290b
	ἐργάζομαι 1	work	307a
	ἐσθίω 1 a	eat	312d
	ἡμέρα 1 a	day	346a
	κόπος 2	work	443d
	μή A II 1 e	not	516c
	μόχθος	labor	528d
	νύξ 1 b	night	546c
	παρά I 3 b	from	610a
	πρός III 3 a	toward	710b
9	ἐξουσία 1	right	277d
	μιμέομαι	imitate	521d
	ὅτι 1 c	that	589a
	τύπος 5 b	mark	830b
10	ἐργάζομαι 1	work	307a
	ἐσθίω 1 d	eat	313a
	θέλω 2	wish	355b
	μηδέ 1 c	and not	518a
	ὅτι 2	that	589c
	οὐ 2 d	no	590b
	παραγγέλλω	give orders	613b
	πρός III 7	by	711a
11	ἀκούω 7	understand	33a
	ἀτάκτως 2	live in idleness	119c
	ἐργάζομαι 2 a	work	307b
	περιεργάζομαι	be a busybody	646d
	περιπατέω 2 a α	go about	649b
	τὶς, τὶ 1 a α	any one	819d
12	ἄρτος 2	food	110d
	ἐργάζομαι 1	work	307a
	ἐσθίω 1 a	eat	312d
	ἡσυχία 1	quietness	349b
	παραγγέλλω	give orders	613c
	παρακαλέω 2	appeal to	617b
13	ἐγκακέω 1	become weary	215c
	ἐκκακέω	lose heart	240c
	καλοποιέω	do what is right	400b
14	ἐντρέπω 2 a	be ashamed	269d
	ἐπιστολή	letter	300d
	οὐ 2 d	no	590b
	σημειόω 2	mark	748d
	συναναμείγνυμι	mingle	784b
	ὑπακούω 1	listen to	837b
15	ἐχθρός 2 b α	the enemy	331c
	ἡγέομαι 2	consider	343d
	νουθετέω	admonish	544b
15a	ὡς III 1 c	so	898b
15b	ὡς III 1 c	so	898b
16	διά A II 1 a	through	179d
	δίδωμι	give	192d
	εἰρήνη 2	peace	227d
	εἰρήνη 3	peace	227d
	κύριος 2 d	lord	460b
	μετά A II 1 c γ	with	509a
16	τόπος 1 a	place	822b
	τρόπος 1	manner	827b
16c	πᾶς, πᾶσα, πᾶν 1 e α	all	632b
17	ἀσπασμός 2	greeting	117a
17	γράφω 1	write	166c
	ἐμός 1 a α	my	255c
	ἐπιστολή	letter	300d
	Παῦλος 2	Paul	637c
	σημεῖον 1	sign	747d
	χείρ 1	hand	880a
18	κύριος 2 c γ	lord	460b
	μετά A II 1 c γ	with	509a
	πᾶς, πᾶσα, πᾶν 1 e α	all	632b
	χάρις 2 c	favor	877d

1 Timothy 1

1	ἀπόστολος 3	apostles	99d
	ἐλπίς 3	hope	253c
	ἐπαγγελία 2 a	promise	280c
	ἐπιταγή	command	302a
	κατά II 5 a δ	according to	407b
	Παῦλος 2	Paul	637c
	σωτήρ 1	savior	801a
2	ἀπό V 4	from	88b
	γνήσιος 1	legitimate	163a
	εἰρήνη 2	peace	227c
	ἔλεος 2 a	mercy	250b
	κύριος 2 c γ	lord	460b
	πατήρ 3 c β	father	636a
	πίστις 2 d α	faith	663c
	τέκνον 2 b	child	808c
	Τιμόθεος	Timothy	818c
	χάρις 2 c	favor	877d
3	ἑτεροδιδασκαλέω	teach different doctrine	314d
	Ἔφεσος	Ephesus	330b
	καθώς 1	just as	391b
	Μακεδονία	Macedonia	487b
	μή A II 1 b β	not	516b
	παραγγέλλω	give orders	613b
	προσμένω 2	remain	717c
	τὶς, τὶ 1 a β	any one	820a
4	ἀπέραντος	endless	84b
	γενεαλογία	genealogy	154b
	ἐκζήτησις	useless speculation	240b
	μᾶλλον 3 c	rather	489d
	μηδέ 1 b	and not	517d
	μῦθος	fable	529a
	οἰκοδομία	building	559c
	οἰκονομία 3	training	560a
	ὅστις 2 b	whoever	587a
	παρέχω 1 c	cause	626d
	πίστις 2 d α	faith	663c
	προσέχω 1 a β	pay attention to	714c
5	ἀγαθός 1 b β	good	3b
	ἀγάπη I 1 a	love	5c

5	ἀνυπόκριτος	genuine	76d
	ἐκ 3 g γ	by	235c
	καθαρός 3 b	clean	388b
	καρδία 1 b α	heart	403c
	παραγγελία	order	613b
	πίστις 2 d α	faith	663c
	συνείδησις 2	consciousness	786d
	τέλος 1 c	end	811d
6	ἀστοχέω	miss the mark	118a
	ἐκτρέπω	turn away	246b
	ματαιολογία	fruitless talk	495c
7	διαβεβαιόομαι	speak confidently	181d
	λέγω I 1 a	say	468b
	μήτε	and not	520a
	νοέω 1 a	perceive	540c
	νομοδιδάσκαλος	teacher of the law	541d
	ὅς, ἥ, ὅ I 9 a	(rel pron)	584d
	τίς, τί 1 b ζ	which	819c
8	καλός 2 b	good	400c
	νομίμως	according to the rules	541c
	νόμος 3	law	542c
	οἶδα 1 e	know	556a
	τὶς, τὶ 1 a γ	any one	820a
	χράομαι	use	884b
	χράομαι 1 a	use	884b
9	ἁμαρτωλός 2	sinner	44b
	ἀνδροφόνος	murderer	64a
	ἄνομος 3	lawless	72b
	ἀνόσιος 1	unholy	72c
	ἀνυπότακτος 2	undisciplined	76d
	ἀσεβής 1	godless	114d
	βέβηλος 2	profane	138d
	δίκαιος 1 a	upright	195c
	δίκαιος 1 b	upright	195d
	κεῖμαι 2 b	exist	427a
	μητραλῴας	a matricide	520c
	νόμος 3	law	542c
	οἶδα 1 e	know	556a
	οὗτος 1 b β	this	597a
	πατρολῴας	a patricide	637a
10	ἀνδραποδιστής	slave dealer	63d
	ἀντίκειμαι	be opposed	74c
	ἀρσενοκοίτης	a male homosexual	109d
	διδασκαλία 2	teaching	191c
	ἐπίορκος	perjured	296d
	ἕτερος 1 b α	another	315a
	πόρνος	fornicator	693d
	ὑγιαίνω 2	be healthy	832b
	ὑγιαίνω 2	be healthy	832b
	ψεύστης	liar	892c
11	εὐαγγέλιον 2 b α	gospel	318a
	μακάριος 2	blessed	487a
	πιστεύω 3	believe	662a
12	διακονία 3	service	184b
	ἐνδυναμόω 1	strengthen	263d
12	ἔχω I 2 e β	have	332d
	ἡγέομαι 2	consider	343d
	κύριος 2 c γ	lord	460b
	πιστός 1 a α	trustworthy	664c
	τίθημι II 2 c	appoint	816d
	χάρις 5	favor	878c
13	ἀγνοέω 1	be ignorant	11b
	ἀπιστία 2 b	unbelief	85c
	βλάσφημος	slanderous	143b
	διώκτης	persecutor	201b
	ἐλεέω	have mercy	249d
	πρότερος 1 b α	earlier	722a
	πρότερος 1 b β	earlier	722a
	ὑβριστής	insolent man	832a
14	ἀγάπη I 1 a	love	5c
	κύριος 2 a	lord	459c
	μετά A II 6	with	509d
	πίστις 2 d γ	faith	663d
	ὑπερπλεονάζω	be abundant	842a
	χάρις 2 a	favor	877c
15	ἁμαρτωλός 2	sinner	44b
	ἀνθρώπινος 1	human	67d
	ἄξιος 1 b	worthy	78b
	ἀποδοχή	acceptance	91a
	ἔρχομαι I 1 a	come	311a
	κόσμος 4 c	world	446b
	λόγος 1 b β	word	478c
	πιστός 1 b	trustworthy	664d
	πρῶτος 1 c β	first	726a
	σῴζω 2 a α	save	798c
16	διά B II 2	therefore	181b
	ἐλεέω	have mercy	249d
	ἐνδείκνυμι 1	demonstrate	262c
	ζωή 2 b β	life	341a
	ἵνα I 5	in order that	377b
	μακροθυμία 2 b β	patience	488b
	μέλλω 1 c β	be about to	501b
	οὗτος 1 b β	this	597a
	πιστεύω 2 a γ	believe	661c
	πρῶτος 1 a	first	725c
	ὑποτύπωσις	model	848c
17	ἀθάνατος	immortal	20c
	αἰών 1 b	time	27c
	αἰών 3	the world	28a
	ἀμήν 1	amen	45d
	ἀόρατος	unseen	79a
	ἄφθαρτος	imperishable	125c
	βασιλεύς 2 b	king	136c
	θεός 3 i	God	358a
	μόνος 1 a δ	only	527d
	σοφός 4	learned	760c
	τιμή 2 b	honor	818a
18	ἐπί III 1 b ζ	on	289b
	καλός 2 c β	good	400c
	οὗτος 2 a	this	597b
	πανοπλία 2	full armor	608a
	παραγγελία	order	613b
	παρατίθημι 2 b α	place beside	623a
	προάγω 2 b	lead	702b
	προφητεία 3 b	prophecy	722d

18	στρατεία	campaign	770b
	στρατεύω 2	do military service	770c
	τέκνον 2 b	child	808c
	Τιμόθεος	Timothy	818b
	Τιμόθεος	Timothy	818c
19	ἀγαθός 1 b β	good	3b
	ἀπωθέω 2	reject	103b
	ἔχω I 2 e β	have	332d
	ἔχω I 2 e β	have	332d
	ναυαγέω 2	suffer shipwreck	534b
	περί 2 d	about	645c
	πίστις 3	faith	664a
	συνείδησις 2	consciousness	786d
	τὶς, τὶ 1 a β	any one	820a
19a	πίστις 2 d α	faith	663c
19b	πίστις 2 d α	faith	663c
20	Ἀλέξανδρος 4	Alexander	35c
	βλασφημέω 2 b α	blaspheme	142d
	εἰμί IV 2	to be	225d
	παιδεύω 2 b α	instruct	604a
	παραδίδωμι 1 b	give over	615b
	σατάν	Adversary	745a
	Ὑμέναιος	Hymenaeus	836a

1 Timothy 2

1	δέησις	prayer	172a
	δέησις	prayer	172a
	ἔντευξις 2 a	prayer	268d
	εὐχαριστία 2	thankfulness	328d
	παρακαλέω 2	appeal to	617b
	πᾶς, πᾶσα, πᾶν 2 a δ	everything	633a
	ποιέω II 1	do	683a
	προσευχή 1	prayer	713b
	πρῶτος 2 c	first	726c
1f	δέησις	prayer	172a
	ὑπέρ 1 a α	in behalf of	838c
2	βασιλεύς 1	king	136b
	βίος 1	life	141d
	διάγω	spend ones life	182c
	ἐν I 4 d	in	259b
	εὐσέβεια	godliness	326a
	ἤρεμος	tranquil	348b
	ἡσύχιος	quiet	349c
	σεμνότης 1	reverence	747b
	ὑπεροχή 2	prominence	841d
2b	πᾶς, πᾶσα, πᾶν 1 a δ	all	631c
3	ἀπόδεκτος	acceptable	90a
	ἐνώπιον 3	before	270d
	καλός 2 b	good	400c
	σωτήρ 1	savior	801a
4	ἀλήθεια 2 b	truth	36a
	ἄνθρωπος 1 a β	man	68b
	ἐπίγνωσις	knowledge	291b
	ἐπίγνωσις	knowledge	291b
	ἔρχομαι I 2 c	come	311c
	πᾶς, πᾶσα, πᾶν 1 b	all	631d
4	σῴζω 2 b	save	798c
5	ἄνθρωπος 1 a β	man	68b
	ἄνθρωπος 2 d	man	68d
	γάρ 4	indeed	152c
	μεσίτης	mediator	507a
6	ἀντίλυτρον	ransom	75b
	δίδωμι 6	give	193d
	ἴδιος 1 b	ones own	370a
	καιρός 3	time	395b
	μαρτύριον 1 a	testimony	494a
	πολύς I 2 a α	many	688b
	ὑπέρ 1 a ε	in behalf of	838d
7	ἀλήθεια 2 a	truth	35d
	ἀπόστολος 3	apostles	99d
	κῆρυξ 2	herald	431a
	λέγω I 1 a	say	468b
	πίστις 2 d γ	faith	663d
	τίθημι I 2 a α	make	816c
	ψεύδομαι 1	lie	891d
8	βούλομαι 2 a δ	desire	146b
	διαλογισμός 2	doubt	186b
	ἐπαίρω 1	lift up	281d
	ὀργή 1	anger	578d
	ὅσιος 1 a	pious	585c
	χωρίς 2 b β	apart	890d
9	αἰδώς 1	modesty	22b
	ἱματισμός	clothing	376d
	καταστολή	deportment	419a
	κοσμέω 2 a α	decorate	445a
	κόσμιος 2	respectable	445c
	κοσμιώς	modestly	445c
	μαργαρίτης 1	pearl	491c
	μετά A III 1	with	509d
	πλέγμα	woven	667a
	πολυτελής	costly	690a
	σωφροσύνη 2	reasonableness	802c
	χρυσίον	gold	888c
	χρυσός	gold	888d
	ὡσαύτως	similarly	899b
10	ἀγαθός 1 b β	good	3b
	ἐπαγγέλλομαι 2	announce	281a
	ἔργον 1 c β	deed	308b
	θεοσέβεια	reverence for God	358b
	πρέπω	be fitting	699b
11	μανθάνω 1	learn	490b
	πᾶς, πᾶσα, πᾶν 1 a δ	all	631c
	ὑποταγή	subjection	847d
11f	γυνή 1	woman	168b
	ἡσυχία 2	silence	349b
12	ἀνήρ 1	man	66c
	αὐθεντέω	have authority	121a
	ἐπιτρέπω 1	allow	303c
	ἔργον 1 c β	deed	308b
13	Ἀδάμ	Adam	15c
	εἶτα 1	then	234a
	Εὕα	Eve	317b
	πλάσσω 1 b α	form	666c
	πρῶτος 1 a	first	725c
14	Ἀδάμ	Adam	15c

14	ἀπατάω 1	deceive	82a
	ἐξαπατάω	deceive	273a
	παράβασις	overstepping	612a
15	ἀγάπη I 1 a	love	5c
	ἁγιασμός	holiness	9a
	διά A III 1 c	through	180b
	ἐν I 4 d	in	259b
	μένω 1 a β	remain	504a
	μετά A II 6	with	509d
	πίστις 2 d γ	faith	663d
	σῴζω 2 b	save	798d
	τεκνογονία	bearing of children	808b

1 Timothy 3

1	ἀνθρώπινος 1	human	67d
	εἰ VII	whoever, whatever	220b
	ἐπιθυμέω	desire	293a
	ἐπισκοπή 3	office as an overseer	299b
	ἔργον 2	work	308c
	ἔργον 4	thing	308d
	καλός 2 c β	good	400c
	λόγος 1 b β	word	478b
	ὀρέγω	aspire to	579d
	πιστός 1 b	trustworthy	664d
2	ἀνεπίλημπτος	irreproachable	65b
	ἀνήρ 1	man	66c
	διδακτικός	skillful in teaching	191b
	εἷς 2 b	one	231b
	ἐπίσκοπος 2	overseer	299c
	κόσμιος 1	respectable	445c
	νηφαλέος	temperate	538d
	νηφάλιος	temperate	538d
	σώφρων	prudent	802d
	φιλόξενος	hospitable	860d
3	ἄμαχος	peaceable	44c
	ἀφιλάργυρος	not greedy	126c
	ἐπιεικής	gentle	292c
	πάροινος	drunken	629b
	πλήκτης	bully	669b
4	ἔχω I 2 b α	have	332b
	καλῶς 1	well	401b
	οἶκος 2	household	560d
	πᾶς, πᾶσα, πᾶν 1 a δ	all	631c
	σεμνότης 1	reverence	747b
	τέκνον 1 a α	child	808b
	ὑποταγή	subjection	847d
4f	ἴδιος 1 b	ones own	370a
	οἶκος 2	household	561a
	προΐστημι 1	rule	707a
5	εἰ VII	whoever, whatever	220b
	ἐκκλησία 4 e α	church	241b
	ἐπιμελέομαι	care for	296a
	οἶδα 3	know	556c
	πῶς 1 d	how	732c
6	ἐμπίπτω 2	fall	256c
	κρίμα 4 b	verdict	450d
	νεόφυτος	newly converted	536c
	τυφόω 1	conceited	831a
6f	εἰς 4 a	into	229a
7	ἀπό V 4	from	88a
	διάβολος 2	the slanderer	182a
	ἐμπίπτω 2	fall	256c
	ἔξωθεν 1 b β	outside	279d
	καλός 2 b	good	400c
	μαρτυρία 2 c	testimony	493c
	ὀνειδισμός	reproach	570b
	παγίς 2	trap	602b
	πρεσβύτερος 2 b γ	older	700c
8	αἰσχροκερδής	fond of dishonest gain	25a
	διάκονος 1 c	deacon	184d
	δίλογος	insincere	198d
	οἶνος 1	wine	562b
	προσέχω 1 c	pay attention to	714d
	σεμνός 1 a	noble	747a
	ὡσαύτως	similarly	899b
9	ἔχω I 1 c β	keep	332a
	καθαρός 3 b	clean	388b
	μυστήριον 2	mystery	530c
	πίστις 2 d α	faith	663c
	συνείδησις 2	consciousness	786d
10	ἀνέγκλητος	blameless	64b
	δέ 4 b	but, and	171d
	διακονέω 5	help	184b
	δοκιμάζω 1	examine	202c
	εἶτα 1	then	234a
	πρῶτος 2 a	first	726b
11	διάβολος 1	slanderous	182a
	νηφαλέος	temperate	538d
	νηφάλιος	temperate	538d
	πᾶς, πᾶσα, πᾶν 2 a δ	everything	633a
	πιστός 1 a α	trustworthy	664d
	σεμνός 1 a	noble	747a
	ὡσαύτως	similarly	899b
12	ἀνήρ 1	man	66c
	διάκονος 1 c	deacon	184d
	εἷς 2 b	one	231b
	ἴδιος 1 b	ones own	370a
	καλῶς 1	well	401b
	οἶκος 2	household	560d
	οἶκος 2	household	561a
	προΐστημι 1	rule	707a
	τέκνον 1 a α	child	808b
13	βαθμός	rank	130a
	διακονέω 5	help	184b
	καλός 2 c β	good	400c
	καλῶς 1	well	401b
	παρρησία 3 b	confidence	630d
	περιποιέω 2	save	650a
	πίστις 2 b β	faith	663b
	πολύς I 1 b β	many	688a
14	ἐλπίζω 2	hope	252c

14	ταχέως 2 b	quickly	807a
	τάχος	speed	807a
15	ἀναστρέφω 2 b β	live	61c
	βραδύνω	delay	147a
	ἑδραίωμα	foundation	218a
	ἐκκλησία 4 e α	church	241b
	ἐν I 1 a	in	258b
	ζάω 1 a ε	live	336b
	οἶδα 1 f	know	556b
	οἶκος 1 b α	house	560d
	στῦλος	pillar	772a
16	ἄγγελος 2 a	angel	7c
	ἀναλαμβάνω 1	take up	56d
	δικαιόω 3 d	make free	198a
	ἐν I 4 b	in	259a
	εὐσέβεια	godliness	326b
	κηρύσσω 2 b β	announce	431c
	κόσμος 4 c	world	446b
	μέγας 2 b β	great	498b
	μυστήριον 2	mystery	530c
	ὁμολογουμένως	confessedly	569a
	ὁράω 1 a δ	see	578b
	πιστεύω 2 a α	believe	661c
	πνεῦμα 2	spirit	675b
	σάρξ 2	body	743c
	φανερόω 2 b β	reveal	853a
16a	δικαιόω 3 c	make free	198a

1 Timothy 4

1	ἀφίστημι 2 a	fall away	127a
	δαιμόνιον 2	demon	169b
	διδασκαλία 2	teaching	191c
	καιρός 4	time	395d
	πίστις 2 d α	faith	663c
	πίστις 3	faith	664a
	πλάνος 1	deceitful	666a
	προσέχω 1 a α	pay attention to	714b
	ῥητῶς	expressly	736a
	ὕστερος 1 b	the latter	849c
1a	πνεῦμα 5 d α	spirit	677a
	πνεῦμα 5 g	spirit	677b
1b	πνεῦμα 4 c	spirit	676a
	πνεῦμα 5 g	spirit	677b
2	ἴδιος 1 b	ones own	370a
	καυστηριάζω	sear	425c
	συνείδησις 2	consciousness	786c
	ὑπόκρισις	hypocrisy	845b
	ψευδολόγος	liar	891d
3	ἀλήθεια 2 b	truth	36a
	ἀπέχω 3	keep away	85b
	βρῶμα 1	food	148a
	γαμέω 2	marry	150d
	ἐπιγινώσκω 2 a	know	291a
	κτίζω	create	455c
	κωλύω 2	hinder	461c
	μετάλημψις	receive	511c
	ὅς, ἥ, ὅ I 4 e	(rel pron)	584b
3	πιστός 2	trustworthy	665a
3f	εὐχαριστία 2	thankfulness	328c
	μετά A III 1	with	509d
4	ἀπόβλητος	rejected	89a
	καλός 2 c β	good	400c
	κτίσμα	creature	456b
	λαμβάνω 1 a	take	464c
	λαμβάνω 2	receive	465b
5	ἁγιάζω 1	consecrate	8d
	ἔντευξις 2 c	prayer	268d
	λόγος 1 b α	command	478a
6	διάκονος 1 a	servant	184d
	διάκονος 1 b	helper	184d
	διδασκαλία 2	teaching	191c
	ἐντρέφω	bring up	269d
	λόγος 1 b β	word	478c
	ὅς, ἥ, ὅ I 4 b	(rel pron)	584a
	παρακολουθέω 2	follow	619a
	πίστις 2 d α	faith	663c
	πίστις 3	faith	664a
	ὑποτίθημι 2	suggest	848b
6a	καλός 2 c α	good	400c
7	βέβηλος 1	profane	138d
	γραώδης	like an old woman	167b
	γυμνάζω	train	167c
	μῦθος	fable	529a
	παραιτέομαι 2 b	refuse	616d
	πρός III 3 b	toward	710b
7f	εὐσέβεια	godliness	326a
8	γυμνασία	training	167d
	ἐπαγγελία 2 a	promise	280c
	ζωή 1 a	life	340b
	μέλλω 2	is destined	501c
	νῦν 3 a	now	546a
	ὀλίγος 3 b	little	564a
	σωματικός 2	bodily	800b
8a	πρός III 3 c	toward	710b
	ὠφέλιμος	useful	900d
8b	πρός III 3 c	toward	710b
	ὠφέλιμος	useful	900d
9	ἄξιος 1 b	worthy	78b
	ἀποδοχή	acceptance	91a
	λόγος 1 b β	word	478c
	πᾶς, πᾶσα, πᾶν 1 a δ	all	631c
	πιστός 1 b	trustworthy	664d
10	ἀγωνίζομαι 2 b	struggle	15b
	ἐλπίζω 3	hope	252d
	ἐπί II 1 b γ	on	(87b
	ζάω 1 a ε	live	336b
	κοπιάω 2	become weary	443c
	μάλιστα 1	above all	489a
	ὀνειδίζω 1	reproach	570a
	πᾶς, πᾶσα, πᾶν 1 b	all	631d
	πιστός 2	trustworthy	665a
	σωτήρ 1	savior	801a
11	διδάσκω 1	teach	192a
	διδάσκω 2 f	teach	192b
	παραγγέλλω	give orders	613b
12	ἀγάπη I 1 a	love	5c
	ἁγνεία	purity	10d

12	ἀναστροφή	conduct	61d
	καταφρονέω 1	scorn	420c
	λόγος 1 a α	word	477b
	μηδείς 2 a	no	518a
	νεότης	youth	536c
	πίστις 2 d γ	faith	663d
	πιστός 2	trustworthy	665a
	σύ 3	you	772c
	τύπος 5 b	mark	830b
13	ἀνάγνωσις 1	reading	53a
	διδασκαλία 1	teaching	191c
	ἔρχομαι I 2 c	come	311d
	ἕως I 1 c	until	334c
	παράκλησις 1	encouragement	618a
	προσέχω 1 c	pay attention to	714d
14	ἀμελέω	to neglect	44d
	ἐν I 5 a	in	259c
	ἐπίθεσις	laying on	293a
	μετά A III 2	with	509d
	πρεσβυτέριον 2	council of elders	699c
	προφητεία 3 b	prophecy	722d
	χάρισμα 2	a gift	879a
15	εἰμί III 4	to be	225b
	ἵνα I 1 c	in order that	377a
	μελετάω 2	practice	500c
	προκοπή	progress	707d
	φανερός 1	clear	852c
16	διδασκαλία 1	teaching	191c
	ἐπέχω 2 a	aim at	285d
	ἐπιμένω 2	continue	296b
16a	σῴζω 2 a β	save	798c
16b	σεαυτοῦ 3	yourself	745c
	σῴζω 2 a β	save	798c

1 Timothy 5

1	ἐπιπλήσσω	rebuke	297d
	νέος 2 b β	novice	536b
	παρακαλέω 2	appeal to	617b
	παρακαλέω 5	implore	617d
	πρεσβύτερος 1 a	older	699d
2	ἁγνεία	purity	10d
	ἀδελφή 1	sister	15d
	νέος 2 b β	novice	536b
	πᾶς, πᾶσα, πᾶν 1 a δ	all	631c
	πρεσβύτερος 1 a	older	699d
3	ὄντως 2	real	574b
	τιμάω 2	honor	817b
	χήρα 2	the widow	881d
3b	χήρα 1	the widow	881d
4	ἀμοιβή	recompense	46c
	ἀπόδεκτος	acceptable	90a
	ἀποδίδωμι 3	recompense	90d
	εἰ VII	whoever, whatever	220b
	ἔκγονος	grandchildren	238b
	εὐσεβέω 2	be reverent	326b
	ἔχω I 2 b α	have	332b
4	ἴδιος 1 b	ones own	370a
	μανθάνω 4	learn	490d
	οἶκος 2	household	561a
	πρόγονος	ancestors	704a
	τέκνον 1 a α	child	808b
	χήρα 1	the widow	881c
5	δέησις	prayer	172a
	ἐλπίζω 3	hope	252d
	ἐπί III 1 b ε	toward	289b
	μονόω	be left alone	528b
	νύξ 1 b	night	546c
	ὄντως 2	real	574b
	προσευχή 1	prayer	713b
	προσμένω 1 b	remain	717c
	χήρα 1	the widow	881d
6	ζάω 1 a α	live	336a
	θνῄσκω 2	die	362d
	σπαταλάω	live luxuriously	761a
7	ἀνεπίλημπτος	irreproachable	65b
	παραγγέλλω	give orders	613b
8	ἄπιστος 2	faithless	85d
	ἀρνέομαι 3 d	deny	108a
	εἰ VII	whoever, whatever	220b
	ἴδιος 3 a	ones own	370b
	μάλιστα 1	above all	489a
	οἰκεῖος 1	members of the household	556d
	πίστις 2 d α	faith	663c
	χείρων	worse	881b
9	ἀνήρ 1	man	66c
	γίνομαι II 2 b	be	160b
	εἷς 2 b	one	231b
	ἐλάσσων	smaller	248b
	ἐλάσσων	smaller	248b
	ἑξήκοντα	sixty	276a
	ἔτος	year	316d
	καταλέγω	be enrolled	413b
	χήρα 2	the widow	881d
10	ἀγαθός 1 b β	good	3b
	ἅγιος 2 d β	saints	10a
	ἐπακολουθέω 1	follow	282b
	ἐπαρκέω	help	283c
	θλίβω 3	oppress	362a
	καλός 2 b	good	400c
	μαρτυρέω 2 b	be approved	493b
	νίπτω 1	wash	540b
	ξενοδοχέω	show hospitality	548a
	πούς 1 a	foot	696d
	τεκνοτροφέω	bring up children	809a
10a	ἔργον 1 c β	deed	308b
11	γαμέω 3 a β	marry	150d
	καταστρηνιάω	become wanton against	419b
	νέος 1 b β	young	536a
	παραιτέομαι 2 a	refuse	616c
	χήρα 1	the widow	881c
	Χριστός 1	Anointed One	887b
12	ἀθετέω 1 a	set aside	21a
	κρίμα 4 b	verdict	450d

12	πίστις 1 b	faith	662c
	πρῶτος 1 a	first	725c
13	ἅμα 1 a	together	42a
	δεῖ 6	it is necessary	172b
	λαλέω 2 b	speak	463d
	μανθάνω 4	learn	490d
	μή A II 2 d	not	516d
	περίεργος 1	meddlesome	646d
	περιέρχομαι	go around	647a
	φλύαρος	foolish	862b
13a	ἀργός 2	idle	104c
13b	ἀργός 2	idle	104c
14	ἀντίκειμαι	be opposed	74c
	ἀφορμή	pretext	127c
	βούλομαι 2 a δ	desire	146b
	γαμέω 3 a β	marry	150d
	λοιδορία	abuse	479c
	νέος 1 b β	young	536a
	οἰκοδεσποτέω	manage ones household	558a
	τεκνογονέω	bear children	808a
	χάριν 1	for the sake of	877a
15	ἐκτρέπω	turn away	246b
	ὀπίσω 2 a β	after	575b
	σατάν	Adversary	745a
16	βαρέω	burden	133c
	εἰ VII	whoever, whatever	220b
	ἐκκλησία 4 d	church	241a
	ἔχω I 2 b β	have	332b
	ὄντως 2	real	574b
	πιστός 2	trustworthy	665a
16a	χήρα 1	the widow	881c
16b	χήρα 1	the widow	881d
17	ἀξιόω 1 a	consider worthy	78c
	διδασκαλία 2	teaching	191c
	διπλοῦς	double	199c
	καλῶς 1	well	401b
	κοπιάω 2	become weary	443c
	λόγος 1 a β	word	477b
	μάλιστα 1	above all	489a
	πρεσβύτερος 2 b α	older	700b
	προΐστημι 1	rule	707a
	τιμή 2 e	honor	818a
18	ἀλοάω	thresh	41a
	ἄξιος 2 a	worthy	78b
	βοῦς	ox	146c
	γραφή 2 b β	scripture	166b
	ἐργάτης 1 a	workman	307d
	λέγω I 7	say	468d
	μισθός 1	wages	523b
	φιμόω 1	tie shut	861d
19	ἐκτός 1	outside	246a
	ἐπί I 1 b β	on	286c
	κατηγορία	accusation	423c
	μάρτυς 1	witness	494b
	παραδέχομαι 1	accept	614b
	πρεσβύτερος 2 b α	older	700b
20	ἐλέγχω 3	expose	249c
	ἐνώπιον 2 a	before	270d
	ἔχω I 2 e β	have	332d
	λοιπός 2 b α	the others	480a
20	φόβος 2 a α	fear	863d
21	ἄγγελος 2 a	angel	7c
	διαμαρτύρομαι 1	charge	186c
	ἐκλεκτός 1 a	chosen	242d
	ἐνώπιον 2 b	before	270d
	ἵνα II 1 a δ	in order that	377c
	κατά II 5 a δ	according to	407b
	πρόκριμα	discrimination	708a
	πρόσκλισις	inclination	716a
	φυλάσσω 1 f	watch	868c
	χωρίς 2 b β	apart	890d
22	ἁγνός 1	pure	12a
	ἀλλότριος 1 a	to another	40d
	ἁμαρτία 1	sin	43a
	ἐπιτίθημι 1 a α	put upon	303a
	κοινωνέω 1 b β	share	438d
	μηδέ 1 b	and not	518a
	ταχέως 1 b	quickly	806d
	τηρέω 2 b	keep	815a
23	ἀσθένεια 1 a	weakness	115b
	μηκέτι 6 a	no longer	518c
	οἶνος 1	wine	562b
	ὀλίγος 2 a	little	563d
	πυκνός	frequent	729a
	στόμαχος	stomach	770b
	ὑδροποτέω	drink water	832d
	χράομαι 1 a	use	884b
24	ἄνθρωπος 3 a α	man	69a
	ἐπακολουθέω 2	follow	282b
	κρίσις 1 a α	judging	452d
	προάγω 2 b	lead	702b
24f	πρόδηλος	clear	704b
25	ἄλλως	otherwise	41a
	ἔργον 1 c β	deed	308b
	ἔχω II 2	be	334a
	καλός 2 b	good	400c
	κρύπτω 2 a	hide	454c
	ὡσαύτως	similarly	899b
	ὡσαύτως	similarly	899b

1 Timothy 6

1	ἄξιος 2 a	worthy	78b
	βλασφημέω 2 b β	blaspheme	142d
	διδασκαλία 2	teaching	191c
	δοῦλος 1 a	slave	205d
	ζυγός 1	yoke	339d
	ἡγέομαι 2	consider	343d
	ἴδιος 2 c	ones own	370a
	τιμή 2 a	honor	817c
	ὑπό 2 a β	under	843c
1f	δεσπότης	master	176c
2	ἀγαπητός 2	beloved	6c
	ἀδελφός 2	brother	16b
	ἀντιλαμβάνω 2	practice	74d
	ἀντιλαμβάνω 3	enjoy	74d
	διδάσκω 1	teach	192a
	διδάσκω 2 f	teach	192b
	δουλεύω 2 a	serve	205a

2	εὐεργεσία 1	kindness	319d
	ἔχω I 2 b β	have	332b
	καταφρονέω 1	scorn	420c
	μᾶλλον 2 a	rather	489b
	παρακαλέω 2	appeal to	617b
2a	πιστός 2	trustworthy	665a
	πιστός 2	trustworthy	665a
3	διδασκαλία 2	teaching	191c
	ἑτεροδιδασκαλέω	different doctrine	314d
	εὐσέβεια	godliness	326b
	κατά II 7 a	(adj phrase)	408a
	κύριος 2 c γ	lord	460b
	λόγος 1 b β	word	478b
	προσέρχομαι 2 b	approach	713b
	προσέχω 2	pay attention to	714d
	ὑγιαίνω 2	be healthy	832b
4	βλασφημία 1	slander	143a
	γίνομαι I 1 b β	come about	158b
	ἐπίσταμαι 1	understand	300a
	ἔρις	strife	309d
	ζήτησις 1	investigation	339b
	ζήτησις 2	controversy	339b
	λογομαχία	dispute about words	477a
	νοσέω	have a morbid craving	543c
	περί 2 d	about	645c
	πονηρός 1 b β	wicked	691a
	τυφόω 1	conceited	831a
	ὑπόνοια	suspicion	846d
	φθόνος	envy	857d
5	ἀλήθεια 2 b	truth	36a
	ἀποστερέω	steal	99b
	διαπαρατριβή	mutual irritation	187c
	διαφθείρω 2	spoil	190d
	νομίζω 2	think	541b
	νοῦς 3 a	the mind	544d
	παραδιατριβή	useless occupation	614b
	πορισμός	means of gain	693a
5f	εὐσέβεια	godliness	326a
6	αὐτάρκεια 2	contentment	122b
	μέγας 2 a β	great	497d
	μετά A II 6	with	509d
	πορισμός	means of gain	693a
7	δῆλος	clear	178c
	εἰσφέρω 1	bring in	233d
	ἐκφέρω 1	carry	246d
	κόσμος 4 b	world	446b
	ὅτι 1 d γ	that	589b
	τὶς, τὶ 1 b β	any one	820b
8	ἀρκέω 2	be satisfied	107b
	διατροφή	sustenance	190a
	σκέπασμα	covering	753d
9	ἀνόητος 2	unintelligent	70d
	ἀνόνητος	useless	72c
	ἀπώλεια 2	destruction	103c
	βλαβερός	harmful	142b
9	βούλομαι 1	desire	146b
	βυθίζω 2	sink	148c
	εἰς 4 a	into	229a
	ἐμπίπτω 2	fall	256b
	ἐπιθυμία 3	desire	293c
	ὄλεθρος	destruction	563b
	παγίς 2	trap	602b
	πειρασμός 2 b	test	641a
	πλουτέω 1	be rich	673d
10	ἀποπλανάω	mislead	97b
	ἀρχή 1 c	beginning	112b
	κακός 1 c	evil	397d
	ὀδύνη	pain	555b
	ὀρέγω	aspire to	579d
	πᾶς, πᾶσα, πᾶν 1 d α	all	632a
	περιπείρω	pierce through	649d
	πίστις 2 d α	faith	663c
	πίστις 3	faith	664a
	ῥίζα 1 b	root	736a
	τὶς, τὶ 1 a δ	any one	820b
	φιλαργυρία	love of money	859a
11	ἀγάπη I 1 a	love	5c
	ἀγάπη I 1 a	love	5c
	ἄνθρωπος 2 a	man	68c
	δικαιοσύνη 2 b	righteousness	196c
	διώκω 4 b	pursue	201c
	εὐσέβεια	godliness	326a
	πίστις 2 d γ	faith	663d
	πίστις 2 d γ	faith	663d
	πραϋπάθεια	gentleness	698d
	σύ 1 b	you	772b
	ὑπομονή 1	patience	846b
	φεύγω 3	flee	856a
12	ἀγών 2	struggle	15a
	ἀγωνίζομαι 2 b	struggle	15b
	ἐνώπιον 2 a	before	270d
	ἐπιλαμβάνομαι 2 b	grasp	295b
	ζωή 2 b β	life	341a
	καλέω 2	call	399c
	μάρτυς 2 b	witness	494b
	ὁμολογέω 4	confess	568c
	ὁμολογία 2	confession	568d
	πίστις 2 d α	faith	663c
	πολύς I 1 a α	many	687c
12a	καλός 2 c β	good	400c
12b	καλός 2 c β	good	400c
13	ἐνώπιον 2 b	before	270d
	ἐπί I 1 a δ	before	286b
	ζῳογονέω 1	give life	341c
	ζῳοποιέω 1	make alive	341d
	καλός 2 c β	good	400c
	μαρτυρέω 1 d	testify	493b
	ὁμολογία 2	confession	568d
	πᾶς, πᾶσα, πᾶν 2 b β	all things	633b
	Πιλᾶτος	Pilate	657d
	Πόντιος	Pontius	691d
13f	παραγγέλλω	give orders	613b
	παραγγέλλω	give orders	613c

14	ἀνεπίλημπτος	irreproachable	65b
	ἄσπιλος 2	without blemish	117a
	ἐντολή 2 f	command	269b
	ἐπιφάνεια 1	appearing	304b
	κύριος 2 c γ	lord	460b
	μέχρι 1 b	until	515c
	τηρέω 2 b	keep	815a
15	βασιλεύς 2 b	king	136c
	βασιλεύω 1 a	rule	136c
	δείκνυμι 1 a	show	172d
	δυνάστης 1 a	ruler	208c
	ἴδιος 1 b	ones own	370a
	καιρός 3	time	395b
	κυριεύω 1	rule	458d
	κύριος 2 a	lord	459c
	μακάριος 2	blessed	487a
	μόνος 1 a δ	only	527d
16	ἀθανασία	immortality	20c
	αἰώνιος 3	eternal	28c
	ἀμήν 1	amen	45d
	ἀπρόσιτος	unapproachable	102c
	κράτος 4	power	449b
	μόνος 1 a δ	only	527d
	οἰκέω 2	dwell	557a
	τιμή 2 b	honor	818a
	φῶς 2	light	872a
17	ἀδηλότης	uncertainty	16d
	αἰών 2 a	age	27d
	ἀπόλαυσις	enjoyment	94d
	ἐλπίζω 3	hope	252d
	ἐπί II 1 b γ	on	287b
	μή A II 1 b β	not	516b
	μηδέ 1 b	and not	517d
	νῦν 3 a	now	546a
	παραγγέλλω	give orders	613b
	παρέχω 1 b	grant	626c
	πλουσίος 1	rich	673c
	πλουσίως	richly	673d
	πλοῦτος 1	wealth	674b
	ὑψηλός 2	high	850a
	ὑψηλοφρονέω	be proud	850b
	φρονέω 1	think	866b
18	ἀγαθοεργέω	do good	2b
	ἔργον 1 c β	deed	308b
	εὐμετάδοτος	generous	323a
	καλός 2 b	good	400c
	κοινωνικός	generous	439c
	πλουτέω 2	be rich	674a
19	ἀποθησαυρίζω	store up	91b
	εἰς 2 a β	for	228c
	ἐπιλαμβάνομαι 2 b	grasp	295b
	ζωή 2 b β	life	341a
	ζωή 2 b β	life	341a
	θεμέλιος 2 c	reserve	356a
	καλός 2 c β	good	400c
	μέλλω 2	is destined	501c
	ὄντως 2	real	574b
20	ἀντίθεσις	opposition	74b
	βέβηλος 1	profane	138d
20	γνῶσις 3	gnosis	164a
	κενοφωνία	chatter	428a
	παραθήκη	entrusted	616b
	παρακαταθήκη	deposit	617d
	Τιμόθεος	Timothy	818b
	Τιμόθεος	Timothy	818c
	φυλάσσω 1 c	watch	868b
	ψευδώνυμος	falsely called	892c
	ὦ 1	(interjection)	895a
21	ἀστοχέω	miss the mark	118a
	ἐπαγγέλλομαι 2	announce	281a
	μετά A II 1 c γ	with	509a
	περί 2 d	about	645c
	πίστις 2 d α	faith	663c
	πίστις 3	faith	664a
	πίστις 3	faith	664a
	τὶς, τὶ 1 a δ	any one	820b
	χάρις 2 c	favor	877d

2 Timothy 1

	ἀπόστολος 3	apostles	99d
	διά A III 1 d	through	180c
	ἐπαγγελία 2 a	promise	280c
	ζωή 2 b α	life	340c
	θέλημα 2 b	will	354c
	Παῦλος 2	Paul	637c
2	ἀγαπητός 2	beloved	6c
	ἀπό V 4	from	88b
	εἰρήνη 2	peace	227c
	ἔλεος 2 a	mercy	250b
	κύριος 2 c γ	lord	460b
	πατήρ 3 c β	father	636a
	τέκνον 2 b	child	808c
	Τιμόθεος	Timothy	818c
	χάρις 2 c	favor	877d
3	ἀδιάλειπτος	unceasing	17b
	δέησις	prayer	171d
	ἔχω I 2 e β	have	332d
	καθαρός 3 b	clean	388b
	λατρεύω	serve	467c
	μνεία 1	remembrance	524b
	νύξ 1 b	night	546c
	πρόγονος	ancestors	704a
	συνείδησις 2	consciousness	786d
	χάρις 5	favor	878c
4	δάκρυον	tear	170a
	ἐπιποθέω	desire	297d
	μιμνήσκομαι 1 a α	remember	522b
	πληρόω 1 b	make full	671a
	χαρά 1	joy	875d
5	ἀνυπόκριτος	genuine	76d
	ἐνοικέω	live	267c
	Εὐνίκη	Eunice	323b
	λαμβάνω 2	receive	465b
	Λωΐς	Lois	484c
	μάμμη	grandmother	490a

5	μήτηρ 1	mother	520a
	πείθω 4	obey	640a
	πίστις 2 d α	faith	663c
	ὑπόμνησις 2	remembering	846b
6	αἰτία 1	cause	26c
	ἀναζωπυρέω 1	rekindle	54a
	ἀναμιμνήσκω	remind	57d
	ἐν I 5 a	in	259c
	ἐπίθεσις	laying on	293a
	χάρισμα 2	a gift	879a
7	ἀγάπη I 1 a	love	5d
	δειλία	cowardice	173a
	δύναμις 1	power	207c
	πνεῦμα 5 e	spirit	677b
	σωφρονισμός 1	advice	802b
8	δέσμιος	prisoner	176a
	ἐπαισχύνομαι 1	be ashamed	282b
	εὐαγγέλιον 1 a	gospel	318a
	κύριος 2 c γ	lord	460b
	μαρτύριον 1 b	testimony	494a
	συγκακοπαθέω	suffer together with	773b
9	ἅγιος 1 a α	dedicated to God	9c
	αἰώνιος 1	eternal	28c
	καλέω 2	call	399d
	κατά II 5 a δ	according to	407b
	κλῆσις 1	call	435d
	πρό 2	before	701d
	πρόθεσις 2 b	setting forth	706b
	σῴζω 2 a α	save	798c
	χάρις 2 a	favor	877c
	χρόνος	time	888a
10	ἀφθαρσία	incorruptibility	125b
	ἐπιφάνεια 2	appearing	304b
	εὐαγγέλιον 1 a	gospel	318a
	ζωή 2 b α	life	340d
	ζωή 2 b α	life	340d
	θάνατος 2 b	death	351c
	καταργέω 2	abolish	417c
	νῦν 1 a γ	now	545c
	σωτήρ 2	savior	801b
	φανερόω 1 b	reveal	852d
	φωτίζω 2 c	shine	873c
11	ἀπόστολος 3	apostles	99d
	διδάσκαλος	teacher	191d
	κῆρυξ 2	herald	431a
	τίθημι I 2 a α	make	816c
12	αἰτία 1	cause	26c
	δυνατός 1 a β	powerful	208d
	εἰς 2 a α	until	228c
	ἐκεῖνος 2 b β	that	239d
	ἐπαισχύνομαι 4	be ashamed	282b
	ἡμέρα 3 b β	day	347b
	οἶδα 1 g	know	556b
	ὅς, ἥ, ὅ I 2 b β	(rel pron)	583c
	παραθήκη	entrusted	616b
	πάσχω 3 b	endure	634c
	πείθω 4	obey	640a
	πιστεύω 2 a α	believe	661c
	φυλάσσω 1 c	watch	868c
13	ἀγάπη I 1 a	love	5c
	ἀκούω 1 b β	hear	32a
	ἔχω I 1 c β	keep	332a
	λόγος 1 b β	word	478c
	πίστις 2 d γ	faith	663d
	ὑγιαίνω 2	be healthy	832b
	ὑποτύπωσις	model	848c
14	ἐν I 5 a	in	259c
	ἐνοικέω	live	267c
	καλός 2 c β	good	400c
	παραθήκη	entrusted	616b
	παρακαταθήκη	deposit	617d
	πνεῦμα 5 c β	spirit	676d
	φυλάσσω 1 c	watch	868b
15	ἀποστρέφω 3 a	turn away	100c
	Ἀσία	Asia	116a
	Ἑρμογένης	Hermogenes	310b
	οἶδα 1 e	know	556a
	πᾶς, πᾶσα, πᾶν 1 d γ	all	632b
	Φύγελος	Phyaelus	867c
16	ἅλυσις 2	imprisonment	41c
	ἀναψύχω 1	revive	63d
	δίδωμι	give	192d
	ἐπαισχύνομαι 1	be ashamed	282b
	κύριος 2 a	lord	459b
	οἶκος 2	household	560d
	Ὀνησίφορος	Onesiphorus	570c
	πολλάκις	often	686d
17	γίνομαι II 4 a	be	160c
	εὑρίσκω 1 a	find	324d
	ζητέω 1 a β	seek	338d
	Ῥώμη	Rome	738c
	σπουδαῖος	eager	763d
	σπουδαίως 2	diligently	763d
	σπουδαίως 2	diligently	763d
18	βελτίων	better	139b
	διακονέω 2	serve	184a
	δίδωμι	give	192d
	ἐκεῖνος 2 b β	that	239d
	ἔλεος 2 b	mercy	250b
	εὑρίσκω 3	find	325d
	Ἔφεσος	Ephesus	330b
	ἡμέρα 3 b β	day	347b
	κύριος 2 a	lord	459b
	ὅσος 2	how great	586c
	παρά I 3 b	from	610a

2 Timothy 2

1	ἐνδυναμόω 2 b	become strong	263d
	τέκνον 2 b	child	808c
	χάρις 3 b	favor	878a
2	ἀκούω 1 b β	hear	32a
	διά A III 2 a	by	180d
	ἕτερος 1 b β	another	315a
	ἱκανός 2	appropriate	374d
	μάρτυς 2 b	witness	494b
	οὗτος 1 a ε	this	596d

2 παρατίθημι place beside 622d
παρατίθημι 2 b α 623a
place beside
πιστός 1 a α trustworthy 664c
πολύς I 1 a α many 687c
3 καλός 2 c α good 400c
στρατιώτης 2 soldier 770d
συγκακοπαθέω 773b
suffer together with
4 ἀρέσκω 2 a be pleasing 105c
βίος 1 life 141d
ἐμπλέκω 2 entangle 256c
πραγματεία activity 697b
στρατεύω 1 770c
do military service
στρατολογέω enlist soldiers 770d
5 ἀθλέω compete 21b
ἐάν I 1 c if 211b
ἐάν I 3 a if 211c
νομίμως 541c
according to the rules
στεφανόω 1 wreathe 767c
τὶς, τὶ 1 a γ any one 820a
6 γεωργός 1 farmer 157b
δεῖ 6 it is necessary 172b
κάρπος 1 a fruit 404d
κοπιάω 2 become weary 443c
μεταλαμβάνω 1 receive 511b
7 λέγω I 1 a say 468a
νοέω 2 consider 540d
πᾶς, πᾶσα, πᾶν 2 a δ 633a
everything
σύνεσις 2 intelligence 788c
σύνεσις 2 intelligence 788c
8 Δαυίδ David 171b
ἐγείρω 2 c rise 215a
εὐαγγέλιον 2 b β gospel 318b
κατά II 5 a α according to 407a
μνημονεύω 1 b remember 525b
σπέρμα 1 b seed 761d
σπέρμα 2 b seed 762a
9 δεσμός 1 fetter 176b
δέω 1 b bind 177d
κακοπαθέω 1 397c
suffer misfortune
κακοῦργος criminal 398b
λόγος 1 b β word 478b
μέχρι 1 c until 515c
10 αἰώνιος 3 eternal 28d
δόξα 1 b β glory 203d
ἐκλεκτός 1 b chosen 242d
πᾶς, πᾶσα, πᾶν 2 a δ 633a
everything
σωτηρία 2 deliverance 801c
τυγχάνω 1 meet 829b
ὑπομένω 2 remain 846a
11 λόγος 1 b β word 478c
πιστός 1 b trustworthy 664d
συζάω live with 775c
συναποθνήσκω die with 785a
12 ἀρνέομαι 3 c deny 108a
εἰ I 1 a if 219a
κἀκεῖνος 2 b he also 396d
συμβασιλεύω 777c
rule with someone
ὑπομένω 2 remain 845d
13 ἀπιστέω 2 be unfaithful 85c
ἀρνέομαι 4 deny 108a
μένω 1 b remain 504b
πιστός 1 a β trustworthy 664d
14 διαμαρτύρομαι 1 charge 186c
ἐνώπιον 2 b before 270d
ἐπί II 1 b ε on 287d
καταστροφή ruin 419b
λογομαχέω 477a
dispute about words
ὑπομιμνήσκω 1 b remind 846b
χρήσιμος useful 885d
15 ἀλήθεια 2 b truth 36a
ἀνεξιχνίαστος inscrutable 65a
δόκιμος 1 genuine 203a
ἐργάτης 1 b workman 307d
λόγος 1 b β word 478b
ὀρθοτομέω 580b
guide on a straight path
παρίστημι 1 c render 628a
σπουδάζω 2 hasten 763c
16 ἀσέβεια godlessness 114c
βέβηλος 1 profane 138d
κενοφωνία chatter 428a
περιΐστημι 2 avoid 647c
πολύς II 2 c many 689c
προκόπτω 2 go forward 708a
17 γάγγραινα cancer 149a
νομή 2 spreading 541a
Ὑμέναιος Hymenaeus 836a
Φίλητος Philetus 859d
ὡς II 2 so 897c
18 ἀνάστασις 2 b resurrection 60d
ἀνατρέπω 2 overturn 62d
ἀστοχέω miss the mark 118a
λέγω II 1 e declare 469d
ὅστις 3 whoever 587b
περί 2 d about 645c
πίστις 2 d α faith 663c
πίστις 3 faith 664a
19 ἀδικία 2 unrighteousness 18a
ἀφίστημι 2 b keep away 127a
γινώσκω 6 a β know 161c
εἰμί IV 1 to be 225d
θεμέλιος 2 b foundation 356a
ἵστημι II 2 c α stand 382d
μέντοι 2 though 503c
ὄνομα I 4 b name 571d
ὀνομάζω 2 name 574a
οὗτος 2 b this 597b
πᾶς, πᾶσα, πᾶν 1 c γ 632a
whoever
στερεός 1 firm 766d
σφραγίς 1 c seal 796d

20	ἀργυροῦς	(made of) silver	105b
	ἀτιμία	dishonor	120a
	μέγας 1 b	large	497c
	μέν 1 c	(particle)	503a
	ξύλινος	wooden	549a
	ὅς, ἥ, ὅ II 2	this (one)	585b
	ὀστράκινος	made of earth	587c
	σκεῦος 1 b	thing	754a
	χρυσοῦς	golden	888d
20f	εἰς 4 d	for	229c
	τιμή 2 b	honor	817d
21	ἀγαθός 1 b β	good	3b
	ἁγιάζω 2	consecrate	8d
	δεσπότης	master	176c
	εἰς 5	for	230a
	ἐκκαθαίρω 2	cleanse	240c
	ἑτοιμάζω 1	prepare	316b
	εὔχρηστος	useful	329d
	οὖν 5	therefore	593c
	σκεῦος 1 b	thing	754b
22	ἀγάπη I 1 a	love	5c
	ἀγάπη I 1 a	love	5c
	δικαιοσύνη 2 b	righteousness	196c
	διώκω 4 b	pursue	201c
	εἰρήνη 1 b	peace	227c
	ἐκ 3 g γ	by	235c
	ἐπιθυμία 3	desire	293c
	ἐπικαλέω 2 b	call upon	294b
	καθαρός 3 b	clean	388b
	καρδία 1 b α	heart	403c
	μετά A II 3 b	with	509c
	νεωτερικός	youthful	537b
	πίστις 2 d γ	faith	663d
	φεύγω 3	flee	856a
23	ἀπαίδευτος	uninstructed	79d
	γεννάω 3	bring forth	155d
	ζήτησις 1	investigation	339b
	μάχη	battle	496c
	μωρός 2	foolish	531c
	παραιτέομαι 2 b	refuse	616d
24	ἀνεξίκακος	patient	65a
	δεῖ 6	it is necessary	172b
	διδακτικός	skillful in teaching	191b
	δοῦλος 4	slave	206a
	ἤπιος	gentle	348b
	κύριος 2 c γ	lord	460a
	μάχομαι 2	dispute	496c
	πρός III 4 b	toward	710c
25	ἀλήθεια 2 b	truth	36a
	ἀντιδιατίθημι	be opposed	74a
	δίδωμι	give	192d
	ἐπίγνωσις	knowledge	291b
	μετάνοια	repentance	512c
	μήποτε 3 b β	whether perhaps	519c
	παιδεύω 2 a	instruct	603d
	πραΰτης	humility	699a
26	ἀνανήφω	become sober	58b
	διάβολος 2	the slanderer	182a
26	ἐκ 1 d	away from	234c
	ἐκεῖνος 1 b	that	239c
	ζωγρέω	capture alive	340b
	θέλημα 1 c β	will	354b
	παγίς 2	trap	602b

2 Timothy 3

1	ἐνίστημι 2	be imminent	266d
	ἔσχατος 3 b	last	314a
	ἡμέρα 4 b	time	347c
	καιρός 1	time	394d
	οὗτος 1 b β	this	597a
	χαλεπός	hard	874c
2	ἀλαζών	boaster	34d
	ἀνόσιος 1	unholy	72c
	ἀπειθής 1	disobedient	82d
	ἀχάριστος	ungratefully	128b
	βλάσφημος	slanderous	143b
	γονεύς	parents	165a
	ὑπερήφανος	proud	841b
	φιλάργυρος	fond of money	859a
	φίλαυτος	selfish	859a
3	ἀκρατής	dissolute	33a
	ἀνήμερος	savage	66c
	ἄσπονδος	irreconcilable	117b
	ἄστοργος	unloving	118a
	διάβολος 1	slanderous	182a
4	μᾶλλον 3 c	rather	489d
	προδότης	traitor	704c
	προπετής	reckless	709c
	τυφόω 1	conceited	831a
	φιλήδονος	loving pleasure	859c
	φιλόθεος	loving god	860c
5	ἀποτρέπω	avoid	101c
	ἀρνέομαι 4	deny	108a
	δύναμις 1	power	207d
	εὐσέβεια	godliness	326a
	μόρφωσις 2	outward form	528c
	οὗτος 1 a β	this	596c
6	ἄγω 3	lead	14c
	αἰχμαλωτεύω	capture	27a
	αἰχμαλωτίζω 3	mislead	27a
	ἁμαρτία 1	sin	43c
	γυναικάριον	silly woman	168b
	ἐνδύνω 1	enter	263d
	ἐπιθυμία 3	desire	293d
	οὗτος 1 a β	this	596c
	ποικίλος 1	diversified	683c
	σωρεύω 2	heap	800c
7	ἀλήθεια 2 b	truth	36a
	ἐπίγνωσις	knowledge	291b
	ἐπίγνωσις	knowledge	291b
	ἔρχομαι I 2 c	come	311c
	μανθάνω 1	learn	490b
	μηδέποτε	never	518b
8	ἀδόκιμος	unqualified	18c
	ἀλήθεια 2 b	truth	36a
	ἀνθίστημι 1	set against	67b
	ἀνθίστημι 2	set against	67b
	Ἰάννης	Jannes	368b

8	καί II 3	also	393c
	καταφθείρω 2	ruin	420b
	Μωϋσῆς	Moses	532a
	νοῦς 3 a	the mind	544d
	οὗτος 1 a β	this	596c
	οὕτω 1 a	thus	597d
	πίστις 2 d α	faith	663c
	τρόπος 1	manner	827c
9	ἄνοια	folly	70d
	γίνομαι I 4 b	become	159d
	ἔκδηλος	plain	238b
	ἐπί III 3	on	289c
	πολύς II 2 c	many	689c
	προκόπτω 2	go forward	708a
10	ἀγάπη I 1 a	love	5c
	ἀγωγή	conduct	15a
	διδασκαλία 2	teaching	191c
	μακροθυμία 1	patience	488b
	παρακολουθέω 2	follow	619a
	πίστις 2 d γ	faith	663d
	πίστις 2 d γ	faith	663d
	πρόθεσις 2 a	setting forth	706b
	σύ 1 c	you	772b
	ὑπομονή 1	patience	846b
11	Ἀντιόχεια 2	Antioch	75c
	διωγμός	persecution	201a
	διωγμός	persecution	201b
	Θέκλα	Thecla	354b
	Ἰκόνιον	Iconium	375b
	Λύστρα	Lystra	482c
	πάθημα 1	suffering	602c
	ῥύομαι	save	737d
	ὑποφέρω	endure	848c
11a	οἷος	of what sort	562d
11b	οἷος	of what sort	562d
12	δέ 4 b	but, and	171d
	διώκω 2	persecute	201b
	εὐσεβῶς	a godly manner	326c
	ζάω 3 a	live	336d
	πᾶς, πᾶσα, πᾶν 1 d β	all	632b
13	γογγυστής	grumbler	164d
	ἐπί III 3	on	289c
	πλανάω 2 c δ	deceive	665c
	πονηρός 1 b α	wicked	690d
	προκόπτω 2	go forward	708a
	χείρων	worse	881b
13a	πλανάω 1 b	deceive	665c
14	μένω 1 a β	remain	504a
	οἶδα 1 f	know	556a
	παρά I 3 c	from	610a
	τίς, τί 1 a α	which	819a
14a	μανθάνω 1	learn	490b
14b	μανθάνω 1	learn	490b
15	βρέφος 2	infant	147c
	γράμμα 2 c	writing	165c
	ἱερός 1	holy	372d
	πίστις 2 b β	faith	663b
	σοφίζω 1 a	make wise	760b
	σωτηρία 2	deliverance	801d
16	γραφή 2 a	scripture	166b
	διδασκαλία 1	teaching	191c
16	δικαιοσύνη 2 b	righteoosness	196d
	ἐλεγμός	conviction	249a
	ἔλεγχος 3	proof	249b
	ἐπανόρθωσις	improvement	283b
	θεόπνευστος	inspired by God	356c
	παιδεία 1	training	603c
	πᾶς, πᾶσα, πᾶν 1 a α	every each	631b
	πρός III 3 c	toward	710b
	ὠφέλιμος	useful	900d
17	ἀγαθός 1 a β	good	2d
	ἄνθρωπος 2 a	man	68c
	ἄρτιος	capable	110c
	ἐξαρτίζω 2	equip	273c
	πρός III 3 c	toward	710b

2 Timothy 4

1	βασιλεία 3 g	kingdom	135d
	διαμαρτύρομαι 1	charge	186c
	ἐνώπιον 2 b	before	270d
	ἐπιφάνεια 1	appearing	304b
	ζάω 1 a α	live	336a
	κρίνω 4 b α	judge	452a
	μέλλω 1 c β	be about to	501b
	νεκρός 2 a	dead	535a
2	ἀκαίρως	out of season	29b
	διδαχή 1	teaching	192b
	ἐλέγχω 3	expose	249c
	ἐπιτιμάω 1	rebuke	303b
	εὐκαίρως	conveniently	321c
	ἐφίστημι 1 a	stand by	330d
	κηρύσσω 2 b β	announce	431c
	λόγος 1 b β	word	478b
	μακροθυμία 2 a	patience	488b
	παρακαλέω 2	appeal to	617b
3	ἀκοή 1 c	hearing	31a
	ἀνέχω 2	endure	66a
	διδασκαλία 2	teaching	191c
	ἐπιθυμία 3	desire	293c
	ἐπισωρεύω	heap up	302a
	καιρός 1	time	394d
	κνήθω	itch	437a
	ὅτε 2 a α	when	588c
	οὐ 5 b	no	590d
	ὑγιαίνω 2	be healthy	832b
4	ἀκοή 1 c	hearing	31a
	ἀλήθεια 2 b	truth	36a
	ἀποστρέφω 1 a α	turn away	100b
	ἐκτρέπω	turn away	246b
	μῦθος	fable	529a
5	διακονία 3	service	184c
	ἔργον 2	work	308c
	εὐαγγελιστής	evangelist	318c
	κακοπαθέω 2	bear hardship patiently	397c
	νήφω	be self controlled	538d
	πᾶς, πᾶσα, πᾶν 2 a δ	everything	633a

5	πληροφορέω 1 a	fill	670b
	ποιέω I 1 b α	do	681a
6	ἀνάλυσις	departure	57c
	ἐφίστημι 2 b	stand by	331a
	καιρός 3	time	395b
	σπένδω	offer a libation	761d
7	ἀγών 2	struggle	15a
	ἀγωνίζομαι 2 b	struggle	15b
	δρόμος 1	course	206d
	καλός 2 c β	good	400c
	πίστις 1 a	faith	662c
	πίστις 3	faith	664a
	τελέω 1	finish	810d
	τηρέω 3	keep	815a
8	ἀγαπάω 2	love	5b
	ἀποδίδωμι 1	give away	90b
	ἀπόκειμαι 2	be put away	92d
	δίκαιος 2	righteous	195d
	δικαιοσύνη 2 b	righteousness	196d
	ἐπιφάνεια 1	appearing	304b
	ἡμέρα 3 b β	day	347b
	κριτής 1 a β	judge	453c
	λοιπός 3 a α	the rest	480a
	λοιπός 3 b	the rest	480b
	πᾶς, πᾶσα, πᾶν 1 d β	all	632b
	στέφανος 2 a	wreath	767c
9	σπουδάζω 1	hasten	763c
	ταχέως 1 a	quickly	806d
10	ἀγαπάω 2	love	5a
	αἰών 2 a	age	27d
	Γαλατία	Galatia	150a
	Δαλματία	Dalmatia	170b
	Δημᾶς	Demas	178d
	ἐγκαταλείπω 2	forsake	215d
	Θεσσαλονίκη	Thessalonica	359d
	Κρήσκης	Crescens	450b
	Κρίσπος	Crispus	453b
	νῦν 3 a	now	546a
	Τίτος 1	Titus	821a
11	ἄγω 1 b	bring	14b
	ἀναλαμβάνω 4	take along	57a
	διακονία 1	service	184b
	εἰς 5	for	230a
	εὔχρηστος	useful	329d
	Λουκᾶς	Luke	480b
	Μᾶρκος	Mark	492c
	μετά A II 1 b	with	508d
	μόνος 1 a α	only	527c
	σεαυτοῦ 1	yourself	745c
12	Ἔφεσος	Ephesus	330b
	Τυχικός	Tychicus	831c
13	ἀπολείπω 1	leave behind	94d
	βιβλίον 1	book	141b
	Κάρπος	Carpus	404c
	μάλιστα 1	above all	489a
	μεμβράνα	parchment	502b
	παρά II 1 b α	beside	610c
	Τρῳάς	Troas	829a
	φαιλόνης	cloak	851b
	φέρω 4 a α	bear	855b
14	Ἀλέξανδρος 4	Alexander	35c
	ἀποδίδωμι 3	recompense	90b
	ἐνδείκνυμι 2	demonstrate	262d
	ἔργον 1 c β	deed	308a
	ἔργον 1 c β	deed	308a
	κακός 3	evil	398a
	κατά II 5 a β	according to	407b
	χαλκεύς	coppersmith	874d
15	ἀνθίστημι 2	set against	67b
	ἡμέτερος	our	347d
	λίαν 1	very	473b
	λόγος 1 a δ	word	477d
	φυλάσσω 2 a	watch	868d
16	ἀπολογία 2 a	defense	96a
	ἐγκαταλείπω 2	forsake	215d
	λογίζομαι 1 a	reckon	476a
	μή A III 2	not	516d
	παραγίνομαι 3	come	613d
	πρῶτος 1 a	first	725b
	συμπαραγίνομαι 2	come together	779a
17	ἐνδυναμόω 1	strengthen	263d
	κήρυγμα 2	proclamation	431a
	λέων 2	lion	472d
	παρίστημι 2 a γ	help	628b
	ῥύομαι	save	737d
	στόμα 1 c	mouth	770a
18	αἰών 1 b	time	27c
	ἀμήν 1	amen	45d
	βασιλεία 3 f	kingdom	135b
	εἰς 7	to	230b
	ἐπουράνιος 1 a γ	heavenly	306a
	πονηρός 1 b β	wicked	691a
	ῥύομαι	save	737c
	σῴζω 2 a α	save	798c
19	Ἀκύλας	Aquila	34b
	ἀσπάζομαι 1 a	greet	116d
	Ζήνων	Zeno	338d
	Λέκτρα	Lectra	471c
	οἶκος 2	household	560d
	Ὀνησίφορος	Onesiphorus	570c
	Πρίσκα	Priscilla	701c
	Σιμαίας	Siloam	751a
20	ἀπολείπω 1	leave behind	94d
	ἀσθενέω 1 a	be sick	115b
	Ἔραστος 2	Erastus	306c
	Κόρινθος	Corinth	444d
	μένω 1 a α	remain	503d
	Μιλητός	Miletus	521d
	Τρόφιμος	Trophimus	827d
21	ἀσπάζομαι 1 a	greet	116d
	Εὔβουλος	Eubulus	319a
	Κλαυδία	Claudia	433c
	Λίνος	Linus	475c
	πᾶς, πᾶσα, πᾶν 1 d α	all	632b
	Πούδης	Pudens	696c
	πρό 2	before	701d
	σπουδάζω 1	hasten	763c
	χειμών 2	winter	879d
22	μετά A II 1 c γ	with	509a
	πνεῦμα 3 b	spirit	675c

22 χάρις 2 c favor 877d

Titus 1

1 ἀλήθεια 2 b truth 36a
ἀπόστολος 3 apostles 99d
δοῦλος 4 slave 206a
ἐκλεκτός 1 b chosen 242d
ἐπίγνωσις knowledge 291b
εὐσέβεια godliness 326b
κατά II 4 for (purpose) 407a
Παῦλος 2 Paul 637c
πίστις 2 d α faith 663c
1b κατά II 7 a (adj phrase) 408a
2 αἰώνιος 1 eternal 28c
ἀψευδής truthful 129b
ἐλπίς 2 a hope 253a
ἐλπίς 2 b hope 253b
ἐπαγγέλλομαι 1 b announce 281a
ἐπί II 1 b γ on 287b
ζωή 2 b β life 341a
ὅς, ἥ, ὅ I 4 e (rel pron) 584b
πρό 2 before 701d
χρόνος time 888a
3 ἐπιταγή command 302a
ἴδιος 1 b ones own 370a
καιρός 3 time 395b
κατά II 5 a δ according to 407b
κήρυγμα 2 proclamation 431a
λόγος 1 b β word 478a
πιστεύω 3 believe 662a
σωτήρ 1 savior 801a
φανερόω 1 a reveal 852d
4 ἀπό V 4 from 88b
γνήσιος 1 legitimate 163a
εἰρήνη 2 peace 227c
θεός 3 d God 357d
κοινός 1 a common 438a
πατήρ 3 c β father 636a
πίστις 2 d α faith 663c
σωτήρ 2 savior 801b
τέκνον 2 b child 808c
Τίτος 1 Titus 821a
χάρις 2 c favor 877d
5 ἀπολείπω 2 leave behind 94d
διατάσσω order 189c
ἐπιδιορθόω set right 292b
ἵνα I 5 in order that 377b
καθίστημι 2 b appoint 390c
κατά II 1 d (distributive) 406c
καταλείπω 1 a leave behind 413c
Κρήτη Crete 450c
λείπω 2 lack 470c
πόλις 1 city 685d
πρεσβύτερος 2 b α older 700b
χάριν 1 for the sake of 877a
ὡς I 1 as 897a
6 ἀνήρ 1 man 66c
ἀνυπότακτος 2 76d
undisciplined
ἀσωτία debauchery 119c

6 εἷς 2 b one 231b
ἔχω I 2 b α have 332b
κατηγορία accusation 423c
πιστός 2 trustworthy 665a
6f ἀνέγκλητος blameless 64b
7 αἰσχροκερδής 25b
fond of dishonest gain
αὐθάδης self willed 120d
ἐπίσκοπος 2 overseer 299c
οἰκονόμος 2 manager 560b
ὀργίλος inclined to anger 579d
πάροινος drunken 629b
πλήκτης bully 669b
ὡς III 1 a so 898a
8 δίκαιος 1 a upright 195c
ἐγκρατής self controlled 216d
ὅσιος 1 a pious 585c
σώφρων prudent 802d
φιλάγαθος loving good 858b
φιλόξενος hospitable 860d
9 ἀδικοκρίτης unjust judge 18b
ἀνελεήμων unmerciful 64c
ἀντέχω 1 cling to 73c
ἀντιλέγω 1 contradict 74d
ἅρπαξ 2 swindler 109b
ἄρχων 2 authorities 113d
διάκονος 1 a servant 184d
διάκονος 1 c servant 184d
διγαμία bigamous marriage 191a
δίγαμος 2 bigamist 191b
διδασκαλία 2 teaching 191c
διδαχή 2 teaching 192b
δυνατός 1 a β powerful 208d
ἐλέγχω 2 expose 249b
θεῖος 1 b divine 353d
θυσιαστήριον 2 d altar 367a
λειτουργέω 1 470d
perform a public service
λόγος 1 a β word 477c
παρακαλέω 2 appeal to 617b
παρακαλέω 4 implore 617d
πιστός 1 b trustworthy 664d
ὑγιαίνω 2 be healthy 832b
χειροτονέω choose 881a
ψεύστης liar 892c
10 ἀνυπότακτος 2 76d
undisciplined
ἐκ 3 d from 235b
καί I 4 and 393b
μάλιστα 1 above all 489a
ματαιολόγος idle talker 495c
περιτομή 4 a circumcision 653a
πολύς I 2 a α many 688b
φρεναπάτης deceiver 865d
11 αἰσχρός shameful 25b
ἀνατρέπω 2 overturn 62d
γονεύς parents 165a
δεῖ 2 it is necessary 172a
δεῖ 6 it is necessary 172b
ἐπιστομίζω stop the mouth 301a
μή A I 5 not 516a

11	νουθετέω	admonish	544b
	οἶκος 2	household	560d
	ὅλος 1	whole	564d
	ὅστις 2 b	whoever	587a
	οὐ 5 a	no	590d
	τύπτω 1	strike	830b
	ὑβρίζω	mistreat	831d
	χάριν 1	for the sake of	877a
12	ἀεί 2	always	19c
	ἀργός 2	idle	104c
	γαστήρ 1 b	glutton	152c
	εἶπον 4	say	226d
	θηρίον 2	beast	361b
	ἴδιος 1 a β	ones own	369d
	κακός 2	evil	398a
	Κρής	a Cretan	450b
	προφήτης 6	prophet	724b
	ψεῦστης	liar	892c
13	αἰτία 1	cause	26c
	ἀληθής 2	true	36d
	ἀποτόμως	severely	101c
	ἐλέγχω 2	expose	249b
	μαρτυρία 2 c	testimony	493c
	πίστις 2 d α	faith	663c
	ὑγιαίνω 2	be healthy	832b
14	ἀποστρέφω 3 a	turn away	100c
	ἐντολή 1 b	command	269a
	Ἰουδαϊκός	Jewish	379b
	μῦθος	fable	529a
	προσέχω 1 a β	pay attention to	714c
15	ἄπιστος 2	faithless	85d
	νοῦς 3 a	the mind	545a
	πᾶς, πᾶσα, πᾶν 2 a δ	everything	633a
	συνείδησις 2	consciousness	786d
15a	καθαρός 2	clean	388a
	μιαίνω 2	defile	520d
15b	καθαρός 3 a	clean	388a
	μιαίνω 2	defile	520d
15c	καθαρός 2	clean	388a
16	ἀγαθός 1 b β	good	3b
	ἀδόκιμος	unqualified	18c
	ἀπειθής 2	disobedient	82d
	ἀρνέομαι 3 b	deny	108a
	βδελυκτός 1	abominable	138a
	θεός 3 b	God	357c
	οἶδα 2	know	556b
	ὁμολογέω 4	confess	568c
	πᾶς, πᾶσα, πᾶν 1 a β	every each	631c
	πρός III 3 c	toward	710b
16a	ἔργον 1 a	deed	307d

Titus 2

1	διδασκαλία 2	teaching	191c
	πρέπω	be fitting	699b
	ὑγιαίνω 2	be healthy	832b
2	ἀγάπη I 1 a	love	5c
2	πίστις 2 d γ	faith	663d
	πίστις 2 d γ	faith	663d
	πρεσβύτης	old man	700d
	σεμνός 1 a	noble	747a
	σώφρων	prudent	802d
	ὑγιαίνω 2	be healthy	832b
	ὑπομονή 1	patience	846b
3	διάβολος 1	slanderous	182a
	δουλόω 2	enslave	206b
	ἐν IV 1 a	in	261b
	ἱεροπρεπής	worthy of reverence	372d
	καλοδιδάσκαλος	teaching what is good	400a
	κατάστημα	behavior	419a
	οἶνος 1	wine	562b
	πρεσβῦτις	elderly lady	700d
	ὡσαύτως	similarly	899b
4	ἵνα I 3	in order that	377b
	νέος 2 b α	novice	536b
	σωφρονίζω	encourage	802b
	φίλανδρος	loving her husband	858c
	φιλότεκνος	loving ones children	861c
5	ἀγαθός 1 a α	good	2d
	ἁγνός 1	pure	12a
	ἀνήρ 1	man	66c
	βλασφημέω 2 b ε	blaspheme	142d
	ἴδιος 2 c	ones own	370b
	λόγος 1 b β	word	478a
	οἰκουργός	working at home	561c
	οἰκουρός	staying at home	561c
	σώφρων	prudent	802d
	ὑποτάσσω 1 b β	subject	848a
6	νέος 2 b β	novice	536b
	παρακαλέω 2	appeal to	617b
	σωφρονέω 2	sound mind	802a
	ὡσαύτως	similarly	899b
7	ἀδιαφθορία	sincerity	17b
	ἀφθαρσία	incorruptibility	125b
	ἀφθονία	willingness	125c
	ἀφθορία	soundness	125c
	διδασκαλία 2	teaching	191c
	ἔργον 1 c β	deed	308b
	καλός 2 b	good	400c
	παρέχω 2 a	show oneself	626d
	περί 2 d	about	645c
	σεμνότης 1	reverence	747b
	τύπος 5 b	mark	830b
8	ἀκατάγνωστος	beyond reproach	29d
	ἐκ 2	away from	234d
	ἐναντίος 3 b	the opponent	262b
	ἐντρέπω 2 a	be ashamed	269d
	ἔχω I 6 a	can	333c
	λέγω I 4	say	468c
	ὑγιαίνω 2	be healthy	832b
	ὑγιής 2	healthy	832c

8	φαῦλος 1	worthless	854c
9	ἀντιλέγω 1	contradict	74d
	δεσπότης	master	176c
	δοῦλος 1 a	slave	205d
	εὐάρεστος 2	give satisfaction	318d
	ἴδιος 2 c	ones own	370b
	πᾶς, πᾶσα, πᾶν 2 a δ	everything	633a
	ὑποτάσσω 1 b β	subject	848a
10	διδασκαλία 2	teaching	191c
	ἐνδείκνυμι 1	demonstrate	262c
	κοσμέω 2 b β	decorate	445b
	νοσφίζω	misappropriate	544a
	πίστις 1 a	faith	662c
	σωτήρ 1	savior	801a
10b	πᾶς, πᾶσα, πᾶν 2 a δ	everything	633a
	πᾶς, πᾶσα, πᾶν 2 b β	all things	633b
11	ἐπιφαίνω 2	appear	304a
	πᾶς, πᾶσα, πᾶν 1 b	all	631d
	σωτήριος 1	saving	801d
	χάρις 2 a	favor	877c
12	αἰών 2 a	age	27d
	ἀρνέομαι 4	deny	108a
	ἀσέβεια	godlessness	114c
	δικαίως 1 b	justly	198b
	ἐπιθυμία 3	desire	293d
	εὐσεβῶς	a godly manner	326c
	εὐσεβῶς	a godly manner	326c
	ζάω 3 a	live	336d
	κοσμικός 2	earthly	445b
	νῦν 3 a	now	546a
	παιδεύω 2 a	instruct	604a
	σωφρόνως	soberly	802c
13	ἐλπίς 4	hope	253c
	ἐπιφάνεια 1	appearing	304b
	θεός 2	God	357b
	μακάριος 3 c	blessed	487a
	μέγας 2 b α	great	498a
	ὁ, ἡ, τό II 10 b	the	552d
	προσδέχομαι 2 b	receive	712b
	σωτήρ 2	savior	801b
14	ἀνομία 2	lawlessness	72a
	δίδωμι 6	give	193d
	ἔργον 1 c β	deed	308b
	ζηλωτής 1 a β	zealot	338b
	καθαρίζω 2 b α	cleanse	387d
	καλός 2 b	good	400c
	λαός 3 b	people	467a
	λυτρόω 2	redeem	483a
	πᾶς, πᾶσα, πᾶν 1 a β	every each	631c
	περιούσιος	chosen	648d
	σωτήρ 2	savior	801b
	ὑπέρ 1 a ε	in behalf of	838d
15	ἐλέγχω 1	expose	249b
	ἐπιταγή	command	302b
	καταφρονέω 1	scorn	420c
15	μηδείς 2 a	no	518a
	παρακαλέω 2	appeal to	617b
	πᾶς, πᾶσα, πᾶν 1 a δ	all	631c
	περιφρονέω	disregard	653b

Titus 3

1	ἀγαθός 1 b β	good	3b
	ἀρχή 3	ruler	112c
	ἐξουσία 4 c α	authority	278c
	ἕτοιμος 2	ready	316d
	πᾶς, πᾶσα, πᾶν 1 a β	every each	631c
	πειθαρχέω	obey	638d
	πρός III 3 c	toward	710b
	ὑπομιμνῄσκω 1 a	remind	846b
2	ἄμαχος	peaceable	44c
	βλασφημέω 1	defame	142c
	ἐνδείκνυμι 1	demonstrate	262c
	ἐπιεικής	gentle	292c
	πραΰτης	humility	699a
	πρός III 4 b	toward	710c
3	ἀνόητος 1	unintelligent	70d
	ἀπειθής 2	disobedient	82d
	διάγω	spend ones life	182c
	δουλεύω 2 c	serve	205c
	ἐν I 4 d	in	259b
	ἐπιθυμία 3	desire	293d
	ἡδονή 1	pleasure	344b
	κακία 1 b	malice	397a
	μισέω 1	hate	522d
	πλανάω 2 c α	deceive	665c
	ποικίλος 1	diversified	683c
	στυγητός	hated	771d
	φθόνος	envy	857d
4	ἐπιφαίνω 2	appear	304a
	ὅτε 1 b	when	588b
	σωτήρ 1	savior	801a
	φιλανθρωπία	love for mankind	858d
	χρηστότης 2 b	goodness	886c
5	ἀνακαίνωσις	renewal	55c
	δικαιοσύνη 2 b	righteousness	196d
	ἔλεος 2 b	mercy	250b
	ἔργον 1 c β	deed	308b
	κατά II 5 a δ	according to	407b
	λουτρόν	washing	480d
	παλιγγενεσία 2	rebirth	606b
	πνεῦμα 5 c β	spirit	676d
	σῴζω 2 a α	save	798c
6	ἐκχέω 2	pour out	247c
	ἐπί III 1 b γ	on	289a
	πλουσίως	richly	673d
	σωτήρ 2	savior	801b
7	δικαιόω 3 a	justify	197d
	ἐκεῖνος 1 b	that	239c
	ἐλπίς 2 b	hope	253b
	ζωή 2 b β	life	341a
	κληρονόμος 2 b	heir	435b

7	χάρις 2 a	favor	877c
8	βούλομαι 2 a δ	desire	146b
	διαβεβαιόομαι	speak confidently	181d
	ἔργον 1 c β	deed	308b
	θεός 3 b	God	357c
	πιστεύω 2 a α	believe	661b
	πιστός 1 b	trustworthy	664d
	προΐστημι 2	rule	707b
	φροντίζω	think of	867a
	ὠφέλιμος	useful	900d
8a	καλός 2 b	good	400c
8b	καλός 2 b	good	400c
9	ἀνωφελής 2	harmful	77c
	γενεαλογία	genealogy	154c
	ἔρις	strife	309c
	ἔρις	strife	309c
	ἔρις	strife	309d
	ζήτησις 1	investigation	339b
	λογομαχία	dispute about words	477a
	μάταιος	idle	495c
	μάχη	battle	496c
	μωρός 2	foolish	531c
	νομικός 1	about the law	541b
	περιίστημι 2	avoid	647c
10	αἱρετικός	factious	24a
	ἄνθρωπος 3 a ε	man	69b
	δεύτερος 2	second	177b
	εἷς 4	one	232a
	μετά B II 3	after	510b
	νουθεσία	admonition	544a
	παραιτέομαι 2 a	refuse	616c
11	ἁμαρτάνω 1	sin	42c
	αὐτοκατάκριτος	self condemned	122c
	ἐκστρέφω	turn aside	245b
	τοιοῦτος 3 a α	such a kind	821c
12	Ἀρτεμᾶς	Artemas	110a
	κρίνω 3	decide	451c
	Νικόπολις	Nicopolis	539d
	παραχειμάζω	spend the winter	623d
	πέμπω 1	send	641d
	σπουδάζω 1	hasten	763c
	Τυχικός	Tychicus	831c
13	Ἀπολλῶς	Apollos	95d
	Ζηνᾶς	Zenas	338c
	ἵνα I 1 c	in order that	377a
	λείπω	lack	470b
	λείπω 2	lack	470c
	νομικός 2	lawyer	541c
	προπέμπω 2	accompany	709c
	σπουδαίως 2	diligently	763d
14	ἄκαρπος 2	unfruitful	29d
	ἀναγκαῖος 1	necessary	52b
	ἡμέτερος	our	347d
	καλός 2 b	good	400c
	μανθάνω 4	learn	490d
	Νικόπολις	Nicopolis	539d
	προΐστημι 2	rule	707b
14	χρεία 2	need	885a
15	ἀσπάζομαι 1 a	greet	116d
	ἀσπάζομαι 1 a	greet	116d
	μετά A II 1 c γ	with	509a
	πίστις 2 d α	faith	663c
	φιλέω 1 a	love like	859b
	χάρις 2 c	favor	877d
15a	πᾶς, πᾶσα, πᾶν 1 d γ	all	632b
15b	πᾶς, πᾶσα, πᾶν 1 e α	all	632b

Philemon

1	ἀγαπητός 2	beloved	6c
	ἀδελφός 2	brother	16b
	δέσμιος	prisoner	176a
	Παῦλος 2	Paul	637c
	συνεργός	working with	787d
	Τιμόθεος	Timothy	818b
	Φιλήμων	Philemon	859d
2	ἀδελφή 3	sister	15d
	Ἀπφία	Apphia	103b
	Ἄρχιππος	Archippus	113b
	ἐκκλησία 4 c	church	241a
	οἶκος 1 a α	house	560c
	συστρατιώτης	fellow soldier	795c
3	ἀπό V 4	from	88b
	εἰρήνη 2	peace	227c
	θεός 3 d	God	357d
	πατήρ 3 c β	father	636a
	χάρις 2 c	favor	877d
4	ἐπί I 2	under	286d
	εὐχαριστέω 2	give thanks	328b
	θεός 3 c	God	357c
	μνεία 2	mention	524c
	ποιέω II 1	do	683a
	προσευχή 1	prayer	713c
5	ἀγάπη I 1 a	love	5c
	ἀκούω 3 b	learn	32c
	κύριος 2 c γ	lord	460a
	πίστις 2 b β	faith	663b
	πίστις 2 d γ	faith	663d
	πρός III 4 b	toward	710c
6	ἐναργής	evident	262b
	ἐνεργής	effective	265d
	ἐπίγνωσις	knowledge	291b
	κοινωνία 4	association	439b
	ὅπως 2 b	in order that	577a
	πίστις 2 d α	faith	663c
7	ἀγάπη I 1 a	love	5c
	ἀναπαύω 1	cause to rest	59a
	ἐπί II 1 b γ	on	287c
	ἔχω I 2 e β	have	332d
	παράκλησις 3	comfort	618b
	πολύς I 1 b β	many	688b
	σπλάγχνον 1 b	inward parts	763a
	χαρά 1	joy	875c

7	χαρά 1	joy	875c
	χάρις 5	favor	878c
8	ἀνήκω 2	it is proper	66b
	ἐν I 5 d	in	259d
	ἐπιτάσσω	command	302b
	ἔχω I 2 e β	have	332d
	παρρησία 3 a	courage	630d
	πολύς I 1 b β	many	688a
9	ἀγάπη I 1 a	love	5c
	δέσμιος	prisoner	176a
	εἰμί II 6 a	to be	224c
	μᾶλλον 3 a β	rather	489c
	νυνί 1 a	now	546b
	παρακαλέω 3	implore	617c
	Παῦλος 2	Paul	637c
	πρεσβευτής	ambassador	699c
	πρεσβύτης	old man	700d
	τοιοῦτος 2 b	such a kind	821c
10	γεννάω 1 b	beget	155c
	δεσμός 1	fetter	176b
	Ὀνήσιμος 1	Onesimus	570c
	ὅς, ἥ, ὅ I 3 b γ	(rel pron)	584a
	ὅς, ἥ, ὅ I 4 e	(rel pron)	584b
	παρακαλέω 3	implore	617c
	τέκνον 2 b	child	808c
11	ἄχρηστος	useless	128c
	εὔχρηστος	useful	329d
	νυνί 1 a	now	546b
12	ἀναπέμπω 2	send	59b
	εἰμί II 3	to be	224a
	οὗτος 1 b ε	this	597b
	προσλαμβάνω 2 b	take	717b
	σπλάγχνον 1 c	affection	763a
13	βούλομαι 1	desire	146b
	δεσμός 1	fetter	176b
	διακονέω 2	serve	184a
	ἐμαυτοῦ 3	myself	254a
	ἐν I 4 d	in	259b
	εὐαγγέλιον 1 b	gospel	318a
	κατέχω 1 a α	hinder	422c
	πρός III 7	by	711a
	ὑπέρ 1 c	in behalf of	839a
14	ἀνάγκη 1	necessity	52c
	γνώμη 3	consent	163b
	ἑκούσιος	voluntary	243c
	κατά II 5 a δ	according to	407b
	σός, σή, σόν 1	yours	759b
	χωρίς 2 b β	apart	890d
	χωρίς 2 b γ	apart	890d
15	αἰώνιος 3	eternal	28c
	ἀπέχω 1	receive in full	85a
	διά B II 2	therefore	181b
	ἵνα I 5	in order that	377b
	οὗτος 1 b β	this	597a
	πρός III 2 b	toward	710a
	τάχα	perhaps	806d
	χωρίζω 2 b	divide	890b
	ὥρα 2 a β	time of day	896b
16	ἀγαπητός 2	beloved	6c
	δοῦλος 1 d	slave	205d
	κύριος 2 c γ	lord	460a

16	μάλιστα 1	above all	489a
	μᾶλλον 2 b	more	489b
	οὐκέτι 1	no longer	592c
	πόσος 1	how great	694c
	σάρξ 6	body	744b
	ὑπέρ 2	beyond	839c
	ὡς III 1 a	so	898a
17	εἰ VI 10	if	220b
	κοινωνός 1 d	companion	440a
	προσλαμβάνω 2 b	take	717b
18	ἀδικέω 2 b	injure	17d
	ἐλλογέω charge to ones account		252b
	ὀφείλω 1	owe	598d
19	ἀποτίνω	pay the damages	101b
	γράφω 1	write	166c
	ἐμός 1 a α	my	255c
	Παῦλος 2	Paul	637c
	προσοφείλω	owe besides	717d
	χείρ 1	hand	880a
20	ἀναπαύω 1	cause to rest	59a
	ναί 3	certainly	533a
	ὀνίνημι	benefit	570d
	σπλάγχνον 1 b	inward parts	763a
21	γράφω 2 d	write	167a
	καί II 2	even	393b
	λέγω I 1 a	say	468b
	λέγω II 1 f	declare	469d
	ὅς, ἥ, ὅ I 2 a	(rel pron)	583c
	πείθω 2 a	convince	639c
	ὑπακοή 1 b	obedience	837a
	ὑπέρ 2	beyond	839c
22	ἅμα 1 a	together	42a
	διά A III 1 e	by	180c
	ἐλπίζω 2	hope	252c
	ἑτοιμάζω 1	prepare	316b
	ξενία	guest room	547d
	ξενία	guest room	547d
	προσευχή 1	prayer	713b
	χαρίζομαι 1	give freely	876c
	χαρίζομαι 1	give freely	876d
23	ἀσπάζομαι 1 a	greet	116d
	Ἐπαφρᾶς	Epaphras	283d
	Ἰησοῦς 5	Jesus Christ	374b
	συναιχμάλωτος fellow prisoner		783c
24	Ἀρίσταρχος	Aristarchus	106c
	Δημᾶς	Demas	178d
	Λουκᾶς	Luke	480b
	Μᾶρκος	Mark	492c
	συνεργός	working with	787d
25	κύριος 2 c γ	lord	460a
	μετά A II 1 c γ	with	509a
	πνεῦμα 3 b	spirit	675c
	χάρις 2 c	favor	877d

Hebrews 1

1	καί I 1 a	and	391d
	πάλαι 1	long ago	605c

1	πατήρ 1 b	forefathers	635b
	πολυμερῶς	in many ways	687b
	πολυτρόπως	in various ways	690b
	προφήτης 1	prophet	723c
1f	λαλέω 2 a δ	speak	463b
2	αἰών 3	the world	28a
	ἐπί I 2	under	286d
	ἔσχατος 3 b	last	314a
	ἡμέρα 4 b	time	347c
	κληρονόμος 2 a	heir	435b
	ποιέω I 1 a β	do	681a
	τίθημι I 2 a α	make	816b
	υἱός 2 b	son	835a
3	ἁμαρτία 1	sin	43b
	ἀπαύγασμα	radiance	82b
	δεξιός 2 a	right	174d
	δόξα 1 a	glory	203d
	δύναμις 1	power	207d
	ἐν I 1 c	in	258c
	καθαρίσμος 2	purification	387d
	καθίζω 2 a α	sit down	390a
	μεγαλωσύνη	greatness	497b
	πᾶς, πᾶσα, πᾶν 2 b β	all thihgs	633b
	ποιέω II 1	do	683a
	ῥῆμα 1	word	735c
	τέ 1 b	and	807c
	ὑπόστασις 1	essence	847a
	ὑψηλός 1	high	850a
	φέρω 1 b	bear	855a
	χαρακτήρ 1	form	876b
4	διάφορος 2	outstanding	191a
	κληρονομέω 2	acquire	435a
	κρείττων 1	better	449d
	ὄνομα I 2 a	name	571b
	ὄνομα I 4 a	name	571c
	ὅσος 3	how great	586c
	παρά III 3	in comparison	611b
	τοσοῦτος 2 b γ	so great	823d
4ff	ἄγγελος 2 a	angel	7d
5	γεννάω 1 b	beget	155d
	εἰμί III 2	to be	225a
	εἰς 8 a β	(indicates pred nom)	230b
	πάλιν 3	again	607a
	πατήρ 3 d β	father	636b
	ποτέ 1	once	695b
	σήμερον	today	749a
	τίς, τί 1 a α	which	819a
5a	υἱός 2 b	son	834c
5b	υἱός 2 b	son	834c
6	ἄγγελος 2 a	angel	7c
	ἄν 3 a	(particle)	48d
	εἰσάγω	bring	232b
	οἰκουμένη 1 a	the world	561b
	πᾶς, πᾶσα, πᾶν 1 b	all	631d
	προσκυνέω 2 a	do reverence	717a
	πρωτότοκος 2 a	firstborn	726d
7	ἄγγελος 2 a	angel	7d

7	ἡγέομαι 2	consider	343d
	λέγω I 2 a	say	468c
	λειτουργός 1	servant	471b
	πνεῦμα 1 a	wind	674d
	ποιέω I 1 b ι	do	682a
	πῦρ 1 b	fire	730a
	φλόξ	flame	862b
7f	πρός III 5 a	toward	710c
8	αἰών 1 b	time	27b
	βασιλεία 1	kingdom	134d
	εὐθύτης	straightness	321b
	θεός 2	God	357b
	θεός 3 h	God	358a
	θρόνος 1 c	throne	364b
	ῥάβδος	rod	733b
	υἱός 2 b	son	835a
9	ἀγαλλίασις	exultation	3d
	ἀγαπάω 2	love	5a
	ἀδικία 1	wrongdoing	17d
	ἀνομία 1	lawlessness	72a
	ἀνομία 2	lawlessness	72a
	δικαιοσύνη 2 b	righteousness	196c
	ἔλαιον 2	olive oil	248a
	θεός 2	God	357b
	μέτοχος 2	partner	514c
	μισέω 2	hate	522d
	παρά III 3	in comparison	611b
	χρίω 1	anoint	887c
10	ἀρχή 1 c	beginning	112b
	γῆ 5 a	earth	157d
	ἔργον 3	work	308c
	θεμελιόω 1	lay the foundation of	356a
	κατά II 2 a	during	406c
	κύριος 2 c α	lord	459d
	οὐρανός 1 e	heaven	594c
	χείρ 2 a α	hand	880b
11	ἀπόλλυμι 2 a β	pass away	95c
	διαμένω	remain	186d
	παλαιόω 2	make old	606a
	σύ 1 a	you	772b
11f	ἱμάτιον 1	garment	376b
12	ἀλλάσσω 1	change	39b
	αὐτός 4 b	the same	124a
	ἐκλείπω	fail	242c
	ἑλίσσω	roll up	251c
	ἔτος	year	316d
	περιβόλαιον	covering	646c
	ὡσεί 1	as	899b
13	δεξιός 2 b	right	175a
	ἐχθρός 2 b β	the enemy	331c
	ἕως I 1 b	until	334c
	κάθημαι 2	sit down	389d
	ποτέ 1	once	695b
	πούς 1 b	foot	696d
	τίθημι I 2 a α	make	816c
	τίς, τί 1 a α	which	819a
	ὑποπόδιον	footstool	847a
14	ἄγγελος 2 a	angel	7c
	ἀποστέλλω 1 b γ	send away	98d

14	διακονία 1	service	184b
	εἰς 4 d	for	229b
	κληρονομέω 2	acquire	434d
	λειτουργικός	service	471b
	μέλλω 1 c δ	is destined	501c
	οὐχί 3	not	598b
	πνεῦμα 4 b	spirit	675d
	σωτηρία 2	deliverance	801c

Hebrews 2

1	ἀκούω 1 b α	hear	32a
	μήποτε 2 b α	(neg particle)	519b
	παραρρέω	drift away	622a
	περισσοτέρως 1	more	651d
	προσέχω 1 a β	pay attention to	714c
2	ἄγγελος 2 a	angel	7d
	βέβαιος 2	firm	138b
	διά A III 2 a	by	180d
	διαταγή	ordinance	189b
	ἔνδικος	deserved	263b
	λαλέω 2 b	speak	463d
	λόγος 1 b α	command	478a
	μισθαποδοσία	punishment	523a
	παράβασις	overstepping	612a
	παρακοή	disobedience	618d
3	ἀμελέω	to neglect	44d
	ἀρχή 1 b	beginning	112a
	βεβαιόω 1	establish	138c
	ἐκφεύγω 2 a	run away	247a
	κύριος 2 c γ	lord	460a
	λαλέω 2 b	speak	463d
	λαμβάνω 2	receive	465c
	πῶς 1 d	how	732c
	σωτηρία 2	deliverance	801d
	τηλικοῦτος 2	so great	814c
4	δύναμις 4	miracle	208a
	θέλησις	will	354d
	μερισμός 2	distribution	505d
	πνεῦμα 5 c β	spirit	676d
	ποικίλος 1	diversified	683c
	σημεῖον 2 a	sign	748b
	συνεπιμαρτυρέω	testify	787b
	τέ 3 a	and	807d
5	λαλέω 2 a δ	speak	463c
	μέλλω 2	is destined	501c
	οἰκουμένη 3	the world	561c
	ὑποτάσσω 1 a	subject	848a
6	διαμαρτύρομαι 2	testify	186c
	ἐπισκέπτομαι 3	visit	298c
	μιμνῄσκομαι 1 c	remember	522c
	ὁ, ἡ, τό II 11	the	552d
	ὅτι 1 d γ	that	589b
	πού 1	somewhere	696b
	τίς, τί 1 b δ	which	819b
	υἱός 2 c	son	835b
6a	ἄνθρωπος 2 d	man	68d
7	βραχύς 2	short	147b
	δόξα 1 a	glory	203d
7	ἐλαττόω 1	make inferior	248b
	ἐπί III 1 b α	over	288d
	καθίστημι 2 a	appoint	390c
	παρά III 3	in comparison	611b
	στεφανόω 2	wreath	767d
	τιμή 2 b	honor	817d
	τὶς, τὶ 2 b β	any one	820c
	χείρ 2 a α	hand	880c
8	ἀνυπότακτος 1	independent	76d
	ἐν III 1 b	by	260d
	νῦν 1 c	now	545d
	ὁράω 1 c α	see	578c
	οὔπω	not yet	593c
	πούς 1 b	foot	696d
	ὑποκάτω	under	844d
8a	ὑποτάσσω 1 a	subject	848a
8b	ὑποτάσσω 1 a	subject	848a
8c	ὑποτάσσω 1 b α	subject	848a
9	βλέπω 1 a	see	143c
	γεύομαι 2	come to know something	157a
	ἐλαττόω 1	inferior	248b
	θάνατος 1 b β	death	351a
	ὅπως 2 a α	in order that	576d
	πάθημα 1	suffering	602d
	παρά III 3	in comparison	611b
	στεφανόω 2	wreath	767d
	τιμή 2 b	honor	817d
	τὶς, τὶ 2 b β	any one	820c
	ὑπέρ 1 a ε	in behalf of	838d
	χάρις 2 a	favor	877c
	χωρίς 2 a α	apart	890c
9b	θάνατος 1 a	death	350d
10	ἄγω 1 c	lead	14c
	ἀρχηγός 3	originator	112d
	διά A III 1 a	by means of	180b
	δόξα 1 b β	glory	203d
	εἰς 4 a	into	229a
	εἰς 4 a	into	229a
	πάθημα 1	suffering	602c
	πολύς I 1 a α	many	687c
	πρέπω	be fitting	699b
	σωτηρία 2	deliverance	801c
	τελειόω 2 a	complete	809d
	τελειόω 3	consecrate	810b
	υἱός 1 c γ	son	834a
10a	διά B II 1	because of	181b
	πᾶς, πᾶσα, πᾶν 2 b β	all things	633b
10b	διά A III 2 b β	by	180d
11	ἁγιάζω 2	consecrate	8d
	αἰτία 1	cause	26c
	γάρ 1 b	for	151d
	ἐπαισχύνομαι 3	be ashamed	282b
	καλέω 1 a β	call	399a
	τέ 3 a	and	807d
12	ἀδελφός 1	brother	16b
	ἀδελφός 2	brother	16b
	ἀπαγγέλλω 2	proclaim	79b
	ἐκκλησία 3	assembly	240d

12	μέσος 2	the middle	507d
	ὄνομα I 4 b	name	571d
	ὑμνέω 1	sing the praise of	836b
13	δίδωμι 3	give	193c
	ἐπί II 1 b γ	on	287b
	πείθω 2 a	convince	639c
13a	πάλιν 3	again	607a
13b	πάλιν 3	again	607a
13f	παιδίον 3 b	child	604b
14	αἷμα 1 a	blood	22c
	διά A III 1 a	by means of	180a
	διάβολος 2	the slanderer	182a
	ἐπεί 2	because	284a
	ἵνα I 1 e	in order that	377a
	καταργέω 2	abolish	417c
	κοινωνέω 1 a	share	438c
	κράτος 4	power	449b
	μετέχω	share	514a
	οὗτος 1 b ε	this	597b
	παραπλησίως	similarly	621c
	σάρξ 4	body	744a
14a	θάνατος 1 b β	death	351a
14b	θάνατος 2 b	death	351c
15	διά A II 1 a	through	179d
	δουλεία 2	slavery	205a
	ἔνοχος 1	subject to	267d
	ζάω 1 a α	live	336a
	θάνατος 1 a	death	351a
	ὅσος 2	how great	586c
	φόβος 2 a α	fear	863d
16	Ἀβραάμ	Abraham	1d
	δήπου	surely	179b
	ἐπιλαμβάνομαι 2 c	grasp	295b
	σπέρμα 2 b	seed	761d
17	ἀδελφός 2	brother	16b
	ἁμαρτία 4	sin	43d
	ἀρχιερεύς 2 a	high priest	113a
	ἐλεήμων	merciful	250a
	θεός 3 a	God	357b
	ἱλάσκομαι 2	propitiate	375c
	κατά II 6	with respect to	407d
	λαός 1 c γ	people	466d
	ὁ, ἡ, τό II 5	the	552a
	ὅθεν 3	from which	555c
	ὁμοιόω 1	make like	567b
	ὀφείλω 2 a β	owe	599a
	πιστός 1 a α	trustworthy	664c
	πρός III 5 b	as far as	710d
18	βοηθέω 2	aid	144c
	ἐν IV 6 d	in	261c
	πάσχω 3 a α	suffer	634a
18a	πειράζω 2 b	try	640c
18b	πειράζω 2 b	try	640c

Hebrews 3

1	ἅγιος 1 b α	dedicated to God	9d
	ἀπόστολος 2	messenger	99d
	ἀρχιερεύς 2 a	high priest	113a
	ἐπουράνιος 1 a δ	heavenly	306a
1	κατανοέω 3	notice	415a
	κλῆσις 1	call	435d
	μέτοχος 1	sharing	514c
	ὅθεν 3	from which	555c
	ὁμολογία 2	confession	568d
2	πιστός 1 a α	trustworthy	664c
	ποιέω I 1 a β	do	681a
2-6	οἶκος 2	household	561a
3	ἀξιόω 1 a	consider worthy	78c
	κατά II 5 a δ	according to	407b
	ὅσος 3	how great	586c
	παρά III 3	in comparison	611b
	τιμή 2 b	honor	817d
3a	πολύς II 1 b	many	689b
3b	πολύς II 1 b	many	689b
3f	κατασκευάζω 2	build	418c
4	γάρ 2	for	152b
	θεός 3 b	God	357c
	πᾶς, πᾶσα, πᾶν 1 a α	every each	631b
	τὶς, τὶ 1 a α	any one	819d
4b	κατασκευάζω 2	build	418c
5	εἰς 4 d	for	229c
	θεράπων	servant	359b
	μαρτύριον 1 a	testimony	494a
	μέν 1 a α	(particle)	502d
	Μωϋσῆς	Moses	532a
	πιστός 1 a α	trustworthy	664c
	πιστός 2	trustworthy	665a
6	βέβαιος 2	firm	138b
	ἐλπίς 2 b	hope	253a
	ἐπί III 1 b α	over	288d
	κατέχω 1 b β	hold fast	423a
	καύχημα 1	boast	426a
	μέχρι 1 b	until	515c
	παρρησία 3 b	confidence	630d
	τέλος 1 d β	to the end	812a
	Χριστός 2	Christ	887b
7	ἐάν I 1 d	if	211b
	λέγω I 7	say	469a
	ὁ, ἡ, τό II 1 f	the	550d
	πνεῦμα 5 c α	spirit	676c
	φωνή 2 a	voice	871a
8	ἔρημος 2	desert	309b
	καρδία 1 b γ	heart	404a
	κατά II 2 a	during	406c
	μή A III 5 a	not	517a
	παραπικρασμός	rebellion	621b
	πειρασμός 3	test	641a
	σκληρύνω 1 a	harden	756b
9	δοκιμάζω 1	examine	202c
	δοκιμασία	put to the test	202d
	καί I 2 g	and	392d
	πειράζω 2 e	try	640d
	πειρασμός 3	test	641a
10	ἀεί 3	always	19c
	γενεά 2	generation	154a
	γινώσκω 3 a	understand	161b
	ἔτος	year	316d
	ὁδός 2 b	way	554d
	πλανάω 2 c α	deceive	665c

10	προσοχθίζω	be angry	717d
	τεσσαράκοντα	forty	813a
11	εἰ IV	if	219d
	εἰσέρχομαι 2 a	come	233a
	κατάπαυσις 2	place of rest	416a
	ὀμνύω	take an oath	566b
	ὀργή 2 a	anger	579a
	ὡς IV 2	when	898d
12	ἀπιστία 2 b	unbelief	85d
	ἀφίστημι 2 a	fall away	127a
	ζάω 1 a ε	live	336b
	καρδία 1 b δ	heart	404a
	μή B 1 c	not	517b
	μήποτε 2 a γ	(neg particle)	519b
	πονηρός 1 b β	wicked	691a
13	ἁμαρτία 4	sin	43d
	ἀπάτη 1	deception	82a
	ἄχρι 2 a	until	129a
	ἕκαστος 1	each	236c
	ἡμέρα 2	day	346d
	καλέω 1 a δ	call	399b
	κατά II 2 c	every	406d
	παρακαλέω 2	appeal to	617a
	σήμερον	today	749b
	σκληρύνω 2	harden	756b
	τὶς, τὶ 1 a α	any one	820a
14	ἀρχή 1 b	beginning	111d
	βέβαιος 2	firm	138b
	ἐάν I 3 c	if	211d
	κατέχω 1 b β	hold fast	423a
	μέτοχος 1	sharing	514c
	μέχρι 1 b	until	515c
	τέλος 1 d β	to the end	812a
	ὑπόστασις 2	confidence	847a
	Χριστός 1	Anointed One	887b
15	μή A III 5 a	not	517a
	παραπικρασμός	rebellion	621b
	σκληρύνω 1 a	harden	756b
	φωνή 2 a	voice	871a
16	Αἴγυπτος	Egypt	22a
	ἀλλά 2	but, yet	38c
	ἀλλά 3	but, yet	38d
	διά A III 2 a	by	180d
	ἐξέρχομαι 1 a α	go out	274c
	παραπικραίνω 2	be disobedient	621b
16-18	τίς, τί 1 a α	which	819a
17	ἔρημος 2	desert	309b
	κῶλον	corpse	461b
	πίπτω 1 b α	fall	659c
	προσοχθίζω	be angry	717d
	τεσσαράκοντα	forty	813a
18	ἀπειθέω 2	disobey	82d
	εἰσέρχομαι 2 a	come	233a
	κατάπαυσις 2	place of rest	416a
	μή A II 1 b α	not	516b
	ὀμνύω	take an oath	566b
19	ἀπιστία 2 b	unbelief	85c
	βλέπω 7 b	see	144a
	καί I 2 f	and	392c

Hebrews 4

1	δοκέω 2 a	seem	202b
	εἰσέρχομαι 2 a	come	233a
	ἐπαγγελία 2 a	promise	280d
	καταλείπω 2 f	leave behind	413d
	κατάπαυσις 2	place of rest	416a
	μήποτε 2 a β	(neg particle)	519b
	ὑστερέω 1 a	to miss	849b
	φοβέω 1 a	be afraid	863a
2	ἀκοή 2 b	report	31a
	εὐαγγελίζω 2 b β	preach	317d
	καθάπερ	just as	387a
	κἀκεῖνος 1 a	and he	396d
	λόγος 1 b α	command	478a
	πίστις 2 d β	faith	663d
	συγκεράννυμι 2	blend	773d
	ὠφελέω 1 a	help	900c
3	εἰ IV	if	219d
	εἶπον 4	say	226d
	εἰσέρχομαι 2 a	come	233a
	ἔργον 1 a	deed	307d
	καίτοι	and yet	396a
	καταβολή 1	foundation	409a
	κατάπαυσις 2	place of rest	416a
	κόσμος 2	world	445d
	ὀμνύω	take an oath	566b
	ὀργή 2 a	anger	579a
	πιστεύω 2 b	believe	661d
	ὡς IV 2	when	898d
4	ἔργον 1 a	deed	307d
	ἡμέρα 2	day	346c
	καταπαύω 2	stop	416a
	οὕτω 2	thus	598a
	πᾶς, πᾶσα, πᾶν 1 d α	all	632a
	πού 1	somewhere	696b
4a	ἕβδομος	seventh	213a
4b	ἕβδομος	seventh	213a
5	εἰ IV	if	219d
	κατάπαυσις 2	place of rest	416a
	πάλιν 3	again	607a
5f	εἰσέρχομαι 2 a	come	233a
6	ἀπείθεια	disobedience	82c
	ἀπολείπω 2	remain	94d
	ἐπεί 2	because	284a
	εὐαγγελίζω 2 b β	preach	317d
	πρότερος 1 b α	earlier	722a
7	ἐν I 1 d	in	258c
	ἡμέρα 3 a	day	347a
	λέγω I 7	say	469a
	μετά B II 1	after	510a
	ὁρίζω 1 a α	determine	580d
	προεῖπον 2 b	foretell	705a
	σκληρύνω 1 a	harden	756b
	τὶς, τὶ 2 a α	any one	820c
	τοσοῦτος 1 a α	so great	823c
	φωνή 2 a	voice	871a
	χρόνος	time	888a
8	ἄν 1 b α	(particle)	48c
	Ἰησοῦς 1	Joshua	374a

8	καταπαύω 1 b β	bring to rest	416a
	λαλέω 2 a δ	speak	463c
9	ἀπολείπω 2	remain	94d
	ἄρα 4	then	104a
	λαός 3 b	people	467a
	σαββατισμός	Sabbath rest	739a
10	ἔργον 1 a	deed	307d
	ἴδιος 1 a β	ones own	369d
	καταπαύω 2	stop	416a
	ὥσπερ 2	(just) as	899d
10f	εἰσέρχομαι 2 a	come	233a
	κατάπαυσις 2	place of rest	416a
11	ἀπείθεια	disobedience	82c
	πίπτω 2 a β	fall	660a
	σπουδάζω 2	hasten	763c
	τὶς, τὶ 1 a γ	any one	820b
	ὑπόδειγμα 1	example	844a
12	ἁρμός	joint	107d
	ἄχρι 1 b	as far as	128d
	διϊκνέομαι	pierce	195b
	δίστομος	double edged	200a
	ἐναργής	evident	262b
	ἐνεργής	effective	265d
	ἐνθύμησις	thought	266b
	ἔννοια	thought	267b
	ζάω 4 b	live	337a
	κριτικός	able to discern	453d
	λόγος 3	the Logos	479a
	μάχαιρα 1	sword	496c
	μάχαιρα 2	sword	496c
	μερισμός 1 a	separation	505c
	μυελός	marrow	528d
	πνεῦμα 3 a	spirit	675b
	τομός	cutting	822a
	ὑπέρ 2	beyond	839c
	ψυχή 1 e	soul, life	894a
13	ἀφανής	invisible	124c
	γυμνός 4	bare	168a
	δέ 1 d	but, and	171c
	ἐνώπιον 4	before	270d
	κτίσις 1 b α	creation	455d
	λόγος 2 e	reason	478d
	οὐ 7 b	no	591a
	ὀφθαλμός 1	eye	599d
	τραχηλίζω	laid bare	824d
14	ἀρχιερεύς 2 a	high priest	113a
	διέρχομαι 1 a	go through	194c
	ἔχω I 2 b β	have	332b
	κρατέω 2 e β	hold	448d
	μέγας 2 b α	great	498a
	ὁμολογία 2	confession	568d
	οὐρανός 1 e	heaven	594c
	υἱός 2 b	son	835a
15	ἀσθένεια 2	timidity	115b
	δέ 1 d	but, and	171c
	ὁμοιότης	likeness	567b
	οὐ 7 b	no	591a
	πειράζω 2 b	try	640c
	πειράω 2	try	641b
	συμπαθέω	sympathize with	779a
15	χωρίς 2 b β	apart	890d
15a	κατά II 6	with respect to	407d
15b	κατά II 5 b β	according to	407d
16	βοήθεια	help	144c
	εἰς 4 e	so that	229c
	ἔλεος 2 b	mercy	250b
	εὔκαιρος	well timed	321c
	εὑρίσκω 3	find	325d
	θρόνος 1 b	throne	364b
	ἵνα I 1 c	in order that	377a
	λαμβάνω 2	receive	465b
	μετά A III 1	with	509d
	οὖν 1 b	therefore	593a
	παρρησία 3 b	confidence	630d
	προσέρχομαι 2 a	approach	713b
16a	χάρις 2 a	favor	877c
16b	χάρις 2 b	favor	877c

Hebrews 5

1	ἁμαρτία 4	sin	43d
	δῶρον 2	gift	211a
	θεός 3 a	God	357b
	θυσία 2 a	sacrifice	366b
	ἵνα I 1 a	in order that	376d
	καθίστημι 2 b	appoint	390c
	λαμβάνω 1 f	choose	464d
	ὁ, ἡ, τό II 5	the	552a
	πρός III 5 b	as far as	710d
	προσφέρω 2 a	bring (to)	720a
	τέ 3 a	and	807d
1b	ὑπέρ 1 b	in behalf of	838d
2	ἀγνοέω 4	do wrong	11c
	ἀσθένεια 1 c	weakness	115b
	ἐπεί 2	because	284a
	μετριοπαθέω	deal gently	515a
	περίκειμαι 2 b	be placed around	648a
	πλανάω 2 c α	deceive	665c
3	ἁμαρτία 4	sin	43d
	λαός 1 c γ	people	466d
	ὀφείλω 2 a β	owe	599a
	προσφέρω 2 a	bring (to)	720a
3c	περί 1 g	about	644d
4	Ἀαρών	Aaron	1a
	καθώσπερ	as	391c
	καλέω 2	call	399d
	λαμβάνω 1 c	take	464c
	τιμή 2 d	honor	818a
5	γεννάω 1 b	beget	155d
	γίνομαι I 4 a	become	159c
	δοξάζω 2	glorify	204d
	σήμερον	today	749a
	υἱός 2 b	son	834c
6	ἕτερος 1 b ζ	another	315c
	ἱερεύς 2 a	priest	372a
	κατά II 5 b α	according to	407c
	λέγω I 7	say	468d
	Μελχισέδεκ	Melchizedek	502a
	τάξις 4	fixed order	804a
7	ἀπό V 1	because of	87d

7	δάκρυον	tear	170a
	δέησις	prayer	172a
	εἰσακούω 2 a	listen to	232c
	ἐκ 1 c	away from	234c
	εὐλάβεια	awe	321d
	ἡμέρα 4 b	time	347c
	θάνατος 1 c	death	351b
	ἱκετηρία	prayer	375a
	ἰσχυρός 2	strong	383b
	κραυγή 1 b	shout	449c
	μετά A III 1	with	509d
	προσφέρω 2 b	bring (to)	720a
	σάρξ 4	body	743d
	σῴζω 1 b	save	798b
	τέ 3 a	and	807d
8	καίπερ	although	394c
	μανθάνω 4	learn	490c
	ὅς, ἥ, ὅ I 4 a	(rel pron)	584a
	πάσχω 3 b	endure	634c
	υἱός 2 b	son	835a
	ὑπακοή 1 b	obedience	837a
9	αἴτιος 1	source	26d
	αἰώνιος 3	eternal	28d
	πᾶς, πᾶσα, πᾶν 1 d β	all	632b
	σωτηρία 2	deliverance	801c
	τελειόω 2 a	complete	809d
	τελειόω 3	consecrate	810b
	ὑπακούω 1	listen to	837b
10	ἀρχιερεύς 2 a	high priest	113a
	Μελχισέδεκ	Melchizedek	502a
	προσαγορεύω 2	call	711b
	τάξις 4	fixed order	804a
11	ἀκοή 1 c	hearing	31a
	δυσερμήνευτος	hard to explain	209c
	ἐπεί 2	because	284a
	λόγος 1 a ζ	matter	478a
	νωθρός	lazy	547c
	πολύς I 1 b α	many	688a
12	ἀρχή 1 b	beginning	111d
	γάρ 1 b	for	151d
	διά B II 1	because of	181a
	διδάσκαλος	teacher	191d
	διδάσκω 2 c	teach	192a
	λόγιον	a saying	476d
	ὁ, ἡ, τό II 4 b β	the	551c
	ὀφείλω 2 a β	owe	599a
	πάλιν 1 b	again	606d
	στερεός 1	firm	766d
	στοιχεῖον 1	fundamental principle	769a
	τροφή 2	food	827d
	χρόνος	time	888a
12a	χρεία 1	need	885a
12b	χρεία 1	need	885a
12f	γάλα 2	milk	149d
13	ἀκμήν	still	30d
	ἄπειρος I	unacquainted with	83b
	δικαιοσύνη 4	righteousness	197b
	λόγος 1 b β	word	478b
13	μετέχω	share	514a
	νήπιος 1 b	children	537c
	πᾶς, πᾶσα, πᾶν 1 c γ	whoever	632a
14	αἰσθητήριον	sense	25a
	γυμνάζω	train	167c
	διάκρισις 1	distinguishing	185b
	ἕξις	exercise	276b
	κακός 1 c	evil	397d
	καλός 2 b	good	400c
	πρός III 3 c	toward	710b
	στερεός 1	firm	766d
	τέλειος 2 a β	mature	809b
	τροφή 2	food	827d

Hebrews 6

1	ἀρχή 1 b	beginning	111d
	ἀφίημι 3 b	abandon	126b
	ἐπί III 1 b ε	toward	289a
	ἐπί III 1 b	on	289b
	ἔργον 1 c β	deed	308b
	θεμέλιος 2 a	foundation	356a
	καταβάλλω 2	found	408d
	λόγος 1 b β	word	478b
	μετάνοια	repentance	512c
	νεκρός 1 b β	dead	534d
	πίστις 2 a	faith	662d
	τελειότης	maturity	809d
	φέρω 3 c	bear	855b
2	αἰώνιος 3	eternal	28c
	ἀνάστασις 2 b	resurrection	60c
	βαπτισμός	washing	132d
	διδαχή 2	teaching	192b
	ἐπίθεσις	laying on	293a
	κρίμα 3	judging	450d
3	ἐάν I 3 c	if	211d
	ἐπιτρέπω 1	allow	303c
4	ἀδύνατος 2 a	impossible	19b
	ἅπαξ 1	once	80d
	γεύομαι 2	come to know something	157a
	δωρεά	gift	210c
	ἐπουράνιος 1 a δ	heavenly	306a
	μέτοχος 1	sharing	514c
	πνεῦμα 5 c β	spirit	676d
	τέ 1 b	and	807c
	φωτίζω 2 b	shine	873c
5	αἰών 2 b	age	27d
	γεύομαι 2	come to know something	157a
	δύναμις 4	miracle	208a
	καλός 2 c β	good	400c
	μέλλω 2	is destined	501c
	οἰκουμένη 3	the world	561c
	ῥῆμα 1	word	735d
	τέ 1 b	and	807c
6	ἀνακαινίζω	renew	55b
	ἀνασταυρόω	crucify	61a
	εἰς 4 a	into	229a
	μετάνοια	repentance	512d

6	πάλιν 1 b	again	606d
	παραδειγματίζω	expose	614a
	παραπίπτω	go astray	621b
	υἱός 2 b	son	835a
7	βοτάνη 1	plant	145b
	γεωργέω	cultivate	157b
	γῆ 1	earth	157c
	ἐπί I 1 a β	on	286a
	ἔρχομαι I 1 c α	come	311b
	εὔθετος	suitable	320b
	εὐλογία 3 b α	blessing	323a
	εὐλογία 5	bounty	323a
	μεταλαμβάνω 1	receive	511b
	πίνω 2 a	drink	658d
	πολλάκις	often	686d
	τίκτω 2	give birth	816d
	ὑετός	rain	833b
8	ἀδόκιμος	unqualified	18c
	ἄκανθα	thorn plant	29c
	ἐγγύς 3	near	214c
	ἐκφέρω 3	produce	246d
	κατάρα	curse	417a
	καῦσις	burning	425b
	τέλος 1 c	end	811d
	τρίβολος	thistle	826a
9	ἀγαπητός 2	beloved	6c
	εἰ VI 4	even if	220a
	ἔχω III 1	hold fast	334a
	κρείττων 2	better	449d
	πείθω 4	obey	640a
	σωτηρία 2	deliverance	801d
10	ἀγάπη I 1 b γ	love	5d
	ἅγιος 2 d β	saints	10a
	ἄδικος 1	unjust	18b
	διακονέω 4	help	184b
	ἐνδείκνυμι 1	demonstrate	262c
	ἐπιλανθάνομαι 2	neglect	295c
	ἔργον 1 c β	deed	308a
	ὄνομα I 4 c β	name	572c
11	ἄχρι 1 a	until	128d
	ἐλπίς 2 b	hope	253a
	ἐνδείκνυμι 1	demonstrate	262c
	ἐπιθυμέω	desire	293b
	πληροφορία	certainty	670c
	πληροφορία	certainty	670c
	πρός III 5 b	as far as	710d
	σπουδή 2	diligence	763d
	τέλος 1 d β	to the end	812a
12	δέ 1 d	but, and	171c
	ἐπαγγελία 2 c	promise	280d
	ἵνα I 1 a	in order that	376d
	κληρονομέω 2	acquire	434d
	μακροθυμία 1	patience	488b
	μιμητής 1	imitator	522a
	νωθρός	lazy	547c
	πίστις 2 d α	faith	663c
13	Ἀβραάμ	Abraham	2a
	ἐπαγγέλλομαι 1 b	announce	281a
	ἐπεί 2	because	284a
	ἔχω I 6 a	can	333c
	κατά I 2 a	down	405d
13	μέγας 2 b α	great	498a
	ὀμνύω	take an oath	566b
14	εἰ μήν	surely	220c
	εὐλογέω 3	bless	322c
	ἦ	truly	343a
	πληθύνω 1 a	increase	669a
15	ἐπαγγελία 2 c	promise	280d
	ἐπιτυγχάνω	obtain	304a
	μακροθυμέω 1	have patience	488a
16	ἀντιλογία 1	contradiction	75a
	βεβαίωσις	confirmation	138d
	κατά I 2 a	down	405d
	ὀμνύω	take an oath	566b
	ὅρκος	oath	581c
	πέρας 2	end	644b
17	βουλή 2 b	will	145d
	βούλομαι 2 b	desire	146c
	ἐν IV 6 d	in	261c
	ἐπαγγελία 2 c	promise	280d
	ἐπιδείκνυμι 2 b	show	291d
	κληρονόμος 2 b	heir	435b
	μεσιτεύω	mediate	506d
	ὅρκος	oath	581c
	περισσότερος 3	greater	651d
18	ἀδύνατος 2 a	impossible	19b
	ἀμετάθετος 1	unchangeable	45b
	ἐλπίς 4	hope	253c
	ἰσχυρός 2	strong	383b
	καταφεύγω 2	flee	420a
	κρατέω 2 e β	hold	448d
	παράκλησις 1	encouragement	618a
	πρᾶγμα 1	deed	697a
	πρόκειμαι 2	be set before	707c
	ψεύδομαι 1	lie	891d
19	ἄγκυρα 2	anchor	10c
	βέβαιος 1	firm	138b
	εἰσέρχομαι 2 b	come	233b
	ἐσώτερος	inner	314c
	καταπέτασμα	curtain	416b
	τέ 3 a	and	807d
	ψυχή 1 c	soul, life	893d
	ὡς III 1 a	so	898a
20	ἀρχιερεύς 2 a	high priest	113a
	εἰσέρχομαι 1 h	come	233a
	Μελχισέδεκ	Melchizedek	502a
	πρόδρομος	going	704c
	τάξις 4	fixed order	804a
	ὑπέρ 1 a ε	in behalf of	838d

Hebrews 7

1	αἰχμαλωσία 2	prisoner of war	26d
	εὐλογέω 2 a	bless	322b
	ἱερεύς 2 a	priest	372a
	κοπή	slaughter	443c
	Μελχισέδεκ	Melchizedek	502a
	οὗτος 2 a	this	597b

1	συναντάω 1	meet	784c
	ὑποστρέφω	return	847c
	ὕψιστος 2	highest	850c
1f	βασιλεύς 1	king	136a
	Σαλήμ	Salem	740d
2	δέκατος 2 b	tenth	174b
	δικαιοσύνη 2 b	righteousness	196d
	εἰμί II 3	to be	224a
	εἰρήνη 1 b	peace	227b
	ἔπειτα 2 b	then	284d
	ἑρμηνεύω 2	translate	310a
	μέν 1 c	(particle)	503a
	μερίζω 2 b	assign	504d
	ὅς, ἥ, ὅ I 7 a	(rel pron)	584c
	πρῶτος 2 b	first	726c
3	ἀγενεαλόγητος	without genealogy	8c
	ἀμήτωρ	without a mother	46a
	ἀπάτωρ	fatherless	82b
	ἀρχή 1 b	beginning	111d
	ἀφομοιόω	resemble	127b
	διηνεκής	continuous	195a
	εἰς 2 b	for	229a
	ἔχω I 2 f	have	333a
	ζωή 1 a	life	340b
	ἡμέρα 4 b	time	347d
	ἱερεύς 2 a	priest	372a
	μένω 1 b	remain	504b
	μήτε	and not	519d
	τέλος 1 a	end	811b
	υἱός 2 b	son	835a
4	ἀκροθίνιον	booty	34a
	δέκατος 2 b	tenth	174b
	θεωρέω 2 a	observe	360b
	Μελχισέδεκ	Melchizedek	502a
	πατριάρχης	patriarch	636d
	πηλίκος 2	how large	656b
5	ἀποδεκατόω 2	collect a tithe	89d
	εἰμί II 3	to be	224a
	ἐξέρχομαι 1 b α	go out	275a
	ἔχω I 2 i	have	333a
	ἱερατεία	priestly office	371d
	καίπερ	although	394c
	κατά II 5 a α	according to	407a
	λαός 1 c γ	people	466d
	νόμος 3	law	542c
	ὀσφῦς 2	loins	587d
	υἱός 1 b α	son	833d
5f	ὁ, ἡ, τό I 2	the	549d
6	γενεαλογέω	trace descent	154b
	δεκατόω	receive tithes	174b
	ἐπαγγελία 2 a	promise	280c
6f	εὐλογέω 2 a	bless	322b
7	ἀντιλογία 1	contradiction	75a
	ἐλάσσων	smaller	248b
	ἐλάσσων	smaller	248b
	κρείττων 1	better	449d
	ὁ, ἡ, τό II 2 a	the	551a
7	πᾶς, πᾶσα, πᾶν 1 a α	every each	631b
	χωρίς 2 b β	apart	890d
8	ἀποθνῄσκω 2	be about to die	91d
	ζάω 1 a ε	live	336b
	μαρτυρέω 2 a	be witnessed	493b
	ὧδε 2 b	here	895c
8f	δέκατος 2 b	tenth	174b
	λαμβάνω 1 d	receive	464d
9	δεκατόω	receive tithes	174b
	ἔπος	word	305d
	Λευί 1	Levi	472a
	ὡς IV 3 b	when	898d
10	ἔτι 1 a β	still	315d
	ὀσφῦς 2	loins	587d
	ὅτε 1 b	when	588b
	συναντάω 1	meet	784c
10f	Μελχισέδεκ	Melchizedek	502a
11	Ἀαρών	Aaron	1a
	ἀνίστημι 2 c	rise	70b
	διά A III 1 d	through	180c
	εἰ VI 6	if	220a
	ἐπί I 1 b β	on	286c
	ἔτι 2 c	still	316a
	ἱερεύς 2 a	priest	372a
	ἱερωσύνη	priestly office	373d
	Λευιτικός	Levitical	472b
	μέν 2 e	(particle)	503c
	νομοθετέω 1	receive law	542a
	τελείωσις 1	perfection	810b
	χρεία 1	need	885a
11a	τάξις 4	fixed order	804a
11b	τάξις 4	fixed order	804a
12	ἀνάγκη 1	necessity	52c
	ἱερωσύνη	priestly office	373d
	μετάθεσις 2	change	511a
	μετατίθημι 2 a	change	513d
	νόμος 3	law	542d
13	ἐπί III 1 b ζ	on	289b
	θυσιαστήριον 1 a	altar	366d
	λέγω I 2 a	say	468c
	μετέχω	share	514a
	ὅς, ἥ, ὅ I 2 b α	(rel pron)	583c
	προσέχω 1 c	pay attention to	714d
	φυλή 1	tribe	868d
14	ἀνατέλλω 2	rise	62a
	Ἰούδας 1 b	Judah	379d
	κύριος 2 c γ	lord	460b
	πρόδηλος	clear	704b
	φυλή 1	tribe	868d
14f	ἱερεύς 1 b α	priest	372a
15	ἀνίστημι 2 c	rise	70b
	εἰ III	if	219c
	ἔτι 2 b	still	316a
	κατάδηλος	very clear	410b
	Μελχισέδεκ	Melchizedek	502a
	ὁμοιότης	likeness	567b
	περισσότερος 3	greater	651d
16	ἀκατάλυτος	indestructible	30a

16	δύναμις 1	power	207d
	ἐντολή 2 a α	command	269a
	ζωή 1 a	life	340b
	κατά II 5 a δ	according to	407b
	νόμος 2	a rule	542b
	σαρκικός 3	fleshly	743a
	σάρκινος 2	fleshy	743b
17	ἱερεύς 2 a	priest	372a
	μαρτυρέω 2 a	be witnessed	493b
	Μελχισέδεκ	Melchizedek	502a
	τάξις 4	fixed order	804a
18	ἀθέτησις 1	annulment	21b
	ἀνωφελής 1	useless	77c
	ἀσθενής 2 a	weak	115d
	γάρ 1 b	for	151d
	γάρ 1 e	for	152a
	ἐντολή 2 a α	command	269a
	προάγω 2 b	lead	702b
19	ἐγγίζω 1	approach	213c
	ἐλπίς 2 b	hope	253b
	ἐπεισαγωγή	introduction	284c
	κρείττων 1	better	449d
	νόμος 3	law	542c
	τελειόω 1	complete	809d
	τελειόω 2 e α	make perfect	810a
20	γάρ 1 b	for	151d
	ἱερεύς 1 b α	priest	372a
	κατά II 5 a δ	according to	407b
	ὅσος 3	how great	586c
20-2	τοσοῦτος 2 b γ	so great	823d
20a	χωρίς 2 b β	apart	890d
20b	χωρίς 2 b β	apart	890d
20f	ὁ, ἡ, τό I 2	the	549d
	ὁρκωμοσία	oath	581d
21	ἱερεύς 2 a	priest	372a
	κύριος 2 a	lord	459b
	μεταμέλομαι	repent	511c
	ὀμνύω	take an oath	566b
	τάξις 4	fixed order	804a
22	διαθήκη 2	covenant	183b
	ἔγγυος	guarantee	214a
	κατά II 5 a δ	according to	407b
	κρείττων 1	better	449d
	ὅσος 3	how great	586c
23	θάνατος 1 a	death	350d
	ἱερεύς 1 b α	priest	372a
	κωλύω 1	hinder	461c
	παραμένω 2	remain	620c
	πολύς II 1 a	many	689a
24	ἀπαράβατος	without a successor	80d
	ἱερωσύνη	priestly office	373d
	μένω 1 c α	remain	504b
25	εἰς 3	completely	229a
	ἐντυγχάνω 1	meet	270a
	καί II 2	even	393b
	καί II 4	also	393c
	ὅθεν 3	from which	555c
	παντελής 1	complete	608c
	παντελής 3	complete	608c
	πάντοτε	always	609b
25	προσέρχομαι 2 a	approach	713b
	σῴζω 2 a α	save	798c
26	ἄκακος	innocent	29c
	ἁμαρτωλός 2	sinner	44c
	ἀμίαντος 2	undefiled	46b
	ἀρχιερεύς 2 a	high priest	113a
	ὅσιος 1 b	pious	585c
	οὐρανός 1 e	heaven	594c
	πρέπω	be fitting	699b
	τοιοῦτος 2 a β	such a kind	821b
	ὑψηλός 1	high	850a
	χωρίζω 2 c	divide	890b
27	ἀνάγκη 1	necessity	52c
	ἀναφέρω 2	offer up	63a
	ἀναφέρω 2	offer up	63b
	ἔπειτα 2 a	then	284d
	ἐφάπαξ 2	once for all	330a
	ἔχω I 2 i	have	333a
	ἡμέρα 2	day	346d
	θυσία 2 a	sacrifice	366b
	ἴδιος 1 a β	ones own	369d
	κατά II 2 c	every	406d
	λαός 1 c γ	people	466d
	προσφέρω 2 a	bring (to)	720a
	πρότερος 1 b α	earlier	722a
	ὑπέρ 1 b	in behalf of	838d
	ὥσπερ 2	(just) as	899d
28	ἀσθένεια 1 c	weakness	115b
	ἔχω I 2 e β	have	332d
	καθίστημι 2 b	appoint	390c
	λόγος 1 b α	command	478a
	νόμος 3	law	542c
	ὁρκωμοσία	oath	581d
	τελειόω 2 a	complete	809d
	τελειόω 3	consecrate	810b
	υἱός 2 b	son	835a

Hebrews 8

1	ἀρχιερεύς 2 a	high priest	113a
	δεξιός 2 a	right	174d
	ἐν I 1 c	in	258c
	ἐπί II 1 b β	to	287b
	ἔχω I 2 b β	have	332b
	θρόνος 1 b	throne	364b
	καθίζω 2 a α	sit down	390a
	κεφάλαιον 1	main thing	429d
	μεγαλωσύνη	greatness	497b
	οὐρανός 2 a	heaven	594d
	τοιοῦτος 2 a γ	such a kind	821c
2	ἅγιος 2 b	sanctuary	10a
	ἀληθινός 3	genuine	37b
	κύριος 2 a	lord	459b
	λειτουργός 2	servant	471b
	ὅς, ἥ, ὅ I 4 e	(rel pron)	584b
	πήγνυμι 2	build	656a
	σκηνή	tent	754c
3	ἀναγκαῖος 1	necessary	52b
	θυσία 2 a	sacrifice	366b
	καθίστημι 2 b	appoint	390c

3	ὅθεν 3	from which	555c
	οὗτος 1 a β	this	596c
3f	δῶρον 2	gift	211a
	προσφέρω 2 a	bring (to)	719d
4	ἄν 1 b α	(particle)	48c
	εἰ VI 5	for if	220a
	εἰμί I 6	to be	223d
	ἱερεύς 1 b α	priest	372a
	μέν 2 e	(particle)	503c
	νόμος 3	law	542c
	οὐδέ 3	not even	591c
5	δείκνυμι 1 a	show	172d
	ἐν I 1 b	in	258b
	ἐπιτελέω 2	perform	302c
	ἐπουράνιος 2 a β	heavenly	306a
	κατά II 5 b α	according to	407c
	λατρεύω	serve	467c
	μέλλω 1 c γ	intend	501b
	ὁράω 2 b	see	578c
	ὄρος	mountain	582c
	ὅστις 2 b	whoever	587a
	ποιέω I 1 a α	do	680d
	σκηνή	tent	754c
	σκιά 2	shade	755d
	τύπος 5 a	mark	830a
	ὑπόδειγμα 2	example	844a
	φημί 1 c	say	856c
	χρηματίζω 1 b α	impart a warning	885c
6	διαθήκη 2	covenant	183b
	διάφορος 2	outstanding	191a
	ἐπαγγελία 2 a	promise	280c
	ἐπί II 1 b γ	on	287b
	καί II 3	also	393c
	κρείττων 1	better	449d
	λειτουργία 1	service	471a
	μεσίτης	mediator	507a
	νομοθετέω 2	ordain	542a
	νυνί	now	546b
	νυνί 2 b	now	546b
	ὅσος 3	how great	586c
	τυγχάνω	meet	829b
	τυγχάνω 1	meet	829c
7	ἄμεμπτος	blameless	45a
	ἄν 1 b α	(particle)	48c
	δεύτερος 2	second	177a
	ζητέω	seek	338d
	τοιοῦτος 2 b	such a kind	821c
	τόπος 1 f	place	823a
8	διαθήκη 2	covenant	183b
	ἔρχομαι I 1 b α	come	311b
	ἡμέρα 4 b	time	347d
	Ἰούδας 1 c	Judah	379d
	Ἰσραήλ 1	Israel	381c
	καί I 2 c	and	392c
	καινός 3 b	new	394b
	μέμφομαι	find fault with	502b
	οἶκος 3	nation	561a
	συντελέω 2	complete	792b
8-10	διαθήκη 2		183b
8-10	λέγω I 7	say	468d
8a	λέγω I 8 d	say	469b
9	Αἴγυπτος	Egypt	22a
	ἀμελέω	to neglect	44d
	αὐτός 3 b	(oblique case)	123c
	γῆ 4	land	157c
	ἐμμένω 2	persevere in	255b
	ἐξάγω 1	lead out	271c
	ἐπιλαμβάνομαι 1	grasp	295a
	ἡμέρα 4 a	time	347c
	κατά II 5 b α	according to	407c
	πατήρ 1 b	forefathers	635b
	ποιέω I 1 b δ	do	681b
10	διάνοια 1	understanding	187a
	διατίθημι 1	decree	189d
	δίδωμι 1 b β	give	193a
	εἰς 8 a β	(indicates pred nom)	230b
	ἐπιγράφω 2	write on	291d
	Ἰσραήλ 1	Israel	381c
	καρδία 1 b γ	heart	404a
	νόμος 3	law	542d
	οἶκος 3	nation	561a
11	διδάσκω 2 a	teach	192a
	ἕκαστος 2	each	236d
	ἕως II 3	as far as	335c
	μέγας 2 a α	great	497c
	μικρός 1 b	small	521b
	πολίτης 2	citizen	686d
12	ἀδικία 1	wrongdoing	18a
	ἀνομία 2	lawlessness	72a
	ἔτι 1 b β	still	315d
	ἵλεως	merciful	376a
	μή D 1 a	not	517c
	μιμνῄσκομαι 1 c	remember	522c
13	ἀφανισμός	destruction	124d
	γηράσκω	grow old	158a
	ἐγγύς 3	near	214c
	ἐν III 1 b	by	260d
	καινός 3 b	new	394b
13a	παλαιόω 1	make old	606a
13b	παλαιόω 2	make old	606a

Hebrews 9

1	ἅγιος 2 a β	what is holy	10a
	δικαίωμα 1	regulation	198a
	κοσμικός 1	earthly	445b
	λατρεία	service	467b
	μέν 2 e	(particle)	503c
	τέ 1 b	and	807c
2	ἅγιος 2 b	sanctuary	10a
	ἄρτος 1 b	bread	110d
	κατασκευάζω 3	furnish	418c
	λυχνία	lampstand	483b
	ὅστις 3	whoever	587b
	πρόθεσις 1	setting forth	706b
	πρῶτος 1 d	first	726b
	σκηνή	tent	754c

2	τέ 3 a	and	807d
	τράπεζα 1	table	824b
3	ἅγιος 2 b	sanctuary	10a
	δεύτερος 4	second	177b
	καταπέτασμα	curtain	416b
	λέγω II 3	call	470b
	μετά B I	behind	510a
	σκηνή	tent	754c
4	Ἀαρών	Aaron	1a
	βλαστάνω 2	sprout	142c
	διαθήκη 3	covenant	183c
	θυμιατήριον	altar of incense	365b
	κιβωτός 2	box	432a
	μάννα 1	manna	491a
	πάντοθεν	from all directions	608d
	περικαλύπτω	cover	647d
	πλάξ	flat stone	666b
	ῥάβδος	rod	733b
	στάμνος	jar	764b
	χρυσίον	gold	888c
4a	χρυσοῦς	golden	888d
4b	χρυσοῦς	golden	888d
5	δόξα 1 a	brightness	203c
	εἰμί I 7	to be	223d
	ἱλαστήριον	that which propitiates	375d
	κατά II 3 b	(distributive)	406d
	κατασκιάζω	overshadow	418d
	μέρος 1 c	in part	506c
	ὑπεράνω	above	840a
	Χερούβ	Cherub	881c
6	διά A II 1 a	through	179d
	εἴσειμι	go in	232c
	ἐπιτελέω 2	perform	302c
	ἱερεύς 1 b α	priest	372a
	κατασκευάζω 3	furnish	418c
	λατρεία	service	467b
	μέν 1 a α	(particle)	502d
	πρῶτος 1 d	first	726b
	σκηνή	tent	754c
7	ἀγνόημα	sin done in ignorance	11c
	αἷμα 1 b	blood	22d
	ἅπαξ 1	once	80d
	δεύτερος 4	second	177b
	ἐνιαυτός 1	year	266c
	μόνος 1 a β	only	527c
	ὅς, ἥ, ὅ I 4 e	(rel pron)	584b
	προσφέρω 2 a	bring (to)	720a
	σκηνή	tent	754c
	ὑπέρ 1 a γ	in behalf of	838c
	ὑπέρ 1 b	in behalf of	838d
	χωρίς 2 b β	apart	890d
8	δηλόω	reveal	178c
	ἔτι 1 a β	still	315d
	μήπω	not yet	519c
	ὁ, ἡ, τό II 1 f	the	550d
	ὁδός 1 a	way	554a
	πνεῦμα 5 c α	spirit	676c
	πρῶτος 1 d	first	726b
8	σκηνή	tent	754c
	στάσις 1	existence	764c
	φανερόω 1 b	reveal	852d
9	δῶρον 2	gift	211a
	ἐνίστημι 1	be present	266d
	θυσία 2 a	sacrifice	366b
	καιρός 1	time	394d
	λατρεύω	serve	467c
	ὅστις 3	whoever	587b
	παραβολή 1	comparison	612b
	προσφέρω 2 a	bring (to)	719d
	συνείδησις 2	consciousness	786d
	τελειόω 2 e α	make perfect	810a
9b	κατά II 6	with respect to	407d
10	βαπτισμός	washing	132d
	βρῶμα 1	food	148a
	διάφορος 1	different	190d
	δικαίωμα 1	regulation	198a
	διόρθωσις	new order	199b
	ἐπί II 1 b γ	on	287b
	ἐπίκειμαι 2 c	be imposed	294d
	καιρός 3	time	395b
	μέχρι 1 b	until	515c
	μόνος 2 b	only	528a
	πόμα 1	a drink	690b
	σάρξ 2	body	743d
11	ἀγαθός 2 b γ	good	3c
	ἀρχιερεύς 2 a	high priest	113a
	κτίσις 1 b β	creation	456a
	μέλλω 2	is destined	501c
	παραγίνομαι 2	come	613d
	τέλειος 1 a α	having attained the end	809b
	χειροποίητος	made by human hands	881a
	Χριστός 2	Christ	887b
11f	σκηνή	tent	754c
12	ἅγιος 2 b	sanctuary	10a
	αἷμα 1 b	blood	22d
	αἷμα 1 b	blood	22d
	αἷμα 2 b	blood	23a
	αἰώνιος 3	eternal	28c
	δέ 1 d	but, and	171c
	εἰσέρχομαι 1 a β	come	232c
	εὑρίσκω	find	324d
	εὑρίσκω 3	find	325d
	ἐφάπαξ 2	once for all	330a
	ἴδιος 1 a β	ones own	369d
	λύτρωσις 1	redemption	483a
	μόσχος	calf	528d
12f	τράγος	he goat	824b
13	ἁγιάζω 2	consecrate	8d
	αἷμα 1 b	blood	22d
	δάμαλις	heifer	170c
	καθαρότης	purity	388b
	κοινόω 1 a	defile	438c
	ῥαντίζω 1	sprinkle	734b
	σάρξ 2	body	743c
	σποδός	ashes	763b
	ταῦρος	bull	806b
14	αἷμα 2 b	blood	23a

14	αἰώνιος 2	eternal	28c
	ἄμωμος 1	unblemished	47d
	ἀρχιερεύς 2 a	high priest	113a
	ἔργον 1 c β	deed	308b
	ζάω 1 a ε	live	336b
	καθαρίζω 2 b α	cleanse	387c
	λατρεύω	serve	467c
	μᾶλλον 2 b	more	489c
	νεκρός 1 b β	dead	534d
	πνεῦμα 5 c β	spirit	676d
	πόσος 1	how great	694c
	προσφέρω 2 a	bring (to)	720a
	συνείδησις 2	consciousness	786c
	συνείδησις 2	consciousness	786d
15	ἀπολύτρωσις 2 a	redemption	96b
	γίνομαι I 3 a	take place	158d
	διά B II 2	therefore	181b
	ἐπαγγελία 2 a	promise	280c
	ἐπί II 1 b γ	on	287b
	ἐπί II 2	at	288a
	καινός 3 b	new	394b
	καλέω 2	call	399d
	κληρονομία 3	inheritance	435a
	μεσίτης	mediator	507a
	ὅπως 2 a α	in order that	576d
	παράβασις	overstepping	612a
	πρῶτος 1 a	first	725c
15a	διαθήκη 2	covenant	183b
15b	διαθήκη 2	covenant	183b
15f	θάνατος 1 a	death	350d
16	ἀνάγκη 1	necessity	52c
	ὅπου 2 a	where	576b
	φέρω 4 a β	bear	855c
16f	διαθήκη 1	last will and testament	183a
	διατίθημι 3	make a will	190a
17	βέβαιος 2	firm	138b
	ἐπεί 2	because	284a
	ἐπί II 1 b γ	on	287b
	ἰσχύω 4	be valid	384a
	μήποτε 1	(neg particle)	519b
	ὅτε 1 d	when	588b
18	αἷμα 1 b	blood	22d
	ἐγκαινίζω 2	dedicate	215c
	ὅθεν 3	from which	555c
	χωρίς 2 b β	apart	890d
19	αἷμα 1 b	blood	22d
	βιβλίον 1	book	141b
	ἐντολή 2 a α	command	269a
	ἔριον	wool	309c
	κόκκινος	scarlet	440b
	λαλέω 2 b	speak	463d
	λαμβάνω 1 a	take	464b
	μόσχος	calf	528d
	νόμος 4 a	law	543a
	ῥαντίζω 1	sprinkle	734a
	τράγος	he goat	824b
	ὕσσωπος	hyssop	849a
19b	πᾶς, πᾶσα, πᾶν 1 c α	all	631d
19c	πᾶς, πᾶσα, πᾶν 1 c α	all	631d

20	διαθήκη 2	covenant	183b
	ἐντέλλω	command	268c
21	λειτουργία 1	service	471a
	πᾶς, πᾶσα, πᾶν 1 d α	all	632a
	ῥαντίζω 1	sprinkle	734a
	σκεῦος 1 a	thing	754a
	σκηνή	tent	754c
22	αἷμα 2 b	blood	23b
	αἱματεκχυσία	shedding of blood	23b
	ἄφεσις 2	pardon	125a
	ἐν III 1 a	by	260d
	νόμος 3	law	542c
	σχεδόν	nearly	797b
	χωρίς 2 b β	apart	890d
22f	καθαρίζω 2 c	cleanse	387d
23	ἀνάγκη 1	necessity	52c
	αὐτός 1 a β	self	122d
	ἐπουράνιος 2 a β	heavenly	306a
	θυσία 2 a	sacrifice	366b
	κρείττων 1	better	449d
	οὐρανός 1 e	heaven	594c
	παρά III 3	in comparison	611b
	ὑπόδειγμα 2	example	844a
23ff	ἁμαρτία 4	sin	43d
24	ἀληθινός 3	genuine	37b
	ἀντίτυπος 2	copy	76a
	ἐμφανίζω 1 a	make visible	257d
	οὐρανός 1 e	heaven	594c
	πρόσωπον 1 b	face	721a
	χειροποίητος	made by human hands	881a
24f	ἅγιος 2 b	sanctuary	10a
	εἰσέρχομαι 1 a β	come	232c
25	αἷμα 1 b	blood	22d
	ἀλλότριος 1 a	to another	40d
	ἐν I 4 c β	in	259b
	ἐνιαυτός 1	year	266c
	κατά II 2 c	every	406d
	οὐδέ 1	and not	591c
	προσφέρω 2 a	bring (to)	720a
	ὥσπερ 2	(just) as	899d
25f	πολλάκις	often	686d
26	ἀθέτησις 2	annulment	21b
	αἰών 2 a	age	27d
	ἅπαξ 1	once	80c
	διά A III 1 a	by means of	180a
	ἐπεί 2	because	284b
	ἐπί II 2	at	288a
	θυσία 2 a	sacrifice	366b
	καταβολή 1	foundation	409a
	κόσμος 2	world	445d
	νυνί	now	546b
	νυνί 2 b	now	546b
	πάσχω 3 a α	suffer	634a
	συντέλεια	close	792a
	φανερόω 2 b β	reveal	853a
27	ἄνθρωπος 1 b	man	68c
	ἅπαξ 1	once	80d
	ἀποθνῄσκω 1 a α	die	91b
	ἀπόκειμαι 2	be put away	93a

27	κατά II 5 b α	according to	407c
	κρίσις 1 a α	judging	452d
	μετά B II 3	after	510b
27f	ὅσος 3	how great	586c
	οὕτω 1 a	thus	597d
28	ἀναφέρω 3	take away	63b
	ἅπαξ 1	once	80d
	ἀπεκδέχομαι	await	83c
	δεύτερος 4	second	177b
	ὁράω 1 a δ	see	578b
	προσφέρω 2 a	bring (to)	720a
	σωτηρία 2	deliverance	801d
	Χριστός 1	Anointed One	887b
	χωρίς 2 b δ	apart	891a

Hebrews 10

1	ἀγαθός 2 b γ	good	3c
	διηνεκής	continuous	195a
	εἰκών 2	form	222c
	εἰς 2 b	for	229a
	ἐνιαυτός 1	year	266c
	θυσία 2 a	sacrifice	366b
	κατά II 2 c	every	406d
	νόμος 3	law	542c
	οὐδέποτε	never	592b
	πρᾶγμα 4	deed	697a
	προσέρχομαι 2 a	approach	713b
	σκιά 2	shade	755d
	τελειόω 2 e α	make perfect	810a
2	ἁμαρτία 4	sin	43d
	ἄν 1 b β	(particle)	48c
	ἅπαξ 2	once	80d
	ἐπεί 2	because	284b
	ἔχω I 2 e β	have	332d
	καθαρίζω 2 b α	cleanse	387c
	λατρεύω	serve	467c
	μηδείς 1	no	518a
	παύω 2	stop	638b
	συνείδησις 1	consciousness	786c
3	ἁμαρτία 4	sin	43d
	ἀνάμνησις	reminder	58a
	ἐνιαυτός 1	year	266c
	κατά II 2 c	every	406d
4	ἀδύνατος 2 a	impossible	19b
	ἁμαρτία 1	sin	43b
	ἀφαιρέω 1	cut off	124b
	ταῦρος	bull	806b
	τράγος	he goat	824b
5	εἰσέρχομαι 1 a γ	come	232d
	θέλω 4 b	wish	355c
	θυσία 2 a	sacrifice	366b
	καταρτίζω 2 b	prepare	418a
	κόσμος 4 c	world	446b
	προσφορά 2	presenting	720b
	σῶμα 1 b	body	799d
6	ἁμαρτία 4	sin	43d
	εὐδοκέω 2 b	well pleased	319b
	ὁλοκαύτωμα 1	whole burnt offering	564b
	περί 1 g	about	645a

7	βιβλίον 1	book	141b
	ἥκω 1 c	have come	344d
	θέλημα 1 c γ	will	354c
	θεός 3 h	God	358a
	κεφαλίς	roll of a book	430c
	ὁ, ἡ, τό II 4 b ζ	the	551d
	ποιέω I 1 c α	do	682a
8	ἁμαρτία 4	sin	43d
	ἀνώτερος 2	earlier	77c
	εὐδοκέω 2 b	well pleased	319b
	θέλω 4 b	wish	355c
	θυσία 2 a	sacrifice	366b
	νόμος 3	law	542c
	ὁλοκαύτωμα 1	whole burnt offering	564b
	περί 1 g	about	645a
	προσφορά 2	presenting	720b
9	ἀναιρέω 1 b	do away with	55a
	δεύτερος 2	second	177a
	ἥκω 1 c	have come	344d
	θέλημα 1 c γ	will	354c
	ἵστημι I 1 b α	put	382a
	ποιέω I 1 c α	do	682a
	πρῶτος 1 b	first	725d
10	ἁγιάζω 2	consecrate	8d
	διά A III 1 a	by means of	180b
	ἐν III 3 a	because of	261a
	ἐφάπαξ 2	once for all	330a
	θέλημα 1 a	will	354b
	προσφορά 1	presenting	720b
	σῶμα 1 b	body	799d
	Χριστός 2	Christ	887b
11	ἁμαρτία 1	sin	43b
	ἡμέρα 2	day	346d
	θυσία 2 a	sacrifice	366b
	ἱερεύς 1 b α	priest	372a
	κατά II 2 c	every	406d
	λειτουργέω 1	perform a public service	470d
	ὅστις 2 b	whoever	587a
	οὐδέποτε	never	592b
	περιαιρέω 2	take away	645d
	πολλάκις	often	686d
	προσφέρω 2 a	bring (to)	719d
12	ἁμαρτία 4	sin	43d
	δεξιός 2 a	right	174d
	διηνεκής	continuous	195a
	εἰς 2 b	for	229a
	θυσία 2 a	sacrifice	366b
	καθίζω 2 a α	sit down	390a
	προσφέρω 2 a	bring (to)	720a
	ὑπέρ 1 b	in behalf of	838d
13	ἐκδέχομαι	wait	238b
	ἐχθρός 2 b β	the enemy	331c
	ἕως I 1 b	until	334c
	λοιπός 3 a α	the rest	480a
	πούς 1 b	foot	696d
	τίθημι I 2 a α	make	816c
	ὑποπόδιον	footstool	847a
14	ἁγιάζω 2	consecrate	8d
	ἀνασῴζω	save	61d

14	διηνεκής	continuous	195a
	εἰς 2 b	for	229a
	προσφορά 1	presenting	720b
	τελειόω 2 e α	make perfect	810a
15	μαρτυρέω 1 a	bear witness	492d
	μετά B II 4 b	after	510c
	ὁ, ἡ, τό II 1 f	the	550d
	πνεῦμα 5 c α	spirit	676c
	προεῖπον 2 a	foretell	705a
16	διαθήκη 2	covenant	183b
	διάνοια 1	understanding	187a
	διατίθημι 1	decree	189d
	δίδωμι 1 b β	give	193a
	ἐπιγράφω 2	write on	291d
	νόμος 3	law	542d
17	ἀνομία 2	lawlessness	72a
	ἔτι 1 b β	still	315d
	μή D 2	not	517c
	μιμνήσκομαι 1 c	remember	522c
18	ἁμαρτία 4	sin	43d
	ἄφεσις 2	pardon	125a
	ὅπου 2 a	where	576b
	περί 1 g	about	645a
	προσφορά 1	presenting	720b
19	ἅγιος 2 b	sanctuary	10a
	αἷμα 2 b	blood	23a
	εἴσοδος 1	entrance	233b
	ἔχω I 2 e β	have	332d
	παρρησία 3 b	confidence	631a
20	ἐγκαινίζω 1	renew	215b
	ζάω 4 b	live	337a
	καταπέτασμα	curtain	416b
	ὁδός 2 a	way	554c
	πρόσφατος	new	719c
	σάρξ 2	body	743c
21	ἐπί III 1 b α	over	288d
	ἱερεύς 2 a	priest	372a
	οἶκος 1 a β	house	560d
22	ἀληθινός 1	true	37a
	καθαρός 1	clean	388a
	καρδία 1 b δ	heart	404a
	καρδία 1 b ε	heart	404b
	λούω 2 b	bathe	481a
	πίστις 2 d α	faith	663c
	πληροφορία	certainty	670c
	πληροφορία	certainty	670c
	πονηρός 1 b β	wicked	691a
	προσέρχομαι 2 a	approach	713b
	ῥαντίζω 2 b	cleanse	734b
	συνείδησις 2	consciousness	786d
	ὕδωρ 1	water	833a
23	ἀκλινής	without wavering	30d
	ἐλπίς 2 b	hope	253a
	ἐπαγγέλλομαι 1 b	announce	281a
	κατέχω 1 b β	hold fast	423a
	ὁμολογία 2	confession	568d
	πιστός 1 a β	trustworthy	664d
24	ἀγάπη I 1 a	love	5c
	ἔργον 1 c β	deed	308b
	καλός 2 b	good	400c
24	κατανοέω 3	notice	415a
	παροξυσμός 1	stirring up	629c
25	ἐγγίζω 5 b	approach	213d
	ἐγκαταλείπω 2	forsake	215d
	ἔθος 1	habit	218d
	ἐπισυναγωγή 1	meeting	301d
	ἡμέρα 3 b β	day	347b
	μᾶλλον 2 a	rather	489b
	ὁ, ἡ, τό II 1 a α	the	550b
	ὅσος 3	how great	586c
	παρακαλέω 2	appeal to	617b
	τοσοῦτος 2 b γ	so great	823d
26	ἀλήθεια 2 b	truth	36a
	ἁμαρτάνω 3	sin	42c
	ἀπολείπω 2	remain	94d
	ἑκουσίως	willingly	243c
	ἐπίγνωσις	knowledge	291b
	θυσία 2 a	sacrifice	366b
	μετά B II 4 b	after	510c
	περί 1 g	about	645a
27	ἐκδοχή	expectation	239a
	ἐσθίω 2	consume	313b
	ζῆλος 1	zeal	337d
	κρίσις 1 a β	judging	452d
	μέλλω 1 c β	be about to	501b
	πῦρ 1 b	fire	730b
	τὶς, τὶ 2 b β	any one	820c
	ὑπεναντίος	opposed	838b
	φοβερός	fearful	862b
28	ἀθετέω 1 a	set aside	21a
	ἀποθνῄσκω 1 a α	die	91c
	δύο 3	two	209b
	ἐπί II 1 b γ	on	287b
	μάρτυς 1	witness	494b
	νόμος 3	law	542c
	οἰκτιρμός	pity	561d
	τὶς, τὶ 1 a δ	any one	820b
	χωρίς 2 b β	apart	890d
29	ἁγιάζω 2	consecrate	8d
	αἷμα 2 b	blood	23a
	ἀξιόω 1 a	consider worthy	78c
	διαθήκη 2	covenant	183b
	δοκέω 1 e	think	202a
	ἐνυβρίζω	insult	270b
	ἡγέομαι 2	consider	343d
	καταπατέω 2	trample	415d
	κοινός 2	common	438b
	πνεῦμα 5 e	spirit	677b
	πόσος 1	how great	694c
	τιμωρία	punishment	818d
	υἱός 2 b	son	835a
	χάρις 3 b	favor	878a
	χείρων	worse	881b
30	ἀνταποδίδωμι 2	repay	73a
	ἐκδίκησις	vengeance	238d
	κρίνω 4 b α	judge	452a
	οἶδα 1 a	know	555d
	πάλιν 3	again	607a
31	ἐμπίπτω 2	fall	256b
	ζάω 1 a ε	live	336b
	φοβερός	fearful	862b

31	χείρ 2 a γ	hand	880c
32	ἄθλησις	contest	21c
	ἀναμιμνήσκω	remind	57d
	ἡμέρα 4 b	time	347c
	πάθημα 1	suffering	602c
	πολύς I 1 b β	many	688a
	πρότερος 1 b β	earlier	722a
	ὑπομένω 2	remain	846a
	φωτίζω 2 b	shine	873c
33	ἀναστρέφω 2 b δ	live	61c
	θεατρίζω	put to shame	353c
	θλῖψις 1	tribulation	362b
	κοινωνός 1 a β	companion	439d
	μέν 1 c	(particle)	503a
	ὀνειδισμός	reproach	570b
	οὗτος 1 b δ	this	597b
	τέ 3 a	and	807d
34	ἁρπαγή 1	robbery	108c
	γινώσκω 6 b	know	161c
	δέσμιος	prisoner	176a
	κρείττων 1	better	449d
	μένω 1 c β	remain	504b
	μετά A III 1	with	509d
	προσδέχομαι 1 b	receive	712b
	συμπαθέω	sympathize with	779a
	ὕπαρξις 2	property	837d
	ὑπάρχω 1	be	838a
	χαρά 1	joy	875c
35	ἀποβάλλω 2	lose	89a
	ἔχω I 4	have	333b
	μέγας 2 a β	great	497c
	μισθαποδοσία	reward	523a
	παρρησία 3 b	confidence	630d
36	ἐπαγγελία 2 b	promise	280d
	ἔχω I 2 i	have	333a
	θέλημα 1 c γ	will	354c
	κομίζω 2 a	bring	442d
	ποιέω I 1 c α	do	682a
	ὑπομονή 1	patience	846b
	χρεία 1	need	885a
37	ἔρχομαι I 1 a	come	311a
	ἔτι 1 c	still	316a
	ἥκω 1 c	have come	344d
	μικρός 3 e	a little while	521d
	ὅσος 1	how great	586b
	χρονίζω	take time	887d
	χρονίζω 1	take time	887d
38	δίκαιος 1 b	upright	195d
	εὐδοκέω 2 a	well pleased	319b
	ζάω 2 b β	live	336d
	πίστις 2 a	faith	663a
	πίστις 2 d α	faith	663c
	ὑποστέλλω 2 a	withdraw	847b
	ψυχή 1 b γ	soul, life	893c
39	ἀπώλεια 2	destruction	103c
	εἰμί IV 4	to be	225d
	εἰς 4 e	so that	229c
	περιποίησις 1	keeping safe	650a
	πίστις 2 d α	faith	663c
	ὑποστολή	timidity	847c
	ψυχή 1 c	soul, life	893d

Hebrews 11

1	ἔλεγχος 1	proof	249b
	ἐλπίζω 1	hope	252c
	οὐ 3 a	no	590b
	πίστις 2 d β	faith	663d
	πρᾶγμα 4	deed	697a
	ὑπόστασις 3	confidence	847a
2	μαρτυρέω 2 b	be approved	493b
	πρεσβύτερος 1 b	older	699d
3	αἰών 3	the world	28a
	εἰς 4 e	so that	229c
	καταρτίζω 2 a	prepare	418a
	νοέω 1 c	understand	540c
	πίστις 2 a	faith	663a
	ῥῆμα 1	word	735c
	φαίνω 2 b	appear	851d
4	Ἅβελ	Abel	1c
	δίκαιος 1 b	upright	195d
	δῶρον 2	gift	210d
	ἐπί II 1 b δ	on	287d
	ἔτι 1 a α	still	315d
	θυσία 2 a	sacrifice	366b
	Κάϊν	Cain	394a
	λαλέω 1	sound	463b
	παρά III 3	in comparison	611b
	πολύς II 1 b	many	689b
	προσφέρω 2 a	bring (to)	719d
4-33	πίστις 2 a	faith	662d
4a	μαρτυρέω 2 b	be approved	493b
	μαρτυρέω 2 b	be approved	493b
4b	μαρτυρέω 1 a	bear witness	492d
5	διότι 1	because	199b
	εἶδον 5	see	221a
	Ἑνώχ	Enoch	271b
	εὐαρεστέω 1	please	318c
	εὑρίσκω 1 a	find	325a
	θάνατος 1 a	death	350d
	θεωρέω 2 c	observe	360b
	μαρτυρέω 2 b	be approved	493b
	μετάθεσις 1	removal	511a
	ὁ, ἡ, τό II 4 b ζ	the	551d
	πρό 2	before	701d
5a	μετατίθημι 1	translated	513d
5b	μετατίθημι 1	translated	513d
6	ἀδύνατος 2 a	impossible	19b
	γίνομαι II 1	be	160b
	εἰμί I 1	to be	223a
	ἐκζητέω 1	seek out	240a
	εὐαρεστέω 1	please	318c
	μισθαποδότης	rewarder	523a
	πιστεύω 1 a β	believe	660c
	προσέρχομαι 2 a	approach	713b
	χωρίς 2 b γ	apart	890d
7	δικαιοσύνη 3	righteousness	197a
	εὐλαβέομαι 1	be afraid	322a
	κατά II 7 c (in descriptive phrase)		408a
	κατακρίνω	condemn	412b
	κατασκευάζω 2	build	418c
	κιβωτός 1	box	431d

Verse	Word	Sense	Gloss	Page
7	κληρονόμος	2 b	heir	435b
	μηδέπω		not yet	518b
	Νῶε		Noah	547c
	σωτηρία	1	deliverance	801b
	χρηματίζω	1 b α	impart a warning	885c
8	ἐξέρχομαι	1 a β	go out	274c
	ἐπίσταμαι	2	know	300a
	ἔρχομαι	I 1 a γ	come	310d
	καλέω	1 d	call	399c
	κληρονομία	2	inheritance	435a
	μέλλω	1 c δ	is destined	501c
	ποῦ	2 b	where	696b
	ὑπακούω	1	listen to	837c
9	ἀλλότριος	1 a	to another	40d
	εἰς	9 a	in	230c
	ἐπαγγελία	2 a	promise	280d
	Ἰακώβ	1	Jacob	367b
	Ἰσαάκ		Isaac	380d
	κατοικέω	1 a	live	424b
	παροικέω	1 c	migrate	628d
	σκηνή		tent	754c
	συγκληρονόμος		inheriting together	774b
	ὡς	III 1 a	so	898a
9b	ἐπαγγελία	2 c	promise	280d
10	δημιουργός		creator	179a
	ἐκδέχομαι		wait	238b
	ἔχω	I 2 c β	have	332c
	θεμέλιος	1 b	foundation	355d
	πόλις	2	city	685d
	τεχνίτης		craftsman	814b
11	αἷμα	1 a	blood	22d
	αὐτός	1 g	even	123a
	ἐπαγγέλλομαι	1 b	announce	281a
	ἐπεί	2	because	284a
	ἡγέομαι	2	consider	343d
	ἡλικία	1 c α	age	345b
	καιρός	3	time	395b
	καταβολή	1	foundation	409a
	καταβολή	2	foundation	409b
	παρά	III 3	in comparison	611b
	πιστός	1 a α	trustworthy	664c
	πιστός	1 a β	trustworthy	664d
	Σάρρα		Sarah	744d
	σπέρμα	1 b	seed	761d
	σπέρμα	2 b	seed	762a
	στεῖρα		barren	766a
	τεκνόω		beget	809a
12	ἄμμος		sand	46b
	ἀναρίθμητος		innumerable	60a
	ἀπό	V 4	from	88a
	ἄστρον		star	118b
	γεννάω	1 a	beget	155c
	θάλασσα	1 a	sea	350b
	καί	I 3	and	393a
	νεκρόω		put to death	535c
	οὐρανός	1 c	heaven	594b
	οὗτος	1 b γ	this	597a
	παρά	III 1 d	along	611a
	πλῆθος	1	quantity	668c
12	χεῖλος	2	shore	879c
	ὡς	II 3 a α	so	897c
13	ἀσπάζομαι	2	greet	117a
	γῆ	5 a	earth	157d
	ἐπαγγελία	2 b	promise	280d
	κομίζω	2 a	bring	442d
	ξένος	2 a	the stranger	548b
	ὁμολογέω	2	admit	568b
	παρεπίδημος		exile	625d
	πᾶς, πᾶσα, πᾶν	1 e β	all	632c
	πείθω	3 a	believe	639d
	πόρρωθεν		from a distance	693d
14	ἐμφανίζω	2	make visible	257d
	ἐπιζητέω	2 a	strive for	292d
	λέγω	I 1 a	say	468b
	πατρίς	1	fatherland	637a
	τοιοῦτος	3 b	such a kind	821c
15	ἄν	1 b α	(particle)	48c
	ἀνακάμπτω	1 a	return	55d
	ἐκβαίνω		go out	237b
	ἐκεῖνος	1 d	that	239d
	καιρός	2	time	395a
	μέν	1 a α	(particle)	502d
	μνημονεύω	1 a	remember	525b
16	ἐπαισχύνομαι	3	be ashamed	282b
	ἐπικαλέω	1 b α	name	294a
	ἐπουράνιος	1 a γ	heavenly	306a
	ἑτοιμάζω	3	prepare	316c
	θεός	3 c	God	357c
	κρείττων	1	better	449d
	νῦν	2	now	546a
	νυνί	2 b	now	546b
	ὀρέγω		aspire to	579d
	πόλις	2	city	685d
17	ἀναδέχομαι	1	receive	53c
	ἐπαγγελία	2 a	promise	280c
	Ἰσαάκ		Isaac	380d
	μονογενής		only	527b
	πειράζω	2 b	try	640c
	προσφέρω		bring (to)	719c
	προσφέρω	2 a	bring (to)	719d
18	ἐν	III 3 a	because of	261a
	Ἰσαάκ		Isaac	380d
	ὅτι	2	that	589c
	σπέρμα	2 b	seed	761d
19	δυνατός	1 a β	powerful	208d
	ἐγείρω	1 a β	raise	214d
	ἐκ	1 b	away from	234b
	καί	II 4	also	393c
	κομίζω	2 b	bring	443a
	λογίζομαι	2	consider	476b
	ὅθεν	3	from which	555c
	παραβολή	1	comparison	612b
20	Ἠσαῦ		Esau	349a
	Ἰσαάκ		Isaac	380d
	περί	1 e	about	644d
	ταπείνωσις	2	humiliation	805a
20f	εὐλογέω	2 a	bless	322b
	Ἰακώβ	1	Jacob	367b
21	ἄκρον		top	34a

21	προσκυνέω 2 a	do reverence	717a
	ῥάβδος	rod	733c
21f	Ἰωσήφ 1	Joseph	385d
22	ἐντέλλω	command	268c
	ἔξοδος 1	going out	276d
	μνημονεύω 1 c	remember	525b
	ὀστέον	bone	586d
	τελευτάω	die	810c
	υἱός 1 b α	son	833d
23	Αἰγύπτιος	Egyptian	22a
	ἀστεῖος 1	beautiful	117c
	διάταγμα	edict	189b
	διότι 1	because	199b
	δόγμα 1	decree	201c
	κρύπτω 1 a	hide	454b
	παιδίον 1	infant	604b
	πατήρ 1 a	father	635b
	τρίμηνος	three months	826b
	φοβέω 1 b γ	be afraid	863b
24	ἀρνέομαι 1	refuse	107d
	θυγάτηρ 1	daughter	364d
	λέγω II 3	call	470a
	μέγας 2 a α	great	497c
	Φαραώ	Pharaoh	853c
25	αἱρέω 2	choose	24b
	ἀπόλαυσις	enjoyment	94d
	ἔχω I 2 g	have	333a
	λαός 3 a	people	467a
	μᾶλλον 3 c	rather	489d
	πρόσκαιρος	temporary	715c
	συγκακουχέομαι	suffer	773b
26	ἀποβλέπω	look	89a
	ἡγέομαι 2	consider	343d
	θησαυρός 2 a	treasure	361d
	μισθαποδοσία	reward	523a
	ὀνειδισμός	reproach	570b
	πλοῦτος 2	wealth	674c
26f	Αἴγυπτος	Egypt	22a
27	ἀόρατος	unseen	79a
	θυμός 2	anger	365c
	καρτερέω	endure	405b
	καρτερέω	endure	405c
	καταλείπω 2 b	leave behind	413d
	ὁράω 1 a α	see	577d
	φοβέω 1 b γ	be afraid	863b
28	αἷμα 1 b	blood	22d
	θιγγάνω	touch	361d
	ὁ, ἡ, τό II 3 a	the	551b
	ὀλοθρεύω	destroy	564b
	πάσχα 3	passover meal	633c
	ποιέω I 1 b ζ	do	681d
	πρόσχυσις	pouring	720c
	πρωτότοκος 1	firstborn	726d
29	Αἰγύπτιος	Egyption	22a
	διά A I 1	through	179c
	διαβαίνω	go through	181c
	ἐρυθρός	red	310b
	εὑρίσκω 3	find	325d
	θάλασσα 1 b α	sea	350b
	καταπίνω 1 c	swallow	416c
29	λαμβάνω 1 h	take	465a
	ξηρός 1	dry	548d
	ξηρός 1	dry	548d
	πεῖρα 1	trial	640b
	ὡς I 2 a	as	897b
30	ἐπί III 2 b	on	289c
	ἡμέρα 2	day	346c
	Ἰεριχώ	Jericho	372b
	κυκλόω 2	surround	456d
	πίπτω 1 b β	fall	659d
	τεῖχος	wall	808a
31	ἀπειθέω 2	disobey	82d
	δέχομαι 1	receive	177c
	εἰρήνη 1 b	peace	227b
	κατάσκοπος	a spy	418d
	μετά A III 1	with	509d
	πόρνη 1	prostitute	693c
	Ῥαάβ	Rahab	733a
	συναπόλλυμι	destroy with	785a
32	Βαράκ	Barak	133a
	Γεδεών	Gideon	153b
	διηγέομαι	tell	195a
	ἐπιλείπω	fail	295c
	Ἰεφθάε	Jephthah	373d
	λέγω I 1 a	say	468a
	προφήτης 1	prophet	723c
	Σαμουήλ	Samuel	742a
	Σαμψών	Samson	742a
	τέ 3 a	and	807d
	χρόνος	time	888a
33	βασιλεία 1	kingdom	135a
	δικαιοσύνη 1	righteousness	196b
	ἐπαγγελία 2 c	promise	280d
	ἐπιτυγχάνω	obtain	304a
	ἐργάζομαι 2 a	work	307b
	καταγωνίζομαι	conquer	410b
	λέων 1	lion	472d
	στόμα 1 c	mouth	770a
	φράσσω 1 a	shut	865d
34	ἀλλότριος 3	enemy	41a
	ἀσθένεια 1 b	weakness	115b
	δύναμις 1	power	207d
	δυναμόω	strengthen	208c
	ἰσχυρός 1 b	strong	383b
	κλίνω 1 d	turn to flight	436d
	μάχαιρα 1	sword	496c
	παρεμβολή 3	a camp	625c
	πόλεμος 1 a	armed conflict	685a
	σβέννυμι 1	extinguish	745b
	στόμα 2	mouth	770a
	φεύγω 2	flee	855d
35	ἀνάστασις 2 a	resurrection	60c
	ἀνάστασις 2 b	resurrection	60c
	ἀπολύτρωσις 1	release	96b
	ἐκ 3 f	by	235c
	ἵνα I 1 e	in order that	377a
	κρείττων 1	better	449d
	λαμβάνω 2	receive	465c
	οὐ 3 b	no	590b
	προσδέχομαι 1 b	receive	712b
	τυγχάνω 1	meet	829c

35	τυμπανίζω	torture	829d
35f	ἄλλος 1 c	other	40a
36	δεσμός 1	fetter	176b
	ἐμπαιγμός	scorn	255d
	ἕτερος 1 b δ	another	315b
	ἔτι 2 b	still	316a
	λαμβάνω 2	receive	465b
	μάστιξ 1	whip	495b
	πεῖρα 2	trial	640b
	φυλακή 3	guard	867d
37	αἴγειος	goatskins	21d
	δέρμα	skin	175c
	διχοτομέω	cut in two	200c
	θλίβω 3	oppress	362a
	κακουχέω	maltreat	398b
	λιθάζω	stone	474a
	μάχαιρα 1	sword	496b
	μηλωτή	sheepskin	518d
	πειράζω 2 b	try	640c
	περιέρχομαι	go around	646d
	πρίζω	saw	701a
	ὑστερέω 2	to miss	849b
	φόνος	murder	864d
38	ἄξιος 2 a	worthy	78b
	ἐρημία	desert	309a
	ὀπή	hole	574d
	ὄρος	mountain	582d
	πλανάω 2 a	deceive	665c
	πλανάω 2 b	deceive	665c
	σπήλαιον	cave	762c
39	ἐπαγγελία 2 b	promise	280d
	κομίζω 2 a	bring	442d
	μαρτυρέω 2 b	be approved	493b
	πᾶς, πᾶσα, πᾶν 1 e β	all	632c
	πίστις 2 a	faith	662d
40	κρείττων 1	better	449d
	προβλέπω	foresee	703c
	τελειόω 1	complete	809d
	τελειόω 2 d	perfection	810a
	τὶς, τὶ 2 a γ	any one	820c
	χωρίς 2 a α	apart	890c

Hebrews 12

1	ἀγών 1	contest	15a
	ἀποτίθημι 1 b	lay aside	101a
	εὐπερίσπαστος	easily distracting	324a
	εὐπερίστατος	easily ensnaring	324a
	ἔχω I 2 a	have	332a
	μάρτυς 2 b	witness	494c
	νέφος	cloud	537a
	ὄγκος	impediment	553a
	περίκειμαι 1 b	be placed around	648a
	πρόκειμαι 3	be set before	707c
	τοιγαροῦν	therefore	821a
	τοσοῦτος 1 a β	so great	823c
	τρέχω 2 a	run	825d
	ὑπομονή 1	patience	846c

2	αἰσχύνη 2	shame	25c
	ἀντί 1	opposite	73c
	ἀρχηγός 3	originator	112d
	ἀφοράω 1	fix ones eyes	127b
	δεξιός 2 a	right	174d
	θρόνος 1 b	throne	364b
	καθίζω	sit down	389d
	καθίζω 2 a α	sit down	390a
	καταφρονέω 2	disregard	420c
	πίστις 2 a	faith	663a
	πρόκειμαι 2	be set before	707c
	πρόκειμαι 3	be set before	707d
	σταυρός 1	the cross	764d
	τέ 1 a	and	807c
	τελειωτής	perfecter	810c
	ὑπομένω 2	remain	846a
	χαρά 2 b	joy	875d
3	ἀναλογίζομαι	consider	57b
	ἀντιλογία 2	hostility	75a
	γάρ 3	certainly	152b
	κάμνω 1	be weary	402a
	ὑπό 1 b	by	843b
	ὑπομένω 2	remain	846a
	ψυχή 1 b γ	soul, life	893c
4	αἷμα 2 a	blood	22d
	ἀνταγωνίζομαι	struggle	72d
	ἀντικαθίστημι	oppose	74b
	μέχρι 1 c	until	515c
	οὔπω	not yet	593c
5	διαλέγομαι 2	speak	185d
	ἐκλανθάνομαι	forget	242b
	ἐκλύω	become weary	243b
	ἐλέγχω 4	discipline	249c
	μηδέ 1 b	and not	517d
	ὀλιγωρέω	think lightly	564a
	παιδεία 1	training	603c
	παράκλησις 1	encouragement	618a
	υἱός 1 c α	son	833d
	ὡς III 1 a	so	898a
5-8	υἱός 1 c γ	son	834a
6	ἀγαπάω 1 b α	love	4d
	κύριος 2 a	lord	459b
	μαστιγόω 2 a	punish	495a
	παιδεύω 2 b	instruct	604a
	παραδέχομαι 2	accept	614b
7	παιδεία 1	training	603c
	παιδεύω 2 b β	instruct	604a
	προσφέρω 3	bring (to)	720a
	ὑπομένω 2	remain	846a
	ὑπομένω 2	remain	846a
8	ἄρα 3	then	103d
	εἰμί II 9 a	to be	224d
	μέτοχος 1	sharing	514c
	νόθος	illegitimate	541a
	παιδεία 1	training	603c
	χωρίς 2 b γ	apart	890d
9	εἶτα 2	then	234a
	ἐντρέπω 2 b	respect	269d
	ζάω	live	336a
	ζάω 2 b α	live	336c

9	μᾶλλον 2 a	rather	489b
	παιδευτής	instructor	603d
	πνεῦμα 4 b	spirit	675d
	πολύς I 2 c α	many	688d
	σάρξ 4	body	743d
	ὑποτάσσω 1 b β	subject	848a
9a	πατήρ 1 a	father	635b
9b	πατήρ 3 b	father	635d
10	ἁγιότης	holiness	10b
	γάρ 1 b	for	151d
	δοκέω 3 a	seem	202b
	ἐπί III 1 b	on	289b
	ἡμέρα 4 b	time	347d
	μεταλαμβάνω 1	receive	511b
	ὀλίγος 1 a	few	563c
	πρός III 2 b	toward	710a
	συμφέρω 2 b γ	advantage	780c
10a	παιδεύω 2 b β	instruct	604a
10b	παιδεύω 2 b α	instruct	604a
11	ἀποδίδωμι 1	give away	90b
	γυμνάζω	train	167c
	δικαιοσύνη 2 b	righteousness	196d
	δοκέω 2 a	seem	202a
	εἰμί IV 4	to be	225d
	εἰρηνικός	peaceable	228a
	κάρπος 1 a	fruit	404d
	κάρπος 2 a	result	405a
	λύπη	grief	482a
	παιδεία 1	training	603c
	πάρειμι 1 b	be present	624c
	πᾶς, πᾶσα, πᾶν 1 a α	every each	631b
	πρός III 2 b	toward	710a
	ὕστερος 2 a	later	849d
	χαρά 1	joy	875c
	χαρά 1	joy	875d
12	ἀνορθόω	rebuild	72c
	γόνυ	knee	165a
	παραλύω	weaken	620b
	παρίημι 2 a	weakened	627c
13	δέ 1 d	but, and	171c
	ἐκτρέπω	turn away	246b
	ἰάομαι 2	heal	368c
	μᾶλλον 3 a α	rather	489c
	ὀρθός 1 b	upright	580b
	τροχία	course	828a
	χωλός	lame	889a
14	ἁγιασμός	holiness	9a
	διώκω 4 b	pursue	201c
	εἰρήνη 1 b	peace	227c
	μετά A II 3 b	with	509c
	ὁράω 1 a γ	see	578b
	χωρίς 2 b γ	apart	890d
15	ἄνω 2	upwards	77a
	ἐνοχλέω	trouble	267d
	ἐπισκοπέω 1	look at	299a
	καί I 2 e	and	392c
	μή B 1 a	not	517b
	μιαίνω 2	defile	520d
	πικρία 1	bitterness	657c
15	πολύς I 2 a β	many	688c
	ῥίζα 1 b	root	736a
	ὑστερέω 1 a	to miss	849b
	φύω	grow	870b
	χάρις 3 b	favor	878a
	χολή 2	gall	883c
16	ἀντί 3	for	74a
	ἀποδίδωμι 4 b	give up	90d
	βέβηλος 2	profane	138d
	βρῶσις 3 a	food	148c
	Ἠσαῦ	Esau	349a
	πόρνος	fornicator	693d
	πρωτοτόκια	birthright	726c
17	ἀποδοκιμάζω 2	declare useless	91a
	δάκρυον	tear	170a
	ἐκζητέω 1	seek out	240a
	εὐλογία 3 a α	blessing	322d
	εὐλογία 3 b α	blessing	323a
	εὑρίσκω 3	find	325d
	καίπερ	although	394c
	κληρονομέω 2	acquire	435a
	μετά A III 1	with	509d
	μετάνοια	repentance	512c
	μετέπειτα	afterwards	514a
	οἶδα	know	555d
	τόπος 2 c	place	823b
18	γνόφος	darkness	163a
	ζόφος 1	darkness	339d
	θύελλα	storm	365a
	καίω 1 a	light	396b
	προσέρχομαι 1	approach	713a
	πῦρ 1 a	fire	730a
	ψηλαφάω	touch	892c
19	ἦχος 1	sound	349d
	λόγος 1 b α	command	478a
	μή A II 1 a	not	516a
	παραιτέομαι 2 c	begged	616d
	προστίθημι 1 a	add	719a
	ῥῆμα 1	word	735b
	σάλπιγξ 1	trumpet	741a
	φωνή 1	sound	870d
20	βολίς	missile	144d
	διαστέλλω	order	188d
	θηρίον 1 a α	beast	361a
	θιγγάνω	touch	361d
	κἄν 2	even if	402c
	κατατοξεύω	shoot down	419d
	λιθοβολέω 2	stone	474b
	ὄρος	mountain	582c
	φέρω 1 c	bear	855a
21	ἔκτρομος	trembling	246c
	ἔκφοβος	terrified	247a
	ἔντρομος	trembling	269d
	οὕτω	thus	597c
	οὕτω 3	thus	598a
	φαντάζω	appear	853b
	φοβερός	fearful	862b
22	ἄγγελος 2 a	angel	7d
	ἐπουράνιος 1 a γ	heavenly	306a
	ζάω 1 a ε	live	336b

22	Ἱεροσόλυμα	Jerusalem	373a
	Ἱεροσόλυμα 2	Jerusalem	373b
	μυριάς 2	myriads	529d
	ὁ, ἡ, τό II 1 c	the	550c
	ὄρος	mountain	582c
	πανήγυρις	festal gathering	607d
	πόλις 2	city	685d
	προσέρχομαι 1	approach	713a
	Σιών 1	Zion	752b
23	ἀπογράφω 2	register	89c
	δίκαιος 1 b	upright	195d
	κριτής 1 a β	judge	453c
	οὐρανός 2 d	heaven	595b
	πνεῦμα 2	spirit	675a
	πρωτότοκος 2 b α	firstborn	726d
	τελειόω 2 d	perfection	810a
24	Ἄβελ	Abel	1c
	αἷμα 1 b	blood	22d
	διαθήκη 2	covenant	183b
	κρείττων 3	better	450a
	λαλέω 1	sound	463b
	μεσίτης	mediator	507a
	νέος 1 a α	new	536a
	παρά III 3	in comparison	611b
	ῥαντισμός	sprinkling	734b
25	ἀποστρέφω 3 a	turn away	100c
	βλέπω 6	see	143d
	ἐκεῖνος 1 a	that	239b
	ἐκφεύγω 2 a	run away	247a
	μᾶλλον 2 b	more	489c
	μή B 1 b	not	517b
	οὐ 5 b	no	590d
	πολύς I 2 c α	many	688d
	φεύγω 2	flee	855d
	χρηματίζω 1 a	impart a warning	885c
25a	παραιτέομαι 2 a	refuse	616c
25b	παραιτέομαι 2 a	refuse	616c
26	ἀλλά 1 a	but, yet	38a
	ἐπαγγέλλομαι 1 b	announce	281a
	νῦν 1 c	now	545d
	οὐρανός 1 a β	heaven	594a
	σαλεύω 1	shake	740c
	σείω 1	shake	746c
	τότε 1 a	at that time	823d
26f	ἅπαξ 1	once	80d
	ἔτι 2 b	still	316a
27	δηλόω	reveal	178c
	μετάθεσις 1	removal	511a
	μή A II 2 d	not	516d
	ὁ, ἡ, τό II 8 b	the	552c
	ποιέω	do	680d
	ποιέω I 1 a β	do	681a
	ὡς III 1 a	so	898a
27a	σαλεύω 2	shake	740c
27b	σαλεύω 2	shake	740d
28	αἰδώς 2	reverence	22b
	ἀσάλευτος 2	immovable	114b
	δέος	awe	175b
	εὐαρέστως	an acceptable manner	319a
28	εὐλάβεια	awe	321d
	λατρεύω	serve	467c
	παραλαμβάνω 2 b β	take	619c
	χάρις 5	favor	878c
29	γάρ 1 b	for	151d
	καταναλίσκω	consume	414d
	πῦρ 1 b	fire	730b

Hebrews 13

1	μένω 1 c β	remain	504b
	φιλαδελφία	brotherly love	858c
2	ἐπιλανθάνομαι 2	neglect	295c
	λανθάνω	escape notice	466b
	ξενίζω 1	receive as a guest	547d
	φιλοξενία	hospitality	860d
3	δέσμιος	prisoner	176a
	κακουχέω	maltreat	398b
	μιμνῄσκομαι 1 c	remember	522c
	συνδέω	bind	785c
	σῶμα 1 b	body	799b
4	ἀμίαντος 1	undefiled	46b
	γάμος 2	wedding	151c
	κοίτη 1 b	bed	440a
	κρίνω 4 b α	judge	452a
	μοιχός 1	adulterer	526c
	πᾶς, πᾶσα, πᾶν 2 a δ	everything	633a
	πόρνος	fornicator	693d
	τίμιος 1 c	valuable	818b
5	ἀνίημι 2	abandon	69d
	ἀρκέω 2	be satisfied	107b
	αὐτός 1 b	self	122d
	ἀφιλάργυρος	not greedy	126d
	ἐγκαταλείπω 2	forsake	215d
	μή D 1 a	not	517c
	μή D 1 b	not	517c
	οὐ 6 d	no	591a
	πάρειμι 2	be present	624c
	τρόπος 2	manner	827c
6	ἄνθρωπος 1 a β	man	68b
	βοηθός 2	helper	144d
	θαρρέω	be confident	352a
	ποιέω I 1 d γ	do	682b
	ὥστε 2 a β	so that	900a
7	ἀναθεωρέω 2	examine	54c
	ἀναστροφή	conduct	61d
	ἔκβασις	end	238a
	ἡγέομαι 1	lead	343c
	λόγος 1 b β	word	478b
	λόγος 3	the Logos	479a
	μιμέομαι	imitate	522a
	μνημονεύω 1 a	remember	525a
	ὅστις 2 b	whoever	587a
	πίστις 2 a	faith	663a
8	αἰών 1 b	time	27c
	αὐτός 4 b	the same	124a
	ἐχθές	yesterday	331b
	σήμερον	today	749b
	χθές	yesterday	881d
	Χριστός 2	Christ	887b

9	βεβαιόω 1	establish	138c
	βρῶμα 1	food	148a
	διδαχή 2	teaching	192b
	καλός 3 b	good	400d
	ξένος 1 a	strange	548a
	παραφέρω 2 b	take away	623b
	περιπατέω 2 a δ	go about	649c
	περιφέρω 2	carry about	653b
	ποικίλος 1	diversified	683c
	ποικίλος 3	diversified	683d
	χάρις 3 b	favor	878a
	ὠφελέω 1 a	help	900c
10	ἐκ 1 a	away from	234b
	ἐξουσία 1	right	277d
	ἐσθίω 1 b β	eat	312d
	θυσιαστήριον 2 d	altar	367a
	λατρεύω	serve	467c
	σκηνή	tent	754c
10a	ἔχω I 2 a	have	332a
11	ἅγιος 2 b	sanctuary	10a
	αἷμα 1 b	blood	22d
	ἁμαρτία 4	sin	43d
	εἰσφέρω 1	bring in	233d
	ἔξω 2 a	outside	279c
	ζῷον 2	animal	341d
	κατακαίω	consume	411a
	παρεμβολή 1	a camp	625b
	παρεμβολή 1	a camp	625b
	περί 1 g	about	645a
	σῶμα 1 a	body	799a
12	ἁγιάζω 2	consecrate	8d
	ἔξω 2 a	outside	279c
	ἴδιος 1 a β	ones own	369d
	καί II 4	also	393c
	παρεμβολή 1	a camp	625b
	πάσχω 3 a β	suffer	634b
	πύλη 1	gate	729b
13	ἐξέρχομαι 1 a α	go out	274c
	ἔξω 2 b	outside	279d
	ὀνειδισμός	reproach	570b
	παρεμβολή 1	a camp	625b
	τοίνυν	hence	821b
	φέρω 1 c	bear	855a
14	ἐπιζητέω 2 a	strive for	292d
	μέλλω 2	is destined	501c
	μένω 1 c β	remain	504b
	πόλις 2	city	685d
	ὧδε 2 a	here	895b
15	αἴνεσις	praise	23c
	ἀναφέρω 2	offer up	63b
	διά A II 1 a	through	179d
	θυσία 2 b	sacrifice	366c
	κάρπος 2 c	gain	405a
	ὁμολογέω 5	confess	568d
	ὄνομα I 4 b	name	571d
	χεῖλος 1	lip	879c
16	ἐπιλανθάνομαι 2	neglect	295c
	εὐαρεστέω 2 b	please	318d
	εὐποιΐα 1	doing of good	324a
	θυσία 2 b	sacrifice	366c
	κοινωνία 2	association	439b
16	τοιοῦτος 2 a β	such a kind	821b
17	ἀγρυπνέω 2	guard	14a
	ἀλυσιτελής	unprofitable	41c
	ἀποδίδωμι 1	give away	90b
	ἡγέομαι 1	lead	343c
	λόγος 2 a	account	478c
	μετά A III 1	with	509d
	πείθω 3 b	obey	639d
	στενάζω	sigh	766b
	ὑπείκω	yield	838b
	χαρά 1	joy	875c
	ψυχή 1 c	soul, life	893d
	ψυχή 1 f	soul, life	894a
18	ἀναστρέφω 2 b α	live	61c
	ἔχω I 2 e β	have	332d
	καλός 2 b	good	400c
	καλῶς 2	well	401b
	πᾶς, πᾶσα, πᾶν 2 a δ	everything	633a
	πείθω 2 b	convince	639d
	πείθω 3 a	believe	639d
	περί 1 f	about	644d
	προσεύχομαι	pray	714a
	συνείδησις 2	consciousness	786d
19	ἀποκαθίστημι 3	give back	92a
	περισσοτέρως 1	more	651d
	ταχέως 2 a	quickly	806d
20	αἷμα 2 b	blood	23a
	αἰώνιος 3	eternal	28c
	ἀνάγω 1	lead	53a
	ἀρχιποίμην	chief shepherd	113a
	διαθήκη 2	covenant	183b
	εἰρήνη 3	peace	227d
	κύριος 2 c γ	lord	460b
	μέγας 2 b α	great	498a
	νεκρός 2 a	dead	535a
	ποιμήν 2 b β	shepherd	684b
	πρόβατον 2	sheep	703b
21	αἰών 1 b	time	27c
	ἀμήν 1	amen	45d
	ἐν IV 1 b	in	261b
	ἐνώπιον 3	before	270d
	εὐάρεστος 1	pleasing	318d
	θέλημα 1 c γ	will	354c
	καταρτίζω 1 b	restore	417d
	πᾶς, πᾶσα, πᾶν 1 a β	every each	631c
	ποιέω I 1 c α	do	682a
	Χριστός 2	Christ	887b
21b	ποιέω I 1 b ε	do	681c
22	ἀνέχω 2	endure	66a
	βραχύς 3	little	147b
	διά A III 1 b	by means of	180b
	ἐπιστέλλω	write	300c
	λόγος 1 a ζ	matter	478a
	παρακαλέω 2	appeal to	617b
	παράκλησις 1	encouragement	618a
23	ἀπολύω 2 b	send away	96d
	ἀπολύω 3	go away	96d
	γινώσκω 6 a β	know	161c

23	ὁράω 1 a α	see	578a
	ταχέως 2 b	quickly	807a
	Τιμόθεος	Timothy	818c
24	ἀπό IV 1 b	from	87c
	ἀσπάζομαι 1 a	greet	116d
	ἡγέομαι 1	lead	343c
	Ἰταλία	Italy	384a
	ὁ, ἡ, τό II 5	the	552a
	πᾶς, πᾶσα, πᾶν 1 d β	all	632b
25	ἀμήν 1	amen	45d
	μετά A II 1 c γ	with	509a
	πᾶς, πᾶσα, πᾶν 1 e α	all	632b
	χάρις 2 c	favor	877d

James 1

1	διασπορά 2	dispersion	188d
	δοῦλος 4	slave	206a
	Ἰάκωβος 3	James	368a
	κύριος 2 c γ	lord	460b
	φυλή 1	tribe	868d
	χαίρω 2 b	rejoice	874b
	Χριστός 2	Christ	887b
2	ἡγέομαι 2	consider	343d
	πᾶς, πᾶσα, πᾶν 1 a δ	all	631c
	πειρασμός 1	test	640d
	πειρασμός 2 b	test	641a
	περιπίπτω 2	fall in with	649d
	ποικίλος 1	diversified	683c
	χαρά 1	joy	875c
	χαρά 1	joy	875d
3	γινώσκω 6 c	know	161c
	δοκίμιον 1	testing	203a
	κατεργάζομαι 2	achieve	421d
	πίστις 2 d α	faith	663c
	πίστις 2 d γ	faith	663d
3f	ὑπομονή 1	patience	846b
4	ἐν IV 1 b	in	261b
	ἔργον 1 b	manifestation	308a
	ἔχω I 4	have	333b
	λείπω 1 a	leave	470c
	μηδείς 2 b δ	nothing	518b
	ὁλόκληρος	whole	564c
4a	τέλειος 1 a α	having attained the end	809a
4b	τέλειος 2 d	perfect	809c
5	αἰτέω	ask	26a
	ἁπλῶς 2	generously	86b
	λείπω 1 b	be in need	470c
	ὀνειδίζω 1	reporach	570b
	παρά I 3 a	from	609d
	σοφία 2	wisdom	759d
6	ἀδιάκριτος	unwavering	17b
	αἰτέω	ask	26a
	ἀνεμίζω	moved by the wind	64c
	διακρίνω 2 b	waver	185b
	ἔοικα	be like	280a
	θάλασσα 1 a	sea	350b
	κλύδων	rough water	436d
	μηδείς 2 b β	nothing	518b
	πίστις 2 a	faith	663a
6	6Ρίπιζω	toss	736c
7	ἄνθρωπος 4 b	man	69c
	γάρ 1 b	for	152a
	γάρ 3	certainly	152b
	κύριος 2 a	lord	459b
	λαμβάνω 2	receive	465c
	οἴομαι	think	562c
	παρά I 3 b	from	609d
8	ἀκατάστατος	unstable	30b
	ἀνήρ 4	man	66d
	δίψυχος	double minded	201a
	ἐν IV 1 a	in	261b
	ὁδός 2 b	way	554d
	πᾶς, πᾶσα, πᾶν 1 d α	all	632a
9	καυχάομαι 1	boast	425d
	ταπεινός 1	low	804a
	ὕψος 2 a	height	850d
10	ἄνθος 1	blossom	67c
	παρέρχομαι 1 b α	pass away	626a
	ταπείνωσις 1	humiliation	805a
	χόρτος	grass	884a
10f	πλουσίος 1	rich	673c
11	ἀνατέλλω 2	rise	62a
	ἄνθος 1	blossom	67c
	ἀπόλλυμι 2 a β	pass away	95c
	ἐκπίπτω 1	fall off	243d
	εὐπρέπεια	beauty	324b
	ἥλιος	the sun	345c
	καυσών	heat	425c
	μαραίνω	fade	491b
	ξηραίνω 1	dry	548c
	πορεία 1	going	692a
	πορεία 2	going	692b
	πρόσωπον 1 d	face	721c
	σύν 4 b	with	782a
	χόρτος	grass	884a
12	ἀνήρ 6	man	67a
	γίνομαι I 4 b	become	159d
	δόκιμος 1	genuine	203a
	ἐπαγγέλλομαι 1 b	announce	281a
	ζωή 2 b β	life	341a
	ζωή 2 b β	life	341a
	λαμβάνω 2	receive	465b
	μακάριος 1 b	blessed	486d
	πειρασμός 2 b	test	640d
	στέφανος 2 a	wreath	767c
	ὑπομένω 2	remain	846a
13	ἀπείραστος	without temptation	83b
	ἀπό V 6	by	88c
	κακός 1 c	evil	397d
	μηδείς 2 a	no	518a
13a	πειράζω 2 d	try	640c
13b	πειράζω 2 d	try	640c
14	δελεάζω	lure	174b
	ἐξέλκω	drag away	274a
	ἴδιος 2 c	one's own	370b
	πειράζω 2 d	try	640c
	ὑπό 1 a β	by	843b
14f	ἐπιθυμία 3	desire	293c

15	ἀποκυέω	give birth	94b
	ἀποτελέω 1	finish	101a
	εἶτα 1	then	233d
	θάνατος 2 a	death	351c
	συλλαμβάνω 1 b	seize	776d
	τίκτω 2	bring forth	817a
16	ἀγαπητός 2	beloved	6c
	πλανάω 2 c γ	deceive	665c
17	ἀγαθός 1 a β	good	2d
	ἄνωθεν 1	from above	77b
	ἀποσκίασμα	shadow	98a
	δόσις 1	gift	204d
	δώρημα	gift	210d
	ἔνι	there is not	266b
	καταβαίνω 1 b	come down	408c
	παρά II 2 d	beside	610d
	παραλλαγή	change	620a
	πᾶς, πᾶσα, πᾶν 1 a β	every each	631c
	πατήρ 3 a	father	635d
	τέλειος 1 a α	having attained the end	809a
	τροπή 2	turn	827a
	φῶς 1 b α	light	872a
18	ἀλήθεια 2 b	truth	36a
	ἀπαρχή 2 a	first fruits	81c
	ἀποκυέω	give birth	94b
	βούλομαι 2 b	desire	146c
	κτίσμα	creature	456b
	λόγος 1 b β	word	478b
	τὶς, τὶ 2 b α	any one	820c
19	ἀγαπητός 2	beloved	6c
	ἄνθρωπος 3 a ζ	man	69b
	βραδύς	slow	147a
	λαλέω 2 a β	speak	463b
	οἶδα	know	555d
	οἶδα 1 i	know	556b
	ὀργή 1	anger	579a
	πᾶς, πᾶσα, πᾶν 1 a α	every each	631b
	ταχύς 1	quick	807b
	ὥστε 1 b	therefore	900a
20	δικαιοσύνη 2 b	righteousness	196c
	ἐργάζομαι 2 a	work	307b
	ἐργάζομαι 2 c	bring about	307b
	ὀργή 1	anger	579a
21	ἀποτίθημι 1 b	lay aside	101a
	δέχομαι 3 b	accept	177c
	ἔμφυτος	implanted	258a
	κακία 1 a	badness	397a
	λόγος 1 b β	word	478b
	πᾶς, πᾶσα, πᾶν 1 a β	every each	631c
	περισσεία	surplus	650c
	πραΰτης	humility	699a
	6Ρυπαρία	dirt	738a
	σῴζω 2 a γ	save	798c
	ψυχή 1 c	soul, life	893d
22	ἀκροατής	a hearer	33c
	μόνος 2 c α	only	528a
22	παραλογίζομαι 1	deceive	620b
22f	ποιητής 2	maker	683b
23	ἀκροατής	a hearer	33c
	γένεσις 2	existence	154d
	ἔοικα	be like	280a
	ἔσοπτρον	mirror	313b
	κατανοέω 2	notice	415a
	οὗτος 1 a ε	this	596d
	πρόσωπον 1 a	face	720d
23f	παρακύπτω 2	look into	619b
24	ἀπέρχομαι 1 a	go away	84c
	ἐπιλανθάνομαι 1	forget	295c
	εὐθέως	immediately	320c
	κατανοέω 2	notice	415a
	ὁποῖος	what sort	575d
25	ἀκροατής	a hearer	33c
	ἐλευθερία	freedom	250c
	ἐπιλησμονή	forgetfulness	295d
	ἔργον 1 a	deed	307d
	μακάριος 1 b	blessed	486c
	νόμος 5	law	543b
	παρακύπτω 2	look into	619b
	παραμένω 2	remain	620c
	ποίησις 1	doing	683b
	ποιητής 2	maker	683b
	τέλειος 1 a α	having attained the end	809a
26	ἀπατάω 1	deceive	82a
	γλῶσσα 1 a	tongue	162b
	δοκέω 1 a	think	201d
	θρησκεία	religion	363c
	θρησκός	religious	363d
	καρδία 1 b β	heart	403d
	μάταιος	idle	495c
	χαλιναγωγέω	bridle	874c
	χαλινόω	bridle	874d
27	ἀμίαντος 1	undefiled	46b
	ἄσπιλος 2	without blemish	117a
	εἰμί II 6 a	to be	224c
	ἐπισκέπτομαι 2	visit	298c
	θεός 3 d	God	357d
	θλῖψις 1	tribulation	362c
	θρησκεία	religion	363c
	καθαρός 3 b	clean	388b
	καί I 1 a	and	391d
	κόσμος 7	world	446d
	ὀρφανός 1	orphaned	583a
	οὗτος 1 a δ	this	596c
	παρά II 2 b	beside	610c
	πατήρ 3 e	father	636c
	τηρέω 2 b	keep	815a
	ὑπερασπίζω	protect	840a
	χήρα 1	the widow	881c

James 2

1	δόξα 1 a	glory	203d
	κύριος 2 c γ	lord	460b
	μή A III 3 b	not	517a
	πίστις 2 b β	faith	663a

1	προσωπολημψία	partiality	720d
	Χριστός 2	Christ	887b
2	εἰσέρχομαι 1 a β	come	232d
	ῥυπαρός 1	dirty	738a
	συναγωγή 2 b	place of assembly	783a
	συναγωγή 5	place of assembly	783b
	χρυσοδακτύλιος	gold ring on finger	888c
2f	ἐσθής	clothing	312b
	λαμπρός 3	bright	465d
	πτωχός 1 a	poor	728b
3	ἐπιβλέπω	look at	290b
	ἵστημι II 1 a	stand	382b
	κάθημαι 2	sit down	389d
	καλῶς 1	well	401b
	ὁ, ἡ, τό II 1 a α	the	550a
	ὑπό 2 a α	under	843c
	ὑποπόδιον	footstool	846d
	φορέω 1	wear	865a
	ὧδε 2 a	here	895b
4	διακρίνω 2 b	waver	185b
	διαλογισμός 1	thought	186a
	κριτής 1 b	judge	453d
	πονηρός 1 b β	wicked	691a
5	ἀγαπητός 2	beloved	6c
	βασιλεία 3 g	kingdom	135c
	ἐκλέγομαι 3 c	choose	242c
	ἐπαγγέλλομαι 1 b	announce	281a
	κληρονόμος 2 b	heir	435b
	κόσμος 5 a	world	446c
	πίστις 2 d α	faith	663c
	πλούσιος 2	rich	673d
	πτωχός 1 a	poor	728b
6	ἀτιμάζω	dishonor	120a
	ἕλκω 1 a	drag	251c
	καταδυναστεύω	oppress	410c
	κριτήριον 1	lawcourt	453b
	πλούσιος 1	rich	673c
	πτωχός 1 a	poor	728b
	σύ 1 c	you	772b
7	αὐτός 2	they	123a
	βλασφημέω 2 b δ	blaspheme	142d
	ἐπί III 1 a ζ	on	288d
	ἐπικαλέω 1 b β	name	294a
	καλός 2 c β	good	400c
	ὄνομα I 4 b	name	571d
8	ἀγαπάω 1 a α	love	4c
	βασιλικός	royal	136d
	γραφή 2 a	scripture	166b
	γραφή 2 b β	scripture	166b
	εἰ VI 7	if	220a
	καλῶς 4 a	well	401b
	κατά II 5 a α	according to	407a
	μέντοι 1	really	503c
	νόμος 5	law	543b
	πλησίον 1 b	near	672d
8	ποιέω I 2 a α	do	682c
	ποιέω I 2 a γ	do	682d
	τελέω 2	perform	811a
9	ἁμαρτία 1	sin	43a
	ἐλέγχω 2	expose	249c
	ἐργάζομαι 2 a	work	307b
	νόμος 5	law	543b
	παραβάτης	transgressor	612a
	προσωπολημπτέω	show partiality	720c
	ὡς III 1 c	so	898b
10	ἄν 2 b	(particle)	48d
	ἔνοχος 2 b γ	guilty	268a
	νόμος 3	law	542d
	ὅστις 1 d	whoever	586d
	πταίω 1	stumble	727a
	τηρέω 5	keep	815b
11	ἀποστάτης	apostate	98c
	νόμος 3	law	542d
	παραβάτης	transgressor	612a
11a	μοιχεύω 1	commit adultery	526c
	φονεύω	murder	864c
11b	μοιχεύω 1	commit adultery	526c
	φονεύω	murder	864c
12	ἐλευθερία	freedom	250c
	κρίνω 4 b α	judge	452a
	λαλέω 2 a β	speak	463b
	νόμος 5	law	543b
	οὕτω 2	thus	598a
	ποιέω I 2 a α	do	682c
	ὡς I 2 a	as	897b
13	ἀνέλεος	merciless	64c
	ἀνίλεως	merciless	69d
	ἔλεος 1	mercy	250b
	κατακαυχάομαι 2	triumph over	411b
	ποιέω I 1 c β	do	682a
13a	κρίσις 1 a β	judging	452d
13b	κρίσις 1 a β	judging	452d
14	λέγω I 1 b β	say	468b
	ὄφελος	benefit	599b
	σῴζω 2 a γ	save	798c
	τὶς, τὶ 1 a γ	any one	820a
14-26	ἔργον 1 a	deed	307d
14a	πίστις 2 d δ	faith	664a
14b	πίστις 2 d δ	faith	664a
15	ἀδελφή 3	sister	15d
	γυμνός 3	poorly dressed	168a
	ἐφήμερος	for the day	330c
	λείπω 1 b	be in need	470c
	τροφή 1	food	827d
	ὑπάρχω 2	be	838a
16	εἰρήνη 2	peace	227c
	ἐπιτήδειος	proper	302d
	θερμαίνω	warm oneself	359c
	ὄφελος	benefit	599b
	τὶς, τὶ 1 a α	any one	820a
	ὑπάγω 1	go away	836c
	χορτάζω 2 a	feed	884a
17	ἑαυτοῦ 1 f	oneself	212b

17	ἔχω I 4	have	333b
	κατά II 1 c	by	406c
	νεκρός 1 b β	dead	535a
	πίστις 2 d δ	faith	664a
18	ἀλλά 2	but, yet	38c
	εἶπον 2 b	say	226c
	ἐκ 3 g β	by	235c
	σύ 1 a	you	772a
	τὶς, τὶ 1 a α	any one	819d
	χωρίς 2 b β	apart	890d
18a	δείκνυμι 2	explain	172d
	κἀγώ 2	but I	386a
	πίστις 2 d δ	faith	664a
18b	δείκνυμι 2	explain	172d
	πίστις 2 d δ	faith	664a
18c	πίστις 2 d δ	faith	664a
19	δαιμόνιον 2	demon	169c
	εἰμί II 7	to be	224d
	εἷς 2 b	one	231b
	καλῶς 4 a	well	401b
	ποιέω I 2 a α	do	682c
	φρίσσω	shudder	866a
19a	πιστεύω 1 a β	believe	660c
19b	πιστεύω 1 d	believe	661a
20	ἄνθρωπος 1 a γ	man	68c
	ἀργός 3	useless	104d
	γινώσκω 3 c	understand	161b
	θέλω 1	wish	355a
	κενός 2 a β	empty	427d
	κενός 2 b	empty	428a
	νεκρός 1 b β	dead	535a
	πίστις 2 d δ	faith	664a
	χωρίς 2 b β	apart	890d
	ὦ 1	(interjection)	895a
21	Ἀβραάμ	Abraham	1d
	ἀναφέρω 2	offer up	63a
	δικαιόω 3 a	justify	197d
	θυσιαστήριον 1 c	altar	366d
	Ἰσαάκ	Isaac	380d
	πατήρ 2 e	fathers	635c
	υἱός 1 a α	son	833c
22	βλέπω 7 b	see	144a
	συνεργέω	work with	787c
	τελειόω 2 e β	make perfect	810b
22a	πίστις 2 d δ	faith	664a
22b	πίστις 2 d δ	faith	664a
23	Ἀβραάμ	Abraham	2a
	γραφή 2 a	scripture	166b
	δικαιοσύνη 3	righteousness	197a
	καλέω 1 a β	call	399a
	λέγω I 7	say	468d
	λογίζομαι 1 a	reckon	476a
	πιστεύω 1 b	believe	661a
	πληρόω 4 a	make full	671c
	φίλος 2 a β	loving	861b
	φίλος 2 a β	loving	861b
24	ἄνθρωπος 3 a γ	man	69a
	μόνος 2 c β	only	528a
	ὁράω 1 c α	see	578c
	πίστις 2 d δ	faith	664a
	τοίνυν	hence	821b
24f	δικαιόω 3 a	justify	197d
25	ἄγγελος 1 a	messenger	7a
	ἐκβάλλω 2	send out	237c
	ἕτερος 2	another	315c
	κατάσκοπος	a spy	418d
	ὁδός 1 a	way	553d
	ὁμοίως	likewise	568a
	πόρνη 1	prostitute	693c
	Ῥαάβ	Rahab	733a
	ὑποδέχομαι	receive	844b
26	πίστις 2 d δ	faith	664a
	πνεῦμα 2	spirit	674d
	σῶμα 1 b	body	799a
	ὥσπερ 1	(just) as	899c
26a	νεκρός 1 a α	dead	534d
	χωρίς 2 b γ	apart	890d
26b	νεκρός 1 b β	dead	535a
	χωρίς 2 b β	apart	890d

James 3

1	διδάσκαλος	teacher	191d
	κρίμα 4 b	verdict	450d
	λαμβάνω 2	receive	465b
	πολύλαλος	talkative	687b
2	ἀνήρ 2	man	66d
	ἅπας 2	all	81d
	δυνατός 1 a β	powerful	208d
	λόγος 1 a β	word	477c
	οὐ 2 d	no	590b
	οὗτος 1 a ε	this	596d
	πολύς I 2 b β	many	688d
	τέλειος 2 d	perfect	809c
	χαλιναγωγέω	bridle	874c
2a	πταίω 1	stumble	727a
2b	πταίω 1	stumble	727a
3	βάλλω 2 b	put	131b
	ἵππος	horse	380c
	μετάγω 1	guide	510d
	πείθω 3 b	obey	639d
	πρός III 3 a	toward	710b
	στόμα 1 c	mouth	770a
	σῶμα 1 b	body	799a
	χαλινός	bit	874c
4	ἄνεμος 1 a	wind	64d
	βούλομαι 2 a ζ	desire	146b
	εἰμί II 6 a	to be	224c
	ἐλαύνω	drive	248c
	ἐλάχιστος 2 a	smallest	248d
	εὐθύνω 2	straighten	321a
	μετάγω 1	guide	510d
	ὅπου 1 b α	where	576b
	ὁρμή	impulse	581d
	πηδάλιον	rudder	656a
	πλοῖον 1	ship	673b
	σκληρός 1 b	hard	756a
	τηλικοῦτος 1	so great	814c
4a	ὑπό 1 a β	by	843b
4b	ὑπό 1 a β	by	843b
4f	ἰδού 1 c	remember	371a
5	ἀνάπτω	kindle	60a

5	αὐχέω	boast	124b
	ἡλίκος	how great	345c
	μεγαλαυχέω	boast	496d
	μέλος 1	member	501d
	μικρός 2 a	small	521b
	ὀλίγος 2 a	little	563d
	πῦρ 2	fire	730c
	ὕλη 1	wood	836a
5f	γλῶσσα 1 a	tongue	162b
6	ἀδικία 2	unrighteousness	18a
	γέεννα	hell	153b
	γένεσις 4	life, origin	154d
	καθίστημι 3	cause	390d
	κόσμος 8	totality	447a
	μέλος 1	member	501d
	πῦρ 2	fire	730c
	σπιλόω	stain	762d
	σῶμα 1 b	body	799b
	τροχός	wheel	828a
6a	φλογίζω	set on fire	862a
7	ἀνθρώπινος 2	human	67d
	δαμάζω 1	subdue	170b
	ἐνάλιος	sea creatures	261d
	ἑρπετόν	reptile	310b
	θηρίον 1 a β	beast	361a
	πετεινόν	bird	654a
	τέ 3 a	and	807d
7a	φύσις 4	nature	870a
7b	φύσις 2	nature	869c
	φύσις 4	nature	870a
8	ἀκατάστατος	unstable	30b
	ἀκατάσχετος	uncontrollable	30b
	γλῶσσα 1 a	tongue	162b
	δαμάζω 2	tame	170b
	θανατηφόρος	death bringing	350d
	ἰός 1 b	poison	379a
	κακός 2	evil	398a
	μεστός 1	full	508b
9	εὐλογέω 1	speak well	322b
	καί I 1 a	and	391d
	κατά II 5 b α	according to	407c
	καταράομαι	curse	417b
	ὁμοίωσις	likeness	568a
	πατήρ 3 e	father	636c
10	γίνομαι II 1	be	160b
	ἐξέρχομαι 2 b β	go out	275b
	εὐλογία 3 a α	blessing	322d
	κατάρα	curse	417a
	στόμα 1 a	mouth	769d
	χρή	it is necessary	885b
11	βρύω	pour forth	148a
	θυμός 2	anger	365c
	μήτι	(interrog particle)	520b
	ὀπή	hole	574d
	πηγή 1	fountain	655d
	πικρός 1	bitter	657c
11f	γλυκύς	sweet	162a
12	ἁλυκός	salty	41b
12	ἄμπελος 1	vine	46d
	ἐλαία 2	olive tree	247d
	ἤ 1 c	nor	342b
	οὔτε	not	596b
	πηγή 1	fountain	655d
	συκῆ	fig tree	776b
	σῦκον	ripe fig	776b
	ὕδωρ 1	water	832d
12a	ποιέω I 1 b	do	681d
12b	ποιέω I 1 b	do	681d
13	ἀναστροφή	conduct	61d
	δείκνυμι 2	explain	172d
	ἐπιστήμων	expert	300d
	ἔργον 1 c β	deed	308a
	καλός 2 b	good	400c
	πραΰτης	humility	699a
	σοφία 2	wisdom	759d
	σοφός 3	learned	760c
	τίς, τί 1 a δ	which	819b
14	ἀλήθεια 2 a	truth	35d
	ἐριθεία	selfishness	309c
	ἔχω I 2 e β	have	332d
	ζῆλος 2	jealousy	337d
	καρδία 1 b ε	heart	404a
	κατά I 2 b β	down	406a
	κατακαυχάομαι 1	boast	411b
	πικρός 2	bitter	657d
	ψεύδομαι 1	lie	891d
15	ἄνωθεν 1	from above	77b
	δαιμονιώδης	demonic	169d
	ἐπίγειος 1	earthly	290d
	κατέρχομαι 2	come down	422a
	σοφία 1	wisdom	759c
	ψυχικός 1	pertaining to the soul	894c
16	ἀκαταστασία 2	disturbance	30a
	ἐριθεία	selfishness	309c
	ζῆλος 2	jealousy	337d
	ὅπου 2 a	where	576b
	πρᾶγμα 4	deed	697b
	φαῦλος 1	worthless	854c
17	ἀγαθός 1 b β	good	3b
	ἁγνός 2	pure	12a
	ἀδιάκριτος	unwavering	17b
	ἀνυπόκριτος	genuine	76d
	ἄνωθεν 1	from above	77b
	εἰρηνικός	peaceable	228a
	ἔλεος 1	mercy	250b
	ἔπειτα 2 b	then	284d
	ἐπιεικής	gentle	292c
	εὐπειθής	obedient	324a
	κάρπος 2 a	result	405a
	μέν 2 c	(particle)	503b
	μεστός 2 a	full	508b
	πρῶτος 2 b	first	726c
	σοφία 2	wisdom	759d
18	δικαιοσύνη 2 b	righteousness	196d
	εἰρήνη 1 b	peace	227b
	κάρπος 2 a	result	404d
	ποιέω I 1 b γ	do	681b

18	σπείρω 1 b γ	sow	761c

James 4

1	ἐντεῦθεν 2	from here	268d
	ἡδονή 1	pleasure	344b
	μάχη	battle	496c
	μέλος 1	member	501d
	πόλεμος 2	armed conflict	685b
	στρατεύω 2	do military service	770c
1a	πόθεν 2	from where	680c
1b	πόθεν 2	from where	680c
2	ἐπιθυμέω	desire	293b
	ἐπιτυγχάνω	obtain	304a
	ζηλόω 2	be filled with jealousy	338a
	μάχομαι 2	dispute	496c
	μή A II 1 e	not	516c
	πολεμέω 2	fight	685a
	φθονέω	envy	857d
	φονεύω	murder	864c
2f	αἰτέω	ask	25d
3	αἰτέω	ask	26b
	δαπανάω 1	spend	171a
	δαπανάω 1	spend	171a
	διότι 1	because	199b
	ἡδονή 1	pleasure	344b
	κακῶς 2	badly	398c
3b	αἰτέω	ask	26a
4	ἄν 2 b	(particle)	48d
	βούλομαι 1	desire	146b
	ἔχθρα	enmity	331b
	ἐχθρός 2 b β	the enemy	331c
	καθίστημι 3	cause	390d
	μοιχαλίς 2 b	adulterous	526a
	μοιχός 2	adulterer	526c
	οὖν 5	therefore	593c
	φιλία	friendship	859d
	φίλος 2 a α	loving	861b
4a	κόσμος 7	world	446d
4b	κόσμος 7	world	446d
5	γραφή 2 b β	scripture	166b
	δοκέω 1 d	think	202a
	ἐπιποθέω	desire	297d
	κατοικέω 2	live	424c
	κατοικίζω	cause to dwell	424c
	κενῶς	idly	428d
	λέγω I 7	say	468d
	πνεῦμα 5 d α	spirit	677a
	πρός III 6	(adverbially)	711a
	φθόνος	envy	857d
6	ἀντιτάσσω	oppose	76a
	δίδωμι 1 b β	give	193a
	ταπεινός 2 b	low	804b
	ὑπερήφανος	proud	841b
6a	χάρις 3 b	favor	878a
6b	χάρις 3 b	favor	878a
7	ἀνθίστημι 1	set against	67b
	διάβολος 2	the slanderer	182a
7	καί I 2 f	and	392d
	ὑποτάσσω 1 b β	subject	848b
	φεύγω 1	flee	855d
8	ἁγνίζω 1 b	purify	11a
	δίψυχος	double minded	201a
	ἐγγίζω 1	approach	213c
	καθαρίζω 2 b α	cleanse	387c
	καρδία 1 b δ	heart	404a
9	γέλως	laughter	153c
	εἰς 4 b	to	229b
	κατήφεια	gloominess	423d
	κλαίω 1	weep	433b
	μεταστρέφω	change	513b
	μετατρέπω	turn around	513d
	πενθέω 1	be sad	642d
	πένθος	grief	642d
	ταλαιπωρέω 1 b	lament	803b
	χαρά 1	joy	875c
10	ἐνώπιον 5 b	before	271a
	καί I 2 f	and	392d
	ταπεινόω 2 b	lower	804d
	ὑψόω 2	lift up	851a
11	ἀλλήλων	each other	39c
	κρίνω 6 b	judge	452c
	κριτής 1 b	judge	453d
	ποιητής 2	maker	683b
11a	καταλαλέω	speak against	412c
11b	καταλαλέω	speak against	412c
11c	καταλαλέω	speak against	412d
11d	νόμος 3	law	542d
12	ἀπόλλυμι 1 a α	ruin	95a
	εἷς 2 b	one	231c
	κρίνω 6 b	judge	452c
	κριτής 1 a β	judge	453c
	νομοθέτης	lawgiver	542a
	πλησίον 1 b	near	672d
	σῴζω 2 a α	save	798c
	τίς, τί 1 a β	which	819a
13	ἄγε	come	8b
	αὔριον 1	tomorrow	122a
	ἐμπορεύομαι 1	buy and sell	256d
	ἐνιαυτός 1	year	266c
	καί I 1 b	and	391d
	κερδαίνω 1 a	to gain	429c
	λέγω I 1 b α	say	468b
	ὅδε, ἥδε, τόδε 3	this	553b
	ποιέω I 1 e δ	do	682c
	πόλις 1	city	685c
	σήμερον	today	749a
14	ἀτμίς	mist	120b
	αὔριον 1	tomorrow	122a
	ἀφανίζω	render invisible	124c
	ἀφανίζω	render invisible	124d
	γάρ 1 f	what	152b
	ἔπειτα 1	then	284c
	ἐπίσταμαι 2	know	300a
	ζωή 1 a	life	340b
	ὀλίγος 3 b	little	564a
	ποία	grass	680d
	ποῖος 1 a β	of what kind	684d
	ποῖος 1 a γ	of what kind	684d

14	πρός III 2 b	toward	710a
	φαίνω 2 b	appear	851d
15	ἀντί 3	for	74a
	ἐκεῖνος 1 a	that	239b
	ζάω 1 a δ	live	336b
	θέλω 2	wish	355b
	κύριος 2 a	lord	459b
	οὗτος	this	596b
16	ἀλαζονεία	pretension	34c
	κατακαυχάομαι 1	boast	411b
	καυχάομαι 1	boast	425d
	καύχησις 1	boasting	426b
	νῦν 2	now	546a
	πονηρός 1 b β	wicked	691a
	τοιοῦτος 2 a β	such a kind	821b
17	αὐτός 3 c	(oblique case)	123c
	καλός 2 b	good	400c
	οἶδα 3	know	556c
	ποιέω I 1 b ε	do	681b

James 5

1	ἄγε	come	8b
	ἐπέρχομαι 1 b β	come	285a
	ἐπί II 1 b γ	on	287c
	κλαίω 1	weep	433b
	ὀλολύζω	cry out	564c
	πλουσίος 1	rich	673c
	ταλαιπωρία	distress	803b
2	ἱμάτιον 1	garment	376c
	πλοῦτος 1	wealth	674b
	σήπω	cause to rot	749b
	σητόβρωτος	motheaten	749c
3	ἄργυρος 2	silver	105a
	εἰμί III 2	to be	225a
	εἰς 4 d	for	229c
	ἐσθίω 2	consume	313b
	ἔσχατος 3 b	last	314a
	ἡμέρα 4 b	time	347c
	θησαυρίζω 1	store up	361c
	ἰός 2	rust	379a
	κατιόω	become rusty	424a
	μαρτύριον 1 a	testimony	494a
	πῦρ 1 a	fire	729d
	σάρξ 1	flesh	743c
	χρυσός	gold	888d
4	ἀμάω	mow	44c
	ἀποστερέω	steal	99b
	ἀφυστερέω	withhold	128a
	βοή	cry	144c
	εἰσέρχομαι 2 b	come	233b
	ἐργάτης 1 a	workman	307d
	θερίζω 1	reap	359b
	ἰδού 1 c	remember	371a
	κράζω 2 b β	call	448a
	κύριος 2 a	lord	459c
	μισθός 1	wages	523b
	οὖς 1	ear	595d
	Σαβαώθ	Lord of Hosts	738d
	χώρα 4	country	889c
5	γῆ 5 b	earth	157d
	ἡμέρα 3 b β	day	347b
	καρδία 1 a	heart	403c
	σπαταλάω	live luxuriously	761a
	σφαγή	slaughter	796a
	τρέφω 1	feed	825c
	τρυφάω	revel	828c
6	ἀντιτάσσω	oppose	76a
	καταδικάζω	condemn	410b
	φονεύω	murder	864d
7	ἄν 3 d	(particle)	49a
	γεωργός 1	farmer	157b
	γῆ 1	earth	157c
	ἐκδέχομαι	wait	238b
	ἐπί II 1 b γ	on	287c
	ἕως I 1 b	until	334c
	ἰδού 1 c	remember	371a
	κάρπος 1 a	fruit	404d
	λαμβάνω 2	receive	465b
	ὄψιμος	late	601c
	πρόϊμος	early rain	706d
	τίμιος 1 b	valuable	818a
	ὑετός	rain	833b
7a	μακροθυμέω 1	have patience	488a
7b	μακροθυμέω 1	have patience	488a
7f	κύριος 2 c γ	lord	460a
	παρουσία 2 b α	coming	630b
8	ἐγγίζω 5 b	approach	213d
	καρδία 1 b ε	heart	404a
	μακροθυμέω 1	have patience	488a
	στηρίζω 2	establish	768b
9	ἀλλήλων	each other	39c
	θύρα 2 a	door	366a
	ἰδού 1 a	behold	371a
	κατά I 2 b β	down	406a
	κρίνω 4 b α	judge	452a
	κριτής 1 a β	judge	453d
	πρό 1	before	701c
	στενάζω	sigh	766b
10	κακοπάθεια	suffering	397c
	καλοκαγαθία	excellence	400b
	λαμβάνω 1 a	take	464b
	μακροθυμία 1	patience	488b
	ὄνομα I 4 c γ	name	572d
	προφήτης 1	prophet	723c
	ὑπόδειγμα 1	example	844a
11	ἀκούω 3 b	learn	32c
	εἶδον 1 a	see	220d
	ἰδού 1 c	remember	371a
	Ἰώβ	Job	385a
	μακαρίζω	consider blessed	486c
	οἰκτίρμων	merciful	561d
	πολυεύσπλαγχνος	rich in compassion	687a
	πολύσπλαγχνος	sympathetic	689d
	τέλος 1 a	end	811b
	τέλος 1 c	end	811d

11	ὑπομένω 2	remain	845d
	ὑπομονή 1	patience	846c
12	ἄλλος 1 d	other	40a
	κρίσις 1 a β	judging	452d
	μήτε	and not	520a
	ναί 5	yes	533b
	ναί 5	yes	533b
	ὀμνύω	take an oath	566a
	ὅρκος	oath	581c
	οὐ 1	no	590a
	οὐρανός 1 a β	heaven	594a
	πᾶς, πᾶσα, πᾶν 2 a δ	everything	633a
	πίπτω 2 a γ	fall	660a
	πρό 3	before	702a
	τὶς, τὶ 2 a γ	any one	820c
	ὑπόκρισις	hypocrisy	845a
13	εὐθυμέω	be cheerful	320d
	κακοπαθέω 1	suffer misfortune	397c
	προσεύχομαι	pray	713d
	ψάλλω	sing	891b
13a	τὶς, τὶ 1 a α	any one	820a
14	ἀλείφω 1	anoint	35b
	ἀσθενέω 1 a	be sick	115b
	ἔλαιον 1	olive oil	247d
	ἐπί III 1 a ζ	on	288d
	ὄνομα I 4 c γ	name	572d
	πρεσβύτερος 2 b α	older	700b
	προσεύχομαι	pray	714a
	προσκαλέω 1 a	summon	715c
	τὶς, τὶ 1 a α	any one	820a
15	ἁμαρτία 1	sin	43a
	ἀφίημι 2	forgive	126a
	ἐγείρω 1 a β	raise	214c
	εὐχή 1	prayer	329b
	κάμνω 2	be ill	402b
	κἄν 1	and if	402c
	πίστις 2 a	faith	663a
	ποιέω I 1 c γ	do	682b
	σῴζω 1 c	save	798b
16	ἁμαρτία 1	sin	43b
	δέησις	prayer	172a
	δίκαιος 1 b	upright	195d
	ἐνεργέω 1 b	work	265c
	ἐξομολογέω 2 a	confess	277a
	εὔχομαι 1	pray	329c
	ἰάομαι 2	heal	368c
	ἰσχύω 2 a	be strong	383d
	ὅπως 2 b	in order that	577a
	παράπτωμα 2 b	transgression	621d
	πολύς I 2 c α	many	688d
	προσεύχομαι	pray	714a
17	ἄνθρωπος 1 b	man	68c
	βρέχω 2 b	rain	147c
	ἐνιαυτός 1	year	266b
	Ἠλίας	Elijah	345a
	μήν 1	month	518d
	ὁ, ἡ, τό II 4 b ε	the	551d

17	ὁμοιοπαθής	with the same nature	566c
	προσευχή 1	prayer	713c
	προσεύχομαι	pray	714a
	προσεύχομαι	pray	714a
18	βλαστάνω 1	sprout	142c
	δίδωμι 1 b γ	give	193b
	κάρπος 1 a	fruit	404d
	οὐρανός 1 b	heaven	594a
	πάλιν 2	again	606d
	προσεύχομαι	pray	713d
	ὑετός	rain	833b
19	ἀλήθεια 2 b	truth	36a
	ἐπιστρέφω 1 a	turn	301b
	ὁδός 2 b	way	554c
	πλανάω 2 c β	deceive	665c
	τὶς, τὶ 1 a α	any one	820a
20	ἁμαρτία 1	sin	43a
	ἁμαρτωλός 2	sinner	44b
	ἐκ 1 a	away from	234b
	ἐκ 1 c	away from	234c
	ἐπιστρέφω 1 a	turn	301b
	θάνατος 2 a	death	351c
	καλύπτω 2 a	cover	401a
	ὁδός 2 b	way	554c
	πλανή	wandering	666a
	πλῆθος 2 a	quantity	668c
	σῴζω 2 a β	save	798c
	ψυχή 1 c	soul, life	893d

1 Peter 1

1	ἀπόστολος 3	apostles	99d
	Ἀσία	Asia	116a
	Βιθυνία	Bithynia	141d
	Γαλατία	Galatia	150a
	διασπορά 2	dispersion	188d
	ἐκλεκτός 1 b	chosen	242d
	Καππαδοκία	Cappadocia	403b
	παρεπίδημος	exile	625d
	Πέτρος	Peter	655a
	Πόντος	Pontus	691d
1-3	Χριστός 2	Christ	887b
2	ἁγιασμός	holiness	9a
	αἷμα 2 b	blood	23a
	εἰρήνη 2	peace	227d
	ἐν III 1 a	by	260d
	θεός 3 d	God	357d
	πληθύνω 1 b	increase	669a
	πνεῦμα 5 d β	spirit	677a
	πρόγνωσις	foreknowledge	704a
	ῥαντισμός	sprinkling	734b
	ὑπακοή 1 b	obedience	837a
	χάρις 2 c	favor	877d
3	ἀναγεννάω	beget again	51c
	ἀνάστασις 2 a	resurrection	60b
	ἐκ 1 b	away from	234c
	ἔλεος 2 b	mercy	250b
	ἐλπίς 2 b	hope	253b
	εὐλογητός	blessed	322d

3	ζάω 4 b	live	337a
	θεός 3 d	God	357c
	κατά II 5 a δ	according to	407b
	κύριος 2 c γ	lord	460b
	ὁ, ἡ, τό II 10 b	the	552d
	πατήρ 3 d β	father	636b
	πολύς I 1 b β	many	688a
4	ἀμάραντος 2	unfading	42b
	ἀμίαντος 1	undefiled	46b
	ἄφθαρτος	imperishable	125c
	κληρονομία 3	inheritance	435a
	οὐρανός 2 d	heaven	595b
	τηρέω 2 a	keep	814d
5	ἀποκαλύπτω 4	reveal	92b
	ἕτοιμος 1	ready	316c
	καιρός 4	time	395d
	πίστις 2 d α	faith	663c
	σωτηρία 2	deliverance	801d
	φρουρέω 2	guard	867b
6	ἀγαλλιάω	be glad	4a
	ἄρτι 3	now	110b
	δεῖ 6	it is necessary	172b
	εἰμί II 4 d	to be	224b
	ἐν I 4 d	in	259b
	λυπέω 2 a	grieve	481d
	ὀλίγος 3 a	little	563d
	ὅς, ἥ, ὅ I 11 c	(rel pron)	585a
	πειρασμός 1	test	640d
	πειρασμός 2 b	test	641a
	ποικίλος 1	diversified	683c
7	ἀποκάλυψις 3	revelation	92c
	ἀπόλλυμι 2 a β	pass away	95c
	διά A III 1 a	by means of	180a
	διά A III 1 a	by means of	180a
	δοκιμάζω 2 a	examine	202c
	δοκίμιον 2	genuine	203a
	εἰς 4 e	so that	229c
	ἐν II 2	while	260c
	ἔπαινος 1 a β	praise	281d
	εὑρίσκω 2	find	325d
	ὁ, ἡ, τό II 3 b	the	551c
	πίστις 2 d α	faith	663c
	πολύς I 2 c α	many	688d
	πολύτιμος	valuable	690a
	πῦρ 1 a	fire	729d
	τιμή 2 b	honor	817d
	τίμιος 1 b	valuable	818b
	Χριστός 2	Christ	887b
	χρυσίον	gold	888c
8	ἀγαλλιάω	be glad	4a
	ἀγαλλιάω	be glad	4a
	ἀγαπάω 1 a β	love	4c
	ἀνεκλάλητος	inexpressible	64b
	ἄρτι 3	now	110b
	δοξάζω 2	glorify	204d
	ὁράω 1 a α	see	577d
	οὐ 3 b	no	590b
	πιστεύω 2 a β	believe	661c
	χαρά 1	joy	875c
9	κομίζω 2 a	bring	442d
	πίστις 2 d α	faith	663c
9	σωτηρία 2	deliverance	801c
	τέλος 1 c	end	811d
	ψυχή 1 c	soul, life	893d
10	εἰς 4 d	for	229c
	ἐκζητέω 1	seek out	240a
	ἐξεραυνάω	inquire carefully	274b
	προφητεύω 3	prophesy	723a
	προφήτης 1	prophet	723c
	προφήτης 5	prophet	724a
	σωτηρία 2	deliverance	801c
	χάρις 3 b	favor	878a
11	δηλόω	reveal	178c
	δόξα 1 b α	glory	203d
	εἰς 4 h	of	229d
	ἐραυνάω	search	306d
	ἤ 1 a β	or	342a
	καιρός 1	time	394d
	πάθημα 1	suffering	602c
	πνεῦμα 5 b	spirit	676c
	ποῖος 1 a α	of what kind	684d
	προμαρτύρομαι	predict	708c
	τίς, τί 2	which	819c
12	ἄγγελος 2 a	angel	7c
	ἀναγγέλλω 2	disclose	51b
	ἀποκαλύπτω 2	reveal	92a
	ἀποστέλλω 1 b δ	send away	98d
	ἀποστέλλω 1 c	send away	99a
	διακονέω 2	serve	184a
	ἐπιθυμέω	desire	293b
	εὐαγγελίζω 2 a γ	preach	317d
	εὐαγγελίζω 2 a γ	preach	317d
	νῦν 1 a γ	now	545c
	οὐρανός 2 a	heaven	594d
	παρακύπτω 2	look into	619b
	πνεῦμα 5 c β	spirit	676d
	πνεῦμα 5 c β	spirit	676d
13	ἀναζώννυμι	bind up	53d
	ἀποκάλυψις 3	revelation	92c
	διάνοια 2	mind	187b
	ἐλπίζω 3	hope	252d
	ἐν II 2	while	260c
	ἐπί III 1 b ε	toward	289b
	νήφω	be self controlled	538d
	ὀσφῦς 1	waist	587d
	τελείως	perfectly	810b
	φέρω 4 a β	bear	855c
	χάρις 3 b	favor	878a
14	ἄγνοια 2	ignorance	11d
	ἐπιθυμία 3	desire	293c
	πρότερος 1 b β	earlier	722a
	συσχηματίζω	formed like	795c
	τέκνον 2 f β	child	808d
	ὑπακοή 1 b	obedience	837b
	ὡς III 1 a	so	898a
15	ἅγιος 1 b α	dedicated to God	9d
	ἀναστροφή	conduct	61d
	καλέω 2	call	399d
	κατά II 5 a α	according to	407b
16a	ἅγιος 1 b α	dedicated to God	9d
	διότι 3	for	199c
16b	ἅγιος 1 b δ	holy	9d

17	ἀναστρέφω 2 b β	live	61c
	ἀπροσωπολήμπτως	impartially	102c
	εἰ III	if	219c
	ἐπικαλέω 2 b	call upon	294b
	ἔργον 1 c β	deed	308a
	καλέω 1 a β	call	399a
	κατά II 5 a β	according to	407b
	κρίνω 4 b α	judge	452a
	παροικία 1 b	sojourn	629a
	πατήρ 3 c β	father	636b
	φόβος 2 a α	fear	863c
	φόβος 2 b α	fear	864a
	χρόνος	time	888a
18	ἀναστροφή	conduct	61d
	ἀργύριον 2 a	silver	104d
	ἐκ 1 c	away from	234c
	λυτρόω 1 b	redeem	482d
	μάταιος	idle	495c
	πατροπαράδοτος	inherited	637a
	φθαρτός	perishable	857a
	χρυσίον	gold	888c
19	αἷμα 2 b	blood	23a
	ἀμνός	lamb	46c
	ἄμωμος 1	unblemished	47d
	ἄσπιλος 1	without blemish	117a
	τίμιος 1 b	valuable	818a
	ὡς III 1 a	so	898a
20	ἐπί I 2	under	286d
	ἔσχατος 3 b	last	314a
	καταβολή 1	foundation	409a
	κόσμος 2	world	446a
	μέν 1 a α	(particle)	502d
	πρό 2	before	701d
	προγινώσκω	knows beforehand	703d
	φανερόω 2 b β	reveal	853a
	χρόνος	time	888b
21	ἐγείρω 1 a β	raise	214d
	εἰμί III 2	to be	225a
	ἐλπίς 2 b	hope	253b
	νεκρός 2 a	dead	535a
	πιστεύω 2 a β	believe	661c
	πίστις 2 a	faith	662d
	πιστός 2	trustworthy	665a
	ὥστε 2 a β	so that	900a
22	ἁγνίζω 1 b	purify	11a
	ἀλήθεια 2 b	truth	36a
	ἀνυπόκριτος	genuine	76d
	ἐκ 3 g γ	by	235c
	ἐκτενῶς	fervently	245d
	καθαρός 3 b	clean	388b
	καρδία 1 b α	heart	403c
	πνεῦμα 5 d β	spirit	677a
	ὑπακοή 1 b	obedience	837a
	φιλαδελφία	brotherly love	858c
	ψυχή 1 c	soul, life	893d
23	αἰών 1 b	time	27b
	ἀναγεννάω	beget again	51c
	ἄφθαρτος	imperishable	125c
	ζάω 4 b	live	337a
23	λόγος 1 b β	word	478b
	μένω 1 c β	remain	504b
	σπορά	sowing	763b
	φθαρτός	perishable	857a
24	διότι 3	for	199c
	δόξα 2	magnificence	204a
	ἐκπίπτω 1	fall off	243d
	ξηραίνω 2 a	dry up	548c
	σάρξ 3	body	743d
	ὡς II 3 b	so	897d
24a	ἄνθος 1	blossom	67c
	χόρτος	grass	884a
24b	ἄνθος 1	blossom	67c
	χόρτος	grass	884a
24c	χόρτος	grass	884a
25	αἰών 1 b	time	27b
	εἰς 1 d β	in	228c
	εὐαγγελίζω 2 b α	preach	317d
	κύριος 2 a	lord	459c
	μένω 1 c β	remain	504b
25a	ῥῆμα 1	word	735d
25b	ῥῆμα 1	word	735c

1 Peter 2

1	ἀποτίθημι 1 b	lay aside	101a
	δόλος	deceit	203b
	κακία 1 b	malice	397a
	καταλαλιά	slander	412d
	ὑπόκρισις	hypocrisy	845a
	φθόνος	envy	857d
1a	πᾶς, πᾶσα, πᾶν 1 a β	every each	631c
1b	πᾶς, πᾶσα, πᾶν 1 a β	every each	631c
2	ἄδολος	without deceit	18d
	ἀναγεννάω	beget again	51c
	ἀρτιγέννητος	new born	110c
	αὐξάνω 2	grow	121d
	βρέφος 2	infant	147c
	γάλα 2	milk	149d
	εἰς 4 e	so that	229c
	ἐπιποθέω	desire	297d
	λογικός	spiritual	476c
	σωτηρία 2	deliverance	801d
	ὡς III 1 a	so	898a
3	γεύομαι 2	come to know something	157a
	κύριος 2 c α	lord	459d
	προσέρχομαι 2 a	approach	713b
	χρηστός 1 b β	useful	886b
4	ἀποδοκιμάζω 1	declare useless	90d
	ἐκλεκτός 2	chosen	242d
	ἔντιμος 2	honored	269a
	ζάω 4 b	live	337a
	λίθος 2	stone	474c
	παρά II 2 b	beside	610c
5	ἅγιος 1 a α	dedicated to God	9c
	ἀναφέρω 2	offer up	63b

5	ἐποικοδομέω 1 b	build on to	305c
	εὐπρόσδεκτος 1	acceptable	324c
	ζάω 4 b	live	337a
	θυσία 2 b	sacrifice	366c
	ἱεράτευμα	priesthood	371d
	λίθος 2	stone	474c
	οἰκοδομέω 2	build	558c
	οἶκος 1 b α	house	560d
5a	πνευματικός 2 a β	spiritual	679a
5b	πνευματικός 2 a β	spiritual	679a
6	ἀκρογωνιαῖος	cornerstone	33d
	γραφή 2 b β	scripture	166b
	διότι 3	for	199c
	ἐκλεκτός 2	chosen	242d
	ἔντιμος 2	honored	269a
	ἐπί II 1 b γ	on	287b
	καταισχύνω 3 b	disappoint	411a
	λίθος 2	stone	474d
	μή D 1 a	not	517c
	περιέχω 2 b	seize	647b
	πιστεύω 2 a γ	believe	661c
	Σιών 2 b	Zion	752c
	τίθημι I 1 a α	put	815d
7	ἀπιστέω 1 b	disbelieve	85c
	ἀποδοκιμάζω 1	declare useless	90d
	γίνομαι I 4 a	become	159c
	γωνία	corner	168d
	κεφαλή 2 b	head	430c
	λίθος 2	stone	474d
	οἰκοδομέω 1 b β	build	558b
	ὅς, ἥ, ὅ I 4 d	(rel pron)	584b
	οὖν 1 a	therefore	593a
	πιστεύω 2 b	believe	661d
	τιμή 2 b	honor	817c
8	ἀπειθέω 1	disobey	82d
	ἀπειθέω 3	disobey	82d
	λίθος 2	stone	474d
	λόγος 1 b β	word	478b
	ὅς, ἥ, ὅ I 7 b	(rel pron)	584d
	παρασκευάζω 1	prepare	622b
	πέτρα 2	rock	654c
	πρόσκομμα 1 a	stumbling	716b
	προσκόπτω 2 a	take offense	716c
	σκάνδαλον 2	trap	753a
	τίθημι I 2 b	make	816c
9	ἅγιος 1 a α	dedicated to God	9c
	ἀρετή 2	praise	106a
	βασίλειος	royal	136a
	γένος 3	nation	156c
	ἐκ 1 a	away from	234b
	ἐκλεκτός 1 b	chosen	242d
	ἐξαγγέλλω	proclaim	271b
	θαυμαστός 2	wonderful	352d
	ἱεράτευμα	priesthood	371d
	καλέω 2	call	399d
	λαός 3 b	people	467a
	ὅπως 2 a α	in order that	576d
	περιποίησις 3	keeping safe	650b
	σκότος 2 b	darkness	758a
9	φῶς 3 a	light	872b
10	ἐλεέω	have mercy	249d
	λαός 3 b	people	467a
	νῦν 1 c	now	545d
	οὐ 2 a	no	590a
	οὐ 3 c	no	590c
10b	νῦν 1 a γ	now	545c
11	ἀγαπητός 2	beloved	6c
	ἀπέχω 3	keep away	85b
	ἐπιθυμία 3	desire	293d
	κατά I 2 b α	down	405d
	ὅστις 2 b	whoever	587a
	παρακαλέω 2	appeal to	617b
	παρεπίδημος	exile	625d
	πάροικος 2	stranger	629b
	σαρκικός 3	fleshly	743a
	στρατεύω 2	do military service	770c
	ψυχή 1 c	soul, life	893d
	ὡς III 1 a	so	898a
12	ἀναστροφή	conduct	61d
	ἐκ 3 g β	by	235c
	ἐν IV 6 e	whereas	261c
	ἐπισκοπή 1	a visitation	299a
	ἐπισκοπή 2	a visitation	299a
	ἐποπτεύω	observe	305d
	ἡμέρα 3 b β	day	347b
	κακοποιός	criminal	397d
	καλός 2 b	good	400c
	καλός 2 b	good	400c
	καταλαλέω	speak against	412c
	ὅς, ἥ, ὅ I 2 a	(rel pron)	583c
	ὅς, ἥ, ὅ I 11 c	(rel pron)	585a
13	ἀνθρώπινος 3	human	68a
	βασιλεύς 1	king	136b
	κτίσις 2	institution	456a
	ὑπερέχω 2 a	surpass	841a
13f	ὡς III 1 a	so	898a
14	ἀγαθοποιός	doing good	2c
	ἐκδίκησις	vengeance	238d
	ἔπαινος 1 a α	praise	281c
	ἡγεμών 2	governors	343b
	κακοποιός	criminal	397d
	πέμπω 1	send	642a
	πέμπω 1	send	642b
15	ἀγαθοποιέω 2	do good	2c
	ἀγνωσία	ignorance	12b
	ἄφρων	foolish	127d
	θέλημα 1 c γ	will	354c
	οὕτω 2	thus	598a
	φιμόω	tie shut	861d
	φιμόω 2	tie shut	861d
16	δοῦλος 4	slave	206a
	ἐλευθερία	freedom	250c
	ἐλεύθερος 3	free	250d
	ἐπικάλυμμα	cover	294b
	κακία 1 a	badness	397a
17	ἀδελφότης 1	brotherhood	16c
	βασιλεύς 1	king	136b
	φοβέω 2 a	be afraid	863b
17a	τιμάω 2	honor	817b

17b	τιμάω 2	honor	817b
18	ἀγαθός 1 b α	good	3b
	ἀλλά 1 a	but, yet	38a
	δεσπότης	master	176c
	ἐπιεικής	gentle	292c
	οἰκέτης	house slave	557a
	σκολιός 2	crooked	756c
	ὑποτάσσω 1 b β	subject	848a
	φόβος 2 b β	fear	864a
19	ἀγαθός 1 b β	good	3b
	ἀδίκως	unjustly	18c
	λύπη	grief	482a
	πάσχω 3 a β	suffer	634b
	συνείδησις 1	consciousness	786c
	ὑποφέρω	endure	848c
	χάρις 2 b	favor	877c
20	ἀγαθοποιέω 2	do good	2c
	ἁμαρτάνω 1	sin	42c
	γάρ 1 f	what	152b
	εἰ I 1 a	if	219a
	κλέος	fame	434b
	κολάζω	punish	440c
	κολαφίζω 1	strike	441b
	παρά II 2 b	beside	610d
	πάσχω 3 a α	suffer	634a
	ποῖος 1 a β	of what kind	684d
	χάρις 2 b	favor	877c
20a	ὑπομένω 2	remain	846a
20b	ὑπομένω 2	remain	846a
21	ἀπολιμπάνω		95a
	ἐπακολουθέω 1	follow	282b
	ἴχνος	footprint	384b
	καλέω 2	call	399d
	πάσχω 3 a β	suffer	634b
	ὑπέρ 1 a ε	in behalf of	838d
	ὑπογραμμός	pattern	843d
	ὑπολιμπάνω	leave	845d
	Χριστός 2	Christ	887b
22	ἁμαρτία 1	sin	43a
	δόλος	deceit	203b
	εὑρίσκω 1 b	find	325b
	οὐδέ 1	and not	591c
	ποιέω I 1 c γ	do	682b
23	ἀδίκως	unjustly	18c
	ἀντιλοιδορέω	revile in return	75a
	ἀπειλέω	threaten	83a
	δικαίως 1 a	justly	198b
	κρίνω 4 b α	judge	452a
	λοιδορέω	revile	479c
	παραδίδωμι	give over	614b
	παραδίδωμι 2	give over	615c
	πάσχω 3 a α	suffer	634a
24	ἀναφέρω 2	offer up	63b
	ἀπογίνομαι	die	89b
	δικαιοσύνη 2 b	righteousness	196c
	δικαιοσύνη 4	righteousness	197b
	ζάω 3 b	live	337a
	ἰάομαι 2	heal	368c
	μώλωψ	wound	531a
24	ξύλον 2 c	cross	549b
	ὅς, ἥ, ὅ I 3 a	(rel pron)	583d
	σῶμα 1 b	body	799d
25	ἐπί III 1 b δ	toward	289a
	ἐπίσκοπος 1	overseer	299b
	ἐπιστρέφω 2 b	turn	301c
	νῦν 1 a γ	now	545c
	πλανάω 2 a	deceive	665c
	πλανάω 2 b	deceive	665c
	ποιμήν 2 b β	shepherd	684b
	πρόβατον 2	sheep	703b
	ψυχή 1 c	soul, life	893d

1 Peter 3

1	ἀναστροφή	conduct	61d
	ἄνευ 2	without	65c
	ἀνήρ 1	man	66c
	ἀπειθέω 1	disobey	82d
	ἀπειθέω 3	disobey	82d
	ἴδιος 2 b	ones own	370a
	ἵνα I 2	in order that	377a
	κερδαίνω 1 b	to gain	429c
	λόγος 1 b β	word	478c
	ὁμοίως	likewise	568a
	ὑποτάσσω 1 b β	subject	848a
1b	λόγος 1 a α	word	477b
2	ἁγνός 2	pure	12a
	ἀναστροφή	conduct	61d
	ἐποπτεύω	observe	305c
	φόβος 2 b β	fear	864a
3	ἐμπλοκή	braiding	256c
	ἔνδυσις 1	putting on	263d
	ἔξωθεν 1 b γ	outside	279d
	θρίξ 2	hair	364a
	ἱμάτιον 1	garment	376c
	κόσμος 1	adornment	445d
	περίθεσις	putting on	647c
	πλοκή	braid	673c
	χρυσίον	gold	888c
4	ἄνθρωπος 2 c α	man	68d
	ἄφθαρτος	imperishable	125c
	βαθύς 2	deep	130c
	εἰμί II 9 a	to be	224d
	ἐνώπιον 3	before	270d
	ἡσύχιος	quiet	349c
	καρδία 1 b α	heart	403c
	κρυπτός 1	hidden	454a
	πνεῦμα 3 c	spirit	675d
	πολυτελής	costly	690a
	πραΰς	humble	699a
5	ἅγιος 1 b α	dedicated to God	9c
	ἀνήρ 1	man	66c
	ἐλπίζω 3	hope	252d
	ἴδιος 2 c	ones own	370b
	κοσμέω 2 b α	decorate	445b
	ὑποτάσσω 1 b β	subject	848a
6	ἀγαθοποιέω 2	do good	2c
	καλέω 1 a β	call	399a
	κύριος 1 b	lord	459b

6	μηδείς 1	no	518a
	πτόησις 2	fear	727c
	Σάρρα	Sarah	744d
	τέκνον 2 d	child	808d
	ὑπακούω 1	listen to	837b
	φοβέω 1 b γ	be afraid	863b
	ὡς II 4 a	so	897d
7	ἀνήρ 1	man	66c
	ἀπονέμω	show honor to	97a
	ἀσθενής 1 b	sick	115d
	γνῶσις 2	knowledge	163d
	γυναικεῖος	woman	168b
	ἐγκόπτω	hinder	216c
	ζωή 2 b α	life	340d
	μή A II 1 e	not	516b
	ὁμοίως	likewise	568a
	προσευχή 1	prayer	713b
	σκεῦος 2	thing	754b
	συγκληρονόμος inheriting together		774b
	συνοικέω	live with	791c
	συνομιλέω	talk	791c
	τιμή 2 b	honor	817d
	χάρις 3 b	favor	878a
7a	ὡς III 1 a	so	898a
7b	ὡς III 1 a	so	898a
8	εὔσπλαγχνος compassionate		326d
	εὔσπλαγχνος compassionate		326d
	ὁμόφρων	like minded	569c
	συμπαθής	sympathetic	779a
	ταπεινόφρων	humble	804c
	τέλος 1 d α	finally	812a
	φιλάδελφος loving one's brother		858c
	φιλόφρων	friendly	861d
9	ἀντί 2	for	73d
	ἀποδίδωμι 3	recompense	90d
	ἐναντίον 2	before	262a
	εὐλογέω 2 a	bless	322b
	εὐλογία 3 b α	blessing	323a
	ἵνα I 5	in order that	377b
	κακός 3	evil	398b
	καλέω 2	call	399d
	κληρονομέω 2	acquire	435a
	λοιδορία	abuse	479c
10	ἀγαθός 1 a β	good	3a
	ἀγαπάω 2	love	5b
	γλῶσσα 1 a	tongue	162b
	δόλος	deceit	203b
	εἶδον 5	see	221a
	ζωή 2 b β	life	341a
	ἡμέρα 4 b	time	347c
	θέλω 1	wish	355a
	μή A II 1 d α	not	516b
	ὁ, ἡ, τό II 4 b δ	the	551d
	παύω 1	stop	638a
	χεῖλος 1	lip	879c
10f	κακός 1 c	evil	397d
11	διώκω 4 b	pursue	201c
11	εἰρήνη 1 b	peace	227c
	ἐκκλίνω	turn away	241c
	ζητέω 2 a	seek	339a
	ποιέω I 1 b ε	do	681b
12	δέησις	prayer	171d
	δίκαιος 1 b	upright	195d
	κακός 1 c	evil	397d
	οὖς 1	ear	595d
	ὀφθαλμός 1	eye	599d
	ποιέω I 1 b ε	do	681c
	πρόσωπον 1 b	face	721a
13	ἀγαθός 2 a α	good	3c
	ζηλωτής 1 a β	zealot	338b
	κακόω 1	harm	398c
	μιμητής 2	imitator	522b
14	αὐτός 3 b	(oblique case)	123c
	δικαιοσύνη 4	righteousness	197b
	εἰ I 3	if	219c
	μακάριος 1 b	blessed	486d
	μηδέ 1 b	and not	517d
	πάσχω 3 a β	suffer	634b
	ταράσσω 2	stir up	805b
	φοβέω 1 a	be afraid	863a
	φοβέω 1 b γ	be afraid	863b
	φόβος 1	causing of fear	863c
	φόβος 2 a α	fear	863d
15	ἁγιάζω 3	to reverence	9a
	ἀεί 1	always	19c
	αἰτέω	ask	26a
	ἀπαιτέω 2	demand	80a
	ἀπολογία 2 b	defense	96a
	ἐλπίς 2 b	hope	253a
	ἕτοιμος 2	ready	316d
	κύριος 2 c α	lord	459d
	λόγος 2 a	account	478c
	πρός III 3 c	toward	710b
16	ἀγαθός 1 b β	good	3b
	ἀναστροφή	conduct	61d
	ἐν IV 6 e	whereas	261c
	ἐπηρεάζω	mistreat	285d
	ἔχω I 2 e β	have	332d
	καταισχύνω 2	be humiliated	410d
	καταλαλέω	speak against	412d
	μετά A III 1	with	509d
	ὅς, ἥ, ὅ I 2 a	(rel pron)	583c
	ὅς, ἥ, ὅ I 11 c	(rel pron)	585a
	πραΰτης	humility	699b
	συνείδησις 2	consciousness	786d
17	ἀγαθοποιέω 2	do good	2c
	εἰ I 3	if	219c
	θέλημα 2 b	will	354c
	κακοποιέω 1	do wrong	397c
	κρείττων 2	better	450a
	πάσχω 3 a α	suffer	634a
18	ἄδικος 1	unjust	18b
	ἁμαρτία 4	sin	43d
	ἅπαξ 1	once	80d
	δίκαιος 1 b	upright	195d
	ζῳοποιέω 1	make alive	341d
	θανατόω 1	put to death	351d
	πάσχω 3 a β	suffer	634b

18	περί 1 g	about	644d
	προσάγω 1 b α	bring	711b
	σάρξ 2	body	743c
	ὑπέρ 1 a ε	in behalf of	838d
	Χριστός 2	Christ	887b
18f	πνεῦμα 2	spirit	675a
19	ἐν IV 6 e	in	261c
	Ἑνώχ	Enoch	271b
	κηρύσσω 2 b β	announce	431c
	ὅς, ἥ, ὅ I 11 c	(rel pron)	585a
	πνεῦμα 2	spirit	675a
	πνεῦμα 2	spirit	675a
	πνεῦμα 4 c	spirit	676a
	φυλακή 3	guard	867d
20	ἀπειθέω 2	disobey	82d
	ἀπειθέω 3	disobey	82d
	ἀπεκδέχομαι	await	83c
	διά A I 2	through	179d
	διασῴζω	save	189a
	εἰς 7	to	230b
	ἡμέρα 4 b	time	347c
	κατασκευάζω 2	build	418c
	κιβωτός 1	box	431d
	μακροθυμία 2 b α	patience	488b
	Νῶε	Noah	547c
	ὀκτώ	eight	563a
	ὀλίγος 1 b	few	563c
	ὕδωρ 1	water	832d
	ψυχή 2	soul, life	894b
21	ἀγαθός 1 b β	good	3b
	ἀνάστασις 2 a	resurrection	60b
	ἀντίτυπος 1 corresponding to		76a
	ἀπόθεσις	removal	91a
	βάπτισμα 2	baptism	132d
	ἐπερώτημα 2	request	285c
	νῦν 1 a α	now	545c
	ῥύπος 1	dirt	738a
	σάρξ 2	body	743c
	συνείδησις 2	consciousness	786d
	σῴζω 2 a γ	save	798c
22	ἄγγελος 2 a	angel	7d
	δεξιός 2 a	right	174d
	δύναμις 6	power	208b
	ἐξουσία 4 c β	authority	278d
	οὐρανός 2 b	heaven	595a
	ὑποτάσσω 1 b α	subject	848a

1 Peter 4

1	ἔννοια	thought	267a
	ὁπλίζω	equip	575c
	παύω 2	stop	638b
1a	πάσχω 3 a β	suffer	634b
	σάρξ 2	body	743d
1b	πάσχω 3 a β	suffer	634b
	σάρξ 2	body	743c
2	βιόω	live	142a
	ἐπιθυμία 3	desire	293c
	ἐπίλοιπος	remaining	295d
	θέλημα 1 c γ	will	354c
2	μηκέτι 2	no longer	518c
	σάρξ 5	body	744a
	χρόνος	time	888a
3	ἀθέμιτος	unlawful	20d
	ἀρκετός	sufficient	107a
	ἀσέλγεια	licentiousness	114d
	βίος 1	life	141d
	βούλημα	intention	145d
	εἰδωλολατρία	idolatry	221c
	ἐπιθυμία 3	desire	293c
	ἐπιθυμία 3	desire	293d
	κατεργάζομαι 1	achieve	421c
	κῶμος	carousing	461d
	οἰνοφλυγία	drunkenness	562c
	παρέρχομαι 1 a β	go by	626a
	πορεύω 2 c	proceed	692d
	πότος	drinking	696a
	χρόνος	time	888a
4	ἀνάχυσις	pouring out	63c
	ἀσωτία	debauchery	119c
	βλασφημέω 2 b α blaspheme		142d
	ἐν IV 6 e	whereas	261c
	ὅς, ἥ, ὅ I 11 c	(rel pron)	585a
	συντρέχω 2	run together	793b
5	ἀποδίδωμι 1	give away	90b
	ἑτοίμως	be ready	316d
	ἔχω II 1	be	333d
	ζάω 1 a α	live	336a
	κρίνω 4 b α	judge	452a
	λόγος 2 a	account	478c
	νεκρός 2 a	dead	535a
6	ἄνθρωπος 1 c	human	68c
	εὐαγγελίζω 2 b α	preach	317d
	ζάω 2 b β	live	336d
	ἵνα I 5	in order that	377b
	κρίνω 4 b α	judge	452a
	κρίνω 6 a	judge	452b
	πνεῦμα 5 d β	spirit	677a
	σάρξ 2	body	743c
7	ἐγγίζω 5 b	approach	213d
	νήφω	be self controlled	538d
	προσευχή 1	prayer	713c
	σωφρονέω 2	sound mind	802a
	τέλος 1 a	end	811b
8	ἀγάπη I 1 a	love	5d
	ἀγάπη I 1 b β	love	5d
	ἁμαρτία 1	sin	43a
	ἐκτενής	earnest	245c
	ἔχω I 2 e β	have	332d
	καλύπτω 2 a	cover	401a
	πᾶς, πᾶσα, πᾶν 2 a δ everything		633a
	πλῆθος 2 a	quantity	668c
	πρό 3	before	702a
9	ἄνευ 2	without	65c
	γογγυσμός 1	complaint	164c
	ἑαυτοῦ 3	oneself	212c
	εἰς 4 c β	(goal)	229b
	φιλόξενος	hospitable	860d
10	διακονέω 2	serve	184a

10	καθώς 2	as	391c
	καλός 2 c α	good	400c
	οἰκονόμος 2	manager	560b
	ποικίλος 1	diversified	683c
	χάρις 4	favor	878b
	χάρισμα 2	a gift	879a
11	αἰών 1 b	time	27c
	ἀμήν 1	amen	45d
	διακονέω 2	serve	184a
	ἰσχύς	strength	383c
	κράτος 4	power	449b
	λόγιον	a saying	476d
	πᾶς, πᾶσα, πᾶν 2 a δ	everything	633a
	χορηγέω	provide	883d
11a	ὡς III 1 a	so	898a
11b	ὡς III 1 a	so	898a
12	ἀγαπητός 2	beloved	6c
	ξενίζω 2	surprise	548a
	ξένος 1 b β	strange	548b
	πειρασμός 1	test	640d
	πρός III 3 c	toward	710b
	πύρωσις 2	burning	731c
	συμβαίνω	meet	777b
13	ἀγαλλιάω	be glad	4a
	ἀποκάλυψις 3	revelation	92c
	ἐν II 2	while	260c
	καθό 2	in so far as	390d
	κοινωνέω 1 b α	share	438d
	πάθημα 1	suffering	602c
	Χριστός 1	Anointed One	887b
13a	χαίρω 1	rejoice	874a
13b	χαίρω 1	rejoice	873b
	χαίρω 1	rejoice	874a
14	ἀναπαύω 1	cause to rest	59a
	ἀναπαύω 2	rest	59a
	δόξα 1 b β	glory	204a
	ἐπί III 1 b γ	on	289a
	μακάριος 1 b	blessed	486d
	ὀνειδίζω 1	reproach	570a
	ὄνομα II	title	573c
	πνεῦμα 5 a	spirit	676b
	πνεῦμα 5 e	spirit	677b
15	ἀλλοτριεπίσκοπος	a busybody	40c
	γάρ 3	certainly	152b
	ἤ 1 a β	or	342b
	κακοποιός	criminal	397d
	κλέπτης	thief	434b
	πάσχω 3 a β	suffer	634b
	φονεύς	murderer	864c
15a	ὡς III 1 a	so	898a
15b	ὡς III 1 a	so	898a
16	αἰσχύνω 1	be ashamed	25d
	δοξάζω 1	praise	204c
	μέρος 1 b θ	matter	506b
	ὄνομα II	title	573c
	Χριστιανός	the Christian	886d
	ὡς III 1 a	so	898a
17	ἀπειθέω 1	disobey	82d
	ἀπειθέω 3	disobey	82d
17	ἄρχω 2 c	begin	113d
	εὐαγγέλιον 2 b β	gospel	318b
	καιρός 3	time	395b
	κρίμα 3	judging	450d
	ὁ, ἡ, τό II 4 b β	the	551c
	οἶκος 1 b α	house	560d
	τέλος 1 c	end	811d
18	ἁμαρτωλός 2	sinner	44b
	ἀσεβής 1	godless	114d
	δίκαιος 1 b	upright	195d
	δίκαιος 1 b	upright	195d
	μόλις 1	with difficulty	526d
	ποῦ 1 a	where	696a
	σῴζω 2 b	save	798c
	φαίνω	shine	851b
	φαίνω 2 b	appear	851d
19	ἀγαθοποιΐα	doing good	2c
	θέλημα 2 b	will	354c
	καί II 4	also	393c
	κτίστης	creator	456c
	παρατίθημι 2 b β	place beside	623a
	πάσχω 3 a β	suffer	634b
	πιστός 1 a β	trustworthy	664d
	ψυχή 1 c	soul, life	893d
	ὥστε 1 b	therefore	900a

1 Peter 5

1	ἀποκαλύπτω 4	reveal	92b
	δόξα 1 b β	glory	203d
	κοινωνός 1 b α	companion	439d
	μάρτυς 2 c	witness	494c
	μέλλω 1 c α	be about to	501a
	πάθημα 1	suffering	602c
	παρακαλέω 2	appeal to	617b
	πρεσβύτερος 2 b α	older	700b
	συμπρεσβύτερος	fellow presbyter	780b
2	αἰσχροκερδῶς	fond of dishonest gain	25b
	ἀναγκαστῶς	by compulsion	52b
	ἑκουσίως	willingly	243c
	ἐπισκοπέω 2	oversee	299a
	ποιμαίνω	tend	683d
	ποιμαίνω 2 a α	tend	683d
	ποίμνιον 2 b	flock	684c
	προθύμως	willingly	706d
3	κατακυριεύω 2	rule	412c
	κλῆρος 2	lot	435c
	ποίμνιον 2 b	flock	684c
	τύπος 5 b	mark	830b
	ὡς I 2 a	as	897b
4	ἀμαράντινος	unfading	42b
	ἀρχιποίμην	cheif shepherd	113a
	δόξα 1 b β	glory	203d
	κομίζω 2 a	bring	442d
	στέφανος 2 a	wreath	767c
	φανερόω 2 b β	reveal	853a
5	ἀντιτάσσω	oppose	76a
	δίδωμι 1 b β	give	193a

5	ἐγκομβόομαι	put on	216b
	νέος 2 b β	novice	536b
	ὁμοίως	likewise	568a
	πρεσβύτερος 1 a	older	699d
	πρεσβύτερος 2 b α	older	700b
	ταπεινός 2 b	low	804b
	ταπεινοφροσύνη	humility	804c
	ὑπερήφανος	proud	841b
	χάρις 3 b	favor	878a
5b	ὑποτάσσω 1 b β	subject	848b
6	καιρός 4	time	395c
	κραταιός	powerful	448b
	ταπεινόω 2 b	lower	804d
	ὑπό 2 b	under	843d
	ὑψόω 2	lift up	851a
	χείρ	hand	879d
	χείρ 2 a β	hand	880c
	ἐπί III 1 b γ	on	289a
	ἐπι(ρ)ρίπτω 2	throw	298b
	μέλει 2	it is a concern	500b
	μέριμνα	anxiety	504d
	πᾶς, πᾶσα, πᾶν 1 c β	all	632a
8	ἀντίδικος	opponent	74b
	γρηγορέω 2	be awake	167c
	διάβολος 2	the slanderer	182a
	καταπίνω 1 b	swallow	416c
	λέων 1	lion	472d
	νήφω	be self controlled	538d
	περιπατέω 1 c	go about	649b
	ὠρυόμαι	roar	897a
	ὡς II 2	so	897c
9	ἀδελφότης 1	brotherhood	16c
	ἀνθίστημι 1	set against	67b
	αὐτός 4 b	the same	123d
	ἐπιτελέω 4	lay upon	302d
	κόσμος 4 a	world	446b
	οἶδα 1 d	know	556a
	πάθημα 1	suffering	602c
	πίστις 2 d α	faith	663c
	στερεός 2	firm	766d
10	δόξα 1 a	glory	203d
	θεμελιόω 2 a	establish	356a
	θεός 3 e	God	357d
	καλέω 2	call	399c
	καταρτίζω 1 b	restore	417d
	ὀλίγος 3 a	little	563d
	πάσχω 3 a β	suffer	634b
	σθενόω	strengthen	749c
	στηρίζω 2	establish	768b
	χάρις 3 b	favor	878a
11	αἰών 1 b	time	27c
	ἀμήν 1	amen	45d
	κράτος 4	power	449b
12	ἀδελφός 2	brother	16b
	ἀληθής 2	true	36d
	γράφω 2 d	write	167a
	γράφω 2 d	write	167b
	διά A III 1 b	by means of	180b
	διά A III 2 a	by	180d
	εἰς 9 a	in	230c
	ἐπιμαρτυρέω	bear witness	296a
12	ἵστημι II 1 d	stand	382c
	λογίζομαι 3	think	476b
	ὀλίγος 1 b	few	563d
	οὗτος 1 a δ	this	596c
	παρακαλέω 2	appeal to	617b
	πιστός 1 a α	trustworthy	664c
	Σιλουανός	Silvanus	750d
	χάρις 3 b	favor	878a
	ὡς II 4 b	so	897d
13	Βαβυλών	Babylon	129d
	Μᾶρκος	Mark	492c
	Ῥώμη	Rome	738d
	συνεκλεκτός	chosen together	787b
	υἱός 1 c α	son	833d
13f	ἀσπάζομαι 1 a	greet	116d
14	ἀγάπη I 1 a	love	5c
	ἀσπάζομαι 1 a	greet	117a
	εἰρήνη 2	peace	227d
	ἐν I 5 d	in	259d
	πᾶς, πᾶσα, πᾶν 1 d γ	all	632b
	φίλημα	a kiss	859c

2 Peter 1

1	ἀπόστολος 3	apostles	99d
	δικαιοσύνη 2 b	righteousness	196d
	θεός 2	God	357a
	ἰσότιμος	equal in value	381b
	λαγχάνω 1	receive	462b
	Πέτρος	Peter	655a
	Πέτρος	Peter	655b
	πίστις 2 d α	faith	663c
	Συμεών 5	Symeon	778b
	σωτήρ 2	savior	801b
1a	Χριστός 2	Christ	887b
1b	Χριστός 2	Christ	887b
2	εἰρήνη 2	peace	227c
	ἐπίγνωσις	knowledge	291c
	ἐπίγνωσις	knowledge	291c
	πληθύνω 1 b	increase	669a
	χάρις 2 c	favor	877d
3	ἀρετή 3	miracle	106a
	διά A III 1 e	by	180c
	δόξα 1 a	glory	203d
	δύναμις 1	power	207c
	δωρέομαι	give	210d
	ἐπίγνωσις	knowledge	291c
	εὐσέβεια	godliness	326a
	ζωή 2 b α	life	340d
	θεῖος 1 a	divine	353d
	καλέω 2	call	399d
	πρός III 5 b	as far as	710d
	ὡς III 1 b	so	898b
3f	δέ 1 e	but, and	171c
4	ἀποφεύγω	escape	102a
	δωρέομαι	give	210d
	ἐπάγγελμα 2	promise	281b
	ἐπιθυμία 3	desire	293c

4	θεῖος 1 a	divine	353d
	κοινωνός 1 b α	companion	439d
	κόσμος 7	world	446d
	μέγας 2 b β	great	498c
	τίμιος 1 b	valuable	818b
	φθορά 3	ruin	858b
	φύσις 2	nature	869c
5	ἀρετή 1	virtue	106a
	αὐτός 1 h	even	123a
	δέ 1 e	but, and	171c
	ἐπιχορηγέω 1	furnish	305a
	παρεισφέρω	apply	625a
	πᾶς, πᾶσα, πᾶν 1 a δ	all	631c
	σπουδή 2	diligence	764a
5-8	δέ 1 c	but, and	171c
5f	πίστις 2 d γ	faith	663d
	πίστις 2 d γ	faith	663d
5ff	γνῶσις 2	knowledge	163d
6	ἐγκράτεια	self control	216c
6a	ὑπομονή 1	patience	846b
6b	ὑπομονή 1	patience	846b
6f	εὐσέβεια	godliness	326b
7	ἀγάπη I 1 a	love	5c
7a	φιλαδελφία	brotherly love	858c
7b	φιλαδελφία	brotherly love	858c
8	ἄκαρπος 2	unfruitful	29d
	ἀργός 3	useless	104d
	ἐπίγνωσις	knowledge	291c
	καθίστημι 3	cause	390c
	κύριος 2 c γ	lord	460b
	πλεονάζω 1 a	increase	667b
	ὑπάρχω 1	be	838a
9	ἁμάρτημα	sin	42d
	καθαρίσμος 2	purification	387d
	λαμβάνω 2	receive	465c
	λήθη	forgetfulness	472d
	μή A I 5	not	516a
	μυωπάζω	be shortsighted	531a
	ὅς, ἥ, ὅ I 2 b α	(rel pron)	583c
	οὐ 5 a	no	590d
	πάλαι 1	long ago	605c
	πάρειμι 2	be present	624c
	τυφλός 2 a β	blind	831a
10	βέβαιος 2	firm	138b
	ἐκλογή 1	selection	243a
	κλῆσις 1	call	436a
	ποιέω II 2	do	683b
	ποτέ 1	once	695b
	πταίω 2	stumble	727a
	σπουδάζω 2	hasten	763c
10b	ποιέω I 1 b ε	do	681c
11	αἰώνιος 3	eternal	28d
	βασιλεία 3 g	kingdom	135b
	εἴσοδος 1	entrance	233b
	ἐπιχορηγέω 2	give	305a
	κύριος 2 c γ	lord	460a
	ὁ, ἡ, τό II 10 b	the	552d
	οὕτω 1 b	thus	597d
	πλουσίως	richly	673d
	σωτήρ 2	savior	801b
12	ἀεί 3	always	19c
12	καίπερ	although	394c
	μέλλω 1 c γ	intend	501b
	οἶδα 1 i	know	556b
	πάρειμι 2	be present	624c
	στηρίζω 2	establish	768b
	ὑπομιμνῄσκω 1 a	remind	846b
13	διεγείρω	arouse	194a
	δίκαιος 5	righteous	196a
	ἐπί III 2 b	on	289c
	ἡγέομαι 2	consider	343d
	ὅσος 1	how great	586b
	σκήνωμα 2	dwelling	755c
	ὑπόμνησις 1	remembering	846b
14	ἀπόθεσις	removal	91a
	δηλόω	reveal	178c
	κύριος 2 c γ	lord	460b
	σκήνωμα 2	dwelling	755c
	ταχινός 2	quickly	807a
15	ἑκάστοτε	always	236d
	ἔξοδος 2	going out	276d
	ἔχω I 6 a	can	333c
	μνήμη 1	remembrance	524d
	ποιέω II 1	do	683a
	σπουδάζω 2	hasten	763c
16	γνωρίζω 1	make known	163c
	ἐξακολουθέω 1	follow	272b
	ἐπόπτης 2	eyewitness	305d
	κύριος 2 c γ	lord	460b
	μεγαλειότης	grandeur	496d
	μῦθος	fable	529a
	παρουσία 2 b α	coming	630b
	παρουσία 2 b β	advent	630b
	σοφίζω 2	make wise	760b
17	ἀγαπητός 1	beloved	6c
	εἰς 5	for	230a
	εὐδοκέω 2 a	well pleased	319b
	θεός 3 d	God	357d
	μεγαλοπρεπής	magnificent	497a
	οὗτος 1 a α	this	596b
	παρά I 3 b	from	609d
	πατήρ 3 e	father	636c
	τιμή 2 b	honor	817d
	τοιόσδε	such as this	821b
	υἱός 2 b	son	834c
	φέρω	bear	854d
	φέρω 4 a β	bear	855c
	φωνή 2 c	voice	871b
17b	δόξα 1 a	brightness	203c
18	ἅγιος 1 a α	dedicated to God	9c
	σύν 1 c	with	781c
	φέρω 4 a β	bear	855c
	φωνή 2 c	voice	871b
19	ἀνατέλλω 2	rise	62a
	αὐχμηρός	dry	124b
	βέβαιος 2	firm	138b
	διαυγάζω 2	dawn	190a
	ἕως II 1 b α	until	335a
	ἡμέρα 1 a	day	346a
	καί I 2 f	and	392c
	καλῶς 4 a	well	401b
	καρδία 1 b β	heart	403d

19	λόγος 1 a ζ	matter	478a
	λύχνος 1	lamp	483b
	ποιέω I 2 a γ	do	682d
	προσέχω 1 a β	pay attention to	714c
	προφητικός	prophetic	724b
	φαίνω 1	shine	851c
	φωσφόρος	giving light	872d
	ὡς III 1 a	so	898a
20	γίνομαι II 2 a	be	160b
	γινώσκω 6 c	know	161c
	γραφή 2 b α	scripture	166b
	γραφή 2 b β	scripture	166b
	ἐπίλυσις	explanation	295d
	ἴδιος 1 a β	one's own	369d
	οὗτος 1 b β	this	597a
	πᾶς, πᾶσα, πᾶν 1 a α	every each	631b
	πρῶτος 2 c	first	726c
20f	προφητεία 3 a	prophecy	722d
21	ἄνθρωπος 2 a	man	68c
	θέλημα 2 a	will	354c
	πνεῦμα 5 c β	spirit	676d
	πνεῦμα 6 c	spirit	677c
	ποτέ 1	once	695b
21a	φέρω	bear	854d
	φέρω 4 a β	bear	855c
21b	φέρω 3 b	bear	855b

2 Peter 2

1	ἀγοράζω 2	buy	13a
	αἵρεσις 2	opinion	24a
	ἀπώλεια 2	destruction	103c
	ἀπώλεια 2	destruction	103c
	ἀρνέομαι 3 a	deny	108a
	γίνομαι II 5	exist	160c
	δεσπότης	master	176c
	ἐπάγω	bring on	281b
	λαός 3 a	people	466d
	παρεισάγω	bring in	624c
	ταχινός 2	quickly	807a
	ψευδοδιδάσκαλος	false teacher	891d
	ψευδοπροφήτης	false prophet	892a
2	ἀλήθεια 2 b	truth	36a
	ἀσέλγεια	licentiousness	114d
	βλασφημέω 2 b ε	blaspheme	142d
	ἐξακολουθέω 1	follow	272b
	ὁδός 2 c	way	554d
	πολύς I 2 a α	many	688b
3	ἀπώλεια 2	destruction	103c
	ἀργέω	be idle	104c
	αὐτός 3 e	(oblique case)	123c
	ἔκπαλαι	for a long time	243c
	ἐμπορεύομαι 2	buy and sell	256d
	κρίμα 4 b	verdict	450d
	λόγος 1 a δ	word	477d
	νυστάζω 2	asleep	547a
3	πλαστός	made up	666d
	πλεονεξία	greediness	667d
4	ἄγγελος 2 c	angel	8a
	ἁμαρτάνω 1	sin	42c
	ζόφος 2	darkness	339d
	κρίσις 1 a α	judging	452d
	παραδίδωμι 1 b	give over	615a
	σειρά	cord	746b
	σειρός		746b
	σιρός	pit	752a
	ταρταρόω	hold captive	805d
	τηρέω 2 a	keep	814d
4f	φείδομαι 1	spare	854d
5	ἀρχαῖος 2	ancient	111b
	ἀσεβής 1	godless	114d
	δικαιοσύνη 2 b	righteousness	196d
	ἐπάγω	bring on	281b
	κατακλυσμός	flood	411d
	κῆρυξ 2	herald	431a
	Νῶε	Noah	547c
	ὄγδοος	the eighth	553a
	φυλάσσω 1 c	watch	868b
5a	κόσμος 5 a	world	446c
5b	κόσμος 5 a	world	446c
6	ἀσεβέω	act impiously	114c
	Γόμορρα	Gomorrah	164d
	κατακρίνω	condemn	412b
	καταπίμπρημι	burn to ashes	416b
	καταστροφή	ruin	419b
	μέλλω 1 c β	be about to	501b
	πόλις 1	city	685d
	Σόδομα	Sodom	759a
	τεφρόω	reduce to ashes	814b
	τίθημι I 1 a α	put	815d
	ὑπόδειγμα 1	example	844a
7	ἄθεσμος	lawless	21a
	ἀναστροφή	conduct	61d
	ἀσέλγεια	licentiousness	115a
	δίκαιος 1 b	upright	195d
	καταπονέω	subdue	416d
	Λώτ	Lot	484c
	ῥύομαι	save	737c
8	ἀκοή 1 b	hearing	30d
	ἄνομος 3	lawless	72b
	βασανίζω 2 b	torment	134c
	γάρ 2	for	152b
	δίκαιος 4	righteous	196a
	ἐγκατοικέω	live	216a
	ἐκ 5 b α	from	236b
	ἔργον 1 c β	deed	308b
	ἡμέρα 2	day	346b
	ἡμέρα 2	day	347a
	ψυχή 1 b γ	soul, life	893c
9	ἄδικος 1	unjust	18b
	εὐσεβής	devout	326c
	ἡμέρα 3 b β	day	347b
	κολάζω	punish	440d
	κρίσις 1 a α	judging	452c
	κρίσις 1 a α	judging	452d
	κύριος 2 a	lord	459b

9	οἶδα 3	know	556c
	πειρασμός 2 b	test	641a
	πειρασμός 2 b	test	641a
	ῥύομαι	save	737d
	τηρέω 2 a	keep	814d
10	αὐθάδης	self willed	120d
	βλασφημέω 2 c	blaspheme	142d
	δόξα 4	glorious angelic beings	204b
	ἐπιθυμία 3	desire	293c
	καταφρονέω 1	scorn	420b
	κυριότης 2	lordship	460d
	μάλιστα 1	above all	489a
	μιασμός	pollution	521a
	ὀπίσω 2 a β	after	575b
	πορεύω 2 b	proceed	692d
	σάρξ 1	flesh	743c
	τολμητής	bold	822a
	τρέμω	tremble	825c
11	βλάσφημος	slanderous	143b
	δύναμις 1	power	207d
	ἰσχύς	strength	383c
	κρίσις 1 b β	judging	453a
	μέγας 2 b α	great	498b
	ὅπου 2 a	where	576b
	παρά II 2 a	beside	610c
	φέρω 4 a β	bear	855c
12	ἀγνοέω 3	be ignorant	11c
	ἄλογος 1	without reason	41a
	ἅλωσις	capture	42a
	βλασφημέω 2 c	blaspheme	142d
	γεννάω 2	bear	155d
	ζῷον 2	animal	341d
	καταφθείρω 1	destroy	420a
	ὅς, ἥ, ὅ I 2 b β	(rel pron)	583c
	φθείρω 2 c	ruin	857c
	φυσικός 2	natural	869b
12a	φθορά 1	ruin	858a
12b	φθορά 3	ruin	858b
	φθορά 4	ruin	858b
13	ἀγάπη II	love feast	6b
	ἀδικέω 2 b	injure	17d
	ἀδικία 2	unrighteousness	18a
	ἀπάτη 1	deception	82b
	ἐντρυφάω	revel	270a
	ἡγέομαι 2	consider	343d
	ἡδονή 1	pleasure	344b
	ἡμέρα 1 a	day	346a
	κομίζω 2 a	bring	442d
	μισθός 1	wages	523b
	μῶμος 2	blemish	531a
	σπιλάς 2	stain	762c
	σπίλος	spot	762d
	συνευωχέομαι	feast together	789a
	τρυφή 1	indulgence	828d
14	ἀκατάπαυστος	unceasing	30a
	ἀστήρικτος	unstable	118a
	γυμνάζω	train	167d
	δελεάζω	lure	174c
	καρδία 1 b δ	heart	404a
14	κατάρα	curse	417a
	μεστός 2 b	full	508c
	μοιχαλίς 1	adulteress	526a
	ὀφθαλμός 1	eye	599d
	πλεονεξία	greediness	667d
	τέκνον 2 f β	child	808d
	ψυχή 1 c	soul, life	893d
15	ἀγαπάω 2	love	5a
	ἀδικία 2	unrighteousness	18a
	Βαλαάμ	Balaam	130c
	Βεώρ	Beor	139c
	Βοσόρ	Bosor	145b
	ἐξακολουθέω 2	follow	272b
	εὐθύς 2 a	straight	321a
	καταλείπω 2 b	leave behind	413d
	μισθός 1	wages	523b
	ὁδός 2 b	way	554d
	πλανάω 2 b	deceive	665c
16	ἄνθρωπος 1 a β	man	68b
	ἄφωνος 2	incapable of speech	128a
	ἔλεγξις	rebuke	249a
	κωλύω 2	hinder	461c
	παράνοια	madness	621a
	παρανομία	evil doing	621a
	παραφρονία	madness	623c
	παραφροσύνη	madness	623c
	προφήτης 1	prophet	723c
	ὑποζύγιον	pack animal	844d
	φθέγγομαι	speak	857a
	φωνή 3	language	871c
17	ἄνυδρος	waterless	76c
	ἐλαύνω	drive	248c
	ζόφος 2	darkness	339d
	λαῖλαψ	hurricane	462d
	νεφέλη	cloud	536d
	ὁμίχλη	mist	565d
	οὗτος 1 a β	this	596c
	πηγή 1	fountain	655d
	σκότος 1	darkness	757d
	τηρέω 2 a	keep	814d
	ὑπό 1 a β	by	843b
18	ἀναστρέφω 2 b β	live	61c
	ἀποφεύγω	escape	101d
	ἀσέλγεια	licentiousness	115a
	δελεάζω	lure	174c
	ἐπιθυμία 3	desire	293d
	ματαιότης	futility	495d
	ὀλίγως	scarcely	564b
	ὄντως 2	real	574b
	πλάνη	wandering	665c
	σάρξ 7	body	744c
	ὑπέρογκος	haughty	841c
	φθέγγομαι	speak	857a
19	δοῦλος 3	slave	205d
	δουλόω 1	enslave	206b
	ἐλευθερία	freedom	250c
	ἐπαγγέλλομαι 1 a	announce	280d
	ἡττάομαι	succumb	349c
	τὶς, τὶ 1 a α	any one	819d
	ὑπάρχω 2	be	838a

19	φθορά 3	ruin	858b
20	ἀποφεύγω	escape	101d
	ἐμπλέκω 2	entangle	256c
	ἐπίγνωσις	knowledge	291c
	ἔσχατος 3 a	last	314a
	ἡττάομαι	succumb	349c
	κόσμος 7	world	446d
	κύριος 2 c γ	lord	460a
	μίασμα	defilement	521a
	ὁ, ἡ, τό II 10 b	the	552d
	πάλιν 1 b	again	606d
	πρῶτος 1 a	first	725c
	σωτήρ 2	savior	801b
	χείρων	worse	881b
21	ἅγιος 1 a α	dedicated to God	9c
	ἀνακάμπτω 2	return	55d
	δικαιοσύνη 2 b	righteousness	196c
	ἐκ 1 a	away from	234b
	ἐντολή 2 f	command	269b
	ἐπιστρέφω 1 b β	turn	301b
	κρείττων 2	better	450a
	μή A II 1 c	not	516b
	ὁδός 2 b	way	554c
	παραδίδωμι 3	give over	615c
	ὑποστρέφω	return	847c
21a	ἐπιγινώσκω 2 e	know	291b
21b	ἐπιγινώσκω 2 e	know	291b
22	ἀληθής 2	true	36d
	βόρβορος 2	mud	145a
	ἐξέραμα	vomit	274b
	ἐπί III 1 a δ	to	288c
	ἐπιστρέφω 1 b α	turn	301b
	ἴδιος 2 c	one's own	370a
	κύων 1	dog	461b
	λούω 2 a α	bathe	480d
	ὁ, ἡ, τό II 7	the	552b
	παροιμία 1	proverb	629b
	συμβαίνω	meet	777b
	ὗς	sow	848d

2 Peter 3

1	ἀγαπητός 2	beloved	6c
	γράφω 4	write	167b
	δεύτερος 3	second	177b
	διάνοια 2	mind	187a
	διεγείρω	arouse	194a
	εἰλικρινής	sincere	222d
	ἐπιστολή	letter	300d
	ὅς, ἥ, ὅ I 3 b β	(rel pron)	583d
	ὑπόμνησις 1	remembering	846b
2	ἅγιος 1 b α	dedicated to God	9c
	ἅγιος 1 b α	dedicated to God	9c
	ἀπόστολος 3	apostles	99d
	ἐντολή 2 f	command	269b
	κύριος 2 c γ	lord	460a
	μιμνήσκομαι 1 a α	remember	522b
	προεῖπον 1	foretell	704d
	προφήτης 1	prophet	723c
2	ῥῆμα 1	word	735c
	σωτήρ 2	savior	801b
3	γινώσκω 6 c	know	161c
	ἐμπαιγμονή	mocking	255d
	ἐμπαίκτης	mocker	255d
	ἐπί I 2	under	286d
	ἐπιθυμία 3	desire	293d
	ἔρχομαι I 1 a θ	come	311b
	ἔσχατος 3 b	last	314a
	ἡμέρα 4 b	time	347c
	οὗτος 1 b β	this	597a
	πορεύω 2 c	proceed	692d
	πρῶτος 2 c	first	726c
4	ἀπό II 2 c	since	87a
	ἀρχή 1 c	beginning	112b
	διαμένω	remain	186d
	ἐπαγγελία 2 a	promise	280c
	κοιμάω 2 a	sleep	437d
	κτίσις 1 b β	creation	456a
	ὅς, ἥ, ὅ I 11 f	(rel pron)	585a
	παρουσία 2 b α	coming	630a
	πατήρ 2 d	father	635c
	ποῦ 1 a	where	696a
5	γῆ 5 a	earth	157d
	ἔκπαλαι	for a long time	243c
	θέλω 5	wish	355c
	λανθάνω	escape notice	466b
	λόγος 1 a β	word	477b
	οὐρανός 1 e	heaven	594c
	συνίστημι II 3	continue	791a
	ὕδωρ 1	water	832d
6	κατακλύζω	flood	411d
	κόσμος 5 a	world	446c
	τότε 1 a	at that time	823d
	ὕδωρ 1	water	832d
7	ἀπώλεια 2	destruction	103c
	ἀσεβής 1	godless	114d
	γῆ 5 a	earth	157d
	ἡμέρα 3 b β	day	347b
	θησαυρίζω 2 c	store up	361c
	κρίσις 1 a α	judging	452c
	λόγος 1 a β	word	477b
	νῦν 3 a	now	546a
	οὐρανός 1 e	heaven	594c
	πῦρ 1 b	fire	730b
	τηρέω 2 a	keep	814d
8	ἀγαπητός 2	beloved	6c
	εἷς 1 a α	one	230d
	εἷς 2 b	one	231c
	ἔτος	year	316d
	κύριος 2 a	lord	459c
	λανθάνω	escape notice	466b
	παρά II 2 b	beside	610c
8a	χίλιοι	thousand	882a
	ὡς II 3 b	so	897d
8b	χίλιοι	thousand	882a
	ὡς II 3 b	so	897d
9	ἀπόλλυμι 2 a α	perish	95b
	βούλομαι 2 b	desire	146c
	βραδύνω	delay	147a
	βραδύτης	slowness	147b

9	εἰς 4 c β	(goal)	229b
	ἐπαγγελία 2 a	promise	280c
	ἡγέομαι 2	consider	343d
	μακροθυμέω 2	have patience	488a
	μετάνοια	repentance	512d
	χωρέω 1 b	go	889d
9a	τὶς, τὶ 1 a β	any one	820a
9b	τὶς, τὶ 1 a α	any one	819d
10	ἀφανίζω	render invisible	124d
	γῆ 5 a	earth	157d
	ἐκπυρόω	set on fire	244d
	ἔργον 3	work	308c
	εὑρίσκω 1 a	find	325a
	εὑρίσκω 2	find	325c
	ἥκω 2	have come	344d
	ἡμέρα 3 b β	day	347b
	κατακαίω	consume	411a
	καυσόω	burn up	425c
	κλέπτης	thief	434c
	νύξ 1 c	night	546d
	οὐρανός 1 e	heaven	594c
	παρέρχομαι 1 b α	pass away	626a
	ῥοιζηδόν	with great suddenness	737a
	στοιχεῖον 2	fundamental principle	769a
10-12	λύω 3	destroy	483d
11	ἅγιος 1 a β	worthy of God	9c
	ἀναστροφή	conduct	61d
	εὐσέβεια	godliness	326b
	πᾶς, πᾶσα, πᾶν 1 e β	all	632c
	ποταπός	what sort	695a
	ὑπάρχω 2	be	838a
12	ἡμέρα 3 b β	day	347b
	καυσόω	burn up	425c
	παρουσία 2 b α	coming	630b
	πυρόω 1 a	set on fire	731b
	σπεύδω 2	hurry	762c
	στοιχεῖον 2	fundamental principle	769a
	τήκω	be melted	814b
	τήκω	be melted	814c
12-14	προσδοκάω 2	expect	712c
12f	οὐρανός 1 e	heaven	594c
13	γῆ 5 a	earth	157d
	δικαιοσύνη 2 b	righteousness	196d
	ἐπάγγελμα 1	promise	281a
	καινός 3 b	new	394b
	κατοικέω 1 b	live	424b
14	ἀγαπητός 2	beloved	6c
	ἀμώμητος	blameless	47d
	ἄμωμος 2 a	blameless	48a
	ἄσπιλος 2	without blemish	117a
	εἰρήνη 3	peace	227d
	εὑρίσκω 2	find	325d
	σπουδάζω 2	hasten	763c
15	ἀγαπητός 2	beloved	6c
	ἀδελφός 2	brother	16b

15	γράφω 2 d	write	167a
	ἡγέομαι 2	consider	343d
	κύριος 2 a	lord	459c
	μακροθυμία 2 b β	patience	488b
	Παῦλος 2	Paul	637c
	σοφία 2	wisdom	759d
	σωτηρία 2	deliverance	801d
16	ἀμαθής	ignorant	42b
	ἀπώλεια 2	destruction	103c
	γραφή 2 b α	scripture	166b
	δυσνόητος	hard to understand	209d
	ἐπιστολή	letter	301a
	λοιπός 2 a	other	479d
	στρεβλόω 2	twist	771a
17	ἀγαπητός 2	beloved	6c
	ἄθεσμος	lawless	21a
	ἐκπίπτω 3 a	lose	244a
	ἴδιος 2 b	ones own	370a
	ἵνα II 1 a β	in order that	377c
	πλανή	wandering	665c
	προγινώσκω	know beforehand	703d
	στηριγμός	firmness	768a
	συναπάγω	lead away	784d
	φυλάσσω 2 a	watch	868d
18	αὐξάνω 3	grow	121d
	εἰς 2 b	for	229a
	ἡμέρα 3 b β	day	347b
	ὁ, ἡ, τό II 10 b	the	552d
	σωτήρ 2	savior	801b
	χάρις 3 b	favor	878a
	χάρις 4	favor	878b

1 John 1

1	ἀκούω 1 b α	hear	32a
	ἀρχή 1 c	beginning	112b
	διαβλέπω 2	see clearly	181d
	ζωή 2 a β	life	340c
	θεάομαι 1 a	see	353a
	λόγος 3	the Logos	479a
	ὀφθαλμός 1	eye	599c
	ψηλαφάω	touch	892c
1-3	ὁράω 1 a β	see	578a
2	αἰώνιος 3	eternal	28d
	ἀπαγγέλλω 2	proclaim	79b
	ζωή 2 a β	life	340c
	ζωή 2 b α	life	341a
	μαρτυρέω 1 b	bear witness	493a
	ὁ, ἡ, τό II 1 f	the	550d
	πατήρ 3 e	father	636b
	πρός III 7	by	711a
2a	φανερόω 2 b β	reveal	853a
2b	φανερόω 2 b β	reveal	853a
3	ἀκούω 1 b α	hear	32a
	ἀπαγγέλλω 2	proclaim	79b
	δέ 4 b	but, and	171d
	δέ 4 b	but, and	171d
	ἡμέτερος	our	347d
	ἵνα I 1 a	in order that	376d

3	ὁ, ἡ, τό II 1 e	the	550d
	πατήρ 3 d α	father	636b
	υἱός 2 b	son	835a
	Χριστός 2	Christ	887b
3a	κοινωνία 1	association	439a
	μετά A II 3 b	with	509c
3b	κοινωνία 1	association	439a
4	πληρόω 3	make full	671c
	χαρά 1	joy	875d
5	ἀγγελία 1	message	7a
	ἀκούω 1 b β	hear	32a
	ἀναγγέλλω 2	disclose	51b
	ἀπό V 4	from	88a
	εἰμί II 6 a	to be	224c
	ὅτι 1 a	that	588c
	οὗτος 1 a δ	this	596c
	σκοτία 2	darkness	757c
	φῶς 2	light	872a
6	ἀλήθεια 2 b	truth	36b
	εἶπον 2 c	say	226c
	κοινωνία 1	association	439a
	περιπατέω 1 d	go about	649b
	ποιέω I 1 c β	do	682a
	σκότος 2 b	darkness	758a
	ψεύδομαι 1	lie	891d
7	αἷμα 2 b	blood	23a
	καθαρίζω 2 b α	cleanse	387c
	κοινωνία 1	association	439a
	μετά A II 3 b	with	509c
	περιπατέω 1 d	go about	649b
	υἱός 2 b	son	835a
7a	φῶς 3 a	light	872b
7b	φῶς 2	light	872a
8	ἁμαρτία 2	sin	43c
	εἶπον 2 c	say	226c
	πλανάω 1 b	deceive	665c
9	ἀδικία 2	unrighteousness	18a
	ἁμαρτία 1	sin	43b
	ἀφίημι 2	forgive	126a
	δίκαιος 2	righteous	196a
	ἵνα II 2	in order that	378a
	καθαρίζω 2 b α	cleanse	387c
	ὁμολογέω 3 b	confess	568b
	πιστός 1 a β	trustworthy	664d
10	εἶπον 2 c	say	226c
	ἐν I 5 a	in	259c
	λόγος 1 b β	word	478a
	ποιέω I 1 b ι	do	682a
	ψεύστης	liar	892c

1 John 2

1	δίκαιος 3	righteous	196a
	ἔχω I 2 d	have	332c
	παράκλητος	helper	618c
	πατήρ 3 e	father	636b
	πρός III 7	by	711a
	τεκνίον	child	808a
	τὶς, τὶ 1 a γ	any one	820a
	Χριστός 2	Christ	887b
2	δέ 4 b	but, and	171d
2	ἡμέτερος	our	347d
	ἱλασμός 1	expiation	375d
	κόσμος 5 a	world	446c
3	γινώσκω 1 b	know	160d
	γινώσκω 1 c	know	161a
	οὗτος 1 b β	this	597a
3f	γινώσκω 1 b	know	161a
	τηρέω 5	keep	815b
4	λέγω II 1 e	declare	469d
	ψεύστης	liar	892c
5	ἀγάπη I 1 b γ	love	5d
	ἀληθῶς 1	truly	37c
	γινώσκω 1 c	know	161a
	εἰμί III 4	to be	225c
	λόγος 1 b β	word	478b
	τελειόω 2 e β	make perfect	810b
	τηρέω 5	keep	815b
6	ἐκεῖνος 1 c	that	239c
	καθώς 1	just as	391b
	λέγω I 1 b β	say	468b
	μένω 1 a β	remain	504a
	ὀφείλω 2 a β	owe	599a
	περιπατέω 2 a γ	go about	649c
7	ἀγαπητός 2	beloved	6c
	ἀρχή 1 b	beginning	112a
	ἔχω I 2 i	have	333a
	λόγος 1 b β	word	478b
7a	παλαιός 1	old	605d
7b	παλαιός 1	old	605d
7f	γράφω 4	write	167b
	καινός 2	new	394a
8	ἀληθής 2	true	36d
	ἀληθινός 3	genuine	37a
	πάλιν 4	again	607a
	παράγω 1 b	bring in	613d
	σκιά 1 a	shade	755d
	φαίνω 1	shine	851c
	φῶς 2	light	872a
	φῶς 3 a	light	872b
8f	σκοτία 2	darkness	757c
9	ἄρτι 3	now	110b
	εἰμί III 4	to be	225b
	ἕως II 1 c	until	335a
	λέγω I 1 b β	say	468b
	μισέω 1	hate	522d
	φῶς 3 a	light	872b
10	ἀγαπάω 1 a α	love	4c
	μένω 1 a β	remain	504a
	σκάνδαλον 3	trap	753b
	φῶς 3 a	light	872b
11	εἰμί III 4	to be	225b
	μισέω 1	hate	522d
	περιπατέω 1 d	go about	649b
	ποῦ 2 b	where	696b
	τυφλόω	to blind	831a
	ὑπάγω 3	go away	837a
11a	σκοτία 2	darkness	757c
11b	σκοτία 2	darkness	757c
11c	σκοτία 2	darkness	757c
12	ἀφίημι 2	forgive	126a
	διά A IV	because of	181a

12	ὄνομα I 4 c α	name	572b
	τεκνίον	child	808a
12-14	ὅτι 1 b α	that	588d
	ὅτι 3 a	that	589c
12ff	γράφω 2 d	write	167a
13	γινώσκω 1 b	know	160d
	πατήρ 2 c	father	635c
13f	ἀρχή 1 c	beginning	112b
	νεανίσκος 1	youth	534c
	νικάω 2 a	conquer	539b
	πονηρός 2 b	wicked	691b
14	ἰσχυρός 1 b	strong	383b
	λόγος 1 b β	word	478a
	μένω 1 a β	remain	504a
	παιδίον 2 a	child	604b
14b	πατήρ 2 c	father	635c
15	ἀγαπάω 2	love	5a
	ἀγάπη I 1 b γ	love	5d
	μηδέ 1 a	and not	517d
	πατήρ 3 e	father	636b
	τὶς, τὶ 1 a γ	any one	820a
15f	κόσμος 6	world	446c
	κόσμος 7	world	447a
16	ἀλαζονεία	pretension	34c
	βίος 3	life	142a
	ἐκ 3 b	from	235a
	ἐκ 3 c	from	235a
	ἐπιθυμία 3	desire	293d
	ἐπιθυμία 3	desire	293d
	ὀφθαλμός 1	eye	599d
	σάρξ 7	body	744b
17	αἰών 1 b	time	27b
	ἐπιθυμία 3	desire	293d
	θέλημα 1 c γ	will	354c
	κόσμος 7	world	447a
	μένω 1 c α	remain	504b
	παράγω 1 b	bring in	613d
	ποιέω I 1 c α	do	682a
18	ἀντίχριστος	antichrist	76b
	ἀντίχριστος	antichrist	76b
	γίνομαι II 5	exist	160c
	γινώσκω 1 c	know	161a
	ἔρχομαι I 1 a θ	come	311b
	ἔσχατος 3 b	last	314a
	καθώς 1	just as	391b
	νῦν 1 a β	now	545c
	ὅθεν 2	from which	555c
	παιδίον 3 c	child	604b
18a	ὥρα 3	time of day	896d
18b	ὥρα 3	time of day	896d
19	ἄν 1 b β	(particle)	48c
	ἐξέρχομαι 1 b α	go out	275a
	μένω 1 b	remain	504b
	μετά A II 1 a	with	508d
	φανερόω 2 b α	reveal	853a
20	ἅγιος 2 c α	the Holy One	10a
	ἀπό V 4	from	88a
	χρῖσμα	anointing	886c
21	ἀλήθεια 2 b	truth	36b
	εἰμί III 3	to be	225b
	ἐκ 3 c	from	235a
21	πᾶς, πᾶσα, πᾶν 1 a α	every each	631b
	ψεῦδος	lie	892b
22	ἀντίχριστος	antichrist	76b
	ἀρνέομαι 2	deny	107d
	ἀρνέομαι 3 b	deny	108a
	οὐ 5 b	no	590d
	τίς, τί 1 a α	which	819a
	Χριστός 1	Anointed One	887a
	ψεύστης	liar	892c
22-4	πατήρ 3 d α	father	636b
	υἱός 2 b	son	835a
23	ἀρνέομαι 3 a	deny	108a
	ἔχω I 2 b β	have	332c
	ὁμολογέω 4	confess	568c
	πᾶς, πᾶσα, πᾶν 1 c γ	whoever	632a
24	ἀρχή 1 b	beginning	112a
	ἐν I 5 d	in	259c
24a	μένω 1 a β	remain	504a
24b	μένω 1 a β	remain	504a
24c	μένω 1 a β	remain	504a
	μένω 1 a β	remain	504a
25	αἰώνιος 3	eternal	28d
	ἐπαγγελία 2 b	promise	280d
	ἐπαγγέλλομαι 1 b	announce	281a
	ζωή 2 b α	life	341a
	ὁ, ἡ, τό II 1 f	the	550d
	ὅς, ἥ, ὅ I 4 d	(rel pron)	584b
26	γράφω 2 d	write	167a
	πλανάω 1 b	deceive	665c
27	ἀληθής 2	true	36d
	διδάσκω 2 c	teach	192a
	ἵνα II 1 c α	in order that	377d
	λαμβάνω 2	receive	465c
	μένω 1 a β	remain	504a
	πᾶς, πᾶσα, πᾶν 2 a δ	everything	633a
	χρεία 1	need	885a
	ψεῦδος	lie	892b
27a	χρῖσμα	anointing	886c
27b	χρῖσμα	anointing	886c
27f	μένω 1 a β	remain	504a
28	αἰσχύνω 2	be ashamed	25d
	ἐάν I 1 d	if	211b
	ἐν II 2	while	260b
	ἔχω I 2 e β	have	332d
	νῦν 2	now	546a
	ὅταν 1	when	588a
	παρουσία 2 b α	coming	630a
	παρρησία 3 b	confidence	631a
	τεκνίον	child	808a
	φανερόω 2 b β	reveal	853a
29	γεννάω 1 b	beget	155c
	γινώσκω 6 c	know	161c
	δικαιοσύνη 2 b	righteousness	196c
	πᾶς, πᾶσα, πᾶν 1 c γ	whoever	632a
	ποιέω I 1 c β	do	682a

1 John 3

1	ἀγάπη I 2 a	love	5d
	γινώσκω 1 b	know	160d
	διά B II 2	therefore	181b
	εἶδον 4	consider	221a
	εἰμί II 1	to be	223d
	ἵνα II 1 e	in order that	378a
	καλέω 1 a δ	call	399b
	κόσμος 7	world	447a
	ὅτι 3 a	that	589c
	πατήρ 3 e	father	636b
	ποταπός	what sort	695a
1f	τέκνον 2 e	child	808d
2	ἀγαπητός 2	beloved	6c
	εἰμί II 9 b	to be	225a
	καθώς 1	just as	391c
	νῦν 1 a α	now	545c
	οἶδα 1 e	know	556a
	ὅμοιος 1	like	566d
	ὁράω 1 a γ	see	578b
	οὔπω	not yet	593c
	τίς, τί 1 b δ	which	819b
2a	φανερόω 1 b	reveal	852d
2b	φανερόω 2 b β	reveal	853a
3	ἁγνίζω 1 b	purify	11a
	ἁγνός 1	pure	12a
	ἐκεῖνος 1 c	that	239c
	ἐλπίς 2 b	hope	253b
	ἐπί II 1 b γ	on	287b
	ἔχω I 2 e β	have	332d
4	ἁμαρτία 1	sin	43a
	ἁμαρτία 1	sin	43a
	ἀνομία 1	lawlessness	71d
	ἀνομία 2	lawlessness	72a
4a	ποιέω I 1 c γ	do	682b
4b	ποιέω I 1 c γ	do	682b
5	αἴρω 4	take away	24d
	ἁμαρτία 2	sin	43c
	εἰμί III 4	to be	225c
	ἐκεῖνος 1 c	that	239c
	ἵνα I 1 e	in order that	377a
	φανερόω 2 b β	reveal	853a
6	γινώσκω 1 b	know	160d
	μένω 1 a β	remain	504a
	ὁράω 1 c β	see	578c
7	δίκαιος 1 a	upright	195c
	δίκαιος 3	righteous	196a
	δικαιοσύνη 2 b	righteousness	196c
	εἰμί II 9 b	to be	225a
	ἐκεῖνος 1 c	that	239c
	μηδείς 2 a	no	518a
	παιδίον 3 c	child	604b
	πλανάω 1 b	deceive	665c
	ποιέω I 1 c β	do	682a
	τεκνίον	child	808a
8	ἁμαρτάνω 1	sin	42c
	ἁμαρτία 1	sin	43a
	ἀρχή 1 c	beginning	112b
8	διάβολος 2	the slanderer	182a
	εἰμί III 3	to be	225b
	εἰς 4 f	(purpose)	229d
	ἐκ 3 a	from	234d
	ἔργον 3	work	308c
	ἵνα I 5	in order that	377b
	λύω 4	destroy	483d
	ποιέω I 1 c γ	do	682b
	υἱός 2 b	son	835a
	φανερόω 2 b β	reveal	853a
9	γεννάω 1 b	beget	155c
	γεννάω 1 b	beget	155c
	ἐκ 3 a	from	234d
	μένω 1 a β	remain	504a
	ποιέω I 1 c γ	do	682b
	σπέρμα 2 c	seed	762a
9f	θεός 3 a	God	357b
10	ἀγαπάω 1 a α	love	4c
	διάβολος 2	the slanderer	182a
	δικαιοσύνη 2 b	righteousness	196c
	ποιέω I 1 c β	do	682a
	φανερός 1	clear	852c
10a	μή A II 2 a	not	516c
	τέκνον 2 e	child	808d
10b	μή A II 2 a	not	516c
	τέκνον 2 e	child	808d
11	ἀγαπάω 1 a α	love	4c
	ἀγγελία 2	command	7a
	ἀλλήλων	each other	39c
	ἀρχή 1 b	beginning	112a
	εἰμί II 6 a	to be	224c
	εἰμί II 6 a	to be	224c
	ἵνα II 1 e	in order that	378a
	οὗτος 1 a δ	this	596c
11f	καθώς 1	just as	391c
12	δίκαιος 4	righteous	196a
	εἰμί III 3	to be	225b
	ἔργον 1 c β	deed	308a
	ἔργον 1 c β	deed	308b
	Κάϊν	Cain	394a
	ὅτι 3 a	that	589c
	σφάζω	slaughter	796a
	τίς, τί 1 b α	which	819b
	χάριν	for the sake of	877a
	χάριν 2	for the sake of	877a
12a	πονηρός 2 b	wicked	691b
12b	πονηρός 1 b β	wicked	691a
13	εἰ II	if	219c
	θαυμάζω 1 a γ	wonder	352c
	κόσμος 7	world	446d
	μισέω 1	hate	522d
14	ἀγαπάω 1 a α	love	4c
	ἐκ 1 c	away from	234c
	ἐν I 4 d	in	259b
	ζωή 2 b α	life	340d
	θάνατος 2 a	death	351c
	μένω 1 a β	remain	504a
	μεταβαίνω 2 a	pass	510c
	ὅτι 3 b	that	589d
15	ἀνθρωποκτόνος	murderer	68a

15	ζωή 2 b α	life	340d
	ζωή 2 b α	life	341a
	μένω 1 a β	remain	504a
	μισέω 1	hate	522d
15b	πᾶς, πᾶσα, πᾶν 1 a α every each		631b
16	ἐκεῖνος 1 c	that	239c
	ὅτι 1 a	that	588c
	οὗτος 1 b β	this	597a
	ὀφείλω 2 a β	owe	599a
16a	τίθημι I 1 b δ	lay down	816b
	ὑπέρ 1 a ε	in behalf of	838d
	ψυχή 1 a β	soul, life	893b
16b	τίθημι I 1 b δ	lay down	816b
	ὑπέρ 1 a ε	in behalf of	838d
	ψυχή 1 a β	soul, life	893b
17	ἀγάπη I 1 b γ	love	5d
	βίος 3	life	142a
	ἔχω I 2 a	have	332a
	θεωρέω 1	observe	360a
	κλείω 2	shut	434b
	κόσμος 6	world	446c
	μένω 1 a β	remain	504a
	πῶς 1 d	how	732c
	σπλάγχνον 1 b	inward parts	763a
	χρεία 2	need	885a
18	ἀγαπάω 1 c	love	5a
	γλῶσσα 1 a	tongue	162b
	ἔργον 1 a	deed	307d
	λόγος 1 a α	word	477a
	μηδέ 1 a	and not	517d
	τεκνίον	child	808a
19	ἀλήθεια 2 b	truth	36b
	ἔμπροσθεν 2 b	in front	257b
	ἐν I 2	in	258d
	καί I 2 f	and	392c
	οὗτος 1 b α	this	597a
	πείθω 1 d	convince	639c
20	γινώσκω 6 a α	know	161c
	καρδία 1 b ε	heart	404b
	καταγινώσκω	condemn	409d
	μέγας 2 b α	great	498a
21	ἀγαπητός 2	beloved	6c
	ἔχω I 2 e β	have	332d
	καρδία 1 b ε	heart	404b
	καταγινώσκω	condemn	409d
	παρρησία 3 b	confidence	630d
	πρός III 4 b	toward	710c
22	αἰτέω	ask	25d
	ἀρεστός	pleasing	105d
	ἐνώπιον 3	before	270d
	λαμβάνω 2	receive	465c
	ποιέω I 1 b ε	do	681c
	τηρέω 5	keep	815b
22-4	ἐντολή 2 b	command	269b
23	ἀγαπάω 1 a α	love	4c
	δίδωμι 1 b α	give	193a
	εἰμί II 6 a	to be	224c
	ἵνα II 1 e	in order that	378a
	ὄνομα I 4 b	name	572a
	οὗτος 1 a δ	this	596c
23	πιστεύω 2 a α	believe	661c
	υἱός 2 b	son	835a
	Χριστός 2	Christ	887b
24	γινώσκω 1 c	know	161a
	ἐκ 3 g β	by	235c
	ἐν I 5 d	in	259c
	μένω 1 a β	remain	504a
	οὗτος 1 b β	this	597a
	πνεῦμα 5 d α	spirit	677a
	τηρέω 5	keep	815b
24a	μένω 1 a β	remain	504a

1 John 4

1	ἀγαπητός 2	beloved	6c
	δοκιμάζω 1	examine	202c
	εἰ V 2 a	whether	219d
	ἐξέρχομαι 1 a ε	go out	274d
	κόσμος 5 a	world	446c
	πᾶς, πᾶσα, πᾶν 1 a γ every each		631c
	πιστεύω 1 b	believe	661a
	πολύς I 1 a α	many	687c
	ψευδοπροφήτης false prophet		892a
1-3	πνεῦμα 7	spirit	678a
1b	πνεῦμα 7	spirit	678a
1ff	θεός 3 a	God	357b
2	γινώσκω 1 a	know	160d
	ἐν I 4 b	in	259a
	ἔρχομαι I 1 a	come	311a
	θεός 3 a	God	357b
	ὁμολογέω 4	confess	568c
	ὁμολογέω 4	confess	568c
	σάρξ 2	body	743d
2a	πνεῦμα 5 a	spirit	676b
3	ἀντίχριστος	antichrist	76b
	ἤδη 1 a	already	344a
	κόσμος 5 a	world	446c
	λύω 4	abolish	484a
	μή A I 5	not	516a
	νῦν 1 c	now	545d
	ὁμολογέω 4	confess	568c
	οὐ 5 a	no	590d
4	ἐκ 3 a	from	234d
	κόσμος 7	world	446d
	μέγας 2 b α	great	498a
	νικάω 2 a	conquer	539b
	τεκνίον	child	808a
5	εἰμί III 3	to be	225b
	ἐκ 3 b	from	235a
	κόσμος 7	world	447a
6	ἀλήθεια 2 b	truth	36b
	γινώσκω 1 a	know	160d
	ἐκ 3 a	from	234d
	ἐκ 3 g β	by	235c
	πλανή	wandering	666a
	πνεῦμα 5 e	spirit	677b
6f	θεός 3 a	God	357b
6ff	γινώσκω 1 b	know	160d
7	ἀγαπάω 1 a α	love	4c

7	ἀγαπάω 1 a α	love	4c
	ἀγάπη I 2 a	love	6a
	ἀγαπητός 2	beloved	6c
	γεννάω 1 b	beget	155c
	ἐκ 3 a	from	234d
8	ἀγαπάω 1 a α	love	4c
	ἀγάπη I 2 a	love	6a
9	ἀγάπη I 2 a	love	5d
	ζάω 2 b β	live	336d
	κόσμος 4 c	world	446b
	μονογενής	only	527b
	ὅτι 1 a	that	588c
	οὗτος 1 b β	this	597a
	φανερόω 1 b	reveal	852d
9f	υἱός 2 b	son	835a
10	ἀγαπάω 1 b α	love	4d
	ἀποστέλλω 1 b γ	send away	98d
	ἱλασμός 1	expiation	375d
	ὅτι 1 a	that	588c
	οὗτος 1 b β	this	597a
11	ἀγαπητός 2	beloved	6c
	εἰ III	if	219c
	οὕτω 3	thus	598a
	ὀφείλω 2 a β	owe	599a
11f	ἀγαπάω 1 a α	love	4c
12	ἀγάπη I 1 b γ	love	5d
	θεάομαι 1 a	see	353a
	πώποτε	ever	732a
	τελειόω 2 e β	make perfect	810b
12f	μένω 1 a β	remain	504a
13	γινώσκω 1 c	know	161a
	γινώσκω 1 c	know	161a
	δίδωμι 1 b β	give	193a
	ἐκ 4 a ε	from	236a
	ἐν I 5 d	in	259c
	μένω 1 a β	remain	504a
	ὅτι 1 a	that	588c
	πνεῦμα 5 a	spirit	676b
14	ἀποστέλλω 1 b γ	send away	98d
	θεάομαι 2	see	353b
	κόσμος 5 a	world	446c
	μαρτυρέω 1 a	bear witness	492d
	σωτήρ 2	savior	801a
14f	υἱός 2 b	son	835a
15	μένω 1 a β	remain	504a
	ὁμολογέω 4	confess	568c
15f	ἐν I 5 d	in	259c
16	ἀγάπη I 2 a	love	5d
	ἀγάπη I 2 a	love	6a
	ἔχω I 2 e β	have	332d
	μένω 1 a β	remain	504a
	πιστεύω 1 a α	believe	660b
16b	ἀγάπη I 1 a	love	5c
17	εἰμί II 9 b	to be	225a
	ἐκεῖνος 1 a	that	239b
	ἐκεῖνος 1 c	that	239c
	ἐνανθρωπέω	take on human form	261d
	ἔχω I 2 e β	have	332d
	ἡμέρα 3 b β	day	347b
	ἵνα II 1 e	in order that	378a
17	καθώς 1	just as	391b
	κόσμος 7	world	446d
	κρίσις 1 a α	judging	452c
	οὗτος 1 b β	this	597a
	παρρησία 3 b	confidence	631a
	τελειόω 2 e β	make perfect	810b
18	βάλλω 1 b	throw	130d
	ἔξω 1 b	outside	279c
	ἔχω I 4	have	333b
	κόλασις 2	punishment	441a
	τέλειος 1 a α	having attained the end	809a
	τελειόω 2 e α	make perfect	810a
18a	φόβος 2 a β	fear	863d
18b	φόβος 2 a β	fear	863d
18c	φόβος 2 a β	fear	863d
19	ἀγαπάω 1 a α	love	4c
	ἀγαπάω 1 b α	love	4d
	πρῶτος 1 a	first	725c
20	μισέω 1	hate	522d
	ὅτι 2	that	589c
	πῶς 1 d	how	732c
	τὶς, τὶ 1 a γ	any one	820a
	ψεύστης	liar	892c
20a	ὁράω 1 a α	see	577d
20b	ὁράω 1 a α	see	577d
20f	ἀγαπάω 1 a α	love	4c
21	ἀπό V 4	from	88a
	ἔχω I 2 i	have	333a
	ἵνα II 1 e	in order that	378a
	οὗτος 2 a	this	597b

1 John 5

1	γεννάω 1 b	beget	155c
	γεννάω 1 b	beget	155c
	ἐκ 3 a	from	234d
	θεός 3 a	God	357b
	πιστεύω 1 a β	believe	660c
	Χριστός 1	Anointed One	887a
2	ἀγαπάω 1 a α	love	4c
	γινώσκω 1 c	know	161a
	οὗτος 1 b β	this	597a
	τέκνον 2 e	child	808d
3	ἀγάπη I 1 b γ	love	5d
	βαρύς 2 a	burdensome	134b
	εἰμί II 6 a	to be	224c
	ἵνα II 1 e	in order that	378a
	οὗτος 1 a δ	this	596c
	τηρέω 5	keep	815b
4	γεννάω 1 b	beget	155c
	ἐκ 3 a	from	234d
	νίκη	victory	539c
	οὗτος 1 a δ	this	596c
	πᾶς, πᾶσα, πᾶν 1 c γ	whoever	632a
	πιστεύω	believe	660b
	πίστις 2 d α	faith	663c
4b	νικάω 2 a	conquer	539b
4f	κόσμος 7	world	447a
	νικάω 2 a	conquer	539b

5	πιστεύω 1 a β	believe	660c
	τίς, τί 1 a α	which	819a
	υἱός 2 b	son	835a
6	αἷμα 2 b	blood	23a
	ἀλήθεια 2 b	truth	36b
	διά A I 1	through	179c
	διά A III 1 c	through	180b
	ἐν I 4 c β	in	259b
	ἔρχομαι I 1 a	come	311a
	μόνος 2 c α	only	528a
	οὗτος 1 a β	this	596c
	Χριστός 1	Anointed One	887a
6a	πνεῦμα 5 d α	spirit	677a
	ὕδωρ 1	water	833a
6b	πνεῦμα 5 d α	spirit	677a
	ὕδωρ 1	water	833a
6c	ὕδωρ 1	water	833a
6f	μαρτυρέω 1 a	bear witness	492d
7	λόγος 3	the Logos	479a
	πνεῦμα 5 c α	spirit	676c
	τρεῖς	three	825b
8	αἷμα 2 b	blood	23a
	εἰμί III 2	to be	225a
	εἷς 1 b	one	230d
	πνεῦμα 5 d α	spirit	677a
	ὕδωρ 1	water	833a
9	μαρτυρέω 1 a	bear witness	492d
	μέγας 2 b β	great	498b
9-13	υἱός 2 b	son	835a
9a	μαρτυρία 2 c	testimony	493c
9b	μαρτυρία 2 d β	testimony	493d
9c	μαρτυρία 2 d β	testimony	493d
10	ἔχω I 2 j	have	333b
	μαρτυρέω 1 b	bear witness	493a
	ποιέω I 1 b ι	do	682a
	ψεύστης	liar	892c
10a	μαρτυρία 2 d β	testimony	493d
	πιστεύω 2 a β	believe	661c
10b	μαρτυρία 2 d β	testimony	493d
	πιστεύω 1 b	believe	661a
10c	πιστεύω 1 a ε	believe	660d
11	εἰμί II 6 a	to be	224c
	ζωή 2 b α	life	340d
	ζωή 2 b α	life	341a
	μαρτυρία 2 d β	testimony	493d
	ὅτι 1 a	that	588c
	οὗτος 1 a δ	this	596c
11b	ζωή 2 a β	life	340c
12a	ζωή 2 b α	life	340d
12b	ζωή 2 b α	life	340d
12ff	αἰτέω	ask	26a
13	ζωή 2 b α	life	340d
	ζωή 2 b α	life	341a
	ὄνομα I 4 c β	name	572c
	πιστεύω 2 a β	believe	661c
14	αἰτέω	ask	26a
	ἔχω I 2 e β	have	332d
	θέλημα 2 b	will	354c
	οὗτος 1 a δ	this	596c
	παρρησία 3 b	confidence	630d
	πρός III 4 b	toward	710c
14f	ἀκούω 5	listen	32d
15	αἰτέω	ask	25d
	αἴτημα	request	26b
	ἐάν I 2 b	if	211c
	ἔχω I 2 g	have	333a
	παρά I 3 a	from	609d
16	ἁμαρτία 1	sin	43a
	ἁμαρτία 5	sin	43d
	εἰμί I 1	to be	223b
	ἐρωτάω 2	ask	312a
	ζωή 2 b α	life	340d
	λέγω II 1 c	order	469c
16a	ἁμαρτάνω 3	sin	42c
16b	ἁμαρτάνω 5	sin	42d
16f	θάνατος 2 b	death	351c
	πρός III 3 b	toward	710b
17	ἀδικία 2	unrighteousness	18a
	ἁμαρτία 1	sin	43a
	ἁμαρτία 5	sin	43d
18	ἅπτω 2 d	touch	103b
	γεννάω 1 b	beget	155c
	γέννησις	birth	156a
	ἐκ 3 a	from	234d
	πονηρός 2 b	wicked	691b
	τηρέω 2 b	keep	815a
	τηρέω 3	keep	815b
18ff	οἶδα 1 e	know	556a
19	ἐκ 3 a	from	234d
	ἐν I 5 d	in	260a
	κεῖμαι 2 d	find oneself	427a
	κόσμος 7	world	446d
	ὅλος 2 b	whole	564d
	πονηρός 2 b	wicked	691b
20	ἀληθινός 3	genuine	37a
	γινώσκω 1 b	know	160d
	διάνοια 1	understanding	187a
	εἰμί III 4	to be	225c
	ζωή 2 a α	life	340c
	ζωή 2 b α	life	341a
	ἥκω 1 c	have come	344d
	θεός 2	God	357a
	ἵνα I 3	in order that	377b
	υἱός 2 b	son	835a
21	εἴδωλον 2	idol	221d
	τεκνίον	child	808a
	φυλάσσω 1 c	watch	868c

2 John

1	ἀλήθεια 2 b	truth	36b
	ἀλήθεια 3	reality	36c
	γινώσκω 6 a α	know	161c
	ἐκλεκτός 1 b	chosen	242d
	κυρία 1	lady	458c
	μόνος 1 a γ	only	527d
	ὅς, ἥ, ὅ I 3 b γ	(rel pron)	584a
	πᾶς, πᾶσα, πᾶν 1 d β	all	632b
	πρεσβύτερος 2 b β	older	700b
	τέκνον 2 c	child	808c
2	αἰών 1 b	time	27b
3	εἰρήνη 2	peace	227c

3	ἔλεος 2 a	mercy	250b
	θεός 3 d	God	357d
	μετά A II 1 c γ	with	509a
	παρά I 3 b	from	610a
	υἱός 2 b	son	835a
	χάρις 2 c	favor	877d
3a	πατήρ 3 c β	father	636a
4	ἀλήθεια 2 b	truth	36a
	ἐκ 4 a γ	from	236a
	λαμβάνω 2	receive	465c
	λίαν 1	very	473b
	παρά I 3 b	from	609d
	περιπατέω 2 a δ	go about	649c
	τέκνον 2 c	child	808c
	χαίρω 1	rejoice	873d
5	ἀγαπάω 1 a α	love	4c
	ἀλλήλων	each other	39c
	γράφω 4	write	167b
	ἐρωτάω 2	ask	312a
	ἔχω	have	331d
	ἔχω I 2 i	have	333a
	καινός 2	new	394b
	κυρία 1	lady	458b
	νῦν 2	now	546a
5f	ἀρχή 1 b	beginning	112a
6a	ἵνα II 1 e	in order that	378a
	οὗτος 1 a δ	this	596c
	περιπατέω 2 a δ	go about	649c
6b	οὗτος 1 a δ	this	596c
	περιπατέω 2 a δ	go about	649c
7	ἀντίχριστος	antichrist	76b
	ἐν I 4 b	in	259a
	ἐξέρχομαι 1 a ε	go out	274d
	ἔρχομαι I 1 a	come	311a
	κόσμος 4 b	world	446b
	ὁ, ἡ, τό II 3 b	the	551c
	ὁμολογέω 4	confess	568c
	πολύς I 1 a α	many	687c
	σάρξ 2	body	743d
	Χριστός 2	Christ	887b
7b	πλάνος 2	deceitful	666a
8	ἀπολαμβάνω 1	receive	94c
	ἀπόλλυμι 1 b	lose	95b
	βλέπω 6	see	143d
	ἐργάζομαι 2 a	work	307b
	μισθός 2 a	reward	523b
	πλήρης 2	full	670a
	πλήρης 2	full	670a
9	ἔχω I 2 b β	have	332c
	μή A II 2 a	not	516c
	παραβαίνω 2 b	go aside	611c
	πᾶς, πᾶσα, πᾶν 1 c γ	whoever	632a
	πατήρ 3 d α	father	636b
	προάγω 2 a	lead	702a
	υἱός 2 b	son	835a
	Χριστός 1	Anointed One	887b
9a	μένω 1 a β	remain	504a
9b	μένω 1 a β	remain	504a
9f	διδαχή 2	teaching	192b
10	λαμβάνω 1 e α	receive	464d
10	οἰκία 1 a	house	557c
	φέρω 4 a β	bear	855c
10f	λέγω II 1 c	order	469c
	χαίρω 2 a	rejoice	874a
11	ἔργον 1 c β	deed	308b
	κοινωνέω 1 b β	share	438d
	πονηρός 1 b β	wicked	691a
12	βούλομαι 2 a ζ	desire	146b
	γίνομαι I 4 c ε	come, go	160a
	διά A III 1 a	by means of	180a
	ἐλπίζω 2	hope	252c
	ἔχω I 6 b	must	333c
	λαλέω 2 a ε	speak	463c
	μέλας	black	500a
	πληρόω 3	make full	671c
	στόμα 1 a	mouth	769d
	χαρά 1	joy	875d
	χάρτης	papyrus	879b
12b	πρός III 1 e	toward	709d
13	ἀδελφή 4	sister	15d
	ἀσπάζομαι 1 a	greet	116d
	ἐκλεκτός 1 b	chosen	242d
	τέκνον 2 c	child	808c

3 John

1	ἀγαπητός 2	beloved	6c
	ἀλήθεια 3	reality	36c
	Γάϊος 4	Gaius	149c
	πρεσβύτερος 2 b β	older	700b
2	ἀγαπητός 2	beloved	6c
	εὐοδόω	prosper	323d
	εὔχομαι 2	wish	329c
	μένω 1 a β	remain	504a
	πᾶς, πᾶσα, πᾶν 2 a δ	everything	633a
	περί 1 e	about	644d
	ὑγιαίνω 1	be healthy	832b
	ψυχή 1 c	soul, life	893d
	ψυχή 1 f	soul, life	894a
3	ἀλήθεια 2 b	truth	36b
	ἔρχομαι I 1 a ζ	come	310d
	καθώς 5	how	391c
	λίαν 1	very	473b
	μαρτυρέω 1 a	bear witness	492d
	χαίρω 1	rejoice	873d
3f	ἀλήθεια 2 b	truth	36a
	περιπατέω 2 a δ	go about	649c
4	ἀκούω 3 f	learn	32d
	ἵνα II 1 e	in order that	378a
	μέγας	large	497c
	τέκνον 2 b	child	808c
	χαρά 1	joy	875c
	χάρις 2 b	favor	877c
5	ἀγαπητός 2	beloved	6c
	εἰς 4 g	for	229d
	ἐργάζομαι 2 a	work	307a
	ξένος 2 a	the stranger	548b
	πιστός 1 b	trustworthy	665a
6	ἀξίως	worthily	78d

6	ἐκκλησία 4 a	church	241a
	ἐνώπιον 2 a	before	270d
	καλῶς 4 a	well	401b
	μαρτυρέω 1 a	bear witness	492d
	ποιέω I 2 a γ	do	682d
	προπέμπω 2	accompany	709c
7	ἀπό IV 2 a	from	87d
	ἐθνικός	gentile	218b
	ὄνομα I 4 c θ	name	573c
	ὄνομα I 4 d	name	573c
	ὑπέρ 1 b	in behalf of	838d
8	ἀλήθεια 2 b	truth	36b
	ἀπολαμβάνω 4	welcome	94c
	οὖν 1 a	therefore	593a
	ὀφείλω 2 a β	owe	599a
	συνεργός	working with	788a
	ὑπολαμβάνω 2	take up	845b
9	γράφω 2 d	write	167a
	ἐπιδέχομαι 2	receive	292a
	φιλοπρωτεύω	wish to be first	861a
10	ἀρκέω 2	be satisfied	107b
	βούλομαι 2 a ζ	desire	146b
	ἐκβάλλω 1	drive out	237c
	ἐπί II 1 b γ	on	287b
	ἐπιδέχομαι 1	receive	292a
	ἔργον 1 c β	deed	308a
	καί I 2 e	and	392c
	κωλύω 1	hinder	461c
	λόγος 1 a δ	word	477d
	οὔτε	not	596b
	πονηρός 1 b β	wicked	691a
	ὑπομιμνήσκω 1 b	remind	846b
	φλυαρέω	talk nonsense (about)	862b
11	ἀγαθοποιέω 2	do good	2c
	ἀγαπητός 2	beloved	6c
	κακοποιέω 1	do wrong	397c
	κακός 1 c	evil	397d
	μιμέομαι	imitate	522a
	ὁράω 1 c β	see	578c
12	ἀληθής 2	true	36d
	Δημήτριος 1	Demetrius	178d
	μαρτυρία 2 c	testimony	493c
12a	μαρτυρέω 2 b	be approved	493c
12b	μαρτυρέω 1 c	testify favorably	493a
13	γράφω 2 d	write	167a
	διά A III 1 a	by means of	180a
	ἔχω I 6 b	must	333c
	κάλαμος 4	pen	398d
	μέλας	black	500a
14	ἐλπίζω 2	hope	252c
	εὐθέως	immediately	320c
	λαλέω 2 a ε	speak	463c
	πρός III 1 e	toward	709d
	στόμα 1 a	mouth	769d
15	ἀσπάζομαι 1 a	greet	116d
	ἀσπάζομαι 1 a	greet	116d
	εἰρήνη 2	peace	227d
	κατά II 3 b	(distributive)	406d

15	ὄνομα I 3	name	571b
15a	φίλος 2 a α	loving	861a
15b	φίλος 2 a α	loving	861a

Jude

1	ἀγαπάω 1 d	love	5a
	δοῦλος 4	slave	206a
	ἐν I 3	in	258d
	Ἰάκωβος 3	James	368a
	Ἰούδας 8	Judas	380b
	κλητός	called	436a
	πατήρ 3 e	father	636c
	τηρέω 2 b	keep	815a
1a	Χριστός 2	Christ	887b
1b	Χριστός 2	Christ	887b
2	ἀγάπη I 2 a	love	5d
	εἰρήνη 2	peace	227d
	ἔλεος 2 a	mercy	250b
	πληθύνω 1 b	increase	669a
3	ἀγαπητός 2	beloved	6c
	ἀνάγκη 1	necessity	52c
	ἅπαξ 2	once	80d
	γράφω 2 d	write	167a
	ἐπαγωνίζομαι	fight	281b
	κοινός 1 a	common	438a
	παραδίδωμι 3	give over	615c
	παρακαλέω 2	appeal to	617b
	πᾶς, πᾶσα, πᾶν 1 a δ	all	631c
	πίστις 3	faith	664a
	ποιέω II 1	do	683a
	σπουδή 2	diligence	764a
	σωτηρία 2	deliverance	801c
4	ἀρνέομαι 3 a	deny	108a
	ἀσεβής 1	godless	114d
	ἀσέλγεια	licentiousness	114d
	δεσπότης	master	176c
	εἰς 4 d	for	229b
	κρίμα 4 b	verdict	450d
	κύριος 2 c γ	lord	460b
	μετατίθημι 2 a	change	513d
	μόνος 1 a δ	only	527d
	ὁ, ἡ, τό II 3 b	the	551c
	πάλαι 1	long ago	605c
	πάλαι 2 a	long ago	605c
	παρεισδύ(ν)ω	sneak in	624d
	προγράφω 1 b	write before	704b
	χάρις	graciousness	877b
	χάρις 3 b	favor	878a
5	Αἴγυπτος	Egypt	22a
	ἅπαξ 2	once	80d
	ἀπόλλυμι 1 a α	ruin	95a
	βούλομαι 2 a δ	desire	146b
	δεύτερος 4	second	177b
	ἐκ 1 a	away from	234b
	κύριος 2 a	lord	459b
	λαός 3 a	people	466d
	πιστεύω 1 d	believe	661a
	σῴζω 1 b	save	798b
	ὑπομιμνήσκω 1 a	remind	846b
	Χριστός 2	Christ	887c

6	ἄγγελος 2 c	angel	8a
	ἀΐδιος	eternal	22b
	ἀπολείπω 3	desert	94d
	ἀρχή 4	rule	112c
	δεσμός 1	fetter	176a
	ζόφος 2	darkness	339d
	ἴδιος 2 c	ones own	370b
	κρίσις 1 a α	judging	452d
	μέγας 2 b β	great	498b
	οἰκητήριον 1	dwelling	557b
	τέ 1 a	and	807c
	ὑπό 2 a β	under	843c
6a	τηρέω 3	keep	815b
6b	τηρέω 2 a	keep	815a
7	αἰώνιος 3	eternal	28c
	ἀπέρχομαι 4	go after	84d
	Γόμορρα	Gomorrah	164d
	δεῖγμα 2	example	172c
	δίκη 1	penalty	198c
	ἐκπορνεύω	indulge in immorality	244d
	ὅμοιος 1	like	566d
	ὀπίσω 2 a β	after	575b
	οὗτος 1 a β	this	596c
	περί 2 a γ	about	645b
	πόλις 1	city	685d
	πρόκειμαι 1	be set before	707c
	πῦρ 1 b	fire	730b
	σάρξ 1	flesh	743c
	Σόδομα	Sodom	759a
	τρόπος 1	manner	827b
	ὑπέχω	undergo punishment	842b
8	ἀθετέω 1 b	reject	21a
	βλασφημέω 2 c	blaspheme	142d
	δόξα 4	glorious angelic beings	204b
	ἐνυπνιάζομαι	to dream	270c
	καί II 3	also	393c
	κυριότης 2	lordship	460d
	μέντοι 2	though	503c
	μιαίνω 2	defile	520d
	ὁμοίως	likewise	567d
9	βλασφημία 2 a β	slander	143a
	διακρίνω 2 a	take issue	185b
	διαλέγομαι 1	discuss	185d
	ἐπιτιμάω 1	rebuke	303b
	ἐπιφέρω 3	bring	304c
	κρίσις 1 b β	judging	453a
	κύριος 2 a	lord	459b
	Μιχαήλ	Michael	524a
	Μωϋσῆς	Moses	532a
	σῶμα 1 a	body	799a
	τολμάω 1 b	dare	822a
10	ἄλογος 1	without reason	41b
	βλασφημέω 2 c	blaspheme	142d
	ἐπίσταμαι 2	know	300a
	ζῷον 2	animal	341d
	φθείρω 2 c	ruin	857c
	φυσικῶς	naturally	869b
11	ἀντιλογία 2	hostility	75a
	Βαλαάμ	Balaam	130c
11	ἐκχέω 3	give up	247c
	Κάϊν	Cain	394a
	Κόρε	Korah	444c
	μισθός 1	wages	523b
	ὁδός 2 b	way	554c
	οὐαί 1 a	woe	591b
	πλανή	wandering	666a
	πορεύω 2 c	proceed	692d
11c	ἀπόλλυμι 2 a α	perish	95b
12	ἀγάπη II	love feast	6b
	ἄκαρπος 1	unfruitful	29d
	ἄνεμος 1 a	wind	64d
	ἄνυδρος	waterless	76c
	ἀποθνήσκω 1 a β	die	91c
	ἀφόβως 1	fearlessly	127a
	δίς	twice	199d
	ἐκριζόω 1	uproot	245a
	εὐωχία	banquet	330a
	νεφέλη	cloud	536d
	παραφέρω 2 a	take away	623b
	ποιμαίνω 2 b	tend	684a
	σπιλάς 1	reef	762c
	συνευωχέομαι	feast together	789a
	ὑπό 1 a β	by	843b
	φθινοπωρινός	late autumn	857c
13	ἄγριος 2	wild	13c
	αἰσχύνη 3	shameful deed	25c
	ἀπαφρίζω	cast off like foam	82c
	ἀστήρ	star	118a
	ἐπαφρίζω	cause to splash up	284a
	ζόφος 2	darkness	339d
	θάλασσα 1 a	sea	350b
	κῦμα	wave	457c
	πλάνης	wanderer	666a
	πλανήτης	wanderer	666a
	σκότος 1	darkness	757d
	τηρέω 2 a	keep	815a
14	ἅγιος 1 b β	holy	9d
	Ἀδάμ	Adam	15c
	ἀπό II 3 a	from	87b
	ἕβδομος	seventh	213a
	ἐν I 4 c α	in	259a
	ἔρχομαι I 1 a β	come	310c
	ἰδού 1 a	behold	371a
	μυριάς 2	myriads	529d
	προφητεύω 3	prophesy	723b
14f	Ἑνώχ	Enoch	271b
15	ἁμαρτωλός 2	sinner	44b
	ἀσέβεια	godlessness	114c
	ἀσεβέω	act impiously	114c
	ἀσεβής 1	godless	114c
	ἀσεβής 1	godless	114d
	ἐλέγχω 2	expose	249b
	ἐξελέγχω	convict	274a
	ἔργον 1 c β	deed	308b
	κρίσις 1 a β	judging	452d
	ὅς, ἥ, ὅ I 4 a	(rel pron)	584a
	ποιέω I 1 b δ	do	681b

15	σκληρός 1 b	hard	756a
15a	κατά I 2 b β	down	405d
15b	κατά I 2 b β	down	406a
16	γογγυστής	grumbler	164c
	ἐπιθυμία 3	desire	293d
	θαυμάζω 1 b α	wonder	352c
	λαλέω 2 b	speak	463d
	μεμψίμοιρος	complaining	502c
	πορεύω 2 c	proceed	692d
	πρόσωπον 1 b	face	721b
	ὑπέρογκος	haughty	841c
	χάριν 1	for the sake of	877a
	ὠφέλεια	use	900c
17	ἀγαπητός 2	beloved	6c
	ἀπόστολος 3	apostles	99d
	κύριος 2 c γ	lord	460b
	μιμνήσκομαι 1 a α	remember	522b
	προεῖπον 1	foretell	704d
	ῥῆμα 1	word	735c
18	ἀσέβεια	godlessness	114c
	ἐμπαίκτης	mocker	255d
	ἐπί I 2	under	286d
	ἐπιθυμία 3	desire	293c
	ἐπιθυμία 3	desire	293d
	ἔσχατος 3 b	last	314a
	πορεύω 2 c	proceed	692d
	χρόνος	time	888a
19	ἀποδιορίζω	divide	90d
	πνεῦμα 5 d β	spirit	677b
	ψυχικός 2 b	pertaining to the soul	894c
20	ἀγαπητός 2	beloved	6c
	ἅγιος 1 a α	dedicated to God	9c
	ἀνοικοδομέω	build up again	71c
	ἐποικοδομέω 2	build on to	305c
	πίστις 3	faith	664a
	πνεῦμα 5 c β	spirit	676d
	προσεύχομαι	pray	714a
21	ἔλεος 3	mercy	250b
	ζωή 2 b β	life	341a
	κύριος 2 c γ	lord	460b
	προσδέχομαι 2 b	receive	712b
	τηρέω 2 b	keep	815a
22	διακρίνω 2 b	waver	185b
	ἐλεάω	have mercy on	249a
	ἐλέγχω 2	expose	249b
	μέν 1 c	(particle)	503a
22f	ὅς, ἥ, ὅ II 2	this (one)	585b
23	ἁρπάζω 2 a	snatch	109b
	ἐλαύνω	drive	248c
	ἐλεάω	have mercy on	249a
	καί II 2	even	393b
	μισέω 2	hate	523a
	πῦρ 1 a	fire	730a
	σάρξ 7	body	744b
	σπιλόω	stain	762d
	σῴζω 2 a β	save	798c
	φόβος 2 a α	fear	863c
	χιτών	shirt	882b
24	ἀγαλλίασις	exultation	3d
24	ἄμωμος 2 a	blameless	48a
	ἄπταιστος	without stumbling	102c
	δόξα 1 a	glory	203d
	ἵστημι I 1 a α	put	382a
	κατενώπιον a	in the presence of	421c
	φυλάσσω 1 c	watch	868c
25	ἀμήν 1	amen	45d
	ἐξουσία 2	ability	278a
	θεός 3 i	God	358a
	κράτος 4	power	449b
	κύριος 2 c γ	lord	460b
	μεγαλωσύνη	greatness	497b
	μόνος 1 a δ	only	527d
	πρό 2	before	701d
	σοφός 4	learned	760c
	σωτήρ 1	savior	801a
	τιμή 2 b	honor	818a
25a	αἰών 1 a	time	27b
25b	αἰών 1 b	time	27c

Revelation 1

1	ἀποκάλυψις 2	revelation	92b
	ἀποστέλλω 1 d	send away	99a
	δεῖ 1	it is necessary	172a
	δείκνυμι 1 a	show	172d
	δοῦλος 4	slave	206a
	ἐν III 2	by	261a
	Ἰωάν(ν)ης 3	John	385a
	σημαίνω 1	make known	747c
	τάχος	speed	807a
	Χριστός 2	Christ	887b
2	εἶδον	see	220c
	λόγος 1 b β	word	478b
	μαρτυρέω 1 b	bear witness	493a
	μαρτυρία 2 d β	testimony	493d
	Χριστός 2	Christ	887b
3	ἀναγινώσκω 1	read	51d
	διδαχή 2	teaching	192b
	ἐγγύς 2 a	near	214b
	καιρός 4	time	395c
	μακάριος 1 b	blessed	486d
	προφητεία 3 b	prophecy	723a
	τηρέω 5	keep	815b
4	ἀπό V 4	from	88b
	Ἀσία	Asia	116a
	εἰμί I 1	to be	223a
	εἰρήνη 2	peace	227c
	ἐκκλησία 4 b	church	241a
	ἐνώπιον 1	before	270c
	ἑπτά	seven	306b
	ἔρχομαι I 1 b β	come	311b
	θρόνος 1 b	throne	364b
	Ἰωάν(ν)ης 3	John	385a
	πνεῦμα 4 b	spirit	676a
	χάρις 2 c	favor	877d
5	αἷμα 2 b	blood	23a
	ἄρχων 1	ruler	113d
	βασιλεύς 1	king	136a

5	λούω 1	bathe	480d
	λύω 2 b	release	483d
	μάρτυς 3	witness	494c
	νεκρός 2 a	dead	535b
	πιστός 1 a α	trustworthy	664c
	πρωτότοκος 2 a	firstborn	726d
	Χριστός 2	Christ	887b
6	αἰών 1 b	time	27c
	ἀμήν 1	amen	45d
	βασιλεία 1	kingdom	134d
	ἱερεύς 2 b	priest	372a
	κράτος 4	power	449b
	πατήρ 3 d β	father	636b
	ποιέω I 1 b ι	do	682a
7	ἀμήν 1	amen	45d
	ἐκκεντέω	pierce	240c
	ἐπί III 1 b ε	toward	289b
	ἰδού 1 a	behold	371a
	κόπτω 2	beat	444b
	μετά A I	with	508c
	ναί 4	certainly	533b
	νεφέλη	cloud	536d
	ὁράω 1 a α	see	577d
	ὅστις 1 b	whoever	586d
	ὀφθαλμός 1	eye	599c
	φυλή 2	nation	869a
7a	πᾶς, πᾶσα, πᾶν 1 a α	every each	631b
7b	πᾶς, πᾶσα, πᾶν 1 d α	all	632a
8	Α, α	Alpha	1a
	ἀρχή 1 d	beginning	112b
	εἰμί I 1	to be	223a
	ἔρχομαι I 1 b β	come	311b
	κύριος 2 a	lord	459c
	παντοκράτωρ	almighty	609a
	τέλος 1 b	end	811c
	Ω	omega	895a
9	ἀδελφός 2	brother	16b
	γίνομαι II 4 a	be	160c
	θλῖψις 1	tribulation	362b
	Ἰωάν(ν)ης 3	John	385a
	καλέω 1 a γ	call	399b
	λόγος 1 b β	word	478b
	μαρτυρία 2 d β	testimony	493d
	νῆσος	island	538a
	Πάτμος	Patmos	636c
	συγκοινωνός	participant	774c
	ὑπομονή 2	patience	846c
10	γίνομαι II 4 a	be	160c
	ἐν I 5 d	in	260a
	ἡμέρα 2	day	346d
	κυριακός	belonging to the lord	458c
	μέγας 2 a γ	great	497d
	ὄπισθεν 2 a	from behind	574d
	ὀπίσω 2 a α	behind	575b
	πνεῦμα 6 e	spirit	677d
	σάλπιγξ 1	trumpet	741a
	ὡς II 3 b	so	897d
11	Α, α	Alpha	1a

11	βιβλίον 1	book	141b
	γράφω 2 b	write	166d
	ἑπτά	seven	306b
	Ἔφεσος	Ephesus	330b
	Θυάτιρα	Thyatira	364d
	Λαοδίκεια	Laodicea	466c
	πέμπω 2	send	642b
	Πέργαμος	Pergamus	644b
	Σάρδεις	Sardis	742c
	Σμύρνα	Smyrna	759a
	Φιλαδέλφεια	Philadelphia	858b
	Ω	omega	895a
11f	βλέπω 1 a	see	143b
12	ἑπτά	seven	306b
	λαλέω 2 a δ	speak	463c
	ὅστις 3	whoever	587b
	φωνή 2 e	voice	871c
12a	ἐπιστρέφω 1 b α	turn	301b
12b	ἐπιστρέφω 1 b α	turn	301b
12f	λυχνία	lampstand	483b
	χρυσοῦς	golden	888d
13	ἐνδύω 2 a	dress	264a
	ζώνη	belt	341b
	μαζός 1	breast	485b
	μαστός 1	breast	495b
	μέσος 2	the middle	507d
	ὅμοιος 3	like	567a
	περιζώννυμι 1	gird about	647b
	περιζώννυμι 2 b	gird about	647b
	ποδήρης	reaching to the feet	680b
	πρός II 1	near	709d
	υἱός 2 c	son	835b
	χρυσοῦς	golden	888d
14	ἔριον	wool	309c
	θρίξ 2	hair	364a
	κεφαλή 1 a	head	430a
	ὀφθαλμός 1	eye	599c
	πῦρ 1 a	fire	730a
	φλόξ	flame	862b
	χιών	snow	882b
14a	λευκός 2	white	472c
14b	λευκός 2	white	472c
15	κάμινος	furnace	402a
	ὅμοιος 1	like	566d
	πολύς I 1 a β	many	687d
	πυρόω 2	set on fire	731b
	ὕδωρ 1	water	833a
	χαλκολίβανον	bronze	875a
	χαλκολίβανον	bronze	875a
15b	φωνή 1	sound	870d
16	ἀστήρ	star	117d
	δίστομος	double edged	200a
	ἐκπορεύομαι 2	go out	244c
	ἑπτά	seven	306b
	ἔχω I 1 a	have	331d
	ἥλιος	the sun	345c
	ὀξύς 1	sharp	574c
	ὄψις 2	appearance	601d
	ὄψις 3	appearance	602a
	ῥομφαία	sword	737b

16	στόμα 1 a	mouth	769d
	φαίνω 1	shine	851c
16f	δεξιός 1	right	174c
17	δεξιός 2 a	right	174d
	ἔσχατος 3 b	last	314a
	νεκρός 1 a α	dead	534d
	πίπτω 1 b α	fall	659c
	πούς 1 a	foot	696c
	πρῶτος 1 a	first	725c
	τίθημι I 1 a β	put	816a
18	ᾅδης 1	hades	17a
	εἰμί II 4 f	to be	224c
	ἔχω I 2 h	have	333a
	θάνατος 1 f	death	351b
	κλείς	key	433d
	κλείς 1	key	434a
	κλείς 1	key	434a
	νεκρός 1 a α	dead	534d
19	γράφω 2 b	write	166d
	εἰμί II 6 d	to be	224d
	μέλλω 1 c δ	is destined	501b
20	ἄγγελος 2 a	angel	7d
	ἀστήρ	star	117d
	δεξιός 2 a	right	174d
	ἑπτά	seven	306b
	μυστήριον 3	mystery	530c
	ὅς, ἥ, ὅ I 4 e	(rel pron)	584b
	χρυσοῦς	golden	888d
20a	λυχνία	lampstand	483b
20b	λυχνία	lampstand	483b

Revelation 2

1	ἄγγελος 2 a	angel	7d
	ἀστήρ	star	117d
	γράφω 2 d	write	167a
	δεξιός 2 a	right	174d
	ἐκκλησία 4 b	church	241a
	ἑπτά	seven	306b
	κρατέω 2 b	hold	448c
	λέγω II 1 c	order	469c
	λυχνία	lampstand	483b
	μέσος 2	the middle	507d
	ὅδε, ἥδε, τόδε 1	this	553a
	περιπατέω 1 a	go about	649a
	χρυσοῦς	golden	888d
	χρυσοῦς	golden	888d
2	ἀπόστολος 2	messenger	99d
	βαστάζω 2 b β	endure	137b
	ἔργον 1 c β	deed	308a
	εὑρίσκω 2	find	325c
	κακός 1 a	bad	397d
	κόπος 2	work	443d
	πειράζω 2 a	try	640b
	φάσκω	say	854b
	ψευδής 1	false	891c
2f	ὑπομονή 1	patience	846b
3	βαστάζω 2 b β	endure	137b
	ἔχω I 2 e β	have	332d
	κάμνω	fatigued	402a
3	κοπιάω 1	become weary	443c
	ὄνομα I 4 c α	name	572b
	πίπτω	fall	659b
4	ἀφίημι 3 b	abandon	126b
	ἔχω I 7 a	have	333d
	κατά I 2 b β	down	405d
	ὅτι 1 a	that	588c
	πρῶτος 1 a	first	725c
5	εἰ VI 3 a	if not	220a
	ἔρχομαι I 1 a δ	come	310d
	κινέω 1	move	432c
	λυχνία	lampstand	483b
	μνημονεύω 1 c	remember	525b
	πίπτω	fall	659b
	πίπτω 2 a β	fall	660a
	πόθεν 1	from where	680c
	ποιέω I 1 b α	do	681a
	πρῶτος 1 a	first	725c
	τάχος	speed	807a
	ταχύς 2 b	quick	807b
	τόπος 1 f	place	823a
5a	μετανοέω	change one's mind	512b
5b	μετανοέω	change one's mind	512b
6	ἔχω I 7 b	have	333d
	μισέω 2	hate	522d
	Νικολαΐτης	Nicolaitan	539d
	ὅτι 1 a	that	588c
	οὗτος 1 b β	this	597a
7	ἀκούω 1 a	hear	31d
	αὐτός 3 c	(oblique case)	123c
	ἐκ 4 a ε	from	236a
	ἐσθίω 1 b β	eat	312d
	ἐσθίω 1 d	eat	313a
	ἔχω I 2 c α	have	332c
	ζωή 2 b β	life	341a
	ζωή 2 b β	life	341a
	νικάω 1 a	be victor	539b
	ξύλον 3	tree	549c
	οὖς 2	ear	595d
	παράδεισος 2	paradise	614a
	πνεῦμα 5 d α	spirit	677a
8	ἄγγελος 2 a	angel	7d
	γράφω 2 d	write	167a
	ἐκκλησία 4 b	church	241a
	ἔσχατος 3 b	last	314a
	ζάω 1 a β	live	336b
	λέγω II 1 c	order	469c
	νεκρός 1 a α	dead	534d
	ὅδε, ἥδε, τόδε 1	this	553a
	πρῶτος 1 a	first	725c
	πρωτότοκος 2 a	firstborn	726d
	Σμύρνα	Smyrna	759a
	Σμυρναῖος	Smyrnaen	759a
9	βλασφημία 2 a α	slander	143a
	ἐκ 3 c	from	235a
	θλῖψις 1	tribulation	362b
	πλούσιος 2	rich	673d
	σατάν	Adversary	745a
	συναγωγή 4	place of assembly	783a
9f	σατάν	Adversary	745a

10	ἄχρι 1 c	as far as	129a
	βάλλω 1 b	throw	131a
	δέκα	ten	173d
	ἔχω I 2 e α	have	332c
	ζωή 2 b β	life	341a
	θάνατος 1 a	death	350d
	θλῖψις 1	tribulation	362c
	μηδείς 2 b β	nothing	518b
	πάσχω 3 b	endure	634c
	πειράζω 2 d	try	640c
	πιστός 1 a α	trustworthy	664c
	στέφανος 2 a	wreath	767c
	φυλακή 3	guard	867d
11	ἀδικέω 2 b	injure	17d
	ἀκούω 1 a	hear	31d
	δεύτερος 2	second	177b
	ἐκ 3 e α	by	235b
	ἔχω I 2 c α	have	332c
	θάνατος 2 b	death	351c
	μή D 1 a	not	517c
	νικάω 1 a	be victor	539b
	οὖς 2	ear	595d
	πνεῦμα 5 d α	spirit	677a
12	ἄγγελος 2 a	angel	7d
	γράφω 2 d	write	167a
	δίστομος	double edged	200a
	ἐκκλησία 4 b	church	241a
	λέγω II 1 c	order	469c
	ὅδε, ἥδε, τόδε 1	this	553a
	ὀξύς 1	sharp	574c
	Πέργαμος	Pergamus	644b
	ῥομφαία	sword	737b
13	Ἀντιπᾶς	Antipas	75d
	ἀρνέομαι 3 d	deny	108a
	θρόνος 1 e	throne	364c
	κρατέω 2 e β	hold	448d
	μάρτυς 3	witness	494c
	ὄνομα I 4 b	name	572a
	παρά II 1 b β	beside	610c
	πίστις 2 b β	faith	663a
	πιστός 1 a α	trustworthy	664c
	ποῦ 1 b	where	696b
13a	κατοικέω 1 a	live	424b
	ὅπου 1 a α	where	576a
	σατάν	Adversary	745a
13b	κατοικέω 1 a	live	424b
	ὅπου 1 a α	where	576a
	σατάν	Adversary	745a
14	Βαλαάμ	Balaam	130c
	Βαλάκ	Balak	130d
	βάλλω 2 b	put	131b
	διδάσκω 2 d	teach	192a
	εἰδωλόθυτος	meat offered to an idol	221c
	ἐνώπιον 1	before	270c
	ἐσθίω 1 a	eat	312c
	ἔχω I 7 a	have	333d
	κατά I 2 b β	down	405d
	ὀλίγος 1 b	few	563d
	πορνεύω 1	to prostitute	693c
	σκάνδαλον 2	trap	753a

14f	διδαχή 2	teaching	192b
	κρατέω 2 e β	hold	448d
15	Νικολαΐτης	Nicolaitan	539d
16	εἰ VI 3 a	if not	220a
	ἔρχομαι I 1 a δ	come	310d
	μετά A II 3 a	with	509c
	μετανοέω	change ones mind	512b
	πολεμέω 1 a	fight	685a
	ῥομφαία	sword	737b
	στόμα 1 a	mouth	769d
	ταχύς 2 b	quick	807b
17	ἀκούω 1 a	hear	31d
	αὐτός 3 c	(oblique case)	123c
	γράφω 2 a	write	166c
	δίδωμι 1 b β	give	193a
	καινός 2	new	394b
	κρύπτω 1 a	hide	454b
	λευκός 2	white	472c
	μάννα 2	manna	491a
	νικάω 1 a	be victor	539b
	οὐδείς 2 a	no one	592a
	οὖς 2	ear	595d
	πνεῦμα 5 d α	spirit	677a
17a	ψῆφος 2	cast a vote against	892d
17b	ψῆφος 2	cast a vote against	892d
18	ἄγγελος 2 a	angel	7d
	γράφω 2 d	write	167a
	ἐκκλησία 4 b	church	241a
	Θυάτιρα	Thyatira	364d
	λέγω II 1 c	order	469c
	ὅδε, ἥδε, τόδε 1	this	553a
	ὅμοιος 1	like	566d
	ὀφθαλμός 1	eye	599c
	πῦρ 1 a	fire	730a
	υἱός 2 b	son	834d
	φλόξ	flame	862b
	χαλκολίβανον	bronze	875a
19	ἀγάπη I 1 a	love	5c
	διακονία 1	service	184b
	ἔργον 1 c β	deed	308a
	ἔσχατος 3 a	last	314a
	πίστις 2 d γ	faith	663d
	πολύς II 1 a	many	689b
	ὑπομονή 1	patience	846b
20	ἀφίημι 4	tolerate	126b
	δοῦλος 4	slave	206a
	ἐάω 2	let	212d
	εἰδωλόθυτος	meat offered to an idol	221c
	ἐσθίω 1 a	eat	312c
	ἔχω I 7 a	have	333d
	Ἰεζάβελ	Jezebel	371c
	κατά I 2 b β	down	405d
	λέγω II 3	call	470a
	πλανάω 1 b	deceive	665c
	πορνεύω 1	to prostitute	693c
	προφῆτις	prophetess	724b
21	ἵνα II 1 d	in order that	377d
	μετανοέω	change ones mind	512b

21	πορνεία 2	prostitution	693b
	χρόνος	time	888b
21b	μετανοέω	change ones mind	512b
21f	ἐκ 1 c	away from	234c
22	βάλλω 1 b	throw	131a
	ἐάν I 3 b	if	211d
	εἰς 4 a	into	229a
	θλῖψις 1	tribulation	362b
	κλίβανος	oven	436b
	κλίνη	couch	436c
	μέγας 2 a γ	great	497d
	μετά A II 3 b	with	509c
	μετανοέω	change ones mind	512b
	μοιχεύω 2 c	commit adultery	526c
23	δίδωμι 4	give	193c
	ἕκαστος 2	each	236d
	ἐραυνάω	search	306d
	ἔργον 1 c β	deed	308a
	θάνατος 1 e	death	351b
	καρδία 1 b α	heart	403c
	κατά II 5 a β	according to	407b
	νεφρός	mind	537a
	τέκνον 2 b	child	808c
24	βάθος 2	depth	130b
	βαθύς 2	deep	130c
	βάλλω 2 b	put	131b
	βάρος 1	weight	134a
	διδαχή 2	teaching	192b
	Θυάτιρα	Thyatira	364d
	λοιπός 2 b α	the others	480a
	ὅστις 2 b	whoever	587a
	οὗτος 2 b	this	597b
	σατάν	Adversary	745a
25	ἄν 3 d	(particle)	49a
	ἄχρι 2 a	until	129a
	ἥκω	have come	344c
	ἥκω 1 c	have come	344d
	κρατέω 2 e γ	hold	448d
	πλήν 1 c	but	669c
26	ἄχρι 1 a	until	128d
	ἐξουσία 3	authority	278b
	ἐπί I 1 b α	over	286c
	ἔργον 1 c β	deed	308b
	νικάω 1 a	be victor	539b
	τέλος 1 d β	to the end	812a
	τηρέω 5	keep	815b
27	ἐν III 1 a	by	260d
	κεραμικός	belonging to the potter	428d
	ποιμαίνω 2 a γ	tend	683d
	ῥάβδος	rod	733b
	σιδηροῦς	iron	750a
	σκεῦος 1 b	thing	754b
	συντρίβω 1 a	shatter	793c
28	λαμβάνω 2	receive	465c
	παρά I 3 b	from	609d
	πατήρ 3 d α	father	636b
	προϊνός		707a
	πρωϊνός	early	725a
29	ἀκούω 1 a	hear	31d
29	οὖς 2	ear	595d
	πνεῦμα 5 d α	spirit	677a

Revelation 3

1	ἄγγελος 2 a	angel	7d
	ἀστήρ	star	117d
	γράφω 2 d	write	167a
	ἐκκλησία 4 b	church	241a
	ζάω 2 a	live	336c
	καί I 2 g	and	392d
	λέγω II 1 c	order	469c
	νεκρός 1 b α	dead	534d
	ὅδε, ἥδε, τόδε 1	this	553a
	ὄνομα IV	fame	573d
	πνεῦμα 4 b	spirit	676a
	Σάρδεις	Sardis	742c
1b	ὄνομα I 2 a	name	571b
2	ἀποθνῄσκω 1 b α	die	91c
	ἐνώπιον 3	before	270d
	ἔργον 1 c β	deed	308b
	εὑρίσκω 2	find	325c
	λοιπός 2 b β	the rest	480a
	μέλλω 1 b α	be about to	501a
	πληρόω 3	make full	671c
	στηρίζω 2	establish	768b
2f	γρηγορέω 2	be awake	167c
3	ἐπί III 1 b γ	on	289a
	κλέπτης	thief	434c
	μετανοέω	change ones mind	512b
	μνημονεύω 1 c	remember	525b
	ποῖος 2 a β	of what kind	684d
	πῶς 2 a	how	732c
	τηρέω 5	keep	815b
	ὥρα 1	time of day	896a
3a	ἥκω 1 c	have come	344d
3b	ἥκω 1 b	have come	344d
	οὖν 5	therefore	593c
4	ἄξιος 2 a	worthy	78c
	λευκός 2	white	472c
	μολύνω 1	defile	527a
	ὀλίγος 1 a	few	563c
	ὄνομα III	people	573d
	ὅς, ἥ, ὅ I 3 b γ	(rel pron)	584a
	περιπατέω 1 b	go about	649a
	Σάρδεις	Sardis	742c
5	βίβλος 2	book	141c
	ἐκ 1 a	away from	234b
	ἐν I 4 b	in	259a
	ἐνώπιον 2 b	before	270d
	ἐξαλείφω 1 b	wipe away	272c
	ζωή 2 b β	life	341a
	ἱμάτιον 1	garment	376c
	λευκός 2	white	472c
	νικάω 1 a	be victor	539b
	ὁμολογέω 4	confess	568d
	πατήρ 3 d α	father	636b
	περιβάλλω 1 b γ	throw around	646b
5a	ὄνομα I 2 a	name	571b

6	ἀκούω 1 a	hear	31d
	οὖς 2	ear	595d
	πνεῦμα 5 d α	spirit	677a
7	ἄγγελος 2 a	angel	7d
	ἅγιος 2 c β	the Holy One	10a
	ἀληθινός 1	true	37a
	γράφω 2 d	write	167a
	Δαυίδ	David	171b
	ἐκκλησία 4 b	church	241a
	ἔχω I 2 h	have	333a
	κλείς	key	433d
	κλείς 1	key	434a
	κλείς 1	key	434a
	κλείω	shut	434a
	λέγω II 1 c	order	469c
	ὅδε, ἥδε, τόδε 1	this	553a
	Φιλαδέλφεια	Philadelphia	858b
7a	κλείω 1	shut	434b
7b	κλείω 1	shut	434b
7f	ἀνοίγω 1 a	open	71a
8	ἀρνέομαι 3 d	deny	108a
	αὐτός 3 d	(oblique case)	123c
	δύναμις 5	resources	208a
	ἐνώπιον 1	before	270c
	θύρα 2 b	door	366a
	κλείω 1	shut	434a
	λόγος 1 b β	word	478b
	μικρός 2 c	small	521c
	ὅς, ἥ, ὅ I 3 a	(rel pron)	583d
	τηρέω 5	keep	815b
9	δίδωμι	give	192c
	ἐνώπιον 1	before	270c
	ἥκω 1 c	have come	344d
	ἵνα I 2	in order that	377a
	ἵνα II 1 a ε	in order that	377d
	ποιέω I 1 b θ	do	681d
	πούς 1 a	foot	696d
	προσκυνέω 1	do reverence	716d
	σατάν	Adversary	745a
	συναγωγή 4	place of assembly	783a
	ψεύδομαι 1	lie	891d
10	ἐκ 1 c	away from	234c
	ἐπί I 1 a β	on	286a
	κἀγώ 3 b	I	386b
	κατοικέω 1 a	live	424b
	λόγος 1 b β	word	478c
	οἰκουμένη 1 a	the world	561b
	ὅλος 2 b	whole	564d
	πειράζω 2 b	try	640c
	πειρασμός 2 b	test	641a
	ὑπομονή 1	patience	846c
	ὑπομονή 2	patience	846c
	ὥρα 3	time of day	896d
10a	τηρέω 5	keep	815b
10b	τηρέω 4	keep	815b
11	κρατέω 2 e γ	hold	448d
	λαμβάνω 1 b	take	464c
	μηδείς 2 a	no	518a
	στέφανος 2 a	wreath	767c
	ταχύς 2 b	quick	807b
12	γράφω 2 a	write	166c
	ἐξέρχομαι 1 a β	go out	274c
	ἔξω 1 b	outside	279c
	Ἱεροσόλυμα	Jerusalem	373a
	Ἱεροσόλυμα 2	Jerusalem	373b
	καινός 2	new	394b
	καινός 3 b	new	394b
	καταβαίνω 1 b	come down	408c
	μή D 1 a	not	517c
	ναός 1 b	temple	533c
	νικάω 1 a	be victor	539b
	ὁ, ἡ, τό II 1 c	the	550c
	οὐρανός 2 d	heaven	595b
	ποιέω I 1 b ι	do	682a
	πόλις 2	city	685d
	στῦλος	pillar	772a
13	ἀκούω 1 a	hear	31d
	οὖς 2	ear	595d
	πνεῦμα 5 d α	spirit	677a
14	ἄγγελος 2 a	angel	7d
	ἀληθινός 1	true	37a
	ἀμήν 4	amen	46a
	ἀρχή 2	the first cause	112b
	γράφω 2 d	write	167a
	ἐκκλησία 4 b	church	241a
	κτίσις 1 b β	creation	456a
	Λαοδίκεια	Laodicea	466c
	λέγω II 1 c	order	469c
	μάρτυς 3	witness	494c
	ὁ, ἡ, τό II 9 c	the	552c
	ὅδε, ἥδε, τόδε 1	this	553a
	πιστός 1 a α	trustworthy	664c
15	ἤ 1 a α	or	342a
	ὄφελον	O that	599b
	ὄφελον	O that	599b
15a	ψυχρός 2	cold	894d
15b	ψυχρός 2	cold	894d
15f	ζεστός	hot	337b
	οὔτε	not	596a
16	ἐμέω	spit out	254d
	μέλλω 1 b α	be about to	501a
	οὕτω 1 b	thus	597d
	στόμα 1 a	mouth	769d
	χλιαρός	lukewarm	882c
	ψυχρός 2	cold	894d
17	γυμνός 1	naked	167d
	ἐλεεινός	miserable	249c
	οὐδείς 2 b γ	in no respect	592b
	πλουσίος 2	rich	673d
	πλουτέω 2	be rich	674a
	πτωχός 1 c	poor	728c
	ταλαίπωρος	miserable	803b
	τυφλός 2 a β	blind	831a
	χρεία 2	need	885a
18	ἀγοράζω 1	buy	12d
	αἰσχύνη 2	shame	25c
	βλέπω 2	see	143c
	γυμνότης 1	nakedness	168a
	ἐγχρίω	rub on	217a
	ἐκ 3 e β	by	235b
	ἱμάτιον 1	garment	376c

18	κολλοῦριον	eye salve	441d
	λευκός 2	white	472c
	παρά I 3 b	from	610a
	περιβάλλω 1 b ε	throw around	646b
	πλουτέω 2	be rich	674a
	πῦρ 1 a	fire	729d
	πυρόω 2	set on fire	731b
	συμβουλεύω 1	advise	777d
	φανερόω 1 b	reveal	852d
	χρυσίον	gold	888c
19	ἐλέγχω 4	discipline	249c
	ζηλεύω	be eager	337c
	μετανοέω	change one's mind	512b
	παιδεύω 2 b α	instruct	604a
	φιλέω 1 a	love,like	859b
20	ἀνοίγω 1 a	open	71a
	δειπνέω	eat	173b
	εἰσέρχομαι 1 c	come	233a
	ἐπί III 1 a ζ	on	288d
	ἵστημι II 2 b β	being	382c
	καί I 2 d	and	392c
	κρούω	strike	454a
	μετά A II 2	with	509b
	τὶς, τὶ 1 a γ	any one	820a
	φωνή 2 a	voice	871a
20a	θύρα 2 a	door	366a
20b	θύρα 2 a	door	366a
21	νικάω 1 a	be victor	539b
	πατήρ 3 d α	father	636b
21a	θρόνος 1 c	throne	364b
	καθίζω 2 a α	sit down	390a
21b	θρόνος 1 b	throne	364b
	θρόνος 1 c	throne	364b
	καθίζω 2 a α	sit down	390a
	νικάω 1 a	be victor	539a
22	ἀκούω 1 a	hear	31d
	οὖς 2	ear	595d
	πνεῦμα 5 d α	spirit	677a

Revelation 4

1	ἀναβαίνω 1 a β	go up	50b
	δεῖ 1	it is necessary	172a
	δείκνυμι 1 a	show	172d
	εἶδον	see	220c
	θύρα 1 b	entrance	365d
	ἰδού 2	there is	371b
	καί I 2 f	and	392d
	λαλέω 1	sound	463b
	λαλέω 3	speak	464a
	σάλπιγξ 1	trumpet	741a
	ὧδε 1	here	895b
	ὡς II 3 b	so	897d
1f	εἶδον 1 a	see	220d
2	γίνομαι II 4 a	be	160c
	ἐν I 5 d	in	260a
	εὐθέως	immediately	320c
	κάθημαι 1 a α	sit	389c
	κεῖμαι 1 b	lie	426d
2	πνεῦμα 6 e	spirit	677d
2ff	θρόνος 1 b	throne	364b
3	ἴασπις	jasper	368d
	ἶρις 2	halo	380d
	λίθος 1 c	stone	474c
	σάρδιον	carnelian	742c
	σμαράγδινος	emerald	758c
3a	ὅμοιος 1	like	566d
	ὅρασις 2 a	appearance	577c
3b	ὅμοιος 1	like	566d
	ὅρασις 2 a	appearance	577c
3f	κυκλόθεν 2	all around	456d
4	εἴκοσι	twenty	222a
	ἐν I 4 b	in	259a
	ἐπί III 1 a ζ	on	288c
	θρόνος 1 e	throne	364b
	ἱμάτιον 1	garment	376c
	κάθημαι 1 a α	sit	389c
	κεφαλή 1 a	head	430a
	λευκός 2	white	472c
	περιβάλλω 1 b γ	throw around	646b
	πρεσβύτερος 2 b γ	older	700c
	στέφανος 1	wreath	767b
	χρυσοῦς	golden	888d
	χρυσοῦς	golden	888d
4a	τέσσαρες	four	813b
4b	τέσσαρες	four	813b
5	ἀστραπή	lightning	118b
	βροντή	thunder	147d
	ἐκπορεύομαι 2	go out	244c
	ἑπτά	seven	306b
	καίω 1 a	light	396b
	λαμπάς 1	torch	465d
	ὅς, ἥ, ὅ I 4 c	(rel pron)	584b
	πνεῦμα 4 b	spirit	676a
	πῦρ 1 b	fire	730a
	φωνή 1	sound	870d
5f	ἐνώπιον 1	before	270c
6	γέμω 1	be full	153d
	ἔμπροσθεν 1 a	ahead	257a
	κρύσταλλος	rock crystal	454d
	κύκλῳ 2	around	457a
	μέσος 2	the middle	507d
	ὄπισθεν 1 b	from behind	574d
	ὀφθαλμός 1	eye	599c
	τέσσαρες	four	813b
	ὑάλινος	of glass	831d
	ὡς II 3 a α	so	897c
6-9	ζῷον 1	living thing	341c
6f	ὅμοιος 1	like	566d
7	ἀετός	eagle	19d
	δεύτερος 3	second	177b
	ἔχω I 2 c α	have	332c
	λέων 1	lion	472d
	μόσχος	calf	528d
	πετάομαι	fly	654a
	πέτομαι	fly	654a
	πρόσωπον 1 a	face	720d
	πρῶτος 1 b	first	725d
	τέταρτος	fourth	813c

7	τρίτος 1	third	826c
8	ἅγιος 1 b δ	holy	9d
	ἀνά 3	each	49d
	ἀνάπαυσις 1	stopping	58d
	γέμω 1	be full	153d
	εἰμί I 1	to be	223a
	εἷς 5 e	one	232b
	ἔρχομαι I 1 b β	come	311b
	ἔσωθεν 2	inside	314c
	ἔχω I 2 g	have	333a
	κυκλόθεν 1	all around	456d
	κύριος 2 a	lord	459c
	νύξ 1 b	night	546c
	ὀφθαλμός 1	eye	599c
	παντοκράτωρ	almighty	609a
	πτέρυξ	wing	727b
9	δίδωμι	give	192c
	δίδωμι 1 a	give	192d
	ἐπί II 1 a α	on	286d
	εὐχαριστία 2	thankfulness	328d
	ζάω 1 a ε	live	336b
	θρόνος 1 b	throne	364b
	ὅταν 2 a	when	588a
	τιμή 2 b	honor	817d
9f	αἰών 1 b	time	27c
	κάθημαι 1 a α	sit	389c
10	βάλλω 2 b	put	131b
	εἴκοσι	twenty	222a
	ἐνώπιον 1	before	270c
	ἐνώπιον 1	before	270c
	πίπτω 1 b α	fall	659d
	πρεσβύτερος 2 b γ	older	700c
	προσκυνέω 2 a	do reverence	717a
	στέφανος 1	wreath	767b
11	ἄξιος 2 a	worthy	78b
	διά B II 1	because of	181a
	δύναμις 1	power	207c
	θέλημα 2 b	will	354c
	θεός 3 c	God	357c
	πᾶς, πᾶσα, πᾶν 2 b β	all things	633b
	τιμή 2 b	honor	817d
11a	κτίζω	create	455c
11b	κτίζω	create	455c

Revelation 5

1	γράφω 3	write	167b
	δεξιός 2 a	right	174d
	ἔξωθεν 1 b α	outside	279d
	ἐπί III 1 a ζ	on	288c
	ἔσωθεν 2	inside	314c
	θρόνος 1 b	throne	364b
	κάθημαι 1 a α	sit	389c
	κατασφραγίζω	seal	419c
	ὄπισθεν 1 b	from behind	574d
	σφραγίς 1 a	seal	796c
1ff	βιβλίον 1	book	141b
2	ἄγγελος 2 a	angel	7c
	ἄξιος 2 a	worthy	78b
	ἰσχυρός 1 a	strong	383a
	κηρύσσω 1	announce	431b
	λύω 1 a	loose	483c
	μέγας 2 a γ	great	497d
	σφραγίς 1 a	seal	796d
	φωνή 2 a	voice	870d
2ff	ἀνοίγω 1 c	open	71b
3	οὐδέ 1	and not	591c
	οὐρανός 1 a β	heaven	593d
	οὔτε	not	596b
	ὑποκάτω	under	844d
3f	βλέπω 1 a	see	143b
	βλέπω 3	see	143d
4	ἄξιος 2 a	worthy	78b
	εὑρίσκω 2	find	325d
	κλαίω 1	weep	433a
	οὔτε	not	596b
	οὔτε	not	596b
	πολύς I 2 c β	many	689a
5	Δαυίδ	David	171b
	Ἰούδας 1 b	Judah	379d
	κλαίω 1	weep	433a
	λέων 2	lion	472d
	νικάω 1 a	be victor	539a
	ῥίζα 2	root	736b
	σφραγίς 1 a	seal	796d
	σφραγίς 1 a	seal	796d
	φυλή 1	tribe	868d
5-14	πρεσβύτερος 2 b γ	older	700c
6	ἀρνίον	sheep	108b
	ἔχω I 2 c α	have	332c
	ζῷον 1	living thing	341c
	ἵστημι II 2 b γ	being	382d
	κέρας 1	horn	429b
	ὀφθαλμός 1	eye	599c
	πνεῦμα 4 b	spirit	676a
	σφάζω	slaughter	796a
	ὡς II 3 b	so	897d
6a	μέσος 2	the middle	507d
6b	μέσος 2	the middle	507d
6f	θρόνος 1 b	throne	364b
7	δεξιός 2 a	right	174d
	ἔρχομαι I 1 a ζ	come	310d
	κάθημαι 1 a α	sit	389c
8	ἀρνίον	sheep	108b
	γέμω 1	be full	153d
	εἴκοσι	twenty	222a
	ἕκαστος 2	each	236d
	ἐνώπιον 1	before	270c
	ἔχω I 1 a	have	331d
	ζῷον 1	living thing	341c
	θυμίαμα 1 b	incense	365b
	κιθάρα	lyre	432a
	ὅς, ἥ, ὅ I 4 c	(rel pron)	584b
	πίπτω 1 b α	fall	659d
	προσευχή 1	prayer	713b
	φιάλη	bowl	858b
	χρυσοῦς	golden	888d
8f	λαμβάνω 1 a	take	464b
9	ἀγοράζω 2	buy	13a
	ᾄδω	sing	19b

9	αἷμα 2 b	blood	23a
	ἀνοίγω 1 d	open	71b
	ἄξιος 2 a	worthy	78b
	γλῶσσα 2	language	162c
	ἐν III 1 a	by	260d
	καινός 2	new	394b
	λαός 2	people	466d
	σφάζω	slaughter	796a
	σφραγίς 1 a	seal	796d
	φυλή 2	nation	869a
	ᾠδή	song	895c
10	βασιλεία 1	kingdom	134d
	βασιλεύω 1 b δ	rule	136d
	ἐπί I 1 b α	over	286c
	ἱερατεία	priestly office	371d
	ἱερεύς 2 b	priest	372a
11	ἄγγελος 2 a	angel	7d
	ἀριθμός 1	number	106b
	ζῷον 1	living thing	341c
	θρόνος 1 b	throne	364b
	κύκλῳ 2	around	457a
	μυριάς 2	myriads	529d
	πολύς I 1 a α	many	687c
	χιλιάς	thousand	882a
11f	ἄγγελος 2 a	angel	7d
12	ἄξιος 2 a	worthy	78b
	ἰσχύς	strength	383c
	λέγω I 6	say	468d
	μέγας 2 a γ	great	497d
	πλοῦτος 2	wealth	674c
	σοφία 3 a	wisdom	760a
	σφάζω	slaughter	796a
	τιμή 2 b	honor	817d
12f	ἀρνίον	sheep	108b
	εὐλογία 1	praise	322d
13	αἰών 1 b	time	27c
	ἀκούω 1 c	hear	32b
	ἐπί II 1 a α	on	286d
	θάλασσα 1 a	sea	350b
	θρόνος 1 b	throne	364b
	κάθημαι 1 a α	sit	389c
	κράτος 4	power	449b
	κτίσμα	creature	456b
	οὐρανός 1 a β	heaven	593d
	τιμή 2 b	honor	818a
	ὑποκάτω	under	844d
13a	πᾶς, πᾶσα, πᾶν 1 a α	every each	631b
14	ἀμήν 1	amen	45d
	ζῷον 1	living thing	341c
	πίπτω 1 b α	fall	659c
	προσκυνέω 2 a	do reverence	717a

Revelation 6

1	ἀρνίον	sheep	108b
	βροντή	thunder	147d
	διδαχή 2	teaching	192b
	ἑπτά	seven	306b
	ζῷον 1	living thing	341c
1	σφραγίς 1 a	seal	796d
	φωνή 1	sound	870d
	ὡς II 3 a β	so	897c
1-12	ἀνοίγω 1 d	open	71b
1ff	εἶδον	see	220c
2	ἐξέρχομαι 1 a ζ	go out	274d
	ἐξέρχομαι 1 a ζ	go out	274d
	ἐπί III 1 a ζ	on	288c
	ἰδού 2	there is	371b
	ἵππος	horse	380c
	κάθημαι 1 a α	sit	389c
	λευκός 2	white	472c
	νικάω 1 a	be victor	539b
	στέφανος 1	wreath	767b
	τόξον	the bow	822b
3	δεύτερος 3	second	177b
	ζῷον 1	living thing	341c
	σφραγίς 1 a	seal	796d
4	αὐτός 3 c	(oblique case)	123c
	δίδωμι 1 b β	give	193a
	εἰρήνη 1 a	peace	227b
	ἵνα I 2	in order that	377a
	ἵππος	horse	380c
	λαμβάνω 1 b	take	464c
	μάχαιρα 1	sword	496b
	μέγας 1 a	large	497c
	πυρρός	red (as fire)	731c
	σφάζω	slaughter	796a
4f	κάθημαι 1 a α	sit	389c
5	ἔχω I 1 a	have	331d
	ζυγός 2	yoke	340a
	ἰδού 2	there is	371b
	ἵππος	horse	380c
	μέλας	black	500a
	σφραγίς 1 a	seal	796d
5-7	ζῷον 1	living thing	341c
5a	τρίτος 1	third	826c
5b	τρίτος 1	third	826c
6	ἀδικέω 2 b	injure	17d
	δηνάριον	denarius	179b
	ἔλαιον 3	olive oil	248a
	κριθή	barley	450c
	μέσος 2	the middle	507d
	οἶνος 3	wine	562c
	σῖτος	wheat	752b
6a	χοῖνιξ	quart	883b
6b	χοῖνιξ	quart	883b
6f	φωνή 2 d	voice	871c
7	σφραγίς 1 a	seal	796d
8	ᾅδης 2	hades	17a
	ἀκολουθέω 2	accompany	31b
	ἀποκτείνω 1 a	kill	94a
	ἐν III 1 a	by	260d
	ἐξουσία 3	authority	278b
	ἐπάνω 2 a	on	283b
	ἐπί III 1 b α	over	288d
	θηρίον 1 a β	beast	361b
	ἰδού 2	there is	371b
	ἵππος	horse	380c
	κάθημαι 1 a α	sit	389b
	λιμός 2	famine	475b

8	μετά A II 1 a	with	508d
	ὄνομα I 1	name	571a
	ῥομφαία	sword	737b
	τέταρτος	quarter	813c
	ὑπό 1 d	by	843b
	χλωρός 2	pale	882d
8a	θάνατος 1 f	death	351b
8b	θάνατος 1 e	death	351b
9	ἕκτος	sixth	246a
	ἔχω I 1 c β	keep	332a
	θυσιαστήριον 1 b β	altar	366d
	λόγος 1 b β	word	478b
	μαρτυρία 2 d γ	testimony	493d
	πέμπτος	fifth	641c
	σφάζω	slaughter	796a
	σφραγίς 1 a	seal	796d
	ὑποκάτω	under	844d
	ψυχή 1 a α	soul, life	893b
10	ἅγιος 1 b δ	holy	9d
	αἷμα 2 a	blood	22d
	αἷμα 2 a	blood	23a
	ἀληθινός 1	true	37a
	δεσπότης	master	176c
	ἐκ 6 b	from	236b
	ἐκδικέω 2	avenge someone	238d
	ἕως II 1 c	until	335a
	κατοικέω 1 a	live	424b
	κράζω 2 a	call	447d
	κρίνω 4 b α	judge	452a
	μέγας 2 a γ	great	497d
	πότε	when	695a
	φωνή 2 a	voice	870d
11	ἀναπαύω 2	rest	59a
	ἕκαστος 2	each	236d
	ἕκαστος 2	each	236d
	ἕως I 1 b	until	334c
	ἵνα I 2	in order that	377a
	λευκός 2	white	472c
	μικρός 2 d	short	521c
	πληρόω 5	finish	672a
	πληρόω 6	complete	672a
	στολή	robe	769c
	σύνδουλος 3	fellow slave	785d
	χρόνος	time	887d
12	αἷμα 3	blood	23b
	γίνομαι I 1 b α	come about	158b
	ἕκτος	sixth	246a
	ἥλιος	the sun	345c
	καί I 2 b	and	392b
	μέλας	black	500a
	σάκκος	sack	740a
	σεισμός	shaking	746c
	σελήνη	moon	746d
	σφραγίς 1 a	seal	796d
	τρίχινος	made of hair	827a
12a	ὡς II 3 b	so	897d
12b	ὡς II 3 b	so	897d
12f	σελήνη	moon	746d
12ff	καί I 2 b	and	392b
13	ἄνεμος 1 a	wind	64d
	ἀστήρ	star	117d

13	βάλλω 1 c	let fall	131a
	μέγας 2 a γ	great	497d
	ὄλυνθος	summer fig	565b
	οὐρανός 1 c	heaven	594b
	πίπτω 1 a	fall	659c
	σαλεύω 1	shake	740c
	σείω 1	shake	746c
	συκῆ	fig tree	776b
	ὑπό 1 a β	by	843b
13f	ἕκτος	sixth	246a
14	ἀποχωρίζω	separate	102b
	βιβλίον 1	book	141b
	ἐκ 1 a	away from	234b
	ἑλίσσω	roll up	251c
	νῆσος	island	538a
	ὄρος	mountain	582b
	τόπος 1 f	place	823a
15	βασιλεύς 1	king	136a
	δοῦλος 1 b	slave	205d
	δυνατός 1 a α	powerful	208d
	ἐλεύθερος 1	free	250d
	ἰσχυρός 1 b	strong	383b
	κρύπτω 1 b	hide	454c
	μεγιστάν	great man	498d
	ὄρος	mountain	582b
	ὄρος	mountain	582b
	πέτρα 1 a	rock	654b
	πλουσίος 1	rich	673c
	σπήλαιον	cave	762c
	χιλίαρχος	tribune	882a
16	ἀρνίον	sheep	108b
	ἐπί I 1 a α	on	286a
	κάθημαι 1 a α	sit	389c
	κρύπτω 1 a	hide	454b
	ὀργή 2 b	anger	579c
	ὄρος	mountain	582b
	πέτρα 1 a	rock	654b
	πίπτω 1 a	fall	659c
	πρόσωπον 1 c α	face	721b
17	ἔρχομαι I 1 b α	come	311b
	ἡμέρα 3 b β	day	347b
	ἡμέρα 3 b β	day	347b
	ἵστημι II 1 d	stand	382c
	μέγας 2 b β	great	498b
	ὀργή 2 b	anger	579c

Revelation 7

1	ἄγγελος 2 a	angel	7d
	ἄνεμος 1 a	wind	64c
	ἄνεμος 1 a	wind	64d
	γωνία	corner	168d
	δένδρον	tree	174c
	ἐπί III 1 a β	on	288b
	ἵστημι II 2 b β	being	382c
	κρατέω 2 d	hold	448d
	μετά B II 3	after	510b
	μήτε	and not	519d
	πᾶς, πᾶσα, πᾶν 1 a α	every each	631b
	πνέω 1 a	blow	679c

1-3	θάλασσα 1 a	sea	350a
2	ἀνατολή 2 a	east	62b
	αὐτός 3 d	(oblique case)	123c
	δίδωμι 1 b β	give	193a
	ζάω 1 a ε	live	336b
	ἥλιος	the sun	345d
	κράζω 2 a	call	447d
	ὅς, ἥ, ὅ I 3 a	(rel pron)	583d
	σφραγίς 1 b	seal	796d
	φωνή 2 a	voice	870d
2f	ἀδικέω 2 b	injure	17d
3	ἄχρι 2 b	until	129a
	δένδρον	tree	174c
	δοῦλος 4	slave	206a
	ἐπί I 1 a α	on	286a
	μέτωπον	forehead	515b
	μήτε	and not	519d
	σφραγίζω 2 b	seal	796b
4	ἀριθμός 1	number	106b
	ἐκ 4 a α	from	235d
	ἑκατόν	one hundred	236d
	Ἰσραήλ 2	Israel	381c
	τεσσαράκοντα	forty	813a
	φυλή 1	tribe	868d
	χιλιάς	thousand	882a
4-8	χιλιάς	thousand	882a
5	Γάδ	Gad	149a
	Δάν	Dan	170d
	Ἰούδας 1 b	Judah	379d
	Ῥουβήν	Reuben	737b
5-8	φυλή 1	tribe	868d
5a	χιλιάς	thousand	882a
6	Ἀσήρ	Asher	115a
	Μανασσῆς 1	Manasseh	490b
	Νεφθαλίμ	Naphtali	537a
7	Ἰσσαχάρ	Issachar	381d
	Λευί 1	Levi	472a
	Συμεών 1	Symeon	778b
8	Βενιαμ(ε)ίν	Benjamin	139c
	Ζαβουλών	Zebulun	335b
	Ἰωσήφ 1	Joseph	385d
8c	χιλιάς	thousand	882a
9	ἀριθμέω	count	106b
	γλῶσσα 2	language	162c
	ἐνώπιον 1	before	270c
	ἰδού 2	there is	371b
	ἵστημι II 2 b β	being	382c
	λαός 2	people	466d
	λευκός 2	white	472c
	ὅς, ἥ, ὅ I 3 a	(rel pron)	583d
	περιβάλλω 1 b α	throw around	646a
	πολύς I 1 b α	many	688a
	στολή	robe	769c
	φοῖνιξ I 2	palm tree	864b
	φυλή 2	nation	869a
9f	ἀρνίον	sheep	108b
10	ἐπί II 1 a α	on	286d
	κράζω 2 a	call	447d
	σωτηρία 2	deliverance	801d
	φωνή 2 a	voice	870d
11	ἐνώπιον 1	before	270c
	ἐπί III 1 a β	on	288b
	ζῷον 1	living thing	341c
	ἵστημι II 2 b β	being	382c
	κύκλῳ 2	around	457a
	πᾶς, πᾶσα, πᾶν 1 d α	all	632a
	πίπτω 1 b α	fall	659d
	πίπτω 1 b α	fall	659d
	πρεσβύτερος 2 b γ	older	700c
	προσκυνέω 2 a	do reverence	717a
	πρόσωπον 1 a	face	721a
12	αἰών 1 b	time	27c
	ἀμήν 1	amen	45d
	ἀμήν 1	amen	45d
	δύναμις 1	power	207c
	εὐλογία 1	praise	322d
	εὐχαριστία 2	thankfulness	328d
	ἰσχύς	strength	383c
	σοφία 3 b	wisdom	760a
	τιμή 2 b	honor	818a
13	ἔρχομαι I 1 a γ	come	310d
	λευκός 2	white	472c
	περιβάλλω 1 b α	throw around	646a
	πόθεν 1	from where	680c
	πρεσβύτερος 2 b γ	older	700c
	στολή	robe	769c
	τίς, τί 1 a α	which	819a
14	αἷμα 2 b	blood	23a
	ἀρνίον	sheep	108b
	ἐν III 1 a	by	260d
	ἔρχομαι I 2 c	come	311c
	θλῖψις 1	tribulation	362b
	κύριος 1 b	lord	459b
	λευκαίνω 2	make white	472b
	μέγας 2 a γ	great	497d
	πλύνω 1	wash	674c
	στολή	robe	769c
15	εἰμί II 9 a	to be	224d
	ἐνώπιον 1	before	270c
	ἐπί III 1 a ζ	on	288c
	θρόνος 1 b	throne	364b
	λατρεύω	serve	467c
	ναός 1 b	temple	533c
	νύξ 1 b	night	546c
	σκηνόω	live	755c
16	διψάω 1	thirst	200c
	ἥλιος	the sun	345c
	καῦμα	heat	425b
	οὐδέ 1	and not	591c
	πᾶς, πᾶσα, πᾶν 1 a α	every each	631b
	πεινάω 1	hunger	640a
	πίπτω 2 b α	fall	660a
17	ἀνά 1 b	among	49d
	ἀρνίον	sheep	108b
	δάκρυον	tear	170a
	ἐξαλείφω 1 a	wipe away	272c
	ζωή 2 b β	life	341a
	μέσος 2	the middle	507c

17	ὁδηγέω 1	lead	553c
	ὀφθαλμός 1	eye	599c
	πηγή 2	fountain	656a
	ποιμαίνω 2 b	tend	684a
	ὕδωρ 2	water	833b

Revelation 8

1	ἀνοίγω 1 d	open	71b
	γίνομαι I 1 b β	come about	158b
	ἕβδομος	seventh	213a
	ἡμίωρον	a half hour	348a
	ὅταν 2 d	when	588b
	σιγή	silence	749d
	σφραγίς 1 a	seal	796d
	ὡς IV 5	when	899a
2	ἄγγελος 2 a	angel	7d
	ἐνώπιον 1	before	270c
	ἑπτά	seven	306b
	ἵστημι II 2 b β	being	382d
	σάλπιγξ 1	trumpet	741a
3	δίδωμι	give	192c
	ἐνώπιον 1	before	270c
	ἔρχομαι I 1 a α	come	310c
	ἔχω I 1 a	have	331d
	θυσιαστήριον 1 b β	altar	366d
	ἵνα I 2	in order that	377a
	λιβανωτός	censer	473d
	ὁ, ἡ, τό II 1 f	the	550d
	πᾶς, πᾶσα, πᾶν 1 d α	all	632b
	πολύς I 1 a β	many	687d
3a	χρυσοῦς	golden	888d
3b	χρυσοῦς	golden	888d
3f	θυμίαμα 1 b	incense	365b
	προσευχή 1	prayer	713b
4	ἀναβαίνω 1 b	go up	50c
	ἐνώπιον 1	before	270c
	καπνός	smoke	403b
	χείρ 1	hand	880b
5	ἀστραπή	lightning	118b
	βροντή	thunder	147d
	γεμίζω 2	fill	153d
	γίνομαι I 1 b α	come about	158b
	ἐκ 4 a ζ	from	236a
	θυσιαστήριον 1 b β	altar	366d
	λιβανωτός	censer	473d
	πῦρ 1 b	fire	730b
	σεισμός	shaking	746c
	φωνή 1	sound	870d
6	ἄγγελος 2 a	angel	7d
	ἑπτά	seven	306b
	ἑτοιμάζω 2	prepare	316b
	ἔχω I 1 a	have	331d
	σάλπιγξ 1	trumpet	741a
6-13	σαλπίζω	sound the trumpet	741a
7	αἷμα 3	blood	23b
	γίνομαι I 1 b α	come about	158b
	δένδρον	tree	174c
	μείγνυμι 1	mix	499c
	πᾶς, πᾶσα, πᾶν 1 a β every each		631c
7	πρῶτος 1 b	first	725d
	πῦρ 1 b	fire	730a
	χάλαζα	hail	874b
	χλωρός 1	yellowish green	882d
	χόρτος	grass	884a
7-12	τρίτος 2	third	826d
7a	κατακαίω	consume	411a
7b	κατακαίω	consume	411a
7c	κατακαίω	consume	411a
7f	βάλλω 1 b	throw	131a
8	αἷμα 3	blood	23b
	καίω 1 a	light	396b
	μέγας 1 a	large	497c
	ὄρος	mountain	582c
	πῦρ 1 a	fire	730a
	ὡς II 3 a α	so	897c
8f	θάλασσα 1 a	sea	350a
9	διαφθείρω 1	spoil	190c
	ἔχω I 2 c α	have	332c
	κτίσμα	creature	456b
	πλοῖον 1	ship	673b
	ψυχή 1 a α	soul, life	893b
10	ἀστήρ	star	117d
	καίω 1 a	light	396b
	λαμπάς 1	torch	465d
	μέγας 1 a	large	497c
	οὐρανός 1 c	heaven	594b
	πηγή 1	fountain	655d
	ποταμός 1	river	694d
	ὕδωρ 1	water	833a
10a	πίπτω 1 a	fall	659b
	τρίτος 1	third	826c
10b	πίπτω 1 a	fall	659b
11	ἄνθρωπος 1 b	man	68c
	ἀποθνῄσκω 1 a α	die	91c
	γίνομαι I 4 a	become	159d
	εἰς 8 a α (indicates pred nom)		230b
	ἐκ 3 e β	by	235b
	λέγω II 3	call	470a
	ὄνομα I 2 a	name	571a
	πικραίνω 1	make bitter	657b
	πολύς I 2 a α	many	688b
11a	ἀψίνθιον	wormwood	129b
	ὕδωρ 1	water	833a
11b	ἀψίνθιον	wormwood	129b
	ὕδωρ 1	water	833a
12	ἀστήρ	star	117d
	ἥλιος	the sun	345c
	ἡμέρα 1 a	day	346a
	νύξ 1 a	night	546c
	πλήσσω 2	strike	673b
	σκοτίζω 1	become dark	757c
	φαίνω	shine	851b
	φαίνω 1	shine	851c
	φαίνω 2 a	shine	851d
13	ἀετός	eagle	19d
	εἷς 3 b	someone	231d
	ἐκ 3 f	by	235c
	κατοικέω 1 a	live	424b
	λέγω I 6	say	468d

13	λοιπός 1 a	remaining	479d
	μεσουράνημα	in midheaven	508a
	οὐαί 1 a	woe	591b
	οὐαί 1 c	woe	591b
	πετάομαι	fly	654a
	πέτομαι	fly	654a
	σάλπιγξ 1	trumpet	741a
13b	φωνή 1	sound	870d

Revelation 9

1	ἀστήρ	star	117d
	κλείς 1	key	434a
	οὐρανός 1 c	heaven	594b
	πέμπτος	fifth	641c
	πίπτω 1 a	fall	659b
	σαλπίζω	sound the trumpet	741a
	φρέαρ	a well	865d
1f	Ἄβυσσος 2	Abyss	2b
1ff	καί I 2 b	and	392b
2	ἀήρ	air	20b
	ἀναβαίνω 1 b	go up	50c
	ἀνοίγω 1 b	open	71b
	ἐκ 3 e β	by	235b
	ἥλιος	the sun	345d
	κάμινος	furnace	402a
	μέγας 1 a	large	497c
	σκοτόω 1	darken	758a
2a	καπνός	smoke	403b
	φρέαρ	a well	865d
2b	καπνός	smoke	403b
	φρέαρ	a well	865d
2c	φρέαρ	a well	865d
2f	καπνός	smoke	403b
3	ἀκρίς	grasshopper	33c
	δίδωμι 1 b β	give	193b
	ἐξουσία 2	ability	278a
	σκορπίος 1	scorpion	757a
4	ἀδικέω 2 b	injure	17d
	ἄνθρωπος 1 a β	man	68b
	δένδρον	tree	174c
	ἐπί I 1 a α	on	286a
	ἵνα I 2	in order that	377a
	μέτωπον	forehead	515b
	μόνος 1 a γ	only	527d
	οὐδέ 1	and not	591c
	πᾶς, πᾶσα, πᾶν 1 a α	every, each	631b
	σφραγίς 1 c	seal	796d
	χλωρός 1	yellowish green	882d
	χόρτος	grass	884a
5	ἀποκτείνω 1 a	kill	94a
	βασανίζω 2 a	torment	134c
	δίδωμι 1 b β	give	193b
	ἵνα I 2	in order that	377a
	ἵνα II 1 a ζ	in order that	377d
	μήν 1	month	518d
	παίω 1	strike	605c
	σκορπίος 1	scorpion	757a
5a	βασανισμός 2	tormenting	134c
5b	βασανισμός 1	tormenting	134c
6	ἐκεῖνος 2 b β	that	239d
	ἐπιθυμέω	desire	293b
	εὑρίσκω 1 a	find	324d
	ζητέω 2 b α	seek	339a
	θάνατος 1 a	death	350d
	φεύγω 1	flee	855d
7	ἀκρίς	grasshopper	33c
	ἄνθρωπος 1 a β	man	68b
	ἑτοιμάζω 1	prepare	316b
	ἵππος	horse	380c
	κεφαλή 1 a	head	430a
	ὅμοιος 1	like	566d
	ὁμοίωμα 3	likeness	567d
	πόλεμος 1 b	armed conflict	685b
	στέφανος 1	wreath	767b
	χρυσός	gold	888d
7a	πρόσωπον 1 a	face	720d
	ὡς II 3 a α	so	897c
7b	πρόσωπον 1 a	face	720d
8	ἔχω	have	331d
	ἔχω I 2 c α	have	332c
	θρίξ 1	hair	364a
	λέων 1	lion	472d
	ὀδούς	tooth	555a
8a	ὡς II 3 b	so	897d
8b	ὡς II 3 b	so	897d
9	ἅρμα	carriage	107c
	ἔχω I 1 b	have	331d
	ἵππος	horse	380c
	πόλεμος 1 b	armed conflict	685b
	πολύς I 1 a α	many	687c
	πτέρυξ	wing	727b
	σιδηροῦς	iron	750a
	τρέχω 1	run	825d
9a	θώραξ 2	chest	367c
	φωνή 1	sound	870d
9b	θώραξ 1	breastplate	367c
10	ἀδικέω 2 b	injure	17d
	ἐξουσία 2	ability	278a
	κέντρον 1	sting	428b
	μήν 1	month	518d
	ὅμοιος 1	like	566d
	οὐρά	tail	593c
	σκορπίος 1	scorpion	757a
11	Ἀβαδδών	Abaddon	1b
	Ἄβυσσος 2	Abyss	2b
	ἄγγελος 2 c	angel	8a
	Ἀπολλύων	Apollyon	95c
	βασιλεύς 2 c	king	136c
	Ἑβραϊστί	in Hebrew	213c
	Ἑλληνικός	Greek	252a
	ὅς, ἥ, ὅ I 3 a	(rel pron)	583d
11a	ὄνομα I 1	name	571a
11b	ὄνομα I 2 a	name	571a
12	ἀπέρχομαι 1 b	go away	84c
	εἷς 4	one	232a
	ἔτι 2 a	still	316a
	ἰδού 1 a	behold	371a
	ὁ, ἡ, τό II 9 c	the	552c
12a	οὐαί 2	woe	591b

12b	οὐαί 2	woe	591b
13	εἷς 2 a	one	231a
	ἐνώπιον 1	before	270c
	θυσιαστήριον 1 b β	altar	366d
	κέρας 2	horn	429b
	ὁ, ἡ, τό II 1 f	the	550d
	σαλπίζω	sound the trumpet	741a
	φωνή 2 d	voice	871c
	χρυσοῦς	golden	888d
14	δέω 2	bind	178a
	ἐπί II 1 a δ	at	287a
	Εὐφράτης	Euphrates	328a
	ποταμός 1	river	694d
	σάλπιγξ 1	trumpet	741a
14f	λύω 2 a	loose	483c
15	εἰς 2 a β	for	228c
	ἐνιαυτός 1	year	266b
	ἑτοιμάζω 2	prepare	316b
	ἡμέρα 2	day	346b
	ἡμέρα 2	day	346c
	μήν 1	month	518d
	τρίτος 2	third	826d
	ὥρα 2 a α	time of day	896a
16	ἀκούω 1 b α	hear	32a
	ἀριθμός 1	number	106b
	δίς	twice	199d
	δισμυριάς	a double myriad	199d
	ἱππικός	cavalry	380c
	μυριάς 2	myriads	529d
	στράτευμα	army	770b
17	εἶδον 1 a	see	220d
	ἐπί I 1 a α	on	286a
	ἔχω I 1 b	have	331d
	θειώδης	sulphurous	354a
	θώραξ 1	breastplate	367c
	ἵππος	horse	380c
	κάθημαι 1 a α	sit	389c
	κεφαλή 1 a	head	430a
	λέων 1	lion	472d
	ὅρασις 3	appearance	577c
	οὕτω 5	thus	598a
	πύρινος	fiery	731a
	ὑακίνθινος	hyacinth-colored	831b
17-9	στόμα 1 c	mouth	770a
17f	ἐκπορεύομαι 2	go out	244c
	θεῖον	sulphur	353d
	καπνός	smoke	403b
	πῦρ 1 b	fire	730b
18	ἀποκτείνω 1 a	kill	94a
	πληγή 3	blow	668b
	τρίτος 2	third	826d
19	ἀδικέω 2 b	injure	17d
	ἐξουσία 2	ability	278a
	ἵππος	horse	380c
	κεφαλή 1 a	head	430a
	ὅμοιος 1	like	566d
	ὄφις 1	snake	600a
19a	οὐρά	tail	593c
19b	οὐρά	tail	593c
20	ἀργυροῦς	(made of) silver	105b
20	βλέπω 1 b	see	143c
	δαιμόνιον 2	demon	169b
	εἴδωλον 1	idol	221d
	ἵνα I 2	in order that	377a
	ἵνα II 2	in order that	378a
	λίθινος 1	stone	474a
	λοιπός 1 b	remaining	479d
	ξύλινος	wooden	549a
	οὔτε	not	596a
	περιπατέω 1 c	go about	649b
	πληγή 3	blow	668b
	προσκυνέω 3	do reverence	717a
	χαλκοῦς	made of copper	875b
	χείρ 1	hand	880b
	χρυσοῦς	golden	888d
20f	ἐκ 1 c	away from	234c
	μετανοέω	change ones mind	512b
21	κλέμμα	theft	434b
	οὔτε	not	596a
	πορνεία 2	prostitution	693b
	φαρμακεία	sorcery	854a
	φάρμακον 2	magic potion	854a
	φόνος	murder	864d

Revelation 10

1	ἥλιος	the sun	345c
	ἶρις 1	rainbow	380d
	ἰσχυρός 1 a	strong	383a
	καταβαίνω 1 a γ	come down	408c
	κεφαλή 1 a	head	430a
	οὐρανός 2 c	heaven	595a
	περιβάλλω 1 b α	throw around	646a
	πούς 1 a	foot	696d
	πρόσωπον 1 a	face	720d
	πῦρ 1 b	fire	730a
	στῦλος	pillar	772a
2	ἀνοίγω 1 c	open	71b
	βιβλαρίδιον	little book	141a
	δεξιός 1	right	174d
	εὐώνυμος	left	329d
	ἔχω I 1 a	have	331d
	τίθημι I 1 a β	put	816a
3	κράζω 1	cry out	447d
	λαλέω 1	sound	463b
	λέων 1	lion	472d
	μυκάομαι	roar	529b
	ὥσπερ 2	(just) as	899d
3b	φωνή 2 c	voice	871a
3f	βροντή	thunder	147d
	ἑπτά	seven	306b
4	μέλλω 1 c α	be about to	501a
	σφραγίζω 2 a	seal	796b
	φωνή 2 d	voice	871c
4a	λαλέω 1	sound	463b
4b	λαλέω 1	sound	463b
5	αἴρω 1 a	lift up	24b
	δεξιός 1	right	174c
	ἐπί I 1 a α	on	286a

5	ἵστημι II 2 b β	being	382c
6	αἰών 1 b	time	27c
	ἐν IV 5	in	261c
	θάλασσα 1 a	sea	350b
	κτίζω	create	455c
	ὀμνύω	take an oath	566a
	ὅτι 1 b α	that	588d
	οὐκέτι 1	no longer	592c
	χρόνος	time	888b
6f	ὀμνύω	take an oath	566b
7	δοῦλος 4	slave	206a
	ἕβδομος	seventh	213a
	εὐαγγελίζω 1	announce good news	317b
	εὐαγγελίζω 1	announce good news	317c
	ἡμέρα 4 b	time	347c
	μέλλω 1 c α	be about to	501a
	μυστήριον 3	mystery	530c
	σαλπίζω	sound the trumpet	741a
	τελέω 1	finish	811a
	φωνή 1	sound	870d
8	ἀνοίγω 1 c	open	71b
	βιβλαρίδιον	little book	141a
	βιβλίον 1	book	141b
	ἐπί I 1 a α	on	286a
	ἵστημι II 2 b β	being	382c
	λαλέω 2 a δ	speak	463c
	ὑπάγω 2	go away	836d
	φωνή 2 d	voice	871c
9	ἀπέρχομαι 2	go	84d
	κοιλία 1	belly	437b
	λέγω II 1 c	order	469c
	πικραίνω 1	make bitter	657b
9f	βιβλαρίδιον	little book	141a
	γλυκύς	sweet	162a
	κατεσθίω 1	eat up	422b
	μέλι	honey	500c
	στόμα 1 a	mouth	769d
10	γεμίζω 3	fill	153d
	ἐσθίω 1 a	eat	312c
	κοιλία 1	belly	437b
	πικραίνω 1	make bitter	657b
	χείρ 1	hand	880b
11	γλῶσσα 2	language	162c
	ἐπί II 1 b δ	on	287d
	λαός 2	people	466d
	πολύς I 1 a α	many	687c
	προφητεύω 3	prophesy	723b

Revelation 11

1	ἐγείρω 1 b	raise up	215a
	θυσιαστήριον 1 a	altar	366d
	κάλαμος 3	measuring rod	398d
	μετρέω 1 a	measure	514c
	μετρέω 1 a	measure	514c
	ναός 1 a	temple	533c
	ὅμοιος 1	like	566d
	προσκυνέω 2 a	do reverence	717a
	ῥάβδος	rod	733b
2	ἅγιος 1 a α	dedicated to God	9b
	αὐλή 3	court	121b
	ἐκβάλλω 3	take out	237d
	μετρέω 1 a	measure	514c
	μήν 1	month	518d
	ναός 1 a	temple	533c
	πατέω 1 a γ	trample	635a
	πόλις 1	city	685d
2a	ἔξωθεν 2 b	outside	280a
2b	ἔξωθεν 1 c	outside	279d
3	ἑξήκοντα	sixty	276a
	ἡμέρα 2	day	346b
	μάρτυς 2 c	witness	494c
	περιβάλλω 1 b α	throw around	646a
	προφητεύω 1	prophesy	723a
	σάκκος	sack	740b
	χίλιοι	thousand	882a
4	ἐλαία 1	olive tree	247d
	ἐνώπιον 1	before	270c
	ἵστημι II 2 b β	being	382c
	λυχνία	lampstand	483b
5	ἀδικέω 2 b	injure	17d
	εἰ I 2	if	219b
	εἰ VII	whoever, whatever	220b
	ἐκπορεύομαι 2	go out	244c
	θέλω 2	wish	355b
	κατεσθίω 2	destroy	422b
	πῦρ 1 b	fire	730b
	στόμα 1 a	mouth	769d
6	αἷμα 3	blood	23b
	βρέχω 1	wet	147c
	ἐάν II 1	if	211d
	εἰς 4 b	to	229b
	ἐξουσία 2	ability	278a
	ἡμέρα 4 b	time	347c
	θέλω 2	wish	355b
	κλείω 2	shut	434b
	ὁσάκις	as often as	585b
	οὐρανός 1 b	heaven	594a
	πατάσσω 2	strike	634d
	πληγή 3	blow	668b
	προφητεία 1	prophecy	722d
	στρέφω 1 a β	turn	771b
	ὑετός	rain	833b
6b	ἐξουσία 3	authority	278b
7	Ἄβυσσος 2	Abyss	2b
	ἀναβαίνω 1 a β	go up	50b
	θηρίον 1 b	beast	361b
	μαρτυρία 1	testimony	493c
	μετά A II 3 a	with	509c
	νικάω 2 a	conquer	539b
	ποιέω I 1 b δ	do	681b
	πόλεμος 1 a	armed conflict	685b
	τελέω 1	finish	810d
8	Αἴγυπτος	Egypt	22a
	καλέω 1 a γ	call	399a
	κύριος 2 c γ	lord	460b
	ὅπου 1 a α	where	576a
	ὅστις 3	whoever	587b

8	πλατεῖα	wide road	666d
	πνευματικῶς 2	spiritually	679c
	πόλις 1	city	685d
	Σόδομα	Sodom	759a
	σταυρόω 1	crucify	765c
8f	πτῶμα	corpse	728a
9	ἀφίημι 4	tolerate	126c
	γλῶσσα 2	language	162c
	ἐκ 4 a γ	from	235d
	ἡμέρα 2	day	346b
	ἥμισυς 2	half	348a
	λαός 2	people	466d
	μνῆμα	tomb	524c
	τίθημι I 1 a β	put	816a
	φυλή 2	nation	869a
9a	πτῶμα	corpse	728a
9b	πτῶμα	corpse	728a
10	βασανίζω 2 a	torment	134c
	δῶρον 1	gift	210d
	εὐφραίνω 2	gladden	327d
	κατοικέω 1 a	live	424b
	πέμπω 2	send	642b
	προφήτης 4	prophet	724a
	χαίρω 1	rejoice	873b
	χαίρω 1	rejoice	873b
11	εἰσέρχομαι 1 b β	come	232d
	ἐν I 6	in	260b
	ἐπί III 1 b γ	on	289a
	ἐπιπίπτω 2	fall upon	297d
	ζωή 1 a	life	340b
	ἥμισυς 2	half	348a
	ἵστημι II 1 e	stand	382c
	πίπτω 2 b γ	fall	660a
	πνεῦμα 2	spirit	674d
	φόβος 2 a α	fear	863d
	φόβος 2 a α	fear	863d
11f	θεωρέω 1	observe	360a
12	ἀναβαίνω 1 a β	go up	50b
	ἀναβαίνω 1 a β	go up	50b
	νεφέλη	cloud	536d
	φωνή 2 d	voice	871c
	ὧδε 1	here	895b
13	γίνομαι I 1 b α	come about	158b
	δέκατος 2 a	tenth	174b
	δόξα 3	fame	204b
	ἐκεῖνος 2 b γ	that	239d
	ἔμφοβος	afraid	257d
	λοιπός 1 b	remaining	479d
	ὄνομα III	people	573d
	οὐρανός 2 a	heaven	594d
	πίπτω 1 b β	fall	659d
	πόλις 1	city	685c
	χιλιάς	thousand	882a
	χιλιάς	thousand	882a
	ὥρα 3	time of day	896c
13a	σεισμός	shaking	746c
13b	σεισμός	shaking	746c
14	ἀπέρχομαι 1 b	go away	84c
	δεύτερος 2	second	177b
	ἰδού 1 a	behold	371a
	ὁ, ἡ, τό II 9 c	the	552c
14	ταχύς 2 b	quick	807b
	τρίτος 1	third	826c
14a	οὐαί 2	woe	591b
14b	οὐαί 2	woe	591b
15	βασιλεύω 1 b γ	rule	136c
	γίνομαι I 1 b β	come about	158b
	γίνομαι I 3 c	take place	159b
	ἕβδομος	seventh	213a
	κόσμος 4 a	world	446b
	κύριος 2 a	lord	459c
	σαλπίζω	sound the trumpet	741a
	Χριστός 1	Anointed One	887a
16	εἴκοσι	twenty	222a
	ἐνώπιον 1	before	270c
	ἐπί III 1 a ζ	on	288c
	θρόνος 1 e	throne	364b
	κάθημαι 1 a α	sit	389c
	πίπτω 1 b α	fall	659d
	πρεσβύτερος 2 b γ	older	700c
	προσκυνέω 2 a	do reverence	717a
	πρόσωπον 1 a	face	721a
17	βασιλεύω 1 b α	rule	136c
	βασιλεύω 2	become king	136d
	εἰμί I 1	to be	223a
	εὐχαριστέω 2	give thanks	328b
	παντοκράτωρ	almighty	609a
18	δίδωμι 4	give	193c
	δοῦλος 4	slave	206a
	καιρός 3	time	395b
	κρίνω 4 b α	judge	452a
	μέγας 2 a α	great	497c
	μικρός 1 b	small	521b
	μισθός 2 a	reward	523c
	ὄνομα I 4 b	name	572a
	ὀργή 2 b	anger	579c
	ὀργίζω	be angry	579d
	προφήτης 5	prophet	724a
	φοβέω 2 a	be afraid	863b
18a	διαφθείρω 1	spoil	190c
18b	διαφθείρω 2	spoil	190d
19	ἀνοίγω 1 b	open	71b
	ἀστραπή	lightning	118b
	βροντή	thunder	147d
	γίνομαι I 1 b α	come about	158b
	διαθήκη 3	covenant	183c
	κιβωτός 2	box	432a
	μέγας 2 a γ	great	497d
	ὁράω 1 a δ	see	578b
	σεισμός	shaking	746c
	φωνή 1	sound	870d
	χάλαζα	hail	874b
19a	ναός 1 b	temple	533c
19b	ναός 1 b	temple	533c

Revelation 12

1	ἀστήρ	star	117d
	ἐν I 1 a	in	258b
	ἐπί I 1 a α	on	286a
	ἥλιος	the sun	345c

1	κεφαλή 1 a	head	430a
	ὁράω 1 a δ	see	578b
	οὐρανός 1 b	heaven	594a
	περιβάλλω 1 b α	throw around	646a
	σελήνη	moon	746d
	σημεῖον 2 c	sign	748c
	στέφανος 1	wreath	767b
	ὑποκάτω	under	844d
1-17	γυνή 4	woman	168d
2	βασανίζω 2 a	torment	134c
	γαστήρ 2	womb	152d
	ἔχω I 2 j	have	333b
	κράζω 1	cry out	447d
	τίκτω 1	give birth	816d
	ὠδίνω	suffer birth pangs	895d
3	δέκα	ten	173d
	διάδημα	diadem	182d
	δράκων	dragon	206b
	ἔχω I 2 c α	have	332c
	ἰδού 2	there is	371b
	κέρας 1	horn	429b
	κεφαλή 1 a	head	430a
	μέγας 1 a	large	497c
	ὁράω 1 a δ	see	578b
	οὐρανός 1 b	heaven	594a
	πυρρός	red (as fire)	731c
	σημεῖον 2 c	sign	748c
4	βάλλω 1 b	throw	131a
	δράκων	dragon	206c
	ἐνώπιον 1	before	270c
	ἵστημι II 2 b β	being	382c
	κατεσθίω 1	eat up	422b
	μέλλω 1 b α	be about to	501a
	οὐρά	tail	593c
	οὐρανός 1 c	heaven	594b
	στῆκω 1	stand	768a
	σύρω	drag	794c
	τέκνον 1 a α	child	808b
	τρίτος 2	third	826d
4a	τίκτω 1	give birth	816d
4b	τίκτω 1	give birth	816d
5	ἁρπάζω 2 b	snatch	109b
	ἄρσην	male	110a
	ἐν III 1 a	by	260d
	θρόνος 1 b	throne	364b
	μέλλω 1 c δ	is destined	501b
	ποιμαίνω 2 a γ	tend	683d
	ῥάβδος	rod	733b
	σιδηροῦς	iron	750a
	τέκνον 1 a β	child	808c
	τίκτω 1	give birth	816d
6	ἀπό V 6	by	88c
	ἐκεῖ 1	there	239b
	ἑξήκοντα	sixty	276a
	ἔρημος 2	desert	309a
	ἑτοιμάζω 3	prepare	316c
	ἵνα I 3	in order that	377b
	ὅπου 1 a α	where	576a
	τόπος 1 e	place	822d
	τρέφω 1	feed	825c

6	φεύγω 1	flee	855d
	χίλιοι	thousand	882a
7	ἄγγελος 2 a	angel	7d
	ἄγγελος 2 c	angel	8a
	γίνομαι I 1 b β	come about	158b
	δράκων	dragon	206c
	μετά A II 3 a	with	509c
	Μιχαήλ	Michael	524a
	πόλεμος 1 b	armed conflict	685b
7a	πολεμέω 1 a	fight	685a
	πολεμέω 1 a	fight	685a
7b	πολεμέω 1 a	fight	685a
7f	οὐρανός 1 d	heaven	594b
8	ἔτι 1 b β	still	315d
	εὑρίσκω 1 b	find	325b
	ἰσχύω 3	be strong	383d
	τόπος 1 f	place	823a
9	ἄγγελος 2 c	angel	8a
	ἀρχαῖος 1	ancient	111b
	βάλλω 1 b	throw	131a
	δράκων	dragon	206c
	καλέω 1 a γ	call	399b
	μέγας 1 a	large	497c
	οἰκουμένη 1 b	the world	561b
	ὄφις 3	snake	600b
	πλανάω 1 b	deceive	665c
	σατάν	Adversary	745a
10	ἀδελφός 2	brother	16b
	ἀντίδικος	opponent	74b
	ἄρτι 1	now	110b
	ἐνώπιον 2 b	before	270d
	ἐξουσία 3	authority	278b
	καταβάλλω 1	throw down	408d
	κατηγορέω 1 b	bring charges	423b
	κατήγορος	accuser	423c
	κατήγωρ	accuser	423c
	νύξ 1 b	night	546c
	σωτηρία 2	deliverance	801d
	φωνή 2 d	voice	871c
	Χριστός 1	Anointed One	887a
11	ἀγαπάω 2	love	5b
	αἷμα 2 b	blood	23a
	ἀρνίον	sheep	108b
	ἄχρι 1 c	as far as	129a
	διά B II 4 a	by	181c
	θάνατος 1 a	death	350d
	μαρτυρία 2 d α	testimony	493d
	νικάω 2 a	conquer	539b
	ψυχή 1 a β	soul, life	893b
12	ἔξεστι 1	it is possible	275b
	εὐφραίνω 2	gladden	327d
	ἔχω I 2 e β	have	332d
	θυμός 2	anger	365c
	καιρός 2	time	395a
	καταβαίνω 1 a δ	come down	408c
	μέγας 2 a γ	great	497d
	ὀλίγος 2 c	little	563d
	οὐαί 1 c	woe	591b
	οὐρανός 1 e	heaven	594c

12	οὐρανός 2 e	heaven	595b
	σκηνόω	live	755c
13	ἄρσην	male	110a
	βάλλω 1 b	throw	131a
	διώκω 2	persecute	201b
	δράκων	dragon	206c
	εἶδον 1 d	see	220d
	ὅστις 3	whoever	587b
	τίκτω 1	give birth	816d
14	ἀετός	eagle	19d
	ἀπό III 1	away from	87b
	ἐκεῖ 1	there	239b
	ἔρημος 2	desert	309a
	ἥμισυς 2	half	348a
	καιρός 4	time	395d
	μέγας 1 a	large	497c
	ὅπου 1 a α	where	576a
	πέτομαι	fly	654a
	πρόσωπον 1 c α	face	721b
	πτέρυξ	wing	727b
	τόπος 1 e	place	822d
	τρέφω 1	feed	825c
14f	ὄφις 3	snake	600b
15	ὀπίσω 2 a β	after	575b
	ποιέω I 1 b ι	do	682a
	ποταμοφόρητος swept away by a river		694d
	στόμα 1 c	mouth	770a
15f	βάλλω 1 b	throw	130d
	ποταμός 1	river	694d
16	ἀνοίγω 1 e α	open	71b
	βοηθέω 2	aid	144c
	καταπίνω 1 a	swallow	416c
16a	στόμα 1 d	mouth	770a
16b	στόμα 1 c	mouth	770a
16f	δράκων	dragon	206c
17	ἐντολή 2 b	command	269b
	ἐπί II 1 b γ	on	287c
	ἔχω I 1 c β	keep	332a
	λοιπός 2 b α	the others	480a
	μαρτυρία 2 d γ	testimony	493d
	μετά A II 3 a	with	509c
	ὀργίζω	be angry	579c
	ποιέω I 1 b δ	do	681b
	πόλεμος 1 a	armed conflict	685b
	σπέρμα 2 b	seed	762a
	τηρέω 5	keep	815b
18	ἄμμος	sand	46b
	ἵστημι II 1 b	stand	382b

Revelation 13

1	ἀναβαίνω 1 a β	go up	50b
	βλασφημία 2 b	slander	143a
	διάδημα	diadem	182d
	κέρας 1	horn	429b
	κεφαλή 1 a	head	430a
1ff	θηρίον 1 b	beast	361b
2	ἄρκος	bear	107b
	δράκων	dragon	206c
	ἐξουσία 2	ability	278a
2	θρόνος 1 e	throne	364c
	λέων 1	lion	472d
	ὅμοιος 1	like	566d
	πάρδαλις	leopard	624a
	στόμα 1 c	mouth	770a
2a	ὡς II 3 b	so	897d
3	εἰς 4 e	so that	229c
	θαυμάζω 2	wonder	352d
	θεραπεύω 2	heal	359a
	κεφαλή 1 a	head	430a
	ὀπίσω 2 a β	after	575b
	σφάζω	slaughter	796a
3a	θάνατος 1 a	death	351a
3b	θάνατος 1 a	death	351a
4	δράκων	dragon	206c
	ἐξουσία 2	ability	278a
	μετά A II 3 a	with	509c
	ὅμοιος 1	like	567a
	πολεμέω 1 a	fight	685a
4a	προσκυνέω 3	do reverence	717a
4b	προσκυνέω 3	do reverence	717a
5	βλασφημία 2 b	slander	143a
	βλάσφημος	slanderous	143b
	ἐξουσία 1	right	277d
	λαλέω 2 b	speak	463d
	μέγας 2 b β	great	498c
	μήν 1	month	518d
	ποιέω I 2 c	do	682d
6	ἀνοίγω 1 e α	open	71b
	βλασφημέω 2 b β blaspheme		142d
	βλασφημία 2 b	slander	143a
	ὄνομα I 4 b	name	571d
	πρός III 4 a	toward	710c
	σκηνή	tent	754c
	σκηνόω	live	755c
7	γλῶσσα 2	language	162c
	δίδωμι 1 b β	give	193a
	ἐξουσία 3	authority	278b
	λαός 2	people	466d
	μετά A II 3 a	with	509c
	νικάω 2 a	conquer	539b
	ποιέω I 1 b δ	do	681b
	πόλεμος 1 a	armed conflict	685b
	φυλή 2	nation	869a
8	ἀρνίον	sheep	108b
	βιβλίον 1	book	141b
	βίβλος 2	book	141c
	γράφω 2 b	write	166d
	καταβολή 1	foundation	409a
	κατοικέω 1 a	live	424b
	κόσμος 2	world	445d
	ὄνομα I 2 a	name	571b
	ὅς, ἥ, ὅ I 3 a	(rel pron)	583d
	πᾶς, πᾶσα, πᾶν 1 d β	all	632b
	προσκυνέω 3	do reverence	717a
	σφάζω	slaughter	796a
9	ἀκούω 1 a	hear	31d
	οὖς 2	ear	595d
10	αἰχμαλωσία 1	captivity	26d
	μάχαιρα 1	sword	496b

10	πίστις 2 d γ	faith	663d
	συνάγω 2	gather	782b
	ὑπάγω 2	go away	836d
	ὑπομονή 1	patience	846c
	ὧδε 2 b	here	895c
11	ἀναβαίνω 1 a β	go up	50b
	ἀρνίον	sheep	108b
	δράκων	dragon	206c
	κέρας 1	horn	429b
	λαλέω 2 a ε	speak	463c
	ὅμοιος 1	like	567a
11f	θηρίον 1 b	beast	361b
12	αὐτός 3 d	(oblique case)	123c
	ἐνώπιον 5 c	before	271a
	ἐξουσία 2	ability	278a
	θάνατος 1 a	death	351a
	θεραπεύω 2	heal	359a
	ἵνα I 2	in order that	377a
	κατοικέω 1 a	live	424b
	ὅς, ἥ, ὅ I 3 a	(rel pron)	583d
	πᾶς, πᾶσα, πᾶν 1 c α	all	631d
	προσκυνέω 3	do reverence	717a
12a	ποιέω I 1 c α	do	682a
12b	ποιέω I 1 b θ	do	681d
13	ἐνώπιον 2 a	before	270d
	ἵνα II 2	in order that	378a
	καταβαίνω 1 b	come down	408d
	πῦρ 1 b	fire	730b
13a	ποιέω I 1 b β	do	681b
13b	ποιέω I 1 b θ	do	681d
13f	σημεῖον 2 b	sign	748b
14	διά B II 4 a	by	181c
	ἐμός 2	my	255d
	ἐνώπιον 5 c	before	271a
	ἔχω I 2 e α	have	332c
	λέγω II 1 c	order	469c
	μάχαιρα 1	sword	496b
	ὅς, ἥ, ὅ I 3 b γ	(rel pron)	584a
	πλανάω 1 b	deceive	665c
	πληγή 2	blow	668b
14a	κατοικέω 1 a	live	424b
14b	κατοικέω 1 a	live	424b
	ποιέω I 1 a α	do	680d
14f	δίδωμι 1 b β	give	193a
	εἰκών 1 a	image	222b
	θηρίον 1 b	beast	361b
15	μή A I 1	not	515d
	πνεῦμα 2	spirit	675a
	ποιέω I 1 b θ	do	681d
	προσκυνέω 3	do reverence	717a
16	δεξιός 1	right	174c
	δοῦλος 1 b	slave	205d
	ἐλεύθερος 1	free	250d
	ἵνα II 1 a ε	in order that	377d
	μέγας 2 a α	great	497c
	μέτωπον	forehead	515b
	μικρός 1 b	small	521b
	πλούσιος 1	rich	673c
	ποιέω I 1 b θ	do	681d
	πτωχός 1 a	poor	728b
	χάραγμα 1	a mark	876a
17	ἀγοράζω 1	buy	12d
	ἤ 1 c	nor	342b
	ἵνα I 3	in order that	377b
	πωλέω	sell	731d
	χάραγμα 1	a mark	876a
17f	ἀριθμός 1	number	106b
	θηρίον 1 b	beast	361b
18	ἄνθρωπος 1 a β	man	68b
	δεκαέξ (δέκα)	sixteen	173d
	ἑξακόσιοι	six hundred	272b
	ἑξήκοντα	sixty	276a
	νοῦς	the understanding	544c
	νοῦς 1	the understanding	544c
	σοφία 2	wisdom	759d
	χξς	six hundred sixty six	882d
	ψηφίζω	count	892d
	ὧδε 2 b	here	895b

Revelation 14

1	ἀρνίον	sheep	108b
	γράφω 2 a	write	166d
	ἑκατόν	one hundred	236d
	ἐπί III 1 a ζ	on	288c
	ἵστημι II 2 b β	being	382c
	μέτωπον	forehead	515b
	ὄρος	mountain	582c
	Σιών 1	Zion	752b
	χιλιάς	thousand	882a
2	βροντή	thunder	147d
	κιθάρα	lyre	432a
	κιθαρίζω	play	432a
	κιθαρῳδός	harpist	432a
	μέγας 2 a γ	great	497d
	πολύς I 1 a β	many	687d
	ὕδωρ 1	water	833a
	φωνή 2 d	voice	871c
2b	φωνή 1	sound	870d
2c	φωνή 1	sound	870d
	ὡς II 3 b	so	897d
2d	φωνή 1	sound	870d
2f	ἄγγελος 2 a	angel	7c
3	ἀγοράζω 2	buy	13a
	ᾄδω	sing	19b
	γῆ 5 b	earth	157d
	ἑκατόν	one hundred	236d
	ἐνώπιον 2 a	before	270d
	ζῷον 1	living thing	341c
	καινός 2	new	394b
	μανθάνω 5	learn	490d
	οὐδείς 2 a	no one	592a
	πρεσβύτερος 2 b γ	older	700c
	χιλιάς	thousand	882a
	ὡς II 3 a β	so	897c
3a	ᾠδή	song	895c
3b	ᾠδή	song	895c
4	ἀγοράζω 2	buy	13a
	ἀπαρχή 2 a	first fruits	81c
	ἀρνίον	sheep	108b
	μετά A II 3 b	with	509c

4	μολύνω 2	defile	527a
	ὅπου 1 b β	where	576b
	παρθένος 2	chaste man	627b
	ὑπάγω 2	go away	836d
5	ἄμωμος 2 a	blameless	48a
	δόλος	deceit	203b
	εὑρίσκω 1 b	find	325b
	στόμα 1 a	mouth	769d
	ψεῦδος	lie	892b
6	αἰώνιος 3	eternal	28c
	γλῶσσα 2	language	162c
	εὐαγγελίζω	announce good news	317b
	εὐαγγελίζω 1	announce good news	317c
	εὐαγγέλιον 2 a	gospel	318a
	κάθημαι 1 b	reside	389c
	λαός 2	people	466d
	μεσουράνημα	in midheaven	508a
	πετάομαι	fly	654a
	πέτομαι	fly	654a
	φυλή 2	nation	869a
7	δόξα 3	fame	204b
	ἔρχομαι I 1 b α	come	311b
	θάλασσα 1 a	sea	350b
	κρίσις 1 a α	judging	452d
	λέγω I 6	say	468d
	οὐρανός 1 a α	heaven	593d
	πηγή 1	fountain	655d
	ποιέω I 1 a β	do	681a
	προσκυνέω 2 a	do reverence	717a
	ὕδωρ 1	water	833a
	φοβέω 2 a	be afraid	863b
	φωνή 2 a	voice	870d
	ὥρα 3	time of day	896d
8	ἀκολουθέω 1	follow	31b
	Βαβυλών	Babylon	129d
	θυμός 1	passion	365c
	θυμός 2	anger	365c
	οἶνος 2	wine	562c
	πίπτω 2 a α	fall	660a
	πορνεία 2	prostitution	693b
	ποτίζω 1	give to drink	695d
9	εἰκών 1 a	image	222b
	θηρίον 1 b	beast	361b
	λαμβάνω 2	receive	465b
	λέγω I 6	say	468d
	μέτωπον	forehead	515b
	προσκυνέω 3	do reverence	717a
	τρίτος 1	third	826d
	φωνή 2 a	voice	870d
	χάραγμα 1	a mark	876a
10	ἄγγελος 2 a	angel	7c
	ἅγιος 1 b β	holy	9d
	ἄκρατος	unmixed	33a
	ἀρνίον	sheep	108b
	ἄχρι 1 b	as far as	128d
	βασανίζω 2 a	torment	134c
	ἐκ 4 a ε	from	236a
	ἐνώπιον 2 a	before	270d

10	θεῖον	sulphur	353d
	θυμός 2	anger	365c
	κεράννυμι 1	mix	429a
	οἶνος 2	wine	562c
	ὀργή 2 b	anger	579c
	πίνω 2 b α	drink	659a
	ποτήριον 2	cup	695c
	πῦρ 1 b	fire	730b
11	ἀνάπαυσις 1	stopping	58d
	βασανισμός 2	tormenting	134c
	εἰκών 1 a	image	222b
	ἔχω I 2 g	have	333a
	θηρίον 1 b	beast	361b
	καπνός	smoke	403b
	λαμβάνω 2	receive	465b
	νύξ 1 b	night	546c
	προσκυνέω 3	do reverence	717a
	χάραγμα 1	a mark	876a
12	ἐντολή 2 b	command	269b
	πίστις 2 b β	faith	663a
	τηρέω 5	keep	815b
	ὑπομονή 1	patience	846c
	ὧδε 2 b	here	895c
13	ἀκολουθέω 2	accompany	31b
	ἀναπαύω 2	rest	59a
	ἀπαρτί	exactly	81a
	ἀποθνῄσκω 1 a α	die	91c
	ἄρτι 3	now	110b
	γράφω 2 a	write	166c
	ἐκ 1 c	away from	234c
	ἐν I 5 d	in	259d
	ἔργον 1 c β	deed	308a
	ἵνα I 2	in order that	377a
	ἵνα II 2	in order that	378b
	ἵνα III 2	in order that	378c
	κόπος 2	work	443d
	κύριος 2 c γ	lord	460a
	μακάριος 1 b	blessed	486d
	μετά A II 1 a	with	508d
	ναί 2	certainly	533a
	πνεῦμα 5 d α	spirit	677a
	φωνή 2 d	voice	871c
14	ἰδού 2	there is	371b
	κεφαλή 1 a	head	430a
	λευκός 2	white	472c
	ὅμοιος 3	like	567a
	ὀξύς 1	sharp	574c
	στέφανος 1	wreath	767b
	υἱός 2 c	son	835b
	χρυσοῦς	golden	888d
14a	νεφέλη	cloud	536d
14b	νεφέλη	cloud	536d
15	ἁρπαγμός 2	robbery	108c
	δρέπανον	sickle	206d
	ἐξέρχομαι 1 a α	go out	274c
	ἔρχομαι I 1 b α	come	311b
	θερίζω 2 b	reap	359c
	θερισμός 2 b	harvest	359c
	κάθημαι 1 a α	sit	389c
	κράζω 2 a	call	447d
	κράζω 2 a	call	447d

15	ναός 1 b	temple	533c
	ξηραίνω 2 a	dry up	548c
	πέμπω 2	send	642b
	ὥρα 3	time of day	896d
15f	νεφέλη	cloud	536d
16	θερίζω 2 b	reap	359c
17	ἔχω I 1 a	have	331d
	ναός 1 b	temple	533c
17f	ἐξέρχομαι 1 a α	go out	274c
	ὀξύς 1	sharp	574c
18	ἄγγελος 2 a	angel	7d
	ἀκμάζω	be ripe	30d
	βότρυς	grapes	145c
	ἐξουσία 3	authority	278b
	θυσιαστήριον 1 b β	altar	366d
	θυσιαστήριον 2 a	altar	366d
	κραυγή 1 b	shout	449c
	πέμπω 2	send	642b
	πῦρ 1 b	fire	730b
	σταφυλή	bunch of grapes	765c
	τρυγάω	pick (grapes)	828b
	φωνέω 1 b	cry out	870c
	φωνέω 1 b	cry out	870c
18b	δρέπανον	sickle	206d
18f	ἄμπελος 1	vine	46d
19	βάλλω 1 b	throw	131a
	βάλλω 2 b	put	131b
	θυμός 2	anger	365c
	ληνός	wine press	473a
	μέγας 1 b	large	497c
	τρυγάω	pick (grapes)	828b
20	αἷμα 3	blood	23b
	ἀπό III 1	away from	87b
	ἑξακόσιοι	six hundred	272b
	ἐξέρχομαι 2 a	go out	275a
	ἔξωθεν 2 b	outside	280a
	ἵππος	horse	380c
	πατέω 1 a α	tread	634d
	στάδιον 1	stade	764a
	χαλινός	bit	874d
	χίλιοι	thousand	882a
20a	ληνός	wine press	473a
20b	ληνός	wine press	473a

Revelation 15

1	ἄγγελος 2 a	angel	7d
	ἑπτά	seven	306b
	ἑπτά	seven	306b
	ἔσχατος 3 b	last	314a
	θαυμαστός 2	wonderful	353a
	θυμός 2	anger	365c
	πληγή 3	blow	668b
	σημεῖον 2 c	sign	748c
	τελέω 1	finish	811a
2	ἀριθμός 1	number	106b
	εἰκών 1 a	image	222b
	ἐκ 1 d	away from	234c
	θηρίον 1 b	beast	361b
	ἵστημι II 2 b β	being	382c
	κιθάρα	lyre	432a
2	μείγνυμι 1	mix	499c
	νικάω 1 a	be victor	539b
	πῦρ 1 b	fire	730b
	χάραγμα 1	a mark	876a
2a	ὑάλινος	of glass	831d
2b	ὑάλινος	of glass	831d
3	ᾄδω	sing	19b
	ἀληθινός 2	true	37a
	ἀρνίον	sheep	108b
	βασιλεύς 2 b	king	136c
	βασιλεύς 2 b	king	136c
	δίκαιος 4	righteous	196a
	δοῦλος 4	slave	206a
	ἔργον 1 c α	deed	308a
	θαυμαστός 2	wonderful	352d
	κύριος 2 a	lord	459c
	μέγας 2 a γ	great	497d
	Μωϋσῆς	Moses	532a
	ὁδός 2 b	way	554d
	παντοκράτωρ	almighty	609a
	ᾠδή	song	895c
4	δικαίωμα 2	righteous deed	198a
	ἐνώπιον 1	before	270c
	ἥκω 1 d β	have come	344d
	μή D 1 a	not	517c
	μόνος 1 a δ	only	527d
	ὄνομα I 4 b	name	571d
	ὅσιος 1 b	pious	585c
	πᾶς, πᾶσα, πᾶν 1 d α	all	632a
	προσκυνέω 2 a	do reverence	717a
	φανερόω 1 b	reveal	852d
5	ἀνοίγω 1 b	open	71b
	μαρτύριον 2	testimony	494a
	ναός 1 b	temple	533c
	σκηνή	tent	754c
6	ἄγγελος 2 a	angel	7d
	ἐνδύω 2 a	dress	264a
	ἑπτά	seven	306b
	ζώνη	belt	341b
	καθαρός 1	clean	388a
	λαμπρός 3	bright	465d
	λίθος 1 c	stone	474b
	λίνον 2	linen garment	475c
	ναός 1 b	temple	533c
	ὁ, ἡ, τό II 1 a α	the	550a
	περί 2 a β	about	645a
	περιζώννυμι 1	gird about	647b
	περιζώννυμι 2 b	gird about	647b
	πληγή 3	blow	668b
	στῆθος	chest	767d
6f	ἑπτά	seven	306b
	χρυσοῦς	golden	888d
7	αἰών 1 b	time	27c
	γέμω 1	be full	153d
	ἑπτά	seven	306b
	ζάω 1 a ε	live	336b
	ζῷον 1	living thing	341c
	θυμός 2	anger	365c
	φιάλη	bowl	858b
8	ἄχρι 2 b	until	129a

8	γεμίζω 1	fill	153c
	δόξα 1 a	brightness	203c
	εἰσέρχομαι 1 a β	come	232c
	ἐκ 3 c	from	235a
	καπνός	smoke	403b
	πληγή 3	blow	668b
	τελέω 1	finish	811a
8a	ναός 1 b	temple	533c
8b	ναός 1 b	temple	533c

Revelation 16

1	ἄγγελος 2 a	angel	7d
	ἑπτά	seven	306b
	θυμός 2	anger	365c
	ναός 1 b	temple	533c
	ὑπάγω 2	go away	836d
	φωνή 2 d	voice	871c
1-4	φιάλη	bowl	858b
1ff	ἐκχέω 1	pour out	247b
2	γίνομαι I 4 c γ	come, go	160a
	εἰκών 1 a	image	222b
	ἕλκος	sore	251c
	θηρίον 1 b	beast	361b
	κακός 2	evil	398a
	πονηρός 1 a β	sick	690d
	προσκυνέω 3	do reverence	717a
	χάραγμα 1	a mark	876a
3	δεύτερος 3	second	177b
	ζωή 1 a	life	340b
	νεκρός 2 a	dead	535b
	ψυχή 2	soul, life	894a
	ψυχή 2	soul, life	894b
	ὡς II 3 b	so	897d
3f	αἷμα 3	blood	23b
4	πηγή 1	fountain	655d
	ποταμός 1	river	694d
	τρίτος 1	third	826d
	ὕδωρ 1	water	833a
5	ἄγγελος 2 a	angel	7d
	ἀκούω 1 c	hear	32b
	δίκαιος 2	righteous	196a
	εἰμί I 1	to be	223a
	κρίνω 4 b α	judge	452b
	ὅσιος 2 b	pious	585d
6	αἷμα 2 a	blood	22d
	αἷμα 2 a	blood	22d
	ἄξιος 2 a	worthy	78c
	δίδωμι 2	give	193c
	ἐκχέω 1	pour out	247b
	προφήτης 5	prophet	724a
7	ἀκούω 1 c	hear	32b
	ἀληθινός 2	true	37a
	δίκαιος 4	righteous	196a
	θυσιαστήριον 1 b β	altar	366d
	κρίσις 1 a β	judging	453a
	κύριος 2 a	lord	459c
	ναί 2	certainly	533a
	παντοκράτωρ	almighty	609a
8	ἐκχέω 1	pour out	247b
	ἥλιος	the sun	345c

8	καυματίζω	burn	425b
	πῦρ 1 b	fire	730b
	φιάλη	bowl	858b
9	βλασφημέω 2 b β	blaspheme	142d
	δόξα 3	fame	204b
	ἐξουσία 2	ability	278a
	ἐπί III 1 b α	over	288d
	καῦμα	heat	425b
	καυματίζω	burn	425b
	μέγας 2 a γ	great	497d
	μετανοέω	change one's mind	512b
	ὄνομα I 4 b	name	571d
	πληγή 3	blow	668b
10	γλῶσσα 1 a	tongue	162b
	ἐκ 3 f	by	235c
	ἐκχέω 1	pour out	247b
	θηρίον 1 b	beast	361b
	θρόνος 1 e	throne	364c
	μασάομαι	bite	495a
	πέμπτος	fifth	641c
	πόνος 2	pain	691d
	σκοτόω 1	darken	758a
	φιάλη	bowl	858b
11	βλασφημέω 2 b α	blaspheme	142d
	ἐκ 1 c	away from	234c
	ἐκ 3 f	by	235c
	ἕλκος	sore	251c
	ἔργον 1 c β	deed	308a
	μετανοέω	change one's mind	512b
	οὐρανός 2 a	heaven	594d
	πόνος 2	pain	691d
12	ἀνατολή 2 a	east	62b
	ἕκτος	sixth	246a
	ἐκχέω 1	pour out	247b
	ἑτοιμάζω 1	prepare	316b
	Εὐφράτης	Euphrates	328a
	ἥλιος	the sun	345d
	ξηραίνω 2 a	dry up	548c
	ὁδός 1 a	way	554a
	ποταμός 1	river	694d
	ὕδωρ 1	water	833a
	φιάλη	bowl	858b
13	ἀκάθαρτος 2	impure	29b
	βάτραχος	frog	137d
	δράκων	dragon	206c
	θηρίον 1 b	beast	361b
	πνεῦμα 4 c	spirit	676a
	ψευδοπροφήτης	false prophet	892a
13a	στόμα 1 c	mouth	770a
13b	στόμα 1 c	mouth	770a
13c	στόμα 1 c	mouth	770a
14	δαιμόνιον 2	demon	169b
	δαίμων	demon	169d
	ἐκπορεύομαι 1 c	go out	244c
	ἡμέρα 3 b β	day	347b
	ἡμέρα 3 b β	day	347b
	μέγας 2 b β	great	498b
	οἰκουμένη 1 a	the world	561b

14	παντοκράτωρ	almighty	609a
	πνεῦμα 4 c	spirit	676a
	ποιέω I 1 b β	do	681b
	πόλεμος 1 b	armed conflict	685b
	σημεῖον 2 b	sign	748b
	συνάγω 2	gather	782b
15	ἀσχημοσύνη 2	shame	119b
	βλέπω 1 a	see	143b
	γρηγορέω 2	be awake	167c
	γυμνός 1	naked	167d
	καί I 2 e	and	392c
	κλέπτης	thief	434c
	μακάριος 1 b	blessed	486d
	περιπατέω 1 c	go about	649b
	τηρέω 3	keep	815b
16	Ἁρμαγεδ(δ)ών	Armageddon	107c
	Ἑβραϊστί	in Hebrew	213c
	καλέω 1 a γ	call	399b
	συνάγω 2	gather	782b
	τόπος 1 c	place	822c
17	ἀήρ	air	20b
	ἕβδομος	seventh	213a
	ἐκχέω 1	pour out	247b
	ἐξέρχομαι 2 b α	go out	275a
	ναός 1 b	temple	533c
	φιάλη	bowl	858b
	φωνή 2 d	voice	871b
18	ἀπό II 2 c	since	87b
	ἀστραπή	lightning	118b
	βροντή	thunder	147d
	γίνομαι I 1 b α	come about	158b
	γίνομαι II 5	exist	160c
	οἷος	of what sort	562d
	ὅς, ἥ, ὅ I 11 f	(rel pron)	585b
	οὕτω	thus	597c
	οὕτω 3	thus	598a
	τηλικοῦτος 2	so great	814c
	φωνή 1	sound	870d
18a	σεισμός	shaking	746c
18b	σεισμός	shaking	746c
19	Βαβυλών	Babylon	129d
	εἰς 8 a α (indicates pred nom)		230b
	ἐνώπιον 5 a	before	271a
	θυμός 1	passion	365c
	θυμός 2	anger	365c
	μέρος 1 a	part	505d
	μιμνῄσκομαι 2 a	be mentioned	522c
	μιμνῄσκομαι 2 b	be called to remembrance	522c
	οἶνος 2	wine	562c
	ὀργή 2 b	anger	579c
	πίπτω 1 b β	fall	659d
	ποτήριον 2	cup	695c
19a	πόλις 1	city	685c
19b	πόλις 1	city	685c
20	εὑρίσκω 1 a	find	325a
	νῆσος	island	538a
	ὄρος	mountain	582b
	φεύγω 5	flee	856a
21	βλασφημέω 2 b α	blaspheme	142d
	ἐπί III 1 a β	on	288b
	καταβαίνω 1 b	come down	408d
	οὐρανός 1 b	heaven	594b
	σφόδρα	greatly	796a
	ταλαντιαῖος	weighing a talent	803c
21a	μέγας 2 a γ	great	497d
	πληγή 3	blow	668b
	χάλαζα	hail	874b
21b	μέγας 2 a γ	great	497d
	πληγή 3	blow	668b
	χάλαζα	hail	874b

Revelation 17

1	ἄγγελος 2 a	angel	7d
	δείκνυμι 1 a	show	172d
	δεῦρο 1	come	176c
	ἔρχομαι I 1 a ζ	come	310d
	κρίμα 4 b	verdict	450d
	λαλέω 2 a δ	speak	463c
	λαλέω 3	speak	464a
	ὁ, ἡ, τό II 1 f	the	550d
	πολύς I 1 a β	many	687d
	πόρνη 2	prostitute	693c
	ὕδωρ 1	water	833a
	φιάλη	bowl	858b
2	κατοικέω 2	live	424c
	μεθύσκω	get drunk	499b
	μετά A II 3 b	with	509c
	οἶνος 2	wine	562c
	πορνεία 2	prostitution	693c
	πορνεύω 2	to prostitute	693c
3	ἀποφέρω 1 a α	take away	101d
	βλασφημία 2 b	slander	143a
	γέμω 3	be full	153d
	δέκα	ten	173d
	εἶδον	see	220c
	ἐν I 5 d	in	260a
	ἔρημος 2	desert	309a
	θηρίον 1 b	beast	361b
	κάθημαι 1 a α	sit	389c
	κέρας 1	horn	429b
	κεφαλή 1 a	head	430a
	κόκκινος	scarlet	440b
	πνεῦμα 6 e	spirit	677d
4	ἀκαθάρτης	uncleanness	29a
	ἀκάθαρτος 2	impure	29a
	γέμω 1	be full	153d
	ἔχω I 1 a	have	331d
	κόκκινος	scarlet	440b
	λίθος 1 c	stone	474c
	μαργαρίτης 1	pearl	491c
	περιβάλλω 1 b α	throw around	646a
	περιβάλλω 1 b β	throw around	646a
	πορνεία 2	prostitution	693c
	πορφύρα	purple	694a

4	πορφυροῦς	a purple cloak	694b
	ποτήριον 1	cup	695b
	τίμιος 1 a	valuable	818a
	χρυσίον	gold	888c
	χρυσός	gold	888d
	χρυσοῦς	golden	888d
	χρυσόω	make golden	889a
4f	βδέλυγμα 2	abomination	138a
5	Βαβυλών	Babylon	129d
	μέτωπον	forehead	515b
	μήτηρ 5	mother	520b
	μυστήριον 3	mystery	530c
	πόρνη 2	prostitute	693c
6	αἷμα 2 a	blood	22d
	εἶδον	see	220c
	θαῦμα 2	a wonder	352b
	θαυμάζω 1 a α	wonder	352b
	μάρτυς 3	witness	494c
	μεθύω 2	be drunk	499c
7	βαστάζω 2 a	carry	137b
	δέκα	ten	173d
	διά B II 2	why	181b
	θαυμάζω 1 a α	wonder	352b
	κέρας 1	horn	429b
	κεφαλή 1 a	head	430a
	μυστήριον 3	mystery	530c
7f	θηρίον 1 b	beast	361b
8	Ἄβυσσος 2	Abyss	2b
	ἀναβαίνω 1 a β	go up	50b
	ἀπώλεια 2	destruction	103c
	βιβλίον 1	book	141b
	βλέπω 1 a	see	143b
	γράφω 2 b	write	166d
	εἰμί I 1	to be	223b
	εἰς 4 a	into	229a
	ζωή 2 b β	life	341a
	θαυμάζω 2	wonder	352c
	καταβολή 1	foundation	409a
	κατοικέω 1 a	live	424b
	κόσμος 2	world	445d
	ὄνομα I 2 a	name	571b
	ὅτι 1 b ζ	that	589a
	πάρειμι	be present	624a
	πάρειμι 1 a	be present	624b
	ὑπάγω 2	go away	836d
9	βασιλεύς 1	king	136b
	ἑπτά	seven	306b
	ἔχω I 2 e β	have	332d
	κάθημαι 1 a β	sit	389c
	κεφαλή 1 a	head	430a
	νοῦς	the understanding	544c
	νοῦς 1	the understanding	544c
	ὅπου 1 a α	where	576a
	ὄρος	mountain	582c
	σοφία 2	wisdom	759d
	ὧδε 2 b	here	895b
10	ἄλλος 1 c	other	40a
	εἷς 5 d	one	232a
	μένω 1 c α	remain	504b
	ὁ, ἡ, τό II 2 d	the	551b
	ὀλίγος 3 a	little	563d
10	οὔπω	not yet	593c
	πίπτω 2 a δ	fall	660a
11	ἀπώλεια 2	destruction	103c
	αὐτός 1 c	self	122d
	εἰς 4 a	into	229a
	ὄγδοος	the eighth	552d
	ὑπάγω 2	go away	836d
11ff	θηρίον 1 b	beast	361b
12	βασιλεία 1	kingdom	134d
	δέκα	ten	173d
	κέρας 1	horn	429b
	οὔπω	not yet	593c
	ὥρα 2 a β	time of day	896b
12f	ἐξουσία 4 a	authority	278c
13	γνώμη 1	mind	163a
	διαδίδωμι	distribute	182d
14	ἀρνίον	sheep	108b
	βασιλεύς 2 a	king	136b
	ἐκλεκτός 1 b	chosen	242d
	κλητός	called	436b
	κύριος 2 c γ	lord	460b
	μετά A II 3 a	with	509c
	νικάω 2 a	conquer	539b
	πιστός 1 a α	trustworthy	664c
	πολεμέω 1 a	fight	685a
15	γλῶσσα 2	language	162c
	κάθημαι 1 a β	sit	389c
	λαός 2	people	466d
	ὄχλος 4	crowd	601a
15f	πόρνη 2	prostitute	693c
16	γυμνός 1	naked	167d
	δέκα	ten	173d
	ἐν III 1 a	by	260c
	ἐν III 1 a	by	260c
	ἐρημόω	lay waste	309b
	ἐσθίω 1 a	eat	312d
	κατακαίω	consume	411a
	κέρας 1	horn	429b
	μισέω 1	hate	522d
	πῦρ 1 a	fire	729d
	σάρξ 1	flesh	743b
16f	θηρίον 1 b	beast	361b
17	ἄχρι 2 b	until	129a
	ἄχρι 2 b	until	129a
	βασιλεία 1	kingdom	134d
	γνώμη 4	decision	163b
	δίδωμι 1 b β	give	193a
	καρδία 1 b γ	heart	404a
	τελέω 1	finish	811a
18	βασιλεία 1	kingdom	134d
	ἐπί I 1 b α	over	286c
	πόλις 1	city	685d
25	ζωή 1 a	life	340b

Revelation 18

1	ἐκ 3 e β	by	235b
	ἐξουσία 2	ability	278a
	καταβαίνω 1 a γ	come down	408c

1	οὐρανός 2 c	heaven	595a
	φωτίζω 2 a	shine	873a
2	ἀκάθαρτος 1	impure	29a
	ἀκάθαρτος 2	impure	29b
	ἄνυδρος	waterless	76c
	Βαβυλών	Babylon	129d
	δαιμόνιον 2	demon	169b
	δαίμων	demon	169d
	ἰσχυρός 2	strong	383b
	κατοικητήριον	dwelling place	424c
	κράζω 2 a	call	447d
	μισέω 3	hate	523a
	ὄρνεον	bird	582a
	πίπτω 2 a α	fall	660a
	πνεῦμα 4 c	spirit	676a
	φωνή 2 a	voice	870d
2a	φυλακή 3	guard	868a
2b	φυλακή 3	guard	868a
3	δύναμις 5	resources	208a
	ἔμπορος	merchant	257a
	θυμός 1	passion	365c
	θυμός 2	anger	365c
	μετά A II 3 b	with	509c
	οἶνος 2	wine	562c
	πίνω 2 b α	drink	659a
	πίπτω	fall	659b
	πλουτέω 1	be rich	674a
	πορνεία 2	prostitution	693b
	πορνεύω 2	to prostitute	693c
	στρῆνος	sensuality	771c
4	ἐκ 4 a ε	from	236a
	λαός 3 a	people	467a
	πληγή 3	blow	668b
	συγκοινωνέω 1	be connected	774b
	φωνή 2 d	voice	871c
5	ἀδίκημα	a wrong	17d
	ἄχρι 1 b	as far as	128d
	κολλάω 2 a β	unite	441c
	μνημονεύω 1 b	remember	525b
6	ἀποδίδωμι 3	recompense	90d
	διπλόω	to double	199d
	ἔργον 1 c β	deed	308a
	κεράννυμι 1	mix	429a
	ὅς, ἥ, ὅ I 6	(rel pron)	584c
	ποτήριον 2	cup	695c
6a	διπλοῦς	double	199c
7	βασανισμός 2	tormenting	134c
	βασίλισσα	queen	137a
	δίδωμι 1 b β	give	193a
	εἶδον 5	see	221a
	κάθημαι 1 a ε	sit	389c
	καρδία 1 b β	heart	403d
	λέγω I 6	say	468d
	ὅσος 3	how great	586c
	στρηνιάω	live in luxury	771c
	τοσοῦτος 1 a α	so great	823c
	χήρα 1	the widow	881d
7a	πένθος	grief	642d
7b	πένθος	grief	642d
8	εἷς 2 a	one	231a
	ἥκω 2	have come	344d
	θάνατος 1 a	death	350d
	θάνατος 1 e	death	351b
	ἰσχυρός 1 a	strong	383a
	κατακαίω	consume	411a
	κρίνω 4 b α	judge	452a
	λιμός 2	famine	475b
	πένθος	grief	642d
	πληγή 3	blow	668b
	πῦρ 1 a	fire	729d
9	βλέπω 1 a	see	143b
	ἐπί III 1 b ε	toward	289b
	καπνός	smoke	403b
	κλαίω 1	weep	433a
	κλαίω 2	weep	433b
	κόπτω 2	beat	444b
	μετά A II 3 b	with	509c
	πορνεύω 2	to prostitute	693c
	πύρωσις 1	burning	731c
	στρηνιάω	live in luxury	771c
10	Βαβυλών	Babylon	129d
	βασανισμός 2	tormenting	134c
	ἔρχομαι I 1 b β	come	311b
	ἵστημι II 2 b α	being	382c
	ἰσχυρός 2	strong	383b
	κρίσις 1 a β	judging	452d
	μακρόθεν	from far away	488a
	οὐαί 1 b	woe	591b
	πόλις 1	city	685c
	φόβος 2 a α	fear	863d
	ὥρα 2 a β	time of day	896b
11	ἀγοράζω 1	buy	12d
	γόμος	cargo	165a
	ἔμπορος	merchant	257a
	κλαίω 1	weep	433b
	οὐδείς 2 a	no one	592a
	οὐκέτι 1	no longer	592c
	πενθέω 1	be sad	642d
12	ἄργυρος 2	silver	105a
	βύσσινος	linen	148d
	βύσσος	linen	148d
	γόμος	cargo	165a
	ἐκ 3 h	by	235d
	ἐλεφάντινος	made of ivory	251a
	θύϊνος	citron wood	365a
	κόκκινος	scarlet	440b
	λίθος 1 c	stone	474c
	μαργαρίτης 1	pearl	491c
	μάρμαρος	marble	492c
	πορφύρα	purple	694a
	σίδηρος		750a
	σιρικός	silk	751d
	χαλκός 1	copper	875a
	χρυσός	gold	888d
12a	ξύλον 1	wood	549a
	σκεῦος 1 a	thing	754a
	τίμιος 1 a	valuable	818a
12b	ξύλον 1	wood	549a

12b	σκεῦος 1 a	thing	754a
	τίμιος 1 a	valuable	818a
13	ἄμωμον	amomum	47d
	ἔλαιον 1	olive oil	247d
	θυμίαμα 1 b	incense	365b
	ἵππος	horse	380c
	κιννάμωμον	cinnamon	432d
	κτῆνος	animal	455b
	Λίβανος	Frankincense	473c
	μύρον	ointment	530a
	οἶνος 1	wine	562b
	πρόβατον 1	sheep	703a
	ῥέδη	carriage	734d
	σεμίδαλις	fine flour	746d
	σῖτος	wheat	752b
	σῶμα 2	body	799d
	ψυχή 1 e	soul, life	894a
14	ἀπέρχομαι 1 b	go away	84c
	ἀπόλλυμι 2 a β	pass away	95c
	ἐπιθυμία 1	desire	293b
	λαμπρός 5	splendor	466a
	λιπαρός 2	luxury	475c
	μή D 2	not	517c
	ὀπώρα	fruit	576d
	οὐκέτι 1	no longer	592d
	ψυχή 1 b α	soul, life	893c
	ψυχή 1 f	soul, life	894a
15	ἀπό V 2	with	88a
	βασανισμός 2	tormenting	134c
	ἔμπορος	merchant	257a
	ἵστημι II 1 a	stand	382b
	κλαίω 1	weep	433b
	μακρόθεν	from far away	488a
	πενθέω 1	be sad	642d
	πλουτέω 1	be rich	674a
	φόβος 2 a α	fear	863d
16	βύσσινος	linen	148d
	κόκκινος	scarlet	440b
	λίθος 1 c	stone	474c
	μαργαρίτης 1	pearl	491c
	οὐαί 1 b	woe	591b
	περιβάλλω 1 b α	throw around	646a
	πόλις 1	city	685d
	πορφυροῦς	a purple cloak	694b
	τίμιος 1 a	valuable	818a
	χρυσίον	gold	888c
	χρυσός	gold	888d
	χρυσόω	make golden	889a
17	ἐργάζομαι 2 d	work	307b
	ἐρημόω	lay waste	309b
	θάλασσα 1 a	sea	350b
	ἵστημι II 1 a	stand	382b
	κυβερνήτης 1	steersman	456c
	μακρόθεν	from far away	488a
	ναύτης	sailor	534c
	ὅμιλος	crowd	565d
	πλέω	sail	668a
	πλοῦτος 1	wealth	674b
	πόντος	sea	691d
	τόπος 1 a	place	822b
17	τοσοῦτος 1 a α	so great	823c
	ὥρα 2 a β	time of day	896b
18	καπνός	smoke	403b
	ὅμοιος 1	like	567a
	πύρωσις 1	burning	731c
18f	κράζω 2 a	call	447d
	πόλις 1	city	685d
19	βάλλω 1 b	throw	131a
	ἐπιβάλλω 1 a	throw over	289d
	ἐρημόω	lay waste	309b
	ἔχω I 2 a	have	332a
	κεφαλή 1 a	head	430a
	κλαίω 1	weep	433b
	οὐαί 1 b	woe	591b
	πενθέω 1	be sad	642d
	πλοῖον 1	ship	673b
	πλουτέω 1	be rich	674a
	τιμιότης	costliness	818b
	χοῦς	soil	884b
	ὥρα 2 a β	time of day	896b
20	ἅγιος 2 d γ	dedicated to God	10b
	ἀπόστολος 2	messenger	99d
	ἐκ 6 b	from	236b
	ἐπί II 1 b γ	on	287c
	εὐφραίνω 2	gladden	327d
	εὐφραίνω 2	gladden	327d
	εὐφραίνω 2	gladden	327d
	κρίμα 5	judgment	451a
	κρίνω 4 b α	judge	452b
	οὐρανός 2 e	heaven	595b
	προφήτης 5	prophet	724a
21	ἄγγελος 2 a	angel	7c
	αἴρω 1 a	lift up	24b
	Βαβυλών	Babylon	129d
	βάλλω 1 b	throw	131a
	εἷς 3 b	someone	231d
	ἔτι 1 b β	still	315d
	εὑρίσκω 1 a	find	325a
	ἰσχυρός 1 a	strong	383a
	λίθος 1 d	stone	474c
	μυλικός	millstone	529b
	μύλινος	millstone	529b
	μύλος 2	millstone	529b
	μύλος 2	millstone	529c
	ὅρμημα	with violence	581d
	πόλις 1	city	685d
21-3	μή D 1 a	not	517c
21a	βάλλω 1 c	let fall	131a
22	ἀκούω 1 b α	hear	32a
	αὐλητής	flute player	121b
	ἔτι 1 b β	still	315d
	εὑρίσκω 1 b	find	325b
	κιθαρῳδός	harpist	432a
	μουσικός	the musician	528d
	μύλος 1	mill	529b
	πᾶς, πᾶσα, πᾶν 1 a α	every each	631b
	σαλπιστής	trumpeter	741b
	τέχνη	trade	814b
	τεχνίτης	craftsman	814b
22a	φωνή 1	sound	870d

22b	φωνή 1	sound	870d
23	ἔμπορος	merchant	257a
	ἔτι 1 b β	still	315d
	λύχνος 1	lamp	483b
	μεγιστάν	great man	498d
	νύμφη 1	bride	545b
	νυμφίος	bridegroom	545b
	πλανάω 2 c δ	deceive	665c
	φαίνω	shine	851b
	φαίνω 1	shine	851c
	φαίνω 2 a	shine	851c
	φαρμακεία	sorcery	854a
	φωνή 2 a	voice	871a
	φῶς 1 a	light	871d
24	ἅγιος 2 d γ	dedicated to God	10b
	αἷμα 2 a	blood	22d
	αὐτός 3 f α	(oblique case)	123c
	εὑρίσκω 1 b	find	325b
	πᾶς, πᾶσα, πᾶν 1 d β	all	632b
	προφήτης 5	prophet	724a
	σφάζω	slaughter	796a

Revelation 19

1	ἀλληλουϊά	hallelujah	39c
	δόξα 1 a	brightness	203c
	δύναμις 1	power	207c
	πολύς I 1 b α	many	688a
	σωτηρία 2	deliverance	801d
	φωνή 1	sound	870d
	ὡς II 3 a β	so	897c
2	αἷμα 2 a	blood	22d
	αἷμα 2 a	blood	23a
	ἀληθινός 2	true	37a
	διαφθείρω 2	spoil	190d
	δίκαιος 4	righteous	196a
	δοῦλος 4	slave	206a
	ἐκ 6 b	from	236b
	κρίνω 4 b α	judge	452a
	κρίσις 1 a β	judging	453a
	πορνεία 2	prostitution	693b
	πόρνη 2	prostitute	693c
	φθείρω 2 a	ruin	857b
3	ἀλληλουϊά	hallelujah	39c
	ἀναβαίνω 1 b	go up	50c
	δεύτερος 4	second	177b
	καπνός	smoke	403b
4	ἀλληλουϊά	hallelujah	39c
	ἀμήν 1	amen	45d
	εἴκοσι	twenty	222a
	ζῷον 1	living thing	341c
	πίπτω 1 b α	fall	659c
	πρεσβύτερος 2 b γ	older	700c
	προσκυνέω 2 a	do reverence	717a
5	αἰνέω	to praise	23c
	δοῦλος 4	slave	206a
	ἐξέρχομαι 2 b α	go out	275a
	μέγας 2 a α	great	497c
	μικρός 1 b	small	521b
	φοβέω 2 a	be afraid	863b
5	φωνή 2 d	voice	871b
6	ἀλληλουϊά	hallelujah	39c
	βασιλεύω 1 b α	rule	136c
	βασιλεύω 2	become king	136d
	βροντή	thunder	147d
	ἰσχυρός 2	strong	383b
	κύριος 2 a	lord	459c
	παντοκράτωρ	almighty	609a
	πολύς I 1 b α	many	688a
	ὕδωρ 1	water	833a
6a	φωνή 1	sound	870d
	ὡς II 3 a β	so	897c
6b	πολύς I 1 a β	many	687d
	φωνή 1	sound	870d
	ὡς II 3 a β	so	897c
6c	φωνή 1	sound	870d
	ὡς II 3 a β	so	897c
7	ἀγαλλιάω	be glad	4a
	ἀρνίον	sheep	108b
	γάμος 1 b	wedding	151c
	γυνή 3	bride	168d
	δόξα 3	fame	204b
	ἔρχομαι I 1 b β	come	311b
	ἑτοιμάζω 2	prepare	316b
	χαίρω 1	rejoice	873b
8	βύσσινος	linen	148d
	δίδωμι 1 b β	give	193b
	δικαίωμα 2	righteous deed	198b
	καθαρός 1	clean	388a
	λαμπρός 3	bright	465d
	περιβάλλω 1 b α	throw around	646a
9	ἀληθινός 2	true	37a
	ἀρνίον	sheep	108b
	γάμος 1 b	wedding	151c
	δεῖπνον 2	dinner	173c
	δεῖπνος	dinner	173c
	καλέω 1 b	invite	399c
	μακάριος 1 b	blessed	486d
	οὗτος 2 a	this	597b
10	ἔμπροσθεν 2 a	in front	257b
	ἔχω I 1 c β	keep	332a
	μή B 1 b	not	517b
	ὁράω 2 b	see	578d
	πίπτω 1 b α	fall	659d
	πνεῦμα 6 d	spirit	677d
	πούς 1 a	foot	696c
	προφητεία 2	prophecy	722d
	σύνδουλος 4	fellow slave	785d
10a	μαρτυρία 2 d γ	testimony	493d
	προσκυνέω 4	do reverence	717a
10b	μαρτυρία 2 d γ	testimony	493d
	προσκυνέω 2 a	do reverence	717a
11	ἀληθινός 1	true	37a
	ἀνοίγω 1 b	open	71b
	δικαιοσύνη 1	righteousness	196b
	ἐν III 2	by	261a
	ἰδού 2	there is	371b
	ἵππος	horse	380c
	κάθημαι 1 a α	sit	389c

11	καλέω 1 a γ	call	399b
	κρίνω 4 b α	judge	452a
	λευκός 2	white	472c
	πιστός 1 a α	trustworthy	664c
	πολεμέω 1 a	fight	685a
12	αὐτός 1 c	self	122d
	διάδημα	diadem	182d
	κεφαλή 1 a	head	430a
	οὐδείς 2 a	no one	592a
	ὀφθαλμός 1	eye	599c
	πῦρ 1 a	fire	730a
	φλόξ	flame	862b
13	βάπτω 1	dip	132d
	βάπτω 2	dip	133a
	ἱμάτιον 2	garment	376c
	καλέω 1 a γ	call	399b
	λόγος 3	the Logos	479a
	ὄνομα I 2 a	name	571a
	περιβάλλω 1 b α	throw around	646a
	περι(ρ)ραίνω	sprinkled on all sides	650b
	ῥαίνω	sprinkle	733d
	ῥαντίζω 1	sprinkle	734b
14	βύσσινος	linen	148d
	ἐνδύω 2 a	dress	264a
	ἐπί II 1 a α	on	286d
	ἵππος	horse	380c
	καθαρός 1	clean	388a
	οὐρανός 2 c	heaven	595a
	στράτευμα	army	770b
14a	λευκός 2	white	472c
14b	λευκός 2	white	472c
15	δίστομος	double edged	200a
	ἐκπορεύομαι 2	go out	244c
	ἐν III 1 a	by	260d
	θυμός 1	passion	365c
	θυμός 2	anger	365c
	ληνός	wine press	473a
	οἶνος 2	wine	562c
	ὀξύς 1	sharp	574c
	ὀργή 2 b	anger	579c
	παντοκράτωρ	almighty	609a
	πατάσσω 2	strike	634d
	πατέω 1 a α	tread	634d
	ποιμαίνω 2 a γ	tend	683d
	ῥάβδος	rod	733b
	ῥομφαία	sword	737b
	σιδηροῦς	iron	750a
	στόμα 1 a	mouth	769d
16	βασιλεύς 2 a	king	136b
	γράφω 2 a	write	166c
	ἱμάτιον 2	garment	376c
	κύριος 2 c γ	lord	460b
	μηρός	thigh	519d
17	δεῖπνον 2	dinner	173c
	δεῖπνος	dinner	173c
	δεῦτε 1	come	176d
	εἷς 3 b	someone	231d
	ἥλιος	the sun	345c
	ἵστημι II 2 b β	being	382c
17	κράζω 2 a	call	447d
	μεσουράνημα	in midheaven	508a
	ὄρνεον	bird	582a
	πετάομαι	fly	654a
	πέτομαι	fly	654a
	συνάγω 2	gather	782c
18	δοῦλος 1 b	slave	205d
	ἐλεύθερος 1	free	250d
	ἐσθίω 1 a	eat	312d
	ἵππος	horse	380c
	ἰσχυρός 1 b	strong	383b
	μέγας 2 a α	great	497c
	μικρός 1 b	small	521b
	σάρξ 1	flesh	743b
	χιλίαρχος	tribune	882a
19	ἵππος	horse	380c
	μετά A II 3 a	with	509c
	πόλεμος 1 a	armed conflict	685b
	συνάγω 2	gather	782c
19a	στράτευμα	army	770b
19b	στράτευμα	army	770b
19f	θηρίον 1 b	beast	361b
20	βάλλω 1 b	throw	131a
	εἰκών 1 a	image	222b
	ἐνώπιον 5 c	before	271a
	ζάω 1 a α	live	336a
	θεῖον	sulphur	353d
	καίω 1 a	light	396b
	λαμβάνω 2	receive	465b
	λίμνη 1	lake	475a
	πιάζω 2 b	grasp	657b
	πλανάω 1 b	deceive	665c
	ποιέω I 1 b β	do	681b
	προσκυνέω 3	do reverence	717a
	πῦρ 1 b	fire	730b
	σημεῖον 2 b	sign	748b
	χάραγμα 1	a mark	876a
	ψευδοπροφήτης	false prophet	892a
21	ἐκ 4 a ε	from	236a
	ἐξέρχομαι 2 b β	go out	275b
	ἵππος	horse	380c
	λοιπός 2 b α	the others	480a
	ὄρνεον	bird	582a
	ῥομφαία	sword	737b
	σάρξ 1	flesh	743b
	στόμα 1 a	mouth	769d
	χορτάζω 1	feed	884a

Revelation 20

1	Ἄβυσσος 2	Abyss	2b
	καταβαίνω 1 a γ	come down	408c
	κλείς	key	433d
	κλείς 1	key	434a
	κλείς 1	key	434a
	μέγας 1 a	large	497c
	οὐρανός 2 c	heaven	595a
	χείρ 1	hand	880b

1f	ἅλυσις 1	chain	41c
2	ἀρχαῖος 1	ancient	111b
	δέω 1 b	bind	178a
	δράκων	dragon	206c
	κρατέω 1 a	arrest	448c
	ὄφις 3	snake	600b
	σατάν	Adversary	745a
2-7	χίλιοι	thousand	882a
3	Ἄβυσσος 2	Abyss	2b
	Ἄβυσσος 2	Abyss	2b
	ἄχρι 2 b	until	129a
	βάλλω 1 b	throw	131a
	ἐπάνω 2 a	on	283b
	κλείω 1	shut	434b
	λύω 2 a	loose	483c
	μικρός 2 d	short	521c
	πλανάω 1 b	deceive	665c
	σφραγίζω 1	seal	796b
	τελέω 1	finish	810d
	χρόνος	time	887d
3-7	ἔτος	year	316d
4	βασιλεύω 1 b δ	rule	136d
	εἰκών 1 a	image	222b
	ζάω 1 a β	live	336a
	θηρίον 1 b	beast	361b
	θρόνος 1 d	throne	364b
	καθίζω 2 a α	sit down	390a
	κρίμα 3	judging	450d
	λαμβάνω 2	receive	465b
	μαρτυρία 2 d γ	testimony	493d
	μετά A II 2	with	509b
	μέτωπον	forehead	515b
	ὅστις 1 b	whoever	586d
	πελεκίζω	behead	641c
	προσκυνέω 3	do reverence	717a
	χάραγμα 1	a mark	876a
	Χριστός 1	Anointed One	887b
	ψυχή 1 a α	soul, life	893b
5	ἀναζάω 1 a	come to life again	53d
	ἄχρι 2 b	until	129a
	ζάω 1 a β	live	336b
	λοιπός 2 b α	the others	480a
	τελέω 1	finish	810d
5f	ἀνάστασις 2 b	resurrection	60d
	πρῶτος 1 a	first	725c
6	βασιλεύω 1 b δ	rule	136d
	ἐξουσία 2	ability	278a
	ἐπί I 1 b α	over	286c
	ἔχω I 2 a	have	332a
	θάνατος 2 b	death	351c
	ἱερεύς 2 b	priest	372a
	μακάριος 1 b	blessed	486d
	μέρος 2	share	506c
	μετά A II 2	with	509b
7	λύω 2 a	loose	483c
	σατάν	Adversary	745a
	τελέω 1	finish	810d
	φυλακή 3	guard	868a
8	ἄμμος	sand	46b
	ἀριθμός 1	number	106b
8	Γώγ	Gog	168d
	γωνία	corner	168d
	ἐξέρχομαι 1 a ζ	go out	274d
	Μαγώγ	Magog	485b
	ὅς, ἥ, ὅ I 3 a	(rel pron)	583d
	πλανάω 1 b	deceive	665c
	πόλεμος 1 b	armed conflict	685b
	συνάγω 2	gather	782b
9	ἀγαπάω 1 d	love	5a
	ἀναβαίνω 1 a β	go up	50b
	καταβαίνω 1 b	come down	408d
	κατεσθίω 2	destroy	422b
	κυκλεύω	surround	456d
	οὐρανός 1 b	heaven	594b
	παρεμβολή 1	a camp	625b
	πλάτος 1	breadth	666d
	πόλις 1	city	685d
	πῦρ 1 b	fire	730b
10	βάλλω 1 b	throw	131a
	βασανίζω 2 a	torment	134c
	θεῖον	sulphur	353d
	θηρίον 1 b	beast	361b
	λίμνη 1	lake	475a
	νύξ 1 b	night	546c
	ὅπου 1 a α	where	576a
	πλανάω 1 b	deceive	665c
	πῦρ 1 b	fire	730b
	ψευδοπροφήτης	false prophet	892a
11	λευκός 2	white	472c
	οὐρανός 1 a α	heaven	593d
	πρόσωπον 1 c α	face	721b
	πρόσωπον 1 c α	face	721b
	τόπος 1 f	place	823a
	φεύγω 5	flee	856a
12	ἀνοίγω 1 c	open	71b
	βιβλίον 1	book	141b
	βιβλίον 1	book	141b
	γράφω 2 b	write	166d
	ἐκ 3 i	by	235d
	ἐνώπιον 1	before	270c
	ζωή 2 b β	life	341a
	ἵστημι II 2 b β	being	382c
	κρίνω 4 b α	judge	452a
	μέγας 2 a α	great	497c
	μικρός 1 b	small	521b
12f	ἔργον 1 c β	deed	308a
13	δίδωμι 4	give	193c
	ἕκαστος 2	each	236d
	κρίνω 4 b α	judge	452a
13f	ᾅδης 2	hades	17a
	θάνατος 1 f	death	351b
14	δεύτερος 2	second	177b
	οὗτος 2 a	this	597b
14a	λίμνη 1	lake	475a
	πῦρ 1 b	fire	730b
14b	θάνατος 2 b	death	351c
	λίμνη 1	lake	475a
	πῦρ 1 b	fire	730b
14f	βάλλω 1 b	throw	131a
15	βίβλος 2	book	141c

15	γράφω 2 b	write	166d
	εὑρίσκω 1 a	find	325a
	ζωή 2 b β	life	341a
	λίμνη 1	lake	475a
	πῦρ 1 b	fire	730b

Revelation 21

1	ἀπέρχομαι 1 b	go away	84c
	γῆ 5 a	earth	157d
	θάλασσα 1 a	sea	350a
	καινός 3 b	new	394b
	οὐρανός 1 a β	heaven	594a
	παρέρχομαι 1 b α	pass away	626a
2	ἅγιος 1 a α	dedicated to God	9b
	ἀνήρ 1	man	66d
	ἑτοιμάζω 2	prepare	316b
	Ἱεροσόλυμα 2	Jerusalem	373b
	καινός 3 b	new	394b
	καταβαίνω 1 b	come down	408c
	κοσμέω 2 a α	decorate	445a
	νύμφη 1	bride	545b
	οὐρανός 2 d	heaven	595b
	πόλις 2	city	685d
3	αὐτός 1 a β	self	122d
	ἰδού 2	there is	371b
	λαός 3 b	people	467a
	σκηνή	tent	754c
	σκηνόω	live	755c
	φωνή 2 d	voice	871c
3a	μετά A I	with	508c
4	ἀπέρχομαι 1 b	go away	84c
	δάκρυον	tear	170a
	εἰμί I 4	to be	223b
	ἐξαλείφω 1 a	wipe away	272c
	θάνατος 1 f	death	351b
	κραυγή 1 a	shout	449c
	οὔτε	not	596a
	ὀφθαλμός 1	eye	599c
	πένθος	grief	642d
	πόνος 2	pain	691c
5	ἀληθινός 2	true	37a
	καινός 3 b	new	394b
	λόγος 1 b β	word	478c
	πᾶς, πᾶσα, πᾶν 2 a δ	everything	632d
	πιστός 1 b	trustworthy	664d
	ποιέω I 1 b ι	do	682a
6	Α, α	Alpha	1a
	ἀρχή 1 d	beginning	112b
	διψάω 2	thirst	200d
	δωρεάν 1	gratis	210c
	ζωή 2 b β	life	341a
	πηγή 2	fountain	656a
	τέλος 1 b	end	811c
	ὕδωρ 2	water	833b
	Ω	omega	895a
7	κληρονομέω 2	acquire	435a
	νικάω 1 a	be victor	539b
	υἱός 1 c γ	son	834a
8	ἁμαρτωλός 2	sinner	44b
	ἄπιστος 2	faithless	85d
	βδελύσσομαι	abhore	138a
	δειλός	cowardly	173a
	δεύτερος 2	second	177b
	εἰδωλολάτρης	idolater	221c
	θάνατος 2 b	death	351c
	θεῖον	sulphur	353d
	καίω 1 a	light	396b
	λίμνη 1	lake	475a
	μέρος 2	share	506c
	ὅς, ἥ, ὅ I 7 b	(rel pron)	584d
	πόρνος	fornicator	693d
	πῦρ 1 b	fire	730b
	φαρμακεύς	magician	854a
	φάρμακος	poisoner	854b
	φονεύς	murderer	864c
	ψευδής 1	false	891c
9	ἄγγελος 2 a	angel	7d
	ἀρνίον	sheep	108b
	γέμω 1	be full	153d
	γυνή 3	bride	168d
	δεῦρο 1	come	176c
	ἑπτά	seven	306b
	ἑπτά	seven	306b
	ἔρχομαι I 1 a ζ	come	310d
	ἔσχατος 3 b	last	314a
	λαλέω 2 a δ	speak	463c
	νύμφη 1	bride	545b
	πληγή 3	blow	668b
	φιάλη	bowl	858b
9f	δείκνυμι 1 a	show	172d
10	ἅγιος 1 a α	dedicated to God	9b
	ἀποφέρω 1 a α	take away	101d
	ἐν I 5 d	in	260a
	Ἱεροσόλυμα 2	Jerusalem	373b
	καταβαίνω 1 b	come down	408c
	ὄρος	mountain	582c
	οὐρανός 2 d	heaven	595b
	πνεῦμα 6 e	spirit	677d
	πόλις 2	city	685d
	ὑψηλός 1	high	849d
11	δόξα 1 a	brightness	203c
	ἴασπις	jasper	368d
	κρυσταλλίζω	shine like crystal	454d
	λίθος 1 c	stone	474c
	ὅμοιος 1	like	566d
	τίμιος 1 a	valuable	818a
	φωστήρ 2	light giving body	872d
12	ἐπί II 1 a δ	at	287a
	ἐπιγράφω 1	write on	291c
	τεῖχος	wall	808a
	ὑψηλός 1	high	849d
	φυλή 1	tribe	868d
12a	πυλών 1	gate	729c
12b	πυλών 1	gate	729c
13	ἀνατολή 2 a	east	62b
	ἀπό II 1	from	87a
	βορρᾶς	north	145b
	δυσμή	west	209d

13	νότος 2	south	544a
13a	πυλών 1	gate	729c
13b	πυλών 1	gate	729c
13c	πυλών 1	gate	729c
13d	πυλών 1	gate	729c
14	ἀπόστολος 3	apostles	99d
	ἀρνίον	sheep	108b
	ἔχω I 2 c β	have	332c
	θεμέλιος 1 a	foundation	355d
	ὄνομα I 1	name	570d
14-16	πόλις 2	city	685d
14f	τεῖχος	wall	808a
15	λαλέω 2 a δ	speak	463c
	μετρέω 1 a	measure	514c
	μέτρον 1 b	measure	515a
	πυλών 1	gate	729c
	χρυσοῦς	golden	888d
15f	κάλαμος 3	measuring rod	398d
16	ἐπί III 1 a α	across	288a
	ἴσος	equal	381a
	κεῖμαι 1 b	lie	426d
	μετρέω 1 a	measure	514c
	μετρέω 1 a	measure	514d
	ὅσος 1	how great	586b
	στάδιον 1	stade	764a
	τετράγωνος	like a cube	813c
	τετράγωνος	square	813c
	τοσοῦτος 1 a α	so great	823c
	ὕψος 1 a	height	850c
	χιλιάς	thousand	882a
	χιλιάς	thousand	882a
16a	μῆκος	length	518c
	πλάτος 1	breadth	666d
16b	μῆκος	length	518c
	πλάτος 1	breadth	666d
17	ἄνθρωπος 1 a α	man	68b
	ἑκατόν	one hundred	236d
	μετρέω 1 a	measure	514d
	μέτρον 1 b	measure	515a
	πῆχυς	forearm	657a
17-19	τεῖχος	wall	808a
18	ἐνδώμησις	construction	264b
	ὅμοιος 1	like	566d
	ὑάλος	glass	831d
	χρυσίον	gold	888c
18a	καθαρός 1	clean	388a
18b	καθαρός 1	clean	388a
18f	ἴασπις	jasper	368d
	πόλις 2	city	685d
18ff	λίθος 1 c	stone	474c
19	δεύτερος 3	second	177b
	κοσμέω 2 a β	decorate	445a
	λίθος 1 c	stone	474c
	πρῶτος 1 b	first	725d
	σάπφιρος	sapphire	742c
	σμάραγδος	emerald	758d
	τίμιος 1 a	valuable	818a
	τρίτος 1	third	826d
	χαλκηδών	chalcedony	874d
19a	θεμέλιος 1 a	foundation	355d
19b	θεμέλιος 1 a	foundation	355d

20	ἀμέθυστος	amethyst	44d
	βήρυλλος	beryl	140c
	δωδέκατος	twelfth	210b
	ἕβδομος	seventh	213a
	ἕκτος	sixth	246a
	ἔνατος	ninth	262b
	ἑνδέκατος	eleventh	262d
	ὄγδοος	the eighth	552d
	πέμπτος	fifth	641c
	σάρδιον	carnelian	742d
	σαρδόνυξ	the sardonyx	742d
	τοπάζιον	topaz	822b
	ὑάκινθος	hyacinth	831b
	χρυσόλιθος	chrysolite	888d
	χρυσόπρασος	chrysoprase	888d
21	ἀνά 3	each	50a
	διαυγής	transparent	190b
	διαφανής	transparent	190b
	εἷς 5 e	one	232b
	ἐκ 3 h	by	235d
	ἕκαστος 2	each	236d
	καθαρός 1	clean	388a
	μαργαρίτης 1	pearl	491c
	πλατεῖα	wide road	666d
	πόλις 2	city	685d
	ὑάλος	glass	831d
	χρυσίον	gold	888c
21a	πυλών 1	gate	729c
21b	πυλών 1	gate	729c
22	κύριος 2 a	lord	459c
	παντοκράτωρ	almighty	609a
22a	ναός 1 b	temple	533c
22b	ναός 1 b	temple	533c
22f	ἀρνίον	sheep	108b
23	δόξα 1 a	brightness	203c
	ἥλιος	the sun	345c
	λύχνος 2	lamp	483c
	οὐδέ 1	and not	591c
	πόλις 2	city	685d
	σελήνη	moon	746d
	φαίνω 1	shine	851c
	φωτίζω 2 a	shine	873a
	χρεία 1	need	885a
24	διά A I 1	through	179c
	δόξα 2	magnificence	204a
	περιπατέω 1 c	go about	649a
	φέρω 4 a α	bear	855b
	φῶς 1 a	light	871d
25	ἡμέρα 1 a	day	346a
	κλείω 1	shut	434b
	νύξ 1 a	night	546c
	πυλών 1	gate	729c
26	δόξα 2	magnificence	204a
	τιμή 2 b	honor	817d
	φέρω	bear	854d
	φέρω 4 a α	bear	855b
27	ἀρνίον	sheep	108b
	βδέλυγμα 2	abomination	138a
	βιβλίον 1	book	141b
	γράφω 2 b	write	166d
	ζωή 2 b β	life	341a

27	κοινός 2	common	438b
	κοινόω 1 c	defile	438c
	πᾶς, πᾶσα, πᾶν 1 a α every each		631b
	ποιέω I 1 c γ	do	682b
	ψεῦδος	lie	892b

Revelation 22

1	ἀρνίον	sheep	108b
	δείκνυμι 1 a	show	172d
	ἐκπορεύομαι 2	go out	244c
	ζωή 2 b β	life	341a
	θρόνος 1 b	throne	364b
	θρόνος 1 c	throne	364b
	κρύσταλλος	rock crystal	454d
	λαμπρός 2	clear	465d
	ποταμός 1	river	694d
	ὕδωρ 2	water	833b
2	ἀποδίδωμι 1	give away	90b
	εἰς 4 d	for	229c
	ἕκαστος 1	each	236c
	ἐντεῦθεν 1	from here	268c
	ζωή 2 b β	life	341a
	θεραπεία 1 b	serving	358d
	κατά II 2 c	every	406d
	μέσος 2	the middle	507d
	μήν 1	month	518d
	πλατεῖα	wide road	666d
	ποιέω I 1 b	do	681d
	ποταμός 1	river	694d
	φύλλον	foliage	869a
2a	κάρπος 1 a	fruit	404d
	ξύλον 3	tree	549c
2b	κάρπος 1 a	fruit	404d
	ξύλον 3	tree	549c
3	ἀρνίον	sheep	108b
	δοῦλος 4	slave	206a
	δοῦλος 4	slave	206a
	θρόνος 1 b	throne	364b
	θρόνος 1 c	throne	364b
	κατάθεμα	accursed thing	410c
	κατανάθεμα		414d
	λατρεύω	serve	467c
4	μέτωπον	forehead	515b
	ὁράω 1 a γ	see	578a
	πρόσωπον 1 b	face	721a
5	βασιλεύω 1 b δ	rule	136d
	ἥλιος	the sun	345d
	λύχνος 1	lamp	483b
	νύξ 1 a	night	546c
	φωτίζω 1	shine	873a
	φωτίζω 2 a	shine	873a
	χρεία 1	need	885a
5a	φῶς 1 a	light	871d
5b	φῶς 1 a	light	871d
6	ἀληθινός 2	true	37a
	ἀποστέλλω 1 b γ	send away	98d
	δεῖ 1	it is necessary	172a
	δείκνυμι 1 a	show	172d
6	δοῦλος 4	slave	206a
	ἐν III 2	by	261a
	λόγος 1 b β	word	478c
	πιστός 1 b	trustworthy	664d
	πνεῦμα 6 d	spirit	677d
	προφήτης 5	prophet	724a
	τάχος	speed	807a
7	βιβλίον 1	book	141b
	μακάριος 1 b	blessed	486d
	προφητεία 3 b	prophecy	723a
	ταχύς 2 b	quick	807b
	τηρέω 5	keep	815b
8	βλέπω 1 a	see	143b
	δείκνυμι 1 a	show	172d
	ἔμπροσθεν 2 a	in front	257b
	Ἰωάν(ν)ης 3	John	385a
	πίπτω 1 b α	fall	659c
	πούς 1 a	foot	696d
	προσκυνέω 4	do reverence	717a
9	μή B 1 b	not	517b
	ὁράω 2 b	see	578d
	προφήτης 5	prophet	724a
	σύνδουλος 4	fellow slave	785d
	τηρέω 5	keep	815b
9f	βιβλίον 1	book	141b
10	ἐγγύς 2 a	near	214b
	καιρός 4	time	395c
	προφητεία 3 b	prophecy	723a
	σφραγίζω 2 a	seal	796b
11	ἁγιάζω 3	to reverence	9a
	ἀδικέω 1 a	do wrong	17c
	δίκαιος 1 a	upright	195c
	δικαιοσύνη 2 b righteousness		196c
	δικαιόω 3 a	justify	197d
	ποιέω I 1 c β	do	682a
	ῥυπαίνω	defile	738a
	ῥυπαρεύω	defile	738a
	ῥυπαρός 2	dirty	738a
	ῥυπόω	defile	738b
12	ἀποδίδωμι 3	recompense	90b
	ἔργον 1 c β	deed	308a
	μετά A II 1 c α	with	509a
	μισθός 2 c	reward	523c
	ταχύς 2 b	quick	807b
	ὡς I 2 c	as	897b
13	Α, α	Alpha	1a
	ἀρχή 1 d	beginning	112b
	ἔσχατος 3 b	last	314a
	πρῶτος 1 a	first	725c
	τέλος 1 b	end	811c
	Ω	omega	895a
14	ἐξουσία 1	right	278a
	ἐπί III 1 b α	over	288d
	ζωή 2 b β	life	341a
	ἵνα I 2	in order that	377a
	ἵνα II 2	in order that	378b
	μακάριος 1 b	blessed	486d
	ξύλον 3	tree	549c
	πλύνω 1	wash	674c

14	πόλις 2	city	685d
	πυλών 1	gate	729c
	στολή	robe	769c
15	εἰδωλολάτρης	idolater	221c
	ἔξω 1 a α	outside	279b
	κύων 2	dog	461b
	πόρνος	fornicator	693d
	φάρμακος	poisoner	854b
	φιλέω 1 b	love like	859b
	φονεύς	murderer	864c
	ψεῦδος	lie	892b
16	γένος 1	descendants	156b
	γένος 1	descendants	156b
	Δαυίδ	David	171b
	ἐπί II 1 b δ	on	287d
	λαμπρός 1	bright	465d
	μαρτυρέω 1 b	bear witness	493a
	ὀρθρινός	early in the morning	580c
	πέμπω 1	send	642a
	προϊνός		707a
	πρωϊνός	early	725a
	ῥίζα 2	root	736b
17	διψάω 2	thirst	200d
	δωρεάν 1	gratis	210c
	ζωή 2 b β	life	341a
	λαμβάνω 2	receive	465a
	νύμφη 1	bride	545b
17	πνεῦμα 5 d α	spirit	677a
	ὕδωρ 2	water	833b
18	μαρτυρέω 1 a	bear witness	492d
	πᾶς, πᾶσα, πᾶν 1 c γ	whoever	632a
	πληγή 3	blow	668b
	προφητεία 3 b	prophecy	723a
	συμμαρτυρέω	testify	778c
18a	ἐπί III 1 b β	to	289a
	ἐπιτίθημι 1 b	add	303b
18b	ἐπιτίθημι 1 a β	inflict blows	303a
18f	βιβλίον 1	book	141b
	γράφω 2 b	write	166d
	τὶς, τὶ 1 a γ	any one	820a
19	ἅγιος 1 a α	dedicated to God	9b
	ζωή 2 b β	life	341a
	μέρος 2	share	506c
	πόλις 2	city	685d
	προφητεία 3 b	prophecy	723a
19a	ἀφαιρέω 1	take away	124b
19b	ἀφαιρέω 1	take away	124b
20	ἀμήν 1	amen	45d
	κύριος 2 c γ	lord	460b
	μαρτυρέω 1 b	bear witness	493a
	ναί 4	certainly	533b
	ταχύς 2 b	quick	807b
20b	ναί 2	certainly	533a
21	χάρις 2 c	favor	877d